指引办案思路的新型工具书

6

刑事典型疑难问题
适用指导与参考

妨害社会管理秩序罪卷

主编 / 赵路　副主编 / 焦阳

◎ 疑难问题汇总
◎ 典型案例参考
◎ 办案依据集成

中国检察出版社

图书在版编目（CIP）数据

刑事典型疑难问题适用指导与参考. 妨害社会管理秩序罪卷/赵路主编.
—北京：中国检察出版社，2013.2
ISBN 978-7-5102-0812-6

Ⅰ.①刑… Ⅱ.①赵… Ⅲ.①妨害社会管理秩序罪-法律适用-中国
Ⅳ.①D924.365

中国版本图书馆 CIP 数据核字（2012）第 310044 号

刑事典型疑难问题适用指导与参考
妨害社会管理秩序罪卷

主编/赵路 副主编/焦阳

出版发行：	中国检察出版社
社　　址：	北京市石景山区鲁谷东街 5 号（100040）
网　　址：	中国检察出版社（www.zgjccbs.com）
电　　话：	（010）68630385（编辑） 68650015（发行） 68636518（门市）
经　　销：	新华书店
印　　刷：	三河市西华印务有限公司
开　　本：	720 mm × 960 mm　16 开
印　　张：	51.25 印张
字　　数：	942 千字
版　　次：	2013 年 2 月第一版　2013 年 2 月第一次印刷
书　　号：	ISBN 978-7-5102-0812-6
定　　价：	98.00 元

检察版图书，版权所有，侵权必究
如遇图书印装质量问题本社负责调换

出版说明

近十余年来，在刑事领域的司法实践中，出现了很多新情况、新问题，其中不乏具有典型性、疑难性的法律适用问题，针对这些问题，急需进行归纳总结，并得出具有参考和借鉴价值的处理和认定思路。基于上述现实需求，我们倾力组织法学专家、资深法官、检察官及律师等编撰并推出《刑事典型疑难问题适用指导与参考丛书》。

本丛书分为总则卷，危害国家安全罪、危害公共安全罪卷，破坏社会主义市场经济秩序罪卷，侵犯公民人身权利、民主权利罪卷，侵犯财产罪卷，妨害社会管理秩序罪卷，贪污贿赂罪卷，渎职罪卷共八卷。各卷紧密结合各地司法实践，归纳提炼出百余个司法典型疑难问题并作出精准解析，同时附以具有权威性的指导、参考案例对同类案件的案情、诉辩情况、裁判结果、裁判理由等核心要素加以介绍，以帮助读者寻求破解疑难问题的办案思路、标准和尺度。各卷还提供了各类型犯罪全面、准确的办案依据。《刑事典型疑难问题适用指导与参考丛书》所提炼的问题凸显典型性、疑难性，解答思路具有很强的指导、参考和专业性，参考案例具有真实性、权威性，办案依据提供了便捷查询的通道，特别适合公检法人员、律师等法律专业人士使用。

受时间和能力所限，丛书在编撰过程中难免出现不足或错漏，敬请读者批评指正，以便我们在再版时予以修订。

编　者

2013 年 1 月

目 录

第一章 扰乱公共秩序罪

一、妨害公务罪 …………………………………………………（1）

1. 为了逃避检查强行驾车闯关，致使检查人员受轻伤的，构成故意伤害罪还是妨害公务罪？ ………………………………（1）

2. 妨害公务罪中的"暴力、威胁方法"有没有程度的要求？ ……（1）

3. 行为人驾车强行闯关，最后紧急刹车的，是否构成妨害公务罪的中止？ ………………………………………………………（1）

4. 国家机关工作人员在晚上进入被执行人家中开展计划生育工作，是否属于依法执行公务？ ……………………………………（3）

5. 行为人在不明真相的情况下与工作人员发生争执，在知道真相后却以工作人员的工作方法不当为理由在激愤之下使用暴力打伤工作人员，导致工作组的工作被迫中断，是否构成犯罪？ …………………………………………………………………（3）

6. 案件的被执行人以暴力、威胁方法妨害或者抗拒执行，围困、殴打执行人员，致使执行工作无法进行的，该定妨害公务罪还是拒不执行判决、裁定罪？ ……………………………（6）

7. 行为人采用暴力方法阻碍国家机关工作人员依法执行职务，造成执行人员轻微伤的，是否构成犯罪？ ……………………（6）

　　办案依据集成 …………………………………………………（8）

二、招摇撞骗罪 …………………………………………………（14）

8. 冒充国家机关工作人员，虚构工程项目事实，骗取数额巨大财物的行为，应认定为何罪？ ……………………………………（14）

9. 冒充军人使用明显的暴力或者威胁手段而不是欺骗手段获取钱财的,应认定为冒充军人招摇撞骗罪还是抢劫罪的结果加重犯? …… (16)

办案依据集成 ……………………………………………… (18)

三、伪造、变造、买卖国家机关公文、证件、印章罪 …… (19)

10. 房地产中介服务企业中的工作人员,私自为他人出具担保手续,并与其他行为人一起帮助他人制作虚假的房屋产权证的行为应认定为伪造国家机关证件罪还是提供虚假证明文件罪? …… (19)

11. 为了诈骗钱财纠集他人参与伪造建房用地许可证,并且在空白的用地许可证上盖伪造的土地局公章的行为,该如何认定? …… (22)

12. 在未取得有效书面证明文件的情况下,伪造单位法定代表人的私人印章的行为该如何定性? …………………………… (25)

13. 行为人将电脑打印内容贴在他人税务登记证上,而后用复印机复印,变造税务登记证复印件的行为是否构成犯罪? …… (33)

14. 行为人伪造银行印章后,又伪造该行出具的银行保函的行为是否构成伪造金融票证罪? ………………………………… (33)

15. 行为人为取得竞标资格,雇他人伪造《企业法人营业执照》及变造《税务登记证》复印件,在签订合同后,为取得材料预付款,随即又雇人伪造银行印章的行为构成伪造、变造国家机关证件罪一罪还是以伪造、变造国家机关证件罪和伪造企业印章罪数罪并罚? ………………… (33)

16. 伪造虚构的"国家机关"的文件,是否构成伪造国家机关公文罪? ……………………………………………………… (36)

17. 对伪造国家机关证件骗取房产证的行为应定为诈骗罪还是伪造、买卖国家机关证件罪? ………………………………… (37)

18. 行为人多次伪造、买卖国家机关证件以帮助其他公司办理房产证,并从中获利的行为是否属于情节严重? …………… (37)

19. 对国家的真实文件进行更改，添加打印内容，而后又拿变造后的公文，作为行政案件的证据向法院提供的行为，该如何定性？……………………………………………………………（40）

20. 行为人通过伪造公司印章的手段，为他人引存放贷并获取约定的报酬的行为是否构成诈骗罪？…………………（42）

21. 行为人在未依法办理变更登记手续的情况下，以营利为目的，私自将林木采伐许可证转让的行为该如何定性？………（45）

22. 行为人为达到非法载客营运的目的，共同或单独买卖伪造的机动车行驶证的行为是否构成犯罪？………………（48）

23. 行为人为牟私利，无视国家法律，买卖省内木材运输证多份，并从中牟利，而且其为达到顺利卖证的目的，还雇人私刻林业检查站验讫章和检查人员私章的行为，构成何罪？………（50）

📖 办案依据集成 ………………………………………………（57）

四、伪造居民身份证罪 ………………………………………（66）

24. 行为人在未能补办遗失居民身份证的情况下，雇用他人以本人的真实身份资料伪造居民身份证，供自己在日常生活中使用的，是否构成伪造居民身份证罪？………………（66）

25. 为了还清个人债务而骗租车辆以"抵押"借款，行为人伪造身份证件和机动车登记证书以促进"抵押"和得到借款的目的实现，应定何罪？………………………………（68）

📖 办案依据集成 ………………………………………………（72）

五、破坏计算机信息系统罪 …………………………………（73）

26. 利用非法软件对中小学考试网站中存储、处理或者传输的数据进行删除，没有产生经济损失，且所有的数据都存在备份，最终这些数据都得到恢复的行为是否构成犯罪？………（73）

27. 行为人违反国家规定，对公安交警部门计算机信息系统中存储的驾驶员的违章记录进行删除，数量达400多人次，是否属于破坏计算机信息系统"后果严重"？……………（74）

28. 行为人故意制作、传播计算机破坏性程序，影响计算机系统正常运行，后以恢复系统为由，勒索他人财物的行为，应当如何认定？……………………………………………………（77）

29. 行为人破坏计算机信息系统，后来主动将破坏性程序从其网站中删除的行为是否构成犯罪中止？………………（77）

30. 行为人以连续多次攻击计算机服务器，造成服务器瘫痪和严重损失的方法为要挟，要求公司支付巨额游戏币的行为应定为敲诈勒索罪还是破坏计算机信息系统罪？…………（79）

31. 如何判断破坏计算机信息系统罪的"后果严重"？………（80）

32. 网络游戏中的游戏币能否作为财产受到法律的保护？……（80）

　　办案依据集成 ………………………………………………（82）

六、聚众冲击国家机关罪 ……………………………………（87）

33. 行为人纠集多人闹事，采取哄闹、堵塞楼道的方式，扰乱国家审判机关的正常工作，致使法院停止办公的行为，应如何定性？……………………………………………………（87）

34. 现行《刑法》中聚众扰乱社会秩序罪的客体是否包括国家机关的工作秩序？……………………………………………（87）

　　办案依据集成 ………………………………………………（89）

七、编造、故意传播虚假恐怖信息罪 ………………………（91）

35. 编造虚假恐怖信息罪和以危险方法危害公共安全罪该如何界分？……………………………………………………（91）

36. 单纯投放虚假危险品的行为是否都构成投放虚假危险物质罪？……………………………………………………………（92）

37. 为发泄对社会的不满，故意编造恐怖信息，并通过手机短消息的方式大量向市民群发的行为，是否构成犯罪？………（95）

38. 为了实现正当的目的而编造虚假恐怖信息的，是否不以犯罪论处？……………………………………………………（96）

39. 如何判断行为人编造虚假恐怖信息的行为是否达到刑事追诉的标准？……（97）

40. 自然灾害相关的信息是否属于恐怖信息的范围？………（99）

41. 编造、故意传播虚假恐怖信息是否只有造成严重后果才构成犯罪？……………………………………………………（99）

42. 行为人故意编造在大型超市放置雷管的虚假信息，向超市勒索钱财的行为应如何定性？…………………………（102）

43. 行为人故意编造在大型超市放置雷管的虚假信息，实际上并未导致发生秩序混乱、人员践踏死亡、社会恐慌或损失严重等危害后果的，是否能构成编造虚假恐怖信息罪？……（102）

44. 在传染病疫情流行期间，编造他人患有传染病症状的虚假信息，是否属于编造虚假的"恐怖信息"？…………………（104）

45. 行为人编造虚假恐怖信息并故意传播所编造的虚假恐怖信息的行为，应当定编造虚假恐怖信息罪还是编造、故意传播虚假恐怖信息罪？……………………………………（104）

46. 在传染病疫情流行期间，编造他人患有传染病症状的虚假信息，并向"120"急救中心谎报的行为是否属于"传播"虚假恐怖信息的行为？……………………………………（104）

办案依据集成 ……………………………………………（107）

八、聚众斗殴罪 ……………………………………………（108）

47. 单方有聚众斗殴的故意，双方或一方采用暴力方式进行殴斗，能否构成聚众斗殴罪？……………………………（108）

48. 多名行为人在有间隔的时间内，在不同的地方实施斗殴行为的，应如何认定次数？………………………………（108）

49. 积极参与对被害人的砍打行为，相互配合，致使被害人重伤的，在难以分清直接责任人时，对参与的行为人定聚众斗殴罪还是故意伤害罪？……………………………………（108）

50. 成立聚众斗殴罪是否要求双方都必须参与斗殴？………（113）

51. 积极参加聚众斗殴的行为人是否都应认定为主犯？ …………（114）

52. 行为人在警察制止聚众斗殴时，继续进行斗殴，并且将一名警察打成重伤，该行为应定聚众斗殴罪、故意伤害罪还是妨害公务罪？ ……………………………………………（116）

53. 聚众斗殴致人重伤的，但直接实施伤害的人无法查清，在此情况下是否对所有参加聚众斗殴的人都定故意伤害罪？ ………（116）

54. 为报复的目的，各自纠集人员寻找对方，肆意报复殴打的行为构成寻衅滋事罪还是聚众斗殴罪？ …………………（120）

55. 聚众斗殴的行为导致被害人重伤、死亡的，该如何定罪？ ………（120）

56. 在聚众斗殴中一旦发生致人重伤、死亡的后果，是否所有参加聚众斗殴的行为人都要按故意伤害罪或者故意杀人罪定罪处罚？ ……………………………………………………（122）

57. 积极参与聚众斗殴的行为人，其行为导致对方重伤后果的，该定聚众斗殴罪还是故意伤害罪？ ………………………（122）

58. 双方纠集多人打群架，一方逃跑而另一方仍追赶殴打，导致其中一人跳入池塘并最终溺水死亡的，该如何认定行为人的刑事责任？ …………………………………………（125）

59. 如何认定行为人是否属于持械聚众斗殴？ ………………………（127）

60. 积极响应聚众斗殴行为，但临场退缩人员是否构成犯罪中止？ ……（127）

61. 聚众斗殴过程中致人重伤、死亡的，如何确定首要分子的责任？ ………………………………………………………（129）

62. 明知他人准备斗殴，仍为同案犯拿来砍刀，并一同积极参与斗殴的行为，该如何认定？ …………………………………（132）

63. 聚众斗殴出现了致人死亡的结果，应如何确定参与人的刑事责任？ ……………………………………………………（132）

办案依据集成 ………………………………………………（134）

九、寻衅滋事罪 ·· (137)

64. 多人主动挑衅，无理由随意殴打他人的行为该如何定性？ ··· (137)
65. 行为人被多人随意殴打，在此过程中，其拿刀对其中一名殴打人杀伤，导致被害人死亡的，行为人是否承担刑事责任？ ······ (137)
66. 寻衅滋事致人轻伤的行为与故意伤害致人轻伤的犯罪应如何区分？ ·· (140)
67. 对他人的普通寻衅滋事行为进行防卫，导致他人重伤的，是否构成犯罪？ ·· (142)
68. 案发后，行为人积极赔偿被害人，达成调解协议并已积极履行的，在量刑时是否应当予以考虑？ ······················ (142)
69. 抢劫罪与寻衅滋事罪该如何区分？ ······························ (143)
70. 未成年人在路上随意殴打他人，拦路强行索要少量现金的行为，构成抢劫罪还是寻衅滋事罪？ ·················· (146)
71. 行为人持报复的动机，实施寻衅滋事行为，致人死亡的，能否转化为故意杀人罪？ ·· (148)
72. 以言语威胁方式索取他人少量财物，暴力、胁迫程度不高的，是否构成抢劫罪？ ·· (150)
73. 寻衅滋事中，随意殴打他人致人死亡的，能否以故意伤害罪或者故意杀人罪定罪处罚？ ································ (152)
74. 在双方打斗案件中，应如何区分寻衅滋事罪和故意伤害罪？ ··· (156)
75. 行为人参与的随意殴打他人、任意毁损财物等行为，如果"事出有因"，是否就不构成寻衅滋事罪？ ················ (159)
76. 寻衅滋事罪中的"情节恶劣"、"情节严重"是否要求行为人的每个行为都达到上述标准？ ······························ (159)
77. 行为人实施了寻衅滋事罪中的4种不同性质的行为，如果每个行为单独地看均尚未达到情节恶劣、情节严重的程度，那么行为整体能否评价为寻衅滋事罪？ ···························· (160)

78. 纠集多人随意殴伤他人并持续追赶他人至医院，导致医院财物损坏，医疗工作无法进行的，应认定为聚众扰乱社会秩序罪还是寻衅滋事罪？ ………………………………（164）

79. 如何区分黑社会性质组织犯罪和团伙实施的寻衅滋事罪？ …（165）

80. 行为人在强迫交易的故意支配下实施暴力行为，多次随意追打他人，同时，任意损毁公私财物，情节严重，是否构成强迫交易罪和寻衅滋事罪数罪？ ………………………（168）

81. 出于教训、报复他人的动机，随意殴打他人，并采用蛮不讲理的手段强行索要他人手机的行为构成抢劫罪还是寻衅滋事罪？ ……………………………………………………（171）

82. 非法插手他人婚姻纠纷，并以威胁手段索要"名誉损失费"、牟利数额不大的，构成敲诈勒索罪还是寻衅滋事罪？ …（173）

83. 多次随意殴打他人、强拿硬要财物的寻衅滋事行为和组织、领导、参加黑社会性质组织的行为有何不同？ ………（175）

84. 主谋构成敲诈勒索罪，行为人不明知主谋打砸施工现场工程车和人员的缘由，不具有明显的敲诈钱财的目的，但他们接受指使，任意实施打砸的行为，应定敲诈勒索罪还是寻衅滋事罪？ ……………………………………………（175）

85. 如何区分敲诈勒索罪和强拿硬要他人财物的寻衅滋事罪？ …（186）

86. 当行为人的一个行为同时符合寻衅滋事罪和故意伤害罪的特征时，应如何定性？ ……………………………………（187）

📖 办案依据集成 ……………………………………………（189）

十、组织、领导、参加黑社会性质组织罪 ……………………（191）

87. 行为人组织、领导、参加黑社会性质组织，然后在该组织的领导、授意下又实施了其他犯罪的，应当如何处理？ ………（191）

88. 黑社会性质组织的组织者、领导者是否要对所有罪行承担责任？ ……………………………………………………（191）

89. 黑社会性质组织所实施的垄断经营行为与一般经济运行中的垄断行为该如何区分? ……………………………………(191)

90. 黑社会性质组织是否必须有明确严密的组织纪律? ………(203)

91. 在集团犯罪中,对其中实施的敲诈勒索犯罪,受害人无法指认具体的作案人的,应怎样承担刑事责任? …………(203)

92. 如何认定行为人是否"参加"黑社会性质组织? …………(212)

93. 在何种情况下,认定行为人"明知"其所参加的组织是黑社会性质组织? ……………………………………………(212)

94. 如何认定"参加"黑社会性质组织行为的完成? …………(212)

95. 被指使实施犯罪的人不构成参加黑社会性质组织罪,指使者是否就一定不能构成组织、领导黑社会性质组织罪? ……(212)

96. 黑社会性质组织犯罪的组织特征应如何认定? ……………(216)

97. 行为人是否必须明知是黑社会性质组织或者是黑社会性质组织的违法犯罪活动才构成包庇、纵容黑社会性质组织罪? ……(220)

98. 如何区分黑社会性质组织的犯罪和黑社会性质组织成员个人的犯罪? ………………………………………………(223)

99. 如何区分黑社会性质组织与有违法犯罪行为的单位? ……(230)

100. 黑社会性质组织必须具备哪些特征? ……………………(234)

101. 黑社会性质组织成员实施的故意杀人行为,作为黑社会性质组织的领导者、决策者的行为人是否要对此承担责任? …(235)

102. 缺少"保护伞"特征的犯罪组织能否成为黑社会性质组织? …(235)

103. 为获取经济利益,纠集多人成立"行业协会",要求会员必须交费,当协会经营的产业与他人发生矛盾时,采用暴力、威胁等手段指示成员出面解决,实施系列违法犯罪活动的行为,是否构成组织、领导黑社会性质组织罪? ……………(239)

104. 行为人纠集多人冲击国家机关,导致国家机关无法正常工作,并以挑起民族矛盾为借口,对抗政府管理,进而向国家机关索要赔偿以解决民族问题,构成何罪? ………………(239)

📖 办案依据集成 …………………………………… (247)

十一、传授犯罪方法罪 …………………………… (251)

105. 行为人本人并未亲自传授犯罪方法，而是采用威胁方法在一旁协助的，是否构成传授犯罪方法罪？ …………… (251)

106. 将真实的炸药制造方法与恐怖主义言论相结合，是否属于传授犯罪方法中的"犯罪方法"？ ………………… (253)

107. 将真实的炸药制造方法的内容以及恐怖主义言论在网络上发布并供他人浏览下载的行为，该如何定性？ …… (253)

108. 传授犯罪方法中的"犯罪方法"是否必须只有小部分人知道，公开能查询到的内容是否一定不属于"犯罪方法"？ ……… (253)

109. 行为人采用持刀威胁、挟持人质等手段向被害人传授犯罪方法，并胁迫被害人实施抢夺犯罪，后因被害人抗拒而未得逞的行为该如何定性？ …………………………… (254)

📖 办案依据集成 …………………………………… (256)

十二、组织、利用会道门、邪教组织，利用迷信破坏法律实施罪 …… (257)

110. 行为人分别先后多次预谋破坏有线电视网络，并割开有线电视网络主干线电缆，插播宣扬邪教"法轮功"内容的光碟，致使大量用户无法正常收看电视节目的行为该如何定罪？ …… (257)

111. 行为人坚持参与"法轮功"邪教组织，并在一定范围内散布邪教组织言论，散发邪教组织材料，该行为是否属于利用邪教组织破坏法律实施？ ……………………………… (261)

📖 办案依据集成 …………………………………… (263)

十三、盗窃、侮辱尸体罪 ………………………… (274)

112. 擅自挖掘他人祖坟，并将部分祖坟中的骨灰盒挖出，弃置于坟坑边的行为是否构成侮辱尸体罪？ ……………… (274)

113. 买卖尸体牟利的行为是否构成犯罪？ …………… (275)

114. 行为人买卖尸体的行为经有关上级部门领导个别同意,是否构成犯罪? ……………………………………………………(275)

  📖 办案依据集成 ………………………………………………(279)

十四、赌博罪、开设赌场罪 ………………………………(280)

115. 为谋取非法利益,采用与他人合股坐庄的形式,在赌球网站上开设球盘,占有股份,招揽他人参与赌球,并负责提供资金的行为该如何定性? ………………………………(280)

116. 为赌博网站担任代理,以提供赌博网站账户和密码的方式,发展人员参与赌博活动的行为应如何定性? ………(282)

117. 行为人参照香港特别行政区发行的"六合彩"的规则和中奖号码,在内地坐庄接受他人投注和兑付奖金的行为是否属于销售彩票的行为? ………………………………(284)

118. 采用销售彩票的方式,利用非法"六合彩"这种形式招引他人进行博彩活动的行为应认定为何罪? ……………(285)

119. 在酒店设置"百家乐"赌场,并利用网络设置赌盘,通过网络连接境外供他人赌博的行为是否构成犯罪? ………(289)

120. 行为人设置虚构的赌局,并始终控制全局,最终利用赌博作弊手段骗得被害人大量钱财的行为,该如何定性? …(292)

121. 以营利为目的,坐庄贩卖"六合彩"彩票,接受他人投注的行为构成赌博罪还是非法经营罪? ………………(295)

122. 行为人实施或参与了开设赌场的行为,为了保护赌场的非法利益,实施的寻衅滋事、聚众斗殴、故意伤害、故意杀人等行为该如何定罪处罚? ………………………………(297)

123. 赌博罪中的聚众赌博行为和开设赌场罪该如何区分? …(299)

124. 以营利为目的,在赌博网站担任代理,从事网络赌博活动的,是否构成犯罪? ………………………………(301)

  📖 办案依据集成 ………………………………………………(303)

第二章 妨害司法罪

一、辩护人、诉讼代理人毁灭证据、伪造证据、妨害作证罪 ……（309）

　　125. 辩护人在搜集证据的过程中，在证人的调查笔录中添加内容的行为该如何定性？…………………………………………（309）

　　126. 辩护人伪造证据的行为是否必须造成恶劣的后果，影响到刑事诉讼活动的正常进行才能构成辩护人伪造证据罪？……（309）

　　127. 辩护人妨害作证罪中规定的"证人"是否包括被害人？………（312）

　　　办案依据集成 ……………………………………………（315）

二、妨害作证罪，帮助毁灭、伪造证据罪 ……………………（316）

　　128. 公安机关工作人员为徇私情，使犯罪分子从轻处罚，指使他人制作虚假的立功材料并提交法庭的行为，该如何定性？…（316）

　　129. 帮助当事人毁灭、伪造证据罪能否发生在刑事诉讼提起之前？……………………………………………………………（320）

　　　办案依据集成 ……………………………………………（323）

三、窝藏、包庇罪 ……………………………………………（325）

　　130. 机动车辆驾驶员在行驶途中，明知他人无驾驶执照，却将车辆交其驾驶，在发生重大交通事故后又替该人顶罪的行为该如何定性？…………………………………………………（325）

　　131. 杀人案件发生后，向被害人亲属作假证明、帮助掩埋尸体，令其相信已死亡的亲人尚生活在某地，不及时报案的，是否属于包庇行为？……………………………………（326）

　　132. 包庇罪中的包庇行为与一般的知情不举行为应如何区分？……（327）

　　133. 明知他人实施故意伤害犯罪，却提供车辆帮助犯罪人逃跑，其主观动机不同，是否影响包庇罪的成立？………（329）

134. 机动车辆所有人和乘车人指使肇事人在肇事后逃逸,但当时在场的他人及时报警,救护人员很快赶到现场对被害人进行抢救,但最终被害人仍然不治身亡,该机动车辆所有人和乘车人构成交通肇事罪的共犯还是包庇罪?……(331)

135. 行为人帮助犯罪人逃匿,但事后被包庇的人自首的,是否影响行为人包庇罪的认定?……(331)

136. 将他人杀死后,又伙同他人将尸体运离抛尸的行为,是否构成包庇罪?……(334)

137. 目击他人实施杀人犯罪的全过程,并在行为人离开后打扫作案现场,清扫血迹的行为该如何定性?……(334)

138. 交通肇事逃逸导致他人死亡事故发生后,行为人明知案件的真实情况,却分别向公安机关反映虚假的机动车驾驶人,致使公安机关出具了错误的交通事故认定书的行为应如何定性?……(338)

办案依据集成……(340)

四、掩饰、隐瞒犯罪所得、犯罪所得收益罪……(341)

139. 如何认定收购赃物罪中的"明知"?……(341)

140. 行为人参与他人犯罪后的销售赃物的行为,只是在旁观看销赃过程,并从中获利的,能否认定为掩饰、隐瞒犯罪所得罪?……(342)

141. 行为人参与共同犯罪的行为与其犯罪后的掩饰隐瞒犯罪所得、犯罪所得收益罪该如何区分?……(343)

142. 如何判断"掩饰隐瞒犯罪所得、犯罪所得收益罪"中的"明知"?……(344)

143. 明知是抢劫所得机动车,为帮助犯罪人销赃获利而提供伪造的机动车号和行驶证的行为是否构成掩饰、隐瞒犯罪所得罪?……(349)

办案依据集成……(352)

五、拒不执行判决、裁定罪……………………………………（359）

  144. 如何判断拒不执行判决、裁定罪中的"情节严重"？………（359）

  145. 如何判断拒不执行判决、裁定罪中的"有能力执行"？……（360）

  📖 办案依据集成 ……………………………………………（363）

六、非法处置查封、扣押、冻结的财产罪……………………（367）

  146. 行为人明知购买的房产已被法院查封，为了逃避执行，采用与他人合谋的手法，签订虚假的房产转让契约，把转让日期提前到法院查封前，并将此证据提交法庭，但行为人并没有取得该房屋的房产所有权证，则该行为是否构成犯罪？……（367）

  147. 将人民法院已经查封、扣押、冻结的财产隐藏、转移、变卖、故意毁损的行为，构成拒不执行判决、裁定罪还是非法处置查封的财产罪？……………………………………（367）

  148. 行为人秘密窃取、转移本人被司法机关扣押财物的行为，是构成盗窃罪，还是构成非法处置扣押的财产罪或者拒不执行判决、裁定罪？………………………………………（369）

  149. 在执行程序中，行为人秘密窃取、转移本人被司法机关扣押财物的行为，构成非法处置扣押的财产罪还是拒不执行判决、裁定罪？………………………………………（369）

  150. 行为人将已被法院查封的房屋出卖给他人，并收取钱款的行为构成合同诈骗罪还是非法处置查封的财产罪？………（371）

  151. 行为人将已被法院查封的房屋出卖给他人，签订了合同并收取了预付款，但未能按期将房子交给买方，该行为构成非法处置查封的财产罪的未遂还是既遂？………………（371）

  152. 行为人明知是被依法扣押的财产，还用配套的存折和密码从银行取走该财产的行为构成盗窃罪，还是构成非法处置扣押的财产罪？………………………………………（374）

  📖 办案依据集成 ……………………………………………（377）

七、脱逃罪 ………………………………………………………………（378）

  153. 保外就医无故超期不归的罪犯是否应当按脱逃罪处理？……（378）

  📚 办案依据集成 …………………………………………………（380）

第三章　妨害国（边）境管理罪

一、组织他人偷越国（边）境罪 ………………………………………（381）

  154. 诱骗他人组织偷越边境来赚取举报费的是否构成组织他人偷越边境罪？………………………………………………………（381）

  155. 行为人不具备组织他人出境的合法资格，而其以各种名义骗得出境证件之后持此合法的证件组织出境的，构成何罪？……………………………………………………………………（385）

  156. 以旅游、商务名义骗取出境证件，非法组织他人出境劳务的，构成何罪？………………………………………………（385）

  📚 办案依据集成 …………………………………………………（387）

二、骗取出境证件罪 ……………………………………………………（390）

  157. 户籍民警明知他人要弄虚作假，骗取出境证件，并帮助其出具虚假的户籍身份证明及填写虚假的《华侨港澳台同胞临时住宿登记表》等行为，是否构成办理偷越国（边）境人员出入境证件罪？……………………………………………（390）

  158. 如何认定骗取出境证件罪"情节严重"？……………………（390）

  159. 有多年办理出境旅游工作经验的中介人员，明知签证申请人可能是偷渡者，仍多次为他们伪造邀请函、填写假信息进而骗取签证的行为该如何定性？…………………………（392）

  160. 行为人自制邀请函版本，加盖私刻的印章，模仿外方人员签名，如果内容属实，能否构成骗取出境证件罪？…………（393）

161. 多人共同参与骗取出境证件的不同阶段的行为，其中有人瞒骗同伙干"私活"，对该行为如何处理？……………（393）

　　📖 办案依据集成 ……………………………………（397）

三、出售出入境证件罪 …………………………………（399）

162. 为营利而帮助他人伪造虚假材料，骗取出境证件，随后将骗取的出境证件出售的行为该如何定性？……………（399）

　　📖 办案依据集成 ……………………………………（401）

第四章　妨害文物管理秩序罪

一、倒卖文物罪 …………………………………………（403）

163. 行为人明知文物系他人盗掘所得，为从中牟利而帮助他人积极联系买主，促成非法文物销售的，其行为构成掩饰、隐瞒犯罪所得、犯罪所得收益罪还是倒卖文物罪？……（403）

　　📖 办案依据集成 ……………………………………（409）

二、盗掘古文化遗址、古墓葬罪 ………………………（411）

164. 盗割石窟寺内壁刻头像的行为是否构成盗掘古文化遗址罪？…（411）

165. 是否只有行为人盗掘到物品才能构成盗掘古墓葬罪的既遂？…（412）

166. 参与盗掘古墓葬的各被告人交叉作案，个人分工不同，实施了不同的行为，应当如何认定主从犯？……………（413）

　　📖 办案依据集成 ……………………………………（418）

第五章　危害公共卫生罪

一、医疗事故罪 …………………………………………（420）

167. 根据民间偏方自行配制的药品，没有取得批准文号的，是否属于假药、劣药？……………………………………（420）

168. 医疗人员使用自己配制的药品给患者服用，造成病人死亡后果的，是否构成生产、销售假药罪？……………………（420）

办案依据集成 ……………………………………………（423）

二、非法行医罪 ………………………………………………（425）

169. 非法行医罪中的"医生执业资格"与《执业医师法》中的"执业医师资格"有什么区别？ ………………（425）

170. 已经取得执业医师资格的人未向卫生行政部门注册，未取得"医师执业证书"或者"医疗机构执业许可证"行医的，是否属于非法行医罪中的"非法行医"？ ………（425）

171. 行为人自带针剂让行医人员注射的，是否阻却行医人员非法行医罪的成立？ ………………………………（425）

172. 行为人具有乡村医生资格，在其未取得《医疗机构执业许可证》时开业行医的，是否属于"非法行医"？ ………（428）

173. 行为人在行医过程中为他人注射疫苗，最终就诊人死亡的，是否属于"情节严重"？ ……………………（428）

174. 行为人未取得医生执业许可证，在家私开门诊，从事医疗活动，给就诊人注射后，就诊人因药物过敏死亡的，经鉴定属于意外事件，则行为人是否需要承担刑事责任？………（432）

175. 行为人在给人看病过程中没有收取任何费用能否构成非法行医罪？ …………………………………………（434）

176. 行为人实施了没使用任何医学专业知识的行为，能否构成非法行医罪？ ……………………………………（434）

177. 行为人反复实施行医行为，但其未把行医作为唯一职业，且行为之间存在间断，在出现了情节严重的后果时，能否构成非法行医罪？ ……………………………（434）

178. 怎样确定是行为人的非法行医行为"造成就诊人死亡的结果"？ …………………………………………………（434）

179. 产妇在分娩过程中因并发症死亡，非法行医人是否要对其死亡承担刑事责任？……………………………………………（437）

180. 行为人没有中医执业医师资格，却在他人非法开设的诊所内出诊，但诊断正确，处方对症下药，最终由于其他原因导致就诊人死亡的，是否应当承担刑事责任？…………（439）

181. 行为人非法开设诊所，进行非法行医活动，在他人所开处方正确的情况下，由于抓错药导致就诊人服用后死亡的，对案件应如何定性？……………………………………（439）

182. 就诊人自愿求医，明知行为人没有执业医师资格仍找其就医，是否阻却行为人非法行医罪的成立？…………（442）

183. 行为人实施非法行医行为，最终就诊人死亡的，是否都要按非法行医罪的结果加重犯追究刑事责任？……………（443）

办案依据集成 ……………………………………………（445）

三、非法进行节育手术罪……………………………………（450）

184. 行为人未取得医生执业资格，6次擅自终止妊娠手术，4次非法摘取宫内节育器，是否属于非法进行节育手术，情节严重的行为？………………………………………（450）

185. 未取得执业医师资格和未办理医疗机构执业许可证的行为人擅自为他人摘取宫内节育器，造成他人重伤的行为，是定非法行医罪还是非法进行节育手术罪？…………（452）

办案依据集成 ……………………………………………（454）

第六章 破坏环境资源保护罪

一、污染环境罪…………………………………………………（456）

186. 化工企业违反国家规定，在没有通过环保部门的环保审批和安全生产部门许可生产的情况下，非法组织生产并非法排放含砷元素严重超标的废水，污染居民饮用水源，导致大量居民砷中毒，对该行为应认定为危险物品肇事罪、重

大责任事故罪还是污染环境罪？ …………………………（456）
　187. 如何确定污染排放与居民金属物质中毒之间的因果关系？ ……（456）
　　📖 办案依据集成 ………………………………………………（463）

二、非法收购、运输、出售珍贵、濒危野生动物、珍贵、濒危野生动物制品罪 ……………………………………………………（469）

　188. 非法收购珍贵、濒危野生动物制品的，应如何认定犯罪数额，是否应以行为人的收购价为依据？ ……………………（469）
　189. 东北虎病死后的虎肉是否属于非法收购、运输、出售珍贵、濒危野生动物制品罪中的"野生动物制品"？ …………（470）
　190. 行为人将死去的东北虎擅自开膛剥皮四处兜售的行为，是否构成犯罪？ ……………………………………………（471）
　191. 非法收购、运输东北虎，在该东北虎死后擅自出售虎肉的行为该如何定罪处罚？ ……………………………………（471）
　192. 认定珍贵、濒危野生动物制品的价值时，是以核定价值为准，还是以实际交易价格为准？ ……………………………（471）
　193. 构成非法猎捕珍贵、濒危野生动物罪是否须明知该动物的具体种类和保护级别？ ……………………………………（474）
　194. 行为人猎捕珍贵、濒危野生动物的目的、动机是否影响非法猎捕、杀害珍贵、濒危野生动物罪的成立？ ……………（477）
　195. 明知他人借枪是为了猎杀国家保护动物而非法出借枪支，其行为构成非法猎捕珍贵、濒危野生动物罪还是非法出借枪支罪？ ………………………………………………………（477）
　196. 如何判断行为人获取的珍贵、濒危野生动物是否是其猎捕得来的？ ………………………………………………………（477）
　197. 行为人购买珍贵、濒危野生动物制品后并未立即出售，经过较长时间后出卖的行为，该如何认定？ ………………（484）
　　📖 办案依据集成 ………………………………………………（486）

三、非法占用农用地罪 …………………………………………（502）

198. 居民委员会能否成为非法占用农用地罪的主体？…………（502）

199. 在未办理土地权属和用途变更登记手续的情况下，经居委会研究，将大量集体所有的耕地承包给他人，改作他用，居委会主任是否应当承担责任？……………………………（502）

200. 单位违反土地管理法规，在未依法办理农用地转建设用地审批手续的情况下，分别在农用地上修建非农业建筑物，导致农用地的耕作层被破坏的行为该如何认定？…………（504）

📖 **办案依据集成** ………………………………………………（509）

四、非法收购、运输、加工、出售国家重点保护植物、国家重点保护植物制品罪 ……………………………………………（513）

201. 单位虽有特种材加工许可证、药品生产企业许可证等证件，但其超出行政机关核定的经营、许可范围，非法收购、加工国家一级保护植物及制品的行为，应定非法经营罪还是非法收购、加工国家重点保护植物、国家重点保护植物制品罪？……………………………………………………（513）

202. 伪造盘存表，虚报骗取国家重点保护植物制品出口证明书批文，并用骗取的批文报关出口国家重点保护植物制品的行为该如何定性？……………………………………………（513）

203. 行为人是否只有明知所收购、运输的是珍贵树木种类才构成非法收购、运输国家重点保护植物罪？……………………（522）

204. 构成非法收购、运输、出售国家重点保护植物罪，是否要求行为人具有营利的目的？………………………………（524）

205. 行为人有证采伐国家重点保护植物的，是否构成犯罪？……（525）

206. 行为人主观上不知树木是国家重点保护植物而收购的，是否构成非法收购国家重点保护植物罪？……………………（525）

207. 为公益目的而收购国家重点保护植物的，能否构成本罪？……（525）

208. 单位是否能构成非法收购、运输、加工、出售国家重点保护植物、国家重点保护植物制品罪？ ……………………………（525）

　　📖 办案依据集成 …………………………………………（530）

五、非法收购、运输盗伐、滥伐的林木罪……………………………（533）

209. 在林区内明知是盗伐的林木，而收购的行为构成掩饰、隐瞒犯罪所得、犯罪所得收益罪还是非法收购盗伐的林木罪？ ………………………………………………………（533）

210. 在购买盗伐的林木时被当场查获的，是否构成非法收购盗伐的林木罪的未遂？ ……………………………………（533）

211. 为进行营利性生产，违反森林管理法规，毁坏他人和农林局种植的经济林和防护林，被劝阻后继续恶意毁林的行为该如何定性？ ……………………………………………（534）

　　📖 办案依据集成 …………………………………………（538）

第七章　走私、贩卖、运输、制造毒品罪

一、走私、贩卖、运输、制造毒品罪……………………………………（544）

212. 将毒品放入公文箱夹层欲携带其乘坐国际航班的行为该如何定性？ …………………………………………………（544）

213. 行为人携带的公文箱夹层内藏有毒品，且被告人对其所携带的物品不能作出合理解释，能否认定行为人"明知"其携带的是毒品？ ………………………………………（544）

214. 行为人携带大量毒品出境，在海关驻机场办事处检查时被查获，致使国外收货人未收到毒品的，构成走私毒品罪的未遂还是既遂？ …………………………………………（546）

215. 在犯走私毒品罪的行为人住处查获了大量毒品，行为人的该行为应如何认定？ …………………………………（546）

216. 不以营利为目的，为吸毒者介绍卖毒者，帮助吸毒者购买毒品的行为该如何认定？……………………………………（549）
217. 为贩卖毒品犯罪作居间介绍的行为应如何处理？…………（550）
218. 为贩卖毒品向公安特情人员购买毒品的行为该如何处理？…（550）
219. 行为人在贩卖毒品时被抓获，交易尚未完成的，是否构成贩卖毒品罪的预备？…………………………………………（553）
220. 行为人贩卖毒品数量特别大，但毒品交易在公安机关的控制下，且有特情介入的情况下，能否判处行为人死刑立即执行？……………………………………………………………（554）
221. 行为人随身携带毒品乘车，应认定为运输毒品罪还是非法持有毒品罪？……………………………………………………（555）
222. 如何认定行为人指使他人随身携带毒品，然后行为人驾车前去接应的行为的性质？……………………………………（555）
223. 贩卖毒品的行为人受到"数量引诱"的行为该如何处罚？……（558）
224. 在共同贩卖毒品的犯罪中，对提供全部或大部分毒资的人是否都应认定为主犯？………………………………………（561）
225. 贩卖毒品数量较大，但毒品含量极低的，应当如何量刑？……（563）
226. 在贩卖毒品犯罪的共同犯罪中，只是受买主邀约为其检验毒品质量，不是毒品的出资者和所有者的，是否应认定为贩卖毒品罪的主犯？……………………………………………（565）
227. 行为人在毒枭尚未归案时，受雇毒枭的安排，为其交接毒品的行为该如何定性？……………………………………（567）
228. 行为人受雇帮助他人转移毒品的行为应如何定性？…………（567）
229. 毒品犯罪的行为人归案后，在协助公安人员诱捕在逃的毒品买主的过程中，在公安人员对其失去控制的情况下，带着从"买主"处取回的大量海洛因回到公安机关的行为，是否构成投案自首？………………………………………………（568）

230. 被告人归案后及时提供了毒品买主的住处和活动情况,使公安机关从买主处查缴大量毒品,能否认定为重大立功? …… (568)

231. 在购毒人员需要购买毒品时居间代购代卖,从中提成牟利的行为应如何认定? ………………………………………… (571)

232. 以贩养吸,基于贩卖的目的购买毒品,并与买毒人员约定好交易的价格、时间、地点,但最终交易未完成即被抓获的,是否构成贩卖毒品罪的未遂? ……………………… (571)

233. 构成贩卖毒品罪是否以行为人牟利为必要? ……………… (573)

234. 行为人因毒品犯罪被判刑,在监外执行期间,又犯贩卖、运输毒品罪的,是否适用毒品犯罪"再犯"的规定从重处罚? ……… (575)

235. 贩卖亚甲二氧基甲基苯丙胺和K粉(氯胺酮)的行为是否属于贩卖毒品罪? ………………………………………… (577)

236. 明知他人购买的是毒品还参与吸食,并允许他人将毒品存放在自己的汽车上的行为,构成何罪? ………………… (577)

237. 在贩卖毒品的行为人处存放的毒品数量是否应计入贩卖毒品罪的数量中? ………………………………………… (577)

238. 行为人多次零星非法贩卖国家管制的精神药品的行为如何定性? ………………………………………………………… (580)

239. 对新型毒品数量应当如何折算? ……………………………… (581)

240. 已与他人商量好毒品交易的价格和数量,并且将毒品带入交易环节,但最终毒品的交易未完成的,是否构成贩卖毒品罪的既遂? ………………………………………… (583)

241. 行为人根据吩咐,将毒品转移,藏于其他地点的行为是定转移毒品罪还是运输毒品罪? ………………………… (583)

242. 贩卖海洛因针剂,但含量极低的,应如何认定毒品数量? …… (585)

243. 制造含有甲基苯丙胺成分的"麻古"是否构成犯罪? ……… (586)

244. 在侦查机关控制下实施的贩卖毒品行为,最终毒品未流入社会的,应如何定罪量刑? ………………………………… (589)

245. 乘坐出租车时携带大量毒品，出租车司机是否构成运输毒品罪的共犯？……………………………………………………（591）

246. 在毒品犯罪中采用"犯意诱发型"的诱惑侦查手段，公安控制案件全程，毒品根本没有流入社会的可能性，且毒品是由公安部门加工的，那么运输毒品的行为人是否构成犯罪？…………………………………………………………（591）

247. 行为人多次单独贩卖毒品，并指使他人多次贩卖毒品，其贩卖的数量该如何认定？……………………………（594）

248. 行为人指使他人多次贩卖毒品，各被告人和证人供述的交易次数和数量不一致，难以认定的，应如何计算行为人指使他人贩卖的数量？……………………………………（594）

249. 自己购买毒品，并先行帮他人垫资购买部分毒品，他人承诺以后归还，而后二人一同乘车运输毒品的，是否构成运输毒品罪的共同犯罪？……………………………………（599）

250. 为了运输毒品，随身携带枪支的行为是否构成运输毒品罪和非法持有枪支罪？……………………………………（600）

251. 为了运输毒品，受他人指使前往接取毒品，刚接到毒品即被抓获的行为，是否构成犯罪？……………………………（600）

252. 行为人采用体内藏毒的方式运输毒品的，其毒品的数量该如何计算？……………………………………………（603）

253. 对行为人在运输毒品时存在精神障碍的，应如何处理？……（603）

254. 实施共同运输毒品犯罪的行为，且运输数量特别巨大，在同案犯在逃的情况下，如何量刑？……………………………（604）

255. 受他人指使，明知邮件内有毒品，而前往物流货运站提取他人邮寄的毒品的行为，定非法持有毒品罪、运输毒品罪还是转移毒品罪？……………………………………（606）

256. 行为人开始运输毒品，但尚未运到目的地的，是否构成运输毒品既遂？……………………………………………（608）

257. 对于以体内藏毒方式运输毒品的行为人，在 X 光透视检查前便主动交代其体内藏毒的事实，是否构成运输毒品罪的自首？……………………………………………………………… (611)

258. 侦查人员在行为人家中当场查获多包大小不一的毒品以及毒品称量工具，同时，吸毒人员均证明曾多次从行为人处购买过毒品，那么行为人构成非法持有毒品罪还是贩卖毒品罪？… (613)

259. 两名行为人商定，分别出资，租车一同前往外地购买毒品，后两人乘同一趟旅客列车返回的行为是否构成贩卖毒品罪的共同犯罪？………………………………………… (613)

260. 雇佣他人运输毒品，自己未参与的，构成何罪？………… (615)

261. 行为人以贩养吸，应如何认定其贩卖毒品的数量？……… (616)

262. 自己不吸食毒品的行为人参与贩卖毒品，其被查获的毒品数量是否都应计入贩卖毒品罪的数量中？……………… (617)

263. 制造的毒品并不成功，后被行为人丢弃，该部分毒品是否计入犯罪的数量中？……………………………………… (618)

■ 办案依据集成 ……………………………………………… (621)

二、非法持有毒品罪 ………………………………………… (647)

264. 为其他吸毒者介绍贩毒者，帮助吸毒者购买毒品，并促成毒品交易的，是否构成贩卖毒品罪？…………………… (647)

265. 如何区分非法持有毒品罪和窝藏、转移毒品罪？………… (649)

266. 被告人本人吸毒成瘾，对其购买大量毒品的行为应当如何认定？………………………………………………………… (650)

267. 行为人与他人约定采用邮寄的方式接收毒品，并最终接受藏匿有毒品的邮包的行为如何定性？……………………… (652)

268. 吸毒者在乘坐列车时，被查获携带大量毒品的，该如何定性？……………………………………………………………… (654)

269. 非法持有毒品罪中，行为人是否需要"明知"自己持有的毒品的具体种类、数量？………………………………… (656)

270. 在毒品犯罪中，如何判断行为人是否"明知"？……………（656）

    📖 办案依据集成 ……………………………………………（659）

三、走私制毒物品罪、非法买卖制毒物品罪……………………（662）

271. 某种物品虽然可以用于制毒，但相关法律、行政法规未将其规定为制毒物品的，能否认定其为制毒物品？……（662）

272. 行为人明知自己参与走私，且走私的物品可以用于制毒，但其确实不知道所走私的物品是制毒物品的，对该行为是否能认定为走私制毒物品罪？……………………（662）

273. 擅自以非国有单位名义走私制毒物品并私分货款的行为该如何定性？……………………………………………（667）

274. 行为人违反国家对制毒物品的规定，以隐瞒事实和逃避海关监管的手段，非法将制毒物品运输出境；同时，将他人因购买公司产品而支付给公司的款项，利用职务上的便利，非法占为己有的，构成何罪？………………………（668）

275. 如何理解非法买卖制毒物品罪罪状中的"违反国家规定"？…（670）

276. 如何判断行为人是否明知其所买卖的是"制毒物品"？……（671）

277. 行为人纯粹以获取利益为目的，采取一定欺瞒手段隐瞒真相，买卖制毒物品，逃避国家对易制毒物品的监管的行为，该如何定性？…………………………………………（674）

278. 非法买卖制毒物品交易中，在买卖双方之间介绍、撮合，起居间作用的，该如何定罪？………………………………（674）

279. 行为人是否一经实施非法买卖制毒物品的行为即构成非法买卖制毒物品罪？………………………………………（674）

    📖 办案依据集成 ……………………………………………（676）

四、非法种植毒品原植物罪………………………………………（681）

280. 非法种植毒品原植物，在收获前自动铲除的，应怎样处理？…（681）

281. 行为人非法种植毒品原植物，被人发现后自行铲除，但铲除后又复长了大量毒品原植物的，应怎样认定行为人的犯罪数量？……………………………………………………（681）

　　办案依据集成 ………………………………………（684）

五、容留他人吸毒罪 ………………………………………（686）

282. 明知在自己经营管理的娱乐场所中有客人吸食毒品，却听之任之、不管不问的，经营管理者是否构成犯罪？………（686）

　　办案依据集成 ………………………………………（689）

第八章　组织、强迫、引诱、容留、介绍卖淫罪

一、组织卖淫罪、强迫卖淫罪、协助组织卖淫罪 ……………（690）

283. 组织他人卖淫中的"他人"，是否包括男性？………（690）

284. 行为人以营利为目的，招募、控制多名男性从事同性间的性交易活动，是否构成组织卖淫罪？……………………（690）

285. 强迫卖淫罪中的强迫手段有没有具体的要求？………（692）

286. 行为人采用限制妇女人身自由的方法，强迫妇女卖淫。在限制人身自由期间，行为人强行与一名妇女发生性关系的，该如何认定？………………………………………（693）

287. 语言威胁是否属于强迫卖淫罪中"强迫"的方式？………（696）

288. 强迫他人卖淫后，为防止其逃离，将其反锁于房内的行为是否构成非法拘禁罪？………………………………（696）

289. 组织卖淫罪与协助组织卖淫罪该如何区分？…………（697）

290. 介绍卖淫罪和协助组织卖淫罪该如何区分？…………（699）

　　办案依据集成 ………………………………………（702）

二、引诱、容留、介绍卖淫罪 ………………………………（704）

291. 介绍卖淫罪与不构成犯罪的介绍嫖娼行为该如何区分？……（704）

292. 行为人积极引诱、介绍男童以供他人实施猥亵行为，是否构成犯罪？……………………………………………………（705）

293. 明知他人在出租房内从事卖淫活动，仍将房屋出租的行为，如何定性？…………………………………………………（707）

294. 行为人长期出租自有住房为卖淫者提供场所，容留多人多次从事卖淫活动的，是否构成容留卖淫罪的"情节严重"？……（707）

295. 为牟取非法利益，以在宾馆等公共场所发放招嫖卡片的形式介绍卖淫嫖娼，应定协助组织卖淫罪还是介绍卖淫罪？……（709）

📖 办案依据集成 ……………………………………………（712）

三、嫖宿幼女罪 ……………………………………………（713）

296. 行为人确实不知其嫖宿的对象是不满 14 周岁的幼女，且该幼女一直自称其年龄在 14 周岁以上，那么行为人嫖宿幼女的行为是否构成嫖宿幼女罪？……………………………（713）

297. 嫖宿幼女罪和强奸不满 14 周岁的幼女的犯罪该如何区分？……（716）

298. 构成嫖宿幼女罪，是否需要行为人明知被害人是幼女？……（716）

📖 办案依据集成 ……………………………………………（719）

第九章 制作、贩卖、传播淫秽物品罪

一、制作、复制、出版、贩卖、传播淫秽物品牟利罪 …………（720）

299. 行为人贩卖盗版光碟，其中掺杂着大量淫秽光碟的行为该如何定性？…………………………………………………（720）

300. 存放在电脑中的淫秽视频文件和图片，能否认定为淫秽物品？………………………………………………………（722）

301. 行为人从互联网上下载淫秽物品并制作成光盘的行为，是否属于复制淫秽物品？…………………………………（722）

302. 行为人建立淫秽网站，并通过"引诱性"的图片广告条的形式诱使网民点击进行手机注册，而其可从中获取手续费

的行为该如何定性？⋯⋯⋯⋯⋯⋯⋯⋯⋯⋯⋯⋯⋯（724）

303. 在网络上传播淫秽电子物品牟利的，注册会员数该如何确定？ ⋯（724）

304. 明知他人开办淫秽色情网站、传播淫秽色情信息，仍注册为会员，接受他人邀请、任用，担任网站的管理员、版主、超级版主等职务，利用互联网传播淫秽电子信息，情节严重的行为，该如何定性？⋯⋯⋯⋯⋯⋯⋯⋯⋯（728）

305. 中国公民在国外留学期间，创建、管理中文淫秽色情网站，伙同他人利用互联网传播淫秽电子信息牟利，是否适用我国《刑法》"传播淫秽物品牟利罪"的规定？⋯⋯⋯⋯（728）

306. 行为人以牟利为目的，既贩卖淫秽书刊、扑克，又非法经营其他非法出版物的，该如何定罪？⋯⋯⋯⋯⋯⋯⋯（735）

307. 淫秽电子信息的点击数能否作为定罪量刑的依据？⋯⋯⋯（737）

308. 利用手机WAP技术传播淫秽电子信息的点击数如何认定？ ⋯（737）

309. 确定淫秽电子图片的点击数时，是否一定要考虑网络运营商承诺的页面访问成功率？⋯⋯⋯⋯⋯⋯⋯⋯⋯⋯⋯（738）

310. 在网络上通过网络视频与多人进行"裸聊"的动态视频流是否属于淫秽物品？⋯⋯⋯⋯⋯⋯⋯⋯⋯⋯⋯⋯⋯⋯（740）

311. 编写手机网站建站程序，并在该程序内添加淫秽色情内容的行为该如何定性？⋯⋯⋯⋯⋯⋯⋯⋯⋯⋯⋯⋯⋯⋯（741）

312. 以牟利为目的，向他人的手机存储卡内复制淫秽电子文件的行为该如何定性？⋯⋯⋯⋯⋯⋯⋯⋯⋯⋯⋯⋯⋯⋯（743）

313. 行为人以向他人的手机存储卡内复制淫秽电子文件并贩卖为业，则在其电脑硬盘中查获的淫秽物品数量是否应计入犯罪数量？⋯⋯⋯⋯⋯⋯⋯⋯⋯⋯⋯⋯⋯⋯⋯⋯（743）

314. 行为人以牟利为目的在网店上贩卖淫秽视频链接软件的行为，是否构成犯罪？⋯⋯⋯⋯⋯⋯⋯⋯⋯⋯⋯⋯⋯⋯（744）

315. 行为人贩卖淫秽视频链接牟利，对其贩卖的数量应如何认定？ ⋯（744）

316. 以牟利为目的向淫秽网站投放广告的行为如何定罪？⋯⋯⋯（745）

317. 投放广告的链接淫秽网站数量应如何认定？……………………（746）

318. 判断"传播淫秽物品牟利罪"的"情节严重"标准是否须同时考察非法获利数额及淫秽视频、图片的浏览数量情况，即只有这些都达到较高标准时，才构成传播淫秽物品牟利罪？……………………………………………………………（747）

319. 自己与他人性交的视频是否构成淫秽电子信息？……………（749）

320. 将自己与他人性交的视频片段传至个人博客的行为该如何定性？……………………………………………………………（749）

321. 利用手机WAP网传播淫秽电子图片牟利的，能否认定为传播淫秽物品牟利罪？……………………………………（751）

322. 利用手机WAP网传播淫秽电子图片牟利的，被告单位存在自点击的情况，在自行点击数量不能确定的情况下，如何认定其传播淫秽物品牟利罪"情节严重"？…………（751）

323. 设立淫秽网站的行为该如何定罪处罚？……………………（753）

324. 对设立淫秽网站以及为其提供接入服务、租用网站广告位的行为，如何定罪量刑？……………………………（753）

325. 租用淫秽网站广告位及为淫秽网站提供资金的行为如何定罪处罚？……………………………………………………（753）

▨ 办案依据集成 ……………………………………………………（756）

二、传播淫秽物品罪……………………………………………………（763）

326. 网络论坛上的淫秽文章、图片、电影等是否属于淫秽物品？…（763）

327. 淫秽网站的版主、副版主等并未参与建设该网站，也未直接发布淫秽图片、文章，但在淫秽网站中起着管理、维护作用的，能否认定为传播淫秽物品罪？……………………（763）

328. 利用网络群组传播淫秽物品的行为该如何定性？……………（767）

329. 网站版主明知他人制作、复制、出版、传播的是淫秽电子信息，却仍然允许或者放任他人在自己管理的版块中发布的，是否构成犯罪？……………………………………（768）

📖 办案依据集成 …………………………………………（770）

三、组织淫秽表演罪 ………………………………………（774）

330. 文化娱乐场所的打工者、演出主持人是否能构成组织淫秽表演罪？ …………………………………………………（774）

331. 构成组织淫秽表演罪，是否需要出于牟利的目的？ …………（774）

332. 在互联网上建立聊天室组织"裸聊"的行为，该如何承担刑事责任？ ………………………………………………（775）

📖 办案依据集成 …………………………………………（781）

第一章　扰乱公共秩序罪

一、妨害公务罪

1. 为了逃避检查强行驾车闯关，致使检查人员受轻伤的，构成故意伤害罪还是妨害公务罪？

为了逃避检查强行驾车闯关，致使检查人员受轻伤的，阻碍了国家机关工作人员依法执行职务，构成妨害公务罪。

2. 妨害公务罪中的"暴力、威胁方法"有没有程度的要求？

妨害公务罪中的"暴力、威胁方法"只要足以阻碍国家机关工作人员执行职务即可，不要求客观上已经阻碍了国家机关工作人员执行职务。暴力行为如果致人重伤、死亡的，应从一重罪论处。

3. 行为人驾车强行闯关，最后紧急刹车的，是否构成妨害公务罪的中止？

行为人驾车强行闯关，最后紧急刹车的，没有有效阻止致人受伤的后果发生的，不成立妨害公务罪的中止。

典型疑难案件参考

宋永强妨害公务案

基本案情

2004年7月14日下午5时许,被告人宋永强驾驶载货汽车装载25吨(额定载重4.5吨)水泥沿104国道由东向西行驶。因车辆严重超载,被告人宋永强为掩盖车辆超载事实,以逃避检查处罚,在距溧阳市梅园治理机动车超速超载点(下简称治超点)500米处时将车速提升至60公里/小时,当车辆以此速度行驶至距离该治超点50米处时,负责车辆超速超载治理工作的交通警察张冬柏在快车道中央示意被告人宋永强将车驶入慢车道并停车接受检查。被告人宋永强因害怕处罚,故未采取制动措施和改变行驶方向。在距被害人张冬柏10米许时,被告人宋永强见其仍未避让方才紧急刹车,张冬柏此时虽经紧急避让但仍被撞倒而致外伤性尾骨骨折。案发后,被告人宋永强已赔偿了被害人张冬柏的经济损失。

诉辩情况

检察机关指控被告人宋永强犯妨害公务罪。

被告人宋永强的辩护人提出:宋永强属初犯、偶犯,对被害人造成的损害已予赔偿,归案后认罪态度较好,请求从轻处罚。

裁判结果

江苏省溧阳市人民法院于2004年11月4日以〔2004〕溧刑初字第278号刑事判决,认定被告人宋永强犯妨害公务罪,判处罚金人民币5000元。

裁判理由

法院生效裁判认为:被告人宋永强驾驶超载车辆,明知交通警察在执行公务,却不服从指挥、停车接受检查,而是通过高速驾车这一危险方式胁迫交警放弃正常执行公务,且造成交警受轻伤的后果,其行为阻碍了国家机关工作人员依法执行职务,已构成妨害公务罪。检察机关指控被告人宋永强犯妨害公务罪,罪名成立,应予支持。辩护人提出的被告人宋永强属初犯、偶犯,对被害人造成的损害已予赔偿,归案后认罪态度较好等辩护意见,经查属实,予以采纳。鉴于被告人宋永强最终能采取紧急制动措施从而没有造成更为严重的后果,案发后能积极赔偿被害人的经济损失,认罪态度较好,可酌情从轻处罚。

故法院依法作出如上裁判。

4. 国家机关工作人员在晚上进入被执行人家中开展计划生育工作，是否属于依法执行公务？

行政执法人员如果是执行一般的公务，应当在正常的时间进行执行，但是对于涉及农村较为难以执行的计划生育等工作，在深夜24时左右到行为人家中开展工作的，属于执法活动。

5. 行为人在不明真相的情况下与工作人员发生争执，在知道真相后却以工作人员的工作方法不当为理由在激愤之下使用暴力打伤工作人员，导致工作组的工作被迫中断，是否构成犯罪？

行为人在不明真相的情况下与正在执行公务的国家机关工作人员发生争执情有可原，在知道真相后应该停止争执，却以工作人员的工作方法不当为借口在激愤之下使用暴力打伤工作人员，导致公务执行被迫中断，构成妨害公务罪。

典型疑难案件参考

卢绍昌妨害公务案

基本案情

2003年4月8日24时左右，云南省富源县后所镇副镇长王福友带领镇计划生育工作组一行6人到栗树坪村委会小落村卢绍龙家开展计划生育工作，要求卢绍龙夫妇去做结扎手术。在协商如何进行计划生育工作中与卢绍龙之兄卢绍昌发生争执。在此过程中，卢绍昌打伤副镇长王福友，并有其他村民参与围攻起哄，致使工作停止。工作人员王福友、沈勇在工作中被打成轻微伤。

一审诉辩情况

检察机关指控被告人卢绍昌犯妨害公务罪。

被告人卢绍昌提出：其行为不构成妨害公务罪。认为：其一，王福友是挟私报复，其在整顿私煤时与卢绍龙就有矛盾；其二，王福友在夜间且酒后来工作是滋事行为，身份不明，不是依法执行公务；其三，因为王福友辱骂少数民族为偦偦苗子，激起被告人的气愤才用响把打了王福友，被告人是激愤之下的过激行为，不是妨碍公务。

被告人卢绍昌提出：对公诉证据"打着沈勇"的情节及其他部分细节和物证"木棒"一根不予认可。

被告人卢绍昌的辩护人提出：指控证据不足。缺乏6方面的证据：（1）证实王福友有执法权的证据；（2）王福友等人2003年4月8日前收集到卢绍龙系计生对象的证据；（3）现场指认笔录；（4）与王福友同行的人对物证的指认笔录；（5）抓获经过；（6）王福友、沈勇的伤情照片。不可采信的证据：（1）孔维正、杨爱情、沙能的证言不能证实王福友的行为是合法的行政执法行为；（2）王福友的工作任职证明不能证实王福友的行为是合法的行政执法行为；（3）卢绍昌的辨认笔录不可采信；（4）物证与证言不能印证而不可采信；（5）慈善医院的病情证明记载2003年4月3日被打伤住院与事实不符而不可采信；（6）肖本红等人的证言因与王福友有领导工作的利害关系，宜慎重采信。法庭应当采信卢绍龙、卢选奎、李树华的当庭证言。

被告人卢绍昌的辩护人提出：法庭审理查明能够认定如下事实：案件的两方当事人有宿怨，王福友存有报复思想基础；2003年4月8日夜，王福友是受邀请赴宴醉酒后临时起意去找卢绍龙做所谓的计划生育工作；王福友事先并不是找卢绍龙做计划生育工作，有报复嫌疑认为时机到来才去的；王福友的工作行为缺乏合法基础；王福友等人到卢家有违法行为；卢绍昌打王福友是因王福友辱骂少数民族而引发的激愤行为，而未针对计划生育工作；王福友及其随行人员未参加计划生育培训，并当庭表现出对相关法律的无知。

被告人卢绍昌的辩护人提出：本案涉嫌妨害执行公务在适用法律上应认定原告是不是依法执行公务，王福友的行为违反《中华人民共和国人口与计划生育法》和《云南省人口与计划生育条例》及《云南省公务员八条禁令》的相关规定，是违法行为。

被告人卢绍昌的辩护人提出：卢绍昌的行为是对违法行为的抵制和斗争而应当加以引导的群众性行为。因此，应当宣告被告人卢绍昌无罪。

一审裁判结果

云南省富源县人民法院于2005年4月4日以〔2005〕富刑初字第52号刑事判决，认定被告人卢绍昌犯妨害公务罪，免予刑事处罚。

一审裁判理由

一审法院认为：王福友作为乡镇领导挂钩片区工作，依法开展计划生育工作。因为农村计划生育工作的复杂性和客观性，依法执行计划生育的工作时间和工作条件受到客观条件的限制而导致计划生育工作有其特殊性。王福友带领工作人员晚上进入工作对象卢绍龙家中，进行计划生育的执法活动，应依法受到法律保护。被告人卢绍昌在不明真相的情况下与工作人员发生争执情有可原，在知道真相后本应停止争执，却以工作人员的工作方法不当为借口在激愤之下使用暴力行为打伤工作人员，导致工作组的计划生育工作被迫中断，被告人的行为符合妨害公务罪的构成要件，应以妨害公务罪认定。检察机关指控的事实成立。辩护人关于无罪的观点不予支持。鉴于王福友等工作人员的工作方式失当而引发案件的发生，而被告人卢绍昌的犯罪情节轻微，故应当从轻判决。

二审诉辩情况

一审宣判后，卢绍昌提出上诉。

上诉人（原审被告人）卢绍昌及其辩护人提出：王福友是夜间酒后破门而入，不是依法执行公务，有寻衅滋事、挟私报复嫌疑。

上诉人（原审被告人）卢绍昌及其辩护人提出：卢绍昌打王福友是因王福友辱骂少数民族而引发的激愤行为。

上诉人（原审被告人）卢绍昌及其辩护人提出：本案不是依法执行公务而是违法行为，应当宣告卢绍昌无罪。

二审裁判结果

云南省曲靖市中级人民法院于2005年5月8日以同样的事实和理由作出〔2005〕曲刑终字第136号刑事裁定，驳回上诉，维持原判。

二审裁判理由

二审法院认可了一审法院的上述理由，并认为鉴于本案的发生确有王福友等工作人员的工作方式不当因素，上诉人（原审被告人）卢绍昌的犯罪情节轻微，可对其免予刑事处罚。上诉人（原审被告人）及辩护人提出其行为不属妨害公务，应宣告无罪的上诉观点，不予支持。原判结合本案客观事实、情节及社会危害程度，定罪量刑并无不当，且审判程序合法，故法院依法作出如上裁判。

> **6. 案件的被执行人以暴力、威胁方法妨害或者抗拒执行，围困、殴打执行人员，致使执行工作无法进行的，该定妨害公务罪还是拒不执行判决、裁定罪？**
>
> 案件的被执行人以暴力、威胁方法妨害或者抗拒执行，围困、殴打执行人员，致使执行工作无法进行的，应构成妨害公务罪。

> **7. 行为人采用暴力方法阻碍国家机关工作人员依法执行职务，造成执行人员轻微伤的，是否构成犯罪？**
>
> 妨害公务罪并不要求客观上已经阻止国家机关工作人员执行职务，也不要求客观上对执行人员已造成严重身体损害，因此，行为人采用暴力方法阻碍国家机关工作人员依法执行职务，造成执行人员轻微伤的，也可构成妨害公务罪。

典型疑难案件参考

冯建华妨害公务案

基本案情

被告人冯建华于 2005 年 3 月 9 日上午，在如东县人民法院到其家中执行季秀连申请执行的离婚返还财产一案的过程中，向依法执行职务的如东县人民法院司法警察黄建新脸部打了一拳，致被害人黄建新鼻骨骨折。经法医鉴定，被害人黄建新伤情属轻微伤。在诉讼过程中，经如东县人民法院主持调解，被告人冯建华已一次性赔偿被害人黄建新经济损失人民币 5000 元。

诉辩情况

检察机关指控冯建华犯妨害公务罪。

被告人冯建华在一审中答辩称：其归案属自首，并赔偿了被害人损失，请求从轻处罚。

上诉人（原审被告人）冯建华在二审中诉称：其并未打到被害人脸部；一审判决对其量刑过重。

裁判结果

江苏省如东县人民法院于 2005 年 12 月 14 日以〔2005〕东刑初字第 282 号刑事判决，认定被告人冯建华犯妨害公务罪，判处有期徒刑 10 个月。宣判后，冯建华提出上诉。江苏省南通市中级人民法院于 2006 年 1 月 25 日以同样的事实和理由作出〔2006〕通中刑一终字第 17 号刑事裁定，驳回上诉，维持原判。

裁判理由

江苏省如东县人民法院一审认为：被告人冯建华以暴力方法，阻碍国家机关工作人员依法执行职务，并致人轻微伤，其行为已构成妨害公务罪。如东县人民检察院指控被告人冯建华犯妨害公务罪的事实清楚，证据确实充分，指控的罪名正确。被告人冯建华在公安机关立案侦查前，如实供述公安机关已掌握的犯罪事实，不属自首，但可以认定坦白态度好。被告人冯建华能赔偿被害人的经济损失，可以酌情从轻处罚。

江苏省南通市中级人民法院二审认定了上述事实。关于上诉人（原审被告人）冯建华上诉称没有打到被害人脸部的上诉理由，经查，上诉人（原审被告人）冯建华在法院工作人员依法执行职务过程中，拳击法警黄建新脸部，致其鼻骨骨折并构成轻微伤的事实，不仅有被害人黄建新的陈述，而且有杨海群、周俊、梅贵等多名现场目击证人的证言笔录予以证实；被害人的门诊病历及病情证明书证实被害人黄建新在遭上诉人拳击脸部后，于当天入院治疗的情况；如东县公安局物证鉴定书证实被害人黄建新的伤情情况。认定上述事实的证据充分，且能相互印证。故对上诉人（原审被告人）冯建华此点上诉理由不予采信。上诉人（原审被告人）冯建华上诉称一审量刑过重的上诉理由，经查，一审判决量刑恰当。

妨害公务罪办案依据集成

刑法条文

第二百七十七条 【妨害公务罪】以暴力、威胁方法阻碍国家机关工作人员依法执行职务的，处三年以下有期徒刑、拘役、管制或者罚金。

以暴力、威胁方法阻碍全国人民代表大会和地方各级人民代表大会代表依法执行代表职务的，依照前款的规定处罚。

在自然灾害和突发事件中，以暴力、威胁方法阻碍红十字会工作人员依法履行职责的，依照第一款的规定处罚。

故意阻碍国家安全机关、公安机关依法执行国家安全工作任务，未使用暴力、威胁方法，造成严重后果的，依照第一款的规定处罚。

司法解释

1. 最高人民法院、最高人民检察院、公安部、国家工商行政管理局《关于依法查处盗窃、抢劫机动车案件的规定》（1998年5月8日公通字〔1998〕31号）（节录）

一、司法机关依法查处盗窃、抢劫机动车案件，任何单位和个人都应当予以协助。以暴力、威胁方法阻碍司法工作人员依法办案的，依照《刑法》第二百七十七条第一款的规定处罚。

2. 最高人民检察院《关于以暴力威胁方法阻碍事业编制人员依法执行行政执法职务是否可对侵害人以妨害公务罪论处的批复》（2000年4月24日高检发释字〔2000〕2号）

重庆市人民检察院：

你院《关于以暴力、威胁方法阻碍事业编制人员行政执法活动是否可以对侵害人适用妨害公务罪的请示》收悉。经研究，批复如下：

对于以暴力、威胁方法阻碍国有事业单位人员依照法律、行政法规的规定执行行政执法职务的，或者以暴力、威胁方法阻碍国家机关中受委托从事行政执法活动的事业编制人员执行行政执法职务的，可以对侵害人以妨害公务罪追究刑事责任。

3. 最高人民法院、最高人民检察院《关于办理组织和利用邪教组织犯罪案件具体应用法律若干问题的解释（二）》（2001年6月11日法释〔2001〕19号）（节录）

第七条 邪教组织人员以暴力、威胁方法阻碍国家机关工作人员依法执行职务的，依照刑法第二百七十七条第一款的规定，以妨害公务罪定罪处罚。其行为同时触犯刑法其他规定的，依照处罚较重的规定定罪处罚。

4. 最高人民检察院《关于办理非法经营食盐刑事案件具体应用法律若干问题的解释》（2002年9月13日高检发释字〔2002〕6号）（节录）

第五条 以暴力、威胁方法阻碍行政执法人员依法行使盐业管理职务的，依照刑法第二百七十七条的规定，以妨害公务罪追究刑事责任；其非法经营行为已构成犯罪的，依照数罪并罚的规定追究刑事责任。

5. 最高人民法院、最高人民检察院《关于办理妨害预防、控制突发传染病疫情等灾害的刑事案件具体应用法律若干问题的解释》（2003年5月15日法释〔2003〕8号）（节录）

第八条 以暴力、威胁方法阻碍国家机关工作人员、红十字会工作人员依法履行为防治突发传染病疫情等灾害而采取的防疫、检疫、强制隔离、隔离治疗等预防、控制措施的，依照刑法第二百七十七条第一款、第三款的规定，以妨害公务罪定罪处罚。

6. 最高人民法院、最高人民检察院《关于办理危害矿山生产安全刑事案件具体应用法律若干问题的解释》（2007年3月1日法释〔2007〕5号）（节录）

第十条 以暴力、威胁方法阻碍矿山安全生产监督管理的，依照刑法第二百七十七条的规定，以妨害公务罪定罪处罚。

第十一条 国家工作人员违反规定投资入股矿山生产经营，构成本解释涉及的有关犯罪的，作为从重情节依法处罚。

第十二条 危害矿山生产安全构成犯罪的人，在矿山生产安全事故发生后，积极组织、参与事故抢救的，可以酌情从轻处罚。

7. 最高人民法院、最高人民检察院《关于办理非法生产、销售烟草专卖品等刑事案件具体应用法律若干问题的解释》（2010年3月26日法释〔2010〕7号）（节录）

第八条（第一款） 以暴力、威胁方法阻碍烟草专卖执法人员依法执行职务，构成犯罪的，以妨害公务罪追究刑事责任。

▶ 其他办案依据

1. 最高人民法院、最高人民检察院《关于依法严惩破坏计划生育犯罪活动的通知》（1993年11月12日法发〔1993〕36号）（节录）

五、以暴力、威胁方法阻碍国家计划生育工作人员依法执行职务的，依照刑法第一百五十七条（指1979年刑法条文。——编者注）妨害公务罪的规定追究刑事责任。

2. 国家计委、最高人民检察院、公安部《关于依法惩处妨碍物价检查人员执行公务的违反犯罪活动的通知》（1994年5月21日计价检〔1994〕600号）（节录）

二、各地物价部门要与当地公安、检察机关加强配合，密切协作，建立情况通报制度。

各级公安、检察机关要严格执法，依法办案。对妨碍物价检查人员依法执行公务，构成违反治安管理行为的案件，公安机关要依照《治安管理处罚条例》的有关规定处罚；对以暴力、威胁方法阻碍物价检查人员依法执行公务构成犯罪的案件，只要基本事实清楚，基本证据确凿，公安机关要及时移送审查批捕、移送审查起诉，检察机关要及时批捕、起诉，依法追究犯罪分子的刑事责任。

3. 最高人民法院、最高人民检察院、公安部《关于依法严肃查处拒不执行判决、裁定和暴力抗拒法院执行犯罪行为有关问题的通知》（2007年8月30日法发〔2007〕29号）（节录）

二、对下列暴力抗拒执行的行为，依照刑法第二百七十七条的规定，以妨害公务罪论处。

（一）聚众哄闹、冲击执行现场，围困、扣押、殴打执行人员，致使执行工作无法进行的；

（二）毁损、抢夺执行案件材料、执行公务车辆和其他执行器械、执行人员服装以及执行公务证件，造成严重后果的；

（三）其他以暴力、威胁方法妨害或者抗拒执行，致使执行工作无法进行的。

三、负有执行人民法院判决、裁定义务的单位直接负责的主管人员和其他直接责任人员，为了本单位的利益实施本《通知》第一条、第二条所列行为之一的，对该主管人员和其他直接责任人员，依照刑法第三百一十三条和第二百七十七条的规定，分别以拒不执行判决、裁定罪和妨害公务罪论处。

4. 最高人民法院《人民法院量刑指导意见（试行）》（2010年10月1日法发〔2010〕36号）（节录）

四、常见犯罪的量刑

（十一）妨害公务罪

1. 构成妨害公务罪的，可以在三个月拘役至一年有期徒刑幅度内确定量刑起点。

2. 在量刑起点的基础上，可以根据妨害公务的手段、造成的后果等其他影响犯罪构成的犯罪事实增加刑罚量，确定基准刑。

3. 煽动群众阻碍依法执行职务、履行职责的，可以增加基准刑的20%以下。

4. 因执行公务行为不规范而导致妨害公务犯罪的，可以减少基准刑的20%以下。

5. 最高人民法院、最高人民检察院、公安部、国家烟草专卖局《关于办理假冒伪劣烟草制品等刑事案件适用法律问题座谈会纪要》（2003年12月23日高检会〔2003〕4号）（节录）

八、关于以暴力、威胁方法阻碍烟草专卖执法人员依法执行职务行为的定罪处罚问题

以暴力、威胁方法阻碍烟草专卖执法人员依法执行职务的，依照刑法第二百七十七条的规定，以妨害公务罪定罪处罚。

6. 公安部《关于治理超载违章适用法律问题的意见》（2001年8月17日）（节录）

二、驾驶严重超载的客运、货运机动车的驾驶员，在交通民警依法进行纠正时，不接受处理，拒绝、阻碍交通民警依法执行职务，未使用暴力、威胁方法的，公安机关可以依据《中华人民共和国治安管理处罚条例》第十九条第（七）项的规定，对驾驶员和其他直接参与拒绝、阻碍交通民警依法执行职务的人员处十五日以下拘留、二百元以下罚款或者警告；以暴力、威胁方法阻碍交通民警依法执行职务的，依照《中华人民共和国刑法》第二百七十七条第一款的规定追究其刑事责任。

五、在高速公路上驾驶机动车载人不符合规定，或者载物超过核定载重量百分之三十以上的驾驶员，当交通民警依法进行纠正时，不接受处理，拒绝、阻碍交通民警依法执行职务，未使用暴力、威胁方法的，公安机关可以依据《中华人民共和国治安管理处罚条例》第十九条第（七）项的规定，对驾驶员和其他直接参与拒绝、阻碍交通民警依法执行职务的人员处十五日以下拘留、二百元以下罚款或者警告；以暴力、威胁方法阻碍交通民警依法执行职务的，依照《中华人民共和国刑法》第二百七十七条第一款的规定追究其刑事责任。

法律法规

1.《中华人民共和国矿产资源法（2009年修正）》（1986年10月1日）（节录）

第四十八条 以暴力、威胁方法阻碍从事矿产资源勘查、开采监督管理工作的国家工作人员依法执行职务的，依照刑法有关规定追究刑事责任；……

2.《中华人民共和国水土保持法》（1991年6月29日）（节录）

第三十七条 以暴力、威胁方法阻碍水土保持监督人员依法执行职务的，依法追究刑事责任；……

3.《中华人民共和国烟草专卖法（2009年修正）》（1992年1月1日）（节录）

第四十一条 烟草专卖行政主管部门有权对本法实施情况进行检查。以暴力、威胁方法阻碍烟草专卖检查人员依法执行职务的，依法追究刑事责任；……

4.《全国人民代表大会和地方各级人民代表大会代表法（2010年修正）》（1992年4月3日）（节录）

第四十四条（第三款） 阻碍代表依法执行代表职务的……；以暴力、威胁方法阻碍代表依法执行代表职务的，依照刑法有关规定追究刑事责任。

5.《中华人民共和国国家安全法（2009年修正）》（1993年2月22日）（节录）

第二十七条 以暴力、威胁方法阻碍国家安全机关依法执行国家安全工作任务的，依照刑法有关规定处罚。

故意阻碍国家安全机关依法执行国家安全工作任务，未使用暴力、威胁方法，造成严重后果的，依照刑法有关规定处罚；情节较轻的，由国家安全机关处十五日以下拘留。

6.《中华人民共和国产品质量法（2000年修正）》（1993年9月1日）（节录）

第六十九条 以暴力、威胁方法阻碍产品质量监督部门或者工商行政管理部门的工作人员依法执行职务的，依法追究刑事责任；……

7.《中华人民共和国红十字会法（2009年修正）》（1993年10月31日）（节录）

第十五条 任何组织和个人不得拒绝、阻碍红十字会工作人员依法履行职责。

在自然灾害和突发事件中，以暴力、威胁方法阻碍红十字会工作人员依法履行职责的，依照刑法有关规定追究刑事责任；……

8.《中华人民共和国消费者权益保护法（2009年修正）》（1994年1月1日）（节录）

第五十二条 以暴力、威胁等方法阻碍有关行政部门工作人员依法执行职务的，依法追究刑事责任；……

9.《国家安全法实施细则》（1994年6月4日国务院令第157号）（节录）

第二十五条 国家安全机关依法执行国家安全工作任务时，公民和组织依法有义务提供便利条件或者其他协助，拒不提供或者拒不协助，构成故意阻碍国家安全机关依法执行国家安全工作任务的，依照《国家安全法》第二十七条第二款的规定处罚。

第二十六条 故意阻碍国家安全机关依法执行国家安全工作任务，造成国家安全机关工作人员人身伤害或者财物损失的，应当依法承担赔偿责任，并由司法机关或者国家安全机关依照《国家安全法》第二十七条第二款的规定予以处罚。

10.《中华人民共和国人民警察法》（1995年2月28日）（节录）

第三十五条 拒绝或者阻碍人民警察依法执行职务，有下列行为之一的，给予治安管理处罚：

（一）公然侮辱正在执行职务的人民警察的；

（二）阻碍人民警察调查取证的；

（三）拒绝或者阻碍人民警察执行追捕、搜查、救险等任务进入有关住所、场所的；

（四）对执行救人、救险、追捕、警卫等紧急任务的警车故意设置障碍的；

（五）有拒绝或者阻碍人民警察执行职务的其他行为的。

以暴力、威胁方法实施前款规定的行为，构成犯罪的，依法追究刑事责任。

11.《中华人民共和国电力法（2009年修正）》（1996年4月1日）（节录）

第七十条有下列行为之一的……构成犯罪的，依法追究刑事责任：

（三）殴打、公然侮辱履行职务的查电人员或者抄表收费人员的；
（四）拒绝、阻碍电力监督检查人员依法执行职务的。

12.《中华人民共和国煤炭法（2009 年修正）》（1996 年 12 月 1 日）（节录）

第七十六条 有下列行为之一的……构成犯罪的，由司法机关依法追究刑事责任：
（四）拒绝、阻碍监督检查人员依法执行职务的。

13.《中华人民共和国动物防疫法（2007 年修订)》（1998 年 1 月 1 日）（节录）

第五十九条 动物卫生监督机构执行监督检查任务，可以采取下列措施，有关单位和个人不得拒绝或者阻碍：
（一）对动物、动物产品按照规定采样、留验、抽检；
（二）对染疫或者疑似染疫的动物、动物产品及相关物品进行隔离、查封、扣押和处理；
（三）对依法应当检疫而未经检疫的动物实施补检；
（四）对依法应当检疫而未经检疫的动物产品，具备补检条件的实施补检，不具备补检条件的予以没收销毁；
（五）查验检疫证明、检疫标志和畜禽标识；
（六）进入有关场所调查取证，查阅、复制与动物防疫有关的资料。
动物卫生监督机构根据动物疫病预防、控制需要，经当地县级以上地方人民政府批准，可以在车站、港口、机场等相关场所派驻官方兽医。

第八十四条（第一款） 违反本法规定，构成犯罪的，依法追究刑事责任。

14.《中华人民共和国防洪法（2009 年修正)》（1998 年 1 月 1 日）（节录）

第六十二条 阻碍、威胁防汛指挥机构、水行政主管部门或者流域管理机构的工作人员依法执行职务，构成犯罪的，依法追究刑事责任；……

15.《特种设备安全监察条例（2009 年修正）》（2003 年 3 月 11 日国务院令第 549 号）（节录）

第九十八条 特种设备的生产、使用单位或者检验检测机构，拒不接受特种设备安全监督管理部门依法实施的安全监察的……触犯刑律的，依照刑法关于妨害公务罪或者其他罪的规定，依法追究刑事责任。

16.《关于预防煤矿生产安全事故的特别规定》（2005 年 9 月 3 日国务院令第 446 号）（节录）

第十八条 煤矿拒不执行县级以上地方人民政府负责煤矿安全生产监督管理的部门或者煤矿安全监察机构依法下达的执法指令的，由颁发证照的部门吊销矿长资格证和矿长安全资格证……构成犯罪的，依法追究刑事责任。

二、招摇撞骗罪

8. 冒充国家机关工作人员，虚构工程项目事实，骗取数额巨大财物的行为，应认定为何罪？

该行为构成招摇撞骗罪和诈骗罪，应从一重罪处罚，即以诈骗罪定罪处罚。

典型疑难案件参考

张惠明招摇撞骗、诈骗案

基本案情

2005年7月，林小森（已判刑）冒充中共中央纪律检查委员会海南特派员办公室主任、中共海南省纪律检查委员会副书记在海南省招摇撞骗。

2006年6、7月份，林小森为骗取刘其明的钱财，找到时任海口市昌茂学校美术教师的被告人张惠明，指使张惠明冒充中共中央办公厅机要室主任徐家新，并让张惠明自称是其在复旦大学的同班同学，张惠明表示同意。在林小森、张惠明与刘其明交往的过程中，二人以能通过关系为铭豪集团收购山东威海一化工项目为由，向刘其明索要办事费用，共同骗取铭豪集团396.7516万元。其中，林小森骗得376.7516万元，张惠明骗得20万元。具体情况如下：

林小森于2007年7月从铭豪集团取得一张刘其明的农业银行卡后，要求刘其明向该卡汇款作为收购山东化工项目的前期费用。刘其明对林小森编造的理由深信不疑，遂根据林的要求，分多次往该卡内存入306.244万元，林小森采取银行转账、刷卡购车、取现等方式将该卡内的306.1316万元取走。后林小森又以相同事由，要求刘其明分别存入"万桥"的建行账户60万元、存入"李玉剑"的建行账户50万元，刘予以照办。至案发为止，林小森共骗取铭豪集团376.7516万元。案发后，公安机关从林小森处扣押现金54.73万元和奥迪等轿车4辆，均已发还被害单位铭豪集团。

2006年12月的一天，张惠明以给领导买礼品为由，骗取刘其明现金6万元。2007年3月3日，张惠明又以办事费用的名义，向刘其明索要14万元，并让刘其明将该款存入其妻子的农行账户。张惠明骗得上述20万元后害怕罪行败露，从昌茂学校辞职后携款逃离海口返回湖南老家。2011年4月15日，张惠明在长沙市曙光中路福天宾馆3098房被抓获。

诉辩情况

检察机关指控被告人张惠明无视国法,身为非国家机关工作人员,冒充国家机关工作人员招摇撞骗,情节严重;以非法占有为目的,虚构事实,隐瞒真相,伙同他人诈骗数额特别巨大的财物,应当以招摇撞骗罪、诈骗罪追究其刑事责任,数罪并罚。张惠明在共同犯罪中起次要或辅助作用,是从犯,应当从轻或者减轻处罚。

被告人张惠明对起诉书指控其犯招摇撞骗罪、诈骗罪的事实及罪名不持异议。

裁判结果

海南省海口市中级人民法院于2011年11月25日以〔2011〕海中法刑初字第92号刑事判决,认定被告人张惠明犯诈骗罪,判处有期徒刑8年,并处罚金人民币3万元。尚未追回的赃款继续追缴。

裁判理由

法院裁判认为:被告人张惠明以非法占有为目的,伙同林小森冒充国家工作人员进行招摇撞骗,虚构为铭豪集团收购山东威海化工项目的事实,骗取铭豪集团的钱财,数额特别巨大,其行为已构成招摇撞骗罪和诈骗罪。检察机关指控的罪名成立,但张惠明在冒充国家工作人员身份骗取钱财的情况下,其只是实施了一个犯罪行为,该行为同时触犯两个罪名,属于想象竞合犯,应适用从一重罪处断的原则,以诈骗罪定罪量刑。检察机关指控被告人张惠明伙同林小森虚构事实,骗取铭豪集团436.244万元的数额有误,应予纠正。因同案人林小森以刘其明的农行卡支付39.38万元购买的奥迪A6轿车一辆,登记车主所有人为铭豪集团,刘其明事后亦明知,案发后,该车辆已经返还铭豪集团,不应认定为林小森占为己有。故该39.38万元不应列入诈骗数额,林小森的诈骗数额应认定为376.7516万元,加上张惠明骗取的20万元,两人共同骗取了铭豪集团396.7516万元。被告人张惠明在共同犯罪中起次要或辅助作用,是从犯,应当从轻或减轻处罚。鉴于被告人张惠明到案后能如实交代其犯罪事实,认罪态度较好,有悔罪表现,可酌情从轻处罚。故法院依法作出如上裁判。

9. 冒充军人使用明显的暴力或者威胁手段而不是欺骗手段获取钱财的，应认定为冒充军人招摇撞骗罪还是抢劫罪的结果加重犯？

冒充军人使用明显的暴力或者威胁手段而不是欺骗手段的，暴力或者威胁手段是其主要特征，侵犯了他人的人身权，应认定为抢劫罪的结果加重犯，而非招摇撞骗罪。

典型疑难案件参考

谭飞等冒充军人招摇撞骗并抢劫案

基本案情

2006年5月间，被告人谭飞、宋伟、朱丽华、王云龙伙同同案人袁朝刚（另案处理）经密谋以后，分别购买作案工具迷彩色三菱吉普车、假军车牌照、假军服、头盔、警棍以及证件等物，伪装成军队纠察人员，以查假军车为名骗取和抢劫公民财物。有证据证明的犯罪为如下三宗：

1. 2006年5月7日凌晨2时许，上述被告人伪装成军队纠察人员，驾驶上述假军车，窜至佛山市南海区里和公路佛山一环桥底，以检查假军车为名，采取持警棍威胁方式取得被害人何某某现金400元以及诺基亚牌2100型手提移动电话机1台（经鉴定，物品价值341.60元）。

2. 2006年5月8日凌晨2时许，上述被告人驾驶上述假军车窜至佛山市南海区广和大桥收费站出口处，以上述方式取得被害人周某某的波导牌VS9型手提移动电话机1台（经鉴定，物品价值770.62元）。

3. 2006年5月12日凌晨3时许，上述被告人驾驶上述假军车窜至广州市萝岗区开创大道与宏远路交会处附近，冒充军队纠察人员对被害人索要财物未得逞后，采取强行搜身的方式取得被害人王某某的现金924元、诺基亚牌3210型手提移动电话以及摩托罗拉牌C157型手提移动电话机各1台（经鉴定，物品共价值683元）。随后，4被告人被公安人员人赃并获。

诉辩情况

检察机关指控谭飞、宋伟、朱丽华、王云龙犯抢劫罪。

一审宣判后，宋伟、朱丽华、王云龙3人提出上诉。

裁判结果

广州市萝岗区人民法院于 2006 年 12 月 13 日以〔2006〕萝法刑初字第 251 号刑事判决，认定 4 被告人犯抢劫罪和冒充军人招摇撞骗罪，数罪并罚，分别判处谭飞等 4 人 10 年 6 个月到 11 年不等的有期徒刑。

一审宣判后，宋伟、朱丽华、王云龙 3 人提出上诉。广州市中级人民法院于 2007 年 2 月 10 日作出〔2007〕穗中法刑二终字第 120 号刑事裁定，驳回上诉，维持原判。

裁判理由

法院生效裁判认为：被告人谭飞、宋伟、朱丽华、王云龙伙同他人采取冒充军队纠察人员以查处假冒军车的名义非法获取财物，损害了公民的人身权利、财产权利和武装部队的威信。其中，被告人谭飞、宋伟、朱丽华、王云龙于 2006 年 5 月 12 日冒充军队纠察人员对被害人索要财物未得逞后，采取强行搜查的暴力手段非法取得财物，其行为均已构成抢劫罪。由于被告人于 2006 年 5 月 7 日和 2006 年 5 月 8 日冒充军队纠察人员对被害人实施"罚款"的过程中，并未采取明显的暴力或胁迫手段，其行为主要表现为冒充军队纠察人员的身份骗取财物，因此，其行为均构成冒充军人招摇撞骗罪。依法应对 4 被告人判处抢劫罪和冒充军人招摇撞骗罪数罪并罚。故法院依法作出如上裁定。

招摇撞骗罪办案依据集成

刑法条文

第二百七十九条 【招摇撞骗罪】冒充国家机关工作人员招摇撞骗的,处三年以下有期徒刑、拘役、管制或者剥夺政治权利;情节严重的,处三年以上十年以下有期徒刑。

冒充人民警察招摇撞骗的,依照前款的规定从重处罚。

司法解释

1. 最高人民法院、最高人民检察院《关于办理诈骗刑事案件具体应用法律若干问题的解释》(2011年4月8日法释〔2011〕7号)(节录)

第八条 冒充国家机关工作人员进行诈骗,同时构成诈骗罪和招摇撞骗罪的,依照处罚较重的规定定罪处罚。

2. 最高人民法院、最高人民检察院《关于办理妨害武装部队制式服装、车辆号牌管理秩序等刑事案件具体应用法律若干问题的解释》(2011年8月1日法释〔2011〕16号)(节录)

第六条 实施刑法第三百七十五条规定的犯罪行为,同时又构成逃税、诈骗、冒充军人招摇撞骗等犯罪的,依照处罚较重的规定定罪处罚。

【其他办案依据】

公安部、交通运输部、解放军总参谋部、解放军总政治部、解放军总后勤部《关于加强涉及军车号牌及相关证件违法犯罪活动查处工作的意见》(2008年4月22日政保〔2008〕7号)(节录)

一、涉嫌非法生产、买卖、伪造、变造军车号牌及相关证件。使用假冒军车偷逃税费、冒充军队单位和人员招摇撞骗或者从事其他犯罪活动的,依据《中华人民共和国刑法》和《最高人民法院关于审理非法生产、买卖武装部队车辆号牌等案件具体应用法律若干问题的解释》立案侦查。立案后符合刑事拘留条件的,依据《中华人民共和国刑事诉讼法》有关规定拘留,不得以罚代刑,降格或变通处理。

三、伪造、变造、买卖国家机关公文、证件、印章罪

10. 房地产中介服务企业中的工作人员，私自为他人出具担保手续，并与其他行为人一起帮助他人制作虚假的房屋产权证的行为应认定为伪造国家机关证件罪还是提供虚假证明文件罪？

由于房屋产权证属于国家机关证件，因此，行为人的行为应认定为伪造国家机关证件罪。

典型疑难案件参考

王志强等贷款诈骗、伪造国家机关证件案

基本案情

2000年11月，被告人李长和以自己及其妻子修丹的名义在中国工商银行建鞍支行贷款229万元用于购买一户位于本市铁东区东山街33栋9号的商业网点，其每月应向建鞍支行偿还贷款本息计人民币29534元。因其无力偿还贷款，便产生了以购买房屋为名向鞍山市农业银行铁东支行（以下简称贷款行）贷款的想法，并于2001年7月伪造了一份卖方为李长江的虚假的房屋买卖协议及以李长江为所有人的鞍房执字第199号房屋执照，以使贷款行相信其贷款有合理的用途。

在此情况下，为了使贷款行相信其具有相应的偿还能力，被告人李长和找到鞍山市置业担保有限公司（以下简称担保公司）工作人员被告人王志强，让其帮助办理一份以担保公司为担保人的担保手续。被告人王志强利用工作之便，私自在鞍山市置业担保有限公司《抵押合同》上加盖了"鞍山市住房置业贷款担保有限公司"合同专用章，并于2001年7月的一天将该合同交给了被告人李长和。

因贷款行要求李长和提供其与担保公司之间的《抵押合同》的同时，还要求提供被抵押房产的产权证书复印件，被告人李长和通过被告人王志强介绍认识了鞍山市房屋产权登记发证中心资料科工作人员被告人王秀梅，被告人李长和、王志强提出让王秀梅制作一个虚假的房屋产权证，王秀梅表示可以办理。2001年7月17日，未经领导审批，被告人王秀梅按被告人李长和提供的房屋产权变更内容，私自向本单位打证办出具了房屋产权证及相关改证手续，

并从打证办取得更改后的房屋产权证,王将该证复印件交给李长和后将原证销毁。被告人李长和将上述材料及其伪造的其妻子修丹的收入确认书、个人住房以及夫妻共同还款承诺书提交给贷款行后,贷款行于2001年7月26日向李长和发放了人民币95万元贷款。

被告人李长和在获得贷款后,于2001年8月至次年8月共计归还铁东农行贷款本息计人民币153238.54元,余款人民币796761.46元被其用于2001年7月至次年10月归还其个人欠工商银行贷款本息计人民币399629.07元;交纳个人在鞍山申江嘉宝房屋开发有限公司预订住宅款133567.63元;及个人挥霍。至2002年末,被告人李长和因无力还贷,将个人财产变卖后逃匿。后铁东农行依据《借款合同》从担保公司追回其余贷款本息计908388.57元。2004年12月22日,被告人李长和在鞍山市铁西区一饭店内被公安机关抓获。

综上,被告人李长和诈骗铁东农行贷款人民币796761.46元。实际造成担保公司经济损失人民币771820.94元。

诉辩情况

检察机关认为:被告人李长和的行为已构成贷款诈骗罪,被告人王志强的行为已构成提供虚假证明文件罪、伪造国家机关证件罪,被告人王秀梅的行为已构成伪造国家机关证件罪。

被告人李长和提出:主观上没有诈骗的故意,不能还款是因其公司经营不善,其不构成贷款诈骗罪。

被告人李长和的辩护人提出:被告人李长和偿还了部分贷款,无力还款是因其公司经营不善,但其在主观上不具有非法占有的目的。

被告人李长和的辩护人提出:本案中鞍山市农业银行铁东支行已经从担保公司追回贷款,而贷款诈骗罪是骗取贷款,而不是骗取担保公司的保证责任。故不应认定被告人李长和犯贷款诈骗罪。

被告人王志强提出:不知道李长和找王秀梅做假房屋产权证,其不构成伪造国家机关证件罪。

被告人王志强的辩护人提出:被告人王志强只是介绍李长和与王秀梅相识,而没有参与之后的伪造过程,故不构成伪造国家机关证件罪。

被告人王志强的辩护人提出:被告人王志强犯提供虚假证明文件罪的情节轻微。

裁判结果

辽宁省鞍山市中级人民法院于2005年10月26日以〔2005〕刑二初字第

36号刑事判决，认定被告人李长和犯贷款诈骗罪，判处有期徒刑14年；被告人王秀梅犯伪造国家机关证件罪，判处有期徒刑2年，缓刑2年，缓刑考验期从判决确定之日起计算；被告人王志强犯伪造国家机关证件罪，判处有期徒刑10个月；对扣押在案的被告人王志强的非法所得人民币4000元依法没收，上缴国库；继续追缴被告人李长和的非法所得人民币660193.83元返还鞍山市置业担保有限公司。

裁判理由

法院生效裁判认为：被告人李长和在明知其没有偿还能力的情况下，虚构贷款用途，并向贷款行提供虚假担保，又伪造贷款所必需的相关材料，骗取贷款，数额特别巨大，并在获取贷款后不按照约定用途使用，而将其中大部分用于个人消费后逃匿，其行为已构成贷款诈骗罪。被告人王志强伙同被告人王秀梅伪造房屋产权证，其行为均已构成伪造国家机关证件罪。在共同伪造国家机关证件犯罪中，被告人王秀梅积极实施伪造行为，系主犯，应按其参与的全部犯罪处罚，鉴于其返还了全部非法所得，且在归案后能够如实供述犯罪事实，有认罪、悔罪表现，可依法对其从轻处罚，并可适用缓刑；被告人王志强起帮助作用，系从犯，其家属又能够主动代其将全部非法所得予以退还，故可依法对其从轻处罚。检察机关指控被告人李长和犯贷款诈骗罪，被告人王秀梅、王志强犯伪造国家机关证件罪的犯罪事实及罪名成立，应予支持。

关于公诉人指控被告人王志强的行为构成提供虚假证明文件罪的意见，经审不能成立。

关于被告人李长和提出其主观上没有诈骗故意的辩解及其辩护人提出被告人李长和主观上不具有非法占有目的的辩护意见。经审，被告人李长和在明知其没有偿还能力的情况下，利用虚假的担保证明等文件骗取贷款后，除归还少部分本息外，将绝大部分用于个人挥霍，并且在无力还贷后，不积极筹措资金，相反却变卖财产后逃匿，足以认定其具有非法占有的目的，故对被告人及其辩护人的该项辩解和辩护意见不予采信。

关于被告人李长和及其辩护人提出其不能还款是因其公司经营不善的辩解和辩护意见。经审无相关证据予以支持，不予采信。

关于被告人李长和的辩护人提出贷款行已经从担保公司追回贷款，而贷款诈骗罪是骗取贷款，而不是骗取担保公司的保证责任，故不应认定被告人李长和犯贷款诈骗罪的辩护意见。经审，被告人李长和骗取并实际占有的是贷款行的贷款，其行为已经侵害了金融机构对贷款的所有权及国家的贷款制度，符合贷款诈骗罪的法律特征，故辩护人提出的该项辩护意见无法律依据，不予采纳。

关于被告人王志强及其辩护人提出王不明知李长和找王秀梅做假房屋产权证，且没有参与伪造过程，故不构成伪造国家机关证件罪的辩解及辩护意见。经审，被告人李长和供述王志强明知其要制作假的房屋产权证而为其引见了王秀梅，而王秀梅亦供述王志强让其为李长和伪造房屋产权证，且被告人王志强在侦查机关对该情节亦予以供认，故足以认定被告人王志强明知李长和欲办理假房屋产权证而积极予以帮助的事实，虽然其没有参与之后的伪造行为，但其在与被告人王秀梅共同伪造国家机关证件的犯罪中已经起到了帮助作用，对其亦应以该罪定罪处罚，故被告人及其辩护人的该项辩解和辩护意见无事实及法律依据，故不予采信。

11. 为了诈骗钱财纠集他人参与伪造建房用地许可证，并且在空白的用地许可证上盖伪造的土地局公章的行为，该如何认定？

由于行为人伪造国家机关证件是为了诈骗，构成牵连犯，应从一重罪处罚，即以诈骗罪追究刑事责任。

典型疑难案件参考

许勇等诈骗、伪造、买卖国家机关证件案

基本案情

2004年7、8月间，被告人王庭宗因厦门洪山柄、何厝等农村有不少村民自建的房屋不能办理建房手续，遂向被告人许勇了解能否通过厦门市土地局的内部关系补办农村建房手续。随后，许勇向在厦门市国土资源与房产管理局工作的被告人陈秀芬询问办理厦门市村镇个人建房用地许可证（以下简称用地许可证）的办证程序、填写内容、版样及公章等事项。被告人陈秀芬一一回答了许勇并说洪山柄、何厝一带大部分建房用地许可证是其填写的。被告人许勇知道厦门市土地局与房产局已经合并，公章也更换，不能盖到原来"厦门市土地管理局"的公章，遂萌发到本市莲坂天桥找人刻假公章，用来蒙骗王庭宗钱财的邪念。之后，许勇陆续卖给王庭宗14本空白、加盖了伪造的"厦门市土地管理局"公章的用地许可证。王庭宗购得上述用地许可证后，随即在洪山柄、何厝等地声称可以为没有建房手续的农村房屋补办建房手续，先后向王来英等9人收集了有关房屋的用地情况，连同其购买的用地许可证一并交由许勇转交给陈秀芬填写。陈秀芬按照许勇的要求,在用地许可证上填写了相关内容,并将填发时间填为其原在厦门市土地管理局乡村处负责发证工作的1994年到1997年段。王庭宗将上述伪造完毕的用地许可证交给上述办证人员并收取办证费用共计人民币94万元。而后,许勇又为王庭宗收集的廖全龙等人的5本乡村建房宅基地许可证伪造了加层手续,加盖了伪造的"厦门市土地管理局"公章。王庭宗将伪造好的乡村建房宅基地许可证交给上述办证人员,并收取办证费用人民币31万元。其间,许勇陆续向王庭宗收取办证费用共计人民币40万元。

2004年7、8月份,被告人许勇还对林再发谎称可以补办用地许可证并收取办证费用人民币19万元。

被告人陈秀芬在帮助许勇伪造用地许可证的过程中,收取许勇付给的感谢费人民币2万元。案发后,被告人陈秀芬退出非法所得人民币2万元。

案发后,被告人王庭宗揭发了许勇出卖伪造的用地许可证给林再发的事实;被告人陈秀芬提供线索,帮助公安机关抓获其他犯罪嫌疑人。

诉辩情况

检察机关认为:被告人许勇、王庭宗以非法占有为目的,利用伪造的国家机关证件,骗取他人钱款,其中许勇参与骗取人民币144万元,王庭宗参与骗取人民币125万元,数额特别巨大,其行为均已触犯《中华人民共和国刑法》第266条之规定,应以诈骗罪追究其刑事责任。被告人陈秀芬伪造国家机关证件,其行为已触犯了《中华人民共和国刑法》第280条第1款之规定,应以伪造国家机关证件罪追究其刑事责任。本案系共同犯罪。被告人王庭宗主动揭发同案犯许勇的其他犯罪行为,经查证属实,有立功表现,可以从轻或减轻处罚。

被告人许勇及其辩护人提出:其没有与王庭宗合谋进行诈骗,不能认定为共同犯罪。

被告人许勇及其辩护人提出:其主动交代了为王庭宗补办5本乡村建房宅基地许可证的事实,认罪态度较好。

被告人许勇提出:其替王庭宗转交给陈秀芬2万元,一共向王庭宗收取办证费40万元。

被告人王庭宗及其辩护人提出:王庭宗不具有以诈骗行为获取非法利益的主观动机,其是想通过买卖用地许可证从中获取差价牟利;双方对各自所实施的犯罪行为没有协商,不存在诈骗的合谋行为。

被告人王庭宗提出:许勇告诉其补办的用地许可证是真的。为此,其共支付给许勇100余万元。

被告人王庭宗的辩护人提出：王庭宗的行为构成买卖国家机关证件罪，其犯罪追求的目的是买卖国家机关证件非法获利，侵害了国家机关对证件、印章的正常管理活动，损害了国家机关的信誉。

被告人王庭宗的辩护人提出：王庭宗具有立功表现，归案后，能如实交代全部犯罪事实，认罪态度较好，建议对其从轻或减轻处罚。

被告人陈秀芬的辩护人提出：陈秀芬案发后认罪态度良好，且退出全部非法所得。

被告人陈秀芬的辩护人提出：陈秀芬在取保候审期间，举报并协助抓获在逃人员，具有立功表现，建议对其免予刑事处罚。

裁判结果

福建省厦门市中级人民法院于2005年11月30日以〔2005〕厦刑初字第176号刑事判决，认定被告人许勇犯诈骗罪，判处有期徒刑12年，并处罚金人民币15万元。被告人王庭宗犯买卖国家机关证件罪，判处有期徒刑6年。被告人陈秀芬犯伪造国家机关证件罪，判处有期徒刑3年，缓刑3年。随案移送的被告人许勇、陈秀芬的非法得人民币3万元、2万元予以没收。继续向被告人许勇追缴犯罪所得人民币54万元、向被告人王庭宗追缴犯罪所得人民币85万元，予以没收。随案移送的物证：伪造的厦门市村镇个人建房用地许可证17本予以封存，手机卡4张予以没收。

裁判理由

法院生效裁判认为：被告人许勇以非法占有为目的，采用虚构事实、隐瞒真相的手段，通过伪造国家机关证件，骗取他人财物共计人民币59万元，数额特别巨大，其行为已构成诈骗罪。被告人王庭宗多次买卖国家机关证件共计14本，买卖金额总计高达人民币125万元，且不能退出违法所得，给他人造成重大经济损失，情节严重，其行为已构成买卖国家机关证件罪。被告人陈秀芬多次参与伪造国家机关证件14本，情节严重，其行为已构成伪造国家机关证件罪。起诉指控被告人许勇的行为构成诈骗罪、被告人陈秀芬的行为构成伪造国家机关证件罪，罪名成立。但起诉指控被告人许勇与王庭宗共同诈骗犯罪、被告人王庭宗的行为构成诈骗罪的证据不足，不予支持。

被告人许勇为了诈骗纠集陈秀芬参与伪造用地许可证，由许勇提供空白、盖有伪造的厦门市土地局公章的用地许可证，由陈秀芬填写相关内容，2被告人出于共同故意，分工配合实施的伪造国家机关证件的行为，均已构成伪造国家机关证件罪，情节严重，系共同犯罪；其中，被告人许勇纠集、组织陈秀芬参与伪造证件，在共同犯罪中起主要作用，系主犯；被告人陈秀芬被纠集参与伪造证件，在共同犯罪中起次要作用，系从犯，依法可以从轻处罚。鉴于被告人许勇为诈骗而伪造国家机关证，所实施的手段行为和目的行为分别触犯了不同罪名，属于牵连犯，故对其择一重罪，即以诈骗罪予以处罚。被告人王庭宗、陈秀芬归案后，检举、揭发他人犯罪行为，经查证属实，均具有立功表现，依法可予从轻处罚。2 被告人的辩护人提出对各自被告人从轻处罚的意见部分成立，予以采纳。鉴于被告人陈秀芬归案后具有立功表现和明显的悔罪表现，并已退出全部非法所得，对其适用缓刑不会再危害社会，故可对其适用缓刑。

12. 在未取得有效书面证明文件的情况下，伪造单位法定代表人的私人印章的行为该如何定性？

由于单位法定代表人的私人印章在实践中也可以起到相应的证明作用，因此行为人在未取得有效书面证明文件的情况下，伪造单位法定代表人的私人印章的行为应认定为伪造公司印章罪。

典型疑难案件参考

唐光烈等合同诈骗，销售假冒注册商标的商品，假冒注册商标，非法持有枪支，伪造国家机关印章、证件，伪造公司印章案

基本案情

被告人唐光烈为销售假冒五粮液等酒，冒充宜宾五粮液集团有限公司成都办事处主任。在2001年至2004年间，找到被告人梁自如为其私刻印章及伪造假证。梁自如按唐光烈要求，找人私刻了"四川省成都市国家税务局"、"四川省成都市酒类专卖事业管理局"等公章及王国春（宜宾五粮液集团有限公司、宜宾五粮液股份有限公司董事长）的印章，伪造了"四川省宜宾五粮液集团有限公司酒类销售公司成都办事处营业执照"等，再转手高价卖与唐光烈。

2001年8月初，被告人唐光烈在成都向胡某虚假介绍自己的身份后，鼓励胡某向五粮液集团公司投资。在骗取胡某的信任后，被告人唐光烈以四川省宜宾五粮液集团有限公司酒类销售公司成都办事处的名义与美国大世界集团股份有限公司签订了"投资贸易补偿协议书"，双方约定：美国大世界集团股份

有限公司分期无息借款850万元给"办事处","办事处"以每瓶145元的价格按月供应52度水晶瓶礼盒五粮液酒给美国大世界集团公司。协议签订后,胡某之妻陈某向唐光烈的"办事处"汇款40万元。后胡某知晓唐光烈因销售假五粮液酒出事,遂终止投资,并要求唐光烈退款。被告人唐光烈在退款5万元后关闭手机,搬走办公室,不与胡某、陈某见面,余款至今未还。

2001年9月底,被告人唐光烈向成都市武侯区益洪副食经营部罗某销售假冒五粮液酒200件(260元/件),罗某付款62.4万元,唐光烈实际得款34万元。2003年国庆节前至2004年期间,被告人唐光烈以虚构的"五粮液内部酒"和"民航特供酒"的名义,向中国航空公司云南公司出售假冒五粮液酒,销售额达147240元。2003年11月至12月,被告人唐光烈向昆明国际机场观光酒店出售假冒五粮液酒45件及"光瓶五粮液"酒60件,销售额共计142320元。2004年7月至8月期间,被告人唐光烈分两次向昆明民航汇源商贸有限责任公司出售假冒新包装五粮液酒10件(198元/瓶,6瓶/件)及"光瓶五粮液"酒(60元/瓶,12瓶/件)50件,销售额共计47880元。在2004年期间,唐光烈向昆明边防检查站以50元/瓶的价格销售"光瓶五粮液"酒110件(12瓶/件),昆明边防检查站付款66000元。2004年8月,向云南安宁金成矿业公司销售假冒五粮液酒55件(245元/件,6瓶/件),销售额达80850元。2004年2月至12月,向西北航空公司航欣综合经营公司出售假冒新包装五粮液酒810瓶(200元/瓶)、老包装五粮液酒900瓶(200元/瓶)、"光瓶五粮液"酒4734瓶(50元/瓶),价值578700元,西北航空公司航欣综合经营公司已付471750元。2004年12月,向中国民航飞行学院洛阳分院张某销售假冒新包装五粮液酒10件(198元/瓶,6瓶/件)、"光瓶五粮液"酒10件(40元/瓶,12瓶/件),货款达16680元,张某已付约4800元。2004年12月上旬,被告人唐光烈通过被告人李建华、余全川等人提供货源,向洪初四销售了假冒6瓶装新包装五粮液酒253件(1188元/件)、12瓶装老包装五粮液酒29件(1980元/件)、12瓶装"光瓶五粮液"酒45件(480元/件)、6瓶装五粮春酒48件(360元/件)、6瓶装剑南春酒59件(360元/件),实收款40万元。后宜宾市公安局将上述各类酒全部予以查扣,经鉴定,均属假冒产品、不合格产品。

被告人唐光烈因与他人发生经济纠纷怕遭"整",便叫其外甥熊信川帮其购买手枪防身。熊信川买到手枪后,于2004年12月28日晚在成都致民路老厨子洗脚房将手枪交与唐光烈。次日凌晨,四川省公安厅经侦总队在对成都市锦江区东光小区东怡街79号1幢2单元12号唐光烈的住处依法搜查时,查获自制手枪一支。

2004年11月底，被告人李建华通过他人介绍租用了被告人解世品在金堂县福兴镇清河村13组的房屋，用于生产假冒酒。解世品为获取工资还自己以及找人帮助李建华进行生产。同年6、7月份，被告人李建华在江安县认识了做酒生意的被告人雷明光，李建华与雷明光谈定，以20元/公斤的价格向雷明光购买五粮香型的散装白酒用来包装假五粮液酒。12月中旬至25日左右，被告人李建华从雷明光处运回散装白酒6500斤，用于生产假冒五粮液酒、剑南春酒。12月下旬，被告人李建华向唐光烈销售假冒老包装五粮液酒20件（每件800元）、新包装五粮液酒50件（每件750元）、剑南春酒50件（每件220元）、"光瓶五粮液"酒50件（每件300元），并按唐的安排直接发货给广州的洪初四，后李建华从唐光烈处共收到货款79500元。剩余的"五粮液"成品酒84件，"剑南春"成品酒45件，"光瓶五粮液"成品酒200余瓶（3种酒共计价值约77000余元）及散装白酒3500斤于案发后被公安机关查扣。其已生产成品酒的价值约156500余元。被查扣的上述各种酒经鉴定，均属假冒产品。

2004年12月下旬，被告人余全川以700元/件的价格向唐光烈销售假冒新包装五粮液酒200件，通过航空公司将货发给广州的洪初四，销售额共计约140000元。

2004年，被告人傅国良向唐光烈销售假冒老包装五粮液酒20件（1000元/件）、新包装五粮液酒20件（750元/件）、"光瓶五粮液"酒200件（300元/件），再按唐光烈安排分别直接发货给昆明邱某、西安高某等人，销售额共计95000元。

■ 一审诉辩情况

检察机关认为：被告人唐光烈的行为构成假冒注册商标罪、非法持有枪支罪；被告人李建华、傅国良、余全川、解世品、雷明光的行为构成假冒注册商标罪；被告人梁自如的行为构成伪造国家机关印章罪、伪造国家机关证件罪和伪造公司印章罪。被告人唐光烈、梁自如一人犯数罪，依法应当数罪并罚；被告人唐光烈在缓刑考验期限内犯新罪，依法应当撤销缓刑，数罪并罚；被告人解世品、雷明光在共同犯罪过程中起次要作用，是从犯，依法应当从轻、减轻处罚或者免除处罚。

被告人唐光烈提出：对非法持有枪支的事实，枪是其外甥熊信川放其包内，自己并不知晓。其有揭发梁自如犯罪事实及协助公安人员抓获李建华的立功表现。

被告人唐光烈的辩护人提出：（1）检察机关指控被告人唐光烈非法持

有枪支罪的罪名不成立。理由是：①唐光烈不明知自己的包里有枪；②扣押笔录与刑事科学技术鉴定书中的枪支不能达到统一；③刑事科学技术鉴定书对枪支进行鉴定的鉴定方法不当，被鉴定物不能视为是枪支。（2）本案证据及鉴定书不能证明唐光烈销售的是假冒商品，检察机关指控被告人唐光烈犯假冒注册商标罪的罪名不当。（3）唐光烈有揭发他人犯罪及协助公安人员抓获同案犯的立功表现，且认罪态度好并身患重病，建议法庭对其判处监外执行。

被告人李建华的辩护人提出：李建华假冒"光瓶五粮液"酒的行为不属假冒注册商标的行为；李建华在本案中起次要作用且认罪态度较好，建议对其判处缓刑。

被告人余全川提出：起诉书指控自己向唐光烈提供假冒新包装"五粮液"酒200件不是事实，自己并没有向广州的洪初四发酒。

被告人傅国良提出：起诉书指控自己在2001年向唐光烈提供假冒老包装"五粮液"酒200件及2004年向唐光烈提供新老包装"五粮液"酒各20件均不是事实，且200件"光瓶五粮液"酒数量也不准确，实际数量只有165件或155件。

被告人梁自如提出：自己不识字，只是帮唐光烈打工，曾在成都九眼桥找人帮唐光烈刻过2枚印章，没有帮唐光烈伪造过假证照。

被告人梁自如的辩护人提出：起诉书指控梁自如犯伪造国家机关证件、印章罪和伪造公司印章罪的证据所证明的事实不能达到统一，证据不足。梁自如未实施伪造国家机关证件、印章和公司印章的行为，即使其有买卖伪造的国家机关印章和公司印章及伪造公司授权书和办事处牌匾的行为，依照《刑法》第280条的规定，按罪刑法定的原则，梁自如的行为也不构成犯罪；唐光烈均是将要伪造的印章、证照等写在条子上交与梁自如办理，由于梁自如不识字且认为唐光烈确系五粮液公司工作人员，其没有明知的犯罪故意。即使梁自如既实施了伪造国家机关印章行为，又实施了伪造国家机关证件的行为，也只能定一罪。如果梁自如先伪造公章，再用伪造的公章来伪造营业执照，此两个行为也是牵连关系，只能追究一个行为的刑事责任。

被告人解世品提出：案发后才知李建华是在做假酒。

被告人解世品的辩护人提出：解世品最初并不知道李建华租房的用途，解世品在帮助李建华制造假酒的过程中所起作用小，情节轻微，希望法庭对其减轻或免除处罚。

被告人雷明光的辩护人提出：起诉书对雷明光的行为认定所适用的法律依据不当；认定"光瓶五粮液酒"侵犯"五粮液"注册商标的证据不足，其数额不应计入假冒注册商标罪的犯罪金额；李建华的供述不能证明雷明光有明知的故意；雷明光的行为是单位行为，是正常的商业活动；雷明光行为的涉案金额未达到假冒注册商标罪的追诉标准，不构成犯罪；其行为也不构成李建华假冒注册商标罪的共犯。

一审裁判结果

四川省宜宾市翠屏区人民法院于 2005 年 12 月 2 日以〔2005〕翠屏刑初字第 376 号刑事判决，认定：

一、被告人唐光烈犯合同诈骗罪，判处有期徒刑 10 年，并处罚金 25 万元；犯销售假冒注册商标的商品罪，判处有期徒刑 5 年 6 个月，并处罚金 25 万元；犯销售伪劣产品罪，判处有期徒刑 5 年 6 个月，并处罚金 25 万元；犯非法持有枪支罪，判处有期徒刑 1 年 6 个月；撤销四川省双流县人民法院〔2003〕双流刑初字第 20 号刑事判决书对被告人唐光烈犯销售假冒注册商标的商品罪，判决有期徒刑 2 年、缓刑 2 年的缓刑部分，数罪并罚，决定执行有期徒刑 20 年，并处罚金 75.5 万元；

二、被告人梁自如犯伪造国家机关证件、印章罪，判处有期徒刑 2 年；犯伪造公司印章罪，判处有期徒刑 1 年，数罪并罚，决定执行有期徒刑 2 年 6 个月；

三、被告人李建华犯假冒注册商标罪，判处有期徒刑 2 年 6 个月，并处罚金 10 万元；

四、被告人余全川犯销售假冒注册商标的商品罪，判处有期徒刑 1 年 6 个月，并处罚金 5 万元；

五、被告人傅国良犯销售假冒注册商标的商品罪，判处有期徒刑 1 年，并处罚金 3 万元；

六、被告人雷明光犯假冒注册商标罪，判处有期徒刑 1 年，并处罚金 3 万元；

七、被告人解世品犯假冒注册商标罪，判处有期徒刑 1 年，并处罚金 3 万元。

一审裁判理由

一审法院认为：被告人唐光烈以非法占有为目的，在根本无履行能力的情况下以虚构的单位与他人签订合同，骗取现金后隐匿，数额达 35 万元，其行为构成合同诈骗罪；其向他人销售明知是假冒注册商标的商品达 167 万余元，数额巨大，其行为构成销售假冒注册商标的商品罪；其以不合格产品冒充合格产品进行销售，金额达 41 万余元，其行为构成销售伪劣产品罪；其违反枪支管理规定，非法持有枪支的行为构成非法持有枪支罪；其一人犯数罪，并在被判处缓刑以前还有漏罪及在缓刑考验期间又犯新罪，依法应当撤销缓刑实行数罪并罚。被告人李建华未经注册商标所有人许可，在同一种商品上使用与注册商标相同的商标并予以销售，其假冒两种以上注册商标，非法经营额达 15 万元，情节特别严重，其行为构成假冒注册商标罪。被告人余全川、傅国良销售明知是假冒注册商标的商品，销售金额较大，二人的行为均构成销售假冒注册商标的商品罪。被告人梁自如伪造国家机关证件、印章，四川省宜宾五粮液集团有限公司、宜宾五粮液股份有限公司及法人代表王国春私人印章的行为分别构成伪造国家机关证件、印章罪，伪造公司印章罪，应实行数罪并罚。被告人雷明光明知李建华在生产、销售假冒酒，仍故意向其销售散装白酒用于生产假冒酒的行为，以及被告人解世品为李建华生产假冒酒提供帮助并为其进行生产的行为，均与被告人李建华的行为构成了假冒注册商标罪的共同犯罪行为。在共同犯罪中，被告人李建华为主犯，被告人雷明光、解世品为从犯，依法予以从轻处罚。被告人李建华被公安机关抓获后主动揭发被告人梁自如为被告人唐光烈伪造证照、印章的犯罪事实，并协助公安机关抓获被告人梁自如，有立功表现，依法予以从轻处罚。

二审诉辩情况

上诉人（原审被告人）唐光烈上诉称：一审未对其询问而直接对其以合同诈骗罪定罪并判刑 10 年，其未冒充五粮液的管理人员；一审将本属销售假冒注册商标的商品罪又分为销售伪劣产品，多判了 5 年多的刑；一审认定其销售假冒酒的金额是 167 万元的数额不真实；对非法持有枪支罪也是轻罪重判。

上诉人（原审被告人）梁自如上诉称：其不识字，不知道唐光烈让他刻的什么章，请求二审法院宣告其无罪。

上诉人（原审被告人）李建华上诉称：一审法院认定其犯罪情节特别严重，属于适用法律不当，且与同案人销售数量和量刑相比，原判对其量刑过重。

上诉人（原审被告人）余全川上诉称：其只卖过 47 件假五粮液酒，公安人员诱骗其在航空运单上签字，其行为不构成犯罪。

余全川的辩护人提出：（1）本案中除洪初四证实收到酒的证言外，无证据证明被告人余全川向广州的洪初四销售了 200 件假五粮液酒，因此认定余全川的行为构成销售假冒注册商标的商品罪的事实严重不清、证据严重不足；即使是认定被告人余全川帮唐光烈联系运输，勉强认定为从犯，也应减轻处罚。（2）由于被告人的行为发生在2004年12月22日之前，因此，对被告人应适用2001年最高人民检察院的相关解释。

二审裁判结果

四川省宜宾市中级人民法院于2006年3月3日以同样的事实作出〔2006〕宜中刑二终字第7号刑事判决：

一、维持宜宾市翠屏区人民法院〔2005〕翠屏刑初字第376号刑事判决第二、三、四、五、六、七项；

二、撤销宜宾市翠屏区人民法院〔2005〕翠屏刑初字第376号刑事判决第一项，即对被告人唐光烈的定罪量刑部分；

三、上诉人（原审被告人）唐光烈犯合同诈骗罪，判处有期徒刑10年，并处罚金25万元；犯销售假冒注册商标的商品罪，判处有期徒刑5年6个月，并处罚金25万元；犯非法持有枪支罪，判处有期徒刑1年6个月；撤销四川省双流县人民法院〔2003〕双流刑初字第20号刑事判决书对被告人唐光烈以销售假冒注册商标的商品罪判处有期徒刑2年、缓刑2年，并处罚金5000元的缓刑部分，数罪并罚，决定执行有期徒刑18年，并处罚金50.5万元。

二审裁判理由

二审法院认为：上诉人（原审被告人）唐光烈在根本无履行能力的情况下以虚构的单位与他人签订合同，骗取他人钱财后隐匿，骗取财物数额达35万元，其行为构成合同诈骗罪；其销售明知是假冒注册商标的商品，销售数额巨大，其行为构成销售假冒注册商标的商品罪；其非法持有枪支的行为构成非法持有枪支罪；其一人犯数罪，并在刑罚执行完毕以前还有漏罪及在缓刑考验期间又犯新罪，依法应当撤销缓刑，一并实行数罪并罚。上诉人（原审被告人）李建华未经权利人许可而生产、销售假冒两种注册商标的商品，数额达15万元以上，其行为构成假冒注册商标罪，且情节特别严重。上诉人（原审被告人）余全川及原审被告人傅国良销售明知是假冒注册商标的商品，销售数额较大，二人的行为均构成销售假冒注册商标的商品罪。上诉人（原审被告人）梁自如伪造国家机关证件、印章及公司印章的行为分别构成伪造国家机关证件、印章罪和伪造公司印章罪，依法实行数罪并罚。原审被告人雷明光明知李建华为生产、销售假冒酒，仍故意向其提供散装白酒用于假冒酒生产的行为，以及原审被告人解世品为李建华生产假冒酒提供帮助并为其进行生产的行为，均与李建华的行为构成假冒注册商标罪的共同犯罪；在共同犯罪中，上诉人（原审被告人）李建华为主犯，雷明光、解世品起次要、辅助作用，为从犯，依法应减轻处罚。上诉人（原审被告人）李建华被公安机关抓获后协助公安机关抓获同案人梁自如，有立功表现，依法可予以减轻处罚。

对上诉人（原审被告人）唐光烈提出其与胡某之间买卖酒的行为不构成合同诈骗罪的上诉理由。本院认为，首先，其本身不具有销售五粮液酒的条件和能力，而以虚构的所谓五粮液公司驻成都办事处与他人签订经济合同，欺骗对方向其投资；其次，当对方发现其销售的酒有问题而提出要求退款时，其退了5万元后关闭手机、逃匿。其在合同履行过程中取得对方财物后逃匿的行为，足以说明其具有非法占有他人财物的目的，其行为应构成合同诈骗罪。因此，其上诉理由不能成立。其上诉提出不构成非法持有枪支罪及一审认定其销售假冒酒的数量、金额有误等理由，均与查明的事实不符，不能成立。

对上诉人（原审被告人）李建华提出一审认定的假冒酒数额有误、量刑过重。经查，其制造、销售的假冒注册商标酒达15万元以上，且假冒两种以上商标，属于司法解释规定的情节特别严重。因此，该上诉理由不能成立。

对上诉人（原审被告人）梁自如提出不是他做的章、其行为不构成犯罪的上诉理由以及其辩护人提出不构成犯罪的意见。本院认为，上诉人（原审被告人）梁自如接受唐光烈的要求和安排，为唐光烈伪造涉及国税、地税、酒管、卫生等国家行政机关的公章和证件，以及在未取得唐光烈提供的有效书面证明文件的情况下，而为其伪造公司印章的行为，均已触犯了《刑法》的规定，分别构成了伪造国家机关印章、证件罪和伪造公司印章罪。因此，上述意见不能成立。

上诉人（原审被告人）余全川提出其只有47件假酒。经查，首先，同案人唐光烈、洪初四均证实了余全川在机场先发了50件后又多次发酒的情况；其次，从白云机场的到货情况、案发后查扣434件酒的总数减去其他人所发的200余件酒方面看，其称仅仅发了47件酒显然不是事实。因此，上述意见不能成立。

综上，原审人民法院认定的事实清楚，证据充分，量刑适当，审判程序合法，但认定上诉人（原审被告人）唐光烈贩卖给洪初四的41余万元不合格假冒酒构成销售伪劣产品罪并予以刑罚处罚不当，应纠正，其行为同时触犯了销售假冒注册商标的商品罪和销售伪劣产品罪，属于刑法理论上的"法条竞合"，按照择一重罪的处罚原则，应以销售假冒注册商标的商品罪定罪处罚。

13. 行为人将电脑打印内容贴在他人税务登记证上，而后用复印机复印，变造税务登记证复印件的行为是否构成犯罪？

行为人在变造的国家机关证件上复印国家机关印影，印影实际上是证件的组成部分，因此该行为应以变造国家机关证件罪处罚，而不认定为伪造国家机关证件罪。

14. 行为人伪造银行印章后，又伪造该行出具的银行保函的行为是否构成伪造金融票证罪？

伪造金融票证罪的犯罪对象不包括银行保函。保函虽属于非法出具金融票证罪的犯罪对象，但只有行为人非法出具金融票证后，使银行与持票人之间产生权利义务关系，并且造成较大损失的才以非法出具金融票证罪定罪处罚。单纯伪造保函，并不具备使该保函生效的实质要件，行为人的行为应以伪造企业印章罪处罚。

15. 行为人为取得竞标资格，雇他人伪造《企业法人营业执照》及变造《税务登记证》复印件，在签订合同后，为取得材料预付款，随即又雇人伪造银行印章的行为构成伪造、变造国家机关证件罪一罪还是以伪造、变造国家机关证件罪和伪造企业印章罪数罪并罚？

行为人实施的上述行为属于两个行为，反映了两个犯罪意图，应当以伪造、变造国家机关证件罪和伪造企业印章罪数罪并罚。

典型疑难案件参考

刘加忠伪造、变造国家机关证件，伪造企业印章案

基本案情

2007年5月间，被告人刘加忠伙同郭伟民（另案处理）以泉州市中远新型建材有限公司的名义与福建中体房地产发展有限公司（以下称中体公司）联系参加本区江南奥林匹克花园的路灯工程的供货商竞标，为取得竞标资格，被告人刘加忠以人民币30元的价格雇他人伪造一本登记机关为泉州市工商行政管理局、企业名称为"泉州市中远新型建材有限公司"的《企业法人营业执照》，并利用他人的《税务登记证》复印件变造为"泉州市中远新型建材有限公司"的《税务登记证》复印件。后将伪造的《企业法人营业执照》和变造的《税务登记证》复印件提供给招标单位参加竞投标。中标后，被告人刘加忠和郭伟民于同年6月1日以泉州市中远新型建材有限公司的名义与中国核工业第五建设公司（以下称五建公司）、中体公司3方共同签订了《泉州奥林匹克花园A、B地块路灯材料采购项目供货合同》。

为得到合同约定的材料预付款，被告人刘加忠以人民币30元的价格雇他人伪造了1枚"中国银行股份有限公司泉州丰泽支行"印章后与郭伟民利用电脑先后伪造日期分别是2007年6月28日和7月11日的"中国银行泉州丰泽支行预付款保函"，并由被告人刘加忠加盖其伪造的"中国银行股份有限公司泉州丰泽支行"的印章后，分别提供给五建公司、中体公司。

诉辩情况

检察机关指控被告人刘加忠犯伪造、变造国家机关证件罪、伪造企业印章罪，应实行数罪并罚。

被告人刘加忠提出：其没有伪造企业印章，是郭伟民伪造的。

被告人刘加忠的辩护人提出：对指控被告人刘加忠伪造企业印章，因无法查找到该枚印章以及伪造印章的人，证据不足。

被告人刘加忠的辩护人提出：被告人刘加忠是为承揽工程实施了两个行为，伪造国家机关证件是为承揽工程，之后为取得预付款，延续了一个伪造企业印章的行为，二行为存在牵连，应以伪造国家机关证件罪定罪。

被告人刘加忠的辩护人提出：刘加忠没有给被害人造成经济损失，没有前科，归案后认罪态度好，建议对被告人刘加忠予以从轻处罚，并适用缓刑。

▶ 裁判结果

福建省泉州市鲤城区人民法院于2007年12月7日以〔2007〕鲤刑初字第360号刑事判决,认定被告人刘加忠犯伪造、变造国家机关证件罪,判处拘役6个月;犯伪造企业印章罪,判处拘役5个月;决定执行拘役9个月。没收伪造的企业法人营业执照一本。

▶ 裁判理由

法院生效裁判认为:对于被告人刘加忠没有伪造企业印章的辩解,其辩护人提出指控被告人刘加忠伪造企业印章证据不足的辩护意见,经查:被告人刘加忠在侦查期间多次供述中均承认按合同的规定,须提供银行预付款保函,他就打办假证和刻公章的电话,用一枚假的中国银行股份有限公司泉州丰泽支行的印章盖上后,提交给五建公司、中体公司,该事实与证人郭伟民的证言、加盖伪造印章的银行保函、文件检验鉴定书、相关单位出具的证明等证据可以相互印证,形成证据锁链。因此,被告人刘加忠及其辩护人提出的没有伪造企业印章的辩解和意见,没有事实依据,不予采信。

对于被告人刘加忠的辩护人提出的被告人实施的两个犯罪行为存在牵连,应构成伪造、变造国家机关证件罪的辩护意见,经查:牵连犯是指行为人实施某一犯罪,而方法行为或结果行为又触犯其他罪名的犯罪形态。被告人刘加忠根据招标文件的要求,为取得竞标资格,雇他人伪造《企业法人营业执照》及变造《税务登记证》复印件,在签订合同后,为取得材料预付款,随即又雇人伪造了中国银行股份有限公司泉州丰泽支行的印章。从主观上,被告人实施的两个犯罪行为的意图,并非在一个最终犯罪目的的支配下而实施的;客观上,被告人实施的两个犯罪行为不存在方法与目的或者是目的与结果的牵连关系,被告人刘加忠伪造、变造国家机关证件和伪造企业印章,已分别构成伪造、变造国家机关证件罪、伪造企业印章罪,应实行数罪并罚。因此,辩护人的该辩护意见不能成立,不予采纳。

被告人刘加忠先后伪造、变造国家机关证件和伪造企业印章,其行为分别构成伪造、变造国家机关证件罪、伪造企业印章罪。检察机关指控的犯罪成立。被告人刘加忠在判决宣告以前犯数罪,应当数罪并罚。被告人刘加忠归案后,对伪造企业印章的犯罪事实拒不承认,认罪态度不好,予以酌情从重处罚。故法院依法作出如上裁判。

16. 伪造虚构的"国家机关"的文件，是否构成伪造国家机关公文罪？

伪造国家机关公文罪侵犯的客体是国家机关的信誉和国家机关对社会的正常管理活动。如果行为人虚构的国家机关在现实中有与其类似的机关，伪造行为足以使一般社会公众信以为真的，则该行为便可能对特定的国家机关的信誉产生直接影响，也会损害国家机关的正常管理活动，应以伪造国家机关公文罪论处。

典型疑难案件参考

张金波伪造国家机关公文案

▶ 基本案情

被告人张金波于2008年4月间，在北京市朝阳区劲松南路2号楼201号，以"国务院扶贫开发办公室"（真实机构名称为"国务院扶贫开发领导小组办公室"）及"中国教育扶贫慈善协会"（不存在，属虚构单位）的名义，伪造《全国在职党政机关领导干部献爱心救助贫苦地区失学儿童》的文件，寄往全国各地县级单位扶贫办公室，进行诈骗活动。现部分单位已汇款共计人民币2600余元，张金波尚未到邮局取款即被抓获归案。

▶ 诉辩情况

检察机关指控被告人张金波犯伪造国家机关公文罪。
被告人张金波在开庭审理过程中对检察机关的指控不持异议。

▶ 裁判结果

北京市朝阳区人民法院于2008年10月30日以〔2008〕朝刑初字第3218号刑事判决，认定被告人张金波犯伪造国家机关公文罪，判处有期徒刑6个月。
一审宣判后，张金波未上诉，检察院亦未抗诉，判决发生法律效力。

▶ 裁判理由

法院生效裁判认为：被告人张金波目无国法，为谋私利，故意伪造国家机关公文，其行为已构成伪造国家机关公文罪。鉴于张金波当庭自愿认罪，有悔罪表示，故对其所犯伪造国家机关公文罪，酌予从轻处罚。故法院依法作出如上裁判。

17. 对伪造国家机关证件骗取房产证的行为应定为诈骗罪还是伪造、买卖国家机关证件罪？

伪造国家机关证件骗取房产证的行为实际侵犯的是国家机关正常的房地产所有权证管理秩序，应以伪造、买卖国家机关证件罪定罪处罚。

18. 行为人多次伪造、买卖国家机关证件以帮助其他公司办理房产证，并从中获利的行为是否属于情节严重？

行为人多次伪造、买卖国家机关证件以帮助其他公司办理房产证，并从中获利的行为属于"情节严重"。

典型疑难案件参考

史继良等伪造、买卖国家机关证件案

基本案情

2007年6月，被告人史继良在代办余姚市浦宁不锈钢有限公司、余姚市明达金属制品有限公司房屋产权证过程中，因上述企业办不出竣工验收备案证明书，便产生用伪造的竣工验收备案证明书进行替代的念头。同年底，被告人史继良通过做假证的小广告上的联系电话找到被告人胡江柏，要求伪造相应的竣工验收备案证明书，并提供伪造证件所需的材料。被告人史继良将伪造的竣工验收备案证明书及其他材料提交到余姚市房地产管理局文亭镇房管站，该站将被告人史继良提供的房产登记材料上报至余姚市行政服务中心，后上述两家企业均取得了房产证，被告人史继良向两家企业收取了相应代办费用。

此后，被告人史继良在代办宁波市鹏杰电器有限公司、余姚市鸿业不锈钢厂、余姚市云海五金索具有限公司、余姚市亚达不锈钢厂、余姚市海源塑料厂、余姚市和兴汽车零部件有限公司房屋产权证过程中，均因上述企业办不出竣工验收备案证明书和建设工程规划许可证而未能取得房产证，被告人史继良采用上述同样手段，通过被告人胡江柏伪造了竣工验收备案证明书和建设工程规划许可证，并通过余姚市房地产管理局文亭镇房管站、泗门房管站将伪造的竣工验收备案证明书和建设工程规划许可证及其他材料上报至余姚市行政服务中心，上述6家企业均取得了房产证。被告人史继良向6家企业收取了相应代办费用。

2006年9月，被告人吴健以余姚市天福信息咨询有限公司名义，接受相应企业委托代办房产证。2008年10月，被告人吴健找到被告人史继良，要其伪造办房产证所需的竣工验收备案证明书和建设工程规划许可证，并提供伪造证件所需的材料。后被告人史继良又找被告人胡江柏伪造了被告人吴健办房产证所需的余姚市宝山金属制品有限公司、余姚市信柯塑料包装制造厂的竣工验收备案证明书以及余姚市海鑫不锈钢制品有限公司、余姚市咸蔵铜余姚市文亭河姆渡酒厂、余姚市舜峰汽配有限公司、余姚市文亭自强动力部件厂等7家企业的竣工验收备案证明书和建设工程规划许可证，被告人史继良支付给被告人胡江柏制假证的相应费用。被告人吴健将伪造的竣工验收备案证明书和建设工程规划许可证及其他材料通过余姚市房地产管理局文亭镇房管站上报至余姚市行政服务中心，上述7家企业均取得了房产证。被告人吴健向7家企业收取相应代办费。

2008年10月，被告人王银桥受柳书桥、徐锋之托，为余姚市文亭镇卫东弹簧塑料薄膜厂、余姚市舜仕电器有限公司、余姚市亚港五金电器厂3家企业办理房产证提供帮助，在得知被告人史继良通过伪造相关材料顺利代办出企业房产证后，便与被告人史继良联系要求伪造余姚市文亭镇卫东弹簧塑料薄膜厂、余姚市舜仕电器有限公司、余姚市亚港五金电器厂3家企业办理房产证所需的竣工验收备案证明书和建设工程规划许可证，并提供伪造证件所需的材料。被告人史继良又采用了相同方法。事后，被告人王银桥、史继良取得了上述3家企业的办证费用313000元。案发后，被告人王银桥已退还上述款项。

此外，被告人王银桥在担任余姚市房地产管理局文亭镇房管站站长，负责文亭、三七市、河姆渡三镇辖区内房屋权属登记管理等工作期间，其明知被告人史继良、吴健所提供材料不真实，不按规定处理公务，违规签署审核意见并上报至余姚市行政服务中心审批，导致11家企业办理了房屋产权登记并取得了房产证。其中8家企业已向银行抵押贷款。

诉辩情况

检察机关指控被告人胡江柏犯伪造国家机关证件、印章罪，指控被告人史继良、吴健、王银桥犯诈骗罪。

被告人史继良、吴健、王银桥的辩护人均提出：几名被告人没有实施骗取他人财物的行为，不构成诈骗罪。

被告人王银桥的辩护人提出：王银桥违反规定，导致史继良、吴健骗取房产证的行为得逞，不属于情节特别严重。

被告人史继良的辩护人提出：史继良协助公安机关抓获其他犯罪嫌疑人，有立功表现，且自愿认罪，态度好，应从轻处罚。

被告人吴健的辩护人提出：吴健主动揭发他人犯罪行为，构成立功，应从轻处罚。

被告人胡江柏、王银桥的辩护人均提出：其被告人自愿认罪，应从轻处罚。

裁判结果

浙江省余姚市人民法院于2009年11月14日以〔2009〕甬余刑初字第1053号刑事判决，认定被告人史继良犯伪造、买卖国家机关证件罪，判处有期徒刑5年；被告人吴健犯伪造、买卖国家机关证件罪，判处有期徒刑5年；被告人胡江柏犯伪造、买卖国家机关证件罪，判处有期徒刑5年；被告人王银桥犯伪造、买卖国家机关证件罪，判处有期徒刑4年；犯滥用职权罪，判处有期徒刑2年6个月，决定执行有期徒刑6年。

裁判理由

法院生效裁判认为：被告人胡江柏为非法获利，伪造、买卖国家机关证件，其行为触犯了《中华人民共和国刑法》第280条的规定，构成伪造、买卖国家机关证件罪。

被告人史继良、吴健、王银桥采用伪造、买卖国家机关证件的方法，骗取国家机关颁发的房产证，收取代办费用，其行为缺乏诈骗罪的犯罪特征，所侵犯的客体是国家机关正常的房地产所有权证管理秩序，而我国《刑法》对骗取房地产所有权证的行为尚无明确规定罪名，因此，宜以实施该行为采取的手段所触犯的罪名定罪处罚，其行为均触犯了《中华人民共和国刑法》第280条的规定，构成伪造、买卖国家机关证件罪。

根据被告人史继良、吴健、王银桥、胡江柏伪造、买卖国家机关证件的数量及造成的社会危害程度，应认定为情节严重。检察机关指控被告人胡江柏犯伪造国家机关证件、印章罪，指控被告人史继良、吴健、王银桥犯诈骗罪不当，应予以纠正。辩护人提出被告人胡江柏犯伪造国家机关证件、印章罪不属于情节严重的意见与事实不符，不予采纳。

被告人王银桥身为国家机关工作人员，在行使房屋权属登记管理等工作中，严重不负责任，违反规定处理公务，滥用职权导致被告人史继良、吴健骗取国家机关颁发房产证的行为得逞，严重损害国家声誉，造成恶劣社会影响，其行为触犯了《中华人民共和国刑法》第397条的规定，构成滥用职权罪。

检察机关以被告人王银桥滥用职权导致被告人史继良、吴健等人诈骗得逞，致使国家和人民利益遭受重大损失为由，认定被告人王银桥犯滥用职权罪情节特别严重，与法院查明的事实不符，应予以纠正。辩护人提出被告人王银桥犯滥用职权罪不属于情节特别严重的辩护意见，予以采纳。

被告人史继良协助公安机关抓获其他犯罪嫌疑人。被告人吴健揭发他人犯罪行为，经查证属实。均应认定为有立功表现，依法予以从轻处罚。辩护人以此要求对被告人史继良、吴健从轻处罚的意见，予以采纳。被告人史继良、胡江柏自愿认罪及被告人王银桥对犯滥用职权罪自愿认罪，酌情予以从轻处罚。辩护人以此要求对被告人史继良、胡江柏、王银桥从轻处罚的意见，予以采纳。被告人王银桥犯数罪，依法应予以并罚。故法院依法作出如上裁判。

19. 对国家的真实文件进行更改，添加打印内容，而后又拿变造后的公文，作为行政案件的证据向法院提供的行为，该如何定性？

对国家的真实文件进行更改，添加打印内容，而后又拿变造后的公文，作为行政案件的证据向法院提供的行为，属于变造国家机关公文的行为，妨害了国家机关信誉及其正常活动，已构成变造国家机关公文罪。

典型疑难案件参考

李大仟变造国家机关公文案

基本案情

2009年2月3日，被告人李大仟为诉澄迈县人民政府的行政诉讼，持澄迈县建设委员会澄建字〔1993〕68号和澄迈县计划委员会澄计发〔1993〕122号原文件，到澄迈县经营铅字打印业务的何某一处，要求用铅字打印机，在澄迈县建设委员会澄建字〔1993〕68号《关于兴建"文音海市蜃楼旅游度假村"项目选址的批复》、澄迈县计划委员会澄计发〔1993〕122号《关于旅游度假村建设项目的批复》原文件上，均添加打印上"海南大鸿运金源万盛有限公司："，并于2009年上半年某天晚上找澄迈县档案馆管理员王某平，在借口让王某平帮其复印澄建字〔1993〕68号和澄计发〔1993〕122号文件的整个卷宗材料时，乘其不备，将变造后的两份文件放回原卷宗。王某平对整个卷宗复印后，在复印件上加盖了澄迈县档案馆的公章，使李大仟拿到了变造后盖有澄迈县档案馆公章的澄建字〔1993〕68号和澄计发〔1993〕122号文件，以达到其证明该两份文件复印件出自澄迈县档案馆，具有法律效力的目的。

一审诉辩情况

检察机关指控被告人李大仟犯变造国家机关公文罪。

被告人李大仟提出，其没有变造国家机关公文。应对文件做成文时间和油墨鉴定。

一审裁判结果

海南省澄迈县人民法院于2011年8月22日以〔2011〕澄刑初字第175号刑事判决，认定被告人李大仟犯变造国家机关公文罪，判处有期徒刑1年。

一审裁判理由

一审法院认为：被告人李大仟无视国家法律，为达到个人非法目的，而对国家真实的公文进行改制，变造公文原来真实的内容，妨害国家机关信誉及其正常活动，其行为已构成变造国家机关公文罪。检察机关指控的事实清楚，罪名成立，应予支持。被告人李大仟及其辩护人提出的辩解、辩护意见，经查，证人何某一、王某花、王某平等人的证言，公安部物证鉴定书，海南省公安司法鉴定中心鉴定书，澄迈县计划委员会、澄迈县人民政府办公室文件底稿等证据，足以证实被告人李大仟变造国家机关公文的犯罪事实，其辩解、辩护意见与本案其他证据存在矛盾，旨在推卸刑事责任，本院不予支持。被告人李大仟提出对澄建字〔1993〕68号、澄计发〔1993〕122号文件上的字样"海南大鸿运金源万盛有限公司："，做成文时间和油墨鉴定，其请求无科学根据和法律依据，予以驳回。

二审诉辩情况

李大仟提出：一审判决认定其从档案馆拿出文件后又放回原处和取得原件的事实不清、证据不足。鉴定结论书均不能证明是其变造公文。因此，请求二审法院改判其无罪。

李大仟的辩护人提出：一审判决认定李大仟的行为构成变造国家机关公文罪的事实不清、证据不足，请求二审法院发回重审或改判无罪。

海南省人民检察院第一分院的二审出庭意见认为：一审判决认定上诉人

李大仟构成犯罪的事实清楚，证据充分，量刑适当。建议二审法院维持原判。

二审裁判结果

海南省第一中级人民法院于 2012 年 3 月 19 日以同样的事实作出〔2011〕海南一中刑终字第 117 号刑事裁定，驳回上诉，维持原判。

二审裁判理由

二审法院认可了一审法院的裁判理由，关于上诉人李大仟及其辩护人上诉、辩护提出，一审判决认定李大仟变造国家机关公文的事实不清、证据不足，请求二审改判上诉人李大仟无罪。经查，认定上诉人李大仟变造国家机关公文的事实，不仅有证人何某一、王某花、王某平等人的证言证实，而且有公安部和海南省公安司法鉴定中心的鉴定书、澄迈县计划委员会、澄迈县人民政府办公室文件原起草底稿等书证佐证；上诉人李大仟也一直承认其曾经到澄迈县档案局复印该公文，并叫何某一在该公文中打印添加上"海南大鸿运金源万盛有限公司："等字样，而后其又拿变造后的公文，作为行政案件的证据向法院提供。故其上诉意见和辩护人的辩护意见缺乏证据支持，理由不充分，不予采纳。辩护人关于将本案发回重审的辩护意见，理由不充分，不予支持。海南省人民检察院第一分院建议维持原判的二审出庭意见，理由充分，予以支持。据此，原审判决认定事实清楚，证据确实充分，定罪准确，量刑并无不当，审判程序合法，应予维持。故法院依法作出如上裁判。

20. 行为人通过伪造公司印章的手段，为他人引存放贷并获取约定的报酬的行为是否构成诈骗罪？

行为人伪造公司印章为他人办理质押贷款以获取报酬，其客观行为不符合诈骗罪的构成要件，主观上不具有诈骗他人财物的目的。因此，行为人的行为不构成诈骗罪，应以伪造公司印章罪定罪处罚。

典型疑难案件参考

石红军伪造公司印章案

基本案情

2004年6月,被告人石红军与淮安凌桥米业有限公司(以下简称凌桥公司)总经理王某某商谈"引存放贷"事宜,双方约定引来存款并办理质押贷款后由王某某按所引存款的9%付给石红军报酬。后被告人石红军通过姚某某、黄某某、蓝某等人联系了湖北亿通置业有限公司(以下简称湖北亿通公司)总经理高某到淮安存款。2004年6月21日,高某到中国银行淮安市城北支行(以下简称城北支行)以湖北亿通公司名义存款人民币800万元。当日上午,被告人石红军到淮阴区宝红图文设计室伪造了湖北亿通公司印章一枚,并伪造了授权书、董事会决议等材料,于次日谎称得到该公司授权全权办理质押贷款业务,到城北支行将湖北亿通公司的800万元存款质押,为凌桥公司办理了600万元贷款。2004年8月6日,被告人石红军又用伪造的印章等将湖北亿通公司剩余的存款质押,为凌桥公司办理贷款180万元。2004年9月20日,石红军涉嫌诈骗罪被依法逮捕。

一审诉辩情况

检察机关指控被告人石红军犯诈骗罪。

被告人石红军提出:自己办理存单质押是经湖北亿通公司总经理高某和蓝某同意的,并不想诈骗凌桥公司财物。

被告人石红军的辩护人提出:被告人石红军是深圳国际招商联盟促进会有限公司职工,其为凌桥公司"引存放贷"的行为属职务行为。凌桥公司支付的72万元是依据中介协议而支付的报酬。因此,被告人石红军的行为不构成诈骗罪。

一审裁判结果

江苏省淮安市淮阴区人民法院于2005年4月15日以〔2005〕淮刑初字第45号刑事判决,认定被告人石红军犯诈骗罪,判处有期徒刑10年,并处罚金人民币10万元。

一审裁判理由

一审法院认为:关于被告人石红军的辩护人提出石红军为凌桥公司引存放

贷是职务行为的主张。经查明，王某某只知道石红军在深圳做生意，并不清楚石红军本人具体身份。证人陈某虽证明石红军是国际招商联盟促进会的部门经理，负责招商引资工作，但并不能证明石红军的行为是职务行为。根据本案证据分析，伪造印章、授权委托书等行为是被告人的个人行为。因此，辩护人关于"被告人系职务行为"的辩护意见不予支持。

对辩护人提出凌桥公司支付的72万元是依据协议应当支付的报酬，经查，由于被告人石红军采用伪造的手续为凌桥公司贷款抵押担保，导致抵押行为无效，那么由此产生的取得报酬的协议当然无效，故对此辩护意见不予支持：被告人石红军以非法占有为目的，采用伪造印章，授权书等手段将他人的存款非法质押，从而骗取凌桥公司72万元报酬，骗取财物数额特别巨大，其行为已构成诈骗罪，应当判处10年以上有期徒刑，并处罚金。

二审诉辩情况

一审宣判后，被告人石红军提起上诉。

石红军及其辩护人提出：被告人石红军没有诈骗故意，其行为构成伪造公司印章罪。

二审裁判结果

江苏省淮安市中级人民法院于2005年7月11日以同样的事实作出〔2005〕淮刑二终字第33号刑事判决，撤销淮安市淮阴区人民法院〔2005〕淮刑初字第45号刑事判决；上诉人石红军犯伪造公司印章罪，判处有期徒刑1年6个月。

二审裁判理由

二审法院经审理认为：上诉人石红军与凌桥公司总经理王某某商谈"引存放贷"事宜，约定引来存款并办理质押贷款后由王某某按所引存款的9%付给石红军报酬。在石红军通过姚某某、黄某某、蓝某等人联系了湖北亿通公司总经理高某以湖北亿通公司的名义到淮安存款800万元后，伪造了"湖北亿通公司"印章一枚、授权书、董事会决议等材料，为凌桥公司办理质押贷款600万元。其行为具有社会危害性和刑事违法性。但王某某付给被告人石红军72万元属于依据与石红军先前所谓中介服务的约定而给付，并非因受欺诈违背真实意思而支付该款，石红军也不是通过诈骗手段取得72万元报酬。因此，原审判决认定上诉人石红军构成诈骗罪定性有误，依法予以纠正。上诉人石红军及其辩护人提出的构成伪造公司印章罪的上诉、辩护理由成立，应予采纳。故依法作出如上裁判。

21. 行为人在未依法办理变更登记手续的情况下,以营利为目的,私自将林木采伐许可证转让的行为该如何定性?

行为人在未依法办理变更登记手续的情况下,以营利为目的,私自将林木采伐许可证转让的行为不属于转让林木采伐经营权的经营行为,达到一定数量的,应定买卖国家机关证件罪。

典型疑难案件参考

龚治保等买卖国家机关证件案

基本案情

2001年4月,被告人龚治保、罗樟清、王金友与李有才(另案处理)4人商议合伙购买山场烧炭,并做了分工,李有才负责联系山场并办理有关手续,龚治保负责山场生产,罗樟清、王金友负责筹措资金等。李有才经与泰宁县林业局商议,于同年5月16日由龚治保与泰宁县林业局以林价款7462元订立了"拉鸭石"、"窗户寮"两山场国有林转让采伐协议,同月17日泰宁县林业局办理了两山场537亩的采伐证,允许择伐阔叶树薪材533立方米,并将采伐证复印件交给龚治保,同时收取了伐区调查设计劳务费及采伐证工本费1076元。后被告人龚治保、罗樟清、王金友与李有才商定将采伐山场转卖给其他人生产。同年7月,谢瑞堂委托詹元钊、张金福到泰宁看山场及签订转让协议。同年7月17日,该两山场及采伐证以2万元及每生产一吨炭再提成300元的转让费转让给谢瑞堂生产,并提交采伐证复印件给詹元钊;次日,谢瑞堂将2万元转给张金福交李有才。同年8月14日,泰宁县林业局批准了龚治保建窑烧炭133.35吨的申请,詹元钊雇工人上山砍伐林木及建窑烧炭。后因案发,木炭尚未销售。

另查明:(1)上诉人谢瑞堂于2002年1月27日上午8:30前往福建省森林公安局投案自首,该事实有福建省森林公安局于2002年1月27日出具的证明证实。(2)上诉人王金友协助公安机关抓获同案犯,具有立功表现,该事实有泰宁县公安机关侦查终结报告予以证实。

一审诉辩情况

检察机关指控被告人龚治保、罗樟清、王金友、谢瑞堂买卖采伐证的行为，违反了国家机关正常的管理活动，应以买卖国家机关证件罪追究其刑事责任。

4被告人辩称：他们是转让山场林木采伐权，不是买卖采伐证。

谢瑞堂提出：是其妹夫詹元钊买山场烧炭的。

4被告人的辩护人提出：被告人的行为转让的是山场林木采伐经营权，不是买卖采伐证，其行为均不构成买卖国家机关证件罪。

被告人谢瑞堂的辩护人提出，谢瑞堂在本案中不是转让合同的买方主体。

▶ 一审裁判结果 ◀

福建省泰宁县人民法院于2002年9月5日以〔2002〕泰刑初字第60号刑事判决，认定被告人龚治保、罗樟清、王金友犯买卖国家机关证件罪，各处有期徒刑3年6个月。被告人谢瑞堂犯买卖国家机关证件罪，处有期徒刑3年。追缴被告人龚治保、罗樟清、王金友的非法所得各2865.5元。

▶ 一审裁判理由 ◀

一审法院认为：被告人龚治保、罗樟清、王金友、谢瑞堂违反了国家机关正常的管理活动，买卖林木采伐许可证，数量达533立方米，情节严重，其行为均已构成买卖国家机关证件罪，检察机关指控的罪名成立。

对于4被告人及其辩护人提出的本案转让的是林木采伐经营权，不是买卖采伐证的辩解、辩护意见，经查：（1）证人詹元钊、张金福证言证实，在山场转让商谈过程中及订立协议时，都是以办好的采伐证为前提条件；（2）转让协议证实山场及采伐证是以2万元及每吨炭提成300元作为条件，其中包含了采伐证的价款。因此，4被告人及其辩护人提出的此节辩解、辩护意见不能成立，不予采纳。

对于被告人谢瑞堂及其辩护人提出的谢瑞堂在本案中不是转让合同的买方主体的辩解、辩护意见，经查：证人詹元钊证言证实，是谢瑞堂买下这个山场，由其经营；证人张金福证言证实，是谢瑞堂叫其帮忙到泰宁看山场并代签协议。因此，被告人谢瑞堂及其辩护人提出的此节辩解、辩护意见不能成立，不予采纳。

对于4被告人的辩护人提出的4被告人的行为不构成买卖国家机关证件罪的辩护意见，经查：（1）被告人龚治保、罗樟清、王金友等在因故未能采伐及烧炭的情况下，将已办理的采伐证和采伐山场一并转让给谢瑞堂，主观上具有买卖采伐证的直接故意；（2）被告人实施了买卖山场的行为，同时将已办理的采伐证及山场以2万元及每吨炭提成300元转让，客观上具有销售证件的行为;(3) 4 被告人的转让行为未依法进行,侵犯了国家机关对采伐证的正常管理活动。因此辩护人的该辩护意见不能成立,不予采纳。

二审诉辩情况

一审宣判后,龚治保、罗樟清、王金友、谢瑞堂均提出上诉。

上诉人龚治保、罗樟清、王金友上诉称:他们是将山场林木经营权转让给谢瑞堂,而不是买卖采伐证。

上诉人王金友提出:其是从犯,应比照主犯从轻处罚。其还协助公安机关抓获同案犯,具有立功表现,请求二审法院依法改判。

上诉人谢瑞堂提出:原判认定买卖采伐证主体不当,本案买卖采伐证主体是詹元钊而不是谢瑞堂。其出资的2万元款系借给詹元钊,该事实有詹元钊出具的借条为凭。2万元是山场林木转让费而非买卖采伐证费用。买卖国家机关证件罪买卖的证件应是证件的原件而非复印件。其具有投案自首情节。

二审裁判结果

福建省三明市中级人民法院于2002年10月22日作出〔2002〕三中字第149号刑事判决,维持泰宁县人民法院〔2002〕泰刑初字第60号刑事判决第5项,即追缴被告人龚治保、罗樟清、王金友的非法所得各2865.5元。撤销泰宁县人民法院〔2002〕泰刑初字第60号刑事判决第1、2、3、4项,即被告人龚治保、罗樟清、王金友均犯买卖国家机关证件罪,各处有期徒刑3年6个月;被告人谢瑞堂犯买卖国家机关证件罪,处有期徒刑3年。上诉人龚治保、罗樟清、王金友、谢瑞堂犯买卖国家机关证件罪,龚治保、罗樟清各判处有期徒刑1年;王金友判处有期徒刑6个月;谢瑞堂判处有期徒刑6个月,缓刑1年。

二审裁判理由

二审法院认为:4上诉人提出本案转让的是林木采伐经营权,不是买卖国家机关证件,其行为不构成犯罪,法院认为,卖国家机关证件罪,侵害的客体是国家机关的正常活动,犯罪对象是国家机关的公文、证件、印章,根据最高人民法院《关于审理破坏森林资源刑事案件具体应用法律若干问题的解释》第13条第1款的规定,买卖林木采伐许可证构成犯罪的,依照《中华人民共和国刑法》第280条第1款的规定,以买卖国家机关证件罪处罚。上诉人龚治保、罗樟清、王金友在未依法办理变更登记手续的情况下,以营利为目的,私自将林木采伐许可证转让给上诉人谢瑞堂,获取暴利,是买卖行为,其行为已构成买卖国家机关证件罪,4上诉人提出不构成犯罪的理由不能成立,不予采纳。

上诉人王金友上诉中提出其在本案中系从犯,应比照主犯从轻处罚,经查:转卖采伐证是上诉人龚治保、罗樟清、王金友与李有才共同商定的,不存在主次之分,因此,上诉人王金友在上诉中提出其在本案中系从犯理由不能成立,不予采纳。

上诉人谢瑞堂提出其在本案中不是转让合同买方主体的上诉意见,经查:证人詹元钊证言证实,是谢瑞堂买下这个山场由其经营;证人张金福证言证实,是谢瑞堂叫其帮忙到泰宁县看山场并代签协议。因此,上诉人谢瑞堂该上诉意见不能成立,不予采纳。上诉人谢瑞堂提出买卖国家机关证件罪买卖的证件应是证件的原件而非复印件,经查:本案卖方不是林木所有权人,未取得采伐证原件,买卖双方通过转让复印件的形式进行采伐证的交易,其实质是买卖采伐证行为。因此,上诉人谢瑞堂该上诉意见不能成立,不予采纳。上诉人谢瑞堂提出其具有投案自首情节,经查属实,予以采纳。

综上,4上诉人违反国家机关正常的管理活动,买卖国家机关颁发的林木采伐许可证,其行为均已构成买卖国家机关证件罪,原判认定上诉人龚治保、罗樟清、王金友、谢瑞堂的行为构成买卖国家机关证件罪事实清楚,证据充分,定性准确,审判程序合法。4上诉人提出本案转让的是林木采伐经营权,不是买卖国家机关证件,其行为不构成犯罪的理由不能成立,不予采纳。4上诉人买卖林木采伐许可证份数较少,且其社会危害性并未达到情节严重的程度,原审认定情节严重不当,量刑过重。上诉人王金友在上诉中提出其协助公安机关抓获同案犯,具有立功表现,经查属实,予以采纳。上诉人谢瑞堂提出其有投案自首情节,经查属实,予以采纳。在二审审理中,上诉人谢瑞堂住所地派出所出具证明,证明上诉人谢瑞堂在该辖区未发现有违法记录,并可以承担对其帮教,上诉人谢瑞堂在二审中,能够认罪,对其判处缓刑不至危害社会。

22. 行为人为达到非法载客营运的目的,共同或单独买卖伪造的机动车行驶证的行为是否构成犯罪?

行为人为达到非法载客营运的目的,共同或单独买卖伪造的机动车行驶证的,侵犯了国家机关对公文、证件、印章的管理秩序,也会给道路公共安全构成危害,构成买卖国家机关证件罪。

典型疑难案件参考

杨铭等买卖国家机关证件案

基本案情

被告人杨铭、朱惠国为非法载客营运，于2003年11月17日，共谋共同出资人民币2.5万元从本市铜川路405弄138号上海沪岛汽修厂周密江处，购得一辆已报废的无证无牌桑塔纳牌轿车后，对该车重新油漆装饰，装上从非法市场购买的出租车计价器和伪造的"蓝色联盟"出租车公司的顶灯，后又经被告人朱惠国联系，被告人杨铭、朱惠国又共同至本市吴宝路，从一外省市女子处以人民币800元价格购得伪造的"沪BM5534"机动车牌照一副及该车的机动车行驶证一本。其后被告人杨铭、朱惠国因惧怕在非法营运时被查获，遂由被告人杨铭请托被告人严希林将该车非法出售。同年12月9日上午，被告人严希林在本市丽园路、南车站路附近欲以人民币4万元价格将该车出售给刘某时，被公安人员抓获。

同时查明，被告人严希林于2003年4月，单独在本市普陀区旧机动车交易市场附近，以人民币3.8万元价格从他人处非法购买一辆带有"蓝色联盟"出租车公司顶灯、车牌号为"沪BN9198"的桑塔纳牌轿车及伪造的机动车行驶证一本，并在本市道路上非法载客营运。

又查明：被告人严希林归案后主动交代了上述购买伪造的车牌为"沪BN9198"机动车行驶证一本和非法载客的事实，并协助公安人员抓获被告人杨铭，被告人杨铭归案后亦能协助抓获被告人朱惠国。

诉辩情况

检察机关认为：被告人杨铭、严希林、朱惠国的上述行为已构成买卖国家机关证件罪，被告人杨铭、严希林有立功表现。

被告人严希林的辩护人提出：被告人严希林犯罪情节轻微，社会危害性不大，且有立功表现，建议对被告人严希林从轻处罚。

被告人朱惠国的辩护人提出：被告人朱惠国系初犯，犯罪所造成的社会危害性较小，认罪态度好，建议对被告人朱惠国从轻处罚。

一审宣判后，朱惠国提出上诉。

上诉人朱惠国认为：其行为不构成买卖国家机关证件罪，且一审判决量刑过重。

裁判结果

上海市卢湾区人民法院于 2004 年 5 月 24 日以〔2004〕卢刑初字第 233 号刑事判决，认定被告人杨铭犯买卖国家机关证件罪，判处有期徒刑 10 个月。被告人严希林犯买卖国家机关证件罪，判处有期徒刑 10 个月。被告人朱惠国犯买卖国家机关证件罪，判处有期徒刑 11 个月。

一审宣判后，朱惠国提出上诉。上海市第一中级人民法院于 2004 年 6 月 25 日以同样的事实和理由作出〔2004〕沪一中刑终字第 289 号刑事裁定，驳回上诉，维持原判。

裁判理由

一审法院认为：被告人杨铭、严希林、朱惠国为非法载客牟利，共同或单独买卖伪造应由国家机关制作、颁发的机动车行驶证，其行为已构成买卖国家机关证件罪，应依法追究刑事责任。检察机关指控被告人杨铭、严希林、朱惠国犯买卖国家机关证件罪罪名成立，援引量刑的法律条款正确。公诉人和辩护人关于被告人杨铭、严希林、朱惠国认罪交代态度较好，被告人严希林能主动交代部分犯罪事实及被告人杨铭、严希林能协助公安机关抓捕同案犯，有立功表现，建议本院依法从轻处罚的量刑意见，合法有据，予以采纳；但根据被告人朱惠国犯罪所造成的社会危害性及被告人朱惠国没有具体悔罪表现等因素，对其辩护人提出宣告缓刑的意见，不予采纳。

二审法院认为：原审法院根据上诉人朱惠国，原审被告人杨铭、严希林的犯罪事实、可酌情从轻处罚的情节及对社会的危害程度对其定罪正确，量刑亦属适当，且审判程序合法。上诉人朱惠国以其行为不构成犯罪且一审判决量刑过重为由提出上诉，于法无据，不予支持。故法院依法作出如上裁判。

---

23. 行为人为牟私利，无视国家法律，买卖省内木材运输证多份，并从中牟利，而且其为达到顺利卖证的目的，还雇人私刻林业检查站验讫章和检查人员私章的行为，构成何罪？

行为人的此行为，触犯了伪造国家机关印章罪和买卖国家机关证件罪，应从一重罪，即以买卖国家机关证件罪论处。

典型疑难案件参考

陈斌买卖国家机关证件案

基本案情

2004年5月至2005年1月间，被告人陈斌事先与南平市延平区的买主联系，将买主要求在省内木材运输证上填写的内容报给了有省内木材运输证出售的卖主林明华、倪彩红、管崇辉、翁海青、冯美仙（均另案处理），他们按被告人陈斌所提供的情况填写好买主所需的内容，并到其所在的林业部门办理省内木材运输证。被告人陈斌便在顺昌县向林明华、倪彩红、管崇辉、翁海青、冯美仙5人购买省内木材运输证30份；同时还为管崇辉、翁海青各销售省内木材运输证1份。被告人陈斌为了制造省内木材运输证有随木材经过顺昌县沙墩林业检查站检查验讫的假象，达到其顺利卖证的目的，还雇人私刻"顺昌县沙墩林业检查站"验讫章和沙墩林业检查站检查人员"毛厚林、陈剑"印章，被告人陈斌把假章加盖在所买到的30份及代为转售的2份省内木材运输证背面后，将上述32份省内木材运输证在南平市延平区内卖给黄元生、龚朝华、陈昌明、傅木新、黄礼福、郑宁辉、黄文东、翁金弟、黄祖发（均另案处理）。32份省内木材运输证上记载的木材数量合计1338.1834立方米。被告人陈斌此次买卖32份省内木材运输证的交易额达人民币64110元，从中非法牟利达人民币7172元。具体犯罪事实如下：

1. 2004年5月，林明华由于欠被告人陈斌的购车款，就以每立方米40元单价在顺昌县洋口镇中山路街上将证号为第01850717号、第01850716号2份省内木材运输证卖给陈斌抵购车款。同年6月上旬，被告人陈斌在顺昌县洋口镇铁路道口以每立方米40元单价向冯美仙购买证号为第00125779号的省内木材运输证1份。2004年5、6月份被告人陈斌两次在延平区王台镇停车场附近将上述3份省内木材运输证以每立方米45元的单价，卖给黄祖发。

2. 2004年6月中旬，被告人陈斌在顺昌县城关南北街从翁海青手里拿到证号为第00146565号省内木材运输证，该份运输证上记载的木材米数为23.484立方米。2004年8月，被告人陈斌又在冯美仙住处顺昌工会大厦以每立方米40元的单价向其购买证号为第00142426号省内木材运输证1份，该份运输证上记载的木材米数为20.5285立方米。同年6月中旬以及8月间，被告人陈斌以杉木每立方米45元的单价将在翁海青、冯美仙处拿到的2份运输证在延平区来舟镇"南平东林贸易有限公司"卖给了黄文东。

3. 2004年10月初,被告人陈斌以杉木每立方米40元的单价在顺昌县城关南北街向翁海青购买证号为第00449107号省内木材运输证1份,该份运输证上记载的木材米数为26.0468立方米。被告人陈斌还以每立方米42元单价,在顺昌县洋口镇铁路道口向倪彩红购买证号为第00189794号、第00189796号省内木材运输证2份,以上2份运输证记载的木材米数分别为17.2491立方米、27.860立方米,被告人陈斌于2004年10月上旬,以杉木每立方米45元单价将上述3份省内木材运输证在延平区来舟镇南平东林贸易有限公司卖给郑宁辉,郑宁辉当场付给被告人陈斌现金3200元。扣除付给翁海青、倪彩红买证款外,被告人陈斌非法获取人民币270元。

4. 2004年7月至9月期间,被告人陈斌在顺昌县洋口镇铁路道口以杉木每立方米42元,松木每立方米57元单价向倪彩红购买证号为第00140996号、第00189261号、第00188728号省内木材运输证3份,第00140996号运输证上记载的木材米数为50.32立方米,第00189261号运输证上记载的木材米数为110.27立方米,第00188728号运输证上记载的木材米数为144.64立方米。而后又在顺昌县水南电力公司管崇辉住处拿到证号为第00189644号省内木材运输证1份,该份运输证上记载的木材米数为27.1677立方米。以上4份木材运输证所记载的米数合计为332.3977立方米。随后,被告人陈斌分两次在南平市延平区王台镇新村黄元生家里,将上述4份运输证卖给黄元生。陈斌又将向倪彩红买证款和帮助管崇辉卖证款计15685元分别以汇款和付现金的方式付给了倪彩红、管崇辉,被告人陈斌从中非法获取人民币915元。黄元生又以杉木每立方米80元、松木每立方米100元的单价将证号为第00140996号、第00189644号、第00189261号3份省内木材运输证卖给黄伯旺。黄伯旺的侄儿黄祖平于2004年10月4日持证号为第00189261号省内木材运输证到南平市延平区林业局办证室办出证号NO:6407538出省木材运输证1份,致使黄伯旺经营的无合法来源证明的松木110.27立方米发往山西省销售。2004年10月5日,黄元生持证号为第00188728号省内木材运输证,用黄伯旺经营的南平旺佳竹木业有限公司的台账到南平市延平区林业局办证室办出证号NO:6407546出省木材运输证1份,致使黄元生等人经营的无合法来源证明的木材144.64立方米在黄伯旺经营的木材加工企业代加工后发往江苏省销售。2005年3月18日,黄祖平又持证号为第00140996号、第00189644号两份省内木材运输证到南平市延平区林业局办证室办理出省木材运输证时,被林政人员发现。

5. 2005年8月底9月初,被告人陈斌在管崇辉住处以杉木每立方米40元单价向管崇辉购买证号为第00189511号、第00189373号、第00189367号省内木材运输证3份,第00189511号运输证上记载的木材米数为53.7708立方米，第00189373号运输证上记载的木材米数为54.778立方米，第00189367号运输证上记载的木材米数为18.494立方米，以上3份木材运输证所记载的米数合计为127.0428立方米。2004年9月初，被告人陈斌在南平汽车站门口，以杉木每立方米45元的单价将上述3省内木材运输证卖给延平区王台镇的黄礼福。黄礼福将向陈斌买来的3份运输证交给其另一合伙人黄礼铭，黄礼铭于2004年10月2日到南平市延平区林业局办证室办出证号NO：6407507、6407510的出省木材运输证2份，致使黄礼福、黄礼铭等人经营的"南平南山龙湾林场木材加工厂"和"南平延陵工艺厂"收购的无合法来源证明的杉木127.0428立方米加工成杉锯材销往外省。

6.2004年10月上旬，被告人陈斌分两次在顺昌县洋口镇铁路道口以杉木每立方米42元、松木每立方米57元的单价，向倪彩红购买证号为第00220043号、第00220044号、第00220260号、第00220261号省内木材运输证4份，以上4份木材运输证所记载的米数合计为195.9483立方米。同月，被告人陈斌分两次在翁金弟等人经营的延平区王台镇跃兴竹木加工厂办公室内将上述4份木材运输证以杉木每立方米45元、松木每立方米60元的单价卖给翁金弟，共卖10200元，翁金弟和翁坚跃（翁金弟的弟弟）两人各汇款一次到被告人陈斌农行卡，两人合计汇款10000元，余下200元在延平区王台镇以现金付给被告人陈斌。翁金弟将向陈斌购买的4份省内木材运输证交给合伙人王旺兴，王旺兴分别于2004年10月11日、15日持上述4份运输证到南平市延平区林业局办证室办出证号NO：6407657、6407658、6407813、6407814出省木材运输证4份，致使翁金弟、王旺兴、翁坚跃等人在王台镇收购来的无合法来源证明的木材195.9483立方米发往浙江、河南、山东等地销售。

7.2004年12月，被告人陈斌以杉木每立方米42元的单价，在顺昌县洋口镇铁路道口向倪彩红购买证号为第00221607号、第00221641号、第00221727号省内木材运输证3份，以上3份木材运输证所记载的米数合计为197.224立方米。同月，被告人陈斌以杉木每立方米45元的单价在南平师专附近和南平今日酒店门口分两次将上述3份运输证卖给陈昌明，被告人陈斌非法获取人民币590元。陈昌明将上述3份运输证交给延平区塔前吉立木制品厂合伙人包明台，包明台分别于2004年12月27日、2005年1月21日持上述3份省内木材运输证到南平市延平区林业局办证室办出证号NO：6385311、6386905出省木材运输证2份。致使陈昌明、包明台等人合伙经营的延平区塔前吉立木制品厂收购的无合法来源证明的木材197.224立方米加工成杉锯材销往江苏省。

8.2004年12月下旬，被告人陈斌以杉木每立方米42元的单价在顺昌县洋口镇铁路道口向倪彩红购买证号为第00221733号、第00221736号省内木材运输证2份，第00221733号省内木材运输证所记载的米数为30.15立方米、第00221736号省内木材运输证所记载的米数为32.28立方米，被告人陈斌分别将向倪彩红购买的2份木材运输证以杉木每立方米45元的单价在南平商业城卖给傅木新，傅木新当场付给被告人陈斌现金2800元。被告人陈斌于2004年12月下旬、2005年1月两次以杉木每立方米40元的单价在顺昌县县城南北街向翁海青购买证号为第00501051号、第00500200号、第00501060号、第00502154号、第00502155号、第00502177号省内木材运输证6份，以上6份木材运输证所记载的米数合计为154.492立方米。2005年1月，被告人陈斌在冯美仙住处向冯美仙购买证号为第00486233号省内木材运输证1份，该份省内木材运输证所记载的米数为25.8514立方米。2005年1月，被告人陈斌以杉木每立方米45元的单价在南平商业城将上述7份省内木材运输证卖给傅木新。被告人陈斌倒卖上述9份省内木材运输证，从中非法获取人民币1065元。傅木新持上述购买来的9份省内木材运输证于2004年12月28日、2005年3月4日到南平市延平区林业局办证室办出证号NO:6385337、6403567、6403568出省木材运输证3份，致使傅木新经营的延平区延富竹木加工厂（2005年3月份更名为南平建顺木材加工厂）收购的无合法来源证明的杉木木材242.7734立方米加工成杉锯材发往江苏省销售。

9. 2004年12月底，被告人陈斌在顺昌县洋口镇铁路道口以杉木每立方米42元的单价向倪彩红购买证号为第00220651号省内木材运输证1份，该份省内木材运输证所记载的米数为48.9799立方米，同月被告人陈斌在延平区来舟镇外洋货场以杉木每立方米45元的单价将其卖给龚朝华，龚朝华当场付给陈斌买证款1200元，其余买证款1000元龚朝华汇到被告人陈斌的农行卡上，被告人陈斌扣除付给倪彩红买证款2053元，非法获取人民币147元。龚朝华于2005年3月18日，将其向陈斌购买的证号为第00220651号省内木材运输证交给其在南平外洋货场做木材生意的合伙人林朝礼，林朝礼又将这份运输证交给王台镇的刘斌，由刘斌持该份省内木材运输证于当日到延平区林业局办证室办理出省木材运输证时被林政人员查获。

诉辩情况

检察机关认定：被告人陈斌为牟私利，无视国家法律，买卖省内木材运输证30份，并为他人销售省内木材运输证2份，木材运输证上记载的木材数量达1338.1834立方米，情节严重，其行为已构成买卖国家机关证件罪。

被告人陈斌提出：其归案后能如实交代自己的犯罪事实，认罪态度好，请求法院予以从轻处理。

被告人陈斌的辩护人提出：对检察机关对被告人陈斌所指控的犯罪事实、罪名和犯罪经过均无异议，但对检察机关以被告人非法买卖证件上所记载的数额来认定其属情节严重持有异议，辩护人认为犯罪情节是否严重必须有法律的明确规定，我国《刑法》第128条第1款规定了买卖国家机关证件罪的量刑幅度及情节严重的量刑范围。但是，法律及相关法律解释并未对构成情节严重的具体标准作出明确的规定，因此对于买卖国家机关证件罪何种情形属于情节严重无法认定。检察机关以被告人非法买卖证件上所记载的木材数量为依据，在没有相关法律规定的情况下，主观认定被告人的犯罪行为属于情节严重，是错误的。对公诉人以福建省高级人民法院、福建省人民检察院《关于福建省办理盗伐、滥伐林木等案件几个具体问题的规定》（以下简称《规定》）也不能适用。因为该《规定》颁布于1995年11月21日，当时新《刑法》并未出台，且该《规定》中规定的"情节严重"、"情节特别严重"与新《刑法》对该罪的立法内容及精神相悖，因此该《规定》虽然未被明确废止但也不能适用。被告人的行为并未造成严重的社会危害后果，被告人的行为仅是从中牟取一定的经济利益。而且被告人归案后认罪态度好，并具有一定的立功表现和强烈的悔罪表现以及积极退赃行为，请求法院对被告人从轻处罚并建议适用缓刑。

一审宣判后，陈斌提出上诉。

上诉人（原审被告人）陈斌及其辩护人提出：陈斌的犯罪行为所造成的社会危害不是很大，非法所得不多，情节不是很严重，法庭处刑太重，请求予以改判，适用缓刑。审理过程中，上诉人申请撤回上诉。

裁判结果

福建省南平市延平区人民法院于2006年1月12日以〔2005〕延刑初字274号刑事判决，认定被告人陈斌犯买卖国家机关证件罪，判处有期徒刑2年6个月。被告人陈斌非法交易金额人民币64110元赃款予以追缴，上缴国库。

福建省南平市中级人民法院于2006年3月15日作出〔2006〕南刑终字第52号刑事裁定，准许上诉人陈斌撤回上诉。南平市延平区人民法院〔2006〕延刑初字第274号刑事判决书自本裁定送达之日起发生法律效力。

裁判理由

一审法院认为：被告人陈斌为牟私利，无视国家法律，买卖省内木材运输证30份，并为他人销售省内木材运输证2份，且买卖的木材运输证上记载的木材数量达 1338.1834 立方米，交易额达人民币 64110 元，从中非法牟利达人民币 7172 元，而且被告人陈斌为了制造省内木材运输证有随木材经过顺昌县沙墩林业检查站检查验讫的假象，达到其顺利卖证的目的，还雇人私刻"顺昌县沙墩林业检查站"验讫章和沙墩林业检查站检查人员"毛厚林、陈剑"印章，被告人陈斌的行为已构成买卖国家机关证件罪，且情节严重。检察机关指控被告人陈斌犯买卖国家机关证件罪，罪名成立。对被告人陈斌的辩护人提出被告人陈斌归案后认罪态度好，有强烈的悔罪表现以及积极退赃行为，请求法院对被告人从轻处罚的辩解予以采纳。对被告人陈斌的辩护人的其他辩解意见不予采纳。

二审法院认为：上诉人（原审被告人）陈斌以牟利为目的多次买卖省内木材运输证，其行为已构成买卖国家机关证件罪。原判认定事实清楚，证据确实充分，定性准确，量刑适当，审判程序合法，本院予以认定。故法院依法作出如上裁判。

伪造、变造、买卖国家机关公文、证件、印章罪办案依据集成

刑法条文

第二百八十条 【伪造、变造、买卖国家机关公文、证件、印章罪，盗窃、抢夺、毁灭国家机关公文、证件、印章罪】伪造、变造、买卖或者盗窃、抢夺、毁灭国家机关的公文、证件、印章的，处三年以下有期徒刑、拘役、管制或者剥夺政治权利；情节严重的，处三年以上十年以下有期徒刑。

【伪造公司、企业、事业单位、人民团体印章罪】伪造公司、企业、事业单位、人民团体的印章的，处三年以下有期徒刑、拘役、管制或者剥夺政治权利。

【伪造、变造居民身份证罪】伪造、变造居民身份证的，处三年以下有期徒刑、拘役、管制或者剥夺政治权利；情节严重的，处三年以上七年以下有期徒刑。

立案标准

1. 国家林业局、公安部《关于森林和陆生野生动物刑事案件管辖及立案标准》（2001年5月9日）（节录）

一、森林公安机关管辖在其辖区内发生的刑法规定的下列森林和陆生野生动物刑事案件

（十五）伪造、变造、买卖国家机关公文、证件案件中，伪造、变造、买卖林木和陆生野生动物允许进出口证明书、进出口原产地证明、狩猎证、特许猎捕证、驯养繁殖许可证、林木采伐许可证、木材运输证明、森林、林木、林地权属证书、征用或者占用林地审核同意书、育林基金等缴费收据以及由国家机关批准的其他关于林业和陆生野生动物公文、证件的案件

二、森林和陆生野生动物刑事案件的立案标准

（十二）盗窃、抢夺、抢劫案、窝藏、转移、收购、销售赃物案、破坏生产经营案、聚众哄抢案、非法经营案、伪造变造买卖国家公文、证件案，执行相应的立案标准。

2. 最高人民法院、最高人民检察院《关于办理与盗窃、抢劫、诈骗、抢夺机动车相关刑事案件具体应用法律若干问题的解释》（2007年5月11日法释〔2007〕11号）（节录）

第二条 伪造、变造、买卖机动车行驶证、登记证书，累计三本以上的，依照刑法第二百八十条第一款的规定，以伪造、变造、买卖国家机关证件罪定罪，处三年以下有期徒刑、拘役、管制或者剥夺政治权利。

伪造、变造、买卖机动车行驶证、登记证书，累计达到第一款规定数量标准五倍以上的，属于刑法第二百八十条第一款规定中的"情节严重"，处三年以上十年以下有期徒刑。

> 司法解释

1. 最高人民法院、最高人民检察院、公安部、国家工商行政管理局《关于依法查处盗窃、抢劫机动车案件的规定》（1998年5月8日公通字〔1998〕31号）（节录）

七、伪造、变造、买卖机动车牌证及机动车入户、过户、验证的有关证明文件的，依照《刑法》第二百八十条第一款的规定处罚。

2. 最高人民法院《关于审理骗购外汇、非法买卖外汇刑事案件具体应用法律若干问题的解释》（1998年9月1日法释〔1998〕20号）（节录）

第二条 伪造、变造、买卖海关签发的报关单、进口证明、外汇管理机关的核准件等凭证或者购买伪造、变造的上述凭证的，按照刑法第二百八十条第一款的规定定罪处罚。

3. 最高人民法院《关于审理破坏森林资源刑事案件具体应用法律若干问题的解释》（2000年12月11日法释〔2000〕36号）（节录）

第十三条 对于伪造、变造、买卖林木采伐许可证、木材运输证件、森林、林木、林地权属证书、占用或者征用林地审核同意书、育林基金等缴费收据以及其他国家机关批准的林业证件构成犯罪的，依照刑法第二百八十条第一款的规定，以伪造、变造、买卖国家机关公文、证件罪定罪处罚。

对于买卖允许进出口证明书等经营许可证明，同时触犯刑法第二百二十五条、第二百八十条规定之罪的，依照处罚较重的规定定罪处罚。

4. 最高人民法院《关于审理破坏野生动物资源刑事案件具体应用法律若干问题的解释》（2000年12月11日法释〔2000〕37号）（节录）

第九条 伪造、变造、买卖国家机关颁发的野生动物允许进出口证明书、特许猎捕证、狩猎证、驯养繁殖许可证等公文、证件构成犯罪的，依照刑法第二百八十条第一款的规定以伪造、变造、买卖国家机关公文、证件罪定罪处罚。

实施上述行为构成犯罪，同时构成刑法第二百二十五条第（二）项规定的非法经营罪的，依照处罚较重的规定定罪处罚。

5. 最高人民法院、最高人民检察院《关于办理伪造、贩卖伪造的高等院校学历、学位证明刑事案件如何适用法律问题的解释》（2001年7月5日法释〔2001〕22号）

为依法惩处伪造、贩卖伪造的高等院校学历、学位证明的犯罪活动，现就办理这类案件适用法律的有关问题解释如下：

对于伪造高等院校印章制作学历、学位证明的行为，应当依照刑法第二百八十条第二款的规定，以伪造事业单位印章罪定罪处罚。

明知是伪造高等院校印章制作的学历、学位证明而贩卖的，以伪造事业单位印章罪的共犯论处。

> 其他办案依据

1. 最高人民法院、最高人民检察院《关于依法严惩破坏计划生育犯罪活动的通知》（1993年11月12日法发〔1993〕36号）（节录）

二、伪造或变造节育证、生育证、婴儿死亡证、病残儿鉴定证明等计划生育证明出售牟利，情节较重，构成犯罪的，依照刑法第一百六十七条（指1979年刑法条文。——编者注）伪造证件罪的规定追究刑事责任。

2. 最高人民检察院法律政策研究室《关于买卖伪造的国家机关证件行为是否构成犯罪的问题的答复》（1999年6月21日高检研发〔1999〕第5号）

辽宁省人民检察院研究室：

你院《关于买卖伪造的国家机关证件行为是否构成犯罪的请示》（辽检发研字〔1999〕3号）收悉。经研究，并根据高检院领导的批示，答复如下：

对于买卖伪造的国家机关证件的行为，依法应当追究刑事责任的，可适用刑法第二百八十条第一款的规定，以买卖国家机关公文、证件罪追究刑事责任。

3. 最高人民法院、最高人民检察院、海关总署《关于办理走私刑事案件适用法律若干问题的意见》（2002年7月8日法〔2002〕139号）（节录）

九、关于利用购买的加工贸易登记手册、特定减免税批文等涉税单证进口货物行为的定性处理问题

加工贸易登记手册、特定减免税批文等涉税单证是海关根据国家法律法规以及有关政策性规定，给予特定企业用于保税货物经营管理和减免税优惠待遇的凭证。利用购买的加工贸易登记手册、特定减免税批文等涉税单证进口货物，实质是将一般贸易货物伪报为加工贸易保税货物或者特定减免税货物进口，以达到偷逃应缴税款的目的，应当适用刑法第一百五十三条以走私普通货物、物品罪定罪处罚。如果行为人与走私分子通谋出售上述涉税单证，或者在出卖批文后又以提供印章、向海关伪报保税货物、特定减免税货物等方式帮助买方办理进口通关手续的，对卖方依照刑法第一百五十六条以走私罪共犯定罪处罚。买卖上述涉税单证情节严重尚未进口货物的，依照刑法第二百八十条的规定定罪处罚。

4. 最高人民检察院法律政策研究室《关于通过伪造证据骗取法院民事裁判占有他人财物的行为如何适用法律问题的答复》（2002年10月24日〔2002〕高检研发第18号）

山东省人民检察院研究室：

你院《关于通过伪造证据骗取法院民事裁决占有他人财物的行为能否构成诈骗罪的请示》（鲁检发研字〔2001〕第11号）收悉。经研究，答复如下：

以非法占有为目的，通过伪造证据骗取法院民事裁判占有他人财物的行为，所侵害的主要是人民法院正常的审判活动，可以由人民法院依照民事诉讼法的有关规定作出处理，不宜以诈骗罪追究行为人的刑事责任。如果行为人伪造证据时，实施了伪造公司、企业、

事业单位、人民团体印章的行为，构成犯罪的，应当依照刑法第二百八十条第二款的规定，以伪造公司、企业、事业单位、人民团体印章罪追究刑事责任；如果行为人有指使他人作伪证行为，构成犯罪的，应当依照刑法第三百零七条第一款的规定，以妨害作证罪追究刑事责任。

5. 最高人民检察院法律政策研究室《关于伪造、变造、买卖政府设立的临时性机构的公文、证件、印章行为如何适用法律问题的答复》（2003年6月3日〔2003〕高检研发第17号）

江苏省人民检察院研究室：

你院《关于伪造、变造、买卖政府设立的临时性机构的公文、证件、印章的行为能否适用刑法第二百八十条第一款规定的请示》（苏检发研字〔2003〕4号）收悉。经研究，答复如下：

伪造、变造、买卖各级人民政府设立的行使行政管理权的临时性机构的公文、证件、印章行为，构成犯罪的，应当依照刑法第二百八十条第一款的规定，以伪造、变造、买卖国家机关公文、证件、印章罪追究刑事责任。

6. 最高人民法院研究室《关于对行为人通过伪造国家机关公文、证件担任国家工作人员职务并利用职务上的便利侵占本单位财物、收受贿赂、挪用本单位资金等行为如何适用法律问题的答复》（2004年3月30日法研〔2004〕48号）

北京市高级人民法院：

你院〔2004〕15号《关于通过伪造国家机关公文、证件担任国家工作人员职务后利用职务便利侵占本单位财物、收受贿赂、挪用本单位资金的行为如何定性的请示》收悉。经研究，答复如下：

行为人通过伪造国家机关公文、证件担任国家工作人员职务以后，又利用职务上的便利实施侵占本单位财物、收受贿赂、挪用本单位资金等行为，构成犯罪的，应当分别以伪造国家机关公文、证件罪和相应的贪污罪、受贿罪、挪用公款罪等追究刑事责任，实行数罪并罚。

7. 对外贸易经济合作部、国家经济贸易委员会、财政部、公安部、国家工商行政管理局、海关总署《关于执行〈关于禁止非法拼（组）装汽车、摩托车的通告〉的实施细则》（2000年1月1日〔1999〕外经贸机电发第628号）（节录）

第十七条 对生产和买卖非法拼（组）装汽车、摩托车的，视情节应当给予下列处罚：

一、工商行政管理机关查扣非法拼（组）装汽车、摩托车，没收全部销售货款、未销售的车辆及进口的汽车、摩托车关键件；

二、工商行政管理机关对于从事生产和经销非法拼（组）装汽车、摩托车的单位，给

予生产或经销金额一倍以上的罚款。情节严重者,吊销其营业执照;

三、对于构成犯罪的有关人员,移送司法部门依法追究刑事责任;

四、国家机械工业局对《目录》内企业从事非法拼(组)装汽车、摩托车的,或以出卖、提供本企业的产品商标、名称、型号和产品合格证等方式参与非法拼(组)装汽车、摩托车的,分别处以取消该车型产品目录、取消部分车型产品目录直至取消生产企业及产品目录。

对伪造、变造、买卖《进口配额证明》、《机电产品进口登记表》、《进口许可证》、《关税缴纳证明书》、《货物进口证明书》和《没收走私汽车、摩托车证明书》的,按《刑法》第二百八十条的规定处罚。

对转让、涂改、冒用上述证件的,按其他有关规定处理。对转让、涂改、冒用上述证件的,按其他有关规定处理。

8. 国家知识产权局《专利行政执法办法》(2001年12月17日国家知识产权局令第19号)(节录)

第三十五条 (第二款)伪造或者变造专利证书,涉嫌触犯刑法第二百八十条规定的,由管理专利工作的部门移送司法机关追究刑事责任。

9.《货物出口许可证管理办法》(2008年7月1日商务部令〔2008〕第11号)(节录)

第六条 本办法所称出口许可证包括出口配额许可证和出口许可证。凡实行出口配额许可证管理和出口许可证管理的货物,对外贸易经营者(以下简称经营者)应当在出口前按规定向指定的发证机构申领出口许可证,海关凭出口许可证接受申报和验放。

第七条 出口许可证不得买卖、转让、涂改、伪造和变造。

第三十九条(第一款) 对伪造、变造或者买卖出口许可证的经营者,依照刑法关于非法经营罪或者伪造、变造、买卖国家机关公文、证件、印章罪的规定,依法追究刑事责任;尚不够刑事处罚的,依照海关法等相关法律法规的有关规定处罚。

10. 公安部、国家工商行政管理局《关于坚决取缔非法刻制印章摊点严厉查处伪造印章违法犯罪活动的通知》(1995年3月16日公通字〔1995〕24号)(节录)

一、认真清理、坚决取缔非法刻字摊点。各地公安、工商行政管理部门要在党委、政府的领导下,会同有关部门,集中时间,统一行动,对本地的刻字摊点进行一次全面清理,坚决取缔非法承制印章的摊点;对为非法刻字人员承接、介绍刻字业务和非法买卖印章的,要依法严肃处理;合法持有特种行业许可证和营业执照的个体刻字工商户,只能在指定地点营业,不得在路边、桥头等地乱设摊点,并不得承制公章。

二、严厉查处伪造印章违法犯罪活动。各地公安机关要结合目前正在开展的春季严打攻势,把严厉打击伪造印章犯罪活动作为一项重要内容抓紧抓好;要从破获的案件中,注意发现和深挖伪造印章犯罪线索,对有伪造印章行为的,要坚决追查到底,依法追究委刻方和承制方的刑事责任。对流动摆摊设点非法刻制印章的,除坚决取缔外,公安、工商行政管理部门应按照国务院《城乡个体工商户管理暂行条例》和1993年公安部《关于加强刻字业治安管理打击伪造印章犯罪活动的通告》的规定予以处罚；对符合收容审查条件的，可由公安机关收容审查，构成犯罪的，依法追究刑事责任。

三、加强对刻字业的日常管理。公安机关要严格掌握刻字业的开业审批条件，对无本地常住户口和曾受过刑事处分以及无固定经营场所的，不予批准；无公安机关特种行业许可证的，工商行政管理部门不得核发营业执照。对经批准合法经营的刻字单位，要指导、督促其建立健全安全防范制度，严格管理，严禁非法承制印章，严防公章坯料流入不法分子手中。公安派出所、工商所要把本辖区内刻字业的管理纳入工作视线，明确责任，对非法承制印章的摊点，发现一个，取缔一个，绝不允许其存在和蔓延。

11. 公安部《关于对伪造学生证及贩卖、使用伪造学生证的行为如何处理问题的批复》（2002年6月26日公刑〔2002〕1046号）（节录）

铁道部公安局：

你局《关于对伪造、贩卖、使用假学生证的行为如何认定处罚的请示》（公法〔2002〕4号）收悉。现批复如下：

一、对伪造高等院校印章制作学生证的行为，应当依照《中华人民共和国刑法》第二百八十条第二款的规定，以伪造事业单位印章罪立案侦查。

二、对明知是伪造高等院校印章制作的学生证而贩卖的，应当以伪造事业单位印章罪的共犯立案侦查；对贩卖伪造的学生证，尚不够刑事处罚的，应当就其明知是伪造的学生证而购买的行为，依照《中华人民共和国治安管理处罚条例》第二十四条第（一）项的规定，以明知是赃物而购买处罚。

12. 公安部治安局《关于将"发票专用章"纳入公章类管理问题的批复》（2004年1月17日公治办〔2004〕40号）

吉林省公安厅治安警察总队：

你总队《关于将企业"发票专用章"纳入公章类管理问题的请示》收悉。经研究，现批复如下：

1999年10月31日国务院《关于国家行政机关和企业事业单位社会团体印章管理的规定》（以下简称《规定》）将国家行政机关和企事业单位、社会团体的其他专用印章纳入了该项《规定》的管理范畴。凡冠以单位名称的专用印章均属公章。"发票专用章"是单位专用印章，应纳入公章管理范围。用章单位刻制"发票专用章"等专用印章应依据《规定》及公安部三局1991年《关于企业单位刻制公章问题的批复》的规定办理。

法律法规

1. 《中华人民共和国森林法（2009年修正）》（1985年1月1日）（节录）

第四十二条（第二款） 伪造林木采伐许可证、木材运输证件、批准出口文件、允许进出口证明书的，依法追究刑事责任。

2.《中华人民共和国公民出境入境管理法（2009年修正）》（1986年2月1日）（节录）

第十四条　对违反本法规定，非法出境、入境，伪造、涂改、冒用、转让出境、入境证件的，公安机关可以处以警告或者十日以下的拘留处罚；情节严重，构成犯罪的，依法追究刑事责任。

3.《中华人民共和国野生动物保护法（2009年修正）》（1989年3月1日）（节录）

第二十五条　禁止伪造、倒卖、转让特许猎捕证、狩猎证、驯养繁殖许可证和允许进出口证明书。

第三十七条（第二款）　伪造、倒卖特许猎捕证或者允许进出口证明书，情节严重、构成犯罪的，依照刑法有关规定追究刑事责任。

4.《中华人民共和国进出口商品检验法（2002年修正）》（1989年8月1日）（节录）

第三十六条　伪造、变造、买卖或者盗窃商检单证、印章、标志、封识、质量认证标志的，依法追究刑事责任……

5.《中华人民共和国烟草专卖法（2009年修正）》（1992年1月1日）（节录）

第三十九条　伪造、变造、买卖本法规定的烟草专卖生产企业许可证、烟草专卖经营许可证等许可证件和准运证的，依照刑法有关规定追究刑事责任。

烟草专卖行政主管部门和烟草公司工作人员利用职务上的便利犯前款罪的，依法从重处罚。

6.《中华人民共和国进出境动植物检疫法（2009年修正）》（1992年4月1日）（节录）

第四十三条　伪造、变造检疫单证、印章、标志、封识，依照刑法有关规定追究刑事责任。

7.《中华人民共和国对外贸易法（2004年修订）》（1994年7月1日）（节录）

第三十四条　在对外贸易活动中，不得有下列行为：

（一）伪造、变造进出口货物原产地标记，伪造、变造或者买卖进出口货物原产地证书、进出口许可证、进出口配额证明或者其他进出口证明文件。

第六十三条　违反本法第三十四条规定，依照有关法律、行政法规的规定处罚；构成犯罪的，依法追究刑事责任。

国务院对外贸易主管部门可以禁止违法行为人自前款规定的行政处罚决定生效之日或者刑事处罚判决生效之日起一年以上三年以下的期限内从事有关的对外贸易经营活动。

8.《公司登记管理条例（2005年修订）》（1994年7月1日）（节录）

第七十七条　伪造、涂改、出租、出借、转让营业执照的，由公司登记机关处以1万元以上10万元以下的罚款；情节严重的，吊销营业执照。

第八十六条　违反本条例规定，构成犯罪的，依法追究刑事责任。

9.《中华人民共和国广告法》（1995年2月1日）（节录）

第四十四条　（第二款）伪造、变造或者转让广告审查决定文件的，由广告监督管理机关没收违法所得，并处一万元以上十万元以下的罚款。构成犯罪的，依法追究刑事责任。

10.《野生植物保护条例》（1997年1月1日国务院令第204号）（节录）

第二十六条　伪造、倒卖、转让采集证、允许进出口证明书或者有关批准文件、标签的，由野生植物行政主管部门或者工商行政管理部门按照职责分工收缴，没收违法所得，可以并处5万元以下的罚款。

第二十八条　违反本条例规定，构成犯罪的，依法追究刑事责任。

11.《中华人民共和国动物防疫法（2007年修订）》（1998年1月1日）（节录）

第七十九条　违反本法规定，转让、伪造或者变造检疫证明、检疫标志或者畜禽标识的，由动物卫生监督机构没收违法所得，收缴检疫证明、检疫标志或者畜禽标识，并处三千元以上三万元以下罚款。

第八十四条（第一款）　违反本法规定，构成犯罪的，依法追究刑事责任。

12.《危险化学品安全管理条例》（2002年3月15日国务院令第344号）（节录）

第六十四条　违反本条例的规定，伪造、变造、买卖、出借或者以其他方式转让剧毒化学品购买凭证、准购证以及其他有关证件，或者使用作废的上述有关证件的，由公安部门责令改正，处1万元以上5万元以下的罚款；触犯刑律的，对负有责任的主管人员和其他直接责任人员依照刑法关于伪造、变造、买卖国家机关公文、证件、印章罪或者其他罪的规定，依法追究刑事责任。

13.《商标法实施条例》（2002年9月15日国务院令第358号）（节录）

第三十八条（第二款）　伪造或者变造《商标注册证》的，依照刑法关于伪造、变造国家机关证件罪或者其他罪的规定，依法追究刑事责任。

14.《互联网上网服务营业场所管理条例》（2002年11月15日国务院令第363号）（节录）

第二十八条　互联网上网服务营业场所经营单位违反本条例的规定，涂改、出租、出借或者以其他方式转让《网络文化经营许可证》，触犯刑律的，依照刑法关于伪造、变造、买卖国家机关公文、证件、印章罪的规定，依法追究刑事责任；……

15.《中华人民共和国道路交通安全法（2011年修正）》（2004年5月1日）（节录）

第九十六条 伪造、变造或者使用伪造、变造的机动车登记证书、号牌、行驶证、检验合格标志、保险标志、驾驶证或者使用其他车辆的机动车登记证书、号牌、行驶证、检验合格标志、保险标志的……构成犯罪的，依法追究刑事责任。

当事人提供相应的合法证明或者补办相应手续的，应当及时退还机动车。

16.《进出口商品检验法实施条例》（2005年12月1日国务院令第447号）（节录）

第四十九条 伪造、变造、买卖或者盗窃检验证单、印章、标志、封识、货物通关单或者使用伪造、变造的检验证单、印章、标志、封识、货物通关单，构成犯罪的，依法追究刑事责任；……

《关于惩治骗购外汇、逃汇和非法买卖外汇犯罪的决定》第二条【买卖国家机关公文、证件、印章罪】买卖伪造、变造的海关签发的报关单、进口证明、外汇管理部门核准件等凭证和单据或者国家机关的其他公文、证件、印章的，依照刑法第二百八十条的规定定罪处罚。

四、伪造居民身份证罪

24. 行为人在未能补办遗失居民身份证的情况下，雇用他人以本人的真实身份资料伪造居民身份证，供自己在日常生活中使用的，是否构成伪造居民身份证罪？

行为人在未能补办遗失居民身份证的情况下，雇用他人以本人的真实身份资料伪造居民身份证，供自己在日常生活中使用的，由于情节显著轻微，危害不大，应认定不构成犯罪。

典型疑难案件参考

张美华伪造居民身份证案（《最高人民法院公报》2004年第12期）

基本案情

被告人张美华不慎遗失居民身份证，因其户口未落实，无法向公安机关申请补办居民身份证，遂于2002年5月底，以其本人照片和真实的姓名、身份证号码和暂住地地址，出资让他人伪造了居民身份证一张。

张美华在用伪造的身份证申领中国银行长城国际卡时，据实填写了本人信息情况及联系人的联系电话。张美华还用该身份证在上海银行申领信用卡一张，并曾多次透支消费后存款入账。

2004年3月18日，张美华在中国银行上海市普陀支行使用上述伪造的居民身份证办理正常的银行卡取款业务时，被银行工作人员发现而案发。

诉辩情况

检察机关指控张美华犯伪造居民身份证罪。

被告人张美华提出：其与前夫离婚并将户口迁出原住址后，由于一直无常住地址，不能办理落户手续。在身份证遗失后，曾向原户籍所在地的派出所申请补办。接待人员告知，由于其已不是该辖区的常住户口，故不能补办，但没有告知可以申办临时身份证。由于认为再也无法通过合法途径补办到身份证，不得已才花钱雇人伪造了身份证。

一审宣判后，上海市静安区人民检察院提出抗诉，理由是：无论是1985年颁布的《中华人民共和国居民身份证条例》，还是2004年开始实施的《中华人民共和国居民身份证法》，都规定伪造居民身份证的，依照刑法处罚。刑法规定的伪造居民身份证罪，犯罪客体是国家对居民身份证的管理制度。行为人只要侵犯了国家对居民身份证的管理制度，就构成此罪；至于行为人主观上是否有从事违法或犯罪活动的动机，不影响犯罪构成。被告人张美华伪造的居民身份证，虽然内容是真实的，但不能改变其伪造的犯罪性质。张美华出资让他人伪造身份证，并在办理银行业务时使用这个伪造的证件，显然不属于情节显著轻微，应当受到刑法处罚。故一审对张美华作出无罪的判决，确有错误，应当纠正。上海市人民检察院第二分院在支持抗诉时认为，张美华用伪造的身份证申领信用卡并在银行透支现金，其行为具有潜在的社会危害性，上海市静安区人民检察院的抗诉理由成立，应当支持。

裁判结果

上海市静安区人民法院于2004年4月29日判决认定，被告人张美华无罪。

上海市第二中级人民法院于2004年7月22日作出刑事裁定：驳回抗诉，维持原判。

裁判理由

法院生效裁判认为：《刑法》第13条规定："一切危害国家主权、领土完整和安全，分裂国家、颠覆人民民主专政的政权和推翻社会主义制度，破坏社会秩序和经济秩序，侵犯国有财产或者劳动群众集体所有的财产，侵犯公民私人所有的财产，侵犯公民的人身权利、民主权利和其他权利，以及其他危害社会的行为，依照法律应当受刑罚处罚的，都是犯罪，但是情节显著轻微危害不大的，不认为是犯罪。"某种表面符合刑法分则规定的犯罪构成客观要件的行为，只要它属于《刑法》第13条规定的对社会危害不大不认为是犯罪的行为，则也就不具有刑事违法性和应受刑罚惩罚性。

《中华人民共和国居民身份证法》第1条规定："为了证明居住在中华人民共和国境内的公民的身份，保障公民的合法权益，便利公民进行社会活动，维护社会秩序，制定本法。"第8条规定："居民身份证由居民常住户口所在地的县级人民政府公安机关签发。"由此可见，居民身份证是公民维护自己合法权益和进行社会活动时不可或缺的身份证明。张美华的户口从原址迁出后，一直无法落户。由于缺乏"常住户口所在地"这一要件，其身份证丢失后，户籍管理机关不能为其补办，使其在日常生活中遇到困难。在此情况下，张美华雇用他人伪造一张身份证，仅将此证用于正常的个人生活。张美华使用的居民身份证虽然是伪造的，但该证上记载的姓名、住址、身份证编码等个人身份信息却是真实的，不存在因使用该证实施违法行为后无法查找违法人的可能。张美华在使用银行信用卡时虽有透支，但都能如期如数归还，且在日常生活和工作中无违法乱纪的不良记录。法庭调查证明，张美华伪造并使用伪造居民身份证是为了解决身份证遗失后无法补办，日常生活中需要不断证明自己身份的不便。张美华伪造居民身份证虽然违法，但未对社会造成严重危害，属于情节显著轻微危害不大。一审法院根据《刑法》第13条的规定认定张美华的行为不是犯罪，并无不当。检察机关以张美华用伪造的居民身份证申领银行信用卡并在银行透支现金，推定张美华的行为具有潜在的社会危害性，没有事实根据，其抗诉理由不充分，不予支持。

25. 为了还清个人债务而骗租车辆以"抵押"借款，行为人伪造身份证件和机动车登记证书以促进"抵押"和得到借款的目的实现，应定何罪？

行为人的此种行为，分别构成伪造国家机关证件罪、伪造居民身份证罪和合同诈骗罪。其中，伪造犯罪是为了后续骗取借款的行为得以实现，分别属于手段行为与目的行为，构成牵连犯，应从一重罪即以合同诈骗罪处罚。

典型疑难案件参考

王光合同诈骗案

基本案情

被告人王光为还清其个人的巨额债务及个人开支需要，萌生骗租车辆以"抵押"借款或抵偿债务的念头。2003年6月25日以其注册成立但早已停止经营的珠海经济特区联荣电器制造有限公司厦门分公司（以下简称联荣厦门分公司）客户需要租车为由，采取先交纳押金人民币3000元的方式，骗得厦门正大展商贸有限公司（以下简称正大展公司）一辆车牌号码为闽DA2676的三菱吉普汽车（价值人民币100100元）。随后王光于同年9月2日，雇人冒充正大展公司的法定代表人许国华并一起前往同安，持伪造的正大展公司的营业执照，将汽车"抵押"给林永亮借款人民币5万元，后用于偿还其个人部分债务。

被告人王光还采用与上述同样的手段，于2003年10月28日至2004年2

月 28 日作案 18 起，共计交纳押金人民币 9.2 万元，向厦门市新南汽车租赁有限公司、厦门达裕汽车贸易有限公司等公司及王雪珍、黄伟耀等个人骗取不同品牌的小汽车共计 18 辆（价值合计人民币 345.28 万余元），随后将骗得的上述 18 辆车作为担保物交付给他人用于"抵押"借得人民币 161 万元，部分用于抵偿个人债务。

其间，被告人王光为实现"抵押"借款，联系被告人钟海兵并提供相关资料让被告人钟海兵伪造车牌号为闽 DA6198、闽 D78869、闽 DC6508、闽 DC6275 的机动车登记证书共 4 本及姓名为李宝珠、徐波的居民身份证两张。

综上，被告人王光共计诈骗作案 19 起，支付押金人民币 9.5 万元，骗取他人汽车 19 辆（价值人民币 355.29 万余元），并将骗得的汽车用于"抵押"借款变现得人民币 166 万元。上述 19 辆被骗汽车案发后均已被追回，有 18 辆车已发还给车主。

被告人王光于 2004 年 3 月 3 日到厦门市公安局投案自首，被告人钟海兵于同年 4 月 16 日被公安机关抓获归案。

▶ 一审诉辩情况

检察机关指控被告人王光犯合同诈骗罪、被告人钟海兵犯伪造国家机关证件罪、伪造居民身份证罪。

被告人王光的辩护人提出：不应将王光已经支付的租金计入合同诈骗的数额。鉴于王光犯罪情节一般，主观故意并非特别恶劣，且具有自首情节，积极协助公安机关追回全部赃车，具有一定悔罪表现，并能提供抓获被告人钟海兵的重要线索，具有立功表现。请求对王光减轻判处 10 年以下有期徒刑。

▶ 一审裁判结果

福建省厦门市中级人民法院于 2004 年 12 月 20 日以〔2004〕厦刑初字第 165 号刑事判决，认定：

一、被告人王光犯合同诈骗罪，判处有期徒刑 14 年，并处罚金人民币 10 万元；

二、被告人钟海兵犯伪造国家机关证件罪，判处有期徒刑 1 年；犯伪造居民身份证罪，判处有期徒刑 6 个月；数罪并罚，决定执行有期徒刑 1 年 2 个月；

三、随案移送的伪造的机动车登记证书 5 本予以没收；

四、扣押在案的闽 DC8721 别克君威小汽车一辆发还被害人黄伟耀；

五、责令被告人王光退赔被害人的经济损失，即退赔被害人林永亮人民币

19万元，退赔被害人陈建华人民币38万元，退赔被害人陈银卿人民币63万元，退赔被害人杨永忠人民币31万元，退赔被害人魏锦雷人民币6万元，退赔被害人洪金儿人民币9万元。

一审裁判理由

一审法院认为：被告人王光以非法占有为目的，在签订、履行合同过程中，采用虚构事实、隐瞒真相的方法，先行支付押金9.5万元骗取他人19辆汽车价值人民币355.29万余元，实际诈骗数额为人民币345.79万余元，数额特别巨大，其行为已构成合同诈骗罪。被告人王光将骗得的19辆汽车以"抵押"借款或抵偿欠款等方式变现，变现得款人民币166万元。案发后，赃车已全部被追缴并部分发还被害单位，被告人王光变现得款均未归还。被告人钟海兵帮助伪造机动车登记证书4本及居民身份证2张，其行为已构成伪造国家机关证件罪和伪造居民身份证罪。被告人王光犯罪后主动向公安机关投案，并如实供述自己的罪行，系自首，依法可以从轻处罚。被告人王光归案后认罪态度较好，有一定悔罪表现，酌情从轻处罚。被告人钟海兵一人犯二罪，依法应予数罪并罚。

二审诉辩情况

一审宣判后，被告人王光、钟海兵提出上诉。

王光提出：原判认定其诈骗的19辆汽车的价值为人民币355万元估价过高。其具有协助公安机关抓获同案犯钟海兵的立功表现；犯罪情节一般，且具有自首情节为由提出上诉，请求二审对其从轻、减轻处罚。

被告人钟海兵提出：自己是法盲，系初犯、偶犯，主观上没有犯罪的故意，请求二审予以从轻判处。

二审裁判结果

福建省高级人民法院于2005年3月23日以同样的事实作出〔2005〕闽刑终字第184号刑事裁定，驳回上诉人王光、钟海兵之上诉，维持原判。

二审裁判理由

二审法院认为：上诉人王光将所骗的汽车以"抵押"借款或抵偿欠款等方法进行变现，变现款项人民币166万元。案发后，已全部追回赃车并部分发还被害单位。变现所得赃款均未归还。上诉人钟海兵帮助伪造机动车登记证书4本及居民身份证2张，其行为已构成伪造国家机关证件罪、伪造居民身份证罪。

关于上诉人王光及其辩护人的诉辩理由。经查，本案的诈骗数额经有权作出鉴定的部门依法作出，鉴定结论客观有效，符合法律规定。上诉人案发后向公安机关投案，如实供述犯罪事实，有自首情节，认罪态度较好，原审已作认定。上诉人王光归案后供述同案人钟海兵的通讯电话，属于如实供述其伪造证件进行诈骗犯罪事实的一个部分，不构成立功。原判根据上诉人在犯罪中的作用、情节，对其作出从轻处罚于法无据，辩解理由不能成立，不予采纳。

关于上诉人钟海兵的上诉理由。经查，上诉人钟海兵帮助伪造机动车登记证书及居民身份证的犯罪事实清楚，其犯罪故意明显，原审根据其犯罪事实、情节作出处罚于法有据，上诉理由不能成立，不予采纳。

综上，原判定罪准确，量刑适当，审判程序合法。故法院依法作出如上裁判。

伪造居民身份证罪办案依据集成

刑法条文

第二百八十条 【伪造、变造、买卖国家机关公文、证件、印章罪,盗窃、抢夺、毁灭国家机关公文、证件、印章罪】伪造、变造、买卖或者盗窃、抢夺、毁灭国家机关的公文、证件、印章的,处三年以下有期徒刑、拘役、管制或者剥夺政治权利;情节严重的,处三年以上十年以下有期徒刑。

【伪造公司、企业、事业单位、人民团体印章罪】伪造公司、企业、事业单位、人民团体的印章的,处三年以下有期徒刑、拘役、管制或者剥夺政治权利。

【伪造、变造居民身份证罪】伪造、变造居民身份证的,处三年以下有期徒刑、拘役、管制或者剥夺政治权利;情节严重的,处三年以上七年以下有期徒刑。

法律法规

《中华人民共和国居民身份证法》(2004年1月1日)(节录)

第十六条 有下列行为之一的,由公安机关给予警告,并处二百元以下罚款,有违法所得的,没收违法所得:

(一)使用虚假证明材料骗领居民身份证的;

(二)出租、出借、转让居民身份证的;

(三)非法扣押他人居民身份证的。

第十七条 有下列行为之一的,由公安机关处二百元以上一千元以下罚款,或者处十日以下拘留,有违法所得的,没收违法所得:

(一)冒用他人居民身份证或者使用骗领的居民身份证的;

(二)购买、出售、使用伪造、变造的居民身份证的。

伪造、变造的居民身份证和骗领的居民身份证,由公安机关予以收缴。

第十八条 伪造、变造居民身份证的,依法追究刑事责任。

有本法第十六条、第十七条所列行为之一,从事犯罪活动的,依法追究刑事责任。

五、破坏计算机信息系统罪

> **26.** 利用非法软件对中小学考试网站中存储、处理或者传输的数据进行删除，没有产生经济损失，且所有的数据都存在备份，最终这些数据都得到恢复的行为是否构成犯罪？
>
> 行为人利用非法软件对中小学考试网站中存储、处理或者传输的数据进行删除，虽没有造成直接经济损失，但是导致服务器关闭一段时间，影响考生成绩上传，存在一定的社会影响，属于后果严重的范畴，构成破坏计算机信息系统罪。

典型疑难案件参考

罗露破坏计算机信息系统案

▶ **基本案情**

2002年5月18日，被告人罗露利用其事先从客户端SQL SERVER企业管理器获取的江苏省普通高中会考办公室FTP站点服务器的IP地址、账号、用户名及密码，从苏州市第十中学计算机学校信息中心办公室其个人使用的计算机上，先后两次使用Leapftp软件非法登陆江苏省中小学生信息技术等级考试网站（江苏省普通高中会考办公室专用服务器），执行删除文件命令，删除了100个RST文件（江苏省中小学生信息技术等级考试考生成绩文件），造成85所学校9991名考生的成绩被删除。后经江苏省普通高中会考办公室组织各考点将备份文件重新上传，方将数据恢复。

▶ **诉辩情况**

检察机关指控被告人罗露先后两次非法登陆江苏省中小学生信息技术等级考试网站，删除了100个文件，造成85所学校9991名考生的成绩被删除，其行为构成破坏计算机信息系统罪。

罗露的辩护人提出：被告人罗露的行为并未造成严重后果，因此不应定罪；被告人罗露认罪态度较好，要求对其公正判决。

> **裁判结果**

江苏省苏州市沧浪区人民法院于 2002 年 10 月 28 日以〔2002〕沧刑初字第 254 号刑事判决，认定被告人罗露犯破坏计算机信息系统罪，判处有期徒刑 6 个月，缓刑 1 年。

> **裁判理由**

法院生效裁判认为：被告人罗露违反国家规定，对计算机信息系统中存储、处理的数据进行删除，后果严重，其行为已构成破坏计算机信息系统罪。检察机关指控被告人罗露犯破坏计算机信息系统罪的事实清楚，证据确实、充分，指控的罪名正确，予以支持。关于辩护人提出的无罪辩护意见。经查，被告人罗露作为计算机专职教师，主观上明知自己的行为会造成文件删除的后果，客观上仍实施了非法登陆江苏省中小学生信息技术等级考试网站和删除文件的行为，并造成 9991 名考生成绩被删除的严重后果，符合破坏计算机信息系统罪的构成要件，因此该辩护意见不予采纳。鉴于被告人罗露认罪态度较好，予以酌情从轻处罚。

---

27. 行为人违反国家规定，对公安交警部门计算机信息系统中存储的驾驶员的违章记录进行删除，数量达 400 多人次，是否属于破坏计算机信息系统"后果严重"？

行为人违反国家规定，对公安交警部门计算机信息系统中存储的驾驶员的违章记录进行删除，数量庞大，但如果其作案对象有一定针对性，针对的群体也较固定，而不是面对所有机动车违章人员，则再结合案件的综合情况，认定其破坏计算机信息系统"后果严重"为宜，而不属于"后果特别严重"。

典型疑难案件参考

陈厦辉等破坏计算机信息系统案

> **基本案情**

2002 年 7 月初，被告人陈厦辉从福建省交警总队（下称省总队）车辆管理所考试场电脑操作员余朝处拷贝到福建省交警综合业务管理系统的部分程序，并向余了解到拨号进入省总队计算机网络的用户名和密码后，用其所掌握的计算机知识对该系统进行反编译并制作了一段攻击代码加入其中，以WZ的用户名远程登陆省总队计算机网络，对泉州市交警支队综合业务管理数据库数据进行非法删除、修改。

2002年7月初，被告人章剑峰获悉被告人陈厦辉有办法修改或删除泉州市公安交警支队计算机综合业务管理系统的存储数据，即与陈厦辉合谋由章负责收集驾驶员违章情况，陈负责删除违章记录数据，并商定了收费标准。

2002年7月至12月间，被告人章剑峰亲自或通过李思然、杜跃进、施建川、李安红、厦华、刘辉煌等人向448人次违章驾驶员收集的违章、记分记录数据集中交给被告人陈厦辉，被告人陈厦辉则通过983卡及17909IP两种方式拨号登陆省总队计算机网络，侵入泉州市公安交警支队计算机综合业务管理系统，删除了被告人陈厦辉亲自收集的9名违章驾驶员及由被告人章剑峰提供的上述违章驾驶员的违章记录数据，被告人陈厦辉从中非法得利人民币9万余元，被告人章剑峰从中非法得利人民币2万余元。

泉州市公安局在接到泉州市公安交警支队的报案后，经侦查于2002年12月9日抓获了被告人陈厦辉，陈厦辉于同日协助公安人员抓获了被告人章剑峰。案发后，公安机关缴获了作案工具983卡56张、波导手机一部、移动U盘2个、电脑（带摄像头、Moden.adsl.moden、硬盘）一套、移动PC一台、Epson型打印机、EMC14显示器、DATAcavd打证机、无机箱外壳兼容主机、LQ-1600K型打印机、Alcatel型Modem（USB）各一台。其中：EMC14显示器、DATAcavd打证机、无机箱外壳兼容主机、LQ-1600K型打印机、Alcatel型Modem（USB）各一台为被告人陈厦辉所在单位福建省恒达交通设施有限公司所有。

案发后，被告人陈厦辉退出违法所得人民币9万元，被告人章剑峰退出违法所得人民币2万元。

▶ 诉辩情况

检察机关指控被告人陈厦辉、章剑峰违反国家规定，对公安交警部门计算机信息系统中存储的数据进行删除，行为后果严重，应以破坏计算机信息系统罪追究两被告的刑事责任。被告人陈厦辉案发后，协助公安机关抓捕同案被告人，具有立功表现，可以从轻处罚。

被告人陈厦辉的辩护人提出：被告人陈厦辉具有立功表现，其犯罪的社会危害性较小，另被告人陈厦辉案发后退出全部违法所得，建议对其从轻处罚并适用缓刑。

被告人章剑峰提出：检察机关指控的犯罪中，有一部分系被告人陈厦辉单独作案。

被告人章剑峰的辩护人提出：检察机关指控的 400 余人次中有 15 人次系陈厦辉单独作案。被告人章剑峰在本案中起次要作用，应认定为从犯。被告人章剑峰系初犯，案发后已退出全部违法所得，建议对其从轻处罚并适用缓刑。

▶ 裁判结果 ▶

福建省泉州市丰泽区人民法院于 2003 年 9 月 5 日以〔2003〕丰刑初字第 183 号刑事判决，认定被告人陈厦辉犯破坏计算机信息系统罪，判处有期徒刑 3 年；被告人章剑峰犯破坏计算机信息系统罪，判处有期徒刑 3 年；没收被告人陈厦辉的违法所得人民币 9 万元、被告人章剑峰的违法所得人民币 2 万元，上缴国库。没收被告人陈厦辉的作案工具 983 卡 56 张、波导手机一部、移动 U 盘 2 个、电脑（带摄像头、Moden.adsl.moden、硬盘）一套、移动 PC 一台、EPSON 型打印机一台，上缴国库。

▶ 裁判理由 ▶

法院生效裁判认为：被告人陈厦辉、章剑峰违反国家规定，对公安交警部门计算机信息系统中存储的数据进行删除，后果严重，其二人的行为均已构成破坏计算机信息系统罪。检察机关指控的犯罪基本成立。两被告人在共同犯罪中均积极参与并互相配合，其二人在共同犯罪中的作用无主、从之分。被告人章剑峰的辩护人关于被告人章剑峰系从犯的辩护意见不予采纳。

被告人陈厦辉归案后协助公安机关抓获了被告人章剑峰，具有立功表现，对其给予从轻处罚；另 2 被告人归案后均退出违法所得，有悔罪表现，具酌情从轻处罚情节；又 2 被告人的犯罪行为扰乱了公安交警部门的正常管理秩序，社会危害性较大，2 被告人又具有酌情从重处罚情节。辩护人的辩护意见，给予部分采纳。

28. 行为人故意制作、传播计算机破坏性程序，影响计算机系统正常运行，后以恢复系统为由，勒索他人财物的行为，应当如何认定？

行为人故意制作、传播计算机破坏性程序，影响计算机系统正常运行，后以恢复系统为由，勒索他人财物的行为，触犯了敲诈勒索罪和破坏计算机信息系统罪，应当从一重罪处断，认定为破坏计算机信息系统罪。

29. 行为人破坏计算机信息系统，后来主动将破坏性程序从其网站中删除的行为是否构成犯罪中止？

行为人破坏计算机信息系统以后，再主动将破坏性程序从其网站中删除的，行为既遂，不构成犯罪中止。但此情节可在量刑中考虑，从轻处罚。

典型疑难案件参考

欧阳俊曦破坏计算机信息系统案

基本案情

被告人欧阳俊曦于2006年6月，利用其个人网站"新曦网"传播其编写的redplus.exe程序，该程序能将被感染的计算机存储的名称是中文、后缀是.xls.doc.mdb.ppt.wps的资料隐藏，使计算机系统不能正常运行。经国家计算机病毒应急处理中心认定，redplus.exe程序为计算机病毒。根据国家计算机病毒应急处理中心统计，从2006年6月16日至2006年7月12日，共接到来自全国各地的该病毒及其变种的感染报告共计581例。被告人欧阳俊曦在其上传到"新感网"的redplus.exe程序中设置了"硬盘资料丢失了，必须修复丢失资料，则需汇款人民币49元至99元不等的金额至指定的银行账户，以获得正版软件序列号"的警示语，向被感染的计算机用户勒索款项。获取非法所得共2658元、电话卡值100元。2006年6月23日被告人从其个人网站删除该程序。2006年7月3日，被告人欧阳俊曦向公安机关投案。

▶一审诉辩情况

检察机关指控被告人欧阳俊曦故意制作、传播计算机破坏性程序，影响计算机系统正常运行，后果严重；且敲诈勒索他人财物，数额较大，其行为已构成破坏计算机信息系统罪和敲诈勒索罪。被告人欧阳俊曦犯数罪，应数罪并罚。鉴于被告人欧阳俊曦向公安机关投案，如实供述事实，是自首，可以从轻处罚。

被告人欧阳俊曦对指控的犯罪事实没有意见。但辩称向其汇款购买序列号的只有十几人，在得到其提供的序列号后，他们丢失的文件已全部找回，没有造成损失。同时提出指控的赃款7061.05元中，有5000多元不是赃款。网站上编制的程序不是病毒，且没有主动向外界传播，被感染者都是主动点击其编制的执行程序造成感染的。其行为并不构成破坏计算机信息系统罪，而构成敲诈勒索罪。

欧阳俊曦的辩护人提出，现有证据无法证明被告人编写的程序对用户的计算机信息系统的正常运行产生了破坏性影响，被告人的行为不构成犯罪。即使构成犯罪，也请法庭考虑被告人具有自首情节，且是初犯，对自己的行为性质缺乏法律角度的认识，且主动公布了源程序以补救和主动删除了redplus.exe程序，尽力消除危害后果，其主观故意并不恶劣，且被告人及其家属也有意愿退还所有非法所得等情节，对被告人予以从轻、减轻处罚。

▶一审裁判结果

广州市越秀区人民法院于2007年6月14日作出〔2007〕越法刑初字第402号刑事判决，认定被告人欧阳俊曦犯破坏计算机信息系统罪，判处有期徒刑4年；扣押在案的作案工具手提电脑1台予以没收；并追缴被告人欧阳俊曦的违法所得2758元。

▶一审裁判理由

一审法院认为：被告人欧阳俊曦违反国家规定，故意设计制作一种具有破坏性的特定的计算机指令，并将上述计算机病毒在其个人网站传播，致使他人计算机中存储的数据变更、删除、毁损，最终使计算机失灵或者崩溃。这种制作、传播计算机病毒的行为，后果严重，已构成破坏计算机信息系统罪。检察机关指控被告人犯破坏计算机信息系统罪，事实清楚，证据充分，罪名成立。据被告人供述其设计redplus.exe程序病毒在个人网站上传播的动机是显示其计算机程序设计的才能和牟取非法利益。被告人欧阳俊曦为了牟取非法利益，制作、传播计算机病毒的行为同时触犯破坏计算机信息系统罪、敲诈勒索罪两个犯罪客体，构成我国刑法理论的想象竞合犯，按对想象竞合犯"从一重罪处断"的处罚原则，本案应以破坏计算机信息系统罪论处。对检察机关认为应数罪并罚的意见予以纠正。欧阳俊曦向公安机关投案并主动供认其涉嫌的犯罪事实，属自首，可以从轻或减轻处罚。

▶ 二审诉辩情况 ◀

一审宣判后，被告人欧阳俊曦提出上诉。

被告人欧阳俊曦提出，一审判决量刑过重。

▶ 二审裁判结果 ◀

广州市中级人民法院于 2007 年 10 月 30 日以同样的事实和理由作出〔2007〕穗中法刑一终字第 310 号刑事判决，维持广州市越秀区人民法院〔2007〕越法刑初字第 402 号刑事判决的第二项，即对作案工具及违法所得的处理；撤销广州市越秀区人民法院〔2007〕越法刑初字第 402 号刑事判决书的第一项；上诉人欧阳俊曦犯破坏计算机信息系统罪，判处有期徒刑 1 年 6 个月。

▶ 二审裁判理由 ◀

二审法院确认一审法院认定的事实和证据，鉴于上诉人欧阳俊曦具有获利较少，没有删除、修改、损毁受感染计算机中存储的数据，并能主动将该程序从其网站中删除及自首等法定、酌定从轻情节，原审对其判处有期徒刑 4 年属量刑过重，应予纠正。

30. 行为人以连续多次攻击计算机服务器，造成服务器瘫痪和严重损失的方法为要挟，要求公司支付巨额游戏币的行为应定为敲诈勒索罪还是破坏计算机信息系统罪？

行为人违反国家规定，对计算机信息系统功能进行干扰，以此勒索游戏币的行为造成计算机信息系统不能正常运行，后果严重，属于破坏计算机信息系统罪与敲诈勒索罪手段与目的行为的牵连，以处罚较重的罪，即破坏计算机信息系统罪定罪处罚。

31. 如何判断破坏计算机信息系统罪的"后果严重"？

在破坏计算机信息系统罪的认定中，要根据破坏的性质、侵害对象、影响系统运行的程度、造成损失的大小、行为引起的所有危害性后果及其程度来综合认定。

32. 网络游戏中的游戏币能否作为财产受到法律的保护？

游戏币属于虚拟财产，可以用金钱交易，有价值和使用价值，具有了商品的属性，应受到法律的保护。

典型疑难案件参考

胡磊、李权破坏计算机信息系统案

基本案情

2009年3月27日至3月31日，被告人胡磊、李权利用"剑客压力测试"软件控制大量在线"肉机"，连续多次通过其控制的攻击器及其"肉机"以"DDOS拒绝服务"的方式向苏州金游数码科技有限责任公司设置在南京龙江机房的游戏平台服务器实施攻击干扰，致使IDC网络严重阻塞，无法为客户提供正常服务，最终造成机房内的服务器瘫痪，并以此为要挟，勒索该公司游戏币"银子"5亿两。后两被告人销赃得款人民币18750元。

诉辩情况

检察机关指控被告人胡磊、李权的行为均已构成破坏计算机信息系统罪。

被告人胡磊的辩护人提出：被告人胡磊无前科劣迹，系初犯、偶犯，此次犯罪主观恶性相对不大。且归案后能如实供述自己所犯罪行，认罪态度较好，确有悔罪表现，取得被害单位的谅解，请求对其从轻处罚。

裁判结果

江苏省苏州市虎丘区人民法院于2009年11月12日以〔2009〕虎刑初字第0363号刑事判决，认定胡磊犯破坏计算机信息系统罪，判处有期徒刑2年

6个月;李权犯破坏计算机信息系统罪,判处有期徒刑2年4个月;犯罪工具予以没收,违法所得予以没收并继续追缴。

裁判理由

法院生效裁判认为:被告人胡磊、李权违反国家规定,对计算机信息系统功能进行干扰,造成计算机信息系统不能正常运行,后果严重,其行为已构成破坏计算机信息系统罪,应当依法判处5年以下有期徒刑。在共同犯罪中,被告人胡磊首先提出犯意,被告人李权购买"肉机"、攻击器等作案工具并由被告人胡磊先后多次对金游数码科技有限责任公司设置在南京龙江机房的游戏平台服务器实施攻击干扰,致使该网络阻塞、服务器瘫痪、无法正常运行,再勒索该公司的游戏币"银子"5亿两,故两被告人均系积极的实行犯,均为本案的主犯。鉴于被告人胡磊、李权归案后认罪态度较好,当庭自愿认罪,可酌情从轻处罚。检察机关指控被告人胡磊、李权犯破坏计算机信息系统罪的事实清楚,证据确实、充分,罪名成立,法院予以采纳。关于被告人胡磊委托的辩护人所提出"已取得被害单位谅解"的辩护意见,因未提供相关证据证实,与事实不符,不予采信。关于辩护人提出的其他辩护意见,经查属实,法院予以采信并对其酌情从轻处罚。故法院依法作出如上裁判。

破坏计算机信息系统罪办案依据集成

刑法条文

第二百八十六条 【破坏计算机信息系统罪】违反国家规定,对计算机信息系统功能进行删除、修改、增加、干扰,造成计算机信息系统不能正常运行,后果严重的,处五年以下有期徒刑或者拘役;后果特别严重的,处五年以上有期徒刑。

违反国家规定,对计算机信息系统中存储、处理或者传输的数据和应用程序进行删除、修改、增加的操作,后果严重的,依照前款的规定处罚。

故意制作、传播计算机病毒等破坏性程序,影响计算机系统正常运行,后果严重的,依照第一款的规定处罚。

立案标准

最高人民法院、最高人民检察院《关于办理危害计算机信息系统安全刑事案件应用法律若干问题的解释》(2011年9月1日法释〔2011〕19号)(节录)

第四条 破坏计算机信息系统功能、数据或者应用程序,具有下列情形之一的,应当认定为刑法第二百八十六条第一款和第二款规定的"后果严重":

(一)造成十台以上计算机信息系统的主要软件或者硬件不能正常运行的;

(二)对二十台以上计算机信息系统中存储、处理或者传输的数据进行删除、修改、增加操作的;

(三)违法所得五千元以上或者造成经济损失一万元以上的;

(四)造成为一百台以上计算机信息系统提供域名解析、身份认证、计费等基础服务或者为一万以上用户提供服务的计算机信息系统不能正常运行累计一小时以上的;

(五)造成其他严重后果的。

实施前款规定行为,具有下列情形之一的,应当认定为破坏计算机信息系统"后果特别严重":

(一)数量或者数额达到前款第(一)项至第(三)项规定标准五倍以上的;

(二)造成为五百台以上计算机信息系统提供域名解析、身份认证、计费等基础服务或者为五万以上用户提供服务的计算机信息系统不能正常运行累计一小时以上的;

(三)破坏国家机关或者金融、电信、交通、教育、医疗、能源等领域提供公共服务的计算机信息系统的功能、数据或者应用程序,致使生产、生活受到严重影响或者造成恶劣社会影响的;

(四)造成其他特别严重后果的。

第五条 具有下列情形之一的程序,应当认定为刑法第二百八十六条第三款规定的

"计算机病毒等破坏性程序":

（一）能够通过网络、存储介质、文件等媒介，将自身的部分、全部或者变种进行复制、传播，并破坏计算机系统功能、数据或者应用程序的；

（二）能够在预先设定条件下自动触发，并破坏计算机系统功能、数据或者应用程序的；

（三）其他专门设计用于破坏计算机系统功能、数据或者应用程序的程序。

第六条 故意制作、传播计算机病毒等破坏性程序，影响计算机系统正常运行，具有下列情形之一的，应当认定为刑法第二百八十六条第三款规定的"后果严重"：

（一）制作、提供、传输第五条第（一）项规定的程序，导致该程序通过网络、存储介质、文件等媒介传播的；

（二）造成二十台以上计算机系统被植入第五条第（二）、（三）项规定的程序的；

（三）提供计算机病毒等破坏性程序十人次以上的；

（四）违法所得五千元以上或者造成经济损失一万元以上的；

（五）造成其他严重后果的。

实施前款规定行为，具有下列情形之一的，应当认定为破坏计算机信息系统"后果特别严重"：

（一）制作、提供、传输第五条第（一）项规定的程序，导致该程序通过网络、存储介质、文件等媒介传播，致使生产、生活受到严重影响或者造成恶劣社会影响的；

（二）数量或者数额达到前款第（二）项至第（四）项规定标准五倍以上的；

（三）造成其他特别严重后果的。

第八条 以单位名义或者单位形式实施危害计算机信息系统安全犯罪，达到本解释规定的定罪量刑标准的，应当依照刑法第二百八十五条、第二百八十六条的规定追究直接负责的主管人员和其他直接责任人员的刑事责任。

第九条 明知他人实施刑法第二百八十五条、第二百八十六条规定的行为，具有下列情形之一的，应当认定为共同犯罪，依照刑法第二百八十五条、第二百八十六条的规定处罚：

（一）为其提供用于破坏计算机信息系统功能、数据或者应用程序的程序、工具，违法所得五千元以上或者提供十人次以上的；

（二）为其提供互联网接入、服务器托管、网络存储空间、通讯传输通道、费用结算、交易服务、广告服务、技术培训、技术支持等帮助，违法所得五千元以上的；

（三）通过委托推广软件、投放广告等方式向其提供资金五千元以上的。

实施前款规定行为，数量或者数额达到前款规定标准五倍以上的，应当认定为刑法第二百八十五条、第二百八十六条规定的"情节特别严重"或者"后果特别严重"。

第十条 对于是否属于刑法第二百八十五条、第二百八十六条规定的"国家事务、国防建设、尖端科学技术领域的计算机信息系统"、"专门用于侵入、非法控制计算机信息系统的程序、工具"、"计算机病毒等破坏性程序"难以确定的，应当委托省级以上负责计算机信息系统安全保护管理工作的部门检验。司法机关根据检验结论，并结合案件具体情况认定。

第十一条 本解释所称"计算机信息系统"和"计算机系统",是指具备自动处理数据功能的系统,包括计算机、网络设备、通信设备、自动化控制设备等。

本解释所称"身份认证信息",是指用于确认用户在计算机信息系统上操作权限的数据,包括账号、口令、密码、数字证书等。

本解释所称"经济损失",包括危害计算机信息系统犯罪行为给用户直接造成的经济损失,以及用户为恢复数据、功能而支出的必要费用。

司法解释

最高人民法院《关于审理危害军事通信刑事案件具体应用法律若干问题的解释》(2007年6月29日法释〔2007〕13号)(节录)

第六条 (第三款)违反国家规定,侵入国防建设、尖端科学技术领域的军事通信计算机信息系统,尚未对军事通信造成破坏的,依照刑法第二百八十五条的规定定罪处罚;对军事通信造成破坏,同时构成刑法第二百八十五条、第二百八十六条、第三百六十九条第一款规定的犯罪的,依照处罚较重的规定定罪处罚。

其他办案依据

1. 公安部《计算机信息网络国际联网安全保护管理办法》(1997年12月30日公安部令第33号)(节录)

第四条 任何单位和个人不得利用国际联网危害国家安全、泄露国家秘密,不得侵犯国家的、社会的、集体的利益和公民的合法权益,不得从事违法犯罪活动。

第六条 任何单位和个人不得从事下列危害计算机信息网络安全的活动:

(二)未经允许,对计算机信息网络功能进行删除、修改或者增加的;

(三)未经允许,对计算机信息网络中存储、处理或者传输的数据和应用程序进行删除、修改或者增加的;

(四)故意制作、传播计算机病毒等破坏性程序的;

(五)其他危害计算机信息网络安全的。

第八条 从事国际联网业务的单位和个人应当接受公安机关的安全监督、检查和指导,如实向公安机关提供有关安全保护的信息、资料及数据文件,协助公安机关查处通过国际联网的计算机信息网络的违法犯罪行为。

第十条 互联单位、接入单位及使用计算机信息网络国际联网的法人和其他组织应当履行下列安全保护职责:

(六)发现有本办法第四条、第五条、第六条、第七条所列情形之一的,应当保留有关原始记录,并在二十四小时内向当地公安机关报告;

(七)按照国家有关规定,删除本网络中含有本办法第五条内容的地址、目录或者关闭服务器。

第二十条 违反法律、行政法规,有本办法第五条、第六条所列行为之一的……构成犯罪的,依法追究刑事责任。

2. 公安部《关于对破坏未联网的微型计算机信息系统是否适用〈刑法〉第 286 条的请示的批复》（1998 年 11 月 25 日公复字〔1998〕7 号）

吉林省公安厅：

你厅《关于"破坏未联网计算机财务系统程序和数据的行为是否适用〈刑法〉第 286 条故意破坏计算机信息系统数据应有程序罪"的请示》收悉，现批复如下：

《刑法》第 286 条中的"违反国家规定"是指包括《中华人民共和国计算机信息系统安全保护条例》（以下简称《条例》）在内的有关行政法规、部门规章的规定。《条例》第 5 条第 2 款规定的"未联网的微型计算机的安全保护办法，另行规定"，主要是考虑到未联入网络的单台微型计算机系统所处环境和使用情况比较复杂，且基本无安全功能，需针对这些特点另外制定相应的安全管理措施。然而，未联网的计算机信息系统也属计算机信息系统，《条例》第 2、3、7 条的安全保护原则、规定，对未联网的微型计算机系统完全适用。因此破坏未联网的微型计算机系统适用《刑法》第 286 条。

3. 公安部《关于执行〈计算信息网络国际联网安全保护管理办法〉中有关问题的通知》（2000 年 2 月 13 日公信安〔2000〕21 号）（节录）

三、关于"安全保护管理所需信息、资料及数据文件"问题

《办法》[指《计算机信息网络国际联网安全保护管理办法》（公安部 1997 年 12 月 30 日发布），下同。——编者注] 第八条中的"有关安全保护的信息、资料及数据文件"和第二十一条第四项中的"安全保护管理所需信息、资料及数据文件"主要包括：（1）用户注册登记、使用与变更情况网（含用户账号、IP 与 E-mail 地址等）；（2）IP 地址分配、使用及变更情况；（3）网页栏目设置变更及栏目负责人情况；（4）网络服务功能设置情况；（5）与安全保护相关的其他信息。

四、关于"保留有关原始记录"问题

《办法》第十条第六项中的"有关原始记录"是指有关信息或行为在网上出现或发生时，计算机记录、存储的所有相关数据，包括时间、内容（如图像、文字、声音等）、来源（如源 IP 地址、E-mail 地址等）及系统网络运行日志、用户使用日志等。

> **法律法规**

1.《计算机信息系统安全保护条例》（1994 年 2 月 18 日国务院令第 147 号）（节录）

第二条 本条例所称的计算机信息系统，是指由计算机及其相关的和配套的设备、设施（含网络）构成的，按照一定的应用目标和规则对信息进行采集、加工、存储、传输、检索等处理的人机系统。

第七条 任何组织或者个人，不得利用计算机信息系统从事危害国家利益、集体利益和公民合法利益的活动，不得危害计算机信息系统的安全。

第二十四条 违反本条例的规定，构成违反治安管理行为的，依照《中华人民共和国治安管理处罚条例》的有关规定处罚；构成犯罪的，依法追究刑事责任。

2. 全国人大常委会《关于维护互联网安全的决定》（2000年12月28日）（节录）

一、为了保障互联网的运行安全，对有下列行为之一，构成犯罪的，依照刑法有关规定追究刑事责任：

（二）故意制作、传播计算机病毒等破坏性程序，攻击计算机系统及通信网络，致使计算机系统及通信网络遭受损害；

（三）违反国家规定，擅自中断计算机网络或者通信服务，造成计算机网络或者通信系统不能正常运行。

六、聚众冲击国家机关罪

33. 行为人纠集多人闹事，采取哄闹、堵塞楼道的方式，扰乱国家审判机关的正常工作，致使法院停止办公的行为，应如何定性？

行为人纠集多人闹事，采取哄闹、堵塞楼道的方式，扰乱国家审判机关的正常工作，致使法院停止办公的行为，损害了国家机关的威信，侵犯了国家机关的正常秩序，应以聚众冲击国家机关罪论处。

34. 现行《刑法》中聚众扰乱社会秩序罪的客体是否包括国家机关的工作秩序？

1997年《刑法》将聚众冲击国家机关罪从聚众扰乱社会秩序罪中分立出来，体现了本罪的特殊社会危害性。聚众冲击国家机关罪的犯罪对象是国家机关，侵犯的是国家机关的正常工作秩序，因此聚众扰乱社会秩序罪的客体不包括国家机关的工作秩序，而是企事业单位与人民团体的工作、生产、营业和教学科研秩序。

典型疑难案件参考

任正斌、王朝秀聚众冲击国家机关案

基本案情

被告人任正斌因其儿子任丰伟（在交通事故中死亡）赔偿金余额人民币70273.51元未执行问题，为给洛江区人民法院施加压力，于2005年12月7日上午，带着任丰伟的骨灰盒、花圈、纸钱、鞭炮，纠集了其妻即被告人王朝秀及老乡王顺林、李洪燕等近30人到洛江区人民法院门口准备闹事。被告人任正斌、王朝秀及另外3名老乡进入执行庭要求法院当日必须解决赔偿款的事情，否则将任丰伟的骨灰及花圈放在法院办公室。法院执行庭庭长黄凤涵及工作人员劝说未果后，被告人任正斌、王朝秀等人即下楼，到法院门口纠集其他

老乡，由被告人任正斌拿其儿子的骨灰、被告人王朝秀拿一花圈和其他人员强行侵入洛江区人民法院，在进入法院3楼的过程中，被告人任正斌沿途撒纸钱，王顺林燃放鞭炮，到达法院3楼执行庭后，被告人任正斌将骨灰盒放置于执行庭内庭长的办公桌上，被告人王朝秀将花圈摆放于执行庭门口后进行哄闹，经法院工作人员劝说后仍不肯离去，其带去的老乡在法院工作人员劝说时多次推搡办案人员、辱骂办案人员，将楼道堵塞20分钟，致使法院正常工作无法进行，停止办公达3个小时，扰乱了法院的正常工作秩序，严重损害了国家的威信，造成恶劣的社会影响。

诉辩情况

检察机关指控被告人任正斌、王朝秀犯聚众扰乱社会秩序罪。

被告人任正斌、王朝秀对检察机关指控的犯罪事实及罪名无异议。

裁判结果

福建省泉州市鲤城区人民法院于2006年5月27日以〔2006〕鲤刑初字第153号刑事判决，认定被告人任正斌犯聚众冲击国家机关罪，判处有期徒刑5年。被告人王朝秀犯聚众冲击国家机关罪，判处有期徒刑6个月。

裁判理由

法院生效裁判认为：被告人任正斌、王朝秀因其子的赔偿款执行问题在向法院申请执行后，应由法院按法定程序处理，被告人任正斌、王朝秀为发泄其对法院执行工作的不满情绪，纠集多人闹事，扰乱国家审判机关，其行为侵犯了国家审判机关正常的工作秩序，损害了国家审判机关的尊严和威信，在当地造成了不良的影响，也对国家审判机关今后的工作造成不利影响，其行为均已构成聚众冲击国家机关罪，且系共同犯罪。被告人任正斌作为首要分子、王朝秀作为积极参与者，均应依法追究刑事责任。检察机关指控2被告人的犯罪事实清楚，证据确实充分，但指控的罪名不当，应予更正。2被告人归案后，能如实交代自己的犯罪事实，认罪态度较好，予以酌情从轻处罚。据此，法院依法作出如上裁判。

聚众冲击国家机关罪办案依据集成

刑法条文

第二百九十条 【聚众扰乱社会秩序罪】聚众扰乱社会秩序,情节严重,致使工作、生产、营业和教学、科研无法进行,造成严重损失的,对首要分子,处三年以上七年以下有期徒刑;对其他积极参加的,处三年以下有期徒刑、拘役、管制或者剥夺政治权利。

【聚众冲击国家机关罪】聚众冲击国家机关,致使国家机关工作无法进行,造成严重损失的,对首要分子,处五年以上十年以下有期徒刑;对其他积极参加的,处五年以下有期徒刑、拘役、管制或者剥夺政治权利。

法律法规

1. 《中华人民共和国矿产资源法(2009年修正)》(1986年10月1日)(节录)

第四十一条 盗窃、抢夺矿山企业和勘查单位的矿产品和其他财物的,破坏采矿、勘查设施的,扰乱矿区和勘查作业区的生产秩序、工作秩序的,分别依照刑法有关规定追究刑事责任;情节显著轻微的,依照治安管理处罚条例有关规定予以处罚。

2. 《中华人民共和国全民所有制工业企业法(2009年修正)》(1988年8月1日)(节录)

第六十四条 (第二款)扰乱企业的秩序,致使生产、营业、工作不能正常进行……情节严重,致使生产、营业、工作无法进行,造成严重损失的,依照刑法有关规定追究刑事责任。

3. 《中华人民共和国集会游行示威法(2009年修正)》(1989年10月31日)(节录)

第二十九条 (第三款)未依照本法规定申请或者申请未获许可,或者未按照主管机关许可的起止时间、地点、路线进行,又拒不服从解散命令,严重破坏社会秩序的,对集会、游行、示威的负责人和直接责任人员依照刑法有关规定追究刑事责任。

(第四款)包围、冲击国家机关,致使国家机关的公务活动或者国事活动不能正常进行的,对集会、游行、示威的负责人和直接责任人员依照刑法有关规定追究刑事责任。

第三十条 扰乱、冲击或者以其他方法破坏依法举行的集会、游行、示威,公安机关可以处以警告或者十五日以下拘留,情节严重,构成犯罪的,依照刑法有关规定追究刑事责任。

4. 《中华人民共和国铁路法(2009年修正)》(1991年5月1日)(节录)

第六十三条 聚众拦截列车、冲击铁路行车调度机构不听制止的,对首要分子和骨干分子依照刑法有关规定追究刑事责任。

5.《中华人民共和国教育法（2009年修正）》(1995年9月1日)（节录）

第七十二条　结伙斗殴、寻衅滋事，扰乱学校及其他教育机构教育教学秩序或者破坏校舍、场地及其他财产的，由公安机关给予治安管理处罚；构成犯罪的，依法追究刑事责任。

侵占学校及其他教育机构的校舍、场地及其他财产的，依法承担民事责任。

6.《中华人民共和国体育法（2009年修正）》(1995年10月1日)（节录）

第五十三条　在体育活动中，寻衅滋事、扰乱公共秩序的……构成犯罪的，依法追究刑事责任。

7.《中华人民共和国民用航空法（2009年修正）》(1996年3月1日)（节录）

第一百九十六条　故意传递虚假情报，扰乱正常飞行秩序，使公私财产遭受重大损失的，依照刑法有关规定追究刑事责任。

8.《医疗事故处理条例》（2002年9月1日国务院令第351号）（节录）

第五十九条　以医疗事故为由，寻衅滋事、抢夺病历资料，扰乱医疗机构正常医疗秩序和医疗事故技术鉴定工作，依照刑法关于扰乱社会秩序罪的规定，依法追究刑事责任；尚不够刑事处罚的，依法给予治安管理处罚。

七、编造、故意传播虚假恐怖信息罪

35. 编造虚假恐怖信息罪和以危险方法危害公共安全罪该如何界分？

编造虚假恐怖信息罪主要破坏的是正常的社会生活秩序，而以危险方法危害公共安全罪侵犯的是不特定、多数人的公共安全。编造虚假恐怖信息罪强调所编造信息的"虚假"性，行为人并不想将自己编造的信息付诸实施，但以危险方法危害公共安全罪则一般有明确的行动，同时具有危险的相当性，因此后果也更为严重。如果行为人以编造虚假恐怖信息的方法危害公共安全的，则应按照特殊法优于一般法的原则，定编造虚假恐怖信息罪。

典型疑难案件参考

金建平以危险方法危害公共安全案

基本案情

被告人金建平在前罪服刑期间，因患抑郁症被保外就医。2001年9月11日美国世贸中心遭恐怖袭击的消息经媒体报道后，金建平遂打算仿照"9·11"事件谎报恐怖信息。

同年9月13日下午1时20分和30分许，被告人金建平先后两次拨打上海市公安局"110"指挥中心的电话，编造有人将劫持上海飞往广州的航班撞毁上海金茂大厦的虚假信息，并称如将100万美元汇入指定的交通银行太平洋卡，其将提供详情。此后，金建平又于同日下午1时35分许和6时许，两次拨打电话至广东省深圳市公安局"110"指挥中心，亦编造有人将劫持深圳飞往上海的飞机撞毁深圳世贸中心大厦的虚假信息，要求将100万美元或800万元人民币汇入指定的长城卡的账户后，其将提供详细情况。当晚6时25分许，金再次拨打上海市公安局总机电话时，被当场抓获。公安人员从金身上缴获数张用于作案的银行借记卡、IC电话卡和一张名叫"金凡"的假身份证。

诉辩情况

检察机关认为：被告人金建平以拨打恐吓电话的方法，图谋制造恐怖气氛，造成公众心理恐慌，危害公共安全，其行为已构成以危险方法危害公共安全罪；金在保外就医期间又犯新罪，应数罪并罚；鉴于金系限定刑事责任能力人，可从轻处罚。

被告人金建平及其辩护人对指控的事实及定性均无异议。金认为自己具有完全刑事责任能力。辩护人认为金的犯罪有其特殊性，动机和目的均有悖常理，鉴于系限定刑事责任能力人，建议给予从轻处罚。

裁判结果

上海市第二中级人民法院于2002年4月1日以〔2002〕沪二中刑初字第4号刑事判决，认定被告人金建平犯编造虚假恐怖信息罪，判处有期徒刑2年，连同尚未执行完毕的余刑2年8个月15天，罚金人民币55000元，决定执行有期徒刑4年6个月，罚金人民币55000元。查获的交通银行太平洋卡一张、中国银行长城电子借记卡一张、中国电信IC电话卡两张等犯罪工具予以没收。

裁判理由

被告人金建平在保外就医期间，编造有人将劫机撞毁上海金茂大厦、深圳世贸中心大厦的虚假恐怖信息并通过电话分别向上海、深圳两地的公安机关散布，严重扰乱社会秩序，其行为已构成编造虚假恐怖信息罪，根据本案的事实及情节，按照刑法从旧兼从轻的原则，依法应适用《中华人民共和国刑法修正案（三）》的规定予以处罚。被告人金建平在保外就医期间又犯新罪，应对新犯的罪作出判决，把前罪没有执行的刑罚和后罪所判处的刑罚，实行两罪并罚；鉴于被告人金建平系限定刑事责任能力人，依法可以从轻处罚。检察机关指控的事实成立。辩护人提出从轻处罚的辩护意见，可予采纳。

36. 单纯投放虚假危险品的行为是否都构成投放虚假危险物质罪？

投放虚假危险物质罪侵犯的客体是公共场所的秩序，行为人即使只针对个人实施投放虚假危险物质的行为，但对公共场合实施并造成危害的，构成投放虚假危险物质罪。

典型疑难案件参考

李春宝投放虚假危险物质案

基本案情

被告人李春宝听到社会上有艾滋病患者用扎针的方法传播艾滋病病原体的传闻后,便产生了扎针的想法。2002年2月16日,被告人李春宝到本区街道卫生院捡了一个废弃的注射器、针头和一瓶药面,在家将药面兑水后吸入注射器,携带该注射器于当日20时许窜至房山区良乡镇太平庄村庙会上,趁人群拥挤之机,用注射器扎正在看节目的车桂琴(女,37岁,黑龙江省来京人员)的右臀部,并向其身体内注射药水,造成车桂琴和当地群众的精神恐慌,致使庙会不能继续进行,严重影响了群众的正常生活、学习、工作秩序,被告人李春宝于当日21时许,在太平庄庙会上被当场抓获。经鉴定,被告人李春宝精神发育迟滞,属限定责任能力人。

诉辩情况

检察机关指控被告人李春宝犯投放虚假危险物质罪。

被告人李春宝的辩护人提出:被告人李春宝平时表现较好,无前科劣迹,属限定责任能力人,建议法庭对其从轻处罚。

裁判结果

北京市房山区人民法院于2002年3月26日以〔2002〕房刑初字第203号刑事判决,认定被告人李春宝犯投放虚假危险物质罪,判处有期徒刑5年。

裁判理由

法院生效裁判认为:被告人李春宝无视国家法律,故意传播虚假病原体物质,严重扰乱了社会秩序,影响了群众的正常生活,并造成当地群众精神恐慌的严重后果,其行为已构成投放虚假危险物质罪。

我国《〈刑法〉修正案(三)》第8条规定:"投放虚假的爆炸性、毒害性、放射性、传染病病原体等物质,或者编造爆炸威胁、生化威胁、放射威胁等恐怖信息,或者明知是编造的恐怖信息而故意传播,严重扰乱社会秩序的,处五年以下有期徒刑、拘役或者管制;造成严重后果的,处五年以上有期徒刑。"2002年3月26日起施行的最高人民法院、最高人民检察院《关于执行

〈中华人民共和国刑法〉确定罪名的补充规定》，将《〈刑法〉修正案（三）》第8条罪名确定为"投放虚假危险物质罪，编造、故意传播虚假恐怖信息罪"。触犯上述规定的行为依照投放虚假危险物质罪，编造、故意传播虚假恐怖信息罪定罪处罚。

本罪被规定在《刑法》第291条后，属于扰乱公共秩序罪，它的客体应当是公共场所的秩序（公共场所内保证公众依照公共生活规则安全进出、停留、使用的状态）与人们按公共场所的性质进行合法利用的自由。客观方面为投放虚假的爆炸性、毒害性、放射性、传染病病原体等物质，或者编造爆炸威胁、生化威胁、放射威胁等恐怖信息，或者明知是编造的恐怖信息而故意传播，严重扰乱社会秩序的行为。主体应当为一般主体。主观方面应为故意。

分析本案中被告人的行为性质，被告人李春宝根据当时社会上的传闻，模仿传闻中艾滋病患者通过扎针传播疾病的方式，将药面置入废旧的针管中。然后在庙会人多的时候用针管扎妇女的臀部，并将针管内的液体注射入被害妇女的体内，从而造成当时秩序混乱，庙会解散，使该地区的人们在心理上产生极大的恐慌。

可见，被告人李春宝的行为符合本罪对客观方面的规定，其行为不仅使当时的具体公共场所秩序陷于混乱，还导致当地人们在相当长时期内对当地的公共场所活动产生心理恐慌（有证据证实），其实也是概括性地限制了公众合法利用公共场所的自由。其行为侵犯的客体无疑是公共场所秩序和人们利用公共场所的权利。被告人李春宝经鉴定为限制行为能力人，但在行为时尚有部分辨认与控制自己行为的能力。根据刑法第18条第3款的规定，应负刑事责任，但是可以从轻或者免除处罚。根据案情可知，被告人李春宝对"艾滋病病人扎针"的传闻是了解的，其明知自己的行为必然或可能使人误认作传言中的"扎针"，从而导致公共秩序混乱和公众心理恐慌的结果，而追求这种行为的发生，其主观方面属故意。至此，合议庭认定李春宝的行为构成投放虚假危险物质罪。

在审理中，合议庭认为李春宝的行为已经达到《〈刑法〉修正案（三）》第8条后段规定的"造成严重后果"的情节，属于结果加重犯，应当处5年以上有期徒刑。鉴于被告人李春宝精神发育迟滞，属限定责任能力人，可从轻处罚。辩护人的意见予以采纳，故法院依法作出如上裁判。

37. 为发泄对社会的不满，故意编造恐怖信息，并通过手机短消息的方式大量向市民群发的行为，是否构成犯罪？

为发泄对社会的不满，故意编造恐怖信息，并通过手机短消息的方式大量向市民群发的行为，客观上造成了市民恐慌，社会秩序被破坏的后果，主观上反映出行为人为发泄不满而扰乱社会秩序的目的，构成编造、故意传播虚假恐怖信息罪。

典型疑难案件参考

汪仁荣编造、故意传播虚假恐怖信息案

▶ 基本案情 ▶

2002年11月5日下午1时30分至2时，被告人汪仁荣在嵊州市金庭镇晋溪村陈春荣家，为发泄因其工作问题而对社会的不满，编造"敬告市民，本组织打算在越剧节期间进行大规模特大爆炸案件，目的是打掉贪官污吏，敬请善良的市民不要轻易凑热闹，以防不测"的恐怖信息，并用手机发短信息的发式向嵊州市36人发送上述虚假恐怖信息，造成群众恐慌。2002年11月8日晚，被告人汪仁荣被抓获归案。

▶ 一审诉辩情况 ▶

检察机关认为：被告人汪仁荣为发泄对社会的不满，编造恐怖信息且故意传播虚假恐怖信息，其行为已构成编造、故意传播虚假恐怖信息罪。

被告人汪仁荣的辩护人提出：被告人汪仁荣系初犯，认罪态度较好，其编造、发布这样的短消息最初并不是想造成群众恐慌，更不是为了扰乱社会秩序等辩护意见，请求对被告人汪仁荣予以最大限度的从轻处罚。

▶ 一审裁判结果 ▶

浙江省嵊州市人民法院于2002年12月16日以〔2002〕嵊刑初字第535号刑事判决，认定汪仁荣犯编造、故意传播虚假恐怖信息罪，判处有期徒刑4年。扣押的作案工具摩托罗拉V998手机一部，予以没收。

▶ 一审裁判理由 ▶

一审法院认为：被告人汪仁荣为发泄对社会的不满，编造恐怖信息且故意

传播虚假恐怖信息,严重扰乱社会秩序,其行为已构成编造、故意传播虚假恐怖信息罪,应依法惩处。检察机关指控的罪名成立,应予支持。鉴于被告人汪仁荣归案后认罪态度较好、系初犯等,予以酌情从轻处罚。其辩护人以此为由提出的辩护意见成立,予以采纳。对辩护人提出的其余辩护意见,因与事实和法律不符,不予采纳。

▶ 二审诉辩情况 ◀

一审判决后,汪仁荣提起上诉。

汪仁荣提出:其行为没有严重扰乱社会秩序,也未达到情节严重,故其行为尚不构成犯罪。即使构成犯罪,原判量刑也属畸重,请求二审法院依法改判。

▶ 二审裁判结果 ◀

浙江省绍兴市中级人民法院于2003年2月24日作出〔2003〕绍中刑终字第31号刑事裁定,驳回上诉,维持原判。

▶ 二审裁判理由 ◀

二审法院认为:上诉人汪仁荣为泄私愤,编造虚假恐怖信息且故意传播虚假恐怖信息,严重扰乱社会秩序,其行为已构成编造、故意传播虚假恐怖信息罪,依法应予惩处。汪仁荣的辩护人认为汪之行为不构成犯罪的辩护意见,与本案事实和法律的规定不符,不予采信。根据汪仁荣的犯罪情节及其犯罪给当地的社会治安造成的影响,原判对其所处刑罚并无不当。汪仁荣及其辩护人提出原判量刑畸重的上诉和辩护理由不足,请求二审予以改判,不予照准。原审判决认定事实和适用法律正确,量刑适当,审判程序合法。

38. 为了实现正当的目的而编造虚假恐怖信息的,是否不以犯罪论处?

编造虚假恐怖信息严重扰乱社会秩序的即构成编造虚假恐怖信息罪,即使行为人为了实现正当的目的,也可构成本罪。

39. 如何判断行为人编造虚假恐怖信息的行为是否达到刑事追诉的标准？

编造虚假恐怖信息罪侵犯的是社会公共秩序，只要行为人的行为引起了社会恐慌，或者引起相关部门重视，并花费大量人力、物力进行排查以维护公共安全，即达到了刑事追诉的标准。

典型疑难案件参考

崔立英编造虚假恐怖信息、故意毁坏财物案

基本案情

被告人崔立英为了引起政府有关部门对其个人被拖欠工资问题的重视，于2005年1月18日2时40分许，到京广铁路线定州区段200km+612m处117号铁路桥下，将沾有柴油的棉絮团用细铁丝、电线捆绑在悬挂于该桥梁侧面的通信光缆上，用打火机点燃，致使河北移动通信有限责任公司、中国网通（集团）有限公司河北省分公司、中国铁通集团公司河北分公司（以下分别简称河北移动公司、河北网通公司、河北铁通公司）的3根通信光缆均被烧断，并将写有追讨工资内容的纸张放置在桥墩上。同月24日2时许，被告人崔立英携带装有柴油的油桶再次来到上述地点，用同样的方法点燃了上述3根通信光缆，致使3根通信光缆再次被全部烧断。崔立英将亲笔书写的内容为"大近同刘瑞杰应给工人算账，定州专管部门应到民中访问，春节前必须算完，否则没完。下次炸朔黄大桥，大近同崔沿士先算。区阳工人"的纸张，折叠后再次放置在桥墩上，随后离开现场。通信光缆两次被烧断，未造成通信中断，但使光缆产权单位遭受了巨大的经济损失，其中给河北移动公司造成直接经济损失14279.2元，给河北网通公司造成直接经济损失1.8万元，给河北铁通公司造成直接经济损失4.95万元，共计造成直接经济损失81779.2元。由于被告人编造的爆炸威胁信息，致使当地政府、石家庄铁路公安处和神华铁路公安处抽调大量人员和警力对朔黄铁路、京广铁路部分区段进行重点防护和警戒。同年1月26日，被告人崔立英被抓获。

诉辩情况

检察机关指控崔立英犯故意毁坏财物罪、编造虚假恐怖信息罪。

崔立英的辩护人提出：检察机关认定崔立英毁坏财物数额的证据，是被害单位出具的，虽经政府主管部门的确认，但由于出证单位不具备相应的资质，故不能作定案的依据，起诉指控崔立英犯故意毁坏财物罪的事实不清，证据不足。崔立英编造虚假恐怖信息的行为，未引起公众的恐慌，尚未达到严重扰乱社会秩序的程度，崔立英的行为不构成编造虚假恐怖信息罪。

裁判结果

石家庄铁路运输法院于2005年11月17日以〔2005〕石铁刑初字第57号刑事判决，认定被告人崔立英犯故意毁坏财物罪，判处有期徒刑3年6个月；犯编造虚假恐怖信息罪，判处有期徒刑1年，决定执行有期徒刑4年。扣押在案的作案工具油桶一个，予以没收。

裁判理由

法院生效裁判认为：河北移动、河北网通和河北铁通公司作为公共服务企业，具有较强的专业性，其作为被害单位有权对本公司财产受损情况出具证明，法律对此没有限制，而且3公司出具的损失证明，经过了政府主管部门的确认，客观真实，有证明能力，应予采纳。河北移动公司、河北网通公司和河北铁通公司在出具的证明材料中，均将恢复通讯支付的人工费、交通费、测试费等计入了财物损失，共计87465.27元。本院认为上述费用虽为实际支出，但不属于毁坏财物造成的财物损失，应当从起诉认定的损失数额中减去，本案的财物损失实际为81779.2元。

崔立英故意毁坏财物，损失数额巨大的事实清楚，证据确实、充分，已构成了故意毁坏财物罪，其辩护人所提指控崔立英犯故意毁坏财物罪事实不清，证据不足的意见，不能采纳。

被告人崔立英故意将编造的爆炸威胁恐怖信息以大字报的形式留在作案现场，由于该恐怖信息的出现，引起了当地政府和有关部门的高度重视，为确保公共安全，防止爆炸发生，不得不抽调大批工作人员和警力对朔黄铁路、京广铁路部分区段的桥梁、涵洞进行重点防护和排查，已严重扰乱了正常的社会管理秩序，达到了刑法追诉的标准，故辩护人所提崔立英编造恐怖信息的行为未达到严重扰乱社会秩序程度，不构成犯罪的意见，不予采纳。

40. 自然灾害相关的信息是否属于恐怖信息的范围？

恐怖信息应满足可信性、误导性以及紧迫性3个特征。发布自然灾害方面的信息有可能造成社会民众恐慌，影响地区稳定，应认定为恐怖信息。

41. 编造、故意传播虚假恐怖信息是否只有造成严重后果才构成犯罪？

编造、故意传播虚假恐怖信息罪侵犯的客体是公共秩序，行为人的行为即使造成的后果不是特别严重，但实际上已严重扰乱社会秩序的，可以构成本罪。

典型疑难案件参考

陈智峰编造、故意传播虚假恐怖信息、破坏计算机信息系统案

基本案情

2008年5月31日15时，被告人陈智峰在网络上收集到广西近期有地震的信息后，即通过互联网登陆广西防震减灾网查看相关信息。陈智峰发现该网站的网页存在明显的设计漏洞，便在江苏省太仓市阿凡提科技公司内使用自己的一台笔记本电脑通过互联网，运用nbsi3和13vip.asp工具获取了广西防震减灾网系统控制权后，删除了原管理员权限建立了一个新的管理权限。然后通过该权限将网页原横幅广告图片"四川汶川强烈地震悼念四川汶川大地震遇难同胞"篡改为"广西近期将发生9级以上重大地震，请市民尽早做好准备"，并将该网站首页左侧的"为您服务"栏目中的"滚动信息"全部篡改为"专家预测广西有可能在近期将发生9级以上重大地震灾情"。陈智峰以"不是佐助"、"alexT15413"将已篡改的网页截屏图片上传到天涯社区的汶川地震板块并命题为"广西地震局官方网发布地震预告，是不是真的？"。之后，陈智峰又在网易论坛上发布"因为有朋友在广西没事的时候去看了广西地震局的网，官方网上发布了地震预报吓死人了9级大家自己去看吧骗人我死全家"的帖子。截至6月5日，网民点击量为13242次。

2008年6月1日21时许，被告人陈智峰在江苏省太仓市自己家中登陆

广西防震减灾网，发现被其篡改的网页已被恢复。陈智峰为了不让该网站的网页正常运行，即利用 nbsi3（注入程序软件）的软件程序将广西防震减灾网的计算机服务器 D 盘内的数据和应用程序全部内容进行删除，造成广西防震减灾网不能运行工作的严重后果。同年 6 月 3 日 10 时，被告人陈智峰上网登录广西防震减灾网后发现被其删除的网页已恢复，又用相同的方式入侵广西防震减灾网将网页内容删除，造成广西防震减灾网再次无法运行的严重后果。

另查明：广西地震局为稳定广西民众情绪而在广西《南国早报》、《法治快报》等报纸登报辟谣。广西警方为侦破本案先后调动江苏、广西等 7 个省市网监及刑侦部门警力 245 人次，支出办案经费人民币 2.5 万元。

诉辩情况

被告人陈智峰辩称其编造的虚假信息没有造成严重后果。其没有破坏广西地震局网站，自己的行为不构成犯罪。

被告人陈智峰的辩护人提出：《刑法》没有把自然灾害险情列入恐怖信息的范围，陈智峰在网上转发地震预言，也没有造成严重后果，不能认定为严重扰乱社会秩序的行为。陈智峰的行为所侵犯的客体不在我国《刑法》保护的范围，根据《全国人大常务委员会关于维护互联网安全的决定》、《治安管理处罚法》等法律法规规定，对陈智峰的行为应给予行政处罚，而不是刑事处罚。陈智峰删除修改的是计算机文档的内容，不是删除计算机信息系统功能，只删除网站页面上的广告，而不是删除系统中实际处理的文字、符号、声音、图像等有意义的组合，且没有造成严重后果。我国刑法没有对删除计算机文档的行为要予以刑事处罚的规定。

裁判结果

广西壮族自治区南宁市青秀区人民法院于 2008 年 10 月 16 日以〔2008〕青刑初字第 375 号刑事判决，认定被告人陈智峰犯编造、故意传播虚假恐怖信息罪，判处有期徒刑 3 年；犯破坏计算机信息系统罪，判处有期徒刑 2 年，决定执行有期徒刑 4 年。没收被告人陈智峰的作案工具笔记本电脑一台、电脑主机一台、硬盘一个。宣判后，陈智峰提出上诉。广西壮族自治区南宁市中级人民法院于 2008 年 12 月 12 日以同样的事实和理由作出〔2008〕南市刑一终字第 172 号刑事裁定，驳回上诉，维持原判。

裁判理由

法院生效裁判认为：被告人陈智峰明知编造、传播虚假的恐怖信息会扰乱社会秩序，仍然故意编造、传播，并实施破坏广西防震减灾网计算机信息系统使之无法正常运行，两行为的主观均为故意。

编造、故意传播虚假恐怖信息罪的客观方面表现为明知是编造的恐怖信息而故意传播，严重扰乱社会秩序的行为。被告人陈智峰通过广西唯一的官方网站广西防震减灾网向社会传播编造的恐怖信息与事实不符。广西地震局为稳定广西民众而分别在广西《南国早报》、《法治快报》等报纸登报辟谣。被告人陈智峰的行为已严重扰乱社会秩序。被告人陈智峰实施了注入黑客程序、入侵防震减灾网、篡改网页信息、删除服务器数据文件及应用程序文件的行为，属于破坏计算机信息系统功能和破坏计算机信息系统中存储、处理或传输的数据及应用程序的行为，而且严重影响广西防震减灾网的正常工作。

编造、故意传播虚假恐怖信息罪侵犯的客体是公共秩序，即国家法律确定或认可的、人们在社会生活中共同遵守的公共场所和共同生活准则。被告人陈智峰故意在官方网站上公布来源不实的虚假地震预报信息，严重扰乱公共社会秩序。破坏计算机信息系统罪侵犯的客体是计算机信息系统的安全，对象为各种计算机信息系统功能及计算机信息系统中存储、处理或传输的数据和应用程序。广西防震减灾网计算机服务器是广西地震局存储该网站所有信息的计算机信息系统。被告人陈智峰侵害该计算机系统属于侵害了计算机信息系统的安全。

编造、故意传播虚假恐怖信息罪与破坏计算机信息系统罪的主体要件均为一般主体。被告人陈智峰于1989年10月30日出生，案发时已达到刑事责任年龄，符合两罪的主体要件。

由此可见，被告人陈智峰的行为符合编造、故意传播虚假恐怖信息罪与破坏计算机信息系统罪的特征，构成编造、故意传播虚假恐怖信息罪与破坏计算机信息系统罪。被告人及辩护人的意见，不予采纳。

被告人陈智峰明知是编造的虚假恐怖信息而故意传播，严重扰乱社会秩序，其行为已构成编造、故意传播虚假恐怖信息罪，违反国家规定，破坏计算机系统功能，对计算机信息系统中存储的数据和应用程序进行删除，致使计算机信息系统不能正常运行，其行为又构成破坏计算机信息系统罪。被告人陈智峰一人犯数罪，应对其数罪并罚，故一、二审法院作出如上裁判。

42. 行为人故意编造在大型超市放置雷管的虚假信息，向超市勒索钱财的行为应如何定性？

行为人故意编造在大型超市放置爆炸物的虚假信息，向超市勒索钱财，手段行为与目的行为分别触犯编造虚假恐怖信息罪与敲诈勒索罪，构成牵连犯，应从一重罪，即以编造虚假恐怖信息罪定罪处罚。

43. 行为人故意编造在大型超市放置雷管的虚假信息，实际上并未导致发生秩序混乱、人员践踏死亡、社会恐慌或损失严重等危害后果的，是否能构成编造虚假恐怖信息罪？

行为人故意编造在大型超市放置雷管的虚假信息，其行为会导致超市长时间无法正常营业，还导致公安机关出动大量警力组织实施人员疏散行动，人力、物力大量耗费，正常工作生活秩序被严重干扰，属于"严重扰乱社会秩序"的行为。

典型疑难案件参考

王翔敲诈勒索案

基本案情

2010年2月16日13时29分16秒和13时33分34秒和被告人王翔使用自己的移动电话先后两次拨打欧尚超市长阳店的总机，声称其在欧尚超市长阳店内放置了2根雷管。警方接报后，启动防爆预案，先后出动刑侦、治安、交警、消防、刑技等各警种警察百余名以及警犬5条、排爆车5辆至现场，疏散顾客、超市工作人员和商户；当日16时，该超市停止营业，16时30分至18时30分许，警方进行搜爆，经仔细搜查，欧尚超市长阳店未发现疑似爆炸物品。根据欧尚超市长阳店提供的营业额明细表，该超市2010年2月14日、15日、17日、18日16时至18时30分的营业额分别为43万余元、46.9万余元、40万余元、36.3万余元，2010年2月16日同时段营业额为14.3万余元。

被告人王翔于2010年2月16日15时52分、15时53分、16时09分，先后向其曾在欧尚超市长阳店一广告牌上见到的移动电话号码发送3条信息，内容主要是：已在超市内放置3根雷管，超市必须在当日17时前将2.5万元汇入其建设银行账户，否则引爆雷管。另在2010年2月上旬，被告人王翔曾向静安区昌平路太阳岛花园浴场经营负责人王迪的移动电话发送信息，扬言在该浴场放置了雷管，向王迪索要钱财，遭王迪拒绝。

2010年2月21日，王翔在本市天霞宾馆桑拿大堂被抓获，其用于作案的移动电话等被查获。

诉辩情况

检察机关指控：被告人王翔的行为已构成编造虚假恐怖信息罪。

被告人王翔及其辩护人提出：对起诉书指控的事实无异议，但对起诉书指控被告人王翔犯编造虚假恐怖信息罪有异议，认为被告人王翔以非法占有为目的，采用编造虚假恐怖信息的方法敲诈钱财，符合敲诈勒索罪的犯罪构成，应确认被告人王翔的行为构成敲诈勒索罪。因王翔敲诈未得逞，且在警方的及时处置下，并未给欧尚超市长阳店造成巨大经济损失，控制了事态的后果，故不应认定被告人王翔的行为"造成严重后果"。

裁判结果

上海市杨浦区人民法院于2010年5月11日以〔2010〕杨刑初字第258号刑事判决，认定被告人王翔犯编造虚假恐怖信息罪，判处有期徒刑5年6个月；犯罪工具移动电话一部予以没收。一审判决后，王翔提出上诉。上海市第二中级人民法院于2010年6月17日以同样的事实和理由作出〔2010〕沪二中刑终字第363号刑事裁定，驳回上诉，维持原判。

裁判理由

法院生效判决认为：关于被告人王翔的行为构成敲诈勒索罪的辩护意见，被告人王翔虽然仅实施了编造爆炸威胁的恐怖信息一个行为，但是该行为具有多重属性，分别触犯编造虚假恐怖信息罪和敲诈勒索罪，应按该行为所触犯的罪名中法定刑最重的处罚，而编造虚假恐怖信息罪的法定刑重于敲诈勒索罪，故本案应以编造虚假恐怖信息罪定罪处罚。辩护人关于被告人王翔的行为构成敲诈勒索罪的辩护意见于法无据，不予采纳。

关于被告人王翔的行为尚未造成严重后果的辩护意见，评判以爆炸威胁敲诈勒索的行为是否"造成严重后果"，被害单位的经济损失仅是其中一方面。被告人王翔在农历春节大型超市人员密集之时，编造爆炸威胁恐怖信息敲诈勒索,其行为不仅致使超市无法正常营业,还导致公安机关实施人员疏散行动,正常工作秩序被严重干扰,并耗费大量人力、物力,其行为具有更大的社会危害性,造成了严重后果。因此,该辩护意见有失偏颇,不予采纳。

综上,被告人王翔编造爆炸威胁等恐怖信息,向大型超市勒索钱财,公安机关为此出动大量人力、物力进行人员疏散,超市因此停止营业并造成经济损失,被告人王翔的行为严重扰乱社会秩序,造成严重后果,构成编造虚假恐怖信息罪。检察机关指控的罪名成立,对被告人王翔依法应予惩处。被告人王翔到案后交代态度较好,酌情从轻处罚。

44. 在传染病疫情流行期间,编造他人患有传染病症状的虚假信息,是否属于编造虚假的"恐怖信息"?

在传染病疫情流行期间,编造他人患有传染病症状的虚假信息,应当认定为编造虚假的"恐怖信息"。

45. 行为人编造虚假恐怖信息并故意传播所编造的虚假恐怖信息的行为,应当定编造虚假恐怖信息罪还是编造、故意传播虚假恐怖信息罪?

行为人编造虚假恐怖信息并故意传播所编造的虚假恐怖信息的行为,定编造虚假恐怖信息罪。

46. 在传染病疫情流行期间,编造他人患有传染病症状的虚假信息,并向"120"急救中心谎报的行为是否属于"传播"虚假恐怖信息的行为?

在传染病疫情流行期间,编造他人患有传染病症状的虚假信息,并向"120"急救中心谎报,导致急救车出诊,严重扰乱了社会秩序,干扰了急救中心的正常工作,属于"传播"虚假恐怖信息的行为。

典型疑难案件参考

黄旭、李雁编造虚假恐怖信息案

基本案情

2003年3月，北京百事可乐饮料有限公司解除了与被告人黄旭经营的北京加和行文化传播有限公司的业务合作关系，黄旭认为此事是北京百事可乐饮料有限公司的上级公司百事（中国）投资有限公司北京分公司市场部经理肖某作出的决定，故对肖产生不满，意图报复。

2003年4月25日11时至12时许，被告人黄旭在北京市发生"非典型肺炎"疫情期间，编造了肖某出现发烧、咳嗽等"非典型肺炎"症状的虚假事实，指使被告人李雁两次拨打北京"120"急救中心电话。12时许，北京急救中心派急救车前往百事（中国）投资有限公司北京分公司所在的汉威大厦出诊，致使该公司及在大厦内办公的其他单位人员误以为汉威大厦内有人患有"非典型肺炎"，造成大厦内人员恐慌，严重影响了大厦的正常秩序，亦干扰了"120"急救中心的正常工作。

诉辩情况

检察机关指控被告人黄旭、李雁犯编造虚假恐怖信息罪。

黄旭的辩护人提出：黄旭的行为尚未达到严重扰乱社会秩序的程度，不构成犯罪。

李雁的辩护人提出：李雁不存在编造的行为，给"120"打电话也不符合传播行为的特征，其是在黄旭的指使下拨打的"120"电话，请求对李雁公正判决。

裁判结果

北京市第二中级人民法院于2003年6月11日作出刑事判决，被告人黄旭犯编造虚假恐怖信息罪，判处有期徒刑6个月。被告人李雁犯编造虚假恐怖信息罪，判处拘役3个月，缓刑6个月。

裁判理由

法院生效裁判认为：被告人黄旭、李雁为图报复，在北京市发生"非典型肺炎"疫情期间，编造他人患有"非典型肺炎"症状的虚假事实，向"120"急救中心进行谎报，严重扰乱公共场所和急救中心的正常秩序，其行为均已构成编造虚假恐怖信息罪，应依法惩处。在共同犯罪中，黄旭系主犯，李雁系从犯，故依法对李雁从轻处罚适用缓刑。

黄旭明知北京市正在发生"非典"疫情，而利用人们对于"非典"疫情存在的恐惧心理，编造他人有"非典"症状的恐怖信息，致使医务人员到汉威大厦出诊，给该大厦内的工作人员造成极大恐慌，严重扰乱了社会秩序，故对其辩护意见不予采纳。

李雁虽未编造他人患"非典"症状的恐怖信息内容，但其明知黄旭编造上述虚假恐怖信息是为了报复他人，也明知人们对于"非典"疫情存在恐惧心理，仍在黄旭的指使下拨打"120"急救中心电话，严重扰乱了社会秩序，系编造虚假恐怖信息罪的共犯，其拨打"120"电话不符合传播行为特征的辩护意见与已查明的事实相悖，不予采纳；关于李雁受黄旭的指使拨打"120"电话的辩护意见成立，予以采纳。

编造、故意传播虚假恐怖信息罪办案依据集成

刑法条文

第二百九十一条之一 【投放虚假危险物质罪，编造、故意传播虚假恐怖信息罪】投放虚假的爆炸性、毒害性、放射性、传染病病原体等物质，或者编造爆炸威胁、生化威胁、放射威胁等恐怖信息，或者明知是编造的恐怖信息而故意传播，严重扰乱社会秩序的，处五年以下有期徒刑、拘役或者管制；造成严重后果的，处五年以上有期徒刑。

司法解释

最高人民法院、最高人民检察院《关于办理妨害预防、控制突发传染病疫情等灾害的刑事案件具体应用法律若干问题的解释》（2003年5月15日法释〔2003〕8号）（节录）

第十条 （第一款）编造与突发传染病疫情等灾害有关的恐怖信息，或者明知是编造的此类恐怖信息而故意传播，严重扰乱社会秩序的，依照刑法第二百九十一条之一的规定，以编造、故意传播虚假恐怖信息罪定罪处罚。

八、聚众斗殴罪

47. 单方有聚众斗殴的故意，双方或一方采用暴力方式进行殴斗，能否构成聚众斗殴罪？

聚众斗殴罪不以双方实际上均发生斗殴为要件，客观上行为人按照计划，纠集多人结伙持械在街道随意殴斗他人，即使只有一方具有斗殴的故意，也可构成聚众斗殴罪。

48. 多名行为人在有间隔的时间内，在不同的地方实施斗殴行为的，应如何认定次数？

多名行为人在有间隔的时间内，在不同的地方实施斗殴行为，在时间、地点、针对的对象上均有不同，行为属于连续状态，实际上构成数行为，均可以独立构成聚众斗殴犯罪。

49. 积极参与对被害人的砍打行为，相互配合，致使被害人重伤的，在难以分清直接责任人时，对参与的行为人定聚众斗殴罪还是故意伤害罪？

积极参与对被害人的砍打行为，相互配合，致使被害人重伤的，在难以分清直接责任人时，对首要分子和积极参加导致被害人重伤的行为人，均定故意伤害罪。

典型疑难案件参考

倪以刚等聚众斗殴案

基本案情

被告人夏成小等人与王云龙、徐杰（另案处理）等人发生矛盾，徐杰等人多次准备殴打夏成小，夏成小将此事告诉被告人倪以刚。2004年2月15日下午2时许，被告人倪以刚及其"老大"张卫（在逃）出面处理此事，与徐杰等人的"老大"赵磊（另案处理）在开荣浴室门口发生争执，赵磊用刀将张卫的裤子戳坏，倪以刚遂联系汪凯（在逃），后倪以刚和汪凯先后召集被告人韩磊、张耀、周业晖、刘旭、胡成文、夏成小、王业佳、朱鹏以及刘兵、苏臣逸（在逃）、吴国健、朱峰、赵东等 20 余人，于 2004 年 2 月 15 日下午 6 时许，携带砍刀准备到"东方网络"网吧寻找赵磊等"东边"的人殴打。倪以刚等人行至众小门东时，遇到被害人张明，听说张明也是他们要寻找的"东边"的人，包括 9 被告人在内的 20 多人即围住张明，其中倪以刚、韩磊、张耀、周业晖、刘旭、胡成文及汪凯、刘兵等人用砍刀将张明砍伤。

随后，包括 9 被告人在内的 20 多人又窜至众兴镇"东方网络"网吧，汪凯、刘兵及倪以刚、胡成文等人在网吧内砍打徐杰、丁扬等人，韩磊、张耀、周业晖、刘旭在网吧外追砍陈磊、王健等人，王业佳欲用刀砍人时刀被夏成小夺去，夏成小、朱鹏在网吧门口持刀砍人，在本次殴斗中，徐杰、王允寅、陈磊、王健、张子扬、丁扬、张徐等人被砍伤。

张明于 2004 年 2 月 15 日受伤后，当即被家人送到泗阳县人民医院抢救并住院治疗，经检查张明颅骨、面额部及身体其他部位 10 多处受伤；6 月 6 日张明再次到泗阳县人民医院住院，在此期间行颅骨修补术，至 6 月 20 日出院。经法医鉴定，张明的头部颅骨损伤构成重伤，徐杰、王允寅、陈磊、王健的损伤构成轻伤，丁扬、张子扬、张徐的损伤构成轻微伤。另查明：张明在泗阳县人民医院治疗期间共花费 35915.56 元，交通费 210 元。

案发后，倪以刚家人主动赔偿张明医疗费 4000 元，韩磊家人向张明赔偿医疗费 2000 元，周业晖主动赔偿张明 1100 元；张耀已赔偿 1000 元，并协议在 2004 年 10 月底继续向张明赔偿 2000 元；胡成文已向张明赔偿医疗费 3000 元；刘旭向张明赔偿医疗费 1000 元；夏成小于案发后已向张明赔偿医疗费 3000 元；王业佳已向张明赔偿医疗费 2000 元，朱鹏已向张明赔偿医疗费 3000 元。胡成文、夏成小、王业佳、朱鹏除向张明赔偿上述医疗费外，还额外支付了数额不等的其他补偿。

另外，2003 年 11 月 29 日晚 7 时许，左峰与汪凯在泗阳振兴商贸城发生矛盾，后汪凯纠集被告人韩磊以及张卫、刘兵等人持砍刀驾车在城区寻找左峰等人斗殴，在泗阳县电视塔西一桥处找到左峰、刘成、左海波、王维亮等人，被告人韩磊等即下车持刀上前追砍，致左海波、刘成、王维亮 3 人被砍伤，经法医鉴定，刘成的损伤构成轻伤。案发后，汪凯向刘成和左海波共赔偿 7000 元。

2003 年 8 月 17 日晚 7 时许，左峰和几个朋友在泗阳县众兴镇芙蓉路遇到被告人刘旭和尹佳、张旭，因左峰前一天和被告人刘旭发生矛盾，被告人刘旭认为左峰还要打他，遂从"扬子"网吧旁边的一小吃部摸出一把菜刀将左峰砍伤，经法医鉴定，左峰的损伤构成轻伤。2004 年 6 月 5 日被告人刘旭向左峰赔偿了1500元。

> **诉辩情况**

江苏省泗阳县人民检察院以被告人倪以刚、韩磊、张耀、刘旭、周业晖、胡成文、夏成小、朱鹏、王业佳犯故意伤害罪、聚众斗殴罪，于2004年9月16日向泗阳县人民法院提起公诉。附带民事诉讼原告人张明的法定代理人仲济华向本院提起附带民事诉讼，要求上述9被告人及赵东、吴国建、朱峰（3人均未追究刑事责任）赔偿医疗费22915.56元和护理费、营养费、差旅费（在庭审前，由于赵东、吴国建、朱峰下落不明，原告人撤回对3人的民事起诉）。

被告人韩磊、周业晖、张耀、刘旭、夏成小、王业佳、朱鹏均提出：未砍张明。

被告人周业晖、张耀、夏成小、王业佳的辩护人均提出：各自的被告人未砍张明，故不构成故意伤害罪。

被告人周业晖和夏成小的辩护人均提出：自己的当事人是从犯。

被告人刘旭辩称：当时砍左峰是自卫。

附带民事诉讼被告人纪扬州提出：不应当向张明赔偿。

在本案的诉讼中，因被告人韩磊、胡成文、夏成小、王业佳、朱鹏主动给予附带民事诉讼原告人一定的经济赔偿，附带民事诉讼原告人的法定代理人仲济华撤回了对被告人韩磊、胡成文、夏成小、王业佳、朱鹏的民事诉讼请求；被告人张耀与附带民事诉讼原告人就民事赔偿事宜达成了协议。

> **裁判结果**

江苏省泗阳县人民法院作出刑事判决，认定被告人倪以刚犯故意伤害罪，判处有期徒刑6年；犯聚众斗殴罪，判处有期徒刑6年，剥夺政治权利1年。决定执行有期徒刑11年，剥夺政治权利1年；被告人韩磊犯故意伤害罪，判处有期徒刑4年；犯聚众斗殴罪，判处有期徒刑5年6个月。决定执行有期徒刑9年；被告人张耀犯故意伤害罪，判处有期徒刑4年；犯聚众斗殴罪，判处有期徒刑3年。决定执行有期徒刑6年6个月；被告人刘旭犯故意伤害罪，判处有期徒刑3年；犯聚众斗殴罪，判处有期徒刑3年。决定执行有期徒刑5年6个月；被告人周业晖犯故意伤害罪，判处有期徒刑2年6个月；犯聚众斗殴罪，判处有期徒刑3年。决定执行有期徒刑5年；被告人胡成文犯故意伤害罪，判处有期徒刑2年；犯聚众斗殴罪，判处有期徒刑2年。决定执行有期徒刑3年；被告人夏成小犯聚众斗殴罪，判处有期徒刑2年；被告人朱鹏犯聚众斗殴罪,判处有期徒刑1年;被告人王业佳犯聚众斗殴罪,判处有期徒刑8个月;被告人倪以刚、刘旭和被告人周业辉的法定代理人徐翠英于本判决生效后10日内向附带民事诉讼原告人张明共同连带赔偿损失3521元,附带民事诉讼被告人纪扬州对被告人刘旭不能支付部分承担赔偿责任。

裁判理由

法院生效裁判认为:关于被告人韩磊、张耀、周业晖、刘旭、夏成小、王业佳、朱鹏及相应的辩护人辩称自己或相关被告人均未砍张明。经查:(1)关于被告人韩磊。被告人韩磊供述在遇到张明时是跟在汪凯后面的,也证明张明被汪凯拦住实施砍打行为,而被告人张耀、周业晖、夏成小在侦查机关供述被告人韩磊实施了用刀砍张明的行为,被告人韩磊的辩解与事实不符,其辩解不予采信。(2)关于被告人张耀。被告人张耀虽否认自己用刀砍张明,但被告人倪以刚、韩磊、周业晖、夏成小、朱鹏在侦查机关均供述张耀对张明实施了用刀砍张明身体的行为,被告人刘旭在庭审中供述张耀用刀砍了张明,因此对张耀及其辩护人的此辩解意见不予采信。(3)关于被告人周业晖。被告人周业晖在侦查机关供述自己已将刀抽出,被告人倪以刚、张耀、刘旭、夏成小在侦查机关均供述了周业晖参与用刀砍张明身体的行为。因此对周业晖的辩解本院不予支持。(4)关于被告人刘旭。被告人刘旭虽在庭审中否认自己砍张明,但其在侦查机关供述了自己砍张明头部两刀的事实,同时该事实得到被告人张耀、周业晖供述的印证,故对被告人刘旭的辩解本院不予采信。(5)关于被告人夏成小。虽然被告人倪以刚、张耀证明夏成小对张明实施了砍的行为,但被告人王业佳、朱鹏及证人朱峰证明其4人是在一起的,没有去砍张明,同时被害人张明虽陈述夏成小随被告人倪以刚追了张明,但并未明确被告人夏成小砍了张明,所以认定被告人夏成小对被害人张明实施用刀砍的行为证据不足,其本人和辩护人的辩解意见本院予以采信。(6)关于被告人王业佳。虽然被告人倪以刚证明王业佳对张明实施了砍的行为,但被告人朱鹏、夏成小的供述及证人朱峰的证言证明王业佳没有砍张明,故认定被告人王业佳砍张明的证据不足,对被告人王业佳及其辩护人的此辩解意见本院予以采信。(7)关于被告人朱鹏。被告人夏成小、王业佳、证人朱峰证明在砍张明时和朱鹏在一起,故认定被告人朱鹏对张明实施砍的行为证据不足,对其本人及辩护人的辩解意见予以采信。

被告人倪以刚、韩磊、张耀、周业晖、刘旭、胡成文、夏成小、朱鹏、王业佳持械聚众斗殴;被告人倪以刚在2004年2月15日的聚众斗殴中起策划、组织、指挥作用,属首要分子;被告人韩磊、张耀、周业晖、刘旭、胡成文、夏成小、朱鹏、王业佳在2004年2月15日的聚众斗殴过程中,积极参与,均属于积极参加者。被告人韩磊还伙同汪凯积极参与殴打刘成、左海波等人，9被告人的行为均构成聚众斗殴罪；被告人倪以刚、韩磊、周业晖、胡成文、张耀、刘旭在聚众斗殴中还实施了致被害人张明重伤的行为，而本案中又难以分清致被害人张明重伤的直接责任人，故被告人倪以刚、韩磊、张耀、周业晖、刘旭、胡成文对张明伤害的行为还符合《刑法》第292条第2款的情形，属于致人重伤的情况，应依《刑法》第234条第2款规定的故意伤害罪定罪处罚。被告人刘旭故意伤害左峰身体致其轻伤，其行为已构成故意伤害罪。9被告人等人在2004年2月15日的聚众斗殴过程中，在众小门9被告人等追砍被害人张明与在"东方网络"内殴斗在时间上有一定的连续，但由于众小门与"东方网络"相隔较远，属不同的地点，9被告人在两处的行为应分别评价。即被告人倪以刚、韩磊、张耀、周业晖、刘旭、胡成文均应按故意伤害罪和聚众斗殴罪数罪并罚；被告人夏成小、朱鹏、王业佳应按聚众斗殴罪定罪处罚。检察机关指控被告人倪以刚、韩磊、张耀、周业晖、刘旭、胡成文犯故意伤害罪和聚众斗殴罪，被告人夏成小、朱鹏、王业佳犯聚众斗殴罪，事实清楚，证据确实充分，应予支持；但检察机关指控被告人夏成小、朱鹏、王业佳犯故意伤害罪证据不足，不予支持。被告人倪以刚系首要分子，应对2004年2月15日发生的聚众斗殴事件全部负责，其在有期徒刑执行完毕后的5年内再犯应当判处有期徒刑以上的刑罚之罪，属累犯，依法应当从重处罚；但考虑到被告人倪以刚积极赔偿被害人张明部分医疗费，对其所犯的故意伤害罪可酌情从轻处罚。被告人韩磊作案时不满18周岁，并向张明赔偿了部分医疗费，根据其所实施犯罪行为在整个犯罪中的作用和情节，依法从轻处罚。被告人张耀已向被害人张明赔偿部分费用，对其故意伤害罪酌情从轻处罚。被告人周业晖在作案时不满18岁，并向张明赔偿部分医疗费，对其所犯的故意伤害罪依法适用减轻处罚，对其所犯的聚众斗殴罪从轻处罚。被告人刘旭在作案时不满18岁，并向张明赔偿部分医疗费，对其所犯两罪依法均适用从轻处罚。被告人胡成文在案发后主动投案并如实供述自己的犯罪事实，属自首，其在作案时不满18岁，并主动赔偿张明的部分损失，认罪态度较好，对其所犯故意伤害罪和聚众斗殴罪均适用减轻处罚。被告人夏成小、朱鹏、王业佳均系在校学生，在作案时均不满18周岁，均能主动赔偿被害人张明的部分损失；被告人朱鹏、王业佳在整个犯罪中起次要作用属从犯，且认罪态度较好；根据3被告人各自所实施犯罪行为的具体情节及3被告人的犯罪原因，不同程度地对3被告人所犯聚众斗殴罪适用减轻处罚。

被告人夏成小的辩护人辩称夏成小没有对张明砍打，故不应当认定被告人夏成小犯故意伤害罪，因认定被告人夏成小砍张明证据不足，对该辩护意见予以采信。

被告人周业晖和夏成小的辩护人均认为自己的当事人是从犯，经查，该二被告人在整个犯罪中的作用，不符合从犯的法律要件，对二辩护人的该辩护意见不予采信。

被告人刘旭辩称砍左峰是自卫，但通过对查明事实的分析，被告人刘旭的行为不符合正当防卫的法律要件，故对被告人刘旭的此辩解本院不予支持。本案中9被告人的聚众斗殴行为与张明的受伤都有因果关系，故9被告人为共同侵权人，被告人倪以刚、周业晖、刘旭和其他被告人共同对被害人张明实施侵权行为，应当承担相应的民事赔偿责任。根据本案的具体情况，难以区分各被告人的责任范围，应推定各共同侵权人承担同等民事责任，同时被害人张明的法定代理人对被告人韩磊、张耀、胡成文、夏成小、王业佳、朱鹏的权利处分的后果已向附带民事诉讼原告人告知并另行作出裁判文书。这就决定被告人倪以刚、周业晖、刘旭仅应承担该3人应当承担的赔偿份额。原告人张明的医疗费为35915.56元、护理费为1742.5元（按每天42.5元计算41天）、营养费为615元（按每天15元计算41天）、交通费为210元，四项费用共计38484.06元。按12人应当对原告人承担赔偿义务计算，可确定被告人倪以刚、周业晖、刘旭应当共同连带赔偿38484.06元中的1/4即9621元。鉴于被告人倪以刚已向张明支付了4000元，被告人周业晖已支付1100元，被告人刘旭已支付1000元，故被告人倪以刚、周业晖、刘旭还应连带赔偿张明医疗费、营养费、护理费、交通费共计3521元。被告人周业晖现尚不满18周岁，属限制民事行为能力人，被告人周业晖造成被害人张明损伤，其应当承担的民事责任应由其监护人即法定代理人徐翠英承担。被告人刘旭在对被害人张明实施侵权行为时不满18周岁，现已满18周岁，对其应承担的赔偿责任而实际不能承担的应由原监护人即本案附带民事诉讼被告人纪扬州承担。

附带民事诉讼被告人纪扬州辩称：被告人刘旭没有对张明实施砍的行为也不应予赔偿，经查，其辩解与事实不符，且无法律依据，不予支持。故法院依法作出如上裁判。

50. 成立聚众斗殴罪是否要求双方都必须参与斗殴？

聚众斗殴罪强调的是双方有殴斗的故意或行为，如果一方没有实际参与殴斗或见势逃走，而另一方仍聚集多人持械斗殴追打，情节严重的话，则追打的一方可能构成聚众斗殴罪。

51. 积极参加聚众斗殴的行为人是否都应认定为主犯？

> 行为人只是在组织下积极参加了聚众斗殴，但并非该犯罪的首要分子的，不宜认定为主犯。

典型疑难案件参考

任中顺、陈同望、马兴勇聚众斗殴案

基本案情

2004年1月28日（农历正月初七）晚，被告人任中顺、马兴勇、张延海（在逃）因与崔增良、张延平、张希祥等人发生矛盾。任中顺组织陈同望、马兴勇等60余人乘多辆汽车，持弩枪、铁锹、木棍等凶器到新乡县古固寨镇政府路桥处找崔增良等人斗殴。崔增良等人见状逃走。任中顺持弩将张希祥肩膀射成轻伤。在追打张延平时将倍佳好超市玻璃砸毁，致使该店服务员杨丽在恐惧中从二楼跳下，致腰骨骨折，构成轻伤。后被告人任中顺带领陈同望等人将崔增良经营的名贤沐浴中心砸毁，造成4938元的损失。现场附近几家饭店、超市的门窗玻璃被砸，价值296.6元。2004年3月1日3被告人到公安机关投案，并在案件审理期间赔偿了崔增良15000元。

一审诉辩情况

检察机关指控被告人任中顺、陈同望、马兴勇犯聚众斗殴罪。

任中顺及其辩护人提出：因对方崔增良等人没有斗殴，所以任中顺的行为不构成聚众斗殴罪。

陈同望及辩护人提出：陈同望是聚众斗殴的从犯，且有自首的从轻情节。

马兴勇及辩护人提出：马兴勇只是一般参加者且对方没有斗殴，其行为不构成聚众斗殴罪。

一审裁判结果

河南省新乡县人民法院经审理后于2004年10月21日以〔2004〕新刑初字第112号刑事判决，认定被告人任中顺犯聚众斗殴罪，判处有期徒刑4年；被告人陈同望犯聚众斗殴罪，判处有期徒刑2年；被告人马兴勇犯聚众斗殴罪，判处有期徒刑2年，撤销本院〔2001〕新刑初字第43号刑事判决书中对

被告人马兴勇"犯抢劫罪，判处有期徒刑3年，缓刑5年，并处罚金2000元"中的宣告"缓刑5年"的执行部分，合并判处被告人马兴勇有期徒刑5年，并处罚金2000元；决定执行有期徒刑4年，并处罚金2000元。

一审裁判理由

法院生效裁判认为：被告人任中顺、陈同望、马兴勇聚众多人持械斗殴，其行为已构成聚众斗殴罪。任中顺在共同犯罪中起主要作用，系主犯，应当按照其所组织的全部犯罪处罚。陈同望、马兴勇在共同犯罪中起次要作用，系从犯，应当从轻、减轻处罚。3被告人犯罪以后自动投案并如实供述自己的罪行，属自首，可以从轻或减轻处罚。3被告人犯罪后积极赔偿了被害人损失。被告人马兴勇在缓刑考验期限内又犯新罪，应当撤销缓刑，数罪并罚。

被告人任中顺、马兴勇及其辩护人认为2被告人的行为不构成聚众斗殴罪的辩护意见，没有事实、法律依据，不予采纳；被告人陈同望及辩护人辩称陈同望系从犯的辩护意见，与查明的事实相符，予以采纳。

二审诉辩情况

一审宣判后，任中顺提出上诉。

任中顺提出，其到现场后对方跑掉，没有相互殴斗成，不构成聚众斗殴罪。

二审裁判结果

新乡市中级人民法院于2004年12月10日以同样的事实作出〔2005〕新刑一终字第3号刑事裁定，驳回上诉，维持原判。

二审裁判理由

二审法院认为：关于任中顺提出的其到现场后对方跑掉，没有相互殴斗成，不构成聚众斗殴罪的上诉理由，经查，被告人任中顺组织60余人携凶器乘车到预定地点殴斗，当对方见任中顺的人多逃走的情况下，任带领人仍前去追打，将张希祥射伤，并砸毁多处物品，且参与斗殴人数多、规模大，造成社会秩序的严重混乱，其行为已构成聚众斗殴罪。故法院依法作出如上裁判。

52. 行为人在警察制止聚众斗殴时,继续进行斗殴,并且将一名警察打成重伤,该行为应定聚众斗殴罪、故意伤害罪还是妨害公务罪?

行为人在警察制止聚众斗殴时,继续进行斗殴,并且将一名警察打成重伤,该行为表明行为人明知自己的行为可能发生重伤害的结果,并且放任这种结果的发生,构成故意伤害罪。

53. 聚众斗殴致人重伤的,但直接实施伤害的人无法查清,在此情况下是否对所有参加聚众斗殴的人都定故意伤害罪?

聚众斗殴致人重伤,但由于直接实施伤害的人无法查清,因此应对发生重伤时仍参与聚众斗殴的行为人及主犯定故意伤害罪,对发生故意伤害时已逃离现场的行为人定聚众斗殴罪,以此体现罪责刑相适应原则。

典型疑难案件参考

石国钗等故意伤害、聚众斗殴案

基本案情

2003年9月24日上午8时许,在泉港区山腰世纪新城工地做扎桩工的被告人彭德银和彭德江(在逃,另案处理)等人,用水泵把工地上的积水抽到路边,被告人魏岩平阻止他们,双方发生口角引起纠纷。被告人彭德银、彭德金伙同彭德江、彭德海、张如豪、白涛(均在逃,另案处理)等人将被告人魏岩平按倒在地上殴打,被管理员劝阻散开。被告人魏岩平被殴打后即打电话告诉工地建筑商即被告人石国钗,被告人石国钗在到工地途中打电话要庄剑峰(在逃)纠集几个人到工地,庄剑峰即纠集了10多个社会青年赶到工地,由被告人魏岩平指认,持钢管、铁棍等工具去殴打扎桩民工。被告人彭德银、彭德金、杨秀章、张如华、张如培、张天国及彭德江、彭德海、白涛、张如豪等人闻讯便聚集在工地料场,手持铁棍、角铁等工具欲进行还击,双方开始互相扔掷石块。山腰派出所民警林智龙、黄晟罡接警后赶到现场制止,责令双方停手,被告人张如华、张如培、张天国看到警察来后逃离现场,后被公安人员抓获。被告人杨秀章在逃离现场后即被警察林智龙抓获。其余人员继续进行斗殴,在制止斗殴过程中黄晟罡被打伤右眼,由随即赶到的"110"民警送医院急救,庄剑峰等10多个社会青年及被告人彭德银、彭德金等人才逃离现场。被告人魏岩平带警察在泉港至石狮的公共汽车上抓获被告人彭德银、彭德金。经法医鉴定,黄晟罡的右眼伤残等级为7级,损伤程度为重伤。被害人黄晟罡住院期间的医疗费、伙食补助费、护理费、残疾人生活补助费合计人民币99042.24元。被告人石国钗家属已支付被害人黄晟罡医疗费用计39070元。

诉辩情况

检察机关认为:被告人石国钗、魏岩平、彭德银、彭德金、杨秀章、张如培、张天国、张如华聚众斗殴,致人重伤,其行为已触犯《刑法》第292条、第234条第2款、第25条第1款之规定,应以故意伤害罪追究其刑事责任。在共同犯罪中,被告人石国钗起组织、领导作用,应认定为主犯;其余被告人应认定为从犯。被告人魏岩平到案后,能协助公安人员指认、抓获同案犯,具有立功表现。

附带民事诉讼原告人及其委托代理人请求,判令各被告人共同赔偿原告人的住院治疗费15795.53元、护理费3737.70元、交通费4819元、住宿费5112元、住院伙食补助费585元、伤残补助费48120元,合计人民币108169.23元,扣除被告人石国钗已付的39070元,各被告人还应共同赔偿原告人经济损失人民币69099.23元。

被告人石国钗提出:其主观上是为了制止犯罪,并不是叫人来打工人。其有协助公安机关抓人、自首情节。其已赔偿被害人39070元,具体赔偿按法律规定。

石国钗的辩护人提出:指控被告人石国钗的犯罪事实不清、证据不足,适用法律错误。对被害人的伤情被鉴定为重伤有异议,请求重新鉴定。从本案现有证据看应是重庆籍被告人用石子击中被害人眼部。重庆籍被告人有重大过错,应负本案的主要责任。民警未按规定着装,也是导致被打伤的重要原因之一。

被告人魏岩平提出:其打电话给石国钗是让他来解决纠纷,不是为了报复,其未参与斗殴,不应由其承担赔偿责任。其协助公安机关抓获犯罪嫌疑人彭德银、彭德金。

魏岩平的辩护人提出:魏岩平聚众斗殴转化为故意伤害的证据不足。重庆籍被告人构成妨害公务转化为故意伤害罪,被告人魏岩平不是他们的共犯,不构成故意伤害罪。

被告人彭德银提出：对起诉书的指控不持异议，对被害人的赔偿要求请求按法律规定办。其不是聚众斗殴，且不能指定谁打伤警察，其不是凶手，对被害人的赔偿要求请求按法律规定办。

被告人杨秀章提出：其当时是在保护自身安全，警察被打伤时其已跑掉，对警察被打伤的事根本不了解。对被害人的赔偿要求请求按法律规定办。

被告人张如培提出：警察到时其已跑掉了，警察被谁打的不知道。对被害人的赔偿要求请求按法律规定办。

被告人张天国提出：其不知道警察被谁打，其未打警察。对被害人的赔偿要求请求按法律规定办。

被告人张如华提出：其不知道警察被谁打，对被害人的赔偿要求请求按法律规定办。

一审判决宣告后，被告人张天国、张如华服判，未上诉。被告人石国钗、魏岩平、彭德银、彭德金、杨秀章、张如培提出上诉。

石国钗及其二审辩护人提出：被告人石国钗没有叫人打工人，没有斗殴及伤害警察的故意，要求宣告无罪。

魏岩平、杨秀章提出：其未参与斗殴，不构成犯罪。

彭德银提出：其没有向警察扔石头，要求减轻处罚。

彭德金提出：其行为属于自卫，未参与伤害警察，要求从轻处罚。

张如培提出：其行为属于自卫，不应承担刑事责任。

裁判结果

福建省泉州市泉港区人民法院于2004年9月28日以〔2004〕港刑初字第107号刑事判决，认定被告人石国钗犯故意伤害罪，判处有期徒刑3年6个月；被告人彭德银犯故意伤害罪，判处有期徒刑3年；被告人彭德金犯故意伤害罪，判处有期徒刑3年；被告人魏岩平犯故意伤害罪，判处有期徒刑2年6个月；被告人杨秀章犯聚众斗殴罪，判处有期徒刑2年；被告人张如培犯聚众斗殴罪，判处有期徒刑2年；被告人张天国犯聚众斗殴罪，判处有期徒刑2年；被告人张如华犯聚众斗殴罪，判处有期徒刑2年。附带民事诉讼原告人黄晟罡医疗费等费用合计人民币99042.24元，由被告人石国钗承担人民币39042.24元（已支付人民币39070元），被告人魏岩平、彭德银、彭德金各承担人民币20000元，限于本判决生效后10日内付清，被告人石国钗、魏岩平、彭德银、彭德金互负连带赔偿责任，被告人杨秀章、张如培、张天国、张如华不承担民事赔偿责任。

一审宣判后,被告人石国钗、魏岩平、彭德银、彭德金、杨秀章、张如培提出上诉。福建省泉州市中级人民法院于 2004 年 12 月 13 日依据同样的事实与证据作出〔2004〕泉州终字第 887 号刑事判决,驳回上诉,维持原判。

裁判理由

法院生效裁判认为:上诉人石国钗、魏岩平、彭德银、彭德金、杨秀章、张如培及原审被告人张天国、张如华为了私仇,纠集多人持械聚众进行斗殴,规模大,社会影响恶劣,当公安人员到现场制止时,上诉人杨秀章、张如培及原审被告人张天国、张如华逃离现场,其行为均已构成聚众斗殴罪;上诉人石国钗、魏岩平、彭德银、彭德金仍在现场继续斗殴,致一人重伤,其行为均已构成故意伤害罪。原审判决定罪准确,量刑适当。审判程序合法。

聚众斗殴罪中,双方均有伤害的故意,且实施了致被害人重伤并致残的严重后果,依法应按故意伤害定罪处罚。本案中虽未能查清致被害人重伤的凶手,但不影响以故意伤害罪对上诉人石国钗、魏岩平、彭德银、彭德金定罪处罚。故上诉人石国钗及其辩护人提出其行为不构成故意伤害罪的诉、辩意见,缺乏事实以及法律依据,不予采纳。

上诉人彭德金、张如培均积极参与斗殴,其行为不符合防卫的条件,故其对此的辩解,不能成立,不予采纳。在共同犯罪中,上诉人石国钗起组织、指挥作用,系主犯,上诉人魏岩平、彭德银、彭德金、杨秀章、张如培及原审被告人张天国、张如华系从犯;上诉人魏岩平归案后协助公安机关抓获同案人,有立功表现;上诉人石国钗案发后积极赔偿被害人经济损失,原审据此予以从轻或者减轻处罚,量刑并无不当。上诉人彭德银、彭德金、杨秀章要求改判较轻刑罚的理由不能成立,不予采纳。上诉人石国钗、魏岩平、彭德银、彭德金的犯罪行为给原审附带民事诉讼原告人黄晟罡造成的经济损失,依法应承担民事赔偿责任,且负连带赔偿责任。上诉人石国钗、魏岩平、彭德银、彭德金应当赔偿原审附带民事诉讼原告人黄晟罡医疗费人民币 45795.53 元、残疾人生活补助费人民币 48120 元、住院伙食补助费人民币 585 元、护理费人民币 541.71 元、交通费和住宿费酌情确定各人民币 2000 元,合计人民币 99042.24元。原审判决确定的赔偿项目和数额,合理合法,应予以支持。上诉人石国钗辩解其不应承担民事赔偿责任,理由不能成立,不予支持。故法院依法作出如上裁判。

54. 为报复的目的，各自纠集人员寻找对方，肆意报复殴打的行为构成寻衅滋事罪还是聚众斗殴罪？

聚众斗殴罪与寻衅滋事罪在主观上存在较大差别，一般来说，聚众斗殴具有确切的斗殴意图，聚众的目的在于斗殴；而寻衅滋事却没有确切的行为对象或目的，主观上表现出惹是生非，有较大的随意性。为达到报复的目的，各自纠集人员寻找对方，肆意报复殴打的行为体现出了行为人明确的主观意图，应定聚众斗殴罪。

55. 聚众斗殴的行为导致被害人重伤、死亡的，该如何定罪？

聚众斗殴的行为导致被害人重伤、死亡的，构成转化犯，应分别定故意伤害罪和故意杀人罪。

典型疑难案件参考

李勇等故意伤害、聚众斗殴案

基本案情

2005年1月25日晚9时许，被告人李勇和薛火平在上海市浦东新区金桥路一电话吧内发生殴斗。事后，双方都认为吃了亏，于是出于报复的目的，杨建纠集了杨龙、陈伟勋等人主动出厂寻找李勇一方，李勇和薛火平亦纠集了多人持械寻找杨建。当双方在某修理厂门口相遇时，李勇等人见对方人多势众就立即逃离，杨建等人持械追赶，但未果。当晚，李勇和薛火平再次纠集了被告人汪家伟等20人左右，持砍刀、钢管、木棍闯入修理厂二楼宿舍，对陈伟勋、杨龙、袁昌旭等人持械殴打。其中李勇、汪家伟持砍刀砍，致被害人陈伟勋因被钝器打击头部造成颅脑损伤致中枢神经功能衰竭而死亡，被害人杨龙、袁昌旭受轻微伤。

诉辩情况

检察机关指控被告人李勇犯故意伤害罪、被告人汪家伟犯寻衅滋事罪。

被告人李勇辩称：自己没有纠集他人。

被告人李勇的辩护人认为：李勇不是寻衅滋事的组织者、指挥者、纠集者，且被害人陈伟勋死亡并非李勇造成，李勇的行为不构成故意伤害罪，应以寻衅滋事罪对其定罪量刑。

被告人汪家伟辩称：其没有打过人。

一审宣判后，李勇提出上诉。

李勇认为，其不构成故意伤害罪。

裁判结果

上海市第一中级人民法院认定，被告人李勇犯故意伤害罪，判处死刑，缓期2年执行，剥夺政治权利终身。被告人汪家伟犯聚众斗殴罪，判处有期徒刑8年，剥夺政治权利2年。附带民事诉讼被告人李勇赔偿附带民事诉讼原告人陈加洪、陈长勇经济损失计人民币157240元。

一审宣判后，李勇提出上诉。上海市高级人民法院于2006年2月16日以同样的事实与证据作出〔2005〕沪高刑终字第210号刑事裁定，驳回上诉，维持原判。

裁判理由

法院经审理认为：被告人李勇为琐事与他人发生争执后，为泄愤，伙同他人共同纠集多人持械聚众斗殴，致一人死亡、两人轻微伤，其行为已触犯《刑法》第292条第2款、第234条第2款之规定，构成故意伤害罪，应处10年以上有期徒刑、无期徒刑或者死刑。被告人李勇供认其持刀砍过被害人陈伟勋手腕处一刀，证人赵银峰也证实事后听李勇讲李有一刀砍在对方的手腕处，尸体检验报告证实被害人陈伟勋手腕处确有一处锐器伤，但陈伟勋系被钝器打击头部造成颅脑损伤致中枢神经功能衰竭而死亡，故陈死亡并非李勇直接造成。但李勇纠集他人共同持械行凶，应对一人死亡、两人轻微伤的严重后果负责，鉴于其并非直接致被害人死亡的行为人，对其判处死刑，可不立即执行。

被告人汪家伟受人纠集，积极参与持械聚众斗殴，其行为已触犯《刑法》第292条之规定，构成聚众斗殴罪，且符合该条第1款第2项"聚众斗殴人数多，规模大，社会影响恶劣"以及第4项"持械聚众斗殴"的情形，应处3年以上10年以下有期徒刑。鉴于本案并无证据证实汪家伟对被害人陈伟勋实施过殴打行为，且被害人陈伟勋死亡系钝器打击致死，而汪所持凶器是刀，故汪并非共同直接致人死亡的行为人，不适用聚众斗殴转化犯的规定，仅作为积极参与者，追究其聚众斗殴的刑事责任。起诉书指控汪家伟的行为构成寻衅滋事罪罪名不当，认定其系从犯亦不妥。

56. 在聚众斗殴中一旦发生致人重伤、死亡的后果，是否所有参加聚众斗殴的行为人都要按故意伤害罪或者故意杀人罪定罪处罚？

在一般情况下，聚众斗殴的首要分子应当对聚众斗殴的后果负全部责任。如果在聚众斗殴的参加者中，有明显的首要分子或组织者进行策划组织聚众斗殴的情况，除首要分子外，如果聚众斗殴的其他积极参加者没有直接致人重伤、死亡的，不能以故意伤害罪或者故意杀人罪定罪处罚。

如果在参加聚众斗殴的参加者中，没有首要分子或者组织者，应该分情况来决定。如果聚众斗殴者的心理态度，包括了扰乱公共秩序、伤害他人身体、剥夺他人生命的概括故意，或者说是不确定的故意，再结合其客观要件，来确定行为人是否应以故意伤害罪或者故意杀人罪论处，其他参加人视情况以聚众斗殴罪论处。

57. 积极参与聚众斗殴的行为人，其行为导致对方重伤后果的，该定聚众斗殴罪还是故意伤害罪？

积极参与聚众斗殴的行为人，其行为导致对方重伤后果的，属于转化犯，应以故意伤害罪追究刑事责任。

典型疑难案件参考

林某伟等聚众斗殴、黄某科故意伤害案

基本案情

2007年6月9日凌晨4时许，被告人林某伟与其女朋友丹丹在潮南区峡山街道华南广场七街网吧上网，在金苑大酒店附近的"传奇"网吧上网的被告人黄某科以QQ方式与丹丹语音聊天而与被告人林某伟发生口角，与被告人黄某科一起的被告人黄术滨（在逃）也通过视频与被告人林某伟互相辱骂并提议外出打架。被告人林某伟串通被告人林某滨及同案人林豪鑫、林镜滨（均在逃），通过手机与被告人黄某科等人联系约定到峡山街道环美路良德药店门口斗殴。同案人黄术滨、黄俊光（在逃）到租住屋中各拿1把水果刀后，与被告人黄某科一起到良德药店门口准备与林某伟等人斗殴。被告人林某伟先动手打对方，双方在斗殴过程中，同案人黄俊光用1把水果刀刺伤林某伟左手臂及左肺部等处，林豪鑫也被对方持刀刺伤背部等处。经法医鉴定，林某伟受锐器伤导致第四五肋间断裂，左上肺及左下肺叶裂伤，左侧液气胸，左肘刀刺伤，伴胸闷气促，行剖胸探查创口缝合术，经治疗左上肢及心肺功能未见明显异常，损伤程度构成重伤，伤残程度10级；林豪鑫右侧开放性血气胸，腰背部软组织挫裂伤，损伤程度构成轻伤。2007年6月26日，被告人黄某科被抓获。

▶ 一审诉辩情况 ◀

检察机关指控：被告人林某伟、黄某科、林某滨均系未成年人，其行为均构成聚众斗殴罪。

各被告人及辩护人对起诉指控的事实没有异议。

▶ 一审裁判结果 ◀

广东省汕头市潮南区人民法院于2008年4月24日以〔2008〕潮南法刑初字第64号刑事判决认定，被告人林某伟犯聚众斗殴罪，判处有期徒刑1年。被告人黄某科犯故意伤害罪，判处有期徒刑1年。被告人林某滨犯聚众斗殴罪，判处有期徒刑6个月。

▶ 二审诉辩情况 ◀

一审宣判后，汕头市潮南区人民检察院提出抗诉。

汕头市潮南区人民检察院抗诉提出：本案中原审被告人黄某科主观上没有伤害的故意，客观上没有对林某伟实施伤害行为，其行为与林某伟的重伤后果不存在刑法意义上的因果关系，原审被告人黄某科只是聚众斗殴的积极参与者，依法不应当对其他同案人超出共同犯意之外的过限行为所造成的后果承担刑事责任。原审判决违背刑法关于共同犯罪的规定，对原审被告人黄某科适用法律不当，定性错误。

汕头市潮南区人民检察院抗诉提出：原审判决仅以后果客观归罪，原审被告人黄某科仅因为与致人重伤的黄俊光是聚众斗殴的同一方而被认定为有共同故意伤害犯罪，而根本无须考察其主观上是否有伤害的共同犯罪故意。并且，本案3被告人的法定从轻减轻情节均是犯罪时未满18周岁，原审判决改变原审被告人黄某科的定性以提高其法定刑在前，在3被告人法定情节相同的情况下对原审被告人黄某科减轻处罚在后，对3被告人的处罚自相矛盾。

二审裁判结果

广东省汕头市中级人民法院二审认定了同样的事实，认为原审判决认定事实清楚，证据确实、充分，定性准确，审判程序合法，但对被告人黄某科量刑一年的处罚失当。原审判决还遗漏认定被告人黄某科系从犯这一情节，也应一并予以纠正。2008年7月23日其作出〔2008〕汕中法刑二终字第11号刑事判决，维持汕头市潮南区人民法院〔2008〕潮南法刑初字第64号刑事判决关于被告人林某伟、林某滨的定罪量刑部分以及被告人黄某科的定罪部分。撤销汕头市潮南区人民法院〔2008〕潮南法刑初字第64号刑事判决关于被告人黄某科的量刑部分。被告人黄某科犯故意伤害罪，判处有期徒刑1年2个月。

二审裁判理由

法院生效裁判认为：对于检察机关提出的原审判决对被告人黄某科适用法律不当、定性错误的抗诉意见。经查：原审被告人黄某科在明知同案人持刀参与斗殴的情况下，仍积极参与聚众斗殴，其主观上是一种不确定的概括故意，即对于斗殴造成扰乱公共秩序，还是伤害对方身体，甚至造成周围无辜群众伤亡持希望或放任态度。原审被告人林某伟的重伤是原审被告人黄某科和同案人黄俊光、黄术滨一方共同在与原审被告人林某伟一方斗殴中所造成，故林某伟的重伤应认定为原审被告人黄某科与同案人黄俊光、黄术滨在聚众斗殴中的共同行为所致。因此，对原审被告人黄某科依法应以故意伤害罪定罪处罚。检察机关的抗诉意见，理由不能成立，不予支持。

对于检察机关提出的原审判决对3被告人的量刑相互矛盾的抗诉意见。经查，原审判决对原审被告人林某伟、林某滨予以从轻处罚，而对原审被告人黄某科予以减轻处罚，系根据案件各被告人在本案中的犯罪情节、地位、作用等情况作出，并不矛盾。但是，对原审被告人黄某科量刑一年的刑罚，在充分考虑被告人黄某科犯罪时不满18周岁且系从犯等情节后，仍与其所犯罪行和承担的刑事责任不相适应，原审判决的该处罚有失平衡，应予纠正。

综上所述，原审被告人黄某科积极参与聚众斗殴，与同案人共同造成刺伤林某伟致重伤的后果，其行为侵犯公民人身权利，已构成故意伤害罪。原审被告人林某伟、林某滨为逞强争霸，积极参与聚众斗殴，扰乱社会公共秩序，其行为均已构成聚众斗殴罪。鉴于被告人林某伟、黄某科、林某滨犯罪时不满18周岁，黄某科在共同犯罪中系从犯，依法对被告人林某伟、林某滨予以从轻处罚，对被告人黄某科予以减轻处罚。一审法院对被告人黄某科量刑一年的处罚失当，原审判决还遗漏认定被告人黄某科系从犯这一情节，应予以纠正，故二审法院依法作出如上裁判。

> **58. 双方纠集多人打群架，一方逃跑而另一方仍追赶殴打，导致其中一人跳入池塘并最终溺水死亡的，该如何认定行为人的刑事责任？**
>
> 双方纠集多人打群架，主要参与人应定聚众斗殴罪。其中一方有人死亡，且打群架行为与被害人死亡有因果关系的，应该对直接导致被害人死亡的行为人追究故意杀人罪的刑事责任。

典型疑难案件参考

彭建华等故意杀人、聚众斗殴案

基本案情

2006年4月11日晚8时许，被告人胡凯、钱欢欢与周健全、魏路路等人在回本市金山区枫泾镇长征村暂住处途中，与彭波（另案处理）因琐事发生争执，彭波回其打工的晶琴乐器（上海）公司后告诉同在该公司的田茂家（另案处理），田即通过魏路路打电话联系胡凯。双方约定通过打群架的方式解决双方纠纷。为此，田茂家纠集了被告人彭建华、彭健、向大云等共30余人，胡凯、钱欢欢也纠集了何继春等10余人。当晚10时许，双方人员均持铁棒等凶器至本市金山区枫泾镇工业园区环东一路与钱明东路十字路口附近进行斗殴，胡凯、钱欢欢一方见对方人多，遂逃离现场，田茂家一方即进行追赶。田茂家、彭波及被告人彭建华、彭健、向大云等人追赶上何继春，田茂家对何继春进行殴打，何继春被迫跳入路边池塘。被告人彭建华、彭健、向大云及田茂家等即在池塘边捡起石块向池塘内冒出头的何继春投掷，致何继春在该池塘内因溺水死亡。案发后，被告人胡凯、钱欢欢主动至公安机关投案，并交代了两人聚众斗殴的作案事实。

诉辩情况

检察机关指控：田茂家持铁棒击打了何继春，当田茂家、彭波以及被告人彭建华、彭健、向大云等人追赶何继春并使其跳入路边池塘后，又向池塘内抛掷石块。后被害人何继春因溺水死亡。案发后，被告人胡凯、钱欢欢主动向公安人员交代了上述犯罪事实。检察机关据此认为上述被告人的行为已构成犯罪，应对其追究刑事责任。

被告人彭建华提出：其没有向池塘内扔石块。

被告人彭建华的辩护人提出：本案证明彭建华向池塘内扔石块的证据不足，彭的行为应认定为聚众斗殴罪，且彭系未成年人，建议法院酌情判决。

彭健的辩护人提出：本案被害人被田茂家殴打后跳入池塘是导致其死亡的直接原因，彭健没有实施殴打被害人的行为，应认定为聚众斗殴罪。

被告人向大云的辩护人提出：向大云系受他人纠集参与斗殴的，应认定为从犯，且向到案后认罪态度较好，建议法院对其从轻处罚。

被告人钱欢欢的辩护人提出：钱欢欢一方在到达斗殴现场后，因对方人多即逃离现场，未与对方进行打斗，应认定为聚众斗殴未遂，且钱欢欢具有自首情节，并自愿对被害人家属进行一定补偿，建议法院对其从轻、减轻处罚。

一审宣判后，彭健提出上诉。

上诉人彭健及其辩护人提出：其行为与被害人的死亡之间不具有刑法上的因果关系，其行为应认定为聚众斗殴罪（未遂）。

裁判结果

上海市第一中级人民法院于 2006 年 11 月 17 日以〔2006〕沪一中刑初字第 201 号刑事判决，认定被告人彭建华犯故意杀人罪，判处有期徒刑 8 年。被告人彭健犯故意杀人罪，判处有期徒刑 8 年。被告人向大云犯故意杀人罪，判处有期徒刑 10 年，剥夺政治权利 3 年。被告人胡凯犯聚众斗殴罪，判处有期徒刑 4 年。被告人钱欢欢犯聚众斗殴罪，判处有期徒刑 3 年。

上海市高级人民法院于 2007 年 2 月 13 日以同样的事实和理由作出〔2006〕沪高刑终字第 190 号刑事裁定，驳回上诉，维持原判。

裁判理由

法院生效裁判认为：被告人彭建华、彭健、向大云积极参加聚众斗殴，并致一人死亡，其行为均构成故意杀人罪。被告人胡凯、钱欢欢因琐事纠集多人持械与他人斗殴，其行为均构成聚众斗殴罪。被告人彭建华、彭健、向大云均积极参加聚众斗殴，且实施了追赶被害人及向被迫跳入池塘的被害人投掷石块的行为，3 人均系本案聚众斗殴致被害人死亡后果的共同加害人。被告人彭建华、彭健、向大云追赶被害人及向在池塘中游泳的被害人投掷石块的行为，与被害人死亡的结果具有刑法上的因果关系，3 被告人均应对聚众斗殴造成被害人死亡的后果承担相应的刑事责任。被告人彭建华、彭健、向大云均积极参加聚众斗殴，且系被害人死亡结果的共同加害人，其行为不符合从犯的法定条件。被告人胡凯、钱欢欢纠集 10 余人持械至约定地点与他人斗殴，且斗殴行为已实际发生，并造成了人员伤亡的严重后果，其行为不属于聚众斗殴的未遂。被告人彭建华、彭健系未成年人，被告人胡凯、钱欢欢系自首。故法院依法作出如上裁判。

59. 如何认定行为人是否属于持械聚众斗殴？

在聚众斗殴犯罪中，对持械聚众斗殴的认定，应以对持械是否存在共同故意来判断，以此来认定承担持械斗殴责任人员的范围。

60. 积极响应聚众斗殴行为，但临场退缩人员是否构成犯罪中止？

积极响应聚众斗殴行为，后来临场退缩，但又不能有效阻止犯罪继续或结果发生的，不能认定犯罪中止。

典型疑难案件参考

曹宁等 3 人聚众斗殴案

基本案情

2009 年 11 月 20 日 15 时许，北京瑞天盛达电器有限公司员工于海俊（男，18 岁，已判决）与深圳市奥尼尔科技发展有限公司北京分公司员工被告人曹宁在本市海淀区知春路沃尔玛超市内因争夺客户发生纠纷。北京瑞天盛达电器有限公司员工高庆林（男，29 岁，已判决）与深圳市奥尼尔科技发展有限公司北京分公司员工陈锐（男，25 岁，另案处理）进行谈判未果。后双方各自纠集人员前来帮忙，高庆林纠集了姚千秋（男，25 岁，已判决）、张某（男，17 岁，已判决）、刘某（男，17 岁，已判决）等 10 余人，陈锐纠集了被告人曹宁、高忠凯、牛建涛 3 人。后被告人曹宁向高忠凯提议准备刀具，被告人高忠凯将装有刀具的推车推至曹宁身边。当日 20 时许，被告人牛建涛被陈锐叫回现场后，伙同曹宁、高忠凯继续与高庆林一方在沃尔玛超市内对峙。高庆林一方纠集的人员在分发木棍后，经高庆林突然发令，与陈锐一方纠集的人员开始互殴。其间，被告人曹宁持刀参与互殴，被告人牛建涛逃离现场。双方的互殴行为致陈锐、曹宁、刘洋受伤，经鉴定，陈锐、曹宁的伤情均为轻伤，刘洋伤情为轻微伤。

▶ 诉辩情况 ◀

检察机关指控被告人曹宁、高忠凯、牛建涛犯聚众斗殴罪。

被告人曹宁的辩护人提出：被告人曹宁提议准备菜刀是为了防身，也是在被打伤后才拿起菜刀反抗，不宜认定为持械聚众斗殴。对方参与斗殴人员对本案的发生并扩大具有不可推卸的责任。被告人曹宁具有自首情节，系初犯、偶犯，主观恶性不深，建议法庭对其从轻处罚。

被告人牛建涛的辩护人提出：被告人牛建涛不是组织者和策划者，在共同犯罪中起次要作用，应认定为从犯。被告人牛建涛在打斗过程中主动停止犯罪，应认定为犯罪中止，同时对方对牛建涛紧追不舍，具有严重过错。被告人牛建涛在打斗过程中并未使用事先准备的菜刀，而是赤手空拳，不能认定为持械聚众斗殴。被告人牛建涛如实供述犯罪事实，认罪悔罪，建议对其从轻处罚。

▶ 裁判结果 ◀

北京市海淀区人民法院于 2011 年 6 月 17 日以〔2011〕刑初字第 1776 号刑事判决，认定被告人曹宁犯聚众斗殴罪，判处有期徒刑 3 年；被告人高忠凯犯聚众斗殴罪，判处有期徒刑 3 年；被告人牛建涛犯聚众斗殴罪，判处有期徒刑 2 年。

▶ 裁判理由 ◀

法院生效裁判认为：被告人曹宁、高忠凯持械聚众斗殴，其行为均已构成聚众斗殴罪；被告人牛建涛积极参与聚众斗殴，其行为已构成聚众斗殴罪。北京市海淀区人民检察院指控被告人曹宁、高忠凯、牛建涛犯聚众斗殴罪的事实清楚、证据确凿，指控罪名成立，但指控被告人牛建涛持械聚众斗殴的情节有误，依法予以纠正。因为，被告人牛建涛虽积极参与聚众斗殴行为，但在曹宁提议准备刀具的情况下，其未予以响应，亦未在之后的打斗过程中使用凶器，不宜认定其持械聚众斗殴。

另外，被告人曹宁提议准备刀具，并在与对方相互打斗过程中使用，无论从主观心态还是客观行为上均符合持械聚众斗殴的犯罪构成要件，辩护人关于不应认定其持械聚众斗殴的辩护意见,与事实不符。

被告人牛建涛经陈锐纠集赶回事发现场,并与陈锐等人一同与对方对峙,虽因对方人多势众,且突然发难等因素而临场退缩,但鉴于其是聚众斗殴行为的积极参与者,不宜认定其为从犯,其临场退缩行为亦不符合犯罪中止的构成要件。

被告人曹宁主动向公安机关投案,并如实供述自己的罪行,系自首;结合其认罪态度较好,系初犯、偶犯等情节,应依法从轻处罚。但其提议准备刀具,并持刀参与斗殴,在共同犯罪中作用较大,在量刑时应对其酌予从严。被告人高忠凯、牛建涛到案后能够如实供述犯罪事实,认罪态度较好,且均系初犯、偶犯,应对2被告人均依法从轻处罚。同时考虑到聚众斗殴的相对方亦有较大过错,被告人曹宁、高忠凯、牛建涛等人未给对方造成严重伤害等因素,在量刑时亦应酌予考虑。

最后,被告人曹宁、高忠凯、牛建涛曾因同一事实受到行政处罚,其行政处罚的期限应在本次判处的刑期中予以折抵,故法院依法作出如上裁判。

61. 聚众斗殴过程中致人重伤、死亡的,如何确定首要分子的责任?

聚众斗殴行为致人重伤、死亡的,应合理确定聚众斗殴的转化犯适用的范围,根据首要分子或其他积极参加者致人重伤、死亡的具体情形,结合共犯理论,作出恰当的认定。首要分子的斗殴行为致人重伤、死亡的,其他积极参加者未直接对该被害人实施有直接加害行为的,应只对首要分子按转化犯处罚。当其他积极参加者的斗殴行为致人重伤、死亡的,对首要分子是否转化认定,须考察致人重伤、死亡的结果是否超出首要分子的主观犯意。如果首要分子默许、肯定其他积极参加者在聚众斗殴中使用械具,或赞同、支持、鼓励其他积极参加者采用较为有力的打击力度,使用侵害程度较高的打击方法,可认定其主观上对致人重伤、死亡的结果是持放任的态度,对该首要分子应予转化认定;如果首要分子对可能致人重伤、死亡的结果态度不明,不应将该首要分子予以转化认定。

如果无法查清致人重伤、死亡的直接责任人,可将首要分子和其他积极参加者都按转化犯的规定处罚。

典型疑难案件参考

羊开文等故意伤害、聚众斗殴案

基本案情

2008年12月9日晚8时许,洋浦经济开发区公堂下村村民羊开文、羊冠振、羊孟智、羊山、羊功名等人在洋浦港区夜宵城明珠歌厅喝酒时,羊开文因琐事与被害人王恒发生争吵,后洋浦村村民吴振华、林应恒、林志勤路过明珠歌厅门前时,王恒指着羊开文对林应恒讲这个人打我,林应恒便上前质问羊开文,后林应恒等人与羊开文发生厮打,羊冠振、羊孟智、羊山、羊功名等公堂下村人先后从歌厅出来与王恒、吴振华、林应恒、林志勤在歌厅门前打斗,并将王恒这边人打跑,羊开文在打斗中受伤流血。后羊开文持刀、羊孟智持在烧烤摊找到的铁炉板、羊冠振持一棍状物与羊山等人继续追打王恒等人。在追打过程中,王恒在夜森林歌厅附近被羊开文、羊冠振等追上,羊开文持刀、羊冠振持一棍状物殴打王恒。吴振华在夜森林歌厅附近被砍伤右大腿,洋浦白沙村村民陈秀良左手手指被砍伤。追打期间,羊功名在明珠歌厅附近发动摩托车,打斗结束后其载着羊冠振等人离开现场。经法医鉴定,被害人王恒背部创伴胸椎11/12脊髓完全性横断并双下肢瘫痪损伤程度已构成重伤,背部创伴右胸部开放性气胸损伤程度已构成轻伤,评定其伤残等级程度为二级伤残;被害人吴振华右大腿刀砍伤损伤程度已构成轻伤。被告人羊山、羊开文、羊孟智、羊冠振、羊功名分别被公安机关抓获。

诉辩情况

检察机关指控被告人羊开文犯故意伤害罪,被告人羊冠振、羊孟智、羊山、羊功名犯聚众斗殴罪。

被告人羊开文的辩护人提出:羊开文不是聚众斗殴行为的首要分子。

被告人羊功名的辩护人提出:羊功名主观恶性不大且系初犯,到案后能坦白认罪,应对其从轻判处。

被告人羊开文和羊功名的辩护人均提出:斗殴行为没有引起社会秩序严重混乱和形成恶劣的社会影响。

裁判结果

海南省洋浦经济开发区人民法院于2010年1月13日以〔2009〕浦刑初字第19号刑事判决,认定被告人羊开文犯故意伤害罪,判处有期徒刑3年。被告人羊冠振犯聚众斗殴罪，判处有期徒刑1年。被告人羊孟智犯聚众斗殴罪，判处有期徒刑1年。被告人羊山犯聚众斗殴罪，判处有期徒刑1年。被告人羊功名犯聚众斗殴罪，判处拘役4个月。随案移送的作案工具砍刀、菜刀各1把、铁棍3根予以没收。

裁判理由

法院生效裁判认为：被告人羊开文、羊冠振、羊孟智、羊山、羊功名伙同他人在公共场所聚众斗殴，扰乱社会公共秩序，并致多人身体受到损伤，依法应予惩处。被告人羊开文在斗殴过程中对被害人王恒的加害程度明显超出其他加害人共同斗殴故意的范围并直接致王恒重伤，应以故意伤害罪对其定罪处罚。被告人羊冠振、羊孟智、羊山、羊功名的行为均符合《刑法》关于聚众斗殴罪的规定。故检察机关指控被告人羊开文犯故意伤害罪，被告人羊冠振、羊孟智、羊山、羊功名犯聚众斗殴罪的事实清楚，证据确实充分，指控罪名成立，予以支持。

在本案中，被告人羊开文并非聚众斗殴行为的纠集者，其辩护人提出的羊开文不是首要分子的辩护意见有理，予以采纳，但被告人羊开文到案后始终不能如实供述犯罪事实，抱有侥幸心理，有一定的人身危险性，应从重判处。被告人羊冠振积极参与斗殴，其也系被害人王恒的加害人之一，鉴于其加害手段和程度较之羊开文相差悬殊且也不是致王恒重伤的直接责任者，故仍应在聚众斗殴罪的范围内对其定罪处罚。被告人羊山积极参与斗殴，鉴于认定其持械的事实不清，对其持械情节不予确认，被告人羊山到案后能坦白全部犯罪事实，本具有从轻处罚情节，但其在庭审中又无理翻供，体现出认罪心理的不稳定性，故不予从轻处罚。

被告人羊功名实施犯罪时未满18周岁，依法应从轻、减轻处罚，就其在共同犯罪中的地位和作用来看，情节较为轻微，所起作用亦明显较小，其辩护人提出的被告人羊功名主观恶性不大且系初犯，到案后能坦白认罪，应对其从轻判处的辩护意见有事实依据，予以采纳。虽然被告人羊功名在接受审判时又无理翻供，但本院认为，针对其犯罪时思想尚不成熟的特征，应坚持"教育为主，惩罚为辅"的司法原则，并结合其犯罪的事实、性质、情节及其危害程度，依法对其从轻处罚。

关于本案中的斗殴行为是否符合《刑法》第292条第1款第2项关于"聚众斗殴人数多，规模大，社会影响恶劣的"和第3项关于"在公共场所或者交通要道聚众斗殴，造成社会秩序严重混乱的"之规定情节，经查，本案斗殴行为的发生系双方临时起意所致，不属于有组织、有预谋的大规模械斗事件，且后来的斗殴过程演变为单方聚众斗殴，此外，亦无其他证据证明本案斗殴行为已达到造成社会秩序严重混乱和形成恶劣的社会影响的程度，故被告人羊开文和羊功名的辩护人提出的斗殴行为没有引起社会秩序严重混乱和形成恶劣的社会影响的辩护意见有理，予以采纳。

本案诉讼过程中，5名被告人的亲属主动与本院联系本案附带民事诉讼的赔偿事宜，并已赔偿被害人经济损失人民币320000元，被害人亲属已表示能对5名被告人的犯罪行为予以谅解，同时被害人一方也对斗殴行为的发生负有一定的过错，因此，综合考虑上述情节及本案附带民事赔偿部分处理不慎有可能引发新的矛盾冲突的特殊背景，从构建和谐社会的大局出发，可酌情减轻5名被告人的刑事责任。

62. 明知他人准备斗殴，仍为同案犯拿来砍刀，并一同积极参与斗殴的行为，该如何认定？

该行为属于"持械聚众斗殴"，符合聚众斗殴罪加重情节的规定，应以此档法定刑追究刑事责任。

63. 聚众斗殴出现了致人死亡的结果，应如何确定参与人的刑事责任？

在聚众斗殴罪中，如果行为人的斗殴行为与被害人的死亡之间有直接因果关系，则应当承担故意伤害致人死亡或故意杀人的刑事责任；如果确定参与斗殴的行为人并非导致被害人死亡的行为人，则应根据其在聚众斗殴罪中的综合作用、参与程度，以聚众斗殴罪追究刑事责任。

典型疑难案件参考

张松松聚众斗殴案

基本案情

2009年10月3日20时许，因同案犯王归（已判刑）与熊伟强发生纠纷，王归觉得吃了亏而不甘心，后纠集熊龙云、王矗（已判刑）及被告人张松松，欲对熊伟强进行报复，并吩咐被告人张松松及王蠱拿来砍刀。当晚21时许，王归、王蠱、张松松、熊龙云在南昌县莲塘镇虽光灿烂 KTV 的 V66 包厢内找到了熊伟强。王归、王蠱、熊龙云 3 人持砍刀冲进包厢，被告人张松松紧跟其后。王归揪住熊伟强的衣领，举刀便砍，熊伟强则伙同包厢内的熊刚龙、熊性平、熊小平、熊成龙、熊性根、熊民兵、熊志燕、熊为金（均已判刑）、熊性福、熊明、熊开云、熊明星（均另案处理）等人用酒瓶和拳脚殴打熊龙云、王归、王蠱等人，并夺下王归等人的刀。打斗中熊伟强、熊性福等人用刀将王归砍伤致轻伤乙级、王蠱砍伤致轻伤乙级，熊小平被打伤致轻微伤乙级、熊性根被打伤致轻微伤丙级。被告人张松松在王归等人打斗过程中，见对方人多，便在其他包厢躲藏。在 KTV 包厢打斗后，熊性福、熊伟强等人走出 KTV，熊伟强指使熊刚龙、熊明、熊小明叫出熊龙云，熊刚龙、熊民兵、熊明等人将熊龙云打倒，熊伟强用自带的尖刀朝熊龙云胸部猛刺一刀，被害人熊龙云后经抢救无效死亡。

2010 年 11 月 24 日，被告人张松松到公安机关投案。

诉辩情况

检察机关指控被告人张松松犯聚众斗殴罪。

庭审过程中，被告人张松松对检察机关的指控及当庭宣读、出示的证据均无异议。

裁判结果

江西省南昌县人民法院于 2011 年 5 月 30 日以〔2011〕南刑初字第 109 号刑事判决，认定被告人张松松犯聚众斗殴罪，判处有期徒刑 1 年 6 个月。

裁判理由

法院生效裁判认为：被告人张松松积极参加持械聚众斗殴，其行为已构成聚众斗殴罪。检察机关指控的罪名成立。但被告人张松松与同案犯王归、王蠱系共同犯罪，应共同承担责任，且被告人张松松明知王归、王蠱准备斗殴，仍为同案犯王归拿来砍刀，并一同积极参与斗殴，其行为应认定为《刑法》第 292 条第 1 款第 4 项规定的持械聚众斗殴。但被告人张松松受他人邀集参加犯罪，在共同犯罪中起了次要作用，应认定为从犯，可依法减轻处罚。案发后，被告人张松松主动到公安机关投案，并如实供述了自己的犯罪事实，其行为属自首，可依法从轻处罚。被告人张松松在庭审中能自愿认罪，具有酌情从轻处罚情节。故法院依法作出如上裁判。

聚众斗殴罪办案依据集成

刑法条文

第二百九十二条 【聚众斗殴罪】聚众斗殴的,对首要分子和其他积极参加的,处三年以下有期徒刑、拘役或者管制;有下列情形之一的,对首要分子和其他积极参加的,处三年以上十年以下有期徒刑:

(一)多次聚众斗殴的;
(二)聚众斗殴人数多,规模大,社会影响恶劣的;
(三)在公共场所或者交通要道聚众斗殴,造成社会秩序严重混乱的;
(四)持械聚众斗殴的。

【故意伤害罪,故意杀人罪】聚众斗殴,致人重伤、死亡的,依照本法第二百三十四条、第二百三十二条的规定定罪处罚。

立案标准

1.《狱内刑事案件立案标准》(2001年3月9日司法部令第64号)(节录)

第二条 监狱发现罪犯有下列犯罪情形的,应当立案侦查:

(二十二)聚众斗殴,情节严重的。聚众斗殴,致人重伤、死亡的,依照故意伤害罪、故意杀人罪论处(聚众斗殴案)。

第三条 情节、后果严重的下列案件,列为重大案件:

(十)十人以上聚众斗殴或者聚众斗殴致三名以上罪犯重伤的。

第四条 情节恶劣、后果特别严重的下列案件,列为特别重大案件:

(二)案件中一次杀死二名以上罪犯,或者重伤四名以上罪犯,或者杀害监狱警察、武装警察、工人及其家属的。

2. 最高人民检察院、公安部《关于公安机关管辖的刑事案件立案追诉标准的规定(一)》(2008年6月25日公通字〔2008〕36号)(节录)

第三十六条 [聚众斗殴案(刑法第二百九十二条第一款)]组织、策划、指挥或者积极参加聚众斗殴的,应予立案追诉。

其他办案依据

1. 最高人民法院研究室《关于对参加聚众斗殴受重伤或者死亡的人及其家属提出的民事赔偿请求能否予以支持问题的答复》(2004年11月11日法研〔2004〕179号)

江苏省高级人民法院:

你院苏高法〔2004〕296号《关于对聚众斗殴案件中受伤或死亡的当事人及其家属提

出的民事赔偿请求能否予以支持问题的请示》收悉。经研究答复如下：

根据《刑法》第二百九十二条第一款的规定，聚众斗殴的参加者，无论是否首要分子，均明知自己的行为有可能产生伤害他人以及自己被他人的行为伤害的后果，其仍然参加聚众斗殴的，应当自行承担相应的刑事和民事责任。根据《刑法》第二百九十二条第二款的规定，对于参加聚众斗殴，造成他人重伤或者死亡的，行为性质发生变化，应认定为故意伤害罪或者故意杀人罪。聚众斗殴中受重伤或者死亡的人，既是故意伤害罪或者故意杀人罪的受害人，又是聚众斗殴犯罪的行为人。对于参加聚众斗殴受重伤或者死亡的人或其家属提出的民事赔偿请求，依法应予支持，并适用混合过错责任原则。

2. 最高人民法院《人民法院量刑指导意见（试行）》（2010年10月1日法发〔2010〕36号）（节录）

四、常见犯罪的量刑

（十二）聚众斗殴罪

1. 构成聚众斗殴罪的，可以根据下列不同情形在相应的幅度内确定量刑起点：

（1）犯罪情节一般的，可以在六个月至一年六个月有期徒刑幅度内确定量刑起点。

（2）有下列情形之一的，可以在三年至四年有期徒刑幅度内确定量刑起点：聚众斗殴3次的；聚众斗殴人数多、规模大、社会影响恶劣的；在公共场所或者交通要道聚众斗殴，造成社会秩序严重混乱的；持械聚众斗殴的。

2. 在量刑起点的基础上，可以根据聚众斗殴人数、次数、手段等其他影响犯罪构成的犯罪事实增加刑罚量，确定基准刑。

3. 组织未成年人聚众斗殴的，可以增加基准刑的20%以下。

3. 最高人民法院《全国法院维护农村稳定刑事审判工作座谈会纪要》（1999年10月27日法〔1999〕217号）（节录）

（三）关于农村恶势力犯罪案件

修订后的刑法将原"流氓罪"分解为若干罪名，分别规定了相应的刑罚，更有利于打击此类犯罪，也便于实践中操作。对实施多种原刑法规定的"流氓"行为，构成犯罪的，应按照修订后刑法的罪名分别定罪量刑，按数罪并罚原则处理。对于因伙成员相对固定，以暴力、威胁手段称霸一方，欺压百姓，采取收取"保护费"、代人强行收债、违规强行承包等手段，公然与政府对抗的，应按照黑社会性质组织犯罪处理；其中，又有故意杀人、故意伤害等犯罪行为的，按数罪并罚的规定处罚。

（五）关于村民群体械斗案件

处理此类案件要十分注意政策界限。案件经审理并提出处理意见后，要征求当地党委和有关部门的意见。既要严格依法办事，又要做好耐心细致的解释工作，把处理案件与根治械斗发生的原因结合起来，防止发生意外和出现新的矛盾冲突。

要查清事实，分清责任，正确适用刑罚。处理的重点应是械斗的组织者、策划者和实施犯罪的骨干分子。一般来说，械斗的组织者和策划者，应对组织、策划的犯罪承担全部责任；直接实施犯罪行为的，应对其实施的犯罪行为负责。要注意缩小打击面，扩大教育面。对积极参与犯罪的从犯,应当依法从轻或者减轻处罚。其中符合缓刑条件的,应当适用缓刑;对被煽动、欺骗、裹挟而参与械斗,情节较轻,经教育确有悔改表现的,可不按犯罪处理。

要注意做好被害人的工作。对因参与械斗而受伤的被害人,也应指出其行为的违法性质;对因受害造成生产、生活上困难的,要协助有关部门解决好,努力依法做好善后工作,消除对立情绪,根除伺机再度报复的潜在隐患。

九、寻衅滋事罪

64. 多人主动挑衅，无理由随意殴打他人的行为该如何定性？

多人主动挑衅，无理由随意殴打他人，情节恶劣，且被殴打的人伤情轻微的，应对参与人以寻衅滋事罪论处。

65. 行为人被多人随意殴打，在此过程中，其拿刀对其中一名殴打人杀伤，导致被害人死亡的，行为人是否承担刑事责任？

行为人被多人随意殴打，但经伤情鉴定，极其轻微的，在此过程中，其将其中一名殴打人伤害，致使被害人死亡的，属于防卫明显超过必要限度的行为，应以故意伤害罪追究刑事责任。

典型疑难案件参考

柏爱坤故意伤害、张谷宏等寻衅滋事案

基本案情

2002年7月9日晚8时许，被告人张谷宏、黎春江、张六八、张永林和张京、张克祥等人，从本村（小龙甸村）到该村大桥处玩。黎春江见柏爱坤和柏石平等人也在此处玩，便对本村的张谷宏讲，打张永林的就是那个人（指柏爱坤）。张谷宏听后，首先走过去拉着柏爱坤的衣领过来，对柏爱坤进行殴打。黎春江、张六八、张永林、张京也随即围过去对柏爱坤进行殴打。柏爱坤在被殴打过程中，从裤包中掏出小刀，将张京刺伤，而后逃走。张京在送医院抢救的途中失血性休克死亡。

诉辩情况

检察机关指控被告人柏爱坤之行为构成故意伤害罪，被告人张谷宏、黎春江、张六八、张永林之行为构成寻衅滋事罪。

附带民事诉讼原告人诉称：2002年7月9日晚，原告的儿子张京与被告人张谷宏、黎春江、张六八、张永林等人到本村大桥处玩，遇到被告人柏爱坤等人。因柏爱坤以前打过张永林，于是，被告人张谷宏（系张永林的哥哥）在被告人黎春江的怂恿下就首先上前责问柏爱坤，于是，双方发生争执继而相互打了起来。另外的3个被告人见状也上前围过去帮忙。这时，被告人柏爱坤从裤包内掏出刀子，将被告人张六八和张永林刺伤。张京见状，就上前准备将双方拉开，而被告人柏爱坤却一刀向张京刺来，将张京刺伤，导致张京在送医院的途中死亡。现在要求五被告人赔偿原告人丧葬费2100元、医疗费8605元、误工费1800元、死亡补助费66760元、被扶养人生活费40256元、交通费2260元、住宿费1640元、直接财产损失11880元，合计135301元（以上为附带民事诉讼原告人一方当庭变更的诉讼请求）。

其代理人的代理意见为：5被告人对本案的发生都有不可推卸的责任，应当根据各被告人在本案中的作用的大小和过错程度，对民事责任进行分担。

被告人柏爱坤的辩护人提出：被告人柏爱坤的行为属轻微的防卫过当，又具备投案自首情节，在本案中被害人张京有重大过错，请求对被告人柏某减轻处罚。

被告人张谷宏的辩护人提出：被告人张谷宏不构成寻衅滋事罪，对柏爱坤实施的行为是伤害行为，但柏爱坤的伤情连轻微伤都没有记载，因此被告人张谷宏无罪。

被告人黎春江的辩护人提出：被告人黎春江犯罪时未满18周岁，属未成年人犯罪，犯罪情节轻微，请求免除处罚。

被告人张永林的辩护人提出：被告人张永林属未成年人犯罪，系从犯，有自首等情节，请求减轻处罚。

裁判结果

云南省师宗县人民法院于2002年11月12日以〔2002〕师刑初字第188号刑事判决，认定：

一、被告人柏爱坤犯故意伤害罪，判处有期徒刑6年；

二、被告人张谷宏犯寻衅滋事罪，判处有期徒刑2年，宣告缓刑3年；

三、被告人黎春江犯寻衅滋事罪，判处有期徒刑2年，宣告缓刑3年；

四、被告人张六八犯寻衅滋事罪，判处有期徒刑1年6个月，宣告缓刑2年；

五、被告人张永林犯寻衅滋事罪，判处有期徒刑1年，宣告缓刑1年6个月；

六、没收作案工具小刀一把作证据保存；

七、附带民事诉讼原告人一方的费用为：丧葬费2100元、死亡补偿费33380元、交通费400元、直接财产损失732元、附带民事诉讼原告人张京的被扶养人生活费18496元，合计55108元。由被告人柏爱坤赔偿附带民事诉讼原告人一方人民币26000元；由被告人张谷宏赔偿附带民事诉讼原告人一方人民币4500元；由被告人黎春江的法定代理人黎家贵赔偿附带民事诉讼原告人一方人民币4500元；由被告人张六八赔偿附带民事诉讼原告人一方人民币3500元；由被告人张永林的法定代理人赔偿附带民事诉讼原告人一方人民币3500元（5被告人赔偿款项合计42000元）。其余费用由附带民事诉讼原告人自理。

裁判理由

法院生效裁判认为：被告人柏爱坤目无国法，故意伤害他人，致人死亡，其行为已构成故意伤害罪；被告人张谷宏、黎春江、张六八、张永林无视国法，随意殴打他人，情节恶劣，其行为已构成寻衅滋事罪，检察机关指控罪名成立，应予支持。被告人柏爱坤具备《刑法》第20条第2款（防卫过当）第67条第1款（投案自首）规定之情节，可减轻处罚。被告人张谷宏、黎春江、张六八、张永林具备《刑法》第25条第1款规定之情节，属共同犯罪，被告人张谷宏、黎春江在共同犯罪中起主要作用，系主犯。被告人张六八、张永林在共同犯罪中起次要作用，系从犯，应当从轻处罚。被告人张六八、张永林还具备《刑法》第67条第1款（投案自首）规定之情节，可从轻处罚。被告人黎春江、张永林犯罪时未满18周岁，具备《刑法》第17条第3款规定之情节，可从轻处罚。对被告人张谷宏的辩护人的辩护意见不予采纳，对被告人黎春江、张永林的辩护人的辩护意见中符合事实部分给予采纳。

民事赔偿方面，被害人张京的死系被告人柏爱坤的犯罪行为所致，应承担主要的赔偿责任；被害人张京的死虽然不是张谷宏、黎春江、张六八、张永林的行为直接所致，但4被告人对本案的引发有不可推卸的责任，应承担次要的民事赔偿责任，但被告人黎春江、张永林系未成年人，属限制民事行为能力人，应由监护人（法定代理人）承担民事责任。被害人张京在本案中有重大过错，应减轻5被告人（监护人）的民事赔偿责任。附带民事诉讼原告人诉称的医疗费不是被害人张京医疗所发生的，而是其父母医病开支的。对丧葬费的诉讼请求给予支持。死亡补偿费、直接财产损失、车费的诉讼请求给予部分支持。故法院依法作出如上裁判。

66. 寻衅滋事致人轻伤的行为与故意伤害致人轻伤的犯罪应如何区分？

虽然寻衅滋事和故意伤害行为都能导致被害人轻伤的后果，但是两罪的主观方面和对象不同。寻衅滋事行为表现为无事生非、争强好胜的心态，而故意伤害罪的主观心态即是伤害他人身体的故意；寻衅滋事罪侵害的对象多是不特定的人，目标不明确；而故意伤害罪侵害的对象是特定的行为人，往往是有预谋的。前者主要扰乱了社会秩序，而后者侵犯的是他人的人身权利。

典型疑难案件参考

王海昌寻衅滋事案

基本案情

1993年4月10日晚，被告人王海昌伙同李来群（已判刑）、李建民（已判刑）、王陈群（已判刑）、牛运生（已判刑）、李爱民（已处理）在李建民家喝酒至深夜，李来群和王陈群因吸烟借火与路过此地的胡金山发生口角，李来群、王陈群便对胡进行殴打，胡跪地求饶，并掏出工作证（内夹人民币40元、身份证等物）给王陈群，李来群、王陈群先后离开。此时董福安、刘彬从此路过，得知胡被劫，二人即前去将王陈群抓住，在扭送派出所途中，被李来群发现拦截，王陈群乘机跑回李来群家叫人。王海昌、李建民、牛运生、李爱民等到人跑到房后公路上拦截，董、刘二人见多人前来便分头跑开，王海昌、牛运生、李爱民、王陈群先后追上刘彬，对其进行殴打，在红旗街东段跑北沟里，李来群、李建民先后追上董福安，持砖头照董头部和身上进行殴打，又对其拳打脚踢，之后，王海昌和牛运生赶来又对董福安进行殴打，直到李来群之父李东生赶来制止，王海昌等人离开现场。董福安于次日上午被人发现后送医院抢救无效，于4月16日死亡，经法医鉴定，董福安系严重颅脑损伤死亡，刘彬为轻微伤。

再审查明的事实与原审认定的事实一致。

另查：原审被告人王海昌案发后，外逃8年，2001年11月4日被广东省东莞市公安局网上集中追逃时抓获。

诉辩情况

检察机关指控称：1993年4月10日晚，被告人王海昌伙同他人酒后随意殴打他人，情节恶劣。其行为已构成寻衅滋事罪，提请山城区人民法院依法严惩。

被告人王海昌对指控的事实无异议。

一审判决生效后，检察机关提出抗诉，启动再审。

检察机关抗诉称：原审被告人王海昌目无国法，故意伤害他人身体，且造成了他人死亡的后果，应以故意伤害罪追究其刑事责任。根据《刑法》第12条从旧兼从轻的原则，应根据1997年《刑法》第134条第3款追究其刑事责任。山城区人民检察院以山检起诉〔2002〕24号起诉书指控被告人王海昌犯寻衅滋事罪和山城区人民法院以〔2002〕山刑初字第40号判决书认定被告人王海昌犯寻衅滋事罪，判处有期徒刑3年，缓刑4年，属定性错误，适用缓刑不当。

王海昌的辩护人提出：原审被告人王海昌案发后虽外逃8年，但其外逃过程中，遵纪守法，未对社会造成任何危害。原审被告人归案后，认罪态度较好，在量刑上应予以考虑。原审被告人在原判后缓刑考验期内，认罪服法，真正悔过自新。故请求法院给被告人一次改过自新，重新做人的机会，依法对被告人适用缓刑。

裁判结果

河南省鹤壁市山城区人民法院于2002年4月11日以〔2002〕山刑初字第40号刑事判决，认定王海昌犯寻衅滋事罪，判处有期徒刑3年，缓刑4年。

河南省鹤壁市山城区人民法院于2003年4月2日作出〔2003〕山刑再初字第1号刑事判决·

一、撤销鹤壁市山城区人民法院〔2002〕山刑初字第40号刑事判决书；

二、王海昌犯寻衅滋事罪判处有期徒刑1年6个月。

裁判理由

一审法院认为：被告人王海昌伙同他人随意殴打他人，情节恶劣，其行为已构成寻衅滋事罪，山城区人民检察院指控的罪名成立。被告人王海昌认罪态度较好，可酌情从轻处罚。

鹤壁市山城区人民法院根据再审认定的事实和证据认为：原审被告王海昌寻衅滋事，聚众殴打他人，情节恶劣，对其犯罪行为原审原判以寻衅滋事罪定罪量刑并无不当，且河南省鹤壁市中级人民法院〔1995〕鹤刑初字第9号刑事判决书中，对原审被告人王海昌同一案件事实之一的犯类似罪行的案犯定性一致，该判决对原审判决具有预决效力，故本案对检察院对原判决定性的抗诉不予支持；原审被告人王海昌案发后，外逃8年，逃避法律制裁，造成不良社会效果，原审原判对其实行缓刑显属不妥，检察院对此抗诉理由成立，予以支持；原审被告人王海昌归案后认罪态度较好，可酌情从轻处罚。故法院依法作出如上裁判。

67. 对他人的普通寻衅滋事行为进行防卫，导致他人重伤的，是否构成犯罪？

对他人的普通寻衅滋事行为进行防卫，导致他人重伤的，属于防卫过当，构成故意伤害罪。

68. 案发后，行为人积极赔偿被害人，达成调解协议并已积极履行的，在量刑时是否应当予以考虑？

案发后，行为人积极赔偿被害人，达成调解协议并已积极履行的，在量刑时应结合全案情节综合考虑，可以从轻处罚。

典型疑难案件参考

盛安故意伤害、廖丽德等人寻衅滋事案

基本案情

2004年8月11日22时左右，被告人廖丽德、杨文山、徐友春在市政府公交车站附近，当时廖丽德携其女友经过此处，以盛安看了自己一眼为由，与盛安发生争执，廖丽德3人便上前无故殴打盛安，致盛安身上多处外伤。在此过程中，被告人盛安用随身携带的一把弹簧刀对廖丽德腹部和背部各捅一刀。经淮南市公安局刑事科学技术鉴定认为：廖丽德的伤情属于重伤。

本案审理期间，被告人盛安与被告人廖丽德就民事赔偿达成调解协议且已经履行。

诉辩情况

淮南市田家庵区人民检察院指控称2004年8月11日22时，被告人廖丽德、杨文山、徐友春在市政府公交车站无故殴打盛安，致盛安身上多处外伤。被告人盛安持刀将廖丽德捅成重伤。

廖丽德辩称：没有打盛安。

廖丽德辩护人提出：廖丽德的行为不属于情节恶劣，故不构成寻衅滋事罪。

杨文山的辩护人认为：杨文山的行为不构成寻衅滋事罪。

裁判结果

安徽省淮南市田家庵区人民法院于2004年12月29日以〔2004〕田刑初字第266号刑事判决，认定被告人盛安犯故意伤害罪，判处有期徒刑6个月。被告人廖丽德犯寻衅滋事罪，判处有期徒刑6个月。被告人杨文山犯寻衅滋事罪，判处有期徒刑6个月。被告人徐友春犯寻衅滋事罪，判处有期徒刑6个月。作案工具弹簧刀一把予以没收。

裁判理由

法院生效裁判认为：被告人盛安故意非法损害他人身体健康，致人重伤，其行为已构成故意伤害罪；被告人廖丽德、杨文山、徐友春随意殴打他人，情节恶劣，其行为均已构成寻衅滋事罪。辩护人关于被告人廖丽德、杨文山不构成寻衅滋事罪的辩护意见，经庭审查明，该2被告人伙同徐友春无故殴打他人，情节恶劣，此节事实有各被告人的供述和证人证言在卷佐证，故不予采纳。

其他辩护意见予以采纳。被告人盛安系正当防卫，但明显超出必要限度造成重大损害，应当负刑事责任，但是依法应当减轻处罚。被告人盛安在犯罪后积极赔偿被害人，可从轻处罚。

69. 抢劫罪与寻衅滋事罪该如何区分？

抢劫罪与寻衅滋事罪的区别主要表现在以下几个方面：（1）犯罪客体不同。抢劫罪侵犯的客体是公民的人身权利和财产权利；寻衅滋事罪主要侵犯的是社会公共秩序。（2）暴力、威胁内容的严重程度不同。抢劫罪的暴力、威胁内容要求足以使被害人处于不能反抗或者不敢反抗的状态。寻衅滋事罪的暴力或威胁内容的严重程度一般较轻，其手段在强度上比抢劫行为的暴力方法弱，一般不实施抢劫行为所要求的严重侵犯人身权利方法和以立即实施暴力为内容的胁迫方法以及与暴力方法强度相当的其他方法。（3）犯罪动机和目的不同。抢劫罪的犯罪目的在于非法占有公私财物；寻衅滋事罪的本质是无端挑衅，其动机是寻求精神刺激，追求一种精神上的满足。行为人多次采用身穿保安制服，以查证件为名，采取搜身的手段劫得现金的行为，构成抢劫罪。

典型疑难案件参考

陈景风等抢劫案

基本案情

2003年8月18日夜10时许,由被告人陈景风(原系永康市恒丰公司保安人员)提议,被告人陈迪法、陈景升同意,3人窜至永康市南苑路花园广场,由被告人陈景风身穿保安制服,以查暂住证为名,采用搜身的手段,从被害人罗会刚处劫得现金80元。随后,被告人陈景风、陈迪法、陈景升又窜至永康市影剧院附近溪沿绿化带,以同样手段,从一男子身上劫得现金20元。之后,被告人陈景风、陈迪法、陈景升再窜至永康市望春路望春桥下,以同样手段,从二名外地男子处各劫得现金30元、70元。事后,被告人陈景风、陈迪法、陈景升分掉赃款。

2003年8月中旬一天凌晨1时许,被告人陈景风、章岳明(原系永康市恒丰公司保安人员)经事先商量,二人均身穿保安制服并带警棍,窜到永康市望春桥南桥头至永一中绿化带,以查暂住证为名,采用搜身的手段,从被害人郭金兴处劫得现金70元,另一被害人郭全玉因未带财物而没有损失。

2003年8月中旬一天凌晨1时许,被告人陈景风、章岳明经事先通谋,窜到永康市望春桥北桥头桥下,二人均身着保安制服,以查暂住证为名,采用脚踢的手段,从一外地男子处劫得一只熊猫PANDA3550型手机,价值人民币880元。

2003年8月中旬一天凌晨1时许,被告人陈景风、章岳明经事先通谋,窜到永康市行政中心对面溪沿路上,以查暂住证为名,采用脚踢的手段,从两名外地男子处劫得现金50元、20元。

诉辩情况

检察机关指控被告人陈景风、章岳明、陈迪法、陈景升破坏社会秩序,冒充警察强拿硬要,情节严重,其行为已构成寻衅滋事罪。在共同犯罪中,被告人陈景风、章岳明起主要作用,是主犯;被告人陈迪法、陈景升起次要作用,是从犯。

被告人陈景风提出:他未搜身过也未踢过;起诉书指控的第4次,他未去过。

陈景风的辩护人提出:本案被告人实施暴力不明显,其采用搜身、脚踢的行为主要是为了显示民警的权威而已。被告人主观上是为了寻欢取乐,并不完全为了钱。被告人陈景风归案后即如实供述了犯罪事实,认罪态度好。故建议对被告人陈景风从轻处罚。

被告人章岳明对起诉书指控的事实无异议,但认为他不是主犯。

章岳明的辩护人提出：被告人章岳明参与的3次,都只是与被告人陈景风二人参加,检察机关认定该二人均为主犯不妥。在共同犯罪过程中,被告人陈景风所起的作用相对要大些。被告人章岳明等人主要采取"蒙"的手段让被害人信以为真而将财物交给"警察"。被告人章岳明归案后即如实供述了犯罪事实,认罪态度好,确有悔罪表现。故请求对被告人章岳明从轻处罚。

被告人陈迪法提出,他没有搜身过。

被告人陈景升对起诉书指控的事实无异议。

陈景升的辩护人提出,各被告人之所以能拿到钱主要是基于被告人陈景风的那身警服,且被告人陈景升未搜过身,在共同犯罪过程中作用相对较小,系从犯。被告人陈景升归案后即如实供述了犯罪事实,认罪态度好。其参与的三次中,仅有一次有被害人,但在各被告人归案之前该被害人也未曾报案,均是各被告人自己如实交代才查明的。故请求对被告人陈景升从轻处罚。

一审判决宣告后,被告人陈景风不服,提出上诉。

陈景风及其辩护人提出：被告人在作案过程中除了穿保安服外,没有携带其他凶器。一审认定的暴力手段,就是被害人躺在草地上,被告人用脚踢了一下,暴力不明显,不是刑法上所说的使用暴力行为。在整个犯罪过程中,被告人无须对被害人搜身,也不需要暴力,被害人将被告人当作联防队员或派出所人员,犯罪目的就实现了。故认为被告人所实施的行为没有使用暴力或以暴力相威胁的手段,被告人的行为不宜以抢劫罪论处。被告人陈景风除参与次数多外,犯罪情节与其他人一样,没有主次之分。

> 裁判结果

浙江省永康市人民法院于2004年5月27日以〔2004〕永刑初字第167号刑事判决,认定被告人陈景风犯抢劫罪,判处有期徒刑11年,剥夺政治权利2年,并处罚金人民币2000元；被告人章岳明犯抢劫罪,判处有期徒刑5年,并处罚金人民币1500百元；被告人陈迪法犯抢劫罪,判处有期徒刑4年,并处罚金人民币1000元；被告人陈景升犯抢劫罪,判处有期徒刑4年,并处罚金人民币1000元。

一审宣判后,被告人陈景风不服,提出上诉。江省金华市中级人民法院于2004年7月23日以同样的事实与证据作出〔2004〕金中刑二终字第97号判决,驳回上诉人的上诉,维持原判。

裁判理由

法院生效裁判认为：4 被告人经事先通谋，身穿保安制服，以查暂住证为名，当场采用脚踢、搜身等暴力、胁迫方法强行将他人钱财抢走的事实有 4 被告人及被害人可相印证的证据证实，应予确认。从 4 被告人事先通谋和事后分赃的情况看，其非法占有他人钱财的目的明确；从 4 被告人选择的作案时间、作案对象和方法上看，其行为是使受害人受到身体和精神的双重强制，处于不敢反抗的状态，符合抢劫罪的客观构成要件。至于暴力的轻重程度不影响本罪的构成，仅具有量刑情节上的意义。因此，被告人的行为均已构成抢劫罪。上诉人及其辩护人提出被告人所实施的行为没有使用暴力或以暴力相威胁的手段与本院查明的事实不符，及所提本案中暴力不明显，不宜以抢劫罪论处等意见于法无据，难以采信。纵观全案，上诉人陈景风不仅是犯意的提起者，且身穿保安服，在作案过程中行为积极，在共同犯罪中起主要作用无疑，原判认定其为主犯并无不当。故上诉人及辩护人所提陈景风不是主犯的意见不予采信。

对于一审法院的如下判决，二审法院予以认可：被告人章岳明、陈迪法、陈景升起次要或辅助作用，系从犯，故对被告人章岳明、陈迪法、陈景升应依法予以从轻或减轻处罚。被告人陈景风、章岳明、陈迪法、陈景升归案后能如实供述犯罪事实且能自愿认罪，均可酌情予以从轻处罚。结合本案各被告人的犯罪情节及行为后果等实际情况，对被告人陈景风予以从轻处罚，对被告人章岳明、陈迪法、陈景升予以减轻处罚。

70. 未成年人在路上随意殴打他人，拦路强行索要少量现金的行为，构成抢劫罪还是寻衅滋事罪？

未成年人在路上随意殴打他人，拦路强行索要少量现金的行为，由于暴力、威胁程度不大，不宜以抢劫罪论处，应认定为寻衅滋事罪。

典型疑难案件参考

杨熙寻衅滋事、强索钱物并强制他人饮酒致人死亡案

基本案情

2003 年 12 月 5 日下午，被告人杨熙与某中学学生闫某某（另案处理）等

人在某县赵村乡赵村街路遇本县赵村一中学生汪某、汤某、陈某、张某等人,被告人杨熙以汪某等4人不理睬自己为由,将其4人拦住,对汪等人进行殴打,后以未吃饭为由,强行向汪等人索要现金28元,并让汪等4人次日到其家喝酒。杨熙等人得款后来到赵村街一饭店内将款挥霍。

2003年12月6日下午,被告人杨熙等人将汪某等4人叫到杨熙家中,一同饮酒后,杨责令4人次日兑出140元让其去酒店吃饭。次日下午放学后,汪某为躲避杨熙的纠缠到赵村乡上汤村张某家。杨熙等人追到张家将汪等人叫出,并以汪躲避自己为由对汪进行殴打,张某的堂兄张某某见状,即将汪某、杨熙等人叫到自己家中一块喝酒。汪某在席间饮酒过量,来到里屋床上休息。杨熙用一个容量约179毫升的茶杯盛满酒后端到里屋,以茶水为名让汪喝,汪被迫喝下后即呕吐,随后昏睡不醒。同月8日下午,汪仍昏睡不醒,即被其同学送往该乡一诊所救治。当日下午五时许,汪因病情加重,在被送往医院途中死亡。经尸体检验确认:汪某的死因属酒精中毒。

诉辩情况

检察机关指控被告人的行为构成抢劫罪和故意伤害罪,应数罪并罚。

辩护人认为:被告人殴打被害人不是为了索取财物而实施的暴力行为,索财只是"惩罚"的一种手段,属无事生非,随意殴打他人,不应以抢劫罪论处,应以寻衅滋事定罪量刑。被告人对被害人殴打的程度尚不构成故意伤害罪,仅被告人要求被害人所喝酒的数量,根本不会致被害人死亡。被告人的行为有连续性,不应定数罪并罚。

裁判结果

河南省鲁山县人民法院于2004年5月20日以〔2004〕鲁刑末初字第6号刑事判决,认定被告人杨熙犯寻衅滋事罪,判处有期徒刑2年;犯过失致人死亡罪,判处有期徒刑3年,数罪并罚,决定执行有期徒刑4年。

裁判理由

法院生效裁判认为:被告人杨熙无事生非,随意殴打他人,情节恶劣,且强拿硬要,强行索要他人钱财,情节严重,其行为已构成寻衅滋事罪;被告人杨熙应当预见饮酒过量会导致酒精中毒而死亡,却疏忽大意,又强迫他人过量饮酒,致使被害人酒精中毒而死亡,其行为又构成过失致人死亡罪。检察机关指控被告人的犯罪事实成立,予以确认。但定性有误,不予采纳。其辩护人认为应定一罪的理由无据,不能成立,其他辩护意见正当,予以采信。被告人杨熙身犯数罪,应对其数罪并罚。

71. 行为人持报复的动机，实施寻衅滋事行为，致人死亡的，能否转化为故意杀人罪？

寻衅滋事行为能否转化成故意伤害罪或故意杀人罪在《刑法》中没有明确规定，在具体案件中，应全面分析行为人的客观行为表现和主观心态，如果行为人在寻衅滋事过程中实施的行为导致他人死亡，且主观上对此持希望或放任的态度的，可以构成故意杀人罪。

典型疑难案件参考

阳双飞等故意杀人、寻衅滋事案

基本案情

被告人阳双飞、张良许、郑峰、李军林、阳平、唐亚洲、郑海华、李明亮于2000年前后来温州市苍南县打工。2003年8月22日下午5时许，为了庆祝阳双飞的生日，前述8人及邓武军（在逃）等近20人聚集在苍南县新安乡东浃头村阳双飞的暂住处一起喝酒、吃晚饭。约晚上7时半，前来参加生日庆贺的人大部分都已散去，只剩下阳双飞等8被告人及邓武军。在去宜山镇唱歌的路上，郑海华、郑峰提到郑峰的弟弟郑勇前段时间被苍南县龙港镇陈华洋村村民王垂省打了一顿。于是，阳双飞、张良许、郑峰、李军林、阳平、唐亚洲、郑海华、李明亮及邓武军9人便商议决定先到陈华洋村找王垂省报复后再去唱歌，并商定如果村民阻拦，就殴打村民。经郑海华打听，得知王垂省在石板桥西侧村民吕德豹开设的小商店内看电视。于是，决定由郑峰、张良许先冲进吕德豹开的小店殴打王垂省。王垂省被打后逃离小店。阳双飞等人见王垂省逃出小店，就一起追打王垂省，王垂省在逃至石板桥时情急之下跳入河中逃离。此时，村民吕进趋、王传好、王传锁、吕德武等人见状前来劝阻。阳双飞、阳平、李军林、李明亮等人手持从地上捡起的木棍，对前来劝阻的村民用木棍进行殴打，其他人则用拳打吕进趋、王传好等村民，致吕进趋遭打后从石板桥上跌入河中。当村民吕振铭前来劝阻并抓住阳双飞衣服时，阳双飞在石板桥西侧将吕振铭推入河中。结果，跳入河中的王垂省被村民救上岸，跌入河中的村民吕进趋自己游到岸边爬上岸，而被推入河中的村民吕振铭溺水死亡，村民吕德武、王传好、王传锁、吕进趋被殴打致轻微伤。

一审诉辩情况

检察机关认为：被告人阳双飞、张良许、郑峰、李军林、阳平、唐亚洲、郑海华、李明亮无视社会秩序，随意殴打他人，情节恶劣，其行为均已构成寻衅滋事罪。在寻衅滋事过程中，被告人阳双飞明知将他人推入河中会造成死亡的后果却放任死亡后果的发生，致人死亡，其行为还构成故意杀人罪，应依法惩处。

一审裁判结果

温州市中级人民法院于2004年6月11日作出〔2004〕温刑初字第108号刑事判决，认定阳双飞犯故意杀人罪，判处死刑，剥夺政治权利终身；被告人张良许犯寻衅滋事罪，判处有期徒刑4年6个月，判处被告人郑峰、李军林各有期徒刑3年，判处阳平、唐亚洲、郑海华、李明亮各有期徒刑3年。

二审诉辩情况

一审宣判后，阳双飞提出上诉。

阳双飞提出：原判认定被害人王传好、吕振铭等人前来进行劝阻是错误的，他们是前来殴打被告人一方的，被害人一方在本案中有重大过错，原判量刑过重，要求改判。

阳双飞的辩护人提出：阳双飞的主观恶性较普通杀人罪要小，系初犯，归案后认罪态度好，要求从轻处罚。

二审裁判结果

浙江省高级人民法院于2004年12月基于基本相同的事实与证据作出〔2004〕浙刑一终字第311号刑事判决，撤销原判对被告人阳双飞的量刑部分，维持判决的其他部分，即被告人张良许犯寻衅滋事罪，判处有期徒刑4年6个月，判处被告人郑峰、李军林各有期徒刑3年，判处阳平、唐亚洲、郑海华、李明亮各有期徒刑3年；以故意杀人罪，判处被告人阳双飞死刑，缓期2年执行，剥夺政治权利终身。

二审裁判理由

法院生效裁判认为：针对阳双飞上诉提出原判认定部分事实有误的理由，经查，在被告人殴打并将王垂省打落在河中后，有些村民见状后，的确手中拿了竹竿等工具前来，但是被害人吕振铭没有携带任何工具前来，只是从后面赶来拉着阳双飞的衣服，意欲阻拦阳双飞继续行凶。因此，从总体上看，原审认定王传好、吕振铭等人前来劝阻并非不当。关于本案的起因，经查，阳双飞等

8名被告人经过商议决定报复王垂省，才是本案的真正起因。吕振铭见本村村民王垂省遭打后欲拦阻阳双飞逃离并用手抓住阳双飞衣服的行为，在引发阳双飞将吕振铭推入河中的行为中没有明显过错。

二审法院鉴于被告人阳双飞只有杀人的间接故意，在故意杀人犯罪中的主观恶性相对较小，认罪态度好，并从案发时有许多村民围观，被害人吕振铭存在获救的机会等具体情况，采纳阳双飞及其辩护人提出要求从轻处罚的意见。

72. 以言语威胁方式索取他人少量财物，暴力、胁迫程度不高的，是否构成抢劫罪？

以言语威胁方式索取他人少量财物，未达到抢劫罪要求的足以抑制被害人反抗的暴力、胁迫程度，其行为符合寻衅滋事罪特征的，应以寻衅滋事罪定罪处罚。

典型疑难案件参考

李海彬寻衅滋事案

基本案情

2005年4月26日晚，被告人李海彬伙同沈耀彬（另案处理）窜到诏安县四都中学内，在科技楼楼梯转台处，以言语威胁方式抢劫该校学生沈伯林7.5元、林华勇3.5元。之后，被告人李海彬伙同沈耀彬又窜到四都中学学生公寓楼面前，采用同样方式抢走学生吴盛平20元，李海彬分得赃款24元，沈耀彬分得赃款7元。

2005年4月27日晚，被告人李海彬独自窜到四都中学初一教学楼前，将正在行走的学生郑晓森、李东滨叫到该校宣传栏边，以言语威胁方式抢走郑晓森95元、李东滨16元。

2005年4月29日晚，被告人李海彬独自窜到四都中学初三教学楼，将正在初三（1）班自习的学生吴伟斌、吴向东、沈建中等人叫出，以言语进行威胁，抢走吴向东8.5元、沈建中2元，吴伟斌因身上无钱而作罢。

一审诉辩情况

检察机关指控被告人李海彬犯抢劫罪。

被告人李海彬对起诉书指控的犯罪事实供认不讳。

一审裁判结果

福建省诏安县人民法院于 2005 年 8 月 31 日以〔2005〕诏刑初字第 79 号刑事判决，认定被告人李海彬犯抢劫罪，判处有期徒刑 10 年，并处罚金 1000 元（已缴纳）。

一审裁判理由

一审法院认为：被告人李海彬以非法占有为目的，当场使用胁迫的方法，强行抢走他人财物 3 次合计 152.5 元，系多次抢劫，其行为侵犯了公私财产的所有权和公民的人身权利，符合抢劫罪的构成要件，检察机关指控被告人李海彬犯抢劫罪的罪名成立。被告人李海彬的行为构成抢劫罪，应予刑事处罚。鉴于被告人家属积极退回赃款，被告人归案后认罪态度较好，对被告人李海彬量刑时酌情予以从轻处罚。

二审诉辩情况

被告人李海彬的辩护人在二审中提出：上诉人李海彬的犯罪行为应构成寻衅滋事罪，上诉人在犯罪过程中仅仅是采用口头语言相威胁索取少量金钱，其主观恶性、社会危害性均较小，其行为属于寻衅滋事的强拿硬要的特征，原判认定抢劫罪不当。李海彬犯罪时年仅 19 岁，且归案后认罪态度较好，并已全部退赃，请求二审依法改判。

二审裁判结果

宣判后，李海彬提出上诉。福建省漳州市中级人民法院于 2005 年 11 月 21 日以同样的事实作出〔2005〕漳刑终字第 206 号刑事判决：撤销诏安县人民法院〔2005〕诏刑初字第 79 号刑事判决；上诉人（原审被告人）李海彬犯寻衅滋事罪，判处有期徒刑 3 年。

二审裁判理由

二审法院经审理认为：上诉人（原审被告人）李海彬诉称原判量刑畸重及其辩护人提出上诉人在犯罪过程中仅仅是采用口头语言相威胁索取少量金钱，其主观恶性、社会危害性均较小。其行为属于寻衅滋事的强拿硬要的特征，上诉人（原审被告人）李海彬的犯罪行为应构成寻衅滋事罪，原判认定抢劫罪不当的理由，经查属实，应予采纳；辩护人还提出上诉人犯罪时年仅 19 岁，且归案后认罪态度较好，并已全部退赃的理由，经查属实，可酌情从轻处罚。上诉人（原审被告人）李海彬连续 3 次窜到校园内，采用以大欺小的言语威胁的方法，向 8 名学生强拿硬要人民币 152.5 元，情节严重，其行为已构成寻衅滋事罪，原判事实清楚，证据确实充分，审判程序合法。但原判决适用法律不当，量刑畸重，应予纠正，故二审法院作出如上裁判。

> **73. 寻衅滋事中，随意殴打他人致人死亡的，能否以故意伤害罪或者故意杀人罪定罪处罚？**
>
> 　　寻衅滋事罪和故意伤害罪、故意杀人罪有较大的不同，对它们配置的不同法定刑也表明了这几罪的危害性存在差异。以各种理由、借口随意殴打路人，在此过程中使用凶器致被害人死亡的，如果其行为符合故意伤害罪或故意杀人罪的犯罪构成，则应按照想象竞合犯的处理原则，以故意伤害（致人死亡）或故意杀人罪追究刑事责任。

典型疑难案件参考

黎泽兵故意伤害、陈兵等寻衅滋事案

基本案情

　　2005 年 4 月 12 日下午 13 时许，在被告人陈兵经营的金堂县赵镇三江路"风情"按摩店从事按摩的女工李某，前往金堂县赵镇三江路城关医院社区健康服务站就诊，站内医生胡某某诊断李嘴角"疮"是因霉菌感染所致。被告人陈兵闻讯即将胡某某叫至"风情"按摩店，以胡某某诊断错误，致李认为自己患了性病被吓着，欲离开按摩店，从而影响按摩店生意为由，要挟胡某某处理此事。胡某某的侄子黄某得知消息便赶至"风情"按摩店，并与被告人陈兵之妻刘某等人发生抓扯、打斗。后经金堂县公安局赵镇派出所调解，双方和解。被告人陈兵后见其妻刘某眼部受伤，便邀约被告人黎泽兵、张帝俊及范小军等人，前往城关医院社区健康服务站找黄某，未成，便对该站工作人员何武进行殴打。当晚 7 时许，被告人陈兵为泄愤，再次邀约被告人黎泽兵、张帝俊及范小军等人，前往城关医院社区健康服务站，被告人张帝俊及范小军持钢管敲砸该站门窗玻璃，并用钢管击打被害人何武头、肩及背部，被告人黎泽兵用随身携带的尖刀朝被害人何武臀部刺杀，后 4 人逃离现场。嗣后，被害人何武被送往金堂县第一人民医院抢救，因抢救无效于次日死亡。经法医鉴定，何武系肛门右侧、右臀部锐器刺伤致失血性休克死亡。抢救何武医疗费19425.2元，丧葬费7019元。

另查明，被害人何武与唐兴翠系夫妻，2001年10月22日生育一子何磊；何武与唐兴翠婚后与父母何术久、胡代白共同生活。2004年度四川省城镇人口人均消费支出为6371.1元。

诉辩情况

检察机关指控被告人黎泽兵在公共场所持刀故意伤害他人身体健康，致人死亡，应当以故意伤害罪追究刑事责任；被告人陈兵邀约他人，被告人张帝俊受邀约，在公共场所故意毁坏他人财物，殴打他人，藐视国家法律，破坏社会公共秩序，情节严重，2被告人应当以寻衅滋事罪追究刑事责任。

附带民事诉讼原告人诉称：被告人陈兵、黎泽兵、张帝俊的共同犯罪行为，导致被害人何武受伤，经抢救无效死亡，产生抢救费19425.2元，丧葬费7019元，何武之子何磊（现年3岁6个月）抚养费46190.8元，何武之母胡代白的赡养费63711元，亲属参加丧葬的误工费5591.9元、伙食补助费400元、交通费600元，共计142937.9元。3被告人应予赔偿。

被告人黎泽兵对指控事实未作辩解，对附带民事赔偿的项目及具体赔偿金额等均不持异议，但现在无力赔偿。

被告人黎泽兵的辩护人提出：指控被告人黎泽兵故意伤害成立，但被告人黎泽兵是防卫过当，法医鉴定未对何武的死因作出明确鉴定，何武的死亡是由于医院抢救措施不当所致。

被告人张帝俊提出：其是受邀约参与犯罪，并没有动手，请求从轻处罚。对民事赔偿的项目及数额不持异议，愿意赔偿被害人的损失，但赔偿能力有限。

被告人张帝俊的辩护人提出：被告人张帝俊是受邀约参与犯罪，虽然两次参与寻衅滋事行为，但处于从属地位，作用较小。被告人张帝俊犯罪后认罪态度较好，系初犯，应予从轻处罚。

被告人陈兵对指控未作辩解，愿意赔偿，请求酌情赔偿。

被告人陈兵的辩护人提出：被害人何武首先存在过错，被告人黎泽兵致死何武的行为不是被告人陈兵安排的，被告人黎泽兵应对自己的行为负责。造成被害人何武死亡的直接责任人黎泽兵应承担主要民事责任，3被告人及范小军（在逃）承担次要民事责任，并相互承担连带责任。无证据证明附带民事诉讼原告人胡代白需要赡养，故不应赔偿赡养费。

裁判结果

四川省金堂县人民法院于 2005 年 9 月 28 日以〔2005〕金堂刑初字第 109 号刑事附带民事判决,认定被告人黎泽兵犯故意伤害罪,判处有期徒刑 15 年,剥夺政治权利 2 年,赔偿 4 附带民事诉讼原告人经济损失 4 万元;被告人陈兵犯寻衅滋事罪,判处有期徒刑 5 年,赔偿 4 附带民事诉讼原告人经济损失 2 万元;被告人张帝俊犯寻衅滋事罪,判处有期徒刑 2 年 6 个月,赔偿 4 附带民事诉讼原告人经济损失 7000 元。3 被告人的民事赔偿责任为连带责任。

裁判理由

法院生效裁判认为:被告人陈兵邀约被告人黎泽兵、张帝俊在公共场所随意殴打他人,情节恶劣,3 被告人均已构成寻衅滋事罪。被告人黎泽兵在寻衅滋事犯罪中,持刀故意伤害他人身体,致人死亡,其行为已构成故意伤害罪,被告人黎泽兵的该行为超出了共同寻衅滋事犯罪故意的内容,应独自承担刑事责任,被告人黎泽兵的行为同时触犯了寻衅滋事罪、故意伤害犯罪,应以故意伤害罪定罪处罚。检察机关指控被告人陈兵、张帝俊在寻衅滋事中故意毁坏他人财物、破坏社会公共秩序,但不能证明 2 被告人毁损财物行为已达到情节严重程度、寻衅滋事已造成公共场所秩序严重混乱程度,对此指控不予采纳。3 被告人能主动认罪,依法可以从轻处罚,但被告人陈兵在刑满释放后较短时间内又故意犯罪,主观恶性较深,且在寻衅滋事犯罪中系组织者,在共同犯罪中作用较大,依法应当从重处罚。

被告人黎泽兵的辩护人认为:被告人黎泽兵的行为属防卫过当,医院抢救措施不当、不力是导致被害人何武死亡的直接原因,与被告人黎泽兵的伤害行为无因果关系。被告人黎泽兵伙同他人持械前往被害人何武的工作场所,故意殴打他人、毁坏财物的行为系不法侵害,其不法侵害在先,无正当防卫的前提;无任何证据证明医院在抢救被害人何武的过程中存在过失或不当,而被告人的供述、证人证言以及法医鉴定结论等,已充分证明被告人黎泽兵的伤害行为才是引起和最终导致被害人何武死亡的根本原因,该辩护意见不予采纳。

被告人陈兵的辩护人认为:被害人何武存在重大过错。3 被告人持械前往被害人何武工作场所,殴打他人、毁坏财物,被害人何武实施正当防卫,并无不当或存在过错;被告人陈兵因自己按摩店员工李某就诊,与医生胡某某发生纠纷;其妻刘某与胡某某的侄子黄某发生抓扯、打斗,并未涉及被害人何武,且纠纷的双方已经公安机关调解和解，即使被告人一方不服还可寻求其他救济途径，并非被告人陈兵殴打与纠纷无关的他人、毁坏财物的理由，但被告人陈兵却以此为借口，先后两次邀约他人至黄某的工作场所，对与纠纷无关的被害人何武实施殴打、毁损财物，该辩护意见不予采纳。

被告人张帝俊的辩护人认为：被告人张帝俊系受邀约参与犯罪，在共同犯罪中起次要、辅助作用，属初犯，且归案后认罪态度好。请求从轻处罚。被告人张帝俊在共同犯罪中的作用虽较被告人陈兵、黎泽兵小，但在共同犯罪中行为积极，并非仅起次要、辅助作用，该辩护意见不予采纳，认为属初犯、认罪态度好，要求从轻处罚的辩护意见，予以采纳。

4名附带民事诉讼原告人因寻衅滋事、故意伤害犯罪而遭受的全部经济损失应当得到赔偿，但应以法律规定的赔偿范围和法庭查明的金额为准，即致何武死亡，医疗费19425.2元，丧葬费7019元，计26444.2元，已由4附带民事诉讼原告人支付。赔偿被抚养人何磊抚养费，何磊应由何武与唐兴翠共同抚养，应赔偿46190.8（6371.1元/年×14.5年÷2）元。附带民事诉讼原告人提出赔偿胡代白赡养费63711元，但无证据证明附带民事诉讼原告人胡代白已丧失劳动能力且无生活来源，该诉讼请求不能成立；要求赔偿亲属参加被害人何武丧葬的误工费5591.9元、伙食补助费400元、交通费600元的诉讼请求，根据最高人民法院《关于刑事附带民事诉讼范围问题的规定》第2条"被害人因犯罪行为遭受的物质损失，是指被害人因犯罪行为已经遭受的实际损失和必然遭受的损失"的规定，亲属参加被害人何武丧葬的误工费、伙食补助费、交通费，不是因何武死亡而产生的实际损失或必然损失，不属于赔偿范围，该诉讼请求不予支持。3被告人及未归案的范小军对何武死亡的后果均有过错，均应当承担赔偿责任，且应相互承担连带责任，但直接致何武死亡系被告人黎泽兵的行为所致，被告人黎泽兵应当承担主要责任，被告人陈兵、张帝俊及范小军承担次要责任，被告人陈兵邀约被告人张帝俊、范小军参与犯罪，其过错大于被告人张帝俊及范小军。附带民事诉讼原告人仅要求被告人黎泽兵、陈兵、张帝俊承担赔偿责任，根据3被告人的过错大小，确定各自的赔偿数额。

74. 在双方打斗案件中，应如何区分寻衅滋事罪和故意伤害罪？

故意伤害罪与寻衅滋事罪的主要区别是：（1）客观方面表现不同。故意伤害罪表现为非法损害他人身体健康的行为。寻衅滋事罪表现为寻衅滋事、破坏社会秩序的行为。就犯罪对象来说，寻衅滋事中的随意殴打他人，"随意"就是没有特定的对象，原因、理由不明确，多为了满足行为人逞强好胜的心理。故意伤害则不同，行为人要伤害的对象特定，一般有起因和源头。后果上，寻衅滋事罪通常要"情节恶劣或严重"，在随意殴打他人的寻衅滋事中一般是"多人多次"，不需要被害人损伤程度达到"轻伤"以上的结果。故意伤害罪要造成轻伤以上的后果。（2）主观方面不同。故意伤害罪与寻衅滋事罪在故意的内容上不同。故意伤害罪表现为有伤害的故意。寻衅滋事罪的故意，指行为人明知自己的行为会发生破坏公共秩序的危害后果，而积极希望并促使这种结果发生，犯罪目的是破坏公共秩序，犯罪动机是耍威风、取乐等。（3）侵犯客体不同。故意伤害罪侵犯的客体是他人的健康权利。寻衅滋事罪侵犯的客体是社会公共秩序。

典型疑难案件参考

向鹏等故意伤害案

基本案情

2004年1月20日21时许，被害人桑茂春、艾齐在合川市滨江路"音乐之都"KTV一包房内喝酒时，与邓立发生矛盾。二人将邓立叫出包房，双方发生械斗，桑茂春、艾齐、邓立在斗殴中均受伤。事后，邓立的朋友卢川（另案处理）电话邀约向鹏、唐某、饶友毓对桑茂春、艾齐进行报复。当得知桑茂春等人在合川市人民医院治疗后，向鹏、唐某、饶友毓等人即持刀与邓某在该院门口守候。当晚23时许，桑茂春、朱雄峰、张鹏从合川市人民医院出来坐出租车准备离开时，被邓立认出，向鹏、唐某、饶友毓等人即持刀将出租车围住，朱雄峰、张鹏下车分别向不同方向跑去。向鹏、唐某等人持刀将在出租车内的桑茂春的背部、腿部、胸部砍伤。朱雄峰左肩部被砍伤。经合川司法鉴定所法医鉴定，被害人桑茂春身体5处轻伤，被害人朱雄峰左肩部轻伤。另二审还查明，邓立于2004年3月主动到公安机关投案，但未如实供述其犯罪事实。向鹏于2004年8月16日被公安机关抓获后，协助公安人员抓获上诉人唐某。向鹏、唐某、邓立、饶友毓对被害人桑茂春、朱雄峰的经济损失已经予以赔偿。

▶ 一审诉辩情况 ▶

检察机关指控被告人向鹏、唐某、饶友毓、邓立的行为已触犯《刑法》第293条之规定，构成寻衅滋事罪。被告人唐某作案时未满18周岁，应当从轻或者减轻处罚。

被告人向鹏的辩护人提出：被告人向鹏的行为不构成寻衅滋事罪，应定故意伤害罪，其双方均有伤害的故意，侵害的对象是特定的，符合故意伤害罪的特征；被告人向鹏受卢川邀约在共同犯罪中起次要作用，是本案从犯；被告人向鹏伤害的特定对象桑茂春经司法鉴定所鉴定是轻伤。被告人向鹏认罪态度好，无前科，应按照罪刑相适应的原则对其处罚。

被告人唐某提出：其是受他人邀约，是本案从犯，请求从轻处罚。

被告人饶友毓对检察机关指控犯罪事实及罪名无异议。

被告人邓立的辩护人提出：检察机关指控被告人邓立等人犯寻衅滋事罪定性不准。理由是，2004年1月20日邓立与桑茂春、艾齐因故发生纠纷而抓打，互相致伤对方，并非无故寻衅滋事；因邓立一方的人不服，邀约他人在合川市人民医院门口处将桑茂春、朱雄峰砍伤，伤害的对象是特定的。邓立在整个伤害过程中地位、作用很小，情节显著轻微。

▶ 一审裁判结果 ▶

合川市人民法院于2005年4月27日以〔2005〕合刑初字第60号刑事判决，认定被告人向鹏犯寻衅滋事罪，判处有期徒刑3年；被告人唐某犯寻衅滋事罪，判处有期徒刑2年；被告人饶友毓犯寻衅滋事罪，判处有期徒刑2年；被告人邓立犯寻衅滋事罪，判处有期徒刑1年。

▶ 一审裁判理由 ▶

一审法院认为：被告人向鹏、唐某、饶友毓、邓立持刀在公共场所，公然藐视国家法律和社会公德，随意殴打他人致人轻伤，情节严重，其行为均构成寻衅滋事罪。检察机关指控的犯罪事实及罪名成立。被告人向鹏、邓立的辩护人认为不构成寻衅滋事罪而应定故意伤害罪的辩护意见，不符合本案查证的事实和有关法律规定，不予采纳。被告人向鹏、唐某认为在共同犯罪中起次要作用，是本案从犯，根据两被告人在作案中积极参与并持刀砍致被害人桑茂春5处轻伤，情节严重，因而不符合从犯的法律规定，亦不予采纳。鉴于被告人唐某在作案时不满18周岁，依法应当从轻处罚。

二审诉辩情况

向鹏及其辩护人提出：向鹏等人主观目的是故意伤害对方，而不是寻衅滋事，应构成故意伤害罪；其在共同犯罪中受他人邀约参与犯罪，仅起次要作用，系从犯；犯罪后认罪态度较好，并已赔偿被害人经济损失，在被抓获后有协助公安机关抓获同案人的立功情节，请求依法改判故意伤害罪，并从轻量刑。

唐某及其辩护人提出：本案起因是双方事先有矛盾，其主观故意是报复他人，并非无端滋事，应认定为故意伤害罪；唐某在共同犯罪中起次要作用，系从犯。犯罪时未成年，犯罪后认罪态度较好，请求从轻处罚。

邓立提出：一审定性不准，应定性为故意伤害罪，其在共同犯罪中作用轻微，犯罪后具有自首情节，请求从轻松处罚。

二审裁判结果

重庆市第一中级人民法院于2005年8月22日以基本相同的事实与证据作出〔2005〕渝一中刑终字第313号刑事判决，撤销合川市人民法院〔2005〕合刑初字第60号刑事判决书中第一、二、三、四项，即"向鹏犯寻衅滋事罪，判处有期徒刑3年；唐某犯寻衅滋事罪，判处有期徒刑2年；饶友毓犯寻衅滋事罪，判处有期徒刑2年；邓立犯寻衅滋事罪，判处有期徒刑1年"；上诉人向鹏犯故意伤害罪，判处有期徒刑2年；上诉人唐某犯故意伤害罪，判处有期徒刑1年6个月；上诉人邓立犯故意伤害罪，判处有期徒刑1年；原审被告人饶友毓犯故意伤害罪，判处有期徒刑1年。

二审裁判理由

二审法院认为一审认定事实基本清楚，但是对案件定性为寻衅滋事不当，应认定上诉人向鹏、唐某、邓立、原审被告人饶友毓均构成故意伤害罪。理由是，上诉人（原审被告人）向鹏、唐某、邓立、原审被告人饶友毓共同故意伤害他人身体，致人轻伤，其行为均构成故意伤害罪。各原审被告人故意伤害的对象特定，伤害他人的犯意明确，共同故意伤害被害人，符合故意伤害罪的犯罪构成。鉴于上诉人唐某犯罪时系未成年人，应依法对其从轻处罚；上诉人向鹏被抓获后有协助公安机关抓获同案被告人的立功表现，可依法对其从轻处罚。对上诉人向鹏、唐某、邓立及其辩护人提出本案应以故意伤害罪定性的上诉意见及辩护意见，予以采纳。对上诉人唐某的辩护人提出唐某犯罪时系未成年人，请示从轻处罚的辩护意见，予以采纳。同时，对上诉人向鹏、唐某均提出是受他人邀约参加犯罪，系从犯的上诉意见，及该二人的辩护人提出的相同辩护意见，经查，二人在受他人邀约参与犯罪后，在犯罪过程中积极主动，直接持刀砍杀被害人，其所起作用并非次要或辅助作用，不能认定二人在犯罪中系从犯，故对该上诉意见及辩护意见，不予采纳。对上诉人邓立提出其有主动投案自首的情节，请求对其从轻处罚的上诉意见，经查，上诉人邓立在主动到公安机关投案后，未如实供述其全部犯罪事实和同案人在共同犯罪中的犯罪事实，不符合法律规定的自首特征，故对该上诉意见不予采纳。故法院依法作出如上裁判。

> **75. 行为人参与的随意殴打他人、任意毁损财物等行为，如果"事出有因"，是否就不构成寻衅滋事罪？**
>
> 寻衅滋事罪的主观方面要求行为人精神空虚，寻求刺激，或者是藐视法纪，向社会挑战，而"无事生非"。不具有上述心态，有正当的原因的，不构成寻衅滋事罪。所谓"事出有因"并不表示只要是有起因的即可，而要求原因正当，符合最起码的情理。否则借口滋事，扰乱社会秩序的，仍可构成寻衅滋事罪。

> **76. 寻衅滋事罪中的"情节恶劣"、"情节严重"是否要求行为人的每个行为都达到上述标准？**
>
> "情节恶劣"、"情节严重"属于对寻衅滋事行为的整体评价，要求每一个行为均达到"情节恶劣"、"情节严重"，不符合刑法条文本意。但是，作为有机组成的单一行为，也要达到相当的危害程度，才能纳入刑法评价的事实依据之中。

77. 行为人实施了寻衅滋事罪中的 4 种不同性质的行为，如果每个行为单独地看均尚未达到情节恶劣、情节严重的程度，那么行为整体能否评价为寻衅滋事罪？

构成寻衅滋事罪的行为必须符合该罪 4 种行为表现形式之一，不同性质的寻衅滋事行为的结合仍不能符合其中的任何一种情形，不能定性为寻衅滋事罪。

典型疑难案件参考

邹小辉等寻衅滋事案

基本案情

被告人邹小辉于 2004 年 5 月 29 日晚 8 时许，在本市姜堰镇城中加油站附近与本市石油公司苏 MM0800 号奥迪汽车驾驶员许如坤发生纠纷，指使被告人黄河、周华勇等带人到场，被告人黄河要求加油站工作人员吴春梅交出许如坤，并卡吴春梅的喉咙。此后，被告人黄河等人又对到场的吴的丈夫周明进行殴打。

被告人邹小辉在与许如坤发生纠纷后，对许如坤怀恨于心，指使被告人黄河找人砸苏 MM0800 号汽车。2004 年 7 月 8 日凌晨，在被告人黄河的指使下，被告人包荣平、周华勇伙同王瑞等人到本市城中加油站将苏 MM0800 号汽车的车窗玻璃等处砸坏，经鉴定损失计人民币 2832 元。审理过程中，被告人黄河、被告人邹小辉的亲属、包荣平的亲属分别赔偿被害人人民币 524 元、1600 元、708 元，合计人民币 2832 元。

被告人黄河于 2004 年夏季的一天晚上，以苏 MA0977 号长安面包车的驾驶员郭冬林"老相"为由，指使被告人包荣平及他人将郭的该面包车车窗玻璃砸坏，经鉴定损失计人民币 826 元。审理过程中，被告人黄河、被告人包荣平的亲属向被害人各赔偿人民币 413 元，合计 826 元。

被告人邹小辉于 2004 年 11 月的一天晚上 10 时许，酒后到本市姜堰镇金三峡火锅城，砸坏该店的玻璃门，在店内追赶用餐的顾客，并在厨房内拳打店内职工刘明述，致 3 桌客人未结账离去、刘明述鼻部出血，经鉴定玻璃门损失计人民币 87 元。案发后，被告人邹小辉赔偿该火锅城经济损失人民币 800 元。

被告人邹小辉于 2005 年 2 月 19 日 10 时许，以本市同济大药房广告侵权为由，指使被告人包荣平、潘进带人将同济大药房的负责人王文进带到其办公室。被告人邹小辉殴打王文进并责令王写下停播广告的保证书。当日下午，因同济大药房未停播广告，被告人邹小辉指使被告人包荣平、潘进将大药房的大门锁上。公安机关出警将锁砸掉，被告人邹小辉又纠集被告人包荣平、潘进等人到大药房门口阻拦顾客进入药房。审理过程中，被告人邹小辉的亲属赔偿王文进人民币6000元。

被告人黄河于2005年6月14日凌晨，因对此前未能承接到本市姜堰镇振华家园的门面房玻璃装修业务心生不满，纠集被告人潘进及他人到该处门面房，将1号楼门面房的2扇玻璃门、3把门锁、3副门拉手砸坏，经鉴定损失计人民币1063元。审理过程中，被告人黄河主动向被害人赔偿人民币1063元。

被告人潘进于2005年6月29日23时许，酒后在本市姜堰镇人民公园附近，无故持菜刀砍邵宝进左肩部，致邵宝进轻伤。审理过程中，被告人潘进的亲属代其赔偿被害人经济损失人民币2000元。

被告人黄河于2005年8月7日，主动到公安机关投案，如实供述了自己的主要犯罪事实；被告人潘进在被公安机关监视居住期间，主动交代了公安机关尚未掌握的本人的全部犯罪事实；被告人邹小辉在被公安机关监视居住期间，主动交代了公安机关尚未掌握的在本市金三峡火锅城寻衅滋事的事实。

▶ **一审诉辩情况**

检察机关指控被告人邹小辉等5被告人犯寻衅滋事罪。被告人包荣平在刑罚执行完毕后5年内又犯新罪，系累犯，依法应当从重处罚；被告人周华勇在判决宣告以后，刑罚执行完毕以前，发现有漏罪，依法应当数罪并罚。庭审过程中，公诉人补充提出被告人黄河是自首，依法可以从轻处罚；被告人潘进到案后主动交代公安机关尚未掌握的砸振华家园玻璃门的犯罪事实，对相应的犯罪部分可以依法酌情从轻处罚。

被告人邹小辉及其辩护人提出：同济大药房事件中，邹小辉实施行为事出有因，无寻衅滋事的主观故意，不应认定为犯罪。在殴打吴春梅、周明事件中，邹小辉并没有叫黄河带人到场打架，不具有寻衅滋事的主观故意和客观行为，不构成犯罪。认定邹小辉指使黄河找人砸奥迪汽车的证据不足。邹小辉在火锅城滋事，发生在醉酒之后，造成的财产损失小，事后作了赔偿，情节显著轻微，建议对被告人邹小辉免予刑事处罚。

▶ **一审裁判结果**

江苏省姜堰市人民法院于2006年4月3日以〔2006〕姜刑初字第0035号

刑事判决，认定被告人邹小辉犯寻衅滋事罪，判处有期徒刑1年2个月。被告人黄河犯寻衅滋事罪，判处有期徒刑8个月。被告人包荣平犯寻衅滋事罪，判处有期徒刑1年4个月。被告人潘进犯寻衅滋事罪，判处有期徒刑1年5个月。被告人周华勇犯寻衅滋事罪，判处有期徒刑7个月，与原犯聚众斗殴罪所判处的有期徒刑4年6个月并罚，决定执行有期徒刑4年9个月。

一审裁判理由

一审法院认为：被告人邹小辉单独或伙同他人随意殴打多人，情节恶劣；任意损毁他人数额较大的财物，情节严重；在公共场所闹事，造成公共场所秩序严重混乱；被告人黄河伙同多人任意损毁他人数额较大的财物，且伙同多人随意殴打他人，情节严重；被告人包荣平伙同多人任意损毁他人数额较大的财物，且伙同多人随意殴打他人、在公共场所闹事，情节严重；被告人潘进随意殴打他人，致人轻伤，且伙同多人任意损毁他人财物、在公共场所闹事，情节恶劣；被告人周华勇伙同多人任意损毁他人数额较大的财物，且伙同多人随意殴打他人，情节严重。5被告人的行为均已构成寻衅滋事罪，依法均应予惩处。

关于被告人邹小辉及其辩护人提出的辩解及辩护意见，经查，第1起事实中，虽然邹小辉让黄河带人到城中加油站未明确要求去打人，但其也没有向黄河讲明带人到场是保护自己或实施其他正当行为，故其让黄河带人到场的目的是不确定的，而这一行为发生在其与许如坤纠缠以后，其应当预料到黄河带人到场可能与他人发生纠纷，故其作为纠集人应当对吴春梅、周明二人被无故殴打的后果负责。第5起事实中，不能得出同济大药房广告侵权的结论，且即使存在广告侵权，被告人对被害人王文进殴打或影响同济大药房营业，也属于公然藐视法纪、扰乱社会秩序的行为。该两起行为均符合寻衅滋事的构成要件。第2起事实中，被告人邹小辉指使被告人黄河找人砸石油公司的奥迪汽车，得到黄河供述的印证，被告人包荣平亦证实砸车是因为邹小辉与他人有过节，且邹小辉的书面检讨书中也有明确的记载，其事后又给了黄河人民币500元，故该起事实得到充分证据的证实；第4起事实中，被告人邹小辉致火锅店正常营业受到影响，同时具有任意毁损财物及无故殴打他人的行为，故不能认定情节显著轻微，对上述辩解及辩护意见均不予采纳。

二审诉辩情况

一审宣判后，邹小辉、包荣平提出上诉。

上诉人（原审被告人）邹小辉及其二审辩护人的辩护意见与一审相同，

认为应对邹小辉免予刑事处罚。

上诉人（原审被告人）包荣平上诉称：原审判认定的第5起事实事出有因，且其没有参与阻拦顾客进入同济药房。

包荣平提出，第3起事实其没有砸面包车，请求免予刑事处罚。

二审裁判结果

江苏省泰州市中级人民法院于2006年5月9日作出〔2006〕泰刑一终字第49号刑事判决，维持原审判决对上诉人（原审被告人）包荣平、原审被告人黄河、潘进、周华勇等人定罪量刑。撤销原判决对被告人邹小辉的判决部分，认定上诉人（原审被告人）邹小辉犯寻衅滋事罪，判处有期徒刑1年。

二审裁判理由

二审法院认为：原判决第2、3、4、5、6及第7起事实清楚，证据确实充分，据此，上诉人（原审被告人）邹小辉、包荣平、原审被告人黄河、潘进、周华勇均已构成寻衅滋事罪。

关于上诉人（原审被告人）邹小辉及其辩护人、上诉人（原审被告人）包荣平针对第2起、第3起事实所持上诉理由及辩护意见，因与本案证据所足以证明之事实明显不符，且上诉人本人亦曾作过相关之供述，均不予采信；上诉人（原审被告人）邹小辉及其辩护人以及上诉人（原审被告人）包荣平对第6起事实所持之上诉理由及辩护意见，经查，上诉人（原审被告人）邹小辉、包荣平所谓"广告侵权、事出有因"，其实质是在寻找借口，趁机打击、压制同行，发泄淫威，暴露了其殴打他人的随意性和对社会秩序的公然破坏性，客观上造成了恶劣的社会影响，故究其本质，应认定为寻衅滋事罪，该上诉理由及辩护意见不予采纳。上诉人（原审被告人）邹小辉及其辩护人针对第4起事实所持上诉理由及辩护意见，经查，上诉人（原审被告人）邹小辉无故殴打他人、砸毁他人财物，影响他人正常经营秩序，与本案其他事实一并反映出上诉人之一贯之品行及其对社会造成的危害，故不应认为系犯罪情节显著轻微，亦不能对其免予刑事处罚。

法院经审理认定，原审判决认定上诉人（原审被告人）邹小辉所犯第1起犯罪事实证据不足，依法应予纠正并相应减轻上诉人（原审被告人）邹小辉的刑事责任，故法院依法作出如上裁判。

> **78. 纠集多人随意殴伤他人并持续追赶他人至医院，导致医院财物损坏，医疗工作无法进行的，应认定为聚众扰乱社会秩序罪还是寻衅滋事罪？**
>
> 纠集多人随意殴伤他人严重扰乱社会秩序的行为应认定为寻衅滋事罪。聚众情形的寻衅滋事行为与聚众扰乱社会秩序行为，都可能聚集多人。但聚众扰乱社会秩序罪的行为，可以是任何行为，而寻衅滋事罪只能是《刑法》明文规定的几种行为，聚众扰乱社会秩序罪与寻衅滋事罪可以说是一般与特殊关系。当两者竞合时，应按照特殊法优于一般法的原则，定寻衅滋事罪。

典型疑难案件参考

李铁等寻衅滋事案

基本案情

2005年6月30日1时许，被告人李铁在本市丰台区分钟寺一饭馆大排档前，与素有矛盾的李永和再次发生纠纷并互殴，并持菜刀将被害人张志伟砍伤，致张头皮裂伤，左面部软组织损伤，腰背部伤4处伴背阔肌、竖棘肌、腰大肌断裂，胸椎棘突骨折，右上臂开放性伤伴肌肉断裂，经法医鉴定为轻伤。被告人刘军见此，遂纠集薛福军等人伙同李铁追至丰台区分钟寺549号圣仁医院，再次发生互殴，并将急诊室的门窗及医药物品砸坏，造成经济损失10000余元，并致使医疗工作无法进行，后被查获。

诉辩情况

检察机关指控：被告人李铁、刘军、薛福军聚众扰乱公共场所秩序，致使公私财物受到严重损失，其行为均已构成聚众扰乱社会秩序罪。并认为被告人李铁故意伤害他人身体，致人轻伤，其行为亦构成故意伤害罪，应予数罪并罚。

被告人李铁、刘军、薛福军对检察院起诉书指控的犯罪事实未提出异议。

裁判结果

北京市丰台区人民法院于2006年5月15日以〔2006〕丰刑初字第372号刑事判决，认定被告人李铁犯寻衅滋事罪，判处有期徒刑1年6个月；犯故意伤害罪，判处有期徒刑1年6个月；决定执行有期徒刑2年6个月。判决被告人刘军犯寻衅滋事罪，判处有期徒刑1年3个月。判决被告人薛福军犯寻衅滋事罪，判处有期徒刑1年。

裁判理由

法院生效裁判认为：被告人李铁、刘军、薛福军无视国家法律，结伙在公共场所闹事、任意毁损公私财物，情节严重，其行为均已构成寻衅滋事罪。被告人李铁故意伤害他人身体，致人轻伤，其行为亦构成故意伤害罪，应予数罪并罚。故法院依法作出如上裁判。

79. 如何区分黑社会性质组织犯罪和团伙实施的寻衅滋事罪？

区分黑社会性质组织犯罪和团伙实施的寻衅滋事罪的关键是看行为人的行为是否符合黑社会性质组织罪的4个特征。如果参与犯罪的行为人数量不多，且多属临时纠集，或者并未在一定区域或行业内形成非法控制和重大影响，而只是多次实施殴打他人，损坏财物的行为的，应定寻衅滋事罪。

典型疑难案件参考

梅士林等寻衅滋事案

基本案情

被告人梅士林与黄炳初于2005年12月认识，2006年2月聘请黄炳初任苏州市长江路农副产品批发市场有限公司副总经理，随后因为南环桥水产批发市场同长江路水产批发市场竞争，梅士林等人多次组织他人打砸同行。

2006年3月，被告人梅士林、黄炳初、刘玉新为争夺经营户到苏州市长江路农副产品批发市场交易，指使他人（在逃）殴打苏州市南环桥农副产品批发市场陆红生，后陆红生于同月12日晚在本市现代花园围墙外遭被告人梅士林、黄炳初、刘玉新指使的人持械棍击，经法医学鉴定，陆红生的损伤属人体轻微伤。

2006年3月23日下午，被告人梅士林、刘玉新、黄炳初为垄断市场货源，经预谋后，授意刘艳富（在逃）纠集被告人王永振、王斋付、杨远社等人至宜兴市与武进市交界的武宜大桥，持棍拦截并打砸苏州市南环桥农副产品批发市场经营户金海根运输水产的货车，造成金海根和司机朱建生轻微受伤以及财产损失计人民币590元。

2006年3月25日下午，被告人梅士林、刘玉新、黄炳初为垄断市场货源，经预谋后，授意刘艳富（在逃）纠集被告人王永振、杨远社等人至宜兴市与武进市交界的武宜大桥，欲持棍拦截并打砸苏州市南环桥农副产品批发市场经营户运输水产的货车，却误将为苏州市长江路农副产品批发市场经营户谈林元贩运水产的货车砸损，造成谈林元和司机陈新轻微受伤以及财产损失计人民币770元。

2006年4月3日下午，被告人梅士林、刘玉新、黄炳初为垄断市场货源，经预谋后，授意吴国康（另案处理）先后请托朱建珊、王焕琪（均另案处理），由丁振河纠集20余人，在武进市南夏墅镇持械拦截并打砸苏州市南环桥农副产品批发市场经营户金海根运输水产的货车，造成财产损失折合人民币870元。

2006年4月10日晨，被告人梅士林、刘玉新、潘春江为垄断市场货源，经预谋后，授意被告人刘艳保纠集被告人王永振、王斋付、杨远社等人，驾车跟踪与其有经营竞争关系的茅红亮至苏州工业园区东方大道与通园路路口附近，持钢管、砍刀等械具拦截并打砸茅红亮所驾马自达轿车，造成茅红亮和同车的潘根江轻微受伤以及财产损失计人民币8824元。

▶ 诉辩情况

检察机关认为：被告人梅士林、黄炳初、刘玉新、刘艳保、潘春江、王斋付、王永振、杨远社的行为均已触犯《刑法》第294条第1款、第3款，第293条之规定，均构成组织、领导、参加黑社会性质组织罪、寻衅滋事罪。同时认为被告人刘玉新、刘艳保、杨远社系累犯，应从重处罚。

被告人对被指控的犯罪事实提出异议，几名被告人的辩护人都辩称被告人没有组织、领导、参加黑社会性质组织。

▶ 裁判结果

江苏省苏州市虎丘区人民法院于2007年6月12日以〔2007〕虎刑初字第0039—2号刑事判决，认定：

一、被告人梅士林犯寻衅滋事罪，判处有期徒刑3年6个月；

二、被告人黄炳初犯寻衅滋事罪，判处有期徒刑2年6个月；

三、被告人刘玉新犯寻衅滋事罪，判处有期徒刑3年6个月；

四、被告人刘艳保犯寻衅滋事罪，判处有期徒刑2年；

五、被告人潘春江犯寻衅滋事罪，判处有期徒刑1年6个月；

六、被告人王斋付犯寻衅滋事罪,判处有期徒刑 2 年;

七、被告人王永振犯寻衅滋事罪,判处有期徒刑 2 年 6 个月;

八、被告人杨远社犯寻衅滋事罪,判处有期徒刑 3 年。

裁判理由

法院裁判认为:被告人梅士林、黄炳初、刘玉新以及被告人梅士林、黄炳初、潘春江经预谋后,授意、指使被告人刘艳保、王斋付、王永振、杨远社等人,藐视国家法纪和社会公德,多次持械拦截、砸损竞争同行的汽车,并随意殴打与其有竞争关系的其他市场的管理人员、经营户和货运司机,造成较大财产损失,情节恶劣、严重。其中被告人梅士林、刘玉新参与 5 次(随意持械殴打他人 5 次 7 人,其中任意毁损公私财物 4 次价值人民币 11054 元),被告人黄炳初参与 4 次(随意持械殴打他人 4 次 5 人,其中任意毁损公私财物 3 次价值人民币 2230 元),被告人潘春江、刘艳保参与 1 次(随意持械殴打他人 1 次 2 人,其中任意毁损公私财物 1 次价值人民币 8824 元),被告人王斋付参与 2 次(随意持械殴打他人 2 次 4 人,其中任意毁损公私财物 2 次价值人民币 9414 元),被告人王永振、杨远社参与 3 次(随意持械殴打他人 3 次 6 人,其中任意毁损公私财物 3 次价值人民币 10184 元),其行为均已构成寻衅滋事罪,应处 5 年以下有期徒刑。在共同犯罪中,被告人梅士林、黄炳初、刘玉新、潘春江经预谋,指使他人实施寻衅滋事犯罪,系本案主犯,应当按照其所参与的或者组织、指挥的全部犯罪处罚;被告人刘艳保指使他人实施寻衅滋事犯罪,系本案主犯,应当按照其所参与的或者组织、指挥的全部犯罪处罚;被告人王斋付、王永振、杨远社积极实施犯罪,起主要作用,均为主犯。被告人刘玉新、刘艳保、杨远社是被判处有期徒刑以上刑罚的犯罪分子,在刑满释放后 5 年内再犯应当判处有期徒刑以上刑罚,系累犯,应从重处罚。被告人梅士林、黄炳初、刘玉新的家属与被害人陆红生就附带民事诉讼达成调解协议,共同赔偿经济损失共计人民币 8136.86 元,并已履行,应视为被告人梅士林、黄炳初、刘玉新已主动赔偿经济损失,可酌情从轻处罚。检察机关指控被告人梅士林、黄炳初、刘玉新、刘艳保、潘春江、王斋付、王永振、杨远社犯寻衅滋事罪的事实清楚,证据确实充分,指控的罪名成立,提请对被告人刘玉新、刘艳保、杨远社从重处罚的理由成立,法院予以采纳。但检察机关指控被告人梅士林、黄炳初、刘玉新犯组织、领导黑社会性质组织罪,指控被告人刘艳保、潘春江、王斋付、王永振、杨远社犯参加黑社会性质组织罪的证据不足,罪名不能成立。依照全国人民代表大会常务委员会关于《刑法》第 294 条第 1 款的解释及最高人民法院《关于审理黑社会性质组织犯罪的案件具体应用法律若干问题的解释》第 1 条,对照"黑社会性质组织"应具备的4个特征，被告人梅士林、黄炳初、刘玉新、刘艳保、潘春江、王斋付、王永振、杨远社这个犯罪组织尚不稳定，在案发前已经解散，参加人员不固定，有些被告人仅仅参加了一次犯罪，且其实施犯罪活动的时间尚未满1个月，一个较长时间在一定区域有组织地从事犯罪活动的稳定的犯罪组织尚未形成。此外，通过实施违法犯罪活动，利用国家工作人员的包庇或者纵容，称霸一方，在一定区域或者行业内，形成非法控制或者重大影响，严重破坏经济、社会生活秩序的证据也不充分。故被告人梅士林、黄炳初、刘玉新、刘艳保、潘春江、王斋付、王永振、杨远社及辩护人王肖东、赵向东、蒋谨云、谢文江、胡伟根提出"指控的组织、领导、参加黑社会性质组织罪不能成立"的辩护意见，法院予以采纳。

---

80. 行为人在强迫交易的故意支配下实施暴力行为，多次随意追打他人，同时，任意损毁公私财物，情节严重，是否构成强迫交易罪和寻衅滋事罪数罪？

行为人在强迫交易的故意支配下实施的暴力行为和损毁公私财物行为，伤害或损害的程度不严重的，构成想象竞合犯，应定寻衅滋事罪。

典型疑难案件参考

许军令等寻衅滋事、贩卖毒品案

基本案情

2006年4、5月间，被告人许军令伙同被告人蒋妙瑜等人到位于翔安区马巷巷北工业区的厦门瑞登纸制艺品有限公司（以下简称瑞登公司），强迫该公司负责人将下脚料生意交给他们承包，未果。被告人许军令为得到公司的下脚料生意，遂于2006年12月9日0时许，指使邱初雄等人（均另案处理）到该公司用空啤酒瓶扔砸窗户玻璃，致4块窗户玻璃被毁（价值人民币173元）；次日0时许，被告人许军令又指使邱初雄带付小可、李国双（均另案处理）携带空啤酒瓶到公司扔砸窗户玻璃，致24块窗户玻璃被毁（价值人民币1012元），扔砸过程中邱初雄等3人发现公司保安欲追打他们，遂逃离现场，并将被保安追打之事告知被告人许军令，被告人许军令遂于同日2时许，再次纠集被告人蒋妙瑜与邱初雄、付小可、李国双、陈建伟、蔡跃清、"凸仔良"及其带来的三四个人（均另案处理）持水管、刀具，行至瑞登公司，被告人许军令与许国兵（另案处理）在该公司门口，其他人冲进该公司打砸该公司厂房的窗户玻璃数分钟。后在门口会合，被告人许军令、蒋妙瑜一伙又捡地上的石头扔砸玻璃，共致该公司的窗户玻璃83块、塑钢门9扇、卷帘门1个及打卡机、电话机各1台等物被毁（价值人民币6462元）。打砸过程中，瑞登公司的保安文山良、李新遭追打至二楼办公室，该二人遂将自己反锁在办公室内，后仍听到有人剧烈踹门，二人因害怕便从该办公室往下跳，致二人腿骨骨折（经法医鉴定均为轻伤）。案发后，瑞登公司于2006年12月10日停工一天，减产精品置物箱约七八千个，原住在该公司内的管理人员因此搬到厂外居住，该公司在同年的12月12日至12月31日间有42名工人辞职，原拟调来的管理人员也因此不敢到任。

被告人蒋妙瑜还实施过贩卖毒品、故意伤害等行为。

诉辩情况

检察机关指控许军令、蒋妙瑜等犯强迫交易罪，蒋妙瑜犯贩卖毒品、故意伤害罪。

附带民事诉讼原告人厦门瑞登纸制艺品有限公司请求判令被告人许军令、蒋妙瑜共同连带赔偿损毁物品损失人民币7647元（以下币种相同）和停产损失人民币21000元，并向法庭提供了价格鉴定报告书及公司出具的停产一天的损失证明。

附带民事诉讼原告人李新、文山良向被告人许军令、蒋妙瑜提出共同连带的赔偿请求。

被告人许军令的辩护人提出：被告人许军令与被害人瑞登公司之间根本不存在交易事实，被告人许军令的行为不构成强迫交易罪。瑞登公司保安文山良、李新道指控被告人许军令纠集人员追其打跳楼致伤、瑞登公司停工一天减产损失、42名工人辞职及拟调来的管理人员不敢到任等事实不清，证据不足，不能认定为被告人实施行为所造成的犯罪后果。

被告人蒋妙瑜的辩护人提出：指控被告人蒋妙瑜犯强迫交易罪事实不清、证据不足。起诉认定被告人蒋妙瑜等人的行为造成瑞登公司停产、员工辞职的后果依据不足。

裁判结果

福建省厦门市翔安区人民法院于2008年1月4日以〔2007〕刑初字第161号刑事判决，认定：

一、被告人许军令犯寻衅滋事罪，判处有期徒刑1年6个月；

二、被告人蒋妙瑜犯寻衅滋事罪，判处有期徒刑1年6个月；犯贩卖毒品罪，判处有期徒刑3年，并处罚金人民币2000元；犯故意伤害罪，判处有期徒刑1年6个月。数罪并罚，决定执行有期徒刑5年，并处罚金人民币2000元；

三、随案移送的作案工具关刀3把、开山刀和水管焊刀各1把、电子秤1台予以没收；

四、被告人许军令应赔偿附带民事诉讼原告人厦门瑞登纸制艺品有限公司的经济损失人民币1185元；被告人许军令、蒋妙瑜应共同连带赔偿附带民事诉讼原告人厦门瑞登纸制艺品有限公司的经济损失人民币6462元；被告人许军令、蒋妙瑜应共同连带赔偿附带民事诉讼原告人李新医疗费、护理费、住院伙食补助费、误工费、残疾赔偿金等各项经济损失共计人民币62099.62元，共同连带赔偿附带民事诉讼原告人文山良医疗费、护理费、住院伙食补助费、误工费、残疾赔偿金等各项经济损失共计人民币78351.85元，赔偿款均限于本判决生效之日起一个月内付清；

五、驳回附带民事诉讼原告人厦门瑞登纸制艺品有限公司、李新、文山良的其他诉讼请求。

裁判理由

法院生效裁判认为：被告人许军令、蒋妙瑜因承揽生意遭拒绝，即怀恨在心，为泄愤伙同他人寻衅滋事，随意追打他人，情节恶劣；任意损毁公私财物，情节严重，破坏社会秩序，其行为均已构成寻衅滋事罪。检察机关指控被告人许军令、蒋妙瑜等人实施的行为构成强迫交易罪，定性不当，予以改判。被告人蒋妙瑜多次贩卖毒品和故意伤害他人身体，致二人轻伤，其行为分别构成贩卖毒品罪和故意伤害罪，其中贩卖毒品多人多次，属情节严重。被告人许军令纠集、指使被告人蒋妙瑜等人寻衅滋事的行为，系共同犯罪，在共同犯罪中被告人许军令起纠集、组织作用；被告人蒋妙瑜虽被纠集参与，但积极参与打砸，属积极的实行犯，故本案不易区分主从犯。被告人许军令曾因犯故意伤害罪被判处有期徒刑，刑罚执行完毕后，在5年以内再犯应当判处有期徒刑以上刑罚之罪，系累犯，依法应当从重处罚。被告人许军令揭发他人犯罪行为，经查证属实，具有立功表现，依法可以从轻处罚。被告人许军令还提供线索协助司法机关抓获其他重大犯罪嫌疑人，应当认定为有重大立功表现，依法予以从轻处罚。被告人蒋妙瑜故意伤害洪俊庆后主动投案，并如实供述犯罪事实，具有自首情节，对其所犯故意伤害罪依法可以从轻处罚。被告人蒋妙瑜在判决宣告以前犯数罪，依法应当实行数罪并罚。鉴于被告人许军令通过其亲属积极筹措了部分赔偿款，可酌情对其从轻处罚。2 被告人归案后自愿认罪，依法均可酌情予以从轻处罚。

被告人许军令、蒋妙瑜实施的共同犯罪行为给附带民事诉讼原告人瑞登公司造成的经济损失依法应予赔偿，但瑞登公司主张赔偿停产一天造成的损失 21000 元证据不足，不予支持。被告人许军令、蒋妙瑜实施的共同犯罪行为给附带民事诉讼原告人李新、文山良造成的经济损失，依法应予赔偿，赔偿金额应根据最高人民法院《关于审理人身损害赔偿案件适用法律若干问题的解释》的有关规定予以确认。综上，根据 2 被告人的犯罪情节、危害后果、悔罪表现，法院依法作出如上裁判。

> **81. 出于教训、报复他人的动机，随意殴打他人，并采用蛮不讲理的手段强行索要他人手机的行为构成抢劫罪还是寻衅滋事罪？**
>
> 出于教训、报复他人的动机，随意殴打他人，并采用蛮不讲理的手段强行索要他人手机的行为应定寻衅滋事罪。

典型疑难案件参考

张彪等寻衅滋事案

基本案情

被告人张彪在上学期间与同学秦青松关系较好，并曾帮助过秦青松。张彪在毕业联系工作时让秦青松帮忙，因秦不予提供帮助以致心生不满。2007 年 6 月 17 日 17 时许，张彪得知秦青松要到郑州市惠济区的富景生态园游玩，便电话通知被告人韩超到富景生态园"收拾"秦青松。韩超接到电话后，即骑车带着被告人倪某赶到富景生态园。在富景生态园，张彪向韩超指认秦青松后，韩超、倪某遂上前对秦青松进行殴打。然后，张彪要求秦青松给钱，因秦青松身上钱少，便要走其手机两部，并让其第二天拿钱换回手机，张彪、韩超各带走一部手机。后经秦青松索要，张彪将一部手机归还，但另一部手机被张彪卖掉，赃款被张彪和韩超挥霍。经鉴定，两部手机共计价值 1033 元。

一审诉辩情况

检察机关指控被告人张彪、韩超、倪某的行为构成抢劫罪。

被告人张彪、韩超、倪某及其辩护人提出：其对起诉书指控的事实均不持异议，但均称主观上无抢劫的故意，其行为不构成抢劫罪，并请求从轻处罚。

一审裁判结果

郑州市惠济区人民法院作出刑事判决，认定被告人张彪、韩超、倪某犯寻衅滋事罪，分别判处被告人张彪有期徒刑1年6个月，判处被告人韩超有期徒刑1年，判处被告人倪某有期徒刑6个月。

一审裁判理由

一审法院认为：被告人张彪、韩超、倪某随意殴打他人，强拿硬要，情节恶劣，其行为均已构成寻衅滋事罪。检察院指控的事实成立，但指控的抢劫罪罪名不妥。倪某的法定代理人提出其系未成年人、从犯的意见成立，予以采纳。综合各被告人的犯罪事实、情节、作用、社会危害性、认罪态度等具体情节，对各被告人予以量刑。

二审诉辩情况

一审宣判后，惠济区人民检察院向郑州市中级人民法院提出抗诉，抗诉理由是：原判认定罪名不正确，适用法律不当，张彪、韩超、倪某以非法占有为目的，当场使用暴力强行劫取他人财物，其行为均已构成抢劫罪。郑州市人民检察院支持上述抗诉意见。

二审裁判结果

郑州市中级人民法院基于相同的事实与证据，作出刑事判决，认定维持郑州市惠济区人民法院对被告人张彪、韩超的定罪、量刑及对被告人倪某的定罪；对被告人倪某改判有期徒刑6个月，缓刑1年。

二审裁判理由

二审生效裁判认为：原审被告人张彪、韩超、倪某随意殴打他人，强拿硬要，情节恶劣，其行为均已构成寻衅滋事罪。原审被告人张彪、韩超在共同犯罪中起主要作用，均系主犯。原审被告人倪某在共同犯罪中起次要作用，系从犯，且犯罪时未满18周岁，依法应当从轻或者减轻处罚。关于检察机关及支持抗诉的郑州市人民检察院提出本案应定性为抢劫罪而非寻衅滋事罪的理由，经查，3被告人出于教训、报复他人的动机，随意殴打他人，并采用蛮不讲理的手段强行索要他人财物，其行为符合寻衅滋事罪的主客观要件，故检察机关的抗诉理由不能成立，不予采纳。原审判决认定的事实清楚，证据确实充分，定性准确，适用法律正确，审判程序合法，但对原审被告人倪某量刑不当。故法院依法作出如上裁判。

---

82. 非法插手他人婚姻纠纷，并以威胁手段索要"名誉损失费"、牟利数额不大的，构成敲诈勒索罪还是寻衅滋事罪？

为逞强好胜非法插手他人婚姻纠纷，并以威胁手段索要"名誉损失费"、牟利数额不大的，构成寻衅滋事罪，而非敲诈勒索罪或抢劫罪。

典型疑难案件参考

王新强寻衅滋事案

基本案情

1999年2月13日，被告人王新强强占杨洪金与刘正富二人沙场。

2004年春，被告人以张岗村村民张正华在集体河槽内抽水影响其放养的鱼苗为由殴打张正华，后又殴打来评理的张正华妻子王在珍。

2004年9月的一天，被告人王新强因沙场承包费的交付问题与本组村民张正贵发生争执，被告人用木棍殴打张正贵。经人调解被告人口头答应愿意支付张正贵在村医生龙永祥诊所疗伤的药费，但一直拖欠不付。后来龙永祥向被告人催要医药费用，又遭到殴打。

2004年光山县斛山乡蔡桥街道居民王从贵与斛山乡赵桥村前湾村民王心叶因纠纷自愿解除同居关系，被告人王新强得知后，主动要帮助王心叶的父亲王从本等人前往王从贵家中搬走生活用品，到王从贵家后，被告人以威胁手段，不顾王从本等人的反对，逼迫王从贵给王心叶写下5000元欠条，作为"名誉损失费"，过后被告人又电话威胁不准报案。约20天后，王从贵通过刘时亮、张信芳等人找被告人说情，在光山县城一酒店宴请被告人并给被告人900元后才得以罢休。被告人拿回900元钱后，谎称拿到700元，并自称花掉

400元，余款300元交给了王心叶的父亲王从本。

2004年春的一天凌晨，被告人伙同张信芳（另案处理）等人驾驶装载车、翻斗车，窜至光山县城三环路与光白路交叉口附近，将光山县公路局施工剩下的3根水泥管盗走，拉回张岗沙场自用。经光山县价格认证中心价格鉴定，被盗3根水泥管价值2070元。

诉辩情况

检察机关指控：被告人王新强随意殴打、辱骂他人，强拿硬要或任意损毁、占用公私财物，其行为已构成寻衅滋事罪。以非法占有为目的，以秘密窃取的方法窃取公私财物数额较大，其行为已构成盗窃罪。非法介入他人婚姻纠纷，以强迫手段为他人索要所谓"名誉损失费"，并从中牟利的犯罪事实成立，已构成敲诈勒索罪。

被告人王新强的辩护人提出：对前6起寻衅滋事的基本事实辩护人没有异议，但同时认为被告人寻衅滋事情节轻微，不应当作为犯罪处理。对于敲诈勒索罪的指控，此起情节轻微不构成犯罪。

被告人王新强提出：对于盗窃罪的指控，盗窃水泥管是其同伙张信芳的主意，也是张信芳提议实施，被告人仅起帮助作用，不应构成犯罪。

宣判后，检察机关以一审法院改变敲诈勒索罪的定性不准，并以被告人非法介入他人纠纷，强行向他人索要财物的行为构成抢劫罪为由提起抗诉。

王新强提出上诉，认为一审判决认定的部分寻衅滋事不构成犯罪。

裁判结果

河南省光山县人民法院于2008年11月13日以〔2008〕光刑初字第204号刑事判决，认定被告人王新强犯寻衅滋事罪，判处有期徒刑2年6个月；犯盗窃罪，判处有期徒刑10个月，并处罚金3000元。两罪并罚，决定执行有期徒刑3年，并处罚金3000元。

一审宣判后，检察机关提起抗诉，王新强提出上诉。河南省信阳市中级人民法院于2009年3月6日以同样的事实和理由作出〔2008〕信刑终字第368号刑事裁定，驳回检察机关的抗诉和被告人的上诉，维持原判。

裁判理由

法院生效裁判认为：被告人王新强为逞强好胜、无事生非，多次随意殴打、辱骂他人，非法插手他人婚姻纠纷，强拿硬要他人财物；以非法占有为目的，秘密窃取他人数额较大的财物，分别构成寻衅滋事罪、盗窃罪，应数罪并罚。

根据被告人犯罪的性质、情节及危害后果，一二审法院依法作出如上裁判。

> **83. 多次随意殴打他人、强拿硬要财物的寻衅滋事行为和组织、领导、参加黑社会性质组织的行为有何不同？**
>
> 区分多次的寻衅滋事行为和组织、领导、参加黑社会性质组织罪，关键看行为是否符合"组织成员相对固定"、"有组织地多次进行违法犯罪活动"、"用组织经济利益支持组织的基本活动或者组织成员的部分生活开支"、"形成非法控制"的特征，如果不符合，则不构成组织、领导、参加黑社会性质组织罪。

> **84. 主谋构成敲诈勒索罪，行为人不明知主谋打砸施工现场工程车和人员的缘由，不具有明显的敲诈钱财的目的，但他们接受指使，任意实施打砸的行为，应定敲诈勒索罪还是寻衅滋事罪？**
>
> 行为人虽不明知主谋打砸施工现场工程车和人员系为了拿到工程或者抽利，但他们不问缘由，接受指使，实施打砸的行为，反映了他们主观上均具有愿意帮助主谋者完成犯罪的目的。因此，对这种行为在确定罪名时应当与主谋者的罪名相同，认定为敲诈勒索罪。

典型疑难案件参考

刘永火等寻衅滋事、敲诈勒索、故意毁坏财物、故意伤害、强迫交易案

基本案情

2006年7月30日晚，辛大富（另案处理）召集被告人颜文艺与颜章货等人（另案处理）驾车到五显镇明溪村宫仔边里，戴猴帽下车，持刀打砸郭文前的闽DB3612号伊兰特轿车（损失价值人民币3865元），并打伤正要上车的郭文前。经法医鉴定：郭文前损伤程度为轻微伤。

2006年8月8日12时许，被告人陈建埕的外甥叶志宏与颜永贵在餐厅因琐事产生纠纷，被告人陈建埕在电话中与颜永贵发生口角后，遂携带一把开山刀驾驶摩托车至后塘村颜永贵的青蛙饲养池，砍中颜永贵的后背一刀后离开。经法医鉴定：颜永贵右腰背部单个创口长达22.5cm，损伤程度为轻伤。2006年10月间，被告人陈建埕与颜永贵达成和解，并已支付赔偿款人民币35000元。

2006年8月20日晚上8时许，辛大富召集被告人颜文艺等4名男子（另3人另案处理），驾车窜至同安区五显镇西洋村东市里3号传辉汽车专业美容点，戴猴帽下车，持水管焊接刀打砸店中待修的6部小轿车等物品（损失价值共计人民币30920元），后逃离现场。

2006年底，戴小春承包同安职业技术学校建设工地排水沟工程时，因施工受到叶志福的阻挠，遂通过被告人刘永火介绍，雇请被告人陈建埕、颜文艺等人帮忙看管工地。后该工地仍受到叶志福的骚扰，戴小春即拿了人民币5000元，让刘永火交给陈建埕等人，并让他们以后不用再去看管工地了。因叶志福受叶国厚雇佣管理车队，陈建埕认为是叶国厚让叶志福去工地扰乱，即于2007年1月4日凌晨，驾车载颜文艺、颜章货和颜允淮到同安区五显镇下峰村上峰里叶国厚家门口，指使被告人颜文艺、颜章货、颜允淮3人戴猴帽下车，持水管焊接刀打砸叶国厚的闽1366907号长城皮卡车（损失价值人民币2100元）。

2007年3、4月间，吴端阳对陈子瑜、颜进财（另案处理）称被陈进发诈赌赢走人民币约6万元，让二人帮他向陈进发追讨。后颜进财曾向陈进发追讨，引起争执。同年5月6日15时许，颜进财召集被告人颜文艺和陈子瑜在同安区大同街道环城北路19号御涎茶庄欲向陈进发追讨被诈赌的款项，遭拒绝。颜进财、颜文艺和陈子瑜将陈进发拉出茶店外殴打。被告人颜文艺拿起一个啤酒瓶欲砸打陈进发，被陈子瑜劝住。后双方再次进入茶店内，颜进财、颜文艺再次殴打陈进发，致其鼻骨骨折。经法医鉴定：陈进发鼻骨骨折，伴有明显移位，损伤程度为轻伤。2007年6月底，颜进财、陈子瑜和陈进发就经济赔偿问题达成协议，并按照协议付清赔偿款人民币28000元。

2007年5月20日18时许，辛大富召集被告人陈建埕、颜文艺、颜云立与颜忠民（另案处理）等10余名男子戴猴帽分乘4部小轿车窜到翔安区新圩镇风路村黄光自然村铺央村49号蔡金木住家，持水管焊接刀等工具打砸屋内冰箱等物品（损失价值人民币4705元），并砍伤蔡金木面部等处。经法医鉴定：蔡金木外伤致面部一处创口长11.4cm，损伤程度为轻伤。

2007年6月30日下午，戴小春（另案处理）因认为刘有清与其养女戴建琴谈恋爱是在玩弄戴建琴，约刘有清到其家中商谈。期间，戴小春让其子戴微闽（另案处理）教训一下刘有清。戴微闽即召集被告人颜文艺与辛绍清、"小龙"及另两名男子（均另案处理），准备了砍刀、锄头柄等工具，在刘有清离开后塘村必经的路上等候。当晚9时许，刘有清与郁宏杰驾闽DM7879号丰田皇冠轿车离开后塘村，戴微闽即驾一部轿车在坡炉村路段将其拦下，被告人颜文艺即伙同戴微闽、辛绍清等人戴上猴帽，持砍刀、锄头柄等工具打砸闽DM7879号车，并将刘有清拉下车，持砍刀砍伤刘有清。经法医鉴定：刘有清损伤程度为重伤。闽DM7879号车经鉴定，损失价值人民币107784元。案发后，戴微闽一方已与刘有清、郁宏杰就刘有清损伤造成的经济损失和郁宏杰车辆损失的赔偿问题达成和解。

2007年初，被告人陈建埕、颜文艺与颜加添（已死亡）、辛大富、陈军民、苏天路等人合伙承包同安职业技术学校建设工地第三标段的地材供应，后由被告人陈建埕与承建单位洪宇建设集团公司签订地材供应合同。陈建埕得知洪宇建设集团公司已与厦门固德建材有限公司签订混凝土供应合同后，与辛大富等人商量欲向工地负责人卢建奎对混凝土施工部分进行"抽利"，若卢建奎不答应就阻止其施工。随后被告人陈建埕向卢建奎要求一平方米"抽利"10元，后降为7元，并威胁说不让"抽利"工地会乱的，遭到卢建奎的拒绝。2007年5月3日下午，被告人陈建埕安排被告人颜文艺和颜忠民、辛大富及其召集的人员到同安职业技术学校建设工程第三标段工地阻止施工。被告人颜文艺与辛大富等人到工地后叫工人停工，并殴打混凝土泵车司机颜光辉、张德智。被告人颜文艺欲离开工地时，见闽D65175混凝土搅拌车正欲驶离该地，即捡起一块石头砸破混凝土搅拌车的前挡风玻璃（损失价值人民币600元）。随后被告人陈建埕打电话给卢建奎，称跟你讲会乱你不信。当晚21时许，工地再次进行混凝土浇筑时，被告人陈建埕与辛大富又召集被告人颜文艺、颜云立和颜忠民等20余人驾乘4部轿车到工地，戴猴帽、持水管、水管焊接刀等工具打砸厦门固德建材有限公司的闽D65707、闽D63803、闽D63678、闽D63726、闽D63788、闽D63809共6部斯达—斯太尔牌混凝土搅拌车，致车辆挡风玻璃、车灯等受损（损失价值共计人民币12961元）。随后，被告人陈建埕又打电话给卢建奎，称跟你讲会乱你不信。卢建奎与其合伙人不得不与被告人陈建埕协商"抽利"的事，同意支付给被告人陈建埕一伙人民币6万元，被告人陈建埕保证工地不会再被扰乱。2007年5月中旬，卢建奎等人分两次将人民币6万元交给被告人陈建埕，工地才复工。被告人陈建埕从中分得人民币5400元，被告人颜文艺分得人民币4600元。经法医鉴定：颜光辉头皮血肿形成，头皮创口长达4.1cm，损伤程度为轻微伤。

2007年1月间,被告人陈建埕、颜文艺与颜加添合为一股,与辛大富、陈军民、苏天路共4股,欲合作争取同安职业技术学校第一标段建筑工地地材供应权,商量好由陈建埕出面签合同,由辛大富等人负责采取暴力、威胁手段排除他人的竞争。1月30日晚,被告人陈建埕得知欲争取的地材供应权已被李伟志取得,遂打电话邀李伟志"单挑"或打群架,想逼其将地材供应权让出来,遭李伟志拒绝。被告人陈建埕与颜加添、辛大富等人商量后,决定继续争取地材供应权,辛大富提出他负责"修理"(即殴打)李伟志。随后辛大富召集颜文艺等人,乘坐陈建埕提供的小轿车,于1月31日凌晨窜至同安区大同街道肯德基门口停车场,持水管及篾刀等工具打砸李伟志的闽DN7763号奥迪轿车(损失价值人民币44564元)。后辛大富与颜文艺等人又窜至同安区五显镇坡炉村叶清靠(李伟志的合伙人)经营的网吧打砸吧台的两块玻璃及一台电脑显示器(损失价值人民币660元)。

2007年年初,被告人刘永火与陈建埕、颜国汉等人合伙承包厦门东海学院同安校区建筑工程辅助工程的地材供应。被告人刘永火向工地主体工程提供了部分样品机砖后,工地负责人冯东红告诉被告人刘永火称报价较高,刘永火即称:"你们工程的机砖如果不能由我供应,别的厂家也别想供应。"后冯东红一方于2007年5月12日下午与龙海人林进勇签订了机砖供应协议。被告人刘永火安排在工地管理现场的颜金镖得知消息后,威胁林进勇不要再载机砖来,并打电话告诉被告人陈建埕。被告人陈建埕即召集被告人颜文艺和颜忠民、颜允淮在梵天寺路段打砸林进勇的车辆,让他不要再载砖来。当天下午4时许,林进勇驾乘闽DQ9208号飞度车欲回龙海,行至同安一中与闽海医院之间路段时,被告人颜文艺和颜忠民将车拦住,持铁锤和水管刀打砸轿车的挡风玻璃等处(损失价值人民币6170元),后乘坐颜允淮的摩托车逃离现场。因林进勇立即报案,公安机关对案件进行侦查,被告人刘永火未再与冯东红一方联系机砖之事。经查:该工地共向林进勇购买机砖1010650块,总金额计人民币606238元。按刘永火报价的24×18×9和24×9×9两种型号机砖,总价就比林进勇提供的价格多出人民币52168元。

一审诉辩情况

检察机关指控称:2006年年底以来,被告人刘永火利用其经济实力,笼络被告人陈建埕、颜文艺、颜云立和陈孙铭、颜金镖、颜允淮、颜忠民、陈孙发、颜允添(以上人员均另案处理)等人,分别采取以提供保护、保证工程顺利开展为由不出资,安排人员管理工地,强行供应地材等方式,牟取经济利益。为形成威慑、排除干扰,被告人刘永火购置了大量的篾刀、锄头柄等工具、怂恿、指使被告人陈建埕、颜文艺、颜云立等人多次进行打砸、恐吓、伤害、敲诈等违法犯罪活动，在五显镇及周边地域为非作恶，严重扰乱经济、社会生活秩序，造成恶劣的社会影响。

检察机关认为：被告人刘永火的行为已构成组织、领导黑社会性质组织罪、强迫交易罪；被告人陈建埕的行为已构成领导黑社会性质组织罪、强迫交易罪、敲诈勒索罪、故意伤害罪、寻衅滋事罪；被告人颜文艺的行为已构成参加黑社会性质组织罪、强迫交易罪、故意伤害罪、故意毁坏财物罪、寻衅滋事罪；被告人颜云立的行为已构成参加黑社会性质组织罪、故意伤害罪、寻衅滋事罪。其中强迫交易罪属犯罪未遂。被告人陈建埕具有立功情节；被告人颜文艺在伤害蔡金木犯罪中属供述同种余罪，被告人颜云立在故意伤害蔡金木犯罪中构成自首。

被告人刘永火提出：其没有笼络陈建埕，没有强占股份，没有怂恿陈建埕从事违法犯罪活动。关于强迫交易犯罪事实，冯东红没有说其报价偏高，冯东红在已经答应由其供应地材后，又暗中购买龙海人的空心砖有责任。

被告人刘永火的辩护人提出：检察机关指控被告人刘永火犯组织、领导黑社会性质组织罪、强迫交易罪事实不清，证据不足。

被告人陈建埕的辩护人提出：检察机关指控被告人陈建埕领导黑社会性质组织罪不能成立，本案共有10个独立的犯罪行为，这些行为与组织领导、参加黑社会性质组织罪均没有关系。指控被告人陈建埕打砸李伟志的奥迪轿车构成寻衅滋事罪不能成立。辛大富等人打砸李伟志的轿车是在自身利益受到损害的情况下采取暴力处理民事关系的行为，不是任意损毁的行为，不符合寻衅滋事罪的弥补精神空虚、寻求精神刺激的犯罪动机。被告人陈建埕等人实施的暴力行为对象并非交易相对方，检察机关指控被告人陈建埕打砸林进勇的飞度轿车构成强迫交易罪不能成立。检察机关指控被告人陈建埕对同安职业技术学校施工方卢建奎等人进行"抽利"构成敲诈勒索罪不能成立，应是强迫交易行为。被告人陈建埕向公安机关检举揭发3起犯罪事实，有两起经查证属实，具有两个立功情节；被采取强制措施后，如实供述公安机关尚未掌握的其打砸林进勇飞度轿车的犯罪事实，应当认定为自首。被告人陈建埕故意伤害颜永贵的犯罪事实，可以免除处罚。在蔡金木被伤害一案中，被告人陈建埕在犯罪中起次要、辅助作用，应当从轻或者减轻、免除处罚。综上，建议法庭对被告人陈建埕减轻处罚。

被告人颜文艺提出，其没有参加黑社会性质组织犯罪，因他在看管工地，卢建奎的钱是以工资的名义给他的，不是敲诈所得。

被告人颜文艺提出：强迫交易犯罪中，他并没有去威胁对方。

被告人颜文艺的辩护人提出：检察机关指控被告人颜文艺参加黑社会性质

组织罪证据不足。指控被告人颜文艺犯强迫交易罪缺乏主观要件，因被告人颜文艺打砸林进勇的轿车时不清楚砸车的目的，应当以故意毁坏财物罪定罪。起诉指控打砸郁宏杰的车辆，后来补充鉴定的损失价值7万余元不能认定。被害人刘有清经过第二次手术后，已经恢复行走功能且经鉴定损伤程度为轻伤，刘有清损伤程度应当认定为轻伤。被毁坏财物的损失价值认定应当以案发时对被毁财物的估价报告为准，补充估损报告的数额不应计入毁坏的财物价值。被告人颜文艺在陈建埕的纠集下，明知陈建埕欲向工地负责人抽利，伙同他人对混凝土的供应者的驾驶人员殴打，打砸混凝土供应者的车辆；被告人颜云立在被告人颜文艺的纠集下，参与打砸车辆，帮助被告人陈建埕一伙完成敲诈勒索，不符合寻衅滋事罪的构成特征。被告人陈建埕、颜文艺参与打砸李伟志车辆的行为不具有寻衅滋事的动机，不构成寻衅滋事罪。被告人颜文艺主动供述了部分犯罪事实，建议对颜文艺从轻处罚。

一审裁判结果

福建省厦门市同安区人民法院于2008年6月30日以〔2008〕同刑初字第32号刑事判决，认定被告人刘永火犯强迫交易罪，判处有期徒刑1年6个月，并处罚金人民币5000元。被告人陈建埕犯故意伤害罪，判处有期徒刑2年；犯敲诈勒索罪，判处有期徒刑4年6个月；犯寻衅滋事罪，判处有期徒刑2年；犯强迫交易罪，判处有期徒刑1年，并处罚金人民币2000元；数罪并罚，决定执行有期徒刑9年，并处罚金人民币2000元。被告人颜文艺犯故意伤害罪，判处有期徒刑7年；犯故意毁坏财物罪，判处有期徒刑5年；犯寻衅滋事罪，判处有期徒刑2年6个月；犯敲诈勒索罪，判处有期徒刑4年；犯强迫交易罪，判处有期徒刑1年，并处罚金人民币2000元；数罪并罚，决定执行有期徒刑18年，并处罚金人民币2000元。被告人颜云立犯故意伤害罪，判处有期徒刑1年6个月，犯敲诈勒索罪，判处有期徒刑3年6个月；数罪并罚，决定执行有期徒刑4年。责令被告人陈建埕、颜文艺、颜云立向卢建奎、邝建昌、薛跃海、蔡光明退赔人民币6万元。

一审裁判理由

一审法院认为：被告人刘永火、陈建埕、颜文艺以威胁手段强卖商品，情节严重，3被告人的行为已构成强迫交易罪，系共同犯罪；被告人陈建埕、颜文艺、颜云立以非法占有为目的，以暴力威胁手段强行索取他人财物，数额巨大，3被告人的行为均已构成敲诈勒索罪，系共同犯罪；被告人陈建埕、颜文艺故意伤害他人身体，其中被告人陈建埕致2人轻伤，被告人颜文艺致1人重伤、2人轻伤、1人轻微伤，被告人颜云立致1人轻伤，二被告人的行为均已构成故意伤害罪，大部分犯罪均系共同犯罪；被告人颜文艺还伙同他人故意毁坏他人财物，数额巨大，其行为已构成故意毁坏财物罪，属共同犯罪；被告人陈建埕、颜文艺任意毁损他人财物，情节严重，二被告人的行为均已构成寻衅滋事罪，系共同犯罪，检察机关指控各被告人的相关罪名成立。但检察机关指控2007年5月3日被告人颜文艺、颜云立伙同被告人陈建埕参与殴打同安技工学校工地司机以及打砸混凝土搅拌机而后抽利的行为构成寻衅滋事罪，定性不当，应当予以纠正。被告人陈建埕、颜文艺、颜云立均犯有数罪，应当数罪并罚，被告人陈建埕具有前科，应当酌情从重处罚。被告人刘永火、陈建埕、颜文艺犯强迫交易罪属未遂，依法可以比照既遂犯从轻或者减轻处罚；在故意伤害蔡金木一案中，被告人颜文艺属供述同种余罪，可酌情从轻处罚；被告人颜云立属自首，依法可以从轻处罚；被告人陈建埕归案后检举揭发同案犯犯罪事实经查证属实，具有立功情节，依法可以从轻或者减轻处罚。

关于检察机关指控的被告人刘永火组织、领导黑社会性质组织罪，被告人陈建埕领导黑社会性质组织罪，被告人颜文艺、颜云立参加黑社会性质组织罪的问题。经查：从组织特征看，到案的仅有被告人刘永火、陈建埕、颜文艺、颜云立4人，其余被网上通缉的在逃人员与检察机关指控的组织者即被告人刘永火是什么关系，事实不清。因此，就其组织特征看，不符合黑社会性质组织特征中组织成员人数较多的特点；从经济特征看，缺乏证据证实检察机关指控的有关组织存在一定实力以及用组织经济利益支持组织的基本活动或者组织成员的部分生活开支；从行为特征看，检察机关指控的10起犯罪中，被告人陈建埕参与组织的敲诈卢建奎人民币6万元，是在参与该标段地材供应承包的股东之间分赃，检察机关指控的组织者被告人刘永火并不知情，也没有分赃；从行为特征看，检察机关指控的10起犯罪中，一起是陈建埕个人行为，3起是辛大富召集的，一起是因戴微闽的妹妹婚恋问题引发，一起是因颜进财、陈子瑜个人恩怨导致，一起是因陈建埕管理工地时与人矛盾，三起是陈建埕、辛大富等人做地材时与人产生矛盾而共同组织的，只有强迫交易一起与刘永火有关系。如果认定被告人刘永火构成组织、领导黑社会性质组织罪，则被告人刘永火应对该组织实施的全部犯罪均应当承担刑事责任。而检察机关认定被告人刘永火构成组织、领导黑社会性质组织罪，这个组织实施了本案的10起犯罪，起诉书最后却认定刘永火只对强迫交易罪这一具体犯罪行为承担刑事责任，显然是互相矛盾的。即使认定本案中刘永火、陈建埕、颜文艺3人间存在一个组织，则能归属于这个组织的犯罪，只有强迫交易一起，不符合"有组织地多次进行违法犯罪活动"的特征；从非法控制特征看，缺乏证据证实，被告人刘永火到底参与了多少工程，占当地工程数量的比例不清，且缺乏证据证实被告人刘永火参与工程的承包系通过违法犯罪行为取得的，因此缺乏证据证实检察机关认定的刘永火的这个组织是"通过实施违法犯罪活动"来实现"称霸一方，在一定区域或者行业内，形成非法控制或者重大影响"的。因此，检察机关指控被告人刘永火、陈建埕、颜文艺、颜云立构成涉黑的相关罪名不符合黑社会性质组织罪名的组织特征、行为特征、经济特征、非法控制特征，指控的相关罪名不能成立。

关于被告人陈建埕的辩护人提出被告人陈建埕在伤害蔡金木一案中起次要作用，系从犯的问题。经查：被告人陈建埕纠集被告人颜文艺参与伤害蔡金木犯罪，且帮助载人，提供犯罪工具，其在共同犯罪中所起作用并非次要作用，辩护人关于此节辩护意见理由不成立，不予支持。

关于被告人颜文艺的辩护人提出的被害人刘有清经过第二次手术后，已经恢复行走功能且经鉴定损伤程度为轻伤，刘有清损伤程度应当认定为轻伤的问题。经查：被害人刘有清受伤后经3个月的治疗并治疗终结后经法医鉴定其足部功能完全丧失，即被告人的犯罪行为已造成被害人的肢体功能丧失，对照人体重伤的标准，损伤程度已达到重伤。随着医疗水平的不断发展，肢体受损的功能经进一步治疗后，功能可能有所恢复，但并不能否认行为人造成被害人肢体功能丧失的后果，且被害人刘有清第二次鉴定损伤程度为轻伤的鉴定结论缺乏相应的证据进一步印证，不足以推翻此前重伤的鉴定结论。辩护人关于应当采信轻伤鉴定结论的意见不予采纳。

关于被告人颜文艺的辩护人提出的郁宏杰车辆损失的价值应当按照物价部门经过实物勘查后认定的第一份价格鉴定结论，认定损坏价值为人民币29501元的问题。经查：价格鉴定部门对郁宏杰的车辆损失所作的第二份鉴定，有被害人提供的维修车辆的相关凭证佐证，且鉴定部门亦承认由于车辆的隐蔽部分的损坏无法通过实物勘查发现损坏的程度。因此，缺乏证据否定价格鉴定部门的第二份鉴定结论的真实性，辩护人的辩护意见不予采纳。

关于被告人陈建埕的辩护人提出被告人陈建埕的该起行为不构成敲诈勒索罪而是强迫交易行为的问题并提供了一份委托书，欲证实系该工地委托陈建埕等人管理工地而支付的6万元工资。经查：被告人陈建埕采用打砸车辆等暴力手段对工地施工方卢建奎等人进行威胁、滋扰，被害人卢建奎为了工地施工顺利进行而被迫支付给被告人陈建埕一伙人民币6万元。辩护人提供的委托书形式上虽然体现被害方委托被告人一伙管理工地，但实际上只要被告人一伙没有采取暴力手段进行滋扰，被害方的工地并不需要所谓的看管、维护秩序，且被告人陈建埕实施暴力手段强行向被害人索取财物，其行为完全符合敲诈勒索罪的构成要件，应以敲诈勒索罪认定。辩护人提供的委托书系为了掩盖其非法目的，不能证明被告人陈建埕该行为的合法性。辩护人的相关辩护意见不予采纳。

关于被告人颜文艺的辩护人提出被告人颜文艺的行为不符合寻衅滋事罪的问题。经查：被告人颜文艺在陈建埕的纠集下，明知陈建埕欲向工地负责人抽利，伙同他人对混凝土的供应者的驾驶人员殴打，打砸混凝土供应者的车辆，其行为已构成敲诈勒索罪；被告人颜云立在被告人颜文艺的纠集下，参与打砸车辆，帮助被告人陈建埕一伙完成敲诈勒索的犯罪事实，其行为亦构成敲诈勒索罪。检察机关指控被告人颜文艺、颜云立的实施该行为构成寻衅滋事罪，定性不妥，应予纠正。辩护人关于被告人颜文艺的行为不构成寻衅滋事罪的意见成立，予以采纳。

关于被告人陈建埕和颜文艺的辩护人提出被告人陈建埕、颜文艺参与打砸李伟志车辆的行为不具有寻衅滋事的动机，不构成寻衅滋事罪的问题。经查：被告人陈建埕、颜文艺等人为了取得地材供应权，无事生非、无理取闹，采用毁坏被害人李伟志财物的目的，以逞能称霸，欲胁迫被害人让出部分股权，显然具有寻衅滋事的动机，应当以寻衅滋事罪定性。

关于被告人颜文艺的辩护人提出被打砸车辆的损失价值应当按照第一份鉴定结论认定的损失价值认定的问题。经查：李伟志的车辆被毁后，价格鉴定部门虽在经过实物勘查后作出第一份鉴定结论，但却遗漏鉴定车辆部分被砸坏部位的损失价值。据此，价格鉴定部门又作了第二份价格鉴定结论，第二份价格鉴定结论与第一份价格鉴定结论并没有重复鉴定。因此，第二份价格鉴定结论应当采信，并将鉴定金额计算在犯罪数额内，辩护人的相关辩护意见不予采信。

关于被告人刘永火和陈建埕的辩护人提出的二被告人的行为不构成强迫交易罪的辩护意见。经查：被告人刘永火、陈建埕的暴力手段虽然不是针对交易相对方，但其采用暴力手段，目的就是以此制止第三人与相对方交易，达到相对方与自己交易的目的，且被告人刘永火也向其欲交易的相对方进行威胁称我不能供应，别人也供应不了。因此，被告人刘永火、陈建埕的行为完全符合强迫交易罪的构成要件，构成强迫交易罪。辩护人的辩护意见不予采纳。

关于被告人颜文艺的辩护人提出被告人颜文艺打砸林进勇的车辆前不清楚为何打砸的问题。经查：被告人颜文艺供称其在砸车前即清楚刘永火想向东海学院供应机砖，砸车是想让对方不敢供应机砖。因此，从被告人颜文艺的客观行为及其主观犯意，已可认定构成强迫交易罪。辩护人的辩护意见不予采纳。

二审诉辩情况

一审宣判后，陈建埕、颜文艺、颜云立提出上诉。

上诉人陈建埕提出：伤害颜永贵一案已经和颜永贵和解，在伤害蔡金木案中属从犯，原判故意伤害罪量刑过重。敲诈勒索的数额是4万元，另2万元是工资。其具有立功情节，原判未予从轻、减轻处罚。请求二审依法改判。

上诉人颜文艺及其辩护人提出：颜文艺打砸李伟志轿车是为争夺地材供应权，目标明确，将此认定为寻衅滋事罪定性不当。5月3日颜文艺参与阻挠同安技校第三标段施工并不知道陈建埕要向对方敲诈勒索6万元，事后分得的3000元也始终认为是工资，不构成敲诈勒索罪。颜文艺打砸林进勇轿车时，并不知道为何打砸，原判认定构成强迫交易罪定性不当。伤害刘有清案中认定刘永清重伤证据不足，郭文前的损伤程度为轻微伤，不应以故意伤害罪追究责任。毁坏财物犯罪中，应以案发时被毁坏财物的估价报告为准，不应将事后补充估价报告的数额计入毁坏财物的数额。故意伤害犯罪中，刘有清不是其砍伤的，陈进发鼻骨骨折是颜进财造成的，其作用较小。原判量刑过重，请求从轻处罚。

上诉人颜云立及其辩护人提出：颜云立故意伤害案中作用较小，系从犯，且有自首情节，原判量刑过重。参与打砸同安技校第三标段工地时并不知道陈建埕等人要向对方敲诈勒索，不应构成敲诈勒索罪，且量刑过重，请求从轻处罚。

二审裁判结果

福建省厦门市中级人民法院于2008年9月8日以同样的事实作出〔2008〕厦刑终字第271号刑事裁定，驳回上诉，维持原判。

二审裁判理由

二审法院认可了上述一审法院的判案理由，认为上诉人陈建埕、颜文艺、颜云立均一人犯数罪，均应数罪并罚。

关于上诉人陈建埕提出敲诈勒索的数额是4万元的上诉意见。经查，证人卢建奎、蔡光明、陈柏华的证言可以相互印证地证实，同安技校第三标段工程被陈建埕等人滋扰无法施工后，股东经商量后被迫分两次付给陈建埕共计人民币6万元（一次4万元，一次2万元），工地才得以正常施工的事实，足以证实敲诈勒索的数额为人民币6万元。上诉人陈建埕辩解其中2万元系工资缺乏证据证实，不予采纳。

关于上诉人颜文艺及其辩护人提出：打砸李伟志轿车是为争夺地材供应权，目标明确，原判认定构成寻衅滋事罪定性不当的上诉及辩护意见。经查：上诉人颜文艺、陈建埕等人为逞强称霸、体现强势地位，取得地材供应权，无理取闹，任意毁损被害人李伟志的财物，情节严重，具有寻衅滋事的动机，应认定构成寻衅滋事罪。该上诉及辩护意见不予采纳。

关于上诉人颜文艺及其辩护人提出故意伤害刘有清案中认定刘有清重伤证据不足的上诉及辩护意见。本院认为：被害人刘有清受伤后经过3个月的治疗，治疗终结后经法医鉴定其足部功能完全丧失，损伤程度为重伤。虽然随着医疗水平的发展，肢体受损的功能经进一步治疗后可能恢复，但不能以此否定行为人已造成被害人肢体功能丧失的损害后果。且被害人刘有清第二次鉴定即损伤程度为轻伤的鉴定结论缺乏相应的证据进一步印证，不足以推翻此前重伤的鉴定结论。该方面上诉及辩护意见不予采纳。

关于被告人颜文艺及其辩护人提出打砸林进勇轿车时，并不知道为何打砸，不应认定构成强迫交易罪的上诉及辩护意见。经查：上诉人颜文艺在侦查阶段的供述表明，其在打砸车前即清楚刘永火想向东海学院供应机砖，砸车是想让对方不敢供应机砖。即便颜文艺不知道打砸的具体目的，其长期跟随陈建埕等人实施违法犯罪活动，不问缘由接受陈建埕指挥打砸林进勇轿车，也应认定有认同与支持陈建埕等人任何违法犯罪行为的共同犯意，应认定构成强迫交易共同犯罪。该方面上诉及辩护意见不予采纳。

关于上诉人颜文艺、颜云立及其辩护人提出参与打砸同安技校第三标段工地时不知道陈建埕等人要向对方敲诈勒索，不应构成敲诈勒索罪的上诉及辩护意见。经查：上诉人颜文艺在侦查阶段的供述与陈建埕庭审中的供述可以相互印证地证实颜文艺参与该起打砸阻挠施工前就知道目的是进行"抽利"，与陈建埕等人有共同的犯意；颜云立在侦查阶段的供述证实其知道是陈建埕想做工地混凝土供应或"抽利"，即便其不知道打砸的具体目的，其受纠集后不问缘由，积极参与打砸，主观上也有认同与支持陈建埕等人任何违法犯罪行为的概括共同犯意，原判认定颜文艺、颜云立与陈建埕共同构成敲诈勒索罪并无不当。该上诉及辩护意见不予采纳。

关于上诉人颜文艺及其辩护人提出故意毁坏财物犯罪中，不应将事后补充估价报告的数额计入毁坏财物数额的上诉及辩护意见。经查：故意伤害刘有清案中价格鉴定部门对郁宏杰车辆损失所作的第二份鉴定，有被害人提供的维修车辆的相关凭证佐证，且鉴定部门亦认可车辆隐蔽部分的损失无法通过实物勘查发现，因而第二份鉴定也应采信。李伟志车辆被砸案中，价格鉴定部门作出的第一份鉴定结论遗漏鉴定部分被砸毁坏的损失，据此，价格鉴定部门又作了第二份价格鉴定结论，两份价格鉴定结论之间并无重复，两份价格鉴定结论均应采信。该上诉及辩护意见不予采纳。

关于上诉人陈建埕提出有立功表现原判未予体现，伤害颜永贵案已经和解、伤害蔡金木案系从犯，原判量刑过重；上诉人颜文艺及其辩护人提出故意伤害犯罪中作用较小，原判量刑过重；上诉人颜云立及其辩护人提出故意伤害案中作用较小、系从犯且有自首情节、原判量刑过重的上诉及辩护意见。法院认为，原判根据本案各上诉人的具体犯罪事实，未予认定主从犯并无不当。原判根据各上诉人的具体犯罪事实，以及归案后认罪、悔罪态度，自首，立功表现等具体情节，所判处的刑罚并无不当。该方面上诉及辩护意见均不予采纳。故法院依法作出如上裁判。

85. 如何区分敲诈勒索罪和强拿硬要他人财物的寻衅滋事罪？

敲诈勒索罪和寻衅滋事罪都包含强拿硬要他人财物的行为，且行为人都可以采用威胁或要挟的方法索取钱财。但是，在具体实践中，应综合全案，结合行为人的主观动机、行为方式、客体对象进行综合分析，区分此罪与彼罪。构成敲诈勒索罪需要达到一定数额，而寻衅滋事罪则不需要；如果行为人实施多次行为，不仅构成寻衅滋事罪，同时也构成敲诈勒索罪的，应实行数罪并罚。

典型疑难案件参考

刘卫星寻衅滋事案

基本案情

2009年11月某日，被告人刘卫星伙同"瘸子"、"阿义"等人（均另案处理），在慈溪市新浦镇樟新公路被害人张继传的馒头店，以张不借钱给"瘸子"为由，对张进行言语威胁，并强行索要人民币900元及白大红鹰香烟1条。

同年12月6日，被告人刘卫星伙同"阿冬"等人（均另案处理），在慈溪市新浦镇浦沿村一溜冰场附近，以被害人朱爱辉殴打"阿冬"小弟为由，对朱进行殴打，并向朱索要人民币500元，后因朱报警而未得逞。

2010年5月15日，被告人刘卫星伙同"阿路"等人（均另案处理），以被害人许永庆殴打女儿，而不给"阿路"面子为由，对许进行言语威胁，索要人民币1000元，并多次打电话骚扰许永庆，后因许永庆向公安机关报警而未得逞。

同年5月8日,被告人刘卫星伙同"建军"等人(均另案处理),以被害人岑丰泡"建军"女友为名,对岑进行殴打。

同月19日,被告人刘卫星在慈溪市新浦镇浦沿村被害人杨爱纯的饭店就餐时,以吃到头发为由,向杨索要医药费,并以言语威胁。后因被害人报警,被告人刘卫星在新浦卫生院内被公安民警抓获。

诉辩情况

检察机关指控被告人刘卫星犯寻衅滋事罪。

被告人刘卫星在开庭审理过程中对上述事实无异议。

裁判结果

浙江省慈溪市人民法院于2010年10月13日以〔2010〕甬慈刑初字第1290号刑事判决,认定被告人刘卫星犯寻衅滋事罪,判处有期徒刑8个月。

裁判理由

法院生效裁判认为:被告人刘卫星伙同他人多次强拿硬要公民财物,情节严重,其行为已构成寻衅滋事罪。检察机关指控的罪名成立。被告人刘卫星自愿认罪,可酌情从轻处罚。据此,法院依法作出如上裁判。

---

86. 当行为人的一个行为同时符合寻衅滋事罪和故意伤害罪的特征时,应如何定性?

寻衅滋事行为不仅侵犯个人法益,而且侵犯社会法益。当一行为同时触犯寻衅滋事罪与故意伤害、敲诈勒索、盗窃等罪名时,以想象竞合犯从一重罪论处。需注意的是:寻衅滋事罪名所包含的是多样行为类型,且以情节恶劣、情节严重、造成严重混乱等为构成要件。

典型疑难案件参考

陈寿军寻衅滋事案

基本案情

2010年4月4日23时许,被告人陈寿军伙同"章涛"(在逃)窜至上海路"神话"网吧，发现前几天没给他们买"摇头水"的舒小兵正在上网，于是找到舒小兵用语言进行挑衅，但舒小兵、黄文璇等人不搭理并离开。陈寿军、"章涛"于是阻止其离开，并殴打黄文璇，继而双方发生扭打，"章涛"从腰间抽出跳刀将舒小兵、黄文璇杀伤，黄文璇的伤情为轻伤甲级，舒小兵的伤情为轻微伤丙级，2010年8月3日陈寿军被抓获归案。

诉辩情况

检察机关指控陈寿军犯寻衅滋事罪。

被告人陈寿军对检察机关的指控没有异议。

裁判结果

江西省南昌市青山湖区人民法院于2011年1月4日以〔2010〕湖刑初字第236号刑事判决，认定被告人陈寿军犯寻衅滋事罪，判处有期徒刑1年6个月。

裁判理由

法院生效裁判认为：被告人陈寿军伙同他人，无事生非，随意殴打他人，致使一人轻伤甲级，一人轻微伤丙级，其行为已构成寻衅滋事罪。但其归案后认罪态度较好，依法可酌情从轻处罚。检察机关的指控事实清楚，证据确实充分，适用法律正确，指控罪名成立。故法院依法作出如上裁判。

寻衅滋事罪办案依据集成

刑法条文

第二百九十三条 【寻衅滋事罪】有下列寻衅滋事行为之一,破坏社会秩序的,处五年以下有期徒刑、拘役或者管制:

(一)随意殴打他人,情节恶劣的;

(二)追逐、拦截、辱骂、恐吓他人,情节恶劣的;

(三)强拿硬要或者任意损毁、占用公私财物,情节严重的;

(四)在公共场所起哄闹事,造成公共场所秩序严重混乱的。

纠集他人多次实施前款行为,严重破坏社会秩序的,处五年以上十年以下有期徒刑,可以并处罚金。

立案标准

最高人民检察院、公安部《关于公安机关管辖的刑事案件立案追诉标准的规定(一)》(2008年6月25日公通字〔2008〕36号)(节录)

第三十七条 [寻衅滋事案(刑法第二百九十三条)]寻衅滋事,破坏社会秩序,涉嫌下列情形之一的,应予立案追诉:

(一)随意殴打他人造成他人身体伤害、持械随意殴打他人或者具有其他恶劣情节的;

(二)追逐、拦截、辱骂他人,严重影响他人正常工作、生产、生活,或者造成他人精神失常、自杀或者具有其他恶劣情节的;

(三)强拿硬要或者任意损毁、占用公私财物价值二千元以上,强拿硬要或者任意损毁、占用公私财物三次以上或者具有其他严重情节的;

(四)在公共场所起哄闹事,造成公共场所秩序严重混乱的。

司法解释

1. 最高人民法院、最高人民检察院《关于办理妨害预防、控制突发传染病疫情等灾害的刑事案件具体应用法律若干问题的解释》(2003年5月15日法释〔2003〕8号)(节录)

第十一条 在预防、控制突发传染病疫情等灾害期间,强拿硬要或者任意损毁、占用公私财物情节严重,或者在公共场所起哄闹事,造成公共场所秩序严重混乱的,依照刑法第二百九十三条的规定,以寻衅滋事罪定罪,依法从重处罚。

2. 最高人民法院《关于审理未成年人刑事案件具体应用法律若干问题的解释》(2006年1月23日法释〔2006〕1号)(节录)

第八条 已满十六周岁不满十八周岁的人出于以大欺小、以强凌弱或者寻求精神刺激,随意殴打其他未成年人、多次对其他未成年人强拿硬要或者任意损毁公私财物，扰乱学校及其他公共场所秩序，情节严重的，以寻衅滋事罪定罪处罚。

3. 最高人民法院《人民法院量刑指导意见（试行）》（2010年10月1日法发〔2010〕36号）（节录）

四、常见犯罪的量刑

（十三）寻衅滋事罪

1. 构成寻衅滋事罪的，可以在三个月拘役至一年有期徒刑幅度内确定量刑起点。

2. 在量刑起点的基础上，可以根据寻衅滋事次数、伤害后果、强拿硬要他人财物或任意损毁、占用公私财物数额等其他影响犯罪构成的犯罪事实增加刑罚量，确定基准刑。

法律法规

《中华人民共和国铁路法（2009年修正）》（1991年5月1日）（节录）

第六十五条　（第二款）在列车内，寻衅滋事，侮辱妇女，情节恶劣的，依照刑法有关规定追究刑事责任；敲诈勒索旅客财物的，依照刑法有关规定追究刑事责任。

十、组织、领导、参加黑社会性质组织罪

87. 行为人组织、领导、参加黑社会性质组织，然后在该组织的领导、授意下又实施了其他犯罪的，应当如何处理？

行为人组织、领导、参加黑社会性质组织，然后在该组织的领导、授意下又实施了其他犯罪的，应当以组织、领导、参加黑社会性质组织罪和其实施的其他犯罪，数罪并罚。

88. 黑社会性质组织的组织者、领导者是否要对所有罪行承担责任？

黑社会性质组织的组织者、领导者，应当按照其所组织、领导的黑社会性质组织所犯的全部罪行处罚。

89. 黑社会性质组织所实施的垄断经营行为与一般经济运行中的垄断行为该如何区分？

黑社会性质组织的经济特征要求其通过实施违法犯罪活动谋求超额经济利益，其主要行为方式是违法犯罪活动；同时，其非法控制特征要求该组织必须在一定行业和区域内形成非法控制和重大影响。因此，黑社会性质组织所实施的垄断往往是以采用暴力行为、抬高价格、欺行霸市等手段达到的，而一般经济运行中的垄断则不采用这些方式。

典型疑难案件参考

林秋文、林文景、林木亮等组织、领导、参加黑社会性质组织,故意杀人、故意伤害、绑架、爆炸、抢劫、寻衅滋事、赌博、偷税、挪用公款、行贿案(最高人民检察院公报2003年第4期)

基本案情

一、被告人林秋文、林文景、林木亮、林锦武、庄兆武、林丹青等犯组织、领导、参加黑社会性质组织罪

被告人林秋文、林文景系劳改和劳教释放人员,释放后二人纠集了一批以劳改和劳教释放人员为主要成员的违法犯罪分子,从1996年年底至2001年,该组织实施了以下犯罪事实:

(一)垄断经营,强迫交易,牟取暴利

1997年年初,濒临倒闭的"尚青峰砂石有限公司"请被告人林秋文出面,借助被告人林秋文、林文景在当地的恶势力打击、收购其他个体砂场。被告人林秋文借机用暴力、欺骗手段逼迫其他砂场退出经营,而后在"尚青峰砂石有限公司"基础上成立了"榕鸿砂石公司枕峰分公司",由其兄林秋炳(另案处理)任法人代表,全面垄断当地砂石经营。为加强对砂场控制,被告人林秋文在闽侯青口福厦公路边私设砂场开单收费处,规定凡运砂车必须在此缴款开票,而后凭票进入下属砂场装砂。此外,被告人林秋文、林文景还指使被告人林锦武、林建国、林继端、林丹青、林明政、黄依平弟、黄依弟、林松风及林喜霖、林秀清(均另案处理)等成立路面检查组,专门负责拦车检查,发现私自买卖、超方等违规运砂车,即殴打司机、砸坏汽车,并对砂场罚款1万元;对途经枕峰、青口的运砂船,或收取过路费,或强迫把砂卸在自己的砂场。

被告人林秋文垄断尚干、青口、枕峰一带砂石的经营后,因长乐市营前镇融通码头的砂场影响其砂石垄断经营,遂指使被告人黄依弟等人于2000年10月至12月先后3次带人前往长乐营前镇融通码头附近路段守候,拦截由福清、莆田去长乐的运砂车,用石块砸车、殴打司机,阻止运砂车到长乐购买砂石,扩大其砂石垄断地盘。

(二)称霸一方,欺压、残害群众

1. 1996年11月间,被告人林文景在枕峰一小吃店内无故殴打村民林唐僧。

2. 1997年2月24日中午,被告人林文景、林敏和林喜霖因被害人林成斌

检举林喜霖之兄林喜颅的缘故，在枕峰村希同食杂店门前，殴打林成斌，致轻伤。后由被告人林秋文、林文景出面对林成斌软硬兼施，由林秋文赔给林成斌人民币2万元，强行摆平此事。

3.1998年3、4月间，被告人林文景、林木亮在泰祥娱乐城消费时与保安发生争执，被告人林文景、林木亮即纠集被告人林建国、林继端、林喜霖等10余人持钢筋、水管等物冲进娱乐城与保安打斗，娱乐城多名保安被打伤。

4.1998年4月，被告人林锦武、林建国、林继端欲垄断当地的沥青运输业务，强行要求祥谦镇泮洋村村长林银心停止沥青的运输业务，由其经营，遭到拒绝，3名被告人遂在林阳的指引下对林银心进行殴打致其轻微伤。

5.1998年6、7月间，林仪、林凯（均另案处理）为了达到继续向林官云、张善灵承包江上柴油加油生意的目的，指使被告人林丹青等人持来复枪冲到林官云家中进行威胁，张善灵为了免遭伤害跳河逃走。

6.被告人林木亮欲占用已被林桐平兄弟承包的黄土洲水坞，用以建造"金峰加油站"，遭林桐平拒绝，双方结怨。1999年9月25日下午6时许，被告人林秋文、林木亮驾车途经枕峰村林桐平兄弟承包的水坞木材场，借口木材堆放占道，被告人林木亮即下车殴打工人王明贵、陈吓清。被告人林大忠恰逢骑摩托车路过，见此情景，亦操起一根木棍参与殴打陈吓清。当晚，被告人林木亮又授意被告人林文景、林建国、林继端、林松风等殴打林桐平，致其轻微伤。事后，被告人林木亮以林桐平兄弟未及时缴纳承包费为借口，强行取消其对这片水坞木材场的承包协议，指使林大忠等人填平水坞。

7.2000年10月19日中午，"金峰加油站"开业后，因邻近的"君晖加油站"的价格比其便宜，影响了"金峰加油站"的营业，被告人林木亮遂指使被告人林文景、林继端、林建国等7人冲击"君晖加油站"，勒令加油站关闭。加油站负责人林葆龙当场拒绝，被告人林文景即电话指示被告人林建国、林继端等人对林葆龙进行殴打，致其轻微伤。

8.1999~2000年间，兰圃村的猪皮由林桂坊指使被告人林兴代为收购。因收购价过低，屠户林柯雪等人将部分猪皮卖给他人。2000年10月22日上午，林桂坊指使被告人林建国、林继墙窜到兰圃村，在被告人林兴指点下，二人找到林柯雪家，威胁林柯雪要将猪皮卖给林桂坊。10月24日凌晨5时许，林柯雪欲将猪皮运往福州时被守候在南圃村口的林桂坊、林建国、林继端、林敏等人抢走猪皮，后被林柯雪之弟林柯木赶到追回猪皮。10月26日凌晨，被告人林建国、林敏、林继端为报复，又在兰圃村路上拦截了外出卖猪肉的林柯木，由被告人林建国持来复枪朝林柯木的右腿连击二枪，其中一枪击中右腿致其轻伤（偏重）。

9.2000年10月25日晚7时许，被告人林丹青伙同林明、林滕（均另案处理）等携带来复枪窜至唐明标家中，持枪殴打唐明标，致其轻微伤。

（三）故意杀人

1999年4月12日凌晨，被告人黄依弟和谢友和、游文坚（均已被击毙）携带两把来复枪、一把手枪，乘坐由被告人林建国驾驶的小汽车到福州市华威大饭店门口守候被害人郭承贵，拦住郭承贵的小汽车后，被告人黄依弟和谢友和、游文坚下车持枪向郭的汽车内射击。郭承贵被迫下车，饭店的保安人员闻讯赶到，被告人黄依弟、谢友和、游文坚持枪逼退保安人员，此时郭承贵欲趁机脱身，3人即向郭承贵开枪射击，当场打死郭承贵。后被告人林建国驾车与被告人黄依弟、游文坚、谢友和一同逃离现场。经法医鉴定：被害人郭承贵系左胸被霰弹枪击伤，伤及肝脏引起大出血死亡。

（四）故意伤害致人死亡、重伤

1. 1997年8月28日上午，被告人林文景、黄依弟、林明进窜到闽侯县平成石材厂，以找工作为由，与该厂员工发生冲突。被告人林文景、林建国、林继芝、林景武、林敏与林秀清等人伙同社会闲杂人员10余名持来复枪、铁棍等凶器，闯进该厂厂区殴打员工，致多名员工受伤。经法医鉴定：王征琳的伤情为轻伤，蔡德水的伤情为重伤；造成该厂花费医疗费用达9万余元，办公设施损坏达660元，并停产8天。一个月后，被告人林秋文、林木亮等出面干涉，强行要该厂赔偿人民币5000元。

2. 1999年6月2日晚，林秀清因女友的事情与被害人张学诚在电话中发生争吵并互相辱骂。6月3日凌晨2时许，林秀清伙同被告人林文景、林锦武持来复枪闯到泰祥娱乐城桑拿大厅找到正在休息的张学诚，由被告人林文景持来复枪威胁，被告人林锦武、林秀清对张学诚拳打脚踢，被告人林锦武还用桑拿大厅的不锈钢托盘猛击张学诚头部，致其死亡。经法医鉴定：张学诚系被他人暴力打击致胃内容物吸入气管，导致窒息死亡。

3. 2000年3月22日中午，被告人林锦武、林建国、林继端、庄兆武等人欲垄断收购鱼苗饲料，遂携两把来复枪驾车窜至福州市仓山区城门镇峡北江边码头，对正在向船主收购鱼苗饲料的宋孝忠、刘于通二人开枪，后逃离现场。经法医鉴定：宋孝忠、刘于通的伤情均为重伤。

（五）绑架

2000年3月，被告人林锦武、庄兆武、林建国、林继端和林秀清、林善勇（另案处理）等人预谋绑架林佑政勒索财物，由林善勇负责跟踪林佑政，林秀清总负责，并提供枪支等作案凶器。3月31日晚，被告人林锦武、庄兆武、林建国、林继端和林秀清乘坐由被告人林继端驾驶的汽车在闽侯县尚干镇洋中村村委会门口绑架了林佑政，将林佑政持续关押了5天，并向林佑政家属勒索人民币

200万元。林佑政家属被迫筹集了200万元人民币现金,交付了赎金后,林佑政才被释放。作案后,林秀清分得赃款人民币60万元,被告人林锦武、林建国各分得赃款人民币23万元,被告人庄兆武、林继端各分得赃款人民币20万元,其余赃款由被告人林秋文、林文景转移到林秋文的姐姐家中保管。

（六）爆炸

被告人林秋文获悉青口镇镜上村村书记林玉锦准备开办砂场,恐影响到其砂场垄断经营,为了阻止林玉锦开办砂场,1998年11月9日凌晨,被告人林秋文纠集被告人林文景、庄兆武、黄依弟经事先预谋,携带炸药、来复枪驾车窜至林玉锦家门口,先持枪朝林玉锦的房屋连开7枪,又将炸药点燃,扔进林玉锦宅内,发生爆炸,造成财产损失约人民币9万余元。

（七）赌博

2001年2月间,被告人林文景、林柯敏、林尚院为牟取暴利,合伙在闽侯县祥谦镇兰圃后山上开设赌场,组织社会上闲杂人员在山上赌博。被告人林文景以月薪人民币1000元雇请被告人林建国、林丹青在赌场上维护秩序,被告人林丹青还以1万元每日利息人民币200元的价格在赌场上放高利贷,从中牟取暴利,被告人林柯敏、林尚院则负责赌场管理,每5局向庄家抽"骰"人民币200~500元,共抽取抽"骰"款约人民币14万元,后3人平分。另外,被告人林文景、林丹青还利用晚上的时间在林丹青家设局聚赌,长达十几天,抽取抽"骰"款人民币5万余元。

（八）行贿

被告人林秋文、林木亮为了使违法犯罪活动不受查处,黑恶势力得以发展、保护,多次向国家工作人员行贿：

1. 1996年间,闽侯县公安局水上派出所经常对被告人林秋文经营的砂场、运砂船进行检查、查扣,被告人林秋文遂托人找该所所长金经仕说情,为其经营活动提供非法保护。从1996年至1998年间,被告人林秋文以入股分红的名义先后向金经仕行贿人民币5万元,向原闽侯县公安局治安科科长程耀群行贿人民币8000余元,向原闽侯县公安局法制科科长黄艳青行贿人民币1万元,向原闽侯县公安局副政委林美棋行贿人民币1.3万元。

2. 被告人林木亮为了与县、镇党政部门的领导搞好关系,能够在村党委换届选举中得到支持以及在"金峰加油站"土地扩征、税收方面等事项上得到照顾,分别向以下人员行贿：

（1）2000年10~11月间,被告人林木亮送给原闽侯县具长邹国真人民币5万元,2001年春节前,被告人林木亮又到邹国真家中,送给邹人民币3万元。

（2）2000年2月份，被告人林木亮送给原祥谦镇党委书记洪碧光人民币2万元，2001年春节，又送给洪碧光人民币1万元。

（3）2000年10月，被告人林木亮在原祥谦镇镇长曹星慰家楼下送给曹人民币1万元。

（4）2000年12月，被告人林木亮在原闽侯县建设局局长陈漠堂办公室送给陈人民币5000元。

（5）2000年2、3月间，被告人林木亮在福州南岛渔村、闽侯徐家村二次送给原闽侯县土地局局长陈忠源人民币共1.5万元。

（6）2001年2月，被告人林木亮在福州送给原闽侯县土地局用地股股长林景华人民币1.5万元。

（7）2001年3月，被告人林木亮送给原闽侯县土地局地籍股股长何先顺人民币1万元。

（8）2001年年初，被告人林木亮在原闽侯县国税局祥谦分局局长江化帮的办公室向江化帮行贿人民币1万元。

（9）2001年春节，被告人林木亮在闽侯县公安局附近送给该闽侯县公安局治安科科长程耀群人民币5000元。

二、被告人庄兆武犯抢劫罪

1. 1996年2月16日下午5时许，被告人庄兆武伙同程从灿、林存清（均已另案处理）尾随被害人林建华欲图抢劫。当林建华回到台江区亚峰小区33座904室家中时，被告人庄兆武和林存清持枪冲入林家，对林建华夫妇进行威胁，并用塑料胶带等捆绑、封嘴，然后抢走人民币23万元和金手镯2个、金戒指4枚、手表2只、先锋影碟机1台、日立单放录像机一台，劫取财物价值计人民币3.8084万元，赃款及赃物由3人均分。影碟机、录像机现已追回发还被害人。

2. 1996年2月24日晚9时许，被告人庄兆武伙同程从灿、林存清、林宏国（均另案处理）蒙面持枪窜入台江区南台商贸中心2座5A蒋锦铨家，对蒋锦铨、蒋锦昌兄弟二人进行威胁，并用塑料胶带进行捆绑、封嘴，并将其眼睛蒙住，然后抢走人民币20.5万元，所得赃款4人均分。

3. 1996年3月6日晚7时许，被告人庄兆武伙同程从灿、林存清、林宏国（均另案处理）蒙面持枪窜入台江区仓山开发区新村5座501室魏远玉家，持枪威胁，并对魏远玉及其家人进行捆绑、封嘴，然后搜寻财物，并撬开保险柜，抢走人民币18.9万余元及国库券2万元、金块1枚、金项链2条、白金项链1条、金手镯1只、玛瑙手镯1只、玉手镯1只、玉坠1个、钻石戒指1枚、金戒指1枚、金手链1条、银洋4块、石英手表1块、松下数字寻呼机1部、电动剃须刀1把，劫取财物价值计人民币24.84万余元。赃款及销赃款由4人均分。

三、被告人林木亮犯挪用公款罪

1. 2001年1月21日，因"金峰加油站"缺乏资金，时任枕峰村党委书记的被告人林木亮利用职务便利，指使村出纳江水顺开好现金支票后一起到祥谦信用社，林木亮当场将该村公款人民币50万元取走，供加油站使用。另外，被告人林木亮还利用职务便利，先后取走公款人民币17万余元用于赌博等活动。同年4月6日，被告人林木亮妻子林凤仪筹集了65万元还给枕峰村。

2. 2001年2月1日，被告人林木亮利用职务便利叫村出纳江水顺从村财务中转走人民币50万元到"金峰加油站"使用。2月6日，被告人林木亮才将此事告诉村委主任林碧勋，并交代林碧勋召集村"两委"开会，通过借款一事，议定：借款80万元，时限半年，月息1%。2月下旬，被告人林木亮又从村财务中取走人民币30万元到"金峰加油站"使用，80万元公款至今未还。

四、被告人林木亮、吴增基、黄燕娟犯偷税罪

被告人林木亮强占了黄土洲水坞木材厂后，与被告人吴增基合作建立了"金峰加油站"，成立闽侯县"金峰"石化有限公司，由被告人黄燕娟担任法人代表。"金峰加油站"于2000年9月试营业，10月1日正式开业，10月间，被告人林木亮、吴增基、黄燕娟共同策划，指使会计蔡万年（另案处理）以虚报、少报营业额为手段，偷逃应缴税款。

经查，"金峰加油站"从2000年9月至2001年2月，共向税务机关申报销售收入2964826.85元人民币，销项税款504020.57元人民币，进项税款881531.20元人民币，留抵税款377510.63元人民币。对部分财务资料及有关电脑数据查出该公司从2000年10月至2001年2月实际销售收入为22698610.04元人民币（含税）。另发现两份未抵扣的增值税专用发票，其中进项税额计人民币97626.5元，扣除上述进项税款及留抵税款，偷税额达2308999.22元人民币。

一审诉辩情况

检察机关指控被告人林秋文、林文景、林木亮、林锦武、庄兆武、林丹青等19人犯组织、领导、参加黑社会性质组织，故意杀人，故意伤害，绑架，爆炸，抢劫，寻衅滋事，赌博，偷税，挪用公款，行贿罪。

一审裁判结果

福州市中级人民法院经审理于2002年7月5日作出刑事判决，认定：

一、被告人林秋文犯组织、领导黑社会性质组织罪，判处有期徒刑10年；犯故意伤害罪，判处死刑，剥夺政治权利终身；犯爆炸罪，判处有期徒刑10

年；犯行贿罪，判处有期徒刑7年；犯强迫交易罪，判处有期徒刑3年，并处罚金人民币5万元；犯赌博罪，判处有期徒刑2年，并处罚金人民币5万元，合并决定执行死刑，剥夺政治权利终身，并处罚金人民币10万元；

二、被告人林文景犯组织、领导黑社会性质组织罪，判处有期徒刑10年；犯故意伤害罪，判处死刑，剥夺政治权利终身；犯爆炸罪，判处有期徒刑10年；犯行贿罪，判处有期徒刑5年；犯强迫交易罪，判处有期徒刑3年，并处罚金人民币4万元；犯赌博罪，判处有期徒刑3年，并处罚金人民币6万元，合并决定执行死刑，剥夺政治权利终身，并处罚金人民币10万元；

三、被告人林木亮犯组织、领导黑社会性质组织罪，判处有期徒刑10年；犯故意伤害罪，判处无期徒刑，剥夺政治权利终身；犯爆炸罪，判处有期徒刑10年；犯挪用公款罪，判处有期徒刑13年；犯行贿罪，判处有期徒刑9年；犯赌博罪，判处有期徒刑1年，并处罚金人民币5万元；犯强迫交易罪，判处有期徒刑3年，并处罚金人民币4万元；犯偷税罪，判处有期徒刑5年，并处罚金人民币100万元，合并决定执行无期徒刑，剥夺政治权利终身，并处罚金人民币109万元；

四、被告人林锦武犯参加黑社会性质组织罪，判处有期徒刑9年；犯故意伤害罪，判处死刑，剥夺政治权利终身；犯绑架罪，判处无期徒刑，剥夺政治权利终身，并处没收个人全部财产；犯强迫交易罪，判处有期徒刑3年，并处罚金人民币1万元，合并决定执行死刑，剥夺政治权利终身，并处没收个人全部财产；

五、被告人庄兆武犯参加黑社会性质组织罪，判处有期徒刑9年；犯抢劫罪，判处死刑，剥夺政治权利终身，并处没收个人全部财产；犯绑架罪，判处无期徒刑，剥夺政治权利终身，并处没收个人全部财产；犯故意伤害罪，判处有期徒刑7年；犯爆炸罪，判处有期徒刑7年，合并决定执行死刑，剥夺政治权利终身，并处没收个人全部财产；

六、被告人林丹青犯参加黑社会性质组织罪，判处有期徒刑8年；犯故意伤害罪，判处死刑，剥夺政治权利终身；犯强迫交易罪，判处有期徒刑2年，并处罚金人民币5000元；犯赌博罪，判处有期徒刑2年，并处罚金人民币2万元，合并决定执行死刑，剥夺政治权利终身，并处罚金人民币25000元；

七、被告人林建国犯参加黑社会性质组织罪，判处有期徒刑9年；犯故意杀人罪，判处有期徒刑15年，剥夺政治权利3年；犯绑架罪，判处无期徒刑，剥夺政治权利终身，并处没收个人全部财产；犯故意伤害罪，判处有期徒刑10年；犯强迫交易罪，判处有期徒刑3年，并处罚金人民币1万元；犯赌博罪，判处有期徒刑2年，并处罚金人民币2万元，合并决定执行无期徒刑，剥夺政治权利终身，并处没收个人全部财产；

八、被告人黄依弟犯参加黑社会性质组织罪，判处有期徒刑9年；犯爆炸罪，判处有期徒刑10年；犯强迫交易罪，判处有期徒刑3年，并处罚金人民币1万元；犯故意伤害罪，判处有期徒刑5年，合并原判无期徒刑，剥夺政治权利终身，决定执行无期徒刑，剥夺政治权利终身，并处罚金人民币1万元；

九、被告人林继端犯参加黑社会性质组织罪，判处有期徒刑8年；犯故意伤害罪，判处有期徒刑8年；犯绑架罪，判处无期徒刑，剥夺政治权利终身，并处没收个人全部财产；犯强迫交易罪，判处有期徒刑3年，并处罚金人民币1万元，合并决定执行无期徒刑，剥夺政治权利终身，并处没收个人全部财产；

十、被告人林明进犯参加黑社会性质组织罪，判处有期徒刑3年；犯故意伤害罪，判处有期徒刑5年；犯强迫交易罪，判处有期徒刑2年，并处罚金人民币5000元，合并决定执行有期徒刑9年，并处罚金人民币5000元；

十一、被告人林敏犯参加黑社会性质组织罪，判处有期徒刑3年；犯故意伤害罪，判处有期徒刑7年，合并决定执行有期徒刑9年；

十二、被告人林松风犯参加黑社会性质组织罪，判处有期徒刑3年；犯强迫交易罪，判处有期徒刑2年，并处罚金人民币5000元，合并决定执行有期徒刑4年，并处罚金人民币5000元；

十三、被告人黄依平弟犯参加黑社会性质组织罪，判处有期徒刑3年；犯强迫交易罪，判处有期徒刑2年，并处罚金人民币5000元，合并决定执行有期徒刑4年，并处罚金人民币5000元；

十四、被告人林兴犯参加黑社会性质组织罪，判处有期徒刑3年；犯强迫交易罪，判处有期徒刑2年，并处罚金人民币5000元，合并决定执行有期徒刑4年，并处罚金人民币5000元；

十五、被告人林柯敏犯参加黑社会性质组织罪，判处有期徒刑2年；犯赌博罪，判处有期徒刑3年，并处罚金人民币5万元，合并决定执行有期徒刑4年，并处罚金人民币5万元；

十六、被告人林尚院犯参加黑社会性质组织罪，判处有期徒刑2年；犯赌博罪，判处有期徒刑3年，并处罚金人民币5万元，合并决定执行有期徒刑4年，并处罚金人民币5万元；

十七、被告人林大忠犯参加黑社会性质组织罪，判处有期徒刑1年；

十八、被告人吴增基犯偷税罪，判处有期徒刑3年，并处罚金人民币772615.2元；

十九、被告人黄燕娟犯偷税罪，判处有期徒刑3年，并处罚金人民币

193148.8 元；

二十、被告人林秋文、林木亮、林文景、林锦武共同赔偿附带民事诉讼原告人张瑞平、孟金妹经济损失人民币 98525 元。其中被告人林秋文赔偿 2 万元、被告人林木亮赔偿 2 万元、被告人林文景赔偿 3 万元，被告人林锦武赔偿 28525 元。4 被告人应当承担连带赔偿责任；

二十一、被告人林丹青、林秋文、林文景等共同赔偿附带民事诉讼原告人林祥俊经济损失人民币 225410 元，其中各被告人各赔偿人民币 5 万元。余款由同案人赔付，3 被告人应当承担连带赔偿责任；

二十二、被告人林锦武、林建国、林继端、庄兆武共同赔偿附带民事诉讼原告人宋孝忠人民币 49753 元。其中被告人林锦武、林建国各赔偿 15000 元、被告人林继端赔偿 1 万元、被告人庄兆武赔偿 9753 元。4 被告人应当承担连带赔偿责任；

二十三、金峰加油站偷税款 1931488.59 元人民币由税务机关先予追缴；

二十四、扣缴到案的本案涉及附带民事诉讼的被告人赃款、赃物在判决生效后，由扣缴机关估价拍卖后与所扣赃款一并先予赔付给附带民事诉讼原告人。其余扣押财物另行处理；

二十五、继续追缴未到案的所有非法所得。

一审裁判理由

一审法院认为：被告人林秋文、林文景、林木亮为牟取非法利益，组织被告人林锦武、庄兆武、林丹青等人，以暴力、威胁、滋扰等手段，大肆进行垄断砂场、故意伤害、爆炸、强迫交易、赌博等违法犯罪活动，并通过贿赂、引诱国家工作人员为其犯罪组织提供非法保护，严重破坏经济、社会秩序。被告人林秋文、林文景、林木亮之行为均已构成组织、领导黑社会性质组织罪、爆炸罪、强迫交易罪、行贿罪、赌博罪，被告人林秋文直接策划、纠集、指挥其成员实施故意伤害犯罪一起，致一人重伤，其行为又构成故意伤害罪。被告人林秋文、林木亮作为黑社会性质组织的组织者应对故意伤害致一人死亡，一人重伤、一人轻伤承担责任，被告人林木亮利用职务之便挪用公款进行营利活动，数额巨大；采取少报营业收入的手段少缴应交税款 1931488.59 元，其行为已构成故意伤害罪、挪用公款罪和偷税罪。被告人林文景参与 2 起故意伤害犯罪，致 1 人死亡、1 人重伤、1 人轻伤，参与策划故意伤害犯罪一起，致 1 人重伤，造成严重残疾，并伙同他人设立赌场，数额巨大，其行为构成故意伤害罪、赌博罪。被告人林锦武积极参加犯罪，实施强迫交易，情节严重；参与实施 3 起故意伤害犯罪，致 1 人死亡、3 人重伤、1 人轻伤；参与实施绑架作案一起，勒索赎金数额特别巨大，其行为分别构成参加黑社会性质组织罪、故意伤害罪、强迫交易罪和绑架罪。被告人庄兆武积极参加黑社会性质组织，实施强迫交易，情节严重；参与爆炸作案一起；伙同他人实施故意伤害犯罪一起，致2人重伤；并伙同他人实施绑架作案一起，数额特别巨大；实施入室抢劫3起，劫取财物价值人民币29万余元，数额巨大，其行为构成参加黑社会性质组织罪、抢劫罪、绑架罪、故意伤害罪和爆炸罪。被告人林丹青参加黑社会性质组织，实施强迫交易，情节严重；伙同他人实施故意伤害一起，致一人重伤，造成严重残疾；伙同他人开设赌场，犯罪数额巨大，其行为分别构成参加黑社会性质组织罪、故意伤害罪、强迫交易罪、赌博罪。被告人林建国积极参加黑社会性质组织，实施强迫交易，情节严重；参与一起故意杀人犯罪，致1人死亡；参与实施故意伤害2起，致3人重伤、1人轻伤；伙同他人实施绑架作案一起，数额特别巨大；参与开设赌场，数额巨大，其行为分别构成参加黑社会性质组织罪、故意杀人罪、故意伤害罪、绑架罪、强迫交易罪、赌博罪。因其归案后有悔罪表现，依法可酌情从轻处罚。被告人林继端积极参加黑社会性质组织，实施强迫交易，情节严重；实施故意伤害犯罪二起，致3人重伤、1人轻伤；参与绑架作案一起，数额特别巨大，其行为分别构成参加黑社会性质组织罪、故意伤害罪、绑架罪、强迫交易罪。被告人黄依弟积极参加黑社会性质组织，实施强迫交易，情节严重；参与故意伤害犯罪一起，致1人重伤、1人轻伤；参与实施爆炸犯罪一起，其行为构成参加黑社会性质组织罪、强迫交易罪、爆炸罪、故意伤害罪。被告人林明进参加黑社会性质组织，实施强迫交易，情节严重；实施故意伤害犯罪一起，致1人重伤、1人轻伤，其行为构成参加黑社会性质组织罪、故意伤害罪、强迫交易罪。被告人林敏参加黑社会性质组织，实施故意伤害犯罪一起，致1人重伤、1人轻伤，其行为构成参加黑社会性质组织罪、故意伤害罪。被告人林松风、黄依平、林兴参加黑社会性质组织，实施强迫交易，情节严重，其行为均分别构成参加黑社会性质组织罪、强迫交易罪。被告人林柯敏、林尚院参加黑社会性质组织，伙同被告人林文景开设赌场，赌博数额巨大，其行为均已构成参加黑社会性质组织罪、赌博罪。被告人林大中参加黑社会性质组织，其行为已构成参加黑社会性质组织罪。归案后认罪态度较好，应予以从轻处罚。被告人吴增基、黄燕娟明知被告人林木亮采取少报营业收入的手段少缴应缴税款，却表示同意，致偷税额达人民币1931488.59元，其行为已构成偷税罪。检察机关指控主要犯罪事实及罪名成立，法庭予以支持。

二审诉辩情况

一审判决后，被告人林秋文、林文景、林木亮、林锦武、庄兆武、林丹青、林继端、林敏、林明进、林尚院、林柯敏、吴增基、黄燕娟不服,分别向福建省高级人民法院提出上诉。

二审裁判结果

福建省高级人民法院经审理作出如下刑事判决:

一、维持福州市中级人民法院〔2001〕榕刑初字第383号刑事附带民事判决书中第二、四、五、六、七、九、十一、十二、十三、十五、十六、十七、十八、十九、二十三、二十四、二十五项,即对被告人林文景、林锦武、庄兆武、林丹青、林建国、林继端、林敏、林松凤、黄依平弟、林柯敏、林尚院、林大忠、吴增基、黄燕娟的刑事判决;

二、撤销福州市中级人民法院〔2001〕榕刑初字第383号刑事附带民事判决书中第一、三、八、十、十四项,即对被告人林秋文、林木亮、黄依弟、林明进、林兴的刑事判决;

三、被告人林秋文犯组织、领导黑社会性质组织罪,判处有期徒刑10年;犯故意伤害罪,判处死刑,剥夺政治权利终身;犯爆炸罪,判处有期徒刑10年;犯行贿罪,判处有期徒刑7年;犯强迫交易罪,判处有期徒刑3年,并处罚金人民币5万元,合并决定执行死刑,剥夺政治权利终身,并处罚金人民币5万元;

四、被告人林木亮犯组织、领导黑社会性质组织罪,判处有期徒刑10年;犯爆炸罪,判处有期徒刑10年;犯挪用公款罪,判处有期徒刑10年;犯行贿罪,判处有期徒刑9年;犯强迫交易罪,判处有期徒刑3年,并处罚金人民币4万元;犯偷税罪,判处有期徒刑5年,并处罚金人民币100万元,合并决定执行有期徒刑20年,并处罚金人民币104万元;

五、被告人黄依弟犯参加黑社会性质组织罪,判处有期徒刑9年;犯爆炸罪,判处有期徒刑10年;犯强迫交易罪,判处有期徒刑3年,并处罚金人民币1万元;合并前罪原判无期徒刑,剥夺政治权利终身,决定执行无期徒刑,剥夺政治权利终身,并处罚金人民币1万元;

六、被告人林明进犯参加黑社会性质组织罪,判处有期徒刑3年;犯强迫交易罪,判处有期徒刑2年,并处罚金人民币5000元,合并决定执行有期徒刑5年,并处罚金人民币5000元;

七、被告人林兴犯强迫交易罪,判处有期徒刑2年,并处罚金人民币5000元。

福建省高级人民法院依据最高人民法院《关于授权高级人民法院和解放军军事法院核准部分死刑案件的通知》的规定,同时依法核准了被告人林秋文、林文景、林锦武、庄兆武、林丹青死刑。

二审裁判理由

二审法院经审理认为：原判认定的基本事实清楚，证据确实充分。审判程序合法，对被告人林文景、林锦武、庄兆武、林丹青、林建国、林继端、林敏、林松风、黄依平弟、林柯敏、林尚院、林大忠、吴增基、黄燕娟定罪正确，量刑适当。但对林秋文、林木亮、黄依弟、林明进、林兴的部分定罪处刑不当。故法院依法作出如上裁判。

90. 黑社会性质组织是否必须有明确严密的组织纪律？

黑社会性质组织具有组织特征，一般组织结构稳固，规章制度严密，但构成组织、领导、参加黑社会性质组织罪不以组织形成成文明确的纪律为要件，只要参与人必须共同遵守组织、领导者制定的内部纪律即可。

91. 在集团犯罪中，对其中实施的敲诈勒索犯罪，受害人无法指认具体的作案人的，应怎样承担刑事责任？

在集团犯罪中，对其中实施的敲诈勒索犯罪，受害人无法指认具体的作案人的，应由犯罪集团的组织者、领导者承担责任。

典型疑难案件参考

刘维银等组织、领导、参加黑社会性质组织，强迫交易，敲诈勒索，故意伤害，寻衅滋事，聚众斗殴案

基本案情

1. 组织、领导、参加黑社会性质组织罪

1997年12月3日，被告人刘维银在工商行政管理机关注册登记成立"宜昌市桔城路立交货运信息部"。1999年5月23日，被告人刘维银、万春光、郑东、蔡廷坤签订协议，由4人共同经营共同管理，利润均分。1999年9月5

日，该信息部租用宜昌市伍家岗区共前村通达运输公司停车场，并刻制"北方立交货配停车场"的合同专用章，以"北方信息部"的名义与司机、货主签订货物运输交易合同。后陆续吸纳被告人徐志斌、余太健、肖敬德（已处理）以及姚江洪（在逃）为骨干，接纳被告人关昌明、刘祖元、唐新华、张健、姚金容、王平、马飞（已处理）以及唐有全、周继勇、肖明、张文明（4人均在逃）等人参与，形成了一个共计19人的犯罪团伙。

"北方信息部"在日常经营中形成了一定的管理模式，各被告人分工具体。刘维银、万春光负责业务信息部的日常管理，刘维银对"内"，负责"北方信息部"的经营、操作、管理，万春光对"外"，防止外来滋扰及维护"北方信息部"的秩序，郑东、蔡廷坤、余太健、徐志斌、肖敬德平时不在"北方信息部"上班，如遇有事，则随时赶到。被告人关昌明、马飞及周继勇、肖明、张文明等为"车贩头子"，他们各自掌握着一批"车贩子"。由"车贩子"将各地货运司机及车主骗至"北方信息部"交予"车贩头子"，再由"车贩头子"以各种方式强迫司机、车主接受低价运输，从而提取中介费。被告人刘祖元、唐新华、张健、王平、姚金容除在"北方信息部"从事一些工作外，还配合"车贩头子"强迫司机、车主交易，提取信息费、中介费。"北方信息部"在运作中形成了一些不成文的"规矩"，如专人守门、守车，扣押司机证件、钱物，使司机无法逃离；不准车主、货主见面谈价；以威胁、恐吓、殴打等方式迫使车主就范；报警发生后，让"车贩子"躲起来，把所有责任推向"车贩子"；提取"信息费"，标准大致为10%；"车贩子"只准为"北方信息部"骗车；外部人员不准在"北方信息部"挖车，否则暴力解决。

"北方信息部"通过违法犯罪活动或者其他手段获取了大量经济利益。从1999年6月至2001年6月账面反映就高达76万余元，均被挥霍和瓜分。8大股东"分红"308944元（刘维银86075元，郑东25844元，万春光31190元，蔡廷坤19200元，余太健37786元，徐志斌25550元，肖敬德25350元，姚江洪25350元），"看人"开支3450元，业务开支68964元，发放"工资"111805元，为股东配置通讯工具及服装17040元。

"北方信息部"自成立以来，在宜昌市伍家岗一带及行业范围内，大肆进行强迫交易、敲诈勒索、欺行霸市等违法犯罪活动，仅查证落实的即有强迫交易72起、敲诈勒索18起，严重破坏了正常经济、社会生活秩序，公安机关不断接到群众举报，遂立案侦查，于2001年6月先后将被告人刘维银等抓获。

2. 强迫交易罪

1999～2001年1月间，"北方信息部"以威胁、恐吓、扣押司机证件及钱物、殴打等方式强迫司机、车主以低价接受运输，大肆进行强迫交易犯罪，共强迫司机、车主李西方、杨怀功、王新疆、马维军、李国兰、张先海、张秦现、王小平、关松江、张磊、王长泽、张建新、费书庆、蔡明、孙增峰、薛居青、刘克春、王拥军、逢秀丹、赵逢旭、郑仰广、姜书军、邹天津、刁克训、吴义忠、田壮亮、谢民、李超、邓毅、王守山、杨景媛、雍成林、方饶齐、费立志、卢建国、周飞、包建新、马和平等人低价运输共计72起。其中被告人刘维银亲自参与14起，万春光亲自参与4起，关昌明参与10起，刘祖元参与7起，唐新华参与4起，张健参与6起。

3. 敲诈勒索罪

1999年至2001年1月间，"北方信息部"在对司机及车主进行强迫交易的过程中，如遇司机、车主坚决不从，则采用恐吓、威胁的方法，强行向司机及货主索要高额"信息费"。敲诈勒索司机及车主杜汉川、俞松俊、彭国彬、王圣冬、何建宏、宋世新、孙少年、毛阳华、陈立新等人钱财共18起，获赃款7900余元。

4. 故意伤害罪

（1）1996年11月4日下午，个体商贩丰世贵因收取中介费一事与金大寿发生矛盾。事后丰世贵便邀约陈华俊、笪云鹏报复金大寿，因陈华俊、笪云鹏与金大寿相识，从中调和，丰世贵未报复成。丰世贵走后，金大寿要被告人郑东邀人报复丰世贵，郑东即找来刘振勇、李强、张云及其他3个男青年（身份不详），由金大寿及其帮工杜兵（已处刑）分发凶器，后金大寿离去，杜兵和郑东带人到大公桥水果市场找到丰世贵，杜兵持刀，郑东和张云各持一把钢珠枪上前追砍丰世贵，郑东向丰世贵开枪，但未击中，杜兵持刀将丰世贵砍倒在地，被告人郑东逃离现场，丰世贵经医院抢救无效死亡。后郑东向公安机关投案自首。后金大寿被公安机关抓获归案，被告人郑东在取保候审期间潜逃。

（2）2000年8月1日，被告人刘维银与周浩等人发生矛盾后被砍伤，被告人郑东得知此事后要找周浩报复。2000年8月4日，被告人郑东得知砍伤刘维银的是陈德生，即携带荡刀木棍纠集他人在"夜猫"舞厅门口等候，陈德生出来后，郑东等人尾随其至胜利四路与康庄路交会处，郑东用荡刀棍将陈德生后脑打伤，其余人将陈德生左手臂砍伤。经鉴定陈德生的伤情为轻伤。后郑东与陈德生经他人劝解，郑东赔偿陈德生损失8000元。

（3）2000年11月6日21时许，被告人余太健与丁黎、杨丹平等人在宜昌市胜利四路"华典咖啡屋"内娱乐，后与同在"华典咖啡屋"内娱乐的陈明（男，31岁）发生争执，被告人余太健即同丁黎、杨丹平等10余人使用刀具及啤酒瓶对陈明及其朋友实施殴打并致伤张北南，后余太健被在场宜昌市公安局特警队干警万建文抓获,其他人逃离现场。张北南所受伤情为重伤。

5. 寻衅滋事罪

(1) 1998年8月10日晚,宜昌市陶珠路夜市72号摊主徐国燕与74号摊主韩宜发生纠纷。次日凌晨许,朱建华(已作处理),得知后,即给被告人余太健打电话联系要其带人来帮忙,余太健即邀约夏海元(在逃)等4人赶到陶珠路夜市,用钢管对韩宜实施殴打,致韩宜头部、胸部、四肢受伤。事后,朱建华以帮了徐国燕的忙为由向徐国燕索得现金1000元,韩宜的伤情经鉴定为轻伤。徐国燕赔偿了韩宜的损失,朱建华被劳动教养3年。

(2) 1999年4月19日晚8时许,被告人蔡廷坤为将任氏兄弟赶出宜昌市黄柏河畜禽交易市场,纠集10多人窜至交易市场找任万培,任万培不在,其弟任万举在场,蔡廷坤以谈生意为名将任万举拉至一旁,对其实施殴打,致其轻伤,后蔡廷坤等人逃离现场。

6. 聚众斗殴罪

1999年6月,宜昌市白沙商场经理王应清因柜台租赁一事与周善美发生矛盾,周善美请伍家岗一带颇有名的"周老大"周成林出面威胁,王应清即将此事告诉其亲戚唐有全,唐有全即纠集徐志斌、余太健等人在伍广酒家与周善美、周成林谈判,但双方无法达成一致,致矛盾激化,唐有全等人即纠集20多人冲入伍广酒家与周成林及其同伙李国斌、牟立云进行殴斗,将李国斌、牟立云打伤后逃走。牟立云所受伤情经鉴定为轻伤。

> **诉辩情况**

检察机关认为:被告人刘维银、万春光组织、领导黑社会性质的组织,以暴力、威胁和其他手段有组织地进行违法犯罪活动,称霸一方,为非作恶、欺压群众,严重破坏经济、社会生活秩序;以暴力、威胁等手段强迫交易,情节严重;敲诈勒索他人财物,数额较大。被告人刘维银、万春光应对其组织、领导的黑社会性质组织实施的全部强迫交易、敲诈勒索犯罪行为承担刑事责任,其行为触犯了《刑法》第294条第1款、第226条、第274条、第69条之规定,均已构成组织、领导黑社会性质组织罪,强迫交易罪,敲诈勒索罪,应当数罪并罚。

被告人郑东积极参加黑社会性质组织,故意伤害他人身体致一人死亡、一人轻伤,其行为触犯了《刑法》第12条、第294条第1款、第3款、第234条第1款、1979年《刑法》第134条第2款之规定,已构成参加黑社会性质组织罪、故意伤害罪、聚众斗殴罪、寻衅滋事罪,应当数罪并罚。

被告人徐志斌积极参加黑社会性质组织，积极参加聚众斗殴，其行为触犯了《刑法》第294条第1款、第3款，第292条之规定，已经构成参加黑社会性质组织罪、聚众斗殴罪，应当数罪并罚。

被告人肖敬德积极参加黑社会性质组织，其行为触犯了《刑法》第294条第1款之规定，已构成参加黑社会性质组织罪。

被告人关昌明、刘祖元、唐新华、张健积极参加黑社会性质组织，以暴力、威胁等手段强迫他人交易，情节严重，其行为触犯了《刑法》第294条第1款、第3款，第226条之规定，均已构成参加黑社会性质组织罪、强迫交易罪，应当数罪并罚。

被告人姚金容、王平、马飞参加黑社会性质组织，其行为触犯了《刑法》第294条第1款之规定，均已构成参加黑社会性质组织罪。

被告人刘维银的辩护人提出：刘维银不构成组织、领导黑社会性质组织罪。首先，刘维银没有组织、领导黑社会性质组织的动机和目的，主观方面不具有直接故意。其次，客观方面没有组织领导黑社会性质组织的行为，也没有贿赂、引诱、威胁、逼迫国家工作人员为其提供非法保护的行为，因为无论怎样有组织、有暴力、称霸一方的组织，如果在实施犯罪的过程中，没有贿赂、引诱国家工作人员参加黑社会性质的活动或者提供非法保护，也就不构成黑社会性质组织罪。被告人刘维银不构成敲诈勒索罪。首先，刘维银不是敲诈勒索行为的实施人，受害货主和司机没有指认其为作案人。其次，没有证据证明上述敲诈勒索款的去向，也没有证据证明被告人刘维银知道这18起敲诈勒索案。最后，即使刘维银指使或放任作案人员强迫交易，而作案人员在实施过程中，又进行敲诈勒索行为，从刑法理论上讲，作案人的行为称为过度行为，刘维银对其过度行为不应承担刑事责任，而对自己的行为只应按刑法理论中牵连犯的处理原则，承担强迫交易罪的刑事责任。起诉书认定刘维银"亲自参与14起强迫交易"的证据不足，认定刘维银应对全部强迫交易犯罪行为承担刑事责任的法律依据不足。

被告人万春光的辩护人提出：被告人万春光不构成组织、领导黑社会性质组织罪，因为"北方信息部"不具有黑社会性质组织的特征，它既没有严格的组织纪律，也没有经济实力，更没有"保护伞"，它的主要收入是合法取得的，指控刘维银、万春光一案是黑社会性质组织犯罪定性不准。指控万春光犯强迫交易罪的证据不足，没有受害司机的指证，犯罪金额无法确定，仅凭被害人陈述不能定案。起诉书指控"北方信息部"的敲诈勒索行为，是在强迫交易的过程中，转化而成的，应认定为强迫交易，但不应由万春光承担刑事责任，因为万春光没有犯罪的直接故意。

被告人郑东的辩护人提出：郑东主观上无参加黑社会性质组织的故意，客观上没有参与"北方信息部"任何违法犯罪行为，指控其积极参加黑社会性质组织罪，纯属主观推定，不能成立。郑东在"伤害丰世贵致死案"中，被动接受他人指示，在实施过程中和犯罪结果尚未发生前，具有自动放弃继续实施犯罪行为的情节，案发后能主动向公安机关投案，公安机关依法对其取保候审，取保候审期间，郑东遵纪守法，并没有潜逃，且结婚生子，公安机关认定其潜逃没有证据证实。在"伤害陈德生"一案中，郑东已与陈德生达成和解协议，郑东又赔偿了陈德生8000元钱，陈德生也没有向公安机关报案，不应作刑事公诉案件处理。

被告人蔡廷坤的辩护人提出：检察机关指控蔡廷坤积极参加黑社会性质组织罪，依法不能成立。蔡廷坤没有参加黑社会性质组织的目的和动机。蔡廷坤在"北方信息部"没有从事违法犯罪活动。检察机关指控蔡廷坤犯寻衅滋事罪事实不清，证据不足，本案唯一证据是被害人任万举前后矛盾的陈述和辨认笔录，不足以证实蔡廷坤参与殴打任万举，因而不能认定被告人蔡廷坤犯寻衅滋事罪。

被告人余太健的辩护人提出：被告人余太健不构成参加黑社会性质组织罪，因为"北方信息部"既不是黑社会性质组织，也不构成犯罪集团。"北方信息部"没有首要分子，也没有严格的组织纪律，既无书面也无口头的帮规、帮约，没有牢固的组织结构。公诉人将该组织分为三级属逻辑混乱，没有周密的犯罪计划，其现有的运作模式是所有信息部的固定的模式，余太健也没有在信息部有任何犯罪行为。寻衅滋事黄柏河一起，公诉人也表示有事实，但缺乏证据。

被告人关昌明提出：其并没有参加黑社会性质组织，也不知道"北方信息部"是黑社会性质组织，强迫交易也只参与过2起，其他均不是事实。

被告人刘祖元的辩护人提出：被告人刘祖元不构成参加黑社会性质组织罪，"北方信息部"不是黑社会性质组织，刘祖元不知道也不可能知道"北方信息部"就是黑社会性质组织。检察机关指控刘祖元参与强迫交易7起，事实不清，证据不足，只有公安机关的辨认笔录，没有其他证据印证，不能认定有罪。

被告人唐新华的辩护人提出：唐新华不构成参加黑社会性质组织罪。首先，"北方信息部"不属黑社会性质组织。其次，唐新华到"北方信息部"打工是因为下岗，为生活所迫，没有犯罪动机，不具备参加黑社会性质组织罪的主观要件。唐新华在"北方信息部"停车场看守大门，负责收取停车费，没有参与"北方信息部"其他成员的违法活动,其行为不构成犯罪,指控被告人唐新华犯强迫交易罪除 1 起事实比较清楚外,其余 3 起事实不清,证明唐新华构成强迫交易罪的证据不充分。

被告人张健的辩护人提出:张健不构成参加黑社会性质组织罪。首先,"北方信息部"不是黑社会性质组织。其次,张健也未参与"北方信息部"的违法犯罪活动,检察机关指控张健参与 6 起强迫交易行为事实不清,证据不足。

被告人姚金容的辩护人提出:被告人姚金容不构成参加黑社会性质组织罪,姚金容主观上没有参加黑社会性质组织的故意,客观上也没有实施任何犯罪行为。

被告人王平提出:只是在"北方信息部"打工,并不知道"北方信息部"是黑社会性质组织。

被告人马飞的辩护人提出:马飞自己经营有货运信息部,其主观上没有参加黑社会性质组织的故意,客观上也没有实施任何犯罪行为,不应构成参加黑社会性质组织罪。

裁判结果

湖北省宜昌市伍家岗区人民法院于 2002 年 1 月 18 日以〔2001〕伍刑初字第 118 号刑事判决,认定:

一、被告人刘维银犯强迫交易罪,判处有期徒刑 3 年,并处罚金 2 万元;犯敲诈勒索罪,判处有期徒刑 2 年,合并执行有期徒刑 4 年 6 个月,并处罚金 2 万元;

二、被告人郑东犯故意伤害罪,判处有期徒刑 7 年;

三、被告人蔡廷坤犯寻衅滋事罪,判处有期徒刑 1 年;原判余刑 7 年 10 个月,合并执行 8 年 6 个月;

四、被告人余太健犯故意伤害罪,判处有期徒刑 4 年;犯寻衅滋事罪,判处有期徒刑 1 年,合并执行有期徒刑 4 年 6 个月;

五、被告人徐志斌犯聚众斗殴罪,判处有期徒刑 1 年 6 个月;

六、被告人关昌明犯强迫交易罪,判处有期徒刑 1 年 6 个月,并处罚金 5000 元;

七、被告人刘祖元犯强迫交易罪,判处有期徒刑 1 年,并处罚金 5000 元;

八、被告人唐新华犯强迫交易罪,判处有期徒刑 1 年,并处罚金 5000 元;

九、被告人张健犯强迫交易罪,判处有期徒刑 1 年,并处罚金 5000 元。

裁判理由

法院生效裁判认为：

第一，被告人刘维银在工商管理部门登记注册成立"宜昌市桔城路立交货运信息部"后，为防止他人报复以及获取暴利、扩张势力达到垄断伍家岗货运信息市场的目的，以出让股份为代价，先后吸纳了被告人万春光、郑东、蔡廷坤、余太健、徐志斌、肖敬德等人参加，对外称"北方信息部"。在为司机、货主提供货运信息中介服务时，大肆进行欺行霸市、强迫交易、敲诈勒索等违法犯罪活动，"北方信息部"在运作中，形成了较为紧密的组织。被告人刘维银、万春光是"北方信息部"的组织者、领导者，负责日常工作，其他人员分工明确、职责固定，有明确的犯罪目的，即以提供货运信息中介服务的形式疯狂敛财，两年中非法获利76万余元，"北方信息部"在强迫交易、敲诈勒索犯罪时形成了一些虽不成文，但全体成员都共同遵守的组织纪律，"北方信息部"逐渐形成了有十几人参加，有明确犯罪目的，有固定组织，有较严密的组织纪律的犯罪集团。但"北方信息部"尚不属黑社会性质组织。因为"组织、领导、参加黑社会性质组织罪"客观方面应表现为组织、领导黑社会性质组织，参加黑社会性质组织的行为，同时必须有贿赂、威胁、引诱、强迫国家工作人员，为其提供非法保护的行为。因为无论怎样一个有组织、有暴力、称霸一方的组织，如果在实施犯罪过程中，没有贿赂、引诱国家工作人员参加黑社会性质的活动或者为其提供非法保护，也就不构成组织、领导、参加黑社会性质组织罪。这是因为，一个黑社会性质的组织，在追求经济利益的同时，会把渗透进政治领域作为重要目标。这种渗透表现在两个方面：一方面是通过贿赂、收买、暴力、恐吓、威胁的方式发展国家工作人员参加黑社会性质组织，以期望该国家工作人员利用手中的权力，通过貌似合法的形式赚取更多的利润，扩大经济实力，扩大组织规模；另一方面是通过上述不正当手段，控制国家工作人员成为其成员，当黑社会性质组织在其成员遇有危险或遭到打击时，这些国家工作人员利用手中权力为其通风报信开脱罪责，或者阻挠其他国家工作人员依法查禁，甚至纵容黑社会性质组织进行违法犯罪活动。而"北方信息部"在实施犯罪过程中，没有贿赂、引诱国家工作人员为其提供非法保护，也没有发展国家工作人员参加，因此"北方信息部"不符合黑社会性质组织特征。检察机关指控不成立。被告人刘维银、万春光、郑东、蔡廷坤、徐志斌、余太健、刘祖元、关昌明、唐新华、张健不构成组织、领导、参加黑社会性质组织罪。

第二，"北方信息部"在为司机或货主提供信息中介服务时，以暴力、威胁的手段强迫司机、货主接受服务，收取信息费，并赚取差价，经查证属实的共72起，属情节严重。因被害司机及车主绝大部分是外地人，有些受害司机当时并未报案，后在接受公安机关调查时，也无法辨认作案人，但能够确认在"北方信息部"被强迫交易。被告人刘维银、万春光组织、领导犯罪集团"北方信息部"进行强迫交易犯罪，系主犯，按照"北方信息部"所犯全部强迫交易犯罪处罚；被告人关昌明、刘祖元、唐新华、张健在强迫交易犯罪中起次要作用，系从犯，应当从轻处罚。据此检察机关指控罪名成立。被告人刘维银、万春光构成强迫交易罪；关昌明参与强迫交易10起，情节严重，构成强迫交易罪；被告人刘祖元参与强迫交易7起，情节严重，构成强迫交易罪；被告人唐新华参与强迫交易4起，情节严重，构成强迫交易罪；被告人张健参与强迫交易6起，情节严重，构成强迫交易罪。

第三，"北方信息部"在强迫交易过程中，遇司机或货主不从，即对被害司机采用恐吓威胁的方法，强行索取高额"信息费"。因受害司机无法指认具体作案人，应由"北方信息部"的组织者、领导者刘维银、万春光承担责任。被告人刘维银、万春光构成敲诈勒索罪，按照"北方信息部"的全部敲诈勒索犯罪处罚。

第四，被告人郑东与金大寿、杜兵故意伤害丰世贵，郑东持枪向丰世贵开枪，虽未击中，其主观目的非常明显，其行为构成故意伤害罪，其虽在案发后主动投案，但在取保候审期间潜逃，经公安机关多次传唤不能到案，不能认定其自首。被告人郑东故意伤害陈德生，致陈德生轻伤，但郑东已赔偿其经济损失，可酌情从轻处罚。被告人余太健与丁黎、杨丹平等人共同故意伤害张北南，致张北南重伤，其行为已构成故意伤害罪。

第五，被告人余太健与朱建华一起在陶珠路夜市无端殴打被害人韩宜，致其轻伤，情节恶劣，已构成寻衅滋事罪。被告人蔡廷坤在黄柏河畜禽交易市场随意殴打被害人任万举，致其轻伤，情节恶劣，其行为构成寻衅滋事罪。

第六，被告人徐志斌为夺取他人柜台租赁权，报复他人，对周成林等人实施殴打继而结伙进行殴斗，属聚众斗殴的积极参加者，其行为构成聚众斗殴罪。检察机关指控被告人余太健参与斗殴，被害人牟立云、周成林等人能证实其参加，而不能证实其在殴斗过程中有具体殴打他人的行为，因此指控余太健属聚众斗殴的首要分子和积极参与者的证据不足，其不构成聚众斗殴罪。

92. 如何认定行为人是否"参加"黑社会性质组织？

"参加"黑社会性质组织的行为人，必须要接受黑社会性质组织的领导和管理。对此的判断要从客观上考察"参加"行为是否存在，从主观上探究行为人是否有必要的参加意志要素。

93. 在何种情况下，认定行为人"明知"其所参加的组织是黑社会性质组织？

行为人不必明确知道该组织具有黑社会性质，只要其知道或者应当知道所参加的组织由多人组成、具有一定层级结构、主要从事违法犯罪活动，或者该组织虽有形式合法的生产、经营活动，但仍是以有组织地实施违法犯罪活动为基本行为方式，欺压、残害群众的，就可以认定其"参加"黑社会性质组织。

94. 如何认定"参加"黑社会性质组织行为的完成？

应以行为人是否就加入黑社会性质组织达成意思一致作为"参加"黑社会性质组织行为完成的判断标准，而不能以其他专门的手续、仪式等作为认定的标准。

95. 被指使实施犯罪的人不构成参加黑社会性质组织罪，指使者是否就一定不能构成组织、领导黑社会性质组织罪？

被指使实施犯罪的人不构成参加黑社会性质组织罪，指使者也可以构成组织、领导黑社会性质组织罪。

典型疑难案件参考

陈金豹等组织、领导、参加黑社会性质组织案

基本案情

2002年8月,被告人陈金豹刑满释放后,纠集舒汉江、曹小良、龚建军、谢雄飞等人(均另案处理),以其成立的"昌顺搬运队"为掩护,在武汉市洪山区余家头一带以收取"管理费"为名,强行向家具市场搬运队收取保护费,大肆实施敲诈勒索活动。2004年年初至2005年年底,陈金豹又以经营赌场为依托,不断扩大该组织实力,先后吸纳了被告人余永强、汪海林、邓同祥(均另案处理)等人加入其组织,并通过其在服刑期间结交的"牢友"被告人刘应平纠集了张俊、毛明权等人(均另案处理)充当其赌场的"钉子"(赌场看场人员)及保镖,逐步形成了以陈金豹为组织、领导者,汪海林、余永强、谭军、肖智慧为固定骨干,邓同祥、毛诗勇、舒汉江等人参加的黑社会性质组织。该组织人数达20余人,分工明确,结构严密,纪律严明。陈金豹是组织、领导者,余永强、汪海林、谭军、肖智慧系陈金豹指定的赌场负责人。在经营赌场及日常的管理过程中,陈金豹直接管理4个赌场负责人及刘应平为其提供的"钉子",为该组织提供资金;其余成员则由各赌场负责人管理,形成了一整套交接账目、遥控指挥赌场、逃避警方打击等操作运转模式。为了控制其组织成员,陈金豹对其手下有严格的纪律要求并在组织内部树立了绝对权威,形成了金字塔式的管理模式。该组织通过敲诈勒索、赌博等违法犯罪活动获取经济利益,非法聚敛人民币(以下所涉币种均为人民币)91万余元,具有一定的经济实力。其中,开设赌场获利80余万元,采取强行收取保护费的手段获利11万余元。陈金豹将违法犯罪所得大部分用于支持该组织的活动。2002年8月以来,该组织以暴力、威胁及其他手段,有组织地实施敲诈勒索、赌博、故意杀人、故意伤害、非法持有枪支等一系列违法犯罪活动,为非作恶,欺压、残害群众。尤其是自2003年11月以来,在陈金豹的直接指使、授意下,该组织相继有组织地实施了多起故意伤害、故意杀人等一系列暴力性犯罪。在武汉市洪山区余家头一带,该组织通过实施违法犯罪活动,称霸一方,对家具市场搬运业及非法赌博活动形成了非法控制,严重破坏了洪山区余家头一带的经济、社会生活秩序。

一审诉辩情况

湖北省武汉市人民检察院指控被告人陈金豹犯组织、领导黑社会性质组织

罪、故意杀人罪、故意伤害罪、敲诈勒索罪、赌博罪；被告人刘应平犯参加黑社会性质组织罪、故意杀人罪、赌博罪；被告人王清华犯参加黑社会性质组织罪、故意杀人罪、故意伤害罪；被告人徐峰、冯世汉、王卫星、张清平犯参加黑社会性质组织罪、故意杀人罪；被告人谢波湘、简明华犯参加黑社会性质组织罪、帮助毁灭证据罪。

被告人刘应平、王清华、张清平、徐峰、冯世汉、王卫星、谢波湘、简明华8人均辩称：其没有参加黑社会性质组织。

一审裁判结果

湖北省武汉市中级人民法院作出刑事判决，被告人陈金豹犯组织、领导黑社会性质组织罪，判处有期徒刑8年；犯故意伤害罪，判处死刑，缓期2年执行，剥夺政治权利终身；犯敲诈勒索罪，判处有期徒刑年7年；犯赌博罪，判处有期徒刑3年，并处罚金人民币1万元，决定执行死刑，缓期2年执行，剥夺政治权利终身，并处罚金人民币1万元。被告人徐峰犯故意杀人罪，判处死刑，剥夺政治权利终身。被告人王清华犯故意杀人罪，判处无期徒刑，剥夺政治权利终身；犯故意伤害罪，判处有期徒刑7年，决定执行无期徒刑，剥夺政治权利终身。被告人刘应平犯故意伤害罪，判处有期徒刑8年。被告人冯世汉犯故意杀人罪，判处有期徒刑10年，剥夺政治权利1年。被告人王卫星犯故意杀人罪，判处有期徒刑6年。被告人张清平犯故意杀人罪，判处有期徒刑5年。被告人谢波湘犯帮助毁灭证据罪，判处有期徒刑2年。被告人简明华犯帮助毁灭证据罪，判处有期徒刑2年。

一审裁判理由

一审法院认为：被告人陈金豹组织、领导黑社会性质组织，大肆进行违法犯罪活动，其行为已构成组织、领导黑社会性质组织罪；陈金豹组织，领导组织成员故意伤害他人，以营利为目的开设赌场，以非法占有为目的勒索他人钱财，数额巨大，其行为分别构成故意伤害罪、敲诈勒索罪、赌博罪；陈金豹在刑满释放后5年内再犯罪，系累犯，应从重处罚；被告人徐峰受人邀约持枪故意杀人，造成一人死亡，且系致人死亡的直接责任人，其行为已构成故意杀人罪主犯；被告人王清华受人指使，邀约、指挥他人故意持枪杀人，造成一人死亡的严重后果，还伙同他人共同故意伤害他人身体，致一人重伤、二人轻伤，其行为分别构成故意杀人罪、故意伤害罪。王清华在刑满释放后五年内再犯罪，系累犯，应从重处罚，在共同故意杀人犯罪中系主犯；被告人刘应平受陈金豹邀约，指使他人参与实施报复行为，造成被害人死亡，在案发后为其潜逃提供帮助，其行为已构成故意伤害罪；被告人冯世汉、王卫星、张清平受人邀约参与故意杀人，其行为均已构成故意杀人罪，且在共同犯罪中均系从犯，应从轻或减轻处罚。其中，被告人张清平在刑满释放后5年以内再犯罪，系累犯，应从重处罚；被告人谢波湘、简明华受人指使帮助毁灭故意杀人的证据，其行为均已构成帮助毁灭证据罪。

检察机关指控刘应平、王清华、张清平、徐峰、冯世汉、王卫星、谢波湘、简明华的行为构成参加黑社会性质组织罪，经查，上述8名被告人并不知道自己参与了黑社会性质组织，虽然知道陈金豹是"老大"，事成之后可以投奔，但之前并未参与该组织活动，未受该组织纪律约束，且未从该组织领取报酬。据此，应认定该8名被告人未实际加入该组织，只是临时受指使参与故意杀人的行为，其行为不构成参加黑社会性质组织罪，对该8名被告人的辩解予以采纳。

二审诉辩情况

一审宣判后，被告人陈金豹、徐峰、王清华、刘应平、张清平提出上诉。

陈金豹上诉称：其领导的只是普通犯罪团伙，非黑社会性质组织。认定其对郭继平伤害致死负刑事责任和另犯敲诈勒索罪理由不成立。

徐峰上诉称：认定其犯故意杀人罪定性错误，应认定为故意伤害罪。

王清华、张清平上诉称：认定其故意杀人的证据不足。

刘应平上诉称：认定其故意伤害的证据不足。

二审裁判结果

湖北省高级人民法院经审理作出〔2008〕鄂刑一终字第50号刑事裁定，将陈金豹犯敲诈勒索罪的量刑由7年改为6年，决定执行死刑，缓期2年执行，剥夺政治权利终身，并处罚金人民币1万元；将刘应平犯故意伤害罪的量刑由8年改为6年。本案依法报请最高人民法院复核。

最高人民法院经复核，同意第一审、第二审判决对被告人徐峰的定罪量刑。裁定核准湖北省高级人民法院〔2008〕鄂刑一终字第50号维持第一审以故意杀人罪判处被告人徐峰死刑，剥夺政治权利终身的刑事判决。

二审裁判理由

二审法院经审理认为：原审判决根据本案的事实、情节及各上诉人、原审被告人在共同犯罪中的作用、地位及其他法定量刑情节，对各上诉人及原审被告人的定罪准确，对徐峰、王清华、张清平、冯世汉、王卫星、谢波湘、简明华7人的量刑适当，但对陈金豹、刘应平量刑不当。

最高人民法院经复核，同意第一审、第二审判决对被告人徐峰的定罪量刑。

> **96. 黑社会性质组织犯罪的组织特征应如何认定？**
>
> 组织特征是黑社会性质组织的重要特征，其要求黑社会性质组织有明确的组织者、领导者，骨干成员基本固定，而且组织结构较为稳定，并且有比较明确的层级和职责分工。对组织特征的认定应主要考察成立犯罪组织的目的性，以将黑社会性质组织与普通共同犯罪、犯罪集团区分开来；考察成员构成的相对稳定性，特别是核心成员应当稳定，组织严密；考察组织内部的规章制度、管理纪律，以及组成结构，这些都是实践中认定黑社会性质组织的组织特征须重点关注的。

典型疑难案件参考

邓伟波等组织、领导、参加黑社会性质组织案

基本案情

（一）关于组织、领导、参加黑社会性质组织的事实

2004年下半年开始，被告人邓伟波为发展黑社会性质组织，逐步吸纳被告人何锦超、刘伟光为固定成员，为该组织非法制造、买卖枪支、弹药，从中牟利。此后，邓伟波又发展被告人卢永庆为组织成员，协助其买卖、运送、储存枪支、弹药。同年，刘伟光又将被告人刘榕安发展为组织成员，将刘伟光经营的一间塑料模具厂作为该组织非法制造枪支、弹药的"地下"工厂，大规模进行非法制造、买卖枪支、弹药的犯罪活动。2006年8月，邓伟波为控制广州市海珠区沥滘综合市场放心肉的经营权，将被告人鲍海华发展为组织骨干成员，让其负责管理该市场的放心肉经营，并采取暴力威胁等手段，直接操纵市场，打击竞争对手。2007年1月，邓伟波、龚南敏先后在广州市海珠区沥滘北村地区非法开设、经营"健身舞池酒吧"和"沥滘社区体育中心"等娱乐场所，邓伟波将鲍海华介绍给龚南敏认识，两人共同雇请鲍海华作为"看场"的主管，并让鲍海华招募手下人员。后鲍海华招募了被告人娄春华、于同福、费建义等人负责"看场"。同时，龚南敏还吸纳被告人万泗洪为该组织成员，协助其管理组织成员及处理组织的财务工作，为组织购买所用的对讲机、制服和作案工具

等。邓伟波还从龚南敏处以优惠价格承租了位于广州市海珠区沥滘北村的一间无牌烧烤档进行非法经营,由被告人李彦军负责管理烧烤档的生意,并负责该组织成员的伙食保障。邓伟波、龚南敏对"看场"人员进行有组织的管理和控制:(1)为"看场"人员发放统一制服,要求"看场"人员留统一发型;(2)为"看场"人员配发对讲机和配备3节伸缩棍;(3)为"看场"人员安排统一食宿,统一调遣"看场"人员。

2004年下半年至案发,逐步形成了以被告人邓伟波为首,以被告人龚南敏、何锦超、鲍海华为积极参加者,其他被告人为一般成员的黑社会性质组织。该组织积蓄了一定的经济实力,为非作恶,称霸一方,严重破坏了当地的经济、社会生活秩序。

(二)关于非法制造、买卖枪支、弹药的事实

1. 为获取非法经济利益,从2004年10月开始,被告人邓伟波伙同被告人刘伟光研制"雷明登"猎枪。邓伟波提供"雷明登"猎枪的图纸和枪支实物样板,刘伟光纠集汤剑明(另案处理)在其经营的位于广州市海珠区沥滘北村西大街的无牌塑料模具厂内研制加工生产了"雷明登"猎枪共9支,均由邓伟波贩卖给罗军(另案处理),刘伟光及汤剑明获利人民币(以下均为人民币)15000元。

2. 为迅速壮大组织实力,自2006年下半年开始,被告人邓伟波指使其组织成员被告人何锦超、鲍海华、刘伟光、刘榕安、卢永庆等人,共同制造、买卖枪支、弹药。在广州市荔湾区沙洛下村499号刘伟光经营的振鹏塑料模具厂内,上述等人共同制造了"雷明登"霰弹猎枪、仿"五四"式手枪、仿"六四"式手枪、仿"马卡洛夫"手枪等数十支,自制子弹数百发,用于贩卖。案发后,公安机关在广州市海珠区邓伟波住处查获发令枪弹、弹壳、警用工作证皮套、手铐等物品;在广州市珠海区何锦超住处查获仿"六四"式手枪、仿"五四"式手枪、仿"马卡洛夫"手枪等15支以及自制手枪子弹292发、小口径左轮手枪1支以及小口径子弹8发、猎枪霰弹10发、射钉弹、啪啪子弹、弹匣等物品;在振鹏塑料模具厂查获半成品的仿"马卡洛夫"手枪3支、自制手枪子弹3发以及枪管、枪筒、火药、啪啪子弹、弹壳等用于制造枪支、弹药的半成品及材料一批;在广州市海珠区卢永庆住处查获仿"马卡洛夫"手枪6支、猎枪霰弹240发、自制猎枪管2支等物品。经检验,送检的22支手枪均属于以火药动力发射枪弹的非军用枪支,具有杀伤力;送检的558发子弹性能良好。

(三)关于聚众斗殴的事实

1. 2006年12月23日15时许,被告人邓伟波为了争夺广州市海珠区沥滘

综合市场放心肉的经营权，打击竞争对手，纠集被告人鲍海华、崔旭（另案处理）等20多人，并指使鲍海华到被告人何锦超的住处拿取自制手枪1支，然后分别持枪、棍等工具，到沥滘综合市场附近，与被害人李某等10多人持械对打。期间，鲍海华开枪击中被害人李某的右肩部，致李某轻微伤。

2. 2007年5月7日凌晨2时许，被告人邓伟波因怀疑有人准备在其非法经营的"健身舞池酒PE"闹事，为维护组织利益，使用对讲机联系被告人龚南敏，由龚南敏以有人闹事为由，通知广州市海珠区沥滘村治安队。同时，邓伟波、龚南敏指使酒吧"看场"人员被告人鲍海华、娄春华、费建义、于同福等人，携带3节伸缩棍、对讲机等，以协助治安队员抓捕闹事人员为借口，追至广州市海珠区沥滘迎祥坊8号门口附近，对途经该处的被害人张某、罗某、杨某等人实施殴打，致杨某轻伤、张某等轻微伤。

诉辩情况

检察机关指控被告人邓伟波、龚南敏、何锦超、鲍海华、万泗洪、刘伟光、娄春华、费建义、于同福、刘榕安、卢永庆、李彦军犯组织、领导、参加黑社会性质组织罪，非法制造、买卖枪支、弹药罪，聚众斗殴罪。

一审宣判后，被告人邓伟波、龚南敏、费建义、于同福提出上诉。

邓伟波上诉提出：其与本案其他人员之间的关系分别是加工承揽业务关系、雇佣关系或者朋友关系，不具备黑社会性质组织的组织特征。

裁判结果

广州市中级人民法院经审理作出刑事判决：

一、被告人邓伟波犯非法制造、买卖枪支、弹药罪，判处死刑，缓期2年执行，剥夺政治权利终身；犯组织、领导黑社会性质组织罪，判处有期徒刑5年；犯聚众斗殴罪，判处有期徒刑4年；决定执行死刑，缓期2年执行，剥夺政治权利终身；

二、被告人刘伟光犯非法制造、买卖枪支、弹药罪，判处无期徒刑，剥夺政治权利终身；犯参加黑社会性质组织罪，判处有期徒刑2年；决定执行无期徒刑，剥夺政治权利终身；

三、被告人何锦超犯非法制造、买卖枪支、弹药罪，判处有期徒刑15年，剥夺政治权利5年；犯参加黑社会性质组织罪，判处有期徒刑3年；决定执行有期徒刑17年6个月，剥夺政治权利5年；

四、被告人龚南敏犯参加黑社会性质组织罪，判处有期徒刑3年6个月；犯聚众斗殴罪，判处有期徒刑2年6个月；决定执行有期徒刑5年6个月。

（其他被告人的判决情况略）

一审宣判后，被告人邓伟波、龚南敏、费建义、于同福提出上诉。

广东省高级人民法院经依法审理，作出刑事裁定，驳回上诉，维持原判。

裁判理由

法院生效裁判认为：被告人邓伟波为获取非法利益，在广州市海珠区沥滘一带组织、发展无业人员为其亲信和打手，逐步形成以其为组织、领导核心，以被告人龚南敏、鲍海华、何锦超等为基本固定成员人数众多的黑社会性质组织，有组织地通过多次非法制造、买卖枪支、弹药，聚众斗殴，非法控制猪肉市场，敲诈勒索等违法犯罪活动，聚敛钱财，具有一定的经济实力，在一定区域内称霸一方，为非作恶，欺压群众，严重破坏了经济、社会生活秩序，其行为已构成组织、领导黑社会性质组织罪，对该集团所犯的全部罪行负责；被告人龚南敏、鲍海华、何锦超积极参加邓伟波组织、领导的黑社会性质组织，是该组织的骨干成员，其行为均已构成参加黑社会性质组织罪；被告人刘伟光、刘榕安、卢永庆、娄春华、于同福、费建义、万泗洪、李彦军参加邓伟波组织、领导的黑社会性质组织，参与违法犯罪活动，其行为均已构成参加黑社会性质组织罪。对于上述各被告人依法按其在组织、领导、参加黑社会性质组织犯罪中的地位、作用进行处罚。被告人邓伟波、刘伟光、何锦超、刘榕安、卢永庆、鲍海华无视国家法律，结伙非法制造、买卖枪支、弹药，情节严重，其行为均已构成非法制造、买卖枪支、弹药罪。其中，邓伟波起组织、指挥作用，是主犯；刘伟光提供厂房设备，并负责具体技术操作，何锦超、刘榕安、卢永庆积极实施具体行为，均起了主要作用，均是主犯；鲍海华仅参与部分出资和运送枪支、弹药的交易行为，且没有实际获得分红，其行为起次要作用，是从犯，可减轻处罚。被告人邓伟波、龚南敏、鲍海华、娄春华、费建义、于同福无视国家法律，聚众斗殴，其行为均已构成聚众斗殴罪。其中，邓伟波、鲍海华参与两起且在第一起聚众斗殴中使用枪械，情节严重；被告人邓伟波、龚南敏、鲍海华、何锦超、刘伟光、刘榕安、卢永庆、娄春华、于同福、费建义犯有数罪，依法应实行并罚。检察机关指控的事实清楚，证据确实、充分，罪名成立，应予支持。但指控被告人龚南敏组织、领导黑社会性质组织的证据不足，不予认定。被告人邓伟波、何锦超归案后能主动协助公安机关抓获同案犯，有立功表现，依法可从轻处罚。

97. 行为人是否必须明知是黑社会性质组织或者是黑社会性质组织的违法犯罪活动才构成包庇、纵容黑社会性质组织罪?

包庇、纵容黑社会性质组织罪的主观要件是故意,对纵容行为,行为人往往采听之任之的态度,可以由间接故意构成。只要行为人知道或者应当知道是从事违法犯罪活动的组织,而仍然予以包庇、纵容的,就可构成包庇、纵容黑社会性质组织罪。构成该罪不要求行为人必须知道该组织确是黑社会性质组织或者黑社会性质组织的违法犯罪活动。

典型疑难案件参考

黄向华等组织、参加黑社会性质组织案

基本案情

(一) 组织、参加黑社会性质组织事实

1999年的一天晚上,被告人邓洪枢与吴建军等人在四会市东城区"新领域"酒吧喝酒时,因跳舞与"叶少强帮"的团伙成员发生冲突,致使邓洪枢被打伤昏迷住院治疗一星期,龙杰锋(已死亡)为此组织了几十人与叶少强进行谈判,逼迫"叶少强帮"赔偿了医疗费。后龙杰锋与被告人邓洪枢、黄向华等罗源籍青年在四会城中区14号码头的沙滩聚会时,龙杰锋提出大家(罗源仔)要团结,不要出去被人欺负。于是,被告人邓洪枢、黄向华等人便一致推举龙杰锋为头目,由此形成了以四会罗源籍青年为骨干的"罗源帮"。

自1999年年底以来,龙杰锋先后吸纳被告人黄向华、邓洪枢、曾浩斌等为"罗源帮"骨干分子,被告人叶德宝、王念辉、蓝志明等数十人为"罗源帮"成员。至2000年,"罗源帮"逐渐形成了人数众多,结构稳定,分工明确,控制严密,有一定经济来源的黑社会性质组织。2002年以来,龙杰锋将"罗源帮"改名为"龙兴社"(以下均称"龙兴社")。

"龙兴社"组织自成立以来,在龙杰锋的指使、授意下,由骨干分子带领手下"马仔"在四会市城区、乡镇开设多处赌场,以"抽水、放高利贷"的形式非法牟取暴利;对不服从他们管理的赌场,则由"龙兴社"成员对其进行"扫场",迫使这些赌场无法生存,逐渐对四会市的赌场予以垄断。龙杰锋还利用其东城派出所联防队的职务之便,指使加入"龙兴社"的联防队员为赌场通风报信及望风,防止被警察查获。"龙兴社"还向四会市多间娱乐场所及广宁县、怀集县鱼贩个体户收取巨额保护费,进行敲诈勒索,对拒交保护费的就对其进行滋事;甚至对鱼车进行投毒,使其不能正常经营。为获取更多的非法利益,"龙兴社"还通过驱赶、恐吓等暴力手段把来自怀集、广西等地的鱼贩赶出四会的贩鱼市场,然后由该组织出资购买鱼车经营,企图垄断该行业以牟取暴利。

"龙兴社"组织规定每位成员都要服从龙杰锋的指挥,并规定帮规,对不听从指挥、违反规定的成员进行处罚;该组织有比较固定的聚集场所,有事就由龙杰锋召集"龙兴社"的骨干成员到金三角桌球城等地开会商议。"龙兴社"的骨干成员有比较明确的分工:有负责开设赌场的,有负责收取"保护费"的,有负责充当打手的,有负责购买、保管刀具、枪械的。"龙兴社"还设立了"应急基金",由龙杰锋统一支配,用于"龙兴社"成员日常开支以及赔付打架斗殴的死伤者医疗费、抚恤金等。

(二) 包庇黑社会性质组织事实

被告人陈国阳、张伟洲多年来担任龙杰锋的直接领导,明知龙杰锋有参与故意伤害等违法犯罪行为,明知其手下人数众多,并有开设赌场、收取保护费、打架斗殴等违法犯罪行为,而不依法履行职责,甚至作假证据予以包庇,致使龙兴社黑社会性质组织得以发展壮大,横行四会城乡多年,严重破坏了当地经济、社会生活秩序。其包庇事实具体如下:

1. 2000年9月30日,龙杰锋及其手下邓耀明、曾浩斌、黄向华等人将被害人刘洪燕的右脚打断致轻伤,将被害人肖辉头部打致轻微伤。公安人员当场将龙杰锋、吴建军等人抓获带回城北派出所。被告人张伟洲知道情况后,明知伤者右脚被打断,已涉嫌刑事犯罪,为达到包庇龙杰锋的目的,一方面,找城北派出所的领导说情;另一方面,叫吴建军把打伤人的责任包揽起来,不要说出龙杰锋打人的事实,并许以行政拘留的轻处罚;然后,对两被害人软硬兼施,迫使两被害人答应接受赔偿不追究龙杰锋等人的刑事责任。当天,龙杰锋即被被告人张伟洲带走,致使龙杰锋免受法律追究,而吴建军等人则被处以行政拘留15天。

2. 2000年10月28日晚,四会市"龙华夜总会"门口发生被害人吴德森被故意伤害致死案。时任东城派出所所长的被告人陈国阳、东城派出所副所长的被告人张伟洲,在案发后得知龙杰锋案发时到达现场,并与其手下"罗源帮"成员曾浩斌、邱经伦等人参与打人,致使吴德森被伤害致死。被告人陈国阳、张伟洲明知龙杰锋不是处警人员,而是参与打人的犯罪嫌疑人,却召集当晚处警的派出所民警梁悦明、治安联防队员梁志权等人要求他们在上级调查时不要将龙杰锋当晚参与打人的事实说出来。被告人陈国阳还打电话给四会市公安局巡警大队队长雷国森,要求参加出警的巡警隐瞒事实,不要将龙杰锋打人的事实如实汇报,导致前来调查的省、市上级公安机关纪检督察部门调查得到的情况失实,致使龙杰锋一直逍遥法外,免受法律的追究。

(其他犯罪事实略)

诉辩情况

检察机关指控被告人黄向华、邓洪枢、陈国阳、张伟洲等33人犯组织、参加黑社会性质组织罪,故意杀人罪,故意伤害罪,聚众斗殴罪,寻衅滋事罪,故意毁坏财物罪,敲诈勒索罪,赌博罪,非法持有枪支罪,绑架罪,包庇黑社会性质组织罪,私藏弹药罪,受贿罪。

一审宣判后,被告人黄向华、张伟洲等11人提出了上诉。

张伟洲在上诉中提出:原判认定其犯包庇黑社会性质组织罪且情节严重的事实不清,要求从轻处罚。

裁判结果

广东省肇庆市中级人民法院经审理作出刑事判决,认定:

一、被告人黄向华犯组织黑社会性质组织罪,判处有期徒刑9年;犯故意杀人罪,判处死刑,缓期2年执行,剥夺政治权利终身;犯故意伤害罪判处无期徒刑,剥夺政治权利终身;犯聚众斗殴罪,判处有期徒刑3年;犯寻衅滋事罪,判处有期徒刑3年;犯故意毁坏财物罪,判处有期徒刑5年;犯敲诈勒索罪,判处有期徒刑9年;犯赌博罪,判处有期徒刑3年,并处罚金人民币10万元;数罪并罚,决定执行死刑,缓期2年执行,剥夺政治权利终身,并处罚金人民币10万元;

(其他被告人的判决情况略)

二、被告人陈国阳犯包庇黑社会性质组织罪,判处有期徒刑7年;犯私藏弹药罪,判处有期徒刑6个月;犯受贿罪,判处有期徒刑2年;数罪并罚,决定执行有期徒刑8年6个月;

三、被告人张伟洲犯包庇黑社会性质组织罪,判处有期徒刑6年;犯受贿罪,判处有期徒刑6个月。数罪并罚,决定执行有期徒刑6年。

一审宣判后,被告人黄向华、张伟洲等11人提出了上诉。广东省高级人民法院经审理作出刑事裁定,驳回上诉,维持原判。

裁判理由

法院生效裁判认为:被告人黄向华、邓洪枢等黑社会性质组织"龙兴社"

成员无视国家法律，组织、参与黑社会性质组织，在龙杰锋的领导下，有组织地实施了一系列违法犯罪行为，直接造成了被害人罗广发、李志洪、黎观娣、吴德森死亡，被害人叶德永、黄国明重伤，被害人刘洪燕、谭凯信轻伤和被害人肖辉、戴国标轻微伤等严重后果。"龙兴社"在四会市城乡为非作歹，欺压、残害群众，严重破坏了四会当地的经济、社会生活秩序，应依法惩处……被告人陈国阳、张伟洲对"龙兴社"组织及其首领龙杰锋实施的违法犯罪行为进行包庇，其行为构成了包庇黑社会性质组织罪。在被害人吴德森被伤害致死案中共同包庇龙杰锋及"龙兴社"组织的犯罪行为中，被告人陈国阳的罪责较被告人张伟洲重，对被告人张伟洲可从轻处罚。此外，被告人陈国阳的行为还构成了私藏弹药罪、受贿罪，依法应当数罪并罚。被告人张伟洲的行为还构成了受贿罪，依法应当数罪并罚。被告人陈国阳、张伟洲能主动供述侦查机关没有掌握的受贿犯罪事实，属自首，且两被告人案发后能退清赃款，结合案情，对被告人陈国阳可减轻处罚，对被告人张伟洲可从轻处罚。依照《刑法》第294条第1款、第3款、第4款，第128条第1款，第232条，第234条，第239条第1款，第274条，第275条，第292条第1款，第293条，第203条，第283条，第385条，第17条第1款、第3款，第26条，第27条，第56条第1款，第57条第1款，第65条，第67条，第68条，第69条，第72条，第77条第1款和最高人民法院《关于审理黑社会性质组织犯罪的案件具体应用法律若干问题的解释》第1条，第3条，第5条，第6条第3项、第5项、第6项，最高人民法院《关于处理自首和立功具体应用法律若干问题的解释》第2条、第5条、第7条，《民法通则》第119条、第130条以及最高人民法院《关于审理人身损害赔偿案件适用法律若干问题的解释》第17条、第19条、第25条、第27条、第28条、第29条、第35条之规定，作出如上裁判。

98. 如何区分黑社会性质组织的犯罪和黑社会性质组织成员个人的犯罪？

区分黑社会性质组织的犯罪和黑社会性质组织成员个人的犯罪关键看该犯罪是否由黑社会性质组织的组织者、领导者组织、策划、指挥实施的，是否为了组织的利益实施，是否基于组织的意志。如果具备，则是黑社会性质组织的犯罪。在这当中，组织者、领导者对成员实施的犯罪是明知的，对其行为采同意、默许等态度。

典型疑难案件参考

区瑞狮等组织、领导、参加黑社会性质组织案

基本案情

（一）被告人区瑞狮、聂球定、刘炽伟、谢玉霞、林灯强、林国荣、王进疆、方永航、梁日星、梁国富10人实施了以下组织、领导、参加黑社会性质组织犯罪行为：

20世纪90年代初，被告人区瑞狮不断纠集被告人刘炽伟、钟振强、钟子良等一帮江门市新会区男青年结成犯罪团伙进行打架斗殴，并通过赌博、开设赌场、帮人追债等违法犯罪活动进行牟利并供养其团伙成员。1992年11月，被告人梁永忠因与陈文德争夺非法势力范围发生相互斗殴，遂邀请被告人区瑞狮、刘炽伟等人采用铁锤击打、泼硫酸的手段致被害人陈文德重伤。自1995年开始，逐渐形成了以被告人区瑞狮为首，被告人刘炽伟、聂球定、谢玉霞、梁国富、林国荣及梁俭豪、唐号锋、代师成（均另案处理）等人为骨干成员，被告人林灯强、王进疆、方永航、梁日星及闻洪波、李文雅、何新春（均另案处理）等人为一般参加者的黑社会性质组织。

（二）被告人区瑞狮所组织、领导的黑社会性质组织成员刘炽伟、聂球定、谢玉霞、梁国富、林国荣、林灯强、王进疆、方永航、梁日星伙同非组织成员李少强、文卓锋、苏庆年、苏华裕等人在该黑社会性质组织意志之内实施了以下犯罪行为：

1. 故意伤害事实

1997年4月26日凌晨，被告人聂球定在江门市蓬江区常安路金曲卡拉OK处喝酒，期间与同在该处喝酒的被害人吕宝强等人因为争夺凳子而发生打斗，吕宝强等人先将聂球定一方的人打伤。聂球定用电话告知区瑞狮此事，要求区带人前来帮忙。随后，区瑞狮带领被告人李少强等人携带手枪、刀具、铁水管等凶器，指使被告人方永航开车到金曲卡拉OK大厅后，区瑞狮朝天花板开了一枪，威吓在场人员不许反抗，后指使聂球定、李少强等人手持刀具和铁水管大肆追打在场人员，将吕宝强、符仕强、刘勇等人砍伤。经法医鉴定，被害人吕宝强的损伤为重伤，被害人符仕强、麦亮、唐强、黄文杰、刘勇的损伤为轻微伤。

2. 抢劫事实

1995年6月，被害人黄国清与其朋友容文斌等人前往澳门赌博，容文

斌输钱后经黄国清介绍,通过陈伟国向澳门的"叠码仔"(专门从事收、放高利贷的人)"阿乐"借了港币10万元用于赌博,输光后容文斌又单独向"阿乐"借了港币10万元用于赌博并再次输光。回到新会区后因容文斌无法还债,"阿乐"通过陈伟国结识了被告人区瑞狮,请区帮忙追债。区瑞狮和"阿乐"把债务强加于黄国清并多次要求黄国清还钱,均被黄国清拒绝。1996年3月,在区瑞狮的授意下,被告人刘炽伟伙同唐号锋等人在新会区会城镇凌东警务区附近将黄国清以及与黄国清一起的陈卓雄强行拖上车,将二人挟持到新会区会城镇华发大厦的一房间内,抢走黄国清佩戴的金项链,并对陈卓雄进行殴打以恐吓黄国清。后区瑞狮和"阿乐"强迫黄国清交出其自有的本田小汽车。区瑞狮派人取走该小车后将黄国清释放。经鉴定,黄国清被抢走的本田小汽车价值折合人民币(以下所涉币种均为人民币)312400元。

3. 非法持有枪支、弹药事实

2000年8月31日凌晨,闻洪波(另案处理)打电话给被告人区瑞狮说已经约定与他人斗殴,区瑞狮知道情况后便带领被告人王进疆赶到现场,王进疆还持有区瑞狮交给的1支匕首枪及6发子弹。公安机关接到举报后及时赶往现场将部分涉案人员抓获,当场缴获大量刀具、水管等工具,并从被告人王进疆身上搜获匕首枪1支及6发子弹。

4. 聚众斗殴事实

被告人苏华裕因赌债问题与汤春林(另案处理)发生争执,便找到区瑞狮的手下林灯强帮忙。2002年12月8日,经区瑞狮同意,林灯强纠集被告人梁日星,伙同苏华裕由方永航驾驶区瑞狮的汽车前往新会区玉湖小苑餐厅与汤春林一方进行谈判。苏华裕与汤春林因协商不成,林灯强便殴打汤春林,随后双方人员发生斗殴,林灯强即通知梁日星带人过来帮忙。后因汤春林一方的人使用枪支,林灯强等人受恐吓而逃离现场。苏华裕被汤春林一方的人使用小刀刺成重伤。

5. 寻衅滋事事实

2002年一天晚上,被害人陈长胜在新会区会城镇霹雳火酒吧内饮酒时,被告人区瑞狮以陈长胜打了其朋友为由,带领聂球定等数十人进入陈长胜的包房内,当众用啤酒瓶砸伤陈长胜头部。经法医鉴定,陈长胜的伤势为轻微伤。

6. 赌博事实

自2003年以来,被告人区瑞狮在新会区会城镇瑞发市场、华发大厦开设两家机室赌场,设置赌博机数十台聚众赌博,并安排梁国富、梁日星、方永航与高玉林(另案处理)等人作为赌博机室的管理者。为了逃避公安机关查处,区瑞狮等人还安排他人冒充赌博机室的管理人员,在机室被查获后由这些人到公安机关接受处罚,并在处罚后支付全部费用给以上人员。被告人梁福强带领黄勤志、梁瑞钦等人盘踞在瑞发、华发两家机室赌场,向参赌人员提供高利贷款,并以非法手段索债。

7. 组织卖淫事实

2004年7月份,被告人区瑞狮被新会区峰景酒店经营者何坚豪(另案处理)邀请一起合作经营峰景酒店的桑拿部和卡拉OK部,区瑞狮以后期利润作为入股资金方式入股50%。入股后,区瑞狮通过强行拆毁酒店沐足部、殴打何坚豪夫妇、排挤何坚豪的工作人员等方法逐步取得该酒店的实际管理权,并将其所持有的股份分给被告人聂球定和梁俭豪(另案处理)各10%,使他们享有峰景酒店的利润分红与管理权;又任命被告人林国荣为峰景酒店总经理,重新聘请人员管理峰景酒店桑拿部,安排唐洪锋、李文雅(另案处理)等集团成员在峰景酒店内任保安、采购员等职务。区瑞狮通过指令林国荣等工作人员增加桑拿部房间,在房间内增加镜子、水床等设施,对卖淫女进行培训、增加色情服务的类型等方式来吸引更多的嫖客到峰景酒店进行嫖娼活动。此外,区瑞狮、聂球定等人还在峰景酒店卡拉OK部组织大量"三陪女"进行色情陪侍以招揽客人,并以价格优惠的方式吸引"三陪女"和客人到桑拿部"开房"进行卖淫嫖娼。自2004年7月至2005年12月,峰景酒店先后共组织390多名妇女进行卖淫,总收入340多万元,其中总利润156多万元。

(三)被告人区瑞狮、刘炽伟等人在其黑社会性质组织形成之前,还伙同被告人梁永忠、莫金耀、梁永立、钟振强、钟子良、黄其发、梁冠辉、黎广球实施了以下故意伤害犯罪活动:

1992年,被告人梁永忠与被害人陈文德因在新会县棠下镇争夺在赌场放高利贷的控制权而发生矛盾,被告人梁永忠通过被告人黎广球介绍认识被告人区瑞狮后,要求区瑞狮帮忙赶走陈文德,并许诺事后与区瑞狮合作在棠下镇开赌局。在此期间,与梁永忠同一方的被告人莫金耀因赌债2万元与陈文德一方的李远光发生争执,被陈文德纠集多人持械追砍并将莫金耀的亲戚谭仪沛砍致轻伤。此后莫金耀躲藏于梁永忠处,陈文德纠集几十人围攻梁永忠所在之处并将门窗打烂。梁永忠、梁永立纠集了被告人黄其发及"番薯昌"、"番狗"(此二人另案处理)等共百余人持械在棠下镇各处搜寻陈文德,并打烂陈文德家的物品。

1992年11月24日,被告人黎广球、黄其发、梁冠辉以及"番薯昌"、"番狗"、梁德强(均另案处理)等人在江沙公路收费站处拦截陈文德与陈家声,并在梁永忠的指示下将二人带回棠下镇曲江村。梁永忠、梁永立等人对陈文德进行殴打后,由区瑞狮、刘炽伟、钟子良等人将陈文德蒙头锁手带回新会区会城镇。同月26日晚,经与梁永忠商议,区瑞狮、莫金耀带领刘炽伟、钟振强、黄其发、钟子良及罗国君、"番狗"、"番薯昌"等人将陈文德带到新会区会城镇都会村郊外,用铁锤等工具对陈文德的头部、膝盖实施重击,用毛巾勒陈颈部,并用硫酸淋陈文德面部,然后逃离现场。经法医鉴定,陈文德损伤为重伤,三级伤残。

(四)被告人谢玉霞在黑社会性质组织意志之外伙同被告人李伟军单独实施以下聚众斗殴犯罪行为:

1999年2月,梁华雄驾驶的小汽车与被告人李伟军驾驶的摩托车发生交通事故,经交警部门认定,梁华雄负事故的全部责任。双方赔偿问题已经由交警部门调解处理,但后续治疗费没有达成调解协议。1999年8月17日凌晨,被告人谢玉霞、李伟军等人约梁华雄到新会区会城镇朱紫路乐吧谈赔偿事宜,梁华雄带领10多人到现场,与谢玉霞、李伟军等人因赔偿一事发生争执,双方发生斗殴。双方暂时停手后,被告人谢玉霞又打电话叫被告人梁国富带人过来帮忙斗殴。其后被告人梁国富带人赶到,梁国富与其带来的1名男子各手持1支手枪指向梁华雄一方人员,并殴打梁华雄等人。其后,公安民警接到群众举报后赶到现场将被告人梁国富制伏并缴获其枪支,被告人谢玉霞、李伟军等人则逃离现场。

(五)被告人梁福强、梁瑞钦、黄勤志、张国利还实施了以下寻衅滋事犯罪行为:

2004年6月,被告人梁福强带领被告人梁瑞钦、黄勤志、张国利等20多人到新会区双水镇将军山水库处游泳,并在附近"山卡拉"餐厅预订了烧鸡20多只准备吃饭,被告人梁福强等人在吃饭时以餐厅上烧鸡慢为由,率领被告人梁瑞钦等人掀翻餐台。餐厅老板谢鑫畅出来劝阻时被告人梁福强带领并指使梁瑞钦、黄勤志、张国利等人追打谢鑫畅,并用啤酒瓶砸伤谢的头部,之后未结账便离去。经法医鉴定,被害人谢鑫畅的损伤属轻微伤。

诉辩情况

广东省江门市人民检察院以被告人区瑞狮、聂球定、梁福强、刘炽伟、谢玉霞、林灯强、林国荣、黄勤志、梁瑞钦、张国利等分别犯组织、领导、参加黑社会性质组织罪,故意伤害罪,抢劫罪,聚众斗殴罪,非法持有枪支、弹药罪,寻衅滋事罪,赌博罪,组织卖淫罪,向江门市中级人民法院提起公诉。

一审宣判后,区瑞狮等人提出上诉。

裁判结果

江门市中级人民法院经审理,作出刑事判决,认定:

一、被告人区瑞狮犯组织、领导黑社会性质组织罪,判处有期徒刑7年;犯故意伤害罪,判处有期徒刑15年,剥夺政治权利5年;犯抢劫罪,判处有期徒刑13年,剥夺政治权利3年,并处没收财产20万元;犯聚众斗殴罪,判处有期徒刑4年;犯非法持有枪支、弹药罪,判处有期徒刑1年6个月;犯寻衅滋事罪,判处有期徒刑2年;犯赌博罪,判处有期徒刑2年6个月,并处罚金50万元;犯组织卖淫罪,判处有期徒刑15年,并处罚金100万元。数罪并罚,决定执行有期徒刑20年,剥夺政治权利5年,并处没收财产20万元,罚金150万元;

二、被告人聂球定犯参加黑社会性质组织罪,判处有期徒刑4年;犯故意伤害罪,判处有期徒刑6年;犯组织卖淫罪,判处有期徒刑8年,并处罚金20万元。数罪并罚,决定执行有期徒刑15年,并处罚金20万元;

三、被告人梁福强犯寻衅滋事罪,判处有期徒刑2年;

四、被告人刘炽伟犯参加黑社会性质组织罪,判处有期徒刑4年;犯故意伤害罪,判处有期徒刑10年,剥夺政治权利1年;犯抢劫罪,判处有期徒刑10年,剥夺政治权利1年,并处没收财产10万元;被告人刘炽伟还因走私普通货物罪被判处有期徒刑3年,并处罚金5千元。数罪并罚,决定执行有期徒刑18年,剥夺政治权利2年,并处没收财产10万元,罚金5千元;

五、被告人李伟军犯聚众斗殴罪,判处有期徒刑3年;

六、被告人黄勤志犯寻衅滋事罪,判处有期徒刑1年9个月;

七、被告人梁瑞钦犯寻衅滋事罪,判处有期徒刑1年9个月;

八、被告人张国利犯寻衅滋事罪,判处有期徒刑1年8个月。

(其他被告人的判决情况略)

一审宣判后,区瑞狮等人提出上诉。广东省高级人民法院经审理作出刑事裁定:驳回上诉,维持原判。

裁判理由

法院生效裁判认为:被告人区瑞狮纠集被告人刘炽伟、聂球定等人共同进行故意伤害、放高利贷、帮人追讨债务、开设赌场等违法犯罪活动,至1995年已经形成了黑社会性质组织。该组织形成后,继续以暴力、威胁等非法手段,有组织地进行故意伤害、抢劫、寻衅滋事、聚众斗殴、赌博、非法持有枪支、弹药，组织卖淫等违法犯罪活动，严重破坏了当地的经济和社会生活秩序。被告人区瑞狮已构成组织、领导黑社会性质组织罪；被告人聂球定、刘炽伟、谢玉霞、林灯强、林国荣积极参加黑社会性质组织，其行为均构成参加黑社会性质组织罪；被告人王进疆、方永航、梁日星、梁国富参加黑社会性质组织，从事违法犯罪活动，其行为也均构成参加黑社会性质组织罪。

被告人区瑞狮、梁永忠、莫金耀、梁永立、刘炽伟、钟振强、钟子良、黄其发、梁冠辉、黎广球使用特别残忍的手段实施故意伤害致被害人陈文德重伤，三级伤残，情节恶劣；被告人区瑞狮还故意伤害致被害人吕宝强重伤，其行为均已构成故意伤害罪；被告人聂球定、李少强还在被告人区瑞狮的组织、领导下故意伤害致吕宝强重伤、多人轻微伤，被告人聂球定、李少强的行为也构成了故意伤害罪。

被告人区瑞狮还指使被告人刘炽伟强加债务于被害人黄国清后强行劫取被害人价值31万余元的小车1辆，其行为均构成抢劫罪，抢劫数额特别巨大。区瑞狮在公共场所随意殴打他人，情节恶劣；被告人梁福强带领被告人梁瑞钦、黄勤志、张国利在公共场所无理滋事并殴打他人，情节恶劣，其行为均构成寻衅滋事罪。组织、领导被告人梁国富、梁日星、方永航、文卓锋、苏庆年以营利为目的，开设赌场，聚众赌博，其行为均构成赌博罪。

被告人区瑞狮、王进疆违反枪支管理法规，非法持有枪支1支及弹药数发，其行为均构成非法持有枪支、弹药罪。被告人区瑞狮指使被告人林灯强、梁日星、苏华裕等人在玉湖小苑持械聚众斗殴，其行为均构成聚众斗殴罪。

被告人区瑞狮、聂球定、林国荣为牟取暴利，组织他人卖淫，情节严重，其行为均构成组织卖淫罪。

检察机关指控梁福强、梁瑞钦、黄勤志、张国利、李伟军的行为构成参加黑社会性质组织罪的理据不足，不予支持；指控谢玉霞等人实施的乐吧聚众斗殴案、梁福强等人实施的山卡拉餐厅寻衅滋事案属区瑞狮所组织、领导的黑社会性质组织犯罪行为，被告人区瑞狮应对上述犯罪承担刑事责任的依据不充分，不予支持。故一二审法院依法作出如上裁判。

99. 如何区分黑社会性质组织与有违法犯罪行为的单位？

有违法犯罪行为的单位与黑社会性质组织的区别主要有：首先，成立目的不同。虽然二者都有基本的组织结构，但前者是为了正常开展生产、经营活动而设立的，后者是为了实施违法犯罪活动而设立的。其次，经济特征不同。前者违法犯罪活动不是其主要的、稳定的收入来源，只是偶尔进行违法犯罪活动，而后者维持组织日常运作的资金主要来源于违法犯罪活动，或者与违法犯罪活动有关。再次，行为特征不同。前者实施违法犯罪活动一般不具有经常性，而后者实施的违法犯罪活动具有一贯性，通常有暴力性特征。最后，非法控制特征不同。前者无法形成对一定区域或行业内社会、经济秩序的控制和破坏，而后者在对组织内部进行严格控制的基础上，通过对一定行业或者区域的控制最终实现对社会的控制。非法控制特征是黑社会性质组织的本质特征。要区分行为人的个人行为与组织行为，不能把行为人个人实施的违法犯罪活动归于集体。

典型疑难案件参考

张更生等故意杀人、敲诈勒索、组织卖淫案

基本案情

1997年1月，被告人张更生被选为闻喜县桐城镇中社村村长。次年，中社村委、村支委又成立锣鼓队，每逢节日向中社区域内的单位敲锣鼓、闹社火，获取钱财66笔共计人民币（以下所涉币种均为人民币）108800元，收款记入村委账上后，给参加者发工资、提成共71958.78元。张更生1997年担任村长后，研究成立村治安联防队，该队对过往该村车辆收取费用3000余元。在张更生担任村长期间，对在该村区域内的闻喜县民用建材公司索要土地补偿费35000元，向闻喜东镇三铁焦化厂索要道路维修费5000元；向闻喜县水泥厂索要粉尘污染费40000元；向闻喜县城关信用社索要土地补偿费30000元；向闻喜县技术监督局索要土地补偿费70000元；向闻喜县审计局索要土地补偿费15000元。所要195000元款项均入了中社村村委账，后以15%~20%的提成向要账人分发工资。案发后，被告人梁公社退出所得赃款1500元，王海忠退出3480元，梁永安退出1000元，张喜让退出210元，叶建民退出15000元，梁民安退出2110元，李王官退出6350元，陈吉云退出300元，由被害单位领取。

（一）关于非法拘禁事实

1997年10月，闻喜县桐城镇刘治屹经闻喜县信用联社业务员仇学军介绍，在张六生处以高额利息借款10000元。次年3月28日9时许，张为索取债务纠集被告人李启安和闻喜县城居民邓永义、闫保兴到刘治屹家，张叫来王德发并让其陪仇外出借款以归还刘的借款。后刘被李、闫、张带到闻喜县液化气招待所二楼一房间，先后由李启安、陈红伟等人看守。后于4月3日早上，经张同意才将刘放回，非法限制刘人身自由6天。

（二）关于组织卖淫、协助组织卖淫事实

2000年4月1日，被告人张更生承包了闻喜县桐乡宾馆。期间，张招收、容留卖淫女并免费提供食宿，卖淫女最多时达20余人。同时安排其妻陈雪丽（已判处有期徒刑2年6个月）管理桐乡宾馆歌厅及卖淫女。由陈从卖淫非法所得中抽成牟利。张多次安排卖淫女卖淫并要求卖淫女听从陈的安排、管理。被告人梁公社在桐乡宾馆工作期间，根据张的授意，当警方对宾馆进行特行检查时，以查验证件为由拖延时间并通过电话等方式通知张、陈，通知有卖淫嫖宿的客房，逃避打击。

（三）关于敲诈勒索事实

1.2000年9月，闻喜县电影院由韩银狮承包后改建增设家具城，成了中社村大中市场家具城的竞争对手。被告人张更生得知后，便同中社村大中市场家具城承包人张六生、被告人叶惠民、经理被告人叶建民商定阻挡施工。因索款无果，张更生、贾恺、叶建民及张六生商定煽动群众参与阻挡，由张更生提议让群众到闻喜酒楼吃饭，叶惠民同张六生商定给参加的群众每人10元钱。之后，叶建民将写好的要求电影院恢复放映的标语让被告人陈红伟、李启安张贴于电影院。被告人张喜让、贾恺、叶文根、梁民安到影院二楼责令工人停工，张喜让、梁民安受张六生指使在施工现场监视3天不让施工。同年12月24日，张更生、贾恺、梁永安、叶文根、史长命等人到电影公司找公司领导卫茂贵等索要现金。电影公司无奈同意以土地补偿费为名，支付给中社村现金60000元。因资金紧张，此款由承建人韩银狮垫支，叶建民将款索得后，交给张更生20000元，用于村民福利发放；余款张六生分得12000元，叶文根、史长命、梁永安各得2000元，张喜让、梁民安各得110元，参与群众每人分得10元计650元，剩余21330元由叶建民保管。

2.1997年，闻喜县电业局租用闻喜县桐城镇中社村土地4.04亩。1999年

2月，被告人梁永安同村民李民德、梁立安、刘纪成、董王玉、杨随喜到闻喜县电业局索要占地款6000元后，6人均分。

（四）关于故意杀人事实

2001年2月23日，运城市公安局、闻喜县公安局联合执行抓捕张更生的任务。当晚9时半左右，张少华、张晓峰、张万峰、叶伟执行抓捕任务，当抓捕小组在闻喜县桐城镇中社村中发现张更生后，闻喜县公安局副局长张少华向其出示刑事拘留证并告知："公安局的，刑拘你哩，不要动。"张更生夺路而逃，闻喜县公安局刑侦三中队侦查员张晓峰等人冲上前抓住了张更生，张更生掏出随身携带的匕首向张晓峰身上猛刺6刀，致其受伤倒地，后送医院抢救无效死亡。经法医检验认为，张晓峰系双刃利器穿通心脏引起失血性休克死亡。

▶ 一审诉辩情况

检察机关指控被告人张更生、贾恺、王海忠、叶文根、张喜让、史长命、梁公社、梁永安、叶建民、叶惠民、梁民安、李启安、陈红伟、陈吉云、李王官分别犯组织、领导、参加黑社会性质组织罪，故意杀人罪，敲诈勒索罪，非法拘禁罪，组织卖淫罪，协助组织卖淫罪。

被告人张更生提出：检察院所指控的组织、领导、参加黑社会性质组织罪不成立，其所领导的单位不符合黑社会性质组织应同时具备的4个方面的特征。

被告人张更生及其辩护人提出：张更生持刀捅刺公安干警张晓峰是事实，但当时张晓峰未穿警服，也未出示证件，其误认为是遭人绑架，出于自卫才持刀捅刺的。

被告人张更生的辩护人提出：张更生是闻喜县城关镇人大代表，公安机关未履行相关手续，属违法办案。公安机关出示的拘留证不合法，应对张更生从轻处罚。

▶ 一审裁判结果

山西省运城市中级人民法院经审理作出刑事判决，认定被告人张更生犯故意杀人罪，判处死刑，剥夺政治权利终身；犯敲诈勒索罪，判处有期徒刑7年；犯组织卖淫罪，判处有期徒刑6年，并处罚金2万元。决定执行死刑，剥夺政治权利终身，并处罚金2万元。被告人叶建民犯敲诈勒索罪，判处有期徒刑5年6个月。被告人叶惠民犯敲诈勒索罪，判处有期徒刑5年。被告人李启安犯敲诈勒索罪，判处有期徒刑3年；犯非法拘禁罪，判处有期徒刑1年。决定执行有期徒刑3年6个月。被告人陈红伟犯敲诈勒索罪，判处有期徒刑3

年；犯非法拘禁罪，判处有期徒刑1年。决定执行有期徒刑3年6个月。被告人贾恺、叶文根、史长命、梁永安犯敲诈勒索罪，均判处有期徒刑2年。被告人梁公社犯协助组织卖淫罪，判处有期徒刑1年6个月，并处罚金3千元。被告人梁民安、张喜让犯敲诈勒索罪，均判处有期徒刑2年，缓刑2年。被告人陈吉云、王海忠、李王官无罪。

一审裁判理由

山西省运城市中级人民法院认为：张更生等15人不符合全国人民代表大会常务委员会《关于〈中华人民共和国刑法〉第二百九十四条第一款的解释》规定的黑社会性质组织应同时具备的"4个特征"，以张更生为首的中社村村委不是黑社会性质组织。起诉书指控张更生犯组织、领导黑社会性质罪，贾恺、王海忠、梁公社、陈吉云、李王官、叶文根、张喜让、史长命、梁永安、叶建民、叶惠民、梁民安、李启安、陈红伟14人犯参加黑社会性质组织罪的罪名不能成立。对于起诉书指控的收取车辆过路费，收取土地补偿费、粉尘污染费、道路维修费系一般违法行为，不宜以犯罪论处。张更生以非法占有为目的，伙同贾恺、叶文根、张喜让、史长命、梁永安、叶建民、叶惠民、梁民安、李启安、陈红伟向电影院采用威胁、勒令停工及聚众闹事等方法索取60000元现金，其行为均已构成敲诈勒索罪，且数额巨大，在共同犯罪中，张更生和叶建民、叶惠民起主要作用，为主犯；贾恺、叶文根、张喜让、史长命、梁永安、梁民安、李启安、陈红伟起次要作用，为从犯，应从轻、减轻处罚。张更生在警方抓捕时持刀刺死警察，其行为构成故意杀人罪；张更生在承包桐乡宾馆期间，组织他人卖淫，其行为构成组织卖淫罪。上述数罪应予并罚。梁公社协同他人组织卖淫，构成协助组织卖淫罪。陈红伟、李启安非法限制他人自由构成非法拘禁罪，应数罪并罚。陈吉云、王海忠、李王官的行为不构成犯罪。

二审诉辩情况

一审宣判后，张更生与其辩护人提出：

一审判决书中未反映和体现指控其犯罪的立案证据，未查明抓捕其是否有合法的立案审批手续。

一审查明的事实证实了侦查机关在抓捕其时未立即向闻喜县城关镇人大报告，"密捕"方式是错误的，且在抓捕前就应审查举报其雇凶杀人的事实是否存在，故该抓捕行为系违法行为。

证人张少华、张万峰、叶伟与本案有利害关系，为推卸责任，其证词的真实性和可信性非常低，因而应认定警察在抓捕其时出示过拘留证的证据不充分。

其仅承认抽刀防卫，并未承认故意杀人。

关于索要有关费用一事系村委集体研究决定，不属于敲诈勒索。

关于组织卖淫一事，警方已作治安案件处理，同一件事不能再作刑事案件处理。

二审裁判结果

山西省高级人民法院经审理作出刑事裁定，驳回上诉，维持原判，并依法报请最高人民法院核准。

最高人民法院经复核，核准山西省高级人民法院〔2007〕晋刑一终字第36号维持第一审以故意杀人罪判处被告人张更生死刑，剥夺政治权利终身，与其所犯敲诈勒索罪、组织卖淫罪判处的刑罚并罚，决定执行死刑，剥夺政治权利终身，并处罚金人民币2万元的刑事裁定。

二审裁判理由

山西省高级人民法院经审查，对原判认为起诉书指控被告人张更生等人构成组织、领导、参加黑社会性质组织罪不能成立的认定予以确认；原判认定被告人张更生、梁永安等人构成敲诈勒索罪，被告人张更生构成组织卖淫罪，被告人梁公社构成协助组织卖淫罪，被告人陈红伟构成非法拘禁罪的事实清楚，证据确实、充分，定罪准确，量刑适当，审判程序合法。被告人张更生及其辩护人提出的辩护意见不能成立，不予采纳。

最高人民法院经复核认为：被告人张更生不计后果持刀连续捅刺对其进行刑事拘留的警察张晓峰数刀，致张晓峰死亡，其行为构成故意杀人罪，且罪行极其严重；张更生等人以非法占有为目的，以威胁和要挟手段，强行索取他人巨额财物，其行为构成敲诈勒索罪；张更生以招收、容留手段，控制多人卖淫，其行为构成组织卖淫罪。在共同敲诈勒索和组织卖淫的犯罪中，被告人张更生起主要作用，系主犯，依法应当按照其所参与的或者组织、指挥的全部犯罪处罚；所犯数罪，依法应予并罚。第一审判决、第二审裁定认定的事实清楚，证据确实、充分，定罪准确，量刑适当，审判程序合法，故依法作出如上裁定。

100. 黑社会性质组织必须具备哪些特征？

黑社会性质组织具有组织结构特征、经济实力特征、非法行为特征和非法控制特征，以此区别于一般犯罪集团。

101. 黑社会性质组织成员实施的故意杀人行为,作为黑社会性质组织的领导者、决策者的行为人是否要对此承担责任?

黑社会性质组织成员实施的故意杀人行为,如果证据能够证实,该行为是黑社会性质组织所犯的罪行,作为黑社会性质组织的领导者、决策者的行为人在其中起到了组织、领导作用的,就应当对此承担责任。

102. 缺少"保护伞"特征的犯罪组织能否成为黑社会性质组织?

立法解释和刑法条文未将"保护伞"规定为黑社会性质组织的特征,故缺少"保护伞"特征的犯罪组织也能成为黑社会性质组织。

典型疑难案件参考

王江等组织、领导、参加黑社会性质组织案

基本案情

1997年8月,被告人王江刑满释放后,先后网罗一批劳改、劳教释放人员及社会闲散人员,逐渐形成较为稳定的黑社会性质组织。该组织以王江为首,刘永华(在逃)次之,二人负责组织、指挥该组织的活动;蒋庆文、万鸿、秦晓凡、喻文杰、江钱平、王涛及谭小华、胡德贵、刘克华(均在逃)为骨干成员;蒋庆文等人分别带领郭宇麟、张志明、胡锦春、江赤兵、江剑峰等"小弟",郭宇麟等人又带领余祖饶、李顺杰等"小弟"。该组织内部层次分明,实行以"大哥"带"小弟"的方式逐层管理,并在长期违法犯罪中逐渐形成了一套不成文帮规。为维持组织的生存和发展,王江等人长期通过有组织地从事以下违法犯罪活动,聚敛了大量钱财,为组织的活动提供经济支持。为获取更大的经济利益,王江等人帮助江西省景德镇市兴龙商贸发展有限公司垄断景德镇市南环高速公路建设工地的石料供应,对景德镇市供电局及华意电器总公司的废旧物品控制收购,严重破坏了当地的经济秩序。为维护组织的利益,自1998年至2006年7月间,王江等人有组织地实施故意杀人等一系列犯罪,为非作恶,欺压、残害群众。通过实施一系列违法犯罪活动,该组织在景德镇市称霸一方,发展成为当地实力最强、势力最大的黑社会性质组织,严重破坏了当地的社会秩序。

2000年1月,秦晓凡倚仗被告人王江组织、领导的黑社会性质组织的势力,与经营煤炭运输生意的曹弘发生纠纷。为迫使秦晓凡放弃插手其生意,曹弘与被害人章军(男,殁年26岁)商量用枪威胁秦晓凡。秦晓凡将此事告诉王江和刘克华,王江即带领谭小华、刘克华等人持枪赶到官庄村将秦晓凡接到王江团伙的聚集地景德镇市合资宾馆319房间。刘永华、蒋庆文、胡德贵、万鸿等人随后闻讯赶到。王江决定报复曹弘和章军,并将其五连发猎枪交给秦晓凡,以便秦实施报复。同年2月1日下午,秦晓凡打电话邀约刘克华和蒋庆文,并与刘克华各携猎枪先赶到五十铃切诺基维修中心大门外,王江随后带领万鸿、胡德贵赶到。秦晓凡持五连发猎枪、刘克华持双管猎枪冲进维修中心,胡德贵、蒋庆文尾随其后,万鸿持单管猎枪与王江站在维修中心大门口。正在维修中心取车的章军见状,发动其汽车准备逃离。秦晓凡和刘克华分别冲到汽车驾驶室两侧,各朝章军开了一枪,致章头部及左肩峰处中弹,当场死亡。而后,王江让秦晓凡、刘克华逃至瓷都大桥下,指使秦晓凡、刘克华外逃,并指使刘永华为秦晓凡提供外逃资金。秦晓凡外逃期间及归案后,王江还多次提供资金供秦晓凡外逃及赔偿章军的亲属。

此外,被告人王江及其组织成员从1998年年底开始,实施了多起故意伤害事件,致多人重伤、轻伤。被告人王江及其组织成员郭宇麟非法买卖、持有猎枪和手枪;王江纠集组织成员还实施了多起聚众斗殴、寻衅滋事、非法拘禁和开设赌场赌博的事件。

▶ 一审诉辩情况

检察机关指控被告人王江、秦晓凡、蒋庆文、万鸿、喻文杰、江钱平、郭宇麟等22人分别犯组织、领导、参加黑社会性质组织罪,故意杀人罪,故意伤害罪,非法买卖枪支罪,非法持有枪支罪,聚众斗殴罪,寻衅滋事罪,非法拘禁罪,赌博罪,包庇罪。

被告人王江提出:其行为不构成组织、领导黑社会性质组织罪,在杀害章军一案中没有与万鸿等人预谋。

被告人王江的辩护人提出:起诉书指控的组织不具备立法解释所规定的四大特征,指控王江犯组织、领导黑社会性质组织罪的事实不能成立。王江未与秦晓凡共谋杀害章军,无共同杀人故意,且已赔偿了章军的亲属并取得了谅解。根据"从旧兼从轻"的刑法适用原则，王江团伙成员于2002年4月以前实施的犯罪不能认定为黑社会性质组织犯罪，故王江对秦晓凡等人杀害章军的行为不应承担组织、领导责任。

一审裁判结果

上饶市中级人民法院经公开审理作出刑事判决，认定被告人王江犯组织、领导黑社会性质组织罪，判处有期徒刑8年；犯故意杀人罪，判处死刑，剥夺政治权利终身；犯故意伤害罪，判处有期徒刑13年；犯非法买卖枪支罪，判处有期徒刑5年；犯非法持有枪支罪，判处有期徒刑4年；犯聚众斗殴罪，判处有期徒刑7年；犯寻衅滋事罪，判处有期徒刑4年；犯非法拘禁罪，判处有期徒刑1年6个月；犯赌博罪，判处有期徒刑2年，并处罚金人民币50万元。决定执行死刑，剥夺政治权利终身，并处罚金人民币50万元。对被告人秦晓凡、蒋庆文、万鸿、喻文杰、江钱平、郭宇麟等21人分别以参加黑社会性质组织罪、故意杀人罪、故意伤害罪、非法买卖枪支罪、非法持有枪支罪、聚众斗殴罪、寻衅滋事罪、非法拘禁罪、赌博罪、包庇罪，判处死刑缓期2年执行至拘役4个月不等的刑罚。

一审裁判理由

上饶市中级人民法院认为：被告人王江网罗蒋庆文、喻文杰、秦晓凡、万鸿、江钱平等骨干成员并带领土涛、江赤兵、郭宇麟、张志明、余祖饶、李顺杰、胡锦春、江剑峰等人，有组织地多次实施违法犯罪活动，牟取了巨额经济利益。在长期违法犯罪过程中，形成了不成文的组织纪律和规约；采取暴力、威胁或其他手段，通过实施故意杀人、故意伤害、聚众斗殴、寻衅滋事、非法拘禁、赌博等违法犯罪活动，敛取钱财，欺压百姓，称霸一方，为非作恶，非法控制当地石料供应、废旧物品拍卖、地下赌博等市场，严重破坏了当地经济、社会生活秩序，已演变为有明确的组织者和领导者，骨干成员基本固定，组织层次分明，结构稳定，人数众多的黑社会性质组织。其行为分别构成组织、领导黑社会性质组织罪，故意杀人罪，故意伤害罪，非法买卖枪支罪，非法持有枪支罪，聚众斗殴罪，寻衅滋事罪，非法拘禁罪，赌博罪。

二审诉辩情况

一审宣判后，被告人王江提出上诉。

王江提出：原判认定的"黑社会性质组织"不具备法定的4个特征，其行为不构成组织、领导黑社会性质组织罪。故意杀害章军系因秦晓凡个人恩怨引发，其没有杀死章军的故意。

王江的辩护人提出：根据2002年相关立法解释，"保护伞"是认定黑社会性质组织的必要条件，王江等人在该立法解释出台前的行为因不具有"保护伞"而不构成组织、领导黑社会性质组织罪。章军被害与所谓的"黑社会性质组织"无关，上诉人在该案中是一般参与者，不应承担黑社会性质组织的组织、领导责任。

二审裁判结果

江西省高级人民法院经二审审理，作出判决：驳回上诉，维持原审对被告人王江的刑事判决部分，并依法报请最高人民法院核准。

最高人民法院经复核，作出刑事裁定，核准江西省高级人民法院〔2008〕赣刑三终字第37号维持第一审对被告人王江以组织、领导黑社会性质组织罪判处有期徒刑8年；以故意杀人罪判处死刑，剥夺政治权利终身；以故意伤害罪判处有期徒刑13年；以非法买卖枪支罪判处有期徒刑5年；以非法持有枪支罪判处有期徒刑4年；以聚众斗殴罪判处有期徒刑7年；以寻衅滋事罪判处有期徒刑4年；以非法拘禁罪判处有期徒刑1年6个月；以赌博罪判处有期徒刑2年，并处罚金人民币50万元。决定执行死刑，剥夺政治权利终身，并处罚金人民币50万元。

二审裁判理由

江西省高级人民法院经二审审理认为，原判认定被告人王江的犯罪事实清楚，证据确实、充分。对王江定罪准确，量刑适当，审判程序合法。

最高人民法院认为：被告人王江的行为已构成组织、领导黑社会性质组织罪。王江组织、领导的黑社会性质组织实施故意杀人1起，致1人死亡；故意伤害3起，致1人重伤、2人轻伤；聚众斗殴3起，致1人轻微伤；寻衅滋事2起，致2人轻微伤；非法拘禁1起，致1人轻微伤；非法买卖枪支1起1支；非法持有枪支3起4支及赌博多起。其行为又分别构成故意杀人罪、故意伤害罪、聚众斗殴罪、寻衅滋事罪、非法拘禁罪、非法买卖枪支罪、非法持有枪支罪、赌博罪。王江系黑社会性质组织的组织者、领导者，应按照黑社会性质组织所犯的全部罪行处罚。在共同故意杀人犯罪中，王江决定报复被害人，为秦晓凡提供作案枪支，邀约并带领同伙赶到现场援助秦晓凡，作案后指使、资助秦晓凡等人外逃，为逃避打击与秦晓凡等人串供，起主要作用，且所起的作用大于秦晓凡等人。王江为维护其组织、领导的黑社会性质组织的利益而杀人，情节恶劣，后果严重。王江曾因违法犯罪被行政处罚及判处刑罚，在刑罚执行完毕后5年内又犯组织、领导黑社会性质组织罪，并领导该黑社会性质组织实施故意杀人、故意伤害等多起犯罪，系累犯，主观恶性极深，人身危险性和社会危害极大，犯罪后果和罪行极其严重，应依法从重处罚并数罪并罚。第一、二审判决认定的事实清楚，证据确实、充分，定罪准确，对被告人王江的量刑适当，审判程序合法。故依法作出如上裁判。

103. 为获取经济利益，纠集多人成立"行业协会"，要求会员必须交费，当协会经营的产业与他人发生矛盾时，采用暴力、威胁等手段指示成员出面解决，实施系列违法犯罪活动的行为，是否构成组织、领导黑社会性质组织罪？

纠集多人成立"行业协会"，并实施系列违法犯罪活动的行为是否构成组织、领导黑社会性质组织罪，关键看"行业协会"的组织结构是否稳固，骨干成员是否基本固定，有无较为严格的约束、控制成员的有效方式，并且是否以实施违法犯罪活动作为主要经济来源，并在该行业、区域内是否形成非法控制或重大影响。为获取经济利益，纠集多人成立"行业协会"，要求会员必须交费，当协会经营的产业与他人发生矛盾时，采用暴力、威胁等手段指示成员出面解决，实施系列违法犯罪活动的行为，如果符合上述特征，则构成组织、领导黑社会性质组织罪。

104. 行为人纠集多人冲击国家机关，导致国家机关无法正常工作，并以挑起民族矛盾为借口，对抗政府管理，进而向国家机关索要赔偿以解决民族问题，构成何罪？

行为人纠集多人冲击国家机关，并以挑起民族矛盾为借口，对抗政府管理，进而向国家机关索要赔偿以解决民族问题，破坏了国家机关的正常工作秩序，并侵犯了公私财物的所有权，构成聚众冲击国家机关罪和敲诈勒索罪，对首要分子和积极参加者，应从一重罪处罚，即以聚众冲击国家机关罪定罪处罚。

典型疑难案件参考

马一斯哈克等组织、领导黑社会性质组织、聚众斗殴、故意毁坏财物、聚众冲击国家机关、敲诈勒索、寻衅滋事、妨害公务案

基本案情

一、组织、领导、参加黑社会性质组织

自 2009 年以来,被告人马一斯哈克、王林为获取经济利益,组织被告人马哈三、罗排善、马他黑、马热苏里、王社木苏、马么力克等在郑州经营拉面的回族人员成立了兰州拉面协会。马一斯哈克、王林作为协会的领导者,要求加入协会的成员交纳 100 元会费,当协会成员经营的兰州拉面馆和他人发生矛盾后,由二人带领或指使组织成员出面解决,并对不服从命令和通知未到的组织成员给予罚款,由此,形成了较稳定的组织。

马一斯哈克、王林领导该组织采取暴力、威胁、围堵等手段,先后在郑州市郑东新区、高新技术产业开发区、惠济区、金水区一带实施聚众斗殴、寻衅滋事、聚众冲击国家机关等违法犯罪活动,肆意为非作恶、欺压残害群众。马哈三、罗排善、马他黑积极参与,马热苏里、王社木苏、马么力克作为一般成员参加该组织的违法犯罪活动。他们以挑起民族矛盾为借口,对抗政府管理,阻挠政府依法行政,多次聚众围堵、冲击国家机关,进而以索要赔偿及解决民族问题为幌子,强行向受害人或有关单位索要钱款,获取非法经济利益,其中一部分留存,并在此基础上重新实施违法犯罪活动,给相关单位和群众形成了极强的心理威慑,严重扰乱了该区域正常的社会生活和经济秩序。

二、聚众斗殴

2011 年 3 月 6 日 11 时许,被告人高合力录因其经营的拉面馆离撒拉族人所开拉面馆较近,与对方多次协商未果担心被砸,即购买木棍并纠集被告人高若力有、马么力克、马一斯哈克、王林、马哈三、马热苏里、王哎有卜等人过来帮忙。当日中午,双方各纠集 30 余人手持棍棒、砖头争执不休,准备械斗,后经民警调解双方离开。当日晚 11 时 50 分许,张胡才伙同韩乙地日、韩乙四么力、韩亥比卜、韩才力木、韩哈入尼、韩而乙布、韩四力哈、韩亥子日等 40 余人手持棍棒、砖头等器械将高合力录经营的拉面馆(位于郑东新区通泰路宏昌街)门头、桌椅等物品砸毁,并将高合力录的左肩膀、马么力克的腿部和肩膀打伤。高合力录等人不顾民警的极力劝阻,伙同高若力有、马么力克、马一斯哈克、王林、马哈三、马热苏里、王哎有卜等 30 余人手持棍棒、

砖头将韩乙四么力开的兰州拉面馆（位于宏图街十里铺街）玻璃门砸烂、部分店内物品砸毁。经鉴定，被损毁物品价值人民币1904元。

三、聚众冲击国家机关

1. 2009年12月5日13时许，贾河村村民孟祥增、张一某、孟铁棍在郑州市惠济区开元路三全食品厂对面马肖龙（另案处理）经营的兰州拉面馆就餐时，因上饭较慢与店内工作人员发生争执后被马肖龙等人殴打。郑州市公安局惠济分局新城派出所民警接警后到达现场处理，当民警正在进行询问时，被告人马一斯哈克不听民警劝阻对张一某进行殴打，后民警将马一斯哈克、张一某等人带回派出所处理。当日14时许，马肖龙带人冲进新城派出所值班大厅，并打电话继续纠集人员。15时许，被告人王林纠集被告人罗排善、马他黑、马么力克等20余人将该所大门踩坏后冲进派出所，将派出所内茶几、桌子、烟灰缸、天花板砸碎，并将正接受询问的马肖龙及马一斯哈克抢走，当民警劝阻时，又对民警推搡、辱骂，马肖龙将民警刘豪脸部踩伤，马一斯哈克、王林、罗排善、马他黑等人对巡防队员进行殴打，致贾利文面部受伤，杨磊腹部等多处受伤，并将张某衣服脱掉后追打，致张某腰部等多处受伤，还迫使民警将张某用手铐铐到栏杆上。其他民警陆续到达后，马一斯哈克、王林、罗排善、马他黑等人又在派出所院内和民警对峙至次日凌晨1时许，至马一斯哈克等人强行向新城派出所索要人民币6000元后离开。

2. 2010年12月5日20时许，在被告人马热苏里经营的兰州拉面馆（位于郑东新区五洲小区）就餐的于某、刘延伟因琐事发生厮打，后民警将涉案人员传唤至中队处理。21时许，马热苏里以店内物品被损坏为由，纠集10余人冲进郑州市公安局郑东第一分局治安管理服务大队四中队值班大厅，无理吵闹，扰乱办公秩序，并以纠集人员到中队闹事相要挟要求赔偿损失2万元，直至凌晨2时许离开。次日15时许，马热苏里伙同被告人马一斯哈克、马哈三、马他黑、王社木苏等20余人，多次冲进四中队大厅起哄闹事，致使该中队接处警、户籍管理工作无法进行，办公秩序严重混乱。迫于威胁，于某一方赔偿马热苏里人民币8000元。

3. 2010年12月10日，在王尔洒经营的拉面馆（位于郑州市金水区沙门村）就餐的孙红霞等人因琐事与王尔洒发生纠纷，并将王尔洒打伤，后王义文（王尔洒的儿子）用刀将程某肩部砍伤，程伤后到煤炭医院治疗，王义文伙同被告人王林、马一斯哈克、马哈三等人到煤炭医院对程某进行殴打，郑州市公安局金水分局柳林派出所民警出警后将程某带至杨君刘警务室，王林又带领二三十人连续两天围堵杨君刘警务室，阻挠民警正常办公，还多次冲进警务室推搡、辱骂民警，要求必须在警务室处理问题，不能拘留王义文，并赔偿王义文人民币 6 万元，否则将有更多的回民围堵警务室。后派出所被迫协调程某赔偿王义文人民币 3 万元。

4.2010 年 8 月 18 日 18 时许，郑州高新技术开发区行政执法局副局长吴某带领于一某等人到被告人王林经营的拉面馆执法时，王林、古丽拒不配合，至 20 时许因工作无法进行而离去。22 时许，王林纠集被告人马一斯哈克、马哈三、罗排善、王社木苏等 50 余人以影响其做生意要求赔偿为由，冲进郑州高新技术开发区行政执法局，踹坏门锁冲进房间，将吴某、于一某强行拉至值班室并进行谩骂、推搡，限制人身自由达 5 个小时，期间，王林等人以控制吴某、于一某人身自由和围堵管委会、到上级机关聚集相威胁，提出索要 18 万元赔偿款。直至次日凌晨 3 时许，王林等人向执法局索要人民币 7500 元后方离开。

5.2011 年 1 月 10 日 13 时许，在郑州高新技术产业开发区秦庄村中街的澳丝兰超市，郭某、秦金波夫妇因被告人王林剐着秦金波的衣服发生纠纷，后双方厮打，和王林一起的被告人马一斯哈克被打伤后，王林、马一斯哈克又纠集他人对郭某、秦金波殴打，致使郭某受伤。民警出警后将秦金波带回郑州市公安局高新技术产业开发区分局石佛接警点询问，王林、马一斯哈克遂纠集马哈三、马他黑、罗排善、马热苏里、王社木苏等 20 余人围堵石佛接警点，王林、马一斯哈克提出必须对其赔偿，并带人将接警点的房门踹开后冲入，企图对正在接受询问的秦金波进行殴打，声称如不答应赔偿要求，将会聚集更多的回民。为平息事端、尽快恢复办公秩序，该接警点被迫协调秦金波赔偿马一斯哈克人民币 1.5 万元。

四、寻衅滋事

1.2010 年 4 月 1 日中午，在罗红经营的兰州拉面馆（郑州市惠济区东赵村中街），东赵村村民孙和顺、黑建平夫妇等人在此吃饭时，该饭店老板罗小强（另案处理）纠集被告人王林、罗排善等人以孙和顺酒后在饭店门口小便为由，对孙和顺进行殴打，致使孙和顺头部受伤，后经鉴定已构成轻伤。郑州市公安局惠济分局新城派出所在处理此案时，罗小强、王林等人拒不承认。后新城派出所为平息事态，协调东赵村村委会支付孙和顺人民币 1000 元。

2.2010 年 9 月 14 日，在罗红经营的兰州拉面馆（郑州市惠济区东赵村中街），卞玉超、卞俊龙等 5 人因结账问题与罗小强等人发生争执，罗小强等人持凳子将卞玉超、卞俊龙打伤。郑州市公安局惠济分局新城派出所民警到达现场向宋一某了解情况时，被告人马一斯哈克、王林及其纠集的马哈三、罗排善等人用凳子、啤酒瓶对宋一某、宋二某进行殴打，致宋一某头部、宋二某右胳膊受伤。民警要求参与打架的人员到公安机关接受处理时，马一斯哈克、王林、罗小强又打电话纠集四五十名回民,并买来两捆木棍,以阻挠民警执法。

3.2009年10月份的一天下午,在被告人马他黑经营的拉面馆(位于郑州市金水区马头岗朾袁村),马他黑和汪学朋因装修拉面馆问题发生纠纷,马他黑等人对汪学朋、汪体升等人进行追打,当汪学朋报警被带至派出所询问后,马他黑仍不罢休,伙同被告人王林、马一斯哈克、王社木苏、马热苏里等几十人围堵郑州市公安局金水分局马头岗派出所,王林、马他黑带人从派出所一楼冲到二楼,企图在派出所内对汪学朋进行殴打,且要汪学朋赔偿3000元。为平息事端、尽快恢复办公秩序,派出所被迫协调汪学朋赔偿马他黑人民币1000元。

4.2010年8月11日17时许,被告人马他黑以吉俊省在其经营的拉面店门口停放的车辆影响生意为由,将车轮胎气放掉并索要5000元。郑州市公安局金水分局马头岗派出所民警接吉俊省报警出警后,马他黑纠集被告人王林、王社木苏等人围堵该车5个小时,并向派出所威胁如不赔偿,将会通知更多的老乡前来围堵,到时派出所不好处理,并由王林出面索要赔偿款,后马头岗派出所被迫给王林等人人民币2000元。

五、妨害公务

2010年9月15日10时许,因被告人王林经营的拉面馆(位于郑州高新技术产业开发区瑞达路与化工路交叉口向北)私用煤炉,郑州高新技术产业开发区石佛办事处执法队李某、陈某等人到该店检查,王林拒不配合,并对李某、陈某追逐、殴打。12时许,王林又纠集马哈三、罗排善、王社木苏等20余人围堵办事处,以办事处将其物品损坏为由向办事处索要人民币4万元,声称如不赔偿将会继续堵门。18时许,石佛办事处为防止事态扩大,激化民族矛盾,被迫给王林人民币4万元。

诉辩情况

郑州高新技术产业开发区人民检察院指控:被告人马一斯哈克犯组织领导黑社会性质组织罪、聚众斗殴罪、故意毁坏财物罪、聚众冲击国家机关罪、敲诈勒索罪、寻衅滋事罪,被告人王林犯组织领导黑社会性质组织罪、故意毁坏财物罪、聚众冲击国家机关罪、寻衅滋事罪、妨害公务罪,被告人马哈三犯参加黑社会性质组织罪、故意毁坏财物罪、敲诈勒索罪、寻衅滋事罪,被告人罗排善犯参加黑社会性质组织罪、聚众冲击国家机关罪、寻衅滋事罪,被告人马他黑犯参加黑社会性质组织罪、聚众冲击国家机关罪、敲诈勒索罪、寻衅滋事罪,被告人马热苏里犯参加黑社会性质组织罪、故意毁坏财物罪、敲诈勒索罪、寻衅滋事罪,被告人王社木苏犯参加黑社会性质组织罪、聚众冲击国家机关罪、敲诈勒索罪、寻衅滋事罪，被告人马么力克犯参加黑社会性质组织罪、聚众斗殴罪、故意毁坏财物罪、聚众冲击国家机关罪，被告人高合力录犯聚众斗殴罪、故意毁坏财物罪，被告人高若力有犯聚众斗殴罪、故意毁坏财物罪，被告人高黑麦犯聚众斗殴罪，被告人王咬有卜犯故意毁坏财物罪。

一审宣判后，马一斯哈克、王林、罗排善、马他黑、马热苏里、王社木苏、高若力有、马么力克提出上诉。

马一斯哈克上诉称：其不构成组织、领导黑社会性质组织罪。参与实施的聚众冲击国家机关、寻衅滋事犯罪量刑过重。

王林上诉称：其不是黑社会性质组织的组织、领导者。聚众冲击国家机关犯罪中其非首要分子。

罗排善上诉称：其非黑社会性质组织的积极参加者。

马他黑、马么力克上诉称：其不构成参加黑社会性质组织罪。寻衅滋事犯罪未参与。

马热苏里上诉称：原检察机关未指控其犯有聚众冲击国家机关罪，原审法院以此罪处罚不当。

王社木苏、高若力有上诉称，原判量刑过重。

马么力克上诉称：聚众冲击国家机关罪量刑过重。

马么力克的辩护人提出：原判认定马么力克犯参加黑社会性质组织罪的证据不足。

裁判结果

河南省郑州市高新技术产业开发区人民法院于 2011 年 8 月 13 日作出〔2011〕开刑初字第 290 号刑事判决，认定被告人马一斯哈克犯组织、领导黑社会性质组织罪，判处有期徒刑 4 年；犯聚众斗殴罪，判处有期徒刑 6 个月；犯聚众冲击国家机关罪，判处有期徒刑 5 年；犯寻衅滋事罪，判处有期徒刑 2 年；决定执行有期徒刑 9 年。被告人王林犯组织、领导黑社会性质组织罪，判处有期徒刑 4 年；犯聚众斗殴罪，免予刑事处罚；犯聚众冲击国家机关罪，判处有期徒刑 5 年；犯寻衅滋事罪，判处有期徒刑 2 年；犯妨害公务罪，判处有期徒刑 2 年；决定执行有期徒刑 9 年。被告人马哈三犯参加黑社会性质组织罪，判处有期徒刑 3 年；犯聚众斗殴罪，免予刑事处罚；犯聚众冲击国家机关罪，判处有期徒刑 2 年；犯寻衅滋事罪，判处有期徒刑 10 个月；决定执行有期徒刑 3 年 6 个月。被告人罗排善犯参加黑社会性质组织罪，判处有期徒刑 3 年；犯聚众冲击国家机关罪，判处有期徒刑 2 年；犯寻衅滋事罪，判处有期徒刑 1 年；决定执行有期徒刑 3 年 6 个月。被告人马他黑犯参加黑社会性质组织罪，判处有期徒刑3年；犯聚众冲击国家机关罪，判处有期徒刑2年；犯寻衅滋事罪，判处有期徒刑1年；决定执行有期徒刑3年6个月。被告人马热苏里犯参加黑社会性质组织罪，判处有期徒刑1年；犯聚众斗殴罪，免予刑事处罚；犯聚众冲击国家机关罪，判处有期徒刑2年；犯寻衅滋事罪，判处有期徒刑1年；决定执行有期徒刑2年6个月。被告人王社木苏犯参加黑社会性质组织罪，判处有期徒刑1年；犯聚众冲击国家机关罪，判处有期徒刑2年；犯寻衅滋事罪，判处有期徒刑1年；决定执行有期徒刑2年6个月。被告人马么力克犯参加黑社会性质组织罪，判处有期徒刑1年；犯聚众斗殴罪，免予刑事处罚；犯聚众冲击国家机关罪，判处有期徒刑1年；决定执行有期徒刑1年6个月。被告人高合力录犯聚众斗殴罪，判处有期徒刑1年。被告人高若力有犯聚众斗殴罪，判处有期徒刑1年。被告人高黑麦犯聚众斗殴罪，判处有期徒刑6个月。被告人王哎有卜犯聚众斗殴罪，免予刑事处罚。

一审宣判后，马一斯哈克、王林、罗排善、马他黑、马热苏里、王社木苏、高若力有、马么力克提出上诉。河南省郑州市中级人民法院于2012年3月6日作出〔2012〕郑刑二终字第12号刑事裁定，驳回上诉，维持原判。

裁判理由

法院生效裁判认为：关于马一斯哈克上诉称不构成组织、领导黑社会性质组织罪。王林上诉称非黑社会性质组织的组织、领导者，罗排善上诉称非黑社会性质组织的积极参加者，马他黑、马么力克上诉称不构成参加黑社会性质组织罪及马么力克的辩护人称认定马么力克犯参加黑社会性质组织罪证据不足的理由、意见。经查，自2009年以来，马一斯哈克、王林分别纠集马哈三、罗排善、马他黑、王社木苏、马么力克等人，在郑州市郑东新区、高新技术产业开发区、惠济区等地，逐渐形成以马一斯哈克、王林为首，以马哈三、罗排善、马他黑、马热苏里、王社木苏、马么力克等为成员的较为稳定的犯罪组织。该组织骨干成员基本固定，有明确的组织者、领导者，虽无明确的组织纲领，但已有较为严格的约束、控制成员的有效方式；该组织以出面解决纠纷为借口，以化解民族矛盾为幌子，多次以公然对抗政府、强行索财等方式获取非法利益，并用获取的利益支持组织活动，且通过寻衅滋事、聚众斗殴等违法犯罪活动，在一定区域内形成恶劣影响，严重破坏社会经济、生活秩序。上述各上诉人的行为符合组织、领导、参加黑社会性质组织罪的构成特征，原判根据该黑社会性质组织中成员的地位、作用据以认定并无不当。故相应上诉理由、辩护意见均不能成立。

关于马一斯哈克称参与实施的聚众冲击国家机关、寻衅滋事犯罪量刑过重,马么力克称聚众冲击国家机关罪量刑重,高若力有、王社木苏称原判量刑重的上诉理由。经查,原判在针对上述上诉人所提及的犯罪量刑时,已充分考虑了案发前因、犯罪性质、情节、社会危害程度以及上述上诉人在相关共同犯罪中的作用等因素,在法定刑幅度内处以刑罚,量刑适当。故相应上诉理由均不能成立。

关于王林称聚众冲击国家机关犯罪中其非首要分子的上诉理由。经查,原判根据其多次参与聚众冲击国家机关犯罪及在其中的具体行为,将其确认为首要分子适当。故该上诉理由不能成立。

关于马热苏里称原检察机关未指控其犯有聚众冲击国家机关罪,原审法院以此罪处罚不当的上诉理由,经查,原审法院根据查明事实,对原检察机关指控马热苏里犯敲诈勒索罪及寻衅滋事犯罪的第3起以聚众冲击国家机关罪定性,不违反刑事诉讼法规定,定罪准确,量刑适当。故其上诉理由不能成立。

法院认为:上诉人马一斯哈克、王林借兰州拉面协会之名,组织、领导以暴力、威胁等手段实施违法犯罪活动的犯罪组织,并通过有组织的违法犯罪活动,获取一定的经济利益,严重破坏当地的经济和社会生活秩序,其行为均已构成组织、领导黑社会性质组织罪;上诉人罗排善、马他黑、原审被告人马哈三积极参加该组织,上诉人马热苏里、王社木苏、马么力克参加该组织,其行为均已构成参加黑社会性质组织罪。马一斯哈克、王林、马哈三、马热苏里、马么力克、高合力录、高若力有、高黑麦、王哎有卜持械聚众斗殴,其行为均已构成聚众斗殴罪;马一斯哈克、王林、马哈三、罗排善、马他黑、马热苏里、王社木苏、马么力克聚众冲击国家机关,致使国家机关工作无法进行,严重影响工作秩序,其行为均已构成聚众冲击国家机关罪;马一斯哈克、王林、马哈三、罗排善、马他黑、马热苏里、王社木苏随意辱骂、殴打他人,情节恶劣,强拿硬要公私财物,情节严重,其行为均已构成寻衅滋事罪;王林以暴力阻碍国家机关工作人员依法执行公务,其行为已构成妨害公务罪。马一斯哈克、王林、马哈三、罗排善、马他黑、马热苏里、王社木苏、马么力克均系一人犯数罪,应实行并罚。原审判决认定事实清楚,定罪准确,量刑适当。审判程序合法。上诉人马一斯哈克、王林、罗排善、马他黑、马热苏里、王社木苏、高若力有、马么力克的上诉理由及马么力克辩护人的辩护意见均不予采纳。故法院依法作出如上裁判。

组织、领导、参加黑社会性质组织罪办案依据集成

刑法条文

第二百九十四条 【组织、领导、参加黑社会性质组织罪】组织、领导黑社会性质的组织的,处七年以上有期徒刑,并处没收财产;积极参加的,处三年以上七年以下有期徒刑,可以并处罚金或者没收财产;其他参加的,处三年以下有期徒刑、拘役、管制或者剥夺政治权利,可以并处罚金。

【入境发展黑社会性质组织罪】境外的黑社会组织的人员到中华人民共和国境内发展组织成员的,处三年以上十年以下有期徒刑。

【包庇、纵容黑社会性质组织罪】国家机关工作人员包庇黑社会性质的组织,或者纵容黑社会性质的组织进行违法犯罪活动的,处五年以下有期徒刑;情节严重的,处五年以上有期徒刑。

犯前三款罪又有其他犯罪行为的,依照数罪并罚的规定处罚。

黑社会性质的组织应当同时具备以下特征:

(一)形成较稳定的犯罪组织,人数较多,有明确的组织者、领导者,骨干成员基本固定;

(二)有组织地通过违法犯罪活动或者其他手段获取经济利益,具有一定的经济实力,以支持该组织的活动;

(三)以暴力、威胁或者其他手段,有组织地多次进行违法犯罪活动,为非作恶,欺压、残害群众;

(四)通过实施违法犯罪活动,或者利用国家工作人员的包庇或者纵容,称霸一方,在一定区域或者行业内,形成非法控制或者重大影响,严重破坏经济、社会生活秩序。

立法解释

全国人大常委会《关于刑法第二百九十四条第一款的解释》(2002年4月28日)

全国人民代表大会常务委员会讨论了刑法第二百九十四条第一款规定的"黑社会性质的组织"的含义问题,解释如下:

刑法第二百九十四条第一款规定的"黑社会性质的组织"应当同时具备以下特征:

(一)形成较稳定的犯罪组织,人数较多,有明确的组织者、领导者,骨干成员基本固定;

(二)有组织地通过违法犯罪活动或者其他手段获取经济利益,具有一定的经济实力,以支持该组织的活动;

(三)以暴力、威胁或者其他手段,有组织地多次进行违法犯罪活动,为非作恶,欺

压、残害群众;

(四)通过实施违法犯罪活动,或者利用国家工作人员的包庇或者纵容,称霸一方,在一定区域或者行业内,形成非法控制或者重大影响,严重破坏经济、社会生活秩序。

司法解释

最高人民法院《关于审理黑社会性质组织犯罪的案件具体应用法律若干问题的解释》(2000年12月10日法释〔2000〕42号)

为依法惩治黑社会性质组织的犯罪活动,根据刑法有关规定,现就审理黑社会性质组织的犯罪案件具体应用法律的若干问题解释如下:

第一条 刑法第二百九十四条规定的"黑社会性质的组织",一般应具备以下特征:

(一)组织结构比较紧密,人数较多,有比较明确的组织者、领导者,骨干成员基本固定,有较为严格的组织纪律;

(二)通过违法犯罪活动或者其他手段获取经济利益,具有一定的经济实力;

(三)通过贿赂、威胁等手段,引诱、逼迫国家工作人员参加黑社会性质组织活动,或者为其提供非法保护;

(四)在一定区域或者行业范围内,以暴力、威胁、滋扰等手段,大肆进行敲诈勒索、欺行霸市、聚众斗殴、寻衅滋事、故意伤害等违法犯罪活动,严重破坏经济、社会生活秩序。

第二条 刑法第二百九十四条第二款规定的"发展组织成员",是指将境内、外人员吸收为该黑社会组织成员的行为。对黑社会组织成员进行内部调整等行为,可视为"发展组织成员"。

港、澳、台黑社会组织到内地发展组织成员的,适用刑法第二百九十四条第二款的规定定罪处罚。

第三条 组织、领导、参加黑社会性质的组织又有其他犯罪行为的,根据刑法第二百九十四条第三款的规定,依照数罪并罚的规定处罚;对于黑社会性质组织的组织者、领导者,应当按照其所组织、领导的黑社会性质组织所犯的全部罪行处罚;对于黑社会性质组织的参加者,应当按照其所参与的犯罪处罚。

对于参加黑社会性质的组织,没有实施其他违法犯罪活动的,或者受蒙蔽、胁迫参加黑社会性质的组织,情节轻微的,可以不作为犯罪处理。

第四条 国家机关工作人员组织、领导、参加黑社会性质组织的,从重处罚。

第五条 刑法第二百九十四条第四款规定的"包庇",是指国家机关工作人员为使黑社会性质组织及其成员逃避查禁,而通风报信、隐匿、毁灭、伪造证据,阻止他人作证、检举揭发,指使他人作伪证,帮助逃匿,或者阻挠其他国家机关工作人员依法查禁等行为。

刑法第二百九十四条第四款规定的"纵容",是指国家机关工作人员不依法履行职责,放纵黑社会性质组织进行违法犯罪活动的行为。

第六条 国家机关工作人员包庇、纵容黑社会性质的组织,有下列情形之一的,属于刑法第二百九十四条第四款规定的"情节严重":

（一）包庇、纵容黑社会性质组织跨境实施违法犯罪活动的；

（二）包庇、纵容境外黑社会组织在境内实施违法犯罪活动的；

（三）多次实施包庇、纵容行为的；

（四）致使某一区域或者行业的经济、社会生活秩序遭受黑社会性质组织特别严重破坏的；

（五）致使黑社会性质组织的组织者、领导者逃匿，或者致使对黑社会性质组织的查禁工作严重受阻的；

（六）具有其他严重情节的。

第七条 对黑社会性质组织和组织、领导、参加黑社会性质组织的犯罪分子聚敛的财物及其收益，以及用于犯罪的工具等，应当依法追缴、没收。

▶ **其他办案依据**

1. 最高人民检察院《关于认真贯彻执行全国人大常委会〈关于刑法第二百九十四条第一款的解释〉和〈关于刑法第三百八十四条第一款的解释〉的通知》（2002年5月13日高检发研字〔2002〕11号）

各省、自治区、直辖市人民检察院，军事检察院，新疆生产建设兵团人民检察院：

第九届全国人民代表大会常务委员会第二十七次会议于2002年4月28日通过了《全国人民代表大会常务委员会关于〈中华人民共和国刑法〉第二百九十四条第一款的解释》和《全国人民代表大会常务委员会关于〈中华人民共和国刑法〉第三百八十四条第一款的解释》（以下统称《解释》）。为保证《解释》的正确贯彻执行，特通知如下：

一、本次全国人大常委会审议通过的有关刑法的两个法律解释，是立法的重要补充形式，与法律具有同等效力，对于健全社会主义法制，保证国家法律的统一正确实施具有重要意义，尤其对于当前开展"严打"整治斗争，进一步加大反腐败工作力度，将会发挥积极的作用。各级人民检察院要提高对《解释》重要性的认识，组织检察人员认真学习《解释》，全面、深刻领会立法解释的精神，充分发挥法律监督作用，严厉打击黑社会性质组织犯罪和挪用公款犯罪。

二、要正确适用法律，积极发挥检察职能作用。各级人民检察院在办理相关案件的过程中，要充分运用刑法和立法解释的有关规定，依法开展立案侦查和批捕、起诉工作，严格按照《解释》加强对黑社会性质组织和挪用公款犯罪的打击力度，积极发挥检察机关的职能作用。根据《解释》的规定，黑社会性质组织是否有国家工作人员充当"保护伞"，即是否要有国家工作人员参与犯罪或者为犯罪活动提供非法保护，不影响黑社会性质组织的认定，对于同时具备《解释》规定的黑社会性质组织四个特征的案件，应依法予以严惩，以体现"打早打小"的立法精神。同时，对于确有"保护伞"的案件，也要坚决一查到底，绝不姑息。对于国家工作人员利用职务上的便利，实施《解释》规定的挪用公款"归个人使用"的三种情形之一的，无论使用公款的是个人还是单位以及单位的性质如何，均应认定为挪用公款归个人使用，构成犯罪的，应依法严肃查处。

三、要注意区分罪与非罪界限，切实提高办案质量。各级人民检察院在办理相关案件时，要严格依法进行，严格区分罪与非罪、此罪与彼罪的界限，切实保证办案质量。要特别注意区分黑社会性质组织犯罪与一般犯罪集团、流氓恶势力团伙违法犯罪的界限、挪用公款犯罪与单位之间违反财经纪律拆借资金行为的界限，做到办案的法律效果和社会效果的有机统一。

四、要坚持打防并举，综合治理。黑社会性质组织严重破坏经济、社会生活秩序，直接影响到人民群众的安居乐业；挪用公款犯罪严重侵犯公共财产，危害国家正常的财经管理制度，是腐败的重要表现。对上述犯罪，要坚持贯彻打防并举、综合治理的方针。各级人民检察院要充分利用各种途径和方式，广泛宣传《解释》，进一步加大举报和预防工作的力度，加强与有关部门的联系和配合。

五、要加强领导，进一步加大工作指导的力度。黑社会性质组织犯罪案件和挪用公款犯罪案件的认定和处理，是一项政策法律性很强的工作。上级人民检察院要加强对下级人民检察院工作指导的力度，下级人民检察院对于重大、疑难、复杂案件的办理，要及时向上级人民检察院请示汇报。各地在贯彻执行《解释》过程中遇到的新情况、新问题，请及时层报最高人民检察院。

2. 最高人民法院《全国法院维护农村稳定刑事审判工作座谈会纪要》
（1999年10月27日法〔1999〕217号）（节录）

（三）关于农村恶势力犯罪案件

……对于团伙成员相对固定，以暴力、威胁手段称霸一方，欺压百姓，采取收取"保护费"、代人强行收债、违规强行承包等手段，公然与政府对抗的，应按照黑社会性质组织犯罪处理；其中，又有故意杀人、故意伤害等犯罪行为的，按数罪并罚的规定处罚。

十一、传授犯罪方法罪

105. 行为人本人并未亲自传授犯罪方法，而是采用威胁方法在一旁协助的，是否构成传授犯罪方法罪？

行为人本人并未亲自传授犯罪方法，但是与他人事先同谋，让他人具体传授犯罪方法的，构成传授犯罪方法罪的共犯。

典型疑难案件参考

曾华印传授犯罪方法案

基本案情

2003年1月29日下午，被告人曾华印向杨志肯（男，19岁，聋哑人）、郭召赞（男，32岁，聋哑人）谎称欲带其二人到深圳打工，将杨志肯、郭召赞骗到深圳。到深圳后，被告人曾华印的同伙颜德明（男，聋哑人）见郭召赞不会手语，即让被告人曾华印于30日晚将郭召赞带回同安，杨志肯留在深圳与颜德明、李全木（化名张栓，20多岁，聋哑人，在逃）、王丽（女，具体身份情况不清，聋哑人，在逃）、王彩玉（女，38岁，福建省建瓯人，聋哑人，在逃）等人一起住在深圳市罗湖区嘉景苑15B。

2003年2月4日上午，被告人曾华印采用手机发短信的方式指使学生纪芳（女，18岁，聋哑人，洪塘镇人）将郭某某（女，15岁，聋哑人，同安区特殊教育学校学生，本区洪塘镇人）诱骗至集美。事前在此等候的被告人曾华印向郭某某谎称欲带其到深圳打工，并于当日将郭某某诱骗到深圳市嘉景苑15B交给颜德明。2003年2月9日聋哑学校开学后，郭某某的父亲郭永标到厦门市同安区特殊教育学校找被告人曾华印要求帮忙寻找郭某某，被告人曾华印则谎称不知道，并表示自己可以叫上海的同学帮忙在上海寻找。2003年3月19日被告人曾华印向学校提出辞职，窜至深圳，与郭某某、杨志肯同住一起，并将杨志肯、郭某某的身份证、残疾证等证件扣押，同时让杨志肯、郭某某分别写信给各自的家长称其要到上海等地打工。之后，被告人曾华印与颜德明让李全木、王丽教授杨志肯、郭某某掰、拉皮包扒窃手机、钱包等物并互相掩护的技术，自己在旁观看，并负责做饭。为逼迫杨志肯、郭某某学习扒窃技术及到公共场所扒窃，被告人曾华印、李全木对杨志肯拳打脚踢、持菜刀威胁，罚杨志肯、郭某某两人跪在地上。被告人曾华印还威胁杨志肯、郭某某如果敢跑回家就用刀砍他们的手脚。

2003年2月至7月间，李全木、王丽带杨志肯、郭某某到公共汽车上等公共场所进行扒窃。2003年4月13日和18日，郭某某和杨志肯先后因在公共汽车上盗窃被公安机关抓获。4月26日，杨志肯和郭某某被送至汕头市收容遣送站。4月27日，被告人曾华印持李全木的深圳暂住证到汕头市收容遣送站将杨志肯和郭某某领出并带回深圳继续扒窃。

同时查明，2003年7月初，被告人曾华印窜到四川省以找工作为名，将杨某（男，17岁，聋哑人）、余小燕（女，19岁，聋哑人）、周希（女，21岁，聋哑人）、李容（女，22岁，聋哑人）4人骗到深圳，欲让其4人去扒窃。

2003年7月5日，杨志肯偷跑到街上写字条托电话主人打电话告知家人，其家人闻讯后即报警，公安机关于2003年7月6日在深圳找到杨志肯，并于2003年7月12日抓获被告人曾华印，解救出郭某某和杨某、余小燕、周希、李容。

诉辩情况

检察机关认为被告人曾华印的行为已构成传授犯罪方法罪。

被告人曾华印提出：其没有向郭某某、杨志肯等传授盗窃的方法，其行为不构成传授犯罪方法罪。

裁判结果

厦门市同安区人民法院于2003年12月25日以〔2003〕同刑初字第350号刑事判决，认定被告人曾华印犯传授犯罪方法罪，判处有期徒刑3年。

裁判理由

被告人曾华印伙同颜德明、李金木、王丽向被害人传授他人盗窃的犯罪方法，主观上有传授犯罪方法的故意，客观上实施了传授犯罪方法的行为，其行为已构成传授犯罪方法罪，且系共同犯罪。检察机关指控的罪名成立。被告人曾华印虽然未直接传授他人盗窃的犯罪方法，但其将郭某某、杨志肯二人骗到深圳，扣押其二人的证件，并使用暴力及言语威胁的手段强迫杨志肯、郭某某二人学习盗窃的方法以及负责做饭等行为，只是共同犯罪当中的分工不同，其目的亦是强迫杨志肯、郭某某学习盗窃技术。

被告人曾华印提出其没有向郭某某、杨志肯等人传授盗窃的方法，其行为不构成传授犯罪方法罪的辩解意见；辩护人提出指控被告人曾华印的行为构成传授犯罪方法罪的事实不清，证据不足，指控的罪名不能成立的辩护意见，理由依据均不能成立，不予采纳。被告人曾华印系又聋又哑的人，依法可以从轻处罚。故法院依法作出如上裁判。

106. 将真实的炸药制造方法与恐怖主义言论相结合，是否属于传授犯罪方法中的"犯罪方法"？

将涉及炸药制造方法的内容与恐怖主义言论相结合，属于犯罪方法。

107. 将真实的炸药制造方法的内容以及恐怖主义言论在网络上发布并供他人浏览下载的行为，该如何定性？

将上述内容在网络上发布供他人浏览下载，属于向不特定人传授犯罪方法。

108. 传授犯罪方法中的"犯罪方法"是否必须只有小部分人知道，公开能查询到的内容是否一定不属于"犯罪方法"？

不涉密的内容同样可以成为传授犯罪方法罪中的"犯罪方法"。

典型疑难案件参考

冯庆钊传授犯罪方法案

基本案情

被告人冯庆钊在家中自行收集涉及炸药制造的信息，经整理形成一个电子文档，命名为《恐怖分子手册》，并于2009年11月26日、2010年4月19日先后两次使用"但它"的用户名，在百度网文库栏目中发布《恐怖分子手册》电子文档（1）至（10），内容包括各种炸药、燃烧弹、汽油弹、炸弹、燃烧弹等配方及制作方法，其中穿插了一些涉及恐怖组织活动的字眼和语句，如

"同学们，伟大主席奥马尔说：胜利属于团结的塔利班人民"。"同学们，双手沾满了恐怖分子鲜血的沙龙曾说：如果我是巴勒斯坦人，我也会做自杀爆炸者，而且我要用C4"。文档中所涉及的各种炸药知识、制法等均具有一定的科学性、可行性，但其内容不涉密，通过正常渠道如专业图书、网络等均可进行查询。两个文档在网络上共被浏览2065次，下载116次。

被告人冯庆钊于2010年5月20日被抓获归案，公安机关起获硬盘1块。

诉辩情况

检察机关指控被告人冯庆钊犯传授犯罪方法罪。

被告人冯庆钊对指控其犯罪事实无异议。

裁判结果

北京市朝阳区人民法院于2010年11月19日以〔2010〕朝刑初字第2656号刑事判决认定，被告人冯庆钊犯传授犯罪方法罪，判处拘役6个月。在案的电脑硬盘1块，予以没收。

裁判理由

法院生效裁判认为：被告人冯庆钊法制观念淡薄，将涉及炸药制造方法的内容与涉及恐怖活动的文字相结合，以《恐怖分子手册》的名称在互联网上公然发布，向他人传授犯罪方法，其行为妨害了社会管理秩序，构成传授犯罪方法罪，依法应予惩处。被告人冯庆钊当庭自愿认罪，有悔罪表现，故对其所犯罪行酌予从轻处罚。故法院依法作出如上裁判。

109. 行为人采用持刀威胁、挟持人质等手段向被害人传授犯罪方法，并胁迫被害人实施抢夺犯罪，后因被害人抗拒而未得逞的行为该如何定性？

行为人采用持刀威胁、挟持人质等手段向被害人传授犯罪方法，并胁迫被害人实施抢夺犯罪，后因被害人抗拒而未得逞的，构成传授犯罪方法罪，而不定抢夺罪。

典型疑难案件参考

李祥英传授犯罪方法案

基本案情

2009年8月30日凌晨2时许,被告人李祥英伙同许某(另案处理),在广州市白云区二元里大道东江大酒店旁,持刀对被害人方某城、朱某旭、吴某豪进行威胁,并以方某城生命安全为要挟,将3被害人强行带至棠景街棠下步行街。此后,李祥英等人以言语讲解的方式向3被害人传授抢夺的犯罪方法,并胁迫3被害人抢夺路人财物,致使3被害人被迫先后尾随多名路人。当日上午8时许,3被害人趁李祥英及同案人不注意时逃脱控制。

诉辩情况

检察机关指控被告人李祥英犯传授犯罪方法罪。

一审宣判后,被告人李祥英提出上诉。

李祥英提出:其系初犯,且认罪态度好,原判对其量刑过重。

李祥英的辩护人提出:李祥英犯罪的意图是胁迫方某城等人为自己从事抢夺行为,其主观上并无传授犯罪方法的故意,不符合传授犯罪方法罪的构成特征。因此,一审法院判决上诉人犯传授犯罪方法罪不当,上诉人属于教唆犯,应以被教唆的罪名,即抢夺罪定罪。原判量刑过重。请求撤销一审判决,改判上诉人构成抢夺罪(未遂)。

裁判结果

广州市白云区人民法院作出刑事判决,认定被告人李祥英犯传授犯罪方法罪,判处有期徒刑4年。

一审宣判后,被告人李祥英提出上诉。广州市中级人民法院经二审审理作出刑事裁定,驳回上诉,维持原判。

裁判理由

法院生效裁判认为:李祥英伙同他人采用持刀威胁、挟持人质等手段向3名被害人传授犯罪方法,并胁迫3被害人实施犯罪,后因被害人抗拒而未得逞,其行为构成传授犯罪方法罪,依法应予惩处。

上诉人李祥英及其辩护人提出的上诉意见、辩护意见于法无据,不予采纳。原判认定的事实清楚,证据确实、充分,定罪和适用法律准确,量刑适当,审判程序合法,故法院依法作出如上裁判。

传授犯罪方法罪办案依据集成

刑法条文

第二百九十五条 【传授犯罪方法罪】传授犯罪方法的,处五年以下有期徒刑、拘役或者管制;情节严重的,处五年以上十年以下有期徒刑;情节特别严重的,处十年以上有期徒刑或者无期徒刑。

立案标准

《狱内刑事案件立案标准》(2001年3月9日司法部令第64号)(节录)

第二条 监狱发现罪犯有下列犯罪情形的,应当立案侦查:

(三十)以语言、文字、动作或者其他手段,向他人传授实施犯罪的具体经验、技能的(传授犯罪方法案)。

(三十一)其他需要立案侦查的案件。

第三条 情节、后果严重的下列案件,列为重大案件:

(十七)省、自治区、直辖市司法厅(局)认为需要列为重大案件的。

第四条 情节恶劣、后果特别严重的下列案件,列为特别重大案件:

(十)司法部认为需要列为特别重大案件的。

十二、组织、利用会道门、邪教组织，利用迷信破坏法律实施罪

110. 行为人分别先后多次预谋破坏有线电视网络，并割开有线电视网络主干线电缆，插播宣扬邪教"法轮功"内容的光碟，致使大量用户无法正常收看电视节目的行为该如何定罪？

既破坏了法律实施和正常的社会管理秩序，又危害了公共安全，应以利用邪教组织破坏法律实施罪和破坏广播电视设施罪数罪并罚。

典型疑难案件参考

周润君、刘伟明、梁振兴等利用邪教组织破坏法律实施、破坏广播电视设施案

基本案情

（一）2001年12月初，周润君为了大范围宣传"法轮功"邪教所谓"真相"，产生了利用有线电视网络插播宣扬"法轮功"邪教内容光碟的想法。2002年1月初，李晓杰带领刘伟明到周润君家共同预谋，刘伟明表示负责解决技术上的问题。2002年1月中旬，周润君又将此事告诉了梁振兴，梁对此表示赞同并提供经费人民币一万余元，两人商议多找些人来参与此事。此后，周润君、梁振兴、刘伟明分别纠集刘成军、云庆彬、孙长军、李德海、刘东、张闻、雷明、赵健、庄显坤、魏修山、陈艳梅等人，以周润君租住的长春市宽城区富丰教师新村6栋506室作为活动场所，由周润君、刘伟明、梁振兴、刘成军、张闻先后购买了用于制作播放设备的VCD机、过流分支器、变压器及电工刀、钳子、脚扣子等作案工具。刘伟明制作了4套插播光碟设备，并对张闻、孙长军传授插播技术，后又在张闻、孙长军的协助下，对刘成军、梁振兴、云庆彬、李德海、刘东、雷明、魏修山、庄显坤等人进行技术培训。云庆彬提供7张用于插播的存有宣扬"法轮功"邪教内容的光碟。2002年3月4日，周润君提出长春市南关区人民法院将于3月6日公开审判"法轮功"邪教案件，3月5日19时在长春市、松原市同时利用有线电视网络插播宣扬"法轮功"邪教内容的光碟。

2002年3月5日18时许，根据刘成军的分工及刘伟明、刘成军、张闻等

人事先选择的作案地点,张闻、雷明、魏修山、庄显坤、赵健、陈艳梅等携带一套插播设备和作案工具,乘出租汽车到长春市南关区良成超市北侧胡同内,张闻爬上电线杆,割开长春有线电视网络传输主干线电缆,安装插播设备播放光碟。雷明为张闻递送工具及插播设备;魏修山、庄显坤、赵健、陈艳梅等人在周围路口进行所谓的"保护"。与此同时,周润君、刘伟明、孙长军、刘东、云庆彬等人携带一套播放设备及作案工具,乘出租汽车到长春市南关区吉林省国税局南墙外,刘伟明、孙长军、刘东爬上一平房屋顶,刘伟明割开长春有线电视网络传输主干线电缆,与孙长军共同安装插播设备播放光碟。刘东递送工具,云庆彬等人在周围进行所谓的"保护"。当日20时许,长春市广播电视局巡查人员接到举报巡查时,将雷明当场抓获。

同日上午,刘成军、李德海等4人携带两套插播设备及作案工具,乘汽车到吉林省前郭县。由刘成军带领指认了事先选择的两处作案地点,当日18时55分,刘成军、李德海各带领一人,分别在前郭县幼儿园食堂屋顶、前郭县林业局楼顶,将前郭县有线电视台东南侧、西南侧两处有线电视网络传输主干线电缆割开,安装插播设备,播放光碟。

经查,长春市、前郭县有线电视网络传输主干线各有两处被破坏,并插播宣扬"法轮功"邪教内容的光碟,致使长春市城区内15.3万用户在数小时内无法收看32个频道的有线电视节目;致使前郭县1.6万用户在210分钟内无法收看有线电视节目。

(二)2001年11月份,雷明、赵健与杨淑敏(另案处理)等人预谋后,由杨淑敏等人出资,雷明在长春市青龙路一居民楼租一套住房,购买了复印机、光碟刻录机等作案工具。雷明、赵健伙同杨淑敏等人印制宣扬"法轮功"宣传单20余万份,雷明伙同杨淑敏等人刻录宣扬"法轮功"邪教内容光碟2000余张。

> **诉辩情况**

检察机关指控被告人周润君、刘伟明、梁振兴、刘成军、张闻、雷明、孙长军、李德海、赵健、云庆彬、刘东、魏修山、庄显坤、陈艳梅、李晓杰犯利用邪教组织破坏法律实施罪、破坏广播电视设施罪。

一审宣判后,原审被告人周润君、刘伟明、梁振兴、刘成军、张闻、雷明、李德海、赵健、云庆彬、刘东、魏修山、庄显坤、陈艳梅均提出上诉。

被告人李晓杰提出:针对利用邪教组织破坏法律实施罪量刑重。其不构成破坏广播电视设施罪。

被告人张闻的辩护人提出:张闻患有先天性癫痫,智商低下,建议量刑时予以考虑。

裁判结果

吉林省长春市中级人民法院于 2002 年 9 月 19 日以〔2002〕长刑初字第 236 号刑事判决如下：

一、被告人周润君犯利用邪教组织破坏法律实施罪，判处有期徒刑 15 年，剥夺政治权利 5 年；犯破坏广播电视设施罪，判处有期徒刑 14 年；决定执行有期徒刑 20 年，剥夺政治权利 5 年；

二、被告人刘伟明犯利用邪教组织破坏法律实施罪，判处有期徒刑 14 年，剥夺政治权利 5 年；犯破坏广播电视设施罪，判处有期徒刑 14 年；决定执行有期徒刑 20 年，剥夺政治权利 5 年；

三、被告人梁振兴犯利用邪教组织破坏法律实施罪，判处有期徒刑 14 年，剥夺政治权利 5 年；犯破坏广播电视设施罪，判处有期徒刑 12 年；决定执行有期徒刑 19 年，剥夺政治权利 5 年；

四、被告人刘成军犯利用邪教组织破坏法律实施罪，判处有期徒刑 13 年，剥夺政治权利 5 年；犯破坏广播电视设施罪，判处有期徒刑 13 年；决定执行有期徒刑 19 年，剥夺政治权利 5 年；

五、被告人张闻犯利用邪教组织破坏法律实施罪，判处有期徒刑 12 年，剥夺政治权利 4 年；犯破坏广播电视设施罪，判处有期徒刑 12 年；决定执行有期徒刑 18 年，剥夺政治权利 4 年；

六、被告人雷明犯利用邪教组织破坏法律实施罪，判处有期徒刑 14 年，剥夺政治权利 5 年；犯破坏广播电视设施罪，判处有期徒刑 8 年；决定执行有期徒刑 17 年，剥夺政治权利 5 年；

七、被告人孙长军犯利用邪教组织破坏法律实施罪，判处有期徒刑 11 年，剥夺政治权利 4 年；犯破坏广播电视设施罪，判处有期徒刑 11 年；决定执行有期徒刑 17 年，剥夺政治权利 4 年；

八、被告人李德海犯利用邪教组织破坏法律实施罪，判处有期徒刑 11 年，剥夺政治权利 4 年；犯破坏广播电视设施罪，判处有期徒刑 11 年；决定执行有期徒刑 17 年，剥夺政治权利 4 年；

九、被告人赵健犯利用邪教组织破坏法律实施罪，判处有期徒刑 13 年，剥夺政治权利 5 年；犯破坏广播电视设施罪，判处有期徒刑 6 年；决定执行有期徒刑 15 年，剥夺政治权利 5 年；

十、被告人云庆彬犯利用邪教组织破坏法律实施罪，判处有期徒刑 11 年，剥夺政治权利 4 年；犯破坏广播电视设施罪，判处有期徒刑 6 年；决定执行有期徒刑 14 年，剥夺政治权利 4 年；

十一、被告人刘东犯利用邪教组织破坏法律实施罪，判处有期徒刑 9 年，剥夺政治权利 3 年；犯破坏广播电视设施罪，判处有期徒刑 8 年；决定执行有期徒刑 14 年，剥夺政治权利 3 年；

十二、被告人魏修山犯利用邪教组织破坏法律实施罪，判处有期徒刑 8 年，剥夺政治权利 3 年；犯破坏广播电视设施罪，判处有期徒刑 6 年；决定执行有期徒刑 12 年，剥夺政治权利 3 年；

十三、被告人庄显坤犯利用邪教组织破坏法律实施罪，判处有期徒刑 7 年，剥夺政治权利 3 年；犯破坏广播电视设施罪，判处有期徒刑 6 年；决定执行有期徒刑 11 年，剥夺政治权利 3 年；

十四、被告人陈艳梅犯利用邪教组织破坏法律实施罪，判处有期徒刑 7 年，剥夺政治权利 3 年；犯破坏广播电视设施罪，判处有期徒刑 6 年；决定执行有期徒刑 11 年，剥夺政治权利 3 年；

十五、被告人李晓杰犯利用邪教组织破坏法律实施罪，判处有期徒刑 3 年；犯破坏广播电视设施罪，判处有期徒刑 3 年；决定执行有期徒刑 4 年。扣押在案的 VCD 机、复印机等作案工具予以没收，上缴国库。

一审宣判后，原审被告人周润君、刘伟明、梁振兴、刘成军、张闻、雷明、李德海、赵健、云庆彬、刘东、魏修山、庄显坤、陈艳梅均提出上诉。吉林省高级人民法院于 2002 年 10 月 14 日以同样的事实作出〔2002〕吉刑终字第 435 号刑事裁定，驳回上诉，维持原判。

裁判理由

法院生效裁判认为：《刑法》规定利用邪教组织破坏法律实施为犯罪，"法轮功"组织已被国家认定为邪教组织并予以取缔，上诉人周润君、刘伟明、梁振兴、刘成军、张闻、雷明、李德海、赵健、云庆彬、刘东、魏修山、庄显坤、陈艳梅、李晓杰，被告人孙长军仍利用"法轮功"邪教组织，积极策划并实施破坏广播电视设施，插播宣扬"法轮功"邪教内容的光碟，破坏了国家法律的实施，危害了公共安全，其行为已构成利用邪教组织破坏法律实施罪、破坏广播电视设施罪，各上诉人提出不构成犯罪的理由不予采纳。原审判决根据上诉人李晓杰的犯罪事实、情节、社会危害程度及悔罪表现已经予以减轻处罚，其上诉中提出量刑重的理由不予采纳。上诉人张闻作案时具有完全行为能力和责任能力，其辩护人提出张闻智商低下等理由与事实不符，不予采纳。原审判决定罪准确，量刑适当，审判程序合法。

111. 行为人坚持参与"法轮功"邪教组织,并在一定范围内散布邪教组织言论,散发邪教组织材料,该行为是否属于利用邪教组织破坏法律实施?

"法轮功"邪教组织已被我国政府依法取缔,抗拒有关部门取缔或者已经被有关部门取缔,又恢复或者另行建立邪教组织,或者继续进行邪教活动的,以"利用邪教组织破坏法律实施罪"论处。行为人坚持参与邪教组织,并继续进行邪教活动,宣传邪教组织言论的,已严重破坏了社会管理秩序,构成利用邪教组织破坏法律实施罪。

典型疑难案件参考

朱正碧利用邪教组织破坏法律实施案

基本案情

被告人朱正碧于1998年开始练习"法轮功",1999年我国政府取缔"法轮功"邪教组织后,其仍然坚持练习至被捕前。2005年至2007年期间,被告人朱正碧在彝良县范围内以"三退"能保命、保全家安全等谣言多次劝说其认识的人"退出共产党"、"退出共青团"、"退出少先队";被告人朱正碧除了多次劝人"三退"以外,还于2008年9月开始在彝良县范围内以学习"法轮功"能治病、能保平安等谣言劝说他人学习"法轮功",并四处散发"法轮功"邪教组织资料,至2009年2月15日,其共向田应容、林登照、王忠碧、宋怀芳、韩国春、范泽英、陈衍莲、田玲等20余人散发过"法轮功"邪教组织资料,其中,书刊等47册(本)、光盘(碟)10张、传单及报纸7份、护身符或护身卡片11张。2009年2月15日,被告人朱正碧在彝良县民族中学向该校教师田玲散发"法轮功"邪教组织资料被发现后,被公安机关抓获。

诉辩情况

检察机关指控被告人朱正碧犯利用邪教组织破坏法律实施罪。

被告人朱正碧的辩护人提出:被告人朱正碧的行为确已构成犯罪,但鉴于其在审理中尚能如实供述其犯罪事实,认罪态度较好,具有酌定的从轻情节,且在政府的教育下,尚能对自己的罪行进行认真反省,能接受政府的教育,确有悔改表现,加之被告人朱正碧确属一个受蒙骗、被利用的"法轮功"小卒,因此，建议对被告人朱正碧从轻或减轻处罚并适用缓刑。

裁判结果

云南省彝良县人民法院于 2009 年 5 月 22 日以〔2009〕彝刑初字第 61 号刑事判决，认定朱正碧犯利用邪教组织破坏法律实施罪，判处有期徒刑 3 年，缓刑 4 年。

裁判理由

法院生效裁判认为：检察机关指控被告人朱正碧利用"法轮功"邪教组织破坏法律实施，危害社会秩序的犯罪事实清楚，证据来源合法，证明内容客观真实，且与案件事实相关联，具有证明力，证据确实、充分，予以确认。被告人朱正碧从 1998 年至被捕前坚持练习"法轮功"，其间还先后多次劝说他人"退出共产党"、"退出共青团"、"退出少先队"，并向多人散发"法轮功"邪教组织资料，其行为已触犯刑律，构成利用邪教组织破坏法律实施罪，依法应追究其刑事责任，鉴于其在审理中尚能如实供述其犯罪事实，认罪态度较好，且在其被采取强制措施后已认识到自己的错误，并愿意悔过自新，重新做人，因此，对其宣告缓刑不致再危害社会，故依法对其从轻处罚，并宣告缓刑。被告人朱正碧的辩护人在庭审中提出：被告人朱正碧在审理中尚能如实供述其犯罪事实，认罪态度较好，在政府的教育下，尚能对自己的罪行进行认真反省，确有悔改表现的辩护意见及建议对被告人朱正碧适用缓刑的意见和建议成立，本院予以支持和采纳。

组织、利用会道门、邪教组织,利用迷信破坏法律实施罪
办案依据集成

刑法条文

第三百条 【组织、利用会道门、邪教组织,利用迷信破坏法律实施罪】组织和利用会道门、邪教组织或者利用迷信破坏国家法律、行政法规实施的,处三年以上七年以下有期徒刑;情节特别严重的,处七年以上有期徒刑。

【组织、利用会道门、邪教组织,利用迷信致人死亡罪】组织和利用会道门、邪教组织或者利用迷信蒙骗他人,致人死亡的,依照前款的规定处罚。

【强奸罪,诈骗罪】组织和利用会道门、邪教组织或者利用迷信奸淫妇女、诈骗财物的,分别依照本法第二百三十六条、第二百六十六条的规定定罪处罚。

立案标准

1. 最高人民法院、最高人民检察院《关于办理组织和利用邪教组织犯罪案件具体应用法律若干问题的解释》(1999年10月30日法释〔1999〕18号)(节录)

第一条 刑法第三百条中的"邪教组织",是指冒用宗教、气功或者其他名义建立,神化首要分子,利用制造、散布迷信邪说等手段蛊惑、蒙骗他人,发展、控制成员,危害社会的非法组织。

第二条 组织和利用邪教组织并具有下列情形之一的,依照刑法第三百条第一款的规定定罪处罚:

(一)聚众围攻、冲击国家机关、企业事业单位,扰乱国家机关、企业事业单位的工作、生产、经营、教学和科研秩序的;

(二)非法举行集会、游行、示威,煽动、欺骗、组织其成员或者其他人聚众围攻、冲击、强占、哄闹公共场所及宗教活动场所,扰乱社会秩序的;

(三)抗拒有关部门取缔或者已经被有关部门取缔,又恢复或者另行建立邪教组织,或者继续进行邪教活动的;

(四)煽动、欺骗、组织其成员或者其他人不履行法定义务,情节严重的;

(五)出版、印刷、复制、发行宣扬邪教内容出版物,以及印制邪教组织标识的;

(六)其他破坏国家法律、行政法规实施行为的。

实施前款所列行为,并具有下列情形之一的,属于"情节特别严重":

(一)跨省、自治区、直辖市建立组织机构或者发展成员的;

(二)勾结境外机构、组织、人员进行邪教活动的;

(三)出版、印刷、复制、发行宣扬邪教内容出版物以及印制邪教组织标识,数量或者数额巨大的;

(四)煽动、欺骗、组织其成员或者其他人破坏国家法律、行政法规实施,造成严重后果的。

第三条 刑法第三百条第二款规定的组织和利用邪教组织蒙骗他人,致人死亡,是指组织和利用邪教组织制造、散布迷信邪说,蒙骗其成员或者其他人实施绝食、自残、自虐等行为,或者阻止病人进行正常治疗,致人死亡的情形。

具有下列情形之一的,属于"情节特别严重":

(一)造成3人以上死亡的;

(二)造成死亡人数不满3人,但造成多人重伤的;

(三)曾因邪教活动受过刑事或者行政处罚,又组织和利用邪教组织蒙骗他人,致人死亡的;

(四)造成其他特别严重后果的。

第八条 对于邪教组织和组织、利用邪教组织破坏法律实施的犯罪分子,以各种手段非法聚敛的财物,用于犯罪的工具、宣传品等,应当依法追缴、没收。

第九条 对组织和利用邪教组织进行犯罪活动的组织、策划、指挥者和屡教不改的积极参加者,依照刑法和本解释的规定追究刑事责任;对有自首、立功表现的,可以依法从轻、减轻或者免除处罚。

对于受蒙蔽、胁迫参加邪教组织并已退出和不再参加邪教组织活动的人员,不作为犯罪处理。

2. 最高人民法院、最高人民检察院《关于办理组织和利用邪教组织犯罪案件具体应用法律若干问题的解释(二)》(2001年6月11日法释〔2001〕19号)(节录)

第一条 制作、传播邪教宣传品,宣扬邪教,破坏法律、行政法规实施,具有下列情形之一的,依照刑法第三百条第一款的规定,以组织、利用邪教组织破坏法律实施罪定罪处罚:

(一)制作、传播邪教传单、图片、标语、报纸300份以上,书刊100册以上,光盘100张以上,录音、录像带100盒以上的;

(二)制作、传播宣扬邪教的DVD、VCD、CD母盘的;

(三)利用互联网制作、传播邪教组织信息的;

(四)在公共场所悬挂横幅、条幅,或者以书写、喷涂标语等方式宣扬邪教,造成严重社会影响的;

(五)因制作、传播邪教宣传品受过刑事处罚或者行政处罚又制作、传播的;

(六)其他制作、传播邪教宣传品,情节严重的。

制作、传播邪教宣传品数量达到前款第(一)项规定的标准五倍以上,或者虽未达到五倍,但造成特别严重社会危害的,属于刑法第三百条第一款规定的"情节特别严重"。

第四条 制作、传播的邪教宣传品具有煽动分裂国家、破坏国家统一,煽动颠覆国家政权、推翻社会主义制度,侮辱、诽谤他人,严重危害社会秩序和国家利益,或者破坏国家法律、行政法规实施等内容,其行为同时触犯刑法第一百零三条第二款、第一百零五条第二款、第二百四十六条、第三百条第一款等规定的，依照处罚较重的规定定罪处罚。

第五条 邪教组织被取缔后，仍聚集滋事、公开进行邪教活动，或者聚众冲击国家机关、新闻机构等单位，人数达到20人以上的，或者虽未达到20人，但具有其他严重情节的，对于组织者、策划者、指挥者和屡教不改的积极参加者，依照刑法第三百条第一款的规定，以组织、利用邪教组织破坏法律实施罪定罪处罚。

第六条 为组织、策划邪教组织人员聚集滋事、公开进行邪教活动而进行聚会、串联等活动，对于组织者、策划者、指挥者和屡教不改的积极参加者，依照刑法第三百条第一款的规定定罪处罚。

第十一条 人民检察院审查起诉邪教案件，对于犯罪情节轻微，有悔罪表现，确实不致再危害社会的犯罪嫌疑人，根据中华人民共和国刑事诉讼法第一百四十二条第二款的规定，可以作出不起诉决定。

第十二条 人民法院审理邪教案件，对于有悔罪表现，不致再危害社会的被告人，可以依法从轻处罚；依法可以判处管制、拘役或者符合适用缓刑条件的，可以判处管制、拘役或者适用缓刑；对于犯罪情节轻微不需要判处刑罚的，可以免予刑事处罚。

第十三条 本规定下列用语的含义是：

（一）“宣传品”，是指传单、标语、喷图、图片、书籍、报刊、录音带、录像带、光盘及其母盘或者其他有宣传作用的物品。

（二）“制作”，是指编写、印制、复制、绘画、出版、录制、摄制、洗印等行为。

（三）“传播”，是指散发、张贴、邮寄、上载、播放以及发送电子信息等行为。

其他办案依据

1. 最高人民检察院《关于认真贯彻执行〈关于取缔邪教组织、防范和惩治邪教活动的决定〉和有关司法解释的通知》（1999年10月31日高检发研字〔1999〕22号）（节录）

一、要组织广大检察人员认真学习《决定》（指全国人大常委会《关于取缔邪教组织、防范和惩治邪教活动的决定》，下同。——编者注），深刻认识同法轮功等邪教组织的斗争是一项长期、复杂的重要任务。《决定》针对近年来邪教组织，特别是“法轮功”邪教组织在一些地方发展蔓延，造成十分严重后果的状况，要求坚决依法取缔邪教组织、严厉打击邪教组织的各项犯罪活动。在处理邪教组织时要严格掌握政策法律界限，进一步加强宪法和法律的宣传教育，进行综合治理，严防邪教组织的滋生和蔓延。最高人民法院、最高人民检察院制发了《关于办理组织和利用邪教组织犯罪案件具体应用法律若干问题的解释》（以下简称《解释》）。《解释》根据刑法的规定，对依法惩处组织、利用邪教组织进行犯罪活动的具体应用法律的问题作了解释。《决定》和《解释》的颁布和执行，对于取缔邪教组织，防范和惩治邪教活动，特别是当前打击组织、利用“法轮功”邪教组织进行犯罪活动，提供了重要的法律保障。各级人民检察院要组织全体检察人员认真学习《决定》和《解释》，准确领会和掌握《决定》和《解释》的精神与具体内容，在取缔邪教组织、防范和惩治邪教活动的严肃政治斗争中，每一个检察干警都必须有明确的态度。要紧密结合检察工作和本地查处组织、利用"法轮功"邪教组织进行犯罪活动的实际情况,做好贯彻、执行工作,保证其正确实施。

二、要充分认识"法轮功"邪教组织的性质和取缔邪教组织,防范和惩治邪教活动是一场严肃的政治斗争,增强同这类犯罪斗争的紧迫感和责任感。对邪教组织必须依法坚决取缔,对其犯罪活动必须坚决依法严厉打击。各级人民检察院要充分履行检察职能,切实加强对组织、利用"法轮功"邪教组织的犯罪案件的审查批捕、审查起诉、出庭支持公诉工作,加强对有关案件的立案监督,加强监所检察工作,在党委的统一领导和部署下,对涉嫌组织、利用"法轮功"犯罪的案件,依法批捕、及时起诉。

三、各级人民检察院在办理组织和利用"法轮功"邪教组织犯罪案件时要严肃执法,严格掌握政策法律界限。要认真学习、准确掌握党和国家的有关政策、法律规定。对于实施组织、利用邪教"法轮功"进行各种犯罪活动的,要依法追究其刑事责任。对于坚持顽固立场、继续破坏社会稳定,坑害人民群众的极少数"法轮功"幕后策划者、组织者、指挥者及骨干分子,必须依法严惩,坚决打击。要把不明真相参与"法轮功"的人,同组织、利用邪教危害社会的犯罪分子区别开来;把在"法轮功"问题上犯了错误但有悔改表现的人,同执迷不悟、拒不改正的人区别开来;对有自首、立功表现的,可依法从轻、减轻或者免除处罚,尽可能团结大多数。

四、在依法取缔邪教组织,防范和惩治邪教活动的斗争中,各级人民检察院要加强领导、严格责任,检察长要亲自过问有关案件的办理情况,对这类案件的审查逮捕、审查起诉工作,要指派业务骨干承办,各业务部门要切实负起责任,对工作各个环节周密部署,依法及时作出决定。要加强与公安、法院等有关部门的密切联系,适时介入侦查,掌握案情,审查证据,为有力指控有关犯罪打好基础。对于重大、疑难案件,上级检察院要加强对下级检察院的指导、支持和协调有关工作,确保依法、及时、准确有力地打击组织、利用邪教组织进行犯罪的斗争顺利健康进行。

五、各级人民检察院对办理组织、利用"法轮功"邪教组织的犯罪案件的有关情况,要及时向上级检察院和当地党委报告;对在贯彻执行《决定》和《解释》中遇到的重要情况和有关适用法律问题,要及时层报最高人民检察院。

2. 最高人民法院《关于贯彻全国人大常委会〈关于取缔邪教组织、防范和惩治邪教活动的决定〉和"两院"司法解释的通知》(1999年11月5日法发〔1999〕29号)(节录)

一、认真学习宣传贯彻《决定》(指全国人大常委会《关于取缔邪教组织、防范和惩治邪教活动的决定》,下同。——编者注)和《解释》(指最高人民法院、最高人民检察院《关于办理组织和利用邪教组织犯罪案件具体应用法律若干问题的解释》,下同。——编者注),进一步明确审判工作指导思想和任务。近年来,邪教组织特别是"法轮功"邪教组织冒用宗教、气功或者其他名义建立、神化首要分子,大搞教主崇拜,利用制造、散布迷信邪说等手段蛊惑、蒙骗他人,发展、控制成员,从事违法犯罪活动,危害人民群众生命财产安全和经济发展,严重影响了社会稳定,必须坚决依法惩办。修订后的刑法专门对组织和利用邪教组织破坏国家法律、行政法规实施,组织和利用邪教组织蒙骗他人,致人死亡以及组织和利用邪教组织奸淫妇女、诈骗财物行为的定罪处罚问题，作了明确规定。全国人大常委会近日通过的《决定》，更为依法惩治组织和利用邪教组织的犯罪活动提供了有力的法律武器。各级人民法院要认真学习，统一思想认识，认清"法轮功"的邪教性质及其危害，深刻领会中央关于抓紧处理和解决"法轮功"问题的重要指示精神，充分认识这场斗争的重要性、复杂性、尖锐性和长期性，进一步明确指导思想，把防范和惩治各种邪教组织犯罪作为一项严肃的政治任务，认真履行职责，充分发挥人民法院的审判职能作用，对组织和利用邪教组织破坏国家法律、行政法规实施，聚众闹事，扰乱社会秩序，以迷信邪说蒙骗他人，致人死亡，或者奸淫妇女、诈骗财物等犯罪行为，坚决依法严惩。

二、依法审理组织和利用邪教组织犯罪案件，明确打击重点。各级人民法院要认真贯彻执行《决定》，按照《解释》的规定要求，严格依法办案，正确适用法律，坚决依法打击"法轮功"等邪教组织的犯罪活动。对于组织和利用邪教组织聚众围攻、冲击国家机关、企事业单位，扰乱国家机关、企事业单位的工作、生产、经营、教学和科研等秩序；非法举行集会、游行、示威，煽动、欺骗、组织其成员或者其他人聚众围攻、冲击、强占、哄闹公共场所及宗教活动场所，扰乱社会秩序；出版、印刷、复制、发行宣扬邪教内容的出版物、印制邪教组织标识的，坚决依照刑法第三百条第一款的规定，以组织、利用邪教组织破坏法律实施罪定罪处罚。对于组织和利用邪教组织制造、散布迷信邪说，蒙骗其成员或者其他人实施绝食、自残、自虐等行为，或者阻止病人进行正常治疗，致人死亡的，坚决依照刑法第三百条第二款的规定，以组织、利用邪教组织致人死亡罪定罪处罚，造成特别严重后果的，依法从重处罚。对于邪教组织以各种欺骗手段敛取钱财的，依照刑法第三百条第三款和第二百六十六条的规定，以诈骗罪定罪处罚。对于邪教组织和组织、利用邪教组织破坏法律实施的犯罪分子，以各种手段非法聚敛的财物，用于犯罪的工具、宣传品的，应当依法追缴、没收。

三、正确运用法律和政策，严格区分不同性质的矛盾。各级人民法院在审判工作中必须坚持教育与惩罚相结合，团结教育大多数被蒙骗的群众，坚决依法严惩极少数犯罪分子。在依法惩治构成犯罪的组织者、策划者、指挥者和积极参加者的同时，要注意团结大多数，教育大多数，解脱大多数。要把不明真相参与邪教活动的人同组织和利用邪教组织进行非法活动、蓄意破坏社会稳定的犯罪分子区别开来；要把一般"法轮功"练习者同极少数违法犯罪活动的策划者、组织者区别开来；要把正常的宗教信仰、合法的宗教活动同"法轮功"等邪教组织的活动区别开来。重点打击组织和利用邪教组织进行犯罪活动的组织、策划、指挥者和屡教不改的骨干分子。对有自首、立功表现的，可以依法从轻、减轻或者免除处罚；对于受蒙蔽、胁迫参加邪教组织并已退出和不再参加邪教组织活动的人员，不作为犯罪处理。

四、加强对学习宣传贯彻《决定》工作的领导，保证审理组织和利用邪教组织犯罪案件工作顺利进行。各级人民法院依法审理组织和利用邪教组织犯罪案件，必须在党委领导下，在党委政法委的指导下，周密部署，保证万无一失。要把依法审理组织和利用邪教组织犯罪案件作为一项重要政治任务，务必抓紧抓好。要加强与检察、公安机关的密切配合，对于检察机关移送起诉的组织和利用邪教组织犯罪案件，要抽调精干力量进行审理，依法及时审结。上级人民法院要注意了解和掌握下级人民法院审判案件的情况，及时指导。对一些典型案件应当适时召开新闻发布会，扩大审判的社会影响。要通过各种形式宣传和对具体案件的处理，教育广大群众，提高公民的法制观念，使广大群众认识邪教组织反科学、反人类、反社会、反政府，危害社会的实质，增强自觉反对和抵制邪教组织的意识。要落实人民法院参与社会治安综合治理的各项措施，坚持预防与惩治并重，防范邪教组织的滋生和发展。

3. 最高人民法院、最高人民检察院《关于办理组织和利用邪教组织犯罪案件具体应用法律若干问题的解答》（2002年5月20日法发〔2002〕7号）

为依法严厉打击邪教组织的犯罪活动，维护社会稳定，现就各地在办理案件，适用《最高人民法院、最高人民检察院关于办理组织和利用邪教组织犯罪案件具体应用法律若干问题的解释（二）》（以下简称《解释二》）中提出的若干问题，做如下解答：

一、问：怎样认定《解释二》第一条第一款第（六）项规定的"其他制作、传播邪教宣传品，情节严重的"？

答：《解释二》第一条第一款第（六）项规定的"其他制作、传播邪教宣传品，情节严重的"，是指实施该条第一款第（一）项至第（五）项的规定中没有列举的其他制作、传播邪教宣传品情节严重的行为，或者制作、传播该条第一款第（一）项列举的邪教宣传品，虽未达到规定的数量标准，但根据制作、传播邪教宣传品的种类、内容、行为方式、次数、传播范围、社会影响以及行为人的主观恶性等情节综合考虑，必须定罪处罚的情形。如：制作、传播一种邪教宣传品的数量接近《解释二》规定的标准，并具有其他严重情节的；利用互联网以外的计算机网络、广播、电视或者利用手机群发短信息、群发IP录音电话、BP机群呼等形式宣扬邪教、传播邪教信息的；将编辑具有邪教内容的录音带、录像带、计算机硬盘、软盘并用于复制、传播的；制作宣扬邪教的横幅、条幅30条以上或不足30条但具有其他严重情节或者大型横幅、条幅3条以上的；制作、传播两种以上邪教宣传品，每一种邪教宣传品虽未达到《解释二》规定的数量标准，但已造成严重社会危害后果的；制作邪教宣传品的模具、版样、文稿的；为制作、传播邪教宣传品而将其内容进行编辑、拷贝在计算机软盘或者传播包含邪教内容的计算机软盘的；因邪教违法犯罪受过行政处罚（含劳动教养，下同）或刑事处罚之后，又制作、传播邪教宣传品的；国家机关工作人员制作、传播邪教宣传品的，等等。

二、问：《解释二》第一条第二款仅对该条第一款第（一）项规定了"情节特别严重"的标准，未规定其他几项"情节特别严重"的标准。《解释二》第五条、第六条也没有规定何种情形属于"情节特别严重"。对此应如何把握？

答：认定《解释二》第一条第一款第（二）项至第（六）项、第五条、第六条规定的情形是否达到"情节特别严重"，以及如何适用《解释二》第一条第二款关于"或者虽未达到五倍，但造成特别严重社会危害的"，应综合考虑案件的具体情况，如犯罪手段、危害程度、社会影响、行为人的主观恶性等因素加以认定。

对于虽已达到《解释二》第一条第二款规定的数量标准，但其他情节较轻，尚未造成特别严重的社会危害后果的，也可不认定为"情节特别严重"。

三、问：如何确定《解释二》第一条第一款第（一）项规定的邪教宣传品的"份数"？

答：传单、图片、标语、报纸等形式的邪教宣传品，以独立的载体为计算份数的标准。对邮件中装有多份邪教宣传品的，应当根据邮件中所包含的实际份数计算总数。

四、问：制作、传播两种以上的邪教宣传品，对不同种类的邪教宣传品能否换算或累计计算？

答：《解释二》第一条第一款第（一）项中规定的邪教宣传品，传单、图片、标语、报纸属同一种类，书籍、刊物属同一种类，光盘（DVD盘、VCD盘、CD盘等）、录音带、录像带等音像制品属同一种类。

制作、传播两种以上邪教宣传品，同一种类的应当累计计算，不同种类的不能换算，也不能累计计算。

五、问：对于持有、携带邪教宣传品的行为如何定性？

答：为了传播而持有、携带邪教宣传品，且持有、携带的数量达到《解释二》第一条第一款第（一）项规定的数量标准的，根据具体案情，按犯罪预备或未遂论处。

六、问：对于在传播邪教宣传品之前或者传播过程中被当场抓获的，如何处理？

答：对于在传播邪教宣传品之前或者传播过程中被当场抓获的，应当根据不同情况，分别作出处理：查获的邪教宣传品是行为人制作，且已达到《解释二》第一条第一款第（一）项规定的数量标准的，依照刑法第三百条第一款的规定定罪处罚；查获的邪教宣传品不是其制作，而是准备传播，且数量已达到《解释二》第一条第一款第（一）项规定标准的，属于刑法第三百条第一款组织、利用邪教组织破坏法律实施罪的犯罪预备；查获的邪教宣传品不是其制作，而是准备传播且已传播出去一部分，即被抓获的，尚未传播出去的数量或者已经传播出去与尚未传播出去的数量累计达到《解释二》第一条第一款第（一）项规定的数量标准的，按照犯罪既遂处理，对没有传播的部分，可以酌定从轻处罚。

七、问：对邮寄的邪教宣传品被截获的，怎么处理？

答：被截获的邮寄邪教宣传品数量达到《解释二》第一条第一款第（一）项规定数量标准的，按犯罪未遂处理。

八、问：在公共场所书写、喷涂邪教内容标语、图画等过程中，当场被制止的，怎么处理？

答：对上述情形，情节严重的，依照《解释二》第一条第一款第（四）项的规定定罪处罚。

九、问：对散发、提供所谓邪教组织人员"被迫害"的材料、信息的行为，如何处理？

答：对于上述行为造成恶劣影响的，依照刑法第三百条第一款的规定定罪处罚。

十、问：对两人以上共同故意制作、传播邪教宣传品的，怎么处理？

答：对两人以上共同故意制作、传播邪教宣传品，达到《解释二》第一条第一款第（一）项规定数量标准的，或接近《解释二》第一条第一款第（一）项规定的数量标准并具有其他严重情节的，应当认定为共同犯罪，根据共同制作、传播邪教宣传品的数量、情节,依法追究行为人的刑事责任。

十一、问:多次制作、传播邪教宣传品未被处理的,能否累计计算其制作、传播的邪教宣传品的数量?

答:多次制作、传播邪教宣传品未被处理,依法应当追诉的,累计计算其制作、传播的邪教宣传品的数量,达到《解释二》第一条第一款第(一)项规定数量标准的,追究其刑事责任。

十二、问:如何确定《解释二》第一条第一款第(二)项规定的DVD、VCD、CD母盘?如何确定制作、传播邪教母盘的行为?

答:《解释二》第一条第一款第(二)项规定的DVD、VCD、CD母盘,是指经编辑并用于复制、传播邪教组织信息的DVD、VCD、CD的原始盘。

对于将邪教宣传品内容进行编排、拼接并刻录为光盘用于复制的,属于制作邪教DVD、VCD、CD母盘的行为;以制作为目的,将邪教DVD、VCD、CD母盘交给他人的,属于传播邪教DVD、VCD、CD母盘的行为。

十三、问:对于以播放录音、呼喊口号等方式宣传邪教的行为如何处理?

答:对于在居民区、公园、学校及其他公共场所,以播放录音、录像、光盘或呼喊口号、讲课、演讲、放气球、抛撒乒乓球等方式宣扬邪教,造成严重社会影响的,按照《解释二》第一条第一款第(四)项的规定定罪处罚。

十四、问:从互联网下载邪教组织信息用于制作、传播邪教宣传品的,应如何处理?

答:从互联网下载邪教组织信息,用于制作、传播邪教宣传品的,适用《解释二》第一条第一款第(三)项的规定定罪处罚。

十五、问:对利用广播电视设施、公用电信设施制作、传播邪教组织信息的,如何处理?

答:对利用广播电视设施、公用电信设施制作、传播邪教组织信息的,应分别情形处理:为传播邪教组织信息破坏广播电视设施、公用电信设施,危害公共安全的,依照刑法第一百二十四条的规定,以破坏广播电视设施、公用电信设施罪定罪处罚;利用广播电视设施、公用电信设施制作、传播邪教组织的信息,同时造成广播电视设施、公用电信设施破坏,危害公共安全的,依照刑法第一百二十四条、第三百条第一款的规定,以破坏广播电视设施、公用电信设施罪,利用邪教组织破坏法律实施罪数罪并罚;对利用广播电视设施、公用电信设施制作、传播邪教组织信息,未对广播电视设施、公用电信设施造成破坏的,依照刑法第三百条第一款的规定,以利用邪教组织破坏法律实施罪定罪处罚。

十六、问:对利用信件、电话、互联网等手段恐吓、威胁他人的行为如何处理?

答:对于实施上述行为情节严重的,依照刑法第三百条第一款的规定定罪处罚。同时触犯其他罪名的,依照处刑较重的罪定罪处罚。

十七、问:《解释二》第五条规定的"聚集滋事、公开进行邪教活动"是否也要求"人数达到20人以上"的,才追究刑事责任?怎样掌握该条中的"其他严重情节"?

答:《解释二》第五条规定的"人数达到20人以上",既是认定"聚众冲击国家机关、新闻机构等单位"的行为构成犯罪的标准,也是认定"聚集滋事、公开进行邪教活动"的行为构成犯罪的标准。

判断是否具有《解释二》第五条所规定的"其他严重情节",应当综合考虑聚集滋事的时间、地点、行为方式、造成的后果等因素。对于在重要公共场所、监管场所及国家重大节日、重大活动期间聚集滋事,公开进行邪教活动的,即使人数未达到20人,也可以根据案件的具体情况,对于组织者、策划者、指挥者和屡教不改的积极参加者,依照刑法第三百条第一款和《解释二》第五条的规定,以利用邪教组织破坏法律实施罪定罪处罚。

十八、问:如何理解刑法第三百条第一款规定的"组织、利用邪教组织破坏法律实施罪"中的"组织"行为和《解释二》第五条、第六条中规定的"组织"行为?

答:刑法第三百条第一款规定的"组织、利用邪教组织破坏法律实施罪"的"组织"行为,是指发起、组建邪教组织的行为。《解释二》第五条、第六条规定的"组织"行为,是指邪教组织成立或被依法取缔后,组织他人进行邪教活动的行为。

十九、问:对于非法聚集,以公开"练功"等方式进行"护法"、"弘法"等邪教活动的,如何处理?

答:对于实施上述邪教活动的,依照《解释二》第五条或者第六条的规定,追究组织者、策划者、指挥者和屡教不改的积极参加者的刑事责任。

二十、问:如何理解《解释二》第五条、第六条中关于"屡教不改"的规定,这一规定是否要求前后两种行为均是同种行为?

答:《解释二》第五条、第六条中规定的"屡教不改",是指曾因组织和利用邪教组织从事某种违法犯罪行为受过行政处罚或者刑事处罚,又以相同或者不同的方式进行邪教犯罪活动的情形。

二十一、问:因制作、传播邪教宣传品受过刑事处罚或者行政处罚又制作、传播的,是否不论数量多少,都要根据《解释二》第一条第一款第(五)项的规定定罪处罚?

答:对于上述行为,一般应定罪处刑。但情节轻微,行为人确有悔改表现的,可以不作为犯罪论处。

二十二、问:对于多次非法聚集、滋事,进行邪教活动的,如何处理?

答:对于上述行为,应追究组织者、策划者、指挥者和屡教不改的积极参加者的刑事责任。

二十三、问:对邪教组织人员到天安门广场等有重要影响的场所打横幅、喊口号、非法聚集、滋事的行为,是否均应依照《解释二》第一条第一款第(四)项的规定定罪处罚?

答:对实施上述行为的,应当区别不同情形,依照《解释二》第一条第一款第(四)项、第五条和第六条的规定,追究组织者、策划者、指挥者和屡教不改的积极参加者以及其他情节严重的实施者的刑事责任。

二十四、问:对非邪教组织人员为他人印制邪教宣传品的以及对于为邪教活动提供保管、运输、经费、场地、工具、食宿、接送、采购及其他便利条件的,怎么处理?

答:非邪教组织人员与邪教组织人员通谋,为其印制邪教宣传品,且达到《解释二》

第一条第一款第（一）项规定的数量标准的，或者为其从事邪教活动提供保管、运输、经费、场地、工具、食宿、接送、采购等便利条件，情节严重的，以利用邪教组织破坏法律实施罪的共犯论处。

二十五、问：组织和利用邪教组织犯罪的嫌疑人、被告人向司法机关提供线索，对抓获其他组织和利用邪教组织犯罪的嫌疑人（包括同案犯）起了重要作用的，是否属于立功？

答：对上述情形，可以认定为有立功表现。

二十六、问：对于实施《解释二》规定的行为，是否一律要定罪处罚？

答：对于实施《解释二》规定的行为，但情节轻微，行为人确有悔改表现，不致再危害社会的，可以不以犯罪论处。

二十七、问：对犯组织、利用邪教组织破坏法律实施罪的，是否可以附加剥夺政治权利？

答：对上述犯罪分子，情节特别严重的，依照刑法第五十六条第一款的规定，可以附加剥夺政治权利。

二十八、问：邪教组织违法犯罪人员在监管场所抗拒改造，仍继续进行邪教活动的，如何处理？

答：邪教组织违法犯罪人员在监管场所抗拒改造，继续从事邪教活动，构成犯罪的，应当依法追究刑事责任。

法律法规

1. 全国人大常委会《关于取缔邪教组织、防范和惩治邪教活动的决定》
（1999年10月30日）（节录）

一、坚决依法取缔邪教组织，严厉惩治邪教组织的各种犯罪活动。邪教组织冒用宗教、气功或者其他名义，采用各种手段扰乱社会秩序，危害人民群众生命财产安全和经济发展，必须依法取缔，坚决惩治。人民法院、人民检察院和公安、国家安全、司法行政机关要各司其职，共同做好这项工作。对组织和利用邪教组织破坏国家法律、行政法规实施，聚众闹事，扰乱社会秩序，以迷信邪说蒙骗他人，致人死亡，或者奸淫妇女、诈骗财物等犯罪活动，依法予以严惩。

二、坚持教育与惩罚相结合，团结、教育绝大多数被蒙骗的群众，依法严惩极少数犯罪分子。在依法处理邪教组织的工作中，要把不明真相参与邪教活动人员同组织和利用邪教组织进行非法活动、蓄意破坏社会稳定的犯罪分子区别开来。对受蒙骗的群众不予追究。对构成犯罪的组织者、策划者、指挥者和骨干分子，坚决依法追究刑事责任；对于自首或者有立功表现的，可以依法从轻、减轻或者免除处罚。

三、在全体公民中深入持久地开展宪法和法律的宣传教育，普及科学文化知识。依法取缔邪教组织，惩治邪教活动，有利于保护正常的宗教活动和公民的宗教信仰自由。要使广大人民群众充分认识邪教组织严重危害人类、危害社会的实质，自觉反对和抵制邪教组织的影响，进一步增强法制观念，遵守国家法律。

四、防范和惩治邪教活动，要动员和组织全社会的力量，进行综合治理。各级人民政府和司法机关应当认真落实责任制，把严防邪教组织的滋生和蔓延，防范和惩治邪教活动作为一项重要任务长期坚持下去，维护社会稳定。

2. 全国人大常委会《关于维护互联网安全的决定》（2000年12月28日）（节录）

二、为了维护国家安全和社会稳定，对有下列行为之一，构成犯罪的，依照刑法有关规定追究刑事责任：

（四）利用互联网组织邪教组织、联络邪教组织成员，破坏国家法律、行政法规实施。

十三、盗窃、侮辱尸体罪

> **112. 擅自挖掘他人祖坟，并将部分祖坟中的骨灰盒挖出，弃置于坟坑边的行为是否构成侮辱尸体罪？**
>
> 侮辱尸体罪的犯罪对象必须是尸体，不应将骨灰解释为尸体，故擅自挖掘他人祖坟，并将部分祖坟中的骨灰盒挖出，弃置于坟坑边的行为不构成侮辱尸体罪。如果采用此种方式公然侮辱他人的，可构成侮辱罪。

典型疑难案件参考

笪开福挖掘他人祖坟侮辱犯罪案

基本案情

南京市溧水县东屏镇徐溪行政村百里自然村村民张某，于2003年将祖坟迁至该村北面的坟地。被告人笪开福认为，张某迁来的祖坟占了他家的祖坟地，为此两家发生了纠纷。为泄私愤，被告人笪开福于2005年5月20日凌晨4时30分许，携带钉耙等工具悄悄来到坟地将张某迁移至此的15座祖坟挖平，并将其中5座坟中的水泥骨灰盒挖出，弃置于坟坑边。第二天，当地村民发现张家的祖坟被人挖掘，且张家祖坟被挖事件很快为周边村民所知。案发后，张某向公安机关报案。在公安机关工作人员的调查询问中，笪开福对自己挖掘张某家祖坟之事据实相告。

诉辩情况

检察机关指控被告人笪开福的行为已经构成侮辱尸体罪。

一审宣判后，笪开福提出上诉。

笪开福提出：其主观上没有侮辱他人的直接故意，挖坟行为系秘密进行，行为不具有公然性，行为对象不具有特定性，行为客观上没有造成侮辱他人的后果，其情节不属于严重的情形，因此其行为不能构成侮辱尸体罪。

裁判结果

江苏省溧水县人民法院于2005年10月14日作出〔2005〕溧刑初鲁第141号刑事判决，认定被告人笪开福犯侮辱罪，判处拘役5个月。

一审宣判后，笪开福提出上诉。江苏省南京市中级人民法院于 2005 年 12 月 15 日基于相同的事实与证据作出〔2005〕宁刑终导第 506 号刑事裁定，驳回笪开福的上诉，维持原判。

裁判理由

法院生效判决认为：笪开福采取挖掘他人祖坟的行为，公然侮辱他人，情节严重，其行为已经构成侮辱罪。一审法院认为本案事出有因，被告人笪开福归案后认罪态度尚好，可对被告人笪开福从轻处罚，量刑适当。故法院依法作出如上裁判。

113. 买卖尸体牟利的行为是否构成犯罪？

买卖尸体的行为，侵犯了死者尸体的尊严，伤害了尸体亲人的感情，破坏我国民间善良对待死者的习惯和民族传统，符合侮辱尸体罪的主客观构成特征，构成侮辱尸体罪。

114. 行为人买卖尸体的行为经有关上级部门领导个别同意，是否构成犯罪？

行为人买卖尸体的行为，虽经有关上级部门个别领导同意，但由于这是个别领导不正确履行职务而发生的，而且该行为具有一定的隐蔽性，并没有经过正式批准，不属于正常的履行职务，行为人仍可构成犯罪。

典型疑难案件参考

周思等侮辱尸体案

基本案情

被告人周思得知广东省化州市有的乡镇未能完成上级下达的火化尸体指标时，认为运尸体回化州出卖给各乡镇有利可图，就与被告人华振权商议到外地运尸体回化州市出卖。2004 年 3 月间，被告人周思、华振权一起到钦州找到时任钦州市殡葬管理所所长的被告人钟伟，要求钟伟将钦州殡仪馆待火化的无名尸体交由其运回广东省化州市火化，完成火化指标任务，并承诺每提供一具尸体，给钦州市殡仪馆350元的"利是"钱。钟伟便将此情况向时任钦州市民政局福利和社会事务科科长的张万汇报，张万又与钟伟一起再将情况向时任钦州市民政局副局长的陈钦龙作了请示汇报（张万、陈钦龙另案处理，已判刑）。张万、陈钦龙后表示同意。2004年3月31日，钦州市殡仪馆开始向被告人周思、华振权提供第一批共3具尸体，此后陆陆续续向周思、华振权提供尸体，直至2005年1月28日，周思、华振权、劳幼文从钦州市殡仪馆装运8具尸体运回化州时，在钦州市金海湾西大街被公安机关查获。自2004年3月31日起自2005年1月28日案发，周思等人共付给人民币60200元的"利是"钱给钦州市殡仪馆，钦州市殡仪馆共向周思、华振权等人提供无名尸体和不要骨灰的尸体共173具，除案发当晚有8具尸体被截回外，已有165具尸体被周思、华振权等人运回广东省化州市，分别出卖给化州市不能完成火化尸体指标任务的乡镇牟利。2004年9月，被告人劳幼文在明知周思、华振权从钦州拉尸体回化州出卖的情况下，仍接受周思、华振权的雇请，充当运输尸体的驾驶员，先后10多次参与从钦州市殡仪馆运尸体回广东化州市出卖。自2004年11月起，被告人黄中和在周思要求其帮助介绍需要尸体完成火化指标任务的乡镇购买尸体时，参与介绍22具尸体的买卖。黄中和在案发后向当地公安机关投案。

一审诉辩情况

检察机关指控被告人周思、华振权、钟伟、劳幼文、黄中和犯侮辱尸体罪。

被告人周思提出：其没有侮辱尸体，没有出卖尸体。

被告人周思的辩护人提出：周思在主观上没有侮辱尸体的故意，客观上没有实施侮辱尸体的行为，被告人周思无罪。

被告人华振权提出：其行为不构成犯罪。

被告人华振权的辩护人提出：起诉书指控的罪名与指控的犯罪事实不一致，指控的是侮辱尸体的罪名，但指控的事实是买卖尸体；买卖尸体法律没有明文规定是犯罪，本案的被告人华振权运尸行为是经钦州市殡葬管理所同意的，没有侵犯尸体的社会管理秩序，被告人华振权不构成侮辱尸体罪。

被告人钟伟及其辩护人提出：尸体运到广东是得到民政局领导的同意的，其只是执行领导的指示，不构成侮辱尸体罪。被告人钟伟没有侮辱尸体的主观故意，又没有侮辱尸体行为，在本案中不构成侮辱尸体罪。钟伟没有共同犯罪的故意和行为，不构成本案的共犯。

被告人劳幼文提出：其是周思聘请的司机，不构成犯罪。

被告人劳幼文的辩护人提出：劳幼文是个不知情的雇工，没有侮辱尸体的主观故意，客观上没有采用猥亵、破坏、抛弃的方法侮辱尸体的行为，亦没有共同的犯意，不构成侮辱尸体罪。

被告人黄中和提出：其没有侮辱尸体，不构成犯罪。

被告人黄中和的辩护人提出：黄中和不属共同犯罪，其没有侮辱尸体的行为，不构成侮辱尸体罪。

一审裁判结果

广西壮族自治区钦州市钦南区人民法院于 2005 年 8 月 25 日以〔2005〕钦南刑初字第 100 号刑事判决，认定被告人周思犯侮辱尸体罪，判处有期徒刑 3 年；被告人华振权犯侮辱尸体罪，判处有期徒刑 3 年；被告人钟伟犯侮辱尸体罪，判处有期徒刑 3 年；被告人劳幼文犯侮辱尸体罪，判处有期徒刑 1 年；被告人黄中和犯侮辱尸体罪，判处拘役 6 个月。

二审诉辩情况

一审宣判后，周思、华振权、钟伟、劳幼文提出上诉。

上诉人（原审被告人）周思及其辩护人提出：其和华振权从钦州市拉尸体回化州火化，目的是完成化州市各乡镇的火化指标，并经钦州市殡仪馆一方的同意，每具尸体 350 元补偿亦是作钦州市殡仪馆的收入，其所收取化州市辖区乡镇殡改办的费用是交通费、差旅费、火化费、伙食费以及支付给钦州市殡仪馆的补偿费等费用，不属于将尸体出卖牟利，其没有侮辱尸体的故意和行为，不构成侮辱尸体罪，请求二审法院宣告其无罪。

上诉人（原审被告人）华振权提出：其行为目的是完成化州各乡镇的火化指标，而钦州市殡仪馆是为了节省尸体火化费才将尸体交由上诉人和周思拉回化州的，其没有侮辱尸体的故意和行为，不构成侮辱尸体罪，请求二审法院宣告其无罪。

上诉人（原审被告人）钟伟及其辩护人提出：其由于疏忽，轻信周思等人所讲运尸体回化州完成火化指标的谎言，才导致了钦州市殡葬管理所把 173 具尸体出卖的后果，但其没有侮辱尸体的故意和行为，没有和周思等人共同犯罪的故意，原判认定的事实和适用法律错误，请二审法院改判其无罪。

上诉人（原审被告人）劳幼文提出：其仅是为了获得劳动报酬才受雇于周思、华振权拉运尸体的，没有同周思等人买卖尸体的共同故意，其拉运尸体的过程中也没有侮辱尸体的行为，请求二审法院宣告其无罪。

二审裁判结果

广西壮族自治区钦州市中级人民法院于 2005 年 10 月 24 日以同样的事实

和理由作出〔2005〕钦刑一终字第70号刑事裁定，驳回上诉，维持原判。

二审裁判理由

法院生效裁判认为：上诉人（原审被告人）周思、华振权合伙密谋运尸体回广东省化州市出卖牟利，上诉人（原审被告人）钟伟直接将钦州市殡仪馆待火化的173具尸体以每具350元卖给上诉人（原审被告人）周思、华振权，上诉人（原审被告人）周思、华振权又将从钦州市殡仪馆购买173具尸体中的165具尸体拉回到化州市出卖给各镇殡改办，上诉人（原审被告人）劳幼文参与将尸体从钦州运回到化州市，原审被告人黄中和介绍上诉人（原审被告人）周思出卖尸体，其主观上均有损害尸体尊严的故意，伤害了人民群众特别是尸体亲人的感情，行为均触犯《刑法》第302条的规定，构成侮辱尸体罪。在本案共同犯罪中，上诉人（原审被告人）周思、华振权、钟伟起主要作用，是本案的主犯，依法应按照其所参与组织的全部犯罪处罚；上诉人劳幼文、原审被告人黄中和起辅助作用，是从犯，依法有应从轻、减轻或者免除处罚的情节。原审被告人黄中和犯罪以后自动投案，如实供述自己的罪行，是自首，依法可以从轻或者减轻处罚。

对上诉人（原审被告人）周思、华振权、钟伟及其辩护人上诉提出的3上诉人不构成侮辱尸体罪的意见。经查，本案有充足证据证实（原审被告人）周思、华振权从钦州市殡仪馆买了173具尸体并将其中165具运回化州市出卖牟利，上诉人（原审被告人）钟伟将钦州市殡葬管理所的173具尸体以每具350元的价格卖给上诉人（原审被告人）周思、华振权，其行为损害了尸体的尊严，破坏了对死者尸体处理的民族习惯和传统，严重伤害社会风化，侵犯了尸体的社会管理秩序，具有社会危害性，依法构成侮辱尸体罪。因此，上诉人（原审被告人）周思、华振权、钟伟及其辩护人提出的上诉意见，与本案事实、证据及我国刑法不相符，不能成立。

对上诉人（原审被告人）劳幼文上诉提出的上诉意见。法院认为：其虽是上诉人（原审被告人）周思、华振权聘请拉运尸体的司机，但其是在知道上诉人（原审被告人）周思、华振权将尸体运回化州市出卖的情况下参与拉运尸体的，属上诉人（原审被告人）周思、华振权买卖尸体的帮助犯，因此，其行为依法构成侮辱尸体罪的共犯，故其上诉理由不能成立。原判认定事实清楚，证据确凿充分，定罪准确，量刑适当，审判程序合法，上诉人（原审被告人）周思、华振权、钟伟、劳幼文的上诉缺乏事实和法律依据，不予采纳。故法院依法作出如上裁判。

盗窃、侮辱尸体罪办案依据集成

刑法条文

第三百零二条 【盗窃、侮辱尸体罪】盗窃、侮辱尸体的,处三年以下有期徒刑、拘役或者管制。

其他办案依据

最高人民检察院研究室《关于盗窃骨灰行为如何处理问题的答复》（2002年9月18日〔2002〕高检研发第14号）

吉林省人民检察院法律政策研究室：

你院《关于对盗窃骨灰行为可否比照盗窃尸体罪定性问题的请示》（吉）检发请字〔2002〕1号收悉。经研究,我们认为,"骨灰"不属于刑法第三百零二条规定的"尸体"。对于盗窃骨灰的行为不能以刑法第三百零二条的规定追究刑事责任。

十四、赌博罪、开设赌场罪

115. 为谋取非法利益，采用与他人合股坐庄的形式，在赌球网站上开设球盘，占有股份，招揽他人参与赌球，并负责提供资金的行为该如何定性？

随着科技的发展，赌博的方式也在不断翻新。利用计算机在网络中开设赌场，招揽赌博的行为同样构成赌博罪。为谋取非法利益，采用与他人合股坐庄的形式，在赌球网站上开设球盘，占有股份，招揽他人参与赌球，并负责提供资金的行为属于"开设赌场"的行为，构成开设赌场罪。

典型疑难案件参考

冯在政等赌博案

基本案情

被告人冯在政为谋取非法利益，于 2003 年 1 月至 8 月，采用与他人合股坐庄的形式，在赌球宝盈网站上先后开设了 e5600、pa2860、pa2890、pa2900、pa2920、pa2960、pa3010、62500、pa38061 等球盘，并分别占有 14%～40% 的股份。被告人冯在政为此先后纠集了被告人徐立道、李启华、王炳杰、李世伟及唐钰峰、胡阳锋（均另处）共同参与非法牟利。被告人冯在政负责球盘所需资金，包括出资购买赌球所用的电脑和移动电话等物品，并对人员进行分工；被告人徐立道负责招揽赌徒、追讨赌债；被告人李启华负责球盘账目及日常管理；被告人王炳杰负责收付和保管赌资；被告人李世伟负责登录宝盈网查看赌徒投注输赢等情况并记录球盘账目。据统计，2003 年 8 月 4 日至 24 日，冯在政等人即盈利人民币 190 万余元。期间，冯在政支付给徐立道报酬人民币 7 万余元、李启华人民币 2 万余元、王炳杰人民币 2 万余元、李世伟人民币 2 万余元。

一审诉辩情况

检察机关认为被告人冯在政、徐立道、李启华、王炳杰、李世伟以营利为目的，开设赌场、聚众赌博，其行为均应以赌博罪追究刑事责任。

被告人冯在政的辩护人提出：被告人冯在政案发后确有悔罪表现等情节，对冯应从轻处罚。

被告人徐立道的辩护人提出：考虑徐立道系受冯在政聘用、所起作用非主要之情节，对徐立道从轻处罚。

被告人李启华的辩护人提出：被告人李启华在本案中起次要、辅助作用，显然系从犯，并有悔罪表现，要求法庭对李启华减轻处罚或判处缓刑。

被告人王炳杰的辩护人提出：被告人王炳杰在本案中所起作用显然系从犯，建议法庭对王炳杰从轻或减轻处罚。

被告人李世伟的辩护人提出：考虑到被告人李世伟系本案从犯，并有悔罪表现，建议法庭对李世伟减轻处罚或判处缓刑。

▶ 一审裁判结果 ◀

上海市第一中级人民法院于2004年2月24日以〔2004〕沪一中刑初字第18号刑事判决：

一、被告人冯在政犯赌博罪，判处有期徒刑2年6个月，并处罚金人民币30万元；

二、被告人徐立道犯赌博罪，判处有期徒刑1年6个月，并处罚金人民币15万元；

三、被告人李启华犯赌博罪，判处有期徒刑1年，并处罚金人民币3万元；

四、被告人王炳杰犯赌博罪，判处有期徒刑10个月，并处罚金人民币2500元；

五、被告人李世伟犯赌博罪，判处有期徒刑9个月，并处罚金人民币2万元；

六、各被告人的违法所得及赌资予以追缴，供犯罪使用的工具予以没收。

▶ 一审裁判理由 ◀

一审法院认为：被告人冯在政、徐立道、李启华、王炳杰、李世伟以营利为目的，开设赌场、聚众赌博，其行为均已触犯了我国《刑法》第303条之规定，应当以赌博罪予以惩处。李启华、王炳杰、李世伟3人在犯罪过程中所起的作用均系开设赌场、聚众赌博犯罪的重要组成部分之一，非次要、辅助作用，李启华、王炳杰、李世伟的辩护人所提该3名被告人在本案中属从犯的辩护意见无事实与法律依据，不予采纳。本案犯罪所涉赌资巨大、参与人数众多、社会影响恶劣，且3名被告人不属从犯，故对3名被告人的辩护人要求对3名被告人予以减轻处罚或判处缓刑的辩护意见不予采纳。但根据该3名被告人在本案中所起的作用、获取非法利益的数额要明显轻于或少于另两名被告人之情节，故在适用刑罚时予以区别。又考虑到各被告人到案后交代态度较好的辩解与客观事实相符，可以酌情从轻处罚，对各被告人及冯在政、徐立道、王炳杰的辩护人的相关辩护意见予以采纳。

二审诉辩情况

一审宣判后，被告人冯在政和徐立道提出上诉。

上诉人（原审被告人）冯在政及其辩护人提出，190万元盈利没有实际获取及冯到案后交代态度好为由，要求对其从轻处罚。

上诉人（原审被告人）徐立道及辩护人提出，徐没有负责追讨赌资、所得报酬中有4万余元用于支付赌博租赁的房租，徐为从犯，原判量刑过重、罚金过高。

二审裁判结果

上海市高级人民法院于2004年5月10日以同样的事实作出〔2004〕沪高刑终字第43号刑事裁定，驳回上诉，维持原判。

二审裁判理由

二审法院认为：冯在政、徐立道、李启华、王炳杰、李世伟的行为均已构成赌博罪。冯在政实施了开设赌场并为赌场的开设提供所需资金，纠集徐立道等人共同参与非法牟利并进行分工等犯罪行为；徐立道实施了伙同冯在政等人共同开设赌场，负责招揽赌徒、追讨赌资等犯罪行为，徐立道的犯罪行为均系赌博犯罪过程中的重要组成部分，不属从犯。冯在政、徐立道等开设赌场、聚众赌博，犯罪所涉赌资巨大，严重影响了社会秩序，原判鉴于冯在政、徐立道到案后交代态度较好，已酌情对冯、徐分别从轻处罚，现冯在政、徐立道再要求从轻处罚，不予准许。原判认定冯在政、徐立道、李启华、王炳杰、李世伟赌博犯罪的事实清楚，证据确实、充分，适用法律正确，量刑适当，审判程序合法。故法院依法作出如上裁判。

---

116. 为赌博网站担任代理，以提供赌博网站账户和密码的方式，发展人员参与赌博活动的行为应如何定性？

网络可以成为赌博的工具和媒介。为赌博网站担任代理，以提供赌博网站账户和密码的方式，发展人员参与赌博活动的行为构成赌博罪。

典型疑难案件参考

陈宝林等赌博案

基本案情

2003年12月以来,被告人陈宝林伙同被告人彭世美、陈中勋、王胜利、陈东生、简翠霞等人,在南京市白下区洪武路137号2806室、洪武路137号26楼、太平南路333号604室等处,利用赌博网站提供的网络管理操作平台,为赌博网站担任代理,以提供赌博网站账户和密码的方式,发展数十名代理商和会员进行赌球活动。被告人陈宝林负责与赌博网站的"后庄"联系发展代理商和会员、赌资结算,掌握、控制参赌人员输赢结算。被告人陈中勋受陈宝林的指使对赌球代理商、会员进行网上登记、对账核算,并安排人员结算输赢款,陈宝林每月付给陈中勋人民币5000元;陈宝林指使被告人彭世美、王胜利等人结算以现金形式收付的赌博输赢款,每月分别付给彭世美、王胜利人民币5000元、2000元;陈宝林指使被告人陈东生结算以信用卡形式收付的赌博输赢款,每月付给陈东生人民币1000元;陈宝林指使被告人简翠霞记载赌球代理商和会员的赌球输赢明细账和收支日记账,每月付给简翠霞人民币3000元。仅2004年4月22日至同年7月21日,赌球输赢款收支累计达人民币61136196元,违法所得人民币2319365元。

诉辩情况

检察机关指控被告人陈宝林、彭世美、陈中勋、王胜利、陈东生、简翠霞犯赌博罪。

陈宝林、彭世美、陈中勋、王胜利、陈东生、简翠霞6被告人对检察机关起诉指控的犯罪事实不持异议。

裁判结果

南京市白下区人民法院作出刑事判决如下:

一、被告人陈宝林犯赌博罪,判处有期徒刑3年,罚金人民币600万元;

二、被告人彭世美犯赌博罪,判处有期徒刑2年,罚金人民币15万元;

三、被告人陈中勋犯赌博罪,判处有期徒刑1年6个月,罚金人民币15万元;

四、被告人王胜利犯赌博罪,判处有期徒刑1年,罚金人民币10万元;

五、被告人陈东生犯赌博罪，判处有期徒刑1年，罚金人民币8万元；

六、被告人简翠霞犯赌博罪，判处有期徒刑1年，罚金人民币12万元。

七、追缴被告人陈宝林违法所得人民币2319365元；追缴被告人彭世美违法所得人民币40000元；追缴被告人陈中勋违法所得人民币40000元；追缴被告人王胜利违法所得人民币8000元；追缴被告人陈东生违法所得人民币8000元；追缴被告人简翠霞违法所得人民币24000元；

八、没收从被告人陈中勋家中搜缴的赌资人民币102750元；没收从被告人彭世美身上搜获的赌资人民币114500元；没收从被告人陈东生处搜获的4张银行卡上的赌资724222元及其利息；没收作案工具电脑主机、显示器各1台，IBM牌携式电脑1台，三星牌手机2部，诺基亚牌手机4部。

裁判理由

法院生效裁判认为：被告人陈宝林以营利为目的，为赌博网站担任代理，以提供赌博网站账户和密码的形式，发展赌博客户，实施赌博犯罪活动，被告人彭世美、陈中勋、王胜利、陈东生、简翠霞明知陈宝林实施赌博犯罪活动，仍为其提供直接帮助，其行为已构成赌博罪，系共同犯罪。被告人陈宝林与彭世美、陈中勋、王胜利、陈东生、简翠霞等人结成的赌博团伙，成员固定，分工明确。在共同犯罪中，陈宝林起主要作用，系主犯，应当按照其所参与、组织、指挥的全部犯罪处罚；彭世美、陈中勋、王胜利、陈东生、简翠霞在共同犯罪中起辅助作用，系从犯，依法应当从轻处罚。故法院依法作出如上裁判。

---

117. 行为人参照香港特别行政区发行的"六合彩"的规则和中奖号码，在内地坐庄接受他人投注和兑付奖金的行为是否属于销售彩票的行为？

行为人参照香港特别行政区发行的"六合彩"的规则和中奖号码，在内地坐庄接受他人投注和兑付奖金，其中兑付和获得奖金所依据的唯一标准就是"六合彩"的相应中奖号码。形成的权利义务关系实际上就是彩票的销售者和购买者之间的权利义务关系，应当认定该行为属于销售彩票行为。

118. 采用销售彩票的方式，利用非法"六合彩"这种形式招引他人进行博彩活动的行为应认定为何罪？

采用销售彩票的方式，利用非法"六合彩"这种形式招引他人进行博彩活动，符合赌博罪和非法经营罪的犯罪构成，构成想象竞合关系，应从一重罪处断。

典型疑难案件参考

陈炳山等非法经营、赌博案

基本案情

被告人陈炳山参照香港特别行政区发行的"六合彩"的规则和中奖号码，自己坐庄接受他人投注和兑付奖金，并以支付投注总额一定比例金额作为回扣的方法发展"开票员"，由"开票员"招引更多的人参与其组织的非法"六合彩"赌博活动。被告人巨玲芬、周美苹明知被告人陈炳山组织的非法"六合彩"是赌博活动，但为了获取陈炳山许诺给予的回扣，多次招引多人参与陈炳山组织的非法"六合彩"赌博活动，并帮助被告人陈炳山进行收注登记、结算、交接赌款。2005年2月下旬至3月10日，被告人陈炳山先后8次在绍兴县柯桥街道中国轻纺城北七区3幢302室和绍兴市国际大酒店1501号房间，以香港特别行政区21～29期的"六合彩"为参照，进行非法"六合彩"赌博活动，累计收受的投注金额达61.7万元。期间，被告人巨玲芬共计7次招引被告人彭新成等人进行投注，投注金额达16.1万元，其中被告人彭新成为营利，先后通过被告人巨玲芬投注参与非法"六合彩"赌博，投注金额达10余万元，累计输赢额达23万元。被告人周美苹招引"阿兵"、"吴步晓"、周丕福等约10人20余次进行投注，投注金额达43470元。被告人赵晓丹为营利，先后6次向被告人陈炳山投注参与非法"六合彩"赌博，投注金额近10万元，累计输赢额达18.7万元。被告人王连珠明知被告人陈炳山在组织实施非法的"六合彩"赌博，仍多次到绍兴市国际大酒店1501号房间，帮助陈炳山进行收注登记和计算输赢状况，其中3月10日登记的收注金额达364350元。

2005年3月11日，公安机关先后抓获了被告人陈炳山、王连珠、巨玲芬、赵晓丹、周美苹，又于同月18日抓获了被告人彭新成，并缴获了被告人陈炳山专门用于接受投注的诺基亚手机16部和被告人周美苹专门用于投注报单的摩托罗拉V690手机1部，还扣押了被告人陈炳山的现金2790元，冻结了陈炳山专门用于接受投注资金和兑付奖金的银行卡中的存款余额计79758.59元。被告人巨玲芬被抓获后即检举他人犯罪，现已查证属实。

诉辩情况

检察机关指控：被告人陈炳山、巨玲芬、王连珠均构成非法经营罪；被告人周美苹、彭新成、赵晓丹均构成赌博罪。在共同犯罪中，被告人陈炳山是主犯，被告人巨玲芬、周美苹、王连珠是从犯。

被告人陈炳山的辩护人提出：被告人陈炳山没有印制并发行、销售彩票；本案不应适用最高人民法院、最高人民检察院《关于办理赌博刑事案件具体应用法律若干问题的解释》；故被告人陈炳山的行为构成赌博罪而不是非法经营罪。被告人陈炳山有从轻处罚的情节，并可宣告缓刑。

被告人巨玲芬、周美苹的辩护人分别提出：被告人巨玲芬、周美苹是从犯，建议对其从轻处罚并宣告缓刑。

被告人王连珠的辩护人提出：被告人王连珠的行为构成赌博罪而不是非法经营罪，并建议对王连珠免除处罚。

被告人彭新城的辩护人提出：被告人彭新成有从轻处罚的情节及认罪悔罪表现，建议对其从轻处罚并宣告缓刑。

被告人赵晓丹的辩护人提出：被告人赵晓丹有从轻情节，建议对其从轻处罚并宣告缓刑。

一审宣判后，陈炳山提出上诉。

上诉人（原审被告人）陈炳山及辩护人提出：原判对陈炳山的行为定性不当，陈炳山没有销售"六合彩"的行为，而仅仅是接受他人对"六合彩"号码投注的赌博行为，陈炳山的行为构成赌博罪而不是非法经营罪。

原审被告人巨玲芬、周美苹、王连珠、彭新成对原判认定事实均无意见，但均认为原判量刑过重。

裁判结果

浙江省绍兴县人民法院于2005年6月29日以〔2005〕绍刑初字第332号刑事判决如下：

一、被告人陈炳山犯非法经营罪，判处有期徒刑6年，并处没收财产30万元；

二、被告人巨玲芬犯非法经营罪，判处有期徒刑1年3个月；

三、被告人周美苹犯赌博罪，判处有期徒1年1个月，并处罚金人民币10万元；

四、被告人王连珠犯非法经营罪，判处有期徒刑2年，缓刑3年，并处没收财产人民币5万元；

五、被告人彭新成犯赌博罪，判处有期徒刑1年，缓刑1年6个月，并处罚金人民币17万元；

六、被告人赵晓丹犯赌博罪，判处有期徒刑1年1个月，并处罚金人民币14万元；

七、被告人陈炳山专门用于赌博活动的诺基亚手机16部、赌资79758.59元和被告人周美苹专门用于赌博活动的摩托罗拉V690型手机一部均予以没收；

八、移送来院的人民币2790元系被告人陈炳山的财物，抵作没收财产款。

一审宣判后，陈炳山提出上诉。浙江省绍兴市中级人民法院于2005年9月10日以同样的事实作出〔2005〕绍中刑终字第158号刑事裁定，驳回上诉，维持原判。

裁判理由

法院生效裁判认为：被告人陈炳山违反国务院《关于加强彩票市场管理的通知》和国务院《关于进一步加强彩票市场管理的通知》的规定，未经批准擅自销售彩票进行赌博活动，收受的投注赌资金额达60余万元，扰乱了国家的彩票市场管理秩序，其行为构成非法经营罪，属情节特别严重；被告人王连珠明知被告人陈炳山采用非法销售彩票的方式进行赌博，仍多次帮助被告人陈炳山进行收注登记和计算输赢状况，参与登记的收注赌资金额超过36万元，其行为亦构成非法经营罪，属情节特别严重；被告人巨玲芬明知被告人陈炳山采用非法销售彩票的方式进行赌博，仍多次组织他人参与被告人陈炳山组织的赌博活动，并帮助被告人陈炳山进行收注登记、结算、交接赌款，其收注登记、结算、交接的赌资金额达16万余元，扰乱了国家的彩票市场管理秩序，情节严重，其行为亦构成非法经营罪；被告人周美苹明知被告人陈炳山采用非法销售彩票的方式进行赌博，但为营利仍组织约10人累计20余次参与被告人陈炳山组织的赌博活动，虽其收记、结算、交接的赌资金额仅4万余元，但符合聚众赌博的构成要件，其行为构成赌博罪；被告人彭新成、赵晓丹以营利为目的，多次参与"六合彩"形式的赌博活动，在不到1个月的时间内，投注的赌资金额达10万元左右，赌博的输赢额达20万元左右，其虽有其他职业，但赌博的输赢额大大超过一般社会公众的正常收支水平，可以认定以赌博所得为主要经济来源，应以赌博为兼业论，其行为均构成赌博罪。其中被告人王连珠、巨玲芬、周美苹帮助被告人陈炳山进行收注登记、结算、交接赌资的行为分别与被告人陈炳山的相应行为构成共同犯罪。检察机关指控的罪名成立，予以支持。

根据最高人民法院、最高人民检察院《关于适用司法解释时间效力问题的规定》之规定，司法解释自发布或者规定之日起施行，效力适用于法律的施行期间，对于司法解释实施之前发生的行为，行为时没有相关司法解释，司法解释实施后尚未处理或者正在处理的案件，依照司法解释的规定办理。根据最高人民法院、最高人民检察院《关于办理赌博刑事案件具体应用法律若干问题的解释》自 2005 年 5 月 13 日起施行。所以，本案应当适用最高人民法院、最高人民检察院《关于办理赌博刑事案件具体应用法律若干问题的解释》。不采纳辩护人董坚、章明清关于本案不能适用最高人民法院、最高人民检察院《关于办理赌博刑事案件具体应用法律若干问题的解释》之规定的辩护意见。被告人陈炳山参照香港特别行政区发行的"六合彩"的规则和中奖号码，在内地坐庄接受他人投注和兑付奖金。在接受他人投注时被告人陈炳山就与投注人形成了一种非法的权利义务关系，即被告人陈炳山有按规则接受他人投注的权利和兑付奖金的义务，投注人有交付投注资金的义务和获得奖金的权利。而这种权利义务关系就是彩票的销售者和购买者之间的权利义务关系。被告人陈炳山虽未制作实物载体载明投注号码，但双方均明确相关号码系区别中奖与否的唯一标准，其行为符合彩票销售的本质特征，可以认定属销售彩票的行为。不采纳辩护人董坚、章明清关于被告人陈炳山、王连珠的行为不属于销售彩票的辩护意见。被告人陈炳山采用发展"开票员"的方法，招引他人投注，虽然其发展的"开票员"是其同乡或朋友，但其没有也不可能控制"开票员"招引前来投注人员的范围，其非法销售彩票的对象实际上是全社会不特定的多数人，其行为扰乱了国家的彩票市场管理秩序。综上，被告人陈炳山、王连珠的行为已符合非法经营罪的法定犯罪构成，同时根据最高人民法院、最高人民检察院《关于办理赌博刑事案件具体应用法律若干问题的解释》第 6 条之规定，未经国家批准擅自销售彩票，构成犯罪的，以非法经营罪定罪处罚。故被告人陈炳山、王连珠的行为构成非法经营罪。不采纳辩护人董坚、章明清关于被告人陈炳山、王连珠的行为不构成非法经营罪，而构成赌博罪的意见。

在共同犯罪中，被告人陈炳山积极组织实施涉案的犯罪活动，起主要作用，是主犯；被告人王连珠、巨玲芬、周美苹帮助被告人陈炳山实施相关的犯罪活动，起次要作用，是从犯。结合被告人王连珠、巨玲芬、周美苹在共同犯罪中的具体行为、作用，对被告人王连珠依法予以减轻处罚，对被告人巨玲芬、周美苹依法予以从轻处罚。6 被告人自愿认罪，均予酌情从轻处罚。采纳辩护人董坚、张东良、张伯灿、梅其良、秦国光据上述理由分别建议对被告人陈炳山、巨玲芬、周美苹、彭新成、赵晓丹从轻处罚的意见。被告人巨玲芬归案后揭发他人犯罪，经查证属实，有立功表现，依法予以从轻处罚。采纳被告人巨玲芬请求从轻处罚的意见。被告人王连珠、彭新成有悔罪表现，又予酌情从轻处罚并宣告缓刑。采纳辩护人梅其良建议对被告人彭新成宣告缓刑的意见。

根据被告人陈炳山犯罪的性质和情节，应对其判处5年以上有期徒刑，对其适用缓刑不符合法律规定；根据被告人巨玲芬、周美苹、赵晓丹的犯罪性质、情节、社会危害程度和悔罪表现，不宜对该3被告人宣告缓刑。不采纳被告人巨玲芬请求宣告缓刑的意见和辩护人董坚、张东良、张伯灿、秦国光分别建议对上述4被告人宣告缓刑的意见。根据被告人王连珠犯罪的性质，其法定刑在5年以上有期徒刑，虽然其在共同犯罪中属从犯，犯罪情节较轻，但对其免除处罚显然违背了罪刑相适应原则。不采纳辩护人章明清建议对被告人王连珠免除处罚的意见。

陈炳山及其辩护人关于陈炳山不构成非法经营罪而构成赌博罪的意见，经查，陈炳山利用香港特别行政区"六合彩"中彩号码作为参照，采用记账方式，自己坐庄招引他人投注，并依中彩号码发放彩金，其犯罪活动符合赌博罪的构成要件，但其赌博方式同时违反国家有关彩票销售、发行的规定，属非法经营行为，且非法经营数额巨大，因而应择一重罪即非法经营罪论处。故法院依法作出如上裁判。

119. 在酒店设置"百家乐"赌场，并利用网络设置赌盘，通过网络连接境外供他人赌博的行为是否构成犯罪？

在酒店设置"百家乐"赌场，并通过网络连接境外供他人赌博，使参与人现时参与境外赌场的赌博活动，危害性更大，应以赌博罪追究刑事责任。

典型疑难案件参考

甘介其等赌博案

基本案情

2004年5月,被告人甘介其受聘担任缅甸木姐市永和大酒店总经理,全面负责酒店的管理工作。该酒店设有"百家乐"赌场,并利用网络设施设置了赌盘网址,通过互联网连接赌场,供人上网参与"百家乐"赌博。嗣后,被告人甘介其向被告人赵新、赵峰、顾军东及秦红健(在逃)等人介绍赌场的情况,并共谋在上海市嘉定地区开设分赌场,通过网络视频和国际长途供人与缅甸赌场同步进行网络"百家乐"赌博,从中牟取非法利益。自2004年6月至11月,通过被告人甘介其许可,被告人顾军东、赵新及秦红健等人先后在各自家中开设了分赌场,召集他人进行网络"百家乐"赌博。其间,根据被告人甘介其的安排,被告人赵新、赵峰负责嘉定地区各分赌场的输赢统计、赌资收付并将所收取的赌资交于被告人徐菊(系被告人甘介其之妻)保管,由徐负责记录参赌人员的输赢金额并与缅甸赌场进行核对后,3名被告人再根据缅甸赌场的要求,按时将赌资汇往赌场所指定的账户。经查,其间先后有高铭、印利明、王榕、李钢、陆光辉、蒋为江、吴帆、蔡银龙、李存刚、张明、陆为民、孙建安、杨孝东、徐雪华(均另处)等人在上述分赌场参赌,输赢金额总计人民币8500万余元。公安机关接群众举报,经侦查于2004年11月5日将被告人甘介其、赵新、徐菊、赵峰抓获归案。被告人顾军东于2004年12月13日向公安机关投案自首。

诉辩情况

检察机关认为:被告人甘介其、赵新、顾军东、徐菊、赵峰以营利为目的,开设赌场,共同实施聚众赌博,其行为均已构成赌博罪。在共同犯罪中被告人甘介其、赵新、顾军东起主要作用,系主犯,被告人徐菊、赵峰起次要、辅助作用,系从犯,依法应当从轻处罚;被告人赵新系累犯,应当从重处罚;被告人顾军东犯罪后能自动投案,系自首,依法可从轻处罚。

被告人甘介其提出:其没有指使、操纵嘉定地区的赌场,其只是起了介绍及牵线搭桥的作用。

被告人甘介其的辩护人提出:起诉书指控被告人甘介其指使、操纵嘉定地区赌场的证据不足,甘在本案中的作用比另两名主犯轻,另外,公安机关在甘介其家中所扣押的现款、存折、债券等物是甘介其多年的经营收入和家庭储蓄，不是本案中的非法所得，应予退还。

被告人赵新及其辩护人提出：被告人赵新所起的作用是被动的、从属的，起辅助作用，不是主犯。

被告人顾军东的辩护人提出：被告人顾军东在本案中起次要作用，系从犯。同时其具有自首情节，建议合议庭对顾从轻处罚并适用缓刑。

被告人徐菊的辩护人提出：被告人徐菊系从犯，从中未获取非法所得，建议对徐从轻处罚并适用缓刑。

被告人赵峰的辩护人认为：被告人赵峰系从犯，从中未获取非法利益，建议对赵从轻处罚并适用缓刑。

裁判结果

上海市嘉定区人民法院于2005年4月12日以〔2005〕嘉刑初字第98号刑事判决，认定：

一、甘介其犯赌博罪，判处有期徒刑3年，罚金人民币95万元；

二、赵新犯赌博罪，判处有期徒刑2年6个月，罚金人民币50万元；

三、顾军东犯赌博罪，判处有期徒刑1年，罚金人民币40万元；

四、徐菊犯赌博罪，判处有期徒刑6个月，缓刑1年，罚金人民币20万元；

五、赵峰犯赌博罪，判处拘役6个月，罚金人民币10万元；

六、各被告人的违法所得，予以追缴；

七、犯罪工具及在案赃物，牌号为沪DS5286（发动机号32673021306S3、车架号 WBAGN210X0DR86508）及牌号为沪BB5035（发动机号02689659194E1、车架号 WBAAL31070FH15365）宝马轿车两辆，予以没收。其余在案物品退回上海市嘉定区人民检察院。

裁判理由

法院生效裁判认为：被告人甘介其、赵新、顾军东、徐菊、赵峰以营利为目的，设立赌博场所，并通过网络连接境外赌场供他人进行赌博，其行为均已触犯刑律，构成赌博罪。检察机关指控5名被告人的犯罪事实清楚，证据确实、充分，所控罪名成立。论罪依法应判处3年以下有期徒刑、拘役或者管制，并处罚金。

关于被告人甘介其提出的其在本案中只起了介绍、牵线搭桥作用的辩解及其辩护人提出的检察机关指控甘介其在本案中起操纵、指挥作用的证据不足的辩护意见。经查，被告人赵新、赵峰、徐菊证实，其在本案中所实施的行为均由被告人甘介其安排或经甘介其同意。被告人顾军东及证人杨孝东、朱丽萍亦证实，其家中开设网上"百家乐"均需通过甘介其同意，故被告人甘介其实际是本案的组织者，起主要作用，被告人甘介其及其辩护人的上述意见，不予采纳，检察机关指控被告人甘介其系主犯，应予支持；检察机关关于被告人赵新曾因犯罪被处刑罚，但在刑满释放后5年内又重新犯罪，系累犯，依法应从重处罚的意见，合法有据，予以支持。

关于被告人赵新提出其不是主犯的辩解及其辩护人提出的赵新在本案中的作用是被动的、从属的，起辅助作用的辩护意见。经查，被告人赵新虽开始是根据甘介其安排负责嘉定地区各分赌场的管理工作，但后来其也积极参与，在自己家中开设分赌场，并纠集他人至家中赌博，在共同犯罪中起主要作用，故检察机关指控被告人赵新系主犯，予以支持；关于被告人顾军东的辩护人提出顾军东起次要作用，系从犯的辩护意见。经查，在本案中，被告人顾军东在自己家中开设分赌场，并积极纠集他人赌博，在共同犯罪中起主要作用，故检察机关指控被告人顾军东系主犯，予以支持。

对控辩双方提出的被告人顾军东犯罪后能主动向公安机关投案并如实供述自己的犯罪事实，系自首，依法可从轻处罚的意见，合法有据，本院予以采纳；对控辩双方提出的被告人徐菊、赵峰在共同犯罪中起次要作用，系从犯，依法应当从轻处罚的意见，予以采纳；对被告人顾军东、徐菊、赵峰的辩护人分别提请法庭对上述3名被告人适用缓刑的意见，法院认为，根据上述3名被告人在共同犯罪中各自所起的作用及对社会所造成的危害程度，对被告人顾军东、赵峰不宜适用缓刑，对被告人徐菊可适用缓刑。同时，根据本案各被告人的犯罪事实、情节和社会危害程度，在量刑时一并予以考虑。

120. 行为人设置虚构的赌局，并始终控制全局，最终利用赌博作弊手段骗得被害人大量钱财的行为，该如何定性？

行为人设置虚构的赌局，并始终控制全局，最终利用赌博作弊手段获得被害人大量钱财的行为，属于利用赌博手段实施的诈骗行为，实质上是"名为赌博、实为诈骗"的行为，应以诈骗罪追究行为人的刑事责任。

典型疑难案件参考

陈建新等赌博案

基本案情

2008年5月间，被告人陈建新、张鹏钦、陈由潘及"郭总"经共谋后，先由被告人陈建新、陈由潘搭识开美容店的叶耀花及王玉男。后让叶、王二人到他们住的宾馆房间，故意让她们看见"郭总"等人赌博，然后被告人陈建新、张鹏钦、陈由潘等人以被告人张鹏钦赌技很好，并当场演示作弊手段，鼓动叶、王二人与被告人一伙共同出资与"郭总"进行赌博，在赌博中用共同作弊手段赢取"郭总"的钱款。2008年5月21日下午，被告人陈建新、张鹏钦、陈由潘及"郭总"和叶耀花、王玉男至杭州市拱墅区金海宾馆3026房间内，叶、王二人带来人民币91400元，被告人陈建新、张鹏钦、陈由潘带的钱实际只有表面的是真币，3被告人将叶、王二人带的钱一起交"郭总"验看，确定带有足够的赌资后，即开始采用"六合彩"的方式进行赌博。开始赌博后，最初几局按照约定的方式下注，"郭总"均输钱，且"郭总"所押钱均比较少，最后1把，"郭总"把钱（4万美元）全部押上，此时，被告人张鹏钦偷偷将叶耀花拿的骰子拿掉1颗，造成"郭总"押注正确赢钱，按照5倍支付押注，所有钱均输给了"郭总"，包括叶耀花、王玉男所带来的用于赌博的人民币91400元，3被告人让叶、王二人再去筹资，参与人员乘机均离开宾馆。后被告人陈建新、陈由潘各分得赃款人民币26000元，被告人张鹏钦分得赃款人民币15400元。2008年5月22日，公安机关在杭州市环城北路纳德大酒店内将3被告人抓获归案，并扣押了赃款人民币15000元及美元900元（折合人民币6097.59元）。

一审诉辩情况

检察机关指控被告人陈建新、张鹏钦、陈由潘犯诈骗罪。
3被告人及其辩护人提出：其应构成赌博罪。

一审裁判结果

浙江省杭州市拱墅区人民法院于2008年9月16日以〔2008〕拱刑初字第332号刑事判决，认定被告人陈建新犯赌博罪，判处有期徒刑1年6个月，并处罚金人民币60000元；并判令赃款人民币21097.59元予以没收，上缴国库。张鹏钦犯赌博罪，判处有期徒刑1年6个月，并处罚金人民币60000元；并判令赃款人民币 21097.59 元予以没收，上缴国库。陈由潘犯赌博罪，判处有期徒刑 1 年 6 个月，并处罚金人民币 60000 元；并判令赃款人民币 2109 7.59 元予以没收，上缴国库。

一审裁判理由

一审法院认为：被告人陈建新、张鹏钦、陈由潘等人以营利为目的，聚众进行赌博活动，赌资达 9 万元，其行为均已构成赌博罪。检察机关对 3 被告人以诈骗罪的罪名指控不当，在此予以纠正。

二审诉辩情况

一审宣判后，浙江省杭州市拱墅区人民检察院提出抗诉。认为 3 被告人之所以能够骗取被害人的钱财，是因为使用欺诈手段控制了所谓赌博的整个过程。本案中"赌博"只是被告人骗取被害人财产的手段，被告人的行为属于一种名为赌博、实为诈骗的行为。3 被告人骗取被害人财物的关键在于其所实施的诈骗行为致使被害人产生了错误认识，其行为特征完全符合诈骗罪的犯罪构成。故原判对 3 被告人的行为定性错误，造成本案适用法律不当且量刑畸轻，请求对 3 被告人的行为以诈骗罪定罪处罚。

二审裁判结果

浙江省杭州市中级人民法院于 2008 年 11 月 19 日以同样的事实作出〔2008〕杭刑终字第 365 号刑事判决，撤销杭州市拱墅区人民法院的刑事判决；被告人陈建新、张鹏钦、陈由潘犯诈骗罪，各判处有期徒刑 4 年，并处罚金人民币 10000 元；已追缴的赃款人民币 15000 元，美元 900 元发还被害人叶耀花、王玉男。

二审裁判理由

二审法院经审理后认为：原审被告人陈建新、张鹏钦、陈由潘等人采用虚构事实、隐瞒真相的方法，骗取他人财物，数额巨大，其行为均已构成诈骗罪。本案中赌博行为仅仅是欺诈的手段，原审被告人通过赌博作弊的方式，虚构事实、隐瞒真相，使被害人自以为输钱，从而使得被害人自愿交出钱财。故原判认定 3 原审被告人构成赌博罪不当，检察机关的抗诉意见正确。故法院依法作出如上裁判。

> **121. 以营利为目的,坐庄贩卖"六合彩"彩票,接受他人投注的行为构成赌博罪还是非法经营罪?**
>
> 以营利为目的,坐庄贩卖"六合彩"彩票,接受他人投注的行为应定非法经营罪。

典型疑难案件参考

严庭杰等非法经营、赌博、伪造国家机关证件案

基本案情

2004年下半年至2005年年底,被告人卢海棠利用"六合彩"进行赌博,先后向陈泽斌(已另案判决)投注共四五十期,金额达995.8万元,后陈泽斌又将其中的186.3万元再次投注给充当"六合彩"庄家的被告人严庭杰。2005年8月,被告人卢海棠利用工作之便,为陈泽斌伪造一张编号252的福建省南靖县政法委员会工作证,冒充南靖县政法委员会的驾驶员,后由陈泽斌随身携带。2006年6月12日,陈泽斌被抓获,公安人员从其身上扣押了该工作证。福建省龙海市人民检察院以严庭杰犯非法经营罪,卢海棠犯赌博罪、伪造国家机关证件罪,向福建省龙海市人民法院提起公诉。

一审诉辩情况

检察机关指控严庭杰犯非法经营罪,卢海棠犯赌博罪、伪造国家机关证件罪。

被告人严庭杰提出:其接受陈泽斌投注六合彩,认为其行为构成赌博罪而不构成非法经营罪。

被告人严庭杰的辩护人提出:严庭杰能主动交代公安机关尚未掌握的具体犯罪事实,并检举揭发案外人有犯罪行为,应认定有立功表现,予以从轻、减轻处罚。

被告人卢海棠提出:其伪造政法委工作证行为显著轻微,不认为是犯罪。

被告人卢海棠的辩护人提出:卢海棠有检举他人违法犯罪行为,有悔罪表现,建议适用缓刑。

一审裁判结果

福建省龙海市人民法院于2007年8月21日以〔2007〕龙刑初字第005号

刑事判决，认定被告人严庭杰犯非法经营罪，判处有期徒刑6年6个月，并处罚金40万元。被告人卢海棠犯赌博罪，判处有期徒刑3年，并处罚金60万元；犯伪造国家机关证件罪，判处有期徒刑1年；决定执行有期徒刑3年6个月，并处罚金60万元。

一审裁判理由

一审法院认为：被告人严庭杰以营利为目的，坐庄贩卖"六合彩"彩票，接受他人投注，金额达186.3万元，情节特别严重，其行为已构成非法经营罪。卢海棠以赌"六合彩"为常业，投注次数多，金额达995.8万元，其行为已构成赌博罪，又为他人伪造国家机关证件，其行为构成伪造国家机关证件罪。依照最高人民法院、最高人民检察院《关于办理赌博刑事案件具体应用法律若干问题的解释》第6条之规定，应对严庭杰以非法经营罪处罚，严庭杰辩解应以赌博罪处罚与法律规定不符。公安机关在抓获严庭杰之前就已掌握其犯罪事实，辩护人提出严庭杰主动交代尚未掌握的犯罪事实，与事实不符，其提出检举揭发他人违法犯罪线索，经公安机关侦查仍未查证属实。卢海棠未经批准擅自为陈泽斌制造南靖县政法委工作证的行为，客观上影响南靖县政法委的正常管理活动，损害其名誉，从而破坏社会管理秩序，其行为一经实施，即构成犯罪。其辩护人提出"情节显著轻微，不认为是犯罪"的辩护意见，不予采纳。被告人卢海棠构成赌博罪和伪造国家机关证件罪，应当数罪并罚，根据其犯罪性质、情节，不宜适用缓刑，其辩护人建议适用缓刑的意见不予采纳。卢海棠案发后如实交代犯罪事实，认罪态度较好，对其所犯伪造国家机关证件罪可酌情从轻处罚。卢海棠归案后虽能检举他人违法犯罪行为，但未经查证属实，其立功表现不能成立。

二审诉辩情况

一审宣判后，严庭杰、卢海棠提出上诉。
严庭杰、卢海棠均提出，自己有检举他人犯罪的立功表现，应予认定。

二审裁判结果

福建省漳州市中级人民法院于2007年4月29日以同样的事实作出〔2007〕漳刑终字第85号刑事裁定，驳回上诉，维持原判。

二审裁判理由

二审法院认为：依照最高人民法院、最高人民检察院《关于办理赌博刑事案件具体应用法律若干问题的解释》的相关规定，上诉人严庭杰的该行为应认定为非法经营罪。上诉人严庭杰检举揭发案外人的有关事实，经公安机关侦查，仍未能查证属实，故该辩护意见，不予采纳。卢海棠虽有检举他人违法犯罪行为，但未经查证属实，其所提立功表现不能认定，故该诉辩理由与法律不符，不予采纳。原判认定事实清楚，证据确实、充分，定性准确，适用法律正确，量刑适当，审判程序合法。

> **122. 行为人实施或参与了开设赌场的行为，为了保护赌场的非法利益，实施的寻衅滋事、聚众斗殴、故意伤害、故意杀人等行为该如何定罪处罚？**
>
> 行为人在实施或参与了开设赌场的行为构成开设赌场罪以后，为了保护赌场的非法利益，又实施的寻衅滋事、聚众斗殴、故意伤害、故意杀人等行为，应当认定为开设赌场罪以及相关犯罪的数罪，按数罪并罚处理。

典型疑难案件参考

陈亮等开设赌场、寻衅滋事案

基本案情

2007年11月底，被告人陈亮得知张某（另案处理）等人在芜湖县湾沚镇"大塘角"的居民家中开设赌场。见有利可图，遂要求与张某等人合伙。后双方经过协商，"大塘角"的赌场共分两方，即张某等人一方，被告人陈亮、奚俊、张胜、马骏与宋某（另案处理）为另一方。赌场抽头由张某一方负责，陈亮等人负责赌场的"安全"事宜。

自2007年12月初至12月15日时间里，赌场抽头渔利3万元左右，陈亮、奚俊、张胜、马骏及宋某共分得15000元左右。

2007年12月15日12时许，陈亮、奚俊、张胜、马骏和宋某以及承某、洪某等10余人在芜湖县湾沚镇"同兴楼"酒店吃饭。席间，陈亮说到范某等人在"大塘角"赌场附近拉客去别处赌博，想教训教训他，于是让承某等人去找范某。后承某、洪某等乘坐出租车，陈亮、张胜、马骏及宋某乘坐由奚俊驾驶的无号牌黑色"普桑"轿车前往"大塘角"。当被告人奚俊驾车至"大塘角"附近的湾沚镇环城南路香叶大酒店边时，陈亮等人见瞿某、王某（与范某等人为一伙，均另案处理）正持刀追砍承某等人后，奚俊遂立即调转车头将车开至环城南路"兄弟车行"前的马路边停下,陈亮、奚俊、张胜、马骏及宋某从车的后备厢内取出刀、矛等上前追砍翟某、王某。后翟某在"兄弟车行"门前路边跌倒在地,陈亮、张胜、马骏等上前用刀、矛对翟某、王某一阵乱砍、乱戳,张胜用矛将王某的腿戳伤后,驾车与被告人陈亮、奚俊、马骏及宋某等逃离现场。翟某被他人送往医院经救治脱险。经医院诊断:翟某右手第3、4、5根手指完全骨折,左手第2掌骨完全骨折。

案发后,被告人张胜、马骏向公安机关投案,并分别退出非法所得5000元、4000元。

诉辩情况

检察机关指控被告人陈亮、奚俊、张胜、马骏的行为已构成开设赌场罪、寻衅滋事罪。

陈亮等被告人均对检察机关的指控事实无异议。

裁判结果

安徽省芜湖县人民法院认定:被告人陈亮犯寻衅滋事罪,判处有期徒刑2年;犯开设赌场罪,判处罚金人民币5000元。决定执行有期徒刑2年,并处罚金人民币5000元。被告人奚俊犯寻衅滋事罪,判处有期徒刑1年6个月;犯开设赌场罪,判处罚金人民币5000元。撤销芜湖县人民法院〔2007〕芜刑初字第111号刑事判决书对被告人奚俊判处拘役6个月,宣告缓刑6个月的缓刑执行部分,决定执行有期徒刑1年9个月,并处罚金人民币5000元。被告人张胜犯寻衅滋事罪,判处有期徒刑1年3个月;犯开设赌场罪,判处罚金人民币5000元。决定执行有期徒刑1年3个月,并处罚金人民币5000元。被告人马俊犯寻衅滋事罪,判处有期徒刑1年;犯开设赌场罪,判处罚金人民币5000元。决定执行有期徒刑1年,并处罚金人民币5000元。

裁判理由

法院生效裁判认为:被告人陈亮等人与他人以营利为目的的合伙开设赌场,且为争赌客,在公共场所持械随意殴打他人,其行为分别构成寻衅滋事罪、开设赌场罪,均应依法予以惩处。检察机关指控的事实清楚,证据确实、充分,指控的罪名成立,予以支持。被告人陈亮、奚俊、张胜、马骏均系在判决宣告前犯数罪,依法应当予以数罪并罚。被告人奚俊在缓刑考验期内犯数罪,依法应当撤销缓刑并予以数罪并罚。被告人陈亮曾因故意犯罪被判处有期徒刑,在刑满释放后5年内再犯应处有期徒刑以上刑罚之罪,系累犯,应当从重处罚。案发后,被告人张胜、马骏自动投案,在一审宣判前能如实供述自己的犯罪事实,系自首,可以从轻或者减轻处罚。在本案审理中,被告人陈亮、奚俊、张胜、马骏均能自愿认罪,能如实供述主要犯罪事实,依法亦可酌情从轻处罚。故法院依法作出如上裁判。

> **123. 赌博罪中的聚众赌博行为和开设赌场罪该如何区分?**
>
> 开设赌场罪要求必须有赌场存在,赌场可以是物理性的场所,也可以是网络赌场。此外,应着重考察此赌场的存续时间、影响力和是否具备固定性特征。聚众赌博行为中的组织者、发起人同样具有组织号召力,但与开设赌场罪相比,聚众赌博作用的发挥是由行为人主导的,而不是由固定的场所主导。场所具有社会影响,并长期用于赌博的,行为人应构成开设赌场罪。

典型疑难案件参考

张炳伸等开设赌场案

基本案情

2008年7月至9月期间,被告人张炳伸、黄海光、李丽娟、李军、卢振德伙同他人租用南宁市中山路民族街南门菜市的一间直管公房一楼开设赌场,提供赌具,聚众赌博并从中"抽水"营利。在此期间,赌场先雇用了被告人陈幼玲、龙俊锋、李阳旭作为赌场员工,为赌场发牌、洗牌、"抽水"、望风。张炳伸、黄海光、李丽娟、李军、卢振德召集韦起国、林超、黄文喜、李家沛等人到赌场以赌麻将筒子的方式赌博,每次抽取赌注的5%作为赌场的红利。张炳伸、黄海光、李丽娟、李军、卢振德按4%至10%不等的比例进行分成。2008年9月8日,南宁市公安局青秀分局出警查处该赌场,当场抓获8被告人及参赌人员70人,缴获赌资人民币50345元。

诉辩情况

检察机关指控被告人张炳伸、黄海光、李丽娟、李军、卢振德、陈幼玲、龙俊锋、李阳旭犯开设赌场罪。

被告人李丽娟的辩护人提出:李丽娟在公安机关第一次问话时即交代了自己的行为,属于自首。李丽娟在赌场股东股份中占的比例最小,没有组织、操控赌场，起次要作用，是从犯，归案后认罪态度较好，请求对其从轻处罚。

被告人李军的辩护人提出：李军是从犯，没有开设、经营、管理赌场，作用较小，应以赌博罪来认定，其认罪态度较好，是初犯，请求对其从轻处罚。

被告人卢振德的辩护人提出：卢振德股东分红比例较小，作用不大，应是从犯，其是他人开设赌场后加入进去的；归案后认罪态度较好，是初犯，建议法院对其予以从轻处罚。

裁判结果

广西壮族自治区南宁市青秀区人民法院于 2009 年 8 月 13 日以〔2009〕青刑初字第 343 号刑事判决，认定：

一、张炳伸犯开设赌场罪，判处有期徒刑 1 年 2 个月，并处罚金人民币 3000 元；

二、黄海光犯开设赌场罪，判处有期徒刑 1 年 2 个月，并处罚金人民币 3000 元；

三、李丽娟犯开设赌场罪，判处有期徒刑 1 年 1 个月，并处罚金人民币 2000 元；

四、李军犯开设赌场罪，判处有期徒刑 1 年 1 个月，并处罚金人民币 2000 元；

五、卢振德犯开设赌场罪，判处有期徒刑 1 年 1 个月，并处罚金人民币 2000 元；

六、陈幼玲犯开设赌场罪，判处有期徒刑 1 年，并处罚金人民币 1000 元；

七、龙俊锋犯开设赌场罪，判处有期徒刑 1 年，并处罚金人民币 1000 元；

八、李阳旭犯开设赌场罪，免予刑事处罚。

裁判理由

法院生效裁判认为：被告人张炳伸、黄海光、李丽娟、李军、卢振德开设赌场进行赌博犯罪活动，被告人陈幼玲、龙俊锋、李阳旭明知他人开设赌场而提供直接帮助，其 8 人的行为构成了开设赌场罪，张炳伸、黄海光、李丽娟、李军、卢振德作为赌场的股东，是开设赌场的主犯；陈幼玲、龙俊锋、李阳旭是从犯，应当从轻处罚。检察机关指控 8 被告人犯开设赌场罪罪名成立。公安机关在接到群众举报后查处赌场，抓获了被告人李丽娟，其已是犯罪嫌疑人，并非主动投案人员，其在公安机关第一次问话时交代了自己作为赌场股东的行为，属于认罪态度较好，不能认定为自首，辩护人提出李丽娟属于主动投案自首的意见与事实不符，不予采纳。作为赌场的股东，实际上均起到组织操控赌场的作用,均是开设赌场的主犯,辩护人提出李丽娟起次要作用,是从犯的意见,不予采纳;李丽娟归案后认罪态度较好,可酌情从轻处罚,辩护人提出其有酌定从轻情节的辩护意见予以采纳。被告人李军、卢振德在赌场赌注抽取的赌场红利中得到分成,亦为赌场的股东,辩护人提出李军、卢振德是开设赌场的从犯,李军的辩护人提出应以赌博罪认定李军犯罪行为的辩护意见,以及李军、卢振德的辩护人提出两人是从犯的辩护意见,不予采纳;李军、卢振德归案后认罪态度较好,李军交纳罚金,两人均可酌情从轻处罚,两人的辩护人提出二被告人有酌定从轻情节的辩护意见予以采纳。被告人张炳伸、黄海光、陈幼玲、龙俊锋、李阳旭归案后认罪态度较好,均可酌情从轻处罚。李阳旭在开设赌场犯罪活动中只起到看门望风的作用,犯罪情节轻微,可免予刑事处罚。

> **124.** 以营利为目的,在赌博网站担任代理,从事网络赌博活动的,是否构成犯罪?
>
> 以营利为目的,在网络上建立赌博网站,或者为赌博网站担任代理,接受投注的,应以开设赌场罪追究责任。

典型疑难案件参考

赵岩开设赌场案

基本案情

被告人赵岩于2009年8月至2010年2月间,以营利为目的,为网址为https://ag.vml68.com的赌博网站担任代理,从事网络赌球活动,并在北京市东城区东四北大街74号千龙网都创新好风景网吧等地登录赌博网站进行相关操作,接受投注共计人民币765万余元。被告人赵岩于2010年2月28日被公安机关抓获。

诉辩情况

检察机关指控赵岩犯开设赌场罪。

被告人赵岩对检察机关指控其犯罪的事实及罪名不持异议,没有辩解。

被告人赵岩的辩护人提出:被告人赵岩系从犯,且其认罪态度较好,请求对其从轻处罚。

▶ **裁判结果**

北京市东城区人民法院于2010年7月21日以〔2010〕东刑初字第193号刑事判决,认定被告人赵岩犯开设赌场罪,判处有期徒刑1年,并处罚金人民币1万元。在案扣押的人民币1200元并入罚金刑执行,黑皮记事笔记本一本予以没收。

▶ **裁判理由**

法院生效裁判认为:被告人赵岩以营利为目的,为赌博网站担任代理,接受投注,其行为妨害了社会管理秩序,已构成开设赌场罪,依法应予刑罚处罚。北京市东城区人民检察院对被告人赵岩的指控成立。

本案并非共同犯罪,故辩护人所提被告人赵岩系从犯的辩护意见缺乏事实及法律依据,法院不予采纳。鉴于被告人赵岩认罪态度较好,可酌予从轻处罚。辩护人的相关合理辩护意见法院予以采纳。故法院依法作出如上裁判。

赌博罪、开设赌场罪办案依据集成

刑法条文

第三百零三条 【赌博罪】以营利为目的,聚众赌博或者以赌博为业的,处三年以下有期徒刑、拘役或者管制,并处罚金。

【开设赌场罪】开设赌场的,处三年以下有期徒刑、拘役或者管制,并处罚金;情节严重的,处三年以上十年以下有期徒刑,并处罚金。

立案标准

1. 最高人民法院、最高人民检察院《关于办理赌博刑事案件具体应用法律若干问题的解释》(2005年5月13日法释〔2005〕3号)(节录)

第一条 以营利为目的,有下列情形之一的,属于刑法第三百零三条规定的"聚众赌博":

(一)组织3人以上赌博,抽头渔利数额累计达到5000元以上的;

(二)组织3人以上赌博,赌资数额累计达到5万元以上的;

(三)组织3人以上赌博,参赌人数累计达到20人以上的;

(四)组织中华人民共和国公民10人以上赴境外赌博,从中收取回扣、介绍费的。

第二条 以营利为目的,在计算机网络上建立赌博网站,或者为赌博网站担任代理,接受投注的,属于刑法第三百零三条规定的"开设赌场"。

第三条 中华人民共和国公民在我国领域外周边地区聚众赌博、开设赌场,以吸引中华人民共和国公民为主要客源,构成赌博罪的,可以依照刑法规定追究刑事责任。

第四条 明知他人实施赌博犯罪活动,而为其提供资金、计算机网络、通讯、费用结算等直接帮助的,以赌博罪的共犯论处。

第五条 实施赌博犯罪,有下列情形之一的,依照刑法第三百零三条的规定从重处罚:

(一)具有国家工作人员身份的;

(二)组织国家工作人员赴境外赌博的;

(三)组织未成年人参与赌博,或者开设赌场吸引未成年人参与赌博的。

第八条 赌博犯罪中用作赌注的款物、换取筹码的款物和通过赌博赢取的款物属于赌资。通过计算机网络实施赌博犯罪的,赌资数额可以按照在计算机网络上投注或者赢取的点数乘以每一点实际代表的金额认定。

赌资应当依法予以追缴;赌博用具、赌博违法所得以及赌博犯罪分子所有的专门用于赌博的资金、交通工具、通讯工具等,应当依法予以没收。

第九条 不以营利为目的,进行带有少量财物输赢的娱乐活动,以及提供棋牌室等娱乐场所只收取正常的场所和服务费用的经营行为等,不以赌博论处。

2. 最高人民检察院、公安部《关于公安机关管辖的刑事案件立案追诉标准的规定（一）》（2008年6月25日公通字〔2008〕36号）（节录）

第四十三条 〔赌博案（刑法第三百零三条第一款）〕以营利为目的，聚众赌博，涉嫌下列情形之一的，应予立案追诉：

（一）组织三人以上赌博，抽头渔利数额累计五千元以上的；

（二）组织三人以上赌博，赌资数额累计五万元以上的；

（三）组织三人以上赌博，参赌人数累计二十人以上的；

（四）组织中华人民共和国公民十人以上赴境外赌博，从中收取回扣、介绍费的；

（五）其他聚众赌博应予追究刑事责任的情形。

以营利为目的，以赌博为业的，应予立案追诉。

赌博犯罪中用作赌注的款物、换取筹码的款物和通过赌博赢取的款物属于赌资。通过计算机网络实施赌博犯罪的，赌资数额可以按照在计算机网络上投注或者赢取的点数乘以每一点实际代表的金额认定。

第四十四条 〔开设赌场案（刑法第三百零三条第二款）〕开设赌场的，应予立案追诉。

在计算机网络上建立赌博网站，或者为赌博网站担任代理，接受投注的，属于本条规定的"开设赌场"。

3. 最高人民法院、最高人民检察院、公安部《关于办理网络赌博犯罪案件适用法律若干问题的意见》（2010年8月31日公通字〔2010〕40号）

各省、自治区、直辖市高级人民法院、人民检察院、公安厅、局，新疆维吾尔自治区高级人民法院生产建设兵团分院、新疆生产建设兵团人民检察院、公安局：

为依法惩治网络赌博犯罪活动，根据《中华人民共和国刑法》、《中华人民共和国刑事诉讼法》和《最高人民法院、最高人民检察院关于办理赌博刑事案件具体应用法律若干问题的解释》等有关规定，结合司法实践，现就办理网络赌博犯罪案件适用法律的若干问题，提出如下意见：

一、关于网上开设赌场犯罪的定罪量刑标准

利用互联网、移动通讯终端等传输赌博视频、数据，组织赌博活动，具有下列情形之一的，属于刑法第三百零三条第二款规定的"开设赌场"行为：

（一）建立赌博网站并接受投注的；

（二）建立赌博网站并提供给他人组织赌博的；

（三）为赌博网站担任代理并接受投注的；

（四）参与赌博网站利润分成的。

实施前款规定的行为，具有下列情形之一的，应当认定为刑法第三百零三条第二款规定的"情节严重"：

（一）抽头渔利数额累计达到3万元以上的；

（二）赌资数额累计达到30万元以上的；

（三）参赌人数累计达到120人以上的；

（四）建立赌博网站后通过提供给他人组织赌博，违法所得数额在3万元以上的；

（五）参与赌博网站利润分成，违法所得数额在3万元以上的；

（六）为赌博网站招募下级代理，由下级代理接受投注的；

（七）招揽未成年人参与网络赌博的；

（八）其他情节严重的情形。

二、关于网上开设赌场共同犯罪的认定和处罚

明知是赌博网站，而为其提供下列服务或者帮助的，属于开设赌场罪的共同犯罪，依照刑法第三百零三条第二款的规定处罚：

（一）为赌博网站提供互联网接入、服务器托管、网络存储空间、通讯传输通道、投放广告、发展会员、软件开发、技术支持等服务，收取服务费数额在2万元以上的；

（二）为赌博网站提供资金支付结算服务，收取服务费数额在1万元以上或者帮助收取赌资20万元以上的；

（三）为10个以上赌博网站投放与网址、赔率等信息有关的广告或者为赌博网站投放广告累计100条以上的。

实施前款规定的行为，数量或者数额达到前款规定标准5倍以上的，应当认定为刑法第三百零三条第二款规定的"情节严重"。

实施本条第一款规定的行为，具有下列情形之一的，应当认定行为人"明知"，但是有证据证明确实不知道的除外：

（一）收到行政主管机关书面等方式的告知后，仍然实施上述行为的；

（二）为赌博网站提供互联网接入、服务器托管、网络存储空间、通讯传输通道、投放广告、软件开发、技术支持、资金支付结算等服务，收取服务费明显异常的；

（三）在执法人员调查时，通过销毁、修改数据、账本等方式故意规避调查或者向犯罪嫌疑人通风报信的；

（四）其他有证据证明行为人明知的。

如果有开设赌场的犯罪嫌疑人尚未到案，但是不影响对已到案共同犯罪嫌疑人、被告人的犯罪事实认定的，可以依法对已到案者定罪处罚。

三、关于网络赌博犯罪的参赌人数、赌资数额和网站代理的认定

赌博网站的会员账号数可以认定为参赌人数，如果查实一个账号多人使用或者多个账号一人使用的，应当按照实际使用的人数计算参赌人数。

赌资数额可以按照在网络上投注或者赢取的点数乘以每一点实际代表的金额认定。

对于将资金直接或间接兑换为虚拟货币、游戏道具等虚拟物品，并用其作为筹码投注的，赌资数额按照购买该虚拟物品所需资金数额或者实际支付资金数额认定。

对于开设赌场犯罪中用于接收、流转赌资的银行账户内的资金，犯罪嫌疑人、被告人不能说明合法来源的，可以认定为赌资。向该银行账户转入、转出资金的银行账户数量可以认定为参赌人数。如果查实一个账户多人使用或多个账户一人使用的，应当按照实际使用的人数计算参赌人数。

有证据证明犯罪嫌疑人在赌博网站上的账号设置有下级账号的，应当认定其为赌博网

站的代理。

四、关于网络赌博犯罪案件的管辖

网络赌博犯罪案件的地域管辖,应当坚持以犯罪地管辖为主、被告人居住地管辖为辅的原则。

"犯罪地"包括赌博网站服务器所在地、网络接入地、赌博网站建立者、管理者所在地,以及赌博网站代理人、参赌人实施网络赌博行为地等。

公安机关对侦办跨区域网络赌博犯罪案件的管辖权有争议的,应本着有利于查清犯罪事实、有利于诉讼的原则,认真协商解决。经协商无法达成一致的,报共同的上级公安机关指定管辖。对即将侦查终结的跨省(自治区、直辖市)重大网络赌博案件,必要时可由公安部商最高人民法院和最高人民检察院指定管辖。

为保证及时结案,避免超期羁押,人民检察院对于公安机关提请审查逮捕、移送审查起诉的案件,人民法院对于已进入审判程序的案件,犯罪嫌疑人、被告人及其辩护人提出管辖异议或者办案单位发现没有管辖权的,受案人民检察院、人民法院经审查可以依法报请上级人民检察院、人民法院指定管辖,不再自行移送有管辖权的人民检察院、人民法院。

五、关于电子证据的收集与保全

侦查机关对于能够证明赌博犯罪案件真实情况的网站页面、上网记录、电子邮件、电子合同、电子交易记录、电子账册等电子数据,应当作为刑事证据予以提取、复制、固定。

侦查人员应当对提取、复制、固定电子数据的过程制作相关文字说明,记录案由、对象、内容以及提取、复制、固定的时间、地点、方法,电子数据的规格、类别、文件格式等,并由提取、复制、固定电子数据的制作人、电子数据的持有人签名或者盖章,附所提取、复制、固定的电子数据一并随案移送。

对于电子数据存储在境外的计算机上的,或者侦查机关从赌博网站提取电子数据时犯罪嫌疑人未到案的,或者电子数据的持有人无法签字或者拒绝签字的,应当由能够证明提取、复制、固定过程的见证人签名或者盖章,记明有关情况。必要时,可对提取、复制、固定有关电子数据的过程拍照或者录像。

> **司法解释**

1. 最高人民法院《关于对设置圈套诱骗他人参赌又向索还钱财的受骗者施以暴力或暴力威胁的行为应如何定罪问题的批复》(1995年11月6日法复〔1995〕8号)

贵州省高级人民法院:

你院"关于设置圈套诱骗他人参赌,当参赌者要求退还所输钱财时,设赌者以暴力相威胁,甚至将参赌者打伤、杀伤并将钱财带走的行为如何定性"的请示收悉。经研究,答复如下:

行为人设置圈套诱骗他人参赌获取钱财,属赌博行为,构成犯罪的,应当以赌博罪定罪处罚。参赌者识破骗局要求退还所输钱财,设赌者又使用暴力或者以暴力相威胁,拒绝退还的,应以赌博罪从重处罚;致参赌者伤害或者死亡的,应以赌博罪和故意伤害罪或者故意杀人罪，依法实行数罪并罚。

> 其他办案依据

1. 最高人民法院研究室《关于设置圈套诱骗他人参赌获取钱财的案件应如何定罪问题的电话答复》（1991年3月12日）

四川省高级人民法院：

你院川法研〔1990〕45号《关于设置圈套诱骗他人参赌获取钱财的案件应如何定罪的请示》收悉。经我院审判委员会讨论认为：对于行为人以营利为目的，设置圈套，诱骗他人参赌的行为，需要追究刑事责任的，应以赌博罪论处。

2. 最高人民法院、最高人民检察院、公安部《关于开展集中打击赌博违法犯罪活动专项行动有关工作的通知》（2005年1月10日公通字〔2005〕2号）（节录）

二、突出打击重点，严格依照法律规定打击赌博违法犯罪活动

各级公安机关、人民检察院、人民法院要充分认识此类违法犯罪活动的特点，充分发挥职能作用，依法打击进行赌博违法犯罪活动的不法分子。要通过专项行动打掉一批赌博团伙、窝点，铲除封堵一批赌博网站，查破一批赌博大案要案，严惩一批赌博违法犯罪分子。其中，重点惩处赌博犯罪集团和网络赌博的组织者、六合彩和赌球赌马等赌博活动的组织者以及参与赌博犯罪活动的党政领导干部、国家公务员和企事业单位负责人。

在专项行动中，要按照刑法和有关司法解释的规定，严格依法办案，准确认定赌博犯罪行为，保证办案质量。对以营利为目的聚众赌博、开设赌场的，无论其是否参与赌博，均应以赌博罪追究刑事责任；对以营利为目的以赌博为业的，无论其是否实际营利，也应以赌博罪追究刑事责任。对通过在中国领域内设立办事处、代表处或者散发广告等形式，招揽、组织中国公民赴境外赌博，构成犯罪的，以赌博罪定罪处罚。对具有教唆他人赌博、组织未成年人聚众赌博或者开设赌场吸引未成年人参与赌博以及国家工作人员犯赌博罪等情形的，应当依法从严处理。对实施贪污、挪用公款、职务侵占、挪用单位资金、挪用特定款物、受贿等犯罪，并将犯罪所得的款物用于赌博的，分别依照刑法有关规定从重处罚；同时构成赌博罪的，应依照刑法规定实行数罪并罚。要充分运用没收财产、罚金等财产刑，以及追缴违法所得、没收用于赌博的本人财物和犯罪工具等措施，从经济上制裁犯罪分子，铲除赌博犯罪行为的经济基础。要坚持惩办与宽大相结合的刑事政策，区别对待，宽严相济，最大限度地分化瓦解犯罪分子。对主动投案自首或者有检举、揭发赌博违法犯罪活动等立功表现的，可依法从宽处罚。

要严格区分赌博违法犯罪活动与群众正常文娱活动的界限，对不以营利为目的，进行带有少量财物输赢的娱乐活动，以及提供棋牌室等娱乐场所并只收取固定的场所和服务费用的经营行为等，不得以赌博论处。对参赌且赌资较大的，可由公安机关依法给予治安处罚；符合劳动教养条件的，依法给予劳动教养；违反党纪政纪的，由主管机关予以纪律处分。要严格依法办案，对构成犯罪的，决不姑息手软，严禁以罚代刑，降格处理；对不构成犯罪或者不应当给予行政处理的，不得打击、处理，不得以禁赌为名干扰群众的正常文

娱活动。

三、加强协调配合，形成打击合力

当前，赌博犯罪活动不仅数量多，而且组织严密，参与范围广，作案手段隐蔽，逃避打击能力强。各级公安机关、人民检察院、人民法院在办案中要坚持实事求是，科学、正确认识此类犯罪活动的特殊性，按照"基本事实清楚、基本证据确凿"的原则，不纠缠细枝末节，密切配合，依法从重从快打击赌博犯罪活动。公安机关应当组织专门力量，扎扎实实地做好侦查工作。赌博犯罪行为发生地公安机关发现犯罪行为后均应依法立即立案侦查，全力查清犯罪事实，抓捕犯罪嫌疑人。要切实做好证据的收集、固定和保全工作，为起诉和审判打下坚实基础。人民检察院对公安机关提请批准逮捕和移送审查起诉的犯罪嫌疑人，要依法及时审查批捕和审查起诉。人民法院对人民检察院提起公诉的案件，应当依法及时审判。各级公安机关、人民检察院、人民法院应当加强配合和制约，严格依法办案，保证办案质量。

法律法规

1.《中华人民共和国体育法（2009年修正）》（1995年10月1日）（节录）

第三十四条 （第三款）严禁任何组织和个人利用体育竞赛从事赌博活动。

第五十一条 （第二款）在竞技体育活动中，有贿赂、诈骗、组织赌博行为，构成犯罪的，依法追究刑事责任。

2.《娱乐场所管理条例》（2006年3月1日国务院令第458号）（节录）

第十三条 国家倡导弘扬民族优秀文化，禁止娱乐场所内的娱乐活动含有下列内容：

（六）宣扬淫秽、赌博、暴力以及与毒品有关的违法犯罪活动，或者教唆犯罪的。

第十四条 （第一款）娱乐场所及其从业人员不得实施下列行为，不得为进入娱乐场所的人员实施下列行为提供条件：

（五）赌博。

第五十三条 （第一款）娱乐场所违反有关治安管理或者消防管理法律、行政法规规定的，由公安部门依法予以处罚；构成犯罪的，依法追究刑事责任。

第二章　妨害司法罪

一、辩护人、诉讼代理人毁灭证据、伪造证据、妨害作证罪

> **125. 辩护人在搜集证据的过程中，在证人的调查笔录中添加内容的行为该如何定性？**
>
> 辩护人在搜集证据的过程中，在证人的调查笔录中添加内容，违反了法定程序和要求，形式上破坏了诉讼证据的合法性，内容上违背了事实的真相，实质上影响了司法公正。因此，行为人的行为属于辩护人"伪造证据"。

> **126. 辩护人伪造证据的行为是否必须造成恶劣的后果，影响到刑事诉讼活动的正常进行才能构成辩护人伪造证据罪？**
>
> 辩护人毁灭证据、伪造证据罪是行为犯，不以行为造成的危害后果作为定罪的依据，不需要影响到刑事诉讼活动的正常进行。

典型疑难案件参考

周怡梅伪造证据案

基本案情

2003年5月12日，原成都市龙粟米业有限公司总经理何远俊因涉嫌贪污犯罪被成都市青白江区人民检察院立案侦查。同年5月16日，四川法典律师事务所律师周怡梅、冯志荣接受犯罪嫌疑人何远俊之妻陈家琼的委托，担任何

远俊在侦查期间的法律帮助人。被告人周怡梅于同年5月16日至27日期间，分别对原成都市龙粟米业有限公司董事、办公室主任曾顺和、公司董事何世昌、公司副总经理沈序清、原成都市青白江区粮食局局长王有恩4位证人调查取证，并制作形成律师调查笔录4份。调查取证结束后，被告人周怡梅在对证人王有恩所作的调查笔录中添加了"花了不少钱，油厂又没摊。情况就这些"。在对证人何世昌所作的调查笔录中添加了"所有费用我们一家摊起，反正花了不少钱。有4.50万"。在对证人沈序清所作的调查笔录中添加了"他花了多少我们都同意，何远俊也不会贪污这个钱"等与检察院指控何远俊涉嫌贪污公款439530.17元的犯罪事实直接相关的内容。被告人周怡梅对证人曾顺和所作的调查笔录曾顺和未当场签字。被告人周怡梅在该份笔录上添加的主要内容在律师昝夏宁找证人曾顺和签字时，被曾顺和划去。

2003年8月26日，何远俊涉嫌贪污一案被侦查终结并移送审查起诉。同年8月28日，四川法典律师事务所律师周怡梅、昝夏宁接受陈家琼委托担任何远俊在起诉期间的辩护人，被告人周怡梅将上述4份调笔录作为辩护证据交给了律师昝夏宁。同年12月8日，成都市青白江区人民检察院以成青检刑诉字〔2003〕176号起诉书指控被告人何远俊涉嫌贪污公款439530.17元，向成都市青白江区人民法院提起公诉。同年12月22日，法院公开开庭审理何远俊被控贪污一案，被告人周怡梅、律师昝夏宁作为辩护人出庭为何远俊辩护。同年12月24日，律师昝夏宁将包括上述4份调查笔录在内的辩护证据交给了法院。其后法院又数次开庭审理此案，每次均发出《出庭通知书》通知被告人周怡梅、律师昝夏宁作为辩护人出席法庭，被告人周怡梅未再出庭。在法庭举证、质证过程中，公诉人对上述调查笔录明确表示了异议。青白区人民法院〔2003〕青白刑初字第204号生效判决书确认了何远俊贪污439530.17元的犯罪事实，上述调查笔录及辩护人关于何远俊无罪的辩护意见未被法院采信。

一审诉辩情况

检察机关指控周怡梅犯辩护人伪造证据罪。

被告人周怡梅提出：证人证言的形成是被告人与另一个律师就侦查阶段工作的体现，也没有造成恶劣的后果，当案件进入起诉阶段至审理阶段，被告人没有任何辩护意见提交法庭，庭审的情况也不清楚，并没有构成辩护人伪造证据罪。

被告人周怡梅的辩护人提出：假设调查笔录添加的内容是被告人所为为前提，提出如下理由：(1) 被告人在调查笔录中添加的内容是背着证人添加上去的，还是在现场当着证人添加上去的无从查证；4个证人分别证明的是他们自己证言上的情况，从数量上讲这是一个孤证。（2）笔录上添加的内容不违背证人的原意和客观事实。（3）笔录上添加的话对何远俊贪污一案没有造成任何不利后果，没有影响刑事诉讼活动的正常进行。

一审裁判结果

四川省成都市青白江区人民法院于2004年8月18日以〔2004〕刑初字第101号刑事判决，认定周怡梅犯辩护人伪造证据罪，免予刑事处罚。

一审裁判理由

一审法院认为：被告人周怡梅接受委托人作为被告人何远俊的辩护人，未能正确行使法律赋予的权利，在刑事诉讼过程中对已经证人何世昌、王有恩签字确认的证人证言故意采用事后添加的手段，增添了原证人证言中没有的证言内容，且添加内容与何远俊贪污犯罪事实直接相关，妨害了刑事诉讼的正常进行，其行为已构成辩护人伪造证据罪。检察机关指控罪名成立。检察机关关于被告人周怡梅对证人曾顺和、沈序清的证言进行伪造以及引导证人曾顺和提供虚假证词的指控缺乏充分的证据和理由，不予支持。被告人周怡梅辩称证人证言的形成只是与另外一名律师就侦查阶段工作的体现，不构成辩护人的伪造证据罪的辩解理由不成立。律师接受被控告者的委托介入刑事诉讼，就是要为委托人提供法律帮助，提出委托人无罪、罪轻等意见。被告人周怡梅在侦查、起诉、审判各诉讼阶段均接受了委托，作为被告人何远俊的辩护人，其在侦查阶段的调查取证行为已超出了律师帮助的范畴，其添加了内容的调查笔录亦在审判阶段作为辩护证据提交法院并进行了庭审质证。辩护人提出的检察机关指控的犯罪事实证据不足，被告人周怡梅不构成辩护人伪造证据罪的辩护意见中，关于检察机关对被告人周怡梅就证人沈序清、曾顺和的证人证言进行添加伪造及引导曾顺和提供虚假证词的指控证据不足的理由成立，予以采信；关于检察机关对被告人周怡梅就证人何世昌、王有恩的证人证言进行添加伪造的指控证据不足的辩护意见不成立。检察机关指控被告人周怡梅对证人何世昌、王有恩的证人证言进行添加伪造的事实有收集在案的物证、书证、鉴定结论、证人证言、被告人的供述等证据相互印证，形成了证据锁链，证据确实、充分。辩护人提出被告人周怡梅添加的证人证言内容没有违背证人的原意和客观事实，没有影响刑事诉讼活动正常进行的辩护意见理由和依据不够充分，不予采信。

二审诉辩情况

一审宣判后，周怡梅提出上诉。

上诉人（原审被告人）周怡梅提出：其在接受何远俊家属的委托后对涉

案当事人进行调查取证，所做的调查笔录包括事后在笔录中增添的内容是对证人反映的情况真实的记载，因何远俊的妻子陈家琼与证人串通作伪证而导致部分笔录失实，上诉人没有伪造证据为何远俊开脱罪责的故意，上诉人无罪。

周怡梅的辩护人提出：原判认定周怡梅对证人何世昌、王有恩的证言进行添加、伪造的证据不足。周怡梅在何世昌、王有恩的调查笔录上添加的内容不是周怡梅伪造的。周怡梅在调查笔录上添加内容的行为属不规范行为，未影响刑事诉讼的正常进行，尚未达到构成犯罪的程度。据此，请求对周怡梅宣告无罪。

二审裁判结果

四川省成都市中级人民法院于 2004 年 9 月 27 日以同样的事实作出〔2004〕刑终字第 329 号刑事裁定，驳回上诉，维持原判。

二审裁判理由

关于上诉人及其辩护人所提无罪的上诉理由及辩护意见，上诉人所提何远俊的妻子陈家琼与证人串通作伪证而导致调查笔录部分内容失实的上诉理由，从本案的证据来看，何远俊的妻子陈家琼及证人何世昌、王有恩、曾顺和、沈序清均否认其相互串通作伪证，上诉人所提该上诉理由不成立；上诉人周怡梅事后在证人证言上添加内容的行为有其所添加的证人证言、公安机关的鉴定结论及其所调查取证的证人予以证实，证明"添加行为"的证据充分；被告人周怡梅作为一个具有法律素养，且是为社会提供法律服务的专业人员，应忠实履行法律赋予的权利和义务，忠于事实，但其在证人作证后，擅自在证人证言上进行添加，其伪造证据的主观故意明显；且被告人周怡梅为何远俊作无罪辩护，所添加的内容直接对抗指控证据，其行为干扰了司法机关正常的刑事诉讼活动；故辩护人的辩护意见不成立，不予采纳。原判认定事实清楚，适用法律正确、审判程度合法、量刑适当。故法院依法作出如上裁判。

127. 辩护人妨害作证罪中规定的"证人"是否包括被害人？

辩护人妨害作证罪中的"证人"包括被害人在内。

典型疑难案件参考

肖芳泉辩护人妨害作证案

基本案情

2004年9月3日凌晨，罪犯梅荣宝伙同刘军等人对阳某实施强奸。公安机关将梅荣宝、刘军抓获归案。同年9月20日，梅荣宝的家属聘请被告人肖芳泉作为梅荣宝的辩护人，委托费用为人民币5000元。同年11月初至11月13日期间，被告人肖芳泉未经侦查机关许可，两次伙同被告人梅素琴（梅荣宝的姐姐）等人与阳某见面，并以支付人民币3000元精神补偿费（已支付1500元）的手段诱使阳某违背事实作虚假陈述，意图使梅荣宝无罪释放。11月13日，被告人肖芳泉与江西海融律师事务所另一律师对阳某作了一份调查笔录。在该份笔录中，阳某作了虚假陈述，称是自愿和梅荣宝发生性关系。之后，被告人肖芳泉将该笔录提交检察机关，并以此为由向法院申请阳某出庭作证，为梅荣宝作无罪辩护。被告人阳某在接受赣州市章贡区人民法院的询问时，对刘军、梅荣宝强奸的事实作了虚假陈述。

诉辩情况

检察机关指控被告人肖芳泉、梅素琴犯妨害作证罪，被告人阳某犯包庇罪。

一审宣判后，肖芳泉提出上诉，其上诉理由是：原判认定事实不清，证据不足，适用法律不当，要求改判其无罪。

裁判结果

江西省赣州市章贡区人民法院经不公开审理，于2006年2月20日作出刑事判决：被告人肖芳泉犯妨害作证罪，判处有期徒刑1年6个月；被告人梅素琴犯妨害作证罪，判处有期徒刑1年，缓刑2年；被告人阳某犯包庇罪，判处管制1年。

一审宣判后，被告人肖芳泉提出上诉，江西省赣州市中级人民法院经审理，于2006年4月29日作出刑事判决，上诉人肖芳泉犯辩护人妨害作证罪，判处有期徒刑1年；原审被告人梅素琴犯妨害作证罪，免予刑事处罚；原审被告人阳某无罪。

裁判理由

法院生效裁判认为：上诉人肖芳泉身为被告人梅荣宝的辩护人，违反刑事诉讼法的规定，擅自向被害人调查取证，并贿买被害人作虚假陈述，妨害了国家司法机关对重大刑事案件诉讼的正常进行，手段恶劣，后果严重，其行为已构成辩护人妨害作证罪。原审被告人梅素琴在上诉人肖芳泉的指引下，出资收买被害人作虚假陈述，其行为已构成妨害作证罪，但其犯罪情节轻微，可免予刑事处罚。原审被告人阳某在肖芳泉、梅某的指使下，改变原向侦查机关所作的真实陈述，作虚假陈述，妨害了刑事诉讼的正常进行，但鉴于其情节显著轻微，又系未成年人，故不以犯罪论处。

辩护人、诉讼代理人毁灭证据、伪造证据、妨害作证罪办案依据集成

刑法条文

第三百零六条 【辩护人、诉讼代理人毁灭证据、伪造证据、妨害作证罪】在刑事诉讼中,辩护人、诉讼代理人毁灭、伪造证据,帮助当事人毁灭、伪造证据,威胁、引诱证人违背事实改变证言或者作伪证的,处三年以下有期徒刑或者拘役;情节严重的,处三年以上七年以下有期徒刑。

辩护人、诉讼代理人提供、出示、引用的证人证言或者其他证据失实,不是有意伪造的,不属于伪造证据。

法律法规

1.《中华人民共和国刑事诉讼法(2012年修正)》(1980年1月1日)(节录)

第四十二条 辩护人或者其他任何人,不得帮助犯罪嫌疑人、被告人隐匿、毁灭、伪造证据或者串供,不得威胁、引诱证人作伪证以及进行其他干扰司法机关诉讼活动的行为。

违反前款规定的,应当依法追究法律责任,辩护人涉嫌犯罪的,应当由办理辩护人所承办案件的侦查机关以外的侦查机关办理。辩护人是律师的,应当及时通知其所在的律师事务所或者所属的律师协会。

2.《中华人民共和国律师法(2007年修正)》(1997年1月1日)(节录)

第四十条 律师在执业活动中不得有下列行为:

(六)故意提供虚假证据或者威胁、利诱他人提供虚假证据,妨碍对方当事人合法取得证据。

第四十九条 律师有下列行为之一的……情节严重的,由省、自治区、直辖市人民政府司法行政部门吊销其律师执业证书;构成犯罪的,依法追究刑事责任:

(四)故意提供虚假证据或者威胁、利诱他人提供虚假证据,妨碍对方当事人合法取得证据的;

律师因故意犯罪受到刑事处罚的,由省、自治区、直辖市人民政府司法行政部门吊销其律师执业证书。

二、妨害作证罪，帮助毁灭、伪造证据罪

128. 公安机关工作人员为徇私情，使犯罪分子从轻处罚，指使他人制作虚假的立功材料并提交法庭的行为，该如何定性？

能够证明指控犯罪行为性质、情节等内容的主要证据包括"作为法定量刑情节的自首、立功、累犯、中止、未遂、防卫过当等证据"。立功材料属于证据的一种，公安机关工作人员为徇私情，使犯罪分子从轻处罚，指使他人制作虚假的立功材料并提交法庭的行为，构成妨害作证罪。

典型疑难案件参考

吕宗慧、赵征兵等人徇私枉法、介绍贿赂、帮助伪造证据案

基本案情

1998年5月18日，犯罪嫌疑人饶权因涉嫌故意杀人被京山县公安局抓获后，其胞兄饶建平（另案处理）为保住饶权的性命，经被告人胡大东介绍认识了在荆门市中级人民法院刑庭工作的被告人吕宗慧。饶要求吕在饶权故意杀人一案中给予关照，吕宗慧称，饶权犯故意杀人罪，情节恶劣，后果严重，又没有立功、自首等法定从轻处罚情节，可能帮不上忙。饶建平意识到只有具备立功表现方能保住饶权性命之后，便找到被告人梁红旗，要梁想办法帮忙，梁红旗答应到时给饶权搞一个立功材料。同年8月上旬某晚，被告人梁红旗将给饶权搞立功材料的想法告诉了被告人蔡家华，要蔡予以协助，蔡表示同意。1998年8月，正是京山县开展"百日禁毒"整治时期，时任刑警大队副大队长分管情报中队的梁红旗了解到该县新市刑警中队刚取保候审一名贩毒人员吴志祥，便安排蔡家华到该中队调取吴志祥有关案件材料，将吴志祥作为批捕在逃人员，为饶权虚假立功制造条件。被告人梁红旗为了帮助饶权达到虚假立功之目的，故意将早已从张冬霞（饶权的前妻）口中得知吴志祥被取保后在北京打工的信息隐瞒。同年8月24日，梁擅自将饶建平带到京山县看守所与饶权会面，并提示饶权是否想立功。饶建平趁机将吴志祥在北京打工的详细地址告诉了饶权。之后饶建平仍不放心，又与饶权的前妻张冬霞串通，通过京山县看守所服刑外劳人员魏晓斌给饶权传递纸条，进一步将吴志祥在北京打工的信

息告诉饶权。同年8月31日，被告人梁红旗安排被告人蔡家华和情报中队干警孙家祥到看守所提审饶权，蔡询问饶权是否想立功，并问饶权是否知道吴志祥下落，但孙家祥在笔录中并没有记载吴志祥的地址。1998年9月5日，吴志祥在北京被抓获后押回京山。此后，饶建平多次找梁红旗催要饶权的立功材料（中院要材料开庭质证）。同年10月26日，被告人梁红旗又安排蔡家华再次提审饶权，补做了一份饶权提供吴志祥下落的笔录，并蓄意将当日的提审时间改为1998年8月28日。当天，被告人梁红旗指使蔡家华根据饶权提供的线索伪造了一份立功证明材料，落款时间提前至1998年9月7日，随后，以特快专递寄往荆门市中级人民法院刑庭。

1998年10月饶权故意杀人一案起诉至荆门市中级人民法院后，被告人胡大东与饶建平一起到被告人吕宗慧家中，饶送给吕宗慧人民币5000元。其后，饶建平经胡大东指点，于1999年2月以拜年为由再次送给吕宗慧3000元。被告人胡大东又以招待荆门市中级人民法院吕宗慧、赵征兵及二审复核法官为由，两次收受饶建平人民币4000元，同时将被告人吕宗慧委托其退给饶建平的人民币3000元占为已有。期间，被告人吕宗慧和饶权的辩护律师彭仁峰曾多次给被告人赵征兵打招呼，要赵征兵承办饶权故意杀人案并给予关照。赵征兵承办该案后，发现饶权犯故意杀人罪，并且无任何从轻处罚情节，便告诉了吕宗慧。吕明知饶权在侦查卷宗中没有立功材料，仍多次通过胡大东、饶建平催促梁红旗出具立功材料。1998年10月下旬，梁红旗指使蔡家华出具了一份饶权提供的吴志祥下落的立功材料，并以特快专递寄到荆门市中级人民法院后，吕宗慧和彭仁峰又继续给赵征兵做工作，要其尽量采信立功材料。同年10月30日，饶权故意杀人案在京山县人民法院公开开庭审理时，由被告人赵征兵担任审判长，被告人吕宗慧及副庭长严红组成合议庭，书记员黄勇担任法庭记录。庭审期间，被告人赵征兵拿出一份由京山县公安局出具的饶权立功材料，以涉及案件秘密为由未当庭宣读，只是交给控、辩双方阅知后，便当庭宣布予以确认，并记入庭审笔录。

闭庭后，辩护人彭仁峰受饶建平之托，在京山县人民法院厕所内送给被告人赵征兵人民币2000元，告知其此钱是饶权的家属给的，并再次要求赵征兵给予关照。开庭后，饶建平又根据吕宗慧的要求购买礼品若干份送给被告人赵征兵、吕宗慧等人，共花费1700余元。吕宗慧又以案件要合议为由向饶建平索要对接树盆景两盆。1998年11月17日，合议庭对饶权故意杀人一案进行合议，被告人吕宗慧、赵征兵对被害人亲属喻正喜多次提出立功材料有假的意见不调查核实，不请示汇报，即对未经核实的立功材料予以采信，并据此判处饶权死刑，缓期二年执行，剥夺政治权利终身。

▶ 一审诉辩情况 ◀

检察机关指控：被告人吕宗慧、赵征兵犯徇私枉法罪，被告人胡大东犯介绍贿赂罪，被告人梁红旗、蔡家华犯帮助伪造证据罪。

被告人吕宗慧、赵征兵、梁红旗、蔡家华及其辩护人均作无罪辩护。

被告人胡大东及其辩护人作罪轻辩护。

附带民事诉讼原告人喻正喜要求被告人吕宗慧、赵征兵、胡大东、梁红旗、蔡家华等人共同赔偿其经济损失68647元。

上列各被告人均表示，他们未对被害人周旋实施任何加害行为，不应承担民事赔偿责任。

▶ 一审裁判结果 ◀

湖北省宜昌市中级人民法院于2001年10月30日以刑事附带民事判决认定：被告人吕宗慧犯徇私枉法罪，判处有期徒刑5年；被告人赵征兵犯徇私枉法罪，判处有期徒刑5年；被告人梁红旗犯妨害作证罪，判处有期徒刑5年；被告人胡大东犯介绍贿赂罪，判处有期徒刑2年；被告人蔡家华犯帮助伪造证据罪，判处有期徒刑2年；驳回附带民事诉讼原告人喻正喜的诉讼请求。

▶ 一审裁判理由 ◀

一审法院认为：被告人吕宗慧、赵征兵身为法官，在刑事审判活动中收受当事人的钱财，故意违背事实和法律作枉法裁判，其行为均已构成徇私枉法罪，犯罪情节严重。被告人胡大东为谋取不正当利益向国家工作人员介绍贿赂，其行为已构成介绍贿赂罪。被告人梁红旗身为警官，为徇私情，指使他人伪造证据并作伪证，情节严重，其行为构成妨害作证罪。被告人蔡家华受他人指使，积极帮助伪造证据，情节严重，其行为构成帮助伪造证据罪。附带民事诉讼原告人喻正喜要求被告人吕宗慧、赵征兵、胡大东、梁红旗、蔡家华共同赔偿其经济损68647元的诉讼请求，因上列各被告人的犯罪行为未对原告人造成直接的物质损失，故对喻正喜的诉讼请求不予支持。

▶ 二审诉辩情况 ◀

一审判决后，被告人吕宗慧、赵征兵、胡大东、梁红旗、蔡家华及附带民事诉讼原告人喻正喜均不服，向湖北省高级人民法院提出上诉。要求撤销原判，依法改判。

上诉人吕宗慧、赵征兵及其辩护人提出：吕宗慧、赵征兵的行为不构成徇私枉法罪。

上诉人吕宗慧提出：其实际非法所得是2000元，原判认定事实不清。

上诉人胡大东提出：未占有吕宗慧退的3000元；其受朋友之托帮他人引见、联络关系的行为有一定违法性，但情节显著轻微，尚不构成犯罪。

上诉人梁红旗提出：其主观上没有帮助饶权伪造证据的动机和故意，客观上没有帮助伪造证据的行为，不构成犯罪。

上诉人蔡家华提出：原判事实不清，其行为不构成帮助伪造证据罪。

上诉人喻正喜提出：请求判令上诉人吕宗慧、赵征兵、胡大东、梁红旗、蔡家华赔偿经济损失的诉讼请求。

二审裁判结果

湖北省高级人民法院于2002年1月4日作出刑事附带民事裁定：驳回上诉，维持原判。

二审裁判理由

湖北省高级人民法院经过二审审理认为：一审判决认定的事实清楚、证据确实充分。关于上诉人吕宗慧、赵征兵及赵征兵的辩护人提出上诉人吕宗慧、赵征兵的行为不构成徇私枉法罪。经查，证人饶建平及本案上诉人胡大东的证言证明，吕宗慧、赵征兵多次参加吃请和高消费娱乐活动，并且分别接受饶权的亲属的贿赂5000元和2000元；吕宗慧曾对饶建平、胡大东表示，只要有立功材料就好做工作，不管是真是假，都会尽量帮忙。在当事人对立功材料多次提出异议的情况下，吕宗慧、赵征兵未经认真调查、核实，还故意隐瞒，不如实向审判委员会汇报，并据此作出了违背事实和法律的判决，故其辩解和辩护意见不能成立。

关于上诉人吕宗慧提出其实际非法所得是2000元，原判认定事实不清。经查，吕宗慧收受贿赂8000元，其中3000元委托胡大东退还给饶建平，吕宗慧实际收受饶建平贿赂5000元的事实，有行贿人饶建平、介绍贿赂人胡大东的证言证实；上诉人吕宗慧亦有供述与之相印证。上诉人吕宗慧的上诉理由与查明的事实相悖，依法不予采纳。

关于上诉人胡大东上诉提出：未占有吕宗慧退的3000元；其受朋友之托帮他人引见、联络关系的行为有一定违法性，但情节显著轻微，尚不构成犯罪。经查，上诉人胡大东将上诉人吕宗慧委托其退还给饶建平的3000元据为己有的事实，不仅有胡大东本人的多次供述，还有吕宗慧的供述予以印证；胡大东介绍贿赂的行为，造成上诉人吕宗慧、赵征兵在收受当事人的贿赂后，对饶权案作出枉法裁判的严重后果，其辩解与查明的事实相悖，不能成立。

关于上诉人梁红旗上诉提出：其主观上没有帮助饶权伪造证据的动机和故意，客观上没有帮助伪造证据的行为，不构成犯罪。经查，饶权案发后，饶建平请求上诉人梁红旗帮忙保住饶权的性命，梁承诺给饶权搞一个立功的材料，并指使蔡家华帮助伪造证据的事实，有证人饶建平、张冬霞、彭仁峰的证言以及同案被告人蔡家华的供述证明，上诉人梁红旗亦有供述，足以认定。上诉人梁红旗的辩解不能成立。

关于上诉人蔡家华上诉提出原判事实不清，其行为不构成帮助伪造证据罪。经查，上诉人蔡家华根据上诉人梁红旗的指使，帮助伪造饶权立功的证据的事实，有上诉人梁红旗的供述证明，且有上诉人蔡家华所作的饶权口供笔录及京山县看守所的登记表等书证在案佐证。上诉人蔡家华亦曾多次供述。上诉人蔡家华的辩解与查明的事实不符，依法不予采纳。

对于上诉人喻正喜上诉提出请求判令上诉人吕宗慧、赵征兵、胡大东、梁红旗、蔡家华赔偿经济损失的诉讼请求。根据最高人民法院《关于刑事附带民事诉讼范围问题的规定》第1条第1款的规定，附带民事诉讼的范围是指"因人身权利受到犯罪侵犯而遭受物质损失或者财物被犯罪分子毁坏而遭受物质损失的"。由于上诉人喻正喜提出的诉讼请求不属于上述规定的范围，故对其诉讼请求不予支持。

综上所述，上诉人吕宗慧、赵征兵在审判活动中收受当事人的财物，违背事实和法律，枉法裁判，其行为均已构成徇私枉法罪，情节严重；上诉人胡大东为牟取不正当利益，向国家工作人员介绍贿赂，情节严重，其行为构成介绍贿赂罪；上诉人梁红旗为徇私情，指使他人伪造证据并作伪证，情节严重，其行为构成妨害作证罪；上诉人蔡家华受人指使，积极帮助伪造证据，情节严重，其行为构成帮助伪造证据罪。原判定罪准确，量刑适当，审判程序合法。故法院依法作出如上裁判。

129. 帮助当事人毁灭、伪造证据罪能否发生在刑事诉讼提起之前？

《刑法》第306条规定的帮助犯罪的人毁灭证据的行为必须发生在刑事诉讼过程中，而帮助当事人毁灭、伪造证据罪没有此规定，可以发生在刑事诉讼提起之前。

典型疑难案件参考

赵冬斌帮助毁灭证据案

基本案情

王震、朱鹏飞、吴宏儒、张涛（另案处理）因琐事与刘善福（男，时年26岁）产生矛盾，即起意报复。2004年8月20日8时许，朱鹏飞以租车为名约赵冬斌在北京市丰台区顺四条附近等候，吴宏儒在赵冬斌的车上负责接应，王震、朱鹏飞伙同张涛、何玉保（另案处理）在位于北京市丰台区宋庄路的红龙宾馆附近伺机作案。当日12时许，在刘善福从红龙宾馆走出后，王震、朱鹏飞及张涛、何玉保分别持刀追打刘善福，王震持刀猛砍刘的头部和右前臂，造成刘善福右侧尺动脉完全横断，致急性失血性休克死亡。后赵冬斌驾驶轿车将王震等人带离现场，并将王震等人作案时所使用的刀具扔弃。

诉辩情况

检察机关指控被告人朱鹏飞、王震、吴宏儒犯故意伤害罪，赵冬斌犯帮助毁灭证据罪。

被告人朱鹏飞、王震、吴宏儒、赵冬斌均对指控的事实无异议。

裁判结果

北京市第二中级人民法院于2005年9月7日以〔2005〕二中刑初字第1013号刑事判决，认定被告人王震犯故意伤害罪，判处死刑，缓期2年执行，剥夺政治权利终身。被告人朱鹏飞犯故意伤害罪，判处无期徒刑，剥夺政治权利终身。被告人吴宏儒犯故意伤害罪，判处有期徒刑13年，剥夺政治权利3年。被告人赵冬斌犯包庇罪，判处有期徒刑3年，缓刑3年。一审宣判后，王震、朱鹏飞、吴宏儒不服，分别提出上诉。北京市高级人民法院于2005年12月15日以同样的事实作出〔2005〕高刑终字第683号刑事判决，驳回王震、朱鹏飞、吴宏儒的上诉，维持一审对3人的判决；改判赵冬斌犯帮助毁灭证据罪，判处有期徒刑1年，缓刑1年。

裁判理由

一审法院经审理认为：朱鹏飞、王震、吴宏儒故意伤害他人身体，致人死亡，均已构成故意伤害罪，且犯罪性质恶劣，情节、后果特别严重，依法应予惩处。赵冬斌明知是犯罪的人仍帮助其毁灭重要证据，其行为已构成包庇罪，检察机关指控赵东斌犯帮助毁灭证据罪不当，赵冬斌犯包庇罪，属情节严重，应依法惩处。

妨害作证罪，帮助毁灭、伪造证据罪办案依据集成

刑法条文

第三百零七条 【妨害作证罪】以暴力、威胁、贿买等方法阻止证人作证或者指使他人作伪证的，处三年以下有期徒刑或者拘役；情节严重的，处三年以上七年以下有期徒刑。

【帮助毁灭、伪造证据罪】帮助当事人毁灭、伪造证据，情节严重的，处三年以下有期徒刑或者拘役。

司法工作人员犯前两款罪的，从重处罚。

其他办案依据

最高人民检察院法律政策研究室《关于通过伪造证据骗取法院民事裁判占有他人财物的行为如何适用法律问题的答复》（2002年10月24日〔2002〕高检研发第18号）

山东省人民检察院研究室：

你院《关于通过伪造证据骗取法院民事裁判占有他人财物的行为能否构成诈骗罪的请示》（鲁检发研字〔2001〕第11号）收悉。经研究，答复如下：

以非法占有为目的，通过伪造证据骗取法院民事裁判占有他人财物的行为，所侵害的主要是人民法院正常的审判活动，可以由人民法院依照民事诉讼法的有关规定作出处理，不宜以诈骗罪追究行为人的刑事责任。如果行为人伪造证据时，实施了伪造公司、企业、事业单位、人民团体印章的行为，构成犯罪的，应当依照刑法第二百八十条第二款的规定，以伪造公司、企业、事业单位、人民团体印章罪追究刑事责任；如果行为人有指使他人作伪证行为，构成犯罪的，应当依照刑法第三百零七条第一款的规定，以妨害作证罪追究刑事责任。

法律法规

1.《中华人民共和国行政诉讼法》（1990年10月1日）（节录）

第四十九条 诉讼参与人或者其他人有下列行为之一的……；构成犯罪的，依法追究刑事责任：

（二）伪造、隐藏、毁灭证据的；

（三）指使、贿买、胁迫他人作伪证或者威胁、阻止证人作证的。

2.《中华人民共和国民事诉讼法（2007年修正）》（1991年4月9日）（节录）

第一百零二条 诉讼参与人或者其他人有下列行为之一的，人民法院可以根据情节轻

重予以罚款、拘留；构成犯罪的，依法追究刑事责任：

（一）伪造、毁灭重要证据，妨碍人民法院审理案件的；

（二）以暴力、威胁、贿买方法阻止证人作证或者指使、贿买、胁迫他人作伪证的。

人民法院对有前款规定的行为之一的单位，可以对其主要负责人或者直接责任人员予以罚款、拘留；构成犯罪的，依法追究刑事责任。

3.《中华人民共和国法官法（2001年修正）》（1995年7月1日）（节录）

第三十二条 法官不得有下列行为：

（五）隐瞒证据或者伪造证据。

第三十三条 法官有本法第三十二条所列行为之一的，应当给予处分；构成犯罪的，依法追究刑事责任。

4.《中华人民共和国检察官法（2001年修正）》（1995年7月1日）（节录）

第三十五条 检察官不得有下列行为：

（五）隐瞒证据或者伪造证据。

第三十六条 检察官有本法第三十五条所列行为之一的，应当给予处分；构成犯罪的，依法追究刑事责任。

三、窝藏、包庇罪

> **130.** 机动车辆驾驶员在行驶途中，明知他人无驾驶执照，却将车辆交其驾驶，在发生重大交通事故后又替该人顶罪的行为该如何定性？
>
> 机动车辆驾驶员在行驶途中，明知他人无驾驶执照，却将车辆交其驾驶，在发生重大交通事故后又替该人顶罪的行为帮助了犯罪人掩盖罪行，干扰了司法机关的正常活动，属于作假证明包庇的行为，构成包庇罪。

典型疑难案件参考

李学斌交通肇事、李某某包庇案

基本案情

被告人李某某是鄂 E13528 号大货车车主郭金龙所雇请的司机。2000 年 5 月 2 日，李某某驾驶郭金龙另外一辆无牌照大货车（虚挂鄂 E13528 号车牌照）到殷家坪拖矿，被告人李学斌随车回家通知父亲来小溪塔探望病人。当晚约 11 时许在夜明珠卸矿后，李某某将车交给被告人李学斌驾驶。李学斌驾驶该车沿宜秭公路往黄花方向行驶，车行至夷陵区法院宿舍处岗亭三岔路口左转弯时，与直行的高军驾驶的鄂 EM6856 号扬子牌两轮摩托车相撞，造成高军（男，24 岁）及乘车人廖桂萍（女，37 岁）受伤，经送往医院抢救无效死亡的重大交通事故。经交警部门鉴定，李学斌负本次交通事故的全部责任。由于李学斌系无证驾驶，出事后当时即与李某某合谋，由李某某顶替李学斌承担交通事故责任。由于李某某向公安交警所作的虚假供述，掩盖了李学斌的犯罪事实，包庇被告人李学斌，致使李学斌逃避法律制裁。2001 年 6 月 20 日李某某到公安机关投案自首。案件真相大白后，公安机关多次对被告人李学斌抓捕未果，直至宜昌市中级人民法院、宜昌市人民检察院、宜昌市公安局发出《关于敦促在逃犯罪嫌疑人投案自首的通告》（以下简称《通告》）后，李学斌才于 2001 年 11 月 27 日到公安机关投案自首。

诉辩情况

检察机关指控被告人李学斌犯交通肇事罪、李某某犯包庇罪。

被告人李学斌提出：案发当日其并没有驾照，是李某某将其推向驾驶座位，要他开车。

李学斌的辩护人提出：李学斌在《通告》期间投案自首，交通肇事与李某某将车交给无证人员驾驶有一定的因果关系，被告人已赔偿被害人家属6万元的损失，应对李学斌减轻处罚。

被告人李某某提出：5月2日其将车交给李学斌开是按照郭的意思办理，且不知道李学斌没有驾驶执照。

李某某的辩护人提出：李某某犯罪时不满18周岁，有投案自首情节，且能检举李学斌交通肇事的犯罪事实，具有立功表现，应对李某某减轻处罚。

裁判结果

宜昌市夷陵区人民法院于2002年9月20日作出刑事判决，认定被告人李学斌犯交通肇事罪，判处有期徒刑1年6个月；被告人李某某犯包庇罪，判处有期徒刑1年。

裁判理由

法院生效裁判认为：被告人李学斌违反交通运输管理法规，造成两人死亡的重大交通事故，其行为构成交通肇事罪。被告人李某某明知李学斌犯交通肇事罪，而向司法机关作虚假供述，掩盖其罪行，其行为已构成包庇罪。检察机关对二被告人指控的犯罪事实和罪名成立。被告人李学斌在《通告》期间投案自首，依法可以减轻处罚。被告人李某某有投案自首情节，依法可以从轻处罚。被告人李某某犯罪时不满18周岁，依法应当从轻处罚。

被告人李学斌及其辩护人所提辩护意见，法院予以采纳。被告人李某某的辩护人所提被告人李某某有立功表现的辩护意见，与法律规定不符，法院不予采纳。

---

131. 杀人案件发生后，向被害人亲属作假证明、帮助掩埋尸体，令其相信已死亡的亲人尚生活在某地，不及时报案的，是否属于包庇行为？

包庇罪中帮助犯罪人作假证明包庇的行为，包括帮助犯罪人破坏现场、清洗血迹、转移尸体及作案工具等湮灭犯罪痕迹、毁灭罪证的行为。杀人案件发生后，向被害人亲属作假证明、帮助掩埋尸体，令其相信已死亡的亲人尚生活在某地，不及时报案的，实际上是帮助犯罪人逃避法律追究，属于妨害司法的包庇行为。

132. 包庇罪中的包庇行为与一般的知情不举行为应如何区分？

一般的知情不举表现为消极的不行为，仅仅是知道犯罪或犯罪人的情况而不作检举，并未对犯罪人实施任何积极主动的帮助行为，而包庇罪中的实行行为表现为积极的行为。

典型疑难案件参考

方福美包庇案

基本案情

2002年12月的一天中午，被告人方福美到宣城市新平路40号其男友余建农（已另案处理）家，发现其女友李来香已被杀死。余要方福美不要多问，并要方福美离开。次日，余建农告知方福美要在自家院内建厕所，方福美怀疑是埋尸用。后与余建农一同叫来弟弟方福东帮忙挖坑，坑挖好后方福东离开。余建农埋尸于其中并做成厕所。几天后，方福美按照余建农的授意，与余建农一同来到李来香家中，对李来香的丈夫汪正有谎称李来香已去东北打工，并要汪将李的行李搬回家，汪信以为真。后方福美一直与余建农姘居在一起，直至2003年12月双方因琐事产生矛盾，被告人方福美心中苦闷，将余建农杀死李来香一事在谈心时告知了孙长年。同月20日，孙长年将此事作了反映，公安机关随即对余建农、方福美进行传讯。方福美到案后即交代了其发现并包庇余建农杀人的事实。

一审诉辩情况

检察机关认为：被告人方福美的行为已构成包庇罪，且犯罪情节严重。被告人到案后如实供述公安机关尚未掌握的包庇犯罪事实，系自首。

被告人方福美的辩护人提出：被告人方福美系自首，请求法庭予以从轻处罚。

一审裁判结果

安徽省宣城市宣州区人民法院于2004年8月9日以〔2004〕宣刑初字第161号刑事判决，认定被告人方福美犯包庇罪，判处有期徒刑3年6个月。

二审诉辩情况

一审宣判后,方福美提出上诉。

上诉人(原审被告人)方福美及其二审辩护人提出:挖坑时余建农只讲做厕所,没有讲挖坑是埋尸体,后来虽然听余建农讲尸体埋在厕所下面,但挖坑当时却不知情。

上诉人(原审被告人)方福美及其二审辩护人提出:上诉人虽然对李来香的丈夫讲了假话,但是其没有对司法机关作假证,只是一种知情不举行为,因而不能构成包庇。

上诉人(原审被告人)方福美及其二审辩护人提出:上诉人在第一次接受公安机关的讯问时即如实供述,使得余建农故意杀人一案得以顺利侦破,系立功表现。综上,上诉人的行为不构成包庇罪,请求二审宣告无罪。

二审裁判结果

安徽省宣城市中级人民法院于2004年10月20日以同样的事实作出〔2004〕宣中刑终字第95号刑事判决,撤销宣城市宣州区人民法院〔2004〕宣刑初字第161号刑事判决。上诉人(原审被告人)方福美犯包庇罪,判处有期徒刑2年,缓刑3年。

二审裁判理由

法院生效裁判认为:方福美在明知余建农已将李来香杀死后,仍协助余建农挖坑,虽然余建农当时并没有言明挖坑的真正目的,但上诉人方福美在当时的情况下应当知道挖坑是用于埋尸的,上诉人方福美称挖坑时不知情的上诉理由不予采纳。

上诉人方福美在协助挖坑埋尸后又与余建农一道到被害人亲属处假称李来香已外出打工,不仅有为余建农的犯罪事实进行隐瞒的主观故意,客观上也积极实施了协助挖坑埋尸并对被害人亲属进行欺骗的行为,故上诉人称其行为只是知情不报,不构成包庇罪的理由不能成立。

上诉人方福美所包庇的系应判处死刑的犯罪分子,情节严重。上诉人在第一次接受公安机关讯问时即交代了公安机关尚未掌握的自己包庇的犯罪事实,应当认定为自首。上诉人还揭发、检举了余建农的重大犯罪行为,特别是余建农在前两次接受公安机关讯问时矢口否认故意杀人犯罪事实的情况下,在上诉人与余建农通话后,促使余交代了全部犯罪事实。因此上诉人方福美的行为应当认定为重大立功,上诉人方福美自首后又有重大立功表现,应当减轻处罚。二审辩护人的此点辩护理由可以成立。根据上诉人的犯罪情节和悔罪表现,可以对其适用缓刑，故法院依法作出如上裁判。

> **133. 明知他人实施故意伤害犯罪，却提供车辆帮助犯罪人逃跑，其主观动机不同，是否影响包庇罪的成立？**
>
> 明知他人实施故意伤害犯罪，却提供车辆帮助犯罪人逃跑的行为构成包庇罪，其主观动机不同，不影响犯罪的成立。

典型疑难案件参考

孔祥宾等故意伤害、张石亮包庇案

基本案情

2004年12月26日晚10时许，被告人孔祥宾、侯刚、黄波（另案处理）在寻甸县仁德镇福康小区风驰网吧内，对劝阻他人争吵的公民张长明拳打脚踢，将其打翻在地，被告人孔祥宾用刀刺伤张长明腿部，致其失血性休克死亡。

逃离现场后由被告人张石亮提供车辆，并开车帮助孔祥宾、侯刚、黄波等人连夜逃离寻甸县。

一审诉辩情况

检察机关认为：被告人孔祥宾、侯刚的行为已触犯《刑法》第234条之规定，应当以故意伤害罪追究刑事责任，被告人张石亮的行为已触犯《刑法》第310条之规定，应当以包庇罪追究刑事责任，被告人张石亮刑满释放5年内又重新犯罪，系累犯，依法应当从重处罚，提请本院依法予以惩处。

附带民事诉讼原告人保佑元、马福存请求法院依法判令被告人孔祥宾、侯刚共同赔偿死亡赔偿费80000元、丧葬费15000元、赡养费150000元、精神抚慰金150000元，合计人民币395000元。

被告人孔祥宾的辩护人提出：案件的起因不是由被告人孔祥宾引起，被告人认罪态度好，无前科，本案属农村内部矛盾，不适宜判死刑。

被告人侯刚提出：当时喝多了，记不清当天发生的事。

被告人张石亮提出：是碍于情面才开车拉他们走的。

被告人张石亮的辩护人提出：被告人张石亮的行为不构成包庇罪。

一审裁判结果

云南省昆明市中级人民法院于2005年8月18日以〔2005〕昆刑一初字第

113号刑事附带民事判决,认定被告人孔祥宾犯故意伤害罪,判处死刑,剥夺政治权利终身;被告人侯刚犯故意伤害罪,判处有期徒刑5年;被告人张石亮犯包庇罪,判处有期徒刑3年。被告人孔祥宾、侯刚赔偿附带民事诉讼原告人保佑元、马福存经济损失4万元。

二审诉辩情况

一审宣判后,原审附带民事诉讼原告人保佑元、马福存,被告人孔祥宾、张石亮提出上诉。

上诉人(原审被告人)孔祥宾提出:被害人有过错,一审量刑过重。

上诉人孔祥宾的辩护人提出:被告人孔祥宾主观恶性较小,认罪态度好,建议对其从轻处罚。

上诉人(原审被告人)张石亮上诉称:一审量刑过重。

上诉人(原审附带民事诉讼原告人)保佑元、马福存提出:赔偿过少。

二审裁判结果

云南省高级人民法院于2005年11月29日以同样的事实和理由作出〔2005〕云高刑终字第2228号刑事附带民事裁定,驳回孔祥宾、张石亮的上诉,维持原判。

根据最高人民法院《关于授权高级人民法院和解放军军事法院核准部分死刑案件的通知》的规定,本裁定为核准以故意伤害罪判处被告人孔祥宾死刑,剥夺政治权利终身的刑事裁定。

二审裁判理由

法院生效裁判认为:被告人孔祥宾、侯刚仅因琐事故意伤害他人身体,致被害人死亡,其行为已触犯国家刑律,构成故意伤害罪。被告人张石亮明知是犯罪的人而帮助逃匿的行为已构成包庇罪,其在刑满释放后5年内又重新犯罪,系累犯,依法应当从重处罚。在共同犯罪中,被告人孔祥宾直接持刀行凶,导致被害人死亡,行为积极、作用主要,在本案中系主犯,依法应当从重处罚。被告人侯刚在本案中的作用相对次要,系从犯,依法应当从轻、减轻或免除处罚,依法对其减轻处罚。检察机关指控的犯罪事实清楚,证据确实充分,指控罪名成立,予以支持。

就被告人孔祥宾的辩护人所提出的"案件的起因不是由被告人孔祥宾引起,被告人认罪态度好,无前科,本案属农村内部矛盾,不适宜判死刑"的辩护意见,本案中被害人面对被告人对他人的不法侵害,出于正义出面制止,但被告人孔祥宾等人不但不听劝阻,相反共同对被害人实施伤害,尤为恶劣的是被害人已被打得无任何抵抗能力的情况下，被告人孔祥宾仍持刀连续刺杀被害人，终致被害人死亡，其犯罪情节特别恶劣，手段极其残忍，主观恶性极深，理应依法严惩不贷。被告人侯刚及张石亮的辩解，被告人张石亮的辩护人提出的"被告人张石亮的行为不构成包庇罪"的辩护意见，不符合查明的事实和据以定案的证据，不予采纳。

> **134.** 机动车辆所有人和乘车人指使肇事人在肇事后逃逸，但当时在场的他人及时报警，救护人员很快赶到现场对被害人进行抢救，但最终被害人仍然不治身亡，该机动车辆所有人和乘车人构成交通肇事罪的共犯还是包庇罪？
>
> 交通肇事后，单位主管人员、机动车辆所有人、承包人或者乘车人指使肇事人逃逸，但被害人能够得到及时救助的，上述人员不构成交通肇事罪的共犯。如果其指使行为在一定程度上帮助肇事行为人逃匿，则应以包庇罪对其追究刑事责任。

> **135.** 行为人帮助犯罪人逃匿，但事后被包庇的人自首的，是否影响行为人包庇罪的认定？
>
> 行为人帮助犯罪人逃匿，但事后被包庇的人自首的，行为人仍可构成包庇罪。

典型疑难案件参考

刘凯、邱秀交通肇事、包庇案

基本案情

邱秀与其丈夫周春自筹资金购买了云 A51317 号货车，挂靠于昆明腾佳达汽车贸易有限公司，并雇用被告人刘凯驾驶。2005 年 4 月 20 日凌晨刘凯驾驶云 A51317 号货车，载邱秀行至滇池路与金牛小区二号交叉路口时，遇被害人张明武醉酒后驾驶云 AE6385 号小客车载宋承龙左转弯通过路口，被告人刘凯制动并右打方向避让不及，所驾车与张明武所驾车相撞，张明武所驾车又与人行道内设置的人行横道灯灯杆相撞。

事故发生后，被告人邱秀下车匆忙查看现场后即上车让被告人刘凯驾车逃离现场，张明武让其朋友宋泽华在交警调查时冒充是宋泽华驾驶该车，并躺在事故发生地的道路绿化带内，交警在赶到现场后的调查过程中，初步判断张明武是醉酒人员，即通知120急救中心。急救中心工作人员赶到现场后发现张明武有生命危险，即对张明武进行急救，张明武经抢救无效于凌晨4时50分死亡，其死亡原因为交通事故致腹部受撞击或挤压致腹部挫伤合并回肠及乙状结肠系膜多处挫伤破裂，急性腹腔、盆腔内积血，失血性休克死亡。经公安机关认定，被告人刘凯承担事故的主要责任，被害人张明武承担事故的次要责任。几天后被告人邱秀逃跑至福建，2005年8月15日被抓获归案，被告人刘凯则于案发次日向公安机关自首。

诉辩情况

检察机关认为被告人刘凯的行为已构成交通肇事罪。被告人邱秀作为机动车辆所有人和乘车人，发生交通事故后指使驾驶员逃逸，应以交通肇事罪的共犯追究被告人邱秀的刑事责任。

附带民事诉讼原告人张翠秧、张洪杰诉求：被告人刘凯、邱秀及附带民事诉讼被告人昆明腾佳达汽车贸易有限公司赔偿经济损失235319元。

被告人刘凯的辩护人提出：刘凯在案发后次日即向公安机关投案自首，可以对其从轻或减轻处罚；刘凯认罪悔罪态度比较好，请求法庭给予其改过自新的机会。

被告人邱秀及其辩护人提出：邱秀并未指使刘凯肇事后驾车逃逸，邱秀的行为不构成犯罪。本案中的被害人张明武醉酒后驾驶车辆，具有重大过错。

裁判结果

云南省昆明市西山区人民法院于2005年12月23日以〔2005〕西法刑初字第728号刑事附带民事判决认定，被告人刘凯犯交通肇事罪，判处有期徒刑4年。被告人邱秀犯包庇罪，判处有期徒刑1年6个月。由被告人刘凯、邱秀共同赔偿附带民事诉讼原告人张翠秧、张洪杰经济损失人民币54920元。由附带民事诉讼被告人昆明腾佳达汽车贸易有限公司补充赔偿附带民事诉讼原告人张翠秧、张洪杰经济损失人民币81434元。

一审宣判后，原审附带民事诉讼原告人张翠秧、张洪杰，原审被告人刘凯、邱秀提出上诉，后在二审审理过程中，刘凯、邱秀自愿撤回上诉。云南省昆明市中级人民法院于2006年3月1日以同样的事实和理由作出〔2006〕昆刑终字第149号刑事附带民事裁定，驳回上诉，维持原判。

> **裁判理由**

法院生效裁判认为：被告人刘凯超速行车，且在发生事故后逃离现场，造成一人死亡的后果，负事故的主要责任，其行为已构成交通肇事罪，其在案发后主动到公安机关投案自首，依法可从轻处罚。

关于邱秀的行为不构成犯罪的辩护意见，经查，被告人邱秀作为肇事车辆的实际所有人和乘车人，在发生事故后，指使驾驶员驾车逃逸，自己也逃至外地躲藏，依据最高人民法院《关于审理交通肇事刑事案件具体应用法律若干问题的解释》第5条第2款规定："交通肇事后，单位主管人员、机动车辆所有人、承包人或者乘车人指使肇事人逃逸，致使被害人因得不到救助而死亡的，以交通肇事罪的共犯论处。"这一规定要求成立交通肇事罪的共犯要有符合这一规定身份的人指使肇事人逃逸的行为，且因逃跑行为而致使被害人得不到救助而死亡。从刑法对交通肇事罪的规定可以看出一般交通肇事是一个处罚幅度，有逃逸行为又是一个处罚幅度，有逃逸致人死亡的又是一个处罚幅度，且从最高人民法院《关于审理交通肇事刑事案件具体应用法律若干问题的解释》第5条第1款规定的逃逸致人死亡是指行为人在交通肇事后为逃避法律追究而逃跑，致使被害人因得不到救助而死亡的情形。该解释的两款规定均强调了行为人逃逸后致使被害人得不到救助而死亡，也就是说逃逸行为和被害人得不到救助之间有直接因果关系。本案中的被告人邱秀在刘凯驾车肇事后，其作为车辆的实际所有人和乘车人确已指使刘凯逃逸，并且也实施了逃跑行为，但公安干警和120急救中心医护人员先后赶到现场对被害人张明武进行抢救，客观上被害人已得到了救助，故被告人邱秀的行为不符合交通肇事罪共犯的构成要件。其行为不构成交通肇事罪。

被告人邱秀在自己雇用为自己驾车的驾驶员肇事后，未对被害人进行救助，保护现场，反而指使肇事人逃逸，其指使行为实际上是在一定程度上帮助肇事行为人逃匿。因为从被告人刘凯的供述可以知道，刘凯在肇事后欲图下车察看，然此时被告人邱秀让其逃跑，其随即实施了逃逸行为，并又在邱秀授意下乘车返回现场观望。被告人刘凯被抓获是因其知道事情严重性后，出于对法律的威慑而到公安机关自首，但其当时能逃离肇事现场在一定程度上是由于车辆所有人，即本案被告人邱秀的指使、怂恿、纵容。被告人邱秀的行为是帮助他人逃匿的行为，符合刑法中包庇罪的构成要件，应以包庇罪对其定罪处罚。

针对附带民事原告人提出的诉讼请求，法院认为：被告人刘凯因其交通肇事行为致使他人死亡,依法应当承担经济损失;被告人邱秀作为雇佣者,对因雇员的重大过失而致他人损害,应和刘凯承担连带责任。肇事车辆挂靠于昆明腾佳达汽车贸易有限公司。而该公司未能提供证据证实其已尽到安全监督管理的职责,因此该公司应当承担补充的赔偿责任。被害人张明武醉酒驾车,在事故中负有过错,故在赔偿上应对赔偿义务人适当减轻。鉴于被告人刘凯、邱秀无经济赔偿能力,故从救济角度将赔偿数额由被告人刘凯、邱秀和昆明腾佳达汽车贸易有限公司分担。故一、二审法院依法作出如上裁判。

136. 将他人杀死后,又伙同他人将尸体运离抛尸的行为,是否构成包庇罪?

将他人杀死后,又伙同他人将尸体运离抛尸的行为,构成故意杀人罪一罪,不另定包庇罪。

137. 目击他人实施杀人犯罪的全过程,并在行为人离开后打扫作案现场,清扫血迹的行为该如何定性?

目击他人实施杀人犯罪的全过程,并在行为人离开后打扫作案现场,清扫血迹的行为实质上帮助了行为人掩盖罪行,构成包庇罪。

典型疑难案件参考

龚世义等故意杀人、包庇案

基本案情

被告人龚世义系本市海淀区苏家坨乡前沙涧百汇居饭店(以下简称"百汇居")店主,被告人胡长青、解海兵、吴小利、张二红均系"百汇居"服务员。2001年6月以来,被害人冯世刚(男,1963年3月26日出生,人称"二哥")经常来该饭店肆意滋事,在此就餐从不付钱,且殴打饭店服务员,驱赶其他就餐人员,致该店生意冷淡。因慑服于冯世刚的淫威,被告人龚世义未敢报案,反而对冯世刚好言好语、好菜好酒相待,有时在龚世义给冯世刚钱后,冯世刚才肯罢休。2001年6月,冯世刚因在该饭店找一名女服务员遇到阻挠后，便对服务员董新芝及其他服务员进行殴打；2001年9月，冯世刚在该饭店内无故将服务员强力殴打致伤，伤口缝合20余针；2001年10月份，冯世刚在该饭店内无故殴打服务员张花荣致伤，后将张花荣强奸，张花荣恐再遭侵害而离开该店。

  2001年12月26日晚18时许，被害人冯世刚又再次至"百汇居"。被告人龚世义小心陪侍其酒足饭饱后，冯世刚让龚世义为其找三陪小姐，龚世义拒绝其无理要求并给其人民币300元让其离去，后回到饭店宿舍看服务员玩麻将。不料冯世刚追至宿舍继续无理取闹，见到服务员付腊月，执意让付腊月跟其走，在付腊月称其来例假后，冯世刚即对其殴打，并赶走旁人令付脱裤子让其检查，付腊月受辱后哭离房间。此时饭馆大厅有客人到来，冯世刚出去将客人赶走，后闯进被告人龚世义的房间内，见到龚世义的女友被告人张二红，即指着张二红称"你丫歇，这店你明天给我关张，你有女人睡我没有，今天就是她了"，龚说"二哥，这是我媳妇"，冯世刚便说"什么他妈的媳妇不媳妇的，今儿就她陪我"，龚世义说"二哥，这生意没法做了，这店我给你，人也在这儿，她愿意跟你就跟你"，说完龚世义便要离开。冯世刚强阻龚世义离开，将房内电视机掀翻在地，并将张二红手机摔碎。龚世义还要离开，冯世刚便将龚世义拽回按倒在床上挥拳猛打。被告人胡长青闻讯赶来见状，即持铁管对冯世刚头部猛击一下，将冯世刚打倒在地，被告人龚世义起身后对躺在地上的冯世刚语："二哥，今天对不起你了，是你把兄弟逼到绝路上来了。"随后亦持铁管击打冯世刚的头部，并与胡长青一同用铁丝勒冯世刚颈部，致冯世刚死亡。

  龚世义、胡长青二人于当晚伙同被告人解海兵、吴小利用车将冯世刚的尸体运离餐厅焚烧后抛于上庄乡上庄水库附近河中。被告人张二红目击了被告人龚世义等人作案的全过程，并在龚世义等人离开餐厅抛尸时打扫作案现场，清扫血迹，帮助掩盖罪行。2002年3月9日，被害人冯世刚尸体被人发现；后被告人龚世义、胡长青、解海兵、张二红相继被公安机关抓获归案，被告人吴小利主动到公安机关投案自首。在本案审理期间，民事赔偿部分已经调解解决。

诉辩情况

  检察机关指控被告人龚世义、胡长青的行为已构成故意杀人罪，被告人解海兵、吴小利、张二红的行为已构成包庇罪。龚世义对冯世刚继续实施加害行为，不属于正当防卫。龚世义有如实向公安机关交代同案犯的义务，而其没有带领民警去抓同案犯的客观立功表现，不能认定为立功。

被告人龚世义、胡长青、解海兵、吴小利、张二红对起诉书指控的内容没有提出异议。

龚世义的辩护人提出：被告人冯世刚正在对龚世义实施不法侵害行为时，胡长青为了制止冯世刚对龚世义的侵害及龚世义在胡长青的帮助下脱险后，龚世义和胡长青为避免冯世刚的继续侵害激于义愤所为，属于正当防卫行为。死者冯世刚在2001年3月才因寻衅滋事罪刑满释放，但仍不思悔过，继续称霸一方，欺压他人，结果丢掉性命，有着明显的过错和激化矛盾的直接责任，对无过错一方予以从轻处罚符合我国刑事立法的原则精神，应对被告人龚世义予以从轻处罚。从公安机关出具的抓获经过来看，龚世义是在公安机关当时并没有掌握证据，只是认为其有嫌疑的情况下经教育而主动交代全部犯罪事实的，龚世义的行为应该视为自首。公安机关的抓获经过证实，在龚世义的交代下，办案人员将涉嫌作案的人员抓获，因此，应对龚世义认定为有立功表现。被告人龚世义一贯表现较好，系初犯，其亲属也愿对死者亲属予以适当赔偿。

裁判结果

北京市海淀区人民法院于2002年12月19日以〔2002〕海法刑初字第2775号刑事判决，认定被告人龚世义犯故意杀人罪，判处有期徒刑5年；被告人胡长青犯故意杀人罪，判处有期徒刑5年；被告人解海兵犯包庇罪，判处有期徒刑7个月；被告人吴小利犯包庇罪，判处有期徒刑6个月；被告人张二红犯包庇罪，判处有期徒刑6个月。

裁判理由

法院生效裁判认为：被告人龚世义在遭受被害人冯世刚殴打时，被告人胡长青持铁管猛击冯世刚头部将其打倒，被告人龚世义在冯世刚已无实际侵害能力的情况下，仍持铁管连续击打冯世刚的头部，后又与被告人胡长青使用铁丝勒冯世刚的颈部，致冯世刚死亡，二被告人的行为均已构成故意杀人罪，应予惩处。被告人解海兵、吴小利、张二红目睹被告人龚世义、胡长青杀人行为后，解海兵、吴小利帮助被告人龚世义、胡长青焚尸、抛尸，张二红帮助打扫血迹、清理现场，此3被告人的行为均已构成包庇罪，应予惩处。北京市海淀区人民检察院指控被告人龚世义、胡长青犯有故意杀人罪，被告人解海兵、吴小利、张二红犯有包庇罪，事实清楚，证据确凿，指控罪名成立。

尽管被害人冯世刚的劣行有目共睹，有据可查，被告人龚世义、胡长青故意杀人的犯罪行为，确实事出有因，但法庭认为：生命权之于个人所有，非经法律允许，任何人都无权剥夺。即使被害人冯世刚罪大恶极，任何个人亦无权夺其生命，而只能通过司法机关使其得到应有的惩罚。任何人超越公权而使用私力非法剥夺他人生命权的行为，都是对法律的违背，都是犯罪，都要受到法律的惩处。同样，明知他人犯罪，但还创造条件，企图帮助犯罪分子逃避法律惩罚，也是与法律的对抗，也是犯罪，亦要受到法律的制裁。被告人龚世义等虽屡受被害人冯世刚欺压，但却不寻求法律的保护，反而以身试法，理应受到法律的严惩。

法律的正义性、严肃性在于维护法制，维护公民的人身权利及其他合法权益，惩恶扬善。被告人龚世义、胡长青杀人夺命，自难逃其咎。综观全案，被害人冯世刚于2001年6月份与被告人龚世义结识后，在长达半年的时间里，经常出入"百汇居"白吃白喝，寻衅滋事；更为甚者，被害人冯世刚在"百汇居"还恣意殴打服务员，多次致人伤害，还对数名女服务员凌辱，甚至强奸。被告人龚世义及其饭店服务员怵于冯世刚暴戾恣睢，皆忍辱含垢，受其凌辱的女服务员也只能饮恨离去。案发当天，被害人冯世刚毫无廉耻竟要检查对其不从的女服务员是否来了例假，其流氓本质展露无遗；在其淫欲之心未得满足的情况下，向龚世义提出让龚世义的女友陪其过夜，在龚世义欲一走了之的情况下，被害人冯世刚却不依不饶，摔电视机、砸手机，更是将龚世义按倒在床上扼颈挥拳进行殴打。冰冻三尺，非一日之寒，被告人龚世义面对冯世刚的多次欺凌，均委曲求全，予以忍让，此次，在用尽好话亦不能制止冯世刚暴行的情况下，自觉长此以往无有尽头，虽知饮鸩止渴难结此事，仍无视国法的存在，杀人夺命，被害人冯世刚实属有极大过错，被告人龚世义、胡长青的行为确系义愤杀人。

根据我国刑法理论和刑事立法的精神，被告人龚世义、胡长青系受被害人长期迫害，而出于义愤杀人，且被害人冯世刚有极大过错，二被告人故意杀人的行为属于情节较轻，对其二人量刑过重，将有失法律的公平。对被告人龚世义的辩护人关于被告人属于义愤杀人以及被害人有明显过错和激化矛盾的直接责任之辩护意见，应予采纳。

被告人胡长青第一次击打冯世刚后，冯世刚实际已经丧失反抗能力，冯世刚的不法侵害行为已经停止，但被告人龚世义、胡长青却继续对冯世刚进行侵害直至被害人死亡，其行为目的已经不再是防卫被害而是故意侵害，辩护人关于认定被告人龚世义的行为属于正当防卫的辩护意见，曲解了正当防卫的法律本意，亦忽视了被告人的主观故意，不应采纳。被告人龚世义因重大嫌疑在受到公安机关讯问后，供认所有犯罪事实，只属坦白，而非自首；其仅交代同案犯，但并未实施协助公安机关抓获同案犯之客观行为，不属立功，对辩护人关于应认定被告人龚世义自首、立功情节之辩护意见，不应采纳。被告人龚世义、胡长青归案后坦白所有犯罪事实，且被告人龚世义积极退赔，认罪悔罪态度较好，结合被告人犯罪前一贯表现较好的情节，对二被告人可酌予从轻处罚。被告人吴小利主动投案如实供述所有犯罪事实，系自首，依法可从轻处罚。

> **138. 交通肇事逃逸导致他人死亡事故发生后，行为人明知案件的真实情况，却分别向公安机关反映虚假的机动车驾驶人，致使公安机关出具了错误的交通事故认定书的行为应如何定性？**
>
> 行为人明知交通肇事案件的真实情况，却分别向公安机关反映虚假的机动车驾驶人，致使公安机关出具了错误的交通事故认定书，属于作假证明包庇的行为，严重影响了正常的司法秩序，构成包庇罪。

典型疑难案件参考

何岩锋等交通肇事、包庇案

基本案情

2011年4月18日8时40分，被告人何岩锋受被告人李建军的指使，无证驾驶无牌铲车沿许家沟乡相村路段由西向东行驶时，与同方向在前驾驶电动自行车的刘××相撞，造成刘××当场死亡，电动自行车受损、张××、周明×、周五×庄稼受损的交通事故。事故发生后，何岩锋弃车逃逸，被告人郝水法指使被告人王庆明、李建军分别向公安机关反映肇事铲车系郝××所驾驶，致使公安机关出具了错误的交通事故认定书。案发后，被告人赔偿死者家属各项费用共计220000元，分别赔偿张××、周明×、周五×庄稼损失300元、300元、500元。

诉辩情况

检察机关指控被告人何岩锋犯交通肇事罪，被告人李建军犯交通肇事罪、包庇罪，被告人郝水法、王庆明犯包庇罪。

被告人何岩锋对指控事实无异议。

一审宣判后，何岩锋提出上诉。

原审被告人何岩锋提出，原判量刑过重。

裁判结果

河南省安阳县人民法院于 2011 年 12 月 30 日以〔2011〕安刑初字第 462 号刑事判决，认定被告人何岩锋犯交通肇事罪，判处有期徒刑 3 年；被告人李建军犯交通肇事罪，判处有期徒刑 6 个月；犯包庇罪，判处拘役 3 个月，决定执行有期徒刑 6 个月；被告人郝水法犯包庇罪，判处拘役 4 个月；被告人王庆明犯包庇罪，判处拘役 3 个月。

一审宣判后，何岩锋提出上诉。河南省安阳市中级人民法院于 2012 年 3 月 7 日以同样的事实和理由作出〔2012〕安中刑二终字第 79 号刑事裁定，驳回上诉，维持原判。

裁判理由

法院生效裁判认为：对于何岩锋上诉理由，经查，上诉人何岩锋无证驾驶机动车辆造成一人死亡的重大交通事故，且肇事后逃逸，其行为已构成交通肇事罪，论罪应判处 3 年以上 7 年以下有期徒刑，一审法院同时考虑何岩锋有自首情节、同案人郝水法赔偿了被害人经济损失等量刑情节，对何岩锋从轻判处有期徒刑 3 年，属量刑适当。故何岩锋上诉理由不能成立。

原判认定上诉人何岩锋、原审被告人李建军、郝水法、王庆明犯交通肇事罪、包庇罪的事实清楚，证据确实、充分，应予惩处。原判定罪准确，量刑适当，审判程序合法。上诉人何岩锋上诉理由不予采纳。故法院依法作出如上裁判。

窝藏、包庇罪办案依据集成

刑法条文

第三百一十条 【窝藏、包庇罪】明知是犯罪的人而为其提供隐藏处所、财物,帮助其逃匿或者作假证明包庇的,处三年以下有期徒刑、拘役或者管制;情节严重的,处三年以上十年以下有期徒刑。

犯前款罪,事前通谋的,以共同犯罪论处。

司法解释

最高人民法院《关于取保候审的被告人逃匿如何追究保证人责任问题的批复》(1989年7月3日法(研)复〔1989〕4号)

北京市高级人民法院:

你院〔1988〕京高法字第173号《关于取保候审的被告人逃匿如何追究保证人责任问题的请示》收悉。经研究,现答复如下:

对刑事被告人采取取保候审,保证人应当负哪些法律责任,中华人民共和国刑事诉讼法没有具体规定,在目前情况下,应根据不同情况分别处理:

一、根据案件事实,取保候审的被告人确系犯罪分子,如保证人与被告人串通,协助被告人逃匿,视其情节,已构成犯罪的,可根据刑法第一百六十二条(指79刑法条文。——编者注)规定的窝藏罪,追究保证人的刑事责任。

二、在刑事附带民事诉讼中,取保候审的被告人逃匿,如保证人明知其逃匿下落,但拒绝提供被告人去处或者拒绝将被告人找回,以及与被告人串通,协助被告人逃匿的,可由保证人承担应由被告人承担的民事赔偿责任。

其他办案依据

最高人民法院研究室《关于对窝藏、包庇罪中"事前通谋的,以共同犯罪论处"如何理解问题的电话答复》(1986年1月15日)

上海市高级人民法院:

你院〔85〕沪高法办字第181号《关于对窝藏、包庇罪中"事前通谋的以共同犯罪论处"如何理解的请示报告》收悉。经研究,答复如下:

我国刑法第一百六十二条第三款所说的"事前通谋",是指窝藏、包庇犯与被窝藏、包庇的犯罪分子,在犯罪活动之前,就谋划或合谋,答应犯罪分子作案后,给以窝藏或者包庇的,这和刑法总则规定的主客观要件是一致的。如,反革命分子或其他刑事犯罪分子,在犯罪之前,与行为人进行策划,行为人分工承担窝藏,或者答应在追究刑事责任时提供虚假证明来掩盖罪行等等。因此如果只是知道作案人要去实施犯罪,事后予以窝藏、包庇,或者事前知道作案人员要去实施犯罪,未去报案,犯罪发生后又窝藏、包庇犯罪分子,都不应以共同犯罪论处,而单独构成窝藏、包庇罪。

四、掩饰、隐瞒犯罪所得、犯罪所得收益罪

139. 如何认定收购赃物罪中的"明知"？

对于非法收购赃车的，有下列情形之一的，可视为应当知道，但有证据证明被蒙骗的除外：（1）在非法的机动车交易场所和销售单位购买的，（2）机动车证件手续不全或者明显违反规定的，（3）机动车发动机号或车架号有更改痕迹，没有合法证明的，（4）以明显低于市场价格购买机动车的。因此，对行为人主观"明知"的判断可以通过上述客观事实进行推定。

典型疑难案件参考

严静收购赃物案

基本案情

2002年3月29日下午5时许，被告人严静驾驶一辆车牌号为AR2882的轿车，行至浦东新区杨高南路成山路路口时，因违章行为被民警拦阻并接受检查，验证时发现该车行驶证有伪造嫌疑，且车辆未经年审，后经网上查询，发现该车牌照属另一辆奥拓小客车，并据车架钢印查证该车系本区南码头路1696弄49号被盗的车辆，失窃时间为2001年6月26日，民警遂将桑塔纳车扣押。当日，严静谎称该车是从其丈夫的朋友处借得，并承诺将朋友带来讲清事实。

2002年4月3日，严静至公安机关供述：该车系其私下从他人处购得。具体情况如下，2001年12月底某日下午，严静携带10万元现金至本市武宁路机动车交易市场，欲购买一辆二手桑塔纳轿车，恰逢一自称"刘峰"的中年男子向其兜售该车，双方经商讨以人民币8万元成交。因严静提出要求试车，对方答应先预收5万元押金，试车完毕后支付余款并办理过户手续，"刘峰"遂将当场书写的收条一张和车辆行驶证交与严静。后严静将车开至杨高南路一汽车修理厂，检验证实车辆性能良好。后严静曾多次打电话并前往交易市场寻找"刘峰"，但均未找到，严静遂一直使用该车至案发。

诉辩情况

检察机关指控被告人严静犯收购赃物罪。

严静提出：其对检察机关指控其购买使用赃车的事实没有异议，但辩解其

主观上并非"明知"。

严静的辩护人提出：严静虽有购买赃车的行为，但本案没有证据证实其有"明知"的犯意，从其购车地点和约定价格看，可推断山严静主观上不具备"明知"，故严静的行为不构成收购赃物罪。

裁判结果

上海市浦东新区人民法院作出刑事判决，认定被告人严静犯收购赃物罪，判处管制1年，罚金人民币1千元。

裁判理由

法院生效判决认为：本案除被告人陈述外，虽无直接证据证实"明知"的故意，但依据最高人民法院、最高人民检察院、公安部、工商行政管理局联合发布的《关于依法查处盗窃、抢劫机动车案件的规定》第17条的规定，当机动车证件手续不全或明显违反规定时，可视为被告人应当知道。据此，本案被告人主观上具备"明知"的犯意，客观上有购买赃车的行为，检察机关指控的罪名成立。辩护人提出的关于被告人主观上不"明知"的意见，与上述规定的意旨不符，不予采信。故法院依法作出如上裁判。

---

140. 行为人参与他人犯罪后的销售赃物的行为，只是在旁观看销赃过程，并从中获利的，能否认定为掩饰、隐瞒犯罪所得罪？

构成掩饰、隐瞒犯罪所得罪要求行为人必须明知其掩饰、隐瞒的是犯罪所得，行为人参与他人犯罪后的销售赃物的行为，只是在旁观看销赃过程，并从中获利的，应认定为掩饰、隐瞒犯罪所得罪。

典型疑难案件参考

刘某掩饰、隐瞒犯罪所得案

基本案情

2007年1月14日21时40分许，郭凤坤、贺朋、荆海波（3人均另案处理）抢劫事主梁国良白色桑塔纳汽车（车牌号：京GJR518，价值人民币

25000元）一辆，后3人联系到被告人刘某，2007年1月16日，刘某在明知该车系犯罪所得的情况下，仍帮助郭凤坤等人将该车以人民币3000元的价格销售，被告人刘某从中获利人民币300元。

▶ 诉辩情况

检察机关指控被告人刘某的行为已构成掩饰、隐瞒犯罪所得罪。被告人犯罪时已满16周岁未满18周岁，应当依法从轻或者减轻处罚。

被告人刘某提出：当时销售的时候，其是被郭凤坤等人叫过去的。郭凤坤等人在车里交易时，其只是在旁边看着，没有直接参与销赃。

刘某的辩护人提出：刘某犯罪时尚不足18周岁，应当从轻或者减轻处罚，且系初犯、偶犯，犯罪情节相对较轻，危害不大，建议对刘某判处缓刑或减轻处罚。

▶ 裁判结果

北京市大兴区人民法院于2007年11月7日作出〔2007〕大刑初字第1036号刑事判决，认定被告人刘某犯掩饰、隐瞒犯罪所得罪，判处有期徒刑10个月，并处罚金人民币2000元。

▶ 裁判理由

本案生效裁判认为：被告人刘某明知是盗窃的机动车而予以介绍买卖，其行为已构成掩饰、隐瞒犯罪所得罪，应予惩处。北京市大兴区人民检察院指控被告人刘某犯掩饰、隐瞒犯罪所得罪，事实清楚，证据充分，罪名成立。刘某犯罪时已满16周岁未满18周岁，依法对其从轻处罚，被告人刘某的辩解及其辩护人的辩护意见，酌予采纳。故法院依法作出如上裁判。

141. 行为人参与共同犯罪的行为与其犯罪后的掩饰隐瞒犯罪所得、犯罪所得收益罪该如何区分？

行为人明知他人犯罪而事中实施帮助行为，客观上帮助了犯罪行为的进行，主观上反映出其参与犯罪的意思联络，构成共同犯罪；而掩饰、隐瞒犯罪所得、犯罪所得收益罪中的帮助他人逃避法律追究的行为，只能是在他人犯罪以后实施的帮助行为，目的是掩盖犯罪所得，妨害正常的司法秩序，对此行为只能以掩饰隐瞒犯罪所得、犯罪所得收益罪单独论处。

142. 如何判断"掩饰隐瞒犯罪所得、犯罪所得收益罪"中的"明知"？

若行为人多年从事相关工作，却以明显不正常价格在非正常的交易时间进行交易，同时根据赃物的形态、样式等进行观察，可以表现出行为人知道物品"来路不正"的心态，就可以认定行为人的"明知"心态。

典型疑难案件参考

周权等共同贪污和冯永新等掩饰、隐瞒犯罪所得案

基本案情

被告人周权于 1982 年 8 月分配至南通市供水工程公司工作，后担任该公司工程科施工员。2008 年 9 月 2 日至 2008 年 10 月 24 日间，被告人周权在担任长江路 DN1800 给水管道铺设施工项目部经理、跃龙南路 DN1800 给水管道铺设施工项目部经理期间，利用负责管理、保管上述两个工程工地上待安装使用的铸铁自来水管的职务之便，与被告人张立华共谋盗卖上述自来水管。被告人张立华在明知被告人周权是上述两个工程项目经理的情况下，仍为被告人周权盗卖自来水管，先后联系了货车司机被告人姜小明，吊车司机被告人周锋、杨玉刚，又通过被告人姜小明联系了货车司机罗贤林（另案处理）、陈雪锋（另案处理）于深夜来运输、装卸盗卖的自来水管后，分别销赃给废品收购站。

被告人姜小明、周锋、杨玉刚在明知以上自来水管"来路不正"的情况下，为了做所谓的"运输、装卸业务"，仍多次帮助运输、装卸以上自来水管，并运送到废品收购站。事后，由被告人张立华从销赃得款中向以上运输、装卸人员按正常运费标准支付运费。其中被告人姜小明帮助运输自来水管 14 次，得款人民币 7200 元，被告人周锋帮助装卸自来水管 11 次，得款人民币 12700 元，被告人杨玉刚帮助装卸自来水管 3 次，得款人民币 4100 元。

作案过程中，每次均由被告人周权事先通知被告人张立华。被告人周权则驾驶单位配备的带有警灯的"122"工程车到工地现场，坐在汽车内向被告人张立华指明吊运的自来水管，被告人张立华即指挥姜小明等人将自来水管吊装上车，运至废品收购站。在废品收购站，被告人张立华以被告人周权事先确定的价格或通过与周权电话联系确定的价格，以每节 3000～12000 元不等的销赃

价格将以上自来水管卖给废品收购站,并收取销赃得款,支付运费后将余额交给周权。

被告人周权伙同被告人张立华采用上述方法,先后14次共计盗卖了球墨铸铁自来水管40节,共计价值人民币1901540元。

案发后,被告人曹锦顺、李春涛、熊舜达已主动退还部分赃款。

▶一审诉辩情况◀

检察机关指控被告人周权、张立华犯贪污罪,被告人冯永新、曹锦顺、李春涛、熊舜达、姜小明、周锋、杨玉刚犯掩饰、隐瞒犯罪所得罪。

几名被告人的辩护意见是:

被告人张立华的辩护人提出:被告人张立华在贪污犯罪中应为从犯,且归案后认罪态度较好。

被告人冯永新的辩护人提出:被告人冯永新主观恶性及社会危害性较小,归案后认罪态度较好。

被告人熊舜达的辩护人提出:被告人熊舜达不明知是赃物而予以收购,不构成掩饰、隐瞒犯罪所得罪。

被告人周锋的辩护人提出:被告人周锋吊装行为在犯罪中所起作用相对较小,且其追求的并不是不法利益,而是劳务费。

被告人杨玉刚的辩护人提出:被告人杨玉刚系被动参与犯罪,犯罪程度明显较轻,且认罪态度较好。

▶一审裁判结果◀

江苏省南通市崇川区人民法院于2009年11月25日以〔2009〕崇刑初字第0358号刑事判决认定:

一、被告人周权犯贪污罪,判处有期徒刑14年,并处没收财产人民币20万元;

二、被告人张立华犯贪污罪,判处有期徒刑12年,并处没收财产人民币15万元;

三、被告人冯永新犯掩饰、隐瞒犯罪所得罪,判处有期徒刑2年6个月,并处罚金人民币4万元;

四、被告人曹锦顺犯掩饰、隐瞒犯罪所得罪,判处有期徒刑1年6个月,并处罚金人民币3万元;

五、被告人李春涛犯掩饰、隐瞒犯罪所得罪,判处有期徒刑1年,并处罚金人民币25000元;

六、被告人熊舜达犯掩饰、隐瞒犯罪所得罪,判处有期徒刑1年,缓刑1年6个月,并处罚金人民币2万元;

七、被告人姜小明犯掩饰、隐瞒犯罪所得罪,判处有期徒刑1年,缓刑1年6个月,并处罚金人民币15000元;

八、被告人周锋犯掩饰、隐瞒犯罪所得罪,判处有期徒刑1年,缓刑1年6个月,并处罚金人民币15000元;

九、被告人杨玉刚犯掩饰、隐瞒犯罪所得罪,判处有期徒刑1年,缓刑1年6个月,并处罚金人民币15000元;

十、被告人犯罪所得继续予以追缴,发还被害单位南通市供水工程公司。

一审裁判理由

法院一审认为:被告人周权身为国家工作人员,利用职务上的便利,窃取国有财物,其行为已构成贪污罪。被告人张立华与被告人周权勾结,利用周权的职务便利,共同窃取国有财物,应以贪污罪共犯论处。在共同犯罪中,被告人周权、张立华均起主要作用,均系主犯。被告人冯永新、曹锦顺、李春涛、熊舜达明知是犯罪所得而予以收购,其行为已构成掩饰、隐瞒犯罪所得罪。被告人姜小明、周锋、杨玉刚明知是犯罪所得的赃物,而予以吊装、运输,转移赃物,其行为亦构成掩饰、隐瞒犯罪所得罪。被告人周权、张立华、冯永新、曹锦顺、李春涛、熊舜达、姜小明、周锋、杨玉刚在庭审中认罪态度较好,可酌情从轻处罚。检察机关指控被告人周权、张立华犯贪污罪,被告人冯永新、曹锦顺、李春涛、熊舜达、姜小明、周锋、杨玉刚犯掩饰、隐瞒犯罪所得罪的事实清楚,证据确实充分,定性准确,予以采纳。

关于被告人张立华的辩护人提出被告人张立华在贪污犯罪中起次要作用,应认定其为从犯的辩护意见。经查:被告人张立华在贪污犯罪中,与被告人周权共同预谋,并且联系运输、装卸车辆,负责销赃,其作用与被告人周权相当,均为主犯,该点辩护意见无事实依据,不予采纳。

关于被告人冯永新的辩护人提出被告人冯永新主观恶性及社会危害性较小的辩护意见。经查:被告人冯永新明知是赃物而多次予以收购,赃物价值达人民币973200元,其主观恶性及社会危害性较大,该点辩护意见无事实和法律依据,不予采纳。

关于被告人熊舜达的辩护人提出被告人熊舜达不明知是赃物而予以收购,不构成掩饰、隐瞒犯罪所得罪的辩护意见。经查:被告人熊舜达多年从事废品收购,本案中,其收购的是全新的自来水管,其应当明知"来路不正";且被告人熊舜达在侦查阶段有多次稳定的供述,其知道来路不正,但为了多做生意还是予以收购，其供述与被告人张立华的供述能相互印证，足以证明其明知收购的自来水管来路不正，故该点辩护意见无事实依据，不予采纳。

关于被告人周锋的辩护人提出被告人周锋追求的不是不法利益，而是劳务费的辩护意见。经查：被告人周锋明知是赃物，仍帮助装卸赃物以获得所谓"报酬"，该"报酬"显属非法利益，该点辩护意见不予采纳。被告人周锋的辩护人提出被告人周锋的吊装行为在犯罪中所起作用相对较小的辩护意见。经查：被告人周锋的装卸行为，在掩饰、隐瞒犯罪所得犯罪中，是不可或缺的环节，其作用与掩饰、隐瞒犯罪所得犯罪中的其他被告人相当，该点辩护意见无事实依据，不予采纳。

关于被告人杨玉刚的辩护人提出被告人杨玉刚系被动参与犯罪的辩护意见。经查：被告人杨玉刚虽然是在他人指使下装卸赃物，但其具有完全刑事责任能力，其是有意识地实施危害社会的行为，其被动参与犯罪并非对其从轻处罚的理由，该点辩护意见不予采纳。

关于被告人张立华、冯永新、杨玉刚的辩护人提出被告人张立华、冯永新、杨玉刚归案后认罪态度较好的辩护意见。经查属实，予以采纳。

关于被告人周锋的辩护人提出被告人周锋的吊装行为所起作用相对较小以及被告人杨玉刚的辩护人提出被告人杨玉刚参与犯罪程度较轻的辩护意见。经查属实，予以采纳。

二审诉辩情况

一审宣判后，曹锦顺、李春涛提出上诉。其辩护意见是：

上诉人曹锦顺提出：其对所收购的球墨铸铁管是否是赃物主观上只是存在怀疑。其能积极退赃、认罪悔罪，请求二审改判缓刑。

上诉人曹锦顺的辩护人提出：曹锦顺第二次收购4根球墨铸铁管的行为，不构成掩饰、隐瞒犯罪所得罪。

上诉人李春涛提出：其能积极退赃、认罪态度好，请求二审改判缓刑。

二审裁判结果

江苏省南通市中级人民法院于2010年2月20日以同样的事实作出〔2010〕通中刑二终字第0019号刑事判决，维持南通市崇川区人民法院〔2009〕崇刑初字第0358号判决主文第1项中关于被告人周权、张立华、冯永新、曹锦顺、李春涛、熊舜达的定罪量刑及第2项部分。撤销南通市崇川区人民法院〔2009〕崇刑初字第0358号判决主文第1项中关于被告人姜小明、周锋、杨玉刚的定罪量刑部分。原审被告人姜小明犯贪污罪，判处有期徒刑1

年，缓刑1年6个月，并处罚金人民币15000元。原审被告人周锋犯贪污罪，判处有期徒刑1年，缓刑1年6个月，并处罚金人民币15000元。原审被告人杨玉刚犯贪污罪，判处有期徒刑1年，缓刑1年6个月，并处罚金人民币15000元。

二审裁判理由

法院二审裁判认为：关于上诉人曹锦顺及其辩护人称曹锦顺"不明知所收购的是赃物"的上诉理由及辩护意见。经查：上诉人曹锦顺在侦查阶段多次供述"在收购球墨铸铁管时，东北人（原审被告人张立华）吩咐其将每根球墨铸铁管割个小口子，造成所收购球墨铸铁管是废品的假象，不让他人怀疑，并且每次都是晚上卖的，我就知道这些水管来路不正"，证明上诉人曹锦顺对所收购的是赃物的主观故意是明知的，该上诉理由及辩护意见均不能成立，不予采纳。

关于上诉人曹锦顺、李春涛及上诉人曹锦顺的辩护人均称"认罪悔罪，积极退赃，请求二审改判缓刑"的上诉理由及辩护意见，经查：原审判决已根据上诉人曹锦顺、李春涛的犯罪情节、认罪悔罪、积极退赃等酌定予以了从轻处罚，现再要求改判缓刑没有事实及法律依据，该上诉理由及辩护意见均不能成立，不予采纳。

原审对被告人周权、张立华构成贪污罪，原审被告人冯永新、曹锦顺、李春涛、熊舜达构成掩饰、隐瞒犯罪所得罪的定性是正确的。原审被告人姜小明、周锋、杨玉刚对所运输的给水管明知系南通市供水工程公司正在施工的合法财产，仍帮助原审被告人周权、张立华完成贪污行为，故应认定原审被告人姜小明、周锋、杨玉刚为贪污共犯。原审判决认定原审被告人姜小明、周锋、杨玉刚犯掩饰、隐瞒犯罪所得罪定性不当，应予以纠正。原审被告人姜小明、周锋、杨玉刚在共同犯罪中均起次要作用，均为从犯，均可减轻处罚。根据上诉不加刑的刑法原则，对原审被告人姜小明、周锋、杨玉刚以贪污定罪，维持原审判决的量刑。故二审法院依法作出如上裁判。

143. 明知是抢劫所得机动车，为帮助犯罪人销赃获利而提供伪造的机动车号和行驶证的行为是否构成掩饰、隐瞒犯罪所得罪？

明知是抢劫所得机动车，为使他人将该车销赃获利，提供伪造的机动车号牌和行驶证的行为，应当以掩饰、隐瞒犯罪所得罪定罪量刑。

典型疑难案件参考

郭彬掩饰、隐瞒犯罪所得案

基本案情

被告人郭小伟起意抢劫并将被告人付猛、郭小雷（郭小伟之弟）纠集至北京，3人与被告人高利红（郭小伟之女友）预谋抢车杀人后购买了砍刀等作案工具。2006年10月1日23时许，4被告人来到本市朝阳区十八里店四环路小武基桥下，由高利红骗乘被害人孙书明（男，殁年49岁）驾驶的雪佛兰轿车并持刀威胁孙停车，郭小伟、付猛、郭小雷随后上车，郭小伟、付猛持刀威胁，郭小雷用腰带将孙书明双脚捆上，抢得孙书明雪佛兰轿车1辆、长虹V388型手机1部、GOLDLIS手表1块和人民币160元，物品共计价值人民币56000余元。

次日凌晨4时许，郭小伟将雪佛兰轿车开到河北省滦平县红旗镇桥头村附近，4被告人将孙书明带到山坡上，付猛和郭小伟分别持砍刀割、扎孙书明的颈部和腹部，并将孙书明按倒在地，高利红用郭小伟的手机照明，郭小雷、郭小伟、付猛先后用高利红提供的石块砸孙书明的头面部数下，致孙重度颅脑损伤死亡，后4被告人将尸体掩埋。

2006年10月15日，被告人郭彬（郭小伟、郭小雷之父）在明知雪佛兰轿车系郭小伟等人实施抢劫杀人行为所得的情况下，为将该车销赃，将伪造的机动车号牌和行驶证提供给郭小伟等人使用。

2006年10月15日，被告人郭小伟、郭小雷、高利红、郭彬被抓获归案。次日，被告人付猛被抓获归案。被告人郭小伟归案后揭发他人重大犯罪，经查证属实。案发后，雪佛兰轿车、手机及手表已起获并发还被害人亲属。

▸一审诉辩情况

检察机关指控被告人郭小伟、郭小雷、付猛、高利红犯抢劫罪，被告人郭彬犯伪造国家机关证件罪。

被告人郭小雷提出：其未用石块砸被害人头部，只砸其肩部。

被告人郭小伟的辩护人提出：郭小伟系初犯，揭发他人犯罪，有立功表现，建议对其从轻处罚。

被告人郭小雷的辩护人提出：郭小雷在实施犯罪过程中起辅助作用，系从犯。

被告人付猛的辩护人提出：付猛在共同犯罪中起辅助作用，系从犯，犯罪时未成年，依法应当从轻或减轻处罚。

被告人高利红的辩护人提出：高利红在犯罪中起次要和辅助作用，系从犯，犯罪时无前科，未成年，建议对其从轻或减轻处罚。

▸一审裁判结果

北京市第二中级人民法院以〔2007〕二中少刑初字第1980号刑事判决，认定被告人郭小伟犯抢劫罪，判处死刑，缓期2年执行，剥夺政治权利终身，并处没收个人全部财产；被告人郭小雷犯抢劫罪，判处死刑，缓期2年执行，剥夺政治权利终身，并处没收个人全部财产；被告人付猛犯抢劫罪，判处无期徒刑，剥夺政治权利终身，并处没收个人全部财产；被告人高利红犯抢劫罪，判处有期徒刑15年，罚金人民币15000元；被告人郭彬犯掩饰、隐瞒犯罪所得罪，判处有期徒刑1年6个月，罚金人民币2000元。

▸一审裁判理由

一审法院认为：被告人郭小伟、郭小雷、付猛、高利红无视国法，以非法占有为目的，预谋后采用暴力手段劫取他人财物并致人死亡，抢劫数额巨大，4被告人之行为均已构成抢劫罪，且均系主犯；被告人郭彬明知雪佛兰轿车系抢劫所得，积极提供了伪造的机动车号牌和行驶证，其行为构成掩饰、隐瞒犯罪所得罪。北京市人民检察院第二分院指控被告人郭小伟、郭小雷、付猛、高利红、郭彬犯罪的事实清楚，证据确实、充分，但指控郭彬犯伪造国家机关证件罪的罪名有误，予以更正。鉴于郭小伟归案后揭发他人重大犯罪，有重大立功表现，故依法对其判处死刑，不予立即执行；鉴于郭小雷受郭小伟纠集、指使等犯罪的具体情节，对其判处死刑，不予立即执行；鉴于付猛、高利红犯罪时尚未成年，依法对其从轻处罚。

关于被告人郭小伟的辩护人提出郭小伟系初犯、有立功表现的辩护意见以及被告人付猛、高利红的辩护人提出付猛、高利红犯罪时尚未成年、高利红系初犯的辩护意见，经查属实，予以采纳。

关于郭小雷辩称未用石块砸被害人头部、只砸其肩部的意见。经查，同案犯郭小伟、付猛、高利红的供述均能够证实郭小雷用石块砸被害人头部，郭小雷在公安机关亦多次供认，故其辩解不能成立，不予采纳。

关于被害人付猛、郭小雷、高利红的辩护人提出3被告人均系从犯的辩护意见。经查，4被告人事先有预谋和分工，被告人郭小雷、付猛、高利红均积极实施抢劫被害人财物的行为，郭小雷首先用石块砸被害人头部，付猛持刀扎并用石块砸被害人，高利红提供直接致死被害人的石块并用手机照明，付猛、郭小雷、高利红在共同犯罪中均起主要作用，均系主犯，故3辩护人的该节辩护意见不能成立，不予采纳。

二审诉辩情况

一审宣判后，付猛提出上诉。

付猛的辩护人提出：付猛在共同犯罪中系从犯，与其他同案犯相比量刑过重。

二审裁判结果

北京市高级人民法院于2008年3月18日作出〔2008〕高刑终字第144号刑事裁定，驳回上诉，维持原判。本裁定核准被告人郭小伟犯抢劫罪，判处死刑，缓期2年执行，剥夺政治权利终身，并处没收个人全部财产；被告人郭小雷犯抢劫罪，判处死刑，缓期2年执行，剥夺政治权利终身，并处没收个人全部财产之刑事部分裁定。

二审裁判理由

二审法院经审理认可了上述理由，认为原审人民法院根据付猛、郭小伟、郭小雷、高利红、郭彬犯罪的事实、性质、情节及对于社会的危害程度依法所作的判决，事实清楚，证据确实充分，定罪及适用法律正确，量刑适当，审判程序合法，应予维持，故法院依法作出如上裁判。

掩饰、隐瞒犯罪所得、犯罪所得收益罪办案依据集成

刑法条文

第三百一十二条 【掩饰、隐瞒犯罪所得、犯罪所得收益罪】明知是犯罪所得及其产生的收益而予以窝藏、转移、收购、代为销售或者以其他方法掩饰、隐瞒的,处三年以下有期徒刑、拘役或者管制,并处或者单处罚金;情节严重的,处三年以上七年以下有期徒刑,并处罚金。

立案标准

1. 国家林业局、公安部《关于森林和陆生野生动物刑事案件管辖及立案标准》(2001年5月9日)(节录)

一、森林公安机关管辖在其辖区内发生的刑法规定的下列森林和陆生野生动物刑事案件

(十九)窝藏、转移、收购、销售赃物案件中,涉及被盗伐滥伐的木材、国家重点保护陆生野生动物或其制品的案件(第三百一十二条);

未建立森林公安机关的地方,上述案件由地方公安机关负责查处。

二、森林和陆生野生动物刑事案件的立案标准

(十二)盗窃、抢夺、抢劫案、窝藏、转移、收购、销售赃物案、破坏生产经营案、聚众哄抢案、非法经营案、伪造变造买卖国家公文、证件案,执行相应的立案标准。

2. 最高人民法院、最高人民检察院《关于办理危害计算机信息系统安全刑事案件应用法律若干问题的解释》(2011年9月1日法释〔2011〕19号)(节录)

第七条 明知是非法获取计算机信息系统数据犯罪所获取的数据、非法控制计算机信息系统犯罪所获取的计算机信息系统控制权,而予以转移、收购、代为销售或者以其他方法掩饰、隐瞒,违法所得五千元以上的,应当依照刑法第三百一十二条第一款的规定,以掩饰、隐瞒犯罪所得罪定罪处罚。

实施前款规定行为,违法所得五万元以上的,应当认定为刑法第三百一十二条第一款规定的"情节严重"。

单位实施第一款规定行为的,定罪量刑标准依照第一款、第二款的规定执行。

司法解释

1. 最高人民检察院《关于事先与犯罪分子有通谋,事后对赃物予以窝藏或者代为销售或者收买的,应如何适用法律的问题的批复》(1995年2月13日高检发研字〔1995〕2号)

四川省人民检察院:

你院川检(研)〔1994〕47号《关于事先与犯罪分子有通谋,事后对赃物予以窝藏或

者代为销售或者收买的,应如何适用法律的问题的请示》收悉。经研究,同意你院的意见,即:与盗窃、诈骗、抢劫、抢夺、贪污、敲诈勒索等其他犯罪分子事前通谋,事后对犯罪分子所得赃物予以窝藏、代为销售或者收买的,应按犯罪共犯追究刑事责任。事前未通谋,事后明知是犯罪赃物而予以窝藏、代为销售或者收买的,应按窝赃、销赃罪追究刑事责任。

2. 最高人民法院、最高人民检察院、公安部、国家工商行政管理局《关于依法查处盗窃、抢劫机动车案件的规定》(1998年5月8日公通字〔1998〕31号)(节录)

二、明知是盗窃、抢劫所得机动车而予以窝藏、转移、收购或者代为销售的,依照《刑法》第三百一十二条的规定处罚。

对明知是盗窃、抢劫所得机动车而予以拆解、改装、拼装、典当、倒卖的,视为窝藏、转移、收购或者代为销售,依照《刑法》第三百一十二条的规定处罚。

三、国家指定的车辆交易市场、机动车经营企业(含典当、拍卖行)以及从事机动车修理、零部件销售企业的主管人员或者其他直接责任人员,明知是盗窃、抢劫的机动车而予以窝藏、转移、拆解、改装、拼装、收购或者代为销售的,依照《刑法》第三百一十二条的规定处罚。单位组织实施上述行为的,由工商行政管理机关予以处罚。

四、本规定第二条和第三条中的行为人事先与盗窃、抢劫机动车辆的犯罪分子通谋的,分别以盗窃、抢劫罪的共犯论处。

五、机动车交易必须在国家指定的交易市场或合法经营企业进行,其交易凭证经工商行政管理机关验证盖章后办理登记或过户手续,私下交易机动车辆属于违法行为,由工商行政管理机关依法处理。

明知是赃车而购买,以收购赃物罪定罪处罚。单位的主管人员或者其他直接责任人员明知是赃车购买的,以收购赃物罪定罪处罚。

明知是赃车而介绍买卖的,以收购、销售赃物罪的共犯论处。

十二、对明知是赃车而购买的,应将车辆无偿追缴;对违反国家规定购买车辆,经查证是赃车的,公安机关可以根据《中华人民共和国刑事诉讼法》第一百一十条和第一百一十四条规定进行追缴和扣押。对不明知是赃车而购买的,结案后予以退还买主。

十三、对购买赃车后使用非法提供的入户、过户手续或者使用伪造、变造的入户、过户手续为赃车入户、过户的,应当吊销牌证,并将车辆无偿追缴;已将入户、过户车辆变卖的,追缴变卖所得并责令赔偿经济损失。

十四、对直接从犯罪分子处追缴的被盗窃、抢劫的机动车辆,经检验鉴定,查证属实后,可依法先行返还失主,移送案件时附清单、照片及其他证据。在返还失主前,按照赃物管理规定管理,任何单位和个人都不得挪用、损毁或者自行处理。

十七、本规定所称的"明知",是指知道或者应当知道。有下列情形之一的,可视为应当知道,但有证据证明确属被蒙骗的除外:

(一)在非法的机动车交易场所和销售单位购买的;

(二)机动车证件手续不全或者明显违反规定的;

（三）机动车发动机号或者车架号有更改痕迹，没有合法证明的；

（四）以明显低于市场价格购买机动车的。

3. 最高人民法院、最高人民检察院《关于办理盗窃油气、破坏油气设备等刑事案件具体应用法律若干问题的解释》（2007年1月19日法释〔2007〕3号）（节录）

第五条 明知是盗窃犯罪所得的油气或者油气设备，而予以窝藏、转移、收购、加工、代为销售或者以其他方法掩饰、隐瞒的，依照刑法第三百一十二条的规定定罪处罚。

实施前款规定的犯罪行为，事前通谋的，以盗窃犯罪的共犯定罪处罚。

第八条 本解释所称的"油气"，是指石油、天然气。其中，石油包括原油、成品油；天然气包括煤层气。

本解释所称"油气设备"，是指用于石油、天然气生产、储存、运输等易燃易爆设备。

4. 最高人民法院、最高人民检察院《关于办理与盗窃、抢劫、诈骗、抢夺机动车相关刑事案件具体应用法律若干问题的解释》（2007年5月11日法释〔2007〕11号）

为依法惩治与盗窃、抢劫、诈骗、抢夺机动车相关的犯罪活动，根据刑法、刑事诉讼法等有关法律的规定，现对办理这类案件具体应用法律的若干问题解释如下：

第一条 明知是盗窃、抢劫、诈骗、抢夺的机动车，实施下列行为之一的，依照刑法第三百一十二条的规定，以掩饰、隐瞒犯罪所得、犯罪所得收益罪定罪，处三年以下有期徒刑、拘役或者管制，并处或者单处罚金：

（一）买卖、介绍买卖、典当、拍卖、抵押或者用其抵债的；

（二）拆解、拼装或者组装的；

（三）修改发动机号、车辆识别代号的；

（四）更改车身颜色或者车辆外形的；

（五）提供或者出售机动车来历凭证、整车合格证、号牌以及有关机动车的其他证明和凭证的；

（六）提供或者出售伪造、变造的机动车来历凭证、整车合格证、号牌以及有关机动车的其他证明和凭证的。

实施第一款规定的行为涉及盗窃、抢劫、诈骗、抢夺的机动车五辆以上或者价值总额达到五十万元以上的，属于刑法第三百一十二条规定的"情节严重"，处三年以上七年以下有期徒刑，并处罚金。

第二条 伪造、变造、买卖机动车行驶证、登记证书，累计三本以上的，依照刑法第二百八十条第一款的规定，以伪造、变造、买卖国家机关证件罪定罪，处三年以下有期徒刑、拘役、管制或者剥夺政治权利。

伪造、变造、买卖机动车行驶证、登记证书，累计达到第一款规定数量标准五倍以上的，属于刑法第二百八十条第一款规定中的"情节严重"，处三年以上十年以下有期徒刑。

第三条 国家机关工作人员滥用职权，有下列情形之一，致使盗窃、抢劫、诈骗、抢夺的机动车被办理登记手续，数量达到三辆以上或者价值总额达到三十万元以上的，依照刑法第三百九十七条第一款的规定，以滥用职权罪定罪，处三年以下有期徒刑或者拘役：

（一）明知是登记手续不全或者不符合规定的机动车而办理登记手续的；
（二）指使他人为明知是登记手续不全或者不符合规定的机动车办理登记手续的；
（三）违规或者指使他人违规更改、调换车辆档案的；
（四）其他滥用职权的行为。

国家机关工作人员疏于审查或者审查不严，致使盗窃、抢劫、诈骗、抢夺的机动车被办理登记手续，数量达到五辆以上或者价值总额达到五十万元以上的，依照刑法第三百九十七条第一款的规定，以玩忽职守罪定罪，处三年以下有期徒刑或者拘役。

国家机关工作人员实施前两款规定的行为，致使盗窃、抢劫、诈骗、抢夺的机动车被办理登记手续，分别达到前两款规定数量、数额标准五倍以上的，或者明知是盗窃、抢劫、诈骗、抢夺的机动车而办理登记手续的，属于刑法第三百九十七条第一款规定的"情节特别严重"，处三年以上七年以下有期徒刑。

国家机关工作人员徇私舞弊，实施上述行为，构成犯罪的，依照刑法第三百九十七条第二款的规定定罪处罚。

第四条 实施本解释第一条、第二条、第三条第一款或者第三款规定的行为，事前与盗窃、抢劫、诈骗、抢夺机动车的犯罪分子通谋的，以盗窃罪、抢劫罪、诈骗罪、抢夺罪的共犯论处。

第五条 对跨地区实施的涉及同一机动车的盗窃、抢劫、诈骗、抢夺以及掩饰、隐瞒犯罪所得、犯罪所得收益行为，有关公安机关可以依照法律和有关规定一并立案侦查，需要提请批准逮捕、移送审查起诉、提起公诉的，由该公安机关所在地的同级人民检察院、人民法院受理。

第六条 行为人实施本解释第一条、第三条第三款规定的行为，涉及的机动车有下列情形之一的，应当认定行为人主观上属于上述条款所称"明知"：

（一）没有合法有效的来历凭证；
（二）发动机号、车辆识别代号有明显更改痕迹，没有合法证明的。

5. 最高人民法院《关于审理洗钱等刑事案件具体应用法律若干问题的解释》（2009年11月11日法释〔2009〕15号）（节录）

第一条 （第一款）刑法第一百九十一条、第三百一十二条规定的"明知"，应当结合被告人的认知能力，接触他人犯罪所得及其收益的情况，犯罪所得及其收益的种类、数额，犯罪所得及其收益的转换、转移方式以及被告人的供述等主、客观因素进行认定。

（第二款）具有下列情形之一的，可以认定被告人明知系犯罪所得及其收益，但有证据证明确实不知道的除外：

（一）知道他人从事犯罪活动，协助转换或者转移财物的；
（二）没有正当理由，通过非法途径协助转换或者转移财物的；
（三）没有正当理由，以明显低于市场的价格收购财物的；
（四）没有正当理由，协助转换或者转移财物，收取明显高于市场的"手续费"的；

（五）没有正当理由，协助他人将巨额现金散存于多个银行账户或者在不同银行账户之间频繁划转的；

（六）协助近亲属或者其他关系密切的人转换或者转移与其职业或者财产状况明显不符的财物的；

（七）其他可以认定行为人明知的情形。

第三条 明知是犯罪所得及其产生的收益而予以掩饰、隐瞒，构成刑法第三百一十二条规定的犯罪，同时又构成刑法第一百九十一条或者第三百四十九条规定的犯罪的，依照处罚较重的规定定罪处罚。

第四条 刑法第一百九十一条、第三百一十二条、第三百四十九条规定的犯罪，应当以上游犯罪事实成立为认定前提。上游犯罪尚未依法裁判，但查证属实的，不影响刑法第一百九十一条、第三百一十二条、第三百四十九条规定的犯罪的审判。

上游犯罪事实可以确认，因行为人死亡等原因依法不予追究刑事责任的，不影响刑法第一百九十一条、第三百一十二条、第三百四十九条规定的犯罪的认定。

上游犯罪事实可以确认，依法以其他罪名定罪处罚的，不影响刑法第一百九十一条、第三百一十二条、第三百四十九条规定的犯罪的认定。

本条所称"上游犯罪"，是指产生刑法第一百九十一条、第三百一十二条、第三百四十九条规定的犯罪所得及其收益的各种犯罪行为。

▶ **其他办案依据**

1. 公安部、最高人民法院、最高人民检察院《关于严厉打击盗窃破坏国防通讯线路设备犯罪活动的通知》（1991年6月20日公通字〔1991〕43号）（节录）

五、对无视国家有关法规，非法收购被盗的通讯线路器材的，只要有证据证明其应当或者能够知道是赃物的，应视为"明知是赃物而购买"，依照《刑法》第一百七十二条（指79刑法条文。——编者注）规定以销赃罪论处。事前与盗窃通讯线路器材的犯罪分子通谋的，以共同犯罪论处。

2. 最高人民法院《人民法院量刑指导意见（试行）》（2010年10月1日法发〔2010〕36号）（节录）

四、常见犯罪的量刑

（十四）掩饰、隐瞒犯罪所得、犯罪所得收益罪

1. 构成掩饰、隐瞒犯罪所得、犯罪所得收益罪的，可以根据下列不同情形在相应的幅度内确定量刑起点：

（1）犯罪情节一般的，可以在三个月拘役至六个月有期徒刑幅度内确定量刑起点。

（2）情节严重的，可以在三年至四年有期徒刑幅度内确定量刑起点。

2. 在量刑起点的基础上，可以根据犯罪数额等其他影响犯罪构成的犯罪事实增加刑罚量，确定基准刑。

3. 最高人民法院、最高人民检察院、公安部、国家烟草专卖局《关于办理假冒伪劣烟草制品等刑事案件适用法律问题座谈会纪要》（2003年12月23日高检会〔2003〕4号）（节录）

七、关于窝藏、转移非法制售的烟草制品行为的定罪处罚问题

明知是非法制售的烟草制品而予以窝藏、转移的，依照刑法第三百一十二条的规定，以窝藏、转移赃物罪定罪处罚。

窝藏、转移非法制售的烟草制品，事前与犯罪分子通谋的，以共同犯罪论处。

4. 公安部《废旧金属收购业治安管理办法》（1994年1月25日公安部令第16号）（节录）

第二条 本办法所称废旧金属，是指生产性废旧金属和非生产性废旧金属。生产性废旧金属和非生产性废旧金属的具体分类由公安部会同有关部门规定。

第九条 收购废旧金属的企业和个体工商户不得收购下列金属物品：

（一）枪支、弹药和爆炸物品；

（二）剧毒、放射性物品及其容器；

（三）铁路、油田、供电、电信通讯、矿山、水利、测量和城市公用设施等专用器材；

（四）公安机关通报寻查的赃物或者有赃物嫌疑的物品。

第十三条 有下列情形之一的，由公安机关给予相应处罚：

（一）违反本办法第四条第一款规定，未领取特种行业许可证收购生产性废旧金属的，予以取缔，没收非法收购的物品及非法所得，可以并处5000元以上10000元以下的罚款；

（二）违反本办法第四条第二款规定，未履行备案手续收购非生产性废旧金属的，予以警告或者处以500元以下的罚款；

（四）违反本办法第七条规定，非法设点收购废旧金属的，予以取缔，没收非法收购的物品及非法所得，可以并处5000元以上10000元以下的罚款；

（五）违反本办法第八条规定，收购生产性废旧金属时未如实登记的，视情节轻重，处以2000元以上5000元以下的罚款、责令停业整顿或者吊销特种行业许可证；

（六）违反本办法第九条规定，收购禁止收购的金属物品的，视情节轻重，处以2000元以上10000元以下的罚款、责令停业整顿或者吊销特种行业许可证。

有前款所列第（一）、（二）、（四）、（五）、（六）项情形之一，构成犯罪的，依法追究刑事责任。

5. 国内贸易部、公安部《旧货流通管理办法（试行）》（1998年3月9日内贸行一联字〔1998〕6号）（节录）

第三条 本办法所称旧货，是指已进入生产消费和生活消费领域，处于储备、使用和闲置状态，保持部分或者全部原有使用价值的物品。

本办法所称旧货市场，是指买卖双方进行公开的、经常性或者定期性的旧货交易活动，具有信息、评估、结算、加工翻新、保管、运输等配套服务功能的场所。

第二十四条 旧货经营者可按照旧货的分类，实行综合性或者专业化经营。

第二十五条 旧货企业可以采用购销、代理（寄售、代购、代销）、租赁、易货或者与生产、流通企业联合收旧卖新等方式开展业务，也可以对旧货进行加工修理、改制翻新和二次包装。

第二十六条 旧货市场可以对外招商、开展自营、组织民间交易和捐赠，可以提供鉴定、评估、保管、储存、运输、修理、翻新、包装、信息、咨询及代社会福利机构处理受赠物品等配套服务。

第二十七条 下列物品不得作为旧货经营：

（一）赃物、走私物品、来历不明物品及抵押中的物品，或者有赃物、走私嫌疑的物品；

（二）严重损坏且无法修复的物品；

（三）法律、行政法规明令禁止经营和特许经营的其他物品。

第二十八条 经营国家文物监管物品，必须经所在地文物行政管理部门审查批准。

第三十一条 旧货经营者应当对收购和受他人委托代销、寄卖的旧货进行查验。对价值超过100元的旧货应当详细记录其基本特征、来源和去向。

第三十二条 旧货经营者应当登记出售、寄卖及受他人委托出售、寄卖旧货的单位名称和个人的居民身份证；对委托处理旧货的单位和个人，还应当严格查验委托单位的授权委托书及委托人的居民身份证。

第三十七条 旧货市场、旧货经营者发现可疑人员、可疑物品及公安机关要求协查的物品、走私物品，有义务及时向当地公安机关报告，不得隐瞒包庇。

第三十八条 公安机关对赃物、走私物品或者有赃物、走私嫌疑的物品，应当及时予以扣留，并开具收据。经查明不是赃物、走私物品的，应当及时退还；确属赃物、走私物品的，依照国家有关规定处理。

五、拒不执行判决、裁定罪

144. 如何判断拒不执行判决、裁定罪中的"情节严重"？

拒不执行判决、裁定罪中的"情节严重"既包含行为程度严重，也包含结果程度严重。在对行为程度的考察中，行为人实施行为的特定方式、行为实施时间、特定处置对象和特定行为主体等均是对行为程度进行是否符合"情节严重"判断的重要标准和依据。而本罪结果程度的严重性具有单一性，即无论行为人采取何种方式的"拒不执行"行为，其结果均是导致了判决、裁定的无法执行。

典型疑难案件参考

严兴平拒不执行判决、裁定案

基本案情

2001年9月21日，被告人严兴平之妻卢小青在312国道遭遇车祸受伤，后经抢救无效死亡。该事故经交警部门调解，肇事方一次性赔偿包括医药补偿费、被扶养人生活费在内共计人民币112000元。此款在调解生效后即被严兴平全部取走。之后，卢小青父母卢承林、谢冬英因为与严兴平为赔偿款分配一事发生纠纷，遂于2002年以严兴平为被告诉至镇江市润州区人民法院。经审理，镇江市润州区人民法院于2002年6月分别以〔2002〕润民一初字第24号、第25号民事判决书判决严兴平给付卢承林、谢冬英死亡补偿费30000元，返还卢承林、谢冬英被扶养人生活费18534元，以上共计48534元。判决生效后，严兴平未主动履行给付义务，卢承林、谢冬英遂于2002年7月向法院申请强制执行。进入执行程序后，执行法官多次找严兴平谈话，但严兴平态度强硬，仍不履行义务，也未能说明其领取的112000元赔偿款的具体去向。执行法官到有关储蓄机构查询上述款项亦未果，鉴于严兴平隐匿上述赔偿款，拒不履行生效判决书确定的义务，法院在对其说服、教育无效的情况下，对其先后采取了两次司法拘留共计30天，但严兴平被司法拘留后，在具备执行能力的情况下，仍然拒不执行上述生效判决，致使该判决无法得到执行。法院认为被执行人严兴平拒不履行生效判决情节严重，应依法追究刑事责任，于是将有关材料移送公安机关立案侦查。

诉辩情况

检察机关指控被告人严兴平的行为已构成拒不执行判决罪。

被告人严兴平对被指控的事实供认不讳，未作辩解。

裁判结果

江苏省镇江市润州区人民法院于 2004 年 9 月 20 日以〔2004〕润刑初字第 158 号刑事判决认定，被告人严兴平犯拒不执行判决罪，判处有期徒刑 1 年 6 个月。

裁判理由

法院生效裁判认为：《刑法》第 313 条规定："对人民法院的判决、裁定有能力执行而拒不执行，情节严重的，处三年以下有期徒刑、拘役或者罚金。"全国人大常委会《关于刑法第三百一十三条的解释》明确指出："人民法院的判决"是指人民法院依法作出的具有执行内容并已发生法律效力的判决；"有能力执行而拒不执行，情节严重"的情形之一是指被执行人隐藏、转移财产，致使判决无法执行。根据以上法律规定，法院认为，本案被告人严兴平在已经实际取得赔偿款，具备执行能力的情况下，无视法律，隐匿财产，拒不执行法院依法作出的具有执行内容并已发生法律效力的民事判决，情节严重，其行为已构成拒不执行判决罪，依法应予惩处。故法院依法作出如上裁判。

145. 如何判断拒不执行判决、裁定罪中的"有能力执行"？

拒不执行判决、裁定罪中的"有能力执行"的时间一般是以行为人在判决、裁定生效后是否具有现实的可执行能力为考察基准。具体来说，根据被执行人财产状况和履行能力的不同，可将其可执行能力划分为完全可执行能力、部分可执行能力、无可执行能力。在被执行人仅具备部分可执行能力的情况下，应依其所拥有的财产或履行能力作为可执行能力的判断标准，在金钱给付执行案件中，行为人虽然不具备完全给付能力，但除去法定最基本的生活保障外，仍有部分履行能力的，应当视为具备部分履行能力。

典型疑难案件参考

王增华拒不执行判决案

基本案情

被告人王增华于2001年7月21日雇请王增南为他人拆除旧民房,王增南在拆除旧民房过程中被砸死。王增南家属向王增华索赔遭拒绝后向永定县人民法院起诉,永定县人民法院于2001年11月9日以〔2001〕永民初字第386号民事判决书作出判决,判决王增华赔偿王增南家属陈五娘等50860元,并承担诉讼费2046元。判决生效后,王增华未按判决履行义务。陈五娘便向永定县人民法院申请执行,永定县人民法院于2002年1月23日立案,1月25日向王增华邮寄送达执行通知书,被告人已签收,执行通知书要求被告人立即履行义务,但被告人仍未履行。2002年1月至2004年6月期间,永定县人民法院曾6次通知被告人履行义务,并曾两次对其住宅进行搜查,还曾对其两次拘留,但是被告人王增华以无财产可供执行为由分文不履行判决书所确定的义务。实际上,被告人王增华于2001年4月28日向马八娘购买位于永定县高陂镇先富路永定县水泥厂旁一块面积为105平方米的地皮,并分3次给付了马八娘人民币2.45万元,于2001年7月26日办理了该块地的土地使用权证。人身损害赔偿一案进入执行程序后,被告人王增华通过马八娘将该块地皮转让给林德泳,林德泳于2002年11月20日取得了该地的使用权,马八娘则将2.45万元如数退还给王增华,但被告人王增华收到地皮转让款后,仍拒不履行法院的生效判决。

一审诉辩情况

检察机关认为:王增华对人民法院判决有能力履行而拒不执行,情节严重,应当以拒不执行判决罪追究其刑事责任。

被告人王增华提出:其没有钱,买地皮的钱都是从亲戚朋友处借来的,地皮转让后,转让款已用来还给他们,因此认为自己没有拒不执行法院判决,没有构成犯罪。

被告人王增华的辩护人提出:本案没有充分的证据证明被告人有转移财产的故意,但其借款以及还款的事实则是可以确定的,被告人取得地皮款的时间是在法院进入执行程序之前,被告人在执行期间并没有财产可供执行,不属于有能力执行而拒不执行的情形,故检察机关的指控证据不足。

一审裁判结果

福建省永定县人民法院于2004年11月11日以〔2004〕永刑初字第177号刑事判决,认定王增华犯拒不执行判决罪,判处有期徒刑2年。

二审诉辩情况

一审宣判后,王增华提出上诉。

上诉人(原审被告人)王增华提出:上诉人没有转移财产的故意,没有财产可供执行,不属于有能力执行而拒不执行的情形,没有构成拒不执行判决罪。

二审裁判结果

福建省龙岩市中级人民法院于2005年1月6日以同样的事实和理由作出〔2004〕岩刑终字第9号刑事裁定,驳回上诉,维持原判。

二审裁判理由

法院生效裁判认为:被告人王增华作为对永定县人民法院已经生效的〔2001〕永民初字第386号民事判决书负有赔偿义务的特定主体,在赔偿一案进入执行程序后,将位于永定县高陂镇先富路的地皮转让后却未将价款用于履行部分赔偿义务,其行为属具有部分履行能力而拒不履行生效判决,情节严重的情形,已符合拒不执行判决罪的构成要件,已构成拒不执行判决罪。检察机关指控的罪名成立,予以支持。被告人及辩护人提出其购买地皮的钱系向亲戚朋友所借,且退还钱时是在赔偿案进入执行程序之前,其没有履行能力并未抗拒执行的观点,不符合客观事实,不予采纳。被告人王增华归案后,不如实供述自己的犯罪事实,认罪态度不好,量刑时酌情予以从重处罚。

拒不执行判决、裁定罪办案依据集成

刑法条文

第三百一十三条 【拒不执行判决、裁定罪】对人民法院的判决、裁定有能力执行而拒不执行,情节严重的,处三年以下有期徒刑、拘役或者罚金。

立法解释

全国人大常委会《关于〈中华人民共和国刑法〉第三百一十三条的解释》(2002年8月29日)

全国人民代表大会常务委员会讨论了刑法第三百一十三条规定的"对人民法院的判决、裁定有能力执行而拒不执行,情节严重"的含义问题,解释如下:

刑法第三百一十三条规定的"人民法院的判决、裁定",是指人民法院依法作出的具有执行内容并已发生法律效力的判决、裁定。人民法院为依法执行支付令、生效的调解书、仲裁裁决、公证债权文书等所作的裁定属于该条规定的裁定。

下列情形属于刑法第三百一十三条规定的"有能力执行而拒不执行,情节严重"的情形:

(一)被执行人隐藏、转移、故意毁损财产或者无偿转让财产、以明显不合理的低价转让财产,致使判决、裁定无法执行的;

(二)担保人或者被执行人隐藏、转移、故意毁损或者转让已向人民法院提供担保的财产,致使判决、裁定无法执行的;

(三)协助执行义务人接到人民法院协助执行通知书后,拒不协助执行,致使判决、裁定无法执行的;

(四)被执行人、担保人、协助执行义务人与国家机关工作人员通谋,利用国家机关工作人员的职权妨害执行,致使判决、裁定无法执行的;

(五)其他有能力执行而拒不执行,情节严重的情形。

国家机关工作人员有上述第四项行为的,以拒不执行判决、裁定罪的共犯追究刑事责任。国家机关工作人员收受贿赂或者滥用职权,有上述第四项行为的,同时又构成刑法第三百八十五条、第三百九十七条规定之罪的,依照处罚较重的规定定罪处罚。

立案标准

最高人民法院《关于审理拒不执行判决、裁定案件具体应用法律若干问题的解释》(1998年4月25日法释〔1998〕6号)

为正确适用刑法第三百一十三条规定,保证人民法院判决、裁定的执行,现就审理拒不执行判决、裁定案件具体应用法律的若干问题解释如下:

第一条 刑法第三百一十三条规定的"人民法院的判决、裁定",是指人民法院依法作出的,具有执行内容并已经发生法律效力的判决、裁定。

第二条 对人民法院发生法律效力的判决、裁定"有能力执行",是指根据查实的证据证明,负有执行人民法院判决、裁定义务的人有可供执行的财产或者具有履行特定行为义务的能力。

第三条 负有执行人民法院判决、裁定义务的人具有下列情形之一的,应当认定为拒不执行人民法院判决、裁定的行为"情节严重":

(一)在人民法院发出执行通知以后,隐藏、转移、变卖、毁损已被依法查封、扣押或者已被清点并责令其保管的财产,转移已被冻结的财产,致使判决、裁定无法执行的;

(二)隐藏、转移、变卖、毁损在执行中向人民法院提供担保的财产,致使判决、裁定无法执行的;

(三)以暴力、威胁方法妨害或者抗拒执行,致使执行工作无法进行的;

(四)聚众哄闹、冲击执行现场,围困、扣押、殴打执行人员,致使执行工作无法进行的;

(五)毁损、抢夺执行案件材料、执行公务车辆和其他执行器械、执行人员服装以及执行公务证件,造成严重后果的;

(六)其他妨害或者抗拒执行造成严重后果的。

第四条 负有执行人民法院判决、裁定义务的单位直接负责的主管人员和其他直接责任人员,为了本单位的利益实施本解释第三条所列行为之一,造成特别严重后果的,对该主管人员和其他直接责任人员依照刑法第三百一十三条的规定,以拒不执行判决、裁定罪定罪处罚。

第五条 与被执行人共同实施本解释第三条第(三)、(四)、(五)、(六)项规定所列行为之一,情节严重的,以拒不执行判决、裁定罪的共犯依法追究刑事责任。

第六条 暴力抗拒人民法院执行判决、裁定,杀害、重伤执行人员的,依照刑法第二百三十二条、第二百三十四条第二款的规定定罪处罚。

第七条 拒不执行判决、裁定案件由犯罪行为发生地的人民法院管辖。

第八条 人民法院在执行判决、裁定过程中,对拒不执行判决、裁定情节严重的人,可以先行司法拘留。认为拒不执行判决、裁定人的行为已构成犯罪的,应当将案件依法移送行为发生地的公安机关立案查处。

人民法院依法对拒不执行判决、裁定的人定罪判刑,先行司法拘留的日期应当折抵刑期。

其他办案依据

最高人民法院、最高人民检察院、公安部《关于依法严肃查处拒不执行判决、裁定和暴力抗拒法院执行犯罪行为有关问题的通知》(2007年8月30日法发〔2007〕29号)(全文)

一、对下列拒不执行判决、裁定的行为,依照刑法第三百一十三条的规定,以拒不执行判决、裁定罪论处：

（一）被执行人隐藏、转移、故意毁损财产或者无偿转让财产、以明显不合理的低价转让财产，致使判决、裁定无法执行的；

（二）担保人或者被执行人隐藏、转移、故意毁损或者转让已向人民法院提供担保的财产，致使判决、裁定无法执行的；

（三）协助执行义务人接到人民法院协助执行通知书后，拒不协助执行，致使判决、裁定无法执行的；

（四）被执行人、担保人、协助执行义务人与国家机关工作人员通谋，利用国家机关工作人员的职权妨害执行，致使判决、裁定无法执行的；

（五）其他有能力执行而拒不执行，情节严重的情形。

二、对下列暴力抗拒执行的行为，依照刑法第二百七十七条的规定，以妨害公务罪论处：

（一）聚众哄闹、冲击执行现场，围困、扣押、殴打执行人员，致使执行工作无法进行的；

（二）毁损、抢夺执行案件材料、执行公务车辆和其他执行器械、执行人员服装以及执行公务证件，造成严重后果的；

（三）其他以暴力、威胁方法妨害或者抗拒执行，致使执行工作无法进行的。

三、负有执行人民法院判决、裁定义务的单位直接负责的主管人员和其他直接责任人员，为了本单位的利益实施本《通知》第一条、第二条所列行为之一的，对该主管人员和其他直接责任人员，依照刑法第三百一十三条和第二百七十七条的规定，分别以拒不执行判决、裁定罪和妨害公务罪论处。

四、国家机关工作人员有本《通知》第一条第四项行为的，以拒不执行判决、裁定罪的共犯追究刑事责任。

国家机关工作人员收受贿赂或者滥用职权，有本《通知》第一条第四项行为的，同时又构成刑法第三百八十五条、第三百九十七条规定罪的，依照处罚较重的规定定罪处罚。

五、拒不执行判决、裁定案件由犯罪行为发生地的公安机关、人民检察院、人民法院管辖。如果由犯罪嫌疑人、被告人居住地的人民法院管辖更为适宜的，可以由犯罪嫌疑人、被告人居住地的公安机关、人民检察院、人民法院管辖。

六、以暴力、威胁方法妨害或者抗拒执行的，公安机关接到报警后，应当立即出警，依法处置。

七、人民法院在执行判决、裁定过程中，对拒不执行判决、裁定情节严重的人，可以先行司法拘留；拒不执行判决、裁定的行为人涉嫌犯罪的，应当将案件依法移送有管辖权的公安机关立案侦查。

八、人民法院、人民检察院和公安机关在办理拒不执行判决、裁定和妨害公务案件过程中，应当密切配合、加强协作。对于人民法院移送的涉嫌拒不执行判决、裁定罪和妨害公务罪的案件，公安机关应当及时立案侦查，检察机关应当及时提起公诉，人民法院应当及时审判。

在办理拒不执行判决、裁定和妨害公务案件过程中，应当根据案件的具体情况，正确区分罪与非罪的界限，认真贯彻"宽严相济"的刑事政策。

九、人民法院认为公安机关应当立案侦查而不立案侦查的，可提请人民检察院予以监督。人民检察院认为需要立案侦查的，应当要求公安机关说明不立案的理由。人民检察院认为公安机关不立案理由不能成立的，应当通知公安机关立案，公安机关接到通知后应当立案。

十、公安机关侦查终结后移送人民检察院审查起诉的拒不执行判决、裁定和妨害公务案件，人民检察院决定不起诉，公安机关认为不起诉决定有错误的，可以要求复议；如果意见不被接受，可以向上一级人民检察院提请复核。

十一、公安司法人员在办理拒不执行判决、裁定和妨害公务案件中，消极履行法定职责，造成严重后果的，应当依法依纪追究直接责任人责任直至追究刑事责任。

十二、本通知自印发之日起执行，执行中遇到的情况和问题，请分别报告最高人民法院、最高人民检察院、公安部。

法律法规

1.《中华人民共和国行政诉讼法》（1990年10月1日）（节录）

第四十九条 诉讼参与人或者其他人有下列行为之一的……；构成犯罪的，依法追究刑事责任：

（一）有义务协助执行的人，对人民法院的协助执行通知书，无故推拖、拒绝或者妨碍执行的。

2.《中华人民共和国民事诉讼法（2007年修正）》（1991年4月9日）（节录）

第一百零二条 诉讼参与人或者其他人有下列行为之一的，人民法院可以根据情节轻重予以罚款、拘留；构成犯罪的，依法追究刑事责任：

（六）拒不履行人民法院已经发生法律效力的判决、裁定的。

人民法院对有前款规定的行为之一的单位，可以对其主要负责人或者直接责任人员予以罚款、拘留；构成犯罪的，依法追究刑事责任。

六、非法处置查封、扣押、冻结的财产罪

146. 行为人明知购买的房产已被法院查封，为了逃避执行，采用与他人合谋的手法，签订虚假的房产转让契约，把转让日期提前到法院查封前，并将此证据提交法庭，但行为人并没有取得该房屋的房产所有权证，则该行为是否构成犯罪？

行为人的此行为严重干扰了法院的诉讼和执行活动。法院依法查封后，任何组织或个人均不得以任何理由进行处置，是否领取产权证并不影响犯罪的成立。

147. 将人民法院已经查封、扣押、冻结的财产隐藏、转移、变卖、故意毁损的行为，构成拒不执行判决、裁定罪还是非法处置查封的财产罪？

行为人将人民法院已经查封、扣押、冻结的财产隐藏、转移、变卖、故意毁损的行为，属于拒不执行判决、裁定的一种表现。如果行为发生在诉讼过程中，完全符合非法处置查封、扣押、冻结的财产罪的犯罪构成的，应定非法处置查封、扣押、冻结的财产罪。

典型疑难案件参考

陈民非法处置查封的财产案

基本案情

2001年3月13日，无锡市南长区人民法院受理了蒋咏梅诉陈民等人的借贷纠纷一案。2001年3月28日，无锡市南长区人民法院根据蒋咏梅提出的要求查封陈民购买的位于无锡市惠钱三弄3—2号402室的房屋的财产保全措施的申请，依法作出了对无锡市惠钱三弄3—2号402室房屋予以查封的民事裁定，并于同年3月29日向房屋销售单位无锡市宏达房屋开发公司发出了协助执行通知书，在房屋所在地张贴了内容为"在查封房屋期间，被告陈民或其

他人不得变卖、转让、毁损、抵押"的公告。嗣后，法院又向被告人陈民等人邮寄送达了民事裁定书。被告人陈民于2001年4月上旬，经与张谊源（另案处理）合谋后，签订了房屋转让契约，被告人陈民将无锡市惠钱三弄的房屋作价转让给张谊源，并将签约日期提前至2000年10月4日。嗣后，被告人陈民在法院开庭审理其借贷纠纷一案时，将该房屋转让契约作为证据提供给法院。2001年5月，无锡市南长区人民法院作出了〔2001〕南民初字第199号民事判决书，判决被告人陈民偿还蒋咏梅人民币205500元，并支付利息。2001年6月7日，蒋咏梅向无锡市南长区人民法院申请执行〔2001〕南民初字第199号民事判决书，在法院执行过程中，被告人陈民将其与张谊源签订的房屋转让契约作为证据再次提供给法院，致使无锡市南长区人民法院在被告人陈民无其他财产可供执行的情况下，于2001年9月5日作出了〔2001〕南民初字第199号民事判决中止执行的民事裁定。

诉辩情况

检察机关指控称：被告人陈民在无锡市南长区人民法院对其位于无锡市惠钱三弄3—2号402室的房屋作出查封裁定后，于2001年4月上旬，与张谊源合谋后，二人在无锡市清名二村签订了房屋转让契约，并将签约日期提前至2000年10月4日，致使无锡市南长区人民法院在对蒋咏梅诉陈民借贷纠纷一案执行时，因陈民无其他财产可供执行而作出了中止执行的裁定。

被告人陈民提出：对被指控的犯罪事实无异议，要求法庭从轻处罚。

被告人陈民的辩护人提出：根据我国房产交易的有关规定，房产买卖是要式行为，被告人陈民并没有取得该房产的所有权证，其转让行为是无效的，被告人陈民仅在无效民事行为的形式上处置了房屋的使用权，并没有处置房屋的所有权，检察机关指控被告人陈民非法变卖法院查封的财产犯罪事实不清，证据不足。被告人陈民在本案中的情节并不严重，归案后有认罪、悔罪表现，要求法庭对其从轻处罚。

裁判结果

江苏省无锡市南长区人民法院于2003年1月24日以〔2003〕南刑初字第14号刑事判决，认定陈民犯非法处置查封的财产罪，判处有期徒刑1年，缓刑1年。

裁判理由

被告人陈民非法变卖已被司法机关查封的财产，情节严重，其行为已构成非法处置查封的财产罪，依法应处3年以下有期徒刑、拘役或者罚金。无锡市南长区人民检察院对被告人陈民的指控,事实清楚,证据确实,指控的罪名正确,予以采纳。

辩护人提出部分事实不清,部分证据不足,被告人陈民情节不严重的辩护意见。法院认为:查封是法律赋予司法机关的一项职权,司法机关依法查封财产后,非经法定程序解除,任何组织或个人不得以任何理由处置查封的财产,被告人陈民在人民法院依法查封其购买的房屋后,再处置该房屋,即是非法处置,且由于其非法处置,影响了人民法院的审判和执行工作,属情节严重,故对此辩护意见,不予采纳。

关于辩护人提出的被告人陈民有认罪、悔罪表现的意见,与事实相符,予以采纳。根据被告人陈民的犯罪情节、悔罪表现,对其适用缓刑,不致再危害社会。故法院依法作出如上裁判。

148. 行为人秘密窃取、转移本人被司法机关扣押财物的行为,是构成盗窃罪,还是构成非法处置扣押的财产罪或者拒不执行判决、裁定罪?

行为人以非法占有的目的从财产占有人处窃取财物,还以索赔等手段,要求保管人赔偿损失的,应以盗窃罪追究刑事责任;盗窃他人占有的本人财物不具有非法占有的目的的,不宜定盗窃罪。在执行程序中,负有执行生效裁判义务的行为人实施了转移本人被司法机关扣押的财物的行为,但并没有拒不执行法院生效裁判目的的,应定非法处置扣押的财产罪。

149. 在执行程序中,行为人秘密窃取、转移本人被司法机关扣押财物的行为,构成非法处置扣押的财产罪还是拒不执行判决、裁定罪?

在执行程序中,行为人如果不是负有执行生效裁判义务的人,秘密窃取、转移本人被司法机关扣押财物的行为,构成非法处置扣押的财产罪;行为人如果负有执行生效裁判的义务,但并没有拒不执行法院生效裁判目的的,应定非法处置扣押的财产罪;如果其有拒不执行法院生效裁判的目的的,应定为拒不执行判决、裁定罪。

典型疑难案件参考

陆惠忠、刘敏非法处置扣押的财产案

基本案情

被告人陆惠忠与刘敏原系夫妻关系。2005年2月21日，江苏省无锡市高新技术产业开发区人民法院（以下简称开发区法院）受理了谢某与陆惠忠买卖纠纷一案。同年3月28日，开发区法院作出〔2005〕新民二初字第0096号民事判决，判决被告人陆惠忠于判决发生法律效力之日起10日内给付谢某货款人民币2.5万元，并承担诉讼费用。

在诉讼期间，被告人陆惠忠与刘敏协议离婚，约定所有财产归刘敏所有（财产中包括登记在陆惠忠名下的号牌为苏BB9162的起亚牌轿车1辆，但双方约定陆惠忠仍享有对该车的使用权，且离婚后，二人并未至车辆管理部门办理车辆登记变更手续），所有债务由陆惠忠负责偿还。

因被告人陆惠忠未在判决确定的履行期内支付货款，2005年4月29日，谢某向开发区人民法院申请强制执行。同年4月30日，开发区法院向陆惠忠发出执行令。5月10日上午，开发区法院依法裁定扣押了陆惠忠所有的起亚牌轿车（号牌为苏BB9162），并加贴封条后将该车停放于法院停车场。当天下午2时许，陆惠忠得知其汽车被法院扣押，即让刘敏以汽车归刘所有为由去法院交涉。当天下午5时许，陆惠忠至开发区法院停车场，乘无人之机，擅自撕毁汽车上的封条，将已被依法扣押的起亚轿车开走，并将该车藏匿于无锡市新区坊前镇新芳园宾馆停车场内。

诉辩情况

检察机关指控被告人陆惠忠、刘敏犯非法处置扣押的财产罪。

被告人陆惠忠、刘敏提出：请求法庭从轻处罚。

被告人陆惠忠的辩护人提出：陆惠忠的行为尚达不到《刑法》第314条所规定的"情节严重"的情形，其归案后如实供述自己的罪行，认罪态度较好，请求对其免予刑事处罚。

裁判结果

江苏省无锡市南长区人民法院经公开审理，于2005年9月29日作出刑事判决，被告人陆惠忠犯非法处置扣押的财产罪，判处有期徒刑1年。被告人刘敏犯非法处置扣押的财产罪，判处有期徒刑10个月，缓刑1年。

裁判理由

法院生效裁判认为：被告人陆惠忠在被告人刘敏的教唆下擅自转移、隐藏已被司法机关依法扣押的财产，情节严重，其行为已构成非法处置扣押的财产罪。被告人刘敏教唆他人犯罪，其行为亦构成非法处置扣押的财产罪，应当按照其在共同犯罪中所起的作用处罚。对于辩护人提出的不能认定陆惠忠的行为属"情节严重"的意见，法院认为，被告人陆惠忠在人民法院依法扣押其轿车后，擅自转移、隐藏该汽车，其非法处置的行为，已给法院正常的执行工作带来恶劣影响，属情节严重，故对此辩护意见不予采纳。

150. 行为人将已被法院查封的房屋出卖给他人，并收取钱款的行为构成合同诈骗罪还是非法处置查封的财产罪？

行为人将已被法院查封的房屋出卖给他人，并收取他人钱款的行为，情节严重，构成非法处置查封的财产罪。

151. 行为人将已被法院查封的房屋出卖给他人，签订了合同并收取了预付款，但未能按期将房子交给买方，该行为构成非法处置查封的财产罪的未遂还是既遂？

行为人将已被法院查封的房屋出卖给他人，签订了合同并收取了预付款，但未能按期将房子交给买方，由于行为人已经实施了非法处置被查封的房产的行为，应按非法处置查封的财产罪既遂处理。

典型疑难案件参考

罗扬非法处置查封的财产案

基本案情

2003年8月22日，上海禧鑫企业发展有限公司（以下简称"禧鑫公司"）向中国建设银行上海杨浦支行（以下简称"杨浦建行"）贷款人民币950万元，本案被告人罗扬作为公司股东之一承担连带保证还款责任。2004年8月，因禧鑫公司未能如期归还贷款，杨浦建行以罗扬等人作为被申请人，向上海市杨浦区人民法院申请支付令，要求归还贷款本金及利息。2004年8月26日，杨浦区人民法院发出支付令。支付令生效后罗扬等人仍未归还钱款。2004年10月19日，杨浦区人民法院发出裁定及协助执行通知书，查封了罗扬名下本市古北路555弄1号1102室房屋产权等财产，期限自2004年10月22日起至2006年10月21日止。2005年6月至8月，罗扬接受上海国皓投资咨询有限公司委托，与杨浦建行信贷员洽谈一项房地产项目贷款事宜，试图以项目所获佣金来偿还禧鑫公司所欠贷款，从而解除对房屋的查封，但因故未成功。

2005年8月11日，被告人罗扬明知本市古北路555弄1号1102室房屋产权已被杨浦区人民法院查封，仍隐瞒该事实，通过房产中介公司与郭某签订房屋买卖合同，以人民币138万元的价格将该房出售给郭某。合同约定：乙方于2005年9月6日前支付给甲方购房款人民币50万元；甲方于2005年9月10日前到银行办理还款手续和注销抵押登记。同年8月至9月上旬，罗扬先后按约定共收取郭某支付的购房预付款共计人民币50万元，用于归还其个人欠款和经营活动。

2006年3月6日，被告人罗扬在其妻沈佩军帮助下，与杨浦建行达成还款协议。杨浦建行于2006年4月28日收到沈佩军解付的人民币48万余元，已冲减禧鑫公司所欠贷款本金。杨浦建行鉴于罗扬、沈佩军已履行协议约定义务，于2006年4月28日向杨浦区人民法院申请解除对本市古北路555弄1号1102室房产的查封。2006年5月10日，杨浦区人民法院作出民事裁定，并要求上海市长宁区房地产交易中心自即日起解除对被执行人罗扬名下的本市古北路555弄1号1102室房屋产权的查封。

一审诉辩情况

检察机关指控被告人罗扬犯合同诈骗罪。

被告人罗扬提出：其主观上没有非法占有的目的，客观上无骗取财物的行为；被查封、冻结的房屋买卖交易正在进行中，最终不能交易也可以支付违约金；其行为不应当认定为合同诈骗罪。

被告人罗扬的辩护人提出：被告人罗扬主观方面不具有非法占有的故意，其有一定的履约能力和履约行为，检察机关指控的罪名不能成立。

一审裁判结果

上海市长宁区人民法院一审判决，认定被告人罗扬犯非法处置查封的财产罪，判处有期徒刑 1 年 6 个月。

二审诉辩情况

一审宣判后，上海市长宁区人民检察院提出抗诉，被告人罗扬提出上诉。

上海市长宁区人民检察院抗诉认为：被告人罗扬的行为已构成合同诈骗罪，且属数额特别巨大，原审判决认定罪名有误，导致量刑畸轻，要求二审法院改判。

上海市人民检察院第一分院出庭支持抗诉意见认为：原判适用法律错误、量刑明显不当，故支持上海市长宁区人民检察院的抗诉意见，建议二审法院予以改判。理由是：被告人罗扬为了非法占有他人财产，采取故意隐瞒涉案房屋被法院查封事实的手段，骗取他人财物，其行为既构成了合同诈骗罪，又构成非法处置查封的财产罪，属想象竞合犯，应择一重罪即以合同诈骗罪定罪处罚。

上诉人罗扬上诉提出：其行为并未对法院的执行工作造成实质性的妨害，故原判量刑过重。

罗扬的辩护人提出，上诉人罗扬非法处置被查封财产的金额巨大，属于情节严重，故原判认定罗扬的行为构成非法处置查封的财产罪并无不当。上诉人罗扬的个人资产足以抵偿郭某的债务，且具有实际履约行为，说明罗在主观上没有非法占有的目的，故不能认定罗的行为构成合同诈骗罪。

二审裁判结果

上海市第一中级人民法院以同样的事实作出二审判决，驳回检察机关上海市长宁区人民检察院之抗诉、上诉人罗扬之上诉，维持原判。

二审裁判理由

法院生效裁判认为：被告人罗扬明知自己的房屋已被法院依法查封，仍擅自将被查封的房屋转卖给他人，情节严重，其行为已构成非法处置查封的财产罪，依法应予惩处。检察机关的指控，事实清楚，但定性不当。从被告人罗扬有联系贷款业务，意图用佣金冲抵欠债，达到解封房屋之行为看，其有一定的履约行为；从被告人罗扬另外有投资及拥有其他房屋的产权和租赁权等情况看，其亦有一定的履约能力；从房屋买卖合同的履行情况看，买方郭某的损失亦可以通过其他途径得到救济且已经予以解决。根据现有证据，不能认定罗扬在主观方面具有非法占有对方当事人财物的故意，故被告人罗扬将已被法院查封的房屋出卖给他人，并收取钱款的行为，不符合合同诈骗罪的构成要件，检察机关指控的罪名不能成立。被告人罗扬明知是被司法机关查封的房屋，仍决意实施非法处置查封财产的行为,情节严重,其行为符合非法处置查封的财产罪的构成要件。辩护人的相关辩护意见,合法有据,予以采纳。案发后,被告人罗扬交代态度较好,违法所得已经退赔,酌情从轻处罚。

原判量刑适当,上诉人罗扬关于原判量刑过重的意见亦不能成立。故法院依法作出如上裁判。

152. 行为人明知是被依法扣押的财产,还用配套的存折和密码从银行取走该财产的行为构成盗窃罪,还是构成非法处置扣押的财产罪?

行为人明知是被依法扣押的财产,还用配套的存折和密码从银行取走该财产的行为构成非法处置扣押的财产罪。

典型疑难案件参考

柳星宇盗窃、曾琼芳非法处置扣押财产案

基本案情

2005年10月,被告人柳星宇与被害人杜小丽通过网上认识后同居。在同居期间,被告人柳星宇于2005年12月3日和4日两次趁被害人熟睡之机,将被害人放在钱夹内的中国工商银行储蓄卡盗出,并分别凭该卡到银行取出现金12000元、25000元,总计盗取金额为37000元。2005年12月4日,被告人在再次盗取被害人的中国工商银行储蓄卡时,趁被害人杜小丽不注意之机,盗取了被害人的金手镯一只、"三星"数码相机一部(上列被盗物品经鉴定,价值为4724元)。

2005年12月4日,柳星宇将赃物及赃款15000元,交与曾琼芳放在其暂住地的保险柜内保存。次日,二被告人将该15000元存入以曾琼芳名字开户的中国银行长城电子借记卡内,另5000元,柳星宇存入了自己的银行电子借记卡内。同时被告人柳星宇于当日回到其乐至老家,将12000元交与其父缴纳保险费。其余赃款已被其耗用。

公安机关于2005年12月9日抓获柳星宇后,随即在曾琼芳暂住地查获、扣押了涉案赃款赃物,并明确告知曾琼芳,柳星宇存于其中国银行卡上的15000元钱系赃款,并扣押了该银行卡。曾琼芳于2005年12月11日让其弟用被公安机关扣押的银行卡的配套存折将15000元代为取出,非法占为己有。

现被告人柳星宇已将赃物全部退还给被害人，并已退还了赃款12000元。二被告人原系夫妻，案发前已离异。

一审诉辩情况

检察机关指控称被告人柳星宇、曾琼芳的行为已构成盗窃罪。

被告人柳星宇及其辩护人提出：本案情节有别于单纯的盗窃罪（被告人柳星宇有诈骗的故意，具有酌定从轻处罚的情节；两人认识时间虽短，但关系亲密，有别于其他盗窃，具有酌定从轻处罚的情节），应当对被告人酌定予以从轻处罚。被告人柳星宇已退还大部分赃物，认罪态度好，无前科，系初犯，具有酌定从轻处罚情节。

被告人曾琼芳及其辩护人提出：被告人曾琼芳并未构成盗窃罪，被告人没有使用秘密手段窃取数额较大的公私财物的行为。曾琼芳构成的罪名应为非法处置扣押财产罪。其主要理由为，被告人曾琼芳在公安机关明确告知了被告人柳星宇给她的钱是赃款，并将其存折依法予以扣押的情况下，对扣押的存款予以转移，其行为扰乱了司法机关的正常活动，其行为符合非法处置查封、扣押、冻结财产罪的特征和构成要件。被告人曾琼芳系初犯，其认罪态度好，转移的赃款也全部退还给被害人，请求对其从轻判处。

一审裁判结果

四川省成都市高新技术产业开发区人民法院于2006年10月10日以〔2006〕高新刑初字第112号刑事判决，认定被告人柳星宇犯盗窃罪，判处有期徒刑4年6个月，并处罚金人民币5000元。对被告人柳星宇违法所得的人民币1万元予以追缴。被告人曾琼芳犯非法处置扣押财产罪，判处有期徒刑1年。

一审裁判理由

法院生效裁判认为：关于被告人柳星宇的辩护人辩称，被告人柳星宇在盗窃时有诈骗的故意，因此具有酌定从轻处罚的问题。经查，被告人柳星宇的辩护人没有证据证明柳星宇有诈骗的故意，同时其对被告人柳星宇构成盗窃罪并无异议，故对其辩称理由，因无事实与法律依据支持，不予采纳。

关于被告人柳星宇的辩护人提出柳星宇与被害人属于同居关系，因此其盗窃，应具有酌定从轻处罚的问题。经查，被告人柳星宇在盗窃时并不属于临时起意，在短短的两天时间内，即趁被害人不注意，盗取其人民币37000元及其他赃物，故被告人的主观恶性较深，同时被告人柳星宇与被害人不属于家人亲属关系，不具有酌定从轻处罚的情节，故其辩称理由不成立，不予支持。

被告人曾琼芳转移已被公安机关扣押的财产人民币15000元，情节严重，其行为已构成非法处置扣押财产罪。成都市高新技术产业开发区人民检察院对被告人曾琼芳的指控，事实清楚，但指控罪名不正确，不予采纳。法院认为：经审理查明的事实表明，公安机关在对被告人曾琼芳所持的涉案中国银行长城电子借记卡予以扣押时，已依法履行法定手续并明确告知被告人曾琼芳该卡上的财产系赃款。但被告人曾琼芳在明知该财产已被扣押的情况下，利用公安机关未掌握的配套存折，将该款全部转移后拒不交出，意图使公安机关难以查找，阻碍公安机关的正常办案程序，社会影响恶劣，属情节严重。且被告人曾琼芳转移财产的目的和动机不论是逃避法律的制裁，还是谋取经济利益，或扰乱司法机关的正常活动，均不影响构成此罪。综上，被告人曾琼芳的辩护人提出应以该罪对被告人予以定罪的理由成立，予以采纳。

法院在对被告人曾琼芳量刑时，考虑被告人系初犯，认罪态度较好，转移的赃款亦全部退还给被害人等酌定从轻处罚的情节，故一审法院依法作出如上裁判。

二审诉辩情况

一审宣判后，成都市高新技术产业开发区人民检察院提出抗诉，认为一审判决曾琼芳犯非法处置扣押财产罪，判处有期徒刑1年，适用法律不当。

二审裁判结果

在二审的审理过程中，成都市人民检察院认为抗诉不当，向成都市中级人民法院提出撤回抗诉。成都市中级人民法院于2006年12月4日以同样的事实作出〔2006〕成刑终字第456号刑事裁定，准许成都市人民检察院撤回抗诉。

二审裁判理由

二审法院经审理，确认一审法院认定的事实和证据，认为成都市人民检察院撤回抗诉的要求符合法律规定，故二审法院依法作出如上裁定。

非法处置查封、扣押、冻结的财产罪办案依据集成

刑法条文

第三百一十四条 【非法处置查封、扣押、冻结的财产罪】隐藏、转移、变卖、故意毁损已被司法机关查封、扣押、冻结的财产,情节严重的,处三年以下有期徒刑、拘役或者罚金。

司法解释

最高人民法院《关于适用财产刑若干问题的规定》(2000年12月19日法释〔2000〕45号)(节录)

第十一条 自判决指定的期限届满第二日起,人民法院对于没有法定减免事由不缴纳罚金的,应当强制其缴纳。

对于隐藏、转移、变卖、损毁已被扣押、冻结财产情节严重的,依照刑法第三百一十四条的规定追究刑事责任。

法律法规

1.《中华人民共和国行政诉讼法》(1990年10月1日)(节录)

第四十九条 诉讼参与人或者其他人有下列行为之一的……;构成犯罪的,依法追究刑事责任:

(四)隐藏、转移、变卖、毁损已被查封、扣押、冻结的财产的。

2.《中华人民共和国民事诉讼法(2007年修正)》(1991年4月9日)(节录)

第一百零二条 诉讼参与人或者其他人有下列行为之一的,人民法院可以根据情节轻重予以罚款、拘留;构成犯罪的,依法追究刑事责任:

(三)隐藏、转移、变卖、毁损已被查封、扣押的财产,或者已被清点并责令其保管的财产,转移已被冻结的财产的;

人民法院对有前款规定的行为之一的单位,可以对其主要负责人或者直接责任人员予以罚款、拘留;构成犯罪的,依法追究刑事责任。

七、脱逃罪

> **153. 保外就医无故超期不归的罪犯是否应当按脱逃罪处理？**
>
> 罪犯在保外就医期间人身并未完全恢复自由，按相关规定，保外就医期满后，罪犯应回监所收监执行，故其在保外就医期满后实为被关押的罪犯。保外就医无故超期不归的罪犯可以按脱逃罪定罪处罚。

典型疑难案件参考

郭云东脱逃案

基本案情

郭云东于1996年6月27日因犯盗窃罪被云南省昆明市盘龙区人民法院判处有期徒刑7年，后送到云南省五华监狱服刑。在云南省五华监狱服刑期间，因患浸润性肺结核，有活动性空洞，于1997年9月18日经云南省监狱管理局批准保外就医1年（自1997年9月18日起至1998年9月17日止），并告知郭云东回当地公安机关报到。郭云东回到当地后，未按规定到当地的重庆市长寿区公安局双龙派出所报到和参加学习，并于10余天后未按规定经当地公安机关批准，擅自离开前往云南省昆明市居住。1998年4月，云南省监狱管理局按照保外就医的相关规定通过重庆市监狱管理局将郭云东的档案转到重庆市凤城监狱管理。1998年9月17日保外就医期满后，郭云东未按规定回监所或到监狱办理继续保外就医的手续。重庆市凤城监狱曾多次向郭云东家中发出书面通知，并派出民警到其住所地调查，均未发现郭云东的行踪。经向公安机关发出协查通报后，上诉人郭云东于2003年6月30日因吸毒被重庆市长寿区公安局禁毒支队抓获。保外就医期满后脱离监管时间长达4年9个月12天。

诉辩情况

检察机关指控原审被告人郭云东犯脱逃罪。

被告人郭云东提出：其在保外就医期满后长期未归监的行为不构成脱逃罪。其经批准保外就医的一年应计入已执行的刑期。

▶ **裁判结果**

重庆市长寿区人民法院于 2004 年 1 月 7 日以〔2004〕长刑初字第 40 号刑事判决,认定被告人郭云东犯脱逃罪,判处有期徒刑 2 年,合并原判余刑 5 年 29 天,决定执行有期徒刑 7 年。

一审宣判后,郭云东提出上诉。重庆市第一中级人民法院于 2004 年 3 月 16 日作出〔2004〕渝一中刑终字第 134 号刑事裁定,驳回上诉,维持原判。

▶ **裁判理由**

法院生效裁判认为:被告人郭云东作为正在劳改机关服刑的罪犯因病保外就医后,理应遵守相关规定,但被告人郭云东为逃避刑罚的处罚,保外就医期间不到当地公安机关报到、学习,且未经公安机关批准擅自离开其居住地;保外就医期满后也不到监狱报到和办理继续保外就医手续,致使监狱对其不能及时收监执行,其行为侵犯了司法机关的正常管理秩序,已构成脱逃罪。罪犯郭云东保外就医期满后脱离监管长达 4 年 9 个月 12 天的行为构成脱逃罪,依法应予惩处。

郭云东上诉提出其在保外就医期满后长期未归监的行为不构成脱逃罪的意见。经查,其于 1998 年 9 月 17 日保外就医期满,依法应被关押,因其在保外就医期间内故意非法脱离监管的行为处于持续状态才造成其未被关押的现状,应视其为依法被关押的罪犯,具备脱逃罪主体资格;郭云东故意逃避监管机关和监管人员的实际控制,有逃避惩罚的故意;客观方面,其保外就医期满逾期长期不归监,非法摆脱了司法机关对其人身自由所施加的控制和监督。其保外就医期满后长期不归监,直接破坏了司法机关的监管秩序,侵害的客体仍然是司法机关的正常活动。综上所述,郭云东的行为符合我国刑法关于脱逃罪的犯罪构成要件,应当追究其刑事责任。

郭云东上诉提出其经批准保外就医的一年应计入已执行的刑期的意见,经查,司法部、最高人民检察院以司〔1990〕247 号文件转发的《罪犯保外就医执行办法》第 16 条规定:"罪犯保外就医期间未经公安机关批准擅自外出的期间不计入刑期。"故其保外就医的 1 年时间不计入刑期,原判对其余刑认定正确。郭云东的上诉理由与法律规定不符,均不予采纳。原判认定事实清楚,适用法律正确,量刑适当,审判程序合法。故法院依法作出如上裁判。

脱逃罪
办案依据集成

刑法条文

第三百一十六条 【脱逃罪】依法被关押的罪犯、被告人、犯罪嫌疑人脱逃的,处五年以下有期徒刑或者拘役。

【劫夺被押解人员罪】劫夺押解途中的罪犯、被告人、犯罪嫌疑人的,处三年以上七年以下有期徒刑;情节严重的,处七年以上有期徒刑。

其他办案依据

1. 最高人民法院《关于人民法院审判严重刑事犯罪案件中具体应用法律的若干问题的答复(二)》(1983年12月30日)(节录)

二十七、问:劳教人员多次逃跑,逃跑后又没有犯罪,对他们能否按脱逃罪惩处?(江苏、江西、辽宁)

答:根据《全国人民代表大会常务委员会关于处理逃跑或者重新犯罪的劳改犯和劳教人员的决定》第一条第一款的规定"劳教人员逃跑的,延长劳教期限",对逃跑的劳教人员,应按此规定办理,不应按脱逃罪惩处。

2. 中国人民解放军军事法院《关于审理军人违反职责罪案件中几个具体问题的处理意见》(1988年10月19日〔1988〕军法发字第34号)(节录)

五、关于军人在临时看管期间逃跑的,能否以脱逃罪论处问题

脱逃罪是指被依法逮捕、关押的犯罪分子,从羁押、改造场所或者在押解途中逃走的行为。军队的临时看管仅是一项行政防范措施。因此,军人在此期间逃跑的,不构成脱逃罪。但在查明他确有犯罪行为后,他的逃跑行为可以作为情节在处刑时予以考虑。

法律法规

《中华人民共和国监狱法》(1994年12月29日)(节录)

第五十九条 罪犯在服刑期间故意犯罪的,依法从重处罚。

第三章 妨害国（边）境管理罪

一、组织他人偷越国（边）境罪

154. 诱骗他人组织偷越边境来赚取举报费的是否构成组织他人偷越边境罪？

行为人为了达到赚取举报费的最终目的，采用组织偷渡行为的手段，对他人进行引诱，唆使他人组织人员进行偷渡的，构成组织他人偷越边境罪。

典型疑难案件参考

苏新清等组织他人偷越边境案

基本案情

2001年3月间，被告人苏新清、潘马玲、阮成法共同预谋在福建省莆田市诱骗他人组织人员偷渡台湾，然后以此向福建省公安边防总队海警第二支队举报，从中赚取举报费。随后，被告人潘马玲来到莆田市，向被告人李金泉谎称自己是台湾人，拟组织人员偷渡到台湾打工，并将按偷渡人数给予介绍者介绍费。被告人李金泉便将情况告知郭玉华（另案处理），让郭组织偷渡人员。郭玉华即与被告人郭金狮联系，被告人郭金狮则再告知被告人黄启强，最后，由黄组织到林兰扬等5名欲偷渡打工的人员，并于同月30日共同到达石狮，准备偷渡台湾。被告人李金泉直接与被告人郭金狮联系，被告人郭金狮则通过被告人黄启强组织到6名偷渡人员，自己亦组织到1名偷渡人员。同年4月14日，被告人李金泉、郭金狮、黄启强将7名偷渡人员带到石狮，准备偷渡台湾。被告人潘马玲、阮成法便将被告人李金泉、郭金狮、黄启强及7名偷渡人员带上租来的小客车，前往石狮市永宁镇海边，被告人苏新清则向福建省公安边防总队海警第二支队举报。支队接报后即组织人员在石狮市永宁镇公路上拦截，当场抓获被告人李金泉、郭金狮、黄启强以及7名偷渡人员。

一审诉辩情况

检察机关指控被告人苏新清、潘马玲、阮成法、李金泉、郭金狮、黄启强的行为均已构成组织他人偷越边境罪，由于意志以外的原因未能得逞，是犯罪未遂。

被告人阮成法提出：其目的是赚取举报费，不构成组织他人偷越边境罪。

被告人李金泉的辩护人提出：李金泉是被骗而走上犯罪道路，属犯罪未遂，建议对其减轻处罚。

被告人黄启强的辩护人提出：黄启强是被人引诱而犯罪，属犯罪未遂，并应认定为从犯，建议对其减轻处罚。

一审裁判结果

福建省石狮市人民法院于2001年11月10日以〔2001〕狮刑初字第405号刑事判决，认定：

一、被告人苏新清犯组织他人偷越边境罪，判处有期徒刑3年6个月，并处罚金人民币3000元；

二、被告人潘马玲犯组织他人偷越边境罪，判处有期徒刑3年6个月，并处罚金人民币3000元；

三、被告人阮成法犯组织他人偷越边境罪，判处有期徒刑3年，并处罚金人民币3000元；

四、被告人李金泉犯组织他人偷越边境罪，判处有期徒刑2年6个月，并处罚金人民币2000元；

五、被告人郭金狮犯组织他人偷越边境罪，判处有期徒刑1年，并处罚金人民币2000元；

六、被告人黄启强犯组织他人偷越边境罪，判处有期徒刑2年，并处罚金人民币2000元。

一审宣判后，苏新清、潘马玲、阮成法、李金泉、黄启强提出上诉。

一审裁判理由

法院生效裁判认为：被告人苏新清、潘马玲、阮成法、李金泉、郭金狮、黄启强共同组织他人偷越边境，其行为均已构成组织他人偷越边境罪。检察机关指控的犯罪成立。被告人苏新清、潘马玲、阮成法为赚取举报费，引诱、唆使他人实施组织偷渡的犯罪活动，主观上具有教唆他人犯罪的故意，客观上实施了教唆他人犯罪的行为，应认定为教唆犯。被告人阮成法关于其行为不构成犯罪的辩解缺乏法律依据，不能成立，不予采纳。关于被告人黄启强的辩护人提出应认定被告人黄启强为从犯的辩护意见。经查，被告人黄启强在组织他人偷越边境的犯罪分工中，积极自主地实施组织偷渡人员的行为，在共同犯罪中并非仅起次要、辅助作用，不能认定为从犯，辩护人的辩护意见不能成立，不予采纳。

二审诉辩情况

二审的上诉理由为：

上诉人苏新清称：其目的是赚取举报费，属犯罪未遂，要求减轻处罚并适用缓刑。

上诉人潘马玲、阮成法均上诉称：其目的是赚取举报费，不构成组织他人偷越边境罪。

上诉人潘马玲的辩护人提出：潘马玲有立功、自首表现，且应考虑本案酌情从轻处罚的情节，要求予以减轻处罚并适用缓刑。

上诉人阮成法的辩护人提出：阮成法有立功表现，是从犯，主观恶性小，要求予以减轻处罚并适用缓刑。

上诉人李金泉及其辩护人提出：李金泉是被引诱而参与犯罪，其行为未给社会造成危害，认罪态度好，有悔罪表现，原审判决量刑偏重，要求予以减轻处罚，适用缓刑。

上诉人黄启强称：原审判决认定其组织6人不属实，其是从犯，原审判决量刑偏重，要求予以公正判决。

二审裁判结果

福建省泉州市中级人民法院于2002年3月8日作出〔2002〕泉刑终字第48号刑事判决，认定了与一审相同的事实，认为鉴于本案属犯罪未遂，同时结合各上诉人及原审被告人在本案中的犯罪情节和作用，对上诉人苏新清、潘马玲、阮成法予以从轻处罚，对上诉人李金泉、黄启强和原审被告人郭金狮予以减轻处罚，上诉人苏新清、潘马玲、阮成法和辩护人要求对三人减轻处罚的意见不予采纳，上诉人李金泉的辩护人提出对李金泉减轻处罚的意见予以采纳。判决如下：

一、维持石狮市人民法院〔2001〕狮刑初字第405号刑事判决书的第5项，即被告人郭金狮犯组织他人偷越边境罪，判处有期徒刑1年，并处罚金人民币2000元；

二、撤销石狮市人民法院〔2001〕狮刑初字第405号刑事判决书的第1、2、3、4、6项，即被告人苏新清犯组织他人偷越边境罪，判处有期徒刑3年6

个月，并处罚金人民币 3000 元；被告人潘马玲犯组织他人偷越边境罪，判处有期徒刑 3 年 6 个月，并处罚金人民币 3000 元；被告人阮成法犯组织他人偷越边境罪，判处有期徒刑 3 年，并处罚金人民币 3000 元；被告人李金泉犯组织他人偷越边境罪，判处有期徒刑 2 年 6 个月，并处罚金人民币 2000 元；被告人黄启强犯组织他人偷越边境罪，判处有期徒刑 2 年，并处罚金人民币 2000 元；

三、上诉人苏新清犯组织他人偷越边境罪，判处有期徒刑 2 年 6 个月，并处罚金人民币 3000 元；

四、上诉人潘马玲犯组织他人偷越边境罪，判处有期徒刑 2 年 6 个月，并处罚金人民币 3000 元；

五、上诉人阮成法犯组织他人偷越边境罪，判处有期徒刑 2 年，并处罚金人民币 3000 元；

六、上诉人李金泉犯组织他人偷越边境罪，判处有期徒刑 1 年 6 个月，并处罚金人民币 2000 元；

七、被告人黄启强犯组织他人偷越边境罪，判处有期徒刑 1 年 6 个月，并处罚金人民币 2000 元。

二审裁判理由

原审判决定罪准确。在实施共同犯罪过程中，上诉人阮成法参与预谋且积极配合，上诉人黄启强亦积极配合，均起积极作用，不能认定为从犯，上诉人黄启强和上诉人阮成法的辩护人提出应认定二人为从犯的意见不能成立，不予采纳。

上诉人潘马玲、阮成法参与预谋提起犯意，并实施了引诱、唆使他人组织偷渡的行为，且操纵了犯罪的实行，归案后虽尚能交代犯罪过程，但并非是立功和自首表现，上诉人潘马玲和上诉人阮成法的辩护人关于潘马玲、阮成法有立功表现，潘马玲还有自首行为的意见不能成立，不予采纳。

鉴于本案属犯罪未遂，同时结合各上诉人及原审被告人在本案中的犯罪情节和作用，对上诉人苏新清、潘马玲、阮成法予以从轻处罚，对上诉人李金泉、黄启强和原审被告人郭金狮予以减轻处罚，上诉人苏新清、潘马玲、阮成法和辩护人要求对三人减轻处罚的意见不予采纳，上诉人李金泉的辩护人提出对李金泉减轻处罚的意见予以采纳。故法院依法作出如上裁判。

155. 行为人不具备组织他人出境的合法资格，而其以各种名义骗得出境证件之后持此合法的证件组织出境的，构成何罪？

行为人不具备组织他人出境的合法资格，而其以各种名义骗得出境证件之后持此合法的证件组织出境的，构成组织他人偷越国（边）境罪。

156. 以旅游、商务名义骗取出境证件，非法组织他人出境劳务的，构成何罪？

以旅游、商务名义骗取出境证件，非法组织他人出境劳务的，构成组织他人偷越国（边）境罪。

典型疑难案件参考

何海泉组织他人偷越国（边）境案

基本案情

1999年7月23日，被告人何海泉与他人共同出资10万元注册成立了如东县通海劳务输出技术开发有限公司（以下简称通海公司），该公司的经营范围为：国内劳务输出中介，装潢、建筑中介，打字复印，服装加工、生产。被告人何海泉在明知自己的公司无对外劳务输出经营权的情况下，于2002年5月至2003年4月擅自拟定招工简章招收工人，收取每人2万多元或3万多元不等的费用，与工人订立劳务合同或向工人作出保证出境打工的承诺，通过国际旅行社以及马来西亚驻北京、上海领事馆办理旅游、商务签证，从2002年6月24日起至2003年4月9日期间，被告人何海泉先后10余次组织46人以旅游、商务签证的形式赴马来西亚务工。因马来西亚未对我国开放普通劳务市场，出境工人领不到工作准许证，无法通过正常的途径打工，只能在当地做黑工，部分工人因无工可做生活无着而被迫返回。

诉辩情况

检察机关指控被告人何海泉犯组织他人偷越国（边）境罪。

被告人何海泉及其辩护人提出：何海泉所组织的工人是持合法的护照及签证外出打工的，途径正当，不属偷越国（边）境，故其行为不构成组织他人偷越国（边）境罪。被告人何海泉能如实供述自己的犯罪行为，认罪态度好，要求法院对被告人何海泉予以从轻处罚。

裁判结果

江苏省南通市中级人民法院于2004年3月22日以〔2004〕通中刑一初字第5号刑事判决，认定被告人何海泉犯组织他人偷越国（边）境罪，判处有期徒刑9年。公安机关追缴的作案工具手提电脑一台及价值人民币13860元的瓷器，由公安机关没收，上缴国库。没收已被公安机关扣押的非法所得人民币95000元，由公安机关上缴国库。

裁判理由

法院生效裁判认为：关于被告人何海泉辩解及其辩护人所辩称的其行为不属于组织他人偷越国（边）境罪之理由，经查，被告人何海泉在公安机关多次供述其公司没有劳务输出资质，又没有批件，办不到工作签证，就先办理商务、旅游签证送工人出境，过去后再安排他们打工，其以旅游为名骗取出入境证件，行组织劳工非法务工之实的故意明显，违反我国国（边）境管理法规，其行为完全符合本罪的主客观要件，故对该辩护理由，不予采纳。

对辩护人所辩称的被告人何海泉认罪态度好，要求从轻处罚的理由，经查属实，予以采纳。

综上所述，被告人何海泉违反国（边）境管理法规，明知通海公司无对外劳务输出经营权及我国与马来西亚无劳务合作关系，且马来西亚的普通劳务市场未对我国开放的情况下，为牟取暴利，擅自招收出国劳务人员，以旅游、商务签证的形式，非法组织工人赴马来西亚打工，其行为已构成组织他人偷越国（边）境罪，且组织人数众多，依法应在7年以上有期徒刑的幅度内量刑。被告人何海泉庭审中认罪态度较好，依法可酌情从轻处罚。检察机关指控被告人何海泉犯组织他人偷越国（边）境罪的事实清楚，证据确实充分，定性正确，应予支持。故法院依法作出如上裁判。

组织他人偷越国（边）境罪办案依据集成

刑法条文

第三百一十八条 【组织他人偷越国（边）境罪】组织他人偷越国（边）境的，处二年以上七年以下有期徒刑，并处罚金；有下列情形之一的，处七年以上有期徒刑或者无期徒刑，并处罚金或者没收财产：

（一）组织他人偷越国（边）境集团的首要分子；
（二）多次组织他人偷越国（边）境或者组织他人偷越国（边）境人数众多的；
（三）造成被组织人重伤、死亡的；
（四）剥夺或者限制被组织人人身自由的；
（五）以暴力、威胁方法抗拒检查的；
（六）违法所得数额巨大的；
（七）有其他特别严重情节的。

犯前款罪，对被组织人有杀害、伤害、强奸、拐卖等犯罪行为，或者对检查人员有杀害、伤害等犯罪行为的，依照数罪并罚的规定处罚。

立案标准

公安部《关于妨害国（边）境管理犯罪案件立案标准及有关问题的通知》（2000年3月31日公通字〔2000〕30号）（节录）

（一）组织他人偷越国（边）境案

组织他人偷越国（边）境的，应当立案侦查。

组织他人偷越国（边）境，具有下列情形之一的，应当立为重大案件：

（1）1次组织20—49人偷越国（边）境的；
（2）组织他人偷越国（边）境3—4次的；
（3）造成被组织人重伤1—2人的；
（4）剥夺或者限制被组织人人身自由的；
（5）以暴力、威胁方法抗拒检查的；
（6）违法所得人民币5万—20万元的；
（7）有其他严重情节的。

组织他人偷越国（边）境，具有下列情形之一的，应当立为特别重大案件：

（1）1次组织50人以上偷越国（边）境的；
（2）组织他人偷越国（边）境5次以上的；
（3）造成被组织人重伤3人以上或者死亡1人以上的；
（4）违法所得20万元以上的；

(5) 有其他特别严重情节的。

在组织、运送他人偷越国(边)境中,对被组织人、被运送人有杀害、伤害、强奸、拐卖等犯罪行为,或者对检查人员有杀害、伤害等犯罪行为的,应当分别依照杀人、伤害、强奸、拐卖等案件一并立案侦查。

违法所得外币的,应当按当时汇率折合为人民币,单独或者合计计算违法所得数额。

以上规定中的"以上",均包括本数在内。

司法解释

最高人民法院《关于审理组织、运送他人偷越国(边)境等刑事案件适用法律若干问题的解释》(2002年2月6日法释〔2002〕3号)(节录)

第一条 领导、策划、指挥他人偷越国(边)境或者在首要分子指挥下,实施拉拢、引诱、介绍他人偷越国(边)境等行为的,属于刑法第三百一十八条规定的"组织他人偷越国(边)境"。

第二条 刑法第三百一十八条第(二)项、第三百二十一条第(一)项规定的"人数众多",一般是指组织、运送他人偷越国(边)境人数在十人以上。

其他办案依据

公安部法制局《对〈关于倒卖邀请函的行为如何处理的请示〉的答复》(2001年2月1日公法〔2001〕21号)

新疆维吾尔自治区公安厅法制处:

你处《关于倒卖邀请函的行为如何处理的请示》(新公法〔2000〕59号)收悉。经研究答复如下:

办理出入境证件所需的邀请函不属于出入境证件。对仅仅是为他人联系提供办理出入境证件所需邀请函并获得报酬的行为,如果该邀请函真实有效、当事人之间没有欺诈行为,不应依据《中华人民共和国出境入境管理法实施细则》第二十二条第一款第二项规定按招摇撞骗行为予以处罚,也不应将该行为认定为组织、运送他人偷越国(边)境的行为以刑事或行政处罚。

对以联系提供办理出入境证件所需的邀请函为名,编造情况,提供假证明,骗取出境证件以及从事诈骗、组织他人偷越国(边)境等违法犯罪活动的,应依法予以查处。

法律法规

1.《外国人入境出境管理法实施细则(2010年修订)》(1986年12月27日)(节录)

第四十条 对非法入出中国国境的外国人……情节严重,构成犯罪的,依法追究刑事责任。

2.《中华人民共和国公民出境入境管理法（2009年修正）》（1986年2月1日）（节录）

第十四条　对违反本法规定，非法出境、入境，伪造、涂改、冒用、转让出境、入境证件的……情节严重，构成犯罪的，依法追究刑事责任。

3.《中华人民共和国外国人入境出境管理法》（1986年2月1日）（节录）

第二十九条（第一款）　对违反本法规定，非法入境、出境的，在中国境内非法居留或者停留的，未持有效旅行证件前往不对外国人开放的地区旅行的，伪造、涂改、冒用、转让入境、出境证件的……情节严重，构成犯罪的，依法追究刑事责任。

二、骗取出境证件罪

157. 户籍民警明知他人要弄虚作假,骗取出境证件,并帮助其出具虚假的户籍身份证明及填写虚假的《华侨港澳台同胞临时住宿登记表》等行为,是否构成办理偷越国(边)境人员出入境证件罪?

不具有法定的办理出入境证件职责的户籍民警实施的出具虚假户籍身份证明及填写虚假的《华侨港澳台同胞临时住宿登记表》的行为由于不具备犯罪主体资格,不能构成办理偷越国(边)境人员出入境证件罪。

158. 如何认定骗取出境证件罪"情节严重"?

为组织他人偷越国(边)境使用、骗取出境证件5份以上,或者非法收取办证费30万元以上的,属于骗取出境证件罪"情节严重"。

典型疑难案件参考

邓万明骗取出境证件案

基本案情

1996年至2005年期间,被告人邓万明在柘荣县公安局宅中派出所任民警,其职责主要是内勤,负责户籍管理等方面的工作。

1999年6月左右,被告人邓万明的朋友林杰(另案处理)与台湾人简文雄合谋,欲介绍策划大陆女青年与台湾地区人登记结婚后,让大陆女青年以赴台湾探亲为名去台湾打工,从中渔利。1999年12月至2001年5月间,同案人林杰策划让林雪婷、江爱兰、郑爱芳3名女青年到台湾地区打工,因上述3人都未达到满20周岁的法定结婚年龄,无法通过登记结婚后以探亲的方式去台湾地区,林杰便找到被告人邓万明,告知他上述情况后,要求邓万明帮助办理上述3人分别冒充宅中乡的居民户籍。在同案人林杰的多次要求下,被告人邓万明分3次通过柘荣县公安局宅中派出所的电脑,查找到既达到法定结婚年龄又未婚的吴秀娇、范宝莲、孔玉英3名女青年的户籍,将她们的户籍输出,把林雪婷、江爱兰、郑爱芳的照片分别贴在吴秀娇、范宝莲、孔玉英的《办理加急身份证申请表》上,并盖上宅中派出所的印章,代签上所长杨寿坤、张涛的名字,而后将3份申请表及户口簿交给林杰。林杰将上述材料分别交给林雪婷、江爱兰、郑爱芳,由她们各自去柘荣县公安局办理了加急身份证。林雪婷、江爱兰、郑爱芳3人又持该假冒的加急身份证、户口簿,在被告人林杰的联系策划下,分别与台湾地区人简文雄、徐政德、张祚元在宁德市民政局办理了结婚登记。之后,林雪婷等3人又通过林杰,将冒名吴秀娇、范宝莲、孔玉英的《中国公民出境申请表》等材料交给被告人邓万明,被告人邓万明审核填写了有关政审内容并盖章,又帮助办理了虚假的《华侨港澳台同胞临时住宿登记表》后,将上述材料交还林杰。林杰将上述材料交给林雪婷等3人,由她们各自向柘荣县公安局申请办理出入台湾地区的通行证。其后,林雪婷等3人均顺利领取到大陆居民往来台湾地区的通行证并出境前往台湾地区。

另查明,2005年6月17日,因同案人林杰去向不明,在柘荣县公安局干警的要求下,被告人邓万明通过电话联系,了解到林杰在柘荣县茶叶公司宿舍,从而帮助公安人员将林杰抓获。

诉辩情况

检察机关认为:被告人邓万明身为公安机关基层派出所民警,在负责办理申请出入境证件的过程中,明知林雪婷等3人企图出境到台湾地区打工,仍予以非法办理出入境证件,情节严重,其行为已触犯《刑法》第415条的规定,应以办理偷越国(边)境人员出入境证件罪追究其刑事责任。

被告人邓万明提出:其行为不应构成办理偷越国(边)境人员出入境证件罪,且其行为即使成立该罪,亦不属于检察机关指控的构成情节严重的情形。因其认罪态度较好,请求予以从轻处罚。

被告人邓万明的辩护人提出:被告人邓万明的行为在客观上不是办理出入境证件的行为,而只是一种出具有不真实的身份证明、户口簿等证明材料的行为,且其不具有负责办理出入境证件的职责,不符合构成办理偷越国(边)境人员出入境证件罪的主体要件,因而检察机关指控被告人邓万明构成办理偷越国(边)境人员出入境证件罪是不能成立的。邓万明的行为不属于情节严重,而应属于情节较轻的情形,并且被告人邓万明具有立功、认罪态度较好等法定从轻或减轻处罚的情节,可以依法对其适用缓刑。

裁判结果

福建省柘荣县人民法院于 2005 年 11 月 2 日以〔2005〕柘刑初字第 39 号刑事判决，认定被告人邓万明犯骗取出境证件罪，判处有期徒刑 1 年，缓刑 1 年 6 个月，并处罚金人民币 1000 元。赃款 1800 元人民币予以没收，上缴国库。

裁判理由

法院生效裁判认为：关于柘荣县人民检察院指控被告人邓万明的行为构成办理偷越国（边）境人员出入境证件罪，其指控罪名不当。被告人邓万明在同案人林杰明确告知他，林雪婷等 3 人均未达到法定结婚年龄，冒充宅中乡吴秀娇等人的身份和户籍是为了办理与台湾地区人结婚登记，从而骗取往来台湾地区的通行证并前往台湾地区打工的情况下，仍然在同案人林杰的多次要求下，帮助实施办理林雪婷等 3 人假冒吴秀娇等人身份和户籍等相关行为，客观上直接帮助林杰等人骗取了往来台湾地区的通行证，其行为构成骗取出境证件罪。被告人邓万明及其辩护人提出被告人邓万明的行为不构成办理偷越国（边）境人员出入境证件罪的辩解及辩护意见成立，予以采纳。

被告人邓万明在归案后，协助公安机关抓获同案人林杰，根据最高人民法院《关于处理自首和立功具体应用法律若干问题的解释》第 5 条的规定，犯罪分子协助司法机关抓捕其他犯罪嫌疑人（包括同案人）的，应当认定为有立功表现，因此，被告人邓万明协助抓获林杰的行为构成立功，可予以从轻处罚。此外，鉴于被告人邓万明在归案后认罪态度较好，有悔罪表现，本案审理过程中，其近亲属退出被告人邓万明所收受的赃物相应的价款，根据《刑法》有关规定，对其适用缓刑不致再危害社会，依法对其宣告缓刑。故法院依法作出如上裁判。

159. 有多年办理出境旅游工作经验的中介人员，明知签证申请人可能是偷渡者，仍多次为他们伪造邀请函、填写假信息进而骗取签证的行为该如何定性？

有多年办理出境旅游工作经验的中介人员，明知签证申请人可能是偷渡者，仍多次为他们伪造邀请函、填写假信息进而骗取签证的行为构成骗取出境证件罪。

160. 行为人自制邀请函版本，加盖私刻的印章，模仿外方人员签名，如果内容属实，能否构成骗取出境证件罪？

行为人自制邀请函版本，加盖私刻的印章，模仿外方人员签名，无论内容是否属实，其形式都是虚假的，违反了办签证时必须提供真实原件的规定，能证明其主观上具有骗取出境证件的故意，可构成骗取出境证件罪。

161. 多人共同参与骗取出境证件的不同阶段的行为，其中有人瞒骗同伙干"私活"，对该行为如何处理？

多人共同参与骗取出境证件的不同阶段的行为，对其中瞒骗同伙干"私活"的，如果"私活"不属于犯罪构成要件事实，则不应认定为实行行为过限，从而不影响骗取出境证件罪共同犯罪的认定。

典型疑难案件参考

杨维清等骗取出境证件案

基本案情

被告人杨维清于 2005 年 3 月以挂靠承包形式成立了上海和平国际旅行社有限公司申鑫大厦营业部（以下简称申鑫营业部），该营业部的经营资本由杨维清个人投入，且由杨维清独立自主经营，主要收益归属于杨个人所有。被告人李春利系申鑫营业部聘用的员工。在经营过程中，被告人杨维清为非法牟利，指使下属被告人李春利及徐淑婷（另案处理）自制了俄罗斯联邦"杰特股份有限公司"、"亚太国家协作中心"的邀请函版本，填入相应内容打印后，再由杨维清加盖私刻的所谓"杰特公司"、"亚太中心"的公章。杨维清还授意李春利模仿俄方人员在邀请函上签名，伪造成俄方邀请函。

2006 年 6 月至 7 月间，李春利接到李静娅（另案处理）要求为工重多等 23 名散客办理到俄罗斯旅游的业务。李春利遂对王烨称要做点私活，并且将这些人的护照复印件传真给王烨，再由王烨通过传真件转回申鑫营业部办理出境旅游邀请函。李春利在办理过程中经杨维清同意，采用前述方式，伪造了俄方邀请函，并在发现这些人均系浙江省温州地区农民的情况下，经询问杨维清后，由杨授意在签证申请表上虚构出境人员身份从而为王重多等23人骗取了赴俄罗斯联邦的签证，致使黄建东、朱海申、兰伟红3人在机场偷渡出境时被当场抓获，另有17人偷渡出境后无入境记录。杨维清从中获得李春利假借王烨名义支付的每份邀请函50美元（折合人民币400元），李春利从中获得每份签证人民币1200元。

▎一审诉辩情况▎

检察机关指控被告人杨维清、李春利犯骗取出境证件罪。

被告人杨维清提出：邀请函内容是真实的，起诉书指控偷越国境的23人的签证是李春利瞒着她做的私活。

被告人杨维清的辩护人提出：杨维清主观上没有犯罪故意。客观上没有证据能证实杨维清将取得的签证交给了组织他人偷越国（边）境的犯罪分子。杨维清通过制造境外邀请函的方式为客户办理签证，邀请函的内容是真实的，目的只是缩短业务操作时间和节省业务成本，并非是用于组织他人偷渡出境。杨维清对本案涉嫌23人偷渡并不知情，是李春利做的私活，构成犯罪也是李春利一人之责。

被告人李春利提出：其一切行为都是受杨维清指使的。

被告人李春利的辩护人提出：李春利的行为不构成骗取出境证件罪。李春利在办理王重多等23人签证时，填写的邀请函内容是真实的，没有直接的犯罪故意。客观上本案没有证据能证实李春利翻译填写的邀请函是给组织偷渡的"蛇头"。申鑫营业部具有合法经营权，李春利作为该单位的职工，是在单位授意下进行的，其行为是职务行为，如果构成犯罪也是单位犯罪。即使李春利有罪，也只有3人是在机场被查获的，应认定偷渡的是3人，不属《刑法》第319条第1款规定的情节严重。李春利案发后认罪态度较好，确有悔罪表现，是从犯，建议能减轻处罚，适用缓刑。

▎一审裁判结果▎

上海市黄浦区人民法院于2007年3月8日以〔2006〕黄刑初字第610号刑事判决，认定被告人杨维清犯骗取出境证件罪，判处有期徒刑3年6个月。被告人李春利犯骗取出境证件罪，判处有期徒刑3年6个月。犯罪工具"杰特公司"、"亚太中心"印章各一枚应予没收。

二审诉辩情况

一审宣判后,杨维清、李春利提出上诉。

上诉人杨维清提出:出国邀请函内容都是真实的,本案偷越国境的23人的签证是李春利瞒着她做的"私活"。

上诉人杨维清的辩护人提出:杨维清对本案涉嫌23人偷渡并不知情,杨维清通过制造境外邀请函的方式为客户办理签证,邀请函的内容是真实的,目的只是缩短业务操作时间和节省业务成本,并非是用于组织他人偷渡出境。只是杨维清办理签证流程被李春利充分利用,从而引发本案。建议二审对杨维清作出无罪判决。

上诉人李春利提出:其行为是受杨维清指使的职务行为,应认定为从犯。

上诉人李春利的辩护人提出:李春利的行为不构成骗取出境证件罪。申鑫营业部具有合法经营权,李春利作为该单位的职工,是在单位授意下进行的,其行为是职务行为,如果构成犯罪也是单位犯罪。退一步说,即使李春利构成犯罪,也应认定为从犯,建议二审对李春利减轻处罚。

二审裁判结果

上海市第二中级人民法院于2007年7月10日以同样的事实和理由作出〔2007〕沪二中刑终字第208号刑事裁定,驳回上诉,维持原判。

二审裁判理由

法院生效裁判认为:被告人杨维清、李春利以旅游为名弄虚作假,骗取签证,为组织他人偷越国境使用,其行为均已触犯了《刑法》第319条之规定,构成骗取出境证件罪,应依法追究刑事责任。杨维清、李春利明知出境人员有可能滞留不归或偷渡去第三国,仍共同弄虚作假,骗取签证,给他人使用,根据《刑法》第25条第1款之规定,系共同犯罪。

被告人杨维清指使李春利制作假邀请函,虚填出境人身份,并授意李春利模仿俄方人员签名;被告人李春利为了牟取非法利益,利用杨维清设定的骗取签证的操作流程,积极实施骗取出境签证的行为,两人在共同犯罪中作用相当,均应对全部犯罪事实承担刑事责任,检察机关认为李春利在犯罪中起了次要作用,系从犯的意见,不符合法律规定的从犯条件,不予采纳。

被告人杨维清指使他人自制邀请函版本,加盖私刻的印章,模仿俄方人员签名,无论内容是否属实,其形式都是虚假的,违反了办签证必须提供真实原件的规定,其主观上具有骗取出境证件的故意。客观上杨维清多次向他人提供伪造邀请函骗取的签证，应该知道有人在组织他人偷越出境，仍放任这种结果的发生，杨维清的行为构成了骗取出境证件罪。故对杨维清及其辩护人的辩护意见，不予采纳。

申鑫营业部是一个挂靠承包单位，其出资和利益归属均为杨维清个人，该营业部的行为应视为是杨维清的个人行为，李春利与杨维清的共同犯罪，是自然人之间的共同犯罪，不能认定为单位犯罪。被告人李春利为牟取非法利益，明知王重多等人有偷渡的可能，仍为这些人提供伪造的邀请函并在签证申请表上帮助填写虚假身份，骗取签证，提供给组织者使用，其主观上有骗取出入境证件犯罪的故意。客观上实施了骗取签证的行为并提供给他人使用，造成3名偷渡者在机场被扣押，17名偷渡者出境后没有入境记录，其行为已构成骗取出境证件罪，应对犯罪行为造成的后果，承担刑事责任。李春利在共同犯罪中起了积极主要作用，不符合法律规定的从犯条件，不具有减轻处罚的条件，也不具备判处缓刑的条件。故对李春利的辩护人提出的辩护意见，不予采纳。故法院依法作出如上裁判。

骗取出境证件罪办案依据集成

刑法条文

第三百一十九条 【骗取出境证件罪】以劳务输出、经贸往来或者其他名义,弄虚作假,骗取护照、签证等出境证件,为组织他人偷越国(边)境使用的,处三年以下有期徒刑,并处罚金;情节严重的,处三年以上十年以下有期徒刑,并处罚金。

单位犯前款罪的,对单位判处罚金,并对其直接负责的主管人员和其他直接责任人员,依照前款的规定处罚。

立案标准

1. 公安部《关于妨害国(边)境管理犯罪案件立案标准及有关问题的通知》(2000年3月31日公通字〔2000〕30号)(节录)

(二) 骗取出境证件案

1. 以劳务输出、经贸往来或者其他名义弄虚作假,取护照、通行证、旅行证、海员证、签证(注)等出境证件(以下简称出境证件),为他人偷越国(边)境使用的,应当立案侦查。

2. 骗取出境证件,具有下列情形之一的,应当立为重大案件:

(1) 骗取出境证件5—19本(份、个)的;

(2) 为违法犯罪分子骗取出境证件的;

(3) 违法所得10万—20万元的;

(4) 有其他严重情节的。

3. 骗取出境证件,具有下列情形之一的,应当立为特别重大案件:

(1) 骗取出境证件20本(份、个)以上的;

(2) 违法所得20万元以上的;

(3) 有其他特别严重情节的。

2. 最高人民法院《关于审理组织、运送他人偷越国(边)境等刑事案件适用法律若干问题的解释》(2002年2月6日法释〔2002〕3号)(节录)

第三条 为组织他人偷越国(边)境使用、骗取出境证件五份以上,或者非法收取办证费三十万元以上的,属于刑法第三百一十九条第一款规定的骗取出境证件罪"情节严重"。

▶ **法律法规**

《外国人入境出境管理法实施细则（2010年修订）》（1986年12月27日）（节录）

第二十五条　在中国居留或者停留的年满16周岁以上的外国人必须随身携带居留证件或者护照，以备外事民警查验。

第四十条　对非法入出中国国境的外国人……情节严重，构成犯罪的，依法追究刑事责任。

三、出售出入境证件罪

> **162. 为营利而帮助他人伪造虚假材料，骗取出境证件，随后将骗取的出境证件出售的行为该如何定性？**
>
> 为营利而帮助他人伪造虚假材料，骗取出境证件，随后将骗取的出境证件出售的行为构成出售出入境证件罪。

典型疑难案件参考

孟卫东出售出入境证件案

基本案情

2003年2月下旬至3月间，被告人孟卫东通过他人介绍，伪造了王澄跃、李来娣、郑尧柱为上海多利奥机电有限公司在职职员，受该公司派遣前往日本国进行商务活动的《派遣书》以及日本总公司的《招聘理由书》、《身份保证书》、《查证申请人名簿》等虚假材料，并通过上海外事服务中心向日本国驻上海总领事馆骗得3份商务签证，随后分别出售给上述3人，共收取人民币12万元。同年4月9日，王澄跃、李来娣、郑尧柱持证非法出境。

诉辩情况

检察机关指控：被告人孟卫东以营利为目的，出售出境证件，其行为应当以出售出入境证件罪追究其刑事责任。

被告人及其辩护人对检察机关指控的事实和定性不持异议。

裁判结果

上海市长宁区人民法院经审理作出刑事判决，认定：

一、被告人孟卫东犯出售出入境证件罪，判处有期徒刑3年，缓刑3年，并处罚金人民币1万元；

二、在案款人民币7万元予以没收，追缴违法所得人民币5万元后予以没收。

判决后，被告人孟卫东没有提出上诉，检察机关亦未提出抗诉。

裁判理由

法院经审理认为：被告人孟卫东以牟利为目的，出售出入境证件，其行为已构成出售出入境证件罪，依法应予处罚。检察机关的指控，事实清楚，定性正确。被告人孟卫东到案后交代态度较好，在庭审中能自愿认罪，已退缴了部分违法所得，有悔罪表现，予以酌情从轻处罚并适用缓刑。故辩护人所提相关的辩护意见予以采纳。

出售出入境证件罪办案依据集成

刑法条文

第三百二十条 【提供伪造、变造的出入境证件罪，出售出入境证件罪】为他人提供伪造、变造的护照、签证等出入境证件，或者出售护照、签证等出入境证件的，处五年以下有期徒刑，并处罚金；情节严重的，处五年以上有期徒刑，并处罚金。

立案标准

1. 公安部《关于妨害国（边）境管理犯罪案件立案标准及有关问题的通知》（2000年3月31日公通字〔2000〕30号）（节录）

（三）提供伪造、变造的出入境证件案

1. 为他人提供伪造、变造的护照、通行证、旅行证、海员证、签证（注）等出入境证件（以下简称出入境证件）的，应当立案侦查。

2. 为他人提供伪造、变造的出入境证件，具有下列情形之一的，应当立为重大案件：

（1）为他人提供伪造、变造的出入境证件5—19本（份、个）的；

（2）为违法犯罪分子提供伪造、变造的出入境证件的；

（3）违法所得10万—20万元的；

（4）有其他严重情节的。

3. 为他人提供伪造、变造的出入境证件，具有下列情形之一的，应当立为特别重大案件：

（1）为他人提供伪造、变造的出入境证件20本（份、个）以上的；

（2）违法所得20万元以上的；

（3）有其他特别严重情节的。

（四）出售出入境证件案

1. 出售出入境证件的，应当立案侦查。

2. 出售出入境证件，具有下列情形之一的，应当立为重大案件：

（1）出售出入境证件5—19本（份、个）的；

（2）给违法犯罪分子出售出入境证件的；

（3）违法所得10万—20万元的；

（4）有其他严重情节的。

3. 出售出入境证件，具有下列情形之一的，应当立为特别重大案件：

（1）出售出入境证件20本（份、个）以上的；

（2）违法所得20万元以上的；

（3）有其他特别严重情节的。

2. 最高人民法院《关于审理组织、运送他人偷越国（边）境等刑事案件适用法律若干问题的解释》（2002年2月6日法释〔2002〕3号）（节录）

第四条　具有下列情形之一的，属于刑法第三百二十条规定的"情节严重"：

（一）为他人提供伪造、变造的护照、签证等出入境证件五份以上或者出售护照、签证等出入境证件五份以上的；

（二）违法所得三十万元以上的；

（三）有其他严重情节的。

3.《公民出境入境管理法实施细则（2011年修订）》（1986年12月26日）（节录）

第二十四条　伪造、涂改、转让、买卖出境入境证件的，处10日以下拘留；情节严重，构成犯罪的，依法追究刑事责任。

4.《外国人入境出境管理法实施细则（2010年修订）》（1986年12月27日）（节录）

第四十七条　对伪造、涂改、冒用、转让、买卖签证、证件的外国人……情节严重，构成犯罪的，依法追究刑事责任。

5.《中华人民共和国公民出境入境管理法（2009年修正）》（1986年2月1日）（节录）

第十四条　对违反本法规定，非法出境、入境，伪造、涂改、冒用、转让出境、入境证件的……情节严重，构成犯罪的，依法追究刑事责任。

6.《中华人民共和国外国人入境出境管理法》（1986年2月1日）（节录）

第二十九条（第一款）　对违反本法规定，非法入境、出境的，在中国境内非法居留或者停留的，未持有效旅行证件前往不对外国人开放的地区旅行的，伪造、涂改、冒用、转让入境、出境证件的……；情节严重，构成犯罪的，依法追究刑事责任。

第四章　妨害文物管理秩序罪

一、倒卖文物罪

> **163.** 行为人明知文物系他人盗掘所得，为从中牟利而帮助他人积极联系买主，促成非法文物销售的，其行为构成掩饰、隐瞒犯罪所得、犯罪所得收益罪还是倒卖文物罪？
>
> 行为人以牟利为目的，明知涉案文物系他人盗掘所得而帮助销售的，应以倒卖文物罪定罪处罚。

典型疑难案件参考

天津市人民检察院第一分院诉刘大力、曹振庆、赵殿永等盗掘古文化遗址、倒卖文物、转移赃物案（《最高人民法院公报》2009年第5期）

基本案情

2004年年底，被告人刘大力为牟取非法利益，产生盗掘天津市蓟县白塔寺地宫内文物之念，并于同年12月在白塔寺西墙外承租了蓟县城关镇西南隅村赵江家带小院的平房。2005年6、7月间，刘大力将盗掘白塔寺地宫内文物的想法告知被告人赵学海、赵殿永，赵学海、赵殿永表示同意，而后联系了被告人曹振庆，商定由刘大力、赵殿永出资购置作案工具，曹振庆负责技术指导、组织人员，赵学海提供汽车及白塔寺的相关资料。随后，亓孝军、王安民伙同其他盗掘人员，在刘大力事先租赁的平房院内先挖竖井，再挖掘由此通向白塔寺地宫的水平地道。挖掘期间，刘大力在现场进行指挥，曹振庆提供技术指导，赵殿永、韩连亚负责送饭并望风，被告人曹伟则多次单独或伙同赵殿永到白塔寺附近探听能否听到挖洞的声音。同年8月上旬，上述被告人从白塔寺地宫内盗出辽代石雕涅槃像、金属舍利塔、佛坐像、白釉瓷立狮、青铜法器、瓷器及水晶玉石、珠子等大量文物，并在刘大力的指挥下，使用赵学海提供的车辆将所盗文物运送到刘大力的亲属家藏匿。

2005年8、9月间，被告人刘大力为销赃联系到被告人申小虎、周长安，并经两人介绍将大部分文物卖给一陈姓男子（现在逃），获赃款220万元。各被告人在刘大力主持下进行分赃，刘大力得赃款60余万元，被告人曹振庆得赃款22万元，被告人赵殿永得赃款31万元，被告人赵学海得赃款23万元，被告人亓孝军得赃款12万元，被告人韩连亚得赃款16万元，被告人申小虎、周长安得赃款10万元，剩余赃款分给其他盗掘人员。案发后，公安机关将上列被告人抓获归案。周长安归案后，协助公安机关将申小虎抓捕归案。

2006年1月4日下午，被告人刘大力被公安机关抓获后，其妻张海峰明知家中藏有刘大力盗掘所得文物，仍指使被告人邵文强将文物转移。次日凌晨，公安机关将张海峰、邵文强抓获归案。

一审诉辩情况

检察机关指控：刘大力、曹振庆、赵殿永、赵学海、亓孝军、韩连亚、曹伟、王安民的行为均应当以盗掘古文化遗址罪追究其刑事责任；申小虎、周长安的行为均应以销售赃物罪追究其刑事责任；张海峰、邵文强的行为均构成转移赃物罪，应依法追究刑事责任。周长安在缓刑考验期限内又犯新罪，应同时适用《刑法》第77条之规定予以处理。

被告人刘大力、赵殿永、赵学海、亓孝军、韩连亚、曹伟、王安民、申小虎、周长安、张海峰、邵文强均承认检察机关指控的犯罪事实。

被告人曹振庆提出：本人来蓟县是应赵学海的邀请看望老同学，不是为盗窃白塔寺的文物。

被告人曹振庆的辩护人提出：曹振庆系从犯，请求依法从轻处罚。

被告人刘大力及其辩护人提出：盗掘人员的纠集和组织、技术资料和经费的筹集、盗掘过程的指挥均不是刘大力所为，请求从轻处罚。

被告人赵殿永及其辩护人提出：赵殿永事前没有参与预谋，仅是为贪利而出资，不是主犯，且认罪态度较好，请求从轻处罚。

被告人赵学海及其辩护人提出：赵学海没有参与预谋，亦未参与选择作案现场、租房、实施盗掘和分赃等具体犯罪行为，系从犯，请求从轻处罚。

被告人韩连亚及其辩护人提出：韩连亚是在赵殿永的纠集下参与犯罪，在共同犯罪中起辅助作用，系从犯，且认罪态度较好，请求从轻处罚。

被告人曹伟及其辩护人提出：曹伟到蓟县之前不知道盗掘白塔寺一事，且到蓟县后没有动手参与盗掘。曹伟在给涉案文物拍照之前，并不知道所拍照的是被盗文物。

被告人周长安及其辩护人提出：周长安系被纠集参与犯罪，在本案中仅起交易介绍作用，且不明知涉案文物的重要价值。周长安归案后协助抓获同案被告人申小虎，有立功表现，请求从轻处罚。

一审裁判结果

天津市第一中级人民法院于2007年7月25日以刑事判决，撤销山西省闻喜县人民法院〔2003〕闻刑初字第70号刑事判决对被告人周长安犯盗掘古墓葬罪判处有期徒刑3年，缓刑4年的缓刑部分。被告人刘大力犯盗掘古文化遗址罪，判处无期徒刑，剥夺政治权利终身，并处罚金人民币60000元；被告人曹振庆犯盗掘古文化遗址罪，判处有期徒刑13年，剥夺政治权利2年，并处罚金人民币30000元；被告人赵殿永犯盗掘古文化遗址罪，判处有期徒刑12年，剥夺政治权利2年，并处罚金人民币30000元；被告人赵学海犯盗掘古文化遗址罪，判处有期徒刑10年，剥夺政治权利2年，并处罚金人民币30000元；被告人亓孝军犯盗掘古文化遗址罪，判处有期徒刑9年，并处罚金人民币10000元；被告人韩连亚犯盗掘古文化遗址罪，判处有期徒刑5年，并处罚金人民币8000元；被告人曹伟犯盗掘古文化遗址罪，判处有期徒刑3年，并处罚金人民币2000元；被告人王安民犯盗掘古文化遗址罪，判处有期徒刑3年，并处罚金人民币2000元；被告人申小虎犯倒卖文物罪，判处有期徒刑3年，并处罚金人民币5000元；被告人周长安犯倒卖文物罪，判处有期徒刑2年6个月，并处罚金人民币5000元，连同前罪所判处的刑罚有期徒刑3年，决定执行有期徒刑5年，并处罚金人民币5000元；被告人张海峰犯转移赃物罪，判处有期徒刑2年，缓刑2年，并处罚金人民币1000元；被告人邵文强犯转移赃物罪，判处有期徒刑1年，缓刑1年，并处罚金人民币1000元。犯罪工具对讲机4部、洛阳铲头2个、洛阳铲杆5节、电脑硬盘1个、照明灯1个、鼓风机3个、潜水泵1台、铁铲1把等物品依法没收。被告人刘大力、赵殿永分别用赃款购买的桑塔纳、江铃牌汽车各1辆发还天津市蓟县文物局。查获赃物发还天津市蓟县文物局。

二审诉辩情况

一审判决后，曹振庆、赵学海、曹伟、周长安、申小虎提起上诉。他们的上诉理由是：

上诉人曹振庆提出：一审判决认定的主要犯罪事实证据不足，其没有参与预谋，没有提供技术指导和现场指挥，也没有分得赃款。一审判决量刑过重，且审判程序违法，要求改判或者撤销一审判决发回重审。

上诉人曹振庆的辩护人提出：曹振庆在共同犯罪中的作用小于赵殿永、赵学海，且仅分得20000元，一审判决量刑过重，请求从轻处罚。

上诉人赵学海及其辩护人提出：赵学海系被纠集参与犯罪，是从犯，且认罪态度较好，一审判决量刑过重，请求从轻处罚。

上诉人曹伟认为自己无罪。

上诉人曹伟的辩护人提出：曹伟在共同犯罪中起辅助作用，主观恶性小，一审判决量刑过重，请求从轻处罚。

上诉人周长安提出：一审判决量刑过重。

上诉人申小虎提出：本人归案后，协助公安机关抓捕同案犯王安民，有立功情节，一审判决量刑过重，请求从轻处罚。

二审裁判结果

天津市高级人民法院于2007年11月1日以同样的事实作出刑事裁定，认为一审判决认定事实清楚，证据确实、充分，适用法律正确，定罪量刑适当，审判程序合法，应予维持。据此，驳回上诉，维持原判。

二审裁判理由

法院生效裁判认为：被告人刘大力、曹振庆、赵殿永、赵学海、亓孝军、韩连亚、曹伟、王安民为牟取非法利益，违反国家文物保护法规，盗掘列入省级文物保护单位的古文化遗址，并盗窃遗址内珍贵文物，其行为均已构成盗掘古文化遗址罪，且将大部分所盗文物卖出无法追回，给国家造成重大损失，犯罪情节和后果特别严重；被告人张海峰、邵文强为掩盖刘大力的犯罪行为，明知是刘大力犯罪所得赃物而予以转移，其行为均已构成转移赃物罪。检察机关指控刘大力、曹振庆、赵殿永、赵学海、亓孝军、韩连亚、曹伟、王安民、张海峰、邵文强犯罪的事实清楚，证据确实、充分；指控刘大力、曹振庆、赵殿永、赵学海、亓孝军、韩连亚、曹伟、王安民犯盗掘古文化遗址罪，张海峰、邵文强犯转移赃物罪的罪名成立，予以确认。

被告人申小虎、周长安明知涉案文物系赃物而帮助销售，其行为符合销售赃物罪的主要特征。但鉴于涉案物品系国家禁止买卖的文物，故对于申小虎、周长安的行为，应当根据《刑法》第326条的规定，以倒卖文物罪定罪处罚。根据《刑法》第326条的规定，倒卖文物罪是指以牟利为目的，倒卖国家禁止经营的文物，情节严重的行为。本罪侵犯的客体是国家的文物管理制度。国家的文物管理制度,主要是以《文物保护法》为核心的一系列有关文物保护的法规。根据法律、法规的规定,中华人民共和国境内地下、内水和海中遗存的一切文物,属于国家所有。古文化遗址、古墓葬、石窟寺属于国家所有。文物只能由文化行政主管部门指定的单位收购,其他任何单位或者个人不得经营文物收购业务。本罪的对象是国家禁止经营的文物,根据有关司法解释的规定,是指未经许可不得经营的一、二、三级珍贵文物以及其他受国家保护的具有重大历史、文化、科学价值的文物。本罪在客观方面表现为倒卖国家禁止买卖的文物,本案中,申小虎、周长安的行为,虽符合销售赃物罪的主要特征,但是二被告人销售的不是普通赃物,而是国家禁止买卖的文物,对于非法销售文物的行为,刑法有特别规定。根据特别规定优于一般规定的原则,二被告人的行为构成倒卖文物罪。综上,申小虎、周长安以牟利为目的,积极联系买主,促成非法文物交易,且非法获利数额较大,其行为构成倒卖文物罪,检察机关指控申小虎、周长安犯销售赃物罪不当。

被告人刘大力在共同犯罪中起组织策划作用,联系销赃后又主持分赃;被告人曹振庆、赵殿永、赵学海共同参与预谋,按照分工实施犯罪,相互配合,均起主要作用,系主犯,应按照其各自参与的全部犯罪依法分别予以处罚。被告人亓孝军、韩连亚、曹伟、王安民在他人纠集下,积极参与犯罪,在共同犯罪中均起次要作用,系从犯,应按照其各自参与的程度依法分别予以减轻处罚。被告人申小虎、周长安帮助出售文物,联系买主,在共同犯罪中均起辅助作用,系从犯,应依法分别予以从轻处罚。周长安在归案后,协助公安机关抓捕同案犯,属立功表现,依法可以从轻处罚,鉴于其在缓刑考验期限内又犯新罪,应依法撤销缓刑,实行数罪并罚。被告人张海峰、邵文强在共同转移赃物犯罪中地位作用相当,不分主从,应依法分别予以处罚。刘大力的辩护人关于刘大力没有进行组织策划及指挥等行为,要求对其从轻处罚的辩护意见,与事实相悖,不予采纳。曹振庆关于其来到蓟县不是为了盗窃白塔寺文物的辩解,显系狡辩,其辩护人关于曹振庆在共同犯罪中处于从犯地位的辩护意见,事实根据不足,均不予采纳。赵殿永的辩护人关于赵殿永在共同犯罪中不是主犯的辩护意见,事实根据不足,不予采纳。赵学海的辩护人关于赵学海在共同犯罪中处于从犯地位,要求从轻处罚的辩护意见,缺乏事实根据,不予采纳。韩连亚的辩护人关于韩连亚系在他人的纠集下参与犯罪,在共同犯罪中起辅助作用,是从犯,要求从轻处罚的辩护意见,经查属实,予以采纳。

周长安的辩护人关于周长安在被纠集参与犯罪后,仅起到介绍倒卖文物作用,在归案后协助公安机关抓捕同案犯,具有立功表现,要求从轻处罚的辩护意见,经查属实,亦符合法律规定,予以采纳。

对于上诉人曹振庆及其辩护人的上诉意见，原审被告人刘大力、赵殿永、亓孝军、韩连亚等人的供述能够相互印证曹振庆参与预谋，纠集他人犯罪，且提供技术指导，提议对文物进行拍照，并分得赃款20余万元，其在共同犯罪中起主要作用的事实清楚，证据确实、充分。因此，对曹振庆关于一审判决认定主要犯罪事实证据不足，以及未参与预谋、未进行现场指挥和没有分得赃款的辩护意见，及其辩护人关于曹振庆在共同犯罪中作用小，仅获赃款20000元的辩护意见，与事实不符，不予采纳。对于曹振庆关于一审程序违法及请求改判或者撤销一审判决发回重审的意见。经查，一审在法庭调查中对卷内定案证据包括各同案犯在侦查阶段的供述进行举证和质证，审判公正，程序合法，故对曹振庆以上辩护意见，不予采纳。

对于上诉人赵学海及其辩护人提出的上诉意见。经查，在刘大力提议盗掘白塔寺地宫后，赵学海表示同意并纠集他人犯罪，虽未亲自到挖掘现场，但提供了有关资料和车辆，并经常了解挖掘进度，且分赃较多，充分说明赵学海在共同犯罪中起主要作用，是主犯，因此赵学海及其辩护人关于赵学海系被纠集参与犯罪，是从犯的辩护意见，与事实不符，不予采纳。

对于上诉人曹伟及其辩护人的上诉意见，原审被告人刘大力、赵殿永、韩连亚的供述能够充分证实曹伟为便于出售对所盗文物进行拍照，积极参与犯罪，其行为符合盗掘古文化遗址罪的犯罪构成，且在共同犯罪中起次要作用，因此曹伟及其辩护人关于曹伟不构成犯罪的辩护意见，缺乏事实依据，不予采纳。

对于上诉人申小虎关于协助公安机关抓捕同案犯王安民的辩解，经查，没有事实和法律依据，不予采纳。

对于各上诉人及其辩护人关于量刑的意见。一审法院根据本案事实和情节，结合各上诉人危害社会的程度，以及各上诉人在共同犯罪中的作用等具体情节，并充分考虑其主观恶性及认罪悔罪表现，对各上诉人的量刑并无不当，故对各上诉人及其辩护人关于一审判决量刑过重和请求从轻处罚的意见，不予采纳。故法院依法作出如上裁判。

倒卖文物罪办案依据集成

刑法条文

第三百二十六条 【倒卖文物罪】以牟利为目的,倒卖国家禁止经营的文物,情节严重的,处五年以下有期徒刑或者拘役,并处罚金;情节特别严重的,处五年以上十年以下有期徒刑,并处罚金。

单位犯前款罪的,对单位判处罚金,并对其直接负责的主管人员和其他直接责任人员,依照前款的规定处罚。

司法解释

最高人民法院、最高人民检察院《关于办理盗窃、盗掘、非法经营和走私文物的案件具体应用法律的若干问题的解释》(1987年11月27日)(节录)

四、非法经营文物

(一)非法经营(含收购、贩运、转手倒卖)文物,情节严重,构成犯罪的,以投机倒把罪论处,适用刑法(指79刑法。——编者注)第一百一十七条、第一百一十八条和全国人大常委会《决定》第一条第(一)项的规定。非法经营三级文物的,处三年以下有期徒刑或者拘役,可以并处、单处罚金或者没收财产;非法经营二级文物的,处三年以上十年以下有期徒刑,可以并处没收财产;非法经营一级文物的,处十年以上有期徒刑,可以并处没收财产,其中非法经营多件或者非法经营稀世国宝的,属于"情节特别严重",可处无期徒刑或者死刑,可以并处没收财产。(对一案中非法经营三级以上各级文物或者非法经营同级文物多件的,量刑时可参照本《解释》第一条第(三)项的有关规定。刑法对本项中关于定罪量刑的内容作了修改,因此,该部分内容已失去了效力。但其中对关于行为方式的解释依然具有参考意义。——编者注)

(二)非法经营三级以上文物,其中可以由文物主管部门估价的,所评定的价格以及犯罪分子的非法获利数额,可供量刑时参考。

(三)单位非法经营三级以上文物的,可以参照上述规定,追究主管人员和直接责任人员的刑事责任。

(四)个人非法经营不属于三级以上文物的一般文物,其非法经营数额在5千元以上,或者非法获利数额在1千元以上的,应以投机倒把罪追究刑事责任。

单位非法经营一般文物,其非法经营数额在10万元以上,或者非法获利数额在5万元以上的,应以投机倒把罪追究主管人员和直接责任人员的刑事责任;其非法经营数额不足10万元,或者非法获利数额不足5万元,情节严重的,也应以投机倒把罪追究主管人员和直接责任人员的刑事责任。

▶ **法律法规**

《中华人民共和国文物保护法（2007年修正）》（1982年11月19日）（节录）

第六十四条 违反本法规定，有下列行为之一，构成犯罪的，依法追究刑事责任：

(五) 以牟利为目的倒卖国家禁止经营的文物的。

二、盗掘古文化遗址、古墓葬罪

164. 盗割石窟寺内壁刻头像的行为是否构成盗掘古文化遗址罪？

古文化遗址包括石窟寺等其他不可移动的文物在内，壁刻头像是石窟寺的重要组成部分，属于古文化遗址。盗割石窟寺内壁刻头像的行为构成盗掘古文化遗址罪。

典型疑难案件参考

李生跃盗掘古文化遗址案

基本案情

2001年1月12日晚，被告人李生跃携带扁钻、手锤等作案工具，翻围墙进入广元市市中区盘龙镇境内的省级重点文物保护单位观音岩摩崖造像（石窟寺）保护区内，盗凿走该保护区内摩崖造像头像2尊，销赃得款800元。同年2月21日晚，李生跃再次窜入观音岩保护区内，采用同样的方法凿取头像6尊。同年3月6日，李在销赃时被公安机关当场抓获。所获赃物共8尊头像已被收缴，并归还广元市市中区文物管理所。

一审诉辩情况

检察机关指控：被告人李生跃犯盗掘古文化遗址罪。

被告人李生跃及其辩护人提出：李生跃盗割石窟寺内壁刻头像的行为不构成盗掘古文化遗址罪。

一审裁判结果

四川省广元市中级人民法院于2003年9月4日作出如下刑事判决：被告人李生跃犯盗掘古文化遗址罪，判处有期徒刑10年，并处罚金10000元。作案工具手锤1把、扁钻3根、背篓1个、尼龙绳1根、编织袋1个，予以没收。

一审裁判理由

一审法院认为：被告人李生跃盗掘具有历史、艺术、科学价值的省级文物保护单位的唐代观音岩摩崖造像头像8尊，其行为已构成盗掘古文化遗址罪。检察机关指控罪名成立，予以采纳。

李生跃及其辩护人在庭审中辩解及辩护该行为不构成盗掘古文化遗址罪，经查，《文物保护法》虽把石窟寺与古文化遗址并列，而《刑法》第328条所规定的犯罪对象则是古文化遗址、古墓葬，没有明确列出石窟寺，但这并不说明《刑法》第328条排除了对石窟寺的保护。从立法本意上讲，《刑法》第328条所称的古文化遗址应包括石窟寺等其他不可移动的文物在内。李生跃及其辩护人的上述辩解、辩护意见于法无据，不予支持。鉴于李生跃归案后，承认犯罪事实，认罪态度好，有悔罪表现，可酌定予以从轻处罚。

▶ 二审诉辩情况 ◀

一审宣判后，被告人李生跃提出上诉。

被告人李生跃及其辩护人提出，原判定性不准，适用法律错误。

▶ 二审裁判结果 ◀

四川省高级人民法院于2003年10月29日作出刑事裁定，驳回上诉，维持原判。

▶ 二审裁判理由 ◀

二审法院认为：上诉人李生跃为了牟取非法利益，故意盗掘广元市观音岩摩崖佛造像头像，其行为破坏了国家文物的整体完整性和文物价值，对省级文物保护单位广元市观音岩摩崖佛造像造成了不可弥补的损失，已构成盗掘古文化遗址罪。《刑法》第328条中的"古文化遗址"，应当包括石窟、地下城、古建筑等。上诉人李生跃及其辩护人原判定性不准，适用法律错误的上诉理由及其辩护意见不能成立，不予采纳。原判认定事实清楚，证据确实充分，适用法律正确，量刑适当，审判程序合法。故法院依法作出如上裁判。

165. 是否只有行为人盗掘到物品才能构成盗掘古墓葬罪的既遂？

无论行为人盗掘到物品与否，只要盗掘对象明确，并实施盗掘行为即可成立盗掘古墓葬罪的既遂。

166. 参与盗掘古墓葬的各被告人交叉作案，个人分工不同，实施了不同的行为，应当如何认定主从犯？

各行为人分工不同，实施了不同的行为，均为积极追求盗掘古墓葬罪共同犯罪目的实现的，其行为都构成共同盗掘行为的必要组成部分，可不区分主从犯。

典型疑难案件参考

孙立平等盗掘古墓葬、收购赃物案

基本案情

1. 2006年9月，被告人徐建峰、刘和平、胡志明结伙吴传贵、"小义"、"小李"、单洪水（均另案处理）在安吉县高禹镇小白山工业园区内盗掘一座古墓，窃得黑地朱彩曲折纹奁1件、黑地朱彩云气纹案1件、黑地朱彩云气纹盒2件、青铜剑1件、四凤菱纹铜镜1件、铜盉1件、黑漆平几1件、黑地朱彩云气纹羽觞9件、漆箭5件、彩绘陶杯3件、彩绘浅盘豆2件、彩绘陶钫5件、木跪俑站立木俑3件、彩绘陶俑3件、彩绘浅盘豆（缺足）2件、漆剑鞘1件等共计59件文物，其中的黑漆古瑟、黑漆博局在作案过程中被严重破坏。后经被告人刘和平联系，被告人沈伟平在明知上述文物是盗掘所得的情况下，仍以人民币27万元的价格予以收购。销赃后，被告人刘和平分得赃款人民币39000元，被告人徐建峰分得赃款人民币38600元，被告人胡志明分得赃款38600元，刘和平后用部分赃款购买了牌号为皖P50389的汽车一辆。

上述被告人在进行该次盗掘作案的过程中，被告人徐建峰又结伙"小义"、"小李"、单洪水另行从该墓中窃得玉器4块等物，通过"阿星"（另案处理）予以销赃，共得赃款48000元，其中被告人徐建峰分得赃款人民币13000元。

2. 2006年10月，被告人孙立平、刘和平、杨建峰、沈玉龙结伙沈加法、"小金"（均另案处理）等人在安吉县高禹镇五福村五福自然村胡来顺（另案处理）的自留地上盗掘一古墓，窃得青铜剑1把，后由被告人刘和平联系销赃给"老陈"（另案处理），因之前为掘墓由刘和平垫付5000元给胡来顺，故所得赃款6000元中刘和平分得5000元，杨建峰得款1000元。盗墓过程中，被告人杨建峰多次用自己的牌号为浙EC2147的汽车运载其余被告人到作案现场。

同年11月初，被告人杨建峰、孙立平结伙吴传贵、吉自成、"阿伟"（均另案处理）对该墓再次盗掘，未掘得物品。经鉴定，该墓属于具有重要历史、艺术、科学价值的古墓葬，系西汉初期的贵族墓。

3. 2006年9月，被告人孙立平、杨建峰、沈玉龙、廖阿强、孙立元、周从有结伙沈加法、"老陈"、"小金"在安吉县溪龙乡红庙上山林场朱仁有（另案处理）的茶叶山上盗掘一古墓，未掘得物品。

同年10月，上述9人又伙同朱卫云（另案处理）对该墓再次盗掘，未掘得物品。经鉴定，该墓系先秦时代的土墩石室墓，属于古墓葬。

4. 2006年9月，被告人孙立平、杨建峰、沈玉龙、周兆华结伙沈加法、"大刁庆"（另案处理）在安吉县梅溪镇石龙村富家队自然村一竹园内盗掘一墓葬，未掘得物品。经鉴定，该古墓葬具有一定历史、艺术、科学价值。

5. 2006年6~7月份，被告人孙立平、杨建峰、廖阿强结伙沈加法、"阿旦"、"小林"（均另案处理）在安吉县梅溪镇石龙村杨梅岭山上盗掘一墓，未掘得物品。经鉴定，该墓系先秦时代的土墩石室墓，属于古墓葬。

另查明，案发后，被告人胡志明主动向公安机关投案，并如实供述犯罪事实，被告人杨建峰主动向公安机关检举同案犯共同犯罪以外的其他重大犯罪事实。

诉辩情况

检察机关指控被告人孙立平、杨建峰、刘和平、徐建峰、沈玉龙、廖阿强、胡志明、孙立元、周从有、周兆华犯盗掘古墓葬罪；被告人沈伟平犯收购赃物罪；被告人杨建峰有犯罪前科，归案后有立功表现；被告人廖阿强系累犯；被告人胡志明系自首。

各被告人对指控的罪名均无异议，唯被告人沈伟平称有自首情节。

各被告人及辩护人分别请求从轻、减轻处罚或适用缓刑。

孙立平的辩护人提出：有关鉴定意见并未认定石龙村富家队自然村的墓葬系具有一定历史、艺术、科学价值，故孙立平参与盗掘的古墓葬应为3座而非4座。孙立平第二次挖掘的行为是第一次行为的重复或进一步挖掘，不能机械地以2次认定，故不能认定其盗掘6次。红庙上山林场、杨梅岭这2起根据鉴定结论应属未遂；现无证据证明盗掘的青铜剑属于珍贵文物；孙立平在共同犯罪中作用较小。

杨建峰的辩护人提出：杨建峰有重大立功表现，在共同犯罪中的作用较小；对本案中鉴定结论及程序提出异议。

徐建峰的辩护人提出：检察机关对徐建峰指控的盗掘古墓葬事实不清，证据不足。徐建峰作用较小，案发后认罪态度好。

沈玉龙的辩护人提出：对指控罪名持异议。本案的古墓葬如确系古墓葬，沈玉龙系犯罪未遂，犯罪过程中作用小。

廖阿强的辩护人提出：廖阿强的行为属犯罪未遂，且系从犯，犯罪情节较轻。

胡志明的辩护人提出：胡志明未提出犯意，既没有参与犯罪工具的预备，又未直接破坏盗掘的古墓葬，系从犯，案发后有自首情节。

孙立元的辩护人提出：孙立元在共同犯罪中所起作用较小，认罪态度好，羁押期间有立功表现。

被告人沈伟平的辩护人提出：沈伟平有投案自首情节；沈伟平案发后收购的文物均未流失，社会危害性小；沈伟平无前科，本次犯罪的主观恶性较小。

裁判结果

浙江省湖州市中级人民法院于2007年10月17日作出〔2007〕湖刑初字第31号刑事判决，认定被告人刘和平犯盗掘古墓葬罪，判处无期徒刑，剥夺政治权利终身，并处罚金3万元；被告人徐建峰犯盗掘古墓葬罪，判处有期徒刑15年，剥夺政治权利5年，并处罚金3万元；被告人胡志明犯盗掘古墓葬罪，判处有期徒刑10年，并处罚金3万元；被告人孙立平犯盗掘古墓葬罪，判处有期徒刑10年6个月，并处罚金6000元；被告人杨建峰犯盗掘古墓葬罪，判处有期徒刑7年，并处罚金5000元；被告人沈玉龙犯盗掘古墓葬罪，判处有期徒刑10年，并处罚金6000元；被告人廖阿强犯盗掘古墓葬罪，判处有期徒刑6年，并处罚金5000元；被告人孙立元犯盗掘古墓葬罪，判处有期徒刑1年6个月，并处罚金4000元；被告人周从有犯盗掘古墓葬罪，判处有期徒刑1年，缓刑2年，并处罚金5000元；被告人周兆华犯盗掘古墓葬罪，判处有期徒刑1年，缓刑2年，并处罚金5000元；被告人沈伟平犯收购赃物罪，判处有期徒刑3年，缓刑4年，并处罚金10万元；扣押在案的作案工具浙EC2147汽车一辆予以没收，用赃款购置的赃车皖P50389汽车一辆予以追缴，均由扣押机关上缴国库。

裁判理由

法院生效裁判认为：被告人刘和平、徐建峰、胡志明、孙立平、杨建峰、沈玉龙、廖阿强、孙立元、周从有、周兆华交叉结伙盗掘具有历史、艺术、科学价值的古墓葬，其行为均已构成盗掘古墓葬罪。其中被告人刘和平、徐建峰、胡志明盗掘古墓葬并盗窃珍贵文物，共同盗掘过程中还造成珍贵文物严重破坏；被告人孙立平、杨建峰、沈玉龙均多次盗掘古墓葬。被告人沈伟平明知是犯罪所得的赃物而予以收购，其行为已构成收购赃物罪。检察机关指控的各罪名均成立。案发后，被告人胡志明自动投案，并如实供述犯罪事实，系自首，依法予以从轻处罚。被告人廖阿强在前罪刑罚执行完毕以后5年内再犯应当判处有期徒刑以上刑罚之罪，系累犯，依法从重处罚。根据被告人周从有、周兆华参与犯罪的事实、认罪态度以及被告人沈伟平案发后能讲清文物的去向，所收购的文物无一遭流失，又能主动预缴罚金，确有悔罪表现，对该3人适用缓刑尚不致再危害社会。

对辩解、辩护意见，经查：(1) 本案侦查阶段，浙江省文物保护委员会接受对涉案墓葬及文物鉴定的聘请后，依据《浙江省文物保护管理条例》第15条和《浙江省文物鉴定委员会章程》第24条的规定委托湖州市文物鉴定小组就墓葬的年代以及是否具有历史、艺术和科学价值进行鉴定工作，有关的鉴定意见亦由侦查机关书面通知各被告人，并告知申请重新鉴定的权利。另根据文化部《文物藏品定级标准》规定，"具有特别重要历史、艺术、科学价值的代表性文物为一级文物；具有重要历史、艺术、科学价值的为二级文物；具有比较重要历史、艺术、科学价值的为三级文物；具有一定历史、艺术、科学价值的为一般文物"，小白山园区内被盗掘之墓具有历史、艺术、科学价值确定无疑。故有关辩护人就涉案墓葬鉴定提出的异议，理由不足，不予采信。辩护人陈国芳、王学志提出重新鉴定的申请，均不予准许。(2) 参与盗掘古墓的各被告人交叉作案，所实施的不同行为均为积极追求共同犯罪目的之实现，根据本案案情可不考虑区分主从犯，被告人胡志明、廖阿强的辩护人提出从犯的意见，不予采纳，但在具体量刑时可依据各被告人在共同犯罪中的具体情况分别予以考虑。(3) 案发后，罪行已被发觉的被告人沈伟平被协助本案侦查机关工作的德清县公安机关通知到案，不属主动、直接向公安机关投案，其行为缺乏认定自首所必需的自动性条件。沈伟平及其辩护人提出具有自首情节的意见，不能成立。(4) 本案的部分被告人虽未盗掘得物品，但对盗掘对象的认识明确，针对古墓葬的盗掘行为已实际破坏了《刑法》所保护的文物管理制度，部分辩护人提出系犯罪未遂的意见，理由不足，不予采纳。(5) 被告人杨建峰到案后揭发同案犯共同犯罪以外的其他重大犯罪，经查证属实，有重大立功表现，依法对其减轻处罚。杨建峰及其辩护人就此提出的意见，理由充分，予以支持。(6) 被告人孙立元在羁押期间配合有关办案机关的相关工作，有悔罪表现，但不属法定的立功情形。其辩护人就此提出的立功意见，与查明事实和法律规定不符，不予采纳。(7) 各被告人盗掘古墓葬、收购赃物基本未造成文物的严重流失,归案后认罪态度均较好,依法均可酌情从轻处罚。各被告人、各辩护人提出的从轻处罚的意见,理由成立,均予采纳。故法院依法作出如上裁判。

第四章 妨害文物管理秩序罪

盗掘古文化遗址、古墓葬罪办案依据集成

刑法条文

第三百二十八条 【盗掘古文化遗址、古墓葬罪】盗掘具有历史、艺术、科学价值的古文化遗址、古墓葬的,处三年以上十年以下有期徒刑,并处罚金;情节较轻的,处三年以下有期徒刑、拘役或者管制,并处罚金;有下列情形之一的,处十年以上有期徒刑或者无期徒刑,并处罚金或者没收财产:

(一)盗掘确定为全国重点文物保护单位和省级文物保护单位的古文化遗址、古墓葬的;

(二)盗掘古文化遗址、古墓葬集团的首要分子;

(三)多次盗掘古文化遗址、古墓葬的;

(四)盗掘古文化遗址、古墓葬,并盗窃珍贵文物或者造成珍贵文物严重破坏的。

【盗掘古人类化石、古脊椎动物化石罪】盗掘国家保护的具有科学价值的古人类化石和古脊椎动物化石的,依照前款的规定处罚。

立法解释

全国人民代表大会常务委员会《关于〈中华人民共和国刑法〉有关文物的规定适用于具有科学价值的古脊椎动物化石、古人类化石的解释》(2005年12月29日)

全国人民代表大会常务委员会根据司法实践中遇到的情况,讨论了关于走私、盗窃、损毁、倒卖或者非法转让具有科学价值的古脊椎动物化石、古人类化石的行为适用刑法有关规定的问题,解释如下:

刑法有关文物的规定,适用于具有科学价值的古脊椎动物化石、古人类化石。

司法解释

最高人民法院、最高人民检察院《关于办理盗窃、盗掘、非法经营和走私文物的案件具体应用法律的若干问题的解释》(1987年11月27日)(节录)

二、盗掘古墓葬、古文化遗址

(一)按照国家文物主管部门的规定,清代和清代以前的古墓葬、古遗址,受国家保护;辛亥革命以后,与著名历史事件有关的名人墓葬、遗址和纪念地,也视同古墓葬、古遗址,受国家保护。

(二)依照文物保护法第三十一条的规定,私自挖掘古墓葬、古文化遗址的,以盗窃

罪（该行为现应定性为盗掘古文化遗址、古墓葬罪。——编者注）论处。处理这类案件，不以被盗掘的古墓葬、古遗址是否已确定为重点文物保护单位为限，但对于盗掘已被确定为重点文物保护单位的古墓葬、古遗址（包括国家级、省级和县级）的，应从重处罚。

（三）对盗掘中窃取文物和破坏文物的，均应以盗窃罪（该行为现应定性为盗掘古文化遗址、古墓葬罪。——编者注）论处，根据被盗、被毁文物所应评定的级别等情节予以处罚。

（四）盗掘古墓葬、古遗址，以盗窃罪论处的案件，在量刑幅度上，可以参照盗窃馆藏文物的量刑标准，予以处罚。

（五）盗掘古墓葬、古遗址，虽未窃取到文物，但情节严重的，也应以盗窃罪（该行为现应定性为盗掘古文化遗址、古墓葬罪。——编者注）处罚；如在盗掘古墓葬、古遗址时，破坏了经鉴定属于不能移动的珍贵文物，应依法从重处罚。

（六）对于群众性的盗掘古墓葬、古遗址案件，要实行惩办少数、教育多数的原则，区别对待。惩处的重点应当是盗掘集团或者聚众盗掘的首要分子，共同犯罪的主犯，教唆犯、惯犯、累犯，与投机倒把、走私、盗运珍贵文物出口的罪犯有勾结的主要犯罪分子。

（七）任何单位或者个人，对施工、生产中出土的文物进行哄抢或者私分、私留的，对参与人员分别以抢夺罪或者盗窃罪论处；情节显著轻微的，由主管部门予以行政处罚。但文物必须追缴，送文物主管部门。

法律法规

《中华人民共和国文物保护法（2007年修正）》（1982年11月19日）（节录）

第六十四条 违反本法规定，有下列行为之一，构成犯罪的，依法追究刑事责任：

（一）盗掘古文化遗址、古墓葬的。

第五章 危害公共卫生罪

一、医疗事故罪

167. 根据民间偏方自行配制的药品,没有取得批准文号的,是否属于假药、劣药?

根据民间偏方配制的药品,即使有效,只要没有取得批准文号进行生产的,仍然应该认定为假药。

168. 医疗人员使用自己配制的药品给患者服用,造成病人死亡后果的,是否构成生产、销售假药罪?

医务人员在诊疗中使用自己配制的假药让患者服用,造成病人死亡的后果,应该认定构成医疗事故罪,而不应认定构成生产、销售假药罪。

典型疑难案件参考

孟广超自己配制假药为人治病致人死亡构成医疗事故案

基本案情

被告人孟广超系个体医生,具有行医资格和执业许可证。1996年至1997年孟广超在开封医专学习期间,张茂珍副教授传授其一治疗腰、腿疼等风湿病的民间验方。孟广超在以后的行医过程中,未经国家卫生行政部门批准,按该验方配制成胶囊,针对患者使用,未出现不良反应。

2004年5月3日上午,本村村民孟广义因腰疼和注张村村民王相海因浑身疼到孟广超处治疗,孟广超给2人开具自己配制的胶囊。2人服用后认为有效,孟广超遂加大了剂量,后2人均中毒。孟广超闻讯后,采取了相应的抢救措施。王相海经抢救脱险，现已治愈，孟广义经抢救无效死亡。经鉴定孟广义生前患有高血压、冠心病（轻度），因服用含有超标准乌头碱的胶囊后中毒，未能及时抢救而死亡。孟广超配制的胶囊含有有毒物质乌头碱，一次口服4粒达中毒致死量。

案发后孟广超自动投案。孟广超及其家人与被害人方达成赔偿协议，已赔付15000元。

一审诉辩情况

检察机关指控被告人孟广超犯生产、销售假药罪。

被告人孟广超及其辩护人均提出：没有生产、销售假药的故意和行为，也非是放任危害结果的发生，不构成生产、销售假药罪；应定医疗事故罪。

一审裁判结果

河南省睢县人民法院于2004年8月25日以〔2004〕睢刑初字第62号刑事判决，认定被告人孟广超犯医疗事故罪，判处有期徒刑1年。

二审诉辩情况

一审宣判后，检察机关提出抗诉。称被告人孟广超未经国家卫生行政部门批准，自行配制含有乌头碱的有毒药品，是假药。其明知可能危害患者的健康，而采取放任态度，造成患者中毒、死亡的严重后果，其行为已构成生产、销售假药罪；一审法院以医疗事故罪判处，适用法律错误，量刑不当，请求二审予以改判。

二审裁判结果

河南省商丘市中级人民法院于2004年10月10日以同样的事实和理由作出〔2004〕商刑终字第141号刑事裁定，驳回抗诉，维持原判。

二审裁判理由

法院生效裁判认为：生产、销售假药罪在主观方面只能由故意构成，即明知生产、销售的是假药，必然会危害人身健康，而仍然生产、销售。被告人孟广超在进修期间从一副教授处获得一民间验方，并自行配制成胶囊给来其诊所看病的患者服用。其意愿是为患者治病，并希望有治疗效果。显然被告人不认为是假药，故被告人孟广超的行为不构成生产、销售假药罪，检察院抗诉的理由不能成立。

孟广超身为医务人员，私自配制含有有毒物质乌头碱的胶囊，虽自称进行了浸泡、水煮等去毒方法，但仍应认识到乌头碱对人体的毒性。在孟广义、王相海前去看病时，孟广超放了多于平时让患者服用的剂量，达到了中毒致死量，致使王相海、孟广义2人中毒，造成孟广义死亡的后果。孟广超在诊疗过程中有严重过失，造成死亡后果，其行为构成医疗事故罪。孟广超积极抢救患者，主动投案自首，又积极赔偿被害人的经济损失，可依法从轻处罚。故法院依法作出如上裁判。

医疗事故罪办案依据集成

刑法条文

第三百三十五条 【医疗事故罪】医务人员由于严重不负责任,造成就诊人死亡或者严重损害就诊人身体健康的,处三年以下有期徒刑或者拘役。

立案标准

最高人民检察院、公安部《关于公安机关管辖的刑事案件立案追诉标准的规定(一)》(2008年6月25日公通字〔2008〕36号)(节录)

第五十六条 [医疗事故案(《刑法》第三百三十五条)]医务人员由于严重不负责任,造成就诊人死亡或者严重损害就诊人身体健康的,应予立案追诉。

具有下列情形之一的,属于本条规定的"严重不负责任":

(一)擅离职守的;
(二)无正当理由拒绝对危急就诊人实行必要的医疗救治的;
(三)未经批准擅自开展试验性医疗的;
(四)严重违反查对、复核制度的;
(五)使用未经批准使用的药品、消毒药剂、医疗器械的;
(六)严重违反国家法律法规及有明确规定的诊疗技术规范、常规的;
(七)其他严重不负责任的情形。

本条规定的"严重损害就诊人身体健康",是指造成就诊人严重残疾、重伤、感染艾滋病、病毒性肝炎等难以治愈的疾病或者其他严重损害就诊人身体健康的后果。

法律法规

1.《中华人民共和国执业医师法》(1999年5月1日)(节录)

第三十七条 医师在执业活动中,违反本法规定,有下列行为之一的……构成犯罪的,依法追究刑事责任:

(一)违反卫生行政规章制度或者技术操作规范,造成严重后果的;
(二)由于不负责任延误急危患者的抢救和诊治,造成严重后果的;
(三)造成医疗责任事故的。

2.《医疗事故处理条例》(2002年9月1日国务院令第351号)(节录)

第二条 本条例所称医疗事故,是指医疗机构及其医务人员在医疗活动中,违反医疗卫生管理法律、行政法规、部门规章和诊疗护理规范、常规,过失造成患者人身损害的事故。

第四条 根据对患者人身造成的损害程度，医疗事故分为四级：

一级医疗事故：造成患者死亡、重度残疾的；

二级医疗事故：造成患者中度残疾、器官组织损伤导致严重功能障碍的；

三级医疗事故：造成患者轻度残疾、器官组织损伤导致一般功能障碍的；

四级医疗事故：造成患者明显人身损害的其他后果的。

具体分级标准由国务院卫生行政部门制定。

第十三条 医务人员在医疗活动中发生或者发现医疗事故、可能引起医疗事故的医疗过失行为或者发生医疗事故争议的，应当立即向所在科室负责人报告，科室负责人应当及时向本医疗机构负责医疗服务质量监控的部门或者专（兼）职人员报告；负责医疗服务质量监控的部门或者专（兼）职人员接到报告后，应当立即进行调查、核实，将有关情况如实向本医疗机构的负责人报告，并向患者通报、解释。

第十五条 发生或者发现医疗过失行为，医疗机构及其医务人员应当立即采取有效措施，避免或者减轻对患者身体健康的损害，防止损害扩大。

第十六条 发生医疗事故争议时，死亡病例讨论记录、疑难病例讨论记录、上级医师查房记录、会诊意见、病程记录应当在医患双方在场的情况下封存和启封。封存的病历资料可以是复印件，由医疗机构保管。

第十七条 疑似输液、输血、注射、药物等引起不良后果的，医患双方应当共同对现场实物进行封存和启封，封存的现场实物由医疗机构保管；需要检验的，应当由双方共同指定的、依法具有检验资格的检验机构进行检验；双方无法共同指定时，由卫生行政部门指定。

疑似输血引起不良后果，需要对血液进行封存保留的，医疗机构应当通知提供该血液的采供血机构派员到场。

第三十三条 有下列情形之一的，不属于医疗事故：

（一）在紧急情况下为抢救垂危患者生命而采取紧急医学措施造成不良后果的；

（二）在医疗活动中由于患者病情异常或者患者体质特殊而发生医疗意外的；

（三）在现有医学科学技术条件下，发生无法预料或者不能防范的不良后果的；

（四）无过错输血感染造成不良后果的；

（五）因患方原因延误诊疗导致不良后果的；

（六）因不可抗力造成不良后果的。

第五十五条（第一款） 医疗机构发生医疗事故的，由卫生行政部门根据医疗事故等级和情节，给予警告；情节严重的，责令限期停业整顿直至由原发证部门吊销执业许可证，对负有责任的医务人员依照刑法关于医疗事故罪的规定，依法追究刑事责任；尚不够刑事处罚的，依法给予行政处分或者纪律处分。

二、非法行医罪

169. 非法行医罪中的"医生执业资格"与《执业医师法》中的"执业医师资格"有什么区别？

从立法本意上看，医生执业资格与执业医师资格本质上相同，只是表述不同。

170. 已经取得执业医师资格的人未向卫生行政部门注册，未取得"医师执业证书"或者"医疗机构执业许可证"行医的，是否属于非法行医罪中的"非法行医"？

已经具有执业医师资格的人，未向卫生行政部门注册，未领取"医师执业证书"或者"医疗机构执业许可证"进行行医活动的，只是违反了《执业医师法》对医师执业活动行政管理的规定，属于行政违法，如果未达到情节严重的程度，不宜认定为非法行医罪中的"非法行医"。

171. 行为人自带针剂让行医人员注射的，是否阻却行医人员非法行医罪的成立？

行为人自带针剂让行医人员注射的，关键看行医人员是否具有医生执业资格，是否按技术操作规范操作，如果都具备，则行医人员不构成非法行医罪。

典型疑难案件参考

周兆钧被控非法行医案

基本案情

1948年被告人周兆钧毕业于上海国防医学院（现为第二军医大学），1949年初至1950年9月在老家湖南省津市开办诊所。1950年至1953年在湖南省防疫大队从事医疗工作。1953年9月获中央人民政府卫生部颁发的医师证书。

1969年至1979年在湖南省靖县人民医院当医师。1987年至1993年，经卫生部门颁发行医执照自办诊所行医。1993年因房屋拆迁及年老原因向长沙市社会医疗管理委员会申请个体诊所停业，并上交了行医执照。1998年年底以后，被告人周兆钧在家里为街道居民看病（病人主要以老人为主），不收挂号费，只收取药品费用（自带药品、针剂者不收费）。

2000年3月1日7时许，王建辉（女，65岁）因咳嗽多日，自带青霉素针剂来到周兆钧家里，周兆钧为王建辉做完皮试后，按操作规程为王建辉注射了自带的1支80万单位的青霉素针剂。约十几分钟后，周兆钧发现王建辉有青霉素过敏反应特征，立即为王建辉注射了10毫克"地塞米松"针剂（抗过敏用），见情况没有好转，又为王建辉注射了一支"付肾上腺素"针剂（升血压、抗休克用），并立即叫邻居李某某通知王建辉的大女儿杨美群来到周兆钧家。杨美群见状立即拨打"110"、"120"电话。9时15分，王建辉被送到湖南省人民医院抢救，9时32分，王建辉因呼吸循环衰竭而死亡。法医鉴定：王建辉因注射青霉素引起过敏性休克而急性死亡。

一审诉辩情况

检察机关指控被告人周兆钧犯非法行医罪。在诉讼过程中，附带民事诉讼原告人杨美群等提起附带民事诉讼。

被告人周兆钧对事实予以供认，但认为其不构成犯罪。

一审裁判结果

湖南省长沙市天心区人民法院以〔2001〕天刑初字第55号刑事判决，认定被告人周兆钧犯非法行医罪，判处其有期徒刑10年，并处罚金1000元；被告人周兆钧赔偿附带民事诉讼原告人杨美群等经济损失46450元。

一审裁判理由

一审法院认为：被告人周兆钧无视国家有关医生执业行医的管理规定，在未取得"医疗机构执业许可证"的情况下，非法行医，并造成就诊人死亡的结果，其行为已构成非法行医罪，应依法予以处罚。对附带民事诉讼原告人杨美群等的经济损失，亦应予以赔偿。

二审裁判结果

湖南省长沙市中级人民法院作出〔2001〕长中刑终字第100号刑事判决，维持湖南省长沙市天心区人民法院〔2001〕天刑初字第55号刑事附带民事判决中对上诉人周兆钧的定罪部分及民事判决部分。撤销湖南省长沙市天心区人民法院〔2001〕天刑初字第 55 号刑事附带民事判决中对上诉人周兆钧的量刑部分。上诉人周兆钧犯非法行医罪，判处有期徒刑 2 年，宣告缓刑 3 年，并处罚金 1000 元。根据《刑法》第 63 条第 2 款的规定层报最高人民法院核准。

湖南省高级人民法院经审查认为，二审法院对周兆钧在法定刑以下判处刑罚，量刑适当，同意报请最高人民法院核准。

最高人民法院经审理认为：一、二审判决定性不准，适用法律不当。作出判决：撤销湖南省长沙市中级人民法院〔2001〕长中刑终字第 100 号和湖南省长沙市天心区人民法院〔2001〕天刑初字第 55 号刑事附带民事判决。宣告被告人周兆钧无罪。

二审裁判理由

二审法院认为：上诉人周兆钧的行为已构成非法行医罪。对上诉人周兆钧提出的其行为不构成犯罪的上诉理由，经查，上诉人周兆钧虽然从事医师工作 30 余年，获得医师资格证书，并曾于 1987 年至 1993 年期间合法行医，但自 1998 年年底至案发日，上诉人周兆钧在未取得"医疗机构执业许可证"的情况下擅自行医，是非法行医行为，故对其上诉理由不予采纳。原审审判程序合法，定罪准确，民事赔偿判决合理。原审判决适用《刑法》第 336 条并无不当。但考虑到上诉人周兆钧为被害人王建辉注射青霉素针剂，没有违反医疗操作规程，王建辉因注射青霉素过敏而死亡，其死亡具有一定的特殊性，综合考虑本案的具体情节及社会危害性，对周兆钧叫在法定刑以下判处刑罚，原审对上诉人周兆钧判处 10 年有期徒刑，量刑过重。

湖南省高级人民法院经审查认为：根据本案具体情况，考虑周兆钧非法行医不是以营利为目的，仅是为他人提供方便，确与没有医师资格，为骗取钱财而非法行医有区别。二审法院对周兆钧在法定刑以下判处刑罚，量刑适当，同意报请最高人民法院核准。

最高人民法院经审理认为：原审被告人周兆钧于 1953 年获中央人民政府卫生部颁发的医师证书，已具备了医师从业资格，并多年从事医疗活动，具有一定的医学知识和医疗技术。周兆钧自湖南省靖县人民医院退休后，从 1998 年 10 月起从事医疗活动，虽未经注册，未取得"医疗机构执业许可证"，但不属于《刑法》第 336 条规定的未取得医生执业资格的人。周兆钧给被害人王建辉注射青霉素针，没有违反技术操作规范，王建辉因青霉素过敏而死亡系意外事件，周兆钧不应承担刑事责任。故依法作出上述判决。

172. 行为人具有乡村医生资格，在其未取得《医疗机构执业许可证》时开业行医的，是否属于"非法行医"？

个人未取得《医疗机构执业许可证》开办医疗机构的属于"非法行医"，但对行为人是否构成非法行医罪要进行实质判断。如果行为人具有乡村医生资格，且其未超出乡村行医范围，并被纳入管理的，不应认定为非法行医罪的主体。

173. 行为人在行医过程中为他人注射疫苗，最终就诊人死亡的，是否属于"情节严重"？

就诊人死亡的并不都属于非法行医罪的"情节严重"，关键看行为人的行医行为与就诊人的死亡是否有因果关系。如果就诊人的死亡是其他原因导致的，就无法证明行为人的行为属于"情节严重"。

典型疑难案件参考

卢聚淦被控非法行医宣告无罪案

基本案情

被告人卢聚淦于1986年10月1日取得了永定县卫生局发给的乡村医生证，后在坎市镇浮山村开设了诊所，1995年参加省卫校乡村医生系统化教育学习毕业。1998年被告人擅自离开原执业地点到坎市镇坎市居委会庵排开设诊所，永定县卫生局为此未核发《医疗机构执业许可证》。1998年8月，坎市医院试行坎市镇乡村一体化实施，将乡村医生个体户12人纳入坎市医院管理，被告人卢聚淦亦属于被纳入者之一。永定县卫生局、永定县医疗机构监督管理办公室曾向被告人卢聚淦收取了从2000年3月至2001年6月每月150元的调节基金。另查明：被告人卢聚淦在1994年至1999年间多次参加了由坎市医院防疫组举办的乡村医生、卫生员业务培训。

2001年9月16日被告人卢聚淦从经营坎市居委会卫生所的卢水星处购来人用浓缩狂犬病疫苗5盒，一盒5针，有效期至2002年3月31日。该疫苗国家药品监督管理局以国药监注〔2001〕41号通知规定：自2000年10月1日起停止生产，继续生产者按生产假药论处；在2000年10月1日前已投料生产并符合有效期规定的，销售使用期限最长截止到2001年9月30日；逾期仍在销售使用者，均按销售使用假药论处。

2001年9月17日上午，被害人陈志明（1996年10月生）在高陂镇黄田村黄田小学被狗咬伤后，当日中午由其父陈晓伟送到被告人卢聚淦诊所治疗。被告人卢聚淦即用所购得的人用浓缩狂犬病疫苗为被害人陈志明注射，当日注射一针，后隔几天再注射，共注射了一盒5针，其中3针在2001年9月30日前注射，分别是9月17日、20日、24日；两针在2001年9月30日后注射，分别是10月1日、10月16日。2001年10月29日，被害人陈志明狂犬病发作，第二天被送往龙岩市第二医院治疗，经医治无效于2001年10月31日死亡。2001年11月23日，永定县公安局作出鉴定证明被害人陈志明是因狂犬病发作而致呼吸、循环衰竭而死亡。

一审诉辩情况

检察机关指控称：2000年10月，被告人卢聚淦未取得开业许可证即在坎市镇福三北路131号开设诊所。2001年9月16日，被告人卢聚淦违反卫生部《预防用生物制品生产供应管理办法》的规定，擅自从他人处购得国家已明令停止生产并限期使用的人用浓缩狂犬病疫苗5盒。2001年9月17日上午，被害人陈志明被狗咬伤后，当日中午由其父送至被告人诊所治疗，被告人即用所购得的人用浓缩狂犬病疫苗为被害人陈志明注射治疗，至2001年10月16日共注射一个疗程5针。2001年10月29日，被害人陈志明狂犬病发作，经龙岩市第二医院医治无效，于10月31日死亡。

被告人卢聚淦提出：对公安机关指控的犯罪事实经过没有意见，但其是乡村医生，本身具有行医资格，且每年都参加培训学习，由于当时坎市镇实行"一体化"管理，许可证才被收回的，故对检察机关指控其犯非法行医罪持有异议。

被告人卢聚淦的辩护人提出：被告人卢聚淦具有乡村医生的执业资格。首先，被告人属乡村医生的事实有永定县卫生局出具的证明证实；其次，乡村医生执业资格与是否办理了开业许可证没有关系；最后，被告人具备开业资格。1998年坎市镇实行乡村医生一体化后，将12名乡村医生（包括被告人卢聚淦在内）纳入坎市医院管理，且医疗机构管理办公室据此收取了费用，说明一体化实施的事实，这说明坎市医院的许可证涵盖了被告人的许可证，被告人具备了开业资格。被告人卢聚淦的行为与被害人死亡结果之间不存在因果关系。

被害人死亡不是在被告人用药方式方法、医疗技术方面引起；被告人私自进药只能作为行政处罚的依据，而不能作为本案定性的依据，且该行为与被害人的死亡结果亦无关系。

一审裁判结果

福建省永定县人民法院于2002年12月11日以〔2002〕永刑初字第159号刑事判决，认定卢聚淦无罪。

一审裁判理由

一审法院认为：首先，被告人卢聚淦是乡村医生，该事实有永定县卫生局出具的证明和乡村医生证证实，因此被告人卢聚淦具有在乡村范围内行医的资格。被告人卢聚淦虽然从坎市镇浮山村擅自搬迁到坎市镇坎市街庵排行医，但被告人在坎市街庵排行医并未超出乡村行医的地域范围，故被告人有资格在坎市镇庵排行医。检察机关以被告人未取得开业许可证为由指控被告人非法行医，但未取得开业许可证并不等于就不具备乡村医生行医资格，且被告人未再办理开业许可证系由于坎市医院实行乡村一体化后将乡村医生个体户12人（其中包括被告人卢聚淦）纳入坎市医院管理，期间永定县卫生局等部门已向被告人收取了卫生调节基金，故应认为永定县卫生局已认可被告人在坎市镇庵排开设诊所，因此认定被告人无证开业是不妥的。

其次，被告人卢聚淦的行为不构成"情节严重"。永定县公安局刑事技术鉴定证明被害人系狂犬病发作致死，证实了引起被害人狂犬病发作是其被狗咬伤的事实。被害人被狗咬伤本身存在狂犬病发作的可能，被告人向被害人注射"疫苗"只是起着预防狂犬病发作的作用，但并非绝对没有发作狂犬病的可能，且本案检察机关所提供的相关证据亦无法证实被告人的行为与被害人死亡之间存在必然的因果关系或被告人的行为有造成其他"情节严重"的事实。

综上所述，被告人卢聚淦不符合犯非法行医罪的犯罪主体，客观上亦未实施造成情节严重的行为。检察机关指控被告人犯非法行医罪，证据不足，指控犯罪不成立，辩护人对被告人进行无罪辩护的辩护意见，本院予以采纳。

二审诉辩情况

一审宣判后，福建省永定县人民检察院提出抗诉。

检察机关永定县人民检察院抗诉称：

被告人卢聚淦未经行政许可跨地域行医，应认定其属"未取得医生执业资格的人"。乡村医生（原赤脚医生）是特定历史时期的产物，是国家在医疗技术落后时期，为解决广大农村缺医少药的状况，而允许具有一定医学知识的人在农村从事应急性、轻微性疾病治疗工作。由于这类人员属非专业人员，如任其跨地域、跨诊疗科目行医，势必造成国家医疗管理秩序的严重混乱。因此，国家对乡村医生的管理不同于一般的医生。卫生行政管理部门对乡村医生核发《乡村医生证》对行医的所在单位、地域范围作了限定，也就是说乡村医生是在特定区域才有行医资格的人。从行政管理的角度看，核发《乡村医生证》属于行政许可，如果乡村医生跨地域行医，属于超出行政许可范围，应认定其在所跨地域无证行医。

被告人卢聚淦1998年擅自将卫生所从坎市镇浮山村搬迁至坎市镇居委会庵排经营，永定县卫生局按《医疗机构管理条例》未核发《医疗机构执业许可证》给卢聚淦。卢聚淦跨地域行医，超越了行政许可范围，应认定其为"未取得医生执业资格的人"。一审判决认定被告人具有行医资格是没有法律依据的。

2001年9月16日，被告人卢聚淦擅自从坎市居委会卫生所卢水星处购得国家已明令停止生产并限期使用的人用浓缩狂犬病疫苗5盒。9月17日至10月16日间，被告人卢聚淦将其中的一盒用于给患者陈志明治疗，陈志明于10月31日狂犬病发作死亡。1994年9月2日卫生部《预防用生物制品生产供应管理办法》第5条、第6条对预防用生物制品的流通渠道、使用监督制度作了明确的规定，目的是杜绝预防用生物制品的市场自由流通和失去卫生防疫机构监督下使用可能造成的社会隐患。本案被告人卢聚淦通过不正当渠道购买"浓缩疫苗"，并在没有卫生防疫机构监督的情况下使用，其行为属于违反《预防用生物制品生产供应管理办法》的非法行为。另据国家药品监督管理局"国药监注〔2001〕41号"《关于人用浓缩狂犬病疫苗销售使用截止期限的通知》："在2000年10月1日前已投料生产并符合有效期规定的人用浓缩狂犬病疫苗的销售使用期限最长截止到2001年9月30日，逾期仍在销售使用者，均按销售使用假药论处。"被告人卢聚淦在2001年9月30日后仍使用"浓缩疫苗"，其行为属违反部委规章的违法行为。

被告人卢聚淦非法行医情节严重。按查明事实，2001年八九月间，永定县卫生防疫站和坎市医院防疫组从没短缺过狂犬疫苗，且新的"纯化疫苗"的安全性、稳定性和免疫接种效果优于"浓缩疫苗"。被告人非法行医行为所造成的以下两方面后果是肯定的：一是延误了病人的治疗时间，使病人丧失了接受更好药物如"纯化疫苗"治疗的机会；二是疫苗的非法来源无质量保障，增大了治疗的不安全系数。这两点原因促成了本案一人死亡结果的发生。据此，可认定卢聚淦非法行医行为同被害人死亡结果的发生有一定的因果关系，并可认定其非法行医行为已达到"情节严重"的程度。因此，被告人的行为符合《刑法》第336条非法行医罪所规定的主客观要件，依法应以非法行医罪追究其刑事责任，一审判决适用法律确有错误。

龙岩市人民检察院支持抗诉认为：

被告人卢聚淦未办理《医疗机构执业许可证》擅自开设诊所属于非法行医，符合非法行医罪的主体要件。

被告人虽是纳入了坎市医院乡村一体化管理的人员，但该院防疫组并未委托其从事注射狂犬疫苗工作，其擅自购买并给被害人注射疫苗主观上存在过错。况且被告人在注射狂犬疫苗时未加注射抗血清，属操作程序失当，其不当行为与被害人死亡结果的发生之间存在直接的因果关系。

▶ 二审裁判结果

福建省龙岩市中级人民法院于2003年3月12日以同样的事实作出〔2003〕岩刑终字第22号刑事裁定，驳回抗诉，维持原判。

▶ 二审裁判理由

二审法院认为：原审被告人有永定县卫生局出具的证明和《乡村医生证》可证实其系乡村医生，具有在乡村范围内行医的资格，由于其已纳入了永定县坎市医院乡村一体化管理，故未领取《医疗机构执业许可证》，所以卢聚淦不具备非法行医的犯罪构成要件。被害人陈志明死亡原因系狂犬病发作致死，而原审被告人向被害人注射疫苗只是起着预防作用，并非绝对不会发作狂犬病。故检察机关的抗诉理由不能成立。

174. 行为人未取得医生执业许可证，在家私开门诊，从事医疗活动，给就诊人注射后，就诊人因药物过敏死亡的，经鉴定属于意外事件，则行为人是否需要承担刑事责任？

行为人未取得医生执业许可证，在家私开门诊，从事医疗活动的行为属于非法行医行为。由于就诊人的死亡和行为人的行医行为之间不存在因果关系，因此，应当以非法行医罪的基本犯对行为人追究刑事责任。

典型疑难案件参考

陈月兰非法行医案

基本案情

2003年8月13日中午1时许,平安镇东村村民杨秀梅前去本村陈月兰家的医疗室看病,被告人陈月兰按其丈夫彭发财(系平安县中医院医师)口述的处方,将60ml刺五加注射液加入250ml的糖盐水中静脉注射给杨秀梅,输液5分钟后,杨秀梅出现呼吸困难,陈月兰即拔去针头,将杨秀梅送往平安县医院抢救,途中杨秀梅死亡。经平安县公安局法医鉴定,杨秀梅系过敏性休克死亡;后经青海省高级人民法院法医再次组织专业人员鉴定,结论为:(1)用药不存在错误;(2)刺五加注射与死亡之间存在因果关系(药物过敏);(3)属意外事件。

又查明:被告人陈月兰给受害人输液的操作方法符合刺五加注射的用药规定,其用药没有错误,且刺五加注射的用药未规定须做药敏实验,因个别体质差异而发生的不良反应,应属意外事件。另查明:被告人陈月兰自2001年3月起在家中私开医疗诊所,未办理医疗执业许可证。

诉辩情况

检察机关认为:被告人陈月兰非法行医致人死亡,其行为已构成非法行医罪。

被告人陈月兰的辩护人提出:检察机关指控的犯罪事实和罪名正确,但指控陈月兰非法行医致人死亡不当,杨秀梅的死亡后果与陈月兰的非法行医行为没有直接的因果关系。

裁判结果

青海省平安县人民法院于2004年3月8日以〔2004〕平刑初字第11号刑事判决,认定被告人陈月兰犯非法行医罪,判处有期徒刑3年,缓刑3年,并处罚金1000元。

裁判理由

法院生效裁判认为:被告人陈月兰在不具备医生资格,又无卫生行政主管部门颁发的医疗执业许可证的情况下,在其家中私开诊所,从事医疗活动,情节严重,其行为已构成非法行医罪,应负刑事责任。检察机关指控被告人的犯罪事实基本清楚,罪名成立,指控被告人非法行医致一人死亡不能成立,因为被害人的死亡与被告人的非法行医行为之间无直接因果关系。鉴于被告人陈月兰认罪态度好，并能积极赔偿给被害人家人造成的经济损失，可酌情从轻处罚，并可适用缓刑。

175. 行为人在给人看病过程中没有收取任何费用能否构成非法行医罪？

是否以营利为目的并不是非法行医罪的构成条件，行为人没有收取任何费用也可能构成非法行医罪。

176. 行为人实施了没使用任何医学专业知识的行为，能否构成非法行医罪？

非法行医罪的犯罪主体是一般主体，行为人反复实施行医行为即可构成非法行医罪，至于具体行为人实施的是否属于医学专业知识的行为，在所不问。

177. 行为人反复实施行医行为，但其未把行医作为唯一职业，且行为之间存在间断，在出现了情节严重的后果时，能否构成非法行医罪？

行为人将非法行医行为作为职业，只要其反复实施行医行为，即使行为之间存在间断，出现情节严重的后果，也可以成立非法行医罪。

178. 怎样确定是行为人的非法行医行为"造成就诊人死亡的结果"？

应通过伤情鉴定和尸检报告确定就诊人的损伤程度达到何种等级，还应当对"诊疗"行为和损害后果之间是否具有刑法上的因果关系作专门的技术鉴定，并判定行为人"诊疗"行为对危害结果所具有的责任程度，以此作为认定非法行医罪的客观依据。

典型疑难案件参考

张相林非法行医案

基本案情

被告人张相林自2002年7月开始为他人看病，后在为他人看病过程中与中国水利电力第一工程局退休工人关德耀相识，并为其治心脏病。关德耀又让张相林为其患脑瘫的孙子即被害人关宇峰治病。2003年2月24日10时许，张相林带着自己用香瓜尾巴制作的3克面剂"苦丁香"来到关家，让关宇峰服用"苦丁香"，后关开始呕吐、腹泻，张称这是正常药效反应，吐泻后得睡觉，不要叫醒，睡醒就好了。后张离开关家。当日下午，关家人多次给张相林打电话询问时，张均答是正常现象，没有事。当日20时许，关家人见情况不好，将关宇峰送到中国水利电力第一工程局总医院抢救，经抢救无效，关宇峰死亡。后经吉林省永吉县公安局法医鉴定，关宇峰呼吸循环衰竭，堵塞性窒息，药物中毒而死亡。案发后，被告人张相林外逃，2005年3月31日在其家中被抓获归案。

诉辩情况

检察机关指控被告人张相林犯非法行医罪。

附带民事诉讼原告人关瑞君及其诉讼代理人关瑞萍诉称：由于被告人张相林的非法行医行为，导致关宇峰死亡，给其家造成了一定经济损失。因此，张相林应附带承担民事赔偿责任，应赔偿医疗费、丧葬费、死亡赔偿金、解剖费、病理鉴定费、其他鉴定费用、救护车费、被害人亲属办理丧葬事宜的交通费、误工费，共计15.23275万元。

被告人张相林及其辩护人提出：被告人给关宇峰看病没收取任何费用。

被告人张相林提出：死亡鉴定没有具体说明什么药物中毒，3克"苦丁香"不能致人死亡。对于附带民事赔偿，其没有经济承担能力。

被告人张相林的辩护人提出：被告人张相林没有法学意义上的行医行为。因为其从事的并非真正的医疗活动，没适用任何医学专业知识，没收取任何费用。非法行医是职业犯，而被告人张相林不是以医生为职业，只是为亲朋好友出点偏方。

被告人张相林的辩护人提出了量刑意见：第一，被害人服药后，其家属已经意识到可能发生危险而没送其到医院救治，护理义务由其家属负责。第二，被告人张相林所开的药量不足以致人死亡。《中药大辞典》中关于"瓜蒂"的用法用量为 0.8 钱到 1.5 钱，而张给关服用的只有 3 克。第三，认罪态度好。第四，无前科。

裁判结果

吉林省永吉县人民法院于 2005 年 7 月 23 日以〔2005〕永刑初字第 33 号刑事判决，认定被告人张相林犯非法行医罪，判处有期徒刑 11 年，剥夺政治权利 3 年，并处罚金人民币 3000 元。被告人张相林赔偿附带民事诉讼原告人关瑞君各项损失 16.86916 万元（医药费 24.1 元、丧葬费 6215.50 元、死亡赔偿金 15.6812 万元、法医解剖费及病理鉴定费 5000 元、运尸费 640 元），于判决发生法律效力后 1 个月内给付。

裁判理由

法院生效裁判认为：关于被告人张相林的"给关宇峰看病没收钱"的辩解意见及其辩护人的关于"被告人张相林没有法学意义上的行医行为"、"张相林不是以医生为职业，只是为亲朋好友出点偏方"的辩护意见，于法无据，与事实不符，不予采信，因为：（1）根据《刑法》对非法行医的规定，犯罪主体既可以是一般的公民，也可以是只有医疗技术，但尚未取得医生执业资格的人，还可以是具有行医资格，但不具备从事特定医疗业务资格的人；主观方面上，是否以营利为目的并不是非法行医罪的构成条件。（2）被告人张相林的亲属、朋友及其他证人均证实张相林长期为人看病的事实，已形成了一种职业行为。（3）被告人张相林给被害人关宇峰服用其自制的"苦丁香"后，有确凿证据证实，"药物中毒、呕吐物误吸、堵塞性窒息、呼吸循环衰竭为关宇峰死亡的直接原因和根本原因"，即被告人张相林的非法行医行为，产生了致人死亡的后果。

关于被告人张相林的"3 克苦丁香不能致人死亡"及其辩护人的"护理义务是死者家属负责，张相林开的药量不足以致人死亡"的辩解和辩护意见，不予采信：因为被害人关宇峰的家人在张相林给关宇峰治疗过程中，对"医生"张相林完全相信，服药后曾多次打电话询问，按照张相林的"呕吐是正常现象，睡着了不用招呼他，自己醒了算"的嘱咐办理的，关宇峰的死亡原因已有病理检验报告和法医鉴定，是经对尸体解剖后作出的科学结论，不能单一主观分析。

关于被告人张相林的辩护人的"被告人张相林认罪态度好，无前科"的辩护意见，虽然被告人张相林不认罪，但能如实、稳定地供述事实，对其行为性质的辩解是在行使诉讼权利，故予以采信。

综上所述，被告人张相林在无医生执业资格，没取得《医疗机构执业许可证》的情况下，非法行医，自制药物，为人治疗癫痫病，致被害人死亡，其行为已构成非法行医罪。被告人张相林在案发后外逃，不能赔偿附带民事诉讼原告人的经济损失，可酌定从重处罚；认罪态度较好，无前科，可酌定从轻处罚。

被告人张相林对其犯罪行为造成的附带民事诉讼原告人关瑞君的经济损失，应依法赔偿。附带民事诉讼原告人关瑞君要求赔偿的医药费、丧葬费、死亡赔偿金、法医解剖费、病理鉴定费、其他鉴定费用、救护车费，诉讼请求正当，但丧葬费、死亡赔偿金计算标准有误，其合法诉讼请求本院予以支持，其他诉讼请求，无证据证实，不予支持。故法院依法作出如上判决。

> **179. 产妇在分娩过程中因并发症死亡，非法行医人是否要对其死亡承担刑事责任？**
>
> 　　非法行医人在接生时，明知如果在产妇分娩过程中发生各种综合征时，其没有相应的医疗设备和医疗技术予以实施及时、恰当的抢救措施，却仍实施手术行医行为的，应对产妇的死亡承担刑事责任，构成非法行医罪。

典型疑难案件参考

贺淑华非法行医案

基本案情

被告人贺淑华无行医执业证照在重庆市垫江县桂溪镇松林路18号租住房内非法行医多年。2003年5月25日9时，贺非法给刘福琼接生时滥用"缩宫素"，致刘福琼宫缩过强引发羊水栓塞，导致刘及胎儿死亡。经鉴定：刘福琼及胎儿的死亡与贺淑华非法行医有直接关系。

诉辩情况

检察机关指控被告人贺淑华犯非法行医罪。

一审宣判后，贺淑华提出上诉。

贺淑华及其辩护人认为：原判决认定贺滥用"缩宫素"的证据不足。重庆市医科大学附属第一医院所作的鉴定结论有误。刘福琼的死亡与贺的非法行医行为间无因果关系，贺不应对刘的死亡承担刑事责任。

裁判结果

重庆市垫江县人民法院作出刑事判决，认定被告人贺淑华犯非法行医罪，判处有期徒刑10年，并处罚金人民币1万元。

一审宣判后，贺淑华提出上诉。重庆市第三中级人民法院以基本相同的事实，驳回上诉人的上诉，维持原判。

裁判理由

法院生效裁判认为：上诉人贺淑华在没有取得行医资格的情况下非法行医多年，其行为构成非法行医罪；其在为他人接生过程中造成就诊人死亡，应当承担相应的刑事责任。重庆市医科大学附属第一医院是在认定贺淑华滥用"缩宫素"，致刘福琼宫缩过强而产生羊水栓塞的基础上作出的鉴定结论。但公安机关在尸体检验时既未从死者刘福琼体内提取任何检材，也未对其在现场提取的药液中是否含"缩宫素"成分作过鉴定。一审认定贺淑华对刘福琼使用过"缩宫素"无充分的证据支持，应予纠正。重庆市医科大学附属第一医院作出的鉴定结论所依据的基础事实有误，其结论意见必然缺乏客观性。上诉人贺淑华及其辩护人提出原判认定贺淑华滥用"缩宫素"的事实不清，证据不足，鉴定结论有误的上诉、辩护理由成立。

贺淑华在非法为他人接生时应该预见到产妇在分娩过程中可能会发生各种分娩综合征，但其明知如果在产妇分娩过程中发生各种分娩综合征时，其没有相应的医疗设备和医疗技术予以实施及时、恰当的抢救措施，产妇的生命危险性必然会大大增加。贺淑华对产妇在分娩中可能会发生的危险心存侥幸，以致刘福琼分娩中出现并发羊水栓塞时无力采取及时、恰当的抢救措施，造成刘福琼死亡，其非法行医行为与刘福琼的死亡后果存在因果关系。贺淑华及其辩护人提出，刘福琼的死亡后果与贺淑华的非法行医行为无因果关系的上诉、辩护理由不能成立，请求二审宣告被告人无罪的上诉意见，不予采纳。一审判决认定贺淑华非法行医并造成产妇刘福琼及胎儿死亡的事实清楚，证据充分；但认定贺淑华滥用"缩宫素"致刘福琼发生羊水栓塞的证据不足。故一、二审法院依法作出如上裁判。

180. 行为人没有中医执业医师资格，却在他人非法开设的诊所内出诊，但诊断正确，处方对症下药，最终由于其他原因导致就诊人死亡的，是否应当承担刑事责任？

行为人没有中医执业医师资格，却在他人非法开设的诊所内出诊，表明其非法行医的客观行为存在，破坏了国家正常的医疗管理秩序；尽管其诊断正确，处方对症下药，但最终导致了严重后果的，仍应以非法行医罪追究刑事责任。

181. 行为人非法开设诊所，进行非法行医活动，在他人所开处方正确的情况下，由于抓错药导致就诊人服用后死亡的，对案件应如何定性？

行为人在没有医疗机构执业许可证、执业医师证的情况下开设诊所，进行非法行医活动，并且最终由于其抓错药的行为导致了就诊人死亡，应以非法行医罪论处，是主犯；而开处方人虽没有中医执业医师资格，但开具处方正确，诊断合理，对其应以非法行医罪论处，是从犯。

典型疑难案件参考

董新征等非法行医案

基本案情

2004年9月，被告人董新征在未办理医疗机构执业许可证的情况下，在市艺新农贸市场内非法开设了焦作市医疗保健中心门诊部中医门诊（以下简称诊所），并聘请了没有中医执业医师资格的被告人王东玉在诊所坐诊。

2005年4月10日9时许，被害人王凤茹因大便不畅在其丈夫郑明谦的陪同下到诊所看病，被告人王东玉为王凤茹诊断后，认为王的胃肠蠕动不好，即开了处方（大黄9克、芒硝12克、厚朴9克、枳实9克，水煎服）两服，董按照处方在抓药过程中，误将"硝石"当作"芒硝"抓给了王凤茹。王凤茹回家后按照药方将药煎熬后连同硝石一起服下，后开始出现呕吐、神志不清症状,即被送焦作市人民医院抢救,于 2005 年 4 月 19 日 14 时 40 分许经抢救无效死亡。经焦作市公安局刑事技术鉴定,董新征所抓药物与王凤茹的呕吐物均检出亚硝酸盐成分;经焦作市医学会医学鉴定,被害人王凤茹系亚硝酸盐中毒致呼吸循环衰竭,抢救无效死亡。被害人王凤茹在抢救期间支付医疗费 30236.3 元,经抢救无效死亡后,其亲属支付鉴定费 2000 元,尸检费 800 元;在医院抢救期间需 2 人护理;被害人王凤茹系焦作神华重型机械制造有限公司退休职工,月工资 643.04 元。在本院审理期间,被告人王东玉亲属支付附带民事诉讼原告人赔偿款 2 万元。

诉辩情况

检察机关指控被告人董新征、王东玉犯非法行医罪。

附带民事诉讼原告人要求被告人赔偿被害人住院治疗的医疗费 30841.30 元,误工费 200 元,护理费 800 元,住院伙食补助费 800 元,丧葬费 5454.5 元;死亡补偿费 102005.4 元,精神抚慰金 100000 元,讣告费 700 元,尸检费 800 元,鉴定费 2000 元,共计人民币 243601.20 元。

被告人董新征提出:其有自首和立功情节,其抓药时间过王东玉后才去抓的,并非其责任。其有康达大药房准许其卖药的证件。

被告人董新征的辩护人提出:(1)检察机关指控被告人董新征构成非法行医罪,属定性错误。因该罪的构成要件的犯罪客体是既侵犯了国家对医疗机构和医务从业人员的管理秩序,又侵犯了公民的身体健康;客观上既要有非法行医的行为,又要有非法行医引发的严重后果。结合本案,董新征在客观上确属非法行医,侵犯了国家对医疗机构的管理秩序,但董的行为并没有引发严重后果,被害人的死亡与董的非法行医无内在的必然的因果关系。因王东玉所开药方及董在抓药过程中均没错,致被害人死亡的根本原因在于马保成移交的药品质量。检察机关认定董构成非法行医的主要事实依据在于错将硝石当作芒硝,中国医药商务网中所记载的芒硝,别名芒消,所以中药上所称"硝石"即为"芒硝",同属一种中药,只是处方名不同,其主要化学成分为硫酸钠,药效原理就在于内服水解后,硫酸根离子不易被肠黏膜吸收,所以被告人董新征将王东玉所开处方中的"芒硝"抓成"硝石"并无错误之处,且中药所称之"硝石"是无毒的,不可能致被害人死亡。(2)被害人系服用化工产品硝石引发的死亡,而不是服用中药硝石即芒硝引发的死亡;检察机关所提供的医学鉴定书证实被害人是死于亚硝酸盐中毒,刑事技术鉴定书证实董新征所标有"硝石"字样的药物,含亚硝酸盐成分,这足以说明马保成所移交的中药硝石里面所装的根本不是中药,依据化工物性字典中所记载的化工产品硝石,即硝酸钾属硝酸盐类,分解出氧后转变成亚硝酸钾,即亚硝酸盐,据此足以证实被害人真正的死亡原因在于服用了化工产品硝石。(3)从被害人死亡的责任主体来讲,董新征的非法行医行为,并不是致被害人死亡的必然原因,其根本原因在于马保成以化工产品"硝石"冒充中药"硝石"卖给了董新征,董在毫不知情的情况下按中药抓给了被害人,所以说即使董新征证照齐全也同样无法避免该事故的发生,因为马保成将化工产品硝石作为中药硝石放在了中药之内,迟早会引发事故的。

以上几点说明被告人董新征非法行医只是造成被害人死亡的一个条件,而不是根本原因,所以说被告人董新征的行为不符合非法行医的构成要件,其所应承担的是行政责任,而非刑事责任,其行为不构成非法行医罪,检察机关指控有误。

被告人王东玉的辩护人提出:董新征从马保成手中接收诊所非法行医,是本案发生的最根本原因;董系焦作大学毕业,对医学一窍不通,在没有医疗机构执业许可证、执业医师证的情况下开起了门诊,他的违法行为被发现后,被山阳区卫生局行政处罚,责令停业。但董屡教不改,利欲熏心,其行为是直接导致本案发生的主要原因。被告人王东玉非法行医行为客观存在,但在对被害人的医疗活动中诊断正确,处方对症下药,没有任何过错,与被害人死亡之间无任何直接因果关系,也与社会上的冒充医生行医的江湖骗子不同,其情节轻微,对被害人的死亡不应负刑事责任。

裁判结果

焦作市山阳区人民法院于2006年2月21日以〔2005〕山刑初字第156号刑事附带民事判决,认定被告人董新征犯非法行医罪,判处有期徒刑10年,并处罚金人民币10000元。被告人王东玉犯非法行医罪,判处有期徒刑3年,缓刑5年,并处罚金人民币5000元。被告人董新征、王东玉赔偿附带民事诉讼原告人医疗费30236.3元、误工费200元、护理费800元、住院伙食补助费80元、丧葬费5454.5元、尸检费800元、鉴定费2000元、死亡赔偿金102005.4元,共计款141576.2元,被告人董新征承担60%的赔偿款即84945.72元,被告人王东玉承担40%的赔偿款即56630.48元,于判决书生效后3个月内支付附带民事诉讼原告人。

裁判理由

法院生效裁判认为:被告人董新征、王东玉未取得医生执业资格非法行医，造成就诊人死亡，构成非法行医的事实成立。被告人董新征、王东玉明知自己不具备行医资格而从事医疗活动，造成就诊人死亡的严重后果，其行为均已构成非法行医罪，被告人董新征在犯罪中起主要作用，系主犯；被告人王东玉在犯罪中起次要作用，系从犯。检察机关指控的罪名成立。

被告人董新征辩解其具有自首和立功情节的理由不充分，当庭也未向法庭提供相应的证据予以印证，故该意见不予采纳。又提出其抓药是问过王东玉后抓的药以及其有康达大药房准许其卖药的证件，经庭审查实，被告人王东玉否认此事，康达大药房与本案董新征所开设的焦作市医疗保健中心门诊部中医门诊无隶属和任何关系，被告人董新征所提出的理由不充分，故本院不予采纳；董新征的辩护人提出的董应承担的是行政责任，而非刑事责任的理由以及被告人王东玉的辩护人提出的王东玉对被害人的诊断处方均正确、无过错，与被害人死亡无因果关系，其情节轻微，不应负刑事责任的理由，均不予采纳，由于被告人董新征、王东玉的犯罪行为而给被害人造成的经济损失，理应予以赔偿，附带民事诉讼原告人要求 2 被告人支付其医疗费、尸检费、鉴定费、误工费、护理费、住院伙食补助费、丧葬费、死亡补偿费的诉讼请求，理由正当，依法应予支持；要求赔偿医疗费、尸检费、鉴定费的数额应按照单据所证实的数额确定；要求的误工费、丧葬费、死亡赔偿金、护理费的请求，于法有据，应予支持；住院伙食补助费按每天 8 元计算即 80 元，请求的高出部分，本院不予支持；要求的精神抚慰金、讣告费于法无据，故不予支持；根据 2 被告人在犯罪中所起的作用大小，对其分别量刑及承担赔偿责任；被告人董新征承担赔偿数额的 60%，被告人王东玉承担赔偿数额的 40%，2 被告人互负连带清偿责任。在本院审理期间，被告人王东玉亲属赔偿被害人经济损失费 20000 元。被告人王东玉系初犯，当庭能如实供述自己的犯罪事实，能够认罪、悔罪，可对其处以缓刑。

182. 就诊人自愿求医，明知行为人没有执业医师资格仍找其就医，是否阻却行为人非法行医罪的成立？

就诊人自愿求医的行为不能阻却行为人非法行医罪的成立。

183. 行为人实施非法行医行为，最终就诊人死亡的，是否都要按非法行医罪的结果加重犯追究刑事责任？

构成非法行医罪的结果加重犯，要求行为人的非法行医行为和就诊人的死亡结果之间存在因果关系。如果就诊人的死亡是其他原因造成的，则对行为人不能以非法行医罪的结果加重犯处罚。

典型疑难案件参考

彭达祥非法行医案

基本案情

2007年1月11日12时许，被告人彭达祥在不具备医生执业资格的情况下，在上海市浦东新区川沙镇川沙路3615号A107室内，对由刘正兵送至该处就诊的刘德勇（男，2006年10月22日出生）进行诊断并施用药物治疗。后刘德勇于当日13时40分许死亡。经法医学鉴定，刘德勇系间质性肺炎致急性呼吸功能衰竭死亡。

诉辩情况

检察机关指控被告人彭达祥在未获得医生执业资格的情况下，非法行医，造成就诊人死亡，其行为已构成非法行医罪。被告人彭达祥在缓刑考验期内犯新罪，应当撤销缓刑。

被告人彭达祥提出：在10年以上处刑缺少根据。

被告人彭达祥的辩护人提出：被害人的死亡与被告人彭达祥的医疗行为没有刑法上的因果关系，被告人彭达祥的行为仅属于情节严重，应在3年以下有期徒刑、拘役、管制处刑，不应处10年以上有期徒刑。被告人彭达祥的行为属于"自愿交易"的非法行医行为，即被害人明知被告人没有执业医师资格仍找其就医，被告人的主观恶性小，量刑时应从轻处理。被告人彭达祥在诊治活动中没有盈利，并送被害人回家，案发后交代态度较好，并与被害人父母达成民事赔偿的和解协议，可酌情从轻处罚。

裁判结果

上海市浦东新区人民法院于2007年5月18日以〔2007〕浦刑初字第698

号刑事判决,认定被告人彭达祥犯非法行医罪,判处有期徒刑2年6个月,罚金人民币1500元。撤销〔2006〕浦刑初字第73号刑事判决书对被告人彭达祥犯非法行医罪判处有期徒刑1年、缓刑1年的缓刑部分,决定执行有期徒刑3年,罚金人民币1500元。

裁判理由

法院生效裁判认为:被告人彭达祥未取得医生执业资格,因非法行医被判刑并宣告缓刑,在缓刑考验期内又非法行医,情节严重,其行为已构成非法行医罪,检察机关指控的犯罪成立,予以支持。

关于刘德勇的死亡是否由被告人彭达祥的非法行医行为造成,法院认为,非法行医罪中,造成就诊人死亡的属于该罪的加重结果,行为人的行为应符合结果加重犯的构成要件,加重结果与行为人的犯罪行为之间应当存在因果关系。本案中,司法鉴定结论已证实就诊人刘德勇的死亡系由间质性肺炎引发,与被告人彭达祥的治疗行为无因果关系,故本院认为指控被告人彭达祥非法行医造成就诊人死亡的依据不足。辩护人的相关意见予以采纳。被告人彭达祥在缓刑考验期内犯新罪,依法撤销缓刑,对前罪后罪予以数罪并罚。鉴于被告人彭达祥交代及认罪态度较好,并在家属帮助下对就诊人亲属进行了经济补偿,酌情从轻处罚。

非法行医罪办案依据集成

刑法条文

第三百三十六条 【非法行医罪】未取得医生执业资格的人非法行医,情节严重的,处三年以下有期徒刑、拘役或者管制,并处或者单处罚金;严重损害就诊人身体健康的,处三年以上十年以下有期徒刑,并处罚金;造成就诊人死亡的,处十年以上有期徒刑,并处罚金。

【非法进行节育手术罪】未取得医生执业资格的人擅自为他人进行节育复通手术、假节育手术、终止妊娠手术或者摘取宫内节育器,情节严重的,处三年以下有期徒刑、拘役或者管制,并处或者单处罚金;严重损害就诊人身体健康的,处三年以上十年以下有期徒刑,并处罚金;造成就诊人死亡的,处十年以上有期徒刑,并处罚金。

立案标准

1. 最高人民检察院、公安部《关于公安机关管辖的刑事案件立案追诉标准的规定(一)》(2008年6月25日公通字〔2008〕36号)(节录)

第五十七条 [非法行医案(《刑法》第三百三十六条第一款)]未取得医生执业资格的人非法行医,涉嫌下列情形之一的,应予立案追诉:

(一)造成就诊人轻度残疾、器官组织损伤导致一般功能障碍,或者中度以上残疾、器官组织损伤导致严重功能障碍,或者死亡的;

(二)造成甲类传染病传播、流行或者有传播、流行危险的;

(三)使用假药、劣药或不符合国家规定标准的卫生材料、医疗器械,足以严重危害人体健康的;

(四)非法行医被卫生行政部门行政处罚两次以后,再次非法行医的;

(五)其他情节严重的情形。

具有下列情形之一的,属于本条规定的"未取得医生执业资格的人非法行医":

(一)未取得或者以非法手段取得医师资格从事医疗活动的;

(二)个人未取得《医疗机构执业许可证》开办医疗机构的;

(三)被依法吊销医师执业证书期间从事医疗活动的;

(四)未取得乡村医生执业证书,从事乡村医疗活动的;

(五)家庭接生员实施家庭接生以外的医疗行为的。

本条规定的"轻度残疾、器官组织损伤导致一般功能障碍"、"中度以上残疾、器官组织损伤导致严重功能障碍",参照卫生部《医疗事故分级标准(试行)》认定。

第五十八条 [非法进行节育手术案(《刑法》第三百三十六条第二款)]未取得医生执业资格的人擅自为他人进行节育复通手术、假节育手术、终止妊娠手术或者摘取宫内节育器，涉嫌下列情形之一的，应予立案追诉：

（一）造成就诊人轻伤、重伤、死亡或者感染艾滋病、病毒性肝炎等难以治愈的疾病的；

（二）非法进行节育复通手术、假节育手术、终止妊娠手术或者摘取宫内节育器五人次以上的；

（三）致使他人超计划生育的；

（四）非法进行选择性别的终止妊娠手术的；

（五）非法获利累计五千元以上的；

（六）其他情节严重的情形。

2. 最高人民法院《关于审理非法行医刑事案件具体应用法律若干问题的解释》（2008年5月9日法释〔2008〕5号）（全文）

为保障公民身体健康和生命安全，依法惩处非法行医犯罪，根据刑法的有关规定，现对审理非法行医刑事案件具体应用法律的若干问题解释如下：

第一条 具有下列情形之一的，应认定为刑法第三百三十六条第一款规定的"未取得医生执业资格的人非法行医"：

（一）未取得或者以非法手段取得医师资格从事医疗活动的；

（二）个人未取得《医疗机构执业许可证》开办医疗机构的；

（三）被依法吊销医师执业证书期间从事医疗活动的；

（四）未取得乡村医生执业证书，从事乡村医疗活动的；

（五）家庭接生员实施家庭接生以外的医疗行为的。

第二条 具有下列情形之一的，应认定为刑法第三百三十六条第一款规定的"情节严重"：

（一）造成就诊人轻度残疾、器官组织损伤导致一般功能障碍的；

（二）造成甲类传染病传播、流行或者有传播、流行危险的；

（三）使用假药、劣药或不符合国家规定标准的卫生材料、医疗器械，足以严重危害人体健康的；

（四）非法行医被卫生行政部门行政处罚两次以后，再次非法行医的；

（五）其他情节严重的情形。

第三条 具有下列情形之一的，应认定为刑法第三百三十六条第一款规定的"严重损害就诊人身体健康"：

（一）造成就诊人中度以上残疾、器官组织损伤导致严重功能障碍的；

（二）造成三名以上就诊人轻度残疾、器官组织损伤导致一般功能障碍的。

第四条 实施非法行医犯罪，同时构成生产、销售假药罪，生产、销售劣药罪，诈骗罪等其他犯罪的，依照刑法处罚较重的规定定罪处罚。

第五条 本解释所称"轻度残疾、器官组织损伤导致一般功能障碍"、"中度以上残疾、器官组织损伤导致严重功能障碍"，参照卫生部《医疗事故分级标准（试行）》认定。

▶ 司法解释 ◀

最高人民法院、最高人民检察院《关于办理妨害预防、控制突发传染病疫情等灾害的刑事案件具体应用法律若干问题的解释》（2003年5月15日法释〔2003〕8号）（节录）

第十二条 未取得医师执业资格非法行医，具有造成突发传染病病人、病原携带者、疑似突发传染病病人贻误诊治或者造成交叉感染等严重情节的，依照刑法第三百三十六条第一款的规定，以非法行医罪定罪，依法从重处罚。

▶ 其他办案依据 ◀

1. 最高人民法院、最高人民检察院、公安部《关于依法惩处利用摘除节育环进行违法犯罪活动的分子的联合通知》（1983年12月10日〔83〕法研字第25号）

对于利用为育龄妇女摘除节育环，进行各种违法犯罪活动的，应根据不同情况，分别依法惩处：

一、以牟利为目的，私自为育龄妇女摘除节育环，或者借摘除节育环对妇女进行调戏、侮辱的，可以参照治安管理处罚条例和国务院有关劳动教养的规定，酌情予以行政拘留、罚款，或者收容劳动教养，并没收其非法所得的财物及违法活动用具；

二、以牟利为目的，私自为育龄妇女摘除节育环，方法粗野，伤害妇女身体的，依照刑法规定的伤害罪惩处；

三、对于借摘除节育环，强行奸淫妇女的，依照刑法规定的强奸罪惩处；

四、数人合伙私自为多名育龄妇女摘除节育环，扰乱社会秩序，情节严重，妨害计划生育工作的，对首要分子依照刑法规定的扰乱社会秩序罪惩处；

五、以造谣、欺骗手段私自为育龄妇女摘除节育环，骗取大量财物的，依照刑法规定的诈骗罪惩处；

六、借摘除节育环调戏、侮辱妇女，或者进行其他流氓活动，破坏公共秩序，情节严重的，依照刑法规定的流氓罪惩处。

2. 最高人民法院、最高人民检察院《关于依法严惩破坏计划生育犯罪活动的通知》（1993年11月12日法发〔1993〕36号）（节录）

一、继续执行1983年12月10日最高人民法院、最高人民检察院、公安部《关于依法惩处利用摘除节育环进行违法犯罪活动的分子的联合通知》，对利用摘除节育环侮辱妇女、诈骗钱财构成犯罪的，私自为育龄妇女摘除节育环，不顾妇女身体健康，造成伤害构成犯罪的，以及借摘除节育环强奸妇女的，应分别依法以流氓罪、诈骗罪、故意伤害罪或者强奸罪追究刑事责任。

二、伪造或变造节育证、生育证、婴儿死亡证、病残儿鉴定证明等计划生育证明出售牟利，情节较重，构成犯罪的，依照刑法第一百六十七条（指79刑法条文。——编者注）

伪造证件罪的规定追究刑事责任。

三、国家计划生育工作人员、医疗单位医务人员,利用职务上的便利,收受或者索取财物,构成犯罪,并具有下列情形之一的,依照《全国人民代表大会常务委员会关于惩治贪污罪贿赂罪的补充规定》第五条的规定从重处罚:

(一)非法批准生育指标造成超生的;

(二)非法出具计划生育证明造成超生的;

(三)为育龄妇女摘除节育器,为他人做假节育、绝育手术,或者为他人进行输卵(精)管复通手术,造成计划外怀孕、生育的;

(四)擅自为他人进行非医学需要的胎儿性别鉴定,导致胎儿引产的。

上列人员出售计划生育指标、计划生育证明数量大,危害严重的,依照刑法第一百八十七条(指79刑法条文。——编者注)玩忽职守罪的规定追究刑事责任。

四、无业人员、个体行医人员等结伙为多名育龄妇女摘除节育器,为多人做假节育、绝育手术,或者为多人进行输卵(精)管复通手术,造成计划外怀孕、生育,或者擅自为他人进行非医学需要的胎儿性别鉴定,导致多个胎儿引产,破坏计划生育工作,扰乱社会秩序情节严重的,对首要分子依照刑法第一百五十八条扰乱社会秩序罪的规定追究刑事责任。

五、以暴力、威胁方法阻碍国家计划生育工作人员依法执行职务的,依照刑法第一百五十七条妨害公务罪的规定追究刑事责任。

六、破坏计划生育违法所得和用于破坏计划生育违法活动的个人医疗器械、用具一律没收。

3. 卫生部《关于非法行医有关问题的批复》(2007年6月7日卫政法发〔2007〕185号)

甘肃省卫生厅:

你厅《关于非法行医有关问题的请示》(甘卫法监函〔2007〕15号)收悉。经研究,现批复如下:

已取得《医师资格证书》,并具备申请执业医师注册条件的医师,非本人原因导致未获得《医师执业证书》前,在其受聘的医疗预防保健机构和工作时间内的执业活动不属于非法行医。

法律法规

1.《中华人民共和国执业医师法》(1999年5月1日)(节录)

第十四条 医师经注册后,可以在医疗、预防、保健机构中按照注册的执业地点、执业类别、执业范围执业,从事相应的医疗、预防、保健业务。

未经医师注册取得执业证书,不得从事医师执业活动。

第三十九条 未经批准擅自开办医疗机构行医或者非医师行医的……构成犯罪的,依法追究刑事责任。

2.《乡村医生从业管理条例》（2004年1月1日国务院令第386号）（节录）

第二条 本条例适用于尚未取得执业医师资格或者执业助理医师资格，经注册在村医疗卫生机构从事预防、保健和一般医疗服务的乡村医生。

村医疗卫生机构中的执业医师或者执业助理医师，依照执业医师法的规定管理，不适用本条例。

第四十一条 以不正当手段取得乡村医生执业证书的，由发证部门收缴乡村医生执业证书；造成患者人身损害的，依法承担民事赔偿责任；构成犯罪的，依法追究刑事责任。

第四十二条 未经注册在村医疗卫生机构从事医疗活动的……构成犯罪的，依法追究刑事责任。

第四十七条 寻衅滋事、阻碍乡村医生依法执业，侮辱、诽谤、威胁、殴打乡村医生，构成违反治安管理行为的，由公安机关依法予以处罚；构成犯罪的，依法追究刑事责任。

三、非法进行节育手术罪

> **184. 行为人未取得医生执业资格，6 次擅自终止妊娠手术，4 次非法摘取宫内节育器，是否属于非法进行节育手术，情节严重的行为？**
>
> 非法进行节育复通手术、假节育手术、终止妊娠手术或者摘取宫内节育器 5 人次以上的，属于非法进行节育手术，情节严重的行为，应予刑事追诉。

典型疑难案件参考

潘霜菊非法进行节育手术案

基本案情

1998 年 12 月 21 日经永春县计生局批准，蓬壶镇苏路 49 号的林玉桂领取第二胎生育证，于 1999 年 3 月的一天下午，在丈夫的陪同下来到蓬壶镇中兴街找被告人潘霜菊，要潘为其取出节育环，潘将林玉桂带到自己店内的地下室诊床，擅自为林玉桂摘取宫内节育器，并向林玉桂收取人民币 20 元。

2001 年 4 月 11 日经永春县计生局批准，蓬壶镇溪都村 8 组村民潘宝足领取第二胎生育证，于 2001 年 6 月份的一天，潘宝足来到蓬壶镇中兴街找被告人潘霜菊，要潘为其取环，潘霜菊带其到自己店内的地下室诊床，擅自为潘宝足摘取宫内节育器，并向潘宝足收取人民币 50 元。

2001 年 9 月 8 日，蓬壶镇高丽村 7 组村民林金花经 B 超检查，发现已怀孕 3 个月，蓬壶镇计生办通知其进行人流，于 2001 年 9 月 10 日，林金花在林美玲的陪同下到中兴街找被告人潘霜菊，要潘为其做流产手术，潘霜菊将林金花带到店内的地下室诊床，擅自为林金花做终止妊娠手术，并向林美玲收取人民币 300 元。

2001 年 3 月，蓬壶镇鹏溪村 8 组村民林碧玉办理第二胎生育证。怀孕后于 2001 年 12 月在其丈夫潘江淮的陪同下到泉州一家私人诊所做 B 超，当得知胎儿可能是女性，而且脚有拌着的情况，回家后潘江淮到中兴街找被告人潘霜菊，要潘为其妻终止妊娠，潘霜菊即拿两包中药给潘江淮，并收取人民币 200 元，林碧玉服下该中药后感觉腹痛，就到永春医院和县计生服务站检查，发现是死胎。

2001年6月22日，经永春县计生局批准，蓬壶镇美山村19组村民王美凤领取第二胎生育证，怀孕后其婆婆尤秀花进行封建迷信活动，认为胎儿是女性，于是在2002年3月31日上午，未经计生部门批准，在尤秀花的陪同下自行到中兴街找被告人潘霜菊，要潘为其做流产手术，潘霜菊将王美凤带到店内地下室诊床，擅自为王美凤注射利凡诺药物，进行终止妊娠，并向尤秀花收取人民币400元；等等。

综上所述，1999年3月至2002年3月，被告人潘霜菊未取得医生执业资格，在永春县蓬壶镇中兴街自家店铺的地下室里，擅自为10名妇女进行终止妊娠手术或摘取宫内节育器，违法所得人民币1440元（现赃款已由其家属上缴给法院）。

诉辩情况

检察机关指控被告人潘霜菊犯非法进行节育手术罪。

被告人潘霜菊提出：没有为林宝莲、林素桃、潘宝足、林金花、林素梅、林碧玉、尤素清做摘取节育器和终止妊娠手术，并辩称只向林宝贵收取人民币50元，而不是100元。

被告人潘霜菊的辩护人提出：起诉书指控的部分证据不够充分。被告人的行为直接社会危害性较小，没有造成就诊人员身体严重损害或死亡的后果。案发后被告人能主动到计生局交代问题并接受处理，应认定被告人自动投案；归案后认罪态度较好，并上缴非法所得，具有悔罪表现，建议法庭给予较大幅度的从轻处罚。

裁判结果

福建省永春县人民法院于2002年7月31日以〔2002〕永刑初字第152号刑事判决，认定被告人潘霜菊犯非法进行节育手术罪，判处有期徒刑2年，并处罚金人民币5000元。被告人违法所得人民币1440元，作案工具圆形环20个、三角环1个、扩宫器2支、镊子2支、吸头1个、探针2支、鸭嘴夹5个均予以没收，上缴国库。

裁判理由

法院生效裁判认为：被告人潘霜菊未取得医生执业资格，多次擅自为他人进行终止妊娠手术及摘取宫内节育器，情节严重，其行为已构成非法进行节育手术罪，检察机关指控的罪名成立，依法应予惩处。被告人潘霜菊曾因擅自进行妇科诊疗活动被行政处罚，后仍不思悔改，又犯罪，社会危害性较大，认罪态度不好，可酌情予以从重处罚。

鉴于归案后能退清全部赃款，可酌情予以从轻处罚。其辩护人提出"证据不够充分、自动投案和较大幅度从轻处罚"的辩护意见，理由不充分，不予采信。

> **185. 未取得执业医师资格和未办理医疗机构执业许可证的行为人擅自为他人摘取宫内节育器，造成他人重伤的行为，是定非法行医罪还是非法进行节育手术罪？**
>
> 　　非法进行节育手术罪与非法行医罪的相同点在于犯罪主体和犯罪主观方面一样。但是，非法行医罪侵犯的客体是国家对医疗管理制度和公民的生命健康权利，而非法进行节育手术罪则是侵犯国家对计划生育管理秩序和妇女的身体健康；在客观方面，非法进行节育手术也属于一种非法行医，但其客观方面表现是非法行医中的4个特定行为。未取得执业医师资格和未办理医疗机构执业许可证的行为人擅自为他人摘取宫内节育器，造成他人重伤的，应定非法进行节育手术罪。

典型疑难案件参考

苏秀西非法进行节育手术案

基本案情

　　2004年7月1日起，被告人苏秀西在未取得执业医师资格及未办理医疗机构执业许可证的情况下，向石狮市灵秀镇容卿社会事务管理委员会承包位于石狮市灵秀镇容卿村的容卿卫生所进行非法行医。2004年8月7日晚上，被告人苏秀西应患者叶冬香的要求，在叶未出具任何允许摘取节育环证明的情况下，擅自为叶摘取宫内节育环，造成叶冬香的子宫穿孔、肠穿孔、急性腹膜炎的严重后果。经法医鉴定，叶冬香的伤情属重伤，伤残等级为九级。案发后，被告人苏秀西赔偿被害人叶冬香医药费等经济损失共计人民币15000元。

诉辩情况

　　检察机关指控被告人苏秀西犯非法进行节育手术罪。

　　被告人苏秀西的辩护人提出：被告人苏秀西犯罪情节较轻，主观恶性较小，且具有自首情节，建议予以从轻或减轻处罚。

裁判结果

福建省石狮市人民法院于 2004 年 12 月 15 日以〔2004〕狮刑初字第 493 号刑事判决，认定被告人苏秀西犯非法进行节育手术罪，判处有期徒刑 3 年 6 个月，并处罚金人民币 4000 元。

裁判理由

法院生效裁判认为：被告人苏秀西未取得医生执业资格和医疗机构执业许可证而擅自为他人摘取宫内节育器，致一人重伤，伤残等级为九级，严重损害就诊人身体健康，其行为已构成非法进行节育手术罪。检察机关指控的罪名成立。

对于辩护人提出被告人苏秀西具有自首情节的意见。经查，被告人苏秀西是因非法进行节育手术的事实被石狮市卫生局查处后而移送公安机关审理的，其行为不属于主动、直接向司法机关投案，不符合自首构成要件。因此，辩护人的此项意见不能成立，不予采纳。鉴于被告人苏秀西在案发后能赔偿被害人的部分经济损失，且归案后认罪态度较好，有悔罪表现，可酌情给予从轻处罚。辩护人提出对被告人苏秀西从轻处罚的辩护意见予以采纳。

非法进行节育手术罪
办案依据集成

刑法条文

第三百三十六条 【非法行医罪】未取得医生执业资格的人非法行医,情节严重的,处三年以下有期徒刑、拘役或者管制,并处或者单处罚金;严重损害就诊人身体健康的,处三年以上十年以下有期徒刑,并处罚金;造成就诊人死亡的,处十年以上有期徒刑,并处罚金。

【非法进行节育手术罪】未取得医生执业资格的人擅自为他人进行节育复通手术、假节育手术、终止妊娠手术或者摘取宫内节育器,情节严重的,处三年以下有期徒刑、拘役或者管制,并处或者单处罚金;严重损害就诊人身体健康的,处三年以上十年以下有期徒刑,并处罚金;造成就诊人死亡的,处十年以上有期徒刑,并处罚金。

立案标准

最高人民检察院、公安部《关于公安机关管辖的刑事案件立案追诉标准的规定(一)》(2008年6月25日公通字〔2008〕36号)(节录)

第五十八条 [非法进行节育手术案(《刑法》第三百三十六条第二款)]未取得医生执业资格的人擅自为他人进行节育复通手术、假节育手术、终止妊娠手术或者摘取宫内节育器,涉嫌下列情形之一的,应予立案追诉:

(一)造成就诊人轻伤、重伤、死亡或者感染艾滋病、病毒性肝炎等难以治愈的疾病的;

(二)非法进行节育复通手术、假节育手术、终止妊娠手术或者摘取宫内节育器五人次以上的;

(三)致使他人超计划生育的;

(四)非法进行选择性别的终止妊娠手术的;

(五)非法获利累计五千元以上的;

(六)其他情节严重的情形。

其他办案依据

1. 最高人民法院、最高人民检察院、公安部《关于依法惩处利用摘除节育环进行违法犯罪活动的分子的联合通知》(1983年12月10日〔83〕法研字第25号)

对于利用为育龄妇女摘除节育环,进行各种违法犯罪活动的,应根据不同情况,分别依法惩处:

一、以牟利为目的,私自为育龄妇女摘除节育环,或者借摘除节育环对妇女进行调戏、侮辱的,可以参照治安管理处罚条例和国务院有关劳动教养的规定,酌情予以行政拘留、罚款，或者收容劳动教养，并没收其非法所得的财物及违法活动用具；

二、以牟利为目的，私自为育龄妇女摘除节育环，方法粗野，伤害妇女身体的，依照刑法规定的伤害罪惩处；

三、对于借摘除节育环，强行奸淫妇女的，依照刑法规定的强奸罪惩处；

四、数人合伙私自为多名育龄妇女摘除节育环，扰乱社会秩序，情节严重，妨害计划生育工作的，对首要分子依照刑法规定的扰乱社会秩序罪惩处；

五、以造谣、欺骗手段私自为育龄妇女摘除节育环，骗取大量财物的，依照刑法规定的诈骗罪惩处；

六、借摘除节育环调戏、侮辱妇女，或者进行其他流氓活动，破坏公共秩序，情节严重的，依照刑法规定的流氓罪惩处。

2. 最高人民法院、最高人民检察院《关于依法严惩破坏计划生育犯罪活动的通知》（1993年11月12日法发〔1993〕36号）（节录）

一、继续执行1983年12月10日最高人民法院、最高人民检察院、公安部《关于依法惩处利用摘除节育环进行违法犯罪活动的分子的联合通知》，对利用摘除节育环侮辱妇女、诈骗钱财构成犯罪的，私自为育龄妇女摘除节育环，不顾妇女身体健康，造成伤害构成犯罪的，以及借摘除节育环强奸妇女的，应分别依法以流氓罪、诈骗罪、故意伤害罪或者强奸罪追究刑事责任。

二、伪造或变造节育证、生育证、婴儿死亡证、病残儿鉴定证明等计划生育证明出售牟利，情节较重，构成犯罪的，依照刑法第一百六十七条（指79刑法条文。——编者注）伪造证件罪的规定追究刑事责任。

三、国家计划生育工作人员、医疗单位医务人员，利用职务上的便利，收受或者索取财物，构成犯罪，并具有下列情形之一的，依照《全国人民代表大会常务委员会关于惩治贪污罪贿赂罪的补充规定》第五条的规定从重处罚：

（一）非法批准生育指标造成超生的；

（二）非法出具计划生育证明造成超生的；

（三）为育龄妇女摘除节育器，为他人做假节育、绝育手术，或者为他人进行输卵（精）管复通手术，造成计划外怀孕、生育的；

（四）擅自为他人进行非医学需要的胎儿性别鉴定，导致胎儿引产的。

上列人员出售计划生育指标、计划生育证明数量大，危害严重的，依照刑法第一百八十七条（指79刑法条文。——编者注）玩忽职守罪的规定追究刑事责任。

四、无业人员、个体行医人员等结伙为多名育龄妇女摘除节育器，为多人做假节育、绝育手术，或者为多人进行输卵（精）管复通手术，造成计划外怀孕、生育，或者擅自为他人进行非医学需要的胎儿性别鉴定，导致多个胎儿引产，破坏计划生育工作，扰乱社会秩序情节严重的，对首要分子依照刑法第一百五十八条扰乱社会秩序罪的规定追究刑事责任。

五、以暴力、威胁方法阻碍国家计划生育工作人员依法执行职务的，依照刑法第一百五十七条妨害公务罪的规定追究刑事责任。

六、破坏计划生育违法所得和用于破坏计划生育违法活动的个人医疗器械、用具一律没收。

第六章 破坏环境资源保护罪

一、污染环境罪

186. 化工企业违反国家规定,在没有通过环保部门的环保审批和安全生产部门许可生产的情况下,非法组织生产并非法排放含砷元素严重超标的废水,污染居民饮用水源,导致大量居民砷中毒,对该行为应认定为危险物品肇事罪、重大责任事故罪还是污染环境罪?

危险物品肇事罪、重大责任事故罪和污染环境罪都是由过失构成,都可能发生重大事故。但危险物品肇事罪更强调违反危险物品的管理规定,在生产、储存、运输、使用过程中发生事故,破坏的是公共安全;重大责任事故罪在客观上则表现为在生产作业过程中,不服管理,违反规章制度,因而发生重大责任事故,造成严重后果的行为,只有自然人才能构成。污染环境罪强调违反国家规定,排放、倾倒或者处置有放射性的废物、含传染病病原体的废物、有毒物质或者其他有害物质,严重污染环境的行为,自然人与单位都能构成,侵犯的是国家对环境资源的管理活动。化工企业违反国家规定,在没有通过环保部门的环保审批和安全生产部门许可生产的情况下,非法组织生产并非法排放含砷元素严重超标的废水,污染居民饮用水源,导致大量居民砷中毒的行为严重污染了环境,构成污染环境罪。

187. 如何确定污染排放与居民金属物质中毒之间的因果关系?

对污染环境罪的因果关系的判断可采用推定原则,其中,"疫学因果关系说"是主要的判断方法,该说是指疫学上可能考

> 虑的若干因素，利用统计的方法分析各因素与疾病间关系，把联系紧密的因素作为判断因果关系的根本因素。

典型疑难案件参考

怀化金利化工有限公司等重大环境污染事故案

基本案情

辰溪县孝坪硫酸厂位于辰溪县孝坪镇，从1989年年底投产后，一直使用沅陵县境内的硫铁矿做原材料（短期用过广东省的硫铁矿做原材料）。由于连年亏损，辰溪县孝坪煤矿于2001年6月将硫酸厂承包给湖南省泸溪县隆祥化工有限责任公司（该公司法定代表人为原审被告人朱建鸿）经营。2006年10月，辰溪县孝坪煤矿为偿还银行贷款，依法将硫酸厂全部资产产权（含相关安全、环境、化工、工商、税务等部门的许可证照）作为偿还湖南纵横投资管理有限公司（该公司法定代表人为原审被告人侯周琪）的债务。因朱建鸿在承包经营硫酸厂期间添置了一批设备，于是侯周琪与朱建鸿商定，以朱建鸿添置的设备作为投资，在组建的新公司中占30%股份，同时，侯周琪又将另外30%股份以135万元现金转让给沅陵县用坪宏德铅锌矿业有限公司。2006年12月6日，侯周琪、朱建鸿与原审被告人李德玖（沅陵县用坪宏德铅锌矿业有限公司委派的代表，系该公司法定代表人粟道珍的丈夫）作为3方代表召开第一届第一次股东会议，成立怀化金利化工有限公司。侯周琪、朱建鸿、粟道珍3人各自委派2人为驻厂代表，管理日常事务，其中侯周琪委派粟卫华（任综合管理部部长）、赵岚（任会计），朱建鸿委派诸学贵（任总经理助理）、刘红专（任过磅员），沅陵县用坪宏德铅锌矿业有限公司委派李德成、李顺富（任材料会计）。股东会议之后，在没有办理营业执照、相关环保手续和安全生产许可证的情况下（该公司2007年6月15日才正式注册登记，领取营业执照，经营范围为国家政策允许范围内的非前置许可的化工产业投资和化工产品的生产和销售），于2006年12月22日以湖南省泸溪县隆祥化工有限责任公司孝坪硫酸分厂原有的生产许可证组织生产，生产的原材料采用湖南省泸溪金旭化工公司提供的铅锌矿，利用铅锌矿脱硫产酸。2007年5月，湖南省泸溪金旭化工公司停止了提供原材料铅锌矿，怀化金利化工有限公司为了继续生产，在未按规定向环保部门申报的情况下，改用沅陵县境内的硫精矿作为原材料生产硫酸。2007年7月4日，因公司前期经营出现严重亏损，3位股东派代表召开会议，决定由李德玖承包经营，但没有签订正式书面协议。2007年7月8日，李德玖开始组织生产，并委托李德成负责公司全面工作，同时，由于原来的厂长辞职，向先周实际上履行厂长的职责（没有下达书面任命书），张绪锦仍任副厂长（总工艺员），主管生产工作。2007年9月27日，公司再次召开股东会议，商议承包事宜，形成了会议纪要，决定：同意由3家股东经营改为股东之一承包经营，承包方为沅陵县用坪宏德铅锌矿业有限公司，授权法定代表人侯周琪与承包人签订相关的承包合同。3方代表均在此会议纪要上签字，因在有些具体承包事项上不能达成一致，承包合同一直没有正式签订，但公司从此时开始至2008年1月12日被责令停产期间，实际上仍由李德玖在继续承包经营。2007年11月4日，该公司的排污渠发生塌陷，当时有污水流入地下，但该公司在未修复塌陷的排污渠的情况下，仍继续生产和排污，直至同月7日才维修。2007年12月初，因沅陵县境内的原材料硫精矿供应不足，公司在没有按规定向环保部门申报的情况下改变原材料，从广西壮族自治区柳州、钦州等地购进2000多吨砷含量高的硫铁矿组织生产，在生产这批硫铁矿的过程中，公司对排放的废水没有进行化验，因公司的废水沉淀池和排污渠多处泄漏，大量含砷超标的废水渗入地下。

辰溪县板桥乡杉木溪联矿属辰溪煤矿的一个工区，长期以来，采取用水泵从杉木溪联矿的温水尾井内抽水送至附近村里的水池，村民再从水池用水管接至家中作为生活用水。2008年1月2日至1月11日，这些地点陆续有村民出现脸肿、无力、口干、呕吐等症状而入院治疗，经怀化市疾病预防控制中心于2008年1月12日环境水样监测，结果为：饮用水源（桠杉坡一号井矿）砷含量19.5mg/L，怀化金利化工有限公司排放的污水砷含量224.6mg/L，采集18名病人尿样结果显示尿砷全部增高，从而推断为急性砷中毒。2008年1月16日，经怀化市环境监测站、辰溪县环境监测站采样后检验，结论为：怀化金利化工有限公司从广西购进的硫铁矿砷含量达4.21%，2008年1月12日、13日、14日、15日，该公司总排污口排放的废水砷浓度分别为224.6mg/L、26.12mg/L、41.8mg/L、7mg/L，均严重超过《污水综合排放标准》最高允许排放浓度0.5mg/L，2008年1月17日、19日，桠杉坡1号井和杉木溪联矿的温水尾井生活饮用水含砷浓度分别为6.95mg/L、4.11mg/L，均严重超过《生活饮用水卫生标准》的限值0.01mg/L。2008年9月，辰溪县公安局聘请专家对辰溪县怀化金利化工有限公司硫酸厂废水排放与板桥乡村（居）民生活饮用水源是否有水力联系进行了鉴定，结论为：从大量实验证明本次砷中毒事故是村民饮用水源被砷元素污染所致，确认污染源是硫酸厂非法排放含砷元素严重超标的废水；由于区内断层发育，相互切割或相交，各断层破碎带之间构成了网络状连通性十分良好的地下水通道，与其他地下水联系十分密切，形成同一个统一完整的含水体；当该区地下水被污染后，如抽出地面做生活饮用水，就会引起中毒；一旦区内某处抽排地下水，周围被污染的地下水就会向该抽水点补给；充分资料说明，怀化金利化工有限公司的废水排放与发病区居民生活饮用水源有十分密切的水力联系。

案发后，侯周琪、李德玖、朱建鸿为患者治疗和事故处理共交纳费用428.6万元，其中侯周琪交纳171.6万元，李德玖交纳197万元，朱建鸿交纳60万元。

一审诉辩情况

检察机关指控被告单位怀化金利化工有限公司、被告人李德成、向先周、张绪锦、侯周琪、李德玖、朱建鸿犯重大环境污染事故罪。

一审裁判结果

湖南省辰溪县人民法院于2009年4月9日以〔2008〕辰刑初字第126号刑事判决，认定：

一、被告单位怀化金利化工有限公司犯重大环境污染事故罪，判处罚金人民币60万元；

二、被告人李德成犯重大环境污染事故罪，判处有期徒刑6年，并处罚金人民币5万元；

三、被告人向先周犯重大环境污染事故罪，判处有期徒刑3年，并处罚金人民币3万元；

四、被告人张绪锦犯重大环境污染事故罪，判处有期徒刑3年，并处罚金人民币3万元；

五、被告人侯周琪犯重大环境污染事故罪，判处有期徒刑3年，缓刑3年，并处罚金人民币5万元；

六、被告人李德玖犯重大环境污染事故罪，判处有期徒刑3年，缓刑3年，并处罚金人民币5万元；

七、被告人朱建鸿犯重大环境污染事故罪，判处有期徒刑3年，缓刑3年，并处罚金人民币5万元。

二审诉辩情况

一审宣判后，怀化金利化工有限公司、李德成、向先周、张绪锦提出上诉。

原审被告单位怀化金利化工有限公司上诉提出：原判认定其单位排放废水

导致此次砷中毒事故属认定事实错误。原判以卫生部门专家组的鉴定来认定本次中毒事件是砷中毒，没有进行医学司法鉴定，不符合法律规定。原判以辰溪县有关部门上报的损失数额来认定本次中毒事件损失为714.6万元，没有委托价格事务部门进行评估，不符合法律规定。原判以不具备鉴定资格的湖南地勘局407队专家作出的鉴定结论来认定公司的排污行为与中毒事件有因果关系，不符合法律规定。

原审被告人李德成及其辩护人提出：原判认定其在李德玖承包期间全权负责公司事务错误，其只是公司综合管理部副部长，不应当作为直接责任人员予以追究。原判量刑过重。

原审被告人向先周及其辩护人提出：原判认定其在李德玖承包期间履行厂长职务错误，其只是督察室主任兼生产安全员，从事的是为生产服务的辅助性工作，不应当作为直接责任人员予以追究。

原审被告人张绪锦及其辩护人提出：其不是公司股东，无失职行为，不应当作为直接责任人员予以追究。

二审裁判结果

湖南省怀化市中级人民法院于2009年8月17日以同样的事实作出〔2009〕怀中刑二终字第48号刑事判决：

一、维持湖南省辰溪县人民法院〔2008〕辰刑初字第126号刑事判决第一、三、四、五、六、七项和对上诉人李德成的定罪部分，撤销对上诉人李德成的量刑部分；

二、上诉人李德成犯重大环境污染事故罪，判处有期徒刑4年，并处罚金人民币5万元。

二审裁判理由

法院生效裁判认为：上诉人怀化金利化工有限公司违反国家规定，在没有通过环保部门的环保审批和安全生产部门许可生产的情况下，非法组织生产并非法排放含砷元素严重超标的废水，污染居民饮用水源，造成重大环境污染事故，致使90人中毒，经济损失714.6万元，后果特别严重，其行为构成重大环境污染事故罪。原审被告人侯周琪、朱建鸿分别系该公司的董事长（法定代表人）和董事，属直接负责的主管人员，原审被告人李德玖系2007年7月至2008年1月期间公司的实际承包者，上诉人李德成在李德玖承包期间负责公司全面工作，二人均系直接负责的主管人员，其行为均构成重大环境污染事故罪。上诉人向先周、张绪锦系在李德成承包期间公司的主要管理者，属直接责任人员，其行为均构成重大环境污染事故罪。

对于上诉人怀化金利化工有限公司提出原判认定其排放废水导致此次砷中毒事故属认定事实错误的上诉理由。经查，公司3位股东委派驻公司的代表粟卫华、赵岚、李顺富、诸学贵、刘红专等人的证言均证明，该公司的沉淀池一直有泄漏现象，在环保局检查并通知整改后，虽进行了维修但仍有泄漏现象，在李德玖承包经营后，公司改变原材料，从广西购进硫铁矿进行生产，生产时没有对污水进行检测，常有污水直接渗入地下；辰溪县公安局聘请的专家组作出的《辰溪县怀化金利化工有限公司硫酸厂废水排放与板桥乡村（居民）生活饮用水源是否有水力联系鉴定报告》的鉴定结论证明此次砷中毒事故是村民饮用水源被砷元素污染所致，确认污染源是硫酸厂非法排放含砷元素严重超标的废水，该公司的废水排放与发病区居民生活饮用水源有十分密切的水力联系；怀化市环境监测站检测该公司总排污口排放废水的砷浓度均严重超过国家污水综合排放标准，因此，原判认定该公司非法生产和排污导致此次砷中毒事故的证据确实、充分，上诉人的该上诉理由不能成立，不予采纳。

对于其还提出原判以卫生部门的诊断结论认定为砷中毒，没有进行医学司法鉴定，以有关部门上报的损失数额认定中毒事件造成的损失数额，没有委托价格事务部门进行评估以及以不具备鉴定资格的湖南地勘局407队等专家作出的鉴定结论认定该公司的排污行为与中毒事件有因果关系，均不符合法律规定的上诉理由。经查，辰溪县公安局为了查明案情，聘请有专门知识的怀化市煤炭局煤田地质高级工程师戴跃，湖南省地勘局407队水、工环高级工程师刘泽献，辰溪煤矿水文、水资源高级工程师滕树孟进行鉴定，由此而作出的《辰溪县怀化金利化工有限公司硫酸厂废水排放与板桥乡村（居）民生活饮用水源是否有水力联系鉴定报告》，程序合法，且该鉴定结论已经原审庭审举证、质证并查证属实，应当作为定案的依据；辰溪县人民政府采购监督管理办公室本着实事求是的原则，将此次中毒事故中被害人的救治费用、改水引水费用及环保治理费用进行统计后，经原审法庭举证、质证并查证属实，可以作为定案的依据；怀化市卫生局、辰溪县人民政府、辰溪县卫生局组织怀化市第一人民医院主任医师张怡秋、辰溪县人民医院副主任医师唐烨晖、刘克旺等专家本着科学、认真、负责、严谨的态度，按照卫生部发布的《地方砷中毒诊断标准》和省市县三级共同制定的《急性（亚急性）砷中毒救治指导意见》，对住院治疗的186份住院病例进行分类讨论后，作出《辰溪砷中毒住院病人诊断结论》，确诊90人为砷中毒，这份诊断结论虽然不是医学司法鉴定，但该诊断结论客观真实，与本案其他证据没有矛盾，已经原审庭审举证、质证并查证属实，可以作为定案的依据，故该上诉人的上诉理由不能成立，不予采纳。

对于李德成提出的原判认定其在李德玖承包期间全权负责公司事务错误，其只是公司综合管理部副部长，不应当作为直接责任人员追究刑事责任以及量刑太重的上诉理由和辩护人的辩护意见。经查，证人杨云德、杨胜富等11人的证言及李德玖的供述均证明李德成在2007年7月至中毒事故发生期间，负责公司全面工作，应当认定为直接负责的主管人员，原判认定为直接责任人员不妥，应予以纠正，但综观全案，原判对其量刑偏重，上诉人李德成提出量刑偏重的上诉理由和辩护人的辩护意见，予以采纳。

对于向先周提出的原判认定其在李德玖承包期间履行厂长职务错误，其只是督察室主任兼生产安全员，从事的是为生产服务的辅助性工作以及张绪锦提出的其不是公司股东，无失职行为，均不应当作为直接责任人员追究刑事责任的上诉理由和该二上诉人的辩护人提出的相同的辩护意见。经查，大量的证人证言及该二上诉人的供述均证明在李德玖承包期间，向先周实际履行厂长职责，张绪锦任副厂长（总工艺员），负责生产工作，原判认定均为直接责任人员正确，原判对该二上诉人量刑适当，该二上诉人提出的上诉理由和辩护人的辩护意见均不能成立，不予采纳。

综上所述，原判认定的主要事实清楚，证据确实、充分，定罪准确，对上诉人怀化金利化工有限公司、向先周、张绪锦和原审被告人侯周琪、李德玖、朱建鸿的量刑适当。故法院依法作出如上裁判。

污染环境罪办案依据集成

刑法条文

第三百三十八条 【污染环境罪】违反国家规定,排放、倾倒或者处置有放射性的废物、含传染病病原体的废物、有毒物质或者其他有害物质,严重污染环境的,处三年以下有期徒刑或者拘役,并处或者单处罚金;后果特别严重的,处三年以上七年以下有期徒刑,并处罚金。

立案标准

1. 最高人民法院《关于审理环境污染刑事案件具体应用法律若干问题的解释》(2006年7月28日法释〔2006〕4号)

为依法惩治有关环境污染犯罪行为,根据刑法有关规定,现就审理这类刑事案件具体应用法律的若干问题解释如下:

第一条 具有下列情形之一的,属于刑法第三百三十八条、第三百三十九条和第四百零八条规定的"公私财产遭受重大损失":

(一) 致使公私财产损失三十万元以上的;

(二) 致使基本农田、防护林地、特种用途林地五亩以上,其他农用地十亩以上,其他土地二十亩以上基本功能丧失或者遭受永久性破坏的;

(三) 致使森林或者其他林木死亡五十立方米以上,或者幼树死亡二千五百株以上的。

第二条 具有下列情形之一的,属于刑法第三百三十八条、第三百三十九条和第四百零八条规定的"人身伤亡的严重后果"或者"严重危害人体健康":

(一) 致使一人以上死亡、三人以上重伤、十人以上轻伤,或者一人以上重伤并且五人以上轻伤的;

(二) 致使传染病发生、流行或者人员中毒达到《国家突发公共卫生事件应急预案》中突发公共卫生事件分级Ⅲ级情形,严重危害人体健康的;〔根据《国家突发公共卫生事件应急预案》的规定,突发公共卫生事件分级Ⅲ级中传染病发生、流行或者人员中毒的情形包括:(1) 发生肺鼠疫、肺炭疽病例,一个平均潜伏期内病例数未超过5例,流行范围在一个县(市)行政区域以内;(2) 腺鼠疫发生流行,在一个县(市)行政区域内,一个平均潜伏期内连续发病10例以上,或波及2个以上县(市);(3) 霍乱在一个县(市)行政区域内发生,1周内发病10—29例,或波及2个以上县(市),或市(地)级以上城市的市区首次发生;(4) 一次食物中毒人数超过100人;(5) 一次发生急性职业中毒10—49人。突发公共卫生事件分级Ⅱ级中传染病发生、流行的情形包括:(1) 在一个县(市)行政区域内,一个平均潜伏期内(6天)发生5例以上肺鼠疫、肺炭疽病例,或者相关疫情波及2个以上的县(市);(2) 发生传染性非典型肺炎、人感染高致病性禽流感疑似病例;

（3）腺鼠疫发生流行，在一个市（地）行政区域内，一个平均潜伏期内连续发病20例以上，或流行范围波及2个以上市（地）；（4）霍乱在一个市（地）行政区域内发生，1周内发病30例以上，或波及2个以上市（地），有扩散趋势。突发公共卫生事件分级Ⅰ级中传染病发生、流行的情形包括：（1）肺鼠疫、肺炭疽在大、中城市发生并有扩散趋势，或者肺鼠疫、肺炭疽疫情波及2个以上的省份，并有进一步扩散趋势；（2）发生传染性非典型肺炎、人感染高致病性禽流感病例，并有扩散趋势。——编者注]

（三）其他致使"人身伤亡的严重后果"或者"严重危害人体健康"的情形。

第三条 具有下列情形之一的，属于刑法第三百三十八条、第三百三十九条规定的"后果特别严重"：

（一）致使公私财产损失一百万元以上的；

（二）致使水源污染、人员疏散转移达到《国家突发环境事件应急预案》中突发环境事件分级Ⅱ级以上情形的；[根据《国家突发环境事件应急预案》的规定，突发环境事件分级Ⅱ级中水源污染、人员疏散转移的情形包括：（1）因环境污染造成重要河流、湖泊、水库及沿海水域大面积污染，或县级以上城镇水源地取水中断；（2）因环境污染致使当地经济、社会活动受到较大影响，疏散转移群众1万人以上、5万人以下的。突发环境事件分级Ⅰ级中水源污染、人员疏散转移的情形包括：（1）因环境污染造成重要城市主要水源地取水中断；（2）因环境事件需疏散转移群众5万人以上的。——编者注]

（三）致使基本农田、防护林地、特种用途林地十五亩以上，其他农用地三十亩以上，其他土地六十亩以上基本功能丧失或者遭受永久性破坏的；

（四）致使森林或者其他林木死亡一百五十立方米以上，或者幼树死亡七千五百株以上的；

（五）致使三人以上死亡、十人以上重伤、三十人以上轻伤，或者三人以上重伤并十人以上轻伤的；

（六）致使传染病发生、流行达到《国家突发公共卫生事件应急预案》中突发公共卫生事件分级Ⅱ级以上情形的；

（七）其他后果特别严重的情形。

第四条 本解释所称"公私财产损失"，包括污染环境行为直接造成的财产毁损、减少的实际价值，为防止污染扩大以及消除污染而采取的必要的、合理的措施而发生的费用。

第五条 单位犯刑法第三百三十八条、第三百三十九条规定之罪的，定罪量刑标准依照刑法和本解释的有关规定执行。

2. 最高人民检察院、公安部《关于公安机关管辖的刑事案件立案追诉标准的规定（一）》（2008年6月25日公通字〔2008〕36号）（节录）

第六十条 [重大环境污染事故案（《刑法》第三百三十八条）] 违反国家规定，向土地、水体、大气排放、倾倒或者处置有放射性的废物、含传染病病原体的废物、有毒物质或者其他危险废物，造成重大环境污染事故，涉嫌下列情形之一的，应予立案追诉：

（一）致使公私财产损失三十万元以上的；

（二）致使基本农田、防护林地、特种用途林地五亩以上，其他农用地十亩以上，其他土地二十亩以上基本功能丧失或者遭受永久性破坏的；

（三）致使森林或者其他林木死亡五十立方米以上，或者幼树死亡二千五百株以上的；

（四）致使一人以上死亡、三人以上重伤、十人以上轻伤，或者一人以上重伤并且五人以上轻伤的；

（五）致使传染病发生、流行或者人员中毒达到《国家突发公共卫生事件应急预案》中突发公共卫生事件分级Ⅲ级以上情形，严重危害人体健康的；

（六）其他致使公私财产遭受重大损失或者人身伤亡的严重后果的情形。

本条和本规定第六十二条规定的"公私财产损失"，包括污染环境行为直接造成的财产损毁、减少的实际价值，为防止污染扩大以及消除污染而采取的必要的、合理的措施而发生的费用。

第一百条　本规定中的立案追诉标准，除法律、司法解释另有规定的以外，适用于相关的单位犯罪。

司法解释

最高人民法院、最高人民检察院《关于办理妨害预防、控制突发传染病疫情等灾害的刑事案件具体应用法律若干问题的解释》（2003年5月15日法释〔2003〕8号）（节录）

第十三条　违反传染病防治法等国家有关规定，向土地、水体、大气排放、倾倒或者处置含传染病病原体的废物、有毒物质或者其他危险废物，造成突发传染病传播等重大环境污染事故，致使公私财产遭受重大损失或者人身伤亡的严重后果的，依照刑法第三百三十八条的规定，以重大环境污染事故罪定罪处罚。

法律法规

1.《中华人民共和国海洋环境保护法（1999年修正）》（1982年3月1日）（节录）

第九十一条　对违反本法规定，造成海洋环境污染事故的单位，由依照本法规定行使海洋环境监督管理权的部门根据所造成的危害和损失处以罚款；负有直接责任的主管人员和其他直接责任人员属于国家工作人员的，依法给予行政处分。

前款规定的罚款数额按照直接损失的百分之三十计算，但最高不得超过三十万元。

对造成重大海洋环境污染事故，致使公私财产遭受重大损失或者人身伤亡严重后果的，依法追究刑事责任。

第九十二条　完全属于下列情形之一，经过及时采取合理措施，仍然不能避免对海洋环境造成污染损害的，造成污染损害的有关责任者免予承担责任：

（一）战争；

（二）不可抗拒的自然灾害；

（三）负责灯塔或者其他助航设备的主管部门，在执行职责时的疏忽，或者其他过失行为。

2.《中华人民共和国水污染防治法（2008年修订）》（1984年11月1日）（节录）

第二十九条　禁止向水体排放油类、酸液、碱液或者剧毒废液。

禁止在水体清洗装贮过油类或者有毒污染物的车辆和容器。

第三十条　禁止向水体排放、倾倒放射性固体废物或者含有高放射性和中放射性物质的废水。

向水体排放含低放射性物质的废水，应当符合国家有关放射性污染防治的规定和标准。

第三十一条　向水体排放含热废水，应当采取措施，保证水体的水温符合水环境质量标准。

第三十二条　含病原体的污水应当经过消毒处理；符合国家有关标准后，方可排放。

第三十三条　禁止向水体排放、倾倒工业废渣、城镇垃圾和其他废弃物。

禁止将含有汞、镉、砷、铬、铅、氰化物、黄磷等的可溶性剧毒废渣向水体排放、倾倒或者直接埋入地下。

存放可溶性剧毒废渣的场所，应当采取防水、防渗漏、防流失的措施。

第三十四条　禁止在江河、湖泊、运河、渠道、水库最高水位线以下的滩地和岸坡堆放、存贮固体废弃物和其他污染物。

第三十五条　禁止利用渗井、渗坑、裂隙和溶洞排放、倾倒含有毒污染物的废水、含病原体的污水和其他废弃物。

第三十六条　禁止利用无防渗漏措施的沟渠、坑塘等输送或者存贮含有毒污染物的废水、含病原体的污水和其他废弃物。

第三十七条　多层地下水的含水层水质差异大的，应当分层开采；对已受污染的潜水和承压水，不得混合开采。

第三十八条　兴建地下工程设施或者进行地下勘探、采矿等活动，应当采取防护性措施，防止地下水污染。

第三十九条　人工回灌补给地下水，不得恶化地下水质。

第九十条　违反本法规定，构成违反治安管理行为的，依法给予治安管理处罚；构成犯罪的，依法追究刑事责任。

第九十一条　本法中下列用语的含义：

（一）水污染，是指水体因某种物质的介入，而导致其化学、物理、生物或者放射性等方面特性的改变，从而影响水的有效利用，危害人体健康或者破坏生态环境，造成水质恶化的现象。

3.《中华人民共和国大气污染防治法（2000年修正）》（1988年6月1日）（节录）

第六十一条　对违反本法规定，造成大气污染事故的企业事业单位……造成重大大气污染事故，导致公私财产重大损失或者人身伤亡的严重后果，构成犯罪的，依法追究刑事责任。

4. 《中华人民共和国传染病防治法（2004年修正）》（1989年9月1日）（节录）

第七十三条 违反本法规定，有下列情形之一，导致或者可能导致传染病传播、流行的……构成犯罪的，依法追究刑事责任：

（一）饮用水供水单位供应的饮用水不符合国家卫生标准和卫生规范的；

（二）涉及饮用水卫生安全的产品不符合国家卫生标准和卫生规范的；

（三）用于传染病防治的消毒产品不符合国家卫生标准和卫生规范的；

（四）出售、运输疫区中被传染病病原体污染或者可能被传染病病原体污染的物品，未进行消毒处理的；

（五）生物制品生产单位生产的血液制品不符合国家质量标准的。

5. 《中华人民共和国环境保护法》（1989年12月26日）（节录）

第二条 本法所称环境，是指影响人类生存和发展的各种天然的和经过人工改造的自然因素的总体，包括大气、水、海洋、土地、矿藏、森林、草原、野生生物、自然遗迹、人文遗迹、自然保护区、风景名胜区、城市和乡村等。

第四十三条 违反本法规定，造成重大环境污染事故，导致公私财产重大损失或者人身伤亡的严重后果的，对直接责任人员依法追究刑事责任。

6. 《中华人民共和国固体废物污染环境防治法（2004年修正）》（1996年4月1日）（节录）

第八十三条 违反本法规定，收集、贮存、利用、处置危险废物，造成重大环境污染事故，构成犯罪的，依法追究刑事责任。

第八十八条 本法下列用语的含义：

（四）危险废物，是指列入国家危险废物名录或者根据国家规定的危险废物鉴别标准和鉴别方法认定的具有危险特性的固体废物。

（六）处置，是指将固体废物焚烧和用其他改变固体废物的物理、化学、生物特性的方法，达到减少已产生的固体废物数量、缩小固体废物体积、减少或者消除其危险成分的活动，或者将固体废物最终置于符合环境保护规定要求的填埋场的活动。

7. 《使用有毒物品作业场所劳动保护条例》（2002年5月12日国务院令第352号）（节录）

第六十五条 从事使用有毒物品作业的用人单位违反本条例的规定，在转产、停产、停业或者解散、破产时未采取有效措施，妥善处理留存或者残留高毒物品的设备、包装物和容器的，由卫生行政部门责令改正，处2万元以上10万元以下的罚款；触犯刑律的，对负有责任的主管人员和其他直接责任人员依照刑法关于重大环境污染事故罪、危险物品肇事罪或者其他罪的规定，依法追究刑事责任。

8. 《中华人民共和国放射性污染防治法》（2003年10月1日）（节录）

第五十二条 违反本法规定，未经许可或者批准，核设施营运单位擅自进行核设施的建造、装料、运行、退役等活动的……构成犯罪的，依法追究刑事责任。

第五十三条 违反本法规定，生产、销售、使用、转让、进口、贮存放射性同位素和射线装置以及装备有放射性同位素的仪表的……构成犯罪的，依法追究刑事责任。

第五十四条 违反本法规定，有下列行为之一的，由县级以上人民政府环境保护行政主管部门责令停止违法行为，限期改正，处以罚款；构成犯罪的，依法追究刑事责任：

（一）未建造尾矿库或者不按照放射性污染防治的要求建造尾矿库，贮存、处置铀（钍）矿和伴生放射性矿的尾矿的；

（二）向环境排放不得排放的放射性废气、废液的；

（三）不按照规定的方式排放放射性废液，利用渗井、渗坑、天然裂隙、溶洞或者国家禁止的其他方式排放放射性废液的；

（四）不按照规定处理或者贮存不得向环境排放的放射性废液的；

（五）将放射性固体废物提供或者委托给无许可证的单位贮存和处置的。

有前款第（一）项、第（二）项、第（三）项、第（五）项行为之一的，处十万元以上二十万元以下罚款；有前款第（四）项行为的，处一万元以上十万元以下罚款。

二、非法收购、运输、出售珍贵、濒危野生动物、珍贵、濒危野生动物制品罪

> **188.** 非法收购珍贵、濒危野生动物制品的，应如何认定犯罪数额，是否应以行为人的收购价为依据？
>
> 非法收购珍贵、濒危野生动物制品的，其犯罪数额应以受司法机关委托的专门机构，依照法律、法规规定作出的鉴定结论为依据，而不是以行为人的收购价为依据。

典型疑难案件参考

钟玉庭非法收购、运输珍贵、濒危野生动物制品案

基本案情

2001年年初，被告人钟玉庭经居住在格尔木市江源路的汪银魁介绍，认识了一名叫扎西的商人。同年4月某日，被告人钟玉庭与扎西联系后，雇佣湟中县鲁沙尔镇王建章的汽车到西宁一骨胶厂，以每个藏羚羊头110元、每对藏羚羊角47元的价格，从扎西手中收购59只藏羚羊头和118对藏羚羊角。2001年4月27日，湟中县公安局干警从钟玉庭家中查获上述赃物。

一审诉辩情况

检察机关指控称：59只藏羚羊头和118对藏羚羊角，经青海省林业局野生动物和自然保护区管理处估价：赃物价值88.5万元。经青海省发展计划委员会价格认证中心价格鉴定结论为：（1）原青计价认证字〔2001〕195号价格鉴定结论书作废；（2）价格鉴定标的重新鉴定结论总价值为人民币88.5万元。检察机关认为：被告人钟玉庭非法收购、运输国家重点保护的珍贵、濒危野生动物制品，价值88.5万元，情节特别严重，其行为已构成非法收购、运输珍贵、濒危野生动物制品罪，应予严惩。

被告人钟玉庭提出：青海省发展计划委员会价格认证中心所作的估价鉴定结论认定的价格太高。

被告人钟玉庭的辩护人提出：青海省林业局野生动物和自然保护区管理处、青海省发展计划委员会价格认证中心的价格鉴定结论与客观事实不符，把野生动物产品当做野生动物进行了价格鉴定，故鉴定结论不能作为定案的证据。

一审裁判结果

青海省湟中县人民法院于 2001 年 12 月 18 日以〔2001〕湟刑初字第 137 号刑事判决，认定被告人钟玉庭犯有非法收购、运输珍贵、濒危野生动物制品罪，判处有期徒刑 13 年。并处罚金人民币 20000 元，剥夺政治权利 3 年。

一审裁判理由

一审法院认为：被告人钟玉庭无视国法，非法收购、运输国家重点保护的珍贵、濒危野生动物制品，价值为 88.5 万元，情节特别严重，其行为严重侵犯了国家对珍贵、濒危野生动物的保护、管理活动，触犯刑律，构成非法收购、运输珍贵、濒危野生动物制品罪。检察机关指控的犯罪事实清楚，罪名成立，本院予以支持。青海省林业局野生动植物和自然保护区管理处、青海省发展计划委员会价格认证中心的鉴定结论合法有据，予以采纳。故辩护人关于估价鉴定结论与客观事实不符的观点不能成立。

二审诉辩情况

一审宣判后，被告人钟玉庭提出上诉。

上诉人钟玉庭及其辩护人提出，原判决认定价值过高，量刑过重。

二审裁判结果

青海省西宁市中级人民法院于 2002 年 1 月 21 日作出〔2002〕宁刑终字第 28 号刑事裁定，驳回上诉，维持原判。

二审裁判理由

二审法院认为：原判认定藏羚羊头、角总价值 88.5 万元，系青海省发展计划委员会价格认证中心受司法机关的委托，依照法律、法规规定而作出的鉴定结论，此鉴定结论合法、有效，故上诉人称价值过高的理由不能成立。故法院依法作出如上裁判。

189. 东北虎病死后的虎肉是否属于非法收购、运输、出售珍贵、濒危野生动物制品罪中的"野生动物制品"？

珍贵、濒危野生动物制品，是指通过对珍贵、濒危野生动物的活体或者死体进行加工后所形成的物品，包括毛皮、骨骼、肌体、脏器、体液、标本等成品或者半成品，虎肉属于"野生动物制品"。

190. 行为人将死去的东北虎擅自开膛剥皮四处兜售的行为，是否构成犯罪？

珍贵野生动物的死体及其产品的处理，应由省一级人民政府林业行政主管部门审批，并报林业局备案。擅自处理珍贵野生动物死体并兜售的行为，构成非法出售珍贵、濒危野生动物制品罪。

191. 非法收购、运输东北虎，在该东北虎死后擅自出售虎肉的行为该如何定罪处罚？

非法收购、运输东北虎，在该东北虎死后擅自出售虎肉的行为构成非法收购、运输、出售珍贵、濒危野生动物、珍贵、濒危野生动物制品罪。

192. 认定珍贵、濒危野生动物制品的价值时，是以核定价值为准，还是以实际交易价格为准？

珍贵、濒危野生动物制品的价值应按国家规定的核定价值认定。

典型疑难案件参考

严叶成、周建伟等非法收购、运输、出售珍贵、濒危野生动物、珍贵、濒危野生动物制品案

▶ **基本案情**

2000年4月，被告人周建伟在浙江省温州市将其非法驯养的一只东北虎以8.5万元的价格出售给被告人严叶成。严叶成使用被告人周建强以黑龙江北方大型驯兽马戏团的东北虎驯养证骗取的野生动物保护主管部门出具的《陆

生野生动物及其产品出省运输证明》，将该东北虎从浙江省温州市运抵福建省泉州市。2000年11月，该东北虎因病死亡，严叶成将虎皮、虎爪用酒精等物进行处理后，将虎骨和虎肉放入冰箱，存放于其在江苏省淮安市的家中。2001年11月，严叶成与被告人史建强通过电话联系，欲将虎肉以2.1万元的价格出售给浙江省宁波某饭店。因公安机关事前得到举报，该虎肉交易未实现。

2001年12月3日，被告人严叶成向公安机关投案自首。经核定，该东北虎虎肉（含虎骨）价值人民币48万元。

▶一审诉辩情况

检察机关指控：被告人严叶成犯非法收购、运输、出售珍贵、濒危野生动物、珍贵濒危野生动物制品罪，被告人周建伟犯非法出售珍贵、濒危野生动物罪，被告人周建强犯非法运输珍贵、濒危野生动物罪，被告人史建强犯非法出售珍贵、濒危野生动物制品罪（未遂）。

被告人严叶成的辩护人提出：虎肉未经加工就不属于制品，故指控严叶成的行为同时符合非法运输、出售珍贵、濒危野生动物制品罪，证据不足。本案涉及的虎肉价值应按实际价值认定。最高人民法院发布的司法解释是在被告人严叶成收购东北虎之后，按照从旧兼从轻原则，不应按照司法解释的规定量刑。虎肉价值的评估，应由最高人民法院规定的评估机构进行评估，不能由指定机构按计算方式代替价格评估。严叶成向警方提供主要线索，使同案被告人周建伟、周建强得以归案，又鉴于本案是全省乃至全国都有较大影响的案件，应认定严叶成有重大立功表现，要求对严叶成减轻处罚并适用缓刑。

被告人周建伟的辩护人提出：被告人周建伟出售东北虎是为了有一个好的生活条件，并非为了获取暴利，属间接故意犯罪。周建伟认罪态度较好，要求对周建伟从轻处罚。

被告人周建强的辩护人提出：周建强仅实施了为他人提供虚假的东北虎运输证并从中牟利的行为，应按照《刑法》第280条第1款的规定，以伪造、变造、买卖国家机关公文、证件罪定罪处罚，而不构成非法运输珍贵、濒危野生动物罪。周建强系偶犯，且认罪态度较好，要求从轻或者减轻处罚。

被告人史建强的辩护人提出：虎肉的价值应按照真实的市场交易价格认定，不应按原林业部规定的标准认定。史建强系初犯、偶犯，又是未遂、从犯，认罪态度好，要求从轻处罚。

▶一审裁判结果

浙江省慈溪市人民法院于2002年4月5日作出刑事判决，被告人严叶成犯非法收购、运输、出售珍贵、濒危野生动物、珍贵、濒危野生动物制品罪，判处有期徒刑9年，并处罚金人民币1万元；被告人周建伟犯非法出售珍贵、濒危野生动物罪，判处有期徒刑10年，并处罚金人民币8千元；被告人周建强犯非法运输珍贵、濒危野生动物罪，判处有期徒刑6年，并处罚金人民币6千元；被告人史建强犯非法出售珍贵、濒危野生动物制品罪（未遂），判处有期徒刑5年，并处罚金人民币5千元。

二审诉辩情况

一审宣判后，严叶成、周建伟、周建强、史建强均提起上诉。

严叶成上诉称：其购买东北虎是为了表演，所出售的也是病死之虎。

严叶成及其辩护人提出：案发后，公安机关根据其提供的线索将同案犯抓获，有重大立功表现。因此，原判量刑过重。

严叶成的辩护人及史建强的辩护人均提出：珍贵、濒危野生动物制品应是指经过对野生动物的肉、皮、毛、骨等加工后制成的标本、工艺品、收藏品等，严叶成所出售的虎肉并非是经加工后的制成品，原判对制品的解释具有随意性和片面性，上诉人严叶成的行为不构成非法运输、出售珍贵、濒危野生动物制品罪。浙江省林业局关于本案虎肉价值的鉴定不具有法律效力。要求对上诉人严叶成减轻处罚。

严叶成的辩护人提出：严叶成非法收购东北虎的行为发生在最高人民法院《关于审理破坏野生动物资源刑事案件具体应用法律若干问题的解释》（以下简称《解释》）之前，因此，应当依照该司法解释施行之前的有关处罚规定对上诉人严叶成予以处罚。

周建伟上诉称：本案的东北虎不是野生动物，而是人工驯养的动物。其受北方大型驯兽马戏团的指派购买和出售东北虎，不应由其个人承担刑事责任；其出售东北虎的行为不属于情节特别严重。要求对其减轻处罚。

周建伟的辩护人提出：周建伟以北方大型驯兽马戏团的名义购买和出售东北虎，系合法行为。原判认定周建伟犯罪情节特别严重，依据不足，且在出售东北虎的过程中起次要作用，系从犯，故原判量刑过重，要求二审法院对周建伟减轻处罚。

周建强上诉称：其所办理的野生动物运输证是合法的，目的是将涉案的东北虎安全运抵目的地，原判对其定罪处罚不当。

周建强的辩护人提出：周建强骗领东北虎的运输证明，非法提供给他人，并从中牟利，根据《解释》第9条第1款的规定，应以买卖国家机关证件罪定罪处罚。

史建强上诉称：原判量刑过重。

史建强的辩护人提出：要求撤销原判，宣告上诉人史建强无罪。

▶ 二审裁判结果 ◀

宁波市中级人民法院于2002年6月21日作出刑事裁定，驳回上诉，维持原判。

▶ 二审裁判理由 ◀

法院生效裁判认为：被告人严叶成、周建伟、周建强、史建强违反野生动物保护法规，非法出售、收购、运输国家一级重点野生保护动物东北虎或者其制品，其行为均已触犯《刑法》第341条第1款的规定。其中，被告人严叶成的行为构成非法收购、运输、出售珍贵、濒危野生动物、珍贵、濒危野生动物制品罪，被告人周建伟的行为构成非法出售珍贵、濒危野生动物罪，被告人史建强的行为构成非法出售珍贵、濒危野生动物制品罪（未遂），被告人周建强的行为构成非法运输珍贵、濒危野生动物罪。各被告人的行为均属情节特别严重。被告人严叶成在共同犯罪中起主要作用，系主犯，依法应按照其参与的全部犯罪处罚，但其非法出售珍贵、濒危野生动物制品的该部分犯罪系未遂，且有自首情节，可依法减轻处罚；被告人史建强、周建强分别在非法出售珍贵、濒危野生动物制品和非法运输珍贵、濒危野生动物的共同犯罪中起次要作用，系从犯，且被告人史建强又系犯罪未遂，依法均可减轻处罚。故法院依法作出如上裁判。

193. 构成非法猎捕珍贵、濒危野生动物罪是否须明知该动物的具体种类和保护级别？

构成非法猎捕珍贵、濒危野生动物罪只需要行为人认识到所猎捕的是珍贵、濒危野生动物即可，不需要明知该动物的具体种类和保护级别。

▶ 典型疑难案件参考 ◀

自有兴等非法捕杀珍贵、濒危野生动物案

▶ 基本案情 ◀

1998年4月的一天，被告人自有兴私自用火药枪到云南省思茅市翠云乡炮掌山村公所独水井村大洛塘山上将一只国家一级重点保护的野生动物近成年豹打死，将豹皮、豹骨制成了一个完整的豹皮和一架完整的豹骨，后拿到被告人自有良家藏着，并叫自有良联系买主卖掉。

2001年8月下旬，被告人吴嘉良在思茅港遇到自有良，自有良告诉吴嘉良他手上有豹骨、豹皮。同月，吴嘉良到自有兴家联系购买豹皮、豹骨，自有兴与吴嘉良到自有良家，自有兴、自有良将豹皮、豹骨以2200元的价格非法出售给吴嘉良。自有兴分给自有良600元钱，自己得1600元。吴嘉良把豹骨、豹皮装在一个旅行箱内非法运到昆明。到昆明后吴将豹皮、豹骨藏在其朋友黄国平住处，吴嘉良后经李勤刚（在逃）介绍认识被告人侯正明，同年10月中旬的一天，吴嘉良拿着豹皮、豹骨到云南民族民间医药研究会办公室给侯正明看，侯当时答应出价5万元购买，但无钱交款，豹皮、豹骨仍由吴嘉良拿走放回原处，事后侯正明托人联系出售。同年11月1日，有人与侯正明联系说愿出价6万元钱购买豹皮、豹骨，侯即通过电话与吴嘉良联系，吴嘉良拿着豹骨到了约定地点，这时公安民警将被告人侯正明、吴嘉良现场抓获，并扣押吴嘉良的豹皮一张、豹骨一架，被扣押的豹皮、豹骨经鉴定为大型食肉兽猫科动物的近成年豹，属国家一级重点保护动物。同年11月11日，公安民警在吴嘉良配合下抓获被告人自有兴、自有良。

诉辩情况

检察机关认为被告人自有兴、自有良、吴嘉良、侯正明的行为已构成非法猎捕、杀害、收购、运输、出售珍贵、濒危野生动物及其制品罪。

被告人自有兴的辩护人提出：起诉书对自有兴指控的罪名不准确。自有兴所使用的猎枪并非自制。自有兴没有明知是豹子而打的主观故意，故不构成非法杀害野生动物罪。自有兴不构成非法出售濒危野生动物制品罪。

被告人吴嘉良提出：其当初买豹皮、豹骨的时候不准备出售，出售是由李勤刚操作的。

被告人吴嘉良的辩护人提出：吴嘉良收购豹皮、豹骨是自用，其既无出售的目的也无出售的行为。吴嘉良在被拘留后配合公安机关抓获两名同案犯，有立功情节。吴嘉良仅用2200元将豹骨、豹皮收购，价值未达到情节严重的金额起点，并且没有获利，请法庭依法对吴嘉良从轻、减轻处罚并适用缓刑。

被告人自有良提出：其没有与吴嘉良联系过，也未参与出售豹皮、豹骨。

被告人自有良的辩护人提出：起诉书指控自有良构成非法猎捕、杀害、收购、运输、出售珍贵、濒危野生动物及其制品罪，罪名不清。起诉书指控自有良构成《刑法》第341条的罪名，事实不清，证据不足，请合议庭采纳其辩护意见,宣判自有良无罪。

被告人侯正明提出:起诉书对我的指控不符合事实,我没有出售行为。

裁判结果

云南省石林彝族自治县人民法院于 2002 年 5 月 6 日以〔2002〕石刑初字第 45 号刑事判决,认定:

一、被告人自有兴犯非法杀害珍贵、濒危野生动物罪,判处有期徒刑 11 年,并处罚金人民币 20000 元;

二、被告人吴嘉良犯非法收购、运输珍贵、濒危野生动物制品罪,判处有期徒刑 3 年,并处罚金人民币 1000 元;

三、被告人自有良犯非法出售、运输珍贵、濒危野生动物制品罪,判处有期徒刑 1 年,并处罚金人民币 5000 元;

四、被告人侯正明犯非法收购、出售珍贵、濒危野生动物制品罪,判处有期徒刑 7 个月,并处罚金人民币 5000 元。

裁判理由

法院生效裁判认为:被告人自有兴非法杀害国家一级重点保护的珍贵、濒危野生动物豹一只,非法出售珍贵、濒危野生动物制品,其行为触犯国家刑律,已构成非法杀害珍贵、濒危野生动物罪,并已达到最高人民法院《关于审理破坏野生动物资源刑事案件具体应用法律若干问题的解释》附表所列"情节特别严重"的数量认定标准,属非法杀害珍贵、濒危野生动物情节特别严重,依法应予严惩。被告人吴嘉良非法收购、运输国家重点保护的珍贵、濒危野生动物制品,其行为触犯国家刑律,已构成非法收购、运输珍贵、濒危野生动物制品罪,依法应予惩处。被告人自有良非法出售、运输国家重点保护的珍贵、濒危野生动物制品,其行为已触犯国家刑律,已构成非法出售、运输珍贵、濒危野生动物制品罪,依法应予惩处。被告人侯正明非法收购、出售国家重点保护的珍贵、濒危野生动物制品,其行为触犯国家刑律,已构成非法收购、出售珍贵、濒危野生动物制品罪,依法应予惩处。

检察机关指控被告人自有兴、吴嘉良、自有良、侯正明犯罪的基本事实清楚,证据确凿,予以采信;但笼统指控 4 被告人犯有非法猎捕、杀害、收购、运输、出售珍贵、濒危野生动物及其制品罪欠妥,应予纠正。

被告人自有兴的辩护人提出的自有兴没有明知是豹子而打的主观故意,不构成非法杀害野生动物罪的辩护意见因与本案查明的事实不符,故不予采纳。但鉴于被告人自有兴归案后认罪态度较好,有一定悔罪表现,可酌情对其从轻处罚。被告人吴嘉良在本案中具有立功表现，依法对其予以从轻处罚，但对其不宜适用缓刑，故对吴嘉良的辩护人的辩护意见予以部分采纳。

被告人自有良辩称其未参与出售豹皮、豹骨及其辩护人提出的起诉书指控的事实不清，证据不足，自有良无罪的辩护意见因与本案查明的事实不符，不予采纳；但鉴于自有良在本案的共同犯罪中系从犯，依法对其予以从轻处罚。

被告人侯正明提出其没有出售行为的辩解因与本案查明的事实不符，不予采信；但鉴于侯正明的行为属犯罪未遂，依法对其予以从轻处罚。故法院依法作出如上裁判。

194. 行为人猎捕珍贵、濒危野生动物的目的、动机是否影响非法猎捕、杀害珍贵、濒危野生动物罪的成立？

无论行为人出于何种目的、动机非法猎捕珍贵野生动物的，都构成非法猎捕、杀害珍贵、濒危野生动物罪。其目的、动机不影响犯罪的成立。

195. 明知他人借枪是为了猎杀国家保护动物而非法出借枪支，其行为构成非法猎捕珍贵、濒危野生动物罪还是非法出借枪支罪？

明知他人借枪是为了猎杀国家保护动物而非法出借枪支，其行为已构成非法猎捕珍贵、濒危野生动物罪的共犯，而不单定非法出借枪支罪。

196. 如何判断行为人获取的珍贵、濒危野生动物是否是其猎捕得来的？

珍贵、濒危野生动物呈现分布窄，种群数量稀少，濒临灭绝的特点。对行为人获取的珍贵、濒危野生动物是否是其猎捕得来的判断，要结合珍贵、濒危野生动物的情况、生长环境、状态以及相关证据予以认定。

典型疑难案件参考

李安等非法猎捕、杀害珍贵、濒危野生动物及非法持有弹药案

基本案情

2006年1月,被告人李安为打驴向被告人王国福借枪,王国福因无枪遂向被告人王青生转借。王国福从玛多县交警大队高某某处取了"八一"式冲锋枪一支(枪号为07033928),连同王青生给的半自动步枪子弹10发一并交给李安。同年1月23日,李安雇佣被告人吾羊伙同被告人英旦尖参驾驶李安提供的吉普车前往玛多县花石峡镇加果牧业社秋季草场。李安用"八一"式冲锋枪开枪猎杀西藏野驴一匹,由吾羊进行肢解,装车后运至玛多县政府家属院占某家中藏匿。次日,3被告人又前往同一地点,李安开枪猎杀西藏野驴一匹,吾羊开枪猎杀西藏野驴一匹,肢解后,在运往原地藏匿途中被群众举报而查获。车中同时查获李安非法持有的小口径步枪子弹352发,肢解用工具斧子一把,尖刀3把。李安次日逃往西宁。2006年3月3日,李安自动向公安机关投案。另查明,被告人英旦尖参2004年11月5日曾因犯故意伤害罪被判处有期徒刑8年,2004年12月9日因患有结核病被暂予监外执行。

一审诉辩情况

检察机关指控称被告人李安、吾羊、英旦尖参非法猎捕国家一级保护动物西藏野驴的行为构成非法猎捕珍贵、濒危野生动物罪;被告人王青生明知王国福借枪要猎杀西藏野驴而以驴鞭、驴腿为条件将枪支出借;被告人王国福明知李安借枪要猎杀西藏野驴而将枪支出借,二被告人的行为构成非法猎捕珍贵、濒危野生动物罪;被告人李安非法持有小口径步枪子弹352发的行为构成非法持有弹药罪。

被告人李安提出:借枪是去打狗,没有打野驴;只是捡了两匹已死的野驴。关于352发小口径子弹,是其从西宁市带到玛多县上缴的,并未非法持有,认为其行为均不构成犯罪。

被告人李安的辩护人提出:检察机关指控被告人李安犯非法猎捕珍贵、濒危野生动物罪事实不清、证据不足。没有直接证据证实李安实施了猎捕野驴的行为,且办案机关在查扣物证时程序违法。因此,应对李安依法宣告无罪。对被告人李安非法持有弹药的指控不持异议,但李安有自首情节,对非法持有的弹药有上缴意愿,应免除处罚。

被告人吾羊提出:其主观上并不想打野驴,而是因为家庭贫困,主要是为

了食用。其猎杀的是一匹已受伤、躺在地上不会动的野驴，请求从轻处罚。

被告人吾羊的辩护人提出：被告人吾羊见一匹野驴受伤倒地，从而过去补射了两枪，主观上为个人食用，犯罪行为较轻，且其系受雇，是从犯，应对其从轻、减轻处罚。

被告人英旦尖参提出：其并未参与猎杀野驴，肢解装车的野驴胴体是打的还是捡的其并不知情。其只负责驾驶车辆，不应认定其行为是犯罪。

被告人王青生提出：作为值班领导，将枪支借给王国福完全是从工作角度出发，属于配借，不是非法出借枪支。王国福将枪支借给他人是其个人意愿。配借枪支时也未以驴腿、驴鞭为条件，其行为不构成犯罪。

被告人王青生的辩护人提出：被告人王青生虽然有将枪支借配给王国福的行为，但其并未直接参与猎捕，王国福亦没有实施猎捕行为，缺乏指控罪名成立的客观方面的要件，不能构成指控罪名；王青生与李安之间没有共同猎捕野驴的主观故意，不应认定是共犯，应依法宣告被告人王青生无罪。

被告人王国福提出：李安向其借枪是事实，其向王青生转借也是事实，其所起的只是传递作用，没有从中谋取利益，其行为不应认定是犯罪。

被告人王国福的辩护人提出：被告人王国福在本案中只是出借与受借的连接点，其本身既不明知李安借枪是打野驴，又不是与王青生共同出借枪支。出借枪支的是王青生，受借枪支的是李安，且王国福有说服李安投案的情节，应宣告王国福无罪。

▶ 一审裁判结果

青海省玛多县人民法院于2006年8月31日以〔2006〕多刑初字第07号刑事判决如下：

一、被告人李安犯非法猎捕、杀害珍贵、濒危野生动物罪，判处有期徒刑6年，并处罚金5000元，犯非法持有弹药罪，判处有期徒刑1年，数罪并罚，决定执行有期徒刑6年6个月，并处罚金5000元；

二、被告人吾羊犯非法猎捕、杀害珍贵、濒危野生动物罪，判处有期徒刑5年6个月，并处罚金5000元；

三、被告人王青生犯非法猎捕、杀害珍贵、濒危野生动物罪，判处有期徒刑5年，并处罚金4000元；

四、被告人英旦尖参犯非法猎捕、杀害珍贵、濒危野生动物罪，判处有期徒刑4年，并处罚金3000元，与所犯故意伤害罪数罪并罚，决定执行有期徒刑8年，并处罚金3000元；

五、被告人王国福犯非法猎捕、杀害珍贵、濒危野生动物罪，判处有期徒

刑3年,并处罚金3000元;

六、涉案工具战旗吉普车1辆、斧子1把、尖刀3把、"八一"式冲锋枪1支、小口径步枪子弹352发、半自动步枪子弹9发予以没收。

▶一审裁判理由

一审法院认为：被告人李安、吾羊、英旦尖参无视珍贵、濒危野生动物保护法律法规的规定，故意非法猎杀国家一级保护动物西藏野驴3匹，情节严重，3被告人的行为已触犯《刑法》第341条的规定，均构成非法猎捕、杀害珍贵、濒危野生动物罪；被告人王青生违反枪支管理法律法规，以驴鞭、驴腿为条件非法出借枪支；被告人王国福明知被告人李安借枪要非法猎杀野驴而故意将所借枪支转借给他。被告人王青生、王国福非法出借枪支并造成严重后果，其行为触犯《刑法》第341条的规定，构成非法猎捕、杀害珍贵、濒危野生动物罪的共犯；被告人李安非法持有小口径非军用步枪子弹352发的行为触犯《刑法》第128条第1款的规定，构成非法持有弹药罪。被告人李安有犯意表示，并提供作案工具，客观上实施了枪杀西藏野驴2匹的犯罪行为，在共同犯罪中起主要作用，是主犯，其所犯二罪应依法予以数罪并罚，其主动投案情节应予认定，但不能成立自首。该被告人辩解352发小口径步枪子弹是其从西宁带到玛多上缴的，但纵观本案，其有充足时间予以上缴，却至案发时亦没有上缴，该辩解意见不成立，不予支持。公诉人对该被告人的指控意见与事实相符，于法有据，应予支持。被告人吾羊实施了猎杀西藏野驴一匹的行为，并将全部被非法猎杀的西藏野驴予以肢解，协助装运，在共同犯罪中起主要作用，是主犯。其辩解和辩护意见认为因其家庭生活贫困，猎杀野驴主要是供个人食用，且在共同犯罪中起次要作用，是从犯，是被告人李安雇其从事非法猎杀的意见不能成立，该被告人非法猎杀西藏野驴一匹，犯罪动机不影响犯罪构成，受雇参与并实施犯罪，其犯罪性质已由从犯转变为主犯，指控意见合理合法，应予支持。被告人英旦尖参明知被告人李安、吾羊实施的是非法猎杀西藏野驴的行为而驾驶车辆运送，在共同犯罪中起辅助作用，是从犯。其辩解对运送的动物胴体不知是西藏野驴的意见与事实不符，不予支持。该被告人在服刑期内又犯新罪，应予以数罪并罚，指控意见成立，应予支持。被告人王青生明知被告人李安借枪是出于非法目的，而提出非法条件，在条件得到允诺时利用职权将枪支出借，虽没有实现其所提条件，但其提供枪支的行为造成了严重后果，在共同犯罪中起主要作用，是主犯。其辩解与辩护意见不予采纳。起诉书指控该被告人非法出借枪支的行为为非法猎捕、杀害珍贵、濒危野生动物的行为吸收，应以非法猎捕、杀害珍贵、濒危野生动物罪进行处罚的意见符合法律规定，应予支持。被告人王国福明知被告人李安向其借枪是出于非法目的，而为其转借枪支，转告非法条件，积极参与，亲自将所借得枪支及10发半自动步枪子弹交付被告人李安非法使用并造成了严重后果，在共同犯罪中起辅助作用，是从犯。其辩解意见及辩护意见与事实不符，不予支持。但其确有悔罪表现，动员被告人李安自动投案的意见与事实相符，应予采纳，量刑时应酌情从轻，指控意见应予支持。

> 二审诉辩情况

一审宣判后，李安、吾羊、王青生、王国福提出上诉。

李安提出：涉案的野驴胴体都是在打狗途中捡得，以前在侦查阶段的供述是在司法人员恐吓和诱供的情况下形成的。证人证言与事实不符；原审判决认定我从西宁带来13发半自动子弹证据不足。对于非法持有弹药罪，其有自首情节，且有上缴非法持有的小口径子弹的愿望，由于公安局的原因未能如愿上缴。要求法院改判无罪，同时对非法持有弹药罪免除处罚。

李安的辩护人提出：玛多县农牧局在扣押物品时程序违法，没有出具扣押清单，没有对扣押物品确认清点。公安机关送检检材程序违法，1月28日所有查扣的驴肉均已焚烧，4月17日送检的3条驴鞭为案发清点遗忘物没有依据。现场刑事照片违法；原审法院在没有对枪支做痕检、没有查清野驴死亡原因的情况下，认定李安用向王青生借的枪猎杀野驴没有依据，且王青生1月24日上午已将枪收回，原审判决认定1月24日李安同吾羊各猎杀野驴一匹没有事实依据。请二审法院对李安非法猎捕宣告无罪，对非法持有弹药免除处罚。

吾羊提出：由于语言不通，其犯罪事实的供述和原审判决认定的事实有很大出入，公安机关对其刑讯逼供，致使他做了虚假供述。其没有猎杀野驴的行为，只是受雇剥狗皮，不应被认定为主犯。其受雇李安的行为触犯刑律，要求李安赔偿经济损失和精神损失费5万元。公安机关带领其勘查的现场其并不敢肯定是案发现场；其也没见李安开枪打野驴，是听他说的。

吾羊的辩护人提出：原审判决认定事实不清，证据不足，没有直接证据证明吾羊实施了猎杀野驴的行为，李安的供述也只能证明听吾羊说其猎杀了一匹野驴。因此，请二审法院依法宣告吾羊无罪。

王青生上诉称：其将枪借给王国福并没有以驴腿、驴鞭为条件，同时王国福也没有去实施猎捕行为。其不知道王国福又将枪借给了李安。李安去猎捕犯罪的事实与其不能形成共同犯罪的主观故意，不能构成共同故意犯罪。其于1月24日上午就将枪取回，原审判决认定1月24日李安和吾羊持此枪各猎杀野驴一匹没有事实依据。请二审法院在查明事实的基础上宣告王青生无罪。

王青生的辩护人提出：原审判决认定事实不清，王青生虽然有将枪借配给王国福的行为，但王国福并没有实施猎捕行为，认定王青生犯非法猎捕、杀害珍贵、濒危野生动物罪缺乏客观方面的要件。王青生并不知道王国福是为李安借枪；王国福与李安的供述一致发生改变证明王青生给王国福借配枪支时并没有提过任何条件，请二审法院在查明事实的基础上宣告王青生无罪。

王国福提出：本案中不存在两次借枪行为，其只起到了替王青生将枪支转交李安的作用。王青生同意借枪时没有提任何条件，其不知道李安借枪是要打野驴，也没有权力也没有枪支可以出借。案发后个人垫资2万元追捕李安并说服其投案，本案才得以告破。请二审法院予以公正判决。

王国福的辩护人提出：原审判决认定事实不清，证据不足，原审判决认定李安猎杀野驴两匹，吾羊猎杀野驴一匹所据以定案的证据都是传来证据，没有证据直接证明二上诉人实施了猎杀行为。没有对发案枪支及"野驴"胴体进行痕检，无法确认哪支枪由哪个人使用，猎杀了几匹"野驴"；侦查机关没有对农牧局在案发当晚扣押的物品进行确认清点并送检，因此无法确定案发查扣的动物胴体就是西藏野驴的胴体。原审判决据以定案的在案发50天后才勘查的所谓现场提取的野驴前肢及案发后70天在占某家提取的所谓清点遗忘物3条驴鞭，没有其他证据印证是李安等上诉人在案发后遗留。因此，没有证据能证明本案有非法猎捕行为的发生，所以王国福在客观上不能成为非法猎捕、杀害珍贵、濒危野生动物的共犯；王国福有替李安向王青生借枪的行为，但王国福只知道李安借枪打狗，因此，王国福主观上也不能成为非法猎捕的共犯，且王国福也不是非法出借枪支的主体。请二审法院以原审判决认定事实不清、证据不足宣告各上诉人及原审被告人无罪。

原审被告人英旦尖参提出：其没有猎杀野驴的行为，也没有看见李安、吾羊猎杀野驴，只是在打狗途中捡了几匹已死的野驴。其行为不构成犯罪，请二审法院公正判决。

二审程序中，检察机关提出：原审判决认定的基本事实清楚，基本证据确实，但原审判决认定作案日期有误，作案日期应为2006年1月22日、23日。应当对李安非法持有弹药罪认定有自首情节。建议二审驳回上诉，维持原判。

二审裁判结果

青海省果洛藏族自治州中级人民法院于2006年12月10日基于相同的事实与证据作出〔2006〕果刑终字第11号刑事判决，维持玛多县人民法院〔2006〕多刑初字第07号刑事判决的第（一）、（二）、（三）、（四）、（六）

项；撤销玛多县人民法院〔2006〕多刑初字第07号刑事判决的第（五）项；上诉人（原审被告人）王国福犯非法猎捕、杀害珍贵、濒危野生动物罪，判处有期徒刑3年，缓刑5年，并处罚金3000元。

二审裁判理由

二审生效判决认为：上诉人（原审被告人）李安持枪非法猎杀国家一级保护动物西藏野驴二匹，并提供作案工具；上诉人（原审被告人）吾羊持枪非法猎杀国家一级保护动物西藏野驴1匹，并将猎杀的野驴予以肢解；原审被告人英旦尖参明知李安、吾羊猎杀的野驴是国家保护动物而协助装运；上诉人（原审被告人）王青生有猎杀野驴的犯意表示，并非法出借枪支，提供弹药；上诉人（原审被告人）王国福明知野驴是国家保护动物而向李安转告王青生的犯罪表示，并将枪支及弹药转交李安。各上诉人及原审被告人的行为已触犯《刑法》第341条之规定，均共同构成非法猎捕、杀害珍贵、濒危野生动物罪，且情节严重。其中李安、吾羊、王青生在共同犯罪中起主要作用，是主犯；英旦尖参、王国福在共同犯罪中起辅助作用，是从犯。上诉人（原审被告人）李安持有小口径步枪子弹352发的行为触犯了《刑法》第128条第1款之规定，构成非法持有弹药罪。其所犯二罪应依法予以数罪并罚。原审判决认定的基本事实清楚，基本证据确实，适用法律正确，但在量刑时没有对王国福的犯罪情节及悔罪表现予以充分考虑，应予改判。上诉人（原审被告人）李安称其对非法持有的非军用小口径步枪子弹352发有上缴意愿，虽有王国福的供述予以印证，但其在作案时将全部非法持有的子弹随身携带，只是由于意志以外的原因没有击发，其上缴的主观意愿不明确，不予采信。鉴于其能主动投案，如实交代非法持有弹药的犯罪事实，应认定其有自首情节。检察员的出庭意见及辩护人的辩护意见于法有据，应予采纳。但原审判决对其犯非法持有弹药罪已经从轻处罚，因此，量刑时不再予以考虑；上诉人（原审被告人）王青生上诉称其出借枪支时并不知道是李安借枪，只是将枪借配给了王国福，且其在出借枪支时没有提任何条件的理由与事实不符，其在侦查阶段供述出借枪支时向王国福提过要驴腿、驴鞭，李安、王国福在侦查阶段及一审庭审时亦作了相同供述，且有宁某、华某某的证词予以佐证。虽然王青生在一、二审庭审时翻供，称其在出借枪支时没有以驴腿、驴鞭为条件，李安、王国福在二审庭审时也作了相同供述，但供述间互相矛盾，且无相关证据予以印证，不予采纳；上诉人（原审被告人）王国福上诉称本案中不存在两次借枪行为的理由与事实相符，应予采纳。但其上诉称不知道李安借枪要打野驴的理由与事实不符，不予采纳。鉴于其能个人垫资追捕李安并说服其投案，确有悔罪表现，在量刑时应酌情予以考虑；原审被告人英旦尖参辩称其将李安、吾羊捡的几匹野驴协助装运的行为不构成犯罪的理由于法无据，不予采纳；辩护人认为原审判决认定事实不清，证据不足，应对各上诉人及原审被告人作出无罪判决的辩护意见与事实不符，不予采纳。故法院依法作出如上裁判。

> **197. 行为人购买珍贵、濒危野生动物制品后并未立即出售，经过较长时间后出卖的行为，该如何认定？**
>
> 行为人购买珍贵、濒危野生动物制品后并未立即出售，经过较长时间后出卖的，由于其出售行为发生在1997年《刑法》实施后，因此对其应以非法出售珍贵、濒危野生动物制品罪追究刑事责任。但应考虑这一特殊情节，可以在法定刑以下判处刑罚。

典型疑难案件参考

达瓦加甫非法出售珍贵、濒危野生动物制品案

基本案情

被告人达瓦加甫于1985年从温泉县查干屯格乡三牧场牧民那木生加甫处购得雪豹皮一张，1987年从伊犁州霍城县萨尔布拉克镇牧民努尔赛提处购得雪豹皮两张（其中一张雪豹皮连骨），经加工后一直存放家中。2005年12月24日，经乌兰巴特介绍买主，达瓦加甫正在温泉县博格达镇园林队其子巴特克西克的住宅内出售上述3张雪豹皮时，公安人员将其当场抓获，并缴获雪豹皮3张。经鉴定，3张雪豹皮价值人民币37.5万元。

诉辩情况

检察机关指控被告人达瓦加甫的行为构成非法出售珍贵、濒危野生动物制品罪。

裁判结果

温泉县人民法院于2007年以〔2007〕温刑初字第35号刑事判决，认定被告人达瓦加甫犯非法出售珍贵、濒危野生动物制品罪，在法定刑以下判处有期徒刑3年，缓刑4年，并处罚金5000元的刑事判决。

一审宣判后，被告人达瓦加甫在法定期限内没有上诉，检察院亦未抗诉。

温泉县人民法院依法逐级报请博尔塔拉蒙古自治州中级人民法院、新疆维吾尔自治区高级人民法院复核同意后，报请最高人民法院核准。

最高人民法院经复核核准温泉县人民法院〔2007〕温刑初字第35号刑事判决。

裁判理由

法院生效判决认为：达瓦加甫非法出售雪豹皮的行为，已构成非法出售珍贵、濒危野生动物制品罪。达瓦加甫的雪豹皮系20余年前购买，2005年非法出售时人赃俱获，未造成严重后果，依法可酌情减轻处罚。

最高人民法院经复核认为：被告人达瓦加甫非法出售雪豹皮的行为，已构成非法出售珍贵、濒危野生动物制品罪，应依法惩处。鉴于达瓦加甫非法出售的雪豹皮购于20余年前，且在出售过程中即被抓获，未造成严重社会危害，归案后认罪态度较好，有悔改表现，虽不具有法定减轻处罚情节，但根据本案的特殊情况，可以在法定刑以下判处刑罚。故核准一审法院的如上裁判。

非法收购、运输、出售珍贵、濒危野生动物、珍贵、濒危野生动物制品罪办案依据集成

刑法条文

第三百四十一条 【非法猎捕、杀害珍贵、濒危野生动物罪，非法收购、运输、出售珍贵、濒危野生动物、珍贵、濒危野生动物制品罪】非法猎捕、杀害国家重点保护的珍贵、濒危野生动物的，或者非法收购、运输、出售国家重点保护的珍贵、濒危野生动物及其制品的，处五年以下有期徒刑或者拘役，并处罚金；情节严重的，处五年以上十年以下有期徒刑，并处罚金；情节特别严重的，处十年以上有期徒刑，并处罚金或者没收财产。

【非法狩猎罪】违反狩猎法规，在禁猎区、禁猎期或者使用禁用的工具、方法进行狩猎，破坏野生动物资源，情节严重的，处三年以下有期徒刑、拘役、管制或者罚金。

立案标准

1. 最高人民法院《关于审理破坏野生动物资源刑事案件具体应用法律若干问题的解释》（2000年12月11日法释〔2000〕37号）

为依法惩处破坏野生动物资源的犯罪活动，根据刑法的有关规定，现就审理这类案件具体应用法律的若干问题解释如下：

第一条 刑法第三百四十一条第一款规定的"珍贵、濒危野生动物"，包括列入国家重点保护野生动物名录的国家一、二级保护野生动物，列入《濒危野生动植物种国际贸易公约》附录一、附录二的野生动物以及驯养繁殖的上述物种。

第二条 刑法第三百四十一条第一款规定的"收购"，包括以营利、自用等为目的的购买行为；"运输"，包括采用携带、邮寄、利用他人、使用交通工具等方法进行运送的行为；"出售"，包括出卖和以营利为目的的加工利用行为。

第三条 非法猎捕、杀害、收购、运输、出售珍贵、濒危野生动物具有下列情形之一的，属于"情节严重"：

（一）达到本解释附表所列相应数量标准的；

（二）非法猎捕、杀害、收购、运输、出售不同种类的珍贵、濒危野生动物，其中两种以上分别达到附表所列"情节严重"数量标准一半以上的。

非法猎捕、杀害、收购、运输、出售珍贵、濒危野生动物具有下列情形之一的，属于"情节特别严重"：

（一）达到本解释附表所列相应数量标准的；

（二）非法猎捕、杀害、收购、运输、出售不同种类的珍贵、濒危野生动物，其中两种以上分别达到附表所列"情节特别严重"数量标准一半以上的。

第四条 非法猎捕、杀害、收购、运输、出售珍贵、濒危野生动物构成犯罪，具有下列情形之一的，可以认定为"情节严重"；非法猎捕、杀害、收购、运输、出售珍贵、濒

危野生动物符合本解释第三条第一款的规定,并具有下列情形之一的,可以认定为"情节特别严重":

(一) 犯罪集团的首要分子;
(二) 严重影响对野生动物的科研、养殖等工作顺利进行的;
(三) 以武装掩护方法实施犯罪的;
(四) 使用特种车、军用车等交通工具实施犯罪的;
(五) 造成其他重大损失的。

第五条 非法收购、运输、出售珍贵、濒危野生动物制品具有下列情形之一的,属于"情节严重":

(一) 价值在十万元以上的;
(二) 非法获利五万元以上的;
(三) 具有其他严重情节的。

非法收购、运输、出售珍贵、濒危野生动物制品具有下列情形之一的,属于"情节特别严重":

(一) 价值在二十万元以上的;
(二) 非法获利十万元以上的;
(三) 具有其他特别严重情节的。

第六条 违反狩猎法规,在禁猎区、禁猎期或者使用禁用的工具、方法狩猎,具有下列情形之一的,属于非法狩猎"情节严重":

(一) 非法狩猎野生动物二十只以上的;
(二) 违反狩猎法规,在禁猎区或者禁猎期使用禁用的工具、方法狩猎的;
(三) 具有其他严重情节的。

第七条 使用爆炸、投毒(《刑法修正案(三)》已将"投毒罪"修改为"投放危险物质罪",因此,此处的"投毒"应指"投放危险物质"。——编者注)、设置电网等危险方法破坏野生动物资源,构成非法猎捕、杀害珍贵、濒危野生动物罪或者非法狩猎罪,同时构成刑法第一百一十四条或者第一百一十五条规定之罪的,依照处罚较重的规定定罪处罚。

第八条 实施刑法第三百四十一条规定的犯罪,又以暴力、威胁方法抗拒查处,构成其他犯罪的,依照数罪并罚的规定处罚。

第九条 伪造、变造、买卖国家机关颁发的野生动物允许进出口证明书、特许猎捕证、狩猎证、驯养繁殖许可证等公文、证件构成犯罪的,依照刑法第二百八十条第一款的规定以伪造、变造、买卖国家机关公文、证件罪定罪处罚。

实施上述行为构成犯罪,同时构成刑法第二百二十五条第二项规定的非法经营罪的,依照处罚较重的规定定罪处罚。

第十条 非法猎捕、杀害、收购、运输、出售《濒危野生动植物种国际贸易公约》附录一、附录二所列的非原产于我国的野生动物"情节严重"、"情节特别严重"的认定标准,参照本解释第三条、第四条以及附表所列与其同属的国家一、二级保护野生动物的认定标准执行;没有与其同属的国家一、二级保护野生动物的,参照与其同科的国家一、二级保护野生动物的认定标准执行。

第十一条 珍贵、濒危野生动物制品的价值，依照国家野生动物保护主管部门的规定核定；核定价值低于实际交易价格的，以实际交易价格认定。

第十二条 单位犯刑法第三百四十一条规定之罪，定罪量刑标准依照本解释的有关规定执行。

附表：非法猎捕、杀害、收购、运输、出售珍贵、濒危野生动物
刑事案件"情节严重"、"情节特别严重"数量认定标准

中文名	拉丁文名	级别	情节严重	情节特别严重
蜂猴	Nycticebus spp.	I	3	4
熊猴	Macaca assamensis	I	2	3
台湾猴	Macaca cyclopis	I	1	2
豚尾猴	Macaca nemestrina	I	2	3
叶猴（所有种）	Presbytis spp.	I	1	2
金丝猴（所有种）	Rhinopithecus spp.	I		1
长臂猿（所有种）	Hylobates spp.	I	1	2
马来熊	Helarctos malayanus	I	2	3
大熊猫	Ailuropoda melanoleuca	I		1
紫貂	Martes zibellina	I	3	4
貂熊	Gulo gulo	I	2	3
熊狸	Arctictis binturong	I	1	2
云豹	Neofelis nebulosa	I		1
豹	Panthera pardus	I		1
雪豹	Panthera uncia	I		1
虎	Panthera tigris	I		1
亚洲象	Elephas maximus	I		1
蒙古野驴	Equus hemionus	I	2	3
西藏野驴	Equus kiang	I	3	5
野马	Equus przewalskii	I		1
野骆驼	Camelus ferus (= bactrianus)	I	1	2
鼷鹿	Tragulus javanicus	I	2	3

续表

中文名	拉丁文名	级别	情节严重	情节特别严重
黑麂	Muntiacus crinifrons	I	1	2
白唇鹿	Cervus albirostris	I	1	2
坡鹿	Cervus eldi	I	1	2
梅花鹿	Cervus nippon	I	2	3
豚鹿	Cervus porcinus	I	2	3
麋鹿	Elaphurus davidianus	I	1	2
野牛	Bos gaurus	I	1	2
野牦牛	Bos mutus (＝grunniens)	I	2	3
普氏原羚	Procapra przewalskii	I	1	2
藏羚	Pantholops hodgsoni	I	2	3
高鼻羚羊	Saiga tatarica	I		1
扭角羚	Budorcas taxicolor	I	1	2
台湾鬣羚	Capricornis crispus	I	2	3
赤斑羚	Naemorhedus cranbrooki	I	2	4
塔尔羊	Hemitragus jemlahicus	I	2	4
北山羊	Capra ibex	I	2	4
河狸	Castor fiber	I	1	2
短尾信天翁	Diomedea albatrus	I	2	4
白腹军舰鸟	Fregata andrewsi	I	2	4
白鹳	Ciconia ciconia	I	2	4
黑鹳	Ciconia nigra	I	2	4
朱鹮	Nipponia nippon	I		1
中华沙秋鸭	Mergus squamatus	I	2	3
金雕	Aquila chrysaetos	I	2	4
白肩雕	Aquila heliaca	I	2	4

续表

中文名	拉丁文名	级别	情节严重	情节特别严重
玉带海雕	Haliaeetus leucoryphus	I	2	4
白尾海雕	Haliaeetus albcilla	I	2	3
虎头海雕	Haliaeetus pelagicus	I	2	4
拟兀鹫	Pseudogyps bengalensis	I	2	4
胡兀鹫	Gypaetus barbatus	I	2	4
细嘴松鸡	Tetrao parvirostris	I	3	5
斑尾榛鸡	Tetrastes sewerzowi	I	3	5
雉鹑	Tetraophasis obscurus	I	3	5
四川山鹧鸪	Arborophila rufipectus	I	3	5
海南山鹧鸪	Arborophila ardens	I	3	5
黑头角雉	Tragopan melanocephalus	I	2	3
红胸角雉	Tragopan satyra	I	2	4
灰腹角雉	Tragopan blythii	I	2	3
黄腹角雉	Tragopan caboti	I	2	3
虹雉（所有种）	Lophophorus spp.	I	2	4
褐马鸡	Crossoptilon mantchuricum	I	2	3
蓝鹇	Lophura swinhoii	I	2	3
黑颈长尾雉	Syrmaticus humiae	I	2	4
白颈长尾雉	Syrmaticus ewllioti	I	2	4
黑长尾雉	Syrmaticus mikado	I	2	4
孔雀雉	Polyplectron bicalcaratum	I	2	3
绿孔雀	Pavo muticus	I	2	3
黑颈鹤	Grus nigricollis	I	2	3
白头鹤	Grus monacha	I	2	3
丹顶鹤	Grus japonensis	I	2	3

续表

中文名	拉丁文名	级别	情节严重	情节特别严重
白鹤	Grus leucogeranus	I	2	3
赤颈鹤	Grus antigone	I	1	2
鸨（所有种）	Otis spp.	I	4	6
遗鸥	Larus relictus	I	2	4
四爪陆龟	Testudo horsfieldi	I	4	8
蜥鳄	Shinisaurus crocodilurus	I	2	4
巨蜥	Varanus salvator	I	2	4
蟒	Python molurus	I	2	4
扬子鳄	Alligator sinensis	I	1	2
中华蛩蠊	Galloisiana sinensis	I	3	6
金斑喙凤蝶	Teinopalpus aureus	I	3	6
短尾猴	Macaca arctoides	II	6	10
猕猴	Macaca mulatta	II	6	10
藏酋猴	Macaca thibetana	II	6	10
穿山甲	Manis pentadactyla	II	8	16
豺	Cuon alpinus	II	4	6
黑熊	Selenarctos thibetanus	II	3	5
棕熊（包括马熊）	Ursus arctos (U. a. pruinosus)	II	3	5
小熊猫	Ailurus fulgens	II	3	5
石貂	Martes foina	II	4	10
黄喉貂	Martes flavigula	II	4	10
斑林狸	Prionodon pardicolor	II	4	8
大灵猫	Viverra zibetha	II	3	5
小灵猫	Viverricula indica	II	4	8
草原斑猫	Felis lybica (= silvestris)	II	4	8
荒漠猫	Felis bieti	II	4	10

续表

中文名	拉丁文名	级别	情节严重	情节特别严重
丛林猫	Felis chaus	II	4	8
猞猁	Felis lynx	II	2	3
兔狲	Felis manul	II	3	5
金猫	Felis temmincki	II	4	8
渔猫	Felis viverrinus	II	4	8
麝①	Moschus spp.	II	3	5
河麂	Hydropotes inermis	II	4	8
马鹿（含白臀鹿）	Cervus elaphus (C. e. macneilli)	II	4	6
水鹿	Cervus unicolor	II	3	5
驼鹿	Alces alces	II	3	5
黄羊	Procapra gutturosa	II	8	15
藏原羚	Procapra picticaudata	II	4	8
鹅喉羚	Gazella subgutturosa	II	4	8
鬣羚	Capricornis sumatraensis	II	3	4
斑羚	Naemorhedus goral	II	4	8
岩羊	Pseudois nayaur	II	4	8
盘羊	Ovis ammon	II	3	5
海南兔	Lepus peguensis hainanus	II	6	10
雪兔	Lepus timidus	II	6	10
塔里木兔	Lepus yarkandensis	II	20	40
巨松鼠	Ratufa bicolor	II	6	10
角䴘	Podiceps auritus	II	6	10
赤颈䴘	Podiceps grisegena	II	6	8

---

① 国家林业局2003年2月21日公布施行的《国家重点保护野生动物名录》已将麝（所有种）由二级保护动物调整为一级保护动物。——编者注

续表

中文名	拉丁文名	级别	情节严重	情节特别严重
鹈鹕（所有种）	Pelecanus spp.	II	4	8
鲣鸟（所有种）	Sula spp.	II	6	10
海鸬鹚	Phalacrocorax pelagicus	II	4	8
黑颈鸬鹚	Phalacrocorax niger	II	4	8
黄嘴白鹭	Egretta eulophotes	II	6	10
岩鹭	Egretta sacra	II	6	20
海南虎斑	Gorsachius magnificus	II	6	10
小苇	Ixbrychus minutus	II	6	10
彩鹮	Ibis leucocephalus	II	3	4
白鹮	Threskiornis aethiopicus	II	4	8
黑鹮	Pseudibis papillosa	II	4	8
彩鹮	Plegadis falcinellus	II	4	8
白琵鹭	Platalea leucorodia	II	4	8
黑脸琵鹭	Platalea minor	II	4	8
红胸黑雁	Branta ruficollis	II	4	8
白额雁	Anser albifrons	II	6	10
天鹅（所有种）	Cygnus spp.	II	6	10
鸳鸯	Aix galericulata	II	6	10
其他鹰类	（Accipitridae）	II	4	8
隼科（所有种）	Falconidae	II	6	10
黑琴鸡	Lyrurus tetrix	II	4	8
柳雷鸟	Lagopus lagopus	II	4	8
岩雷鸟	Lagopus mutus	II	6	10
镰翅鸡	Falcipennis falcipennis	II	3	4
花尾榛鸡	Tetrastes bonasia	II	10	20
雪鸡（所有种）	Tetraogallus spp.	II	10	20

续表

中文名	拉丁文名	级别	情节严重	情节特别严重
血雉	Ithaginis cruentus	II	4	6
红腹角雉	Tragopan temminckii	II	4	6
藏马鸡	Crossoptilon crossoptilon	II	4	6
蓝马鸡	Crossoptilon aurtum	II	4	10
黑鹇	Lophura leucomelana	II	6	8
白鹇	Lophura nycthemera	II	6	10
原鸡	Gallus gallus	II	6	8
勺鸡	Pucrasia macrolopha	II	6	8
白冠长尾雉	Syrmaticus reevesii	II	4	6
锦鸡（所有种）	Chrysolophus spp.	II	4	8
灰鹤	Grus grus	II	4	8
沙丘鹤	Grus canadensis	II	4	8
白枕鹤	Grus vipio	II	4	8
蓑羽鹤	Anthropoides virgo	II	6	10
长脚秧鸡	Crex crex	II	6	10
姬田鸡	Porzana parva	II	6	10
棕背田鸡	Porzana bicolor	II	6	10
花田鸡	Coturnicops noveboracensis	II	6	10
铜翅水雉	Metopidius indicus	II	6	10
小杓鹬	Numenius borealis	II	8	15
小青脚鹬	Tringa guttifer	II	6	10
灰燕鸻	Glareola lactea	II	6	10
小鸥	Larus minutus	II	6	10
黑浮鸥	Chlidonias niger	II	6	10
黄嘴河燕鸥	Sterna aurantia	II	6	10
黑嘴端凤头燕鸥	Thalasseus zimmermanni	II	4	8

续表

中文名	拉丁文名	级别	情节严重	情节特别严重
黑腹沙鸡	Pterocles orientalis	Ⅱ	4	8
绿鸠（所有种）	Treron spp.	Ⅱ	6	8
黑颏果鸠	Ptilinopus leclancheri	Ⅱ	6	10
皇鸠（所有种）	Ducula spp.	Ⅱ	6	10
斑尾林鸽	Columba palumbus	Ⅱ	6	10
鹃鸠（所有种）	Macropygia spp.	Ⅱ	6	10
鹦鹉科（所有种）	Psittacidae	Ⅱ	6	10
鸦鹃（所有种）	Centropus spp.	Ⅱ	6	10
鸮形目（所有种）	STRIGIFORMES	Ⅱ	6	10
灰喉针尾雨燕	Hirundapus cochinchinensis	Ⅱ	6	10
凤头雨燕	Hemiprocne longipenni	Ⅱ	6	10
橙胸咬鹃	Harpactes oreskios	Ⅱ	6	10
蓝耳翠鸟	Alcedo meninting	Ⅱ	6	10
鹳嘴翠鸟	Pelargopsis capensis	Ⅱ	6	10
黑胸蜂虎	Merops leschenaulti	Ⅱ	6	10
绿喉蜂虎	Merops orientalis	Ⅱ	6	10
犀鸟科（所有种）	Bucertidae	Ⅱ	4	8
白腹黑啄木鸟	Dryocopus javensis	Ⅱ	6	10
阔嘴鸟科（所有种）	Eurylaimidae	Ⅱ	6	10
八色鸫科（所有种）	Pittidae	Ⅱ	6	10
凹甲陆龟	Manouria impressa	Ⅱ	6	10
大壁虎	Gekko gecko	Ⅱ	10	20
虎纹蛙	Rana tigrina	Ⅱ	100	200
伟铗	Atlasjapyx atlas	Ⅱ	6	10
尖板曦箭蜓	Heliogomphus retroflexus	Ⅱ	6	10
宽纹北箭蜓	Ophiogomphus spinicorne	Ⅱ	6	10

续表

中文名	拉丁文名	级别	情节严重	情节特别严重
中华缺翅虫	Zorotypus sinensis	II	6	10
墨脱缺翅虫	Zorotypus medoensis	II	6	10
拉步甲	Carabus (Copto-labrus) lafossei	II	6	10
硕步甲	Carabus (Apoto-pterus) davidi	II	6	10
彩臂金龟（所有种）	Cheirotonus spp.	II	6	10
叉犀金龟	Allomyrina davidis	II	6	10
双尾褐凤蝶	Bhutanitis mansfieldi	II	6	10
三尾褐凤蝶	Bhutanitis thaidina dongchuanensis	II	6	10
中华虎凤蝶	Luehdorfia chinensis huashanensis	II	6	10
阿波罗绢蝶	Parnassius apollo	II	6	10

2. 国家林业局、公安部《关于森林和陆生野生动物刑事案件管辖及立案标准》（2001年5月9日）（节录）

一、森林公安机关管辖在其辖区内发生的刑法规定的下列森林和陆生野生动物刑事案件

（十）非法猎捕、杀害珍贵、濒危陆生野生动物案件（第三百四十一条第一款）；

（十一）非法收购、运输、出售珍贵、濒危陆生野生动物、珍贵、濒危陆生野生动物制品案件（第三百四十一条第一款）；

（十二）非法狩猎案件（第三百四十一条第二款）。

二、森林和陆生野生动物刑事案件的立案标准

（八）非法猎捕、杀害国家重点保护珍贵、濒危陆生野生动物案

凡非法猎捕、杀害国家重点保护的珍贵、濒危陆生野生动物的，应当立案，重大案件、特别重大案件的立案标准详见附表。

（九）非法收购、运输、出售珍贵、濒危陆生野生动物、珍贵、濒危陆生野生动物制品案

非法收购、运输、出售国家重点保护的珍贵、濒危陆生野生动物的，应当立案，重大案件、特别重大案件的立案标准见附表。

非法收购、运输、出售国家重点保护的珍贵、濒危陆生野生动物制品的，应当立案；制品价值在10万元以上或者非法获利5万元以上的，为重大案件；制品价值在20万以

上或非法获利 10 万元以上的,为特别重大案件。

（十）非法狩猎案

违反狩猎法规,在禁猎区、禁猎期或者使用禁用的工具、方法狩猎,具有下列情形之一的,应予立案：

1. 非法狩猎陆生野生动物 20 只以上的；
2. 在禁猎区或者禁猎期使用禁用的工具、方法狩猎的；
3. 具有其他严重破坏野生动物资源情节的。

违反狩猎法规,在禁猎区、禁猎期或者使用禁用的工具、方法狩猎,非法狩猎陆生野生动物 50 只以上的,为重大案件；非法狩猎陆生野生动物 100 只以上或者具有其他恶劣情节的,为特别重大案件。

三、其他规定

（五）非法猎捕、杀害、收购、运输、出售、走私《濒危野生动植物种国际贸易公约》附录一、附录二所列陆生野生动物的,其立案标准参照附表中同属或者同科的国家一、二级保护野生动物的立案标准执行。

（六）珍贵、濒危陆生野生动物制品的价值,依照国家野生动物行政主管部门的规定核定；核定价值低于实际交易价格的,以实际交易价格认定。

（七）单位作案的,执行本规定的立案标准。

（八）本规定中所指的"以上",均包括本数在内。

（九）各省、自治区、直辖市公安厅、局和林业主管部门可根据本地的实际情况,在本规定的幅度内确定本地区盗伐林木案、滥伐林木案和非法狩猎案的立案起点及重大、特别重大案件的起点。

3. 最高人民检察院、公安部《关于公安机关管辖的刑事案件立案追诉标准的规定（一）》（2008 年 6 月 25 日公通字〔2008〕36 号）（节录）

第六十四条 ［非法猎捕、杀害珍贵、濒危野生动物案（《刑法》第三百四十一条第一款）］非法猎捕、杀害国家重点保护的珍贵、濒危野生动物的,应予立案追诉。

本条和本规定第六十五条规定的"珍贵、濒危野生动物",包括列入《国家重点保护野生动物名录》的国家一、二级保护野生动物,列入《濒危野生动植物种国际贸易公约》附录一、附录二的野生动物以及驯养繁殖的上述物种。

第六十五条 ［非法收购、运输、出售珍贵、濒危野生动物、珍贵、濒危野生动物制品案（《刑法》第三百四十一条第一款）］非法收购、运输、出售国家重点保护的珍贵、濒危野生动物及其制品的,应予立案追诉。

本条规定的"收购",包括以营利、自用等为目的的购买行为；"运输",包括采用携带、邮寄、利用他人、使用交通工具等方法进行运送的行为；"出售",包括出卖和以营利为目的的加工利用行为。

第六十六条 ［非法狩猎案（《刑法》第三百四十一条第二款）］违反狩猎法规,在禁猎区、禁猎期或者使用禁用的工具、方法进行狩猎,破坏野生动物资源,涉嫌下列情形之一的,应予立案追诉：

（一）非法狩猎野生动物二十只以上的；
（二）在禁猎区内使用禁用的工具或者禁用的方法狩猎的；
（三）在禁猎期内使用禁用的工具或者禁用的方法狩猎的；
（四）其他情节严重的情形。

第一百条 本规定中的立案追诉标准，除法律、司法解释另有规定的以外，适用于相关的单位犯罪。

其他办案依据

农业部《水生野生动物保护实施条例》（1993年10月5日农业部令第1号）（节录）

第二条 本条例所称水生野生动物，是指珍贵、濒危的水生野生动物；所称水生野生动物产品，是指珍贵、濒危的水生野生动物的任何部分及其衍生物。

第十二条 禁止捕捉、杀害国家重点保护的水生野生动物。

有下列情形之一，确需捕捉国家重点保护的水生野生动物的，必须申请特许捕捉证：

（一）为进行水生野生动物科学考察、资源调查，必须捕捉的；

（二）为驯养繁殖国家重点保护的水生野生动物，必须从自然水域或者场所获取种源的；

（三）为承担省级以上科学研究项目或者国家医药生产任务，必须从自然水域或者场所获取国家重点保护的水生野生动物的；

（四）为宣传、普及水生野生动物知识或者教学、展览的需要，必须从自然水域或者场所获取国家重点保护的水生野生动物的；

（五）因其他特殊情况，必须捕捉的。

第十五条 取得特许捕捉证的单位和个人，必须按照特许捕捉证规定的种类、数量、地点、期限、工具和方法进行捕捉，防止误伤水生野生动物或者破坏其生存环境。捕捉作业完成后，应当及时向捕捉地的县级人民政府渔业行政主管部门或者其所属的渔政监督管理机构申请查验。

县级人民政府渔业行政主管部门或者其所属的渔政监督管理机构对在本行政区域内捕捉国家重点保护的水生野生动物的活动，应当进行监督检查，并及时向批准捕捉的部门报告监督检查结果。

第十八条 禁止出售、收购国家重点保护的水生野生动物或者其产品。因科学研究、驯养繁殖、展览等特殊情况，需要出售、收购、利用国家一级保护水生野生动物或者其产品的，必须向省、自治区、直辖市人民政府渔业行政主管部门提出申请，经其签署意见后，报国务院渔业行政主管部门批准；需要出售、收购、利用国家二级保护水生野生动物或者其产品的，必须向省、自治区、直辖市人民政府渔业行政主管部门提出申请，并经其批准。

第二十三条 出口国家重点保护的水生野生动物或者其产品的，进出口中国参加的国际公约所限制进出口的水生野生动物或者其产品的，必须经进出口单位或者个人所在地的省、自治区、直辖市人民政府渔业行政主管部门审核，报国务院渔业行政主管部门批准；

属于贸易性进出口活动的,必须由具有有关商品进出口权的单位承担。

动物园因交换动物需要进出口前款所称水生野生动物的,在国务院渔业行政主管部门批准前,应当经国务院建设行政主管部门审核同意。

第二十六条 非法捕杀国家重点保护的水生野生动物的,依照全国人民代表大会常务委员会关于惩治捕杀国家重点保护的珍贵、濒危野生动物犯罪的补充规定追究刑事责任;情节显著轻微危害不大的,或者犯罪情节轻微不需要判处刑罚的,由渔业行政主管部门没收捕获物、捕捉工具和违法所得,吊销特许捕捉证,并处以相当于捕获物价值十倍以下的罚款,没有捕获物的处以一万元以下的罚款。

法律法规

1.《中华人民共和国野生动物保护法(2009年修正)》(1989年3月1日)(节录)

第二条 在中华人民共和国境内从事野生动物的保护、驯养繁殖、开发利用活动,必须遵守本法。

本法规定保护的野生动物,是指珍贵、濒危的陆生、水生野生动物和有益的或者有重要经济、科学研究价值的陆生野生动物。

本法各条款所提野生动物,均系指前款规定的受保护的野生动物。

珍贵、濒危的水生野生动物以外的其他水生野生动物的保护,适用渔业法的规定。

第三十一条 非法捕杀国家重点保护野生动物的,依照关于惩治捕杀国家重点保护的珍贵、濒危野生动物犯罪的补充规定追究刑事责任。

第三十二条 违反本法规定,在禁猎区、禁猎期或者使用禁用的工具、方法猎捕野生动物的,由野生动物行政主管部门没收猎获物、猎捕工具和违法所得,处以罚款;情节严重,构成犯罪的,依照刑法有关规定追究刑事责任。

第三十五条 违反本法规定,出售、收购、运输、携带国家或者地方重点保护野生动物或者其产品的,由工商行政管理部门没收实物和违法所得,可以并处罚款。

违反本法规定,出售、收购国家重点保护野生动物或者其产品,情节严重,构成投机倒把罪、走私罪的,依照刑法有关规定追究刑事责任。

没收的实物,由野生动物行政主管部门或者其授权的单位按照规定处理。

2.《陆生野生动物保护实施条例(2011年修订)》(1992年3月1日)(节录)

第二条 本条例所称陆生野生动物,是指依法受保护的珍贵、濒危、有益的和有重要经济、科学研究价值的陆生野生动物(以下简称野生动物);所称野生动物产品,是指陆生野生动物的任何部分及其衍生物。

第十一条 禁止猎捕、杀害国家重点保护野生动物。

有下列情形之一,需要猎捕国家重点保护野生动物的,必须申请特许猎捕证:

(一)为进行野生动物科学考察、资源调查,必须猎捕的;

（二）为驯养繁殖国家重点保护野生动物，必须从野外获取种源的；

（三）为承担省级以上科学研究项目或者国家医药生产任务，必须从野外获取国家重点保护野生动物的；

（四）为宣传、普及野生动物知识或者教学、展览的需要，必须从野外获取国家重点保护野生动物的；

（五）因国事活动的需要，必须从野外获取国家重点保护野生动物的；

（六）为调控国家重点保护野生动物种群数量和结构，经科学论证必须猎捕的；

（七）因其他特殊情况，必须捕捉、猎捕国家重点保护野生动物的。

第十四条 取得特许猎捕证的单位和个人，必须按照特许猎捕证规定的种类、数量、地点、期限、工具和方法进行猎捕，防止误伤野生动物或者破坏其生存环境。猎捕作业完成后，应当在十日内向猎捕地的县级人民政府野生动物行政主管部门申请查验。

县级人民政府野生动物行政主管部门对在本行政区域内猎捕国家重点保护野生动物的活动，应当进行监督检查，并及时向批准猎捕的机关报告监督检查结果。

第十五条 猎捕非国家重点保护野生动物的，必须持有狩猎证，并按照狩猎证规定的种类、数量、地点、期限、工具和方法进行猎捕。

狩猎证由省、自治区、直辖市人民政府林业行政主管部门按照国务院林业行政主管部门的规定印制，县级以上地方人民政府野生动物行政主管部门或者其授权的单位核发。

狩猎证每年验证一次。

第十八条 禁止使用军用武器、气枪、毒药、炸药、地枪、排铳、非人为直接操作并危害人畜安全的狩猎装置、夜间照明行猎、歼灭性围猎、火攻、烟熏以及县级以上各级人民政府或者其野生动物行政主管部门规定禁止使用的其他狩猎工具和方法狩猎。

第二十七条 禁止在集贸市场出售、收购国家重点保护野生动物或者其产品。

持有狩猎证的单位和个人需要出售依法获得的非国家重点保护野生动物或者其产品的，应当按照狩猎证规定的种类、数量向经核准登记的单位出售，或者在当地人民政府有关部门指定的集贸市场出售。

第二十九条 运输、携带国家重点保护野生动物或者其产品出县境的，应当凭特许猎捕证、驯养繁殖许可证，向县级人民政府野生动物行政主管部门提出申请，报省、自治区、直辖市人民政府林业行政主管部门或者其授权的单位批准。动物园之间因繁殖动物，需要运输国家重点保护野生动物的，可以由省、自治区、直辖市人民政府林业行政主管部门授权同级建设行政主管部门审批。

第三十条 出口国家重点保护野生动物或者其产品的，以及进出口中国参加的国际公约所限制进出口的野生动物或者其产品的，必须经进出口单位或者个人所在地的省、自治区、直辖市人民政府林业行政主管部门审核，报国务院林业行政主管部门或者国务院批准；属于贸易性进出口活动的，必须由具有有关商品进出口权的单位承担。

动物园因交换动物需要进出口前款所称野生动物的，国务院林业行政主管部门批准前或者国务院林业行政主管部门报请国务院批准前，应当经国务院建设行政主管部门审核同意。

第三十三条 非法捕杀国家重点保护野生动物的，依照刑法有关规定追究刑事责任。

第四十三条 违反野生动物保护法规，构成犯罪的，依法追究刑事责任。

三、非法占用农用地罪

198. 居民委员会能否成为非法占用农用地罪的主体？

单位可以构成非法占用农用地罪的主体，居委会作为基层自治组织，具有一定的权限和职责，具备刑事责任能力，可以成为非法占用农用地罪的主体。

199. 在未办理土地权属和用途变更登记手续的情况下，经居委会研究，将大量集体所有的耕地承包给他人，改作他用，居委会主任是否应当承担责任？

在未办理土地权属和用途变更登记手续的情况下，经居委会研究，将大量集体所有的耕地承包给他人，改作他用的行为构成非法占用农用地罪。居委会主任作为单位直接负责的主管人员，应当承担刑事责任。

典型疑难案件参考

李清非法占用农用地案

基本案情

2002年至2004年间，被告人李清时任泗阳县裴圩镇黄圩居委会主任，其间，黄圩村将集体所有的黄圩第二砖瓦厂先后承包给赵正洲、王飞等人经营，在未办理土地权属和用途变更登记手续的情况下，经居委会研究，将村集体所有的位于砖瓦厂西的9.47亩耕地和位于砖瓦厂西北的12余亩耕地给砖瓦厂取土。被告人李清以居委会名义联系承包人、签订承包合同、确定取土耕地、与村民协调用地，2002年初至2004年3月，黄圩村20余亩耕地被非法占用取土，其中18余亩耕地被挖成水塘，深约1~2米，种植层严重流失，种植条件严重毁坏。

诉辩情况

检察机关指控被告人李清的行为构成非法占用农用地罪。

被告人李清及其辩护人提出：占用土地是村集体研究决定，承包费也交到村里，被告人李清出面协调土地是职务行为，不是自己个人行为。

被告人李清的辩护人提出：被告人李清不具备非法占用农用地罪的客观要件，砖瓦厂是占用土地的责任主体，把非法提供行为认定为非法占用农用地无法律依据。

裁判结果

江苏省泗阳县人民法院于 2005 年 11 月 14 日以〔2005〕泗刑初字第 251 号刑事判决，认定被告人李清犯非法占用农用地罪，判处拘役 2 个月，并处罚金 1500 元。

裁判理由

法院裁判认为：被告人李清及辩护人关于非法占用耕地不是李清个人行为的辩解经查属实，相关证据已予以证实，予以采信；辩护人关于涉案土地数量应是砖瓦厂的采矿许可证许可期限届满后，被非法占用土地的辩护意见。经查，采矿许可证、现场勘查笔录、现场图、相关书证均证实黄圩第二砖瓦厂的采矿许可证许可的土地不包含本案指控的被非法占用的耕地，本案被非法占用的耕地未办理采矿许可证，该辩护意见不能成立，不予采信；辩护人关于 5 组被取土地块有一半未被毁坏的辩护意见。经查，现场勘查笔录、相关证言证实该地块被砖瓦厂挖成水塘，挖有 1 米多深，种植层严重流失，种植条件被严重毁坏，该地块现在的状况不能证实被砖瓦厂取土后被毁坏程度，所以该辩护意见不能成立，不予采信。

被告人李清在任黄圩居委会主任期间，违反土地管理法规、非法占用耕地改作他用，数量较大，造成耕地大量毁坏，被告人李清作为直接负责的主管人员，其行为已构成非法占用农用地罪。辩护人提出"被告人李清不具备非法占用农用地罪的客观要件，不是非法占用土地的主体，非法提供不等于非法占用，不构成非法占用农用地罪"，经查，本案中黄圩居委会对村集体土地具有经营管理权，对集体所有的砖瓦厂具有管理权，黄圩居委会违反土地管理法规，在未办理土地权属和用途的变更登记手续的情况下，将村集体土地给村砖瓦厂取土制砖，砖瓦厂取土的耕地由黄圩居委会确定并协助使用，被取土后种植层严重流失，种植条件严重毁坏，被告人李清身为居委会主任，积极参与联系承包人、签订承包协议、确定取土地块、协调土地使用，是直接负责的主管人员，因此，被告人李清对村集体耕地被非法占用、毁坏负有直接责任，其行为符合非法占用农用地罪的主客观要件，故辩护人对此提出的辩护意见不能成立,不予采信。故法院依法作出如上裁判。

> **200. 单位违反土地管理法规,在未依法办理农用地转建设用地审批手续的情况下,分别在农用地上修建非农业建筑物,导致农用地的耕作层被破坏的行为该如何认定?**
>
> 单位违反土地管理法规,在未依法办理农用地转建设用地审批手续的情况下,分别在农用地上修建非农业建筑物,导致农用地的耕作层被破坏的行为属于非法占用农用地的行为,占用农用地数量较大的,应对单位判处罚金,对其直接负责的主管人员和其他直接责任人员追究非法占用农用地罪的刑事责任。

典型疑难案件参考

张浩等非法占用农用地案

基本案情

被告人贾德胜在北京市朝阳区崔各庄乡农工商联合公司担任法定代表人,被告人陈道林在北京昊源投资有限公司(以下简称昊源公司)担任总经理,被告人张浩在北京百利兴房地产开发有限公司(以下简称百利兴公司)担任总经理、在中凯实业发展有限公司(以下简称中凯公司)担任法定代表人,被告人贾凤强在中实房地产开发有限公司(以下简称中实公司)担任法定代表人。

1999年12月至2000年3月间,北京市朝阳区崔各庄乡政府为了发展本乡的经济,决定提供该乡奶东村、何各庄村的数百亩农用土地,以北京市朝阳区崔各庄乡农工商联合公司的名义,分别与昊源公司、百利兴公司合作建设非农业设施。2000年5月间,因为资金短缺,百利兴公司退出上述合作项目。中凯公司遂与中实公司合作共同与北京市朝阳区崔各庄乡政府在上述土地上建设非农业设施。被告人贾德胜受乡政府指派,代表北京市朝阳区崔各庄乡农工商联合公司与上述公司的负责人张浩、陈道林、贾凤强等人进行谈判并签订了合作协议。

2000年5月至11月间,北京市朝阳区崔各庄乡农工商联合公司、昊源公司、中凯公司、中实公司违反土地管理法规,在未依法办理农业用地转建设用地审批手续的情况下，分别在北京市朝阳区崔各庄乡奶东村、何各庄村农业用地上修建非农业建筑物，其中昊源公司建设二层别墅9栋，占用基本农田44.11亩，中凯公司与中实公司建设二层别墅34栋，占用耕地82.87亩，均造成上述农用土地的大量毁坏。后4被告人被查获归案。

一审诉辩情况

检察机关认为：被告人贾德胜、张浩、贾凤强、陈道林身为单位直接负责的主管人员，未经国家土地管理部门审批，擅自进行非农业项目开发，造成大量耕地被毁，4被告人之行为触犯了《刑法》第342条、第346条之规定，均已构成非法占用农用地罪。

被告人陈道林提出：盖别墅占用的土地面积数未达到法定的定罪数量，检察机关无证据证明被占用的土地耕作层被严重破坏，其行为不构成非法占用农用地罪。

被告人陈道林的辩护人提出：检察机关没有提供被占用土地的地籍证明，认定被占用的土地种植条件严重毁坏没有充足的证据，指控陈道林犯非法占用农用地罪的证据不足。

被告人贾德胜提出：检察机关认定非法占用农用地的事实存在，其与开发商签合同，只是执行领导的决定，其行为不构成犯罪。

被告人贾德胜的辩护人提出：贾德胜不构成非法占用农用地罪的主体。其没有让手续不全的开发商开工，也没有具体实施破坏土地的行为。本案被破坏的土地面积未达到法定的定罪数量，检察机关指控贾德胜犯非法占用农用地罪事实不清、证据不足。

被告人贾凤强提出：其行为不构成非法占用农用地罪。

被告人贾凤强的辩护人提出：本案是单位犯罪，作为中实房地产开发有限公司的法定代表人，贾凤强没有决定在涉案土地上进行施工，也不起决定、指挥和决策作用，检察机关指控贾凤强犯非法占用农用地罪的证据不足。

被告人张浩提出：检察机关指控的事实不存在，其行为不构成非法占用农用地罪。

被告人张浩的辩护人提出：中凯实业发展有限公司不构成该罪的犯罪主体，张浩并非该单位犯罪直接负责的主管人员，检察机关认定违法占用土地的数量及造成耕地种植条件严重毁坏的证据不足，张浩的行为不构成非法占用农用地罪。

一审裁判结果

北京市朝阳区人民法院于2006年3月24日以〔2005〕朝刑初字第1648

号刑事判决,认定被告人陈道林犯非法占用农用地罪,判处罚金人民币10万元;被告人贾德胜犯非法占用农用地罪,判处罚金人民币10万元。被告人贾凤强犯非法占用农用地罪,判处罚金人民币10万元。被告人张浩犯非法占用农用地罪,判处罚金人民币10万元。

一审裁判理由

一审法院认为:北京市崔各庄乡农工商联合公司、北京昊源投资有限公司、中凯实业发展有限公司、中实房地产开发公司为了各自单位的经济利益,违反土地管理法规,非法占用农用地进行非农项目建设,数量较大,造成大量耕地被毁坏,被告人贾德胜系单位的其他直接责任人员,被告人陈道林、贾凤强、张浩系单位直接负责的主管人员,4被告人的行为均已构成非法占用农用地罪,依法应予惩处。

北京市朝阳区人民检察院指控被告人陈道林、贾德胜、贾凤强、张浩犯非法占用农用地罪事实清楚、举证充分,罪名成立。但认定被告人贾德胜为单位直接负责的主管人员不当。经查,贾德胜在单位实施的犯罪中,并非起决定、授意、指挥等作用,其在相关领导决策并拍板向开发商违法提供农用土地修建非农业设施后,实施了谈判、签合同、与各开发商协调等具体行为,应属单位的其他直接责任人员,故检察机关的上述认定,与事实不符,对此予以纠正。

对于4被告人及其辩护人关于4被告人不构成非法占用农用地罪的辩解及相关辩护意见。经查:本市朝阳区崔各庄乡农工商联合公司、昊源公司、中凯公司、中实公司占用农用土地建设别墅等非农业设施,未办理农业用地转建设用地的审批手续,被告人贾德胜、贾凤强、张浩、陈道林明知上述做法违反了国家土地管理法规,但4被告人仍为了各自单位的经济利益,分别实施了非法占用农用土地的行为:贾德胜受乡政府指派,负责与昊源公司、中凯公司、中实公司谈判、签订合同及办理开工后的相关具体事宜;中实公司与中凯公司合作在本区崔各庄乡提供的农业用地上建设别墅,贾凤强、张浩分别担任上述两个公司的法定代表人,在上述违法占用农地的项目中起决策和领导作用,根据书证,中实公司、中凯公司作为项目合作方,对该项目拥有各自的股权,贾凤强、张浩均在项目领导小组担任负责人;根据北京市国土资源和房屋管理局出具的土地违法案件现场勘测笔录,证明本案违法占用农用地数量均属较大,该证据系北京市国土资源和房屋管理局依法取得,在案证人证言所证明违法占用农用地的数量与该勘测笔录的认定基本相符;此外,北京市国土资源和房屋管理局出具的证明材料还证明,上述违法占用的农用地破坏了耕地的耕作层,使耕地丧失了种植条件,造成土地资源被毁坏,因此本案应认定非法占用的农用地构成数量较大和造成农用地大量毁坏。

本案属单位犯罪，4被告人均构成非法占用农用地罪的犯罪主体，被告人贾德胜系单位的其他直接责任人员，被告人陈道林、贾凤强、张浩均系单位直接负责的主管人员，依法应追究上述4被告人的刑事责任。4被告人各自的行为符合法律规定的非法占用农用地罪的犯罪构成要件，故4被告人的相关辩解及其辩护人的意见，均缺乏事实和法律依据，不予采纳。

二审诉辩情况

一审宣判后，张浩提出上诉。

上诉人（原审被告人）张浩的上诉理由是：原判认定其主体身份有误，其主观上没有非法占用耕地的故意，客观上并未实施非法占用农用地的行为，检察机关提供的证据有误，涉案土地并未受到破坏。

张浩的辩护人提出：中凯实业发展有限公司并不是非法占用农用地的主体，张浩不是该公司的法定代表人，也未实施非法占用农用地的行为，本案非法占用农用地面积不够定罪标准，请求二审法院对张浩宣告无罪。

二审裁判结果

北京市第二中级人民法院于2006年9月25日以同样的事实作出〔2006〕二中刑终字第933号刑事裁定，驳回上诉，维持原判。

二审裁判理由

二审法院认为：关于上诉人（原审被告人）张浩及其辩护人所提原判认定其主体身份有误和中凯公司不是非法占用农用地行为的主体的上诉理由及辩护意见。经查：中凯公司与其他涉案公司在明知没有办理任何有效审批手续的情况下，共同参与签订合同，在涉案的农用土地上施工开发非农业设施，张浩作为该公司直接负责的主管人员，在该项目中亦为领导小组负责人，故该上诉理由及辩护意见不予采纳。关于上诉人（原审被告人）张浩及其辩护人所提"其主观上没有非法占用耕地的故意，客观上并未实施非法占用农用地的行为；检察机关提供的证据有误，涉案土地并未受到破坏，本案非法占用农用地面积不够定罪标准"的上诉理由及辩护意见。经查：根据在案多份书证及多名证人证言均已明确证实在开发该项目时，未经有关部门的审批准许，对农用土地施工开发后已造成耕地毁坏；检察机关提供了北京市国土资源和房屋管理局出具的违法占地情况的认定及现场勘测笔录、被破坏耕地及违法建筑的照片等证据，已充分证明涉案耕地被破坏的情况及由此造成的实际破坏面积数量，农用耕地被破坏不仅反映在土壤结构是否发生改变，还包括土地的使用状况被改变后对耕作层的消减和损害；根据相关法律的规定，本案涉及非法占用的农用地面积已超过该罪的定罪标准，故该上诉理由及辩护意见本院不予采纳。原审法院对张浩在法定刑种及幅度内所判处之刑罚并无不当，其上诉理由及辩护人的辩护意见均无法律依据，理由不能成立，不予采纳。原审人民法院根据在单位犯罪中陈道林、贾德胜、贾凤强、张浩犯罪的事实、犯罪的性质、情节及对于社会的危害程度所作出的判决，定罪及适用法律正确，所判刑罚适当，审判程序合法，应予维持。

非法占用农用地罪办案依据集成

刑法条文

第三百四十二条 【非法占用农用地罪】违反土地管理法规,非法占用耕地、林地等农用地,改变被占用土地用途,数量较大,造成耕地、林地等农用地大量毁坏的,处五年以下有期徒刑或者拘役,并处或者单处罚金。

立法解释

全国人民代表大会常务委员会《关于〈中华人民共和国刑法〉第二百二十八条、第三百四十二条、第四百一十条的解释(2009年修正)》(2002年1月1日)

全国人民代表大会常务委员会讨论了刑法第二百二十八条、第三百四十二条、第四百一十条规定的"违反土地管理法规"和第四百一十条规定的"非法批准征收、征用、占用土地"原文为"非法批准征收、占用土地",2009年8月27日第十一届全国人大常委会第十次会议通过、同日公布施行的《关于修改部分法律的决定》将其中的"征用"改为"征收、征用"。

立案标准

1. 最高人民法院《关于审理破坏土地资源刑事案件具体应用法律若干问题的解释》(2000年6月22日法释〔2000〕14号)(节录)

第三条 违反土地管理法规,非法占用耕地改作他用,数量较大,造成耕地大量毁坏的,依照刑法第三百四十二条的规定,以非法占用耕地罪定罪处罚:

(一)非法占用耕地"数量较大",是指非法占用基本农田五亩以上或者非法占用基本农田以外的耕地十亩以上。

(二)非法占用耕地"造成耕地大量毁坏",是指行为人非法占用耕地建窑、建坟、建房、挖沙、采石、采矿、取土、堆放固体废弃物或者进行其他非农业建设,造成基本农田五亩以上或者基本农田以外的耕地十亩以上种植条件严重毁坏或者严重污染。

第五条 实施第四条规定的行为,具有下列情形之一的,属于非法批准征用、占用土地"致使国家或者集体利益遭受特别重大损失":

(一)非法批准征用、占用基本农田二十亩以上的;

(二)非法批准征用、占用基本农田以外的耕地六十亩以上的;

(三)非法批准征用、占用其他土地一百亩以上的;

(四)非法批准征用、占用土地,造成基本农田五亩以上,其他耕地十亩以上严重毁坏的;

（五）非法批准征用、占用土地造成直接经济损失五十万元以上等恶劣情节的。

第八条 单位犯非法转让、倒卖土地使用权罪，非法占有耕地罪的定罪量刑标准，依照本解释第一条、第二条、第三条的规定执行。

第九条 多次实施本解释规定的行为依法应当追诉的，或者一年内多次实施本解释规定的行为未经处理的，按照累计的数量、数额处罚。

2. 最高人民法院《关于审理破坏林地资源刑事案件具体应用法律若干问题的解释》（2005年12月30日法释〔2005〕15号）（节录）

为依法惩治破坏林地资源犯罪活动，根据《中华人民共和国刑法》、《中华人民共和国刑法修正案（二）》及全国人民代表大会常务委员会《关于〈中华人民共和国刑法〉第二百二十八条、第三百四十二条、第四百一十条的解释》的有关规定，现就人民法院审理这类刑事案件具体应用法律的若干问题解释如下：

第一条 违反土地管理法规，非法占用林地，改变被占用林地用途，在非法占用的林地上实施建窑、建坟、建房、挖沙、采石、采矿、取土、种植农作物、堆放或排泄废弃物等行为或者进行其他非林业生产、建设，造成林地的原有植被或林业种植条件严重毁坏或者严重污染，并具有下列情形之一的，属于《中华人民共和国刑法修正案（二）》规定的"数量较大，造成林地大量毁坏"，应当以非法占用农用地罪判处五年以下有期徒刑或者拘役，并处或者单处罚金：

（一）非法占用并毁坏防护林地、特种用途林地数量分别或者合计达到五亩以上；

（二）非法占用并毁坏其他林地数量达到十亩以上；

（三）非法占用并毁坏本条第（一）项、第（二）项规定的林地，数量分别达到相应规定的数量标准的百分之五十以上；

（四）非法占用并毁坏本条第（一）项、第（二）项规定的林地，其中一项数量达到相应规定的数量标准的百分之五十以上，且两项数量合计达到该项规定的数量标准。

第六条 单位实施破坏林地资源犯罪的，依照本解释规定的相关定罪量刑标准执行。

第七条 多次实施本解释规定的行为依法应当追诉且未经处理的，应当按照累计的数量、数额处罚。

3. 最高人民检察院、公安部《关于公安机关管辖的刑事案件立案追诉标准的规定（一）》（2008年6月25日公通字〔2008〕36号）（节录）

第六十七条 ［非法占用农用地案（刑法第三百四十二条）］违反土地管理法规，非法占用耕地、林地等农用地，改变被占用土地用途，造成耕地、林地等农用地大量毁坏，涉嫌下列情形之一的，应予立案追诉：

（一）非法占用基本农田五亩以上或者基本农田以外的耕地十亩以上的；

（二）非法占用防护林地或者特种用途林地数量单种或者合计五亩以上的；

（三）非法占用其他林地数量十亩以上的；

（四）非法占用本款第（二）项、第（三）项规定的林地，其中一项数量达到相应规定的数量标准的百分之五十以上，且两项数量合计达到该项规定的数量标准的；

（五）非法占用其他农用地数量较大的情形。

违反土地管理法规，非法占用耕地建窑、建坟、建房、挖沙、采石、采矿、取土、堆放固体废弃物或者进行其他非农业建设，造成耕地种植条件严重毁坏或者严重污染，被毁坏耕地数量达到以上规定的，属于本条规定的"造成耕地大量毁坏"。

违反土地管理法规，非法占用林地，改变被占用林地用途，在非法占用的林地上实施建窑、建坟、建房、挖沙、采石、采矿、取土、种植农作物、堆放或者排泄废弃物等行为或者进行其他非林业生产、建设，造成林地的原有植被或者林业种植条件严重毁坏或者严重污染，被毁坏林地数量达到以上规定的，属于本条规定的"造成林地大量毁坏"。

第一百条 本规定中的立案追诉标准，除法律、司法解释另有规定的以外，适用于相关的单位犯罪。

法律法规

1.《中华人民共和国土地管理法（2004年修正）》（1986年6月25日）（节录）

第七十四条 违反本法规定，占用耕地建窑、建坟或者擅自在耕地上建房、挖砂、采石、采矿、取土等，破坏种植条件的，或者因开发土地造成土地荒漠化、盐渍化的，由县级以上人民政府土地行政主管部门责令限期改正或者治理，可以并处罚款；构成犯罪的，依法追究刑事责任。

第七十六条 未经批准或者采取欺骗手段骗取批准，非法占用土地的，由县级以上人民政府土地行政主管部门责令退还非法占用的土地，对违反土地利用总体规划擅自将农用地改为建设用地的，限期拆除在非法占用的土地上新建的建筑物和其他设施，恢复土地原状，对符合土地利用总体规划的，没收在非法占用的土地上新建的建筑物和其他设施，可以并处罚款；对非法占用土地单位的直接负责的主管人员和其他直接责任人员，依法给予行政处分；构成犯罪的，依法追究刑事责任。

超过批准的数量占用土地，多占的土地以非法占用土地论处。

2.《基本农田保护条例》（1999年1月1日国务院令第257号）（节录）

第二条 国家实行基本农田保护制度。

本条例所称基本农田，是指按照一定时期人口和社会经济发展对农产品的需求，依据土地利用总体规划确定的不得占用的耕地。

本条例所称基本农田保护区，是指为对基本农田实行特殊保护而依据土地利用总体规划和依照法定程序确定的特定保护区域。

第十七条 禁止任何单位和个人在基本农田保护区内建窑、建房、建坟、挖砂、采石、采矿、取土、堆放固体废弃物或者进行其他破坏基本农田的活动。

禁止任何单位和个人占用基本农田发展林果业和挖塘养鱼。

第三十三条 违反本条例规定，占用基本农田建窑、建房、建坟、挖砂、采石、采矿、取土、堆放固体废弃物或者从事其他活动破坏基本农田，毁坏种植条件的……构成犯罪的，依法追究刑事责任。

3.《退耕还林条例》（2003年1月20日国务院令第367号）（节录）

第六十二条 退耕还林者擅自复耕，或者林粮间作，在退耕还林项目实施范围内从事滥采、乱挖等破坏地表植被的活动的，依照刑法关于非法占用农用地罪、滥伐林木罪或者其他罪的规定，依法追究刑事责任⋯⋯

四、非法收购、运输、加工、出售国家重点保护植物、国家重点保护植物制品罪

201. 单位虽有特种材加工许可证、药品生产企业许可证等证件，但其超出行政机关核定的经营、许可范围，非法收购、加工国家一级保护植物及制品的行为，应定非法经营罪还是非法收购、加工国家重点保护植物、国家重点保护植物制品罪？

《刑法修正案（四）》对《刑法》第344条作了修正，在此以后，对单位超出行政机关核定的经营、许可范围，非法收购、加工国家一级保护植物及制品的行为，应定非法收购、加工国家重点保护植物、国家重点保护植物制品罪。

202. 伪造盘存表，虚报骗取国家重点保护植物制品出口证明书批文，并用骗取的批文报关出口国家重点保护植物制品的行为该如何定性？

伪造盘存表，虚报骗取国家重点保护植物制品出口证明书批文，并用骗取的批文报关出口国家重点保护植物制品的行为应定走私珍稀植物制品罪。

典型疑难案件参考

云南汉德公司非法收购、加工国家重点保护植物、国家重点保护植物制品，走私珍稀植物制品案

基本案情

被告单位云南汉德生物技术有限公司（以下简称"汉德公司"）是中外合资经营企业，成立于1993年8月4日，注册资金现为390万元，经营范围是生产销售医药、食品等各种生物制品和植物原料药。汉德公司是云南生产国家Ⅱ类新药紫杉醇的企业，该类新药所用资源为红豆杉，汉德公司所使用的紫杉醇原料红豆杉为云南红豆杉。1995年8月，汉德公司为解决原料供应及紫杉

醇初级加工问题，在丽江与丽江县林业局共同投资成立丽江汉德玉龙生物技术有限公司（以下简称"丽江汉德公司"）。

被告人吴军是汉德公司的董事长、法定代表人、首席执行官，全面负责公司的各项事务；被告人李松于2000年1月至8月底任汉德公司副总裁，2000年8月底以后任公司总裁，在董事长领导下负责公司的日常工作；被告人齐赓于2000年1月30日以后任汉德公司副总裁，协助总裁管理公司事务；被告人明强忠于2001年1月以后任汉德公司采购部经理，负责采购运输部的工作。

被告单位汉德公司实施了以下危害社会的行为：

1. 1999年9月10日至2001年11月，汉德公司吴军、李松、齐赓、明强忠明知云南红豆杉属国家一级保护植物，国家禁止采集、收购、出售，但为牟取巨额利润，汉德公司共向丽江汉德公司非法收购云南红豆杉树皮提取物萃料5519.312公斤，金额6841057.84元。外购紫杉醇半成品10765.475克，金额5403963.99元，非法收购总金额12245021.83元。

2. 汉德公司吴军、李松、齐赓等从1999年9月10日至2001年11月，采用以欺骗方式骗取出口批文实施出口和更换品名报关实施出口两种方式，共走私紫杉醇成品67.9755公斤，共计人民币96351526.05元。其中：

（1）2000年4月，齐赓到北京国家濒管办领取汉德公司第一次申报的30公斤紫杉醇出口证明书批文时了解到一个信息，如果原料是在1999年12月31日以前合法取得的，生产出来的紫杉醇还是可以出口的。齐赓回到汉德公司后，将此情况向吴军、李松作了汇报，同年5月，吴军、齐赓、李松商议，为了今后能继续出口紫杉醇获取高额利润，决定用虚报库存量的方法，以1999年12月31日前公司还有大量库存原料、副产物为名，再次申报178公斤紫杉醇的出口证明书批文。齐赓、李松确定了"有效量数"，安排生产基地伪造了一份紫杉醇有效含量为55.59公斤，盘点时间为1999年12月31日的《副产物盘存表》；安排丽江公司伪造成一份洗脱萃料为9379.19公斤，落款日期为2000年6月20日的盘存表，因该盘存表日期批号未达到汉德公司的要求，齐赓等人又安排生管部以丽江公司的名义重新伪造好一份盘存表，时间为1999年12月31日，萃料总量为9381.31公斤。2000年5月15日，汉德公司再依据两份伪造盘存表上的有效含量，以汉德发〔2000〕第14号文向省林业厅要求批准出口175.55公斤紫杉醇的申请。汉德公司获悉林业厅和国家濒管办昆明办事处即将对公司的库存进行核查，遂将存放于一楼废料库的废料桶搬到4楼原料仓库，贴好与所报库存批号、数量相同的标签，桶内装上废料应付核查。2000年8月4日，国家濒管办昆明办事处的工作人员到汉德公司核查库存，核查人员被蒙骗，并于事后出具了确认库存原料数量的报告和文件，上报国家濒管办。同年9月21日，国家濒管办以濒办植证字〔2000〕380号文批复同意汉德公司分批向美国出口175.55公斤紫杉醇，吴军即安排齐膺到北京办理后拿回该批文。之后，汉德公司在2000年11月1日至2001年10月25日间，以骗取的出口批文实施出口紫杉醇成品53.615公斤，计人民币80070140.62元。

(2) 2000年8月前，汉德公司除供给美国IVAX公司的紫杉醇使用了允许进出口证明书，其余的是在无允许进出口证明书的情况下以紫杉醇的品名报关出口的。8月后，由于昆明海关推行了全面边境口岸电子执行系统，加大了监管力度，以紫杉醇品名报关，若无国家濒管办的允许出口证明书已无法再实施出口，汉德公司便以更换品名的方式逃避海关监管，达到出口牟利的目的。汉德公司从2000年8月31日到2001年11月9日止，在没有办理允许出口证明书的情况下，将紫杉醇以"高三尖杉酯碱"等品名分23批次报关、出口14360.5克，销售金额为16281385.43元。

一审诉辩情况

检察机关认为被告单位云南汉德生物技术有限公司及被告人吴军、李松、齐膺、明强忠的行为已触犯刑律，构成非法经营罪，吴军的行为还构成偷税罪。

被告单位汉德公司诉讼代表人提出：公司是经合法程序成立，具备经营红豆杉的执照，且执照未被注销，故公司是合法经营，不构成犯罪。

被告单位汉德公司的辩护人提出：云南汉德公司依法取得的经营权受法律保护，行政复议权和行政诉讼权被剥夺，公司无罪。公司许可证等证照合法有效；《司法会计鉴定书》和专家证明程序严重违法，不能作为定案依据。指控汉德公司构成非法经营罪定性不准，适用法律不当，公司不构成犯罪。公司有合法经营红豆杉的资格，无犯罪主、客观方面的要件。指控公司构成非法经营罪的证据不足。

被告人吴军、李松、齐膺均提出：公司各项证照齐全，是合法经营的。

被告人吴军提出：伪造盘存表、更换品名自己未同意。自己无偷税行为。即便公司在经营中有违法行为，也只是自己的失误，与其余被告人无关。

被告人吴军的辩护人提出：云南汉德公司属合法经营，不构成非法经营罪。丽江汉德公司的行为与云南汉德公司无关；云南汉德公司的行为不符合非法经营罪的4个构成要件；国家行政部门有过失；行政法规未规定该行为应追究刑事责任，故本案只应由行政部门对该行为作出处罚。吴军的行为不构成偷税罪。纳税对象只能是合法收入，非法经营罪和偷税罪一同起诉，二者必有一假；云南汉德公司利润分配属违法分配，侵犯了公司的合法利益，不属国家税收制度调整的范围；起诉书弄错了云南汉德公司股东；《税务鉴定报告》的鉴定人未出庭，使得该鉴定成为未经质证的证据。会计鉴定结论程序和实体均不准确。

被告人吴军、齐膂的辩护人均提出：公司行为不符合非法经营罪的4个构成要件；本案事实不清，证据不足。

被告人李松提出：伪造盘存表，是因公司与外国公司签订了合同，为避免公司造成巨额损失才进行的。

被告人李松的辩护人提出：云南汉德公司的行为不构成非法经营罪。云南汉德公司具有合法证照，其行为不构成非法经营罪；对收购的萃料、半成品进行处罚无法律依据；起诉书指控收购数额不能认定。李松的行为不构成非法经营罪。李松不属直接负责的主管人员，也不属其他直接责任人；李松的地位不能决定公司的经营方向；起诉书指控的犯罪事实李松未决策、也未直接参与。

被告人齐膂提出：自己任副总裁后，未具体负责过红豆杉的收购、加工，故自己不应承担刑事责任。

被告人齐膂的辩护人提出：指控公司非法收购的萃料、半成品数量不准确，未排除合法部分。丽江汉德公司是独立的法人，其行为不能由云南汉德公司承担。副总裁齐膂只主管外联和宣传，不是直接责任人员。

被告人明强忠提出：自己完全是按公司的指定进行收购，公司的行为与个人无关，故不应承担责任。

被告人明强忠的辩护人提出：指控明强忠构成非法经营罪程序严重违法。司法机关严重超越管辖权限，剥夺了当事人依法取得的合法权利；检察机关对被告单位指控严重违法；《司法会计鉴定书》程序严重违法，不能采信。起诉书指控事实不清，证据不足，定性不准，适用法律错误；公司有合法经营权，不构成非法经营罪；明强忠不具备非法经营罪的犯罪构成要件。

▶ 一审裁判结果

云南省石林彝族自治县人民法院于2002年11月14日以〔2002〕石刑初字第217号刑事判决，认定：

一、被告单位云南汉德生物技术有限公司犯非法经营罪，判处罚金人民币500万元；犯走私珍稀植物制品罪，判处罚金人民币1500万元；数罪并罚，决定执行罚金人民币2000万元；

二、被告人吴军犯非法经营罪，判处有期徒刑9年，并处罚金人民币100万元；犯走私珍稀植物制品罪，判处有期徒刑10年，并处罚金人民币100万元；总和刑期19年，决定执行有期徒刑18年，并处罚金人民币200万元；

三、被告人李松犯非法经营罪，判处有期徒刑5年，并处罚金人民币5万元；犯走私珍稀植物制品罪，判处有期徒刑5年，并处罚金人民币5万元；总和刑期10年，决定执行有期徒刑9年，并处罚金人民币10万元；

四、被告人齐膺犯非法经营罪，判处有期徒刑3年，并处罚金人民币4万元；犯走私珍稀植物制品罪，判处有期徒刑5年，并处罚金人民币4万元；总和刑期8年，决定执行有期徒刑7年，并处罚金人民币8万元；

五、被告人明强忠犯非法经营罪，判处有期徒刑3年，缓刑4年，并处罚金人民币5万元；

六、对被告单位云南汉德生物技术有限公司被冻结在华夏银行昆明分行圆通支行的美元277900.61元和人民币5558692.45元、交通银行昆明分行人民路支行的人民币36058.96元、上海浦东发展银行昆明分行的人民币200000元、华夏银行昆明分行新云支行的人民币11994176.11元、中国建设银行云南省分行昆明市长春路支行的人民币2478840.09元、中国光大银行昆明城西支行的37283.02元以及被扣押在云南省森林公安局的人民币237539.80元和美元5315元予以追缴，上交国库；对被告人吴军被冻结在中国建设银行云南省分行昆明市长春路支行的人民币56320.30元、中国银行昆明市官渡支行的人民币17291.48元以及吴军以其女儿吴恫之名存入中国建设银行云南省分行昆明市西坝路支行的人民币21042.39元予以追缴，上交国库；对被扣押的存放于云南汉德生物技术有限公司的紫杉醇13.1千克予以没收，上交国库。

▶ 一审裁判理由

一审法院认为：

1. 关于公司的经营活动是否合法的问题

庭审中，辩方始终辩称云南汉德公司具有合法证照，即企业营业执照、云南特种材加工许可证、药品生产企业许可证3证，故该公司属合法经营。本院认为，《中华人民共和国野生植物保护条例》及《云南省珍贵树种保护条例》已明文规定：禁止出售、收购、加工国家一级珍贵树种及其制品。而红豆杉于1999年9月9日被列为国家一级保护植物，其树体和制品为国家禁止经营物，但有合法来源的除外，如合法进口的，人工种植的，因科学研究、人工培育、文化交流等特殊需要经批准采集使用后的剩余物。国家行政主管部门对汉德公司发放许可证，只是对其经营项目的许可，而作为汉德公司，其红豆杉制品的生产、加工及销售的原料来源均应符合法律规定，这是毋庸置疑的。此外，云南省工商行政管理局〔2002〕4号文件及云南省林业厅 2002 年 5 月 31 日的批复中也明确：（1）汉德公司经营范围中的"植物原料药"中的植物均不包括国家重点保护的一、二级野生植物，"生物制品"不包括以国家重点保护的一、二级野生植物为原料生产的制品，"经济作物"不包括国家重点保护的一、二级植物。（2）汉德公司所持有的《特种木材加工许可证》的商品（含原料）的来源指：有合法来源证明的红豆杉枝叶及其制品，而不包括红豆杉树皮及以树皮为原料的制品。由此可见，汉德公司经营红豆杉树皮制品的行为具有违法性，因此辩方称该公司为合法经营的辩护意见本院不予采纳。

2. 关于4被告人的主观故意问题

庭审中，被告单位及4被告人均否认自己明知公司经营行为的违法性，但从本案证据来看，首先，被告人吴军、李松、齐膺的供述均直接证实：3被告人在1999年年底前就知道红豆杉为国家一级保护植物，是禁止经营的；其次，被告人明强忠的供述证实：公司将紫杉醇半成品更换成其他品名入库，将外购的紫杉醇半成品及萃料以丽江公司的名义入账；再次，证人王艳、严永红、唐明健、邹杰、张煜、郑志刚、白杉等人的证言也间接证实了4被告人主观上系明知的；最后，证据又证实被告人吴军、李松、齐膺在1999年9月后商议并实施了虚报库存骗取出口批文等行为。以上证据相互印证，可以证实4被告人主观上明知红豆杉自1999年9月9日被列为国家一级保护植物后，是禁止出售、收购和加工的。故4被告人关于自己主观上不明知的辩解不能成立。

3. 关于4被告人在本案中的作用问题

本案属单位犯罪，依照法律规定，应当追究直接负责的主管人员及其他直接责任人的刑事责任。被告人吴军作为汉德公司的董事长、法定代表人，全面负责公司的各项事务，是直接负责的主管人员，其在本案中起着指挥和领导作用，属主犯，应对公司的全部犯罪行为承担刑事责任。被告人李松作为公司总裁，在董事长的领导下负责公司的日常工作，是公司全面工作（特别是生产、销售工作）的管理者，应以直接负责的主管人员承担责任，故辩护人称李松不是直接负责的主管人员和直接责任人的辩护意见不能成立。但鉴于其2000年8月才开始任职，又是公司决策的执行者，在本案中起次要作用，属从犯，依法应从轻或减轻处罚。

被告人齐膺作为公司副总裁，按照公司章程规定，其职责是"全面协助总裁的工作，组织领导公司日常生产、技术和经营管理工作"。虽然其一再辩称自己只管对外宣传和公共关系，但证据证明，其在实际工作中齐确实也管生产销售，并参与了公司非法经营行为和经办骗取出口批文事宜，故应以直接负责的主管人员承担责任。其本人及辩护人所辩称的其与指控事实无关，其不构成犯罪的辩解不能成立。但鉴于其属公司决策的执行者，在本案中仅起辅助作用，属从犯，依法应从轻或减轻处罚。

被告人明强忠作为公司采购运输部的经理，直接负责公司萃料的收购，是汉德公司非法收购红豆杉制品的直接责任人，应以其他直接责任人承担刑事责任，但鉴于其仅是公司决策的执行者，在本案中仅起辅助作用，依法应对其从轻、减轻处罚。

4. 关于云南云审司法鉴定中心作出的《司法会计鉴定书》"程序是否合法"的问题

庭审中，辩方提出控方作为指控证据使用的云南云审司法鉴定中心作出的《司法会计鉴定书》，程序违法，内容不能采信，即认为《审计业务约定书》的受托单位与作出鉴定的单位不相符。经本院审查：根据检察机关提出申请，法庭传唤鉴定人岳天元、姜跃出庭宣读的云南云审司法鉴定中心《司法会计鉴定书》，是2001年11月18日云南省森林公安局云森公聘字〔2001〕32号《鉴定聘请书》聘请云南云审司法会计鉴定中心对云南汉德公司1994年至2001年间财务状况进行鉴定，云南云审司法鉴定中心根据云森公聘字〔2001〕32号《鉴定聘请书》的聘请，由注册会计师王念宁、岳天元、姜跃作出的。作出该《司法会计鉴定书》的程序符合《公安机关办理刑事案件程序规定》第233条、第234条、第236条、第238条的规定。而辩方提出异议的《审计业务约定书》与作出《司法会计鉴定书》的程序没有关联。故本院认为云南云审司法鉴定中心《司法会计鉴定书》作出的程序合法有效，并经庭审质证，真实可靠，予以采信。

5. 关于认定汉德公司、吴军、李松、齐膺构成走私珍稀植物制品罪的问题

检察机关在起诉书中未指控汉德公司、吴军、李松、齐膺犯有走私珍稀植物制品罪，但是，起诉书对汉德公司、吴军、李松、齐膺"通过伪造盘存表的手段，虚报领取紫杉醇出口许可证，用骗得的出口许可证和假报品名的方式将大部分紫杉醇出售给美国IVAX公司"的犯罪事实提出了指控，对走私珍稀植物制品的行为特征作了认定。特别是检察机关在庭审中，向法庭提供了确实、充分的证据，证实汉德公司、吴军、李松、齐膺伪造盘存表，虚报骗取紫杉醇出口证明书批文，并用骗取的批文报关出口紫杉醇共计53.615公斤，用其他品名报关实际出口紫杉醇共计14360.5克的犯罪事实。据此，本院根据最高人民法院《关于执行〈中华人民共和国刑事诉讼法〉若干问题的解释》第176条第1款第2项、第178条之规定，依照《刑法》第151条第3款、第5款的规定，认定被告单位汉德公司，被告人吴军、李松、齐膺构成走私珍稀植物制品罪。

6. 关于认定被告人吴军不构成偷税罪的问题

经审理后认为，被告人吴军的行为构成了非法经营罪、走私罪，则其通过这种非法经营的所得即为非法所得。依照法律规定，纳税的对象只能是公民或法人的合法收入，而对犯罪分子违法所得的一切财物，应当予以追缴或者责令退赔。故检察机关指控被告人吴军的行为构成偷税罪的指控罪名不能成立，吴军的辩护人关于吴军的行为不构成偷税罪的辩护意见本院予以采纳。

综上所述，被告单位云南汉德生物技术有限公司以获取非法利润为目的，违反国家有关规定，非法收购国家一级保护植物红豆杉树皮制品萃料5519.312公斤，半成品10765.475克，严重扰乱了市场经济管理秩序，属情节特别严重；之后该公司又采取骗取出口许可证和假报品名的手段，逃避海关监管，非法向国外出售紫杉醇67.9755公斤，情节严重，其行为分别构成非法经营罪和走私珍稀植物制品罪，依法应予严惩。被告人吴军作为该公司的董事长、法定代表人，被告人李松、齐膺分别作为该公司的总裁、副总裁，属直接负责的主管人员，3被告人依法均应以非法经营罪和走私珍稀植物制品罪追究其刑事责任。被告人明强忠直接实施了收购行为，属该公司非法经营行为的其他直接责任人，依法应以非法经营罪追究其刑事责任。

▶ 二审诉辩情况 ◀

一审宣判后，云南省石林彝族自治县人民检察院提出抗诉，昆明市人民检察院撤回抗诉。原审被告单位云南汉德生物技术有限公司和原审被告人吴军、李松、齐膺、明强忠提出上诉。

上诉单位云南汉德生物技术有限公司及其辩护人均提出：汉德公司有一切合法经营手续，没有违反国家规定；收购法律未明确禁止的红豆杉植物制品，没有收购法律禁止的红豆杉植物本身，不构成非法经营罪。在判处罚金的同时没收单位的财产无法律依据。

上诉单位云南汉德生物技术有限公司及其辩护人，上诉人吴军、李松、齐膺、明强忠及其辩护人均提出：检察机关没有指控汉德公司犯走私珍稀植物制品罪，人民法院追加走私珍稀植物制品罪违法，侵犯了公司的辩护权。

上诉人吴军、李松、齐膺、明强忠及其辩护人均提出：汉德公司有行政机关核发的一切合法经营手续，没有收购过法律禁止经营的红豆杉树皮，不构成非法经营罪。

▶ 二审裁判结果 ◀

一审宣判后，云南省石林彝族自治县人民检察院提出抗诉，昆明市人民检察院撤回抗诉。原审被告单位云南汉德生物技术有限公司和原审被告人吴军、李松、齐膺、明强忠提出上诉。云南省昆明市中级人民法院于2003年6月15日作出〔2003〕昆刑抗字第1号刑事判决：

一、撤销昆明市石林彝族自治县人民法院〔2002〕石刑初字第217号刑事判决；

二、上诉单位汉德公司犯非法收购、加工国家重点保护植物、国家重点保护植物制品罪，判处罚金人民币250万元；犯走私珍稀植物制品罪，判处罚金人民币1000万元，数罪并罚，决定执行罚金人民币1250万元；

三、上诉人吴军犯非法收购、加工国家重点保护植物、国家重点保护植物制品罪，判处有期徒刑4年，并处罚金人民币50万元；犯走私珍稀植物制品罪，判处有期徒刑5年，并处罚金人民币60万元；决定执行有期徒刑8年，并处罚金人民币110万元；

四、上诉人李松犯非法收购、加工国家重点保护植物、国家重点保护植物制品罪，判处有期徒刑1年，并处罚金人民币1万元；犯走私珍稀植物制品罪，判处有期徒刑1年，并处罚金人民币1万元；决定执行有期徒刑1年6个月，并处罚金人民币2万元；

五、被告人齐膺犯非法收购、加工国家重点保护植物、国家重点保护植物制品罪，判处有期徒刑1年，并处罚金人民币1万元；犯走私珍稀植物制品罪，判处有期徒刑1年，并处罚金人民币1万元；决定执行有期徒刑1年6个月，并处罚金人民币2万元；

六、被告人明强忠犯非法收购、加工国家重点保护植物、国家重点保护植物制品罪，判处有期徒刑1年，缓刑2年，并处罚金人民币2万元。

二审裁判理由

二审法院经审理认为：上诉人吴军作为汉德公司董事长、法定代表人，对汉德公司的生产经营起决策作用，属于直接负责的主管人员，上诉人李松、齐膺分别作为汉德公司总裁、副总裁，直接负责汉德公司的生产经营，属于其他直接责任人员，依法应以非法经营罪和走私珍稀植物制品罪，追究其刑事责任。原判对上诉单位汉德公司超出行政机关核定的经营、许可范围，非法收购、加工国家一级保护植物红豆杉制品，构成非法经营罪的处罚并无不当。鉴于二审期间，全国人大常委会通过了《中华人民共和国刑法修正案（四）》将第344条修改为："违反国家规定，非法采伐、毁坏珍贵树木或者国家重点保护的其他植物的，或者非法收购、运输、加工、出售珍贵树木或国家重点保护的其他植物及其制品的，处三年以下有期徒刑、拘役或者管制，并处罚金；情节严重的,处三年以上七年以下有期徒刑,并处罚金。"根据《刑法》第13条规定,由于《刑法》第344条较《刑法》第225条处刑轻,所以,对上诉单位汉德公司,上诉人吴军、李松、齐膺、明强忠非法收购、加工云南红豆杉植物萃料制品的行为,应当适用《刑法》第344条之规定定罪处刑。上诉单位和上诉人及其辩护人提出不构成非法经营罪的上诉理由和辩护意见不成立,不予支持。

《刑法》第31条规定:"单位犯罪的,对单位判处罚金,并对其直接负责的主管人员和其他直接责任人员判处刑罚。"本案是单位犯罪,原审判决对汉德公司判处罚金后,又对扣押财物予以没收,无法律依据,上诉单位汉德公司及其辩护人所提没收扣押财物违法的上诉理由和辩护意见成立,予以支持。

根据最高人民法院《关于执行〈中华人民共和国刑事诉讼法〉若干问题的解释》第176条、第178条的规定,人民法院可以基于检察机关起诉书认定的事实,作出与检察机关起诉书指控不同的罪名。本案中,上诉单位汉德公司虚报库存、编造品名、骗取许可证,出口限制出口的货物紫杉醇,违反了《货物进出口管理条例》第64条的规定,情节严重,构成走私珍稀植物制品罪。人民法院在检察机关起诉书指控事实的基础上追加罪名于法有据,上诉单位和上诉人及辩护人提出,人民法院增加走私珍稀植物制品罪违法的上诉理由和辩护意见,不予支持。为打击刑事犯罪,维护正常的市场秩序和国家对外贸易管理制度,结合被告单位的犯罪情节及4被告人在本案中所起的作用,故法院依法作出如上裁判。

203. 行为人是否只有明知所收购、运输的是珍贵树木种类才构成非法收购、运输国家重点保护植物罪?

行为人明知是国家重点保护的植物,而予以非法收购、运输的,构成非法收购、运输国家重点保护植物罪。行为人只需要对珍贵树木有概括的认知即可,不需要明确知道珍贵树木的具体种类。

典型疑难案件参考

赖敏亮等非法运输珍贵树木案

基本案情

被告人赖敏亮非法购买无正当手续的楠木存放于上杭县蛟洋乡蛟洋村其租赁的一间平房里，欲运往漳州市出售。2003年4月1日，被告人赖敏亮雇请被告人赖汝功运输，当晚，被告人赖汝功驾驶货车随同被告人赖敏亮到上杭县界内"吊钟岩"某氢钙厂购装氢钙2吨，尔后返回至蛟洋村卸下氢钙，装上上述木材，再将氢钙覆盖在木材上以伪装，被告人赖汝功明知国家有保护珍贵树木的规定，已经意识到如此伪装运输是运输无运输手续的木材，且为非一般木材，但为了赚取运费而仍予承运。次日凌晨，2被告人在运输途中被福建省龙岩林业检查站查获。经鉴定，该木材中属国家二级保护的珍贵树木香樟453片，原木材积11.1238立方米，折立木积22.2476立方米；属国家二级保护的珍贵闽楠6片，原木材积0.4631立方米，折立木积0.9262立方米。案发后，该木材被公安机关暂放于新罗区林业局仓库。被告人赖敏亮在林业行政执法人员盘问时主动交代了其无证运输的犯罪事实；被告人赖汝功在公安机关首次讯问时主动交代了非法运输非一般木材的犯罪事实。

诉辩情况

检察机关指控称：2002年11月至2003年3月间，被告人赖敏亮在上杭县蛟洋乡先后向江西张某购得无正当手续的楠木（俗名）方料459片，存放在该乡蛟洋村一平房里。2003年4月1日，被告人赖敏亮雇请被告人赖汝功拟将该木材运往本省漳州市出售。被告人赖汝功意识到如此伪装运输木材是运输无手续的木材，但为了赚取运费仍予承运。案发后，该木材被森林公安机关扣押，现暂存放在新罗区林业局仓库。二被告人在运输途中被龙岩林业检查站查获后，在该站林政执法人员盘问时即主动交代了无证运输楠木的犯罪事实。

被告人赖敏亮的辩护人提出：被告人赖敏亮的犯罪情节一般且有自首情节，建议合议庭在依法从轻或减轻处罚被告人赖敏亮的同时予以适用缓刑。

被告人赖汝功提出：对是否构成犯罪表示不清楚。

被告人赖汝功的辩护人提出：是否构成非法运输珍贵树木罪应看主观方面是否表现为故意，即行为人明知运输对象是国家重点保护的珍贵树木而故意为之。而本案被告人赖汝功只是意识到是没有运输木材的手续，主观上根本不知道所承运的木料是楠木和香樟，是国家保护的珍贵树木，不存在主观故意，因此不构成非法运输珍贵树木罪。

裁判结果

福建省龙岩市新罗区人民法院于 2003 年 9 月 6 日以〔2003〕龙新刑初字第 317 号刑事判决，认定赖敏亮犯非法收购、运输国家重点保护植物制品罪，判处有期徒刑 1 年 6 个月，缓刑 2 年；并处罚金 10000 元（已缴）。赖汝功犯非法收购、运输国家重点保护植物制品罪，判处有期徒刑 1 年，缓刑 1 年 6 个月；并处罚金 8000 元（已缴）。扣押在龙岩市公安局新罗森林分局的赃物：香樟 453 片，计原木材积 11.1238 立方米；闽楠 6 片，计原木材积 0.4631 立方米，予以没收，上缴国库。

裁判理由

法院生效裁判认为：被告人赖敏亮违反森林保护法规，非法购买无正当手续的楠木，并雇请被告人赖汝功伪装运输，欲运往本省漳州市出售，其行为已构成非法收购、运输国家重点保护植物制品罪；被告人赖汝功明知国家有重点保护植物的规定，且其受雇伪装运输的系非一般木材，为了赚取运费仍然受雇予以伪装运输，其行为已构成非法运输国家重点保护植物罪。检察机关指控 2 被告人的犯罪事实成立，予以采纳；指控罪名根据 2003 年 8 月 21 日最高人民法院、最高人民检察院《关于执行〈中华人民共和国刑法〉确定罪名的补充规定（二）》应予以变更。案发后，2 被告人在第一次接受讯问时主动交代了非法运输珍贵树木的犯罪事实，属于自首，依法予以从轻处罚。辩护人卢欣昌的辩护意见理由充分，予以采纳；辩护人林添照的辩护意见与庭审查明的事实及刑法有关故意犯罪理论相违背，理由不能成立，不予采纳。故法院依法作出如上裁判。

204. 构成非法收购、运输、出售国家重点保护植物罪，是否要求行为人具有营利的目的？

行为人一经实施对重点保护植物的收购、运输、加工、出售，即具有非法性，侵害了国家保护珍贵树木的管理制度。行为人是否具有营利的目的，不是构成本罪犯罪构成要件的内容。

205. 行为人有证采伐国家重点保护植物的,是否构成犯罪?

采伐国家重点保护植物的单位和个人,必须按照采伐证规定的种类数量、地点、期限和方法进行采伐。对于未申请采伐证或虽申请未获批准,或者未按规定的种类、数量、地点、期限方法采伐国家重点保护植物的,都可以构成犯罪。

206. 行为人主观上不知树木是国家重点保护植物而收购的,是否构成非法收购国家重点保护植物罪?

法律法规已对国家重点保护植物的珍贵性和出售、收购的违法性予以明确规定,行为人主观上不知树木是国家重点保护植物而收购的,属于法律认识错误,不影响构成本罪。

207. 为公益目的而收购国家重点保护植物的,能否构成本罪?

行为人违反国家规定,非法收购、运输、加工、出售珍贵树木或者国家重点保护的其他植物及其制品的,构成本罪,是否具有公益目的不影响本罪的认定。

208. 单位是否能构成非法收购、运输、加工、出售国家重点保护植物、国家重点保护植物制品罪?

单位可以构成本罪。单位犯本罪的,对单位判处罚金,并对其直接负责的主管人员和其他直接责任人员,依照本条自然人的规定定罪处罚。

典型疑难案件参考

陈振国等非法收购、运输、出售国家重点保护植物案

基本案情

2006年11月间,被告人陈振国得知本市白琳镇高山村边坑里坪山场一株红豆杉树被台风刮倒,即联系高山村李氏家族当年族头被告人李启玲,要求购买该红豆杉树。同年11月,被告人李启玲与高山村村干部及族亲代表协商后,同意以28万元的价款卖给被告人陈振国。事后,被告人陈振国支付了定金10万元,由被告人李启玲等5人具条收取,余款因被告人陈振国认识到自己行为的非法性而停止了支付。

2006年年底,被告人吴启何、罗开绘为了福鼎市瑞云寺雕塑佛像需要,要求被告人陈振国转让该红豆杉树。经3方协商,被告人陈振国同意以40万元予以转让,并约定其中28万元由瑞云寺直接支付给李氏宗族代表,另12万元支付给被告人陈振国。2007年1月9日,为了规避处罚,高山村李氏理事会代表与被告人吴启何签订了该红豆杉树的赠与协议。同日,被告人吴启何支付被告人陈振国10万元后,授意被告人罗开绘组织砍伐、运输。2007年2月14日,福鼎市林业局依申请向高山村民委员会颁发该株红豆杉树《福建省珍稀树木特许采伐证》。期间,被告人罗开绘用瑞云寺的资金经手向市林业局交纳育林金30000元,同时支付被告人陈振国12万元,由被告人陈振国开具收条,以赞助名义支付李氏宗族红豆杉款15万元,被告人罗开绘以3.3万元雇用李春生等人将该株红豆杉树进行砍伐后运回瑞云寺,并向李启玲付清余欠3万元价款。经鉴定,该株红豆杉系国家一级保护植物,立木蓄积为8.065立方米。

案发后,被告人李启玲、罗开绘于2007年5月23日,被告人吴启何于2007年12月15日向宁德市森林公安局投案。被告人李启玲退出赃款25万元,被告人陈振国退出赃款12万元。

诉辩情况

检察机关认为:被告人陈振国的行为构成非法收购、出售国家重点保护植物罪,被告人李启玲的行为构成非法出售国家重点保护植物罪,被告人吴启何、罗开绘的行为构成非法收购、运输国家重点保护植物罪。

被告人陈振国提出:其了解买卖红豆杉系非法行为后,即停止红豆杉买卖活动。事后实际交易者是吴启何、罗开绘,其参与协商只是为了追回前期已支付的费用。

被告人陈振国的辩护人提出：被告人陈振国与福鼎市瑞云寺之间不形成买卖红豆杉关系，向瑞云寺收取的 12 万元，系用于补偿在办理木材砍伐审批等相关手续费用和赞助高山村公路修建，并非营利收入。被告人陈振国在本案中所实施的行为系协助他人非法收购、出售国家重点保护植物行为，在共同犯罪中起辅助作用，系从犯，依法应减轻处罚。

被告人李启玲提出：出售台风刮倒的红豆杉经村干部和家族成员同意，系家族成员共同实施的行为，不是其个人行为。

被告人李启玲的辩护人提出：鉴定结论存在较多的瑕疵，无论是形式上还是内容上，都不能作为刑事定案的依据。《福建省珍稀树木特许采伐许可证》，在申请人处标注"不得出售"，字迹根本无法识别，林业部门在发放采伐证并收取育林金 30000 元时也没有释明，导致被告人误认为可以出售。

被告人吴启何的辩护人提出：被告人吴启何为古刹名寺的公益事业买受依法取得采伐许可证并缴纳了育林金的红豆杉，并非以营利为目的，其行为不是刑法意义上的收购行为，故不构成犯罪。

被告人罗开绘提出：其自愿接受寺庙负责人吴启何的委托参与办理有关买树、采伐、运输等事宜，没有营利的目的。

被告人罗开绘的辩护人提出：被告人罗开绘参与买受已依法取得采伐许可证并缴纳了育林金购买红豆杉，是为了寺庙雕塑的菩萨的需要，并非以营利为目的，其行为不属于收购性质。该红豆杉以瑞云寺的名义、资金购买，因此被告人罗开绘实施的是单位行为。

被告人李启玲的辩护人、被告人吴启何的辩护人、被告人罗开绘的辩护人分别提出：被告人李启玲、吴启何、罗开绘主动投案，并如实供述自己的罪行，属自首，具有法定的从、减轻情节。

裁判结果

福建省福鼎市人民法院于 2008 年 7 月 31 日以〔2008〕鼎刑初字第 92 号刑事判决，认定被告人陈振国犯非法收购、出售国家重点保护植物罪，判处有期徒刑 3 年，缓刑 4 年，并处罚金 8 万元；被告人李启玲犯非法出售国家重点保护植物罪，判处有期徒刑 2 年 6 个月，缓刑 3 年，并处罚金 6 万元；被告人吴启何犯非法收购、运输国家重点保护植物罪，判处有期徒刑 1 年 6 个月，缓刑 2 年，并处罚金 5 万元；被告人罗开绘犯非法收购、运输国家重点保护植物罪，判处有期徒刑 1 年 6 个月，缓刑 2 年，并处罚金 5 万元；宁德市森林公安局扣押在案的李启玲出售红豆杉非法所得款 25 万元和陈振国收购红豆杉非法所得款 12 万元，予以没收，由扣押机关上缴国库；宁德市森林公安局扣押的

8.065立方米的红豆杉予以没收,上缴国库。

裁判理由

法院生效裁判认为:《刑法》第344条规定的非法收购、运输、加工、出售国家重点保护植物罪,客观方面表现为行为人实施对国家重点保护植物的非法收购、运输、加工、出售行为,本罪侵害的客体是国家保护珍贵树木的管理制度。红豆杉属国家一级保护植物,《野生植物保护条例》第18条第1款规定:"禁止出售、收购国家一级保护野生植物。"因此,行为人一经实施对红豆杉的收购、运输、加工、出售,即具有非法性,侵害了国家保护珍贵树木的管理制度,4被告人的行为符合本罪客观方面的构成要件。至于被告人是否具有营利或公益的目的,不是构成本罪犯罪要件的内容,不影响本案定性。被告人李启玲、陈振国、吴启何、罗开绘相互间以所有者、买受者、受让者名义进行协商约定,支付价款,运输转移,期间还以赠与协议掩饰其行为的非法性。被告人李启玲、陈振国、吴启何、罗开绘主观上明知其实施的是法律法规禁止的行为,客观上仍实施收购、运输、加工、出售行为,虽然各被告人分别具有营利或公益的主观目的,但其行为均属《刑法》第344条规定的出售、收购、运输国家重点保护植物的性质。被告人陈振国、吴启何、罗开绘及其辩护人的辩护意见没有法律依据,不予支持。

关于被告人李启玲辩解认为红豆杉树的出售不是其一人决定所为。经查,并经庭审质证:被告人李启玲作为李氏宗族负责人,组织了宗族人员与他人协商议定红豆杉树的出售事宜,并具体实施出售、收取价款等行为,其在出售红豆杉的过程中起积极作用,理应承担罪责。被告人李启玲的辩护人认为,《福建省珍稀树木特许采伐证》标注的"不得出售"字迹无法识别和林业部门换发采伐证时没有释明导致被告人误认为可以出售的辩护意见。法院认为,红豆杉属国家一级保护植物,《野生植物保护条例》第18条第1款规定:"禁止出售、收购国家一级保护野生植物。"法律法规对红豆杉的珍贵性和出售、收购的违法性已明确规制,有关部门释明与否,不影响被告人李启玲行为的违法性。关于被告人李启玲的辩护人认为本案鉴定结论和内容存在瑕疵,不能成为定案依据的辩护意见。经查,并庭审质证:本案的鉴定结论系由具有鉴定资质的技术人员进行现场勘测,采取科学方法进行甄别、测算而形成的结论,该鉴定结论、鉴定方法科学,内容形式合法客观。具有刑事证明能力,可以成为本案定案依据。被告人李启玲及其辩护人的上述辩护意见缺乏依据,不予采纳。

关于被告人吴启何、罗开绘的辩护人认为该红豆杉以瑞云寺的名义、资金购买,被告人罗开绘实施的是单位行为的辩护意见。经查,并经庭审质证:本市瑞云寺是依法成立的宗教单位,被告人吴启何为本寺院宗教事务决定出资购买红豆杉,并以寺院的名义指派被告人罗开绘具体负责收购,该行为虽系寺院集体意志决定利用寺院资金,为寺院利益而实施,属单位行为,依法属寺院单位犯罪,但被告人吴启何、罗开绘作为直接负责的主管人员和直接责任人员应对自己的犯罪行为承担刑事责任。被告人罗开绘的辩护人的辩护意见可予采纳。

关于被告人陈振国的辩护人认为被告人陈振国在本案中起辅助作用系从犯的辩护意见。经查,4被告人在共同犯罪中各自实施了收购、出售、运输的行为,所起作用相当,故不宜区分主、从犯。因此,该意见不予采纳。

综上所述,被告人陈振国、李启玲、吴启何、罗开绘违反《野生植物保护条例》规定,对国家一级保护植物红豆杉进行买卖、运输,其行为均已构成犯罪,其中被告人陈振国实施非法收购、转卖行为,构成非法收购、出售国家重点保护植物罪;被告人李启玲实施非法出售行为,构成非法出售国家重点保护植物罪;被告人吴启何、罗开绘为单位利益,实施非法收购运输行为,应分别负直接负责的主管人员和直接责任人员责任,其行为均构成非法收购、运输国家重点保护植物罪。本案4被告人非法出售、收购、运输红豆杉树蓄积量达8.065立方米,社会危害大,属情节严重,但本案红豆杉树因自然灾害无再生可能,且经有关林业部门批准采伐后予以出售、收购、运输,该行为的可罚性与典型的刑法规定的本罪应有所区别。被告人李启玲、吴启何、罗开绘主动投案,并如实供述自己罪行,属自首,具有从轻、减轻情节。综合本案的犯罪情节,决定对被告人李启玲、吴启何、罗开绘予以减轻处罚。被告人李启玲、吴启何、罗开绘有悔罪表现适用缓刑,不致再危害社会,故法院依法作出如上裁判。

非法收购、运输、加工、出售国家重点保护植物、国家重点保护植物制品罪办案依据集成

刑法条文

第三百四十四条 【非法采伐、毁坏国家重点保护植物罪，非法收购、运输、加工、出售国家重点保护植物、国家重点保护植物制品罪】违反国家规定，非法采伐、毁坏珍贵树木或者国家重点保护的其他植物的，或者非法收购、运输、加工、出售珍贵树木或者国家重点保护的其他植物及其制品的，处三年以下有期徒刑、拘役或者管制，并处罚金；情节严重的，处三年以上七年以下有期徒刑，并处罚金。

立案标准

1. 国家林业局、公安部《关于森林和陆生野生动物刑事案件管辖及立案标准》（2001年5月9日）（节录）

一、森林公安机关管辖在其辖区内发生的刑法规定的下列森林和陆生野生动物刑事案件

（四）非法采伐、毁坏珍贵树木案件（第三百四十四条）。

二、森林和陆生野生动物刑事案件的立案标准

（四）非法采伐、毁坏珍贵树木案

非法采伐、毁坏珍贵树木的应当立案；采伐珍贵树木2株、2立方米以上或者毁坏珍贵树木致死3株以上的，为重大案件；采伐珍贵树木10株、10立方米以上或者毁坏珍贵树木致死15株以上的，为特别重大案件。

三、其他规定

（二）林木的数量，以立木蓄积计算。

（七）单位作案的，执行本规定的立案标准。

（八）本规定中所指的"以上"，均包括本数在内。

2. 最高人民法院《关于审理破坏森林资源刑事案件具体应用法律若干问题的解释》（2000年12月11日法释〔2000〕36号）（节录）

第一条 刑法第三百四十四条规定的"珍贵树木"，包括由省级以上林业主管部门或者其他部门确定的具有重大历史纪念意义、科学研究价值或者年代久远的古树名木，国家禁止、限制出口的珍贵树木以及列入国家重点保护野生植物名录的树木。

第二条 具有下列情形之一的，属于非法采伐、毁坏珍贵树木行为"情节严重"：

（一）非法采伐珍贵树木二株以上或者毁坏珍贵树木致使珍贵树木死亡三株以上的；

（二）非法采伐珍贵树木二立方米以上的；

（三）为首组织、策划、指挥非法采伐或者毁坏珍贵树木的；

(四)其他情节严重的情形。

第八条 盗伐、滥伐珍贵树木,同时触犯刑法第三百四十四条、第三百四十五条规定的,依照处罚较重的规定定罪处罚。

第十六条 单位犯刑法第三百四十四条、第三百四十五条规定之罪,定罪量刑标准按照本解释的规定执行。

第十七条 本解释规定的林木数量以立木蓄积计算,计算方法为:原木材积除以该树种的出材率。

本解释所称"幼树",是指胸径五厘米以下的树木。

滥伐林木的数量,应在伐区调查设计允许的误差额以上计算。

3. 最高人民检察院、公安部《关于公安机关管辖的刑事案件立案追诉标准的规定(一)》(2008年6月25日公通字〔2008〕36号)(节录)

第七十条 [非法采伐、毁坏国家重点保护植物案(《刑法》第三百四十四条)]违反国家规定,非法采伐、毁坏珍贵树木或者国家重点保护的其他植物的,应予立案追诉。

本条和本规定第七十一条规定的"珍贵树木或者国家重点保护的其他植物",包括由省级以上林业主管部门或者其他部门确定的具有重大历史纪念意义、科学研究价值或者年代久远的古树名木,国家禁止、限制出口的珍贵树木以及列入《国家重点保护野生植物名录》的树木或者其他植物。

第七十一条 [非法收购、运输、加工、出售国家重点保护植物、国家重点保护植物制品案(《刑法》第三百四十四条)]违反国家规定,非法收购、运输、加工、出售珍贵树木或者国家重点保护的其他植物及其制品的,应予立案追诉。

第一百条 本规定中的立案追诉标准,除法律、司法解释另有规定的以外,适用于相关的单位犯罪。

> **法律法规**

1.《中华人民共和国森林法(1998年修正)》(1985年1月1日)(节录)

第三十一条 采伐森林和林木必须遵守下列规定:

(一)成熟的用材林应当根据不同情况,分别采取择伐、皆伐和渐伐方式,皆伐应当严格控制,并在采伐的当年或者次年内完成更新造林;

(二)防护林和特种用途林中的国防林、母树林、环境保护林、风景林,只准进行抚育和更新性质的采伐;

(三)特种用途林中的名胜古迹和革命纪念地的林木、自然保护区的森林,严禁采伐。

第四十条 违反本法规定,非法采伐、毁坏珍贵树木的,依法追究刑事责任。

2.《野生植物保护条例》(1997年1月1日国务院令第204号)(节录)

第二条 在中华人民共和国境内从事野生植物的保护、发展和利用活动,必须遵守本条例。

本条例所保护的野生植物,是指原生地天然生长的珍贵植物和原生地天然生长并具有重要经济、科学研究、文化价值的濒危、稀有植物。

药用野生植物和城市园林、自然保护区、风景名胜区内的野生植物的保护,同时适用有关法律、行政法规。

第十六条 禁止采集国家一级保护野生植物。因科学研究、人工培育、文化交流等特殊需要,采集国家一级保护野生植物的,必须经采集地的省、自治区、直辖市人民政府野生植物行政主管部门签署意见后,向国务院野生植物行政主管部门或者其授权的机构申请采集证。

采集国家二级保护野生植物的,必须经采集地的县级人民政府野生植物行政主管部门签署意见后,向省、自治区、直辖市人民政府野生植物行政主管部门或者其授权的机构申请采集证。

采集城市园林或者风景名胜区内的国家一级或者二级保护野生植物的,须先征得城市园林或者风景名胜区管理机构同意,分别依照前两款的规定申请采集证。

采集珍贵野生树木或者林区内、草原上的野生植物的,依照森林法、草原法的规定办理。

野生植物行政主管部门发放采集证后,应当抄送环境保护部门备案。

采集证的格式由国务院野生植物行政主管部门制定。

第十七条 采集国家重点保护野生植物的单位和个人,必须按照采集证规定的种类、数量、地点、期限和方法进行采集。

县级人民政府野生植物行政主管部门对在本行政区域内采集国家重点保护野生植物的活动,应当进行监督检查,并及时报告批准采集的野生植物行政主管部门或者其授权的机构。

第二十八条 违反本条例规定,构成犯罪的,依法追究刑事责任。

五、非法收购、运输盗伐、滥伐的林木罪

209. 在林区内明知是盗伐的林木，而收购的行为构成掩饰、隐瞒犯罪所得、犯罪所得收益罪还是非法收购盗伐的林木罪？

行为人明知是盗伐的林木，在林区内仍予以收购的行为构成非法收购盗伐的林木罪。

210. 在购买盗伐的林木时被当场查获的，是否构成非法收购盗伐的林木罪的未遂？

在购买盗伐的林木时被当场查获的，由于收购行为没有完成，因此行为人构成非法收购盗伐的林木罪（未遂）。

典型疑难案件参考

章建忠非法收购盗伐的林木案

基本案情

2001年12月间，被告人章建忠以个人名义，承包德化县雷峰中心小学教学楼基建的模板搭钉工程，为了营利，明知市属林区的德化县雷峰镇雷峰村及坂仔村村民方木枝、方贵山（均已逮捕）、方玉泉、方金狮、方玉燕、方昭仲、方金福、郭联辉、郭永忠（均已受到林业行政处罚）出卖的林木是盗伐的，而予以购买。向方木枝等人购买盗伐的林木阔叶树原木计863根，杉原木10根，原木材积11.5254立方米，折活立木材积25.5267立方米，用于教学楼基建工地搭钉模板。同月16日夜间，被告人章建忠在该建筑工地内，再次欲向雷峰镇坂仔村村民方昭仁、罗乙（均已判刑）购买盗伐的林木阔叶树原木时，被德化县林业检查站当场查获。所查获的阔叶树原木165根（已判追缴），折活立木材积5.0186立方米。案发后，被告人章建忠积极退出所收购的林木。

诉辩情况

检察机关指控被告人犯非法收购盗伐的林木罪。被告人章建忠非法收购他

人盗伐的部分林木（立木材积 5.0186 立方米）被当场查获而未能得逞，是犯罪未遂，可以比照既遂犯从轻处罚。

被告人章建忠提出：承认起诉书指控其非法收购盗伐的林木的事实，原因是为了建筑学校，且积极退出赃物，要求从轻处罚。

被告人章建忠的辩护人提出：收购林木中有 5.0186 立方米是未遂，收购数量刚达到追究刑事责任的标准。收购的林木是用于承建雷峰中心小学教学楼，是初犯，认罪态度好，有悔罪的表现，建议从轻处罚，适用缓刑。

裁判结果

福建省德化县人民法院于 2002 年 3 月 6 日以〔2002〕德林刑初字第 59 号刑事判决，认定被告人章建忠犯非法收购盗伐的林木罪，判处有期徒刑 1 年，缓刑 1 年，并处罚金人民币 1500 元。追缴被告人章建忠非法收购盗伐的林木阔叶树原木材积 11.4014 立方米、杉原木材积 0.124 立方米，予以没收归国库。

裁判理由

法院生效裁判认为：被告人章建忠以营利为目的，在林区非法收购明知是盗伐的林木，情节严重，其行为已构成非法收购盗伐的林木罪。检察机关对被告人章建忠的指控成立。在非法收购盗伐的林木中，部分非法收购盗伐的林木被当场查获而未能得逞，是犯罪未遂。检察机关认为被告人章建忠犯罪未遂部分，可以比照既遂从轻处罚的意见，被告人及其辩护人提出收购林木是用于承建小学教学楼，是初犯，认罪态度好，积极退出收购的林木，有悔罪表现，要求缓刑的意见予以采纳。故法院依法作出如上裁判。

211. 为进行营利性生产，违反森林管理法规，毁坏他人和农林局种植的经济林和防护林，被劝阻后继续恶意毁林的行为该如何定性？

滥伐林木罪与故意毁坏财物罪的最主要区别是二者的犯罪对象不同。滥伐林木罪任意采伐的只限于行为人本单位所有或者行为人本人所有的森林或者其他林木；如果行为人采伐的是他人和单位种植的林木，情节严重的，构成故意毁坏财物罪。为进行营利性生产，违反森林管理法规，毁坏他人和农林局种植的经济林和防护林，被劝阻后继续恶意毁林，导致林木大量毁坏的，应定故意毁坏财物罪。

典型疑难案件参考

孔令良等滥伐林木案

基本案情

2007年10月，海口市秀英区农林局在海口市滨海大道西延线新海村村口斜对面林地上种植2.8亩粗果相思树，2004年，李齐军在该地上种植约1100株木麻黄树，2006年、2008年李齐军两次在该地上种植约3000株小叶桉树。被告人林诗武、孔令良出于合建海鲜店的目的，经2人商量，决定由林诗武负责雇请3部铲车，孔令良负责在现场接应，将该地上的树木砍伐后平整。2010年5月9日，林诗武雇请了3部铲车，孔令良叫来被告人林诗忠，由林诗忠指挥铲车进入现场，次日凌晨4时许，在没有办理林木采伐许可证的情况下，林诗忠协助林诗武、孔令良将林地上的粗果相思树、木麻黄树、桉树进行了推铲采伐。经海南省林业科学研究所调查，3被告人滥伐林木造成33.59亩林地被毁，被毁林木株数为3739株，其中幼树为3426株。

2010年8月18日下午17时，孔令良、林诗忠在海口市秀英区西秀镇新海村后面的海边被海口市森林公安局新海林场派出所的民警抓获并拘留。林诗武于2010年8月31日到海口市森林公安局新海林场派出所投案。2010年11月23日，孔令良、林诗武、林诗忠与李齐军达成调解协议，由3被告人赔偿李齐军补种费36000元，李齐军收到补种费后，已将该地上被砍伐的林木都补种完毕。

一审诉辩情况

检察机关指控被告人孔令良、林诗武、林诗忠犯滥伐林木罪。

一审裁判结果

海口市秀英区人民法院于2011年6月13日以〔2011〕秀刑初字第87号刑事判决，认定被告人孔令良犯滥伐林木罪，判处有期徒刑3年3个月，并处罚金4000元。被告人林诗武犯滥伐林木罪，判处有期徒刑2年6个月，并处罚金3000元。被告人林诗忠犯滥伐林木罪，判处有期徒刑2年，缓刑3年，并处罚金3000元。

一审裁判理由

一审法院认为：被告人孔令良、林诗武、林诗忠违反森林法的规定，滥伐林木幼树3426株，数量巨大，3被告人的行为已构成滥伐林木罪，应予惩处。3被告人认罪态度较好，且在案发后积极赔偿被害人的经济损失，可酌情从轻处罚。根据林诗忠的犯罪情节和悔罪表现，适用缓刑不致再危害社会，可以对其宣告缓刑。

二审诉辩情况

一审宣判后，被告人孔令良、林诗武提出上诉。

孔令良及其辩护人提出：原审判决量刑过重，请求二审法院从轻处罚。海南省林业科学研究所的调查报告不具有鉴定结论的证据地位，不具有证明效力，原审判决根据调查报告认定孔令良的毁林材积系认定事实错误。孔令良的行为应以故意毁坏财物罪定罪，在1年有期徒刑以下处刑。

被告人林诗武及其辩护人提出：原审判决根据海南省林业科学研究所的调查报告认定林诗武的毁林材积错误，且该报告的毁林株树与树木的所有人李齐军的证言相矛盾。上诉人林诗武的行为应定性为故意毁坏公私财物罪，并根据林诗武具有自首、积极赔偿被害人损失和补种树木的情节从轻判处1年以下有期徒刑。

二审裁判结果

海南省海口市中级人民法院于2011年12月23日以同样的事实作出〔2011〕海中法刑终字第139号刑事判决：

一、撤销海口市秀英区人民法院〔2011〕秀刑初字第87号刑事判决；

二、上诉人孔令良犯故意毁坏财物罪，判处有期徒刑3年3个月；

三、上诉人林诗武犯故意毁坏财物罪，判处有期徒刑2年6个月；

四、原审被告人林诗忠犯故意毁坏财物罪，判处有期徒刑2年，缓刑3年。

二审裁判理由

二审法院认为：上诉人孔令良、林诗武及原审被告人林诗忠为进行营利性生产，违反森林管理法规，毁坏李齐军种植的经济林和海口市秀英区农林局种植的防护林，对村干部和新海林场派出所多次劝阻置之不理，在劝阻人员离开后继续恶意毁林，最终导致被毁林木达3739株，其中幼树3426株，3人的行为均已构成故意毁坏财物罪，且毁坏林木的数量巨大，情节特别严重，依法应处3年以上7年以下有期徒刑。原审判决认定2上诉人及原审被告人林诗忠的行为构成滥伐林木罪定性错误，应予纠正。上诉人孔令良的辩护人、上诉人林诗武及其辩护人关于其行为应定故意毁坏财物罪的意见有理，应予支持。

上诉人林诗武具有自首情节，依法可以减轻处罚，原审被告人林诗忠在共同犯罪中系从犯，依法应当减轻处罚。上诉人孔令良认罪态度较好，且积极赔偿被害人的损失，依法可酌情从轻处罚。

对上诉人孔令良的辩护人、上诉人林诗武及其辩护人提出海南省林业科学研究所的调查报告不具有鉴定结论的证据地位，不具有证明效力，原审判决根据调查报告认定孔令良、林诗武、林诗忠的毁林材积错误的意见，经查，海南省林业科学研究所具有调查规划设计资质，调查人彭文成、杨黎旭具有林业工程师的专业技术资格，该所在2调查人实地调查的基础上，严格按照规定程序和计算方法，向办案机关出具调查报告，该报告可以作为证据采用，且孔令良和林诗武在侦查阶段的供述中以及在一审庭审中对检察机关指控其滥伐林木3739株，其中幼树3426株的事实无异议，对海南省林业科学研究所出具的调查报告亦无异议，原审判决根据2上诉人的供述和调查报告认定2上诉人滥伐幼树3426株的事实清楚，证据确实充分。故法院依法作出如上裁判。

非法收购、运输盗伐、滥伐的林木罪办案依据集成

刑法条文

第三百四十五条 【盗伐林木罪】盗伐森林或者其他林木，数量较大的，处三年以下有期徒刑、拘役或者管制，并处或者单处罚金；数量巨大的，处三年以上七年以下有期徒刑，并处罚金；数量特别巨大的，处七年以上有期徒刑，并处罚金。

【滥伐林木罪】违反森林法的规定，滥伐森林或者其他林木，数量较大的，处三年以下有期徒刑、拘役或者管制，并处或者单处罚金；数量巨大的，处三年以上七年以下有期徒刑，并处罚金。

【非法收购、运输盗伐、滥伐的林木罪】非法收购、运输明知是盗伐、滥伐的林木，情节严重的，处三年以下有期徒刑、拘役或者管制，并处或者单处罚金；情节特别严重的，处三年以上七年以下有期徒刑，并处罚金。

盗伐、滥伐国家级自然保护区内的森林或者其他林木的，从重处罚。

立案标准

1. 国家林业局、公安部《关于森林和陆生野生动物刑事案件管辖及立案标准》（2001年5月9日）（节录）

一、森林公安机关管辖在其辖区内发生的刑法规定的下列森林和陆生野生动物刑事案件：

（一）盗伐林木案件（第三百四十五条第一款）；

（二）滥伐林木案件（第三百四十五条第二款）；

（三）非法收购盗伐、滥伐的林木案件（第三百四十五条第三款）。（依刑法修正案，该项现应为非法收购、运输盗伐、滥伐的林木案件。——编者注）

二、森林和陆生野生动物刑事案件的立案标准

（一）盗伐林木案

盗伐森林或者其他林木，立案起点为2立方米至5立方米或者幼树100株至200株；盗伐林木20立方米至50立方米或者幼树1000株至2000株，为重大案件立案起点；盗伐林木100立方米至200立方米或者幼树5000株至10000株，为特别重大案件立案起点。

（二）滥伐林木案

滥伐森林或者其他林木，立案起点为10立方米至20立方米或者幼树500株至1000株；滥伐林木50立方米以上或者幼树2500株以上，为重大案件；滥伐林木100立方米以上或者幼树5000株以上，为特别重大案件。

（三）非法收购盗伐、滥伐的林木案

以牟利为目的（依刑法修正案，该类案件现不再要求行为人有"牟利"的目的。——编

者注），在林区非法收购明知是盗伐、滥伐的林木在20立方米或者幼树1000株以上的，以及非法收购盗伐、滥伐的珍贵树木2立方米以上或者5株以上的应当立案；非法收购林木100立方米或者幼树5000株以上的，以及非法收购盗伐、滥伐的珍贵树木5立方米以上或者10株以上的为重大案件；非法收购林木200立方米或者幼树10000株以上的，以及非法收购盗伐、滥伐的珍贵树木10立方米以上或者20株以上的为特别重大案件。

三、其他规定

（一）林区与非林区的划分，执行各省、自治区、直辖市人民政府的规定。

（二）林木的数量，以立木蓄积计算。

（三）对于一年内多次盗伐、滥伐少量林木未经处罚的，累计其盗伐、滥伐林木数量。

（四）被盗伐、滥伐林木的价值，有国家规定价格的，按国家规定价格计算；没有国家规定价格的，按主管部门规定的价格计算；没有国家或者主管部门规定价格的，按市场价格计算；进入流通领域的，按实际销售价格计算；实际销售价格低于国家或者主管部门规定价格的，按国家或者主管部门规定的价格计算；实际销售价格低于市场价格，又没有国家或者主管部门规定价格的，按市场价格计算，不能按低价销赃的价格计算。

（七）单位作案的，执行本规定的立案标准。

（八）本规定中所指的"以上"，均包括本数在内。

（九）各省、自治区、直辖市公安厅、局和林业主管部门可根据本地的实际情况，在本规定的幅度内确定本地区盗伐林木案、滥伐林木案和非法狩猎案的立案起点及重大、特别重大案件的起点。

（十）盗伐、滥伐竹林或者其他竹子的立案标准，由各省、自治区、直辖市公安厅、局和林业主管部门根据竹子的经济价值参照盗伐、滥伐林木案的立案标准确定。

2. 最高人民法院《关于审理破坏森林资源刑事案件具体应用法律若干问题的解释》（2000年12月11日法释〔2000〕36号）（节录）

第三条 以非法占有为目的，具有下列情形之一，数量较大的，依照刑法第三百四十五条第一款的规定，以盗伐林木罪定罪处罚：

（一）擅自砍伐国家、集体、他人所有或者他人承包经营管理的森林或者其他林木的；

（二）擅自砍伐本单位或者本人承包经营管理的森林或者其他林木的；

（三）在林木采伐许可证规定的地点以外采伐国家、集体、他人所有或者他人承包经营管理的森林或者其他林木的。

第四条 盗伐林木"数量较大"，以二至五立方米或者幼树一百至二百株为起点；盗伐林木"数量巨大"，以二十至五十立方米或者幼树一千至二千株为起点；盗伐林木"数量特别巨大"，以一百至二百立方米或者幼树五千至一万株为起点。

第五条 违反森林法的规定，具有下列情形之一，数量较大的，依照刑法第三百四十五条第二款的规定，以滥伐林木罪定罪处罚：

（一）未经林业行政主管部门及法律规定的其他主管部门批准并核发林木采伐许可证，或者虽持有林木采伐许可证，但违反林木采伐许可证规定的时间、数量、树种或者方式，任意采伐本单位所有或者本人所有的森林或者其他林木的；

（二）超过林木采伐许可证规定的数量采伐他人所有的森林或者其他林木的。

林木权属争议一方在林木权属确权之前，擅自砍伐森林或者其他林木，数量较大的，以滥伐林木罪论处。

第六条 滥伐林木"数量较大"，以十至二十立方米或者幼树五百至一千株为起点；滥伐林木"数量巨大"，以五十至一百立方米或者幼树二千五百至五千株为起点。

第七条 对于一年内多次盗伐、滥伐少量林木未经处罚的，累计其盗伐、滥伐林木的数量，构成犯罪的，依法追究刑事责任。

第八条 盗伐、滥伐珍贵树木，同时触犯刑法第三百四十四条、第三百四十五条规定的，依照处罚较重的规定定罪处罚。

第十条 刑法第三百四十五条规定的"非法收购明知是盗伐、滥伐的林木"中的"明知"，是指知道或者应当知道具有下列情形之一的，可以视为应当知道，但是有证据证明确属被蒙骗的除外：

（一）在非法的木材交易场所或者销售单位收购木材的；

（二）收购以明显低于市场价格出售的木材的；

（三）收购违反规定出售的木材的。

第十一条 具有下列情形之一的，属于在林区非法收购盗伐、滥伐的林木"情节严重"：

（一）非法收购盗伐、滥伐的林木二十立方米以上或者幼树一千株以上的；

（二）非法收购盗伐、滥伐的珍贵树木二立方米以上或者五株以上的；

（三）其他情节严重的情形。

具有下列情形之一的，属于在林区非法收购盗伐、滥伐的林木"情节特别严重"：

（一）非法收购盗伐、滥伐的林木一百立方米以上或者幼树五千株以上的；

（二）非法收购盗伐、滥伐的珍贵树木五立方米以上或者十株以上的；

（三）其他情节特别严重的情形。

第十六条 单位犯刑法第三百四十四条、第三百四十五条规定之罪，定罪量刑标准按照本解释的规定执行。

第十七条 本解释规定的林木数量以立木蓄积计算，计算方法为：原木材积除以该树种的出材率。

本解释所称"幼树"，是指胸径五厘米以下的树木。

滥伐林木的数量，应在伐区调查设计允许的误差额以上计算。

3. 最高人民检察院、公安部《关于公安机关管辖的刑事案件立案追诉标准的规定（一）》（2008年6月25日公通字〔2008〕36号）（节录）

第七十二条 ［盗伐林木案（刑法第三百四十五条第一款）］盗伐森林或者其他林木，涉嫌下列情形之一的，应予立案追诉：

（一）盗伐二至五立方米以上的；

（二）盗伐幼树一百至二百株以上的。

以非法占有为目的，具有下列情形之一的，属于本条规定的"盗伐森林或者其他林

木":

（一）擅自砍伐国家、集体、他人所有或者他人承包经营管理的森林或者其他林木的；

（二）擅自砍伐本单位或者本人承包经营管理的森林或者其他林木的；

（三）在林木采伐许可证规定的地点以外采伐国家、集体、他人所有或者他人承包经营管理的森林或者其他林木的。

本条和本规定第七十三条、第七十四条规定的林木数量以立木蓄积计算，计算方法为：原木材积除以该树种的出材率；"幼树"，是指胸径五厘米以下的树木。

第七十三条 ［滥伐林木案（《刑法》第三百四十五条第二款）］违反森林法的规定，滥伐森林或者其他林木，涉嫌下列情形之一的，应予立案追诉：

（一）滥伐十至二十立方米以上的；

（二）滥伐幼树五百至一千株以上的。

违反森林法的规定，具有下列情形之一的，属于本条规定的"滥伐森林或者其他林木"：

（一）未经林业行政主管部门及法律规定的其他主管部门批准并核发林木采伐许可证，或者虽持有林木采伐许可证，但违反林木采伐许可证规定的时间、数量、树种或者方式，任意采伐本单位所有或者本人所有的森林或者其他林木的；

（二）超过林木采伐许可证规定的数量采伐他人所有的森林或者其他林木的。

违反森林法的规定，在林木采伐许可证规定的地点以外，采伐本单位或者本人所有的森林或者其他林木的，除农村居民采伐自留地和房前屋后个人所有的零星林木以外，属于本条第二款第（一）项"未经林业行政主管部门及法律规定的其他主管部门批准并核发林木采伐许可证"规定的情形。

林木权属争议一方在林木权属确权之前，擅自砍伐林木或者其他林木的，属于本条规定的"滥伐森林或者其他林木"。

滥伐林木的数量，应在伐区调查设计允许的误差额以上计算。

第七十四条 ［非法收购、运输盗伐、滥伐的林木案（《刑法》第三百四十五条第三款）］非法收购、运输明知是盗伐、滥伐的林木，涉嫌下列情形之一的，应予立案追诉：

（一）非法收购、运输盗伐、滥伐的林木二十立方米以上或者幼树一千株以上的；

（二）其他情节严重的情形。

本条规定的"非法收购"的"明知"，是指知道或者应当知道。具有下列情形之一的，可以视为应当知道，但是有证据证明确属被蒙骗的除外：

（一）在非法的木材交易场所或者销售单位收购木材的；

（二）收购以明显低于市场价格出售的木材的；

（三）收购违反规定出售的木材的。

第一百条 本规定中的立案追诉标准，除法律、司法解释另有规定的以外，适用于相关的单位犯罪。

司法解释

1. 最高人民法院《关于滥伐自己所有权的林木应如何处理的问题的批复》

（1993年7月24日法复〔1993〕5号）

吉林省高级人民法院：

你院《关于宋允焕滥伐的林木如何处理的请示》收悉。经研究，同意你院的第二种意见，即：属于个人所有的林木，也是国家森林资源的一部分。被告人滥伐属于自己所有权的林木，构成滥伐林木罪的，其行为已违反国家保护森林法规，破坏了国家的森林资源，所滥伐的林木即不再是个人的合法财产，而应当作为犯罪分子违法所得的财物，依照刑法第六十条（指79刑法条文。——编者注）的规定予以追缴。

2. 最高人民法院《关于在林木采伐许可证规定的地点以外采伐本单位或者本人所有的森林或者其他林木的行为如何适用法律问题的批复》（2004年4月1日法释〔2004〕3号）

各省、自治区、直辖市高级人民法院，解放军军事法院，新疆维吾尔自治区高级人民法院生产建设兵团分院：

最近，有的法院反映，关于在林木采伐许可证规定的地点以外采伐本单位或者本人所有的森林或者其他林木的行为适用法律问题不明确。经研究，批复如下：

违反森林法的规定，在林木采伐许可证规定的地点以外，采伐本单位或者本人所有的森林或者其他林木的，除农村居民采伐自留地和房前屋后个人所有的零星林木以外，属于《最高人民法院关于审理破坏森林资源刑事案件具体应用法律若干问题的解释》第五条第一款第（一）项"未经林业行政主管部门及法律规定的其他主管部门批准并核发林木采伐许可证"规定的情形，数量较大的，应当依照刑法第三百四十五条第二款的规定，以滥伐林木罪定罪处罚。

法律法规

1.《中华人民共和国森林法（1998年修正）》（1985年1月1日）（节录）

第三十一条　采伐森林和林木必须遵守下列规定：

（一）成熟的用材林应当根据不同情况，分别采取择伐、皆伐和渐伐方式，皆伐应当严格控制，并在采伐的当年或者次年内完成更新造林；

（二）防护林和特种用途林中的国防林、母树林、环境保护林、风景林，只准进行抚育和更新性质的采伐；

（三）特种用途林中的名胜古迹和革命纪念地的林木、自然保护区的森林，严禁采伐。

第三十二条　采伐林木必须申请采伐许可证，按许可证的规定进行采伐；农村居民采伐自留地和房前屋后个人所有的零星林木除外。

国有林业企业事业单位、机关、团体、部队、学校和其他国有企业事业单位采伐林木，由所在地县级以上林业主管部门依照有关规定审核发放采伐许可证。

铁路、公路的护路林和城镇林木的更新采伐，由有关主管部门依照有关规定审核发放采伐许可证。

农村集体经济组织采伐林木，由县级林业主管部门依照有关规定审核发放采伐许可证。

农村居民采伐自留山和个人承包集体的林木，由县级林业主管部门或者其委托的乡、镇人民政府依照有关规定审核发放采伐许可证。

采伐以生产竹材为主要目的的竹林，适用以上各款规定。

第三十五条　采伐林木的单位或者个人，必须按照采伐许可证规定的面积、株数、树种、期限完成更新造林任务，更新造林的面积和株数不得少于采伐的面积和株数。

第三十九条　盗伐森林或者其他林木的，依法赔偿损失；由林业主管部门责令补种盗伐株数十倍的树木，没收盗伐的林木或者变卖所得，并处盗伐林木价值三倍以上十倍以下的罚款。

滥伐森林或者其他林木，由林业主管部门责令补种滥伐株数五倍的树木，并处滥伐林木价值二倍以上五倍以下的罚款。

拒不补种树木或者补种不符合国家有关规定的，由林业主管部门代为补种，所需费用由违法者支付。

盗伐、滥伐森林或者其他林木，构成犯罪的，依法追究刑事责任。

2. 《森林法实施条例》(2000年1月29日国务院令第278号)（节录）

第三十八条　盗伐森林或者其他林木，以立木材积计算不足0.5立方米或者幼树不足20株的，由县级以上人民政府林业主管部门责令补种盗伐株数10倍的树木，没收盗伐的林木或者变卖所得，并处盗伐林木价值3倍至5倍的罚款。

盗伐森林或者其他林木，以立木材积计算0.5立方米以上或者幼树20株以上的，由县级以上人民政府林业主管部门责令补种盗伐株数10倍的树木，没收盗伐的林木或者变卖所得，并处盗伐林木价值5倍至10倍的罚款。

第三十九条　滥伐森林或者其他林木，以立木材积计算不足2立方米或者幼树不足50株的，由县级以上人民政府林业主管部门责令补种滥伐株数5倍的树木，并处滥伐林木价值2倍至3倍的罚款。

滥伐森林或者其他林木，以立木材积计算2立方米以上或者幼树50株以上的，由县级以上人民政府林业主管部门责令补种滥伐株数5倍的树木，并处滥伐林木价值3倍至5倍的罚款。

超过木材生产计划采伐森林或者其他林木的，依照前两款规定处罚。

第七章　走私、贩卖、运输、制造毒品罪

一、走私、贩卖、运输、制造毒品罪

212. 将毒品放入公文箱夹层欲携带其乘坐国际航班的行为该如何定性？

将毒品放入公文箱夹层后欲携带其乘坐国际航班的行为属于采用高度隐蔽手段走私毒品的行为，构成走私毒品罪。

213. 行为人携带的公文箱夹层内藏有毒品，且被告人对其所携带的物品不能作出合理解释，能否认定行为人"明知"其携带的是毒品？

行为人故意将毒品放入不易察觉的地方，且被告人对其所携带的物品不能作出合理解释的，可以据此认定行为人的主观"明知"心态。

典型疑难案件参考

巴拉姆·马利克·阿吉达利等走私毒品案

基本案情

被告人巴拉姆·马利克·阿吉达利、木尔塔扎·拉克，于2008年1月18日22时许，采取携带公文箱夹层隐藏毒品方式，分别携带毒品甲基苯丙胺740克（含量65%）、甲基苯丙胺746克（含量61%），拟乘坐EK307航班由北京首都国际机场飞往阿拉伯联合酋长国迪拜，未向海关申报任何物品，巴拉姆·马利克·阿吉达利在出境时被海关官员当场查获，后海关官员又将等候登机的木尔塔扎·拉克查获。上述毒品全部被起获并收缴。

诉辩情况

检察机关指控：两被告人逃避中华人民共和国海关监管，走私毒品数量大，其行为已构成走私毒品罪。

被告人巴拉姆·马利克·阿吉达利和木尔塔扎·拉克提出：不知道自己携带的公文箱夹层内藏有毒品。

被告人巴拉姆·马利克·阿吉达利的辩护人提出：巴拉姆·马利克·阿吉达利不明知其携带的公文箱内藏有毒品，指控巴拉姆·马利克·阿吉达利犯罪的主观故意的证据不足，指控不能成立。

木尔塔扎·拉克的辩护人提出：指控木尔塔扎·拉克犯走私毒品罪的证据不足，且本案中的公文箱夹层不属于高度隐蔽手段，被告人木尔塔扎·拉克无罪。

裁判结果

北京市第二中级人民法院于2008年7月3日作出〔2008〕二中刑初字第1261号刑事判决，认定被告人巴拉姆·马利克·阿吉达利犯走私毒品罪，判处有期徒刑15年，并处没收个人全部财产，附加驱逐出境；被告人木尔塔扎·拉克犯走私毒品罪，判处有期徒刑15年，并处没收个人全部财产，附加驱逐出境；随案移送的款物分别予以发还、没收。

裁判理由

本案生效判决认为：被告人巴拉姆·马利克·阿吉达利、木尔塔扎·拉克违反我国对毒品的管理制度和海关法规，非法携带毒品甲基苯丙胺出境，且数量大，其行为均已构成走私毒品罪，应依法惩处。北京市人民检察院第二分院指控被告人巴拉姆·马利克·阿吉达利、木尔塔扎·拉克犯走私毒品的事实清楚，证据确实，指控的罪名成立。关于巴拉姆·马利克·阿吉达利和木尔塔扎·拉克所提其不知所携带公文箱内藏有毒品的辩解，以及巴拉姆·马利克·阿吉达利、木尔塔扎·拉克的辩护人所提认定巴拉姆·马利克·阿吉达利、木尔塔扎·拉克明知自己所携带的物品系毒品的证据不足，巴拉姆·马利克·阿吉达利、木尔塔扎·拉克无罪的辩护意见。经查：执法人员在机场口岸对巴拉姆·马利克·阿吉达利、木尔塔扎·拉克进行检查时，已告知二人须申报本人或为他人携带的违禁品，二人均未如实申报，在二人所携带的公文箱夹层内查获毒品，系采用高度隐蔽的方式携带，且二被告人对其所携带的物品均不能作出合理解释，故二被告人的辩解及其辩护人的前述辩护意见不能成立，本院不予采纳。另木尔塔扎·拉克的辩护人所提公文箱夹层不属高度隐蔽手段的辩护意见,与经审理查明的事实不符,本院不予采纳。故法院依法作出如上裁判。

> **214. 行为人携带大量毒品出境,在海关驻机场办事处检查时被查获,致使国外收货人未收到毒品的,构成走私毒品罪的未遂还是既遂?**
>
> 行为人为走私而大量购进毒品,并携带大量毒品出境,在海关驻机场办事处检查时被查获,虽然国外收货人未收到毒品,但该行为已使毒品交付出关,也构成走私毒品罪的既遂。

> **215. 在犯走私毒品罪的行为人住处查获了大量毒品,行为人的该行为应如何认定?**
>
> 为走私而购入大量毒品和包装工具,其中大部分已经交付通关,在行为人住处查获的剩下的毒品,应计入其走私毒品罪的数额,不另定非法持有毒品罪。

典型疑难案件参考

林文东等走私毒品、非法持有毒品案

基本案情

2010年11月间,被告人林文东、潘铃、陈城经事先预谋,商定由林文东负责出资及安排美国方面的收货人,陈城负责联系毒品K粉货源,再由潘铃、陈城负责将购买的毒品"K粉"(含氯胺酮成分,下同)经包装后藏匿在蕾丝花边卷里寄往美国。陈城经电话联系广东卖家,约定以11万余元的价格购买"K粉"4000克。同年11月中旬,潘铃、陈城用林文东预付的5万元人民币在福州市潘铃的哥哥潘峰的租住处分两次从广东卖家派出的送货男子处购买了4000克K粉和4000克"底粉",并约好余款通过银行账号给付。之后,潘铃购买了蕾丝花边、卷轴、塑料管、打卷机等包装材料,林文东则找人教潘铃如何将包装好的"K粉"用胶带纸绑在蕾丝花边卷的轴上,然后再使用打卷机将蕾丝花边卷到轴上伪装成蕾丝花边卷。根据林文东教授的伪装方法,潘铃、陈城在福州市福兴东路197号福州电线厂宿舍5座407室,对上述"K粉"进行分袋包装,并将伪装后藏有"K粉"的36卷蕾丝花边卷分别包装在3个纸箱中,并在纸箱上注明由林文东提供的美国收货人的姓名及联系电话。同年12月19日,潘铃经电话联系后雇佣出租车司机陈×通将装在3个纸箱里夹藏着"K粉"的36个蕾丝花边卷运到福州市马尾区亭江镇交给杨×西、杨×夫妇,委托杨×西夫妇带往美国,并约好每个蕾丝花边卷代运费100元人民币。

2010年12月21日,杨×在福州长乐国际机场携带上述36个蕾丝花边卷走无申报通道出境,经过X光机检查时被福州海关驻机场办事处查获,并当场查获蕾丝花边卷内藏匿的5828.3克"K粉"(经检验含氯胺酮成分,含量为70.1%)。因美国收货人未收到毒品,当天傍晚18时许,林文东、潘铃、陈城一起乘车到福州市马尾区亭江镇找杨×西夫妇了解情况,在马尾区亭江镇康庄路口,潘铃、陈城被设伏的福州海关缉私局当场抓获,林文东脱逃。福州海关缉私局还从陈城随身携带的挎包中查获毒品冰毒1.15克(经检验含有甲基苯丙胺成分),后对福州市福兴东路197号福州电线厂宿舍5座407室搜查时,查获分包剩余的"K粉"1475.9克(经检验含有氯胺酮成分,含量54.7%~84.7%)以及冰毒1.45克(经检验含有甲基苯丙胺成分)。2011年4月22日,林文东亦被抓获归案。

> 一审诉辩情况

检察机关指控被告人林义东、潘铃、陈城犯走私毒品罪、非法持有毒品罪。

> 一审裁判结果

福建省福州市中级人民法院于2011年12月13日以〔2011〕榕刑初字第112号刑事判决,认定被告人林文东犯走私毒品罪,判处无期徒刑,剥夺政治权利终身,并处没收个人财产10万元人民币;犯非法持有毒品罪,判处有期徒刑9年,并处罚金3万元人民币,合并决定执行无期徒刑,剥夺政治权利终身,并处没收个人财产10万元人民币,罚金3万元人民币。被告人潘铃犯走私毒品罪,判处有期徒刑15年,并处没收个人财产10万元人民币;犯非法持有毒品罪,判处有期徒刑8年6个月,并处罚金3万元人民币,合并决定执行有期徒刑20年,并处没收个人财产10万元人民币,罚金3万元人民币。被告人陈城犯走私毒品罪,判处有期徒刑15年,并处没收个人财产10万元人民币;犯非法持有毒品罪,判处有期徒刑8年6个月,并处罚金3万元人民币,合并决定执行有期徒刑20年,并处没收个人财产10万元人民币,罚金3万元人民币。被告人潘铃、陈城缴案的财物予以折抵没收财产和罚金，不足部分继续予以追缴。

二审诉辩情况

一审宣判后，被告人林文东、潘铃、陈城不服，提出上诉。

上诉人林文东及其辩护人提出：林文东没有参与潘铃、陈城的毒品犯罪活动。林文东曾借款给陈城，陈城因不满林文东索要欠款而与潘铃诬告林文东。本案认定林文东参与毒品犯罪的事实不清，证据不足。

上诉人潘铃及其辩护人提出：在潘铃住处查获1475.9克的"K粉"不应另定为非法持有毒品罪，而应与海关查扣的5828.3克一起按走私、贩卖毒品罪进行量刑。潘铃在共同犯罪中起次要作用，应认定为从犯。潘铃系初犯，认罪态度好，原审量刑过重，请求从轻处罚。

上诉人潘铃及其辩护人、上诉人陈城均提出：本案毒品被福州海关查扣，属于走私未遂，原审对犯罪形态认定错误。

陈诚提出：其在共同犯罪中系林文东指挥操控，起次要作用，系从犯。其归案后认罪态度好，应减轻处罚，原审量刑过重。

二审裁判结果

福建省高级人民法院于2012年3月13日作出〔2012〕闽刑终字第52号刑事判决，撤销福州市中级人民法院〔2011〕榕刑初字第112号刑事判决，即对被告人林文东、潘铃、陈城定罪量刑和扣押财物折抵财产刑的刑事判决。上诉人林文东犯走私毒品罪，判处无期徒刑，剥夺政治权利终身，并处没收个人财产10万元人民币。上诉人潘铃犯走私毒品罪，判处有期徒刑15年，并处没收个人财产10万元人民币。上诉人陈城犯走私毒品罪，判处有期徒刑15年，并处没收个人财产10万元人民币。上诉人潘铃、陈城扣押在案的财物予以折抵没收财产，不足部分继续予以追缴。

二审裁判理由

法院生效裁判认为：关于上诉人林文东及其辩护人的诉辩理由。经查，上诉人潘铃、陈城被抓获后即供认了相关犯罪事实，二人关于林文东伙同他们走私毒品的供述稳定，且与证人陈×通、杨×、杨×西的证言，手机通话清单，抓获经过，旅检现场查验记录，搜查笔录，扣押物品清单，照片，理化检验报告以及林文东本人部分供述等证据能相互印证，足以采信。林文东归案后始终不能对其和潘铃、陈城一起去马尾亭江取回毒品，抓捕时脱逃，案发当日与陈城通信联系等情况作出合理解释。根据在案证据，足以认定林文东伙同潘铃、陈城走私毒品的行为。该诉辩理由不能成立，不予采纳。

关于上诉人潘铃及其辩护人诉辩称：在潘铃住处查获1475.9克的"K粉"不应另定为非法持有毒品罪，而应与海关查扣的5828.3克一起按走私、贩卖毒品罪进行量刑的理由。经查，林文东、陈城、潘铃为走私而购入大量"K粉"和包装工具，其中大部分已经打包并交付通关，在潘铃、陈城住处查获的剩下的1475.9克"K粉"，应计入其走私毒品罪的数额，不应另行认定为非法持有毒品罪。该诉辩理由部分予以采纳。

关于上诉人潘铃、陈城及辩护人诉辩称：本案毒品被福州海关查扣，属于走私未遂，原审对犯罪形态认定错误的理由。经查，潘铃、陈城、林文东为走私而购入毒品"K粉"，且大部分已交付通关，已构成既遂。该诉辩理由不能成立，不予采纳。

关于上诉人潘铃、陈城及辩护人诉辩称，潘铃、陈城在共同犯罪中起次要作用，应认定为从犯的理由。经查，潘铃、陈城与林文东共谋走私毒品"K粉"，在共同犯罪中分工合作，潘铃还实施了包装毒品、联系寄送毒品等行为，陈城还实施了购买毒品、包装毒品等行为，均起到主要作用，不属于从犯。该诉辩理由不能成立，不予采纳。

综上所述，上诉人林文东、潘铃、陈城违反出入境管理法规，逃避海关监管，走私毒品"K粉"7304.2克，其行为均已构成走私毒品罪，数量大。潘铃、陈城认罪态度较好，可酌情从轻处罚。原判认定事实清楚，证据确实充分，审判程序合法，但原判将查获的1475.9克"K粉"、2.6克冰毒定性为非法持有毒品罪不当，应予纠正。潘铃、陈城及辩护人关于原判对其走私毒品罪量刑过重的诉辩理由不能成立，不予采纳。故法院依法作出如上裁判。

216. 不以营利为目的，为吸毒者介绍卖毒者，帮助吸毒者购买毒品的行为该如何认定？

居间介绍人为吸毒者介绍卖毒者，帮助吸毒者购买毒品，不是以营利为目的的，一般应以非法持有毒品罪追究刑事责任。

217. 为贩卖毒品犯罪作居间介绍的行为应如何处理？

居间介绍人为以贩卖毒品为目的的购毒者介绍卖毒者，帮助其购买毒品的，无论其是否从中获利，均以贩卖毒品罪的共犯追究刑事责任；居间介绍人为卖毒者介绍买毒人，在二者之间牵线搭桥，促成毒品交易的，不论居间介绍人是否从中获利，只要居间介绍人明知是出卖毒品，就应当以贩卖毒品罪的共犯论处。

218. 为贩卖毒品向公安特情人员购买毒品的行为该如何处理？

由于公安特情不可能将真正的毒品卖给行为人，为贩卖毒品向公安特情人员购买毒品的行为从一开始就不可能实现其为贩毒而购买毒品的目的，因此，该行为属于犯罪分子意志以外的原因导致的"不能犯未遂"，应以贩卖毒品罪的未遂处罚。

典型疑难案件参考

马盛坚等贩卖毒品案

基本案情

家在广西的被告人马盛坚在云南文山县经营液化气站认识了当地居民被告人罗家排后，常与罗谈论贩卖毒品牟利之事。2001年4月中旬，罗家排结识王子富（系公安特情），提及此事，王子富表示自己能提供毒品海洛因。罗家排遂将此情况告知马盛坚，要马联系毒品买主。马盛坚即通知住在广西宾阳的被告人胡泽川帮助寻找买主。后罗家排与王子富到达南宁市后，通知马盛坚赶到南宁市。4月24日，胡泽川与其联系的毒品买主"亚龙"（在逃）从宾阳县赶到隆安县和已在此等候的马盛坚、罗家排、王子富会面。"亚龙"与王子富商定毒品海洛因交易价格为每千克13万元，由"亚龙"向王子富先支付1万元定金，等"亚龙"回宾阳筹齐钱后再在南宁市进行"现货"交易。28日，"亚龙"在宾阳县交给胡泽川人民币5万元，让其前往南宁进行毒品交易，并将毒品带回宾阳县由其验货。当日，胡泽川与马盛坚、罗家排一同从宾阳县赶到南宁时即被公安人员抓获，并从罗家排身上搜获用于购毒资金的人民币5万元。

一审诉辩情况

检察机关指控被告人马盛坚、罗家排、胡泽川犯贩卖毒品罪。

一审裁判结果

广西壮族自治区南宁市中级人民法院于2002年3月27日以刑事判决,认定被告人马盛坚犯贩卖毒品罪,判处有期徒刑11年,剥夺政治权利1年;并处罚金人民币1万元。被告人罗家排犯贩卖毒品罪,判处有期徒刑11年,剥夺政治权利1年;并处罚金人民币1万元。被告人胡泽川犯贩卖毒品罪,判处有期徒刑10年,剥夺政治权利1年;并处罚金人民币1万元。

一审裁判理由

一审法院认为:被告人马盛坚、罗家排、胡泽川明知他人进行毒品海洛因买卖,仍积极从中介绍、联系并协助进行交易,其行为均构成贩卖毒品罪。马盛坚、罗家排、胡泽川虽然不是毒品交易直接当事人,但主观上均有帮助他人贩卖毒品的故意,客观上也有互相配合,居间介绍,协助他人进行毒品买卖的行为,属于贩卖毒品罪的共犯(帮助犯)。在贩卖毒品共同犯罪中,马盛坚、罗家排、胡泽川起辅助作用,系从犯。根据本案的犯罪事实、性质、情节和对社会的危害程度以及特情对本案发生所产生的影响,对马盛坚、罗家排、胡泽川可予减轻处罚。

二审诉辩情况

一审宣判后,马盛坚、罗家排、胡泽川均不服,分别提出上诉。

马盛坚提出:本案交易的毒品并不存在,王子富虚构自己能提供毒品,是引诱犯罪的圈套。毒品交易行为根本没有发生,系犯罪未遂。本案毒品交易双方一个在逃,一个漏诉,据以定罪判决的证据不足,事实不清。本案毒品交易没有发生,王子富表示能提供的毒品又属虚构,作为量刑标准的毒品数量不存在且错误。本人系从犯、未遂犯,自己的行为对社会并无实质的危害,原判量刑过重。

罗家排提出:其与马盛坚、胡泽川是被公安机关特情拉入犯罪圈套,自己在主观上虽有辅助他人介绍买卖毒品的意念,但犯罪事实、性质、情节对社会没有带来危害,原判对其量刑过重。其也不清楚王子富与马盛坚、胡泽川、"亚龙"等人商谈毒品交易的情况,钱是胡泽川从宾阳县带到南宁再由其准备转交王子富的。

胡泽川提出：其不认识王子富、罗家排，只负责将"亚龙"介绍给马盛坚相识，并不知道"亚龙"与王子富商量毒品交易的情况。自己从宾阳返回南宁时，"亚龙"交给其5万元只是让其负责带到南宁，并没有对其说过要购买1000克毒品，到了南宁后钱就交给了罗家排。原判对其量刑过重。

二审裁判结果

广西壮族自治区高级人民法院于2002年3月27日作出刑事裁定：驳回上诉，维持原判。

二审裁判理由

二审法院经审理后认为：原判认定的事实清楚，证据确实。上诉人马盛坚、罗家排、胡泽川积极参与并居间介绍毒品交易，其行为均已构成贩卖毒品罪。且欲贩卖的毒品数量巨大，应依法惩处。在共同犯罪中，马盛坚、罗家排、胡泽川均起辅助作用，系从犯，应当从轻、减轻或者免除处罚；马盛坚、罗家排、胡泽川在携带资金前往进行毒品交易时，由于意志以外的原因而未得逞，是犯罪未遂，可以比照既遂犯从轻或者减轻处罚；根据本案的具体情况，对马盛坚、罗家排、胡泽川均可予以减轻处罚。对此原判在量刑时已予体现。

关于马盛坚提出的上诉理由。经核查，本案毒品交易没有实际发生，原判对此已予认定；马盛坚、罗家排、胡泽川携带毒资欲交易毒品，具有协助他人贩卖毒品的主观故意和客观行为，本案购毒者"亚龙"在逃和对公安特情王子富未提起公诉，并不影响对马盛坚、罗家排、胡泽川的定罪；本案毒品交易虽没有实际发生，但王子富与"亚龙"已商量确定了交易毒品的数量、价格等，最后由马盛坚、罗家排、胡泽川具体实施交易行为，本案现有证据充分证实了他们明知欲交易的毒品的数量情况，故原判在事实认定和适用量刑数量标准上并无不当。

关于罗家排提出的上诉理由。经核查，罗家排与马盛坚、胡泽川在主观上均有帮助他人贩卖毒品的故意，客观上也积极实施了居间介绍、协助贩卖的行为，具有社会危害性，应予处罚；本案现有证据证明罗家排是在明知王子富与马盛坚、胡泽川、"亚龙"等人商谈毒品交易的情况下积极参与的，且5万元毒资亦是从其身上缴获，原判事实认定并无不当。

关于于胡泽川提出的上诉理由。经核查，其确实只认识马盛坚，不认识王子富、罗家排，但其联系"亚龙"与王子富商谈毒品交易，且"亚龙"与王子富商量毒品交易时也在场，对商谈内容是明知的；从宾阳返回南宁时，"亚龙"交给其5万元负责带到南宁，已对其说过要购买1000克毒品，到了南宁后其是与马盛坚、罗家排共同拿钱准备去进行毒品交易的。综上，马盛坚、罗家排、胡泽川分别提出的上诉理由均不能成立，不予采纳。原判定罪准确，量刑适当。审判程序合法，故法院依法作出如上裁判。

219. 行为人在贩卖毒品时被抓获，交易尚未完成的，是否构成贩卖毒品罪的预备？

贩卖毒品罪的既遂与否，应以毒品是否进入交易为准。毒品尚未实际成交的，仍可构成贩卖毒品罪既遂。

典型疑难案件参考

封怀诗贩卖毒品案

基本案情

2002年7月10日下午4时许，被告人封怀诗在昆明市新迎小区北区，以每克人民币135元的价格贩卖毒品海洛因10.2克给吸毒人员黎某时，被公安机关现场抓获，当场从其身上缴获毒品海洛因10.2克。

诉辩情况

检察机关指控被告人封怀诗的行为已构成贩卖毒品罪。

被告人封怀诗提出：其只是帮他人转交物品，事先并不知道转交的是毒品海洛因。

被告人封怀诗的辩护人提出：被告人封怀诗是在公安机关的监控下在交易过程中被抓获的，其并没有获得收益，属犯罪预备，应对其从轻或减轻处罚。

裁判结果

云南省昆明市五华区人民法院于2002年11月19日以〔2002〕五法刑二初字第11号刑事判决，认定被告人封怀诗犯贩卖毒品罪，判处有期徒刑7年，并处罚金7000元。

裁判理由

法院生效裁判认为：被告人封怀诗无视国家法律，非法贩卖毒品海洛因10.2克，其行为触犯了《刑法》第347条第3款的规定，已构成贩卖毒品罪，应予惩处。被告人封怀诗当庭所作其本人是帮他人转交物品，事先并不知道转交的是毒品海洛因的辩护观点及其辩护人提出的本案属犯罪预备，应对其从轻或减轻处罚的辩护观点，与庭审查明的事实不符，且无相应证据证明。故对上述观点不予采纳。被告人封怀诗贩卖毒品的行为既遂，应以既遂犯处理。但考虑到被告人所卖毒品数量刚满10克，仅为10.2克，可根据《刑法》第347条第3款之规定，酌情从轻处罚。

220. 行为人贩卖毒品数量特别大，但毒品交易在公安机关的控制下，且有特情介入的情况下，能否判处行为人死刑立即执行？

贩卖毒品罪是否判处死刑立即执行，应该结合贩卖毒品的数量、情节等因素综合判断。当毒品交易在公安机关的控制下，且有特情介入的情况下，由于毒品没有流入社会的可能性，可留有余地，不判处死刑立即执行。

典型疑难案件参考

陆明华贩卖毒品案

基本案情

2002年六七月份，一缅甸毒犯（外号长宏）曾叫陆明华联系毒品的买主，后陆明华与一名叫"李四"（在此用化名）的人联系上，陆即告诉此人缅甸毒品老板欲出售一批毒品，问其是否能找到毒品的买主，而李四系公安机关刑事特情，李随即将该情况报告了公安机关，公安机关为了抓获境内外毒犯，控制入境毒品，决定将该案件延伸，对交易进行密控。即由公安机关的刑事特情借口已找到买主，将毒品犯罪分子引入公安机关的控制范围，将毒犯抓获。2002年9月，被告人陆明华与李四在芒市一药店门口接到缅甸毒犯叫人送来的已用纸箱伪装好的海洛因，二人将该毒品搬入酒店清点看货，陆明华要价10万元人民币（陆明华以卖方的身份为境外毒犯积极办理贩卖事宜），李四即表示"买主"要先看货，而后，李四去接买主（一个女人，此人亦为刑事特情）前来看货。双方在第二次交易时，被告人陆明华即被公安机关抓获。当场查获海洛因5016克。

> **诉辩情况**

检察机关指控被告人陆明华犯贩卖毒品罪。

被告人陆明华的辩护人提出：本案系特情破获，案件具有特殊性，且被告人在侦查机关能如实地供述自己的犯罪事实。恳请法庭根据本案的具体情况结合审理查明的事实对被告人酌情从轻判处。

> **裁判结果**

云南省德宏州中级人民法院于 2003 年 2 月 21 日以〔2003〕德刑初字第 101 号刑事判决，认定被告人陆明华犯贩卖毒品罪，判处死刑，缓期 2 年执行，剥夺政治权利终身，并处没收个人全部财产。查获的毒品海洛因，依法予以没收。

> **裁判理由**

法院生效裁判认为：被告人陆明华为牟取非法利益，明知是毒品海洛因而积极地实施贩卖的行为，已经触犯国家刑律，构成贩卖毒品罪。检察机关指控的事实及罪名成立。

221. 行为人随身携带毒品乘车，应认定为运输毒品罪还是非法持有毒品罪？

区分运输毒品罪和非法持有毒品罪的关键是看行为人随身携带毒品的主观目的。如果行为人为了自己吸食或者担心毒品放置地点的安全而随身携带的，应定非法持有毒品罪。

222. 如何认定行为人指使他人随身携带毒品，然后行为人驾车前去接应的行为的性质？

行为人以接应人为理由，实际让他人携带毒品乘车的，属于从事毒品运输的行为，应定运输毒品罪。

典型疑难案件参考

康永龙等贩卖、运输毒品案

基本案情

2001年8月,被告人康永龙找到被告人马林,商定由被告人康永龙出资并在云南购买海洛因6包,被告人马林以携带方式将毒品从云南运回甘肃省临夏市后,由被告人康永龙给被告人马林酬金1万元。2001年9月18日,被告人康永龙、马林从甘肃省临夏市出发,经兰州市、青海省西宁市、玉树州囊谦县、六库等地到达云南省德宏州潞西市。在此,被告人康永龙购得海洛因6包,绑在被告人马林身上并让其沿原路返回。被告人康永龙单独回临夏。同年11月1日,被告人马林携带毒品返回至玉树州,按约定与被告人康永龙联系时,被告人康永龙租借并自己驾驶临夏市农行职工马玉清的轿车与马海龙(在逃)按约定到达玉树州接应被告人马林。当晚均住宿在玉树州农行宾馆。11月3日凌晨2时许,当行至化隆县扎巴乡阿岱村附近时,被该县公安局设卡民警查获,当场从被告人马林身上缴获海洛因1956.8克。后经二审查明,原判认定2001年8月康永龙与马林共谋,由康永龙出资在云南省购买海洛因6包的事实,只有上诉人马林的供述,没有其他证据印证。故不予认定该项事实。

一审诉辩情况

检察机关指控被告人康永龙的行为构成贩卖、运输毒品罪,被告人马林的行为构成运输毒品罪。

被告人康永龙提出:其未进行贩卖、运输毒品活动,而在兰州看病或家中居住。其到西宁接应马林是为了挣1200元酬金,却不知马林随身携带毒品。

康永龙的辩护人提出:查获的海洛因是否是被告人康永龙在云南购买的,仅有被告人马林的供述为证,却无其他证据相印证。被告人康永龙接应被告人马林时,其主观上对被告人马林携带的毒品是否明知,除被告人马林供述外,也无其他证据证实。

被告人马林对起诉书指控的事实和罪名均不持异议。

马林的辩护人提出:被告人马林受他人指使,并在运输毒品犯罪中起了次要、辅助作用,且认罪态度好,又系初犯,应当从轻处理。

一审裁判结果

青海省海东地区中级人民法院于2002年7月30日作出〔2002〕东刑初字第29号刑事判决,认定被告人康永龙犯贩卖、运输毒品罪,判处死刑,剥夺政治权利终身,并处没收个人全部财产;被告人马林犯运输毒品罪,判处死刑,剥夺政治权利终身,并处没收个人全部财产。

一审裁判理由

一审法院认为:被告人康永龙、马林无视国法,贩卖、运输海洛因1956.8克,其行为均已构成犯罪。其中,被告人康永龙的行为构成贩卖、运输毒品罪,被告人马林的行为构成运输毒品罪。检察机关指控的基本事实和罪名成立,予以支持。

关于被告人康永龙辩解其未进行贩卖、运输毒品活动,而在兰州看病或家中居住;并辩解到西宁接马林是为了挣1200元酬金,却不知马林随身携带毒品的理由及其辩护人马福祥辩称起诉书指控被告人康永龙犯贩卖、运输毒品罪的事实不清,证据不足的理由。经查,临夏市农村信用联社要求被告人康永龙上班的通知与被告人康永龙之父康海成、妻马凤仙之证言均证实被告人康永龙自2001年8月底至11月间擅自不上班,既未前往兰州看病,又未在家中居住。期间,其伙同被告人马林进行贩卖、运输毒品的事实,不仅有被告人马林的供述和化隆县公安局出具的抓获经过并当场缴获海洛因1956.8克的证明在案为证,且有其与被告人马林前往云南于2001年9月20日途经青海玉树州囊谦县,在该县邮电招待所的住宿登记及该招待所服务员仁青桑毛之证言,2001年11月1日又租用马玉清的轿车与马海龙前往玉树州接应被告人马林时,在该州农行宾馆的住宿登记、住宿发票及该宾馆服务员陈海芳之证言,以及查扣的二被告人的身份证等证据相互证实。故被告人康永龙及其辩护人马福祥的上述辩解、辩护理由均不能成立,不予采纳。综上,被告人康永龙拒不认罪,态度恶劣,应从严惩处。被告人马林虽能如实供述犯罪事实,但鉴于其所运输的毒品数量特别巨大,罪行严重,应依法从严惩处。故被告人马林及其辩护人阎青春、王应喜要求从轻处罚的理由不予采纳。

二审诉辩情况

一审宣判后,康永龙、马林提出上诉。

康永龙及辩护人提出:贩卖、运输毒品犯罪的事实不清、证据不足,应宣告其无罪。

马林及其辩护人提出:不知道身上携带的是毒品,且认罪态度好,原判量刑过重。

二审裁判结果

青海省高级人民法院于 2002 年 11 月 12 日（依法延长审限）以基本相同的事实与证据作出〔2002〕青刑终字第 102 号判决，维持青海省海东地区中级人民法院〔2002〕东刑初字第 29 号刑事判决中对上诉人康永龙、马林犯运输毒品罪的定罪及并处没收个人全部财产部分；撤销青海省海东地区中级人民法院〔2002〕东刑初字第 29 号刑事判决中对上诉人康永龙犯贩卖毒品罪的定罪部分及对上诉人康永龙、马林犯运输毒品罪的量刑部分；上诉人康永龙、马林犯运输毒品罪，均判处死刑，缓期 2 年执行，剥夺政治权利终身，并处没收个人全部财产。

二审裁判理由

二审法院认为：上诉人康永龙、马林明知毒品而共同运输毒品海洛因 1956.8 克，其行为均已构成运输毒品罪。上诉人康永龙及辩护人称未参与运输毒品犯罪，上诉人马林称不知身上携带毒品的理由。经查不能成立，应予驳回。青海省人民检察院建议维持原判对康永龙、马林犯运输毒品罪的定性意见正确，应予采纳。根据上诉人康永龙、马林在运输毒品犯罪中所起的作用、所处的地位和社会危害程度、造成的后果以及本案实际，康永龙、马林尚不属于必须立即执行死刑的犯罪分子。故法院依法作出如上裁判。

223. 贩卖毒品的行为人受到"数量引诱"的行为该如何处罚？

贩卖毒品的行为如果完全在公安机关的控制下，虽然行为人贩运的数量比"买家"要求的数量多，但多贩运的数量仍是被"引诱"引起的。根据最高人民法院相关司法解释的规定，对在引诱下实施毒品犯罪的被告人在量刑时应当从轻处罚。

典型疑难案件参考

马忠伟贩卖毒品案

基本案情

2001 年 9 月 8 日晚，王香霞（另案处理）给被告人马忠伟打电话称有格尔木来的朋友要购买200克毒品。次日上午，马忠伟给王香霞打电话称货已准备好。下午18时许，马忠伟驾驶轿车到兰州市红古海石湾镇，在连海宾馆1005号房间与王香霞见面。19时30分许，当马忠伟与王香霞下楼到连海宾馆门口正欲打开车门时，被公安人员抓获，当场从其驾驶汽车的驾驶座下查获用红色、黑色两层塑料袋包装的毒品海洛因306.9克。

一审诉辩情况

检察机关指控被告人马忠伟犯贩卖毒品罪。

被告人马忠伟的辩护人提出：本案存在特情引诱。马忠伟认罪态度好，请求从轻处罚。

一审裁判结果

甘肃省兰州市中级人民法院于2002年9月7日以〔2002〕刑一初字第96号刑事判决，认定被告人马忠伟犯贩卖毒品罪，判处死刑，剥夺政治权利终身，并处没收个人全部财产。

一审裁判理由

一审法院认为：被告人马忠伟无视国法，贩卖毒品数量大，其行为已构成贩卖毒品罪，应依法严惩，检察机关指控的罪名成立。对马忠伟的辩护人所提辩护意见的审查认为，本案系公安机关通过合法的侦查手段破获，被告人贩卖毒品的故意明确，故不存在特情引诱。马忠伟贩卖毒品数量大，社会危害严重，故其辩护意见均不予采纳。

二审诉辩情况

一审宣判后，马忠伟提出上诉。

上诉人马忠伟及其辩护人提出：马忠伟受引诱贩毒，公安机关始终影响和控制着案件的发生和发展程度，量刑过重，不应适用死刑立即执行。

上诉人马忠伟提出：公安机关对其检举揭发他人的犯罪行为不予查处，丧失了其立功减轻处罚的机会。且能如实供述犯罪事实，认罪态度好，有悔过自新的表现。

二审裁判结果

甘肃省高级人民法院于2003年10月30日以同样的事实作出〔2003〕刑二终字第024号刑事判决，维持原审判决中的定罪部分；撤销处刑部分。改判马忠伟死刑，缓期2年执行，剥夺政治权利终身，并处没收个人全部财产。

二审裁判理由

二审法院认为：关于上诉人马忠伟及其辩护人提出，马忠伟受引诱贩毒，公安机关始终影响和控制着案件的发生和发展程度，量刑过重，不应适用死刑立即执行的辩护意见。经查，马忠伟、王香霞供证马忠伟以前没有贩卖过毒品，也没有其他证据证明和线索说明马忠伟以前涉嫌过毒品犯罪。本案中，王香霞所称"格尔木的朋友"是虚拟的，其被抓打电话要毒品在前，马忠伟运输贩卖毒品在后，王香霞是主动要毒品，马忠伟是"帮忙"被动贩毒品。尽管王香霞要的数量是200克，马忠伟带来的是300余克，但多贩运的100余克系要200克而引起的，且多余的部分超过约定的数量不多。显然，王香霞的诱惑是导致马忠伟产生犯意进而实施犯罪的前因，应认定为引诱。根据最高人民法院相关司法解释的规定，对在引诱下实施毒品犯罪的被告人在量刑时应当从轻处罚。因此，上诉人及其辩护人关于"受引诱贩毒"、"量刑过重"、"不应适用死刑立即执行"的上诉理由及辩护意见成立。

关于马忠伟提出的其认罪态度好的上诉意见。经查，马忠伟归案后始终能如实交代犯罪事实，供述一直比较稳定，并能提供线索检举他人犯罪，故其"认罪态度好"的上诉理由亦予以采纳。

关于马忠伟提出的自己有立功表现的上诉意见。马忠伟在侦查阶段和二审期间，提供了他人贩卖毒品的线索，原侦查机关和本院先后两次协作调查，因被检举对象外出不归，下落不明，使检举的问题无法得到有效证实。根据最高人民法院《关于审理自首和立功具体应用法律若干问题的解释》第5条、第7条的规定，马忠伟检举的线索未查证落实，不能认定其有立功表现，但其积极揭发他人犯罪的行为态度应予肯定。

综上所述，原审判决认定的事实清楚，证据确实、充分，定罪准确，审判程序合法。但对马忠伟及其辩护人提出"存在特情引诱"的辩解和辩护意见不予采纳不当；适用法律漏引《刑法》第347条第2款；对马忠伟的年龄、民族审查有误。二审一并予以纠正和补正。上诉人马忠伟为牟取非法利益，接到有人要毒品的电话即积极联系，长途运送，贩卖海洛因306.9克，数量大，罪行严重，论罪应处死刑，但根据本案的具体情节，还不是必须立即执行的，故法院依法作出如上裁判。

224. 在共同贩卖毒品的犯罪中，对提供全部或大部分毒资的人是否都应认定为主犯？

在贩卖毒品犯罪中，提供毒资的人并不一定都是主犯，应根据具体案情进行分析。如果行为人提供毒资属"为主出资"的，应认定为主犯，反之，不属"为主出资"的，而只是在他人提议贩毒时借钱给他人的，就应当按照《刑法》总则关于主犯、从犯的标准，视其在共同犯罪中的地位、作用认定。

典型疑难案件参考

邱国清、刘学忠贩卖毒品案

基本案情

2003年11月14日，被告人邱国清向被告人刘学忠借钱，告诉刘学忠去深圳贩摇头丸到南昌来卖，刘学忠表示同意借钱，并应邱国清的邀请，同往深圳。次日，在深圳大红鹰招待所住下后，邱国清与名叫"阿泰"的人电话联系，双方约好在深圳市中兴路阳光吧见面。当晚7时许，邱国清邀刘学忠同往阳光吧。邱国清和"阿泰"见面后，邱国清表示购买摇头丸1400粒，双方约定每粒30元，于第二天中午交货。同月16日上午10时许，在大红鹰招待所302房内，邱国清向刘学忠拿钱，刘学忠递给邱国清一张工商银行银联卡，并告诉卡的密码。邱国清即从银行取出人民币42000元，赶到深圳"皇府花园"888包厢内找到"阿泰"，以42000元从"阿泰"处购得摇头丸共计1402粒。交易后，邱国清与刘学忠在火车站香格里拉大酒店门口碰面时，被公安人员抓获，并当场从邱国清皮衣口袋内缴获14包摇头丸。经南昌市公安局刑事科学技术〔2003〕洪公化物证检字第296号物证检验：在送检的1402粒摇头丸中，1302粒摇头丸中均检出N－甲基－3，4－亚甲基二氧苯丙胺成分，总重量计376.299克。此外，同年11月初的一天，邱国清又到深圳从"阿泰"处以每粒30元的价格购买摇头丸。回南昌后，将其中的65粒摇头丸，以每粒45～65元的价格，卖给曹晓光、王锦强。

一审诉辩情况

检察机关以被告人邱国清、刘学忠犯贩卖毒品罪提起公诉。

被告人邱国清提出：购买1400粒摇头丸是自己吃，不是贩卖。起诉指控他于 2003 年 11 月初贩卖 800 粒摇头丸不是事实。

被告人邱国清的辩护人提出：起诉指控事实不清，证据不足，邱国清没有贩卖摇头丸的故意，系从犯，社会危害程度较轻，不构成犯罪。

被告人刘学忠及其辩护人均提出：刘学忠借钱给邱国清是买手机，不明知是买摇头丸。刘学忠系从犯，应从轻或减轻处罚。

一审裁判结果

南昌市中级人民法院于 2004 年 5 月 12 日作出刑事判决，被告人邱国清犯贩卖毒品罪，判处无期徒刑，剥夺政治权利终身，并处没收个人全部财产；被告人刘学忠犯贩卖毒品罪，判处有期徒刑 10 年，并处罚金人民币 2000 元。

一审裁判理由

一审法院认为：被告人邱国清从深圳"阿泰"处贩卖 1402 粒摇头丸的犯罪事实，有邱国清在公安机关多次供认为贩卖的供述、同案被告人的供述、当场缴获的摇头丸照片等证据予以证实；起诉指控邱国清于 2003 年 11 月初在深圳从"阿泰"手中购买 800 粒摇头丸的事实缺乏证据证实，但邱国清卖给曹晓光、王锦强共计 65 粒摇头丸的犯罪事实有证据证实。故邱国清辩解购买 1400 粒摇头丸是自己吃，不是贩卖，与证据不符，不予采纳；辩解起诉指控他贩卖 800 粒摇头丸不是事实，予以采纳。其辩护人提出起诉指控事实不清，证据不足，邱国清没有贩卖摇头丸的故意，其所处地位系从犯，社会危害程度较轻，不构成犯罪的辩护意见，经查与上述证据不符，邱国清在贩卖摇头丸中起主要作用，起诉认定邱国清系主犯并无不当，该辩护意见不予采纳。刘学忠与邱国清在南昌丽华商场吃饭时及在深圳大红鹰招待所 302 房内，邱国清均明确告诉了刘学忠借钱是贩卖摇头丸，刘学忠及其辩护人关于刘学忠借钱给邱国清是买手机，不明知是买摇头丸的辩护与证据不符，不予采纳；刘学忠明知他人贩卖摇头丸，而提供资金帮助贩卖毒品，在共同犯罪中起次要作用，系从犯，应减轻处罚，其辩护人提出刘学忠系从犯的辩护意见予以采纳。

二审诉辩情况

一审宣判后，二被告人均提出上诉。

被告人邱国清上诉提出：原判认定其贩卖毒品及认定其贩卖摇头丸 65 粒给曹晓光、王锦强证据不足，认定其为主犯不当，量刑过重。

被告人刘学忠上诉提出：他事先不明知邱国清借钱是去深圳贩卖摇头丸，原判量刑过重。

二审裁判结果

江西省高级人民法院于 2004 年 6 月 22 日以同样的事实作出刑事裁定，驳回上诉，维持原判。

二审裁判理由

二审法院认为：上诉人邱国清上诉提出原判认定其贩卖毒品证据不足，经查，原判认定邱国清贩卖摇头丸的事实，有邱国清的多次供述、刘学忠的供述，证人曹晓光、王锦强的证言，并有当场缴获的摇头丸照片等证据在卷证实，事实清楚，证据确实、充分，此上诉理由不能成立。上诉人邱国清上诉提出，原判认定其贩卖摇头丸 65 粒给曹晓光、王锦强证据不足。经查，证人曹晓光证明在邱国清处买过摇头丸 50 粒，证人王锦强证明在邱国清处买过摇头丸 15 粒，邱国清曾供述其卖过摇头丸给曹晓光、王锦强，所供情节与证人证言能相互印证，该上诉理由不能成立。上诉人邱国清上诉提出，原判认定其系主犯不当。经查，邱国清积极筹借毒资，寻找买主，在贩卖毒品过程中起了主要作用，系主犯，此上诉理由不能成立。

上诉人刘学忠上诉提出他事先不明知邱国清借钱是去深圳贩卖摇头丸。经查，邱国清在公安机关供述，他在向刘学忠借钱时明确告诉了刘学忠是用来贩卖摇头丸；刘学忠在公安机关亦供述邱国清向他借钱时，告诉了他是用来贩卖摇头丸，他们供述的情节能相互印证，此上诉理由不能成立。

综上，邱国清为了牟取非法利益，贩卖摇头丸 1402 粒，重量计 376 余克，另贩卖摇头丸 65 粒给他人，其行为已构成贩卖毒品罪，在共同犯罪中起了主要作用，系主犯。上诉人刘学忠明知邱国清贩卖摇头丸，而为邱国清提供毒资贩卖摇头丸 1402 粒，重量计 376 余克，其行为已构成贩卖毒品罪，在共同犯罪中起次要作用，系从犯，依法可以减轻处罚。故法院依法作出如上裁判。

225. 贩卖毒品数量较大，但毒品含量极低的，应当如何量刑？

毒品犯罪的数量不以纯度计算。贩卖毒品数量较大，但毒品含量极低的，应当综合考虑全案的情节，可不适用死刑立即执行。

典型疑难案件参考

李惠元贩卖毒品案

基本案情

2003年11月至12月间,被告人李惠元先后两次从广东省惠来县购得海洛因50克、100克携带回福建省厦门市后,单独或通过杨沁秋(同案被告人,已判刑)贩卖给陈桂洲(同案被告人,已判刑)。同年12月18日晚7时许,被告人李惠元从广东省惠来县购得海洛因后乘车返回厦门市时,在漳厦高速公路杏林收费站出口处被公安机关抓获,公安机关当场从其随身携带的黑色手提袋内缴获海洛因302.2克。

2003年12月19日晚10时许,陈芳(另案处理,已判刑)将被告人李惠元存放在二人租住的厦门市钱炉灰埕横巷15号房里的海洛因取出贩卖给他人时,被公安机关抓获,当场缴获海洛因146克。

一审诉辩情况

检察机关指控被告人李惠元犯贩卖毒品罪。

一审裁判结果

福建省厦门市中级人民法院经公开审理,作出刑事判决,认定被告人李惠元犯贩卖毒品罪,判处死刑,剥夺政治权利终身,并处没收个人全部财产。

二审诉辩情况

一审宣判后,被告人李惠元提出上诉。

李惠元提出:其是应陈桂洲所托而带毒品,从中只获得约定的补贴每克10元,原判认定其从中获利有悖常理。其主观恶性小,毒品没有流入社会造成危害,请求改判。

李惠元的辩护人提出:原判事实不清,证据不足,请求从轻处罚。

二审裁判结果

福建省高级人民法院经审理作出刑事裁定,驳回上诉,维持原判。

福建省高级人民法院依法将本案报请最高人民法院核准。最高人民法院经复核判决如下:

一、撤销福建省高级人民法院和厦门市中级人民法院刑事判决中对被告人李惠元的量刑部分；

二、被告人李惠元犯贩卖毒品罪，判处死刑，缓期 2 年执行，剥夺政治权利终身，并处没收个人全部财产。

二审裁判理由

二审法院认为：李惠元为牟取非法利益，明知海洛因是国家禁止的毒品而非法进行贩卖或销售活动，其行为已构成贩卖毒品罪。其贩卖海洛因598.2克，数量大，又系毒品再犯，依法应从重处罚。

最高人民法院经复核后认为：被告人李惠元贩卖海洛因 598.2 克的行为，已构成贩卖毒品罪。贩卖毒品数量大，又系毒品再犯，应依法从重处罚。一审判决和二审裁定认定的事实清楚，证据确实、充分，定罪准确，审判程序合法。鉴于李惠元贩卖的毒品含量较低，对其判处死刑，可不立即执行。

---

226. 在贩卖毒品犯罪的共同犯罪中，只是受买主邀约为其检验毒品质量，不是毒品的出资者和所有者的，是否应认定为贩卖毒品罪的主犯？

一般来说，在共同毒品犯罪中，起意贩毒、为主出资、毒品所有者和其他起主要作用的是主犯，只是受买主邀约为其检验毒品质量，不是毒品的出资者和所有者的，在共同犯罪中起的是次要和辅助作用，应认定为贩卖毒品罪的从犯。

典型疑难案件参考

黄德全、韦武全、韦红坚贩卖毒品案

基本案情

2002 年 12 月至 2003 年 2 月，被告人韦武全、韦红坚先后 3 次从福建省石狮市乘车到广东省普宁市，在普宁市一家茶馆、兰花大酒店1106 号客房，经韦红坚检验海洛因质量后，韦武全以每克人民币 150 元至 200 元的价格，共向被告人黄德全购买海洛因 570 克。二被告人携带购买的海洛因返回石狮市后，韦武全单独或通过他人将购买的海洛因贩卖给吸毒人员。

2003 年 3 月 1 日，被告人韦武全、韦红坚再次到广东省普宁市，在普宁市兰花大酒店 815 号客房，由韦红坚检验海洛因质量后，韦武全以每克人民币

150元的价格,向被告人黄德全购买海洛因250克。二被告人携带购买的海洛因返回石狮市途中,韦红坚利用自己保管毒品之机,藏匿其中的海洛因63克。回到石狮市后,韦武全到魏良河的租住处,以每克人民币280元的价格,向魏良河、沈洪丰出售海洛因10克。韦红坚将私藏匿的63克海洛因寄存于魏良河处。同年3月2日,公安机关从韦武全的租住处查获尚未贩卖的海洛因共计430克。同年3月4日,被告人韦武全协助公安机关到广东省普宁市抓获被告人黄德全。

▶ 一审诉辩情况 ◀

检察机关指控被告人黄德全、韦武全、韦红坚犯贩卖毒品罪。

▶ 一审裁判结果 ◀

福建省泉州市中级人民法院于2004年10月23日作出刑事判决如下:

一、被告人黄德全犯贩卖毒品罪,判处死刑,剥夺政治权利终身,并处没收个人全部财产;

二、被告人韦红坚犯贩卖、运输毒品罪,判处死刑,剥夺政治权利终身,并处没收个人全部财产;

三、被告人韦武全犯贩卖、运输毒品罪,判处死刑,缓期2年执行,剥夺政治权利终身,并处没收个人全部财产。

▶ 一审裁判理由 ◀

一审法院认为:被告人黄德全贩卖海洛因820克,被告人韦武全、韦红坚贩卖、运输海洛因820克,被告人黄德全的行为构成贩卖毒品罪,被告人韦武全、韦红坚的行为构成贩卖、运输毒品罪。检察机关指控各被告人的犯罪成立,但指控黄德全、韦武全、韦红坚贩卖海洛因共计845克的数量不准确,应予以纠正。被告人韦武全归案后,协助公安机关抓获被告人黄德全,具有重大立功表现。

▶ 二审诉辩情况 ◀

一审宣判后,黄德全、韦红坚提出上诉。
黄德全提出:原判认定的事实不清、证据不足。
韦红坚提出:其行为只构成运输毒品罪,在共同犯罪中系从犯。

▶ 二审裁判结果 ◀

福建省高级人民法院于2005年5月26日作出刑事裁定:驳回上诉,维持原判。

最高人民法院于 2005 年 6 月 17 日依法核准一、二审法院对被告人黄德全的死刑裁判；撤销一、二审法院对被告人韦红坚的死刑裁判，以贩卖、运输毒品罪改判被告人韦红坚死刑，缓期 2 年执行，剥夺政治权利终身，并处没收个人全部财产。

二审裁判理由

二审法院认为：上诉人黄德全、韦红坚，原审被告人韦武全为牟利，明知海洛因是毒品而分别非法买卖或运输，黄德全的行为构成贩卖毒品罪，韦武全、韦红坚的行为构成贩卖、运输毒品罪。原判事实清楚，证据确实、充分，定罪准确，量刑适当，审判程序合法。

最高人民法院经复核认为：被告人韦红坚受毒品货主邀约参与贩毒，在共同犯罪中的地位和作用较小，对其判处死刑，可不立即执行。

227. 行为人在毒枭尚未归案时，受雇毒枭的安排，为其交接毒品的行为该如何定性？

对于受雇运输，且没有在犯罪过程中实行过限，应定运输毒品罪；对于受雇为毒品买主或者卖主交还毒品或者毒资，即使未参与商定毒品价格，也宜以贩卖毒品罪定性；对于无法认定其是运输还是贩卖的，则宜就低认定为非法持有毒品罪。

228. 行为人受雇帮助他人转移毒品的行为应如何定性？

受雇帮助他人转移毒品的行为，在无证据证实被告人知道雇佣者有交易毒品的情况，也无法证实或者推断出行为人明知雇佣者取得毒品后是为了走私、贩卖还是运输的，应定转移毒品罪。

229. 毒品犯罪的行为人归案后，在协助公安人员诱捕在逃的毒品买主的过程中，在公安人员对其失去控制的情况下，带着从"买主"处取回的大量海洛因回到公安机关的行为，是否构成投案自首？

根据刑法和相关司法解释的规定，无论是侦查人员让犯罪嫌疑人去协助抓获其他犯罪嫌疑人，还是该犯罪嫌疑人脱逃，只要其能够再回到司法机关投案，如果能够如实供述所犯罪行，就应认定为自首。

230. 被告人归案后及时提供了毒品买主的住处和活动情况，使公安机关从买主处查缴大量毒品，能否认定为重大立功？

被告人归案后及时提供了毒品买主的住处和活动情况，使公安机关从买主处查缴大量毒品，应认定为重大立功。

典型疑难案件参考

梁国雄、周观杰等贩卖毒品案

基本案情

2002年11月7日上午，被告人梁国雄为了牟利，根据香港人"阿鼻"（真实姓名不详，未归案）的指示，到深圳市远东大酒店对面的麦当劳餐厅，从一毒贩处接到装有7块海洛因的背包，带回其在深圳市的住处向西村西区85号603室。当日下午2时许，梁国雄接到"阿鼻"关于送两块毒品给接货人的指示后，遂与接取毒品的被告人周观杰取得联系，约定了交接的时间和地点后，梁国雄拿出其中两块海洛因绑在一起，装进一只咖啡色的塑料袋内，和其女友被告人曹美凤一起来到深圳市春风路春风茶餐厅。当周观杰到达该餐厅并从梁国雄手上接过装有海洛因的咖啡色塑料袋走出门外时，被公安人员人赃俱获。后经鉴定，缴获的海洛因净重1100克，含量为100%。同时，梁国雄也在餐厅内被抓获，曹美凤趁乱逃脱。随即，公安人员在周观杰的住处深圳市翠盈嘉园东座612号房内，搜出咖啡因4包，后经鉴定，净重3500克；海洛因两小包,后经鉴定,净重11.6克;甲基苯丙胺两小包,后经鉴定,净重16.9克;蓝色药片11粒,后经鉴定,净重2.4克,含米达唑仑成分;电子秤2台。

被告人曹美凤脱逃后,立即联系梁国雄的好友被告人刘育明,并在刘育明住处向西村向贵楼20H室,密谋由刘育明寻找买家,将梁国雄放在住处的其余5块海洛因出卖。刘育明通过他人与黄国柱(香港居民,在逃)取得联系后,于当天晚上11时许,在深圳市中兴路一茶餐厅内,商定以每块8万元港币的价格成交,待黄国柱将海洛因出售后再付款。刘育明将商定的条件告知曹美凤,并获得其同意。然后,黄国柱因担心梁国雄的住处被监视,而叫来被告人赵海祥,让赵为其到梁国雄的住处去取一只黑色背包,并答应事成后给赵海祥人民币1.2万元。刘育明、赵海祥及黄国柱一同来到深圳市向西村西区85号楼下,刘育明将曹美凤交给他的钥匙给了赵海祥,并交代赵海祥黑色背包放在卧室的衣柜内,如房子被查封就不要入内。赵海祥用钥匙开门后进入603室,在卧室的衣柜内寻找黑色背包未果,后在梳妆台旁找到一只黑色背包,打开看见内有几包白色粉末,其中一包写有一个"嚯"字,便打电话给黄国柱问是否就是这包东西,黄国柱叫赵海祥拿下来再说。赵海祥遂将这只装有6包咖啡因(净重4900克)的背包拿下来交给刘育明和黄国柱后即离去。刘育明、黄国柱将该背包带回刘育明的住处与曹美凤查看时,发现拿到的只是咖啡因。刘育明、曹美凤、黄国柱又马上回到向西村西区85号楼下,由刘育明在下面望风,曹美凤与黄国柱进入603室,拿到装有5块海洛因的背包后立即逃离。黄国柱将5块海洛因、6包咖啡因全部拿走。同年11月8日晚,公安人员将曹美凤抓获归案。曹美凤归案后协助公安人员将刘育明抓获。刘育明归案后,于次日凌晨带领公安人员将赵海祥抓获归案。

刘育明为配合公安人员抓获黄国柱及缴回毒品,经公安人员安排,用手提电话与黄国柱取得联系,假称其朋友要买1块海洛因约黄国柱在深圳市黄贝岭牌坊见面。公安人员遂带刘育明到约定地点进行布控。当黄国柱驾车来到约定地点后即让刘育明上车并立即驶离,脱离了公安人员的控制。刘育明与黄国柱见面后,黄国柱将1块海洛因交还给刘育明,刘育明即带海洛因到深圳市刑警支队投案。交回的海洛因经鉴定,净重540克,含量为100%。公安机关根据刘育明提供的黄国柱的手机号和黄的活动情况调查,于同月11日中午,查明了黄国柱的住处,经对其住处进行搜查,查获海洛因4块,经鉴定,净重2710克,含量为100%;咖啡因6包,净重4900克。

> 一审诉辩情况

检察机关指控被告人梁国雄、周观杰、曹美凤、刘育明、赵海祥犯贩卖毒品罪。

一审裁判结果

广东省深圳市中级人民法院作出刑事判决,认定被告人梁国雄犯贩卖毒品罪,判处死刑,剥夺政治权利终身,并处没收个人全部财产。被告人周观杰犯贩卖毒品罪,判处死刑,剥夺政治权利终身,并处没收个人全部财产。被告人曹美凤犯贩卖毒品罪,判处无期徒刑,剥夺政治权利终身,并处没收个人全部财产。被告人刘育明犯贩卖毒品罪,判处有期徒刑10年,剥夺政治权利3年,并处罚金人民币5万元。被告人赵海祥犯转移毒品罪,判处有期徒刑8个月。

二审诉辩情况

一审宣判后,被告人周观杰、曹美凤不服,分别提出上诉。

被告人周观杰及其辩护人提出:一审判决认定其是主犯的证据不足,其仅是为他人交接毒品,是从犯。在其住处查获的毒品是他人的,对这部分毒品应定非法持有毒品罪,请求二审对其从轻处罚。

被告人曹美凤提出:不知梁国雄在住处藏有毒品,也不知梁国雄被抓,是刘育明提出将梁国雄藏在家里的毒品卖掉,刘育明在犯罪中比其作用大。其协助司法机关抓获刘育明,具有重大立功表现,应比照刘育明从轻处罚。

二审裁判结果

广东省高级人民法院经审理作出刑事裁定,驳回上诉,维持原判,并就对被告人梁国雄、周观杰的死刑裁定,依法报请最高人民法院核准。

最高人民法院经复核认为,依法核准广东省高级人民法院维持一审对被告人梁国雄、周观杰以贩卖毒品罪判处死刑,剥夺政治权利终身,并处没收个人全部财产的刑事裁定。

二审裁判理由

法院生效裁判认为:被告人梁国雄、周观杰为牟利为贩毒分子交接毒品,被告人曹美凤、刘育明直接将毒品卖给其他贩毒分子,其行为均已构成贩卖毒品罪,且贩卖毒品数量大,应依法惩处。被告人赵海祥为牟利,明知是毒品而帮助转移,其行为构成转移毒品罪。被告人梁国雄、周观杰积极参与犯罪,在犯罪中起主要作用,是主犯。被告人曹美凤、刘育明在共同犯罪中共同提起犯意,事先密谋,刘育明主动联系买方,交接毒品,二人均起主要作用,均系主犯。曹美凤归案后,协助公安机关抓获了同案人刘育明,有重大立功表现,依法可以从轻处罚。被告人刘育明归案后,协助公安机关抓获了同案人赵海祥且在公安人员对其失去控制的情况下,带着540克海洛因主动到公安机关投案,并提供了同案人的住处及活动情况,使得公安人员从同案人的住处查缴海洛因2710克,具有自首和重大立功情节,依法应减轻处罚。被告人赵海祥受指使帮助转移毒品,犯罪情节较轻,可以从轻处罚。原审认定事实清楚,证据充分,定罪准确,量刑适当,审判程序合法。上诉人周观杰、曹美凤及其辩护人提出的辩护意见经查均不能成立,不予采纳。

最高人民法院经复核认为:被告人梁国雄、周观杰为牟利分别为买卖毒品的双方接取毒品的行为,构成贩卖毒品罪,且二被告人均系独立完成接取毒品的行为,贩卖毒品数量大,应依法惩处。一审判决和二审裁定认定的事实清楚,证据确实、充分,定罪准确,量刑适当,审判程序合法。故依法作出上述复核。

231. 在购毒人员需要购买毒品时居间代购代卖,从中提成牟利的行为应如何认定?

基于贩卖毒品的目的,与卖毒者联系,在购毒人员需要购买毒品时居间代购代卖,从中提成牟利的行为构成贩卖毒品罪。

232. 以贩养吸,基于贩卖的目的购买毒品,并与买毒人员约定好交易的价格、时间、地点,但最终交易未完成即被抓获的,是否构成贩卖毒品罪的未遂?

行为人基于贩卖的目的购买毒品,并将毒品带入交易环节的,贩卖毒品的行为已经完成,构成贩卖毒品罪的既遂。

典型疑难案件参考

张昌辉贩卖毒品案

基本案情

2011年4月6日22时许,上诉人张昌辉受吴某(另案处理)的指使,送一小包冰毒到海口市城西路农业银行旁贩卖给谢崇梧,得款人民币300元,事后吴某买一包23元的芙蓉王香烟给张昌辉作为酬谢。

2011年4月8日22时许,谢崇梧打电话给张昌辉,叫送150元的冰毒到府城镇大园路佳禾宾馆304房。张昌辉打电话给吴某要150元的冰毒,吴某叫"阿麻"送150元的冰毒过去给张昌辉。"阿麻"在送毒品途中打电话给张昌辉,张昌辉就叫"阿麻"将冰毒直接送到府城镇大园路佳禾宾馆304房贩卖给谢崇梧,得款人民币150元,"阿麻"从佳和宾馆出来就打电话给张昌辉,并分给张昌辉20元作为酬谢。

2011年4月9日凌晨0时10分许,谢崇梧打电话给张昌辉,叫送100元的冰毒到佳禾宾馆304房。张昌辉就打电话给吴某买了400元的冰毒两小包,准备较小的一包卖给谢崇梧。当张昌辉送冰毒到佳禾宾馆3楼的楼梯处时被公安民警抓获,并从其身上缴获用透明塑料薄膜包装疑似冰毒的块状晶体两小包,经鉴定检出甲基苯丙胺成分,净重0.6717克。

一审诉辩情况

检察机关指控被告人张昌辉犯贩卖毒品罪。

一审裁判结果

海口市琼山区人民法院于2011年11月7日以〔2011〕琼山刑初字第333号刑事判决,认定被告人张昌辉犯贩卖毒品罪,判处有期徒刑3年6个月,并处罚金人民币4000元。

一审裁判理由

一审法院认为:被告人张昌辉3次贩卖毒品,其行为构成贩卖毒品罪。依照最高人民法院《关于审理毒品案件定罪量刑标准有关问题的解释》第3条第4项的规定,可以认定为情节严重。

二审诉辩情况

一审宣判后,原审被告人张昌辉提出上诉。

原审被告人张昌辉提出:其对一审认定的事实没有异议,但认为在第二宗贩卖毒品的事实中,其打电话的行为不应认定为贩卖。

原审被告人张昌辉及其辩护人提出:其主动带公安人员去抓吴志,有立功表现。原审判决对其量刑过重,请求从轻处罚。张昌辉的第三宗贩卖毒品行为属犯罪未遂,可以从轻或者减轻处罚。张昌辉第一次贩卖毒品是受吴某指使,第二次只是提供联系,在共同犯罪中起次要或者辅助作用,是从犯,可以从轻、减轻或者免除处罚。

二审裁判结果

海南省海口市中级人民法院于 2012 年 1 月 9 日作出〔2012〕海中法刑终字第 5 号刑事裁定，驳回上诉，维持原判。

二审裁判理由

二审法院认为：上诉人张昌辉非法贩卖毒品甲基苯丙胺三次，其行为已构成贩卖毒品罪，且情节严重，依法应予以惩处。

上诉人张昌辉提出在第二宗贩卖事实中，其只是打电话联系，不应认定为其贩卖毒品的辩解意见以及辩护人提出张昌辉的行为应认定为从犯的辩护意见。经查，张昌辉在购毒人员需要购买毒品时居间代购代卖，从中提成牟利，对其应以贩卖毒品罪定罪。张昌辉在贩卖毒品的过程中，亲自与购毒人员联系商定毒品交易的数量、价格、时间、地点，作用积极，其在贩卖毒品过程中不应认定为从犯。上述辩解、辩护意见无理，不予支持。

对上诉人张昌辉的辩护人提出张昌辉第 3 宗贩卖毒品的行为属犯罪未遂的上诉意见。经查，上诉人张昌辉系以贩养吸，其基于贩卖的目的购买了毒品，并与买毒人员已约定好交易的价格、时间、地点，其贩卖毒品的行为已完成，应认定为犯罪既遂，上诉人的辩护人提出的上述辩护意见，理由不成立，不予支持。

上诉人张昌辉及其辩护人提出张昌辉有协助公安人员抓捕吴志的行为，具有立功表现的意见。经查，张昌辉虽然有协助公安民警抓捕吴志的行为，但公安民警当时没有抓捕到吴志。吴志后来于 2011 年 4 月 21 日在贩卖毒品给苏庆彬时，被公安民警当场抓获，没有证据证明张昌辉起到协助的作用，所以不能认定张昌辉具有立功表现。上述辩解理由不成立，不予支持。上诉人张昌辉自愿认罪，可以酌情从轻处罚。原审判决根据本案的犯罪事实和情节对其判处有期徒刑 3 年 6 个月，量刑并无不当，上诉人张昌辉提出的量刑过重的上诉意见无理，不予支持。综上，原审判决认定事实清楚，证据确实充分，定罪准确，量刑适当，审判程序合法，应予以维持。二审出庭检察员的意见有理，应予采纳。故法院依法作出如上裁判。

233. 构成贩卖毒品罪是否以行为人牟利为必要？

只要行为人明知是毒品予以贩卖的，无论是否牟利，都构成贩卖毒品罪。

典型疑难案件参考

黎海洋等贩卖毒品、非法持有毒品案

基本案情

2011年8月26日17时许,原审被告人黎海洋与原审被告人刘奎电话联系时,刘奎提出欲向黎海洋购买毒品"麻古"200粒。当日20时许,二人相约来到常德市武陵区国贸大厦金龙玉凤酒店见面,由黎海洋持自己的身份证在该酒店登记了1001号房间。在该房间内,黎海洋贩卖给刘奎毒品"麻古"200粒,刘奎支付毒资人民币6000元。二人滞留在该房间吸食毒品时,公安干警赶到现场将黎海洋、刘奎抓获,并当场从黎海洋身上查获红色颗粒状物品98粒、赃款人民币6000元;从刘奎身上查获红色颗粒状物品210粒、白色晶体状物品1小包。经常德市公安局刑事科学技术研究所鉴定,从黎海洋身上查获的红色颗粒检验出甲基苯丙胺、咖啡因成分,净重9.2克;从刘奎身上查获的红色颗粒净重19.61克,检验出甲基苯丙胺、咖啡因成分,白色晶体物净重4.18克,检验出甲基苯丙胺成分。

一审诉辩情况

检察机关指控原审被告人黎海洋犯贩卖毒品罪、原审被告人刘奎犯非法持有毒品罪。

一审裁判结果

湖南省常德市武陵区人民法院于2011年12月1日以〔2012〕武刑初字第71号刑事判决,认定被告人黎海洋犯贩卖毒品罪,判处有期徒刑7年,并处罚金人民币6000元;被告人刘奎犯非法持有毒品罪,判处有期徒刑1年,并处罚金人民币2000元。

二审诉辩情况

一审宣判后,原审被告人黎海洋提出上诉。

黎海洋提出:其贩卖毒品未牟利,系初犯。其自愿认罪,原判量刑过重,要求改判。

二审裁判结果

常德市中级人民法院于2012年2月16日作出〔2012〕常刑一终字第23

号刑事裁定，驳回上诉，维持原判。

二审裁判理由

法院生效裁判认为：上诉人（原审被告人）黎海洋违反国家毒品管理规定，明知是毒品而予以贩卖，其行为构成贩卖毒品罪。且黎海洋贩卖毒品甲基苯丙胺10克以上不满50克。原审被告人刘奎非法持有毒品，数量较大，其行为构成非法持有毒品罪。上诉人黎海洋、原审被告人刘奎系初犯，当庭自愿认罪，可酌情从轻处罚。上诉人黎海洋上诉提出，自己系初犯，且自愿认罪，贩卖毒品未牟利，原判量刑过重。经查，黎海洋贩卖毒品甲基苯丙胺10克以上不满50克，事实清楚，证据确实、充分，无论其是否牟利，均应当以贩卖毒品罪追究其刑事责任，其量刑幅度为7年以上有期徒刑，并处罚金。原审法院从轻判处黎海洋有期徒刑7年，并处罚金人民币6000元，已充分考虑黎海洋当庭自愿认罪、且系初犯等量刑情节，量刑适当。上诉人黎海洋提出的上诉理由不能成立，不予采纳。据此，原审法院认定的事实清楚，证据确实、充分，适用法律正确，定罪准确，量刑适当，审判程序合法。故法院依法作出如上裁判。

> **234.** 行为人因毒品犯罪被判刑，在监外执行期间，又犯贩卖、运输毒品罪的，是否适用毒品犯罪"再犯"的规定从重处罚？
>
> 　　监外执行不属于刑罚执行完毕，还属于刑罚执行期间。《刑法》第356条"再犯"的规定仅适用于刑罚执行完毕或赦免以后又重新犯罪。所以，行为人因毒品犯罪被判刑，在监外执行期间，又犯贩卖、运输毒品罪的，不属于毒品犯罪的"再犯"，依法应当数罪并罚。

典型疑难案件参考

李靖贩卖、运输毒品案

基本案情

被告人李靖于1991年11月9日因犯贩卖毒品罪被判处有期徒刑15年，与前罪尚未执行完毕的刑罚并罚，决定执行有期徒刑20年，1995年6月因病监外执行。2004年6月以来，被告人李靖多次从贵州省贵阳市购买海洛因，运输回西安市进行贩卖。2005年3月2日凌晨4时许，当被告人李靖再次携带海洛因从贵阳市返回西安市莲湖区自强西路光学测量仪器厂家属院门口时，被公安人员抓获。当场从其身上查获海洛因175.5克。

一审诉辩情况

检察机关指控被告人李靖犯贩卖、运输毒品罪。

一审裁判结果

陕西省西安市中级人民法院经公开审理，作出刑事判决，认定被告人李靖犯贩卖、运输毒品罪，判处死刑，剥夺政治权利终身，并处没收个人全部财产；与前罪未执行完的刑期8年10个月13天合并，决定执行死刑，剥夺政治权利终身，并处没收个人全部财产。

二审诉辩情况

一审宣判后，李靖提出上诉。
李靖提出：原判量刑过重。
李靖的辩护人提出：李靖涉案毒品未流入社会，建议从轻处罚。

二审裁判结果

陕西省高级人民法院作出刑事裁定，驳回上诉，维持原判。
最高人民法院经复核作出刑事判决：
一、撤销西安市中级人民法院刑事判决和陕西省高级人民法院刑事裁定中对被告人李靖的量刑部分；
二、被告人李靖犯贩卖、运输毒品罪，判处死刑，缓期2年执行，剥夺政治权利终身，并处没收个人全部财产；与前罪未执行完毕的刑罚并罚，决定执行死刑，缓期2年执行，剥夺政治权利终身，并处没收个人全部财产。

二审裁判理由

二审法院均认为：被告人李靖贩卖、运输海洛因的行为，已构成贩卖、运输毒品罪，贩卖、运输毒品数量大，且因犯贩卖毒品罪被判过刑，系毒品犯罪的再犯，罪行极其严重，依法应从重处罚；李靖又系前罪刑罚执行完毕以前重新犯罪，应当数罪并罚。其上诉理由不能成立，辩护人的辩护意见不予采纳。

陕西省高级人民法院依法将本案报请最高人民法院核准。

最高人民法院经复核后认为：被告人李靖从贵州省贵阳市购买海洛因运输到陕西省西安市贩卖的行为，已构成贩卖、运输毒品罪。贩卖、运输毒品数量大，应依法惩处。被告人李靖在前罪刑罚执行完毕以前又犯罪，依法应当数罪并罚。一审判决和二审裁定认定的事实清楚，证据确实、充分，定罪准确，审判程序合法。但根据本案的具体情节，对其判处死刑，可不立即执行。

235. 贩卖亚甲二氧基甲基苯丙胺和 K 粉（氯胺酮）的行为是否属于贩卖毒品罪？

亚甲二氧基甲基苯丙胺和 K 粉（氯胺酮）都属于毒品的范畴，贩卖这两种物品的行为构成贩卖毒品罪。

236. 明知他人购买的是毒品还参与吸食，并允许他人将毒品存放在自己的汽车上的行为，构成何罪？

行为人明知他人购买的是毒品还参与吸食，并允许他人将毒品存放在自己的汽车上的行为，如果能够证明行为人为了帮助毒品犯罪人逃避处罚的主观心态，则构成窝藏毒品罪。

237. 在贩卖毒品的行为人处存放的毒品数量是否应计入贩卖毒品罪的数量中？

行为人为了贩卖而存放大量毒品的，则在行为人处存放的毒品数量应计入贩卖毒品罪的数量中。

典型疑难案件参考

徐根志等贩卖毒品案

基本案情

2004 年 5 月，被告人徐根志、董燕华共同出资购买 K 粉（氯胺酮）500 克，被告人徐根志还另买了一批摇头丸（亚甲二氧基甲基苯丙胺）。二被告人将买来的K粉掺兑成1000克后各分得20小包。该批毒品因掺假过重难以贩卖。二被告人商量另购一批纯度高的毒品与上批毒品重新掺兑。同年7月5日，二被告人共同出资前往广州购买了500克K粉及1000粒摇头丸。7月13日凌晨，当被告人董燕华将第二次购买的毒品及前次掺兑剩下的毒品转移到被告人赵莉驾驶的车上后，被告人董燕华、赵莉在昆明市金实小区被公安机关抓获。当场从被告人董燕华身上查获冰毒（甲基苯丙胺）净重0.46克，摇头丸净重0.5克，K粉净重2.95克。从被告人赵莉驾驶的储物箱内查获摇头丸净重7.22克，从该车后备箱内查获K粉净重756.56克，摇头丸净重266.39克。

当天，在赵莉的配合下，公安民警在昆明市尚义街万寿巷13号101房将被告人徐根志抓获，并在被告人徐根志停放在万寿巷停车场内的轿车后备箱内查获K粉净重327克，摇头丸净重839克及用于称量毒品的天平秤一台。

一审诉辩情况

检察机关指控徐根志、董燕华犯贩卖毒品罪，赵莉犯窝藏毒品罪。

被告人徐根志的辩护人提出：本案中没有证据证明被告人徐根志有销售毒品的行为，在本田轿车上查获的毒品应当定性为非法持有。2004年7月，被告人徐根志、董燕华到广州购买的500克K粉和1000粒摇头丸的行为属贩卖毒品未遂。本案涉及的毒品是亚甲二氧基甲基苯丙胺和氯胺酮，是二类毒品和二类管制精神药物，其社会危害性较一类毒品相对较小。被告人徐根志是初犯、偶犯，归案后认罪态度较好，主观恶性不大。

被告人董燕华及其辩护人提出：其在看守所关押期间检举揭发同监舍王天春、彭红先两起抢劫摩托车的犯罪行为，有立功情节。确认毒品的数量证据不足，被告人董燕华不应对全部毒品数量承担责任。被告人董燕华藏在赵莉车上的毒品K粉是480.85克，而不是起诉书指控的500克。被告人董燕华购买的毒品一部分是用于自己吸食，另一部分只是准备贩卖，但实际还未出售。被告人董燕华在本案中所起的地位、作用小，属从犯；且归案后认罪态度好，无前科，系初犯、偶犯。

被告人赵莉提出：被抓前我不知道董燕华放在我车上的东西是毒品。

被告人赵莉的辩护人提出：被告人赵莉检举揭发并协助公安机关抓获被告人徐根志，有重大立功表现。公安机关从赵莉驾驶的车上查获的毒品是董燕华放的，赵莉并没有接触过毒品，也不知道毒品的具体数量，因此参与程度不深。赵莉在此次犯罪前没有前科，系初犯、偶犯，且归案后能如实供述自己的犯罪事实，有认罪、悔罪表现。

一审裁判结果

昆明市中级人民法院于2005年8月8日以〔2005〕昆刑三初字第442号刑事判决，认定被告人徐根志犯贩卖毒品罪，判处死刑，剥夺政治权利终身，并没收个人全部财产；被告人董燕华犯贩卖毒品罪，判处有期徒刑15年，并处没收个人财产人民币1万元；被告人赵莉犯窝藏毒品罪，判处有期徒刑2年；缴获的毒品亚甲二氧基甲基苯丙胺1113.11克、氯胺酮1086.51克、甲基苯丙胺0.46克依法没收。

一审裁判理由

一审法院认为：被告人徐根志、董燕华无视国法，非法贩卖毒品，其行为符合贩卖毒品罪的构成要件，应依法惩处。被告人赵莉明知是毒品仍予以窝藏，其行为符合窝藏毒品罪的构成要件，应依法惩处。在本案中，被告人徐根志、董燕华经预谋后，共同出资购买毒品亚甲二氧基甲基苯丙胺和氯胺酮进行贩卖，应共同对所贩卖的毒品数量承担刑事责任。被告人徐根志还应独立对查获的839克毒品亚甲二氧基甲基苯丙胺承担刑事责任。被告人赵莉应对窝藏的266.39克亚甲二氧基甲基苯丙胺、756.56克氯胺酮承担刑事责任。被告人徐根志的辩护人所提第1、2、3条辩护意见与当庭查明的事实和本院确认的证据不符，故不予采纳。另外提出的第4条辩护意见属酌定情节，因被告人徐根志贩卖毒品数量巨大，主观恶性较深，不予采纳。被告人董燕华的辩解及辩护人所提第5条辩护意见有事实和证据在卷证实，予以采纳。辩护人所提其他辩护意见与当庭查明的事实和现有证据不符，不予采纳。被告人赵莉的辩解无事实和证据在卷佐证，不予采纳。其辩护人所提第1条辩护意见有事实和法律依据，且有证据在卷证实，予以采纳。鉴于被告人赵莉被抓后，配合公安机关抓获被告人徐根志，有重大立功表现，依法应当从轻或减轻处罚；被告人董燕华在看守所关押期间，检举揭发其他犯罪嫌疑人的余罪，有立功表现，依法可以从轻处罚。

二审诉辩情况

一审宣判后，被告人徐根志、赵莉提出上诉。

被告人徐根志提出：其行为属于未遂，认定的毒品数量应罪责自负。涉案的毒品系二类毒品，危害较小，且认罪态度好，主观恶性不大，请求给予从轻处罚。

被告人赵莉口头表示上诉，无具体理由。

二审裁判结果

云南省高级人民法院于2006年1月24日以同样的事实作出〔2005〕云高刑复字第1862号刑事判决，维持昆明市中级人民法院〔2005〕昆刑三初字第442号刑事判决的第2、3、4项，即被告人董燕华犯贩卖毒品罪，判处有期徒刑15年，并处没收个人财产人民币1万元。被告人赵莉犯窝藏毒品罪，判处有期徒刑2年；查获的毒品依法予以没收；撤销昆明市中级人民法院〔2005〕昆刑三初字第442号刑事判决的第1项，改判被告人徐根志无期徒刑，剥夺政治权利终身，并处没收个人财产。

二审裁判理由

二审法院经审理认为：上诉人徐根志及原审被告人董燕华购买氯胺酮、亚甲二氧基甲基苯丙胺等毒品，并准备予以贩卖的行为均构成贩卖毒品罪，上诉人赵莉明知是徐根志、董燕华所购买的毒品还参与吸食，并允许董燕华将氯胺酮、亚甲二氧基甲基苯丙胺等毒品存放在自己的现代跑车上，其行为已构成窝藏毒品罪，上诉人徐根志、赵莉及原审被告人董燕华均应依法受到惩处。对上诉人徐根志及辩护人提出的上诉理由和辩护意见。经审理认为：根据本案的具体情节，原判对被告人徐根志量刑过重，徐根志及辩护人要求从轻处罚的理由和意见予以采纳。对上诉人赵莉提出的上诉理由，经审理认为：原判在定罪量刑时，已作充分考虑，故不再予以采纳。故法院依法作出如上裁判。

238. 行为人多次零星非法贩卖国家管制的精神药品的行为如何定性？

国家管制的"其他能够使人形成瘾癖的麻醉药品和精神药品"，属于我国目前正在流行的新型毒品，对行为人零星贩卖新型毒品的行为，应依法认定为贩卖毒品罪。

239. 对新型毒品数量应当如何折算？

最高人民法院的相关指导意见对新型毒品"地西泮"注射液、"三唑仑"片、"艾司唑仑"片的折算比例作出了明确的规定，即1克海洛因=1000克"三唑仑"；1克海洛因=10000克"地西泮"；1克海洛因=10000克"艾司唑仑"。对于其他新型毒品，应比照以上标准折算。

典型疑难案件参考

徐进林贩卖毒品案

基本案情

被告人徐进林于2006年9月至10月期间，在个旧市人民路"新苑"婚纱店门口等处，以140元、130元一板不等的价格，先后2次将国家管制的精神药品"盐酸丁丙诺啡"舌下片两板计20片贩卖给吸毒人员江某、张某某。2006年10月22日14时许，被告人徐进林在个旧市中医院公交车站处，再次贩卖"盐酸丁丙诺啡"舌下片给吸毒人员江某时，被公安民警抓获，当场缴获"盐酸丁丙诺啡"舌下片一板计10片。随后，公安民警对被告人徐进林在个旧市宝华路14号302号的租住房进行搜查时，缴获"盐酸丁丙诺啡"舌下片29板计290片、"地西泮"注射液528盒计5280支、"三唑仑"片30瓶计2999片、"艾司唑仑"片25瓶计2500片。

一审诉辩情况

检察机关指控被告人徐进林犯贩卖毒品罪。

被告人徐进林提出：起诉其零星贩卖5次新型毒品不是事实，最多只贩卖2次。自己是做药品生意的，搜出的药品都是自己用于批发的。

被告人徐进林的辩护人提出：检察机关指控被告人徐进林零星贩卖5次新型毒品不实，从现有证据来看只有3次。因被告人徐进林平时是从事药品生意的经销商，按最高人民法院的相关规定换算后，其本案中非法贩卖精神药品的数量折抵成毒品海洛因还不到1克，建议法院对其从轻处罚并适用缓刑。

一审裁判结果

云南省个旧市人民法院于2007年4月5日以〔2007〕个刑初字第66号刑

事判决，认定被告人徐进林犯贩卖毒品罪，判处有期徒刑5年。并处罚金人民币3000元。公安机关已扣押的诺基亚手机一部，予以没收，由公安机关上缴国库。

► 一审裁判理由◄

一审法院认为：被告人徐进林多次贩卖国家管制的能使人形成瘾癖的精神药品，情节严重，其行为已构成贩卖毒品罪。检察机关指控的主要事实清楚，证据充分，定性准确，予以确认。被告人徐进林的辩解、辩护人雷学俊建议对其从轻处罚并适用缓刑的辩护意见，均不充分，不予采纳。

► 二审诉辩情况◄

一审宣判后，徐进林不服，提出上诉。

上诉人徐进林提出：自己本身是做药品生意的，原判认定其犯贩卖毒品罪的情节与事实严重不符，量刑畸重，请求二审从轻判处。

徐进林的辩护人提出：被告人徐进林系从事药品生意的经销商，且在租住房内被查获的大量精神药品并非是用来私自非法买卖的，是合法批发的库存药品，其零星贩卖和被查获的精神药品数量折算成毒品海洛因还不到1克，原判适用法律不当。

徐进林的辩护人提出：对被告人徐进林量刑畸重，其归案后对自己的违法犯罪行为已有认识，认罪悔罪表现好，建议对其从轻适用缓刑。

► 二审裁判结果◄

云南省红河哈尼族彝族自治州中级人民法院于2007年5月31日作出〔2007〕红中刑终字第132号刑事判决，维持个旧市人民法院〔2007〕个刑初字第66号刑事判决第二项。即公安机关已扣押的诺基亚手机1部，予以没收，由公安机关上缴国库。撤销个旧市人民法院〔2007〕个刑初字第66号刑事判决第一项。即被告人徐进林犯贩卖毒品罪，判处有期徒刑5年，并处罚金人民币3000元。上诉人（原审被告人）徐进林犯贩卖毒品罪，判处有期徒刑3年，缓刑3年，并处罚金人民币3000元。

► 二审裁判理由◄

二审法院认为：鉴于上诉人徐进林贩卖的国家管制的精神药品数量，折算成毒品海洛因不足1克，并在二审期间能认罪悔罪，积极主动交纳罚金，可酌情对其从轻处罚，并适用缓刑。

上诉人徐进林、辩护人杨斌关于"徐进林系从事药品生意的药商，其非法零星贩卖和被查获的精神药品数量全部折算成毒品海洛因不足 1 克,徐进林归案后认罪悔罪表现好,原判量刑畸重,建议对其从轻适用缓刑"的辩解和辩护意见,合法成立,应予以采纳;其余辩解和辩护意见,与查明的事实、证据和国家的相关法律规定不符,不能成立,不予采纳。原判认定事实清楚,定性准确,审判程序合法,判处罚金符合法律规定,但对上诉人徐进林的量刑不当,故法院依法作出如上裁判。

240. 已与他人商量好毒品交易的价格和数量,并且将毒品带入交易环节,但最终毒品的交易未完成的,是否构成贩卖毒品罪的既遂?

贩卖毒品罪,是指明知是毒品而非法销售和以贩卖为目的而非法收买毒品的行为。已与他人商量好毒品交易的价格和数量,并且将毒品带入交易环节的,无论最后交易是否完成,都构成贩卖毒品罪的既遂。

241. 行为人根据吩咐,将毒品转移,藏于其他地点的行为是定转移毒品罪还是运输毒品罪?

虽然转移毒品的行为与运输毒品一样,也会使毒品的位置发生改变,但如果行为人转移毒品的目的是帮助犯罪分子逃避法律的制裁而非促进进一步的毒品交易,则应认定为转移毒品罪。

典型疑难案件参考

周常等贩卖、转移毒品案

基本案情

2007 年 3 月 18 日,被告人周常携带毒品入住本市共和新路 666 号上海中土大厦酒店 602 客房。次日,又用假身份证在该酒店开了 1903 客房。3 月 18 日晚,周常电话联系夏雨婷(另处)寻找毒品下家。19 日晚,周常与夏雨婷、周鹏、吴杰、张刚(均另案处理)等人在上海市斜土路 1646 号上广电假日酒店 515 房间内,商定以每盎司人民币 9500 元(以下均为人民币)的价格共出售价值20万元的冰毒给夏雨婷等人。期间，周常感觉情形不对，以去拿货为由，离开上广电假日酒店返回上海中土大厦酒店，让吴雯杰将冰毒834.27克、二甲基安非他明51.2克毒品转移。吴雯杰将毒品拿回家中藏匿后，告知了被告人张立敏。二人约定碰面后，吴雯杰将毒品交给张立敏，后由张立敏将毒品藏匿于斜土东路237号温州饮食店内。上述毒品在吴、张被抓获后被警方缴获，被告人周常被抓获后又被警方缴获冰毒2.8克、二甲基安非他明4.03克、氯胺酮0.74克。

诉辩情况

检察机关指控周常犯贩卖毒品罪，吴雯杰、张立敏犯转移毒品罪。

裁判结果

上海市第一中级人民法院于2008年3月11日以〔2008〕沪一中刑初字第22号刑事判决，认定被告人周常犯贩卖毒品罪，判处无期徒刑，剥夺政治权利终身，并处没收个人财产人民币6万元。被告人吴雯杰犯转移毒品罪，判处有期徒刑2年6个月；被告人张立敏犯转移毒品罪，判处有期徒刑2年。

裁判理由

法院生效裁判认为：被告人周常以贩卖为目的，先后实施了携带毒品来沪，托人寻找毒品买家，提供毒品样品供买家验货，亲自参与毒品数量、价格等交易事项的谈判等一系列与贩毒有关的行为，贩卖甲基苯丙胺837.07克、二甲基安非他明55.23克、氯胺酮0.74克，依照《刑法》第347条第1款、第2款第1项之规定，应以贩卖毒品定罪处罚。考虑到本案因特情及公安人员的介入，毒品最终没有流入社会，且特情对被告人实施大宗毒品犯罪的数量引诱，尚不能排除，量刑时需留有余地。同时鉴于周常毕竟未将毒品交付下家，亦未收取下家的毒资，且本人吸毒，最终作出如上裁判。

被告吴雯杰虽自己承认、张立敏也供称吴是周常的马仔，帮周常送货，但周常予以否认，且无其他证据足以证实。此次周常在上广电假日酒店515房间内与夏雨婷等人洽谈贩毒事宜时，吴又不在场，也没有证据证明吴雯杰参与了贩卖毒品的事先共谋，因此，检察机关未指控吴雯杰系贩毒共犯或犯运输毒品罪，是妥当的。现有证据只能证明吴雯杰临时受周常指使，单纯实施了转移毒品的行为。同理，张立敏对周常贩毒，也只是凭主观推测，没有证据证明其事先参与贩毒共谋，故对张也应以其具体实施的行为，即协助吴雯杰转移毒品来确定罪名。综合上述情况来看，被告人吴雯杰、张立敏在明知周常所交给他们的物品是毒品的情况下，仍予以转移，其中甲基苯丙胺834.27克、二甲基安非他明51.2克，依照《刑法》第349条之规定，对吴、张均应以转移毒品定罪处罚。但相对于张立敏的行为来看，吴雯杰在本案中的作用大、情节重，张是因吴而参与本案，量刑时应有所区别。故法院依法作出如上裁判。

242. 贩卖海洛因针剂，但含量极低的，应如何认定毒品数量？

贩卖海洛因针剂，但含量极低的，仍然以查证属实的毒品犯罪的数量计算，不折算成纯度，但此可作为一个量刑情节予以考虑。

典型疑难案件参考

赵廷贵贩卖毒品案

基本案情

2007年7月18日23时30分，商雷（另案处理）与被告人赵廷贵电话联系，约定以人民币120元的价格向赵购买5支含有海洛因的针剂。次日0时30分许，赵廷贵驾驶轿车至约定的交易地点上海市大连路周家嘴路路口附近，将5支净重9.35克的海洛因针剂贩卖给商雷。赵驾车离开现场后即被截获，公安人员当场从其车上查获163支、净重共308.65克的海洛因针剂及1支度冷丁针剂。

诉辩情况

检察机关指控被告人赵廷贵犯贩卖毒品罪。

被告人赵廷贵提出：其只知道贩卖的是度冷丁，不知道是海洛因针剂。

被告人赵廷贵的辩护人提出：赵廷贵贩卖的海洛因针剂每支规格为2ml、100mg，即海洛因数量为每支0.1克，实际贩卖5支，随身携带163支，应认定为贩卖海洛因0.5克、非法持有海洛因16.3克。赵廷贵主观恶性小，犯罪未造成严重后果，建议从轻处罚。

一审宣判后，被告人赵廷贵提出上诉。

赵廷贵提出，其不知是海洛因针剂，原判量刑过重。

裁判结果

上海市第二中级人民法院经公开审理作出刑事判决，被告人赵廷贵犯贩卖毒品罪，判处有期徒刑 15 年，剥夺政治权利 4 年，并处没收财产人民币 3 万元；查获的毒品予以没收，违法所得予以追缴。

一审宣判后，被告人赵廷贵提出上诉。上海市高级人民法院经审理作出刑事裁定，驳回上诉，维持原判。

> 裁判理由

法院生效裁判认为：被告人赵廷贵明知是毒品而贩卖，其行为构成贩卖毒品罪。检察机关指控的罪名成立。被告人赵廷贵到案后即供认其贩卖的是海洛因针剂，与之后作出的毒品鉴定结论相符，对赵廷贵关于其不明知贩卖的是海洛因针剂的辩解，不予采信。《刑法》第 357 条第 2 款规定，毒品的数量以查证属实的走私、贩卖、运输、制造、非法持有毒品的数量计算，不以纯度折算，对辩护人提出查获的海洛因应以每支 0.1 克计算的意见，不予采纳。被告人赵廷贵因贩卖 5 支海洛因针剂被抓获，公安人员随即从其驾驶的车内又缴获 163 支海洛因针剂，对此应一并认定为贩卖的数量，对辩护人提出该 163 支海洛因针剂应认定为非法持有的意见不予采纳。考虑到本案的具体情况，对赵廷贵可酌情从轻处罚。故法院依法作出如上裁判。

243. 制造含有甲基苯丙胺成分的"麻古"是否构成犯罪？

"麻古"属于新型毒品，制造"麻古"构成制造毒品罪。对毒品的重量可采用抽样称重的方式计算。

> 典型疑难案件参考

高国亮等贩卖、制造、运输毒品案

> 基本案情

2005 年年底，被告人高国亮和李永望多次预谋制造含有甲基苯丙胺的毒品"麻古"，由高国亮提供资金、原料，李永望负责制造，高国亮负责销售。之后，被告人李永望、杨敬岗自行购买制毒原料、设备，并伙同范永伟、王国春（二人另案处理）在襄城县双庙乡染坊杨村小李庄王国春的养鸡场内开始第一批毒品生产，制造出毒品"麻古"约 1000 克。该 1000 克"麻古"返工后，掺入第二批重新生产。

2006年2月初，被告人李永望接到高国亮提供的资金及冰毒、咖啡因后，即伙同杨敬岗及姚晓刚、姚晓伟、李向阳（3人另案处理）在襄城县双庙乡门楼李村李向阳废弃的面粉厂内进行第二批毒品生产，制造毒品"麻古"约6500克，其中360克由被告人景孝兵运回深圳交给高国亮销售；余下6140克返工后，掺入第3批重新生产。

2006年3月初，被告人李永望、高国亮、杨敬岗、郝永亮及姚晓刚、姚晓伟在襄城县双庙乡门楼李村李向阳废弃的面粉厂内进行第3批毒品生产，制造出含有甲基苯丙胺的毒品"麻古"9408克。案发后，公安机关分别在许昌市鸿宝大酒店3楼南侧阳台、李永望租用的轿车内及李向阳驾驶的豫K83303五菱之光面包车内将该毒品查获。

同时在许昌市鸿宝大酒店3楼南侧阳台上还查获李永望藏匿的其他毒品724克（检出甲基苯丙胺成分）；在面包车上查获李永望藏匿的其他毒品579克（其中74克检出甲基苯丙胺成分、505克检出咖啡因成分）；在轿车上查获李永望藏匿的其他毒品3854克（检出巴比妥成分）。

在许昌电力宾馆B011房间抓获被告人高国亮时，当场从其身上查获含有甲基苯丙胺的毒品"麻古"26克；在深圳市罗湖区春风路庐山花园D幢12号楼B2高国亮租房内查获二批毒品：第一批49.75克（其中17.33克检出甲基苯丙胺成分、32.42克检出其他毒品成分），第二批2706.27克（其中1118.12克检出甲基苯丙胺成分、1588.15克检出其他毒品成分）。

一审诉辩情况

检察机关指控被告人高国亮、李永望、杨敬岗、郝永亮、景孝兵犯贩卖、制造、运输毒品罪。

一审裁判结果

河南省许昌市中级人民法院于2007年3月14日以〔2007〕许中刑一初字第10号刑事判决，认定被告人高国亮犯贩卖、制造毒品罪，判处死刑，剥夺政治权利终身，并处没收个人全部财产；被告人李永望犯贩卖、制造毒品罪，判处死刑，剥夺政治权利终身，并处没收个人全部财产；被告人杨敬岗犯制造毒品罪，判处死刑，缓期2年执行，剥夺政治权利终身，并处没收个人全部财产；被告人郝永亮犯制造毒品罪，判处有期徒刑15年，剥夺政治权利3年，并处罚金人民币5万元；被告人景孝兵犯运输毒品罪，判处有期徒刑15年，剥夺政治权利3年，并处罚金人民币5万元；作案工具丰田嘉美轿车、红色五菱之光面包车各1辆，制造毒品的设备，毒资553301元，6部手机均予以没收，上缴国库。

二审诉辩情况

上诉人高国亮及其辩护人提出：原判量刑重，毒品未流入社会，社会危害不大。毒品不是真正意义上的毒品。在高国亮家里搜出的毒品应定非法持有。高国亮认罪态度好，又系初犯，请求从轻处罚。

上诉人李永望及其辩护人提出：有重大立功表现，量刑重，对毒品数量有异议。定性错误，不是真正意义上制造毒品。李永望制造出的毒品中，有724克和24克是毒品原料，不应计入毒品数额。360克"麻古"没有鉴定，仅仅是推断。李永望不是主犯，仅起协助作用。

上诉人景孝兵上诉称：量刑重，初犯，认罪态度好。

二审裁判结果

河南省高级人民法院于2007年11月9日以同样的事实作出〔2007〕豫刑一终字第0138号刑事裁定，驳回上诉，维持原判。

根据《刑事诉讼法》第199条之规定，本裁定中对被告人高国亮、李永望的死刑裁定依法报最高人民法院核准。最高人民法院复核，作出裁定，核准河南省高级人民法院维持第一审以贩卖、制造毒品罪判处被告人高国亮、李永望死刑，剥夺政治权利终身，并处没收个人全部财产的刑事裁定。

二审裁判理由

法院生效裁判认为：关于上诉人高国亮的上诉理由及其辩护人的辩护意见。经查，高国亮与李永望预谋，李永望制造并由其贩卖，上诉人高国亮本人及李永望、景孝兵的供述，高翠群的证言均证实高国亮多次从事贩卖毒品的犯罪，且从其租房处查获的毒品数量大，应定贩卖、制造毒品罪，故提出的除360克外，其余毒品应定非法持有毒品罪的理由，不能成立。

关于上诉人李永望的上诉理由及其辩护人的辩护意见。经查，360克"麻古"的重量及定性，虽未鉴定，但根据被告人供述的3000粒，并从查获的"麻古"中随机抽样10粒称重后，得出的重量，其定性有各被告人的供述予以证实；9408克"麻古"，含有甲基苯丙胺的724克、74克毒品的来源及数量，有各被告人的供述及提取笔录、鉴定结论予以证实；李永望虽没有直接贩卖毒品，但只是与高国亮的分工不同，应以其与高国亮共同实施的贩卖、制造毒品罪定罪；李永望归案后，主动供述高国亮的手机号码属如实坦白，不能据此认定李永望有立功表现，原判判处死刑，并无不当。故其上诉理由及辩护意见均不能成立，不予采纳。

关于上诉人景孝兵上诉称，"原判量刑重"之理由。经查，上诉人景孝兵已实施了贩卖毒品的行为，是否取得报酬，均不影响其行为的定性，根据法律规定，运输毒品 50 克以上，量刑在 10 年以上，原判量刑并无不当，故其上诉理由也不能成立，不予采纳。其还诉称"是初犯，认罪态度好"之理由，经查属实，予以确认。河南省人民检察院出庭意见成立。

综上，上诉人高国亮、李永望、景孝兵及原审被告人杨敬岗、郝永亮、景孝兵以获取非法利益为目的，大肆进行贩卖、制造、运输活动，其中李永望贩卖、制造含有甲基苯丙胺的毒品 10566 克、巴比妥等其他毒品 4359 克，其行为已构成贩卖、制造毒品罪；高国亮贩卖、制造含有甲基苯丙胺的毒品 10929.45 克、氯胺酮等其他毒品 1620.57 克、其行为已构成贩卖、制造毒品罪；杨敬岗制造含有甲基苯丙胺的毒品 9768 克，其行为已构成制造毒品罪；郝永亮制造毒品 9408 克，其行为已构成制造毒品罪；景孝兵运输毒品 360 克，其行为已构成运输毒品罪。在贩卖、制造毒品共同犯罪中，李永望、高国亮、杨敬岗起主要作用，系主犯，郝永亮起次要作用，系从犯，均应依法惩处，其中被告人高国亮、李永望所犯罪行极其严重，应依法严惩。原判定罪准确，量刑适当，审判程序合法。上诉人高国亮、李永望及其辩护人的诉辩意见，上诉人景孝兵的上诉理由均不予采纳。

最高人民法院经复核认为：被告人高国亮、李永望为获取非法利益，大肆进行贩卖、制造毒品活动，其行为均已构成贩卖、制造毒品罪。二被告人贩卖、制造毒品数量大，含量高，社会危害性大。且在共同犯罪中，二被告人均起主要作用，系主犯，应依法予以惩处。第一审判决、第二审裁定认定的事实清楚，证据确实、充分，定罪准确，量刑适当，审判程序合法。故法院依法作出如上裁判。

244. 在侦查机关控制下实施的贩卖毒品行为，最终毒品未流入社会的，应如何定罪量刑？

在侦查机关控制下实施的贩卖毒品行为，仍定贩卖毒品罪。由于最终毒品未流入社会，与情节特别严重的贩卖毒品行为有差别，因此对该行为一般不判处死刑立即执行。

典型疑难案件参考

包占龙贩卖毒品案

基本案情

2007年11月9日10时30分许,翟建军(同案被告人,已判刑)打电话商定由被告人包占龙送300克毒品到甘肃省兰州市城关区嘉峪关东路641号403翟的住处交易。当日12时许,包占龙携带毒品赶至该641号单元楼下,侦查人员将包当场抓获,从包骑的摩托车脚踏板上查获毒品海洛因300.7克。经鉴定,海洛因含量为92.77%。

诉辩情况

检察机关指控被告人包占龙犯贩卖毒品罪。

被告人包占龙提出:其贩卖毒品的行为系侦查引诱犯罪。

被告人包占龙的辩护人提出:包占龙未发生贩卖毒品的交易行为,不构成贩卖毒品罪。包占龙系从犯。本案存在犯意引诱及数量引诱。本案涉案毒品未流入社会,社会危害性较小。

裁判结果

兰州市中级人民法院经公开审理作出刑事判决,被告人包占龙犯贩卖毒品罪,判处死刑,剥夺政治权利终身,并处没收个人全部财产。

一审宣判后,被告人包占龙提出上诉。甘肃省高级人民法院经审理以同样的事实作出刑事裁定,驳回上诉,维持原判,并依法报请最高人民法院核准。

最高人民法院经复核作出刑事裁定,不核准甘肃省高级人民法院〔2009〕甘刑二终字第70号维持第一审以贩卖毒品罪判处被告人包占龙死刑,剥夺政治权利终身,并处没收个人全部财产的刑事裁定。撤销甘肃省高级人民法院〔2009〕甘刑二终字第70号维持第一审以贩卖毒品罪判处被告人包占龙死刑,剥夺政治权利终身,并处没收个人全部财产的刑事裁定。发回甘肃省高级人民法院重新审判。

裁判理由

法院生效裁判认为:翟建军被抓获后,打电话向包占龙要毒品,包占龙随即将毒品送至翟建军家楼下被抓获,同时在包占龙租住处查获用于贩毒的戥子等物品,包占龙贩卖毒品的主观故意明显,属持毒待售,不存在犯意引诱和数量引诱的情节。包占龙贩卖毒品数量大，系毒品再犯，又系累犯，且查获的毒品海洛因含量达 92.77%，依法应从重处罚。

最高人民法院经复核认为：被告人包占龙为谋取非法利益，向他人出售毒品海洛因 300.7 克，其行为构成贩卖毒品罪，且毒品数量大，应依法惩处。包占龙系毒品再犯，且系累犯，依法应从重处罚。但鉴于包占龙认罪态度较好，其贩卖毒品行为系在侦查人员控制下实施，毒品尚未流入社会，社会危害性相对较小，故对包占龙可不判处死刑立即执行。故依法作出如上裁定。

245. 乘坐出租车时携带大量毒品，出租车司机是否构成运输毒品罪的共犯？

乘坐出租车时携带大量毒品，出租车司机是否构成运输毒品罪的共犯关键看出租车司机对运输毒品是否存在故意，是否对乘客携带的毒品持"明知"态度。如果存在这种"明知"和故意，则应定运输毒品罪。否则便不构成犯罪。

246. 在毒品犯罪中采用"犯意诱发型"的诱惑侦查手段，公安控制案件仝程，毒品根本没有流入社会的可能性，且毒品是由公安部门加工的，那么运输毒品的行为人是否构成犯罪？

如果毒品犯罪完全是公安机关诱发的，且行为人根本不存在犯意，且行为不具有社会危害性，案件是由公安策划制造的，则行为人无罪。

典型疑难案件参考

荆爱国被控运输毒品宣告无罪案

基本案情

2001 年 8 月 11 日，被告人荆爱国驾驶出租车，在国道 212 线临洮县太石镇沙椤村路段运输毒品时，被公安人员查获，当场从该车内查获毒品 9 块，净重 3669 克，经鉴定均检出海洛因成分。

甘肃省定西地区中级人民法院经重审查明：2001年4月，原甘肃省临洮县公安局副局长张文卓（另案处理）让特情马进孝（另案处理）提供毒品线索。马进孝了解到甘肃广河县三甲集宏达汽修厂厂长马福祥（另案处理）认识一毒贩马尔沙有毒品，遂报告张文卓。张文卓安排经营。6月间，马进孝找到张文卓商定，为了钓出大量毒品，先向马尔沙购买1000克毒品取得信任，交易5公斤时抓捕。张文卓将商议情况告知了临洮县禁毒队队长边伟宏（在逃）。后马进孝经马福祥介绍从马尔沙处以每克43元的价格购买海洛因1000克。张文卓让马进孝出售，欲抓捕购毒人，未找到买主。张文卓、边伟宏与马进孝商定，为了完成禁毒任务，将购买的1000克毒品加工后，由马进孝找人往外运或出售时抓捕。

7月下旬，马进孝在兰州租乘被告人荆爱国驾驶的出租车去临洮沙椤，行进途中，提出让荆爱国运输毒品，拉一趟付运费5000元，荆同意后留下了传呼号。马进孝安排马宏宝（另案处理）将毒品加工成9块，告知了张文卓，张又转告了边伟宏。8月10日，3人驾车同到兰州，在滨河饭店商定了截获方案。次日上午，马进孝传呼联系荆爱国将车开到滨河饭店，接他去临洮县沙椤运输毒品，并给张、边指认了荆爱国驾驶的出租车。张文卓即电话安排堵截，其与边伟宏也赶到沙椤给缉毒队员指认了此车。荆爱国拉上马进孝到临洮沙椤，马进孝取到毒品装在车上，让荆驾车先返，他随后赶到，晚上传呼联系将毒品送到兰州石油大厦，货款两清。荆爱国掉转车头行进途中，即被张文卓、边伟宏指挥的缉毒人员堵截抓获，从车上查获毒品可疑物9块计3669克。经鉴定，9块可疑物中均检出海洛因成分。后经甘肃省公安厅两次复检，结论分别为：9块检材的外表面、外角部均检出海洛因成分，内部中间均未检出海洛因成分；从9块检材中随机取出1块，从外表面提取2克，检出海洛因含量为0.19%，从外角部提取2克，检出海洛因含量为0.10%，从内部中间提取2克，未检出海洛因成分。嗣后，张文卓、边伟宏从缉毒队经费中支付马进孝购买1000克海洛因的价款和加工毒品费用等计55000元，并指使马进孝假称"马学龙"的名义打了收条。

荆爱国案起诉审判时，张文卓、边伟宏指使办案民警作了虚假的办案说明。

▬一审诉辩情况▶

检察机关指控被告人荆爱国犯运输毒品罪。

被告人荆爱国提出：在侦查阶段的供述是逼供形成的，没有犯罪，毒品是何时何地如何放在车上的不知道。

被告人荆爱国的辩护人提出：公安机关对荆爱国有逼供行为。荆爱国对其车上查获的毒品不明知。

一审裁判结果

甘肃省定西地区中级人民法院于2001年11月20日以〔2001〕定中刑初字第66号刑事判决,认定被告人荆爱国犯运输毒品罪,判处死刑,剥夺政治权利终身,并处没收个人全部财产。

一审裁判理由

一审法院认为:被告人荆爱国大量运输毒品海洛因,其行为已构成运输毒品罪,检察机关指控的犯罪成立,应予支持。为了维持社会管理秩序,打击严重刑事犯罪活动,确保公民的身心健康不受非法侵害,对荆爱国应依法惩处。对荆爱国及其辩护人的辩解和辩护意见。经查,没有证据证明荆爱国在侦查阶段受到刑讯逼供,被告方也举不出相关证据,毒品如何放在车上的,是否明知,荆爱国的供述清楚。故其辩解理由及辩护意见不能成立。

二审诉辩情况

一审宣判后,被告人荆爱国提出上诉。

上诉人(原审被告人)荆爱国诉称的上诉理由及其辩护人的辩护意见与一审相同。

在本案重审中,检察机关以一审原有内容指控被告人荆爱国构成运输毒品罪。

被告人荆爱国提出:毒品是自称姓马的租车人什么时间如何放在车上的不知道,不明知运输毒品,没有犯罪。侦查阶段的有罪供述是屈打成招。

被告人荆爱国的辩护人提出:公安人员与特情相互勾结,私造假案,设计陷害被告人,荆爱国没有犯罪的故意和行为,没有社会危害性,不构成犯罪,侦查机关违法收集的证据不能作为定案依据。

二审裁判结果

甘肃省高级人民法院于2002年3月18日作出〔2002〕甘刑二终字第03号刑事裁定,撤销甘肃省定西地区中级人民法院〔2001〕定中刑初字第66号刑事判决;发回甘肃省定西地区中级人民法院重新审判。

甘肃省定西地区中级人民法院于2002年12月31日作出〔2002〕定中刑初字第11号重审判决,认定被告人荆爱国无罪。

二审裁判理由

二审法院审理认为:本案存在三个疑点:一是案件线索来源不清,公安机关是如何获知荆爱国驾驶的出租车上装有毒品而布控查获的,卷内没有反映;二是毒品来源不清楚,毒主是谁,毒品运送到兰州接收人是谁,均没有查证;三是查获的9块可疑毒品经复检,外表面、外角部海洛因含量仅为0.19%和0.10%,中间完全不含海洛因,不是刑法意义上的毒品。

重审法院认为:本案是由原临洮县公安局分管缉毒工作的副局长张文卓和缉毒队队长边伟宏伙同马进孝共同策划,蓄谋制造,全程控制的一起案件。证实本案的主要证据是非法收集的,法院不予确认。被告人荆爱国的行为不会对国家的毒品管理制度造成实际的危害,其行为不具有社会危害性,故荆爱国的辩解理由及其辩护人的辩护意见予以采纳。故法院依法作出如上裁判。

247. 行为人多次单独贩卖毒品,并指使他人多次贩卖毒品,其贩卖的数量该如何认定?

行为人多次单独贩卖毒品,并指使他人多次贩卖毒品的,指使他人贩卖毒品的数量也应计入其犯罪数量中,将其每次贩卖的数量累积计算。

248. 行为人指使他人多次贩卖毒品,各被告人和证人供述的交易次数和数量不一致,难以认定的,应如何计算行为人指使他人贩卖的数量?

行为人指使他人多次贩卖毒品,各被告人和证人供述的交易次数和数量不一致,难以认定的,根据有利于被告人的刑法适用原则,可就低认定行为人贩卖的数量。

典型疑难案件参考

王翔等贩卖、运输毒品案

基本案情

2004年9月下旬,被告人王翔在南京市建宁路、大桥公园等地5次向渠涛、渠波贩卖毒品海洛因12克。

2004年10月,被告人王翔指使被告人英秀娟在本市建宁路、钟阜路、安乐村小区等地 16 次向渠涛、渠波贩卖毒品海洛因 48 克。

2004 年 10 月底至 11 月初，被告人王翔指使被告人英秀娟在本市中央路时代超市、马台街附近 3 次向储金勇贩卖毒品海洛因 35 克。

2004 年 10 月，被告人王翔指使被告人英秀娟在本市建宁路民生街车站附近 2 次向倪元文贩卖毒品海洛因 10 克。

2004 年 11 月 10 日，被告人崔凡从南京赴广州，将 354.8 克毒品海洛因运送回南京，11 月 13 日凌晨 5 时许，当被告人崔凡乘坐长途客车回宁时，在本市中央门长途汽车站被公安机关抓获。

诉辩情况

检察机关认为：被告人王翔、崔凡、英秀娟的行为应当分别以贩卖、运输毒品罪追究王翔的刑事责任，以运输毒品罪追究崔凡的刑事责任，以贩卖毒品罪追究英秀娟的刑事责任。3 被告人系共同犯罪，王翔系毒品再犯、普通累犯，应从重处罚，崔凡系累犯，应当从重处罚，其还有立功表现，可以从宽处罚。

被告人王翔提出：其没有指使崔凡将毒品海洛因从广州运送回南京，没有指使英秀娟贩卖毒品，其卖给渠涛、渠波的东西是丁丙，不是毒品海洛因。

被告人王翔的辩护人提出：认定王翔指使崔凡运输毒品海洛因的证据不足，王翔与崔凡不构成共同犯罪。王翔只向渠涛、渠波出售过丁丙，没有向他们出售过 12 克毒品海洛因。

被告人崔凡提出：其不知道王翔让自己带回南京的包里装有毒品海洛因。

被告人崔凡的辩护人提出：崔凡有重大立功表现，可以减轻处罚；崔凡在共同犯罪中是从犯，应当从轻或减轻处罚；其主观恶性较小，主动交代罪行、有较好的悔罪表现，应酌情从轻、减轻处罚。

被告人英秀娟提出：其认罪态度好、有悔罪表现，希望法庭对其从轻处罚。

裁判结果

江苏省南京市中级人民法院于 2005 年 6 月 9 日以〔2005〕宁刑初字第 40 号刑事判决，认定：

一、被告人王翔犯贩卖毒品罪，判处无期徒刑，剥夺政治权利终身，并处没收全部个人财产；

二、被告人崔凡犯运输毒品罪，判处无期徒刑，剥夺政治权利终身，并处没收全部个人财产；

三、被告人英秀娟犯贩卖毒品罪，判处有期徒刑 12 年，并处罚金人民币

1万元；

四、公安机关缴获的毒品海洛因354.8克予以没收；公安机关扣押的王翔犯罪所用的通讯工具Samsung SGH-D410手机、资金人民币27618元，崔凡犯罪所用的通讯工具摩托罗拉C350手机、资金人民币462.60元，黑色尼龙挎包、电子秤、千斤顶、剪刀、木制圆棍等予以没收。

裁判理由

法院生效裁判认为：庭审中，被告人王翔辩称没有向渠涛、渠波出售过毒品海洛因，只向渠涛、渠波出售过3次丁丙，而不是海洛因。其辩护人提出，王翔出售给渠涛、渠波的液体物品是丁丙而不是海洛因。经查，上述事实有渠涛、渠波、倪来娣的证言证实，且3证人证言中在交易地点、价格、数量等相关细节上都能相互印证。渠涛、渠波2人都长期吸食毒品，他们对毒品的含量及品种的认识应采信。所以，确认王翔出售给渠涛、渠波的针管装液体毒品是毒品海洛因而不是丁丙。故被告人王翔的该辩解意见与事实不符，不予采纳；其辩护人提出的辩护意见与事实不符，不予采纳。

庭审中，被告人王翔辩称自己没有指使英秀娟向渠涛、渠波贩卖毒品。经查，英秀娟的供述及证人渠涛、渠波、倪来娣的证言在毒品交易地点、购毒者使用的交通工具、参与交易的人员等相关细节上都能相互印证，足以认定上述事实。故被告人王翔的该辩解意见，本院不予采纳。关于被告人英秀娟的供述与证人证言在毒品交易的次数与总量不一致的问题。经查，被告人英秀娟供述称交易了16次，交易总量是48克；证人渠涛称交易次数在24次以上，交易总量是78克；证人渠波称交易次数是26次，交易总量是78克；根据有利于被告人的刑法适用原则，本院就低认定其毒品交易的次数为16次，交易总量为48克。

庭审中，被告人王翔辩称其没有指使英秀娟向储金勇贩卖毒品海洛因。经查，英秀娟的供述及证人储金勇的证言在交易地点、参与交易的人员、送毒者所用交通工具、包毒品的画报、交易金额、帮王翔送银行卡等相关细节上都能相互印证，足以证明上述事实。故被告人王翔的该辩解意见，不予采纳。关于第3次毒品交易中交易量不一致的问题。经查，被告人英秀娟供述称交易量是15克，证人储金勇称交易量是10克，根据有利于被告人的刑法适用原则，就低确认此次毒品的交易量为10克。

庭审中，被告人王翔辩称其没有指使英秀娟向倪元文贩卖毒品。经查，英秀娟的供述及证人倪元文的证言在毒品交易的联络方式、交易金额、每次的交易量等相关细节上都能相互印证，本院对上述事实予以确认。故被告人王翔的该辩解意见，不予采纳。关于英秀娟与倪元文在民生街车站附近进行的毒品交易中交易次数，二人认识不一致的问题。经查，被告人英秀娟供述其与倪元文在民生街车站附近进行了2次毒品交易，总共交易了10克海洛因，证人倪元文称其与英秀娟在民生街车站附近进行了3次毒品交易，总共交易了15克海洛因，根据有利于被告人的刑法适用原则，确认英、倪二人在民生街车站附近进行了2次毒品交易，总交易量为10克。

庭审中，被告人崔凡辩称其不知道挎包里面装的东西是毒品。经查，崔凡在侦查阶段对此事实的多次供述证实；而且崔凡明知从南京到广州这么远的路程带回一个挎包，里面装的绝不是一般的东西，而是毒品之类的东西。崔凡在侦查阶段对运输毒品的事实供认不讳，现推翻以前供述没有充分理由，故本庭认定其主观上应该明知其运送的是毒品，被告人崔凡的该辩解意见不予采纳。

庭审中控辩双方围绕本案事实的认定及被告人崔凡是否具有自首立功的量刑情节以及其是否系从犯展开辩论，形成本案的争议焦点，概述并裁断如下：

1. 关于被告人王翔是否指使崔凡将354.8克毒品海洛因从广州运送回南京。被告人王翔否认该项指控，其辩护人提出认定王翔指使崔凡运输毒品的证据不足。经查，被告人王翔一直否认检察机关指控其指使崔凡将354.8克毒品海洛因从广州运送回南京的事实。为了证明王翔指使崔凡运输毒品的事实，检察机关提供了被告人崔凡供认其受王翔指使将毒品海洛因从广州运回南京的供述；公安机关提取的11月11日~12日王翔的南京—广州往返机票存根；公安机关提取的王翔、崔凡手机内存信息提取记录等相关证据。本院认为，王翔的南京—广州往返机票存根只能证明王翔2004年11月11日去过广州，王翔、崔凡手机内存信息提取记录只能证明2004年11月11日~13日王翔与崔凡有过电话联系，上述证据没有形成完整的证明锁链，不具有排他性，不足以证明王翔指使崔凡运输毒品的事实。本院认为检察机关指控王翔指使崔凡运输毒品的证据不足，该项指控罪名不能成立；对王翔的辩护人提出的此项辩护意见予以采纳。

2. 关于被告人崔凡是否系从犯的问题。对崔凡的辩护人提出崔凡在与王翔的共同犯罪中处于从犯地位的辩护意见。经审理查明，检察机关指控王翔指使崔凡运输毒品的证据不足，该项指控罪名不能成立。所以，本院认为王翔与崔凡不构成共同犯罪，故不能认定被告人崔凡系从犯，对崔凡的辩护人提出的此辩护意见不予以采纳。

3. 关于被告人崔凡协助公安机关抓获被告人王翔的事实，是否属于重大立功的问题。对崔凡的辩护人提出崔凡有重大立功表现，可以减轻处罚的辩护意见。经查，根据庭审查明的情况、南京市公安局栖霞分局的抓获情况说明、南京市公安局禁毒支队出具的情况说明证实,被告人崔凡被公安机关抓获后,协助公安机关抓获了重大犯罪嫌疑人王翔。本院认为,根据最高人民法院《关于处理自首和立功具体应用法律若干问题的解释》第7条的规定,可以认定被告人崔凡有重大立功表现,对崔凡的辩护人提出的此辩护意见予以采纳。

法院认为:被告人王翔单独贩卖毒品海洛因12克,并指使被告人英秀娟贩卖毒品海洛因93克,其行为已构成贩卖毒品罪;被告人崔凡运输毒品海洛因354.8克,其行为构成运输毒品罪;被告人英秀娟接受王翔的指使贩卖毒品海洛因93克,其行为已构成贩卖毒品罪。检察机关指控被告人王翔贩卖毒品海洛因105克,事实清楚,证据确实、充分,指控罪名成立,应予采纳。在王翔指使英秀娟贩卖毒品的共同犯罪中,王翔负责联系购买毒品者、指挥英秀娟送毒品,其行为起主要作用,系主犯。被告人王翔因贩卖毒品罪被判过刑,又犯本罪,依据《刑法》第356条之规定应当从重处罚。被告人王翔曾因盗窃罪被判处有期徒刑,刑满释放后5年内再犯罪,系累犯,应当从重处罚。另外,被告人王翔还有因盗窃被劳动教养的劣迹,毫无认罪、悔罪的表现,所贩卖的毒品全部流入社会且已经被吸毒人员吸食等酌定从重情节,应当从重处罚。检察机关指控被告人崔凡运输毒品海洛因354.8克,事实清楚,证据确实、充分,指控罪名成立,应予采纳。被告人崔凡有协助公安机关抓获重大犯罪嫌疑人王翔的重大立功表现,依据《刑法》第68条第1款之规定,可以减轻处罚。被告人崔凡曾因抢劫罪被判处有期徒刑,刑满释放后5年内再犯罪,系累犯,应当从重处罚。另外,被告人崔凡具有归案后认罪态度较好的酌定从轻情节,可以从轻处罚。崔凡虽有减轻情节和酌定从轻情节,但同时又具有从重情节,综合全案情况,对其从轻处罚。检察机关指控被告人英秀娟贩卖毒品海洛因93克,事实清楚,证据确实、充分,指控罪名成立,应予采纳。被告人英秀娟受王翔的指使贩卖毒品,在与王翔共同犯罪中,英秀娟仅实施了协助王翔送毒品、收钱的行为,其行为仅起次要作用,故认定英秀娟系从犯,依据《刑法》第27条之规定,应当从轻或者减轻处罚。被告人英秀娟有归案后如实供述其犯罪事实,庭审时也供认不讳,具有认罪态度好、有悔罪表现等酌定从轻情节,可以从轻处罚。另外,被告人英秀娟有因吸食毒品被劳动教养的劣迹,多次长期贩卖毒品等酌定从重情节,可以从重处罚。综合全案情况,其从轻、减轻的情节的分量明显大于从重情节,故对其减轻处罚。故法院依法作出如上裁判。

249. 自己购买毒品，并先行帮他人垫资购买部分毒品，他人承诺以后归还，而后二人一同乘车运输毒品的，是否构成运输毒品罪的共同犯罪？

区分共同犯罪和同时犯的关键是看行为人之间是否有共同的犯罪故意和共同的犯罪行为，如果行为人自己购买毒品，并先行帮他人垫资购买部分毒品，他人承诺以后归还的，也应视为各自买毒。如果两人没有共同运输毒品的意思联络，也没有共同运输毒品的行为，则不构成共同犯罪。

典型疑难案件参考

吕卫军、曾鹏龙运输毒品案

基本案情

2005年6月5日零时许，被告人吕卫军、曾鹏龙各自随身携带海洛因，从曲靖火车站乘上昆明开往北京西的T62次旅客列车，准备到湖南娄底。当日中午1时许，列车运行到贵阳至凯里区间时，二被告人被该次列车乘警查获，分别从被告人吕卫军所穿的皮鞋内和所系的皮带内缴获海洛因46.6克，从被告人曾鹏龙所穿的皮鞋内缴获海洛因41.2克（均由公安机关依法处理）。

诉辩情况

检察机关指控被告人吕卫军、曾鹏龙犯运输毒品罪，被告人吕卫军、曾鹏龙系共同犯罪。

二被告人对被指控的罪名无异议，但均提出，系分别运输毒品，不是共同犯罪。

裁判结果

湖南省长沙铁路运输法院经审理作出刑事判决，认定被告人吕卫军犯运输毒品罪，判处有期徒刑10年，剥夺政治权利3年，并处罚金人民币5000元，上缴国库（限判决生效后3个月内缴纳。期满不缴纳的，强制缴纳）。被告人曾鹏龙犯运输毒品罪，判处有期徒刑10年，剥夺政治权利3年，并处罚金人民币5000元，上缴国库（限判决生效后3个月内缴纳。期满不缴纳的，强制缴纳）。

裁判理由

法院生效裁判认为：被告人吕卫军、曾鹏龙无视国家法律，明知是毒品而采用携带的方法乘坐旅客列车进行长途运输，其行为已分别构成运输毒品罪。检察机关指控二被告人所犯罪名成立，但关于二被告人系共同犯罪的指控，经查，检察机关提供的证据只能证实二被告人分别携带毒品乘坐旅客列车进行长途运输，在途中被查获的事实，并不能证实二被告人有共同运输毒品的主观故意和客观行为，因此该项指控不能成立。二被告人关于两人系分别运输毒品，不是共同犯罪的辩解意见，经查与本案事实相符，于法有据，予以采纳。

250. 为了运输毒品，随身携带枪支的行为是否构成运输毒品罪和非法持有枪支罪？

为了运输毒品，在运输过程中随身携带枪支的行为属于以武装掩护的方式运输毒品，是运输毒品罪的加重处罚情节，不另定非法持有枪支罪。

251. 为了运输毒品，受他人指使前往接取毒品，刚接到毒品即被抓获的行为，是否构成犯罪？

为了运输毒品，受他人指使前往接取毒品，刚接到毒品即被抓获的，应定运输毒品罪，可酌情从轻处理。

典型疑难案件参考

陈志明等运输毒品案

基本案情

2004年5月26日，被告人陈志明携带枪支和毒品海洛因驾驶轿车从耿马到昆明，即与境外毒贩取得联系。随后又与被告人虎宽松联系，当晚便一起驾车前往本市寻甸宾馆，虎宽松登记312号房间由被告人陈志明入住。次日上午9时许，虎宽松携带人民币2万元到312房间交给陈志明，陈志明即带虎宽松到寻甸宾馆停车场,从其驾驶轿车后备箱内拿出装有毒品海洛因的一个黑色背包交给虎宽松时,被公安民警抓获,当场从黑色背包内查获8块毒品海洛因净重2672克;随后从被告人陈志明身上查获德国制造的制式5.6mm口径"WALTHER"手枪1支及子弹5发,并缴获毒资人民币2万元。

一审诉辩情况

检察机关指控被告人陈志明的行为构成运输毒品罪、非法持有枪支罪,被告人虎宽松的行为构成运输毒品罪。

被告人陈志明提出:其没有运输毒品海洛因,也不知道因为什么事被抓的,在公安机关的供述不真实。

被告人陈志明的辩护人提出:本案指控被告人的行为构成犯罪的证据,在取证程序上有严重违法之处,因此不应作为认定案件事实的依据。起诉书指控证据不充分,以不充分证据证明案件事实,不具有唯一性和排他性。起诉书指控的部分事实不清,毒品来源及藏放不明。本案指控被告人的犯罪事实不清,证据不足,对被告人陈志明应作无罪判决。

被告人虎宽松的辩护人提出:被告人虎宽松在被公安机关抓获后,能积极主动交代自己及陈志明的犯罪事实,认罪态度较好,有一定悔罪表现。被告人虎宽松运输毒品的犯罪行为,尚未来得及实施,而且也不可能实施完成,其犯罪行为属于犯罪未遂。对被告人虎宽松应当从轻处罚。

一审裁判结果

云南省昆明市中级人民法院于2005年6月3日以〔2005〕昆刑三初字第73号刑事判决,认定陈志明犯运输毒品罪,判处死刑,剥夺政治权利终身,并处没收个人全部财产;虎宽松犯运输毒品罪,判处无期徒刑,剥夺政治权利终身,并处没收个人财产人民币2万元;缴获的毒品海洛因2672克、毒资人民币2万元和德国制造的制式5.6mm口径"WALTHER"手枪1支及子弹5发,运毒车予以没收。

一审裁判理由

一审法院认为:被告人陈志明无视国家法律,为牟取非法利益,以携带枪支武装掩护的方式运输毒品海洛因,其行为已触犯国家法律,构成运输毒品罪,且运输毒品数量巨大,应依法从严惩处。被告人陈志明应对其所实施的运输毒品行为,根据运输毒品海洛因的数量承担刑事责任。被告人虎宽松无视国家法律,为牟取非法利益,受他人指使前往接取毒品海洛因,亦应对所实施的接运毒品海洛因行为及查获的毒品海洛因数量承担刑事责任。鉴于其刚接到毒品海洛因即被抓获，所实施的行为相对于直接实施武装掩护运输毒品的行为作用较小，可以酌情从轻处罚。检察机关指控被告人陈志明、虎宽松犯运输毒品罪的事实清楚，证据确实、充分，适用法律正确，指控罪名成立，予以确认。

检察机关指控被告人陈志明的行为还单独构成非法持有枪支罪不当，被告人陈志明在运输毒品过程中随身携带枪支的行为应属以武装掩护的方式运输毒品海洛因，此行为为前一行为所吸收，应作为运输毒品罪的一个量刑情节予以考虑。被告人陈志明的辩解及其辩护人所提辩护意见均无相应证据佐证，并与本案法庭审理确认的证据所证实的事实不符，不予采纳。

被告人虎宽松的辩护人所提"被告人虎宽松运输毒品的犯罪行为，尚未来得及实施，而且也不可能实施完成；其犯罪行为属犯罪未遂"的辩护意见，无相应证据佐证，并与本案法庭审理确认的证据所证实的事实不符，不予采纳。被告人虎宽松在本案中的地位作用等辩护意见法庭已经注意。

二审诉辩情况

一审宣判后，陈志明、虎宽松提出上诉。

上诉人（原审被告人）陈志明诉称：一审认定事实不清，其没有运输毒品。

陈志明的辩护人提出：一审审理质证程序违法，认定事实不清，证据不足，定性有误，陈志明运输毒品罪名不成立。

上诉人（原审被告人）虎宽松诉称：原判事实不清，定性不准，量刑过重。

二审裁判结果

云南省高级人民法院于2005年8月30日以同样的事实作出〔2005〕云高刑终字第1481号刑事裁定，驳回上诉，维持原判。根据最高人民法院《关于授权云南省高级人民法院核准部分毒品犯罪死刑案件的通知》的规定，本裁定即为核准以运输毒品罪判处被告人陈志明死刑，剥夺政治权利终身，并处没收个人全部财产的刑事裁定。

二审裁判理由

二审法院认为：上诉人（原审被告人）陈志明将2672克海洛因交给上诉人（原审被告人）虎宽松时被公安民警抓获，二上诉人的行为均已构成运输毒品罪。对上诉人（原审被告人）陈志明及辩护人提出的理由和意见，审查认为，本案的事实证据已足以证明陈志明（原审被告人）的运输毒品行为，其辩解与事实不符，不能成立。上诉人（原审被告人）虎宽松接取毒品海洛因被当场查获，其辩解不构成犯罪的上诉理由，也不能成立。

原判根据（原审被告人）陈志明、（原审被告人）虎宽松犯罪事实、情节及运输海洛因的数量依法定罪量刑，同时认定（原审被告人）陈志明属罪行极其严重的犯罪分子并予严惩是正确的，且审判程序合法。故一、二审法院依法作出如上裁判。

252. 行为人采用体内藏毒的方式运输毒品的，其毒品的数量该如何计算？

行为人采用体内藏毒的方式运输毒品的，应以体内排出的毒品数量认定犯罪的数量。

253. 对行为人在运输毒品时存在精神障碍的，应如何处理？

行为人在运输毒品时存在精神障碍的，如果经鉴定其属于尚未完全丧失辨认或控制自己行为能力的精神病人，依法可从轻或减轻处罚。

典型疑难案件参考

段棣恒运输毒品案

基本案情

2003年10月15日，被告人段棣恒采用体内藏毒的方式，携带毒品海洛因乘坐芒市到昆明的BY4456航班，在昆明机场候机大楼被公安民警查获，缴获其体内排出的毒品海洛因净重369克。

另根据司法精神病医学鉴定书证实，段棣恒患发作性精神障碍（类躁郁症），作案期间处于轻躁狂发作状态，行为能力受到削弱，属限制责任能力，一审期间处于缓解期，有诉讼能力。

一审诉辩情况

检察机关指控被告人段棣恒的行为构成运输毒品罪。

被告人段棣恒的辩护人提出：被告人段棣恒经鉴定患有发作性精神障碍

（类躁郁症），作案期间处于轻躁狂发作状态，行为的控制能力受到削弱，限制责任能力，属限制责任能力人犯罪。被告人段棣恒系初犯，且归案后认罪态度较好，故请求法庭从轻、减轻处罚。

一审裁判结果

云南省昆明市中级人民法院于 2004 年 12 月 3 日以〔2004〕昆刑三初字第 665 号判决，认定段棣恒犯运输毒品罪，判处有期徒刑 15 年，并处没收个人财产人民币 1 万元。查获的毒品海洛因 369 克予以没收。

二审诉辩情况

一审宣判后，段棣恒提出上诉。

上诉人（原审被告人）段棣恒提出，其患有精神病，运输毒品时正处于精神病发作期，没有辨认能力，请求重新进行精神病鉴定及依法改判。

二审裁判结果

云南省高级人民法院于 2005 年 2 月 28 日以同样的事实和理由作出〔2005〕云高刑终字第 220 号刑事裁定，驳回上诉，维持原判。

二审裁判理由

法院生效裁判认为：被告人段棣恒无视国家法律，明知是毒品海洛因仍然携带运输，其行为已触犯国家刑律，构成运输毒品罪，且运输毒品数量巨大，应依法惩处。

被告人段棣恒的辩护人所提辩护意见与本案查明证据所证实的事实相符，予以采纳。被告人段棣恒应对其所实施的行为及运输毒品海洛因数量承担刑事责任，同时鉴于被告人段棣恒系犯罪时尚未完全丧失辨认或控制自己行为能力的精神病人，依法可从轻或减轻处罚。

---

254. 实施共同运输毒品犯罪的行为，且运输数量特别巨大，在同案犯在逃的情况下，如何量刑？

实施共同运输毒品犯罪的行为，且运输数量特别巨大，行为人均应以运输毒品罪定罪。在同案犯在逃的情况下，如果无法确定行为人与在逃同案犯的作用大小，则不宜判行为人死刑立即执行。

典型疑难案件参考

宋光军运输毒品案

基本案情

被告人宋光军与同案被告人叶红军（已被判处死刑，缓期2年执行）、杨波（在逃）事先预谋运送毒品到福建省。2005年1月20日。3人携带一内藏有4包海洛因的深蓝色长方形行李包（由宋光军随身携带），乘坐客车从四川省出发，1月23日22时许，抵达福建省石狮市。宋光军与叶红军、杨波转乘杨某某驾驶的出租车欲将毒品运往福州，途经泉州市城东出城登记站接受例行检查时，宋光军和叶红军被公安人员抓获，当场查获海洛因998克。杨波逃脱。

一审诉辩情况

检察机关指控被告人宋光军犯运输毒品罪。

被告人宋光军提出：自己是在不知情的情况下，同案被告人杨波、叶红军将毒品放入包内的。

被告人宋光军的辩护人提出：本案的主犯应认定为负案在逃的同案犯杨波，被告人宋光军及叶红军均为从犯。

一审宣判后，宋光军提出上诉。

一审裁判结果

福建省泉州市中级人民法院经公开审理作出刑事判决，被告人宋光军犯运输毒品罪，判处死刑，剥夺政治权利终身，并处没收个人全部财产。

一审裁判理由

一审法院认为：被告人宋光军违反国家法律，非法运输毒品海洛因998克，其行为已构成运输毒品罪，且数量大。被告人宋光军曾因犯罪被判处有期徒刑，刑满释放5年内再犯本案之罪，系累犯，应从重处罚。被告人宋光军与同案被告人叶红军在共同犯罪中，没有明显的主次之别，不宜区分主、从犯，故被告人宋光军的辩护人提出被告人宋光军是从犯的理由，不予采纳。

二审诉辩情况

宋光军提出：其对所携带的行李包内藏有毒品不明知。

宋光军的辩护人提出：本案主犯是负案在逃的杨波。被告人宋光军既非毒品的所有者，也不是犯罪的指挥者，他是在杨波设下圈套引诱之下犯罪，根本不知道是谁于何时将毒品藏于他的行李包中。其犯罪主观恶性相对较小，在共同犯罪中所起的作用较小，属于从犯，依法应当从轻、减轻处罚，并且该毒品也没有流入社会，未造成严重后果。

▍二审裁判结果▶

福建省高级人民法院经审理作出刑事裁定，驳回上诉，维持原判，并依法报请最高人民法院核准。

最高人民法院复核后作出判决，撤销福建省高级人民法院刑事裁定和福建省泉州市中级人民法院刑事判决中对被告人宋光军的量刑部分；被告人宋光军犯运输毒品罪，判处死刑，缓期2年执行，剥夺政治权利终身，并处没收个人全部财产。

▍二审裁判理由▶

二审法院认为：宋光军及其辩护人提出其不知所携带的行李包内藏有海洛因的理由，经查，宋光军、叶红军在公安机关侦查阶段均供述宋光军行李包内藏有海洛因；公安人员例行检查时，宋光军、叶红军及杨波即弃包逃离，故其诉辩对于行李包内藏有海洛因不明知的理由不能成立，不予采纳。原判认定事实清楚，证据确凿，定罪准确，量刑适当，审判程序合法。宋光军要求从轻理由不能成立，不予采纳。

最高人民法院经复核后认为：被告人宋光军明知是海洛因而非法予以运输，其行为已构成运输毒品罪，且运输毒品数量大，又系累犯，应依法惩处。一审判决和二审裁定认定的事实清楚，证据确实、充分，定罪准确，审判程序合法。但根据现有证据，不能证明被告人宋光军在共同犯罪中的作用大于同案犯叶红军，对被告人宋光军判处死刑，可不立即执行。

> **255. 受他人指使，明知邮件内有毒品，而前往物流货运站提取他人邮寄的毒品的行为，定非法持有毒品罪、运输毒品罪还是转移毒品罪？**
>
> 受他人指使，明知邮件内有毒品，而前往物流货运站提取他人邮寄的毒品的行为的定性，关键看行为人的目的，如果行为人不是为了自己吸食或者为了让他人逃避处罚，而是帮助他人邮寄运输的，应定运输毒品罪。

典型疑难案件参考

段海军运输毒品案

基本案情

被告人段海军于 2006 年 1 月 12 日 16 时许,在本市朝阳区三台山路金达物流货运站内,明知邮件内有毒品,持"梁宇"的身份证前来取此邮件,被公安人员当场抓获,经查邮寄的运动鞋内藏有"冰毒"甲基苯丙胺 1 包(净重 48.6 克)和"摇头丸"(甲基苯丙胺)983 粒(净重 94.8 克)。上述毒品经鉴定并已收缴。

一审诉辩情况

检察机关指控被告人段海军明知是毒品而仍为犯罪分子转移,其行为已构成转移毒品罪。

被告人段海军的辩护人提出:被告人段海军归案后协助公安人员抓捕"梁宇"。"梁宇"虽未抓到,但应认定其有主动表现。且此次犯罪是未遂,故建议法庭对其从轻处罚。

一审裁判结果

北京市朝阳区人民法院于 2006 年 7 月 21 日以〔2006〕朝刑初字第 01392 号刑事判决,认定被告人段海军犯非法持有毒品罪,判处有期徒刑 9 年,剥夺政治权利 1 年,罚金人民币 1 万元。犯罪工具"梁宇"身份证一张及运动鞋 12 双均予以没收。

一审裁判理由

一审法院认为:被告人段海军无视国法,明知是毒品而非法持有,其行为已构成非法持有毒品罪;检察机关指控被告人犯罪的事实清楚、证据确实,但指控的罪名有误,予以纠正。被告人段海军的辩护人关于被告人段海军行为系犯罪未遂且有立功表现的意见,无法律依据,故其辩护人的辩护意见,不予采纳。

二审诉辩情况

一审宣判后,段海军提出上诉。

上诉人段海军上诉称,毒品不是自己的,其行为不构成非法持有毒品罪。

段海军的辩护人提出，段海军的行为应属转移毒品罪，且属未遂，建议对其减轻处罚。

二审裁判结果

北京市第二中级人民法院于 2006 年 9 月 8 日以同样的事实作出〔2006〕二中刑终字第 1509 号刑事判决，维持北京市朝阳区人民法院〔2006〕朝刑初字第 1392 号刑事判决书主文部分第二项，即犯罪工具"梁宇"身份证一张及运动鞋 12 双均予以没收。撤销北京市朝阳区人民法院〔2006〕朝刑初字第 1392 号刑事判决书主文部分第一项，即被告人段海军犯非法持有毒品罪，判处有期徒刑 9 年，剥夺政治权利 1 年，罚金人民币 1 万元；上诉人（原审被告人）段海军犯运输毒品罪，判处有期徒刑 9 年，剥夺政治权利 1 年，罚金人民币 1 万元。

二审裁判理由

二审法院认为：上诉人（原审被告人）段海军受他人指使，明知是毒品，而前往物流货运站提取他人邮寄运输的毒品，其行为已构成运输毒品罪，且运输毒品甲基苯丙胺的数量在 50 克以上，依法应予惩处。鉴于段海军受他人指使，在共同犯罪中属从犯，依法对其减轻处罚。上诉人（原审被告人）段海军所提上诉理由及辩护人所提辩护意见均不能成立，不予采纳。原审人民法院根据段海军犯罪的事实、性质、情节以及对于社会的危害程度所作出的判决，审理程序合法，对随案移送的扣押物品的处理正确，但原判定罪不准，适用法律不当，依法应予改判。

---

256. 行为人开始运输毒品，但尚未运到目的地的，是否构成运输毒品既遂？

运输毒品罪是行为犯，对其既遂的判断应以毒品的起运为标准。只要行为人明知是毒品而起运，即使起运后运输的距离不长、尚未到达目的地，也构成运输毒品罪的既遂。

典型疑难案件参考

塔奴杰·安马列运输毒品案

基本案情

2006年8月10日18时30分许,被告人塔奴杰·安马列(GANOH MARIE,科特迪瓦国人),欲乘飞机前往广州市,在乌鲁木齐机场内被查获,当场从其腰间、短裤内、鞋内及随身携带的黑色旅行包里缴获12包用黄色胶带缠绕的白色可疑粉末。经鉴定被缴获的白色粉末净重1500克,从中检出毒品海洛因成分,其含量为62%。

一审诉辩情况

检察机关指控被告人犯运输毒品罪。

被告人塔奴杰·安马列的辩护人提出:被告人塔奴杰·安马列系运输行为开始时被抓获,系未遂。塔奴杰·安马列认罪态度较好,请求对其从轻处罚。

一审裁判结果

新疆维吾尔自治区乌鲁木齐市中级人民法院于2007年3月11日以〔2007〕乌中刑一初字第18号刑事判决,认定被告人塔奴杰·安马列犯运输毒品罪(未遂),判处无期徒刑,并处没收个人全部财产,驱逐出境。涉案毒品海洛因1500克依法没收。

一审裁判理由

一审法院认为:被告人塔奴杰·安马列为牟取非法利益,欲乘飞机为他人运输毒品海洛因1500克,在登机前被抓获,其行为已构成运输毒品罪(未遂)。检察机关指控的事实及罪名均成立,予以支持。辩护人提出被告人塔奴杰·安马列属犯罪未遂及认罪态度好的意见,与事实相符,于法有据,予以支持。《刑法》规定:运输毒品海洛因50克以上的,处15年有期徒刑、无期徒刑或者死刑,并处没收财产。被告人塔奴杰·安马列运输毒品数量大,依法应予严惩,但鉴于其系在着手实施犯罪时即被抓获,属未遂,故可依法从轻处罚。

二审诉辩情况

一审宣判后,乌鲁木齐市人民检察院提出抗诉。

乌鲁木齐市人民检察院提出：被告人塔奴杰·安马列不仅已经开始实施运输毒品的行为，而且该行为处于运输毒品的持续状态。被告人在宾馆内将1500克毒品海洛因分12袋分别放在其腰间、内裤里、鞋子里、行李包里的鞋子里，然后搭乘出租车前往机场，从其搭乘出租车的那一刻起，即是运输毒品的着手，其着手后并没有意志以外的因素使运输毒品行为中断，其到机场换乘飞机只是运输方式的转换，是否到达目的地，并不影响既遂的构成。

乌鲁木齐市人民检察院提出：被告人塔奴杰·安马列运输毒品海洛因高达1500克，含量达62%，应当适用死刑，一审判决对其判处无期徒刑显属量刑畸轻。

乌鲁木齐市人民检察院提出：一审判决证据第3项将被缴获毒品海洛因重量表述为1200克有误，与检察机关向法庭提供的重量为1500克证据不符，应予纠正。

新疆维吾尔自治区人民检察院支持抗诉的意见是：一审法院认定被告人塔奴杰·安马列的行为构成运输毒品罪（未遂）属于适用法律错误，请依法纠正。在对其量刑时综合全案予以判处。

被告人塔奴杰·安马列的辩护人提出：一审判决定罪准确，适用法律正确；对被告人的量刑适当，应当予以维持。

二审裁判结果

新疆维吾尔自治区高级人民法院于2007年9月14日以同样的事实作出〔2007〕刑一抗字第3号刑事判决，维持新疆维吾尔自治区乌鲁木齐市中级人民法院〔2007〕乌中刑一初字第18号刑事判决中第一项对上诉人塔奴杰·安马列的量刑部分和第二项涉案毒品海洛因1500克依法没收部分；撤销新疆维吾尔自治区乌鲁木齐市中级人民法院〔2007〕乌中刑一初字第18号刑事判决第一项中对上诉人塔奴杰·安马列的定罪部分，即犯运输毒品罪（未遂）部分；上诉人塔奴杰·安马列犯运输毒品罪，判处无期徒刑，并处没收个人全部财产，驱逐出境。

二审裁判理由

二审法院经审理认为：上诉人塔奴杰·安马列为牟取非法利益，明知是毒品海洛因而仍受他人指使予以运输，数量达1500克，触犯了中华人民共和国法律，其行为已构成运输毒品罪，应依法惩处。

关于"被告人塔奴杰·安马列的行为构成运输毒品罪（未遂）属于适

用法律错误"的抗诉理由和意见，以及辩护人提出"一审判决定罪准确，适用法律正确"的辩护意见。经查，上诉人塔奴杰·安马列明知是毒品海洛因，仍受他人指使运输购买往返机票，将毒品带离藏匿地点，尽管其在通过机场安检时被查获，但其行为已使毒品发生了位移并且已经起运，进入了运输的环节，符合运输毒品罪（既遂）构成的条件。乌鲁木齐市人民检察院对此的抗辩理由和新疆维吾尔自治区人民检察院对该抗诉支持意见成立，予以支持。

关于检察机关提出"被告人应当适用死刑，一审判决显属量刑畸轻"的抗诉理由和上诉人塔奴杰·安马列称"量刑过重"的上诉理由及辩护人"对被告人的量刑适当，应当予以维持"的辩护意见。本院认为上诉人塔奴杰·安马列运输的毒品海洛因未流入社会，尚未造成严重的后果，其在归案后认罪态度好，有悔罪表现，且原审法院在法定刑幅度内量刑，并不违反法律的规定，综合本案的具体犯罪情节，对此节的抗诉、上诉理由均不予支持；对辩护人的辩护意见予以支持。

关于一审判决书叙述的证据第 3 项将被缴获毒品海洛因重量表述为 1200 克，经查系笔误，应为 1500 克，予以纠正。原判认定事实清楚，证据确实、充分，量刑适当，审判程序合法，但认定运输毒品罪（未遂）不当，予以纠正。故二审法院依法作出如上裁判。

> **257. 对于以体内藏毒方式运输毒品的行为人，在 X 光透视检查前便主动交代其体内藏毒的事实，是否构成运输毒品罪的自首？**
>
> 对人体运输毒品的犯罪分子是否具有自首情节，关键看其罪行有未被发现，在 X 光透视检查前行为人便主动交代其体内藏毒的事实的，应认定为运输毒品罪的自首。

典型疑难案件参考

周义波运输毒品案

基本案情

2005 年 12 月 13 日，被告人周义波受一个叫"杨明"的人指使，体内带着毒品从芒市飞到昆明。当她准备买飞往西安的机票时，机场民警发现她形迹可疑，将她请到一边进行盘问，没说几句，她就主动说出了自己体内藏有毒品的事实，民警对她进行X光透视检查，发现其体内带有毒品，毒品排出后经称量，一共有300克海洛因。

诉辩情况

检察机关指控被告人周义波无视国家法律，非法运输毒品海洛因，其行为构成运输毒品罪。

被告人周义波对检察机关的指控事实和出示的证据均未表示异议；其辩护人提出：被告人周义波是从犯并且有自首情节，请求法庭对其从轻处罚。

裁判结果

昆明市中级人民法院于2006年5月31日以〔2006〕昆刑三初字第340号刑事判决，认定被告人周义波犯运输毒品罪，判处有期徒刑15年，并处没收个人财产人民币10000元；查获的毒品海洛因300.5克予以没收。

裁判理由

法院生效裁判认为：被告人周义波无视国家法律，非法运输毒品海洛因，其行为已经触犯刑法规定，构成运输毒品罪，依法应予以惩处。检察机关指控被告人周义波犯运输毒品罪，事实清楚，证据确实、充分，适用法律正确，指控罪名成立。对于被告人周义波辩护人的辩护意见，因为被告人在仅因形迹可疑而被公安机关盘问时，就主动交代自己非法运输毒品海洛因的犯罪事实，尔后才去进行X光透视检查，所以被告人周义波构成自首，被告人周义波的辩护人关于"被告人周义波有自首情节"的辩护意见予以采纳，而其辩护人关于"被告人周义波是从犯"的辩护意见，因与查明的事实不符，故不予采纳。

据此，根据被告人的犯罪事实、情节、社会危害程度，法院依法作出如上裁判。

258. 侦查人员在行为人家中当场查获多包大小不一的毒品以及毒品称量工具，同时，吸毒人员均证明曾多次从行为人处购买过毒品，那么行为人构成非法持有毒品罪还是贩卖毒品罪？

非法持有毒品罪是毒品犯罪中的"兜底性"规定，只有在查获的证据不能认定行为人非法持有毒品的目的是进行走私、贩卖、运输或者窝藏毒品犯罪的，才构成非法持有毒品罪。侦查人员在行为人家中当场查获多包大小不一的毒品以及毒品称量工具，同时，吸毒人员均证明曾多次从行为人处购买过毒品，这些已能证明行为人持有大量毒品的目的是贩卖，应以贩卖毒品罪追究刑事责任。

259. 两名行为人商定，分别出资，租车一同前往外地购买毒品，后两人乘同一趟旅客列车返回的行为是否构成贩卖毒品罪的共同犯罪？

两名行为人商定，为了贩卖分别出资购买毒品，符合毒品犯罪同时犯的特征，所以两行为人分别构成贩卖毒品罪，不构成共同犯罪，不存在主从犯的区分。

典型疑难案件参考

郗红章等贩卖、运输毒品，胡金玲贩卖毒品案

基本案情

2008年3月以来，被告人郗红章伙同其前妻被告人胡金玲多次贩卖毒品给吸毒人员司平选、姚涛、耿文革等人，牟取非法利益。

2008年4月初，被告人郗红章、耿文革商定分别出资前往四川西昌购买毒品运回西安贩卖，郗红章负责联系毒品上线，耿文革购买19000元的毒品。4月8日下午，2被告人驾驶1辆被盗面包车开往四川，行至四川雅安时被交警队扎押。后郗、耿2人换乘长途车、出租车到达西昌。4月10日晚11时许，郗红章经电话联系后同耿文革前往西昌附近一沙石场，郗红章从一李姓毒

贩（在逃）处以每克450元的价格购得4.34万元的毒品。4月12日凌晨5时许，郜红章、耿文革携带所购毒品乘K166次火车由西昌返回西安，在西安市火车站被守候的公安人员抓获，当场从郜红章随身携带的包中查获用白色塑料纸包裹的块状毒品两块，净重107克。经鉴定，从查获中的毒品中检出海洛因。

2008年4月10日14时许，被告人胡金玲在西安市三桥附近贩卖给司选平300元海洛因1包。4月12日晨5时许，胡金玲在西安市三桥沁园花都小区内贩卖给姚涛200元海洛因1包。同日7时许，公安人员在西安市三桥沁园花都小区11号楼1单元1层西户抓获被告人胡金玲，当场从其携带的包内查获毒品12包，净重2克，并查获电子秤1台。经鉴定，从查获的毒品中检出海洛因。

诉辩情况

检察机关指控：被告人郜红章、耿文革的行为已触犯贩卖、运输毒品罪，被告人胡金玲的行为已触犯贩卖毒品罪，被告人耿文革系毒品犯罪的再犯，应从重处罚。

被告人耿文革的辩护人提出：耿文革的行为构成非法持有毒品罪。耿文革帮助郜红章到四川购买毒品，应认定从犯，耿文革认罪态度好，且购买毒品未流入社会，建议对其从轻处罚。

被告人胡金玲提出：自己没有贩卖毒品。

裁判结果

陕西省西安市中级人民法院于2008年9月16日以〔2008〕西刑一初字第153号刑事判决，认定被告人郜红章犯贩卖、运输毒品罪，判处有期徒刑15年，并处没收个人财产人民币5万元。被告人耿文革犯贩卖、运输毒品罪，判处有期徒刑14年，并处罚金人民币3万元。被告人胡金玲犯贩卖毒品罪，判处有期徒刑9年，并处罚金人民币2万元。

裁判理由

法院生效裁判认为：对胡金玲当庭否认贩卖毒品的辩解。经查：胡金玲多次贩卖毒品给吸毒人员司选平、姚涛等人，此节不仅有其本人多次供述在卷证实，亦有证人司选平、姚涛的证言相印证，还有案发当日在其包内查获的12小包毒品和贩毒工具电子秤在案佐证，证据确实充分，其当庭辩解纯系狡辩，不能成立。

对耿文革的辩护人所提耿文革的行为构成非法持有毒品罪之辩护意见。经查：耿文革伙同郜红章赴四川西昌购买毒品带回西安，供自己贩卖和吸食，其行为完全符合贩卖、运输毒品罪的特征，故其辩护人此项辩护意见不予采纳。

对其辩护人还提出耿文革应认定从犯之辩护意见。经查：耿文革与郗红章分别出资购买毒品并运输回西安，应分别对各自的毒品犯罪承担刑事责任，2被告人之间不是共同犯罪，故其辩护人所提从犯之辩护意见，亦不能成立。

综上，被告人郗红章、耿文革为牟取非法利益，从四川西昌购买毒品海洛因，带回西安贩卖牟利，其行为均已构成贩卖、运输毒品罪；被告人胡金玲为牟利，贩卖毒品海洛因，其行为已构成贩卖毒品罪。西安市人民检察院指控3被告人的犯罪事实成立，罪名及适用法律正确，应予支持。被告人郗红章贩卖、运输毒品海洛因65克，被告人耿文革贩卖、运输毒品42克，数量大，均系本案主犯，均应依法惩处，耿文革系毒品犯罪的再犯，应依法从重处罚。被告人胡金玲帮助郗红章多次贩卖毒品，系本案从犯，应依法减轻处罚。故法院依法作出如上裁判。

260. 雇佣他人运输毒品，自己未参与的，构成何罪？

雇佣他人运输毒品，自己未参与的，应与被雇用人一起，以运输毒品罪的共犯论处。

典型疑难案件参考

郭伟东等运输毒品案

基本案情

2007年9月11日，被告人郭伟东、杨金贵商量从攀枝花带毒品到成都。9月12日，被告人杨金贵在约定的地方取到被告人郭伟东存放的毒品后，携带毒品在攀枝花火车站准备乘坐K118次旅客列车到成都，后在候车室被公安人员抓获，并从被告人杨金贵外衣左侧包内查获海洛因，净重71.6克。9月13日凌晨，公安人员在成都市抚琴小区外将前来接毒品的被告人郭伟东抓获。

诉辩情况

检察机关认为：被告人郭伟东、杨金贵明知是毒品而予以运输，其行为应当以运输毒品罪追究刑事责任。被告人杨金贵刑满释放后5年内又犯罪，且系犯运输毒品罪被判过刑，应当从重处罚。被告人杨金贵归案后能协助公安机关抓获同案犯，可以从轻或者减轻处罚。

被告人郭伟东的辩护人提出：被告人郭伟东的行为是犯罪未遂。公安机关的检验报告鉴定出海洛因含量为52%，毒品71.6克只能认定为37.23克。被告人郭伟东积极向公安机关提供毒品"上、下家"线索。郭伟东认罪态度好、家庭困难等。综上，请求对被告人郭伟东从轻处罚。

裁判结果

四川省西昌铁路运输法院于2008年1月17日以〔2008〕西铁刑初字第8号刑事判决，认定被告人郭伟东犯运输毒品罪，判处有期徒刑15年，并处没收个人财产人民币1万元。被告人杨金贵犯运输毒品罪，判处有期徒刑13年，并处没收个人财产人民币1万元。本案的毒品海洛因71.6克予以没收。

裁判理由

法院生效裁判认为：被告人郭伟东、杨金贵明知是毒品而予以共同运输71.6克，其行为均已构成运输毒品罪。西昌铁路运输检察院对被告人郭伟东、杨金贵犯运输毒品罪的指控成立。

对被告人郭伟东的辩护人提出郭伟东是犯罪未遂和毒品应当折算纯度的辩护意见。法院认为，运输毒品罪是行为犯而不是结果犯，只要行为人实施了运输毒品的行为，就构成了犯罪既遂。郭伟东的同案犯杨金贵持车票候车运毒，已实施运输行为，杨金贵的行为构成运输毒品罪既遂。本案系共同犯罪，因而同案犯郭伟东也应构成运输毒品罪既遂。根据有关法律规定，毒品不予折算纯度。因此，对辩护人提出的该两点辩护意见，不予采纳。

被告人杨金贵刑满释放后5年内又犯罪，且系犯运输毒品罪被判过刑，系再犯，依法应当从重处罚。被告人杨金贵归案后能协助公安机关抓获同案犯，应认定为立功，依法可以减轻处罚。二被告人归案后认罪态度较好，有一定的悔罪表现，可以酌情从轻处罚。

261. 行为人以贩养吸，应如何认定其贩卖毒品的数量？

行为人以贩养吸，其被查获的毒品数量应认定为其犯罪的数量，但量刑时应考虑被告人吸食毒品的数量，酌情处理。

> **262. 自己不吸食毒品的行为人参与贩卖毒品，其被查获的毒品数量是否都应计入贩卖毒品罪的数量中？**
>
> 对于自己不吸食毒品的行为人参与贩卖毒品，其贩卖毒品的数量应当根据情况具体认定。如果确实能够证实行为人是为了帮助他人窝藏、转移毒品，以减轻他人的罪责的，就应当以窝藏、转移毒品罪论处。

典型疑难案件参考

智李梅等贩卖、窝藏、转移毒品案

基本案情

被告人智李梅与被告人蒋国峰系夫妻关系，但因关系不洽分居生活。被告人智李梅及其子女住在无锡市区的家中，被告人蒋国峰住在江阴家中，双方平时不常来往。

2008年10月至11月间，被告人智李梅先后5次单独向黄震贩卖海洛因计3.05克。被告人蒋国锋得知后，征得被告人智李梅同意，从智李梅处取得海洛因并向苗松贩卖两次计1.4克；此外还单独向苗松贩卖海洛因两次计2克。

2008年11月5日晚，公安机关在无锡市凤雷立交桥附近将被告人智李梅抓获，查获海洛因0.4克。同月8日上午，被告人蒋国峰知道该消息后，遂到被告人智李梅的住处将智李梅存放的4包粉末（同月4日智李梅单独到上海购买）取出离开。后因交通违章，被告人蒋国峰在无锡市通江大道被民警拦下检查，4包粉末被查获。经鉴定，其中88.5克黄色粉末状物中含有海洛因成分，含量为0.04%。

诉辩情况

检察机关指控被告人智李梅、蒋国峰犯贩卖毒品罪。

被告人智李梅的辩护人提出：被查获的毒品含量较低，社会危害性较小，且被告人智李梅认罪态度较好。

被告人蒋国峰提出：其取走毒品的目的是减轻被告人智李梅的罪责。

被告人蒋国峰的辩护人提出：被告人蒋国峰与被告人智李梅主观上对于被查获的毒品无共同故意，不构成共同犯罪。被告人蒋国峰只是想为被告人智李梅减轻罪责，故不应构成贩卖毒品罪，而应构成窝藏、转移毒品罪。

裁判结果

江苏省无锡市崇安区人民法院于2009年8月14日以〔2009〕崇刑初字第161号刑事判决,认定智李梅犯贩卖毒品罪,判处有期徒刑15年,剥夺政治权利5年,并处没收个人财产人民币3万元。蒋国峰犯贩卖毒品罪,判处有期徒刑2年,并处罚金人民币2000元;犯窝藏、转移毒品罪,判处有期徒刑4年,决定执行有期徒刑5年6个月,并处罚金人民币2000元。

裁判理由

法院裁判认为:被告人智李梅贩卖海洛因93.35克;被告人蒋国峰贩卖海洛因3.4克,窝藏、转移海洛因88.5克。被告人智李梅单独或伙同被告人蒋国峰贩卖毒品海洛因,其行为均已构成贩卖毒品罪。被告人蒋国峰为犯罪分子窝藏、转移毒品海洛因,情节严重,其行为已构成窝藏、转移毒品罪,应当数罪并罚。检察机关指控被告人智李梅、蒋国峰向他人贩卖海洛因的犯罪事实清楚,证据确实、充分,但将从蒋国峰处查获的88.5克海洛因指控为其贩卖毒品的数量不当。被告人蒋国峰在得知智李梅被抓后,为不让智李梅藏于家中的毒品被查获,将毒品转移于他处隐藏的行为,应当以窝藏、转移毒品罪追究刑事责任。鉴于被告人智李梅属于以贩养吸,且认罪态度较好,决定对其从轻处罚;被告人蒋国峰被抓获后,主动交代了公安机关尚未掌握的贩卖毒品行为,对其贩卖毒品罪以自首论,决定减轻处罚。被告人智李梅、蒋国峰及其辩护人的辩解、辩护意见予以采纳。故法院依法作出如上裁判。

263. 制造的毒品并不成功,后被行为人丢弃,该部分毒品是否计入犯罪的数量中?

已经制造出来的毒品无论是否成功,都应当计入到毒品数量当中。因制造出的毒品已经丢弃,无法进行检验,制毒原料也无法提取的,如何处理应根据证据情况具体分析。如果此时仅有被告人供述而没有其他证据的,不能仅依靠被告人的供述确定毒品数量并定案。

典型疑难案件参考

朱海斌等制造、贩卖毒品案

基本案情

2006年6、7月，被告人朱海斌纠集倪邦福、石小龙、吴传贵，商议制造氯胺酮（俗称"K粉"），以牟取暴利。朱海斌花费10000元从武汉"小李"（身份不明）处购得制造K粉的原材料氯胺酮碱（以下简称"碱"）500克，并安排倪邦福、石小龙、吴传贵购买制造K粉的其他工具和物品。之后4人多次制造K粉，均以失败告终。2006年8月，朱海斌等4人用剩余的部分"碱"制造出K粉150克许。因质量不好，有50余克被扔弃，其余大部分供自己或送给他人吸食。

2006年10月25日，被告人朱海斌花费8000元从"小李"处购得"碱"500克交给倪邦福，倪在朱海斌的指导下制造出K粉100余克，除10克贩卖给他人外，其余部分因质量不好被扔弃。

2006年10月26日晚，被告人朱海斌和倪邦福利用剩余的"碱"制造出K粉80余克，除部分由被告人石小龙、吴传贵贩卖给他人外，其余供自己或送他人吸食。

2006年11月，被告人朱海斌通过周杰等人从王小平（另案处理）取得"碱"50克后交给倪邦福，倪用此制造出K粉20余克，其中六七克被周杰带走，其余供自己吸食。

2006年11月下旬，被告人朱海斌通过周杰以14000元的价格购得"碱"1000克，并交给倪邦福，倪用此先后制造出K粉280余克，由朱海斌、周杰、吴传贵、石小龙等贩卖或吸食。

2006年12月初，被告人朱海斌通过周杰购得"碱"1000克，并交给倪邦福，倪用此先后制造出K粉300余克，其中的112克K粉由朱海斌贩卖，其余部分供自己或他人吸食。

2006年12月20日左右，被告人朱海斌购得500克"碱"交给倪邦福，倪用此制造出K粉200余克。

2006年12月28日凌晨，被告人倪邦福被当场抓获，查获可疑物品、制毒器材若干，从被告人石小龙身上查获白色粉末5包，周杰处查获白色粉末1包。经金华市公安局物证检验，上述可疑物品及白色粉末等均检出氯胺酮成分，其中被告人倪邦福处查获的K粉净重236.8克，石小龙处查获的K粉净重28.6克，周杰处查获的K粉净重15.4克。同日，朱海斌、吴传贵分别被抓获。

诉辩情况

检察机关指控被告人朱海斌、倪邦福、石小龙、吴传贵、周杰犯制造、贩卖毒品罪。

被告人朱海斌、石小龙均提出：丢弃的140余克K粉应予扣除。

被告人朱海斌的辩护人提出：被扔弃的部分成品是否为K粉无相关的毒品检验报告予以证实。

被告人石小龙的辩护人提出：前期制造的250余克非真正的K粉，应予扣除。

被告人吴传贵提出：对丢弃的部分应否计入毒品数额存在疑问。

裁判结果

浙江省浦江县人民法院作出刑事判决，被告人朱海斌犯制造、贩卖毒品罪，判处有期徒刑13年，并处没收个人财产3万元。被害人倪邦福犯制造、贩卖毒品罪，判处有期徒刑11年6个月，并处没收个人财产2万元。被告人石小龙犯制造、贩卖毒品罪，判处有期徒刑13年，并处没收个人财产2万元。被告人吴传贵犯制造、贩卖毒品罪，判处有期徒刑12年6个月，并处没收个人财产2万元。被告人周杰犯制造、贩卖毒品罪，判处有期徒刑7年6个月，并处罚金3万元。缴获的毒品予以没收，在案扣押的用于制毒的工具、用于犯罪使用的通讯工具、毒资等均予以没收。

裁判理由

法院生效裁判认为：被告人朱海斌、倪邦福、石小龙、吴传贵以营利为目的，制造、贩卖毒品氯胺酮，共计制造1130余克；被告人周杰明知朱海斌等人制造毒品，仍为其提供制毒原材料并将制造成功后分得的毒品氯胺酮用于吸食和贩卖，共参与制造毒品600余克，5被告人的行为均已构成制造、贩卖毒品罪。

关于被告人朱海斌、石小龙、吴传贵提出的"丢弃的140克不应计入毒品数量"的辩解，经查，被告人朱海斌等人以制造毒品为目的，实施了制造毒品的行为，已构成制造毒品罪。其制造的K粉不论是否成功或是否经过检验，其数量均应计入毒品数量，并据此定罪量刑。但现有证据因未提取到制毒原材料实物和未对制成的K粉进行毒品鉴定，不能足以证明从武汉"小李"处购进的制毒原材料的真假，从有利于被告人的角度，依法对该部分制造毒品事实认定为犯罪未遂。故其辩解和辩护意见不予采纳，故法院依法作出如上裁判。

走私、贩卖、运输、制造毒品罪办案依据集成

刑法条文

第三百四十七条 【走私、贩卖、运输、制造毒品罪】走私、贩卖、运输、制造毒品，无论数量多少，都应当追究刑事责任，予以刑事处罚。

走私、贩卖、运输、制造毒品，有下列情形之一的，处十五年有期徒刑、无期徒刑或者死刑，并处没收财产：

（一）走私、贩卖、运输、制造鸦片一千克以上、海洛因或者甲基苯丙胺五十克以上或者其他毒品数量大的；

（二）走私、贩卖、运输、制造毒品集团的首要分子；

（三）武装掩护走私、贩卖、运输、制造毒品的；

（四）以暴力抗拒检查、拘留、逮捕，情节严重的；

（五）参与有组织的国际贩毒活动的。

走私、贩卖、运输、制造鸦片二百克以上不满一千克、海洛因或者甲基苯丙胺十克以上不满五十克或者其他毒品数量较大的，处七年以上有期徒刑，并处罚金。

走私、贩卖、运输、制造鸦片不满二百克、海洛因或者甲基苯丙胺不满十克或者其他少量毒品的，处三年以下有期徒刑、拘役或者管制，并处罚金；情节严重的，处三年以上七年以下有期徒刑，并处罚金。

单位犯第二款、第三款、第四款罪的，对单位判处罚金，并对其直接负责的主管人员和其他直接责任人员，依照各该款的规定处罚。

利用、教唆未成年人走私、贩卖、运输、制造毒品，或者向未成年人出售毒品的，从重处罚。

对多次走私、贩卖、运输、制造毒品，未经处理的，毒品数量累计计算。

立案标准

1. 公安部《关于毒品案件立案标准的通知》（1988年8月1日公（刑）字〔1988〕60号）（节录）

一、有下列行为之一的按性质分别立案：

1. 非法制造、贩卖、运输（含走私，下同）鸦片、海洛因、吗啡、大麻或其他毒品的，不论数量多少，原则上均应立案。

3. 制造、贩卖、运输假毒品的，以制造、贩卖、运输毒品罪立案。

4. 明知是毒品，非法携带、邮寄、托运的，以运输毒品罪立案。

二、符合下列条件之一的，立为重大案件：

1. 非法制造、贩卖、运输鸦片五百克以上，海洛因十克以上以及同等数量的假毒

品的。

2. 境内外犯罪分子互相勾结，入出国境贩毒的。

3. 组织贩毒集团，长途贩运、倒卖毒品的。

三、符合下列条件之一的，立为特别重大案件：

1. 非法制造、贩卖、运输鸦片五千克以上，海洛因五十克以上的。

2. 武装贩运、走私毒品的。

3. 制造、贩卖、运输毒品，并以暴力抗拒检查或拒捕的。

4. 组织或参与国际贩毒集团、制造、贩卖、运输毒品的。

2. 最高人民法院《关于审理毒品案件定罪量刑标准有关问题的解释》（2000年6月10日法释〔2000〕13号）（节录）

第一条 走私、贩卖、运输、制造、非法持有下列毒品，应当认定为刑法第三百四十七条第二款第（一）项、第三百四十八条规定的"其他毒品数量大"：

（一）苯丙胺类毒品（甲基苯丙胺除外）一百克以上；

（二）大麻油五千克、大麻脂十千克、大麻叶及大麻烟一百五十千克以上；

（三）可卡因五十克以上；

（四）吗啡一百克以上；

（五）度冷丁（杜冷丁）二百五十克以上（针剂100mg/支规格的二千五百支以上，50mg/支规格的五千支以上；片剂25mg/片规格的一万片以上，50mg/片规格的五千片以上）；

（六）盐酸二氢埃托啡十毫克以上（针剂或者片剂20μg/支、片规格的五百支、片以上）；

（七）咖啡因二百千克以上；

（八）罂粟壳二百千克以上；

（九）上述毒品以外的其他毒品数量大的。

第二条 走私、贩卖、运输、制造、非法持有下列毒品，应当认定为刑法第三百四十七条第三款、第三百四十八条规定的"其他毒品数量较大"：

（一）苯丙胺类毒品（甲基苯丙胺除外）二十克以上不满一百克；

（二）大麻油一千克以上不满五千克，大麻脂二千克以上不满十千克，大麻叶及大麻烟三十千克以上不满一百五十千克；

（三）可卡因十克以上不满五十克；

（四）吗啡二十克以上不满一百克；

（五）度冷丁（杜冷丁）五十克以上不满二百五十克（针剂100mg/支规格的五百支以上不满二千五百支，50mg/支规格的一千支以上不满五千支；片剂25mg/片规格的二千片以上不满一万片，50mg/片规格的一千片以上不满五千片）；

（六）盐酸二氢埃托啡二毫克以上不满十毫克（针剂或者片剂20μg/支、片规格的一百支、片以上不满五百支、片）；

（七）咖啡因五十千克以上不满二百千克；

（八）罂粟壳五十千克以上不满二百千克；
（九）上述毒品以外的其他毒品数量较大的。

第三条 具有下列情形之一的，可以认定为刑法第三百四十七条第四款规定的"情节严重"：

（一）走私、贩卖、运输、制造鸦片一百四十克以上不满二百克、海洛因或者甲基苯丙胺七克以上不满十克或者其他数量相当毒品的；
（二）国家工作人员走私、制造、运输、贩卖毒品的；
（三）在戒毒监管场所贩卖毒品的；
（四）向多人贩毒或者多次贩毒的；
（五）其他情节严重的行为。

3. 最高人民法院、最高人民检察院、公安部《关于印发〈办理毒品犯罪案件适用法律若干问题的意见〉的通知》（2007年11月8日公通字〔2007〕84号）

一、关于毒品犯罪案件的管辖问题

根据刑事诉讼法的规定，毒品犯罪案件的地域管辖，应当坚持以犯罪地管辖为主、被告人居住地管辖为辅的原则。

"犯罪地"包括犯罪预谋地，毒资筹集地，交易进行地，毒品生产地，毒资、毒赃和毒品的藏匿地、转移地，走私或者贩运毒品的目的地以及犯罪嫌疑人被抓获地等。

"被告人居住地"包括被告人常住地、户籍地及其临时居住地。

对怀孕、哺乳期妇女走私、贩卖、运输毒品案件，查获地公安机关认为移交其居住地管辖更有利于采取强制措施和查清犯罪事实的，可以报请共同的上级公安机关批准，移送犯罪嫌疑人居住地公安机关办理，查获地公安机关应继续配合。

公安机关对侦办跨区域毒品犯罪案件的管辖权有争议的，应本着有利于查清犯罪事实，有利于诉讼，有利于保障案件侦查安全的原则，认真协商解决。经协商无法达成一致的，报共同的上级公安机关指定管辖。对即将侦查终结的跨省（自治区、直辖市）重大毒品案件，必要时可由公安部商最高人民法院和最高人民检察院指定管辖。

为保证及时结案，避免超期羁押，人民检察院对于公安机关移送审查起诉的案件，人民法院对于已进入审判程序的案件，被告人及其辩护人提出管辖异议或者办案单位发现没有管辖权的，受案人民检察院、人民法院经审查可以依法报请上级人民检察院、人民法院指定管辖，不再自行移送有管辖权的人民检察院、人民法院。

二、关于毒品犯罪嫌疑人、被告人主观明知的认定问题

走私、贩卖、运输、非法持有毒品主观故意中的"明知"，是指行为人知道或者应当知道所实施的行为是走私、贩卖、运输、非法持有毒品行为。具有下列情形之一，并且犯罪嫌疑人、被告人不能做出合理解释的，可以认定其"应当知道"，但有证据证明确属被蒙骗的除外：

（一）执法人员在口岸、机场、车站、港口和其他检查站检查时，要求行为人申报为他人携带的物品和其他疑似毒品物，并告知其法律责任，而行为人未如实申报，在其所携

带的物品内查获毒品的；

（二）以伪报、藏匿、伪装等蒙蔽手段逃避海关、边防等检查，在其携带、运输、邮寄的物品中查获毒品的；

（三）执法人员检查时，有逃跑、丢弃携带物品或逃避、抗拒检查等行为，在其携带或丢弃的物品中查获毒品的；

（四）体内藏匿毒品的；

（五）为获取不同寻常的高额或不等值的报酬而携带、运输毒品的；

（六）采用高度隐蔽的方式携带、运输毒品的；

（七）采用高度隐蔽的方式交接毒品，明显违背合法物品惯常交接方式的；

（八）其他有证据足以证明行为人应当知道的。

三、关于办理氯胺酮等毒品案件定罪量刑标准问题

（一）走私、贩卖、运输、制造、非法持有下列毒品，应当认定为刑法第三百四十七条第二款第（一）项、第三百四十八条规定的"其他毒品数量大"：

1. 二亚甲基双氧安非他明（MDMA）等苯丙胺类毒品（甲基苯丙胺除外）100克以上；

2. 氯胺酮、美沙酮1千克以上；

3. 三唑仑、安眠酮50千克以上；

4. 氯氮卓、艾司唑仑、地西泮、溴西泮500千克以上；

5. 上述毒品以外的其他毒品数量大的。

（二）走私、贩卖、运输、制造、非法持有下列毒品，应当认定为刑法第三百四十七条第三款、第三百四十八条规定的"其他毒品数量较大"：

1. 二亚甲基双氧安非他明（MDMA）等苯丙胺类毒品（甲基苯丙胺除外）20克以上不满100克的；

2. 氯胺酮、美沙酮200克以上不满1千克的；

3. 三唑仑、安眠酮10千克以上不满50千克的；

4. 氯氮卓、艾司唑仑、地西泮、溴西泮100千克以上不满500千克的；

5. 上述毒品以外的其他毒品数量较大的。

（三）走私、贩卖、运输、制造下列毒品，应当认定为刑法第三百四十七条第四款规定的"其他少量毒品"：

1. 二亚甲基双氧安非他明（MDMA）等苯丙胺类毒品（甲基苯丙胺除外）不满20克的；

2. 氯胺酮、美沙酮不满200克的；

3. 三唑仑、安眠酮不满10千克的；

4. 氯氮卓、艾司唑仑、地西泮、溴西泮不满100千克的；

5. 上述毒品以外的其他少量毒品的。

（四）上述毒品品种包括其盐和制剂。毒品鉴定结论中毒品品名的认定应当以国家食品药品监督管理局、公安部、卫生部最新发布的《麻醉药品品种目录》、《精神药品品种目

录》为依据。

四、关于死刑案件的毒品含量鉴定问题

可能判处死刑的毒品犯罪案件，毒品鉴定结论中应有含量鉴定的结论。

4. 最高人民检察院、公安部《关于公安机关管辖的刑事案件立案追诉标准的规定（三）》（2012年5月16日）（节录）

第一条 ［走私、贩卖、运输、制造毒品案（《刑法》第三百四十七条）］走私、贩卖、运输、制造毒品，无论数量多少，都应予立案追诉。

本条规定的"走私"是指明知是毒品而非法将其运输、携带、寄递进出国（边）境的行为。直接向走私人非法收购走私进口的毒品，或者在内海、领海、界河、界湖运输、收购、贩卖毒品的，以走私毒品罪立案追诉。

本条规定的"贩卖"是指明知是毒品而非法销售或者以贩卖为目的而非法收买的行为。

有证据证明行为人以牟利为目的，为他人代购仅用于吸食、注射的毒品，对代购者以贩卖毒品罪立案追诉。不以牟利为目的，为他人代购仅用于吸食、注射的毒品，毒品数量达到本规定第二条规定的数量标准的，对托购者和代购者以非法持有毒品罪立案追诉。明知他人实施毒品犯罪而为其居间介绍、代购代卖的，无论是否牟利，都应以相关毒品犯罪的共犯立案追诉。

本条规定的"运输"是指明知是毒品而采用携带、寄递、托运、利用他人或者使用交通工具等方法非法运送毒品的行为。

本条规定的"制造"是指非法利用毒品原植物直接提炼或者用化学方法加工、配制毒品，或者以改变毒品成分和效用为目的，用混合等物理方法加工、配制毒品的行为。为了便于隐蔽运输、销售、使用、欺骗购买者，或者为了增重，对毒品掺杂使假，添加或者去除其他非毒品物质，不属于制造毒品的行为。

为了制造毒品而采用生产、加工、提炼等方法非法制造易制毒化学品的，以制造毒品罪（预备）立案追诉。购进制造毒品的设备和原材料，开始着手制造毒品，尚未制造出毒品或者半成品的，以制造毒品罪（未遂）立案追诉。明知他人制造毒品而为其生产、加工、提炼、提供醋酸酐、乙醚、三氯甲烷等制毒物品的，以制造毒品罪的共犯立案追诉。

走私、贩卖、运输毒品主观故意中的"明知"，是指行为人知道或者应当知道所实施的是走私、贩卖、运输毒品行为。具有下列情形之一，结合行为人的供述和其他证据综合审查判断，可以认定其"应当知道"，但有证据证明确属被蒙骗的除外：

（一）执法人员在口岸、机场、车站、港口、邮局和其他检查站点检查时，要求行为人申报携带、运输、寄递的物品和其他疑似毒品物，并告知其法律责任，而行为人未如实申报，在其携带、运输、寄递的物品中查获毒品的；

（二）以伪报、藏匿、伪装等蒙蔽手段逃避海关、边防等检查，在其携带、运输、寄递的物品中查获毒品的；

（三）执法人员检查时，有逃跑、丢弃携带物品或者逃避、抗拒检查等行为，在其携带、藏匿或者丢弃的物品中查获毒品的；

（四）体内或者贴身隐秘处藏匿毒品的；

（五）为获取不同寻常的高额或者不等值的报酬为他人携带、运输、寄递、收取物品，从中查获毒品的；

（六）采用高度隐蔽的方式携带、运输物品，从中查获毒品的；

（七）采用高度隐蔽的方式交接物品，明显违背合法物品惯常交接方式，从中查获毒品的；

（八）行程路线故意绕开检查站点，在其携带、运输的物品中查获毒品的；

（九）以虚假身份、地址或者其他虚假方式办理托运、寄递手续，在托运、寄递的物品中查获毒品的；

（十）有其他证据足以证明行为人应当知道的。

制造毒品主观故意中的"明知"，是指行为人知道或者应当知道所实施的是制造毒品行为。有下列情形之一，结合行为人的供述和其他证据综合审查判断，可以认定其"应当知道"，但有证据证明确属被蒙骗的除外：

（一）购置了专门用于制造毒品的设备、工具、制毒物品或者配制方案的；

（二）为获取不同寻常的高额或者不等值的报酬为他人制造物品，经检验是毒品的；

（三）在偏远、隐蔽场所制造，或者采取对制造设备进行伪装等方式制造物品，经检验是毒品的；

（四）制造人员在执法人员检查时，有逃跑、抗拒检查等行为，在现场查获制造出的物品，经检验是毒品的；

（五）有其他证据足以证明行为人应当知道的。

走私、贩卖、运输、制造毒品罪是选择性罪名，对同一宗毒品实施了两种以上犯罪行为，并有相应确凿证据的，应当按照所实施的犯罪行为的性质并列适用罪名，毒品数量不重复计算。对同一宗毒品可能实施了两种以上犯罪行为，但相应证据只能认定其中一种或者几种行为，认定其他行为的证据不够确实充分的，只按依法能够认定的行为的性质适用罪名。对不同宗毒品分别实施了不同种犯罪行为的，应对不同行为并列适用罪名，累计计算毒品数量。

第十三条　本规定中的毒品是指鸦片、海洛因、甲基苯丙胺（冰毒）、吗啡、大麻、可卡因以及国家规定管制的其他能够使人形成瘾癖的麻醉药品和精神药品。具体品种以国家食品药品监督管理局、公安部、卫生部发布的《麻醉药品品种目录》、《精神药品品种目录》为依据。

本规定中的"制毒物品"是指刑法第三百五十条第一款规定的醋酸酐、乙醚、三氯甲烷或者其他用于制造毒品的原料或者配剂，具体品种范围按照国家关于易制毒化学品管理的规定确定。

第十四条　本规定中未明确立案追诉标准的毒品，有条件折算为海洛因的，参照有关麻醉药品和精神药品折算标准进行折算。

第十五条　本规定中的立案追诉标准，除法律、司法解释另有规定的以外，适用于相关的单位犯罪。

第十六条 本规定中的"以上",包括本数。

其他办案依据

1. 最高人民检察院公诉厅《毒品犯罪案件公诉证据标准指导意见（试行）》（2005年4月25日〔2005〕高检诉发第32号）（节录）

根据毒品犯罪案件证据的共性和特性，公诉证据标准可分为一般证据标准和特殊证据标准。一般证据标准，是指毒品犯罪通常具有的证据种类和形式；特殊证据标准，是指对某些毒品犯罪除一般证据种类和形式外，还应具有的特殊证据形式。

一、一般证据标准

一般证据标准，包括证明毒品犯罪的客体、客观方面、主体、主观方面的证据种类和形式。毒品犯罪侵犯的客体主要是国家对毒品的管理制度，在一些特殊的毒品犯罪中，还同时侵害了国家海关管理制度等。对此，一般可通过犯罪事实的认定予以明确。《指导意见（试行）》主要针对的是证明毒品犯罪的主体、主观方面和客观方面的证据种类和形式问题。

（一）关于犯罪主体的证据

毒品犯罪的主体既有一般主体，也有特殊主体，包括自然人和单位。关于犯罪主体（自然人）的证据主要参考以下内容：

1. 居民身份证、临时居住证、工作证、护照、港澳居民来往内地通行证、台湾居民来往大陆通行证、中华人民共和国旅行证，以及边民证；

2. 户口簿或微机户口卡；

3. 个人履历表或入学、入伍、招工、招干等登记表；

4. 医院出生证明；

5. 犯罪嫌疑人、被告人的供述；

6. 有关人员（如亲属、邻居等）关于犯罪嫌疑人、被告人情况的证言；

通过上述证据证明犯罪嫌疑人、被告人的姓名（曾用名）、出生年月日、居民身份证号、民族、籍贯、出生地、职业、住所地等基本情况。贩卖毒品罪的犯罪嫌疑人、被告人必须是年满14周岁的自然人；其他毒品犯罪的犯罪嫌疑人、被告人必须是年满16周岁的自然人。

收集、审查、判断上述证据需要注意的问题：

1. 居民身份证、工作证等身份证明文件的核实

对居民身份证、临时居住证、工作证、护照、港澳居民来往内地通行证、台湾居民来往大陆通行证、中华人民共和国旅行证，以及边民证的真实性存在疑问，如有其他证据能够证明犯罪嫌疑人、被告人真实情况的，可根据其他证据予以认定；现有证据无法证明的，应向证明身份文件上标明的原出具机关予以核实；原机关已撤销或者变更导致无法核实的，应向有权主管机关予以核查。经核查证明材料不真实的，应当向犯罪嫌疑人、被告人户籍所在地公安机关、原用人单位调取证据。犯罪嫌疑人、被告人的真实姓名、住址无法查清的，应按其绰号或自报情况起诉，并在起诉书中注明。被告人自报姓名可能造成损害他人

名誉、败坏道德风俗等不良影响的,可以对被告人进行编号并按编号制作起诉书,同时在起诉书中附具被告人的照片。犯罪嫌疑人、被告人认为公安机关提取的法定书证(户口簿、身份证等)所记载的个人情况不真实,但没有证据证明的,应以法定书证为准。对于年龄有争议的,一般以户籍登记文件为准;出生原始记录证明户籍登记确有错误的,可以根据原始记录等有效证据予以认定。对年龄有争议,又缺乏证据的情况下,可以采用"骨龄鉴定法",并结合其他证据予以认定。

2. 国籍的认定

国籍的认定,涉及案件的审判管辖级别。审查起诉毒品犯罪案件时,应当查明犯罪嫌疑人、被告人的国籍。外国人的国籍,以其入境时的有效证件予以证明。对于没有护照的,可根据边民证认定其国籍;缅甸的个别地区使用"马帮丁"作为该地区居民的身份证明,故根据"马帮丁"也可认定其国籍。此外,根据有关国家有权管理机关出具的证明材料(同时附有我司法机关的《委托函》或者能够证明该份证据取证合法的证明材料),也可以认定其国籍。国籍不明的,可商请我国出入境管理部门或者我国驻外使领馆予以协助查明。无法查明国籍的,以无国籍人论。无国籍人,属于外国人。

3. 刑事责任能力的确定

犯罪嫌疑人、被告人的言行举止反映他(她)可能患有精神性疾病的,应当尽量收集能够证明其精神状况的证据。证人证言可作为证明犯罪嫌疑人、被告人刑事责任能力的证据。经查不能排除犯罪嫌疑人、被告人具有精神性疾病可能性的,应当作司法精神病鉴定。

(二)关于犯罪主观方面的证据

毒品犯罪的主观方面为故意。关于主观方面的证据主要参考以下内容:

1. 犯罪嫌疑人、被告人及其同案犯的供述和辩解;
2. 有关证人证言;
3. 有关书证(书信、电话记录、手机短信记录等);
4. 其他有助于判断主观故意的客观事实。

通过证据1、证据2和证据3,证明毒品犯罪案件的起因、犯罪动机、犯罪目的等主观特征。当以上证据均无法证明犯罪嫌疑人、被告人在主观上是否具有毒品犯罪的"明知"时,可通过证据4,即根据一定的客观事实判定"明知"。

收集、审查、判断上述证据需要注意的问题:

1. 对于毒品犯罪中目的犯的认定,应注意收集证明犯罪嫌疑人、被告人主观犯罪目的之证据,例如,刑法第355条第2款规定的"以牟利为目的"。
2. 对于毒品犯罪中共同犯罪的认定,应注意收集证明共同故意的证据。
3. 推定"明知"应当慎重使用。对于具有下列情形之一,并且犯罪嫌疑人、被告人不能作出合理解释的,可推定其明知,但有相反证据的除外:(1)故意选择没有海关和边防检查站的边境路段绕行出入境的;(2)经过海关或边检站时,以假报、隐匿、伪装等蒙骗手段逃避海关、边防检查的;(3)采用假报、隐匿、伪装等蒙骗手段逃避邮检的;(4)采用体内藏毒的方法运输毒品的。对于具有下列情形之一的,能否推定明知还需结合其他证据予以综合判断:(1)受委托或雇佣携带毒品,获利明显超过正常标准的;(2)犯罪嫌疑人、被告人所有物、住宅、院落里藏有毒品的；(3) 毒品包装物上留下的指纹与犯罪嫌疑人、被告人的指纹经鉴定一致的；(4) 犯罪嫌疑人、被告人持有毒品的。

(三) 关于犯罪客观方面的证据

毒品犯罪在客观方面表现为各种形式的毒品犯罪行为，如走私、贩卖、运输、制造毒品、非法持有毒品等。证明毒品犯罪客观方面的证据主要参考以下内容：

1. 物证及其照片，包括毒品、毒品的半成品、毒品的前体化学物、毒品原植物、毒品原植物的种子或幼苗、制毒物品、毒资、盛装毒品的容器或包装物、作案工具等实物及其照片。

2. 毒资转移的凭证，如银行的支付凭证（如存折、本票、汇票、支票）和记账凭证，毒品、制毒物品、毒品原植物等物品的交付凭证（托运单、货单、仓单、邮寄单），交通运输凭证（车票、船票、机票），同案犯之间的书信等。

3. 报案记录、投案记录、举报记录（信件）、控告记录（信件）、破案报告、吸毒记录等能说明案件及相关情况的书面材料；

4. 毒品、毒资、作案工具及其他涉案物品的扣押清单；

5. 相关证人证言，包括海关、边防检查人员、侦查人员的证言，以及鉴定人员对鉴定所作的说明；

6. 辨认笔录、指认笔录及其照片情况的文字记录，包括有关知情人员对犯罪嫌疑人、被告人的辨认和犯罪嫌疑人、被告人对毒品、毒资等犯罪对象的指认情况；

7. 犯罪嫌疑人、被告人的供述和辩解；

8. 毒品鉴定和检验报告，包括毒品鉴定、制毒物品鉴定、毒品原植物鉴定、毒品原植物的种子或幼苗鉴定、文检鉴定、指纹鉴定、犯罪嫌疑人、被告人是否吸食毒品的检验报告，以及被引诱、教唆、欺骗、强迫吸毒的被害人和被容留吸毒的人员是否吸食毒品的检验报告；

9. 现场勘验、检查笔录及照片、录像、现场制图，包括对现场的勘验、对人身的检查、对物品的检查；

10. 毒品数量的称量笔录；

11. 视听资料，包括录音带、录像带、电子数据等。

通过上述证据证明：毒品犯罪事实是否存在；犯罪嫌疑人、被告人是否实施毒品犯罪行为；犯罪嫌疑人、被告人实施毒品犯罪行为的性质；犯罪的时间、地点、手段、后果；毒品的种类及其数量；共同犯罪中，犯罪嫌疑人、被告人之间的关系及其在共同犯罪中所起的作用和地位；犯罪嫌疑人、被告人的财产状况；是否具有法定或酌定从重、从轻、减轻或免除处罚的情节；涉及管辖、强制措施、诉讼期限的事实；其他与定罪量刑有关的事实。

收集、审查、判断上述证据需要注意的问题：

1. 毒品犯罪案件中所涉及的毒品、制毒物品，以及毒品原植物、种子、幼苗，都必须属于刑法规定的范围。

2. 收集证据过程中，应注意固定、保全证据，防止证据在转移过程中因保管失当而发生变化或灭失。

3. 公安机关对作为证据使用的实物应当随案移送检察机关,对不宜或不便移送的,应将这些物品的扣押清单、照片或者其他证明文件随案移送检察机关。

4. 注意审查犯罪嫌疑人、被告人的供述等言词证据,对于以刑讯逼供、诱供、指供、骗供等非法方法收集的言词证据,坚决依法予以排除。

5. 在毒品、制毒物品等物证灭失的情况下,仅有犯罪嫌疑人、被告人自己的供述,不能定罪;但是,当犯罪嫌疑人、被告人的供述与同案犯的供述吻合,并且完全排除诱供、刑讯逼供、串供等情形,能够相互印证的口供可以作为定罪的证据。

6. 毒品数量是指毒品净重。称量时,要扣除包装物和容器的重量,毒品称量应由二名以上侦查人员当场、当面进行,并拍摄现场照片。查获毒品后,应当场制作称量笔录,要求犯罪嫌疑人当场签字;犯罪嫌疑人拒绝签字的,应作出情况说明。

7. 审查鉴定时,要注意鉴定主体是否合格、鉴定内容和范围是否全面、鉴定程序是否符合规范(包括检材提取、检验、鉴定方法、鉴定过程、鉴定人有无签字等)、鉴定结论是否明确具体、鉴定报告的体例形式是否符合规范要求,以及鉴定结论是否告知犯罪嫌疑人、被告人。

8. 公安机关依法使用技术侦查手段秘密收集的证据,因为涉及保密问题,不能直接作为证据使用;必须使用技术侦查手段秘密收集的证据证明犯罪事实时,应将其转化为诉讼证据。

二、特殊证据标准

特殊证据标准主要包括主体特殊的毒品犯罪、有被害人的毒品犯罪、毒品犯罪的再犯,以及某些个罪所需的特殊证据形式。

(一)单位犯罪的特殊证据

刑法第 347 条走私、贩卖、运输、制造毒品罪、第 350 条走私制毒物品罪、非法买卖制毒物品罪、第 355 条非法提供麻醉药品、精神药品罪都规定单位可以构成本罪主体。单位毒品犯罪除一般证据标准外,还需要参考以下内容:

1. 证明单位犯罪主体身份的证据,例如,单位注册登记证明、单位代表身份证明、营业执照、办公地和主要营业地证明等;

2. 证明单位犯罪主观故意的证据,例如,证明单位犯罪的目的、实施犯罪的决定形成等证明材料;

3. 证明单位犯罪非法所得归属的证据,例如,证明单位资金流动、非法利益分配情况等证明材料;

4. 证明单位犯罪中直接负责的主管人员和其他直接责任人员的证据。

通过上述证据证明犯罪系单位行为,与自然人犯罪相区分。

收集、审查、判断上述证据需要注意以下问题:

1. 我国刑法中规定的单位,既包括国有、集体所有的公司、企业、事业单位,也包括依法设立的合资经营、合作经营和具有法人资格的独资、私营等公司、企业、事业单位。

2. 个人为进行违法犯罪活动而设立的公司、企业、事业单位实施犯罪的,或者公司、企业、事业单位设立后,以实施犯罪为主要活动的,以自然人犯罪论处。

3. 盗用单位名义实施犯罪,违法所得由实施犯罪的个人私分的,依照刑法有关自然人犯罪的规定定罪处刑。

(五)走私、贩卖、运输、制造毒品罪的特殊证据

刑法第347条第2款第(4)、(5)项规定:走私、贩卖、运输、制造毒品,以暴力抗拒检查、拘留、逮捕,情节严重的,或者参与有组织的国际贩毒活动的,应当处十五年有期徒刑、无期徒刑或者死刑,并处没收财产。符合这两项规定的走私、贩卖、运输、制造毒品罪的特殊证据主要参考下列内容:

1. 公安、海关、边检部门出具的证明犯罪嫌疑人、被告人暴力抗拒检查、拘留、逮捕的材料;

2. 证明犯罪嫌疑人、被告人参与有组织的国际贩毒活动的材料或者犯罪记录。

通过上述证据证明犯罪嫌疑人、被告人是否具有以暴力抗拒检查、拘留、逮捕的严重情节,是否参与有组织的国际贩毒活动。符合上述两种情形的,应依法适用加重的法定刑。

2. 最高人民法院《关于办理毒品刑事案件适用法律几个问题的答复》(1995年11月9日法函〔1995〕140号)

广东省高级人民法院:

你院粤高法刑二〔1995〕5号"关于办理毒品犯罪案件几个问题的请示"收悉。经研究,答复如下:

一、对被告人一人走私、贩卖、运输、制造或者非法持有两种以上毒品并已构成犯罪的,不应实行数罪并罚,可综合考虑毒品的种类、数量及危害,依法处理。

一、对被告人购买了一定数量的毒品,但只查明其贩卖了其中一部分,其余部分已由被告人吸食的,应当按已查明的销售数额确定其贩毒的数量。

3. 最高人民检察院《关于加强毒品犯罪批捕起诉工作的通知》(1997年6月17日高检法刑字〔1997〕55号)(节录)

各省、自治区、直辖市人民检察院,军事检察院:

二、对公安机关提请批准逮捕的毒品犯罪嫌疑人,检察机关要本着严厉惩治毒品犯罪的精神,对有证据证明有毒品犯罪事实的即应批准逮捕。对走私、贩卖、运输、制造毒品的,不论毒品数量多少均应批准逮捕,以保证毒品案件侦查工作的顺利进行。坚决防止在批捕环节出现打击不力。

三、对公安机关移送审查起诉的毒品犯罪案件,检察机关要及时依法审查。对犯罪嫌疑人的犯罪事实已经查清,证据确实充分,应依法追究刑事责任的,要及时提起公诉。对走私、贩卖、运输、制造毒品的,不论毒品数量多少均应提起公诉。

4. 最高人民法院《人民法院量刑指导意见(试行)》(2010年10月1日法发〔2010〕36号)(节录)

四、常见犯罪的量刑

(十五)走私、贩卖、运输、制造毒品罪

1. 构成走私、贩卖、运输、制造毒品罪的,可以根据下列不同情形在相应的幅度内确定量刑起点:

(1) 走私、贩卖、运输、制造鸦片一千克,海洛因、甲基苯丙胺五十克或者其他毒品数量达到数量大起点的,量刑起点为十五年有期徒刑。依法应当判处无期徒刑以上刑罚的除外。

(2) 走私、贩卖、运输、制造鸦片二百克,海洛因、甲基苯丙胺十克或者其他毒品数量达到数量较大起点的,可以在七年至八年有期徒刑幅度内确定量刑起点。

(3) 走私、贩卖、运输、制造鸦片不满二百克,海洛因、甲基苯丙胺不满十克或者其他少量毒品的,可以在三个月拘役至三年有期徒刑幅度内确定量刑起点;情节严重的,可以在三年至四年有期徒刑幅度内确定量刑起点。

2. 在量刑起点的基础上,可以根据毒品犯罪次数、人次、毒品数量等其他影响犯罪构成的犯罪事实增加刑罚量,确定基准刑。

3. 有下列情节之一的,可以增加基准刑的30%以下:

(1) 组织、利用、教唆未成年人、孕妇、哺乳期妇女、患有严重疾病人员、又聋又哑的人、盲人及其他特殊人群走私、贩卖、运输、制造毒品,或者向未成年人出售毒品的;

(2) 毒品再犯。

4. 有下列情节之一的,可以减少基准刑的30%以下:

(1) 受雇运输毒品的;

(2) 毒品含量明显偏低的;

(3) 存在数量引诱情形的。

5. 最高人民法院《关于十二省自治区法院审理毒品犯罪案件工作会议纪要》(1991年12月17日法(刑一)发〔1991〕38号)(节录)

1. 关于毒品犯罪案件的审级管辖问题

凡属于《决定》(指全国人大常委会《关于禁毒的决定》,下同。——编者注)第二条第一款规定的毒品犯罪案件,原则上都由中级人民法院作一审。中级人民法院受理这类案件后,根据案情决定判处相应的刑罚。

8. 关于贩卖假毒品的定性和处罚问题

贩卖假毒品一般有两种情况:一种是行为人故意以假充真或明知是假毒品而贩卖获利;另一种是行为人完全不知是假毒品,以为是真的毒品进行贩卖而获利。对于第一种情况,行为人故意以假货冒充毒品贩卖,纯属欺骗,应定为诈骗罪。对于第二种情况,行为人虽然卖出的是假毒品,但他主观上具有贩卖毒品的故意,故应定为贩卖毒品罪(未遂),但在处罚时应根据其犯罪的具体情节,可以比照既遂犯从轻或者减轻处罚。

对于掺假毒品的犯罪案件,如行为人是将精制毒品稀释后贩卖,或是土法加工毒品,因提炼不纯而含有较多杂质的,不论其中有多少其他成分,只要含有毒品,就可以贩卖毒品定罪。

9. 关于毒品鉴定的问题

近年来,假毒品、掺假毒品的毒品犯罪案件越来越多,特别在西北地区比较突出。在报请最高人民法院复核死刑的案件中也出现这种问题。因此,对毒品犯罪案件中查获的毒品进行鉴定,确定毒品的种类和含量,是办理毒品犯罪案件中的一个十分重要的问题。在目前条件下,对于拟判死刑的案件,应该对所查获的毒品进行定性定量鉴定。对于作其他处罚的毒品犯罪案件,如果查获的毒品形状、颜色明显不同于原认定的毒品种类的一般特征,或者有争议的,也应当补充鉴定或者重新鉴定。以后要逐步做到,使毒品的鉴定结论如同其他刑事案件中的刑事技术鉴定一样,成为确定犯罪事实的一项必不可少的证据内容。有关毒品鉴定的一些具体问题,最高人民法院将会同中央有关部门共同研究,作出规定。

6. 最高人民法院《全国法院审理毒品犯罪案件工作座谈会纪要》(2000年4月4日法〔2000〕42号)(节录)

(一)关于毒品犯罪案件的定罪问题

刑法第三百四十七条规定的"走私、贩卖、运输、制造毒品罪"是选择性罪名,虽然司法解释曾对如何适用这一罪名有过规定,但各地执行上仍有较大差异。在新的司法解释出台前,认定以上犯罪,原则上仍应按照最高人民法院《关于适用〈全国人民代表大会常务委员会关于禁毒的决定〉的若干问题的解释》确定罪名。行为人对同一宗毒品实施了两种以上犯罪行为并有相应确凿证据的,应当按照所实施的犯罪行为的性质并列确定罪名。罪名不以行为实施的先后、危害后果的大小排列,一律以刑法条文规定的顺序表述,如对同一宗毒品,既制造又走私的则以"走私、制造毒品罪"定罪,但不实行并罚。如一审法院根据主要犯罪行为确定罪名的,二审法院可不再变动。对不同宗毒品分别实施了不同种犯罪行为的,应对不同行为并列确定罪名,累计计算毒品数量,也不实行数罪并罚。

7. 最高人民法院《全国部分法院审理毒品犯罪案件工作座谈会纪要》(2008年12月22日)(节录)

一、毒品案件的罪名确定和数量认定问题

刑法第三百四十七条规定的走私、贩卖、运输、制造毒品罪是选择性罪名,对同一宗毒品实施了两种以上犯罪行为并有相应确凿证据的,应当按照所实施的犯罪行为的性质并列确定罪名,毒品数量不重复计算,不实行数罪并罚。对同一宗毒品可能实施了两种以上犯罪行为,但相应证据只能认定其中一种或者几种行为,认定其他行为的证据不够确实充分的,则只按照依法能够认定的行为的性质定罪。如涉嫌为贩卖而运输毒品,认定贩卖的证据不够确实充分的,则只定运输毒品罪。对不同宗毒品分别实施了不同种犯罪行为的,应对不同行为并列确定罪名,累计毒品数量,不实行数罪并罚。对被告人一人走私、贩卖、运输、制造两种以上毒品的,不实行数罪并罚,量刑时可综合考虑毒品的种类、数量及危害,依法处理。

罪名不以行为实施的先后、毒品数量或者危害大小排列,一律以刑法条文规定的顺序表述。如对同一宗毒品制造后又走私的,以走私、制造毒品罪定罪。下级法院在判决中确定罪名不准确的,上级法院可以减少选择性罪名中的部分罪名或者改动罪名顺序,在不加重原判刑罚的情况下,也可以改变罪名,但不得增加罪名。

对于吸毒者实施的毒品犯罪,在认定犯罪事实和确定罪名时要慎重。吸毒者在购买、运输、存储毒品过程中被查获的，如没有证据证明其是为了实施贩卖等其他毒品犯罪行为，毒品数量未超过刑法第三百四十八条规定的最低数量标准的，一般不定罪处罚；查获毒品数量达到较大以上的，应以其实际实施的毒品犯罪行为定罪处罚。

对于以贩养吸的被告人，其被查获的毒品数量应认定为其犯罪的数量，但量刑时应考虑被告人吸食毒品的情节，酌情处理；被告人购买了一定数量的毒品后，部分已被其吸食的，应当按能够证明的贩卖数量及查获的毒品数量认定其贩毒的数量，已被吸食部分不计入在内。

有证据证明行为人不以牟利为目的，为他人代购仅用于吸食的毒品，毒品数量超过刑法第三百四十八条规定的最低数量标准的，对托购者、代购者应以非法持有毒品罪定罪。代购者从中牟利，变相加价贩卖毒品的，对代购者应以贩卖毒品罪定罪。明知他人实施毒品犯罪而为其居间介绍、代购代卖的，无论是否牟利，都应以相关毒品犯罪的共犯论处。

盗窃、抢夺、抢劫毒品的，应当分别以盗窃罪、抢夺罪或者抢劫罪定罪，但不计犯罪数额，根据情节轻重予以定罪量刑。盗窃、抢夺、抢劫毒品后又实施其他毒品犯罪的，对盗窃罪、抢夺罪、抢劫罪和所犯的具体毒品犯罪分别定罪，依法数罪并罚。走私毒品，又走私其他物品构成犯罪的，以走私毒品罪和其所犯的其他走私罪分别定罪，依法数罪并罚。

二、毒品犯罪的死刑适用问题

审理毒品犯罪案件，应当切实贯彻宽严相济的刑事政策，突出毒品犯罪的打击重点。必须依法严惩毒枭、职业毒贩、再犯、累犯、惯犯、主犯等主观恶性深、人身危险性大、危害严重的毒品犯罪分子，以及具有将毒品走私入境、多次、大量或者向多人贩卖，诱使多人吸毒，武装掩护、暴力抗拒检查、拘留或者逮捕，或者参与有组织的国际贩毒活动等情节的毒品犯罪分子。对其中罪行极其严重依法应当判处死刑的，必须坚决依法判处死刑。

毒品数量是毒品犯罪案件量刑的重要情节，但不是唯一情节。对被告人量刑时，特别是在考虑是否适用死刑时，应当综合考虑毒品数量、犯罪情节、危害后果、被告人的主观恶性、人身危险性以及当地禁毒形势等各种因素，做到区别对待。近期，审理毒品犯罪案件掌握的死刑数量标准，应当结合本地毒品犯罪的实际情况和依法惩治、预防毒品犯罪的需要，并参照最高人民法院复核的毒品死刑案件的典型案例，恰当把握。量刑既不能只片面考虑毒品数量，不考虑犯罪的其他情节，也不能只片面考虑其他情节，而忽视毒品数量。

对虽然已达到实际掌握的判处死刑的毒品数量标准，但是具有法定、酌定从宽处罚情节的被告人，可以不判处死刑；反之，对毒品数量接近实际掌握的判处死刑的数量标准，但具有从重处罚情节的被告人，也可以判处死刑。毒品数量达到实际掌握的死刑数量标准，既有从重处罚情节，又有从宽处罚情节的，应当综合考虑各方面因素决定刑罚，判处死刑立即执行应当慎重。

具有下列情形之一的，可以判处被告人死刑：（1）具有毒品犯罪集团首要分子，武装掩护毒品犯罪、暴力抗拒检查、拘留或者逮捕、参与有组织的国际贩毒活动等严重情节的；（2）毒品数量达到实际掌握的死刑数量标准，并具有毒品再犯、累犯，利用、教唆未成年人走私、贩卖、运输、制造毒品，或者向未成年人出售毒品等法定从重处罚情节的；（3）毒品数量达到实际掌握的死刑数量标准，并具有多次走私、贩卖、运输、制造毒品，向多人贩毒，在毒品犯罪中诱使、容留多人吸毒，在戒毒监管场所贩毒，国家工作人员利用职务便利实施毒品犯罪，或者职业犯、惯犯、主犯等情节的；(4) 毒品数量达到实际掌握的死刑数量标准，并具有其他从重处罚情节的；(5) 毒品数量超过实际掌握的死刑数量标准，且没有法定、酌定从轻处罚情节的。

毒品数量达到实际掌握的死刑数量标准，具有下列情形之一的，可以不判处被告人死刑立即执行：(1) 具有自首、立功等法定从宽处罚情节的；(2) 已查获的毒品数量未达到实际掌握的死刑数量标准，到案后坦白尚未被司法机关掌握的其他毒品犯罪，累计数量超过实际掌握的死刑数量标准的；(3) 经鉴定毒品含量极低，掺假之后的数量才达到实际掌握的死刑数量标准的，或者有证据表明可能大量掺假但因故不能鉴定的；(4) 因特情引诱毒品数量才达到实际掌握的死刑数量标准的；(5) 以贩养吸的被告人，被查获的毒品数量刚达到实际掌握的死刑数量标准的；(6) 毒品数量刚达到实际掌握的死刑数量标准，确属初次犯罪即被查获，未造成严重危害后果的；(7) 共同犯罪毒品数量刚达到实际掌握的死刑数量标准，但各共同犯罪人作用相当，或者责任大小难以区分的；(8) 家庭成员共同实施毒品犯罪，其中起主要作用的被告人已被判处死刑立即执行，其他被告人罪行相对较轻的；(9) 其他不是必须判处死刑立即执行的。

有些毒品犯罪案件，往往由于毒品、毒资等证据已不存在，导致审查证据和认定事实困难。在处理这类案件时，只有被告人的口供与同案其他被告人供述吻合，并且完全排除诱供、逼供、串供等情形，被告人的口供与同案被告人的供述才可以作为定案的证据。仅有被告人口供与同案被告人供述作为定案证据的，对被告人判处死刑立即执行要特别慎重。

三、运输毒品罪的刑罚适用问题

对于运输毒品犯罪，要注意重点打击指使、雇佣他人运输毒品的犯罪分子和接应、接货的毒品所有者、买家或者卖家。对于运输毒品犯罪集团首要分子，组织、指使、雇佣他人运输毒品的主犯或者毒枭、职业毒犯、毒品再犯，以及具有武装掩护、暴力抗拒检查、拘留或者逮捕、参与有组织的国际毒品犯罪、以运输毒品为业、多次运输毒品或者其他严重情节的，应当按照刑法、有关司法解释和司法实践实际掌握的数量标准，从严惩处，依法应判处死刑的必须坚决判处死刑。

毒品犯罪中，单纯的运输毒品行为具有从属性、辅助性特点，且情况复杂多样。部分涉案人员系受指使、雇佣的贫民、边民或者无业人员，只是为了赚取少量运费而为他人运输毒品，他们不是毒品的所有者、买家或者卖家，与幕后的组织、指使者、雇佣者相比，在整个毒品犯罪环节中处于从属、辅助和被支配地位，所起作用和主观恶性相对较小，社会危害性也相对较小。因此，对于运输毒品犯罪中的这部分人员，在量刑标准的把握上，应当与走私、贩卖、制造毒品和前述具有严重情节的运输毒品犯罪分子有所区别，不应单纯以涉案毒品数量的大小决定刑罚适用的轻重。

对有证据证明被告人确属受人指使、雇佣参与运输毒品犯罪，又系初犯、偶犯的，可以从轻处罚，即使毒品数量超过实际掌握的死刑数量标准，也可以不判处死刑立即执行。

毒品数量超过实际掌握的死刑数量标准，不能证明被告人系受人指使、雇佣参与运输毒品犯罪的，可以依法判处重刑直至死刑。

涉嫌为贩卖而自行运输毒品,由于认定贩卖毒品的证据不足,因而认定为运输毒品罪的,不同于单纯的受指使为他人运输毒品行为,其量刑标准应当与单纯的运输毒品行为有所区别。

四、制造毒品的认定与处罚问题

鉴于毒品犯罪分子制造毒品的手段复杂多样、不断翻新,采用物理方法加工、配制毒品的情况大量出现,有必要进一步准确界定制造毒品的行为、方法。制造毒品不仅包括非法用毒品原植物直接提炼和用化学方法加工、配制毒品的行为,也包括以改变毒品成分和效用为目的,用混合等物理方法加工、配制毒品的行为,如将甲基苯丙胺或者其他苯丙胺类毒品与其他毒品混合成麻古或者摇头丸。为便于隐蔽运输、销售、使用、欺骗购买者,或者为了增重,对毒品掺杂使假,添加或者去除其他非毒品物质,不属于制造毒品的行为。

已经制成毒品,达到实际掌握的死刑数量标准的,可以判处死刑;数量特别巨大的,应当判处死刑。已经制造出粗制毒品或者半成品的,以制造毒品罪的既遂论处。购进制造毒品的设备和原材料,开始着手制造毒品,但尚未制造出粗制毒品或者半成品的,以制造毒品罪的未遂论处。

五、毒品含量鉴定和混合型、新类型毒品案件处理问题

鉴于大量掺假毒品和成分复杂的新类型毒品不断出现,为做到罪刑相当、罚当其罪,保证毒品案件的审判质量,并考虑目前毒品鉴定的条件和现状,对可能判处被告人死刑的毒品犯罪案件,应当根据最高人民法院、最高人民检察院、公安部2007年12月颁布的《办理毒品犯罪案件适用法律若干问题的意见》,作出毒品含量鉴定;对涉案毒品可能大量掺假或者系成分复杂的新类型毒品的,亦应当作出毒品含量鉴定。

对于含有二种以上毒品成分的毒品混合物,应进一步作成分鉴定,确定所含的不同毒品成分及比例。对于毒品中含有海洛因、甲基苯丙胺的,应以海洛因、甲基苯丙胺分别确定其毒品种类;不含海洛因、甲基苯丙胺的,应以其中毒性较大的毒品成分确定其毒品种类;如果毒性相当或者难以确定毒性大小的,以其中比例较大的毒品成分确定其毒品种类,并在量刑时综合考虑其他毒品成分、含量和全案所涉毒品数量。对于刑法、司法解释等已规定了量刑数量标准的毒品,按照刑法、司法解释等规定适用刑罚;对于刑法、司法解释等没有规定量刑数量标准的毒品,有条件折算为海洛因的,参照国家食品药品监督管理局制定的《非法药物折算表》,折算成海洛因的数量后适用刑罚。

对于国家管制的精神药品和麻醉药品,刑法、司法解释等尚未明确规定量刑数量标准,也不具备折算条件的,应由有关专业部门确定涉案毒品毒效的大小、有毒成分的多少、吸毒者对该毒品的依赖程度,综合考虑其致瘾癖性、戒断性、社会危害性等依法量刑。因条件限制不能确定的,可以参考涉案毒品非法交易的价格因素等,决定对被告人适用的刑罚,但一般不宜判处死刑立即执行。

六、特情介入案件的处理问题

运用特情侦破毒品案件,是依法打击毒品犯罪的有效手段。对特情介入侦破的毒品案件,要区别不同情形予以分别处理。

对已持有毒品待售或者有证据证明已准备实施大宗毒品犯罪者,采取特情贴靠、接洽

而破获的案件，不存在犯罪引诱，应当依法处理。

行为人本没有实施毒品犯罪的主观意图，而是在特情诱惑和促成下形成犯意，进而实施毒品犯罪的，属于"犯意引诱"。对因"犯意引诱"实施毒品犯罪的被告人，根据罪刑相适应原则，应当依法从轻处罚，无论涉案毒品数量多大，都不应判处死刑立即执行。行为人在特情既为其安排上线，又提供下线的双重引诱，即"双套引诱"下实施毒品犯罪的，处罚时可予以更大幅度的从宽处罚或者依法免予刑事处罚。

行为人本来只有实施数量较小的毒品犯罪的故意，在特情引诱下实施了数量较大甚至达到实际掌握的死刑数量标准的毒品犯罪的，属于"数量引诱"。对因"数量引诱"实施毒品犯罪的被告人，应当依法从轻处罚，即使毒品数量超过实际掌握的死刑数量标准，一般也不判处死刑立即执行。

对不能排除"犯意引诱"和"数量引诱"的案件，在考虑是否对被告人判处死刑立即执行时，要留有余地。

对被告人受特情间接引诱实施毒品犯罪的，参照上述原则依法处理。

七、毒品案件的立功问题

共同犯罪中同案犯的基本情况，包括同案犯姓名、住址、体貌特征、联络方式等信息，属于被告人应当供述的范围。公安机关根据被告人供述抓获同案犯的，不应认定其有立功表现。被告人在公安机关抓获同案犯过程中确实起到协助作用的，例如，经被告人现场指认、辨认抓获了同案犯；被告人带领公安人员抓获了同案犯；被告人提供了不为有关机关掌握或者有关机关按照正常工作程序无法掌握的同案犯藏匿的线索，有关机关据此抓获了同案犯；被告人交代了与同案犯的联系方式，又按要求与对方联络，积极协助公安机关抓获了同案犯等，属于协助司法机关抓获同案犯，应认定为立功。

关于立功从宽处罚的把握，应以功是否足以抵罪为标准。在毒品共同犯罪案件中，毒枭、毒品犯罪集团首要分子、共同犯罪的主犯、职业毒犯、毒品惯犯等，由于掌握同案犯、从犯、马仔的犯罪情况和个人信息，被抓获后往往能协助抓捕同案犯，获得立功或者重大立功。对其是否从宽处罚以及从宽幅度的大小，应当主要看功是否足以抵罪，即应结合被告人罪行的严重程度、立功大小综合考虑。要充分注意毒品共同犯罪人以及上、下家之间的量刑平衡。对于毒枭等严重毒品犯罪分子立功的，从轻或者减轻处罚应当从严掌握。如果其罪行极其严重，只有一般立功表现，功不足以抵罪的，可不予从轻处罚；如果其检举、揭发的是其他犯罪案件中罪行同样严重的犯罪分子，或者协助抓获的是同案中的其他首要分子、主犯，功足以抵罪的，原则上可以从轻或者减轻处罚；如果协助抓获的只是同案中的从犯或者马仔，功不足以抵罪，或者从轻处罚后全案处刑明显失衡的，不予从轻处罚。相反，对于从犯、马仔立功，特别是协助抓获毒枭、首要分子、主犯的，应当从轻处罚，直至依法减轻或者免除处罚。

被告人亲属为了使被告人得到从轻处罚，检举、揭发他人犯罪或者协助司法机关抓捕其他犯罪人的，不能视为被告人立功。同监犯将本人或者他人尚未被司法机关掌握的犯罪事实告知被告人，由被告人检举揭发的，如经查证属实，虽可认定被告人立功，但是否从宽处罚、从宽幅度大小，应与通常的立功有所区别。通过非法手段或者非法途径获取他人犯罪信息，如从国家工作人员处贿买他人犯罪信息，通过律师、看守人员等非法途径获取他人犯罪信息，由被告人检举揭发的，不能认定为立功，也不能作为酌情从轻处罚情节。

八、毒品再犯问题

根据刑法第三百五十六条规定，只要因走私、贩卖、运输、制造、非法持有毒品罪被判过刑，不论是在刑罚执行完毕后，还是在缓刑、假释或者暂予监外执行期间，又犯刑法分则第六章第七节规定的犯罪的，都是毒品再犯，应当从重处罚。

因走私、贩卖、运输、制造、非法持有毒品罪被判刑的犯罪分子，在缓刑、假释或者暂予监外执行期间又犯刑法分则第六章第七节规定的犯罪的，应当在对其所犯新的毒品犯罪适用刑法第三百五十六条从重处罚的规定确定刑罚后，再依法数罪并罚。

对同时构成累犯和毒品再犯的被告人，应当同时引用刑法关于累犯和毒品再犯的条款从重处罚。

九、毒品案件的共同犯罪问题

毒品犯罪中，部分共同犯罪人未到案，如现有证据能够认定已到案被告人为共同犯罪，或者能够认定为主犯或者从犯的，应当依法认定。没有实施毒品犯罪的共同故意，仅在客观上为相互关联的毒品犯罪上下家，不构成共同犯罪，但为了诉讼便利可并案审理。审理毒品共同犯罪案件应当注意以下几个方面的问题：

一是要正确区分主犯和从犯。区分主犯和从犯，应当以各共同犯罪人在毒品共同犯罪中的地位和作用为根据。要从犯意提起、具体行为分工、出资和实际分得毒赃多少以及共犯之间相互关系等方面，比较各个共同犯罪人在共同犯罪中的地位和作用。在毒品共同犯罪中，为主出资者、毒品所有者或者起意、策划、纠集、组织、雇佣、指使他人参与犯罪以及其他起主要作用的是主犯；起次要或者辅助作用的是从犯。受雇佣、受指使实施毒品犯罪的，应根据其在犯罪中实际发挥的作用具体认定为主犯或者从犯。对于确有证据证明在共同犯罪中起次要或者辅助作用的，不能因为其他共同犯罪人未到案而不认定为从犯，甚至将其认定为主犯或者按主犯处罚。只要认定为从犯，无论主犯是否到案，均应依照刑法关于从犯的规定从轻、减轻或者免除处罚。

二是要正确认定共同犯罪案件中主犯和从犯的毒品犯罪数量。对于毒品犯罪集团的首要分子，应按集团毒品犯罪的总数量处罚；对一般共同犯罪的主犯，应按其所参与的或者组织、指挥的毒品犯罪数量处罚；对于从犯，应当按照其所参与的毒品犯罪的数量处罚。

三是要根据行为人在共同犯罪中的作用和罪责大小确定刑罚。不同案件不能简单类比，一个案件的从犯参与犯罪的毒品数量可能比另一案件的主犯参与犯罪的毒品数量大，但对这一案件从犯的处罚不是必然重于另一案件的主犯。共同犯罪中能分清主从犯的，不能因为涉案的毒品数量特别巨大，就不分主从犯而一律将被告人认定为主犯或者实际上都按主犯处罚，一律判处重刑甚至死刑。对于共同犯罪中有多个主犯或者共同犯罪人的，处罚上也应做到区别对待。应当全面考察各主犯或者共同犯罪人在共同犯罪中实际发挥作用的差别、主观恶性和人身危险性方面的差异，对罪责或者人身危险性更大的主犯或者共同犯罪人依法判处更重的刑罚。

十、主观明知的认定问题

毒品犯罪中，判断被告人对涉案毒品是否明知，不能仅凭被告人供述，而应当依据被告人实施毒品犯罪行为的过程、方式、毒品被查获时的情形等证据，结合被告人的年龄、阅历、智力等情况，进行综合分析判断。

具有下列情形之一，被告人不能做出合理解释的，可以认定其"明知"是毒品，但有证据证明确属被蒙骗的除外：（1）执法人员在口岸、机场、车站、港口和其他检查站点检查时，要求行为人申报为他人携带的物品和其他疑似毒品物，并告知其法律责任，而行为人未如实申报，在其携带的物品中查获毒品的；（2）以伪报、藏匿、伪装等蒙蔽手段，逃避海关、边防等检查，在其携带、运输、邮寄的物品中查获毒品的；（3）执法人员检查时，有逃跑、丢弃携带物品或者逃避、抗拒检查等行为，在其携带或者丢弃的物品中查获毒品的；（4）体内或者贴身隐秘处藏匿毒品的；（5）为获取不同寻常的高额、不等值报酬为他人携带、运输物品，从中查获毒品的；（6）采用高度隐蔽的方式携带、运输物品，从中查获毒品的；（7）采用高度隐蔽的方式交接物品，明显违背合法物品惯常交接方式，从中查获毒品的；（8）行程路线故意绕开检查站点，在其携带、运输的物品中查获毒品的；（9）以虚假身份或者地址办理托运手续，在其托运的物品中查获毒品的；（10）有其他证据足以认定行为人应当知道的。

十一、毒品案件的管辖问题

毒品犯罪的地域管辖，应当依照刑事诉讼法的有关规定，实行以犯罪地管辖为主、被告人居住地管辖为辅的原则。考虑到毒品犯罪的特殊性和毒品犯罪侦查体制，"犯罪地"不仅可以包括犯罪预谋地、毒资筹集地、交易进行地、运输途经地以及毒品生产地，也包括毒资、毒赃和毒品藏匿地、转移地、走私或者贩运毒品的地等。"被告人居住地"，不仅包括被告人常住地和户籍所在地，也包括其临时居住地。

对于已进入审判程序的案件，被告人及其辩护人提出管辖异议，经审查异议成立的，或者受案法院发现没有管辖权，而案件由本院管辖更适宜的，受案法院应当报请与有管辖权的法院共同的上级法院依法指定本院管辖。

十二、特定人员参与毒品犯罪问题

近年来，一些毒品犯罪分子为了逃避打击，雇佣孕妇、哺乳期妇女、急性传染病人、残疾人或者未成年人等特定人员进行毒品犯罪活动，成为影响我国禁毒工作成效的突出问题。对利用、教唆特定人员进行毒品犯罪活动的组织、策划、指挥和教唆者，要依法严厉打击，该判处重刑直至死刑的，坚决依法判处重刑直至死刑。对于被利用、被诱骗参与毒品犯罪的特定人员，可以从宽处理。

要积极与检察机关、公安机关沟通协调，妥善解决涉及特定人员的案件管辖、强制措施、刑罚执行等问题。对因特殊情况依法不予羁押的，可以依法采取取保候审、监视居住等强制措施，并根据被告人具体情况和案情变化及时变更强制措施；对于被判处有期徒刑或者拘役的罪犯，符合刑事诉讼法第二百一十四条规定情形的，可以暂予监外执行。

十三、毒品案件财产刑的适用和执行问题

刑法对毒品犯罪规定了并处罚金或者没收财产刑，司法实践中应当依法充分适用。不仅要依法追缴被告人的违法所得及其收益,还要严格依法判处被告人罚金刑或者没收财产刑,不能因为被告人没有财产,或者其财产难以查清、难以分割或者难以执行,就不依法判处财产刑。

要采取有力措施,加大财产刑执行力度。要加强与公安机关、检察机关的协作,对毒品犯罪分子来源不明的巨额财产,依法及时采取查封、扣押、冻结等措施,防止犯罪分子及其亲属转移、隐匿、变卖或者洗钱,逃避依法追缴。要加强不同地区法院之间的相互协作配合。毒品犯罪分子的财产在异地的,第一审人民法院可以委托财产所在地人民法院代为执行。要落实和运用有关国际禁毒公约规定,充分利用国际刑警组织等渠道,最大限度地做好境外追赃工作。

8. 公安部禁毒局《关于非法制造贩卖安钠咖立案问题的答复》(2002年11月5日公禁毒〔2002〕434号)

甘肃省公安厅禁毒处:

你处《关于非法制造贩卖安钠咖立案标准的请示》收悉,现答复如下:

安钠咖属于《刑法》规定的毒品。根据《刑法》第三百四十七条第一款的规定,贩卖、制造毒品,无论数量多少,都应当追究刑事责任,予以刑事处罚。因此,对于非法制造、贩卖安钠咖的,不论查获的数量多少,公安机关都应当按照非法制造、贩卖毒品罪立案侦查。

同时你们《请示》中涉及的案例在全国极为罕见,饭店经营者直接向顾客(主要是过往就餐的汽车司机)推销毒品,犯罪情节恶劣,严重危害社会治安,不仅可以致使顾客吸毒成瘾,而就餐的司机吸食安钠咖后驾驶汽车,其吸毒后产生的不良反应将给交通安全带来很大隐患,随时可能导致严重后果,危及人民生命财产。因此,公安机关应当依法严厉打击此类毒品犯罪活动。

9. 卫生部、国家药品监督管理局《苯丙胺类兴奋剂滥用及相关障碍的诊断治疗指导原则》(2002年2月22日卫医发〔2002〕50号)(节录)

苯丙胺类兴奋剂(Am Phetamine-type stimulants,ATS)是苯丙胺及其衍生物的统称,涉及几十个品种,具有药物依赖性(主要是精神依赖性)、中枢神经兴奋、致幻、食欲抑制和拟交感能效应等药理、毒理学特性,是联合国精神药品公约管制的精神活性物质。由于此类物质具有较强的依赖性(成瘾性),滥用潜力很大。

受国际上ATS泛滥的影响,近年来我国面临着继海洛因之后ATS流行滥用的威胁。有鉴于此,我们组织有关专家研究制定了ATS滥用诊断治疗方案,旨在对目前临床上ATS滥用诊治进行规范和指导。

一、常见苯丙胺类兴奋剂的药理学特性和分类

(一)药理、毒理学特性

苯丙胺类兴奋剂是指以苯丙胺为代表的具有相似化学结构和药理作用的一类化合物,其主要药理毒理学作用有:

1. 影响中脑边缘区欣快中枢,产生欣快体验;

2. 中枢兴奋作用,使活动增加、疲劳感消失、睡眠减少;
3. 刺激延髓呼吸中枢,使呼吸频率和呼吸深度增加;
4. 抑制摄食中枢,导致食欲下降;
5. 对心血管系统产生兴奋作用可使血压增高,心率加快;
6. 可导致体温升高;
7. 作用于瞳孔括约肌,可使瞳孔扩大;
8. 滥用过量可产生幻觉和妄想和认知功能的损害;
9. 长期大量滥用苯丙胺类兴奋剂可导致神经系统永久性的损伤。如亚甲二氧甲基苯丙胺(MDMA)进入神经系统后,可形成有毒的代谢产物,导致神经末梢退行性改变。

苯丙胺类兴奋剂进入脑部速度快,并在脑组织中蓄积。一般在摄入数分钟内即可产生外周和中枢作用。在体内的清除主要通过原形排泄和生物转化两种方式。苯丙胺与甲基苯丙胺可以在服用后20分钟内在尿中出现。苯丙胺在人体的半衰期为7—11小时,剂量的30%以原型排泄,尿pH值降低时,半衰期缩短。

排泄率和排出原型药的量随尿液pH值不同有所差异。碱性尿在24小时中排出率约为45%,其中2%为原型药;而酸性尿24小时排出率约为78%,其中68%为原型药。口服苯丙胺5mg后29小时仍可在尿中检出原型药。摄入体内的甲基苯丙胺大约一半以原形由肾排泄,部分转化成为苯丙胺继续代谢。

(二)分类

苯丙胺类兴奋剂均具有中枢神经系统兴奋作用,但不同药物的作用各有侧重。根据苯丙胺类兴奋剂化学结构不同及药理、毒理学特性可分为以下四类:

(1)兴奋型苯丙胺类

这类化合物以中枢神经系统兴奋作用为主。代表药有苯丙胺、甲基苯丙胺、卡西酮和哌醋甲酯等。

(2)致幻型苯丙胺类

这类化合物具有导致用药者产生幻觉的作用。代表药有二甲氧甲苯丙胺(DOM)、溴基二甲氧苯丙胺(DOB)和麦司卡林等。

(3)抑制食欲型苯丙胺类

这类化合物具有抑制食欲作用,包括苯甲吗啉、苯二甲吗啉、二乙胺苯丙酮、芬氟拉明及右旋芬氟拉明等。

(4)混合型苯丙胺类

这类化合物兼具兴奋和致幻作用,包括亚甲二氧基甲基苯丙胺(MDMA)和亚甲二氧基乙基苯丙胺(MDEA)等。"摇头丸"多指MDMA,但目前国内黑市购买者多为苯丙胺类兴奋剂的混杂剂。

常见苯丙胺类兴奋剂的名称及作用见下表及附件
常见苯丙胺类兴奋剂及其药理作用

中文名	英文名	别名	俗名	主要作用
苯丙胺	Amphetamine	安非他明	提神丸，大力丸	中枢神经兴奋
右旋苯丙胺	Dexamfetamine			中枢神经兴奋
左旋苯丙胺	Levaamfetamine			中枢神经兴奋
甲基苯丙胺	Metham Phetamine	去氧麻黄碱	冰毒	中枢神经兴奋作用
较苯丙胺强卡西酮	Cathinone			具有类似于苯丙胺的兴奋作用
哌醋甲酯	Methyl Phenidate	利他林		中枢神经兴奋
二甲氧甲苯丙胺	2，5-dimethoxy-4-methylam Phetamine, DOM			致幻作用
溴基二甲氧苯丙胺	4-bromo-2，5-dimethox-yam Phetamine, DOB			致幻作用，作用慢，恢复慢
三甲氧苯乙胺	Mescaline	麦司卡林，仙人球毒碱	坏种	致幻作用
苯甲吗啉	Phenmetrazine	美曲嗪芬		抑制食欲
苯双甲吗啉	Phendimetrazine	苯甲典嗪		抑制食欲
芬氟拉明，右旋芬氟拉明	Fenfluramine, Dexfenfl-uramine		氟苯丙胺，右苯丙胺	抑制食欲
亚甲二氧甲基苯丙胺	3，4-methylened-ioxyme-thamhetamine, MDMA, Domex		替甲基苯丙胺，都麦克斯摇头丸，迷魂药，狂欢丸，爱芝	兴奋及致幻作用
亚甲二氧基乙基苯丙胺	3，4-methylene-dioxyethyl-am Phetamine, MDEA	三乙氧苯	乙胺	兴奋及致幻作用

附件一：部分苯丙胺类兴奋剂名称

根据联合国1971年制定的"精神药品公约"，部分目前已无医用价值或极有限医用价值的苯丙胺类兴奋剂有：

一、目前已无医用价值的苯丙胺类兴奋剂

1. 卡西酮（Cathinone）
2. 甲基卡西酮（Methcathinone, e Phedrone）
3. 4-甲基氨苯唑啉（4-methylaminorex）
4. 亚甲二氧基苯丙胺（Methylene-dioxyam Phetamine, MDA）
5. N-乙基-亚甲二氧基苯丙胺（N-Ethyl-Tenamfetamine, MDE）
6. 亚甲二氧基甲基苯丙胺（Methylenedioxymetham Phetamine, MDMA）

二、目前仍有医用价值的苯丙胺类兴奋剂

1. 苯丙胺（Am Phetamine）精神兴奋剂，食欲抑制剂
2. 甲基苯丙胺（Metham Phetamine，去氧麻黄碱）精神兴奋剂
3. 芬乙茶碱（Fenetylline）精神兴奋剂
4. 哌醋甲酯（Methyl Phenidate）精神兴奋剂
5. 苯甲吗啉（Phenmetrazine）食欲抑制剂
6. 去甲麻黄碱（Cathine）精神兴奋剂
7. 二乙胺苯丙酮，安非拉酮（Diethyl Pro Pion, Amfe Pramone）食欲抑制剂
8. 苄甲苯丙胺（Benzfetamine）食欲抑制剂
9. 芬坎拉明（Fencamfamin）精神兴奋剂
10. 芬普雷司（Fen Pro Porex）食欲抑制剂
11. 马吲哚（Mazindol）食欲抑制剂，抗抑郁剂
12. 美芬雷司（Mefenorex）食欲抑制剂
13. 双苯斯酮胺（Mesocarb）精神兴奋剂
14. 匹莫林（Pemoline）精神兴奋剂
15. 苯甲曲嗪（Phendimetrazine）精神兴奋剂，食欲抑制剂
16. 苯丁胺（Phentermine）食欲抑制剂
17. 环巴丙甲胺（Pro Pylhexedrine）交感神经兴奋剂，食欲抑制剂
18. 吡咯戊酮（Pyrovalerone）精神中枢兴奋剂
19. 苯丙胺苄氰（Amfetaminil）精神兴奋剂
20. 氯苄雷司（Clobenzorex）食欲抑制剂
21. 芬氟拉明（Fenfluramine）食欲抑制剂
22. 呋芬雷司（Furfenorex）食欲抑制剂
23. 丙乙君（Pro Pylhexedrine）食欲抑制剂，交感神经兴奋剂
24. 塞利吉林（Selegilin，丙炔苯丙胺 De Prenyl）抗抑郁剂，抗巴金森氏病药

司法解释

1. 最高人民检察院《关于贩卖假毒品案件如何定性问题的批复》（1991年4月2日高检发研字〔1991〕2号）（节录）

对贩卖假毒品的犯罪案件，应根据不同情况区别处理：明知是假毒品而以毒品进行贩

卖的，应当以诈骗罪追究被告人的刑事责任；不知是假毒品而以毒品进行贩卖的，应当以贩卖毒品罪追究被告人的刑事责任，对其所贩卖的是假毒品的事实，可以作为从轻或者减轻情节，在处理时予以考虑。

2. 最高人民检察院《关于盐酸二氢埃托啡是否属毒品及适用法律问题的批复》（1996年11月28日高检发研字〔1996〕6号）

云南省人民检察院：

你院云检研字〔1996〕第12号文《关于盐酸二氢埃托啡片是否属毒品范畴的有关问题的请示》收悉。经研究，并征求有关部门的意见，批复如下：

一、根据国务院发布的《麻醉药品管理办法》第三条的规定，盐酸二氢埃托啡是国务院主管部门规定管制的能够使人形成瘾癖的麻醉药品，属《关于禁毒的决定》规定的"其他毒品"的范围。

二、检察机关审查公安机关提请批捕、移送起诉的非法走私、贩卖、制造盐酸二氢埃托啡的案件，不论数量大小，依照《关于禁毒的决定》第二条的规定作出批准逮捕和提起公诉的决定；对于医院、药店等单位的工作人员违反国家规定，向吸毒人员提供盐酸二氢埃托啡的案件，依照《关于禁毒的决定》第十条的规定办理，并作出批准逮捕和提起公诉的决定；对非法持有盐酸二氢埃托啡的案件，依照《关于禁毒的决定》第三条的规定办理，并作出批准逮捕和提起公诉的决定。

3. 最高人民法院《关于审理走私刑事案件具体应用法律若干问题的解释（二）》（2006年11月16日法释〔2006〕9号）（节录）

第五条　对在走私的普通货物、物品或者废物中藏匿刑法第一百五十一条、第一百五十二条、第三百四十七条、第三百五十条规定的货物、物品，构成犯罪的，以实际走私的货物、物品定罪处罚；构成数罪的，实行数罪并罚。

法律法规

1. 《关于进一步加强麻黄素管理的通知》（1998年3月11日国发〔1998〕3号）（节录）

各省、自治区、直辖市人民政府，国务院各部委、各直属机构：

我国是天然麻黄素的主要生产国和出口国之一。麻黄素既是制药原料，又是制造甲基苯丙胺（"冰"毒）的前体。近年来，国际贩毒集团与国内贩毒分子相互勾结，将麻黄素大量走私贩运出境，或以投资办厂、合资制药、生产民用化学品等为名，在国内非法加工制造"冰"毒，将其成品或半成品走私出境。少数地方和部门为了追求经济利益，违反国家有关规定，大量生产、经营麻黄素，给不法分子制作"冰"毒以可乘之机。这种情况已引起国际社会特别是国际禁毒组织的关注，有损我国的国际形象。为进一步加强麻黄素的管理工作，防止麻黄素流入非法渠道，保障人民身体健康，现就有关问题通知如下：

一、各级人民政府和有关部门要提高认识，切实加强对麻黄素管理工作的领导，严格执行国家法律、法规，落实麻黄素管理责任制。要采取有力措施，对现有生产、经营麻黄素的企业进行清理整顿；对非法生产、经营麻黄素的企业或单位，坚决依法取缔；对因管理不善使麻黄素流入非法渠道的生产、经营企业坚决取消其生产、经营资格并依法追究有关部门和单位直接责任人员的法律责任。

二、国家对麻黄素（含从麻黄草提取和化学合成的，包括左、右旋）及其盐类如盐酸麻黄素、草酸麻黄素、硫酸麻黄素和麻黄素粗品（含麻黄浸膏、麻黄浸膏粉、麻黄草粉）、麻黄素衍生物以及以麻黄素为原料生产的单方制剂等的生产、经营、使用、出口实行专项管理制度。

（一）对麻黄素实行定点、定量、计划生产

麻黄素定点生产企业由国家药品管理部门指定，报全国禁毒工作领导小组办公室备案。未经指定的任何单位和个人，不得从事麻黄素的生产活动。

麻黄素的年度生产计划由国家药品管理部门审定。麻黄素定点生产企业制订下一年度的生产计划（包括供应出口计划），经所在省、自治区、直辖市药品管理部门初审同意后，报国家药品管理部门核准。任何定点生产企业不得违反国家规定超计划生产麻黄素。

未经国家药品管理部门批准，麻黄素定点生产企业不得以技术转让、联营、设分厂等形式扩大麻黄素的生产规模。两年内没有生产任务的定点企业，可以取消定点。

（二）加强麻黄素的经营管理

国家对麻黄素实行统购统销。国家药品管理部门要会同卫生部门研究制定麻黄素定点供应办法，报全国禁毒工作领导小组办公室备案。未经指定的任何单位和个人，不得经营麻黄素业务。使用麻黄素的制药、医疗和科研单位只能按规定到指定的麻黄素定点经营企业购买。

建立麻黄素购销核查制度。购买麻黄素应先向省、自治区、直辖市药品管理部门提出书面申请，经审查同意后办理购用证明，并到指定的麻黄素定点经营企业购买。麻黄素购用证明由国家药品管理部门统一印制，一证一次使用有效。禁止倒卖和转让麻黄素购用证明。

麻黄素经营企业严禁向无购用证明的企业或个人销售麻黄素。在麻黄素购销活动中禁止使用现金。

（三）加强麻黄素的仓储和运输管理

麻黄素生产、经营企业必须建立严格的仓储制度，要设专用库房并指派专人管理。麻黄素的运输必须到省级公安机关办理运输许可证，由专人押运。麻黄素运输许可证由公安部统一印制，一证一次使用有效。

（四）规范麻黄素的使用管理

卫生部门要加强对麻黄素单方制剂的管理。麻黄素单方制剂只能卖给医疗单位，医疗单位凭医生处方销售。严禁社会各类医药商店及私人诊所经销麻黄素单方制剂。

使用麻黄素及其单方制剂的单位要建立购买、使用、销毁的登记制度，严防麻黄素及其单方制剂流入非法渠道。

（五）加强麻黄素的进出口管理

国家对麻黄素的出口实行许可证管理制度。由外经贸部商国家药品管理部门确定麻黄素出口企业及出口计划，其他单位和个人一律不得从事麻黄素出口业务。

麻黄素出口企业在申请办理出口手续时，须向外经贸部提交境外进口商所在国家、地区政府或政府委托机构出具的进口许可证及合同原件，经外经贸部审查同意，送全国禁毒工作领导小组办公室进行国际核查，确认合法后，由外经贸部签发麻黄素出口许可证。

麻黄素出口企业持外经贸部签发的麻黄素出口许可证及上述有关材料，到国家药品管理部门办理麻黄素出口购用证明，到指定的麻黄素定点经营企业购买。麻黄素出口购用证明由国家药品管理部门统一印制，一证一次使用有效。

麻黄素出口企业须在麻黄素报关出运后30日内向外经贸部提交海关签注的出口许可证和出口货物报关单的复印件。因故未能在许可证有效期内出运的，须在出口许可证、出口购用证明有效期满后15日内将上述证明及时退回原发证单位。未经国家药品管理部门批准，不得擅自处理未出口的麻黄素。禁止倒卖和转让麻黄素出口许可证和出口购用证明。

海关依法对麻黄素出口实行监管，凭麻黄素出口许可证验证放行。麻黄素出口口岸由海关总署指定，非经海关总署指定的口岸，不准出口麻黄素。对旅客携带或个人邮寄麻黄素单方制剂出境的，海关凭卫生部门规定的特种医生处方查验放行。

从本通知下发之日起，一律不再进口麻黄素。

2.《娱乐场所管理条例》（2006年3月1日国务院令第458号）（节录）

第十三条 国家倡导弘扬民族优秀文化，禁止娱乐场所内的娱乐活动含有下列内容：

（六）宣扬淫秽、赌博、暴力以及与毒品有关的违法犯罪活动，或者教唆犯罪的。

第十四条 娱乐场所及其从业人员不得实施下列行为，不得为进入娱乐场所的人员实施下列行为提供条件：

（一）贩卖、提供毒品，或者组织、强迫、教唆、引诱、欺骗、容留他人吸食、注射毒品。

娱乐场所的从业人员不得吸食、注射毒品，不得卖淫、嫖娼；娱乐场所及其从业人员不得为进入娱乐场所的人员实施上述行为提供条件。

第五十三条（第一款） 娱乐场所违反有关治安管理或者消防管理法律、行政法规规定的，由公安部门依法予以处罚；构成犯罪的，依法追究刑事责任。

二、非法持有毒品罪

> **264.** 为其他吸毒者介绍贩毒者，帮助吸毒者购买毒品，并促成毒品交易的，是否构成贩卖毒品罪？
>
> 为其他吸毒者介绍贩毒者，帮助吸毒者购买毒品，并促成毒品交易的，如果行为人主观上并没有帮助贩毒者进行贩卖毒品的故意，而仅是为了帮助吸毒者能够买到毒品，使其达到消费毒品的目的，则应以非法持有毒品罪论处。

典型疑难案件参考

唐如铁非法持有毒品案

▶ 基本案情

范小刚（已判刑）得知被告人唐如铁能从上海买到毒品海洛因，故于2002年3月16日傍晚，与唐一同抵沪。经被告人唐如铁与许岚（另案处理）电话联系购买毒品海洛因，并约定在本市控江三村72号17室见面。当晚9时30分许，唐、范两人至约定地点，范小刚拿出人民币5000元，由被告人唐如铁交与许岚。许得款后，外出购得毒品海洛因约15克交给被告人唐如铁，唐将上述海洛因再转交给范。当唐、范两人准备离开时，被公安人员抓获。公安人员从范小刚身上缴获毒品海洛因约15克。同月18日，被告人唐如铁因有毒品依赖被强制戒毒。2003年1月29日，被告人唐如铁在被解除强制戒毒后主动至公安机关投案自首。

▶ 一审诉辩情况

上海市杨浦区人民检察院指控称：被告人唐如铁的行为已构成贩卖毒品罪，且系从犯，又有自首情节，请求法院依法追究其刑事责任。

被告人唐如铁对检察机关指控的基本事实不表异议，请求从轻处罚。

▶ 一审裁判结果

上海市杨浦区人民法院于2003年5月30日以〔2003〕杨刑初字第219号刑事判决，认定唐如铁犯贩卖毒品罪，判处有期徒刑1年3个月，罚金人民币1000元。

一审裁判理由

一审法院认为：被告人唐如铁居间介绍买卖毒品，其行为已构成贩卖毒品罪，检察机关指控的罪名成立，对被告人唐如铁依法应予惩处。检察机关关于被告人唐如铁系投案自首的意见，经审查认为并无不当，予以采纳。鉴于被告人唐如铁在共同犯罪中起次要作用，系从犯，故依法对其减轻处罚。

二审诉辩情况

一审宣判后，上海市杨浦区人民检察院提出抗诉。

上海市杨浦区人民检察院抗诉称：被告人唐如铁贩卖毒品海洛因15克，应处7年以上有期徒刑及罚金。鉴于唐如铁系自首及在共同犯罪中属从犯，应当减轻处罚。根据《刑法》第63条第1款的规定，具有减轻处罚情节的，应当在法定刑以下判处刑罚。根据最高人民法院《关于审理毒品案件定罪量刑标准有关问题的解释》第3条第1项之规定，唐如铁属"情节严重"。据此，依照《刑法》第347条第4款之规定，应处3年以上7年以下有期徒刑及罚金。因此，一审判决适用法律错误，导致量刑畸轻。

原审被告人唐如铁对原判认定的事实不持异议，但提出自己的行为不构成贩卖毒品罪。

唐如铁的二审辩护人提出：被告人唐如铁主观上没有与许岚共同贩卖毒品的故意，且其帮助他人购买毒品也没有以营利为目的，故被告人的行为构成非法持有毒品罪。

二审裁判结果

上海市第二中级人民法院于2003年9月23日以同样的事实作出〔2003〕沪二中刑终字第289号刑事判决，驳回抗诉。撤销上海市杨浦区人民法院〔2003〕杨刑初字第219号刑事判决。原审被告人唐如铁犯非法持有毒品罪，判处拘役6个月，罚金人民币1000元。

二审裁判理由

二审法院经审理认为：法律没有明文规定减轻刑罚的幅度，人民法院根据犯罪分子的犯罪事实、情节、社会危害性以及认罪、悔罪态度并结合法定的从轻、减轻情节或者酌定量刑情节，认为确有必要对犯罪分子减轻处罚的，根据罪刑相适应的原则，在量刑范围内确定给予犯罪分子一个最合适的刑罚，是符合《刑法》第63条之规定的。因此，检察机关的抗诉理由不能成立。

原审被告人唐如铁为其他吸毒者介绍贩毒者，帮助吸毒者购买毒品，其行为在客观上虽然对贩毒者的贩毒活动起到了帮助作用，促成了毒品交易，具有一定的社会危害性，但唐如铁主观上并没有帮助贩毒者进行贩卖毒品的故意，而仅是为了帮助吸毒者能够买到毒品，使其达到消费毒品的目的。因此根据主客观相一致的原则，对唐如铁不能以贩卖毒品罪的共犯论处。根据其帮助他人非法持有毒品的行为性质和后果，应以非法持有毒品罪追究其刑事责任。二审辩护人的辩护意见正确，予以采纳。原审判决定性不当，应予纠正。

原审被告人唐如铁帮助他人非法持有毒品海洛因15克的行为构成非法持有毒品罪，依法应予惩处。鉴于唐如铁有自首情节，依法可从轻处罚。

265. 如何区分非法持有毒品罪和窝藏、转移毒品罪？

如果能够查明行为人持有毒品的目的是为他人转移、藏匿毒品，以逃避法律追究的，则应定窝藏、转移毒品罪。除此以外，如果不能证明行为人持有毒品是为了本人或者帮助他人走私、贩卖、运输、制造毒品的，则应定非法持有毒品罪。

典型疑难案件参考

黄学东非法持有毒品案

基本案情

2002年6月4日，重庆市公安局禁毒总队接群众举报，渝中区李子坝一村70号有一名叫张启伟（在逃）的人有重大贩毒嫌疑，遂对该处所实施监控。当晚7时许，被告人黄学东进入张启伟家，不久提一纸袋出来。公安人员即对黄学东进行盘查，当场从黄学东所提纸袋内查获海洛因3000克。公安人员随后又在黄学东租住地渝中区桂花园45号7-2号室内搜查并起获海洛因7006克，咖啡因8200克。

黄学东被抓获后始终供称："2002年4月左右，张启伟让我帮助他和'小胖'保管毒品，每月给3000~4000元。经张启伟介绍我认识了小胖。同年5月25日下午，小胖将一蓝白色旅行包装的海洛因和一纸袋的咖啡因交给我，我带回我住的渝中区桂花园45号7-2号租赁房的卧室床下藏好。6月4日晚7时许，张启伟打手机叫我到渝中区李子坝一村70号张启伟家将毒品带回保管。我去了后，张启伟给了我一个装有3000克海洛因的塑料袋，在回家的路上被公安机关抓获，并搜出了3000克海洛因。"

诉辩情况

检察机关指控被告人黄学东犯非法持有毒品罪。

黄学东的辩护人提出：黄学东的行为属于窝藏、转移毒品，不构成非法持有毒品罪。

裁判结果

重庆市第一中级人民法院经公开审理，作出刑事判决，被告人黄学东犯非法持有毒品罪，判处无期徒刑，剥夺政治权利终身。

裁判理由

被告人黄学东非法持有海洛因10006克、咖啡因8200克，其行为已构成非法持有毒品罪。

---

266. 被告人本人吸毒成瘾，对其购买大量毒品的行为应当如何认定？

构成非法持有毒品罪，要求现有证据不足以证实其主观目的是出于走私、贩卖、运输、窝藏而持有大量毒品。行为人本人吸毒成瘾，又购买大量毒品的，如果不能证明其有走私、贩卖、运输、窝藏的主观目的，就只能定非法持有毒品罪，不能对行为人适用死刑。

典型疑难案件参考

宋国华贩卖毒品案

基本案情

2003年8月中旬，被告人宋国华与同案被告人江涛在重庆市约定，宋国华向江涛购买海洛因900克，并支付了毒资款人民币10万元。同年9月中旬，江涛指挥同案被告人徐惠莉、陈小芽采取人体藏毒的方式携带海洛因900克到重庆。同月14日凌晨，徐惠莉电话告诉江涛，她与陈已排出部分毒品，江涛即电话通知宋国华到长城宾馆407房间取毒品。宋国华接到通知后到长城宾馆407房间从徐惠莉处取走海洛因586克，藏匿于本市南岸区南坪东路526号3

单元5-1号家中。14时许，宋国华又接到江涛电话通知后驾车至长城宾馆附近公路边，徐惠莉按江涛通知将海洛因314克交给宋国华，宋、徐二人当即被公安人员抓获，从宋国华的车内查获毒品海洛因314克。随后，又在长城宾馆407房间将陈小芽抓获。宋国华归案后，主动交代其家中藏匿有海洛因，公安机关根据宋的交代，从其住处查获海洛因586克。同年9月15日，江涛在云南被公安机关抓获。

一审诉辩情况

检察机关指控被告人宋国华犯贩卖毒品罪。

被告人宋国华及其辩护人提出：宋国华购买毒品是自己吸食，不是为了贩卖，不构成贩卖毒品罪，其行为构成非法持有毒品罪。宋国华归案后主动交代其家中藏匿的586克海洛因并提供线索，有立功表现，认罪态度好，应对其从轻处罚。

一审裁判结果

重庆市第一中级人民法院于2004年4月1日作出刑事判决，认定被告人宋国华犯贩卖毒品罪，判处死刑，剥夺政治权利终身，并处没收财产人民币10万元。

一审裁判理由

一审法院认为：被告人宋国华曾因犯贩卖毒品罪被判刑，刑满释放后不思悔改，以贩卖为目的而购买900克高纯度海洛因，其行为已构成贩卖毒品罪。检察机关指控的事实和罪名成立。被告人宋国华贩卖毒品数量大且系毒品再犯，应从重处罚。

关于被告人宋国华提出，其购买毒品是自己吸食，不是为了贩卖，不构成贩毒罪的辩解以及其辩护人提出宋国华的行为构成非法持有毒品罪，不构成贩卖毒品罪的辩护意见，经查，被告人宋国华曾因贩毒被判刑，本案案发后从宋国华的借住处查获加工毒品的工具以及本案所查获的毒品数量大、纯度高，足以认定宋国华是为了贩毒而购买毒品，应以贩卖毒品罪追究其刑事责任。故此辩解、辩护意见不能成立。

被告人宋国华归案后主动交代其家中藏匿的586克海洛因并提供上家的线索以及认罪态度好等属实，其交代毒品的藏匿地点以及上家的线索属认罪态度问题，不能认定有立功表现；宋国华贩卖毒品数量大、纯度高，其认罪态度不足以对其从轻处罚。故其辩护人提出宋有立功表现、请求对其从轻处罚的辩护意见不予采纳。

二审诉辩情况

一审宣判后，宋国华不服，提出上诉。

上诉人宋国华及其辩护人提出：宋国华购买海洛因是用于自己及家人吸食而非贩卖，属非法持有毒品，原判定性不当，请求依法改判。

二审裁判结果

一审宣判后，宋国华提出上诉。重庆市高级人民法院经二审审理认为，上诉人宋国华犯贩卖毒品罪，且贩卖毒品数量大，又是毒品犯罪的再犯，依法应予从重处罚，作出刑事裁定，驳回上诉，维持原判。

重庆市高级人民法院依法将此案报请最高人民法院核准。最高人民法院经复核认为：宋国华购买大量海洛因并非法持有的行为，已构成非法持有毒品罪。判决如下：被告人宋国华犯非法持有毒品罪，判处无期徒刑，剥夺政治权利终身，并处没收财产人民币10万元。

二审裁判理由

二审法院认为宋国华犯贩卖毒品罪，且贩卖毒品数量大，又是毒品犯罪的再犯，依法应予从重处罚。重庆市高级人民法院依法将此案报请最高人民法院核准。

最高人民法院经复核认为：鉴于被告人宋国华及其子均系吸毒成瘾者，且查获的其藏匿铁器具已锈蚀严重，现有证据尚不足以证明其购买毒品的目的是贩卖。宋国华购买大量海洛因并非法持有的行为，已构成非法持有毒品罪，故依法作出如上裁判。

267. 行为人与他人约定采用邮寄的方式接收毒品，并最终接受藏匿有毒品的邮包的行为如何定性？

行为人与他人预谋，向其提供了自己的姓名、地址和联系方式，然后亲自接收藏匿有毒品的邮包的行为，应以非法持有毒品罪定罪处罚，不定运输毒品罪。

典型疑难案件参考

张玉英非法持有毒品案

基本案情

2005年1月初,被告人张玉英与成都市名为"尕蛋"的男子电话联系购买400克毒品海洛因,每克300元,并约定采用邮寄的方式由"尕蛋"从成都市邮寄给张玉英。张玉英向"尕蛋"提供了收件人的地址、姓名。2005年1月20日,张玉英接到"尕蛋"的通知后,到乌鲁木齐市第九中学收发室领取了邮包,当张玉英手提邮包离开收发室时被公安人员抓获,当场从邮包中搜出一块用黄色胶带包裹的白色粉末物。经称量和毒品分析检验,白色粉末净重336克,从中检出海洛因成分。

一审诉辩情况

检察机关指控被告人张玉英犯运输毒品罪。

被告人张玉英提出:其买毒品只为吸食不是运输。

被告人张玉英的辩护人提出:对张玉英应定非法持有毒品罪,张玉英主观恶性小,社会危害性有限,归案后认罪态度较好,有悔罪表现,系初犯,请求对其从轻处罚。

一审裁判结果

乌鲁木齐市中级人民法院经审理,作出刑事判决,认定被告人张玉英犯运输毒品罪,判处死刑,剥夺政治权利终身,并处没收个人全部财产。

一审裁判理由

一审法院认为:被告人张玉英伙同他人采用邮寄的方式运输毒品海洛因336克,其行为已构成运输毒品罪。检察机关指控的事实及罪名成立。被告人张玉英为将毒品海洛因从成都市运输到乌鲁木齐市,与他人预谋采用邮寄的方式进行运输,为了达到目的,其提供了邮寄人的姓名、地址和联系方式,在毒品到达乌鲁木齐市后其又亲自领取,最终完成运输毒品的全部犯罪过程,该行为应认定为运输毒品的行为。辩护人提出被告人张玉英的行为应定非法持有毒品罪的辩护意见无事实及法律依据,不予采纳。被告人张玉英运输毒品海洛因336克,依法应予严惩,其辩护人关于从轻处罚的辩护意见不能成立,不予支持。

二审诉辩情况

一审宣判后，被告人张玉英提出上诉。

上诉人张玉英提出：事先没有与"尕蛋"预谋用邮寄的方式获得毒品，因为自己吸毒，在"尕蛋"的引诱下买了2万元的毒品，接到邮包后才知道是336克，许慧的证言只能证明我有包裹寄到收发室，并不能指证我和"尕蛋"预谋运输毒品。

张玉英的辩护人提出：张玉英只有收取毒品的行为，没有伙同他人运输毒品，其有吸毒史，在收到毒品的途中被查获，可定为非法持有毒品罪，不宜定运输毒品罪。

二审裁判结果

新疆维吾尔自治区高级人民法院作出刑事裁定，驳回上诉，维持原判，并报送最高人民法院核准。

最高人民法院复核后作出刑事判决，撤销新疆维吾尔自治区高级人民法院和乌鲁木齐市中级人民法院的裁定和判决，对被告人张玉英以非法持有毒品罪，改判无期徒刑，剥夺政治权利终身，并处罚金1万元。

二审裁判理由

二审法院认为张玉英在公安侦查阶段多次供述伙同"尕蛋"运输毒品，并有公安机关的抓获经过予以印证，其上诉理由和辩护人的辩护意见均不能成立。张玉英运输毒品的犯罪事实清楚，证据确凿，且运输毒品的数量大，依法应处死刑。

最高人民法院复核后认为，被告人张玉英的行为构成非法持有毒品罪，且非法持有毒品的数量大，应依法惩处，故依法作出如上判决。

268. 吸毒者在乘坐列车时，被查获携带大量毒品的，该如何定性？

吸毒者在运输毒品过程中被抓获的，如没有证据证明被告人是为了实施其他毒品犯罪行为，但查获的毒品数量大的，应当以非法持有毒品罪定罪。行为人本人是否吸毒，应是本类案件定案中的关键考察因素。

典型疑难案件参考

佟波非法持有毒品案

基本案情

2003年10月27日9时许,被告人佟波乘坐合肥至北京西的1410次旅客列车,因其携带3包可疑物品,被公安机关查获并收缴。经鉴定,蓝色塑料袋内装褐色粉末重量66.8克,检出海洛因;黄色塑料袋内装棕色粉末重量115克,检出咖啡因、巴比妥;白色塑料袋内装褐色粉末重量1.3克,检出海洛因、咖啡因、巴比妥。佟波归案后,对其进行了尿样检验呈阳性,且有戒断反应。

一审诉辩情况

检察机关认为:被告人佟波明知是毒品而运输,其行为已构成运输毒品罪。

被告人佟波对指控其携带毒品乘车的犯罪事实不持异议。但对其行为性质提出,其外出购买毒品是为了自己吸食,没有牟利的主观故意,自己的行为应按非法持有毒品罪认定。

一审裁判结果

北京铁路运输法院于2004年4月6日以〔2004〕京铁刑初字第23号刑事判决,认定被告人佟波犯非法持有毒品罪,判处有期徒刑7年,并处罚金人民币2万元。

一审裁判理由

一审法院认为:被告人佟波违反国家对毒品的管制法规,明知是毒品,仍非法持有,其行为侵犯了国家对毒品管理制度和公民的身体健康权,已构成非法持有毒品罪,且所持海洛因重量在50克以上,应依法予以惩处。佟波系公安机关在册吸毒人员,检察机关当庭列举的证据仅能证明佟波明知是毒品而携带上车,不能证明佟波具有牟利的目的和有贩卖、运输毒品的故意,故检察机关指控佟波犯运输毒品罪证据不足,不予认定。对佟波的"购买毒品是为了自己吸食,没有牟利的主观故意,自己的行为应按非法持有毒品罪认定"的辩解意见,予以采纳,应认定佟波犯非法持有毒品罪。佟波归案后,认罪态度较好,具有悔罪表现,应对其酌情从轻处罚。

二审诉辩情况

一审宣判后,佟波提出上诉。

佟波提出：其持有的毒品是"大烟"，量刑过重。

佟波的辩护人提出：一审判决认定佟波非法持有的毒品是海洛因的证据不足。

二审裁判结果

北京铁路运输中级法院于2004年6月2日以同样的事实作出〔2004〕京铁中刑终字第15号刑事裁定，驳回上诉，维持原判。

二审裁判理由

二审法院经过阅卷、讯问上诉人并听取了辩护人的辩护意见，认定了上述事实。关于佟波和其辩护人提出的非法持有的毒品不是海洛因的意见。经查，佟波非法持有的毒品的重量和品质，有公安部的物证检验报告证实，该意见没有事实依据，不予采纳；关于佟波所提量刑过重的意见，也没有法律依据。据此，二审法院作出如上裁判。

269. 非法持有毒品罪中，行为人是否需要"明知"自己持有的毒品的具体种类、数量？

非法持有毒品罪的主观方面是故意，行为人须"明知"自己持有的是毒品。这里的"明知"只要求行为人对毒品有概括的认识即可，不要求其对毒品的种类、数量、纯度等有具体的认识。

270. 在毒品犯罪中，如何判断行为人是否"明知"？

判断被告人对涉案毒品是否明知，不能仅凭被告人供述，而应当依据被告人实施毒品犯罪行为的过程、方式、毒品被查获时的情形等证据，结合被告人的年龄、阅历、智力等客观情况，进行综合分析判断。在毒品案件中，有时需要推定行为人的"明知"。作为推定前提的基础事实，一旦被认定，被告人就要承担说明责任。推定一旦成立就认为行为人主观上是明知的，除非其能作出合理的说明。

典型疑难案件参考

丁帅非法持有毒品案

基本案情

2006年9月8日13时许,被告人丁帅接受李志强(另案处理)的委托,到北京市大兴区黄村镇狼垡村天通红货运站提取装有毒品甲基苯丙胺的货物时被抓获,当场起获毒品甲基苯丙胺350.6克。被告人的行为是非法持有毒品的行为,而且数额已达50克以上。

诉辩情况

检察机关认为:被告人丁帅应以非法持有毒品罪追究刑事责任。

被告人丁帅提出:其没有非法持有毒品,当时取的是电器,主观上对毒品不明知。

被告人丁帅的辩护人提出:起诉书指控丁帅的犯罪属事实不清,证据不足。

裁判结果

北京市大兴区人民法院于2007年6月4日以〔2007〕大刑初字第00304号刑事判决,认定被告人丁帅犯非法持有毒品罪,判处有期徒刑9年,剥夺政治权利1年,并处罚金人民币18000元。扣押清清牌灰色饮水机1台,依法没收。

宣判后,丁帅提出上诉。北京市第一中级人民法院于2007年9月14日以同样的事实和理由作出〔2007〕一中刑终字第2607号刑事裁定,驳回上诉,维持原判。

裁判理由

法院生效裁判认为:被告人丁帅关于没有非法持有毒品,提取的是电器的辩解意见及其辩护人关于本案事实不清,证据不足的辩护意见,根据证人证言及公安机关出具的起赃经过说明,证实被告人丁帅提取的饮水机被当场查获,并从该饮水机内起获毒品甲基苯丙胺,该事实符合我国刑法关于非法持有毒品罪的构成要件,被告人丁帅对提取毒品的事实在公安机关亦供述,故对被告人丁帅应以非法持有毒品罪追究刑事责任。被告人丁帅的辩解理由及辩护人的辩护意见无证据支持,不予采信。

在本案中，被告人丁帅无视国法，非法持有甲基苯丙胺50克以上，其客观行为已符合非法持有毒品罪的构成要件，只要其主观上明知是毒品就可构成本罪，这种明知并不要求被告人对毒品的种类、数量、纯度等有具体的认识，只要求对所运输的毒品有个概括的了解即可。

本案证据能够证明2006年9月8日下午丁帅去了南五环天通红货运中心提取饮水机及饮水机内有毒品的事实，因此只要能够通过其他证据能证实丁帅对于饮水机内的毒品应该明知，其就能构成非法持有毒品罪。在本案的侦查阶段，丁帅对替他人领取毒品的事实有过详细的供述，且其为了掩盖罪行，还使用程铁贺的名义在物流中心提取饮水机。虽然被告人在一审庭审过程中推翻了原来的供述，但作为一个正常的成年人，被告人丁帅对为何提货人为阿清而其却以程铁贺的名义提货等事实没有作出令人信服的解释。因此，其辩解不成立，其行为已经构成非法持有毒品罪。

在二审中，上诉人丁帅的辩护人提供了张玉鑫的证言。经查，其证言并不能证明上诉人丁帅主观上不明知，故对辩护人所提供的该份证言，法院不予采纳。

综上所述，被告人丁帅违反毒品管理规定，非法持有毒品甲基苯丙胺，其行为已构成非法持有毒品罪，依法应予惩处，故一、二审法院依法作出如上裁判。

非法持有毒品罪办案依据集成

刑法条文

第三百四十八条 【非法持有毒品罪】非法持有鸦片一千克以上、海洛因或者甲基苯丙胺五十克以上或者其他毒品数量大的,处七年以上有期徒刑或者无期徒刑,并处罚金;非法持有鸦片二百克以上不满一千克、海洛因或者甲基苯丙胺十克以上不满五十克或者其他毒品数量较大的,处三年以下有期徒刑、拘役或者管制,并处罚金;情节严重的,处三年以上七年以下有期徒刑,并处罚金。

立案标准

1. 最高人民法院《关于审理毒品案件定罪量刑标准有关问题的解释》(2000年6月10日法释〔2000〕13号)(节录)

第一条 走私、贩卖、运输、制造、非法持有下列毒品,应当认定为刑法第三百四十七条第二款第(一)项、第三百四十八条规定的"其他毒品数量大":

(一)苯丙胺类毒品(甲基苯丙胺除外)一百克以上;

(二)大麻油五千克、大麻脂十千克、大麻叶及大麻烟一百五十千克以上;

(三)可卡因五十克以上;

(四)吗啡一百克以上;

(五)度冷丁(杜冷丁)二百五十克以上(针剂100mg/支规格的二千五百支以上,50mg/支规格的五千支以上;片剂25mg/片规格的一万片以上,50mg/片规格的五千片以上);

(六)盐酸二氢埃托啡十毫克以上(针剂或者片剂20μg/支、片规格的五百支、片以上);

(七)咖啡因二百千克以上;

(八)罂粟壳二百千克以上;

(九)上述毒品以外的其他毒品数量大的。

第二条 走私、贩卖、运输、制造、非法持有下列毒品,应当认定为刑法第三百四十七条第三款、第三百四十八条规定的"其他毒品数量较大":

(一)苯丙胺类毒品(甲基苯丙胺除外)二十克以上不满一百克;

(二)大麻油一千克以上不满五千克,大麻脂二千克以上不满十千克,大麻叶及大麻烟三十千克以上不满一百五十千克;

(三)可卡因十克以上不满五十克;

(四)吗啡二十克以上不满一百克;

(五)度冷丁(杜冷丁)五十克以上不满二百五十克(针剂100mg/支规格的五百支以

上不满二千五百支,50mg/支规格的一千支以上不满五千支;片剂25mg/片规格的二千片以上不满一万片,50mg/片规格的一千片以上不满五千片);

(六)盐酸二氢埃托啡二毫克以上不满十毫克(针剂或者片剂20μg/支、片规格的一百支、片以上不满五百支、片);

(七)咖啡因五十千克以上不满二百千克;

(八)罂粟壳五十千克以上不满二百千克;

(九)上述毒品以外的其他毒品数量较大的。

2. 最高人民检察院、公安部《关于公安机关管辖的刑事案件立案追诉标准的规定(三)》(2012年5月16日)(节录)

第二条 [非法持有毒品案(《刑法》第三百四十八条)]明知是毒品而非法持有,涉嫌下列情形之一的,应予立案追诉:

(一)鸦片二百克以上、海洛因、可卡因或者甲基苯丙胺十克以上;

(二)二亚甲基双氧安非他明(MDMA)等苯丙胺类毒品(甲基苯丙胺除外)、吗啡二十克以上;

(三)度冷丁(杜冷丁)五十克以上(针剂100mg/支规格的五百支以上,50mg/支规格的一千支以上;片剂25mg/片规格的二千片以上,50mg/片规格的一千片以上);

(四)盐酸二氢埃托啡二毫克以上(针剂或者片剂20mg/支、片规格的一百支、片以上);

(五)氯胺酮、美沙酮二百克以上;

(六)三唑仑、安眠酮十千克以上;

(七)咖啡因五十千克以上;

(八)氯氮卓、艾司唑仑、地西泮、溴西泮一百千克以上;

(九)大麻油一千克以上,大麻脂二千克以上,大麻叶及大麻烟三十千克以上;

(十)罂粟壳五十千克以上;

(十一)上述毒品以外的其他毒品数量较大的。

非法持有两种以上毒品,每种毒品均没有达到本条第一款规定的数量标准,但按前款规定的立案追诉数量比例折算成海洛因后累计相加达到十克以上的,应予立案追诉。

本条规定的"非法持有",是指违反国家法律和国家主管部门的规定,占有、携带、藏有或者以其他方式持有毒品。

非法持有毒品主观故意中的"明知",依照本规定第一条第八款的有关规定予以认定。

第十三条(第一款) 本规定中的毒品是指鸦片、海洛因、甲基苯丙胺(冰毒)、吗啡、大麻、可卡因以及国家规定管制的其他能够使人形成瘾癖的麻醉药品和精神药品。具体品种以国家食品药品监督管理局、公安部、卫生部发布的《麻醉药品品种目录》、《精神药品品种目录》为依据。

第十四条 本规定中未明确立案追诉标准的毒品,有条件折算为海洛因的,参照有关麻醉药品和精神药品折算标准进行折算。

第十六条 本规定中的"以上",包括本数。

▶ **其他办案依据**

1. 最高人民法院《全国法院审理毒品犯罪案件工作座谈会纪要》（2000年4月4日法〔2000〕42号）（节录）

（一）关于毒品犯罪案件的定罪问题

非法持有毒品达到刑法第三百四十八条规定的构成犯罪的数量标准，没有证据证明实施了走私、贩卖、运输、制造毒品等犯罪行为的，以非法持有毒品罪定罪。

对于吸毒者实施的毒品犯罪，在认定犯罪事实和确定罪名上一定要慎重。吸毒者在购买、运输、存储毒品过程中被抓获的，如没有证据证明被告人实施了其他毒品犯罪行为的，一般不应定罪处罚，但查获的毒品数量大的，应当以非法持有毒品罪定罪；毒品数量未超过刑法第三百四十八条规定数量最低标准的，不定罪处罚。对于以贩养吸的被告人，被查获的毒品数量应认定为其犯罪的数量，但量刑时应考虑被告人吸食毒品的情节。

有证据证明行为人不是以营利为目的，为他人代买仅用于吸食的毒品，毒品数量超过刑法第三百四十八条规定数量最低标准，构成犯罪的，托购者、代购者均构成非法持有毒品罪。

2. 最高人民法院《全国部分法院审理毒品犯罪案件工作座谈会纪要》（2008年12月22日）（节录）

一、毒品案件的罪名确定和数量认定问题

对于吸毒者实施的毒品犯罪，在认定犯罪事实和确定罪名时要慎重。吸毒者在购买、运输、存储毒品过程中被查获的，如没有证据证明其是为了实施贩卖等其他毒品犯罪行为，毒品数量未超过刑法第三百四十八条规定的最低数量标准的，一般不定罪处罚；查获毒品数量达到较大以上的，应以其实际实施的毒品犯罪行为定罪处罚。

……

有证据证明行为人不以牟利为目的，为他人代购仅用于吸食的毒品，毒品数量超过刑法第三百四十八条规定的最低数量标准的，对托购者、代购者应以非法持有毒品罪定罪。代购者从中牟利，变相加价贩卖毒品的，对代购者应以贩卖毒品罪定罪。明知他人实施毒品犯罪而为其居间介绍、代购代卖的，无论是否牟利，都应以相关毒品犯罪的共犯论处。

三、走私制毒物品罪、非法买卖制毒物品罪

271. 某种物品虽然可以用于制毒，但相关法律、行政法规未将其规定为制毒物品的，能否认定其为制毒物品？

对制毒物品的判断，应当依据国家相关法律、行政法规的规定进行。国家相关法律、行政法规未规定为制毒物品的，即使该物品可以用于制造毒品，也不能将其认定为制毒物品。

272. 行为人明知自己参与走私，且走私的物品可以用于制毒，但其确实不知道所走私的物品是制毒物品的，对该行为是否能认定为走私制毒物品罪？

构成走私制毒物品罪要求行为人必须明知其走私的是制毒物品。如果行为人确实不知道所走私的物品是制毒物品，且考察其走私目的也不是用于制毒，则不能认定行为人具有走私制毒物品的犯罪故意。

典型疑难案件参考

谢杰威、梁雁玲走私制毒物品案（《最高人民法院公报》2007年第9期）

基本案情

2001年11月底，被告人谢杰威在越南国开办越南海皇责任有限公司（以下简称海皇公司），从事加工生产虾壳糠、虾壳素。因生产需用大量盐酸，谢杰威便与澳门旅游娱乐有限公司保安经理黄耀源商议购船从国内运送盐酸、烧碱到越南，再从越南运送虾壳糠回国内销售。黄耀源当即表示同意投资。谢杰威、黄耀源分别委托侯庆及黄耀明（黄耀源的弟弟）在海南省海口市设立海皇公司办事处，负责虾壳糠的销售业务。

2002年1月8日，被告人谢杰威以年租价2.2万元向朱远雁租赁了一艘名为"粤湛江0002号"的机动船，准备用该船运送盐酸、烧碱到越南，再从越南运虾壳糠回国销售。2002年3月，谢杰威取得了越南国同意进口22000吨

盐酸的批文。

2002年5月5日,被告人谢杰威经广东省茂名市茂东大型汽车运输有限公司业务员林德兴介绍,由广东省新会市会城光正物资有限公司经理黄炎兴从南宁化工股份有限公司购得盐酸55.76吨(货款为8101.88元)。林德兴安排茂名市茂东大型汽车运输有限公司的油罐车将该批盐酸运到广西北海市铁山港。谢杰威在该批盐酸未办理任何合法出口手续的情况下,组织、指挥将该批盐酸装船。谢杰威将"华鑫03"号船牌及船舶证书交给船长陈冠英,并指使陈冠英在国内使用"粤湛江0002"号船牌,在越南国使用"华鑫03"号船牌。同年5月12日,陈冠英指挥陈木及船员杨伟锦、黄伟桂、黎勇驾驶"粤湛江0002"号船运载该批盐酸前往越南国芽庄港,途中因避风于5月14日停泊在海南省八所港。谢杰威指示侯庆、黄耀明前往八所港为该船补给油费和生活费6800元。

2002年6月28日,被告人谢杰威又通过林德兴联系,再由黄炎兴从南宁化工股份有限公司购得盐酸52.12吨(货款为7572.99元)。林德兴安排茂名市茂东大型汽车运输有限公司的油罐车将该批盐酸运到广西北海市铁山港,由被告人梁雁玲组织将该批盐酸装上"粤湛江0002"号船。在未办理任何合法出口手续的情况下,谢杰威、梁雁玲又指使陈冠英、陈木及船员杨伟锦、黄伟桂、黎勇、杨流于次日将该批盐酸运往越南岘港。6月30日因避风及船舶机器故障等缘故,暂停泊在海南省洋浦港。7月1日上午10时,许被洋浦边防派出所干警查获。

2002年7月13日,被告人谢杰威指使被告人梁雁玲通过林德兴介绍从广东省肇庆市诚德化工有限公司购得盐酸52.3吨(货款为7599.15元)。林德兴安排茂名市茂东大型汽车运输有限公司的油罐车将该批盐酸运到广西北海市铁山港,将该批盐酸装上"合机运386"号船准备运往越南,因无合法出口手续,被该船船长及船员拒运。后被公安机关查获。

一审诉辩情况

检察机关认为:被告人谢杰威、梁雁玲在没有办理合法出境手续的情况下,非法走私易制毒物品盐酸,且数量大,其行为已构成走私制毒物品罪。2被告人在共同犯罪中均起主要作用,均是本案主犯。

被告人谢杰威提出:其走私盐酸用于加工虾壳、蟹壳,生产虾壳素或壳粉。为了方便生产,降低产品成本,解决越南本地盐酸、烧碱原料不足及产品出口等问题,海皇公司向越南国政府有关部门申请进口盐酸和烧碱原料,并已经获得了批准进口22000吨盐酸的批文。我国《刑法》也没有规定买卖、运输盐酸的行为构成犯罪。本人确实不知道盐酸是制毒物品，不应按走私制毒物品罪定罪处罚。

被告人谢杰威的辩护人提出：对于检察机关指控谢杰威于2002年5月从南宁化工股份有限公司购买盐酸55.76吨运到越南的事实无异议，但海皇公司生产的产品不是毒品，走私盐酸与制造毒品没有任何关系。《刑法》、全国人大常委会颁布的《关于禁毒的决定》以及最高人民法院的有关司法解释中均未规定盐酸是制毒物品。虽然1999年国家对外贸易经济合作部为履行《1988年联合国禁止非法贩运麻醉药品和精神药物公约》的义务而颁布的《易制毒化学品进出口管理规定》的附件中列有盐酸，但2000年11月21日国家经济贸易委员会、公安部、国家工商行政管理局联合下发的《关于加强易制毒化学品生产经营管理的通知》和2002年6月1日国家外经贸部和公安部发布的外经贸贸发〔2002〕147号《易制毒化学品进出口国际核查管理规定》中没有将盐酸列为制毒物品。同时，我国海关也是将盐酸作为普通货物监管。即使盐酸属于制毒物品，也不能认定谢杰威具有走私制毒物品的犯罪故意。其走私动机是为了省钱省事，如果正常报关其行为也不会受到任何阻碍。综上，谢杰威走私盐酸的行为不应作为犯罪论处。

被告人梁雁玲提出：本人是一个家庭妇女，只是有时帮助丈夫谢杰威做些付款等辅助工作，并没有参与走私。

被告人梁雁玲的辩护人提出：检察机关关于梁雁玲犯走私制毒物品罪的指控不成立。梁雁玲是家庭妇女，帮其丈夫谢杰威开办的海皇公司购买货物并代付部分货款和工资是很正常的事情。盐酸不属我国禁止买卖的物品，我国《刑法》并不禁止盐酸买卖。梁雁玲主观上不存在走私制毒物品的犯罪故意，其行为也不具有社会危害性和危险性，不构成犯罪。

一审裁判结果

海南省洋浦经济开发区人民法院于2004年8月13日作出刑事判决：认定被告人谢杰威、梁雁玲无罪。

二审诉辩情况

一审宣判后，洋浦经济开发区初级检察院提起抗诉。其主要理由是：

一审认定事实部分不清。原审被告人梁雁玲参与了2002年5月5日实施的走私盐酸活动，但一审未作认定。

一审判决认定原审被告人谢杰威、梁雁玲不具有明知是制毒物品而进行走私的犯罪故意是错误的。只要行为人主观上明知是在走私盐酸，就可以认定具有走私制毒物品的犯罪故意，至于行为人是否知道盐酸是易制毒物品，不能作为认定其是否具有走私制毒物品的主观故意的依据。

一审判决适用法律不正确。一审以盐酸不属于国家管制的易制毒化学品而认定检察机关指控的罪名不成立是错误的。提请二审法院依法改判，对二原审被告人以走私制毒物品罪定罪处刑。

原审被告人谢杰威辩称：本人确实不知道盐酸是易制毒化学品，一审判决正确，请求二审法院维持原判。

原审被告人谢杰威的辩护人提出：原审认定事实清楚，适用法律正确。检察院抗诉认为盐酸属于易制毒物品的观点不成立。谢杰威的行为不符合走私制毒物品罪的构成要件。请求二审法院依法驳回抗诉，维持原判。

原审被告人梁雁玲辩称：本人只是一个家庭主妇，根本不知道盐酸是否属于制毒物品。一审判决认定事实清楚，适用法律正确，请求二审法院依法驳回抗诉，维持原判。

原审被告人梁雁玲的辩护人提出：第一，行政规章可以作为行政处罚的依据，但不能作为刑罚处罚的依据。第二，在国内刑事审判中，本国法律没有明文规定的，不能直接引用国际公约对国内公民的行为定罪处罚。假设原审被告人谢杰威的行为构成走私制毒物品罪，则只有第一、二船走私盐酸的行为可以犯罪论处，第三船盐酸当时停泊在广西铁山港口，处于合法状态，不应当以犯罪论处。假设谢杰威的行为是犯罪行为，也不能认定梁雁玲的行为构成犯罪，因为并无证据证明两被告人有共同的犯罪故意。梁雁玲并不知道盐酸是易制毒物品，故不仅没有共同犯罪故意，也没有个人犯罪的主观故意。总之，我国法律没有规定盐酸属于易制毒物品，外经贸部的规定不能作为刑法上认定盐酸是易制毒物品的法律依据。尽管盐酸事实上可以制毒，但二原审被告人的行为不构成走私制毒物品罪。请求驳回抗诉，维持原判。

二审裁判结果

洋浦经济开发区中级人民法院于2005年2月17日作出刑事裁定：驳回抗诉，维持原判。

二审裁判理由

法院生效裁判认为：根据《刑法》第350条的规定，走私制毒物品罪是指违反国家规定，非法运输、携带、邮寄醋酸酐、乙醚、三氯甲烷或者其他用于制造毒品的原料或者配剂进出国（边）境的行为。该罪主体为一般主体；所侵害的客体是国家对于醋酸酐、乙醚、三氯甲烷或者其他可用于制造毒品的特殊化学品的进出口管理秩序；主观方面必须具有走私制毒物品的犯罪故意，即行为人明知是国家管制的、可用于制毒的特殊化学品而实施走私行为；客观方面表现为行为人违反国家规定，实施了非法运输、携带、邮寄醋酸酐、乙醚、三氯甲烷或者其他用于制造毒品的原料或者配剂进出国（边）境的行为。综观本案案情，被告人谢杰威、梁雁玲的行为不构成走私制毒物品罪。

一、根据我国现行法律、法规的规定，不能认定盐酸属于易制毒物品

《刑法》、全国人大常委会《关于禁毒的决定》以及最高人民法院有关司法解释都没有明确规定盐酸属制毒物品。为履行《1988年联合国禁止非法贩运麻醉药品和精神药物公约》的义务，我国对外经济贸易合作部于1999年以第4号令颁布了《易制毒化学品进出口管理规定》，其中附录所列的22种易制毒化学品名称中包括了盐酸。但是，国家经济贸易委员会、公安部、国家工商行政管理总局于2000年11月21日联合下发了《关于加强易制毒化学品生产经营管理的通知》，其中的附录没有将盐酸列入易制毒化学品。此后，外经贸部和公安部又于2002年发布了外经贸贸发〔2002〕147号《易制毒化学品进出口国际核查管理规定》，该规定也是为履行《1988年联合国禁止非法贩运麻醉药品和精神药物公约》而制定的，其中也没有将盐酸列入易制毒化学品。上述行政规章关于盐酸是否为制毒化学品的规定虽然存在矛盾，但依据新规定优于旧规定的原则，应以新规定为准。综上，我国现行法律未将盐酸列为制毒化学品，最新相关行政法规、规章也没有规定盐酸属制毒化学品，因此不能认定盐酸属制毒物品。

二、依据本案事实。即使盐酸可用于制造毒品，也不能认定原审被告人谢杰威、梁雁玲具有走私制毒物品的犯罪故意

经查，原审被告人谢杰威在越南开办海皇公司，从事虾壳素、虾壳糠的生产属实，该项生产需要使用盐酸、烧碱等化学原料也是事实。因越南当地的盐酸价格高于中国，为降低生产成本，提高经营利益，谢杰威、梁雁玲实施了从国内购买盐酸，然后走私运到越南的用于生产的行为，其行为虽然具有走私的故意，也具有非法牟利的目的，但谢杰威、梁雁玲并不了解盐酸是否属于制毒物品，是否可以用来制造毒品，且所走私的盐酸系浓度在30%以下的副产盐酸。谢杰威、梁雁玲走私盐酸是为了海皇公司加工生产虾壳素、虾壳糠，并非运到越南进行非法交易，更不是为了制造毒品。为此，海皇公司经过申报，在越南取得了进口22000吨盐酸的批

文。根据刑法的规定,构成走私制毒物品罪必须在主观上具有明知是制毒物品而走私的犯罪故意,检察机关关于"只要行为人主观上明知是在走私盐酸,就可以认定具有走私制毒物品的犯罪故意,至于行为人是否知道盐酸是易制毒物品不能作为认定其是否具有走私制毒物品的主观故意的依据"的抗诉理由不能成立。综上,不能认定谢杰威、梁雁玲具有走私制毒物品的犯罪故意。

综上,检察机关指控被告人谢杰威、梁雁玲走私盐酸的基本事实清楚,但指控谢杰威、梁雁玲犯走私制毒物品罪不成立。谢杰威、梁雁玲及其辩护人关于二被告人的行为不构成走私制毒物品罪的辩护理由成立,予以采纳。

二审法院经审理认可了上述理由,认为根据本案证人陈木、林作权的证言和原审被告人谢杰威的供述,可以认定原审被告人梁雁玲参与了2002年5月5日实施的走私盐酸活动。检察机关就此提出的抗诉有理,原判未认定上述事实不当,应予纠正。

原判虽然关于部分事实的认定不清,但认定盐酸不属国家管制的制毒化学品,原审被告人谢杰威、梁雁玲不具有明知是制毒物品而进行走私的犯罪故意,其走私盐酸的行为不构成走私制毒物品罪正确,检察机关的抗诉理由不能成立。虽然谢杰威、梁雁玲实施了走私盐酸的行为,但因其走私货值仅为人民币15000元左右,偷逃税款不足5万元,故该行为依法不构成走私普通货物、物品罪。故法院依法作出如上裁判。

273. 擅自以非国有单位名义走私制毒物品并私分货款的行为该如何定性?

擅自以非国有单位名义走私制毒物品并侵吞货款的,可按自然人犯罪处理,不以单位犯罪论处,构成走私制毒物品罪和职务侵占罪。

274. 行为人违反国家对制毒物品的规定，以隐瞒事实和逃避海关监管的手段，非法将制毒物品运输出境；同时，将他人因购买公司产品而支付给公司的款项，利用职务上的便利，非法占为己有的，构成何罪？

行为人违反国家对制毒物品的规定，以隐瞒事实和逃避海关监管的手段，非法将制毒物品运输出境；同时，将他人因购买公司产品而支付给公司的款项，利用职务上的便利，非法占为己有的行为，应以走私制毒物品罪和职务侵占罪施行数罪并罚。

典型疑难案件参考

吕书阳、崔友方走私制毒物品、职务侵占案

基本案情

被告人吕书阳、崔友方分别利用担任赤峰艾克制药科技股份有限公司（以下简称艾克公司）国际销售部经理、业务员的职务便利，于2007年1月至3月间结伙并伙同范保星（另案处理），在办理艾克公司向他国出口含有麻黄浸膏粉的混合物的业务中，为逃避海关监管，隐瞒该混合物含有易制毒化学品的事实，以"绿茶减肥冲剂"等品名，将艾克公司生产的含有麻黄浸膏粉的混合物1000余千克（含麻黄浸膏粉500余千克）向北京首都机场海关申报出境，并办结通关手续。在办理上述事宜中，2人结伙采用向艾克公司低报货物出口价格的手段，私自将货款人民币18.6万元截留，并占为己有。其中，吕书阳分得人民币7.8万元，崔友方分得人民币10.8万元。

一审诉辩情况

检察机关指控被告人吕书阳、崔友方违反国家规定，非法运输制毒物品出境；且利用职务上的便利，将本单位财物非法占为己有，数额巨大，2被告人的行为均已构成走私制毒物品罪、职务侵占罪。

被告人吕书阳、崔友方对检察机关指控的走私制毒物品罪均未辩解。

被告人吕书阳的辩护人提出：吕书阳的行为不构成职务侵占罪。

被告人崔友方的辩护人提出：检察机关指控崔友方犯职务侵占罪的数额应认定为7万元，而不是18.6万元。

一审裁判结果

北京市第二中级人民法于 2008 年 7 月 14 日以〔2008〕二中刑初字第 01184 号刑事判决，认定被告人吕书阳犯走私制毒物品罪，判处有期徒刑 2 年，并处罚金人民币 4 千元；犯职务侵占罪，判处有期徒刑 6 年。决定执行有期徒刑 7 年，并处罚金人民币 4 千元。被告人崔友方犯走私制毒物品罪，判处有期徒刑 2 年，并处罚金人民币 4 千元；犯职务侵占罪，判处有期徒刑 5 年。决定执行有期徒刑 6 年，并处罚金人民币 4 千元。继续追缴被告人崔友方的违法所得人民币 21000 元发还赤峰艾克制药科技股份有限公司。随案移送的人民币 13 万元及冻结被告人吕书阳的人民币 25000 元、电脑主机 2 台发还赤峰艾克制药科技股份有限公司，身份证 2 张发还 2 被告人。随案移送的银行存折 2 张、牡丹卡 1 张、手机 2 部予以没收。

二审诉辩情况

一审宣判后，吕书阳、崔友方均提出上诉。

吕书阳及其辩护人提出：其走私制毒物品属于公司行为，不属于自然人犯罪。吕书阳所犯走私制毒物品罪与职务侵占罪属于牵连犯，应以一罪论处；其行为不构成职务侵占罪。吕书阳在庭审中供认检察机关指控的职务侵占事实，只是对该事实的性质有异议，不属于翻供，应认定为自首，建议依法改判。

崔友方上诉称：其行为不构成职务侵占罪。

崔友方及其辩护人提出：原判认定其职务侵占的数额有误。崔友方职务侵占的数额应为 7 万元，原判认定 18.6 万元有误。崔友方有立功表现原判没有认定，建议二审法院依法改判。

二审裁判结果

北京市高级人民法院于 2008 年 11 月 3 日以同样的事实作出〔2008〕高刑终字第 459 号刑事判决，驳回崔友方的上诉，维持北京市第二中级人民法院〔2008〕二中刑初字第 1184 号刑事判决主文第二项、第三项、第四项、第五项，即崔友方犯走私制毒物品罪，判处有期徒刑 2 年，并处罚金人民币 4 千元；犯职务侵占罪，判处有期徒刑 5 年；决定执行有期徒刑 6 年，并处罚金人民币 4000 元。继续追缴被告人崔友方的违法所得人民币 21000 元发还赤峰艾克制药科技股份有限公司。随案移送的人民币 13 万元及冻结吕书阳的人民币 35000 元、电脑主机 2 台发还赤峰艾克制药科技股份有限公司，身份证 2 张发还二被告人。随案移送的银行存折 2 张、牡丹卡 1 张、手机 2 部予以没收。撤销北京市第二中级人民法院〔2008〕二中刑初字第1184号刑事判决主文第一项，即吕书阳犯走私制毒物品罪，判处有期徒刑2年，并处罚金人民币4000元；犯职务侵占罪，判处有期徒刑6年；决定执行有期徒刑7年，并处罚金人民币4000元。上诉人（原审被告人）吕书阳犯走私制毒物品罪，判处有期徒刑2年，并处罚金人民币4000元；犯职务侵占罪，判处有期徒刑5年；决定执行有期徒刑6年，并处罚金人民币4000元。

二审裁判理由

法院生效裁判认为：吕书阳、崔友方违反国家对制毒物品的管理制度，逃避海关监管，非法运输制毒物品出境，二上诉人的行为均已构成走私制毒物品罪，依法应予惩处；二上诉人还利用职务上的便利，采用低报价格的手段，将属于本单位的财物非法占为己有，二上诉人的行为又构成职务侵占罪，且侵占数额巨大，亦应依法惩处；对二上诉人所犯走私制毒物品罪和职务侵占罪，依法应实行数罪并罚。

上诉人吕书阳在归案后侦查期间，如实供述司法机关尚未掌握的其职务侵占的犯罪事实，其在一审庭审虽对犯罪行为性质有辩解，但其并不推翻对犯罪事实的供述，应当认定其犯职务侵占罪具有自首情节。上诉人吕书阳及其辩护人所提吕书阳有自首情节的辩解及辩护意见成立，予以采纳，依法可对其所犯职务侵占罪予以从轻处罚；吕书阳及其辩护人所提其他辩解及辩护意见缺乏事实根据和法律依据，不予采纳。

上诉人崔友方及辩护人所提崔友方的行为不构成职务侵占罪及原判认定其职务侵占数额有误的辩解及辩护意见，与本案经审理查明的事实及在案证据不符，且缺乏法律依据，不予采纳。原审人民法院根据吕书阳、崔友方犯罪的事实，犯罪的性质、情节及对于社会的危害程度所作的判决，定罪正确，对崔友方的量刑以及追缴和随案物品的处理适当，审判程序合法，应予维持；唯对吕书阳归案后的部分情节认定有误，适用法律不当，依法应予改判。故法院依法作出如上裁判。

275. 如何理解非法买卖制毒物品罪罪状中的"违反国家规定"？

非法买卖制毒物品罪罪状中的"违反国家规定"需要援引相关的行政法律规范作为依据。"国家规定"作为被援引的法律规范，既可以是附属刑法规范，也可以是一般行政法律规范。"国家规定"的制定主体只能是全国人民代表大会及其常委会和国务院。

276. 如何判断行为人是否明知其所买卖的是"制毒物品"？

行为人必须明知是国家管制的用于制造毒品的原料和配剂而非法买卖的行为，才能构成非法买卖制毒物品罪。判断行为人对"制毒物品"是否明知，需要结合行为表现、行为人的知识、经验、工作情况等综合判断。

典型疑难案件参考

中宝公司、陈华等非法买卖制毒物品案

基本案情

被告人陈华于1999年5月16日，以个人名义与被告单位中宝公司签订承包合同，合同约定由被告人陈华承包该公司合成车间，承包生产经营系列医药化工产品（CBS系列、苯基丙酮及其他医药化工产品、中间体），独立核算，自主经营，自负盈亏，承包期为3年（自1999年6月1日至2002年5月31日），经营中由中宝公司开具经营票据，办理有关账务手续，并提供行业管理方面的资料信息和国家政策法规，由被告人陈华每年上缴中宝公司承包费，3年共计68万元。合同签订后，被告人陈华与被告人廖新华以及郝银、苟森林（均另案处理）合伙投资经营，被告人陈华投股人民币5.1万元，被告人廖新华和郝银、苟森林每人投股人民币5万元。被告人陈华作为承包人总负责并侧重解决技术方面的问题，被告人廖新华具体负责车间的日常生产和经营管理，郝银、苟森林二人分别负责生产和设备的维修、保养。2000年1月至12月，金坛市个体化工产品营销员周锦钢主动与被告人廖新华联系，以金坛市白塔镇鑫塔化工厂的名义，先后6次共付款人民币24万元，向中宝公司合成车间购买苯基丙酮2300公斤。具体如下：2000年1月7日，周锦钢自己带车提货，购买100公斤苯基丙酮，付款人民币1.1万元；2000年1月12日，周锦钢自己带车提货，购买400公斤苯基丙酮，以银行汇票形式支付人民币4.8万元；

2000年2月1日，周锦钢自己带车提货，购买200公斤苯基丙酮，付款人民币1.92万元；2000年3月7日，被告人廖新华派业务员邱德健送200公斤苯基丙酮到金坛市，周锦钢付款人民币1.98万元；2000年10月19日，周锦钢自己带车提货，购买800公斤苯基丙酮，付款人民币7.9万元；2000年12月5日，周锦钢自己带车提货，购买600公斤苯基丙酮，付款人民币6.3万元。

一审诉辩情况

检察机关指控被告单位中宝公司，被告人陈华、廖新华的行为构成非法买卖制毒物品罪。

被告单位中宝公司的诉讼代表人刘爱云，被告人陈华、廖新华及各自的辩护人认为：被告单位及两被告人均不知苯基丙酮是易制毒化学品，主观上无非法买卖制毒物品的犯罪故意；销售苯基丙酮的行为未违反当时的国家规定，客观上无非法买卖制毒物品的犯罪行为，故被告单位及两被告人的行为均不构成犯罪。

一审裁判结果

江苏省扬州市郊区人民法院于2002年6月24日以〔2002〕郊刑初字第69号刑事判决，认定被告单位中宝公司犯非法买卖制毒物品罪，判处罚金人民币15万元；被告人陈华犯非法买卖制毒物品罪，判处有期徒刑2年6个月，并处罚金人民币2万元；被告人廖新华犯非法买卖制毒物品罪，判处有期徒刑2年6个月，并处罚金人民币2万元。

一审裁判理由

一审法院认为：被告单位中宝公司超越国家相关部门对产品核准登记的经营范围，生产易制毒化学品苯基丙酮，并在境内非法买卖，被告人陈华、廖新华系直接负责的主管人员和直接责任人员，其行为均已构成非法买卖制毒物品罪。被告单位及两被告人均系初犯，且已退出全部赃款，均可酌情从轻处罚。检察机关指控被告单位及两被告人犯非法买卖制毒物品罪的事实清楚，证据确实、充分，指控的罪名正确，应予认定。

被告单位中宝公司，被告人陈华、廖新华及辩护人提出的上诉理由和意见。经查，被告单位及两被告人有对其生产经营的产品用途作全面了解的义务，应当明知苯基丙酮是易制毒化学品；被告单位中宝公司超越国家相关部门对产品核准登记的经营范围，生产易制毒化学品苯基丙酮，并在境内非法买卖，其行为已违反了当时的国家规定。故被告单位中宝公司，被告人陈华、廖新华及各自的辩护人认为"被告单位及两被告人均不知苯基丙酮是易制毒化学品，主观上无非法买卖制毒物品的犯罪故意；销售苯基丙酮的行为未违反当时的国家规定，客观上无非法买卖制毒物品的犯罪行为，被告单位及两被告人的行为均不构成犯罪"的辩解和辩护意见均不能采纳。

二审诉辩情况

一审宣判后，被告单位中宝公司，被告人陈华、廖新华提出上诉。

上诉单位中宝公司提出：《联合国禁止贩卖麻醉药品和精神药物公约》（以下简称《公约》），国家经济贸易委员会、公安部、国家工商行政管理局《关于加强易制毒化学品生产经营管理的通知》不适用本案，认定上诉单位明知苯基丙酮是易制毒化学品及上诉单位的行为已违反当时国家对易制毒化学品的规定于法无据。

上诉人陈华提出：《刑法》第350条规定的"其他原料和配剂"必须由国家有关主管机关颁文并公布于众，在此之前，即2001年8月24日前其参与生产经营苯基丙酮的行为并未触犯刑法，只是超越工商行政管理部门规定的经营范围，由中宝公司补办相关手续予以解决，其行为不构成犯罪。

上诉人廖新华及其辩护人提出：中宝公司制造、买卖苯基丙酮的行为不存在非法性，国家并无对苯基丙酮的买卖加以管制的法律、法规和文件规定，上诉人的行为不构成犯罪，一审法院将超越经营范围这一违反工商行政管理法规的行为认定为非法买卖制毒物品犯罪的前提以及将管制公告以前的行为以犯罪予以追究都是错误的。上诉人参与买卖苯基丙酮是在陈华与中宝公司签订了承包合同，应陈华的聘请共同管理承包项目的，合同明确规定公司应当及时提供国家相关政策、法规，经营是否合法，责任在于中宝公司，应对公司进行处罚，上诉人不承担刑事责任。

二审裁判结果

江苏省扬州市中级人民法院于2002年8月8日以同样的事实作出〔2002〕扬刑一终第64号刑事裁定，驳回上诉，维持原判。

二审裁判理由

二审法院认为：上诉人陈华承包的合成车间作为中宝公司的组成部分，以中宝公司的名义，违反国家规定在境内非法销售苯基丙酮，上诉单位中宝公司应负刑事责任，构成非法买卖制毒物品罪；上诉人陈华作为中宝公司合成车间的承包人，是直接负责的主管人员，廖新华负责合成车间的经营、销售等，是直接责任人员，其行为亦构成非法买卖制毒物品罪。上诉单位中宝公司，上诉人陈华、廖新华及其辩护人的上诉理由和意见均不能成立，不予采纳。原判决认定事实清楚，证据确实、充分，定罪准确，量刑适当，审判程序合法。

> **277. 行为人纯粹以获取利益为目的，采取一定欺瞒手段隐瞒真相，买卖制毒物品，逃避国家对易制毒物品的监管的行为，该如何定性？**
>
> 如果行为人不以制造毒品为目的，纯粹以获取利益为目的，违反国家规定，故意采取一定欺瞒手段隐瞒真相，买卖制毒物品，逃避国家对其监管的行为，可以证明行为人主观上对制毒物品是"明知"的，应以非法买卖制毒物品罪论处。

> **278. 非法买卖制毒物品交易中，在买卖双方之间介绍、撮合，起居间作用的，该如何定罪？**
>
> 非法买卖制毒物品交易中，在买卖双方之间介绍、撮合，起居间作用的，应认定为非法买卖制毒物品罪的共犯。

> **279. 行为人是否一经实施非法买卖制毒物品的行为即构成非法买卖制毒物品罪？**
>
> 制毒物品属于国家限制流通物品，也可以作为一般化学原料使用，非法买卖制毒物品必须达到一定的数量才能构成非法买卖制毒物品罪。

典型疑难案件参考

房立安、许世财非法买卖制毒物品案

基本案情

2003年2月，被告人房立安通过他人介绍认识了被告人许世财。2006年6月，房立安让许世财联系贩卖麻黄素事宜，并与许世财约定六四分成。许世财同意并联系了买主。2006年7月至8月，房立安经许世财介绍，分两次将3

吨（3000千克）盐酸伪麻黄碱（右旋麻黄素）运往深圳，分别出售给香港人黄正兴和台湾人叶某，非法获利1060万元。房立安分得640万元，许世财分得420万元。

诉辩情况

检察机关指控被告人房立安、许世财犯非法买卖制毒物品罪。

一审宣判后，被告人房立安、许世财均提出上诉。

房立安提出：其在企业面临破产、无力支撑的情况下才出卖麻黄素的，未对社会造成危害。其归案后能如实供述所犯罪行，积极退赃，并协助公安机关抓获许世财，一审量刑过重。

许世财提出：原判认定事实不清，证据不足。本人在本案中起次要、辅助作用，系从犯，一审判决未能体现出对从犯从轻处罚的原则，量刑过重。

裁判结果

银川市中级人民法院作出刑事判决，认定被告人房立安犯非法买卖制毒物品罪，判处有期徒刑9年，并处罚金人民币50万元。被告人许世财犯非法买卖制毒物品罪，判处有期徒刑9年，并处罚金人民币40万元。

一审宣判后，被告人房立安、许世财均提出上诉。宁夏回族自治区高级人民法院经二审审理，裁定驳回上诉，维持原判。

裁判理由

法院生效裁判认为：被告人房立安、许世财违反国家规定，在境内非法买卖用于可制造毒品的原料，数量大，其行为均已构成非法买卖制毒物品罪，社会危害极大，依法应予严惩。认定房立安、许世财非法买卖制毒物品罪的事实清楚，证据确实、充分。

房立安明知麻黄素是制毒原料，非经批准不得擅自买卖，但仍为获取暴利伙同许世财将3吨麻黄素非法卖出。许世财在房立安提出让其联系贩卖麻黄素事宜后，明知麻黄素是制毒原料，非经批准不得擅自买卖，但仍为获取暴利积极寻找买主，联系买卖双方，将麻黄素卖给他人。两被告人在共同犯罪中均起积极作用，均系主犯。一审判决已充分考虑了房立安归案后能如实供述所犯罪行，具有悔罪表现等情节，对其量刑并无不当。对许世财的量刑亦无不当。故法院依法作出如上裁判。

走私制毒物品罪、非法买卖制毒物品罪办案依据集成

刑法条文

第三百五十条 【走私制毒物品罪，非法买卖制毒物品罪】违反国家规定，非法运输、携带醋酸酐、乙醚、三氯甲烷或者其他用于制造毒品的原料或者配剂进出境的，或者违反国家规定，在境内非法买卖上述物品的，处三年以下有期徒刑、拘役或者管制，并处罚金；数量大的，处三年以上十年以下有期徒刑，并处罚金。

【制造毒品罪】明知他人制造毒品而为其提供前款规定的物品的，以制造毒品罪的共犯论处。

单位犯前两款罪的，对单位判处罚金，并对其直接负责的主管人员和其他直接责任人员，依照前两款的规定处罚。

立案标准

1. 最高人民法院《关于审理毒品案件定罪量刑标准有关问题的解释》（2000年6月10日法释〔2000〕13号）（节录）

第四条 违反国家规定，非法运输、携带进出境或在境内非法买卖醋酸酐、乙醚、三氯甲烷或者其他用于制造毒品的原料或者配剂达到下列数量标准的，依照刑法第三百五十条第一款的规定定罪处罚：

（一）麻黄碱、伪麻黄碱及其盐类和单方制剂五千克以上不满五十千克；麻黄浸膏、麻黄浸膏粉一百千克以上不满一千千克；

（二）醋酸酐、三氯甲烷二百千克以上不满二千千克；

（三）乙醚四百千克以上不满三千千克；

（四）上述原料或者配剂以外其他相当数量的用于制造毒品的原料或者配剂。

违反国家规定，非法运输、携带进出境或者在境内非法买卖用于制造毒品的原料或者配剂，超过前款所列数量标准的，应当认定为刑法第三百五十条第一款规定的"数量大"。

2. 最高人民检察院、公安部《关于公安机关管辖的刑事案件立案追诉标准的规定（三）》（2012年5月16日）（节录）

第五条 [走私制毒物品案（《刑法》第三百五十条）] 违反国家规定，非法运输、携带制毒物品进出国（边）境，涉嫌下列情形之一的，应予立案追诉：

（一）1-苯基-2-丙酮五千克以上；

（二）麻黄碱、伪麻黄碱及其盐类和单方制剂五千克以上，麻黄浸膏、麻黄浸膏粉一百千克以上；

（三）3,4-亚甲基二氧苯基-2-丙酮、去甲麻黄素（去甲麻黄碱）、甲基麻黄素

（甲基麻黄碱）、羟亚胺及其盐类十千克以上；

（四）胡椒醛、黄樟素、黄樟油、异黄樟素、麦角酸、麦角胺、麦角新碱、苯乙酸二十千克以上；

（五）N－乙酰邻氨基苯酸、邻氨基苯甲酸、哌啶一百五十千克以上；

（六）醋酸酐、三氯甲烷二百千克以上；

（七）乙醚、甲苯、丙酮、甲基乙基酮、高锰酸钾、硫酸、盐酸四百千克以上；

（八）其他用于制造毒品的原料或者配剂相当数量的。

非法运输、携带两种以上制毒物品进出国（边）境，每种制毒物品均没有达到本条第一款规定的数量标准，但按前款规定的立案追诉数量比例折算成一种制毒物品后累计相加达到上述数量标准的，应予立案追诉。

为了走私制毒物品而采用生产、加工、提炼等方法非法制造易制毒化学品的，以走私制毒物品罪（预备）立案追诉。

实施走私制毒物品行为，有下列情形之一，且查获了易制毒化学品，结合行为人的供述和其他证据综合审查判断，可以认定其"明知"是制毒物品而走私或者非法买卖，但有证据证明确属被蒙骗的除外：

（一）改变产品形状、包装或使用虚假标签、商标等产品标志的；

（二）以藏匿、夹带、伪装或者其他隐蔽方式运输、携带易制毒化学品逃避检查的；

（三）抗拒检查或者在检查时丢弃货物逃跑的；

（四）以伪报、藏匿、伪装等蒙蔽手段逃避海关、边防等检查的；

（五）选择不设海关或者边防检查站的路段绕行出入境的；

（六）以虚假身份、地址或者其他虚假方式办理托运、寄递手续的；

（七）以其他方法隐瞒真相，逃避对易制毒化学品依法监管的。

明知他人实施走私制毒物品犯罪，而为其运输、储存、代理进出口或者以其他方式提供便利的，以走私制毒物品罪的共犯立案追诉。

第六条 ［非法买卖制毒物品案（《刑法》第三百五十条）］违反国家规定，在境内非法买卖制毒物品，数量达到本规定第五条第一款规定情形之一的，应予立案追诉。

非法买卖两种以上制毒物品，每种制毒物品均没有达到本条第一款规定的数量标准，但按前款规定的立案追诉数量比例折算成一种制毒物品后累计相加达到上述数量标准的，应予立案追诉。

违反国家规定，实施下列行为之一的，认定为本条规定的非法买卖制毒物品行为：

（一）未经许可或者备案，擅自购买、销售易制毒化学品的；

（二）超出许可证明或者备案证明的品种、数量范围购买、销售易制毒化学品的；

（三）使用他人的或者伪造、变造、失效的许可证明或备案证明购买、销售易制毒化学品的；

（四）经营单位违反规定，向无购买许可证明、备案证明的单位、个人销售易制毒化学品的，或者明知购买者使用他人的或者伪造、变造、失效的许可证明或者备案证明，向其销售易制毒化学品的；

（五）以其他方式非法买卖易制毒化学品的。易制毒化学品生产、经营、使用单位或者个人未办理许可证明或者备案证明，购买、销售易制毒化学品，如果有证据证明确实用于合法生产、生活需要，依法能够办理只是未及时办理许可证明或者备案证明，且未造成严重社会危害的，可以不以非法买卖制毒物品罪立案追诉。

为了非法买卖制毒物品而采用生产、加工、提炼等方法非法制造易制毒化学品的，以非法买卖制毒物品罪（预备）立案追诉。

非法买卖制毒物品主观故意中的"明知"，依照本规定第五条第四款的有关规定予以认定。

明知他人实施非法买卖制毒物品犯罪，而为其运输、储存、代理进出口或者以其他方式提供便利的，以非法买卖制毒物品罪的共犯立案追诉。

第十三条（第二款） 本规定中的"制毒物品"是指刑法第三百五十条第一款规定的醋酸酐、乙醚、三氯甲烷或者其他用于制造毒品的原料或者配剂，具体品种范围按照国家关于易制毒化学品管理的规定确定。

第十五条 本规定中的立案追诉标准，除法律、司法解释另有规定的以外，适用于相关的单位犯罪。

第十六条 本规定中的"以上"，包括本数。

司法解释

最高人民法院《关于审理走私刑事案件具体应用法律若干问题的解释（二）》（2006年11月16日法释〔2006〕9号）（节录）

第五条 对在走私的普通货物、物品或者废物中藏匿刑法第一百五十一条、第一百五十二条、第三百四十七条、第三百五十条规定的货物、物品，构成犯罪的，以实际走私的货物、物品定罪处罚；构成数罪的，实行数罪并罚。

其他办案依据

最高人民法院、最高人民检察院、公安部《关于办理制毒物品犯罪案件适用法律若干问题的意见》（2009年6月23日）

各省、自治区、直辖市高级人民法院、人民检察院、公安厅、局，新疆维吾尔自治区高级人民法院生产建设兵团分院、新疆生产建设兵团人民检察院、公安局：

为依法惩治走私制毒物品、非法买卖制毒物品犯罪活动，根据刑法有关规定，结合司法实践，现就办理制毒物品犯罪案件适用法律的若干问题制定如下意见：

一、关于制毒物品犯罪的认定

（一）本意见中的"制毒物品"，是指刑法第三百五十条第一款规定的醋酸酐、乙醚、三氯甲烷或者其他用于制造毒品的原料或者配剂，具体品种范围按照国家关于易制毒化学品管理的规定确定。

（二）违反国家规定，实施下列行为之一的，认定为刑法第三百五十条规定的非法买卖制毒物品行为：

1. 未经许可或者备案,擅自购买、销售易制毒化学品的;
2. 超出许可证明或者备案证明的品种、数量范围购买、销售易制毒化学品的;
3. 使用他人的或者伪造、变造、失效的许可证明或者备案证明购买、销售易制毒化学品的;
4. 经营单位违反规定,向无购买许可证明、备案证明的单位、个人销售易制毒化学品的,或者明知购买者使用他人的或者伪造、变造、失效的购买许可证明、备案证明,向其销售易制毒化学品的;
5. 以其他方式非法买卖易制毒化学品的。

(三)易制毒化学品生产、经营、使用单位或者个人未办理许可证明或者备案证明,购买、销售易制毒化学品,如果有证据证明确实用于合法生产、生活需要,依法能够办理只是未及时办理许可证明或者备案证明,且未造成严重社会危害的,可不以非法买卖制毒物品罪论处。

(四)为了制造毒品或者走私、非法买卖制毒物品犯罪而采用生产、加工、提炼等方法非法制造易制毒化学品的,根据刑法第二十二条的规定,按照其制造易制毒化学品的不同目的,分别以制造毒品、走私制毒物品、非法买卖制毒物品的预备行为论处。

(五)明知他人实施走私或者非法买卖制毒物品犯罪,而为其运输、储存、代理进出口或者以其他方式提供便利的,以走私或者非法买卖制毒物品罪的共犯论处。

(六)走私、非法买卖制毒物品行为同时构成其他犯罪的,依照处罚较重的规定定罪处罚。

二、关于制毒物品犯罪嫌疑人、被告人主观明知的认定

对于走私或者非法买卖制毒物品行为,有下列情形之一,且查获了易制毒化学品,结合犯罪嫌疑人、被告人的供述和其他证据,经综合审查判断,可以认定其"明知"是制毒物品而走私或者非法买卖,但有证据证明确属被蒙骗的除外:

1. 改变产品形状、包装或者使用虚假标签、商标等产品标志的;
2. 以藏匿、夹带或者其他隐蔽方式运输、携带易制毒化学品逃避检查的;
3. 抗拒检查或者在检查时丢弃货物逃跑的;
4. 以伪报、藏匿、伪装等蒙蔽手段逃避海关、边防等检查的;
5. 选择不设海关或者边防检查站的路段绕行出入境的;
6. 以虚假身份、地址办理托运、邮寄手续的;
7. 以其他方法隐瞒真相,逃避对易制毒化学品依法监管的。

三、关于制毒物品犯罪定罪量刑的数量标准

(一)违反国家规定,非法运输、携带制毒物品进出境或者在境内非法买卖制毒物品达到下列数量标准的,依照刑法第三百五十条第一款的规定,处三年以下有期徒刑、拘役或者管制,并处罚金:

1. 1-苯基-2-丙酮五千克以上不满五十千克;
2. 3,4-亚甲基二氧苯基-2-丙酮、去甲麻黄素(去甲麻黄碱)、甲基麻黄素(甲基麻黄碱)、羟亚胺及其盐类十千克以上不满一百千克;

3. 胡椒醛、黄樟素、黄樟油、异黄樟素、麦角酸、麦角胺、麦角新碱、苯乙酸二十千克以上不满二百千克；

4. N-乙酰邻氨基苯酸、邻氨基苯甲酸、哌啶一百五十千克以上不满一千五百千克；

5. 甲苯、丙酮、甲基乙基酮、高锰酸钾、硫酸、盐酸四百千克以上不满四千千克；

6. 其他用于制造毒品的原料或者配剂相当数量的。

（二）违反国家规定，非法买卖或者走私制毒物品，达到或者超过前款所列最高数量标准的，认定为刑法第三百五十条第一款规定的"数量大的"，处三年以上十年以下有期徒刑，并处罚金。

四、非法种植毒品原植物罪

280. 非法种植毒品原植物，在收获前自动铲除的，应怎样处理？

非法种植罂粟或者其他毒品原植物，在收获前自动铲除的，可以免除处罚。

281. 行为人非法种植毒品原植物，被人发现后自行铲除，但铲除后又复长了大量毒品原植物的，应怎样认定行为人的犯罪数量？

行为人非法种植毒品原植物，后自行铲除，但铲除后又复长了大量毒品原植物的，复长的数量不应计入非法种植毒品原植物罪的犯罪数量中，而应以铲除时的数量为依据。同时，由于铲除不彻底，复长的毒品原植物数量多，具有社会危害性，因此不能对其适用自动铲除免除处罚的规定。

典型疑难案件参考

冯宗进非法种植毒品原植物案

基本案情

2008年9月间，被告人冯宗进与冯久建（另案处理）经密谋后，2人携带罂粟种子到光泽县坪溪农场，一边务工，一边在该农场梁山寺与磨菇寺附近一偏僻的山垅田里种植罂粟，面积达1.8亩。同年11月29日，被告人冯宗进等人种植的罂粟长出部分幼苗后被他人发现，被告人冯宗进与冯久建便返回宁德家乡，此后被告人冯宗进打电话给在光泽县坪溪农场做工的妹夫冯元族，请其代为铲除罂粟苗，冯元族于12月初的一个晚上带了4人一起到种植罂粟的田地里对已生长出的罂粟幼苗进行铲除，并对种植的土地进行耕耘。但2008年12月22日、2009年3月10日和3月11日经光泽县公安局对种植罂粟的田地进行3次勘查并清点，后该田地先后又长出罂粟幼苗共计6161株（2008年12月22日1034株、2009年3月11日1167株、同年3月12日3960株），直至4月12日在农艺师的指导下，才由光泽县坪溪农场职工将上述罂粟苗彻底清除。

▶一审诉辩情况◀

检察机关指控被告人冯宗进犯非法种植毒品原植物罪。

被告人冯宗进提出：对于自己非法种植罂粟的行为不持异议，但事发后已经叫冯元族铲除。

被告人冯宗进的辩护人提出：被告人冯宗进不法种植罂粟的行为构成犯罪，但事发后电话叫冯元族铲除，其主观上已中止了社会危害的发生。公安机关对铲除后的现场进行了勘查，发现又长出了罂粟苗，这不是被告人的主观意愿，况且公安机关清点的数量上存在问题。因此，应当依法对被告人予以免除处罚。

▶一审裁判结果◀

福建省南平市光泽县人民法院于2009年10月13日以〔2009〕光刑初字第123号刑事判决，认定冯宗进犯非法种植毒品原植物罪，判处有期徒刑1年。

▶一审裁判理由◀

一审法院认为：被告人冯宗进违反国家法规，在未取得合法种植罂粟手续的情况下，非法种植1034株罂粟。因此，其行为已构成非法种植毒品原植物罪，检察机关指控的罪名成立，应依法追究其刑事责任。

被告人冯宗进在种植罂粟长出幼苗被他人发现后便自动进行了铲除，虽然铲除后又长出罂粟幼苗与被告人非法种植罂粟有直接关系，但犯罪数量应认定为被告人自动铲除时罂粟苗的数量，即1034株，由于被告人自动铲除后，未经强制铲除，其自动铲除后复长出的数量不应计算为被告人冯宗进的犯罪数量，因此，检察机关指控被告人冯宗进种植罂粟6161株不当。被告人冯宗进虽然在罂粟长出后自动进行了铲除，但铲除后又复长了5000余株，仍具有较大的社会危害性，因此，被告人冯宗进的行为不符合《刑法》第351条第3款"非法种植罂粟或者其他毒品原植物，在收获前自动铲除的，可以免除处罚"的规定，被告人冯宗进的辩解和辩护人提出被告人冯宗进已自动铲除，在主观上已中止了社会危害的发生的辩解、辩护意见不能成立，不予采纳。视该案情节酌情予以减轻处罚。

▶二审诉辩情况◀

一审宣判后，冯宗进提出上诉。

上诉人冯宗进提出：其在罂粟苗刚长出时就叫人全部自动铲除，应符合"在收获前自动铲除的，可以免除处罚"的法律规定，原判量刑畸重。

二审裁判结果

福建省南平市中级人民法院于2009年11月30日以相同的事实作出〔2010〕南刑终字第173号刑事裁定，驳回上诉，维持原判。

二审裁判理由

二审法院认为：上诉人（原审被告人）冯宗进为牟取非法利益而违反国家对毒品原植物的管制规定，非法种植罂粟数量较大，其行为已构成非法种植毒品原植物罪。对上诉人冯宗进提出的上诉理由。经查，上诉人冯宗进及其同案人冯久建利用到光泽县坪溪农场务工之机，选择该农场生态公益林区一偏僻山坡非法开荒种植罂粟面积达1.8亩，事发后，为逃避追究返回原籍，后委托他人代为铲除，在他人代为铲除的过程中，未全部彻底铲除，而是对已生长出的罂粟幼苗进行铲除，仅从之后罂粟苗复长的数量远远超过初次铲除的数量，即可反映出代为铲除的客观情况，因此，上诉人应承担未全部彻底铲除罂粟苗的法律后果，原审根据本案的性质、后果、社会危害性等情节，就低认定罂粟苗数量对上诉人科处的刑罚，并无不当。故对上诉人冯宗进提出的上诉理由，不予采纳。

非法种植毒品原植物罪办案依据集成

刑法条文

第三百五十一条 【非法种植毒品原植物罪】非法种植罂粟、大麻等毒品原植物的,一律强制铲除。有下列情形之一的,处五年以下有期徒刑、拘役或者管制,并处罚金:

(一)种植罂粟五百株以上不满三千株或者其他毒品原植物数量较大的;

(二)经公安机关处理后又种植的;

(三)抗拒铲除的。

非法种植罂粟三千株以上或者其他毒品原植物数量大的,处五年以上有期徒刑,并处罚金或者没收财产。

非法种植罂粟或者其他毒品原植物,在收获前自动铲除的,可以免除处罚。

立案标准

1. 最高人民法院《关于审理毒品案件定罪量刑标准有关问题的解释》(2000年6月10日法释〔2000〕13号)(节录)

第五条 非法种植大麻五千株以上不满三万株,应当认定为刑法第三百五十一条第一款第(一)项规定的非法种植大麻"数量较大";非法种植大麻三万株以上,应当认定为刑法第三百五十一条第二款规定的非法种植大麻"数量大"。

2. 最高人民检察院、公安部《关于公安机关管辖的刑事案件立案追诉标准的规定(三)》(2012年5月16日)(节录)

第七条 [非法种植毒品原植物案(《刑法》第三百五十一条)]非法种植罂粟、大麻等毒品原植物,涉嫌下列情形之一的,应予立案追诉:

(一)非法种植罂粟五百株以上的;

(二)非法种植大麻五千株以上的;

(三)非法种植其他毒品原植物数量较大的;

(四)非法种植罂粟二百平方米以上、大麻二千平方米以上或者其他毒品原植物面积较大,尚未出苗的;

(五)经公安机关处理后又种植的;

(六)抗拒铲除的。

本条所规定的"种植",是指播种、育苗、移栽、插苗、施肥、灌溉、割取津液或者收取种子等行为。非法种植毒品原植物的株数一般应以实际查获的数量为准。因种植面积较大,难以逐株清点数目的,可以抽样测算每平方米平均株数后按实际种植面积测算出种植总株数。

非法种植罂粟或者其他毒品原植物，在收获前自动铲除的，可以不予立案追诉。

第十六条　本规定中的"以上"，包括本数。

其他办案依据

最高人民检察院公诉厅《毒品犯罪案件公诉证据标准指导意见（试行）》

（2005年4月25日〔2005〕高检诉发第32号）（节录）

一、一般证据标准（略，参见347.5，第778页）。

二、特殊证据标准

（六）非法种植毒品原植物罪的特殊证据

根据刑法第351条第1款第2、3项之规定：行为人非法种植毒品原植物，经公安机关处理后又种植的，或者抗拒铲除的，构成本罪。本罪的特殊证据主要参考以下内容：

1. 公安机关对原种植行为的处理情况说明；
2. 公安机关的处理决定（包括行政处罚决定）；
3. 公安机关责令铲除毒品原植物的通知书；
4. 公安机关警告或责令改正的记录。

通过上述证据证明公安机关曾处理过犯罪嫌疑人、被告人种植毒品原植物的行为，或者公安机关曾责令犯罪嫌疑人、被告人铲除其非法种植的毒品原植物，或者强制铲除犯罪嫌疑人、被告人种植的毒品原植物，但是犯罪嫌疑人、被告人拒绝铲除。非法种植毒品原植物数量没有达到刑法第351条第1款第1项规定的数量较大程度，又不能证实行为人具有上述两种情形之一的，不构成犯罪。

五、容留他人吸毒罪

282. 明知在自己经营管理的娱乐场所中有客人吸食毒品，却听之任之、不管不问的，经营管理者是否构成犯罪？

明知在自己经营管理的娱乐场所中有客人吸食毒品，却听之任之、不管不问的，经营管理者构成容留他人吸毒罪。容留他人吸食、注射毒品的人数和次数的多少不影响本罪的成立。

典型疑难案件参考

黄林贵等容留他人吸毒案

基本案情

1997年11月，海南珠江瞬达娱乐有限公司成立了海口金夜娱乐广场，经营歌舞厅业务，负责人黄林贵。至2001年4月，因经营亏本，黄林贵即找被告人陈家锋商议将舞厅改成迪厅共同经营，陈家锋表示同意后，双方签订了协议书。金夜娱乐广场迪厅于2001年8月22日开业，被告人黄林贵任总经理，负责金夜娱乐广场的全面工作，并由黄林贵口头任命被告人陈家锋任副总经理，负责金夜广场的经营管理。金夜广场自改成迪厅经营以来，该迪厅内存在有客人吸食"摇头丸"的情况。2001年10月18日，海口市公安局新华分局治安科在金夜娱乐广场安全检查时指出有群众反映金夜广场有吸食"摇头丸"情况，要求其紧急整改，发现问题报告。同年11月上旬的某日，由被告人陈家锋主持召开的部门经理会议上，部门经理谢雪峰、庞海在会上反映，金夜广场迪厅内有人吸食摇头丸的情况；如果不及时处理，就会被查处，陈家锋在会上说，客人吃摇头丸是客人的事，我们想管也管不了，公安机关来查就说是我们这里没有发现吃摇头丸的。会后，被告人陈家锋将金夜广场迪厅有客人吃"摇头丸"的情况向被告人黄林贵汇报。黄林贵仅口头表示"如果有证据，可报警让公安机关来抓人"。但是，陈家锋为了招揽顾客，故意充耳不闻，根本没有采取措施制止也不向公安部门报告。被告人黄林贵在知道金夜广场迪厅有了吸毒的情况后，对陈家锋是否采取措施制止客人吸食摇头丸不闻不问，而是听之任之，采取放任的态度，造成金夜广场吸毒行为泛滥，2001年12月间，公安干警在金夜广场查获了一批吸毒人员。

诉辩情况

检察机关认为：被告人黄林贵、陈家峰明知他人在其经营场所吸毒，而采取放任态度，为他人吸毒提供场所，其行为已构成容留他人吸毒罪。

被告人黄林贵提出：其是海南珠江瞬达娱乐有限公司总经理，不是金夜广场的总经理。陈家锋没有向其汇报金夜娱乐广场有人吸毒的情况，其已让他全权负责工作，他没有必要汇报。陈家锋说中华娱乐城有人吸毒被查处，其要求他立即组织开会，采取措施，预防吸毒现象，说其不采取措施不符合事实。其没有发现有人吸毒现象，无法向公安机关报案。

黄林贵的辩护人提出：黄林贵不符合容留他人吸毒罪的构成要件。本案没有证据证明黄林贵知道金夜娱乐广场有人吸毒。客人在迪厅吸食摇头丸现象，陈家峰只向他报告过一次，黄林贵当即表示：如有证据，应让公安机关来抓。并叫陈家峰立即采取措施搞好预防，不存在放任的情况。综上，黄林贵主观上既没有明知，也没有放任，其行为不构成容留他人吸毒罪，应宣告其无罪。

被告人陈家锋提出：其并没有说"客人吃摇头丸是客人的事，我们想管也管不了，公安机关来查就说我们这里没有人吃摇头丸"。

陈家锋的辩护人提出：被告人陈家锋作为管理层，对于客人如何消费，是由服务员接待，如果有人吸毒，陈家锋根本不知道；陈家锋只是一个普通经营者，他无法对是否存在吸毒现象进行鉴定，所以没有采取相关措施，不应认为是放任他人吸毒，只能说是其管理不严，而给予其行政处罚。

裁判结果

海南省海口市新华区人民法院于2002年5月31日以〔2002〕新刑初字第123号刑事判决，认定被告人黄林贵犯容留他人吸毒罪，判处有期徒刑1年，并处罚金5000元。被告人陈家锋犯容留他人吸毒罪，判处有期徒刑1年，并处罚金5000元。

裁判理由

海南省海口市新华区人民法院认为：被告人黄林贵、陈家锋，身为金夜广场的负责人，为了招徕客人，保持回头客，明知他人在其经营的娱乐场所吸食摇头丸，充耳不闻，视而不见，为他人吸食毒品提供便利，其行为均已构成容留他人吸毒罪，应予惩处。检察机关指控的事实清楚，证据确实、充分，指控罪名成立。

被告人黄林贵辩称其不是金夜广场的总经理，陈家锋向其汇报中华娱乐城有人吸毒被查处后其已要求陈家锋采取措施，因没有发现有人吸毒，无法向公安机关报案。经查，黄林贵是金夜广场的负责人，不仅有金夜广场的营业执照和海南龙珠瞬达娱乐有限公司的任命书证实，且被告人黄林贵在公安机关侦查阶段的多份口供中均承认其系金夜广场的负责人，是总经理，陈家锋系副总经理，陈家锋的供述也证实黄林贵是金夜广场的总经理。陈家锋、金夜广场的"公主"、"少爷"都亲眼看到有客人吃摇头丸，黄林贵称没有发现有人吸毒与事实不符。

其辩护人提出金夜广场已承包给陈家锋经营，黄林贵不知道金夜广场存在吸毒情况，也没有放任客人在金夜广场内吸食摇头丸。经查，金夜广场迪厅是由黄林贵和陈家锋共同投资经营的，二被告人的多次供述中也证实是合伙经营，辩护人仅凭陈家锋的承诺书和雷海虹在行政复议书中说金夜广场已承包给陈家锋经营，就认定金夜广场系陈家锋承包经营，显然证据不足，也与事实不符。陈家锋对金夜广场有人吃摇头丸的情况曾向黄林贵作了汇报。证人雷海虹的证言也证实陈家锋向黄林贵汇报金夜广场有吃摇头丸的事实，黄林贵对此也供认不讳。因此，可以认定黄林贵是知道金夜广场有人吸毒的，黄林贵仅是口头交待陈家锋采取措施，但陈家锋根本没有采取任何措施制止客人吸毒。黄林贵身为金夜广场的主要负责人，对陈家锋是否采取措施从不过问，面对金夜广场存在的吸毒现象充耳不闻，视而不见，其行为表现为一种间接故意，因此，辩护理由不能成立，不予采纳。

被告人陈家锋辩称，其没有说客人吃摇头丸是客人的事，想管也管不了，公安机关来查就说金夜广场没有人吃摇头丸。经查，陈家锋在部门经理会议上，在谢雪峰、庞海向其反映金夜广场有客人在包厢里吸毒时，陈家锋说过此话，并有人证曾蔚、王武的证言证实。陈家锋在法庭上否认其说过此话的证据不足。其辩护人认为，陈家锋作为管理层，没有直接与客人接触，对是否有客人吸毒根本不知道，也无法对是否存在吸毒现象进行鉴定，其没有采取措施只能说明管理不严，而不能认为是放任他人吸毒。经查，陈家锋虽属管理人员，没有直接与客人接触，但是金夜广场员工多次向他反映金夜广场有人吃摇头丸的情况，陈家锋身临现场也目睹了这一事实，公安机关在对金夜广场安全检查时也指出有群众举报金夜广场存在有吃摇头丸的现象，要求其立即整改。而陈家锋仍然对客人在其经营的娱乐广场吸毒视而不见，就是一种放任他人吸毒的行为，而并非是管理不严。因此，其辩护意见理由不能成立。故法院依法作出如上裁判。

容留他人吸毒罪办案依据集成

刑法条文

第三百五十四条 【容留他人吸毒罪】容留他人吸食、注射毒品的,处三年以下有期徒刑、拘役或者管制,并处罚金。

立案标准

最高人民检察院、公安部《关于公安机关管辖的刑事案件立案追诉标准的规定(三)》(2012年5月16日)(节录)

第十一条 [容留他人吸毒案(《刑法》第三百五十四条)] 提供场所,容留他人吸食、注射毒品,涉嫌下列情形之一的,应予立案追诉:

(一)容留他人吸食、注射毒品两次以上的;
(二)一次容留三人以上吸食、注射毒品的;
(三)因容留他人吸食、注射毒品被行政处罚,又容留他人吸食、注射毒品的;
(四)容留未成年人吸食、注射毒品的;
(五)以牟利为目的容留他人吸食、注射毒品的;
(六)容留他人吸食、注射毒品造成严重后果或者其他情节严重的。

第十三条(第一款) 本规定中的毒品是指鸦片、海洛因、甲基苯丙胺(冰毒)、吗啡、大麻、可卡因以及国家规定管制的其他能够使人形成瘾癖的麻醉药品和精神药品。具体品种以国家食品药品监督管理局、公安部、卫生部发布的《麻醉药品品种目录》、《精神药品品种目录》为依据。

第十六条 本规定中的"以上",包括本数。

第八章 组织、强迫、引诱、容留、介绍卖淫罪

一、组织卖淫罪、强迫卖淫罪、协助组织卖淫罪

283. 组织他人卖淫中的"他人",是否包括男性?

组织他人卖淫中的"他人",包括女性和男性。

284. 行为人以营利为目的,招募、控制多名男性从事同性间的性交易活动,是否构成组织卖淫罪?

行为人以营利为目的,组织同性之间进行的性交易也是卖淫行为,构成组织卖淫罪。

典型疑难案件参考

李宁组织卖淫案

基本案情

2003年1月至8月,被告人李宁以营利为目的,先后伙同刘超、冷成宝等人经预谋后,采取张贴广告、登报的方式招聘"公关先生",制定公关人员管理制度,指使刘超、冷成宝对"公关先生"进行管理,并在其经营的"金麒麟"、"廊桥"及"正麟"酒吧内将"公关先生"介绍给同性嫖客,由同性嫖客带至本市"新富城"大酒店等处从事同性卖淫活动。其中:

2003年7月中旬的一天,被告人李宁组织赵某某(另行处理)在本市"新富城"大酒店一楼桑拿浴室包间内,以人民币200元的价格与顾客郫某某进行同性卖淫活动。2003年7月30日,冷成宝组织骆某某(另行处理)在本市"新富城"大酒店一楼桑拿浴室包间内,以人民币200元的价格与顾客李

某某进行同性卖淫活动等。2003年7月至8月中旬，被告人多次组织同性卖淫行为。

2003年8月17日，被告人李宁被公安机关抓获归案。

> **诉辩情况**

检察机关指控被告人李宁犯组织卖淫罪。

被告人李宁及其辩护人提出：起诉书指控的7起犯罪事实不清。《刑法》、相关司法解释及有关词典对同性之间的性与金钱的交易是否构成卖淫无明文规定，且该行为并不危害社会秩序和良好的社会风尚，故其行为不构成犯罪。

一审宣判后，李宁提出上诉。

李宁提出：其组织同性卖淫不构成犯罪，原审判决量刑过重。

李宁的辩护人提出：李宁不应对本案的犯罪事实承担全部刑事责任，且社会危害性较小、归案后认罪态度好，愿意交纳罚金，请求二审法院从轻判处。

> **裁判结果**

江苏省南京市秦淮区人民法院于2004年2月11日以〔2004〕秦刑初字第11号刑事判决，认定被告人李宁犯组织卖淫罪，判处有期徒刑8年，罚金人民币6万元。被告人李宁违法所得1500元予以追缴。

一审宣判后，李宁提出上诉。江苏省南京市中级人民法院于2004年4月30日以同样的事实和理由作出〔2004〕宁刑终字第122号刑事裁定，驳回上诉，维持原判。

> **裁判理由**

法院生效裁判认为：关于被告人李宁拒不认罪并提出"起诉书指控的七起犯罪事实不清"的辩解意见及辩护人提出"起诉书指控的第一起至第七起犯罪事实与被告人李宁无关"的辩护意见经查。被告人李宁在侦查阶段所作多份有罪供述及亲笔所写悔过书，均证实了介绍给同性嫖客从事同性卖淫活动的犯罪事实，供述稳定且前后一致，并与证人冷成宝、沈莉瑶、林涛、沈飞、沈武等人的证言相印证，被告人李宁作为组织者应当对自己以及冷成宝等人所组织的同性卖淫行为承担刑事责任，现被告人李宁当庭翻供又未能作出合理解释，故对该辩解意见及辩护意见不予采纳。

关于辩护人提出"被告人李宁的行为不构成犯罪，况且《刑法》及相关司法解释对同性之间的性交易是否构成卖淫无明文规定，而且本案并不危害社会公共秩序和良好的社会风尚"的辩护意见，根据我国《刑法》规定组织卖淫罪，是指以招募、雇佣、引诱、容留等手段，控制多人从事卖淫的行为，组织他人卖淫中的"他人"主要指女性，也包括男性。本案被告人李宁以营利为目的，经预谋以登报等方式招募"公关先生"，并组织"公关先生"从事钱与性的交易活动。虽然该交易在同性之间进行，但该行为亦为卖淫行为，被告人李宁作为组织者其行为已侵害了社会治安管理秩序和良好的社会风尚，符合组织卖淫罪的构成要件，故对该辩护意见不予采纳。

被告人李宁以营利为目的，招募、控制多人从事卖淫活动，其行为已构成组织卖淫罪，依法应予惩处。检察机关指控被告人李宁犯组织卖淫罪的事实清楚，证据确实充分，指控的罪名成立，予以采纳。故一二审法院依法作出如上裁判。

285. 强迫卖淫罪中的强迫手段有没有具体的要求？

强迫卖淫罪的行为人主要采用暴力、胁迫等强制手段，迫使不愿卖淫的人实施卖淫活动，具体手段强度没有特别限制。

典型疑难案件参考

闫魏娜强迫卖淫案

基本案情

2002年4月，被告人闫魏娜在温县打公用电话时结识了一名叫喜军（身份不详）的男青年，后通过喜军与荥阳市汜水镇老君堂村凤凰屏浴池老板安小亮（在逃）相互勾结，于同年5月，用胁迫或欺骗手段先后将温县徐堡镇苏王村少女李某（出生于1986年3月8日）、李某某（出生于1987年6月18日）、温泉镇前上作村少女孙某（出生于1988年5月25日）、林召乡姚庄村少女姚某（出生于1985年3月11日）带至凤凰屏浴池，限制人身自由，用威胁、殴打手段强迫李某从事卖淫活动10余次，李某某被强迫卖淫1次。

诉辩情况

检察机关指控被告人闫魏娜的行为已构成强迫卖淫罪。

被告人闫魏娜称其未强迫被害人。

被告人闫魏娜的辩护人提出：起诉书认定事实存在错误，且本案系共同犯罪，被告人有悔罪表现，系初犯，请求从轻处罚。

裁判结果

河南省荥阳市人民法院于2003年1月23日以〔2003〕荥刑初字第29号刑事判决,认定被告人闫魏娜犯强迫卖淫罪,判处有期徒刑10年,并处罚金1万元。

判案理由

法院裁判认为:被告人闫魏娜违背妇女意志伙同他人采用暴力、威胁手段多次强迫他人卖淫,其行为已构成强迫卖淫罪。荥阳市人民检察院指控被告人闫魏娜的犯罪事实及罪名成立,予以支持。关于被告人闫魏娜以其未强迫被害人为由进行的辩解。经查,被告人闫魏娜采用胁迫、欺骗手段将被害人带至凤凰屏浴池,并殴打、威胁她们卖淫的事实,有被害人李某、李某某等人的陈述在案为证,且与被告人闫魏娜在侦查阶段的供述相印证,另有证人吴丽、李普元等人的证言相佐证,故其辩解理由不能成立,不予采纳;辩护人以起诉书认定事实有误,且本案系共同犯罪,被告人有悔罪表现,系初犯,请求从轻处罚的辩护理由部分成立,予以采纳。故法院依法作出如上裁判。

---

286. 行为人采用限制妇女人身自由的方法,强迫妇女卖淫。在限制人身自由期间,行为人强行与一名妇女发生性关系的,该如何认定?

强奸后迫使卖淫的,属于强迫卖淫罪的加重情节。但如果强奸不是为了迫使卖淫,而是分别实施了限制人身自由强迫卖淫和强奸行为的,则应以强迫卖淫罪和强奸罪数罪并罚。

典型疑难案件参考

张×强迫卖淫案

基本案情

2004年11月16日晚,被告人张×伙同王鹏(小名王二虎,已刑事拘留)、王辉(小名田田)、朱本芝(小名三毛)、刘峰(后3人均在逃)预谋带网友姚×(女)和汤×(女,又名王×)外出卖淫后,遂以王辉生病为借口,王鹏和朱本芝等人上网将姚×和汤×骗至本市九龙岗张×家。张×、王辉告知姚×、汤×要带两人到外地去卖淫挣钱,两人不愿意,张×等人即不让两人走。后王鹏伙同朱本芝、尹明、颜少男、郑春健5人乘出租车到本市田家庵找汤×的女友毛毛（大名不详），欲带毛毛和汤×等一块去卖淫，因毛毛反抗未能将毛毛带回。当晚张×、朱本芝控制姚×在张×家睡觉，其间张×强行和姚×发生了性关系。汤×则由王辉、王鹏带至王辉家睡觉。第二天早上，王辉、王鹏带汤×回到张×家，几人再次将姚×、汤×两人控制在张×家中。当日中午1时许，在刘峰跟着的情况下，姚×、汤×乘外出到公共厕所解手时的机会，请求他人帮助打"110"电话报警，后公安民警赶到张×家将两人解救并抓获被告人张×。

▶ 一审诉辩情况

检察机关认为：被告人张×伙同他人采取拘禁的方法，违背妇女意志强迫妇女卖淫，其行为已构成强迫卖淫罪，并且被告人张×具有强奸后迫使卖淫的严重情节。本案系共同犯罪。被告人张×犯罪时不满18周岁。

被告人张×提出：起诉书指控其强行和姚×发生性关系不属实，对其余指控无异议。其没强奸姚×，她是自愿的。其也没有强迫她卖淫，只是一直劝她。

被告人张×的辩护人提出：被告人张×等人仅是劝说两被害人出去卖淫，其主观上无强迫卖淫的故意；两被害人不存在被拘禁的状况，张×等人客观上无强迫卖淫的具体行为表现。两被害人陈述应不予采信。首先，被害人汤×不愿提供自己的真实姓名，其证言真实性值得怀疑。其次，被害人姚×陈述的所谓"强奸"情节，只有其一人陈述，孤证应不予采信。故起诉书指控证据不足，指控罪名不能成立，应判决被告人张×无罪。

▶ 一审裁判结果

安徽省淮南市大通区人民法院于2005年7月15日以〔2005〕大刑初字第33号刑事判决，认定被告人张×犯强迫卖淫罪，判处有期徒刑3年，并处罚金5000元。犯强奸罪，判处有期徒刑3年。两罪并罚，决定执行有期徒刑5年，并处罚金5000元。

▶ 二审诉辩情况

一审宣判后，原审被告人的法定代理人提出上诉。

上诉人（原审被告人的法定代理人）赵梅及张×的辩护人提出：张×仅是劝说两被害人出去卖淫，其主观上无强迫卖淫的故意；两被害人不存在被拘禁的状况，张×在客观上无强迫卖淫的具体行为表现。认定张×强奸姚×的事实不清、证据不足，张×和姚×是恋人关系，两人发生性关系是姚×自愿的。

故张×的行为不构成强迫卖淫罪和强奸罪,应判决被告人张×无罪。

二审裁判结果

安徽省淮南市中级人民法院于 2005 年 8 月 31 日以同样的事实作出〔2005〕淮刑终字第 086 号刑事裁定,驳回上诉,维持原判。

二审裁判理由

法院生效裁判认为:被告人张×伙同他人采取限制妇女人身自由的方法,违背妇女意志强迫妇女卖淫,其行为已构成强迫卖淫罪,但由于意志以外的原因未得逞,系未遂,依法可比照即遂犯从轻或减轻处罚。被告人张×一人犯两罪,应数罪并罚。但被告人张×犯罪时不满 18 周岁,依法应从轻或减轻处罚。淮南市大通区人民检察院起诉书指控的犯罪事实清楚、证据确实充分、指控强迫卖淫罪名成立,予以确认。但认定被告人张×具有强奸后迫使妇女卖淫的严重情节。经查,强奸后迫使卖淫的,是指强奸行为与强迫他人卖淫行为之间有联系,强奸行为是强迫他人卖淫的一种手段。而本案中被告人张×强奸被害人姚×的行为,无证据证明是为迫使姚×卖淫而实施,故不应认定张×具有此情节。被告人张×分别实施了强迫卖淫和强奸行为,应分别定罪并依法实行并罚。

对被告人张×及其辩护人的辩解、辩护意见。(1)关于两被害人陈述能否采信问题。经查,首先,被害人汤×并非在公安机关才陈述其叫王×,而是其平时均称自己叫王×,故不能以此推断其在公安机关陈述虚假;其次,两被害人陈述的事实经过基本一致,且与被告人张×、同案人王鹏供述,证人尹明、郑春健、周倩证言相印证,故对两人陈述予以采信。(2)关于被告人张×是否具有强迫卖淫的主观故意、客观行为表现,其行为能否构成强迫卖淫罪问题。经查,被告人张×伙同他人预谋将两被害人带出去卖淫,具有让被害人去卖淫的故意,在此故意支配下将两人骗至家中。在两人表示不同意去卖淫的情况下,张×伙同他人遂将两人控制住,致使被害人寻机借助他人报警才得以脱身。结合被告人张×供述两人不敢走和被害人陈述因害怕不敢喊、不敢跑,说明客观上张×等人的行为已造成对被害人的人身自由限制和精神强制,显是将两被害人拘禁,其目的就是迫使被害人去卖淫。故被告人张×等人主观上具有强迫他人卖淫故意,客观上实施了限制他人人身自由的强迫卖淫行为。作为共同犯罪人,被告人张×的行为符合强迫卖淫罪构成要件,应予定罪处罚。(3)关于被告人张×是否强奸姚×问题。经查,被害人姚×陈述在张×家睡觉时,张×强行和其发生了性关系,除其陈述外,还有另一被害人汤×陈述次日其听姚×讲张×强行与姚发生性关系。故姚×陈述其被张×强奸并非孤证。此外，被告人张×等人为了迫使姚×卖淫，已限制住姚×的人身自由，使姚×在意志上已无自由可言，在此情况下，张×和姚×发生性关系，亦属违背姚×意志。故应予认定被告人张×强奸姚×的事实。

综上，被告人张×及其辩护人的辩解、辩护意见均不能成立，不予采纳。根据被告人张×犯罪的事实、性质、情节、社会危害程度、认罪态度和走上犯罪道路的主客观原因等情况，依法对其所犯强迫卖淫罪减轻处罚，对其所犯强奸罪从轻处罚。故法院依法作出如上裁判。

287. 语言威胁是否属于强迫卖淫罪中"强迫"的方式？

强迫的方式包括暴力、胁迫等方式，语言威胁属于胁迫的方式。

288. 强迫他人卖淫后，为防止其逃离，将其反锁于房内的行为是否构成非法拘禁罪？

强迫他人卖淫后，为防止其逃离，将其反锁于房内的行为属于强迫卖淫罪的继续，不另定非法拘禁罪。

典型疑难案件参考

唐发均强迫卖淫案

基本案情

2004年4月17日下午，被告人唐发均（男）以招工的名义将被害人陈某（男）带至成都市一环路北一段238号4幢2单元5号暂住房，电话通知嫖客"董妈"（男），并要陈某卖淫。陈不从，唐即以语言威胁等方法，迫使陈某卖淫，事后"董妈"交给唐100余元。当晚，唐又让陈某向嫖客"四路"（男）卖淫，事后"四路"交给唐300元。此后，唐为防止陈离开将陈反锁于房间内。2004年5月26日，被害人陈某向公安机关报案，当日被告人唐发均被公安机关抓获。

另查明，被告人唐发均自 2002 年 4 月 30 日刑满释放至今尚不满 5 年。

诉辩情况

检察机关认为：被告人唐发均强迫他人卖淫，其行为已构成强迫卖淫罪。

被告人唐发均提出：自己没有强迫被害人陈某卖淫，陈某是自愿的，也未多次强迫陈某卖淫。

裁判结果

成都市金牛区人民法院于 2005 年 3 月 3 日作出刑事判决：被告人唐发均犯强迫卖淫罪，判处有期徒刑 6 年，并处罚金人民币 5000 元；被告人唐发均的违法所得 400 元予以追缴。

裁判理由

法院生效裁判认为：被告人唐发均采取胁迫的方法强迫他人卖淫，并从中牟利，主观上有强迫他人卖淫的故意，客观上实施了强迫他人卖淫的行为，其行为严重侵犯了社会治安管理秩序和他人的人身权利，已构成强迫卖淫罪。成都市金牛区人民检察院对被告人唐发均构成强迫卖淫罪的指控成立，应予支持。但检察机关指控被告人多次强迫他人卖淫的事实，因缺乏相关证据，不予认定。被告人唐发均在庭审中辩称陈某是自愿卖淫的辩解意见，与其在侦查阶段所作的供述及证人证言、被害人陈述相矛盾，被告人唐发均当庭翻供又未作出合理的解释，故对其辩解意见不予采纳。对被告人唐发均的其他辩解意见，予以采纳。鉴于被告人唐发均刑满释放后 5 年内又犯罪，系累犯，应当从重处罚。

---

289. 组织卖淫罪与协助组织卖淫罪该如何区分？

组织卖淫罪主要表现为以招募、雇佣、强迫等手段，控制多人从事卖淫的行为，而协助组织卖淫罪主要表现为在组织他人卖淫的共同犯罪中起帮助作用的行为。如充当保镖、打手、管账人等。由于协助组织卖淫罪有单独的法定刑，应当确定为独立的罪名，适用单独的法定刑处罚。因此，如果行为人明知他人组织卖淫，仍积极参与并予以协助，而不是自己采用强迫、招募等手段控制他人卖淫的，则应定协助组织卖淫罪。

典型疑难案件参考

成宾等组织卖淫、协助组织卖淫、容留卖淫案

基本案情

2009年1月间，被告人成宾先后找到卖淫女杭某某、樊某在天津市西青区津淄公路边的"休闲吧"足疗店内进行卖淫嫖娼活动，并从中谋利。2009年3月间，被告人成宾、金允峰、宋学猛使用诱骗、强迫之手段，迫使女孩郭某某、李某某在"休闲吧"足疗店内卖淫。期间，被告人金允峰、宋学猛负责对杭某某、郭某某等4名女子的接送和看管。

2009年3月29日23时许，郭某某、李某某、杭某某向嫖客李某、马某某、张某某进行卖淫嫖娼活动，而在"休闲吧"足疗店负责管理的被告人胥瑞明知郭某某等人在"休闲吧"内卖淫，仍予以容留。公安民警在安全检查时，将被告人胥瑞、郭某某、李某某等人当场抓获。2009年4月11日，被告人金允峰被抓获；2009年4月24日，被告人成宾被抓获；2009年4月25日，被告人宋学猛被抓获。

诉辩情况

检察机关指控被告人胥瑞犯容留卖淫罪，被告人成宾、金允峰、宋学猛犯组织卖淫罪。

被告人胥瑞、成宾、金允峰、宋学猛均未辩解。

被告人胥瑞的辩护人提出被告人胥瑞系初犯且认罪态度较好等辩护意见。

被告人成宾的辩护人提出被告人成宾系从犯且自首的辩护意见。

裁判结果

天津市西青区人民法院于2009年8月25日以〔2009〕青刑初字第322号刑事判决，认定成宾犯组织卖淫罪，判处有期徒刑6年，并处罚金1000元；金允峰犯协助组织卖淫罪，判处有期徒刑4年，并处罚金1000元；宋学猛犯协助组织卖淫罪，判处有期徒刑4年，并处罚金1000元；胥瑞犯容留卖淫罪，判处有期徒刑2年，并处罚金1000元；案缴汽车1辆发还成美兰，案缴练习本、笔记本、刀具等物品予以没收。

裁判理由

法院生效判决认为：被告人成宾为图私利，采取招募、强迫等手段，控制多人进行卖淫活动，其行为已构成组织卖淫罪；被告人金允峰、宋学猛明知被告人成宾组织他人卖淫，仍积极参与并予以协助，其行为已构成协助组织卖淫罪；被告人胥瑞明知杭某某等人在其店内卖淫，仍予以容留，其行为已构成容留卖淫罪。检察机关指控被告人成宾、胥瑞的罪名成立；但指控被告人金允峰、宋学猛的罪名欠妥。被告人成宾、金允峰、宋学猛、胥瑞能够如实供述自己的犯罪事实，具有酌定从轻处罚之情节。被告人成宾案发后没有主动投案，故被告人成宾的辩护人的辩护意见，不予采纳。被告人胥瑞的辩护人的辩护意见，予以采纳。故法院依法作出如上裁判。

290. 介绍卖淫罪和协助组织卖淫罪该如何区分？

协助组织卖淫罪是指帮助组织者组织他人卖淫的行为，而介绍卖淫罪主要表现为与卖淫人员相约定、联系，在卖淫者和嫖客之间进行介绍、撮合的行为，两罪的主观方面不同。行为人明知会所为卖淫场所，被聘到该会所担任管理者，从而协助经营者组织招聘的多人在会所内进行卖淫活动的，并非是单纯的为卖淫人员寻找卖淫对象，也不是在卖淫者与嫖客之间进行引见、撮合，构成协助组织卖淫罪。

典型疑难案件参考

刘波、陈小艳介绍卖淫案

基本案情

2010年9月，上诉人刘波、陈小艳在他人开办且从事卖淫活动的海口市琼山区龙昆南路禧龙酒店8楼的禧龙水疗休闲会所分别担任领班、收银员。当客人来到会所后，刘波根据经营者的要求，负责向客人介绍有卖淫服务的项目，将客人带到房间后，就通知前台安排卖淫小姐到客人的房间，由刘波向客人介绍小姐情况让客人挑选，陈小艳则向客人收取费用。刘波和陈小艳分别安排卖淫小姐刘影、王娟、刘小芳、范玉婷等人在房间向到该会所的客人卖淫。

一审诉辩情况

检察机关指控被告人刘波、陈小艳犯介绍卖淫罪。

一审裁判结果

海口市琼山区人民法院于 2011 年 5 月 13 日以〔2011〕琼山刑初字第 93 号刑事判决,认定被告人刘波犯协助组织卖淫罪,判处有期徒刑 5 年,并处罚金人民币 5000 元;被告人陈小艳犯协助组织卖淫罪,判处有期徒刑 5 年,并处罚金人民币 5000 元;随案移送的作案工具手机 3 部、赃款人民币 3900 元,予以没收,上缴国库。

一审裁判理由

一审判决认为:被告人刘波、陈小艳在组织他人卖淫的共同犯罪中起帮助作用,介绍多人卖淫,情节严重,其行为已构成协助组织卖淫罪,应依法惩处。检察机关指控的犯罪事实清楚,证据确实、充分,但指控的罪名不当,应予纠正。鉴于被告人刘波、陈小艳犯罪后自愿认罪,可以酌情从轻处罚。扣押在案的作案工具手机 3 部、赃款人民币 3900 元,予以没收,上缴国库。

二审诉辩情况

一审宣判后,被告人刘波、陈小艳均提出上诉。

刘波及其辩护人提出:刘波不是证人所指认的"肖主任",刘波介绍他人卖淫的行为未达到情节严重,且系从犯,原审判决量刑过重,请求二审法院依法改判。

陈小艳上诉称:其只负责收银,未介绍他人卖淫,原审判决量刑过重,请求二审法院依法改判。

二审裁判结果

海南省海口市中级人民法院于 2011 年 8 月 25 日作出〔2011〕海中法刑终字第 108 号刑事裁定,驳回上诉,维持原判。

二审裁判理由

二审法院认为:上诉人刘波、陈小艳协助他人组织多名妇女卖淫,其 2 人的行为均构成协助组织卖淫罪,依法应予惩处。对上诉人刘波及其辩护人提出刘波不是"肖烈"、"肖主任",刘波介绍他人卖淫的行为未达到情节严重,且系从犯,原审判决量刑过重的上诉及辩护意见。经查,刘波在担任禧龙水疗休闲会所领班期间，明知该会所从事卖淫活动，却负责接待客人，通知前台安排卖淫小姐，向客人介绍卖淫小姐的情况，让刘影、王娟、刘小芳、范玉婷向到会所消费的客人卖淫，该事实有刘波、陈小艳的供述，证人的证言相互印证，足以认定。原审判决并未认定刘波就是"肖烈"、"肖主任"。刘波明知该会所从事卖淫活动，却协助组织他人卖淫，其在犯罪活动中起主要作用，且安排多人向客人卖淫，属情节严重，不能认定为从犯，原审判决对其判处有期徒刑5年，量刑适当，上述意见于法不符，不予支持。

对上诉人陈小艳提出其只负责收银，未介绍他人卖淫，原审判决量刑过重的上诉意见。经查，陈小艳除负责收银外，还负责安排卖淫小姐到房间给客人挑选，在负责接待客人和安排小姐卖淫的经理不在时，其又负责向客人介绍卖淫小姐情况，并曾安排刘影、王娟、刘小芳、范玉婷向到会所消费的客人卖淫，该事实有陈小艳和同案人刘波的供述，证人的证言相互印证，足以认定。陈小艳明知禧龙休闲会所为卖淫场所，仍协助组织他人多次卖淫，情节严重，原审判决对其判处有期徒刑5年，量刑适当。上述意见没有事实根据，不予支持。

对出庭检察员提出本案应定性为介绍卖淫罪的检察意见。经查，刘波、陈小艳明知禧龙水疗休闲会所为卖淫场所，被聘到该会所分别担任领班和收银，从而协助经营者组织招聘的多名卖淫小姐在会所内为来会所的嫖客卖淫，并非是单纯的为卖淫小姐寻找卖淫对象，也不是在卖淫小姐与嫖客之间进行引见、撮合，二上诉人的主观故意是协助经营者组织多名卖淫小姐在会所从事卖淫活动。二人的行为不符合介绍卖淫罪的构成要件，不应认定为介绍卖淫罪。原审判决认定事实清楚，证据确实充分，定罪准确，量刑适当。故法院依法作出如上裁判。

组织卖淫罪、强迫卖淫罪、协助组织卖淫罪办案依据集成

刑法条文

第三百五十八条 【组织卖淫罪,强迫卖淫罪】组织他人卖淫或者强迫他人卖淫的,处五年以上十年以下有期徒刑,并处罚金;有下列情形之一的,处十年以上有期徒刑或者无期徒刑,并处罚金或者没收财产:

(一)组织他人卖淫,情节严重的;

(二)强迫不满十四周岁的幼女卖淫的;

(三)强迫多人卖淫或者多次强迫他人卖淫的;

(四)强奸后迫使卖淫的;

(五)造成被强迫卖淫的人重伤、死亡或者其他严重后果的。

有前款所列情形之一,情节特别严重的,处无期徒刑或者死刑,并处没收财产。

【协助组织卖淫罪】为组织卖淫的人招募、运送人员或者有其他协助组织他人卖淫行为的,处五年以下有期徒刑,并处罚金;情节严重的,处五年以上十年以下有期徒刑,并处罚金。

立案标准

1. 最高人民检察院、公安部《关于公安机关管辖的刑事案件立案追诉标准的规定(一)》(2008年6月25日公通字〔2008〕36号)(节录)

第七十五条 [组织卖淫案(《刑法》第三百五十八条第一款)]以招募、雇佣、强迫、引诱、容留等手段,组织他人卖淫的,应予立案追诉。

第七十六条 [强迫卖淫案(《刑法》第三百五十八条第一款)]以暴力、胁迫等手段强迫他人卖淫的,应予立案追诉。

第七十七条 [协助组织卖淫案(《刑法》第三百五十八条第三款)]在组织卖淫的犯罪活动中,充当保镖、打手、管账人等,起帮助作用的,应予立案追诉。

2. 最高人民法院、最高人民检察院、公安部、司法部《关于依法惩治拐卖妇女儿童犯罪的意见》(2010年3月15日)(节录)

五、定性

18.(第二款)有关场所的经营管理人员事前与拐卖妇女的犯罪人通谋的,对该经营管理人员以拐卖妇女罪的共犯论处;同时构成拐卖妇女罪和组织卖淫罪的,择一重罪论处。

20.(第一款)明知是被拐卖的妇女、儿童而收买,具有下列情形之一的,以收买被拐卖的妇女、儿童罪论处;同时构成其他犯罪的,依照数罪并罚的规定处罚:

(5)组织、诱骗、强迫被收买的妇女、儿童从事乞讨、苦役,或者盗窃、传销、卖淫

等违法犯罪活动的；

法律法规

《娱乐场所管理条例》（2006年3月1日国务院令第458号）（节录）

第十三条　国家倡导弘扬民族优秀文化，禁止娱乐场所内的娱乐活动含有下列内容：

（六）宣扬淫秽、赌博、暴力以及与毒品有关的违法犯罪活动，或者教唆犯罪的。

第十四条　娱乐场所及其从业人员不得实施下列行为，不得为进入娱乐场所的人员实施下列行为提供条件：

（二）组织、强迫、引诱、容留、介绍他人卖淫、嫖娼；

（三）制作、贩卖、传播淫秽物品。

娱乐场所的从业人员不得吸食、注射毒品，不得卖淫、嫖娼；娱乐场所及其从业人员不得为进入娱乐场所的人员实施上述行为提供条件。

第五十三条（第一款）　娱乐场所违反有关治安管理或者消防管理法律、行政法规规定的，由公安部门依法予以处罚；构成犯罪的，依法追究刑事责任。

二、引诱、容留、介绍卖淫罪

291. 介绍卖淫罪与不构成犯罪的介绍嫖娼行为该如何区分？

在实践中，如果行为人没有明确的介绍卖淫的故意，也没有与卖淫者事先的约定，一般应认定为介绍嫖娼行为。行为人往往临时起意为他人介绍嫖娼，自己与卖淫者并不相识；行为人根据市场讯息，自己介绍嫖客到某处进行嫖娼；行为人根据自己曾经嫖娼的经历和熟悉的处所，带领或者介绍嫖客到该处所进行嫖娼。这些都属介绍嫖娼行为，但如果行为人基于其与卖淫人员的约定，介绍嫖客与该卖淫人员进行卖淫嫖娼活动，或者行为人基于其与某介绍卖淫者的约定，介绍嫖客通过该介绍卖淫者与卖淫人员进行卖淫嫖娼活动的，可以认为行为人构成介绍卖淫罪。

典型疑难案件参考

吴祥海介绍卖淫案

基本案情

被告人吴祥海曾数次前往本市天山支路75号宝都保健休闲店（又称"宝都发廊"），知道"宝都发廊"内从事卖淫嫖娼活动。"宝都发廊"业主林爱桃向吴祥海提出今后放心带朋友去玩。2005年1月4日凌晨零时许，吴祥海在长宁公安分局某派出所值班办公期间，接到其同学夏可宏（原系卢湾分局一民警，另行处理）的电话，让吴介绍嫖娼场所，吴同意。随后夏可宏与李善伟（原系卢湾分局某派出所一民警，另行处理）即赶到吴的办公处，由吴祥海驾车带夏、李两人先后到几处吴认为可嫖娼的地点，但均因这些地方已关门而作罢；吴祥海又与其朋友徐龙电话联系，要求徐帮助介绍嫖娼地点，亦因故未果。在此情况下，吴祥海驾车将夏、李带至"宝都发廊"，吴示意发廊业主林爱桃为夏可宏、李善伟两人安排小姐。在林的安排下，发廊服务员许某、展某分别与夏可宏、李善伟在发廊内进行了卖淫活动。

诉辩情况

检察机关指控被告人吴祥海犯介绍卖淫罪。

被告人吴祥海认为：自己只是普通的介绍嫖娼行为，不构成犯罪。

▶ 裁判结果

上海市第一中级人民法院经审理后作出刑事判决，认定被告人吴祥海犯介绍卖淫罪罪，判处有期徒刑10个月，并处罚金人民币2000元。

一审宣判后，被告人吴祥海提出上诉。上海市高级人民法院以同样的事实和理由作出刑事裁定，驳回上诉，维持原判。

▶ 裁判理由

法院生效裁判认为：被告人吴祥海的行为已构成介绍卖淫罪。

292. 行为人积极引诱、介绍男童以供他人实施猥亵行为，是否构成犯罪？

行为人为了满足他人要求，积极引诱、介绍男童以供他人实施猥亵行为，构成引诱、介绍卖淫罪。

典型疑难案件参考

福富一猥亵儿童，黄日成引诱、介绍卖淫案

▶ 基本案情

2005年8月，被告人福富一从深圳罗湖口岸入境，入住香格里拉大酒店。后福富一在酒店附近闲逛时，被告人黄日成上前与福富一搭讪，问其是否需要"小姐"服务，福富一即用英文表示自己不喜欢女孩，喜欢小男孩。黄日成明白其意思后，将自己的电话号码留给福富一，并去找来了符某、郑某某等未成年人给福富一认识。

2005年12月26日下午15时许，被告人福富一再次从深圳罗湖口岸入境，入住香格里拉大酒店2626房。17时许，福富一给黄日成打电话，要其帮助找几个男童供其猥亵。黄日成即到某中学找到被害人庄某某（男，1993年12月24日出生）、符某（男，1992年1月21日出生）、郑某某（男，1991年6月9日出生）3名初中生，并带着与福富一会面。后福富一、黄日成带着3名男孩一起到深圳市东门步行街，福富一出钱给每个男孩买了一件衣服。当晚20时许，5人返回香格里拉大酒店，福富一给付黄日成介绍费1100元人民币后，将3名男孩带到酒店2626房内。福富一与3名男孩通过书写文字和数字方式进行交流，许诺给每名男孩子100元人民币，之后，福富一先将被害人郑某某带入洗手间内，脱下郑的裤子对郑进行猥亵；后又用同样的方式，依次分别将被害人符某、庄某某带入洗手间内进行猥亵。在猥亵完3人之后，福富一分别给了3被害人100至200元的报酬，让3被害人离开了酒店。

当晚，被害人符某在父母的带领下向公安机关报案，公安人员在酒店内将福富一抓获；次日，将居间介绍的黄日成抓获。

▶一审诉辩情况◀

检察机关认为被告人福富一以抠摸儿童阴茎的方式猥亵儿童，被告人黄日成居间介绍猥亵儿童，其行为均构成猥亵儿童罪。

被告人福富一表示认罪：但辩解称自己是老师，非常喜欢孩子，给钱是因为孩子穷，自己要帮助他们。

被告人福富一的辩护人提出：被猥亵的其中1名男孩案发时已经年满14周岁了，不符合猥亵儿童罪的犯罪对象。被告人福富一没有采取暴力手段强制猥亵被害人，是被害人为了得到金钱，自愿给被告人猥亵的。被告人福富一的认罪态度好，请求法庭从轻处罚。

被告人黄日成提出：自己虽然介绍了男孩子给日本人福富一，但是并不清楚福富一是来猥亵儿童的。

被告人黄日成的辩护人辩称提出：被告人福富一是在猥亵这些儿童；客观上被告人黄日成也没有实施猥亵儿童的行为，请求法庭宣告被告人黄日成无罪。

▶一审裁判结果◀

广东省深圳市中级人民法院于2006年8月10日以〔2006〕深中法刑一初字第154号刑事判决，认定被告人福富一犯猥亵儿童罪，判处有期徒刑5年，驱逐出境。被告人黄日成犯引诱、介绍卖淫罪，判处有期徒刑5年，并处罚金人民币5000元。

▶二审诉辩情况◀

一审宣判后，福富一、黄日成提出上诉。

上诉人（原审被告人）福富一及辩护人提出：上诉人并未采取金钱引诱的方式，诱导儿童供自己猥亵。被害人是主动提出索要金钱，以提出性服务换取报酬的。上诉人认罪态度较好，量刑过重，要求从轻处罚。

上诉人（原审被告人）黄日成提出：量刑过重，要求从轻处罚。

二审裁判结果

广东省高级人民法院于 2006 年 9 月 21 日以同样的事实和理由作出〔2006〕粤高法刑一终字第 717 号刑事裁定，驳回上诉，维持原判。

二审裁判理由

法院生效裁判认为：被告人福富一为寻求刺激，采取抠摸不满 14 周岁男童阴茎的行为来满足自己不正当的欲望，其行为严重侵害了儿童的隐私权，对被害儿童的健康成长造成了伤害，其行为已触犯了中华人民共和国法律，构成了猥亵儿童罪，依法应当承担相应的刑事责任。被告人黄日成在罗湖火车站附近介绍女子向他人进行卖淫活动，在向被告人福富一介绍卖淫女时，了解到被告人福富一有特殊的性需要（不喜欢女人，喜欢儿童），为了满足被告人福富一的要求，明知自己的行为有伤风化，仍积极引诱、介绍男童为被告人福富一提供性服务，其行为构成了引诱、介绍卖淫罪，且引诱、介绍 3 人为福富一提供性服务，属于情节严重，应依法惩处。故法院依法作出如上裁判。

293. 明知他人在出租房内从事卖淫活动，仍将房屋出租的行为，如何定性？

明知他人在出租房内从事卖淫活动仍出租房屋的行为，应认定为容留卖淫罪。

294. 行为人长期出租自有住房为卖淫者提供场所，容留多人多次从事卖淫活动的，是否构成容留卖淫罪的"情节严重"？

容留 2 人次以上卖淫的行为属于容留卖淫罪要求的"情节严重"。行为人长期出租自有住房为卖淫者提供场所，容留多人多次从事卖淫活动，致使屋内多次发生卖淫嫖娼活动，可以认定行为人容留卖淫行为"情节严重"。

典型疑难案件参考

杨某、米某容留卖淫案

基本案情

被告人杨某、米某系夫妻,二人长期将朝阳区院内10余间自有住房对外出租。2006年4月27日、6月5日、7月27日,公安机关将在上述地点从事卖淫活动的承租人彭某、李某、刘某、孙某、王某、付某6人抓获,且将容留卖淫的杜某抓获。同年8月初和10月12日,民警两次告知杨某承租户中存在卖淫嫖娼的嫌疑。杨某、米某在明知皮某、王某等人长期从事卖淫活动的情况下,仍将该院内房屋出租给上述人员。同年10月17日11时许,民警将从事卖淫活动的皮某、王某、杜某抓获,当日亦将2被告人抓获。

诉辩情况

检察机关指控被告人杨某、米某犯容留卖淫罪。

被告人杨某、米某均提出:不知道有人在承租房屋内从事卖淫活动。

被告人杨某的辩护人提出:现有证据不能证明杨某高价出租自有房屋,积极容留多人卖淫、牟取私利的事实。杨某系初犯,犯罪主观恶性较小,建议从轻处理。

被告人米某的辩护人提出:米某在出租房屋时并不明知承租人中有人卖淫,不具有容留他人卖淫的主观故意,其行为不构成容留卖淫罪。

一审宣判后,被告人杨某提出上诉。

杨某提出:其不明知承租人从事卖淫活动,原判认定的告知次数不准。其只是估计承租人有不法行为,并进行过规劝。除出租房屋外,其与卖淫者无利害关系。原判认定事实不清,量刑过重。

裁判结果

北京市朝阳区人民法院经审理,作出刑事判决,被告人杨某犯容留卖淫罪,判处有期徒刑5年,并处罚金人民币5000元;被告人米某犯容留卖淫罪,判处有期徒刑5年,并处罚金人民币5000元。

一审宣判后,被告人杨某提出上诉。北京市第二中级人民法院经审理作出刑事裁定,驳回上诉,维持原判。

裁判理由

法院生效裁判认为：上诉人杨某及原审被告人米某出租房屋为多名卖淫者提供场所，其行为构成容留卖淫罪，且情节严重，应依法惩处。鉴于二被告人均系初犯，可酌予从轻处罚。

杨某所提原判事实不清、量刑过重的上诉意见。经查，在案证据足以证实杨某明知多人租住其房屋用于卖淫，为赚取房租而仍予出租的事实，对杨所提原判事实不清的上诉意见不予采纳。原判根据杨某犯罪的情节，量刑适当，对其所提量刑过重的上诉意见亦不予支持。一审法院根据杨某、米某犯罪的事实、性质及具体情节作出的判决，定罪及适用法律正确，量刑适当，审判程序合法，应予维持。故法院依法作出如上裁判。

---

295. 为牟取非法利益，以在宾馆等公共场所发放招嫖卡片的形式介绍卖淫嫖娼，应定协助组织卖淫罪还是介绍卖淫罪？

行为人没有固定的卖淫场所，为牟取非法利益，以在宾馆等公共场所发放招嫖卡片的形式介绍卖淫嫖娼，并且未对卖淫人员有组织、控制等行为的，应认定为介绍卖淫罪。

典型疑难案件参考

江苏南通中院裁定维持范倩等人介绍卖淫罪抗诉案

基本案情

范盛杰（另案处理）发现通过发招嫖卡片，然后从美容院里找小姐卖淫来钱较快，遂通过被告人范倩购买手机卡，并大量印制卡片，于2010年七八月份来到江苏南通，在南通市区一些宾馆、酒店发放。同年9月左右，被告人黄玉明经人介绍跟随范盛杰一起发放卡片。范盛杰接到嫖客打来电话，谈妥卖淫地点、卖淫价格等事项后，即到美容院找卖淫女外出到嫖客入住的宾馆等处卖淫。其间，范盛杰与两名卖淫女认识，与其约定，范盛杰接生意后直接与寒某等人联系，嫖资由卖淫女向嫖客收取，卖淫女得300元、包夜得700元，余款交给范盛杰，卖淫女可向嫖客另外索要打的费。2011年2月，被告人范某从老家来到南通，根据范盛杰的安排，与黄玉明一起在南通一些宾馆内发放招嫖联系卡片，或向卖淫女收取结余的嫖资。范盛杰、范倩先后安排卖淫女寒某等人到宾馆向应某、屠某等人卖淫13次。

一审诉辩情况

检察机关指控被告人范倩、黄玉明、范某等人犯协助组织卖淫罪。

被告人范倩、黄玉明、范某等人对检察机关指控的事实无异议。

一审裁判结果

江苏省南通市崇川区人民法院以〔2011〕崇少刑初字第015号刑事判决，认定被告人范倩犯介绍卖淫罪，判处有期徒刑3年，并处罚金5000元；被告人黄玉明犯介绍卖淫罪，判处有期徒刑1年5个月，并处罚金1000元；被告人范某犯介绍卖淫罪，判处有期徒刑6个月，并处罚金1000元。

二审诉辩情况

一审宣判后，江苏省南通市崇川区人民检察院提出抗诉。检察机关认为：范盛杰对卖淫犯罪活动有着一定的组织管理行为及相关的组织作用，其行为符合组织卖淫罪的构成要件，范倩、黄玉明、范某等人根据范盛杰的要求，安排卖淫女卖淫、发放招嫖联系卡片等行为应认定为范盛杰组织卖淫过程中的协助行为，构成协助组织卖淫罪，一审法院以介绍卖淫罪定罪量刑不当。

二审裁判结果

江苏省南通市中级人民法院于2011年12月12日以同样的事实和理由作出〔2011〕通中少刑终字第0007号刑事裁定，驳回抗诉，维持原判。

二审裁判理由

法院生效裁判认为：在范盛杰的统一安排下，被告人范倩通过事先设定的电话转接功能，在接到部分嫖客的电话后，联系安排卖淫女向嫖客卖淫；被告人黄玉明、范某通过到各宾馆、酒店等场所发放招嫖联系卡片的方式，在卖淫女与嫖客之间牵线搭桥，3被告人的行为均已构成介绍卖淫罪，且3被告人均有介绍多人或多次卖淫的情形，属介绍他人卖淫情节严重。检察机关指控被告人范倩等人犯协助组织卖淫罪定性不当，予以纠正。被告人范倩、黄玉明、范某系共同犯罪，在共同犯罪中均起次要或辅助作用，是从犯，应当减轻处罚。被告人范某部分犯罪发生于已满16周岁未满18周岁，系未成年人，依法应当从轻或减轻处罚。被告人范倩、黄玉明、范某归案后如实供述自己的犯罪事实，自愿认罪，可依法从轻处罚。

关于检察机关称"原判决以介绍卖淫罪定罪不当、应认定为协助组织卖淫罪"的抗诉意见。经查，范盛杰与被告人范倩、黄玉明、范某在向卖淫女介绍嫖客过程中，对卖淫女未实施操纵、控制、管理行为，且无固定卖淫场所，嫖资由卖淫女自行与嫖客结算，范盛杰与本案3被告人仅从中分成。故范盛杰与本案3被告人的行为不符合组织卖淫和协助组织卖淫犯罪的基本特征，原判决以介绍卖淫罪对3被告人定罪正确，检察机关提出本案应以协助组织卖淫罪定性的抗诉意见不能成立，不予支持。原判决综合3被告人的犯罪事实、量刑情节等，决定对3被告人减轻处罚，并无不当。故一二审法院依法作出如上裁判。

引诱、容留、介绍卖淫罪办案依据集成

刑法条文

第三百五十九条 【引诱、容留、介绍卖淫罪】引诱、容留、介绍他人卖淫的,处五年以下有期徒刑、拘役或者管制,并处罚金;情节严重的,处五年以上有期徒刑,并处罚金。

【引诱幼女卖淫罪】引诱不满十四周岁的幼女卖淫的,处五年以上有期徒刑,并处罚金。

立案标准

最高人民检察院、公安部《关于公安机关管辖的刑事案件立案追诉标准的规定(一)》(2008年6月25日公通字〔2008〕36号)(节录)

第七十八条 [引诱、容留、介绍卖淫案(《刑法》第三百五十九条第一款)]引诱、容留、介绍他人卖淫,涉嫌下列情形之一的,应予立案追诉:

(一)引诱、容留、介绍二人次以上卖淫的;

(二)引诱、容留、介绍已满十四周岁未满十八周岁的未成年人卖淫的;

(三)被引诱、容留、介绍卖淫的人患有艾滋病或者患有梅毒、淋病等严重性病的;

(四)其他引诱、容留、介绍卖淫应予追究刑事责任的情形。

第七十九条 [引诱幼女卖淫案(《刑法》第三百五十九条第二款)]引诱不满十四周岁的幼女卖淫的,应予立案追诉。

三、嫖宿幼女罪

> **296.** 行为人确实不知其嫖宿的对象是不满 14 周岁的幼女，且该幼女一直自称其年龄在 14 周岁以上，那么行为人嫖宿幼女的行为是否构成嫖宿幼女罪？
>
> 行为人确实不知其嫖宿的对象是不满 14 周岁的幼女，且该幼女一直自称其年龄在 14 周岁以上，根据主客观相统一原则，由于行为人不具备嫖宿幼女的主观故意，故该行为不构成犯罪。

典型疑难案件参考

周某某、张某某被控嫖宿幼女再审宣告无罪案

基本案情

2000 年 2 月 23 日，唐业兰带着陈友明到了澧县官垸乡赵家村 3 组其亲戚熊菊兰家里，将熊菊兰的女儿刘某某（1987 年 4 月 15 日出生，未满 13 周岁）介绍给陈友明做工。当天下午，唐业兰和陈友明带着刘某某回到安乡县陈的家里。陈友明当即叫其子陈颜（在逃）与刘某某见了面，并指着刘某某问陈颜，"你看看她有多大了？"陈颜讲："看样子有十五六岁了。"陈友明讲："那你看走火了，她还差两个月满 13 岁。"次日（2 月 24 日），刘某某随陈颜及陈的父亲等人来到常德市，陈颜便与刘某某住在临时租住的一间房内。当晚陈颜将刘奸淫。至 2 月 29 日晚连续 5 天陈与刘睡在一起，据刘某某讲，每晚均被陈颜奸淫一次。

3 月 1 日，因陈颜的妻子来常德，又因餐馆还未开张，陈颜即于当天将刘某某送到本市三岔路"开心发廊"，并对刘讲："你到这里可以学理发，也可以卖淫。""开心发廊"老板丁清艳（已判刑）开始不接收，陈颜便讲只到这里搞几天，餐馆开业就将刘接走，丁清艳才接收。当丁问刘的年龄时，陈颜说 17 岁了。3 月 4 日下午，李超（已判刑）将来其槟榔店进货的老顾客被告人张某某介绍给丁清艳找刘某某嫖宿一次，张出资 50 元，丁清艳从中得 15 元。3 月 5 日，丁清艳将刘某某介绍给被告人周某某，当晚周某某在自己经营的日用杂货店内与刘某某嫖宿，周出资 100 元，丁清艳从中得 30 元。案发后，被告人张某某于 3 月中旬到三岔路派出所投案自首，并向该所提供线索抓获了一盗窃摩托车的团伙。

另查明：被害人刘某某自述在卖淫中，每当嫖客问其年龄时，均说16岁。

一审诉辩情况

检察机关指控被告人周某某、张某某犯嫖宿幼女罪。

被告人周某某、张某某提出：自己不知刘某某是幼女。

被告人周某某、张某某的辩护人均提出：嫖宿幼女罪是故意犯罪，只有明知对方是幼女而与之嫖宿的才构成本罪。本案两被告人在与刘某某嫖宿时不知她是幼女，故不构成嫖宿幼女罪。

一审裁判结果

湖南省常德市武陵区人民法院经过不公开开庭审理，于2001年3月26日作出〔2001〕武刑初字第53号刑事判决：

一、被告人周某某犯嫖宿幼女罪，判处有期徒刑5年，并处罚金人民币2000元；

二、被告人张某某犯嫖宿幼女罪，判处有期徒刑3年，缓刑3年，并处罚金人民币2000元。

二审诉辩情况

一审宣判后，被告人周某某提出上诉。

周某某及其辩护人提出，不知刘某某是未满14周岁的幼女，其行为不构成嫖宿幼女罪，要求二审宣告其无罪。

本案判决发生法律效力以后，周某某的妻子冯兰英不服，向有关部门提出申诉。

申诉的主要理由是：本案在二审期间，最高人民检察院《关于构成嫖宿幼女罪主观上是否需要具备明知要件的解释》明确规定嫖宿幼女罪主观上必须明知对方是幼女。本案被害人刘某某一直称自己已满16周岁，周某某不明知刘某某为幼女，其行为不构成嫖宿幼女罪。

二审裁判结果

一审宣判后，被告人周某某提出上诉。湖南省常德市中级人民法院于2001年7月21日以同样的事实作出〔2001〕常刑终字第72号刑事裁定，驳回上诉，维持原判。

本案判决发生法律效力以后，周某某的妻子冯兰英向有关部门提出申诉。湖南省常德市中级人民法院于2002年8月6日作出刑事判决：

一、撤销本院〔2001〕常刑终字第72号刑事裁定和武陵区人民法院

〔2001〕武刑初字第 53 号刑事判决；

二、被告人周某某无罪；

三、被告人张某某无罪。

二审裁判理由

二审法院认为：周某某、张某某嫖宿未满 14 周岁的幼女，其行为已触犯《刑法》第 360 条第 2 款的规定，均构成嫖宿幼女罪。案发后，张某某有自首情节和立功表现，原判对其量刑时已予以考虑。

我国《刑法》出于对幼女身心健康的特别保护，规定了嫖宿幼女罪，并未要求行为人必须明知嫖宿对象为幼女。因此，周某某的辩护人提出的"嫖宿幼女罪主观上应当以明知对方是幼女为构成要件"的辩护意见仅系学术上的一种观点，没有明确的法律依据，且与嫖宿幼女罪的立法本意相悖，不予支持。周某某及其辩护人提出的"周某某不明知刘某某是未满 14 周岁的幼女，主观上没有嫖宿幼女的故意，其行为不构成嫖宿幼女罪"的上诉及辩护理由均不能成立，要求宣告无罪的意见不予采纳。

2002 年 5 月 29 日，常德市中级人民法院对本案复查后作出再审决定，依照法律规定另行组成合议庭进行审理。

该院认为：被告人周某某、张某某嫖宿不满 14 周岁的幼女事实清楚，证据确定、充分。但嫖宿幼女罪，主观上是否需要具备明知被害人是幼女为构成要件，我国《刑法》没有明确规定，目前最高人民法院也没有相关司法解释。

但本案二审期间，最高人民检察院于 2001 年 6 月 11 日发出高检发释字〔2001〕3 号《关于构成嫖宿幼女罪主观上是否需要具备明知要件的解释》，明确规定行为人知道被害人是或者可能是不满 14 周岁幼女为构成嫖宿幼女罪的要件。最高人民检察院的该解释属司法解释，具有法律约束力，且与最高人民法院的司法解释无冲突，从司法统一性考虑，本案可以参照适用。辩护人的辩护理由成立。被告人周某某、张某某虽有嫖宿行为，但主观上不明知嫖宿对象为不满 14 周岁的幼女，其行为不构成嫖宿幼女罪。故再审法院依法作出如上裁判。

297. 嫖宿幼女罪和强奸不满14周岁的幼女的犯罪该如何区分？

区分嫖宿幼女罪和强奸不满14周岁的幼女的犯罪的关键是两罪的行为对象不同，前者要求以钱财为诱饵，幼女自愿参与卖淫，而后者是指处于正常地位的幼女；另外，嫖宿幼女罪侵犯的是社会道德风尚和幼女的身心健康，而强奸罪侵犯的客体是幼女的身心健康。如果行为人知道被害人是或者可能是不满14周岁幼女而嫖宿的，应定嫖宿幼女罪。

298. 构成嫖宿幼女罪，是否需要行为人明知被害人是幼女？

行为人知道被害人是或者可能是不满14周岁的幼女而嫖宿的，构成嫖宿幼女罪，因此"明知"属于嫖宿幼女罪的构成要件。

典型疑难案件参考

冯支洋等嫖宿幼女案

基本案情

2007年10月，被告人袁荣会指使未成年人刘某某、袁某某采用威胁等手段，找未成年女学生到其住处卖淫以谋利。自2007年10月至2008年6月，刘某某、袁某某以"散布隐私"、"注射毒针"、"拍裸照"等相威胁，多次强行将贵州省习水县中、小学女学生张某、肖某、范某某、罗某、罗某某、李某某、王某某、袁某某、陶某某、何某等10人先后带到袁荣会位于习水县东皇镇佳和市场的租住房和东皇镇新华路农贸巷96号附11号的家中，由袁荣会联系他人嫖宿。

2008年5月的一天晚上，被告人冯支洋应袁荣会邀约，到袁的住处嫖宿了幼女张某，支付100元。后冯支洋欲再次嫖宿张某，因张身体不适未发生性行为，冯支洋仍支付10元。同月另一天，冯支洋到袁的住处嫖宿了幼女范某某，支付100元。

2008年6月的一天，被告人陈村应袁荣会邀约，到袁的住处嫖宿了幼女范某某，支付100元。后陈村欲再次嫖宿范某某，因范身体不适而未发生性行为，陈村仍支付100元。

2008年5月，被告人母明忠应袁荣会邀约，先后到袁的住处嫖宿了幼女肖某、张某，分别支付1600元、100元。

2008年5月的一天，被告人李守明应袁荣会邀约，到袁的住处嫖宿了幼女张某，支付100元。

2008年4月的一天，被告人黄永亮应袁荣会邀约，到袁的住处嫖宿了幼女张某，支付100元。

2008年7月的一天，被告人陈孟然经刘某某联系后，在习水县方大酒店嫖宿了幼女张某，支付100元。

2008年5月的一天，被告人冯勇应袁荣会邀约，到袁的住处嫖宿了幼女范某某，支付1500元。

一审诉辩情况

检察机关指控被告人袁荣会犯强迫卖淫罪、被告人冯支洋等7人犯嫖宿幼女罪。

一审裁判结果

贵州省遵义市中级人民法院作出刑事判决：

一、被告人袁荣会犯强迫卖淫罪，判处无期徒刑，剥夺政治权利终身，并处没收个人全部财产；

二、被告人冯支洋犯嫖宿幼女罪，判处有期徒刑14年，剥夺政治权利4年，并处罚金人民币15000元；

三、被告人陈村犯嫖宿幼女罪，判处有期徒刑12年，剥夺政治权利2年，并处罚金人民币12000元；

四、被告人母明忠犯嫖宿幼女罪，判处有期徒刑10年，并处罚金人民币1万元；

五、被告人李守明犯嫖宿幼女罪，判处有期徒刑7年，并处罚金人民币7000元；

六、被告人黄永亮犯嫖宿幼女罪，判处有期徒刑7年，并处罚金人民币7000元；

七、被告人陈孟然犯嫖宿幼女罪，判处有期徒刑7年，并处罚金人民币7000元；

八、被告人冯勇犯嫖宿幼女罪，判处有期徒刑 7 年，并处罚金人民币 7000 元。

▶ 一审裁判理由

一审法院认为：被告人袁荣会以营利为目的，指使、教唆未成年人采取威胁手段，迫使他人卖淫，其行为已构成强迫卖淫罪。袁荣会先后强迫 10 名中、小学女学生多次卖淫，其中 3 名为不满 14 周岁的幼女，并教唆不满 18 周岁的人犯罪，犯罪情节特别严重，社会危害性大，应依法从重处罚。被告人冯支洋、陈村、母明忠、李守明、黄永亮、陈孟然、冯勇嫖宿不满 14 周岁的幼女并支付嫖资，其行为均已构成嫖宿幼女罪。冯支洋、陈村、李守明、黄永亮、陈孟然身为国家工作人员，其犯罪行为严重侵害幼女身心健康和社会管理秩序，犯罪情节恶劣，危害后果严重，严重败坏了国家工作人员的声誉，社会影响极坏。其中，冯支洋嫖宿幼女 2 人 3 次，陈村嫖宿幼女 1 人 2 次，母明忠嫖宿幼女 2 人 2 次，冯勇、李守明、黄永亮、陈孟然分别嫖宿幼女 1 人 1 次，均应依法惩处。母明忠协助公安机关抓获李守明，具有立功表现，可依法从轻处罚。

▶ 二审诉辩情况

一审宣判后，被告人冯支洋、陈村、母明忠、李守明、黄永亮、陈孟然、冯勇均提出上诉。

冯支洋提出：没有嫖宿幼女范某某。原判量刑过重。

母明忠提出：未嫖宿幼女张某。

李守明提出：认定其犯罪的证据不足。

陈村、黄永亮、陈孟然、冯勇均提出：其不明知被害人不满 14 周岁。

▶ 二审裁判结果

贵州省高级人民法院以同样的事实作出刑事裁定，驳回上诉，维持原判。

▶ 二审裁判理由

二审法院认为：冯支洋所提没有嫖宿幼女范某某的意见，母明忠所提未嫖宿幼女张某的意见，李守明所提认定其犯罪的证据不足的意见，陈村、黄永亮、陈孟然、冯勇所提不明知被害人不满 14 周岁的意见，均与查明的事实、证据不符，不能成立。原判认定的事实清楚，证据确实、充分，定罪准确，量刑适当，审判程序合法。

嫖宿幼女罪办案依据集成

刑法条文

第三百六十条 【传播性病罪】明知自己患有梅毒、淋病等严重性病卖淫、嫖娼的,处五年以下有期徒刑、拘役或者管制,并处罚金。

【嫖宿幼女罪】嫖宿不满十四周岁的幼女的,处五年以上有期徒刑,并处罚金。

立案标准

最高人民检察院、公安部《关于公安机关管辖的刑事案件立案追诉标准的规定(一)》(2008年6月25日公通字〔2008〕36号)(节录)

第八十条 [传播性病案(《刑法》第三百六十条第一款)]明知自己患有梅毒、淋病等严重性病卖淫、嫖娼的,应予立案追诉。

具有下列情形之一的,可以认定为本条规定的"明知":

(一)有证据证明曾到医疗机构就医,被诊断为患有严重性病的;

(二)根据本人的知识和经验,能够知道自己患有严重性病的;

(三)通过其他方法能够证明是"明知"的。

第八十一条 [嫖宿幼女案(《刑法》第三百六十条第二款)]行为人知道被害人是或者可能是不满十四周岁的幼女而嫖宿的,应予立案追诉。

司法解释

最高人民检察院《关于构成嫖宿幼女罪主观上是否需要具备明知要件的解释》(2001年6月11日高检发释字〔2001〕3号)

为依法办理嫖宿幼女犯罪案件,对嫖宿幼女行为如何适用法律问题解释如下:

行为人知道被害人是或者可能是不满十四周岁幼女而嫖宿的,适用刑法第三百六十条第二款的规定,以嫖宿幼女罪追究刑事责任。

第九章 制作、贩卖、传播淫秽物品罪

一、制作、复制、出版、贩卖、传播淫秽物品牟利罪

299. 行为人贩卖盗版光碟，其中掺杂着大量淫秽光碟的行为该如何定性？

行为人贩卖盗版光碟，其中又掺杂着大量淫秽光碟的行为应认定为侵犯著作权罪和贩卖淫秽物品牟利罪，实行数罪并罚。

典型疑难案件参考

夏长生、何涛侵犯著作权、贩卖淫秽物品牟利案（《最高人民检察院公报》2006年第4期）

基本案情

2004年5月，被告人夏长生、何涛经合谋后，各出资人民币5万元，租赁南京市花红园31号104室作为经营场所，贩卖从广州等地购进的盗版光盘，其间雇用唐佳佳、娄兴云（均另案处理）作为帮工帮助其进行销售。2005年6月20日，执法机关在上述地点将正在贩卖盗版光盘的夏长生、何涛等人抓获，并当场收缴各类光盘共计23175张。其中，经江苏省版权局鉴定，侵权复制的音像制品、游戏软件共计20849张（价值人民币51806元）；经南京市公安局鉴定，淫秽光碟2211张。

诉辩情况

检察机关指控被告人夏长生、何涛犯侵犯著作权罪、贩卖淫秽物品牟利罪。

被告人夏长生、何涛的辩护人提出：二被告人的行为不构成侵犯著作权罪，《刑法》第217条第1项规定的"复制发行"行为是一整体行为，行为人必须同时实施复制及发行行为才能构成该罪。

裁判结果

南京市玄武区人民法院于 2006 年 2 月 27 日作出刑事判决，被告人夏长生犯侵犯著作权罪，判处有期徒刑 1 年，并处罚金人民币 1 万元；犯贩卖淫秽物品牟利罪，判处有期徒刑 2 年，并处罚金人民币 1 万元。决定执行有期徒刑 2 年，罚金人民币 2 万元。被告人何涛犯侵犯著作权罪，判处有期徒刑 10 个月，并处罚金人民币 8000 元；犯贩卖淫秽物品牟利罪，判处有期徒刑 1 年 6 个月，并处罚金人民币 8000 元。决定执行有期徒刑 1 年 6 个月，罚金人民币 16000 元。

裁判理由

法院生效裁判认为：被告人夏长生、何涛以营利为目的，未经著作权人许可，发行其音乐、电影、电视作品及计算机软件，情节严重，其行为均已构成侵犯著作权罪，二被告人还以牟利为目的，贩卖淫秽物品，情节严重，其行为均已构成贩卖淫秽物品牟利罪。二被告人系共同犯罪。南京市玄武区人民检察院指控二被告人犯侵犯著作权罪、贩卖淫秽物品牟利罪的事实清楚，证据确实充分，指控罪名成立。

对于辩护人提出的二被告人的行为不构成侵犯著作权罪的辩护意见。法庭认为，根据最高人民法院《关于审理非法出版物刑事案件具体应用法律若干问题的解释》第 3 条规定，《刑法》第 217 条第 1 项中规定的"复制发行"，是指行为人以营利为目的，未经著作权人许可而实施的复制、发行或者既复制又发行其文字作品、音乐、电影、电视、录像作品、计算机软件及其他作品的行为。行为人实施复制发行或者其中一种行为即构成该罪，辩护人提出的《刑法》第 217 条第 1 项规定的"复制发行"行为是一整体行为，行为人必须同时实施复制及发行行为才能构成该罪的辩护意见不能成立。同时相关的行政规范性文件均将出售行为认定为发行的形式之一，被告人夏长生、何涛所实施的未经著作权人许可，出售其音乐、电影、电视作品及计算机软件的行为，符合《刑法》第 217 条所规定的侵犯著作权罪的构成要件，构成侵犯著作权罪。夏长生、何涛犯侵犯著作权罪、贩卖淫秽物品牟利罪均未得逞，系犯罪未遂，依法可以比照既遂犯从轻或减轻处罚。夏长生、何涛归案后认罪态度较好，均可酌情从轻处罚。夏长生、何涛在判决宣告前犯有数罪，依法应予数罪并罚。故法院依法作出如上裁判。

300. 存放在电脑中的淫秽视频文件和图片，能否认定为淫秽物品？

复制淫秽物品牟利罪的"淫秽物品"，并不要求是物化了的淫秽物品，存放在电脑中的淫秽电子信息，虽未经物化并固定在某种载体上，也可以构成淫秽物品。

301. 行为人从互联网上下载淫秽物品并制作成光盘的行为，是否属于复制淫秽物品？

行为人从互联网上下载淫秽物品的过程，属于复制淫秽物品。

典型疑难案件参考

甄建林等复制、贩卖淫秽物品牟利案

基本案情

被告人甄建林在163网站上申请了一个网址为LEG363.7i24.COM的相册（用户名是LADY2004-2008，密码是666666），在相册内存放大量淫秽电影或图片的视频文件，并以车标图片加以掩饰。知道网址的人或知道相册用户名和密码的人均可进入相册观看。被告人甄建林伙同杨国英通过网上聊天，或通过在网上销售丝袜等货物建立联系的途径，告知一些顾客可以通过上述网址选购光盘。2004年6月至10月间，被告人甄建林在海淀区西三旗育新花园小区66楼1503号房间，从"情色六月天"等网站下载大量淫秽电影或图片存放在电脑中，并根据客户的要求刻录制作成光盘进行销售，被告人杨国英在销售丝袜的同时也帮助销售部分淫秽光盘。后经群众举报，二被告人于2004年12月14日在家中被抓获，公安机关同时起获电脑3台，其中甄建林使用的电脑中存有视频文件格式的电影478部，公安机关还从LEG363.7i24.COM网址上下载有视频图片158张。经北京市公安局淫秽物品审查鉴定书鉴定为淫秽物品。

诉辩情况

检察机关指控被告人甄建林、杨国英犯复制淫秽物品牟利罪。

被告人甄建林的辩护人提出：控方指控事实中关于复制视频文件和光盘具体数量不清，复制方法和设备不明，现有证据仅能证明甄建林复制并贩卖了3张淫秽光盘，没有达到追诉标准，而存放在电脑中的视频文件和图片，未经物化并固定在某种载体上，故不能认定其已实施了复制淫秽物品牟利罪。

裁判结果

北京市海淀区人民法院于2005年10月24日以〔2005〕海法刑初字第2181号刑事判决，认定被告人甄建林犯复制、贩卖淫秽物品牟利罪，判处有期徒刑5年，罚金人民币5000元。被告人杨国英犯复制、贩卖淫秽物品牟利罪，判处有期徒刑2年，罚金人民币2000元。

裁判理由

法院生效裁判认为：

1. 被告人甄建林伙同杨国英以牟利为目的，复制并贩卖淫秽物品，情节严重，其行为均已构成复制、贩卖淫秽物品牟利罪，应予惩罚。北京市海淀区人民检察院指控被告人甄建林、杨国英犯罪的事实清楚，证据确实充分，但指控罪名有误。

2. 最高人民法院、最高人民检察院《关于办理利用互联网移动通讯终端声讯台制作、复制、出版、贩卖、传播淫秽电子信息刑事案件具体应用法律若干问题的解释》第9条规定，《刑法》第367条第1款规定的"其他淫秽物品"，包括具体描绘性行为或者露骨宣扬色情的诲淫性的视频文件、音频文件、电子刊物、图片、文章、短信息等互联网、移动通讯终端电子信息和声讯台语音信息。依据上述解释规定，构成复制淫秽物品牟利罪的淫秽物品，并不要求是物化了的淫秽物品，电子信息也可以构成。而本案查获的存放在甄建林的电脑中的视频文件格式的478部电影，以及粘贴在甄建林建立的网址LEG363.7i24.COM上的158张视频图片，也经鉴定均为淫秽物品。故被告人甄建林的辩护人关于存放在电脑中的电影视频文件和视频图片不属于复制淫秽物品牟利罪所指的淫秽物品的辩护意见不符合法律规定，不予采信。被告人甄建林将这些淫秽物品用于制作成光盘进行贩卖，反映其具有非法牟利的目的；而其从互联网上下载淫秽物品的过程，就属于复制行为；而其下载淫秽物品、将淫秽物品粘贴在自己建立的网址上供购买者挑选、利用QQ聊天的形式联系购买者等行为，均利用了互联网络进行。被告人甄建林、杨国英的行为完全符合最高人民法院、最高人民检察院《关于办理利用互联网移动通讯终端声讯台制作、复制、出版、贩卖、传播淫秽电子信息刑事案件具体应用法律若干问题的解释》第1条规定的以牟利为目的，利用互联网复制、贩卖淫秽电子信息的行为，应该以复制、贩卖淫秽物品牟利罪定罪处罚。

3. 被告人甄建林在共同犯罪过程中，起主要作用，系主犯；被告人杨国英在犯罪过程中起次要作用，系从犯，结合其能坦白犯罪事实，认罪态度较好，依法可对其减轻处罚。

302. 行为人建立淫秽网站，并通过"引诱性"的图片广告条的形式诱使网民点击进行手机注册，而其可从中获取手续费的行为该如何定性？

行为人建立淫秽网站，并通过"引诱性"的图片广告条的形式诱使网民点击进行手机注册，明知手机注册要收费，而其可从中获取手续费的行为表明了其"牟利"目的，构成传播淫秽物品牟利罪。

303. 在网络上传播淫秽电子物品牟利的，注册会员数该如何确定？

在网络上传播淫秽电子物品牟利的，淫秽网站的注册会员人数不包含前期无淫秽内容的网站的注册会员人数。

典型疑难案件参考

龚朝景传播淫秽物品牟利案

基本案情

2005年5月，被告人龚朝景（QQ网名"ISP→"）在其居住的寿宁县鳌阳镇后当洋寿宁一中宿舍8层以柳应建为户名安装宽带后，利用加拿大的免费服务器制作www.18dy.net网站（18电影网）供访客点击浏览。其间，制作网页病毒木马植入用户电脑，盗取访客游戏装备，在"5173"交易网站出售，从中得款人民币8289元。7月，加拿大的免费服务器到期被关。9月，被告人龚朝景通过中国服务器论坛转租了郭景瑞（QQ网名"风云"）从湖北省荆门市图书馆的余金国（QQ网名"金库"）处租用的服务器，9月18日，被告人龚朝景的淫秽网站 www.18dy.net 开始建设，几天后，因服务器被余金国变更，被告人龚朝景即用"旁注"软件找到余金国，经联系，余金国先后将荆门市图书馆和荆门市亿威科技有限公司的服务器租给被告人龚朝景使用。被告人龚朝景在 www.18dy.net 网站的主页上通过"引诱性"的图片广告条的形式让网民点击进入手机注册页面，并用柳明树的名字开设的中国工商银行牡丹灵通卡在北京世纪网聚科技有限公司的诚信日付联盟、武汉龙信网络科技有限公司的情链日付短信联盟、短信日付联盟、服务器在厦门的一个日付短信联盟等4家网站开通手机注册。11月26日、28日，诚信日付联盟分两次共汇给被告人龚朝景手机佣金人民币299元。

经福建省公安厅鉴定，www.18dy.net 淫秽网站共有淫秽电影222部、淫秽电子图片2720张、淫秽电子文章142篇，注册的会员12821人，点击数为679913次。2006年2月21日，被告人龚朝景在连江县慕浦村一黑网吧被宁德市公安局干警抓获。

一审诉辩情况

检察机关指控：

2005年5月至11月间，被告人龚朝景在寿宁县后当洋一中宿舍8楼以牟利为目的，先后利用加拿大和湖北省荆门市图书馆的服务器制作淫秽网站 www.18dy.net 供访客点击浏览收取注册费。同时，被告人龚朝景利用 www.18dy.net 网站，制作网页病毒木马，植入用户电脑，通过盗取访客游戏账号和密码的方法转移他人的游戏装备，并在"5173"交易网站出售牟利，以上两种手段共牟利人民币8589元。经福建省公安厅鉴定，共传播淫秽电影222部、淫秽电子图片2720张、淫秽电子文章142篇，注册会员达12821人，总点击数达679913次。

被告人龚朝景提出：其没有以牟利为目的，收取手机注册费是网民点击合法电影所得，不能以传播淫秽物品牟利罪定罪。总点击数，应剔除重复点击部分，以实际点击数为准。请求从轻处理。

被告人龚朝景的辩护人提出：检察机关指控被告人龚朝景的行为构成传播淫秽物品牟利罪不成立，被告人实施的只是传播淫秽物品的行为。被告人制作淫秽网站，主观上没有以牟利为目的，客观上没有取得任何利益。访客进入 www.18dy.net 网站或注册成会员无须交费，被告人收取的8589元人民币与制作淫秽网站之间无因果关系。《电子数据鉴定书》确定的会员数、点击数、链接的淫秽图片、电影应扣除没有淫秽内容的会员数和该部分会员的点击数，被告人和同案人等自己的点击数，经过链接不能直接浏览的淫秽图片、淫秽电影的数量。

一审裁判结果

福建省寿宁县人民法院于2006年9月4日〔2006〕寿刑初字第61号刑事判决，被告人龚朝景犯传播淫秽物品牟利罪，判处有期徒刑10年，并处罚金人民币3000元。被告人龚朝景的违法所得人民币8588元，予以追缴，上缴国库。作案工具兼容电脑主机一台、飞利浦显示器一台，予以没收。

一审裁判理由

一审法院认为：被告人龚朝景以牟利为目的，利用互联网传播淫秽电子信息，其中淫秽电影222部、淫秽电子图片2720张、淫秽电子文章142篇，总点击数679913次，注册会员12821人，个人牟利人民币299元，情节特别严重，其行为已构成传播淫秽物品牟利罪。

被告人龚朝景利用加拿大的免费服务器制作网站，盗取他人游戏装备出售得款8289元的行为是在其开始建设淫秽网站之前，因此，被告人龚朝景盗取的他人游戏装备得款8289元，不能作为传播淫秽物品的牟利款认定。

被告人龚朝景盗取他人游戏装备出售得款8289元的行为与其制作淫秽网站传播淫秽物品的行为不具有关联性，不作为被告人传播淫秽物品的牟利数额认定，检察机关指控被告人龚朝景传播淫秽物品牟利数额应变更为299元，辩护人关于此节的辩护意见正确，予以采纳，但此款属违法所得，应予追缴；被告人龚朝景以牟利为目的，实际从诚信日付联盟处收到手机佣金人民币299元的事实中得以确认。因此，被告人及其辩护人提出被告人龚朝景没有以牟利为目的，其行为不构成传播淫秽物品牟利罪的辩解和辩护意见不符合本案的事实，不予采信；被告人龚朝景制作的淫秽网站有淫秽电影222部、淫秽电子图片2720张、淫秽电子文章142篇，总点击数679913次，注册会员12821人的事实，有取证程序合法及计算方法符合相关法律规定的《福建省公安厅电子数据鉴定鉴定书》证实，被告人及其辩护人提出注册会员数、点击数、链接的淫秽图片、电影应扣除没有淫秽内容时的会员数和该部分会员的点击数，被告人和同案人等的点击数，经过链接不能直接浏览的淫秽图片、淫秽电影的数量的辩护意见，不符合法律的规定，不予采信。

二审诉辩情况

一审宣判后，龚朝景提出上诉。

上诉人（原审被告人）龚朝景提出：其主观上没有牟利的目的，客观上没有因制作淫秽网站取得利益，其网站的访客选择点击浮动的广告所看到的是合法内容，故收入的 299 元与制作淫秽网站没有关系，因此，原判定性错误。原判认定的淫秽物品的数量有误，其中，管理人员的点击次数应扣除，间接链接的影片和图片应扣除，前期无淫秽内容的网站的注册会员应扣除。

二审裁判结果

福建省宁德市中级人民法院于 2006 年 10 月 9 日以同样的事实作出〔2006〕宁刑终字第 172 号刑事裁定，驳回上诉，维持原判。

二审裁判理由

二审法院认为：关于本案认定的淫秽物品的数量问题。《福建省公安厅电子数据鉴定书》认定的注册会员人数是注册时间于 2005 年 11 月 10 月至 28 日之间，而上诉人（原审被告人）龚朝景供述其在此期间开始在 www.18dy.net 加入淫秽内容，因此，《福建省公安厅电子数据鉴定书》认定的注册会员人数关不包含前期无淫秽内容的网站的注册会员人数，故上诉人（原审被告人）龚朝景关于前期无淫秽内容的网站的注册会员应扣除的意见无理，不予采纳；其提出的其网站的访客选择点击浮动的广告所看到的是合法内容及管理人员的点击次数应扣除，间接链接的影片和图片应扣除的意见缺乏充分的事实和依据，不予采纳。上诉人（原审被告人）龚朝景以牟利为目的，利用互联网传播淫秽电子信息，牟利人民币 299 元，其行为构成传播淫秽物品牟利罪。上诉人（原审被告人）龚朝景上诉认为，其主观上没有牟利的目的，客观上没有因制作淫秽网站取得利益，原判定性错误。经查，上诉人（原审被告人）龚朝景于 2005 年 9 月 18 日开始建设包含淫秽电影、淫秽电子图片、淫秽电子文章的淫秽网站 www.18dy.net，并通过"引诱性"的图片广告条的形式诱使网民点击进行手机注册，其明知手机注册是要收费，而其可从中获取手续费进行牟利而以淫秽内容诱使他人进行，并获利人民币 299 元，其传播淫秽物品牟利的主观犯意明显，客观上因制作淫秽网站获取利益，因此，原判以传播淫秽物品牟利罪定性无误，上诉人（原审被告人）龚朝景关于该点的上诉意见无理，不予采纳。原判认定事实清楚，证据确实、充分，定性准确，量刑适当，审判程序合法。故一二审法院依法作出如上裁判。

304. 明知他人开办淫秽色情网站、传播淫秽色情信息，仍注册为会员，接受他人邀请、任用，担任网站的管理员、版主、超级版主等职务，利用互联网传播淫秽电子信息，情节严重的行为，该如何定性？

明知他人开办淫秽色情网站、传播淫秽色情信息，仍注册为会员，接受他人邀请、任用，担任网站的管理员、版主、超级版主等职务，利用互联网传播淫秽电子信息，情节严重，但没有明显牟利目的的，构成传播淫秽物品罪。

305. 中国公民在国外留学期间，创建、管理中文淫秽色情网站，伙同他人利用互联网传播淫秽电子信息牟利，是否适用我国《刑法》"传播淫秽物品牟利罪"的规定？

中国公民创建、管理中文淫秽色情网站时虽然在国外，但该网站是中文内容，并且传播淫秽物品面向的对象在国内，根据我国《刑法》以属地原则为主的规定，只要犯罪行为或结果有一项发生在我国领域内的，就可适用我国《刑法》。因此，行为人的行为可以适用我国《刑法》"传播淫秽物品牟利罪"的规定。

典型疑难案件参考

罗昀传播淫秽物品牟利、黄钟等传播淫秽物品案

基本案情

被告人罗昀由于被淫秽网站"采花堂"将其账号删除，心中不服，决定自己另外创建淫秽网站对抗"采花堂"。便在网上搜索了一个免费服务器，建立"风月神州"淫秽网站，由于该网站经常受到DOS攻击导致网页无法打开，被告人罗昀于2006年8月通过网络聊天工具MSN与网名ETING（另案处理）的男子取得联系，商定由ETING在美国租用一个付费服务器，罗昀负责网站管理、宣传和人员聘用，ETING负责后台维护。2006年4月20日至2007年7月期间，被告人罗昀先后聘用被告人黄钟、程浩、王增仁、许长城、魏智辉、

邹汉芳、刘杨、朱宇、李辉（另案处理）、袁雄军（另案处理）、张鑫（另案处理）、周阳（另案处理）、王琰（另案处理）、陆晓峰（另案处理）等人担任"风月神州"网站管理员、超级版主、版主等职务，对"风月神州"网站进行管理。截至2007年7月22日，南通市公安局网监处通过技术手段对该网站发帖内容进行截图取证，共截得淫秽图片20593张、淫秽文章3788篇。在开办网站期间，被告人罗昀还伙同ETING通过发展VIP会员、增加会员积分、代理广告等方式进行收费，共计牟利人民币20000余元。

被告人黄钟、程浩、王增仁、许长城、魏智辉、邹汉芳、刘杨、朱宇明知"风月神州"网站存在大量淫秽电子信息，仍然接受被告人罗昀的聘用，通过QQ、MSN等方式相互联系，分工合作，对该网站的会员、版块进行管理维护，造成淫秽色情信息大量传播的直接后果。具体犯罪事实分述如下：

1. 2006年9月至2007年7月22日，被告人王增仁担任"风月神州"网站中山东、上海、浙江3版块版主，并对版块进行管理维护，截至2007年7月22日，经对该网站发帖内容进行截图取证，在上述版块中共截得淫秽文章814篇，淫秽文章点击量为252142次。

2. 2006年4月底至2007年7月22日，被告人程浩担任"风月神州"网站中风月龙虎豹、风月司法局等版块的超级版主，并对版块进行管理维护，截至2007年7月22日，经对该网站发帖内容进行截图取证，在上述版块中共截得淫秽文章680篇，淫秽文章点击量为221516次。

3. 2006年4月底至2007年7月22日，被告人黄钟担任"风月神州"网站中新兵训练营、风月龙虎豹、风月元老院、风月焦尾分舵等版块的超级版主，并对版块进行管理维护，截至2007年7月22日，经对该网站发帖内容进行截图取证，在上述版块中共截得淫秽文章638篇，淫秽文章点击量为157126次。

4. 2007年5月至2007年7月22日，被告人许长城担任"风月神州"网站中新兵训练营及北京版块版主，并对版块进行管理维护，截至2007年7月22日，经对该网站发帖内容进行截图取证，在上述版块中共截得淫秽文章773篇，淫秽文章点击量为107686次。

5. 2007年3月至2007年7月22日，被告人魏智辉担任"风月神州"网站中新兵训练营及湖北湖南版块版主，并对版块进行管理维护，截至2007年7月22日，经对该网站发帖内容进行截图取证，在上述版块中共截得淫秽文章250篇，淫秽文章点击量为56785次。

6. 2006年9月至2007年7月22日，被告人邹汉芳担任"风月神州"网站中内务分舵超级版主及海南版块版主，并对版块进行管理维护，截至2007

年7月22日，经对该网站发帖内容进行截图取证，在上述版块中共截得淫秽文章203篇，淫秽文章点击量为44829次。

7. 2007年3月至2007年7月22日，被告人刘杨担任"风月神州"网站风月焦尾分舵中一夜佳人版块版主，并对版块进行管理维护，截至2007年7月22日，经对该网站发帖内容进行截图取证，在上述版块中共截得淫秽文章126篇，淫秽文章点击量为37371次。

8. 2006年9月至2007年7月22日，被告人朱宇担任"风月神州"网站天津版块版主，并对版块进行管理维护，截至2007年7月22日，经对该网站发帖内容进行截图取证，在上述版块中共截得淫秽文章126篇，淫秽文章点击量为25449次。

另查明，被告人程浩在归案后，协助公安机关抓获同案犯一名。被告人朱宇在案发后，主动到公安机关投案，并如实供述了自己的犯罪事实。

一审诉辩情况

检察机关指控被告人罗昀的行为已构成传播淫秽物品牟利罪，被告人黄钟、程浩、王增仁、许长城、魏智辉、邹汉芳、刘杨、朱宇的行为已构成传播淫秽物品罪，被告人程浩有立功表现，被告人朱宇系自首，提请法院依法判处。

罗昀提出：其没有以牟利为目的传播淫秽物品，其传播淫秽图片的数量没有20593张。

罗昀的辩护人提出：指控被告人罗昀犯传播淫秽物品牟利罪缺乏事实依据；指控被告人罗昀传播淫秽图片20593张证据不足；被告人罗昀犯罪情节一般，犯罪后果不严重；被告人罗昀系犯罪中止。

黄钟在庭审中对检察机关指控的犯罪事实供认不讳，未作辩解。

黄钟的辩护人提出：被告人黄钟认罪态度较好，系初犯、无前科劣迹，请求对被告人黄钟从轻处罚，同时建议对被告人黄钟适用缓刑。

程浩提出：其传播淫秽文章的数量没有680篇。

程浩的辩护人提出：指控被告人程浩传播淫秽文章680篇缺乏证据。被告人程浩有立功表现，可以从轻处罚。被告人程浩认罪态度较好，系初犯、无前科劣迹，请求对被告人程浩从轻处罚，同时建议适用缓刑。

王增仁的辩护人提出：被告人王增仁属从犯。被告人王增仁认罪态度较好，系初犯、无前科劣迹，请求对被告人王增仁从轻处罚，同时建议适用缓刑。

许长城的辩护人提出：被告人许长城认罪态度较好，系初犯、无前科劣迹，请求对被告人许长城从轻处罚的辩护意见，同时建议适用缓刑。

魏智辉的辩护人提出：被告人魏智辉认罪态度较好，系初犯、无前科劣迹，请求对被告人魏智辉从轻处罚的辩护意见，同时建议适用缓刑。

邹汉芳在庭审中对检察机关指控的犯罪事实供认不讳，未作辩解。

刘杨的辩护人提出：被告人刘杨系自首。将"风月神州"网站风月焦尾分舵一夜佳人版块中，其他人所发的淫秽帖子计算在被告刘杨名下，法律依据不足。

朱宇在庭审中对检察机关指控的犯罪事实供认不讳，未作辩解。

一审裁判结果

江苏省南通市崇川区人民法院于2007年12月21日以〔2007〕崇刑初字第431号刑事判决，认定被告人罗昀犯传播淫秽物品牟利罪，判处有期徒刑10年，并处罚金人民币1万元；被告人黄钟犯传播淫秽物品罪，判处有期徒刑9个月；被告人王增仁犯传播淫秽物品罪，判处有期徒刑9个月；被告人许长城犯传播淫秽物品罪，判处有期徒刑9个月；被告人魏智辉犯传播淫秽物品罪，判处有期徒刑9个月；被告人邹汉芳犯传播淫秽物品罪，判处有期徒刑9个月；被告人刘杨犯传播淫秽物品罪，判处有期徒刑9个月；被告人程浩犯传播淫秽物品罪，判处有期徒刑7个月；被告人朱宇犯传播淫秽物品罪，判处有期徒刑7个月。被告人黄钟的作案工具白色兼容台式电脑主机1台、被告人程浩的作案工具白色台式电脑主机1台、被告人王增仁的作案工具惠普牌黑色电脑主机1台、被告人许长城的作案工具Dell610笔记本电脑1台、被告人邹汉芳的作案工具联想牌电脑主机1台、被告人魏智辉的作案工具台式电脑主机1台、被告人刘杨的作案工具台式电脑主机2台予以没收，上缴国库。

二审诉辩情况

一审宣判后，罗昀提出上诉。

罗昀提出：原审法院认定上诉人犯传播淫秽物品牟利罪定性不当，上诉人主观上没有牟利目的和意图。原审法院认定上诉人传播淫秽图片20593张、淫秽文章3788篇的证据不足，所依据的证据不能反映所截图片或文章来源的真实性以及取证程序的合法性，而且与公安机关的《发破案经过》互相矛盾。

罗昀的辩护人提出：上诉人罗昀不具有"以牟利为目的"的主观心态，原审判决仅根据"风月神州"网站有收费项目，就简单认定上诉人具有牟利的主观意图，系客观归罪，违背了我国刑法定罪主客观相统一的原则。上诉人罗昀与其他被告人之间系共同犯罪，实施共同的犯罪行为，因此所触犯罪名也应是同一的，原审判决对其他被告人以传播淫秽物品罪定罪量刑，而对上诉人却以传播淫秽物品牟利罪定罪量刑，违背共同犯罪原理，属定性不当，上诉人的犯罪行为也应认定为传播淫秽物品罪。原审判决认定传播淫秽图片20593张、淫秽文章3788篇的犯罪事实证据不足，崇公鉴字〔2007〕01号《淫秽物品审查鉴定书》与起诉书认定"截图取证2007年7月22日为止"以及公安机关同年8月10日出具的《发破案经过》中所反映的时间、内容等方面存在冲突，证据不具有证明力。原审判决认定上诉人曾获得ETING汇来的200美元，仅有上诉人一人口供，无其他证据予以佐证，系孤证，不能作为定案依据。上诉人的犯罪情节一般，犯罪后果并不严重，犯罪行为的实施发生在国外，仅部分犯罪后果发生在国内，简单以图片的数量和点击量衡量上诉人犯罪情节的轻重不科学，应结合上诉人的犯罪起因、犯罪手段、主观恶性、时间地点、环境等因素进行综合评判。

二审裁判结果

江苏省南通市中级人民法院于2008年2月2日以同样的事实与证据作出〔2008〕通中刑一终字第15号裁定书，驳回罗昀的上诉，维持原判。

二审裁判理由

法院生效裁判认为：上诉人罗昀伙同他人以牟利为目的，利用互联网传播淫秽电子信息，通过收取会员费、广告收入等方式获利，其行为已构成传播淫秽物品牟利罪，且情节特别严重，应当判处10年以上有期徒刑，并处罚金。原审被告人黄钟、程浩、王增仁、许长城、魏智辉、邹汉芳、刘杨、朱宇明知上诉人罗昀开办的"风月神州"网站系淫秽色情网站、传播淫秽色情信息，仍注册为会员、接受上诉人邀请、任用，担任网站的管理员、版主、超级版主等职务，利用互联网传播淫秽电子信息，情节严重，其行为均已构成传播淫秽物品罪，且系共同犯罪。在共同犯罪中，上述原审被告人作用相当，均应判处2年以下有期徒刑。归案后，原审被告人程浩协助公安机关抓获同案犯，有立功表现，可以从轻处罚；原审被告人朱宇主动到公安机关投案，并如实供述自己的犯罪事实，系自首，可以从轻处罚。归案后，上诉人罗昀、原审被告人黄钟、程浩、王增仁、许长城、魏智辉、邹汉芳、刘杨、朱宇等人认罪态度较好，可以酌情从轻处罚。

关于上诉人罗昀及其辩护人提出原判认定上诉人构成传播淫秽物品牟利罪定性不当、上诉人无牟利的主观意图的上诉理由和辩护意见，法院认为：判断行为人的主观心态，除审查行为人的供述外，更重要的标准是应结合案件中行为人的行为表现、证人证言、书证等相关证据进行综合评判,经查:上诉人罗昀多次供述,为继续开办"风月神州"网站,其与一网名 ETING(另处)的男子联系,二人共同商定由其负责网站管理、宣传和人员聘用,ETING 负责在美国租用付费服务器和后台维护,并对网站的收费进行结算分配,ETING 还向其提议用梁文彬的名义注册开设账号,所得款项在支付一些成本后二人平分,后 ETING 汇给其 200 美元,该供述得到原审被告人程浩、刘杨等人的供述,证人江潇(支付宝网络公司安全部主管)、耿婷(支付宝网络公司安全部安全员)、郭麒麟(北京云网技术有限公司商务拓展经理)、冯维达(北京云网技术有限公司员工)的证言,北京云网无限网络技术有限公司提供的上诉人罗昀在该网上所开设的注册信息和财务账户信息、浙江支付宝网络科技有限公司提供的罗昀以梁文彬名义开设的个人详细资料以及财务账户信息等证据的印证,足以认定上诉人罗昀不但主观上具有牟利的目的,而且积极实施了传播淫秽物品牟利的行为,至于获利多少、获利的用途均不影响本罪的构成。故上诉人罗昀及其辩护人该点上诉理由及辩护意见不能成立,法院不予采纳。

关于上诉人及其辩护人提出的认定传播淫秽图片 20593 张、淫秽文章 3788 篇的证据不足、证据不具有证明力的上诉理由和辩护意见。经查:南通市公安局崇川分局崇公鉴字〔2007〕01 号《淫秽物品审查鉴定书》、江苏省新闻出版局苏新出鉴字〔2007〕第 41~56 号淫秽出版物鉴定书以及公安机关《发破案经过》等经侦查机关依法取得,来源合法,并经原审法院庭审举证、质证,具有证明力,虽然证据"南通市公安局通公网监勘〔2007〕第 36 号远程勘验记录",即 2007 年 6 月 5 日公安机关制作相关远程勘验记录,因公安机关电脑排版的错误,将该日的远程勘验记录正确文号"33 号"误打印为"36 号",导致该证据出现形式瑕疵,原审法院在审理过程中未能及时发现,将该证据表述为通公网监勘〔2007〕第 36 号不当,法院予以纠正。鉴于该证据,即南通市公安局通公网监勘〔2007〕第 33 号远程勘验记录的实质内容已经原审法院举证、质证,故该形式瑕疵并不足以影响该证据的证据效力。综上,原审法院认定上诉人传播淫秽图片 20593 张、淫秽文章 3788 篇的证据确实、充分,并经庭审举证、质证,证据间能相互印证,具有证明力,应予确认。故上诉人及其辩护人认为证据不足上诉理由及辩护意见亦不能成立,法院不予支持。

关于辩护人提出的上诉人罗昀与其他原审被告人之间系共同犯罪,所触犯罪名也应是同一的,对上诉人亦应以传播淫秽物品罪定罪量刑的辩护意见。经查:上诉人罗昀与原审被告人黄钟、程浩等人并非完全同一犯意下的共同犯罪,而系部分共同犯罪,依法分别构成传播淫秽物品牟利罪、传播淫秽物品罪。在共同犯罪中，虽原审被告人黄钟、程浩等人基于个人不良爱好、兴趣，接受上诉人罗昀的任用、指令担任网站的管理员、版主、超级版主等职务，通过 QQ、MSN、站内信息留言等方式相互联系，分工合作，对"风月神州"网站的会员，相关版块的帖子、图片、文章等电子信息进行编辑、上传、维护管理，实施了利用互联网传播淫秽物品的犯罪行为，具有共同的犯罪行为，但现有证据并不能证明原审被告人黄钟、程浩等人系"以牟利为目的"实施犯罪。故辩护人所提"上诉人罗昀与其他原审被告人系共同犯罪、触犯罪名也应是同一的，上诉人亦应以传播淫秽物品罪定罪量刑"的辩护意见无事实和法律依据，法院不予采纳。

关于辩护人提出仅有上诉人一人口供，系孤证，不能认定上诉人曾获得 ETING 汇来的 200 美元的辩护意见。经查：上诉人罗昀多次稳定供述，其在加拿大曾获得 ETING 汇来的 200 美元，该供述得到上诉人罗昀的其他供述内容，证人江潇、耿婷等人的证言，浙江支付宝网络科技有限公司提供的罗昀以梁文彬名义开设的个人详细资料以及财务账户信息等证据的印证、佐证，足以认定。故辩护人该辩护意见不能成立，法院不予采纳。

关于辩护人提出的上诉人犯罪行为的实施发生在国外，仅部分犯罪后果发生在国内，犯罪情节一般，犯罪后果并不严重的辩护意见。经查：我国刑法采取的是以属地原则为主，兼采属人原则和保护原则及普遍管辖原则的有条件的适用。《刑法》第 7 条第 1 款规定："中华人民共和国公民在中华人民共和国领域外犯本法规定之罪的，适用本法，但是按本法规定的最高刑为三年以下有期徒刑的，可以不予追究。"上诉人罗昀，作为中华人民共和国公民，在留学加拿大期间，创建、管理"风月神州"中文淫秽色情网站达一年多的时间，伙同他人利用互联网传播淫秽电子信息牟利，其犯罪的行为和犯罪后果均有发生在中华人民共和国领域内，故其行为已触犯我国刑律，且社会影响极其恶劣。根据最高人民法院、最高人民检察院《关于办理利用互联网、移动通讯终端、声讯台制作、复制、出版、贩卖、传播淫秽电子信息刑事案件具体应用法律若干问题的解释》第 1 条第 1 款第 3 项、第 4 项，第 2 条的规定，上诉人罗昀犯罪行为属情节特别严重，应当追究其刑事责任，依法应处 10 年以上有期徒刑或者无期徒刑，并处罚金或者没收财产。原审法院综合考虑上诉人犯罪动机、时间以及认罪态度等情节，对上诉人罗昀判处有期徒刑 10 年，并处罚金 1 万元，并无不当。故辩护人认为上诉人犯罪情节一般、犯罪后果并不严重的辩护意见无事实和法律依据，法院亦不予采纳。故法院依法作出如上裁判。

306. 行为人以牟利为目的,既贩卖淫秽书刊、扑克,又非法经营其他非法出版物的,该如何定罪?

行为人既贩卖淫秽物品又销售非法出版物的行为,侵犯了国家对文化娱乐制品的管理制度和市场管理秩序两个不同的客体,应以贩卖淫秽物品牟利罪和非法经营罪数罪并罚。

典型疑难案件参考

张建等贩卖淫秽物品牟利、非法经营案

基本案情

2006年1月至2007年4月间,被告人张建、胡成芳为非法牟利,在未取得《出版物经营许可证》的情况下,由张建负责联系从河南省郑州市、新乡市以及广东省广州市购买淫秽书刊及其他假冒、伪造出版单位名称等非法出版物,并通过佳吉公司运至本市。货物抵沪后,一小部分由张建提取,绝大部分由张建指使胡成芳提取,两人将所购进的淫秽书刊及其他假冒、伪造出版单位名称等非法出版物等存放于由张建租借的本市黄浦区庄家街100弄3号、6号以及东塘家弄31弄2号后门等处房屋内。后被告人张建、胡成芳在本市向朱树波、李学平等人销售上述淫秽书刊及其他非法出版物等。2007年4月25日,公安机关在张建租借的上述房屋内共缴获淫秽书刊5200余册、淫秽扑克230副及其他假冒、伪造出版单位名称等非法出版物2.6万余册。次日,公安机关在佳吉公司上海分公司查获淫秽书刊5900余册和其他假冒、伪造出版单位名称等非法出版物6500余册。

一审诉辩情况

检察机关认为:被告人张建、胡成芳的行为已应当以非法经营罪、贩卖淫秽物品牟利罪追究刑事责任,对二名被告人应予数罪并罚。

被告人张建及其辩护人提出:起诉指控的犯罪数额不正确,公安机关在佳吉公司上海分公司查获的1.2万余册书刊不能证明系张建所订购,故不应计算在张建的犯罪数额之内,即使这些书刊是张建订购的,由于其尚未提货、支付货款,没有造成社会危害,也应认定为犯罪未遂。

被告人胡成芳的辩护人提出:胡成芳只实施了一个行为,仅构成贩卖淫秽物品牟利罪,不构成非法经营罪。在共同贩卖淫秽物品牟利活动中,胡成芳处于从属地位，建议对胡成芳从轻或者减轻处罚。

▶一审裁判结果◀

上海市第二中级人民法院于2007年12月12日以〔2007〕沪二中刑初字第141号刑事判决，认定被告人张建犯贩卖淫秽物品牟利罪，判处有期徒刑12年，并处罚金人民币8万元；犯非法经营罪，判处有期徒刑3年6个月，并处罚金人民币2万元。决定执行有期徒刑15年，并处罚金人民币10万元。被告人胡成芳犯贩卖淫秽物品牟利罪，判处有期徒刑10年，并处罚金人民币4万元；犯非法经营罪，判处有期徒刑1年6个月，并处罚金人民币1万元。决定执行有期徒刑11年，并处罚金人民币5万元。查获的淫秽书刊、淫秽扑克及其他非法出版物予以没收。

▶一审裁判理由◀

一审法院认为：现有证据已经充分证实了公安机关在佳吉公司上海分公司查获的1.2万余册书刊系被告人张建为出售而购买，应当认定为张建的犯罪数额。张建在没有《出版物经营许可证》的情况下，以牟利为目的，为了出售淫秽书刊和其他假冒、伪造出版单位名称等非法出版物，已经实施了与卖方联系购买5900余册淫秽书刊和6500余册其他非法出版物的行为，上述书刊也从河南省郑州市、新乡市运抵本市，因此张建已构成贩卖淫秽物品牟利罪和非法经营罪的犯罪既遂。被告人张建的辩解及其辩护人的辩护意见无事实和法律依据，不予采纳。

被告人张建、胡成芳以牟利为目的，贩卖淫秽书刊1.1万余册、淫秽扑克230副，其行为已构成贩卖淫秽物品牟利罪，且情节特别严重；被告人张建、胡成芳还违反国家规定，在未取得《出版物经营许可证》的情况下，非法发行其他假冒、伪造出版单位名称的非法出版物3.2万余册，严重扰乱市场秩序，情节特别严重。其行为已构成非法经营罪，对两名被告人依法应两罪并罚，予以惩处。在共同犯罪中，被告人胡成芳所起的作用小于被告人张建，对胡成芳酌情从轻处罚。

▶二审诉辩情况◀

一审宣判后，张建、胡成芳提出上诉。

上诉人张建提出：其设摊贩卖书刊时已向相关市场管理部门缴纳了管理费，其行为不构成非法经营罪。

上诉人胡成芳及其辩护人提出：胡成芳系在张建的指使和授意下实施犯罪，属于从犯，一审量刑过重，其因犯贩卖淫秽物品牟利罪的量刑应在10年以下判处刑罚。

▶ 二审裁判结果

上海市高级人民法院于 2008 年 3 月 20 日以同样的事实作出〔2008〕沪高刑终字第 3 号刑事裁定，驳回上诉，维持原判。

▶ 二审裁判理由

二审法院认为：在本案的共同犯罪中，上诉人张建起意犯罪并负责联系订货、部分提货和销售，上诉人胡成芳受张建指使积极参与了提货及销售，原判鉴于两人在共同犯罪中的地位及作用，未区分主从犯，同时在具体量刑时予以区别对待，并无不当。因此，对上诉人张建的辩解、上诉人胡成芳及其辩护人的辩护意见均不予采纳。原判认定被告人张建、胡成芳犯贩卖淫秽物品牟利罪、非法经营罪的事实清楚，证据确实、充分，适用法律正确，量刑适当，诉讼程序合法，故法院依法作出如上裁判。

307. 淫秽电子信息的点击数能否作为定罪量刑的依据？

淫秽电子信息的点击数可以反映行为人提高页面知名度，借以赚取经济收益的动机；同时，淫秽电子信息的点击数越多，一般意味着接触和受害者人数越多，淫秽信息的传播越广，社会危害性也就更严重。所以，以点击数为依据定罪量刑是合理的，相关司法解释也认可了点击数这一依据。

308. 利用手机 WAP 技术传播淫秽电子信息的点击数如何认定？

计算淫秽电子图片的实际被点击数时，自点击数和虚增的、不正常的点击数应当排除。在办案过程中，应当由在省级以上人民政府司法行政部门登记的具有声像资料司法鉴定业务许可的鉴定机构对淫秽电子信息的点击数作出鉴定，并对鉴定结论的客观性进行认真审查，再合理地确定实际被点击数。

309. 确定淫秽电子图片的点击数时，是否一定要考虑网络运营商承诺的页面访问成功率？

确定淫秽电子图片的点击数时，可以不考虑网络运营商承诺的页面访问成功率。

典型疑难案件参考

罗刚等传播淫秽物品牟利案

基本案情

北京轻点万维电信技术有限公司系一家移动增值业务的提供商，根据与中国联通签订的《中国联通公司移动增值业务合作协议》，在中国联通移动网络及各类移动增值业务平台上，向联通手机用户推出各类信息服务、应用等移动增值服务，轻点万维公司与中国联通按照双方约定的比例享有收入分成。北京轻点万维电信技术有限公司下设无线互联网业务部，为了提高联通WAP的点击率，增加公司收入，被告人罗刚指使被告人杨韬、丁怡、袁毅在本公司内通过联通WAP业务传播淫秽信息，经鉴定被告人于2007年1月1日至2007年5月9日共上传28张淫秽图片，经专用工具计算页面点击并排除自点击后，28张淫秽图片的实际被点击次数为82973次。后被告4人被查获。

一审诉辩情况

检察机关指控，被告人罗刚等4名被告人犯传播淫秽物品牟利罪，其在北京轻点万维电信技术有限公司工作期间于2007年1月1日至5月9日共上传28张淫秽图片，点击率达253335次，情节特别严重，应处10年以上有期徒刑或者无期徒刑，并处罚金或者没收财产。

被告人罗刚、杨韬、丁怡、袁毅及其辩护人均对检察机关指控的淫秽图片的点击量提出异议，提出：检察机关认定点击量达25万余次的证据不足；由于一页多图、产品合格率、自主点击等因素的存在，涉案淫秽图片的实际点击量应远低于检察机关指控的25万余次。检察机关指控的淫秽图片点击量，没有考虑到联通公司在《中国联通增值业务提供商运行维护管理要求》中提出的WAP业务"60%页面访问成功率"，由此导致淫秽图片实际点击量的认定明显失实，请求在查明实际点击量后依法予以从轻、减轻或者免除处罚。

一审裁判结果

北京市西城区人民法院于 2008 年 12 月 20 日以〔2008〕西刑初字第 104 号刑事判决，认定被告人罗刚犯传播淫秽物品牟利罪，判处有期徒刑 5 年，并处罚金人民币 5000 元。被告人杨韬犯传播淫秽物品牟利罪，判处有期徒刑 4 年，并处罚金人民币 4000 元。被告人丁怡犯传播淫秽物品牟利罪，判处有期徒刑 3 年，并处罚金人民币 3000 元。被告人袁毅犯传播淫秽物品牟利罪，判处有期徒刑 3 年，并处罚金人民币 3000 元。追缴轻点万维公司违法所得人民币 2 万元。随案移送的被告人罗刚使用的笔记本电脑 1 台、被告人杨韬使用的笔记本电脑 1 台、被告人袁毅使用的台式电脑主机 1 台、被告人丁怡使用的台式电脑主机 1 台、轻点万维公司机房内的机架式服务器 6 台予以没收。

二审诉辩情况

一审宣判后，罗刚、杨韬、丁怡、袁毅分别提出上诉称：

原判认定涉案淫秽图片的点击量为 82973 次有误，应以实际成功点击量 49784 次来认定。

原审法院擅自改变鉴定机关的鉴定结论不当，请求二审法院依法改判。

二审裁判结果

北京市第一中级人民法院于 2009 年 3 月 26 日以同样的事实和理由作出〔2009〕一中刑终字第 548 号刑事裁定，驳回上诉，维持原判。

二审裁判理由

法院生效裁判认为：北京轻点万维电信技术有限公司无限互联网业务部，以公司牟利为目的，利用互联网及移动通讯终端传播淫秽电子信息，情节严重，妨害了社会管理秩序，被告人罗刚、杨韬作为该部门主管和产品经理，授意并指使下属上传淫秽信息，系单位犯罪中的主管人员；被告人丁怡、袁毅积极参与利用网络传播淫秽电子信息，系单位犯罪中的直接责任人员，均已构成传播淫秽物品牟利罪，依法应予惩处。检察机关指控被告人罗刚、杨韬、丁怡、袁毅犯传播淫秽物品牟利罪成立。

关于 4 被告人及其辩护人对淫秽电子信息点击量的辩解及辩护意见。本案开庭审理过程中，检察机关当庭出示了北京网络行业协会电子数据鉴定中心京网协〔2007〕鉴字第 0148 号电子数据司法鉴定结论及补充材料的答复，拟证明根据服务器中的 Web 访问日志文件记录统计得出的 28 张图片的访问次数为 253335 次。后经法定程序对点击次数进行重新鉴定，检察机关又提交了国家信息中心电子数据司法鉴定中心作出的〔2008〕电鉴字第 10 号电子数据鉴定，结论是涉及淫秽图片的点击数量为 82973 次，若按页面访问成功率 60%计算，则成功页面点击数量为 49784 次。经查，国家信息中心电子数据司法鉴定中心〔2008〕电鉴字第 10 号电子数据鉴定，结论是 28 张图片可被应用服务器调用，调用方法为浏览页面的组成部分，其内容请求数为 256622 次，经专用工具计算页面点击并排除自点击后，涉及淫秽图片的传播数量，即页面点击数量为 82973 次。该份鉴定结论根据特定手机型号及特定互联网 IP 地址将为检验设备及网页性能的页面点击数予以排除，同时考虑到组成一个页面的所有图片请求是集中发送的，将 60 秒内所有由同一设备通过同一互联网 IP 地址向服务器发送的图片请求视为由一次页面点击产生，并据此计算得出了页面点击数量为 82973 次。该份鉴定结论经具有鉴定资质的机构和鉴定人作出，较为科学，同时有 4 被告人的供述和证人证言相佐证，予以确认。但该份鉴定意见采用了《中国联通增值业务提供商运行维护管理要求》，并计算得出成功页面点击数量为 49784 次，由于实际点击成功率的数值无法查实，且 60% 的页面访问成功率的标准并没有出现在涉案的服务器中，无法作为排除的依据，鉴定人据此作出的分析意见，不予确认。故法院依法作出如上裁判。

310. 在网络上通过网络视频与多人进行"裸聊"的动态视频流是否属于淫秽物品？

随着电子网络技术的发展，对"淫秽物品"的解释要适当扩张，淫秽物品是否必须具有载体在所不问。在网络上通过网络视频与多人进行"裸聊"的动态视频流同样属于淫秽物品。

典型疑难案件参考

方惠茹传播淫秽物品牟利案

基本案情

被告人方惠茹于 2006 年下半年在网上注册了 287557234 和 448562245 两个 QQ 号，其中 287557234 的网名为"水水"，448562245 的网名为"晴一儿"。注册后，方惠茹即将这两个 QQ 号挂于 QQ 聊天室大厅的"E 网情深"聊天室下的"E 夜激情"室内，聊天中以发信息的形式告知"好友"进行色情聊天，以招揽网友进行裸聊，从中牟利。之后，方惠茹又在这两个 QQ 号的

"个人资料"、"介绍说明"栏内加入了"加我请注明网银支付宝,试看人民币(以下币种均为人民币)5元(我裸体2分钟,同时证明我是真人),满意后50元服务30分钟,特殊的加钱。绝对真人,有良好的信誉,欢迎付费男士"的个人说明。在裸聊时,方惠茹根据对方的实际情况先将以其丈夫王华佗的名义开户的银行账号或自己在支付宝网站申请的支付宝账号告知对方,待核实对方已将钱汇入后,即根据对方的要求以及汇入资金的数额通过视频提供不同的裸聊内容。自2006年11月1日到2007年5月14日,方惠茹裸聊范围达20余个省份,裸聊的对象有300余人,其用于裸聊收费的银行账号以及支付宝账号共汇入裸聊资金1054次,计24973.03元。

▶ 诉辩情况

检察机关指控被告人方惠茹犯传播淫秽物品牟利罪。
被告人方惠茹对起诉书指控的犯罪事实没有异议。

▶ 裁判结果

龙游县人民法院经审理作出刑事判决,被告人方惠茹犯传播淫秽物品牟利罪,判处有期徒刑6个月,缓刑1年,并处罚金人民币5000元;被告人方惠茹的违法所得予以追缴,上交国库;作案工具电脑2台,予以没收。

▶ 裁判理由

法院生效裁判认为:被告人方惠茹以牟利为目的,利用互联网传播淫秽电子信息,其行为构成传播淫秽物品牟利罪,检察机关指控的罪名成立。方惠茹利用淫秽电子信息收取其他费用,违法所得在1万元以上,但未达到情节严重所规定标准5倍以上,不属于情节严重。方惠茹归案后认罪态度较好并退出违法所得,可以酌情从轻处罚。根据方惠茹的犯罪情节及悔罪表现,适用缓刑确实不致再危害社会,可对其宣告缓刑。

311. 编写手机网站建站程序,并在该程序内添加淫秽色情内容的行为该如何定性?

编写手机网站建站程序,并在该程序内添加淫秽色情内容的行为使得淫秽内容能够通过手机网站的形式传播,属于"制作"淫秽物品的行为。

典型疑难案件参考

唐小明制作、贩卖淫秽物品牟利案

基本案情

2008年9月,被告人唐小明自行编写一套用于开设WAP手机网站的建站程序,并向该程序内添加了淫秽色情小说等内容。后唐小明通过网络联系,以人民币(以下币种均为人民币)1500元到3000元不等的价格将该程序出售给位于金华地区的施凯源、金春晨、缪丹杰、郑波、王俊、郑方华、蒋峥、胡洋洋、曹雪嘉、盛南寅、薛佳乐(均另案处理)等人开设淫秽色情网站,非法获利25500元。经对唐小明出售给缪丹杰、施凯源的色情网站程序内容(均未更新程序中的小说内容)进行鉴定,该程序内有小说99部,其中95部为淫秽色情小说。

诉辩情况

检察机关指控被告人唐小明犯制作、贩卖淫秽物品牟利罪。

被告人唐小明的辩护人提出:被告人唐小明认罪态度好,有坦白情节,主观上有悔罪表现,如实供述罪行,退出10300元的赃款。被告人唐小明系初犯、偶犯,请求法庭对其从轻处罚。

裁判结果

浙江省金华市婺城区人民法院经审理作出刑事判决,被告人唐小明犯制作、贩卖淫秽物品牟利罪,判处有期徒刑1年6个月,并处罚金65000元,罚金限于判决生效后10日内缴纳。

裁判理由

法院生效裁判认为:被告人唐小明以牟利为目的,制作带淫秽内容的手机网站建站程序,出售给他人用于开设色情淫秽网站,其行为已构成制作、贩卖淫秽物品牟利罪。唐小明认罪态度较好,案发后退回部分赃款,可酌情从轻处罚。唐小明多次制作带淫秽内容的手机网站程序,出售给他人用于开设淫秽网站,不能认定为初犯、偶犯。故法院依法作出如上裁判。

312. 以牟利为目的，向他人的手机存储卡内复制淫秽电子文件的行为该如何定性？

以牟利为目的，向他人的手机存储卡内复制淫秽电子文件的行为属于复制、贩卖淫秽物品牟利的行为，情节严重的，应以复制、贩卖淫秽物品牟利罪追究刑事责任。

313. 行为人以向他人的手机存储卡内复制淫秽电子文件并贩卖为业，则在其电脑硬盘中查获的淫秽物品数量是否应计入犯罪数量？

行为人以向他人的手机存储卡内复制淫秽电子文件并贩卖为业，则在其电脑硬盘中查获的淫秽物品是为了贩卖牟利，应将其计入犯罪数量。

典型疑难案件参考

陈乔华复制、贩卖淫秽物品牟利案

基本案情

2009年3月2日16时许，被告人陈乔华在北京市丰台区刘村84号其经营的手机维修店内，以人民币（以下币种均为人民币）30元的价格，通过电脑向李琳的手机存储卡内复制淫秽视频文件254个，后被抓获。公安机关当场从被告人陈乔华的电脑主机内查获淫秽视频文件346个，经北京市公安局淫秽物品审查鉴定，以上视频文件均为淫秽物品。

诉辩情况

检察机关指控被告人陈乔华犯复制、贩卖淫秽物品牟利罪。

被告人陈乔华的辩护人提出：被告人陈乔华的行为并未达到刑事犯罪的定罪标准，故其行为不构成犯罪。

裁判结果

北京市丰台区人民法院经公开审理作出刑事判决，被告人陈乔华犯复制、贩卖淫秽物品牟利罪，判处有期徒刑2年，缓刑3年，并处罚金人民币

15000元。

裁判理由

法院生效裁判认为：被告人陈乔华以牟利为目的，复制、贩卖淫秽视频文件，其行为已构成复制、贩卖淫秽物品牟利罪，依法应予处罚。北京市丰台区人民检察院指控被告人陈乔华犯复制、贩卖淫秽物品牟利罪的事实清楚，证据确实、充分，罪名成立。被告人陈乔华辩护人的意见与在案证据相悖，不予采纳。鉴于被告人陈乔华能够如实供述所犯罪行，认罪态度较好，并先期履行了财产刑，有悔罪表现，故对其酌情从轻处罚，并适用缓刑。根据被告人陈乔华犯罪的事实、性质、情节及对社会的危害程度，法院依法作出如上裁判。

314. 行为人以牟利为目的在网店上贩卖淫秽视频链接软件的行为，是否构成犯罪？

行为人以牟利为目的在网店上贩卖淫秽视频链接软件的行为，构成贩卖淫秽物品牟利罪。

315. 行为人贩卖淫秽视频链接牟利，对其贩卖的数量应如何认定？

行为人贩卖淫秽视频链接牟利的，其贩卖的准确数量应以其贩卖的链接指向的淫秽视频数量认定。但是由于淫秽视频链接指向种类复杂，内容可能有重复；同时，其贩卖时也是以包含上千个链接的压缩文件为单位的，在此情况下，结合案件具体情况，可以以其贩卖的压缩文件数认定犯罪数量。

典型疑难案件参考

李志雷贩卖淫秽物品牟利案

基本案情

2009年12月至2010年1月间，被告人李志雷利用互联网在淘宝网上注册"鲁阿达"ID并开设店铺，以每笔人民币（以下币种均为人民币）30元或30

元以下的价格，通过电子邮件、即时通信软件传送等方式，陆续向买家销售内含上千条淫秽色情视频链接的压缩文件共计 326 个，获利 9773 元。2010 年 1 月 21 日，公安机关在被告人李志雷家中电脑里查获了用于销售的压缩文件，内有视频链接 1300 余条。经鉴定，其中的 1130 条视频链接所指向的视频系淫秽物品。

诉辩情况

检察机关指控被告人李志雷犯贩卖淫秽物品牟利罪。

一审宣判后，被告人李志雷提出上诉。

被告人李志雷及其辩护人提出：李志雷销售的系淫秽视频链接而非视频文件，其行为不属情节严重，请求二审法院从轻改判。

裁判结果

浙江省杭州市西湖区人民法院经审理作出刑事判决，被告人李志雷犯贩卖淫秽物品牟利罪，判处有期徒刑 6 年，并处罚金人民币 8000 元。

一审宣判后，被告人李志雷提出上诉。浙江省杭州市中级人民法院以同样的事实和理由作出刑事裁定，驳回上诉，维持原判。

裁判理由

法院生效裁判认为：被告人李志雷以牟利为目的，利用互联网贩卖淫秽视频文件，情节严重，其行为已构成贩卖淫秽物品牟利罪。依照《刑法》第 363 条第 1 款，最高人民法院、最高人民检察院《关于办理利用互联网、移动通讯终端、声讯台制作、复制、出版、贩卖、传播淫秽电子信息刑事案件具体应用法律若干问题的解释》第 1 条第 1 款第 1 项、第 2 条和最高人民法院《关于适用财产刑若干问题的规定》第 2 条第 1 款之规定，法院依法作出如上裁判。

316. 以牟利为目的向淫秽网站投放广告的行为如何定罪？

以牟利为目的向淫秽网站投放广告的行为，应认定为传播淫秽物品牟利罪。

317. 投放广告的链接淫秽网站数量应如何认定？

对于投放广告的链接淫秽网站的数量，应当分别计算。如果行为人投放广告的链接淫秽网站，每个域名下的网站内容一样，后台程序相同，网站建设者是同一人，但考虑到该类犯罪的社会危害性，应分别计算此类链接淫秽网站的数量。

典型疑难案件参考

魏大巍、戚本厚传播淫秽物品牟利案

基本案情

被告人魏大巍为牟利，自 2008 年 8 月开始，在互联网上陆续开办了"色妹妹"、"乱伦熟女"、"就去色色"、"鹿城娱乐"等淫秽网站。魏大巍在其开办的上述网站上为被告人戚本厚投放广告，获利人民币 3000 元。经鉴定，"色妹妹"、"乱伦熟女"、"就去色色"等网站具有淫秽性，"鹿城娱乐"网站内的 26 个视频、792 张图片和文章具有淫秽性。

被告人戚本厚于 2009 年在互联网上开办"爱芝林成人用品"网站，为牟利，戚本厚采取向淫秽网站投放广告的方式扩大成人用品销量。经鉴定，"爱芝林成人用品"网站投放广告的 32 个网站均具有淫秽性。戚本厚开办的"爱芝林成人用品"网站，除向上述 32 个淫秽网站投放广告外，还向具有淫秽性的"鹿城娱乐"网站投放广告。

诉辩情况

检察机关指控被告人魏大巍、戚本厚犯传播淫秽物品牟利罪。

被告人魏大巍的辩护人提出：被告人魏大巍牟利数额不大，认罪态度较好，有悔罪表现，没有前科劣迹。

被告人戚本厚的辩护人提出：检察机关指控被告人戚本厚向被告人魏大巍等人开办的 33 个淫秽网站投放广告，鉴定书中仅认定 32 个淫秽网站。被告人戚本厚投放广告的 32 个淫秽网站是与其有广告关系的 8 个域名内的部分网站，每个域名下的网站内容一样，后台程序相同，网站建设者是同一人，只是单纯增加网站数量，因此其链接的网站数量不应分别认定，应当认定为一个网站。被告人戚本厚认罪态度较好，无前科劣迹，系初犯，主观恶性不大，可从轻处罚。

> 裁判结果

吉林省长春市绿园区人民法院经公开审理，作出刑事判决，被告人魏大巍犯传播淫秽物品牟利罪，判处有期徒刑 2 年 6 个月，并处罚金人民币 1 万元；被告人戚本厚犯传播淫秽物品牟利罪，判处有期徒刑 1 年 8 个月，并处罚金人民币 1 万元。

> 裁判理由

法院生效判决认为：被告人魏大巍以牟利为目的，利用互联网传播淫秽视频 26 个、图片及文章 792 件，其行为构成传播淫秽物品牟利罪。

对魏大巍的辩护人所提的辩护意见予以采纳。被告人戚本厚以牟利为目的，明知是淫秽网站，仍然向 33 个淫秽网站投放广告，其行为构成传播淫秽物品牟利罪。对于被告人戚本厚的辩护人提出的"检察机关指控被告人戚本厚向 33 个淫秽网站投放广告数量计算有误"的辩护意见，根据最高人民法院、最高人民检察院《关于办理利用互联网、移动通讯终端、声讯台制作、复制、出版、贩卖、传播淫秽电子信息刑事案件具体应用法律若干问题的解释（二）》第 12 条的规定，网站是指可以通过互联网域名、IP 地址等方式访问的内容提供站点，每一个独立的内容提供站点均为一个网站；同时，根据检察机关提供的淫秽信息鉴定书和被告人魏大巍、戚本厚的供述及"鹿城娱乐"网站截图等证据，能够证实"爱芝林成人用品"网站向"鹿城娱乐"淫秽网站及另外 32 个淫秽网站投放了广告，故上述辩护意见不能成立，不予采纳。对于戚本厚的辩护人所提"戚本厚认罪态度较好，无前科劣迹"的辩护意见予以采纳。故法院依法作出如上裁判。

318. 判断"传播淫秽物品牟利罪"的"情节严重"标准是否须同时考察非法获利数额及淫秽视频、图片的浏览数量情况，即只有这些都达到较高标准时，才构成传播淫秽物品牟利罪？

传播淫秽视频、音频、电子刊物、图片、文章、短信息等电子信息的数量，淫秽电子信息被点击数，注册会员数及非法获利的大小等均系法律评价该类犯罪情节的要素，只要其中一项数额达到相应法定标准，即可在对应法定刑内量刑，而不须考察以上全部数量。

典型疑难案件参考

张方耀传播淫秽物品牟利案

基本案情

2008年2月以来，被告人张方耀在国际互联网上架设名称为"情色六月"、域名为www.dz49.cn、互联网IP地址为72.167.131.55的色情网站，为谋取非法利益，张方耀采取收费或点击广告获取其网站"影币"的下载方式，利用其网站传播含有淫秽内容的视频文件和图片文件。经电子取证，张方耀在其互联网IP地址为72.167.131.55的服务器上提供视频文件共计1024件，图片文件共计2112张。经鉴定，其中淫秽视频文件共计929件，淫秽图片文件共计1677张。其网站上包月会员共计13名，影币会员共计27394人。截至2009年4月20日，其网站上淫秽视频、图片共被下载、浏览73537次，张方耀非法获利人民币（以下币种均为人民币）3000余元。2009年3月27日，公安机关根据掌握的线索在厦门市厦禾路香港广场中环2608室抓获被告人张方耀，并查获其用于传播淫秽电子信息的笔记本电脑、台式电脑、路由器各1台及用于收取会员款项的银行卡2张。

诉辩情况

检察机关指控被告人张方耀犯传播淫秽物品牟利罪。

一审宣判后，被告人张方耀提出上诉。

被告人张方耀提出：评价此类案件犯罪情节的关键因素在于非法获利数额及淫秽视频、图片的浏览数量情况，原判仅根据其在网站上提供的淫秽视频文件数认定其构成"情节特别严重"不当，不符合此类案件的客观情况，原判量刑偏重，请求对其从轻处罚。

裁判结果

厦门市思明区人民法院作出刑事判决，被告人张方耀犯传播淫秽物品牟利罪，判处有期徒刑11年，并处罚金人民币11000元；作案工具笔记本电脑、台式电脑、路由器各1台及银行卡2张，予以没收；被告人张方耀非法所得人民币3000元，予以追缴。

一审宣判后，被告人张方耀提出上诉。厦门市中级人民法院经审理作出刑事裁定，驳回上诉，维持原判。

> **裁判理由**

法院生效裁判认为：被告人张方耀以牟利为目的，利用互联网传播淫秽视频文件 929 件、传播淫秽图片 1677 张，情节特别严重，其行为构成传播淫秽物品牟利罪。考虑到被告人张方耀犯罪时间较短、归案后能够如实供述犯罪事实、自愿认罪等本案具体酌情从轻处罚情节，决定对其酌情从轻处罚。

被告人张方耀以牟利为目的，利用互联网非法传播淫秽视频文件、淫秽图片文件的数量，有张方耀的供述、电子数据鉴定报告、淫秽物品鉴定书等证据相互印证，足以认定。根据最高人民法院、最高人民检察院《关于办理利用互联网、移动通讯终端、声讯台制作、复制、出版、贩卖、传播淫秽电子信息刑事案件具体应用法律若干问题的解释》第1条、第2条的规定，传播淫秽视频、音频、电子刊物、图片、文章、短信息等电子信息的数量，淫秽电子信息被点击数、注册会员数及非法获利的大小等均系法律评价该类犯罪情节的要素，只要其中一项数额达到相应法定标准，即可在对应法定刑内量刑。其中，以牟利为目的，利用互联网传播淫秽视频文件达 500 件以上的，属情节特别严重。据此，张方耀提出的上诉意见于法无据，不能成立。故法院依法作出如上裁判。

319. 自己与他人性交的视频是否构成淫秽电子信息？

自己与他人性交的视频属于对性行为的直接描述，如果这一视频仅由个人收藏，就不属于淫秽物品。但如果该物品与社会成员发生联系，进入到公众视野，则构成淫秽电子信息。

320. 将自己与他人性交的视频片段传至个人博客的行为该如何定性？

个人博客除非设定仅供本人浏览外，面向的是不特定的多数人。将性交的视频片段上传至个人博客的行为属于"传播"淫秽物品的行为。

典型疑难案件参考

宋文传播淫秽物品、敲诈勒索案

基本案情

2006年12月,被告人宋文以网名"河边草"通过互联网QQ聊天与高某某相识。2007年12月,宋文到当阳与高某某在该宾馆发生了性关系,宋文用手机拍摄了二人性行为的视频片段。2008年3月,宋文欲保持与高某某的交往,因被拒绝而与高某某产生矛盾。同年3月13日、16日,宋文在广西南宁住处的电脑上两次将拍摄的视频片段上传至互联网其申请的QQ555个人博客上,并将视频网址告诉了周溶君等人。至2008年3月25日14时45分,该录像片段的点击率达到3万余人次。高某某及其丈夫得知该视频片段被传至互联网后,要求宋文删除该视频片段,同年3月21日,宋文趁机提出要高某某给付100万元现金,后双方谈价降至30万元。因高某某于当月18日报警,宋文于4月2日被公安人员抓获才未得逞。

宜昌市公安局根据全国人大常委会《关于惩治走私、制作、贩卖、传播淫秽物品的犯罪分子的决定》和新闻出版署《关于认定淫秽及色情出版物的暂行规定》鉴定,宋文传至互联网的两个视频文件属淫秽物品。

诉辩情况

检察机关指控被告人宋文犯传播淫秽物品罪、敲诈勒索罪。

被告人宋文提出:系被害人主动提出给钱删除录像时才乘机敲诈,且未实际得到钱。

被告人宋文的辩护人提出:被告人宋文将淫秽录像上传至互联网后曾将密码提供给被害人,由于系原创文件而无法删除,但可证明宋文在消除影响。被告人宋文未实际得到钱,系犯罪未遂。被告人宋文归案后认罪态度好,系初犯。

裁判结果

湖北省当阳市人民法院经审理作出刑事判决,被告人宋文犯传播淫秽物品罪判处有期徒刑8个月,犯敲诈勒索罪(未遂)判处有期徒刑2年,决定执行有期徒刑2年6个月。

裁判理由

法院生效裁判认为：被告人宋文为报复和要挟被害人，将被鉴定为淫秽物品的录像通过互联网传播，情节严重，并在事后利用该录像对被害人实施敲诈，数额巨大，其行为已分别构成传播淫秽物品罪、敲诈勒索罪。被告人宋文因意志以外原因使得敲诈财物未遂，属犯罪未遂，对被告人宋文应数罪并罚。故依法作出如上裁判。

321. 利用手机 WAP 网传播淫秽电子图片牟利的，能否认定为传播淫秽物品牟利罪？

利用手机 WAP 网传播淫秽电子图片牟利的，构成传播淫秽物品牟利罪。

322. 利用手机 WAP 网传播淫秽电子图片牟利的，被告单位存在自点击的情况，在自行点击数量不能确定的情况下，如何认定其传播淫秽物品牟利罪"情节严重"？

在网络上传播淫秽物品牟利的，以客户点击为常态，如果自行点击数量不能确定，但案件的点击次数远超过作为犯罪情节严重标准的次数的，可以认定为"情节严重"，不影响对案件的量刑。

典型疑难案件参考

北京掌中时尚科技有限公司等传播淫秽物品牟利案

基本案情

被告单位掌中时尚公司于 2004 年 3 月成立，主要经营互联网信息服务和手机增值服务业务。被告人谢斐于 2006 年年初负责公司全面工作，自 2006 年年底至 2007 年 4 月间，谢斐与该公司产品部经理被告人张敬带领公司员工收集、编辑淫秽图片，制作广告语，并上传至公司服务器，吸引移动电话用户付费查看、下载该公司提供的淫秽图片，掌中时尚公司从中国移动通讯公司获取

85%的信息费收入。经鉴定，2007年4月，掌中时尚公司通过WAP网向移动电话用户传播淫秽图片文件103个，实际被点击次数为79598次。谢斐、张敬于2007年4月29日被查获归案。

诉辩情况

检察机关指控被告单位掌中时尚公司，被告人谢斐、张敬犯传播淫秽物品牟利罪。

被告单位掌中时尚公司的诉讼代表人及辩护人，被告人谢斐、张敬及2被告人的辩护人均提出：被告单位有自行点击淫秽信息的行为，应从总的点击次数中扣除，检察机关认定的淫秽物品点击次数为79598次有误，认定被告单位及被告人犯传播淫秽物品牟利罪情节严重的证据不足。

张敬的辩护人提出：张敬系从犯，应从轻处罚。

一审宣判后，被告单位及被告人谢斐、张敬均提出上诉：辩护人提出与一审相同的辩护意见。

裁判结果

北京市朝阳区人民法院经公开审理作出刑事判决，被告单位北京掌中时尚科技有限公司犯传播淫秽物品牟利罪，判处罚金人民币50万元（已冻结在案）；被告人谢斐犯传播淫秽物品牟利罪，判处有期徒刑5年，并处罚金人民币1万元；被告人张敬犯传播淫秽物品牟利罪，判处有期徒刑4年，并处罚金人民币8000元。

一审宣判后，被告单位及被告人谢斐、张敬均提出上诉。北京市第二中级人民法院经二审审理，依法裁定驳回上诉，维持原判。

裁判理由

法院生效裁判认为：被告单位掌中时尚公司为牟取非法利益，利用网络传播淫秽电子信息，构成传播淫秽物品牟利罪，且情节严重，应依法惩处。被告人谢斐作为公司负责人，组织公司员工利用网络传播淫秽电子信息，系单位犯罪中直接负责的主管人员；被告人张敬作为部门负责人，积极参与公司利用网络传播淫秽电子信息，系单位犯罪中的直接责任人员，二被告人的行为均构成传播淫秽物品牟利罪，且情节严重，均应依法惩处。

被告单位的诉讼代表人及辩护人，被告人谢斐、张敬及其辩护人关于应将掌中时尚公司自行点击的数量从总点击数量中扣除，进而不认定犯罪情节严重的意见。经查，侦查机关因技术限制，只对2007年4月的点击次数进行鉴定，而未能对其他月份的点击次数进行鉴定，已经有利于被告；现有技术条件无法区分自行点击和客户点击，公司的经营行为系以客户点击为常态，且本案的点击次数近 8 万次，远高于作为犯罪情节严重标准的 5 万次，自行点击的现象不影响本案的量刑幅度。故对此项辩护意见，不予采纳。

张敬的辩护人所提关于张敬系从犯的辩护意见。经查，张敬与谢斐共谋，积极组织自己部门人员实施犯罪，并非起次要或辅助作用，不属于从犯。故对此项辩护意见，不予采纳。

323. 设立淫秽网站的行为该如何定罪处罚？

设立淫秽网站，目的在于通过传播淫秽电子信息牟利，应以传播淫秽物品牟利罪定罪处罚。

324. 对设立淫秽网站以及为其提供接入服务、租用网站广告位的行为，如何定罪量刑？

明知他人实施制作、复制、出版、贩卖、传播淫秽电子信息犯罪，为其提供互联网接入、服务器托管、网络存储空间、通讯传输通道、费用结算等行为的，实质上是对上述犯罪的帮助行为，应对直接负责的主管人员和其他直接责任人员，以共同犯罪论处。

325. 租用淫秽网站广告位及为淫秽网站提供资金的行为如何定罪处罚？

明知是淫秽网站，以牟利为目的，通过投放广告等方式向其直接或者间接提供资金，或者提供费用结算服务，对直接负责的主管人员和其他直接责任人员，以制作、复制、出版、贩卖、传播淫秽物品牟利罪的共同犯罪处罚。

典型疑难案件参考

陈锦鹏等传播淫秽物品牟利案

基本案情

2008年1月，被告人陈锦鹏从六零科技公司被告人安峙成处租用服务器建立www.haosecc.com色情网站。安峙成将相关服务器出租给陈锦鹏用以建立www.haosecc.com色情网站，并累计收取陈锦鹏人民币（以下币种均为人民币）20000元以上服务费。2008年9月，陈锦鹏采用被告人张波A编写的新程序软件将上述网站改为www.97XXOO.com色情网站，并通过出租该网站广告位、通过广告出售商品等方式牟取非法利益。陈锦鹏为运营该色情网站，雇用被告人陆进祥为其从其他色情网站上下载色情图片、小说等资料并上传至该色情网站，雇用张波B为该色情网站进行维护、更新，并由张波A负责为该色情网站提供相关程序方面的服务。

另查明，2009年7月26日晚至27日晚，托管于中国电信股份有限公司常州分公司位于江苏省常州市武进区武进IDC机房内的一台域名解析服务器遭受网络异常流量攻击，导致该域名解析服务器提供的域名解析服务失败，造成江苏电信部门DNS服务器访问量上升，引发江苏电信黑洞2000系统异常过滤机制启动，以致用户的正常域名解析请求被清洗，造成江苏省大量用户无法正常登录互联网。经查，该域名解析服务器为陈锦鹏所经营色情网站提供DNS域名解析。

诉辩情况

检察机关指控被告人陈锦鹏、张波A、张波B、陆进祥、安峙成犯传播淫秽物品牟利罪。

被告人陈锦鹏的辩护人提出：陈锦鹏有重大立功表现，认罪态度较好，系初犯、偶犯。

被告人张波A的辩护人提出：被告人张波A系从犯、认罪态度较好、初犯。

被告人张波B的辩护人提出：被告人张波B系从犯、犯罪情节轻微、认罪态度较好、初犯等。

被告人安峙成的辩护人提出：被告人安峙成系从犯、主观恶性不大。

裁判结果

常州市天宁区人民法院经审理,作出刑事判决,认定被告人陈锦鹏犯传播淫秽物品牟利罪,判处有期徒刑2年,并处罚金人民币60万元;被告人张波A犯传播淫秽物品牟利罪,判处有期徒刑1年2个月,并处罚金人民币20万元;被告人张波B犯传播淫秽物品牟利罪,判处有期徒刑1年2个月,并处罚金人民币20万元;被告人陆进祥犯传播淫秽物品牟利罪,判处有期徒刑1年2个月,并处罚金人民币20万元;被告人安峙成犯传播淫秽物品牟利罪,判处有期徒刑1年1个月,并处罚金人民币5万元;对被告人陈锦鹏违法所得人民币16万元,予以没收并上缴国库。

裁判理由

法院生效裁判认为:被告人陈锦鹏、张波A、张波B、陆进祥以牟利为目的,利用互联网传播淫秽图片,被告人安峙成为淫秽网站提供互联网接入、服务器托管、网络存储空间、通讯传输通道等服务,收取服务费数额在20000元以上,其行为均构成传播淫秽物品牟利罪。其中,陈锦鹏与安峙成、张波A、张波B、陆进祥属共同犯罪。陈锦鹏、张波A、张波B、陆进祥传播淫秽图片达2046张,属情节严重。安峙成明知是淫秽网站,为其提供服务器托管等服务,并收取服务费,应以传播淫秽物品牟利罪定罪处罚。陈锦鹏在与安峙成、张波等人的共同犯罪中起主要作用,系主犯,应对其参与的全部犯罪进行处罚。安峙成、张波A、张波B、陆进祥等人在共同犯罪中起次要作用,均系从犯,依法均应减轻、从轻处罚。陈锦鹏到案后,提供重要线索,协助公安机关抓捕其他犯罪嫌疑人,具有立功表现,依法可以减轻处罚。陈锦鹏、张波A、张波B、陆进祥、安峙成到案后认罪态度较好,具有悔罪表现,可以酌情从轻处罚。故法院依法作出如上裁判。

制作、复制、出版、贩卖、传播淫秽物品牟利罪办案依据集成

刑法条文

第三百六十三条 【制作、复制、出版、贩卖、传播淫秽物品牟利罪】以牟利为目的,制作、复制、出版、贩卖、传播淫秽物品的,处三年以下有期徒刑、拘役或者管制,并处罚金;情节严重的,处三年以上十年以下有期徒刑,并处罚金;情节特别严重的,处十年以上有期徒刑或者无期徒刑,并处罚金或者没收财产。

【为他人提供书号出版淫秽书刊罪】为他人提供书号,出版淫秽书刊的,处三年以下有期徒刑、拘役或者管制,并处或者单处罚金;

【出版淫秽物品牟利罪】明知他人用于出版淫秽书刊而提供书号的,依照前款的规定处罚。

立案标准

1. 最高人民法院《关于审理非法出版物刑事案件具体应用法律若干问题的解释》(1998年12月23日法释〔1998〕30号)(节录)

第八条 以牟利为目的,实施刑法第三百六十三条第一款规定的行为,具有下列情形之一的,以制作、复制、出版、贩卖、传播淫秽物品牟利罪定罪处罚:

(一)制作、复制、出版淫秽影碟、软件、录像带五十至一百张(盒)以上,淫秽音碟、录音带一百至二百张(盒)以上,淫秽扑克、书刊、画册一百至二百副(册)以上,淫秽照片、画片五百至一千张以上的;

(二)贩卖淫秽影碟、软件、录像带一百至二百张(盒)以上,淫秽音碟、录音带二百至四百张(盒)以上,淫秽扑克、书刊、画册二百至四百副(册)以上,淫秽照片、画片一千至二千张以上的;

(三)向他人传播淫秽物品达二百至五百人次以上,或者组织播放淫秽影、像达十至二十场次以上;

(四)制作、复制、出版、贩卖、传播淫秽物品,获利五千至一万元以上的。

以牟利为目的,实施刑法第三百六十三条第一款规定的行为,具有下列情形之一的,应当认定为制作、复制、出版、贩卖、传播淫秽物品牟利罪"情节严重":

(一)制作、复制、出版淫秽影碟、软件、录像带二百五十至五百张(盒)以上,淫秽音碟、录音带五百至一千张(盒)以上,淫秽扑克、书刊、画册五百至一千副(册)以上,淫秽照片、画片二千五百至五千张以上的;

(二)贩卖淫秽影碟、软件、录像带五百至一千张(盒)以上,淫秽音碟、录音带一千至二千张(盒)以上,淫秽扑克、书刊、画册一千至二千副(册)以上,淫秽照片、画片五千至一万张以上的;

（三）向他人传播淫秽物品达一千至二千人次以上，或者组织播放淫秽影、像达五十至一百场次以上的；

（四）制作、复制、出版、贩卖、传播淫秽物品，获利三万至五万元以上的。

以牟利为目的，实施刑法第三百六十三条第一款规定的行为，其数量（数额）达到前款规定的数量（数额）五倍以上的，应当认定为制作、复制、出版、贩卖、传播淫秽物品牟利罪"情节特别严重"。

第九条 为他人提供书号、刊号，出版淫秽书刊的，依照刑法第三百六十三条第二款的规定，以为他人提供书号出版淫秽书刊罪定罪处罚。

为他人提供版号，出版淫秽音像制品的，依照前款规定定罪处罚。

明知他人用于出版淫秽书刊而提供书号、刊号的，依照刑法第三百六十三条第一款的规定，以出版淫秽物品牟利罪定罪处罚。

第十六条 出版单位与他人事前通谋，向其出售、出租或者以其他形式转让该出版单位的名称、书号、刊号、版号，他人实施本解释第二条、第四条、第八条、第九条、第十条、第十一条规定的行为，构成犯罪的，对该出版单位应当以共犯论处。

第十八条 各省、自治区、直辖市高级人民法院可以根据本地的情况和社会治安状况，在本解释第八条、第十条、第十二条、第十三条规定的有关数额、数量标准的幅度内，确定本地执行的具体标准，并报最高人民法院备案。

2. 最高人民法院、最高人民检察院《关于办理利用互联网、移动通讯终端、声讯台制作、复制、出版、贩卖、传播淫秽电子信息刑事案件具体应用法律若干问题的解释》（2004年9月6日法释〔2004〕11号）（节录）

第一条 以牟利为目的，利用互联网、移动通讯终端制作、复制、出版、贩卖、传播淫秽电子信息，具有下列情形之一的，依照刑法第三百六十三条第一款的规定，以制作、复制、出版、贩卖、传播淫秽物品牟利罪定罪处罚。

（一）制作、复制、出版、贩卖、传播淫秽电影、表演、动画等视频文件二十个以上的；

（二）制作、复制、出版、贩卖、传播淫秽音频文件一百个以上的；

（三）制作、复制、出版、贩卖、传播淫秽电子刊物、图片、文章、短信息等二百件以上的；

（四）制作、复制、出版、贩卖、传播的淫秽电子信息，实际被点击数达到一万次以上的；

（五）以会员制方式出版、贩卖、传播淫秽电子信息，注册会员达二百人以上的；

（六）利用淫秽电子信息收取广告费、会员注册费或者其他费用，违法所得一万元以上的；

（七）数量或者数额虽未达到第（一）项至第（六）项规定标准，但分别达到其中两项以上标准一半以上的；

（八）造成严重后果的。

利用聊天室、论坛、即时通信软件、电子邮件等方式，实施第一款规定行为的，依照刑法第三百六十三条第一款的规定，以制作、复制、出版、贩卖、传播淫秽物品牟利罪定罪处罚。

第二条 实施第一条规定的行为，数量或者数额达到第一条第一款第（一）项至第（六）项规定标准五倍以上的，应当认定为刑法第三百六十三条第一款规定的"情节严重"；达到规定标准二十五倍以上的，应当认定为"情节特别严重"。

第四条 明知是淫秽电子信息而在自己所有、管理或者使用的网站或者网页上提供直接链接的，其数量标准根据所链接的淫秽电子信息的种类计算。

第五条 以牟利为目的，通过声讯台传播淫秽语音信息，具有下列情形之一的，依照刑法第三百六十三条第一款的规定，对直接负责的主管人员和其他直接责任人员以传播淫秽物品牟利罪定罪处罚：

（一）向一百人次以上传播的；

（二）违法所得一万元以上的；

（三）造成严重后果的。

实施前款规定行为，数量或者数额达到前款第（一）项至第（二）项规定标准五倍以上的，应当认定为刑法第三百六十三条第一款规定的"情节严重"；达到规定标准二十五倍以上的，应当认定为"情节特别严重"。

第七条 明知他人实施制作、复制、出版、贩卖、传播淫秽电子信息犯罪，为其提供互联网接入、服务器托管、网络存储空间、通讯传输通道、费用结算等帮助的，对直接负责的主管人员和其他直接责任人员，以共同犯罪论处。

第八条 利用互联网、移动通讯终端、声讯台贩卖、传播淫秽书刊、影片、录像带、录音带等以实物为载体的淫秽物品的，依照《最高人民法院关于审理非法出版物刑事案件具体应用法律若干问题的解释》的有关规定定罪处罚。

3. 最高人民法院、最高人民检察院《关于办理利用互联网、移动通讯终端、声讯台制作、复制、出版、贩卖、传播淫秽电子信息刑事案件具体应用法律若干问题的解释（二）》（2010年2月4日法释〔2010〕3号）（节录）

第一条 以牟利为目的，利用互联网、移动通讯终端制作、复制、出版、贩卖、传播淫秽电子信息的，依照《最高人民法院、最高人民检察院关于办理利用互联网、移动通讯终端、声讯台制作、复制、出版、贩卖、传播淫秽电子信息刑事案件具体应用法律若干问题的解释》第一条、第二条的规定定罪处罚。

以牟利为目的，利用互联网、移动通讯终端制作、复制、出版、贩卖、传播内容含有不满十四周岁未成年人的淫秽电子信息，具有下列情形之一的，依照刑法第三百六十三条第一款的规定，以制作、复制、出版、贩卖、传播淫秽物品牟利罪定罪处罚：

（一）制作、复制、出版、贩卖、传播淫秽电影、表演、动画等视频文件十个以上的；

（二）制作、复制、出版、贩卖、传播淫秽音频文件五十个以上的；

（三）制作、复制、出版、贩卖、传播淫秽电子刊物、图片、文章等一百件以上的；

（四）制作、复制、出版、贩卖、传播的淫秽电子信息，实际被点击数达到五千次以上的；

（五）以会员制方式出版、贩卖、传播淫秽电子信息，注册会员达一百人以上的；

（六）利用淫秽电子信息收取广告费、会员注册费或者其他费用，违法所得五千元以上的；

（七）数量或者数额虽未达到第（一）项至第（六）项规定标准，但分别达到其中两项以上标准一半以上的；

（八）造成严重后果的。

实施第二款规定的行为，数量或者数额达到第二款第（一）项至第（七）项规定标准五倍以上的，应当认定为刑法第三百六十三条第一款规定的"情节严重"；达到规定标准二十五倍以上的，应当认定为"情节特别严重"。

第四条 以牟利为目的，网站建立者、直接负责的管理者明知他人制作、复制、出版、贩卖、传播的是淫秽电子信息，允许或者放任他人在自己所有、管理的网站或者网页上发布，具有下列情形之一的，依照刑法第三百六十三条第一款的规定，以传播淫秽物品牟利罪定罪处罚：

（一）数量或者数额达到第一条第二款第（一）项至第（六）项规定标准五倍以上的；

（二）数量或者数额分别达到第一条第二款第（一）项至第（六）项两项以上标准二倍以上的；

（三）造成严重后果的。

实施前款规定的行为，数量或者数额达到第一条第二款第（一）项至第（七）项规定标准二十五倍以上的，应当认定为刑法第三百六十三条第一款规定的"情节严重"；达到规定标准一百倍以上的，应当认定为"情节特别严重"。

第六条 电信业务经营者、互联网信息服务提供者明知是淫秽网站，为其提供互联网接入、服务器托管、网络存储空间、通讯传输通道、代收费等服务，并收取服务费，具有下列情形之一的，对直接负责的主管人员和其他直接责任人员，依照刑法第三百六十三条第一款的规定，以传播淫秽物品牟利罪定罪处罚：

（一）为五个以上淫秽网站提供上述服务的；

（二）为淫秽网站提供互联网接入、服务器托管、网络存储空间、通讯传输通道等服务，收取服务费数额在二万元以上的；

（三）为淫秽网站提供代收费服务，收取服务费数额在五万元以上的；

（四）造成严重后果的。

实施前款规定的行为，数量或者数额达到前款第（一）项至第（三）项规定标准五倍以上的，应当认定为刑法第三百六十三条第一款规定的"情节严重"；达到规定标准二十五倍以上的，应当认定为"情节特别严重"。

第七条 明知是淫秽网站，以牟利为目的，通过投放广告等方式向其直接或者间接提供资金，或者提供费用结算服务，具有下列情形之一的，对直接负责的主管人员和其他直接责任人员，依照刑法第三百六十三条第一款的规定，以制作、复制、出版、贩卖、传播淫秽物品牟利罪的共同犯罪处罚：

（一）向十个以上淫秽网站投放广告或者以其他方式提供资金的；

（二）向淫秽网站投放广告二十条以上的；

（三）向十个以上淫秽网站提供费用结算服务的；

（四）以投放广告或者其他方式向淫秽网站提供资金数额在五万元以上的；

（五）为淫秽网站提供费用结算服务，收取服务费数额在二万元以上的；

（六）造成严重后果的。

实施前款规定的行为，数量或者数额达到前款第（一）项至第（五）项规定标准五倍以上的，应当认定为刑法第三百六十三条第一款规定的"情节严重"；达到规定标准二十五倍以上的，应当认定为"情节特别严重"。

第八条 实施第四条至第七条规定的行为，具有下列情形之一的，应当认定行为人"明知"，但是有证据证明确实不知道的除外：

（一）行政主管机关书面告知后仍然实施上述行为的；

（二）接到举报后不履行法定管理职责的；

（三）为淫秽网站提供互联网接入、服务器托管、网络存储空间、通讯传输通道、代收费、费用结算等服务，收取服务费明显高于市场价格的；

（四）向淫秽网站投放广告，广告点击率明显异常的；

（五）其他能够认定行为人明知的情形。

第九条 一年内多次实施制作、复制、出版、贩卖、传播淫秽电子信息行为未经处理，数量或者数额累计计算构成犯罪的，应当依法定罪处罚。

第十条 单位实施制作、复制、出版、贩卖、传播淫秽电子信息犯罪的，依照《中华人民共和国刑法》、《最高人民法院、最高人民检察院关于办理利用互联网、移动通讯终端、声讯台制作、复制、出版、贩卖、传播淫秽电子信息刑事案件具体应用法律若干问题的解释》和本解释规定的相应个人犯罪的定罪量刑标准，对直接负责的主管人员和其他直接责任人员定罪处罚，并对单位判处罚金。

第十一条 对于以牟利为目的，实施制作、复制、出版、贩卖、传播淫秽电子信息犯罪的，人民法院应当综合考虑犯罪的违法所得、社会危害性等情节，依法判处罚金或者没收财产。罚金数额一般在违法所得的一倍以上五倍以下。

第十二条 《最高人民法院、最高人民检察院关于办理利用互联网、移动通讯终端、声讯台制作、复制、出版、贩卖、传播淫秽电子信息刑事案件具体应用法律若干问题的解释》和本解释所称网站，是指可以通过互联网域名、IP地址等方式访问的内容提供站点。

以制作、复制、出版、贩卖、传播淫秽电子信息为目的建立或者建立后主要从事制作、复制、出版、贩卖、传播淫秽电子信息活动的网站，为淫秽网站。

第十三条 以前发布的司法解释与本解释不一致的，以本解释为准。

4. 最高人民检察院、公安部《关于公安机关管辖的刑事案件立案追诉标准的规定（一）》（2008年6月25日公通字〔2008〕36号）（节录）

第八十二条 ［制作、复制、出版、贩卖、传播淫秽物品牟利案（《刑法》第三百六十三条第一款、第二款）］以牟利为目的，制作、复制、出版、贩卖、传播淫秽物品，涉嫌下列情形之一的，应予立案追诉：

（一）制作、复制、出版淫秽影碟、软件、录像带五十至一百张（盒）以上，淫秽音碟、录音带一百至二百张（盒）以上，淫秽扑克、书刊、画册一百至二百副（册）以上，淫秽照片、画片五百至一千张以上的；

（二）贩卖淫秽影碟、软件、录像带一百至二百张（盒）以上，淫秽音碟、录音带二百至四百张（盒）以上，淫秽扑克、书刊、画册二百至四百副（册）以上，淫秽照片、画片一千至二千张以上的；

（三）向他人传播淫秽物品达二百至五百人次以上，或者组织播放淫秽影、像达十至二十场次以上的；

（四）制作、复制、出版、贩卖、传播淫秽物品，获利五千至一万元以上的。

以牟利为目的，利用互联网、移动通讯终端制作、复制、出版、贩卖、传播淫秽电子信息，涉嫌下列情形之一的，应予立案追诉：

（一）制作、复制、出版、贩卖、传播淫秽电影、表演、动画等视频文件二十个以上的；

（二）制作、复制、出版、贩卖、传播淫秽音频文件一百个以上的；

（三）制作、复制、出版、贩卖、传播淫秽电子刊物、图片、文章、短信息等二百件以上的；

（四）制作、复制、出版、贩卖、传播的淫秽电子信息，实际被点击数达到一万次以上的；

（五）以会员制方式出版、贩卖、传播淫秽电子信息，注册会员达二百人以上的；

（六）利用淫秽电子信息收取广告费、会员注册费或者其他费用，违法所得一万元以上的；

（七）数量或者数额虽未达到本款第（一）项至第（六）项规定标准，但分别达到其中两项以上标准的百分之五十以上的；

（八）造成严重后果的。

利用聊天室、论坛、即时通信软件、电子邮件等方式，实施本条第二款规定行为的，应予立案追诉。

以牟利为目的，通过声讯台传播淫秽语音信息，涉嫌下列情形之一的，应予立案追诉：

（一）向一百人次以上传播的；

（二）违法所得一万元以上的；

（三）造成严重后果的。

明知他人用于出版淫秽书刊而提供书号、刊号的，应予立案追诉。

第八十三条 ［为他人提供书号出版淫秽书刊案（《刑法》第三百六十三条第二款）］为他人提供书号、刊号出版淫秽书刊，或者为他人提供版号出版淫秽音像制品的，应予立案追诉。

第一百条 本规定中的立案追诉标准，除法律、司法解释另有规定的以外，适用于相关的单位犯罪。

> 法律法规

1.《营业性演出管理条例（2008年修正）》（1997年10月1日国务院令第229号）（节录）

第二十六条　营业性演出不得有下列情形：

（六）宣扬淫秽、色情、邪教、迷信或者渲染暴力的；

第四十六条（第一款）　营业性演出有本条例第二十六条禁止情形的……构成犯罪的，依法追究刑事责任。

2.《出版管理条例（2011年修订）》（2002年2月1日 国务院令第210号）（节录）

第二十五条　任何出版物不得含有下列内容：

（七）宣扬淫秽、赌博、暴力或者教唆犯罪的。

第六十二条　有下列行为之一，触犯刑律的，依照刑法有关规定，依法追究刑事责任：

（一）出版、进口含有本条例第二十五条、第二十六条禁止内容的出版物的；

（二）明知或者应知出版物含有本条例第二十五条、第二十六条禁止内容而印刷或者复制、发行的；

（三）明知或者应知他人出版含有本条例第二十五条、第二十六条禁止内容的出版物而向其出售或者以其他形式转让本出版单位的名称、书号、刊号、版号、版面，或者出租本单位的名称、刊号的。

二、传播淫秽物品罪

326. 网络论坛上的淫秽文章、图片、电影等是否属于淫秽物品?

随着时代的发展,淫秽物品的范围越来越大,网络论坛上的淫秽文章、图片、电影等属于淫秽物品。

327. 淫秽网站的版主、副版主等并未参与建设该网站,也未直接发布淫秽图片、文章,但在淫秽网站中起着管理、维护作用的,能否认定为传播淫秽物品罪?

淫秽网站的版主、副版主等并未参与建设该网站,也未直接发布淫秽图片、文章,但在淫秽网站中起着管理、维护作用的,也构成传播淫秽物品罪。

典型疑难案件参考

慈勤强等传播淫秽物品案

基本案情

2001年5月,被告人慈勤强将免费下载的开办个人网站的程序安装到韩国一网站的服务器上,开办了"华傲论坛"淫秽网站,其网名为"华英雄",并自任总版主,制定了相应的规章制度和管理措施。被告人冯亚玲在明知"华傲论坛"是淫秽网站,自2001年5月,仍以"都市女王"的网名进入该网站浏览淫秽文章、图片、电影等,并主动申请担任总版主,2001年7月被被告人慈勤强任命为总版主,与慈共同管理和维护该网站。积极主动地对网站的14个版面进行日常管理、维护,并对网站的各项规章制度进行了细化。2002年11月,被告人慈勤强任命网名为"sm京男35"的被告人王戈为副总版主。被告人王戈在被任命为副总版主后,协助总版主对"华傲论坛"网站进行管理,并在自己任版主的"信息交流"、"转贴文学"等版面上发布《一个护士的经历》、《落入虎口的李芸》等淫秽文章12篇及图片9张,传播人次达15116次。

2002年8月以来，被告人刘硕在明知"华傲论坛"系淫秽网站的情况下，多次以"ssO"的网名进入该网站并发布《小兵被女人强奸》、《我被少女诱奸》、《我被两个少女给强奸了》等淫秽文章19篇及淫秽图片32张，供网民浏览，传播人次达22096次。

2002年10月以来，被告人时文莲明知"华傲论坛"为淫秽网站，仍以"jianjian"的网名在该网站发布《监狱风云》、《女警》两篇文章，供网民浏览；传播人次达5061次。

2001年8月至2002年11月，被告人胡榕在担任"华傲论坛"网站"女皇王朝"版面的版主期间，多次以"dog-sh"网名发布大量淫秽电影供网民观看，其中被查获的有《精彩电影——鬼畜日本女子高校生》、《几个女王小电影——华英雄转移》等7部电影，浏览人次达1202次。

2002年8月至2003年3月，被告人靳松在担任"华傲论坛"网站"偷窥"版面的版主期间，以"偷窥"的名义发布淫秽内容的文章，其中《一次经历（校园女厕）》、《我的偷窥经历》等5篇文章，浏览人次达1291次。

2002年9月25日以来，被告人张大鹏在"华傲论坛"网站"原创文学"版面以"sm615039"的网名，将其他淫秽网站的网址链接到"华傲论坛"网站的网页上，供他人链接后浏览淫秽图片，所链接的网址中有淫秽图片50张，传播人次达326次。

诉辩情况

检察机关指控认为：被告人慈勤强、冯亚玲相互配合，相互合作，共同制定严格的规章制度，共同管理和维护淫秽网站"华傲论坛"，致使内容淫秽的文章、电影、图片传播人次达45029次，在犯罪中起组织领导作用，是本案主犯，被告人王戈在担任"华傲论坛"副总版主，刘硕、时文莲、胡榕、靳松、张大鹏在担任淫秽网站"华傲论坛"各版版主期间，积极协助总版主管理网站，且发布的淫秽文章、电影或图片传播人次分别为15116次、22096次、5061次、1202次、1291次、326次，情节严重，在犯罪中起次要、辅助作用，是本案从犯。

被告人慈勤强、冯亚玲、王戈、刘硕、时文莲、胡榕、靳松、张大鹏目无国法，利用网络传播淫秽物品，情节严重，其行为应以传播淫秽物品罪追究刑事责任，请依法判处。

被告人冯亚玲提出：其没有传播图片和文章，要求从轻处罚。

被告人王戈提出：无前科劣迹，是初犯。自羁押后积极如实交代犯罪经过，认罪态度较好。在犯罪过程中，只是利用副总版主位置进行帖子的删除、转移，张贴了若干淫秽文章，没有参与网站的维护、管理和具体规章制度的制定，系从犯。一贯表现较好，在单位曾多次获得荣誉称号。要求从轻处罚。

被告人张大鹏提出：其不是华傲论坛的版主，也没有转贴淫秽图片。其对自己的行为深表后悔，而且点击人数326次是最少的。

被告人刘硕的辩护人提出：请求人民法院对刘硕从轻处罚判处缓刑。理由：(1) 被告人刘硕在本案中是从犯，而不是主犯，他在本案自始至终处于从属地位，起次要、辅助作用，被告人无任何前科，系初犯，此次虽然犯罪，但主观恶性不大，情节不恶劣，社会危害不大。认罪态度较好，能够坦白交代自己的罪行，积极配合司法机关查案工作，并表示痛改前非重新做人。(2) 检察机关在起诉书中认定被告人刘硕在本案中起次要、辅助作用，是从犯，根据《刑法》第27条的"在共同犯罪中起次要作用的，是从犯，对于从犯应当从轻、减轻或者免除处罚"规定。综上，建议对被告人刘硕从轻或者减轻处罚，判处缓刑。

被告人时文莲的辩护人提出：对起诉书指控的被告人时文莲犯传播淫秽物品罪不持异议，但被告人时文莲此次犯罪系被他人教唆所致。被告人时文莲此次犯罪是因他人诱骗，在整个犯罪过程中仅起次要、辅助性作用，系从犯。根据《刑法》第27条第2款的规定，对于从犯应当从轻、减轻或者免除处罚。被告人时文莲系初犯，从未受过刑事处罚。其所在学校及街坊邻居对其一贯表现表示认同；被告人时文莲到案后认罪态度较好，如实交代自己的罪行；被告人时文莲通过半年的羁押，已经知罪悔罪，悔恨自己给社会带来危害，表示愿意接受国家法律的处罚。综上，建议对被告人时文莲给予从轻或缓刑处理。

被告人胡榕的辩护人提出：本案中被告人胡榕在整个案件中系从犯，依法应当从轻、减轻或者免除处罚；被告人胡榕犯罪情节较轻，具有诸多可酌情考虑的情节，且对自己的行为进行了反省，并深表悔意，故建议人民法院对被告人胡榕免予刑事处罚或适用缓刑。

被告人靳松的辩护人提出：靳松虽然有在因特网上转载淫秽内容的文章的行为，在本案中属初犯，主观恶性不大，本着法律改造人教育人的原则，请法庭予以从轻处罚。靳松在被羁押之后主动坦白交代，态度很好，积极配合公安和检察机关的工作。靳松犯罪行为的实施除去其自身的原因外，还应考虑到社会不良风气的影响和网络信息传输的特殊性，特别是社会上一些黄色网站诱骗青少年上当的恶劣手段。建议对靳松从轻处罚。

被告人张大鹏的辩护人提出：起诉书指控的事实与案卷中的证据材料不相符合，诉不符证。张大鹏粘贴淫秽网站名的行为情节显著轻微，危害不大。关于张大鹏传播人次问题，在谈传播人次问题之前，得先设定一个前提，即粘贴淫秽网站名就是传播淫秽物品。假定这个前提成立，张大鹏传播人次 326 次也是较少的（且不说统计截止时间）。最高人民法院《关于审理非法出版物刑事案件具体应用法律若干问题的解释》第 10 条对传播淫秽物品"情节严重"的解释是传播人次 300～600 人次以上或者造成恶劣社会影响的，以传播淫秽物品定罪处罚。在前边的预设前提下看张大鹏的传播人次，显然情节也是很轻的。张大鹏一开始就作了如实的坦白交代，其交代的内容包括他知道的（有的属推测）"华傲论坛"违法犯罪情况，他的交代无疑有助于查清全案。张大鹏无违法记录。张大鹏粘贴淫秽网站名的行为不构成传播淫秽物品罪，应判决宣告无罪。

裁判结果

北京市大兴区人民法院于 2003 年 9 月 30 日以〔2003〕大刑初字第 483 号刑事判决，认定：

一、慈勤强犯传播淫秽物品罪，判处有期徒刑 1 年；
二、冯亚玲犯传播淫秽物品罪，判处有期徒刑 1 年，缓刑 2 年；
三、王戈犯传播淫秽物品罪，判处有期徒刑 9 个月；
四、刘硕犯传播淫秽物品罪，判处有期徒刑 9 个月；
五、胡榕犯传播淫秽物品罪，判处有期徒刑 9 个月，缓刑 1 年；
六、时文莲犯传播淫秽物品罪，判处有期徒刑 8 个月，缓刑 1 年；
七、靳松犯传播淫秽物品罪，判处有期徒刑 8 个月，缓刑 1 年；
八、张大鹏犯传播淫秽物品罪，判处有期徒刑 7 个月，缓刑 1 年。

裁判理由

法院生效裁判认为：被告人慈勤强、冯亚玲、王戈、刘硕、胡榕、时文莲、靳松、张大鹏无视国法，利用网络传播淫秽物品，其行为均已构成传播淫秽物品罪，应予惩处。被告人慈勤强、冯亚玲在犯罪中起主要作用，系主犯。被告人王戈、刘硕、时文莲、胡榕、靳松、张大鹏系从犯，故对上述 6 被告人予以从轻处罚。被告人冯亚玲提出的辩解意见，因其在"华傲论坛"淫秽网站任总版主，虽其没有直接在网上发布淫秽图片、文章，但其起主要管理、维护作用，对其辩解意见不予采纳。对被告人王戈的辩解意见，予以采纳，但对其辩解意见中，没有参与网站的维护、管理的意见，不予采纳。对被告人张大鹏提出的第二点辩解意见及第一点辩解意见中自己不是版主的意见，予以采纳，第一点辩解意见中其没有转贴淫秽图片辩解意见，虽其未直接转贴淫秽图片，但其在"华傲论坛"淫秽网站上提供其他淫秽网站的网址并链接到"华傲论坛"网站上，供他人浏览，应视为传播淫秽物品行为。故对其没有转贴淫秽图片的辩解意见，不予采纳。对被告人刘硕的辩护人的辩护意见，予以采纳，但对辩护意见中，被告人刘硕情节不恶劣、社会危害不大及要求判处缓刑的意见，不予采纳。对被告人时文莲的辩护人的辩护意见，予以采纳，但其辩护意见中，被告人时文莲系他人教唆、诱骗的意见，不予采纳。对被告人胡榕、靳松的辩护人的辩护意见，予以采纳。对被告人张大鹏的辩护人的辩护意见，不予采纳，对其辩护意见中，被告人张大鹏关于传播的次数、如实坦白交代、无违法记录的意见，予以采纳。

328. 利用网络群组传播淫秽物品的行为该如何定性？

利用网络群组传播淫秽物品，如果该群组的设立主要是为了传播淫秽信息，且该群组成员在 30 人以上或者造成严重后果的，则应对群组的建立者、管理者和主要传播者以传播淫秽物品罪追究刑事责任。

典型疑难案件参考

胡鹏等传播淫秽物品案

基本案情

2009 年 4、5 月份，被告人陈冰为与他人共享淫秽视频，用自己的 QQ 号码在互联网上创建了一个名为"S1 影视公司"的高级群。被告人胡鹏为共享淫秽视频，充当该高级群的管理员，介绍、验证其他成员加入该群。同年 5 ~ 6 月，作为该群成员的被告人高庆平为提高权限，取得管理员资格，共上传了淫秽视频种子文件 166 个。被告人陈永哲在群成员索要淫秽视频的情况下，将种子文件"苍井空 55 部合集"上传到该群共享空间中。截至 2009 年 10 月 13 日，该群成员达 300 余人，高庆平上传的种子文件中能下载观看的视频文件达 50 个，陈永哲上传的种子文件中能下载观看的视频文件达 55 个。经鉴定，上述 105 个视频文件均为淫秽物品。另查明，陈冰、胡鹏均未上传淫秽视频，案发时高庆平、陈永哲均已退出该群。

诉辩情况

检察机关指控被告人胡鹏、陈冰、高庆平、陈永哲犯传播淫秽物品罪。

胡鹏提出：其是初犯，没有获利，请求从轻处罚。

陈冰的辩护人提出：陈冰未上传过淫秽资料，系初犯，认罪态度好，请求从轻处罚。

高庆平提出：其系初犯，请求从轻处罚。

陈永哲及其辩护人提出：陈永哲只上传了一次淫秽视频，认罪态度好，系初犯，请求从轻处罚。

▶ 裁判结果

诸暨市人民法院经审理作出刑事判决如下：
一、被告人胡鹏犯传播淫秽物品罪，判处拘役3个月；
二、被告人陈冰犯传播淫秽物品罪，判处拘役3个月，缓刑4个月；
三、被告人高庆平犯传播淫秽物品罪，判处拘役3个月；
四、被告人陈永哲犯传播淫秽物品罪，判处拘役3个月。

▶ 裁判理由

法院生效裁判认为：被告人胡鹏、陈冰、高庆平、陈永哲违反法律规定，在QQ群内传播淫秽视频，情节严重，其行为均已构成传播淫秽物品罪。根据各被告人的犯罪行为，对被告人陈冰从轻处罚并适用缓刑，对被告人胡鹏、高庆平、陈永哲从轻处罚。故法院依法作出如上裁判。

329. 网站版主明知他人制作、复制、出版、传播的是淫秽电子信息，却仍然允许或者放任他人在自己管理的版块中发布的，是否构成犯罪？

网站版主作为网站的日常管理者，客观上允许或者放任淫秽物品的传播，主观上明知是淫秽物品，达到一定的数量的，则构成传播淫秽物品罪。

典型疑难案件参考

冷继超传播淫秽物品案

▶ 基本案情

被告人冷继超于2008年11月申请注册成为"幼香阁"淫秽论坛网站会

员，网名为"chao107"，因其在该网站点击频率高，于2009年2月升级为该网站的版主，负责管理该网站的"幼男电影下载区"、"幼男图片上传区"两个淫秽版块。至案发时冷继超在其管理的版块中共发布和编辑淫秽色情图片1233张，两个版块的页面访问量达24601次。2009年8月11日，冷继超被公安机关抓获。

诉辩情况

检察机关指控被告人冷继超犯传播淫秽物品罪。

被告人冷继超的辩护人提出：冷继超认罪悔罪态度好，系初犯，建议对其从轻处罚。

裁判结果

香坊区人民法院经公开审理作出刑事判决，认定被告人冷继超犯传播淫秽物品罪，判处有期徒刑1年，缓刑2年。

裁判理由

法院生效裁判认为：被告人冷继超传播淫秽影片、图片，情节严重，其行为构成传播淫秽物品罪。检察机关指控的犯罪事实及罪名成立。辩护人提出的辩护意见符合事实，予以采纳。鉴定被告人系初犯，且认罪态度较好，可以酌情从轻处罚。

传播淫秽物品罪办案依据集成

刑法条文

第三百六十四条 【传播淫秽物品罪】传播淫秽的书刊、影片、音像、图片或者其他淫秽物品,情节严重的,处二年以下有期徒刑、拘役或者管制。

【组织播放淫秽音像制品罪】组织播放淫秽的电影、录像等音像制品的,处三年以下有期徒刑、拘役或者管制,并处罚金;情节严重的,处三年以上十年以下有期徒刑,并处罚金。

制作、复制淫秽的电影、录像等音像制品组织播放的,依照第二款的规定从重处罚。

向不满十八周岁的未成年人传播淫秽物品的,从重处罚。

立案标准

1. 最高人民检察院、公安部《关于公安机关管辖的刑事案件立案追诉标准的规定(一)》(2008年6月25日公通字〔2008〕36号)(节录)

第八十四条 [传播淫秽物品案(《刑法》第三百六十四条第一款)]传播淫秽的书刊、影片、音像、图片或者其他淫秽物品,涉嫌下列情形之一的,应予立案追诉:

(一)向他人传播三百至六百人次以上的;

(二)造成恶劣社会影响的。

不以牟利为目的,利用互联网、移动通讯终端传播淫秽电子信息,涉嫌下列情形之一的,应予立案追诉:

(一)数量达到本规定第八十二条第二款第(一)项至第(五)项规定标准二倍以上的;

(二)数量分别达到本规定第八十二条第二款第(一)项至第(五)项两项以上标准的;

(三)造成严重后果的。

利用聊天室、论坛、即时通信软件、电子邮件等方式,实施本条第二款规定行为的,应予立案追诉。

第八十五条 [组织播放淫秽音像制品案(《刑法》第三百六十四条第二款)]组织播放淫秽的电影、录像等音像制品,涉嫌下列情形之一的,应予立案追诉:

(一)组织播放十五至三十场次以上的;

(二)造成恶劣社会影响的。

第一百条 本规定中的立案追诉标准,除法律、司法解释另有规定的以外,适用于相关的单位犯罪。

2. 最高人民法院《关于审理非法出版物刑事案件具体应用法律若干问题的解释》（1998年12月23日法释〔1998〕30号）（节录）

第十条 向他人传播淫秽的书刊、影片、音像、图片等出版物达三百至六百人次以上或者造成恶劣社会影响的，属于"情节严重"，依照刑法第三百六十四条第一款的规定，以传播淫秽物品罪定罪处罚。

组织播放淫秽的电影、录像等音像制品达十五至三十场次以上或者造成恶劣社会影响的，依照刑法第三百六十四条第二款的规定，以组织播放淫秽音像制品罪定罪处罚。

第十六条 出版单位与他人事前通谋，向其出售、出租或者以其他形式转让该出版单位的名称、书号、刊号、版号，他人实施本解释第二条、第四条、第八条、第九条、第十条、第十一条规定的行为，构成犯罪的，对该出版单位应当以共犯论处。

3. 最高人民法院、最高人民检察院《关于办理利用互联网、移动通讯终端、声讯台制作、复制、出版、贩卖、传播淫秽电子信息刑事案件具体应用法律若干问题的解释》（2004年9月6日法释〔2004〕11号）（节录）

第一条 以牟利为目的，利用互联网、移动通讯终端制作、复制、出版、贩卖、传播淫秽电子信息，具有下列情形之一的，依照刑法第三百六十三条第一款的规定，以制作、复制、出版、贩卖、传播淫秽物品牟利罪定罪处罚：

（一）制作、复制、出版、贩卖、传播淫秽电影、表演、动画等视频文件二十个以上的；

（二）制作、复制、出版、贩卖、传播淫秽音频文件一百个以上的；

（三）制作、复制、出版、贩卖、传播淫秽电子刊物、图片、文章、短信息等二百件以上的；

（四）制作、复制、出版、贩卖、传播的淫秽电子信息，实际被点击数达到一万次以上的；

（五）以会员制方式出版、贩卖、传播淫秽电子信息，注册会员达二百人以上的。

第三条 不以牟利为目的，利用互联网或者转移通讯终端传播淫秽电子信息，具有下列情形之一的，依照刑法第三百六十四条第一款的规定，以传播淫秽物品罪定罪处罚：

（一）数量达到第一条第一款第（一）项至第（五）项规定标准二倍以上的；

（二）数量分别达到第一条第一款第（一）项至第（五）项两项以上标准的；

（三）造成严重后果的。

利用聊天室、论坛、即时通信软件、电子邮件等方式，实施第一款规定行为的，依照刑法第三百六十四条第一款的规定，以传播淫秽物品罪定罪处罚。

第四条 明知是淫秽电子信息而在自己所有、管理或者使用的网站或者网页上提供直接链接的，其数量标准根据所链接的淫秽电子信息的种类计算。

第六条 实施本解释前五条规定的犯罪，具有下列情形之一的，依照刑法第三百六十三条第一款、第三百六十四条第一款的规定从重处罚：

（一）制作、复制、出版、贩卖、传播具体描绘不满十八周岁未成年人性行为的淫秽电子信息的；

（二）明知是具体描绘不满十八周岁的未成年人性行为的淫秽电子信息而在自己所有、管理或者使用的网站或者网页上提供直接链接的；

（三）向不满十八周岁的未成年人贩卖、传播淫秽电子信息和语音信息的；

（四）通过使用破坏性程序、恶意代码修改用户计算机设置等方法，强制用户访问、下载淫秽电子信息的。

第七条　明知他人实施制作、复制、出版、贩卖、传播淫秽电子信息犯罪，为其提供互联网接入、服务器托管、网络存储空间、通讯传输通道、费用结算等帮助的，对直接负责的主管人员和其他直接责任人员，以共同犯罪论处。

4. 最高人民法院、最高人民检察院《关于办理利用互联网、移动通讯终端、声讯台制作、复制、出版、贩卖、传播淫秽电子信息刑事案件具体应用法律若干问题的解释（二）》（2010年2月4日法释〔2010〕3号）（节录）

第二条　利用互联网、移动通讯终端传播淫秽电子信息的，依照《最高人民法院、最高人民检察院关于办理利用互联网、移动通讯终端、声讯台制作、复制、出版、贩卖、传播淫秽电子信息刑事案件具体应用法律若干问题的解释》第三条的规定定罪处罚。

利用互联网、移动通讯终端传播内容含有不满十四周岁未成年人的淫秽电子信息，具有下列情形之一的，依照刑法第三百六十四条第一款的规定，以传播淫秽物品罪定罪处罚：

（一）数量达到第一条第二款第（一）项至第（五）项规定标准二倍以上的；

（二）数量分别达到第一条第二款第（一）项至第（五）项两项以上标准的；

（三）造成严重后果的。

第三条　利用互联网建立主要用于传播淫秽电子信息的群组，成员达三十人以上或者造成严重后果的，对建立者、管理者和主要传播者，依照刑法第三百六十四条第一款的规定，以传播淫秽物品罪定罪处罚。

第五条　网站建立者、直接负责的管理者明知他人制作、复制、出版、贩卖、传播的是淫秽电子信息，允许或者放任他人在自己所有、管理的网站或者网页上发布，具有下列情形之一的，依照刑法第三百六十四条第一款的规定，以传播淫秽物品罪定罪处罚：

（一）数量达到第一条第二款第（一）项至第（五）项规定标准十倍以上的；

（二）数量分别达到第一条第二款第（一）项至第（五）项两项以上标准五倍以上的；

（三）造成严重后果的。

第九条　一年内多次实施制作、复制、出版、贩卖、传播淫秽电子信息行为未经处理，数量或者数额累计计算构成犯罪的，应当依法定罪处罚。

第十条　单位实施制作、复制、出版、贩卖、传播淫秽电子信息犯罪的，依照《中华人民共和国刑法》、《最高人民法院、最高人民检察院关于办理利用互联网、移动通讯终端、声讯台制作、复制、出版、贩卖、传播淫秽电子信息刑事案件具体应用法律若干问题的解释》和本解释规定的相应个人犯罪的定罪量刑标准，对直接负责的主管人员和其他直接责任人员定罪处罚，并对单位判处罚金。

第十一条　对于以牟利为目的，实施制作、复制、出版、贩卖、传播淫秽电子信息犯罪的,人民法院应当综合考虑犯罪的违法所得、社会危害性等情节,依法判处罚金或者没收财产。罚金数额一般在违法所得的一倍以上五倍以下。

第十二条 《最高人民法院、最高人民检察院关于办理利用互联网、移动通讯终端、声讯台制作、复制、出版、贩卖、传播淫秽电子信息刑事案件具体应用法律若干问题的解释》和本解释所称网站,是指可以通过互联网域名、IP地址等方式访问的内容提供站点。

以制作、复制、出版、贩卖、传播淫秽电子信息为目的建立或者建立后主要从事制作、复制、出版、贩卖、传播淫秽电子信息活动的网站,为淫秽网站。

第十三条 以前发布的司法解释与本解释不一致的,以本解释为准。

其他办案依据

公安部《关于携带、藏匿淫秽 VCD 是否属于传播淫秽物品问题的批复》
(1998 年 11 月 9 日公复字〔1998〕6 号)

江苏省公安厅:

你厅《关于携带、藏匿淫秽 VCD 是否属传播淫秽物品的请示》(苏公厅〔1998〕449号)收悉。现批复如下:

1990 年 7 月 6 日最高人民法院、最高人民检察院《关于办理淫秽物品刑事案件具体应用法律的规定》,已于 1994 年 8 月 29 日被废止,不再执行。对于携带、藏匿淫秽 VCD 的行为,不能简单地视为"传播",而应注意广泛搜集证据,根据主客观相统一的原则,来判断是否构成"传播"行为。如果行为人主观上没有"传播"故意,只是为了自己观看,不能认定为"传播淫秽物品",但应当没收淫秽 VCD,并对当事人进行必要的法制教育。此外,还应注意扩大线索,挖掘来源,及时查获有关违法犯罪活动。

法律法规

全国人大常委会《关于维护互联网安全的决定》(2000 年 12 月 28 日)(节录)

三、为了维护社会主义市场经济秩序和社会管理秩序,对有下列行为之一,构成犯罪的,依照刑法有关规定追究刑事责任:

(五)在互联网上建立淫秽网站、网页,提供淫秽站点链接服务,或者传播淫秽书刊、影片、音像、图片。

三、组织淫秽表演罪

330. 文化娱乐场所的打工者、演出主持人是否能构成组织淫秽表演罪？

组织淫秽表演罪中的"组织他人"行为，一般是指策划、安排和指挥，应具体分析行为人在淫秽表演中的作用，结合行为人的身份来认定。文化娱乐场所的打工者、演出主持人如果确是该行为的组织者，也可以构成组织淫秽表演罪。

331. 构成组织淫秽表演罪，是否需要出于牟利的目的？

牟利的目的不属于组织淫秽表演罪的构成要件要素，没有此目的也可构成本罪。

典型疑难案件参考

张向召组织淫秽表演案

基本案情

被告人张向召系河南省星海梦（又名长虹）歌舞团节目主持人。2001年10月21日、10月22日晚，星海梦歌舞团在上虞市上浦镇伟业不夜城演艺厅内进行演出，被告人张向召主持演出，期间被告人张向召向观众宣扬"演出很刺激、开放"，煽动观众相互转告，并提示康某某、刘某某等6名演员在演出中做露胸部、阴部等动作。在其组织下，康某某、刘某某等6人共进行淫秽表演2场，观众人数约200人。10月22日晚20时20分许在演出时被公安机关当场查获。

诉辩情况

浙江省上虞市人民检察院指控被告人张向召犯组织淫秽表演罪。

被告人张向召及其辩护人提出：组织淫秽表演罪中的"组织"是指策划、安排和指挥，本案的淫秽表演的组织者是上浦伟业不夜城业主与星海梦歌舞团业主,被告人张向召在歌舞团是打工的,在演出中负责报幕,非淫秽表演的组织者。张向忠在主持节目的过程中没有讲提示性的话,被告人之行为不构成组织淫秽表演罪。

裁判结果

浙江省上虞市人民法院于2002年3月11日以〔2002〕虞刑初字第82号刑事判决,认定被告人张向召犯组织淫秽表演罪,判处有期徒刑1年,并处罚金人民币2000元。

裁判理由

法院生效裁判认为:被告人张向召虽系歌舞团的打工者,但其供述及证人证言能相互印证,证实当众表演内容是展露性器官、表现性欲的形态及动作,表演人员须听其提示进行表演,其有权决定是否进行淫秽表演、表演的时间等,在表演中起着关键的作用,因此被告人张向召在本案淫秽表演中起着具体的组织作用,对其辩解及其辩护人辩称的意见不予采纳。

被告人张向召明知淫秽表演是国家明令禁止的,仍组织他人当众进行淫秽表演,向观众宣扬色情,煽动观众转告观看淫秽表演,其行为已构成组织淫秽表演罪。检察机关指控的罪名成立,应予支持。故法院依法作出如上判决。

332. 在互联网上建立聊天室组织"裸聊"的行为,该如何承担刑事责任?

"裸聊"行为如果发生在个体之间,不具有公开性,加之网络的虚拟性,不应将此行为认定为犯罪。但是,如果行为人组织建立视频聊天网站,让他人在网上以"裸聊"的方式进行淫秽表演,通过点击收费等方式牟利,实际上传播的是淫秽信息的,则构成组织淫秽表演罪。

典型疑难案件参考

重庆访问科技有限公司、郑立等组织淫秽表演案

基本案情

2008年9月,被告人郑立与被告人戴泽焱商议合作建立视频聊天网站,

随后两被告人找到重庆市聚乐网络有限公司法定代表人刘峻松,要求被告人刘峻松制作 FLASH 视频聊天软件。同年 10 月,该公司技术负责人郑迪与被告人刘峻松将 FLASH 视频聊天软件上传到视频聊天软件平台上,并于同年 11 月建立了 www.27by.com、www.ud99.com 视频聊天网站。2008 年 12 月 10 日,被告单位重庆市聚乐网络有限公司、重庆彩蓝科技有限公司、重庆访问科技有限公司签订《视频聊天项目合作协议》,协议约定由重庆彩蓝科技有限公司、重庆访问科技有限公司合作经营视频聊天网站(收费型一对一聊天室形式),并负责视频聊天网站的日常运营及管理,重庆市聚乐网络有限公司负责视频聊天系统平台的视频聊天软件的开发以及持续维护更新。协议还约定,重庆彩蓝科技有限公司、重庆访问科技有限公司必须向重庆市聚乐网络有限公司提供推广软件以使重庆市聚乐网络有限公司建立自有推广渠道,重庆市聚乐网络有限公司有权分享自行推广全部收入的 65% 等内容。此后,被告人郑立、戴泽焱、刘峻松在原有 www.27by.com 聊天网站的基础上,又建立了 www.love65.com、www.love3l.com、www.56vn.com 等网站,并进行推广,上述 4 网站最终都指向同一个后台数据库,该数据库由被告人郑立管理。被告人何佳在视频聊天网站中负责招募专职女主播小姐,并对其管理。被告人张戎系重庆访问科技有限公司的总裁助理,负责联系兼职女主播代理。专职女主播小姐由重庆访问科技有限公司提供固定办公场所及上网的电脑;兼职女主播小姐在家里或其他地方上网,其收入为网民消费提成。网民按照女主播的要求给她在网站里用 K 币购买虚拟礼物(如别墅、飞机等),按礼物的大小可看见女主播穿着性感、透明的衣服或者只戴胸罩、穿内裤,在视频镜头前进行的各种内衣秀或者用性玩具模拟性交动作、发出性交时的叫床声等淫秽表演。3 被告单位和 5 被告人利用所招募和联系的女主播、兼职女主播小姐进行淫秽表演牟利。截至 2009 年 6 月,通过上述网站注册用户记录达 5703830 条,进入聊天室的网民向被告人郑立、戴泽焱在网站上提供的银行账户汇款达 232320 笔,金额为 14931089.39 元。

公安机关追缴被告单位重庆访问科技有限公司,被告人郑立、戴泽焱非法所得 1947025.23 元;扣押被告人郑立"奥迪"牌、"比亚迪"牌轿车各 1 辆,戴泽焱"迈腾"牌轿车 1 辆。

2009 年 9 月 11 日,被告人张戎主动到公安机关投案,并如实供述了自己的犯罪事实。

▶ 一审诉辩情况

检察机关指控:被告单位重庆访问科技有限公司、重庆彩蓝科技有限公司、重庆市聚乐网络有限公司通过互联网络组织淫秽表演,情节严重,被告人郑立、戴泽焱、刘峻松、张戎、何佳系直接负责的主管人员和直接责任人员，其行为均已构成组织淫秽表演罪。

被告单位重庆访问科技有限公司的辩护人提出：访问公司系初犯、偶犯。访问公司在犯罪中起的作用是辅助作用。访问公司积极退赃，有明显悔罪表现。综上，请法庭酌定考虑情节，对重庆访问科技有限公司从轻处罚。

被告单位重庆彩蓝科技有限公司的辩护人提出：彩蓝公司在本案中所处的地位是从属及次要地位，彩蓝公司在本案中起的作用是辅助作用。请法庭对彩蓝公司从轻判处罚金。

被告单位重庆市聚乐网络有限公司的法定代表人提出：自己只负责软件的编写，聊天网站的外观等方面不由其完成，网站不是由其建立的，自己只编写了代码，公司的初衷不是组织淫秽表演。聚乐公司在提供FLASH软件时，主观上没有犯罪的故意，不应以共同犯罪论处；聚乐公司在客观上没有参与策划、组织等经营活动，在聊天项目中所起作用较小，情节轻微，应不以犯罪论处。

被告人郑立的辩护人提出：主观方面郑立不是直接故意，与明知犯罪的故意为之有所区别。郑立负有股东管理责任，但不负直接责任。

被告人戴泽焱的辩护人提出：《刑法》第365条所指"淫秽观众"应理解为是多人而不是个别人。起诉书指控的"情节严重"在法律上无明文规定，不能成立，不能适用该条款的"情节严重"予以量刑。被告人所处的地位是从属地位。被告人无前科，且能如实供述全部犯罪事实，认罪态度好，应当酌情从轻处罚。戴泽焱所获赃款公安机关已收缴，与赃款挥霍一空应区别对待。综上，请法庭对被告人戴泽焱在量刑时予以从轻或减轻处罚。

被告人刘峻松提出：其起的作用非常小，获利也非常少。

被告人刘峻松的辩护人提出：被告单位重庆市聚乐有限公司不构成组织淫秽表演罪，其个人不应当定罪处罚。如认定聚乐公司的推广活动为犯罪提供了帮助，以共犯论处而追究刘峻松的刑事责任，在定罪量刑时充分考虑以下情节：（1）刘峻松起辅助和次要作用，属从犯，依法应当从轻或减轻处罚；（2）刘峻松犯罪的主观恶性小，犯罪动机单纯，情节轻微，可予以从轻处罚；（3）刘峻松的认罪态度好，有悔罪表现，无犯罪前科，可酌情从轻处罚。请求对其适用缓刑。

被告人张戎提出：其起辅助作用，有自首情节。

被告人张戎的辩护人提出：张戎在该案中是从犯。张戎有自首情节。张戎是初犯，认罪态度好，有悔罪表现。检察机关指控组织淫秽表演罪"情节严重"无法律依据。建议法院量刑时予以减轻处罚并适用缓刑。

被告人何佳提出：其初衷不是组织淫秽表演。

被告人何佳及其辩护人提出：何佳在本案中是从犯，只是为他人实施犯罪提供帮助，仅起到辅助作用。何佳不具备《刑法》第366条规定的主管人员和直接责任人员的资格。何佳有自首情节，认罪态度好，有悔罪表现。请求法院对其应当从轻、减轻或免除处罚。

▶一审裁判结果◀

湖北省荆州市荆州区人民法院于2010年5月31日以〔2010〕荆初字第018号刑事判决，认定被告单位重庆访问科技有限公司犯组织淫秽表演罪，判处罚金100万元；被告单位重庆彩蓝科技有限公司犯组织淫秽表演罪，判处罚金80万元；被告单位重庆市聚乐网络有限公司犯组织淫秽表演罪，判处罚金50万元；被告人郑立犯组织淫秽表演罪，判处有期徒刑6年，并处罚金50万元；被告人戴泽焱犯组织淫秽表演罪，判处有期徒刑5年6个月，并处罚金40万元；被告人刘峻松犯组织淫秽表演罪，判处有期徒刑5年，并处罚金35万元；被告人张戎犯组织淫秽表演罪，判处有期徒刑2年6个月，并处罚金10万元；被告人何佳犯组织淫秽表演罪，判处有期徒刑3年，并处罚金10万元；追缴被告单位重庆访问科技有限公司，被告人郑立、戴泽焱的违法所得1947025.23元，追缴被告人郑立"奥迪"牌、"比亚迪"牌轿车，被告人戴泽焱"迈腾"牌轿车，上缴国库。

▶一审裁判理由◀

法院一审裁判认为：被告单位重庆访问科技有限公司、重庆彩蓝科技有限公司、重庆市聚乐网络有限公司通过《视频聊天项目合作协议》，由被告人张戎、何佳负责组织招募女主播和联系兼职女主播小姐，采取一对一收费型聊天室，在网络视频上多次组织淫秽表演活动，从中牟利，且持续时间长、观看人数多、社会影响极为恶劣，属情节严重。被告人郑立、戴泽焱、刘峻松、张戎、何佳是组织者，系直接负责的主管人员和其他直接责任人员。3被告单位及5被告人的行为均已构成组织淫秽表演罪，检察机关指控的罪名成立，应予处罚。通过本案查明的事实，结合本案的实际情况，对被告单位和被告人不易区分主从犯。被告人张戎能主动到公安机关投案，并如实供述自己的犯罪事实，是自首，对其可减轻处罚。被告单位和被告人及其辩护人辩称的其他辩护意见不能成立，不予采纳和采信。

二审诉辩情况

一审宣判后，刘峻松、何佳提出上诉，其上诉理由是：

刘峻松提出：认定其参与了共同犯罪的证据不充分，原判量刑过重。

何佳提出：其不是直接责任人员。原判有自首情节没有认定。其应该属于从犯，原判量刑过重。

二审裁判结果

湖北省荆州市中级人民法院于 2010 年 8 月 12 日以同样的事实作出〔2010〕鄂荆中终字第 56 号刑事裁定，驳回上诉，维持原判。

二审裁判理由

二审法院认为：关于上诉人刘峻松及其辩护人提出原判认定其参与共同犯罪的证据不充分的上诉理由及辩护意见。经查，上诉人（原审被告人）刘峻松作为原审被告单位重庆市聚乐网络有限公司的法定代表人，其参与了淫秽视频聊天软件的开发、维护及网站的推广，且其推广的网站都指向由原审被告人郑立管理的后台数据库的事实，有 3 方单位签订的《视频聊天项目合作协议》，证人辜陶、郑迪证言，同伙郑立、戴泽焱供述以及刘峻松供述证实，足以认定上诉人刘峻松参与了共同犯罪。故该意见不能成立。

关于上诉人何佳提出自己不是直接责任人员的上诉理由，上诉人何佳在淫秽视频聊天网站中负责招募专职女主播小姐，并负责对专职女主播小姐分组进行管理，是组织淫秽表演的直接责任人员。故该理由不能成立。

关于上诉人刘峻松及其辩护人提出原判量刑过重的上诉理由及辩护意见，上诉人（原审被告人）刘峻松、何佳伙同原审被告人郑立、戴泽焱、张戎及原审被告单位重庆访问科技有限公司、重庆彩蓝科技有限公司、重庆市聚乐网络有限公司组织招募女主播和联系兼职女主播小姐在网络视频上进行淫秽表演活动，从中牟利的行为已构成组织淫秽表演罪，且持续时间长、观看人数多、社会影响极为恶劣，犯罪情节严重。上诉人刘峻松等人组织淫秽表演，情节严重，依法应处 3 年以上 10 年以下有期徒刑，并处罚金。原审判处上诉人刘峻松 5 年有期徒刑并处罚金，属法定幅度内处刑，且处刑适当，不存在量刑过重情形。故上诉人刘峻松及其辩护人提出的上诉理由及辩护意见不能成立。

关于上诉人何佳及其辩护人提出原判有自首情节未认定的上诉理由及辩护意见。上诉人何佳的亲友有送何佳自首的愿望属实，但其本人既没有向公安机关表达自首的意愿，也没有自首的具体行为，不能认定其有自首情节。故此理由和意见不能成立。原判根据上诉人何佳在共同犯罪中所起作用相对较小，在量刑时已区别对待。判处其3年有期徒刑，在法定幅度内已作从轻处罚，且处罚适当，不存在量刑过重的情形。故二审法院认为，原判认定事实清楚，适用法律正确，审判程序合法，依法作出如上裁判。

组织淫秽表演罪办案依据集成

刑法条文

第三百六十五条 【组织淫秽表演罪】组织进行淫秽表演的，处三年以下有期徒刑、拘役或者管制，并处罚金；情节严重的，处三年以上十年以下有期徒刑，并处罚金。

立案标准

最高人民检察院、公安部《关于公安机关管辖的刑事案件立案追诉标准的规定（一）》（2008年6月25日公通字〔2008〕36号）（节录）

第八十六条 ［组织淫秽表演案（《刑法》第三百六十五条）］以策划、招募、强迫、雇用、引诱、提供场地、提供资金等手段，组织进行淫秽表演，涉嫌下列情形之一的，应予立案追诉：

（一）组织表演者进行裸体表演的；

（二）组织表演者利用性器官进行诲淫性表演的；

（三）组织表演者半裸体或者变相裸体表演并通过语言、动作具体描绘性行为的；

（四）其他组织进行淫秽表演应予追究刑事责任的情形。

第一百条 本规定中的立案追诉标准，除法律、司法解释另有规定的以外，适用于相关的单位犯罪。